# 회 사 법

류 시 창 저

法 文 社

# 머 리 말

저자가 법조인으로서 약 20년간 법률실무에 종사하다가 대학 강단에서 상법 분야를 강의한 지 어느덧 10년이 흘렀다.

상법은 매우 역동적이고 변화가 많은 법률로서 다른 어떠한 법률보다도 법률의 개정이 자주 일어나는 분야이다. 특히 상법의 회사편은 2011년에 매우 폭넓은 범위의 개정이 있었고 그 뒤로도 매년 개정이 있었음에도 불구하고 항상 개정의 필요성이 논의되고 있다. 이러한 현상은 우리의 사회·경제생활에 있어서 회사의 중요성을 나타내는 것이고 회사의 조직과 운영에 관한 법률관계를 규율대상으로 하는 회사법 분야의 발빠른 변화를 반영하는 것이라고 할 수 있다.

그동안 저자는 전문적인 법률연구자를 위한 책이 아니라 회사법을 공부하는 학생들과 회사법에 관심을 가진 일반인들의 회사법에 대한 기본적인 이해를 돕기 위한 목적에서, 상법 회사편의 2011년 개정에 따라 『주식회사법』을 2011년에 출간하였고 이어서 2013년에는 개정판을 출간하였다. 그런데 그 뒤로도 상법의 회사편은 제법 여러 부분의 개정이 있었고, 2011년 상법 회사편의 개정에 따라 적지 않은 대법원판결도 있었기에 『주식회사법』의 개정판을 출간하여야 할 필요성이 대두되었다. 한편 이제는 우리나라도 주식회사 일변도에서 벗어나 상법이 정한 다른 형태의 회사가 점차로 늘고 있는 실정이므로 이번 기회에 주식회사뿐만 아니라 상법이 정하는 다른 형태의 회사까지도 아우르는 회사법 전체에 대한 해설서를 내기로 하였다.

이번에 새로 출간하는 『회사법』도 그간 저자가 출간한 다른 책들과 마찬가지로 법률전문가 아닌 학생들과 일반인들의 눈높이에서 꼭 알아야 할 필수적이고 기본적인 내용만을 이해하기 쉽도록 담기 위하여 지나치게 이론적인 주장과 학설은 간략히 소개하는 데 그쳤다. 또한 본서를 읽어가면서 구체적인 문제점에 대하여 법률적으로 생각하고 스스로 법률의 규정을 해석할 수 있는 힘을 갖도록 하기 위하여 지나치게 친절한 설명은 의도적으로 피하였고, 수험목적에 맞추어진 세밀한 제목 등은 가급적 붙이지 아니하였다.

또한 본서는 상법의 회사편의 규정을 구체적인 경우에 어떻게 해석하고 이해하여야 할 것인지를 명확히 하려 하였고 이를 위하여 최근의 대법원 판결까지 가급적 많이 소개하려 노력하였다. 다만 본서의 집필분량을 조절하여야 했던 이유로 대법원 판결을 전문이 아니라 중요한 부분만 발췌하여 소개하였고 그것도 본문이 아닌 각주에서 다룰 수밖에 없었던 점은 아쉬움으로 남는다.

본서를 출간함에 있어서 어려운 출판여건에서도 흔쾌히 출간을 수락하여 준 법문사 사장님과 꼼꼼하게 편집하여 준 김용석 과장님 그리고 정해찬 씨에게 깊이 감사드린다.

끝으로 항상 저자의 곁에서 격려하여 준 가족들 특히 책 표지를 디자인해 준 사랑하는 딸에게도 고마움을 표한다.

2017년 2월

류 시 창

# 차　　례

## 제 1 편　회사법 총설

## 제2편 합명회사

## 제 3 편 합자회사

## 제 4 편 유한책임회사

## 제 5 편 주식회사

## 제 6 편 유한회사

**찾아보기**

# 참고문헌 및 법령 약어표

## ■ 참고문헌


| | |
|---|---|
| 강위두/임재호(강위두/임재호) | 상법강의(상) 형설출판사 2005 |
| 권기범(권기범) | 제3판 현대회사법론 삼영사 2010 |
| 김정호(김정호) | 제2판 상법강의(상) 법문사 2000 |
| 박상조(박상조) | 신회사법론 형설출판사 1999 |
| 박원선/이정한(박원선/이정한) | 전정 회사법 수학사 1979 |
| 서정갑(서정갑) | 상법(상) 일신사 1984 |
| 서헌제(서헌제) | 회사법 법문사 2000 |
| 손주찬(손주찬) | 제14정판 상법(상) 박영사 2003 |
| 이기수(이기수) | 회사법학(제5판) 박영사 1999 |
| 이병태(이병태) | 전정 상법(상) 법원사 1995 |
| 이철송(이철송) | 제20판 회사법강의 박영사 2012 |
| 임홍근(임홍근) | 회사법(개정판) 법문사 2000 |
| 정동윤(정동윤) | 제7판 회사법 법문사 2005 |
| 정찬형(정찬형) | 제3판 회사법강의 박영사 2003 |
| 정희철(정희철) | 상법학(상) 박영사 1989 |
| 최기원(최기원) | 13대정판 신회사법론 박영사 2009 |
| 최준선(최준선) | 제5판 회사법 삼영사 2010 |
| 한창희(한창희) | 회사법 청목출판사 2007 |
| 홍복기 외 4인(홍복기) | 주식회사법 박영사 2010 |
| (사)한국기업법학회 | 주주의결권의 법리 피씨앤미디어 2015 |
| 한국상사법학회 | 주식회사법 대계 법문사 2016 |
| 손주찬 정동윤 | 주석 회사법(5판) 한국사법행정학회 2014 |
| 이재순 유효제 | M&A법과 실무 도서출판 유로 2009 |
| 정영철 | 기업인수 4G 박영사 2010 |
| 정찬형 | 주석 금융법 한국사법행정학회 2013 |
| 江頭憲治郎 | 株式會社法(5판) 有斐閣 2014 |
| 伊藤靖史 외 3 | 會社法(3판) 有斐閣 2016 |

## ■ 법령

| | |
|---|---|
| 공사채법 | 공사채등록법 |
| 근퇴법 | 근로자퇴직급여보장법 |
| 사채신탁법 | 담보부사채신탁법 |
| 독점규제법 | 독점규제및공정거래에관한법률 |
| 민 | 민법 |
| 민소법 | 민사소송법 |
| 민집법 | 민사집행법 |
| 비송법 | 비송사건절차법 |
| 상 | 상법 |
| 시행령 | 상법시행령 |
| 수 | 수표법 |
| 어 | 어음법 |
| 자본시장법 | 자본시장과금융투자업에관한법률 |
| 외감법 | 주식회사외부감사에관한법률 |
| 채무자회생법 | 채무자회생및파산에관한법률 |
| 산은법 | 한국산업은행법 |

# 제 1 편

# 회사법 총설

# 제 1 장
# 회사법의 개념

## 1. 회사법의 의의

회사법은 실질적 의미에서는 회사의 법률관계를 규율하는 규범으로서 회사의 설립, 조직, 운영 그리고 소멸에 관한 권리의무관계를 규율하는 법률이라고 할 수 있는데 이러한 실질적 의미의 회사법은 제정법과 관습법 그리고 자치법의 형식으로 존재하게 된다. 한편 회사법은 형식적 의미에서는 회사의 법률관계를 규정하고 있는 성문법률로서 상법 제3편에 마련된 규정을 의미하기도 한다.

회사법에 관한 일반적인 제정법으로서 상법 제3편 회사편의 규정은 제1장 통칙, 제2장 합명회사, 제3장 합자회사, 제3장의2 유한책임회사, 제4장 주식회사, 제5장 유한회사, 제6장 외국회사, 제7장 벌칙으로 이루어져 있고, 특별법으로서 상법시행법, 공사채등록법, 주식회사의 외부감사에 관한 법률, 자산재평가법, 채무자회생 및 파산에 관한 법률, 자본시장과 금융투자업에 관한 법률, 은행법, 보험업법, 신탁업법, 여신전문금융업법, 담보부사채신탁법, 독점규제 및 공정거래에 관한 법률, 외국인투자촉진법, 법인세법 등이 있다.

회사법은 강행법규로서의 특성이 있으므로 회사법에 관한 관습법은 인정될 여지가 많지 않다. 일반적으로 주식회사의 외부감사에 관한 법률에 의하여 금융위원회가 제정한, 외부감사 대상이 되는 주식회사에 적용되는, 기업회계 기준이 관습법으로 인정되고 있을 뿐이다.

또한 회사의 조직과 활동에 관한 기본규칙을 정한 정관은 이를 작성한 회사의 구성원[1] 사이의 계약이 아니라 일종의 자치법규로서의 성질을 갖게 되어 정관이 작성된 후에 가입한 구성원과 회사의 기관도 구속하게 되므로 회사법의 존재형식이라는 측면에서는 중요하다고 할 것이나, 공서양속이나 강행 법규에 어긋나는 정관은 효력을 인

1) 회사를 구성하는 주체를 의미한다. 상법에서는 합명회사와 합자회사 및 유한책임회사 그리고 유한회사에서는 “사원”이라는 용어를 쓰고, 주식회사에서는 “주주”라는 용어를 사용하고 있는데, 본서에서는 어느 특정한 종류의 회사 구성원을 지칭할 때는 상법에서 사용하는 그 회사 구성원의 용어에 따라 “사원” 혹은 “주주”라는 용어를 사용하고, 회사의 구성원을 일반적으로 통칭할 때는 “구성원”이라는 용어를 사용하기로 한다.

정받지 못한다 할 것이다.

회사와 관련한 법률문제를 해결함에 있어서 특별법은 일반법에 우선하고, 강행규정은 임의규정과 자치규정에 우선하고, 자치규정은 임의규정에 우선하며, 상관습법은 성문법에 보충적으로 적용된다는 법원적용의 순위에 관한 기본원칙과 상법 제1조에 정한 법률의 적용순서에 따라야 할 것이다. 이에 따라 법원의 적용순위를 보면, 첫 번째로 회사에 관한 각종의 특별법이나 조약에 정한 강행규정이 적용되어야 하고, 두 번째로 상법전 제3편 회사편의 규정에 정한 강행규정이 적용되어야 하며, 세 번째로 회사에 관한 상관습법이 적용되어야 하며, 네 번째로 민법의 강행규정이 적용되어야 하며, 다섯 번째로 자치법규인 정관이 적용되고, 여섯 번째로 특별법의 임의규정이나 상법 제3편 회사편의 임의규정 그리고 민법의 임의규정이 순차적으로 적용되어야 할 것이다.

다만, 이러한 적용순위는 일반적인 원칙이고, 각 법률 규정의 내용이 충돌하는 구체적인 경우에 있어서는 각 규정의 내용과 의미에 관하여 각 법률의 입법취지와 연혁 등에 비추어 종합적으로 판단하여 그 적용순위를 정하게 된다.

상법전 제3편에 마련된 규정은 수차례 개정작업이 있어 왔다. 증권거래법이 폐지되고 자본시장과 금융투자업에 관한 법률이 시행되면서 종래에 증권거래법에 있었던 상장법인에 관한 특례규정이 두 부류로 나뉘어 그중 재무에 관한 규정은 자본시장과 금융투자업에 관한 법률에 규정되고(자본시장법 165조의2 내지 165조의18), 지배구조에 관한 규정은 상법 제3편 회사편 제13절로 상장회사에 관한 특례규정(상 542의2 내지 542의12)으로 신설되어 2009. 1. 30.부터 시행되었다. 2009. 5. 28.에도 회사편의 일부조항을 개정되어 2010. 5. 29.부터 시행되면서, 이러한 개정에 맞추어 상법 시행령이 2009. 2. 3. 제정되어 2009. 2. 4.부터 시행되어 오던 중, 2011. 4. 14.에는 많은 규정의 대폭적인 개정과 신설이 있은 후 2012. 4. 15.부터 시행되고 있다.[2)]

또한 2014. 5. 20.에도 무기명주식은 주식소유의 불투명을 초래하고 이는 경영권을 위협하거나 양도세를 회피하는 수단이 되며 대외신인도를 하락시킬 우려가 있다는 이유로 무기명 주권의 발행에 관한 규정(상 357조)과 무기명 주권의 권리행사에 관한 규정(상 358조)를 삭제하고 관

2) 2011년 4월 14일의 개정은 상법 제정이후의 가장 큰 개정으로서 회사에 관하여 많은 변경을 가져오게 되었는데, ① 상행위편에 합자조합을, 회사편에 유한책임회사(상 287조의2 내지 287조의45)라는 새로운 기업형태를 도입하였고, ② 주식회사에 있어서 무액면주식제도의 도입(상 291조), 자기주식에 대한 규제완화(상 341조,341조의2), 주식소각제도의 변경(상 343조), 다양한 종류주식의 허용(상 344조 내지 346조), 소수주식에 대한 강제매매제도 도입(상 360조의24 내지 360조의26), 이사와 회사의 이익충돌 방지수단의 강화(상 397조 내지 398조), 이사와 감사에 대한 책임감면(상 400조 2항, 415조), 집행임원제도(상 408조의2 내지 408조의9) 및 상장회사에 있어서 준법지원인 제도(상 542조의13)의 신설, 회계에 관한 규정의 정리(상 446조의2, 447조, 447조의4), 법정준비금제도의 변경(상 460조, 461조 1항, 461조의2), 배당제도 변경(상 462조, 462조의3, 462조의4), 사채제도의 변경(상 469조), 합병의 활성화(상 523조, 523조의2, 527조의3)를 가져오기 위한 규정을 두었으며, ③ 유한회사에 대한 규제완화(상 543조 내지 546조)를 주된 내용으로 하고 있다.

련 규정(상 360조의3 등)을 정리하였으며 2015. 12. 1. 주식회사의 합병 등 기업조직개편 등에 관한 부분 개정이 이루어져 2016. 3. 2.부터 시행되고 있다.

## 2. 회사법의 목적

무릇 모든 법률에는 그 법률을 제정하는 목적이 있기 마련인데, 이러한 제정목적을 통하여 그러한 법률이 지향하는 기본적 가치와 이념을 나타내고 있고 이러한 법률의 기본적 가치와 이념은 그 법률 규정의 해석의 기본방향을 제시한다고 할 것이다.

대부분의 법률은 그 목적을 밝히는 명시적 규정을 가지고 있으나, 강학상 기본법이라고 할 수 있는 헌법, 민법, 형법 그리고 상법 등에는 명시적으로 목적을 규정한 조항을 두고 있지는 않다. 그러나 이들 법률도 당연히 입법을 통하여 달성하고자 하는 목적이 있고 그 목적의 달성을 통하여 실현하고자 하는 가치 내지는 이념이 있는데 이러한 기본적 가치와 이념은 우리 사회가 지향하는 가치와 그러한 가치를 구현하기 위한 수단으로서 법률의 역할 그리고 법률의 내용을 종합적이고 합목적적으로 평가함으로써 알 수가 있다고 할 것이다.

오늘날 우리 사회의 경제활동은 기업 특히 회사를 통하여 이루어지는데 회사는 그 구성원의 출자에 의하여 성립하지만, 그 구성원과는 구별되는 독자적인 법인으로서 활동을 하게 되고, 또한 회사가 활동하는 사회적, 경제적 여건은 시시각각으로 변화하게 되므로 그러한 변화된 요구에 따라 회사는 그 모습을 변경하기도 하고 소멸하기도 한다.

이러한 회사의 성립과 활동 그리고 변경과 소멸의 과정은 필연적으로 많은 이해관계의 충돌이 예상되므로 회사를 둘러싼 법률관계의 적정하고 공정한 규율은 많은 회사의 구성원과 이해관계인 나아가 사회 전체에 중대한 영향을 미치게 된다.

회사의 법률관계를 규율하는 규범으로서 회사법의 목적을 살펴보기 위해서는 우선 회사가 왜, 누구를 위하여, 어떤 모습으로, 어떤 활동을 하면서 우리 사회에 존재하여야 하는가에 대한 대답이 선행되어야 할 것이다. 그러나 회사가 국민의 생산과 유통 그리고 소비에 있어서 필수 불가결한 역할을 담당하며, 사회의 부(富) 대부분을 소유하고 국민에게 소득의 원천을 제공하는 현재의 사회경제적 모습에 비추어 볼 때, 회사법은 첫째로 회사의 계속과 발전에 기여하고, 둘째로 출자자의 이익을 확보하며, 셋째로 이해관계인의 이해의 대립을 조정하며, 넷째로 거래의 안전을 보호하는 것을 목적으로 하고 있다고 볼 수 있을 것이다.

## 3. 회사법의 특색

회사법은 영리활동을 목적으로 하는 회사의 법률관계를 규율하는 법률로서, 상법의 일부분을 구성하고 있으므로 상법이 가지는 유동적이고 진보적인 경향과 세계적이고 보편적인 경향을 가지고 있을 뿐만 아니라, 회사라는 경제주체의 성질에서 비롯되는 회사법 고유의 특성을 보이고 있다.

### 가. 단체법적 성질

회사는 공동기업으로서 단체성을 가지게 있고, 이를 규율하는 회사법은 회사라는 단체의 조직에 관한 규정이 많은 부분을 차지하므로 기업조직법적 측면에서 볼 때 단체법으로서의 성질을 가진다. 이런 맥락에서 상법은 회사의 기관에 관한 규정, 다수결의 원리에 터 잡은 규정, 구성원의 평등에 관한 규정, 회사 법률관계의 획일적 처리에 관한 규정, 회사 소송에 관한 규정 등에 있어서 단체법적 원리가 적용되는 많은 규정을 두고 있다.

### 나. 강행법적 성질

회사는 영리를 목적으로 거래활동을 하는 단체이지만, 그 사회적 경제적 역할과 기능의 중요성, 회사의 활동에 관련된 다수의 이해관계인의 이익을 조정하기 위하여 회사법은 회사의 조직과 활동 등에 있어서 회사에 대하여 사적 자치를 넓게 허용하기보다는 엄격한 간섭을 하게 되므로 상법의 규정은 많은 부분이 강행법규로서 이해되고 있다.

# 제 2 장
# 회사의 개념

## 1. 회사의 의의

사전적 의미의 기업은 사회의 생산 단위로서 재화의 생산, 판매, 서비스 등의 경제활동을 계속하여 행하는 조직체라고 할 수 있는데, 이러한 기업의 형태에는 특정의 개인이 설립하여 운영하는 개인기업과 다수인이 공동으로 설립하여 운영하는 공동기업이 있고, 실정법상 공동기업의 형태에는 민법상의 조합계약(민 703조), 상법상의 익명조합계약(상 78조), 합자조합(상 86조의2), 선박공유(상 756조) 및 회사(상 169조) 그리고 특별법상의 협동조합이 있다.[1)]

우리의 생활관계 중에서 법률이 규율하는 관계를 법률관계라고 하고 이러한 법률관계는 권리·의무의 관계로 나타나게 된다. 우리나라의 법률체계에서 이러한 권리의무관계의 주체가 될 수 있는 존재를 인(人)이라고 하고 이러한 人은 自然人(민법 1편 2장)과 法人(민법 1편 3장)의 두 가지가 인정되고 있는바, 이렇듯 법률상으로 권리의무의 주체가 될 수 있는 자격 혹은 지위를 권리의무능력 또는 법인격이라고 한다.

자연인의 경우에는 생존한 동안 당연히 법인격을 인정받지만(민 3조), 법인의 경우에는 법률이 일정한 단체에 권리의무의 주체가 될 수 있는 지위를 부여함으로써 비로소 법인격이 인정되고 법인이 되므로(민 31조, 34조) 어떤 단체가 법인인지 여부, 나아가 법인이라면 그 구성과 성질이 무엇인지는 그 단체의 설립근거가 되는 법률에 따라 결정된다. 민법상의 조합이나 상법상의 익명조합과 합자조합 그리고 선박공유는 계약의 형태로서 법인격이 인정되지 않으나 회사는 상법상 법인격이 인정되고 각 특별법상의 협동조합은 그 근거법률에 의하여 법인격이 주어지는 경우가 많다.

공동기업의 한 형태로서 회사는 상법에 의하여 규율되는데, 자본주의가 발달하게 됨에 따라, 자본과 인력의 유기적 결합에 의한 기업활동의 필요성과 그러한 기업활동에 따른 투자위험을 분산하고 경감할 필요성 그리고 사업의 지속적인 운영을 위한 필

---

1) 이러한 특별법상의 협동조합으로는 농업협동조합법에 따라 설립된 농업협동조합과 축산업협동조합, 산림조합법에 의하여 설립된 산림조합, 엽연초생산협동조합법에 따른 엽연초생산협동조합, 수산업협동조합법에 의한 수산업협동조합, 중소기업협동조합법에 기한 중소기업협동조합, 신용협동조합법에 따른 신용협동조합, 소비자생활협동조합법에 의한 소비자생활협동조합 그리고 새마을금고법에 의한 새마을금고의 8개의 협동조합과 2012.12.1.에 시행된 협동조합법에 의한 협동조합과 사회적협동조합이 있다.

요성에서 그 설립과 구성 그리고 운영에 있어서 다른 기업과는 확연히 구별된다.

회사의 근거법률인 상법(제3편 회사편)은 "회사란 상행위나 그 밖의 영리를 목적으로 하여 설립한 법인을 말한다"(상 169조)고 규정하여 그 개념정의에서 사단성을 제외하고 있는데[2] 공동기업의 한 형태로서 회사가 사단적 본질을 가지는 것은 당연하다고 할 것이므로 결국 상법상의 회사는 영리성, 사단성 그리고 법인성을 본질적 요소로 하는 조직체라고 할 것이다.

### 가. 영리성

영리의 목적이란 대외적인 수익활동에 따른 이익을 그 구성원에게 분배하려는 목적을 의미하는데 구성원에 대한 이익의 분배는 회사가 영업활동 중일 때에는 현금배당 혹은 주식배당의 형식을 취하지만 회사가 영업활동을 멈추고 청산을 하는 과정에서는 잔여재산의 분배의 형식으로 이루어진다.

이러한 영리성은 회사의 목적이나 정관의 규정에 관계없이 실질적으로 판단되어야 하고, 만약 영리성이 있다면 그 회사의 사업 목적이 상법이 정한 상행위인지 여부를 따지지 않는다고 할 것이다.

영리성과 상행위성은 서로 다른 개념이다. 상행위란 영업으로서 상법 제46조에 한정적으로 열거된 22가지의 행위를 하는 것을 의미하는 기본적 상행위와 상인이 영업을 위하여 하는 행위를 의미하는 보조적 상행위(상 47조 1항)를 말하는데 상법은 이러한 상행위를 자기명의로 할 때 상법의 적용대상이 되는 당연상인이라고 규정(상 4조)하는 한편, 비록 이와 같은 상법상의 상행위는 아니더라도 일정한 경우의 영리행위를 하는 자도 상법의 대상으로 삼아 이를 의제상인(상 5조 2항)이라고 하고 있다. 이처럼 상행위를 하는 회사는 당연상인이 되고, 상행위 이외의 영리행위를 목적으로 하는 회사는 당연상인이 아니라 의제상인이 되는데 강학상 전자를 상사회사, 후자를 민사회사라고 한다. 어쨌든 상법상 회사는 상인으로서 그 거래행위에는 상법의 총칙편과 상행위편이 당연히 적용된다.

회사의 영리성과 관련하여 회사이익의 사회 환원 내지는 회사의 사회적 책임론이 대두되고 있으나 이는 법적인 책임이라고 할 수는 없고 특히 회사가 그 이익을 과도

---

2) 2011년 4월 14일에 개정되기 전의 상법은 "회사라 함은 상행위 기타 영리를 목적으로 하여 설립한 사단(상 169조)"이라거나 "회사는 법인으로 한다(상 171조 1항)"라고 규정하고 있어, 상법상의 회사는 "상행위 기타 영리를 목적으로 설립된 사단법인"이라고 정의하여 왔으나 2011년 4월 14일에 개정된 이후의 상법에서는 "회사란 상행위나 영리를 목적으로 하여 설립한 법인을 말한다"(상 169조)고 규정함으로써 회사의 정의에서 사단성을 삭제하고 있는데, 이것은 1인회사를 인정하게 되면서 입법 정책적으로 1인회사와 사단성의 논리적 충돌을 제거하기 위함일 뿐이고, 회사의 본질적 요소의 하나로서 사단성을 부인하여야 하는 것은 아니라고 할 것이다.

하게 사회에 환원함으로써 오히려 회사구성원의 권리를 침해한다는 측면도 검토해야 할 것이다.

## 나. 사단성

### (1) 사단성의 의의

사단은 다수의 구성원으로 구성된 단체라는 의미이다. 이러한 사단은 회사를 구성하는 개인과는 구별되는 단체의 독자적인 목적을 추구하는 독립적인 인적결합체로서 그 조직과 구성에서도 단체로서의 단일성을 확보할 수 있는 실체가 형성되어야 하는데 이러한 실체는 규범적인 면에서 자치적인 규칙을, 조직적인 면에서 자치적으로 의사를 결정하고 집행할 기관을, 재산적인 면에서 독자적인 재산을 요구한다.

사단이라는 개념과 법인이라는 개념은 반드시 일치하지 아니하는데 전자는 단체성의 유무에 관한 개념인데 반하여, 후자는 법인격의 유무 내지는 법률상 권리의무의 주체성에 관한 개념이다. 사단성은 그 단체의 실질적 모습이 사단적 특성을 갖추고 있는지 여부에 따라 정하여지는데 반하여, 법인성은 그 단체에 대하여 권리의무의 주체가 될 수 있도록 법률이 법인격을 부여했는지 여부에 따라 정하여진다.

이처럼 인간들의 모임인 단체가 사단으로서 실체를 가지고 있는 경우에 법률에 의하여 법인격이 주어지면 법인이 되고 그런 법인격이 주어지지 않는다면 고작 법인격 없는 사단에 불과하다.

회사는 공동기업이므로 다수인을 구성원으로 구성된 단체로서의 사단성을 본질로 한다고 할 것이다. 이에 따라 상법은 합명회사와 합자회사의 경우에는 2인 이상의 구성원으로써 회사를 설립하도록 하고 구성원이 1인으로 된 경우에 해산하도록 함으로써 2인 이상의 사원이 있을 것을 회사의 성립요건(상 178조, 268조)이자, 존속요건(상 227조, 269조)으로 정하고 있으므로 합명회사나 합자회사의 경우에는 1인회사의 문제가 발생할 수가 없다. 그러나 1인의 구성원에 의해서도 회사를 설립하여 운영하도록 허용하는 세계적 추세에 발 맞추어, 상법은 주식회사와 유한회사 그리고 유한책임회사의 경우에 1인의 구성원에 의해서도 회사설립이 가능하도록 하고, 구성원이 1인이 된 경우에도 회사의 해산사유로 정하지 않음으로써 (주식회사: 상 288조, 517조 / 유한회사: 상 543조, 609조 / 유한책임회사: 상 287조의2, 287조의38) 과연 이들 회사의 경우에 1인의 구성원으로 설립되고 존속하는 이른바 1인회사가 허용될 것인지, 나아가 허용된다면 그 법률관계는 어떻게 설정되어야 하는지의 문제가 발생하였다.[3)]

---

3) 2011.4.14.의 개정으로 상법은 회사를 "상행위 기타 영리를 목적으로 하여 설립한 법인"이라고 규정하

### (2) 1인 회사

#### (가) 1인 회사의 의의

1인회사는 주식회사나 유한회사 또는 유한책임회사에 있어서 주식이나 지분의 전부가 1인에게 귀속되어 있는 회사로서 주로 주식회사를 중심으로 논의되고 있는데, 회사설립 후 모든 주식이나 지분이 1인에게 집중된 경우 혹은 형식적으로는 다수의 명의상 주주나 사원이 존재하지만 실질적으로는 1인의 주주나 사원이 모든 주식이나 지분을 가지는 회사를 일컫는다.

강학상 회사 설립 후에 1인에게 주식이나 지분이 모두 집중된 경우를 "협의의 1인 회사" 혹은 "순수한 1인회사"라고 하고, 형식적으로는 다수의 명의상 주주나 사원이 있으나 실질적으로 1인의 주주나 사원에게 주식이나 지분이 모두 집중된 경우를 "광의의 1인회사" 또는 "실질적 1인회사"라고 표현하고 있으나, 대법원은 전자의 경우를 "이른바 1인회사"로, 후자의 경우를 "실질적으로 1인회사"라고 표현함으로써 두 가지 경우를 용어로서 구별하고 있다.

#### (나) 1인 회사의 인정 여부

1인회사에 관하여는 이를 인정하는 견해와 부정하는 견해의 대립이 있었으나 앞서 본 상법의 규정에 근거하거나 혹은 사단성은 사람이 아니라 자본의 결합이라는 측면에서 보아야 한다거나 또는 일시적으로 주식이나 지분이 1인에게 집중되었더라도 향후 주식이나 지분의 양도로 인해 잠재적으로 분산될 가능성이 있다는 점을 이론적 근거로 하여 이를 인정하는 것이 일반적이고 대법원[4]도 1인회사를 인정하는 견해를 취하고 있고 더구나 상법도 개정되어 회사의 정의규정(상 169조)에서 "사단"이라는 문구를 삭제한 오늘날 유한책임회사, 주식회사 그리고 유한회사에 있어서 1인회사를 부인하는 견해는 없다.

#### (다) 1인 회사의 법률관계

상법의 규정, 특히 주주총회나 사원총회의 소집과 운영 등은 복수의 주주 또는 사원을 전제로 하고 있기에 주주나 사원이 1인인 회사에 있어서는 이들 규정의 적용에 있어서 적지 않은 문제가 발생하게 되는데 그동안 특히 1인 주식회사와 관련하여 적지 않은 논의가 있었고 많은 대법원 판결이 있었다.

---

여(상 169조) 회사의 정의규정에서 "사단"이라는 용어를 삭제하였으므로 적어도 회사의 사단성과 1인회사 사이의 논리적인 충돌은 피할 수 있게 되었다고 할 것이다.

4) 대법원 1964.9.22. 선고 63다743 판결 이래로 현재까지 다수의 판결이 1인회사가 인정됨을 전제로 하여 1인회사의 법률관계 특히 주주총회의 소집과 결의에 관하여 판시하고 있다.

1) 1인 주주와 회사의 상호 관계

1인 주주와 회사는 별개의 법인격을 가지므로 1인 주주가 회사재산을 횡령하거나 회사에 대하여 배임 행위를 하면 당연히 횡령죄 혹은 배임죄가 성립하고,[5] 제3자와의 관계에 있어서 1인 주주와 회사는 전혀 별개의 책임 주체가 되어서 회사의 채권에 대하여는 1인 주주가 별도로 책임을 부담하지 않는 것이 원칙이다.

2) 주주총회의 운영

주주총회는 상법에 다른 규정이 있는 경우를 제외하고는 이사회가 소집 결정을 하고(상 362조) 일정한 소집절차에 따라야 하는데(상 363조), 1인 회사의 경우 이사회결의 없이 주주총회를 개최하고 1인주주가 출석하여 결의하거나 심지어 주주총회를 개최하지도 않은 채 의사록을 작성하는 등 총회의 소집 또는 결의에 관한 상법의 규정을 위반한 경우에 그러한 주주총회결의의 효력에 대하여 견해의 대립[6]이 있지만 대법원은 그 효력을 인정하고 있으나,[7] 아무리 1인주주가 주주총회의 결의 등 회사의 중요한 결정을 할 수 있다고 하더라도 1인 주주의 의사이외에 다른 사람의 의사결정이 필요한 경우에는 이를 제한하고 있다.[8]

---

5) 대법원 1983.12.13. 선고 83도2330 전원합의체 판결이 "배임죄의 주체는 타인을 위하여 사무를 처리하는 자이며, 그의 임무위반 행위로써 그 타인인 본인에게 재산상의 손해를 발생케 하였을 때 이 죄가 성립되는 것인 즉, 소위 1인회사에 있어서도 행위의 주체와 그 본인은 분명히 별개의 인격이며, 그 본인인 주식회사에 재산상 손해가 발생하였을 때 배임죄는 기수가 되는 것이므로 궁극적으로 그 손해가 주주의 손해가 된다 하더라도 이미 성립한 죄에는 아무 소장이 없다"고 판시한 이후로 대법원 1999.7.9. 선고 99도1040 판결(횡령죄)과 대법원 2006.11.9. 선고 2004도7027 판결(배임죄) 등에서 확인되고 있다.

6) 이른바 다수설(손주찬 429면, 정동윤 16면, 최기원 51면, 최준선 31면)은, 1인회사에 있어서는 총회의 소집절차에 흠결이 있더라도 그 결의 자체는 유효하고, 심지어 주주총회의 개최사실이 없더라도 1인 주주에 의하여 주주총회의 의사록이 작성되면 그 내용에 따른 결의가 있는 것으로 볼 수 있다는 입장이고, 이에 반하여 소수설(이철송 415면)은 주주총회 소집절차의 하자를 이사회에서의 총회소집결의의 하자와 유효한 이사회소집결의에 따른 주주총회의 소집의 절차상의 하자로 나누어, 전자의 경우에 이사회에 의한 총회의 소집결의는 이사회의 권한이고 이러한 하자는 주주에 의하여 치유될 수 있는 것이 아니므로 아무리 1인 주주가 주주총회에 참석하더라도 이사회에 의한 주주총회 소집결의 자체의 하자는 치유될 수가 있는 것이 아니므로 결국 주주총회의 결의에 하자가 있다고 할 것이지만 후자의 경우에는 치유가 가능하다고 한다.

7) 대법원 1966.9.20. 선고 66다1187, 1188 판결은 "주주총회의 소집절차가 위법하다 하더라도 1인 주주회사에서 그 주주가 참석하여 총회개최에 동의하고 아무 이의 없이 결의한 것이라면 그 결의 자체를 위법한 것이라고 할 수 없다"고 판시하고 있다. 또한 대법원 1976.4.13. 선고 74다1755 판결은 한걸음 더 나아가 "1인회사의 경우 총회소집절차가 필요 없고 실제로 총회를 개최한 사실이 없었다 하더라도 그 1인 주주에 의하여 의결이 있었던 것으로 주주총회 의사록이 작성되었다면 특별한 사정이 없는 한 그 내용의 결의가 있었던 것으로 볼 수 있다 판시하였다.

8) 대법원 1992.9.14. 선고 92도1564 판결은 "이른바 1인회사에 있어서 1인주주의 의사는 바로 주주총회나 이사회의 의사와 같은 것이어서 가사 주주총회나 이사회의 결의나 그에 의한 임원변경등기가 불법하게 되었다 하더라도 그것이 1인주주의 의사에 합치되는 이상 이를 가리켜 의사록을 위조하거나 불실의 등기를 한 것이라고는 볼 수 없다 하겠으나 한편 임원의 사임서나 이에 따른 이사사임등기는 위와

◆ 대법원 2004.10.24. 선고 2004다25123 판결

주식회사에 있어서 회사가 설립된 이후 총 주식을 한 사람이 소유하게 된 이른바 1인 회사의 경우에는 그 주주가 유일한 주주로서 주주총회에 출석하면 전원 총회로서 성립하고 그 주주의 의사대로 결의가 될 것임이 명백하므로 따로 총회소집 절차가 필요 없고, 실제로 총회를 개최한 사실이 없었다 하더라도 그 1인 주주에 의하여 의결이 있었던 것으로 주주총회의사록이 작성되었다면 특별한 사정이 없는 한 그 내용의 결의가 있었던 것으로 볼 수 있고, 이는 실질적으로 1인회사인 주식회사의 주주총회의 경우도 마찬가지이며, 그 주주총회의사록이 작성되지 아니한 경우라도 증거에 의하여 주주총회 결의가 있었던 것으로 볼 수 있다.

◆ 대법원 2007.2.22. 선고 2005다73020 판결[9)]

주식회사에 있어서 총 주식을 한 사람이 소유한 이른바 1인 회사의 경우 그 주주가 유일한 주주로서 주주총회에 출석하면 전원 총회로서 성립하고 그 주주의 의사대로 결의가 될 것임이 명백하므로 따로 총회소집절차가 필요 없으며, 실제로 총회를 개최한 사실이 없었다 하더라도 그 1인 주주에 의하여 의결이 있었던 것으로 주주총회 의사록이 작성되었다면 특별한 사정이 없는 한 그 내용의 결의가 있었던 것으로 볼 수 있고, 이 점은 한 사람이 다른 사람의 명의를 빌려 주주로 등재하였으나 총 주식을 실질적으로 그 한 사람이 모두 소유한 경우에도 마찬가지라고 할 수 있으나, 이와 달리 주식의 소유가 실질적으로 분산되어 있는 경우에는 상법상의 원칙으로 돌아가 실제의 소집절차와 결의절차를 거치지 아니한 채 주주총회의 결의가 있었던 것처럼 주주총회 의사록을 허위로 작성한 것이라면 설사 1인이 총 주식의 대다수를 가지고 있고 그 지배주주에 의하여 의결이 있었던 것으로 주주 총회 의사록이 작성되어 있다 하더라도 도저히 그 결의가 존재한다고 볼 수 없을 정도로 중대한 하자가 있는 때에 해당하여 그 주주총회의 결의는 부존재하다고 보아야 한다.

#### 3) 이사 등과 회사 간의 자기거래 문제

상법은 주식회사의 이사 및 이사와 일정한 관계가 있는 자가 회사와 거래를 할 경우에는 이사회의 승인을 받도록 규정하고 있다(상 398조). 그런데 1인회사에 있어서 1인 주주가 곧 이사인 경우에도 회사와 거래를 할 때 이사회의 동의가 필요한지 여부에 관하여 견해의 대립이 있고,[10)] 대법원은 이에 관하여 간접적으로 승인이 불필요하

---

같은 주주총회나 이사회의 결의 또는 1인주주의 의사와는 무관하고 오로지 당해 임원의 의사에 따라야 하는 것이므로 당해 임원의 의사에 기하지 아니한 사임서의 작성이나 이에 기한 등기부의 기재를 하였다면 이는 사문서위조 및 공정증서원본불실기재의 죄책을 면할 수 없다"고 판시하고 있다.

9) 이 판결은 대다수의 주식을 소유한 지배주주에 관한 사안으로서, 지배주주의 경우는 그 주주의 의사대로 결의가 될 것임이 명백하다고 하더라도 1인주주와 달리 취급하고 있다.

10) 승인 필요설(손주찬 430면, 정찬형 26면)은 회사의 재산은 회사채권자를 위한 담보가 되므로 1인 주주라고 하더라도 회사와 이해관계가 반드시 일치하지 않는다는 이유로 이사회의 승인이 필요하다는 입장

다는 견해를 보이고 있다.[11]

이러한 견해의 대립은 1인주주가 이사라고 하더라도 3인 이상의 이사가 있어 이사회가 구성되는 경우에 한하여 문제되고 상법 제383조 1항에 정한 소규모회사로서 이사의 수가 3인 미만인 경우에는 이사의 자기거래에 관한 승인은 총회에서 이루어지므로 이사인 1인 주주는 아무런 문제 없이 자기거래가 가능할 것이다. 또한 상법 제400조에 비추어볼 때 설령 이사가 회사와의 자기거래로 인한 책임이 발생하더라도 1인주주가 자신의 책임을 스스로 면제할 수도 있을 것이다.

#### 4) 기타 1인회사에 있어서 적용 여부가 문제되는 경우

상법은 일정한 경우에 주주의 의결권을 제한하는 규정을 마련하고 있는데(상 368조 3항, 상 409조 2항), 1인회사의 경우에는 이를 적용하는 것이 무의미하다고 할 것이므로 적용되지 않는다고 할 것이다.

또한 상법은 정관에서 주식의 양도를 이사회 승인을 얻도록 제한하는 것이 가능하도록 규정하고 있는데(상 335조 1항), 이러한 정관에 의한 주식 양도의 제한은 주주들이 자율적으로 회사의 인적구성의 폐쇄성을 유지하기 위한 목적으로 인정되는 것이므로 1인 주주가 스스로 이러한 이익을 포기하여 이사회 승인이 없이 주식을 양도하였다 한들 이를 이유로 그 주식의 양도가 무효라고 할 것은 아니라 할 것이다.

이 밖에도 상법은 주식병합의 경우 1개월의 기간을 두어 공고와 통지절차를 이행토록 하고 있는바(상 440조) 1인회사에 있어서 이런 절차를 이행하지 않고 주식병합이 이루어진 경우에도 그 주식병합은 유효하다고 할 것이다.[12]

#### 5) 법인격 부인론의 적용 여부

1인회사의 경우에도 1인 주주는 회사와 별개의 법인격을 가지고 있고 또한 주주의 유한책임이 부인되지 않으므로 원칙적으로 회사의 채무에 대하여 1인 주주가 개인적으로 책임을 부담하지는 않는다. 다만 1인 주주가 자신의 재산과 회사의 재산을 혼융하는 등 법인격을 남용하거나 법인격을 형해화시켜 개인적인 이익을 도모하는 경우에는 회사의 법인격이 부인되어 1인 주주가 회사의 채무에 대하여 직접적인 책임을 부담하여야 하는 경우가 적지 않을 것이다.

---

이고, 승인 불요설(이철송 41면, 정동윤 17면, 최기원 52면, 최준선 33면)은 상법 398조는 회사의 이익을 보호하기 위한 것인데 이 경우 1인 주주와 회사의 이익은 일치하므로 이사회의 승인을 받을 필요가 없다는 입장이다.

11) 대법원 2007.5.10. 선고 2005다4284 판결은 "이사와 회사 사이의 이익상반거래에 대한 승인은 주주 전원의 동의가 있다거나 그 승인이 정관에 주주총회의 권한사항으로 정해져 있다는 등의 특별한 사정이 없는 한 이사회의 전결사항이라 할 것이므로"라고 판시하여 간접적이지만 주주전원의 동의가 있으면 이사 등의 자와 회사간의 거래에 이사회 결의가 필요 없다는 판단에 기초하고 있음을 엿볼수 있게 한다.

12) 대법원 2005.12.9. 선고 2004다40306 판결.

## 다. 법인성

### (1) 법인성의 의의

상법은 "회사란 상행위나 그 밖의 영리를 목적으로 하여 설립한 법인을 말한다"(상 169조)고 규정하여 회사를 그 구성원과 다른 별도의 법인격을 가지는 법률상 독립한 권리의무의 주체로 하고 있다. 이에 근거하여 회사와 구성원의 재산은 상호 독립성이 인정되어 회사는 자신의 명의로 재산권을 가지고 또한 독자적인 소송당사자성과 독립된 집행권원성이 인정된다. 이로써 회사는 자신의 명의로 소송의 당사자가 될 뿐만 아니라 그 활동의 근거지인 주소를 갖게 되는데 상법은 회사의 주소는 본점소재지에 있는 것으로 하고 있다(상 171조).

그런데 회사의 구성원이 이러한 회사의 법인격을 남용하여 제3자의 이익을 침해하는 등의 부당한 결과를 초래하는 경우에 이를 구제할 방안에 관하여 논의가 있어왔는데, 그중의 하나가 법인격 부인론이라고 할 것이다.

### (2) 법인격 부인론

#### (가) 법인격 부인론의 의의

회사는 그 구성원과는 별개로 독립적인 법인격을 갖게 되는데 회사의 구성원 등이 이를 남용하는 경우 그 회사의 법인격을 박탈하는 것이 아니라, 일정한 경우에 한하여 회사의 법인격을 부인하여 그 구성원과 회사를 동일시함으로써 타당한 결과를 찾으려는 이론이다.

실질적으로는 개인 기업이면서도 회사를 설립하여 회사의 법인격 뒤에 숨어서 이익은 회사의 구성원이 향수하고 책임은 회사에 부담시키는 등 회사의 법인격을 남용하는 경우가 적지 않다. 이러한 법인격의 남용을 막기 위하여 상법상 회사의 설립요건을 강화하거나 일정한 경우에 회사의 설립을 무효로 하거나 혹은 회사에 대한 해산판결이나 해산명령제도를 이용하는 것도 가능하지만 이런 경우에는 회사의 법인격을 영원히 박탈하게 되므로 그 행사가 조심스러운 반면 법인격 부인론은 문제된 특정한 거래관계에 한하여 법인격을 부인하고 회사의 법인격 뒤에 숨은 회사의 구성원에게 책임을 부담시킴으로써 법인격의 남용을 방지하고자 하는 목적을 달성할 수 있다는 점에서 장점이 있다. 특히 인적회사는 회사의 채권자에 대하여 직접적으로 무한책임을 부담하는 구성원이 있지만, 회사 구성원이 회사의 채권자에 대하여 유한책임을 부담할 뿐이고, 그러한 유한책임도 회사의 채권에 관하여 직접적인 책임을 부담하지 아니하는 유한책임회사(상 287조의7)와 유한회사(상 553조) 그리고 주식회사(상 331조)에 있어서 법인격 부인론의 효용은 적지 않다.

다만, 이 이론은 회사와 거래한 제3자를 보호하기 위한 것이므로 회사와 거래한 제3자가 이를 주장하는 것이 가능할 뿐이고 회사 혹은 회사의 구성원 이를 주장할 수는 없다고 할 것이다.

#### (나) 법인격 부인론의 인정 여부

법인격 부인론은 19세기 후반 경부터 미국의 판례를 통하여 형성되어 발전해 왔고, 그 밖에도 독일, 프랑스 일본 등 전 세계적으로 널리 인정되고 있다.

우리나라에서도 이러한 법리의 인정여부에 대하여 소극적인 견해도 일부 있었으나 일반적으로 인정되고 있고, 다만 그 인정근거에 대하여 견해의 대립이 있다.[13] 대법원도 이 법리를 인정하고 있으나 회사의 법인격이 부인되는 구체적인 기준을 명확히 밝히고 있지는 않은 채 구체적인 경우에 개별적으로 이 법리를 인정하여 주로 채무변제의 경우와 채무면탈목적으로 회사를 설립하는 경우에 회사의 법인격을 부인하고 있다.

◈ 대법원 1977.9.13. 선고 74다954 판결[14]

이른바 법인 형해론의 입장에서 회사의 법인격이 부인되기에 이르렀다고 보려면 회사의 대표이사가 회사의 운영이나 기본재산의 처분에 있어서 주식회사 운영에 관한 법적 절차 등을 무시하고 위법 부당한 절차에 의하여 외형상 회사형태를 유지하는 것에 불과한 경우를 말한다.

◈ 대법원 1988.11.22. 선고 87다카1671 판결[15]

선박회사인 갑, 을, 병이 외형상 별개의 회사로 되어 있지만 갑회사 및 을회사는 선

13) 법인격 부인론의 법리적 근거에 관하여 미국에서는 agency theory, instrumentality theory, alter ego theory 등이 있고, 독일에서는 제도의 남용, 권리의 남용, 공공질서, 규범의 해석 등의 이론이 주장되고 있고, 일본에서는 권리남용(일본 민법 1조 3항)을 들고 있으며, 우리나라에서도 법인제도의 내재적 한계일탈 혹은 신의성실과 권리남용에서 그 근거를 찾고 있으나 대법원은 신의성실의 원칙에 어긋나고 정의와 형평에 반하여 허용될 수 없다고 판시하고 있다(대법원 2001.1.19. 선고 97다21604 판결 등).

14) 이 판결은 甲회사가 도산하자 甲회사의 채권자 丙(원고)은 변제능력이 있는 甲회사의 주주(피고)에게 직접 채무변제를 요구하였고 서울고등법원에서는 법인격 부인론을 수용하여 丙의 청구를 인용하였으나 대법원에서는 법인격 부인론의 인정여부를 직접적으로 밝히지는 않았지만, 일응 이를 수용할 수도 있음을 전제로 하여 甲회사의 법인격이 형해화(形骸化)하지 않았음을 이유로 서울고등법원의 판결을 파기 환송한 사건으로서 향후 법인격 부인론을 인정할 것인가에 대한 논의의 단초를 제공한 중요한 판결이고 아울러 이 판결은 회사 법인격의 형해화요건을 대략적이나마 밝힌 것으로서 중요한 의미가 있다.

15) 이 판결은 甲과 乙이라는 별개의 법인이 각기 선박을 소유하고 있으나 실제로는 丙회사가 이들 선박의 실제 소유자로서 이들 선박의 선적국에 따라 별도로 법인을 설립해 놓았던 것으로서, 甲과 乙은 이른바 페이퍼 컴퍼니에 지나지 않았는바, 丙의 채권자 丁이 甲과 乙 명의의 이들 선박을 가압류하자 甲과

박의 실제상 소유자인 병회사가 자신에 소속된 국가와는 별도의 국가에 해운기업상의 편의를 위하여 형식적으로 설립한 회사들로서 그 명의로 선박의 적을 두고 있고 (이른바 편의치적(便宜置籍)), 실제로는 사무실과 경영진 등이 동일하다면 이러한 지위에 있는 갑회사가 법률의 적용을 회피하기 위하여 병회사가 갑회사와는 별개의 법인격을 가지는 회사라는 주장을 내세우는 것은 신의성실의 원칙에 위반하거나 법인격을 남용하는 것으로 허용될 수 없다.

### ◆ 대법원 2001.1.19. 선고 97다21604 판결[16)]

회사가 외형상으로는 법인의 형식을 갖추고 있으나 이는 법인의 형태를 빌리고 있는 것에 지나지 아니하고 그 실질에 있어서는 완전히 그 법인격의 배후에 있는 타인의 개인기업에 불과하거나 그것이 배후자에 대한 법률적용을 회피하기 위한 수단으로 함부로 쓰여지는 경우에는, 비록 외견상으로는 회사의 행위라 할지라도 회사와 그 배후자가 별개의 인격체임을 내세워 회사에게만 그로 인한 법적 효과가 귀속됨을 주장하면서 배후자의 책임을 부정하는 것은 신의성실의 원칙에 위반되는 법인격의 남용으로서 심히 정의와 형평에 반하여 허용될 수 없고, 따라서 회사는 물론 그 배후자인 타인에 대하여도 회사의 행위에 관한 책임을 물을 수 있다고 보아야 한다.

### ◆ 대법원 2004.11.12. 선고 2002다66892 판결[17)]

기존회사의 채무면탈을 목적으로 기업의 형태와 내용이 실질적으로 동일하게 설립된

---

乙이 이들 선박은 각기 자신들의 선박이므로 丙과는 전혀 다른 법인이라고 할 수 있는 甲과 乙의 소유물에 대하여 丙의 채권자가 가압류하는 것은 옳지 않다는 취지로 다툰 사건이었는데, 대법원은 법인격의 부인론을 적용하여 원고의 청구를 기각한 것으로서 대법원이 법인격 부인론을 거론한 최초의 판결이다.

16) 이 판결은 甲회사로부터 오피스텔을 분양받고 중도금까지 지급하였던 乙(원고)이 오피스텔 공사가 중단되자 甲회사에 대하여 분양계약을 해제하고 甲회사와 甲회사의 주주(피고)를 상대로 중도금의 반환을 구한 사건으로, 원고의 청구를 인용한 원심판결에 불복한 피고의 상고를 기각한 판결인바, 법인격 부인론의 적용여부는 실질주주의 회사지배의 정도/실질주주와 회사의 업무 및 재산의 혼융정도/회사의 자금의 실질주주에게로의 이전상황/회사의 사업 규모, 자산 및 지급능력 등을 판단해 보아야 한다는 등 법인격 부인론의 요건과 효과를 밝힌 점에서 의미 있는 판결로서 이후 회사의 법인격을 부인하고 그 배후에 숨은 자에 대한 직접적인 책임추궁을 인정하는 다수의 판결로 이어졌다.

17) 이 판결은 甲주식회사의 지배주주 乙이 채권자로부터 甲주식회사에 대한 강제집행을 피하기 위하여 기업의 형태와 내용이 실질적으로 甲주식회사와 동일한 별도의 丙주식회사를 설립하고 이에 출자하는 등 甲주식회사의 재산과 영업을 丙주식회사로 빼돌려 甲주식회사가 재산이 없는 상태에 이르게 되자, 甲주식회사에 대하여 임대차보증금반환채권을 가지고 있던 丁(원고)은 甲주식회사와 丙주식회사(피고)에 대하여 임대차보증금 반환을 구하였던바, 원심판결은 이를 인용하였고 丙주식회사는 이에 불복하여 상고하였는바, 대법원은 丙주식회사는 甲주식회사가 채무면탈의 목적을 위하여 설립된 회사로서 甲주식회사와 기업의 형태와 내용이 실질적으로 동일하다고 판단하여 丙주식회사의 법인격을 부인하면서 丁(원고)은 甲주식회사(기존회사)와 丙주식회사(신설회사) 모두에 대하여 채무이행을 청구하는 것이 가능하다고 판시한 판결로서, 이 판결 이후에 채무면탈 목적이 있는 경우에 있어서 회사의 법인격을 부인하였다. 특히 직접적인 채무자가 아닌 다른 회사의 법인격도 경우에 따라서는 부인될 수 있음을 인정하였다는 점에서 의미있는 판결이라 할 것이다.

신설회사가 기존회사와 별개의 법인격임을 내세워 그 책임을 부정하는 것은 신의성실에 반하거나 법인격을 남용하는 것으로서 허용될 수 없다.

대법원은 법인격 부인의 법리를 직접적인 채무자가 아닌 다른 회사에 적용하여 그 다른 회사의 법인격도 부인할 수 있다고 판시하고 있다. 대법원은 채무자인 기존회사가 채무면탈의 목적으로 회사의 자금과 영업을 빼돌려 신설한 다른 회사의 법인격을 부인하였고(대법원 2004.11.12. 선고 2002다66892 판결), 비록 회사를 신설하지 않고 이미 설립되어 존재하고 있던 회사를 이용하는 경우에도 그 회사의 법인격을 부인하였으나(대법원 2011.5.13. 선고 2010다94472 판결), 채무자인 회사와 모자관계에 있는 자회사의 경우(대법원 2006.8.25. 선고 2004다26119 판결), 채무자인 회사의 대주주가 다른 회사를 설립한 경우라도 별도의 자금으로 법인을 신설한 경우(대법원 2008.8.21. 선고 2006다24438 판결), 나아가 신설회사의 주주가 채무자인 주주와 완전히 다르고 기존회사로부터 무상으로 이전받은 자산이 없는 경우(대법원 2010.1.14. 선고 2009다77327 판결)에는 법인격 부인의 주장을 배척하고 있다. 요컨대 대법원은 채무자인 회사의 채무와 관련하여 채무자가 아닌 다른 회사의 법인격을 부인하는 것을 인정하지만 그 판단의 기준은 실질적으로 그 회사가 형해화되어 있고 법인격이 남용되어 채권자의 이익을 침해하는지 여부에 있다고 할 것이다.

### (다) 법인격 부인론의 인정 요건

#### 1) 주관적 요건

일정한 경우에 회사의 법인격을 부인하기 위하여, 회사의 구성원이 회사의 법인격을 이용하여 이익을 취하려는 부정한 목적을 가지고 있어야 하는지가 문제되는데, 이러한 주관적 요건을 요구하는 것은 입증의 곤란을 가져오고, 특히 이를 너무 엄격히 요구할 경우 법인격 부인론을 인정하는 본질을 해할 뿐 아니라 거래의 상대방의 보호에도 미흡한 결과를 초래한다는 이유로 그 필요성에 대하여 부정하는 견해[18]도 있지만, 대법원은 이를 인정하고 있다.

다만 이러한 주관적 요건은 내심의 의사를 판단하는 것으로써 객관적 상황 등을 고려하여 그러한 내심의 의사를 추단할 수 있을 정도면 족하다고 할 것으로서 이를 어느 정도까지 요구할 것인가는 구체적인 경우에 법원이 판단할 몫이라고 할 것이다.

**◆ 대법원 2006.8.25. 선고 2004다26119 판결[19]**

친자회사는 상호간에 상당 정도의 인적 자본적 결합관계가 존재하는 것이 당연하므로, 자회사의 임직원이 모회사의 임직원 신분을 겸유하고 있었다거나 모회사가 자회사의

---

18) 이철송 55면, 최기원 57면, 최준선 38면.

19) 이 판결은 "甲주식회사(피고)"의 필리핀 자회사인 "乙주식회사"에 대하여 공사대금채권을 가지고 있는 "丙주식회사(원고)"는 "甲주식회사"에 대하여 자신의 "丙주식회사"에 대한 공사대금지급을 구하는 소송을 제기하였으나 원심판결은 이를 기각하였고 대법원은 원심판결에 불복한 원고의 상고를 배척하면서 법인격 부인론을 적용하기 위해서는 일정한 주관적 요건이 필요함을 판시하였다.

전 주식을 소유하여 자회사에 대해 강한 지배력을 가진다거나 자회사의 사업 규모가 확장되었으나 자본금의 규모가 그에 상응하여 증가하지 아니한 사정 등만으로는 모회사가 자회사의 독자적인 법인격을 주장하는 것이 자회사의 채권자에 대한 관계에서 법인격의 남용에 해당한다고 보기에 부족하고, 적어도 자회사가 독자적인 의사 또는 존재를 상실하고 모회사가 자신의 사업의 일부로서 자회사를 운영한다고 할 수 있을 정도로 완전한 지배력을 행사하고 있을 것이 요구되며, 구체적으로는 모회사와 자회사 간의 재산과 업무 및 대외적인 기업거래활동 등이 명확히 구분되어 있지 않고 양자가 서로 혼용되어 있다는 등의 객관적 징표가 있어야 하며, 자회사의 법인격이 모회사에 대한 법률 적용을 회피하기 위한 수단으로 사용되거나 채무면탈이라는 위법한 목적 달성을 위하여 회사제도를 남용하는 등의 주관적 의도 또는 목적이 인정되어야 한다.

### ◈ 대법원 2008.8.21. 선고 2006다24438 판결

기존회사가 채무를 면탈하기 위하여 기업의 형태·내용이 실질적으로 동일한 신설회사를 설립하였다면, 신설회사의 설립은 기존회사의 채무면탈이라는 위법한 목적 달성을 위하여 회사제도를 남용한 것에 해당한다. 이러한 경우에 기존회사의 채권자에 대하여 위 두 회사가 별개의 법인격을 갖고 있음을 주장하는 것은 신의성실의 원칙상 허용될 수 없으므로, 기존회사의 채권자는 위 두 회사 어느 쪽에 대하여도 채무의 이행을 청구할 수 있다. 여기에서 기존회사의 채무를 면탈할 의도로 신설회사를 설립한 것인지 여부는 기존회사의 폐업 당시 경영상태나 자산상황, 신설회사의 설립시점, 기존회사에서 신설회사로 유용된 자산의 유무와 그 정도, 기존회사에서 신설회사로 이전된 자산이 있는 경우 그 정당한 대가가 지급되었는지 여부 등 제반 사정을 종합적으로 고려하여 판단하여야 한다.

### ◈ 대법원 2010.2.25. 선고 2007다85980 판결

특수목적회사(SPC)는 일시적인 목적을 달성하기 위하여 최소한의 자본출자요건만을 갖추어 인적·물적 자본 없이 설립되는 것이 일반적이다. 따라서 특수목적회사가 그 설립목적을 달성하기 위하여 설립지의 법령이 요구하는 범위 내에서 최소한의 출자재산을 가지고 있다거나 특수목적회사를 설립한 회사의 직원이 특수목적회사의 임직원을 겸임하여 특수목적회사를 운영하거나 지배하고 있다는 사정만으로는 특수목적회사의 독자적인 법인격을 인정하는 것이 신의성실의 원칙에 위배되는 법인격의 남용으로서 심히 정의와 형평에 반한다고 할 수 없으며, 법인격 남용을 인정하려면 적어도 특수목적회사의 법인격이 배후자에 대한 법률적용을 회피하기 위한 수단으로 함부로 이용되거나, 채무면탈, 계약상 채무의 회피, 탈법행위 등 위법한 목적달성을 위하여 회사제도를 남용하는 등의 주관적 의도 또는 목적이 인정되는 경우라야 한다.

2) 객관적 요건

객관적 요건에 관하여는 다양한 견해가 주장되고 있으나 우선 실질적인 모습에 비추어 볼 때 회사와 배후자 사이의 재산과 업무가 혼융되어 있고 회사의 운영 실태에 비추어 볼 때 회사의 법인격이 형해화되어 있거나, 또는 배후자가 회사를 실질적으로 지배하고 있고 그러한 지배력을 통하여 회사의 법인제도를 남용함으로써 심히 부당한 결과를 초래할 것 등을 생각해 볼 수 있다.

◆ 대법원 2008.9.11. 선고 2007다90982 판결[20)]

회사가 외형상으로는 법인의 형식을 갖추고 있으나 법인의 형태를 빌리고 있는 것에 지나지 아니하고 실질적으로는 완전히 그 법인격의 배후에 있는 사람의 개인기업에 불과하거나, 그것이 배후자에 대한 법률적용을 회피하기 위한 수단으로 함부로 이용되는 경우에는, 비록 외견상으로는 회사의 행위라 할지라도 회사와 그 배후자가 별개의 인격체임을 내세워 회사에게만 그로 인한 법적 효과가 귀속됨을 주장하면서 배후자의 책임을 부정하는 것은 신의성실의 원칙에 위배되는 법인격의 남용으로서 심히 정의와 형평에 반하여 허용될 수 없고, 따라서 회사는 물론 그 배후자인 타인에 대하여도 회사의 행위에 관한 책임을 물을 수 있다고 보아야 한다. 여기서 회사가 그 법인격의 배후에 있는 사람의 개인기업에 불과하다고 보려면, 원칙적으로 문제가 되고 있는 법률행위나 사실행위를 한 시점을 기준으로 하여, 회사와 배후자 사이에 재산과 업무가 구분이 어려울 정도로 혼용되었는지 여부, 주주총회나 이사회를 개최하지 않는 등 법률이나 정관에 규정된 의사결정절차를 밟지 않았는지 여부, 회사 자본의 부실 정도, 영업의 규모 및 직원의 수 등에 비추어 볼 때, 회사가 이름뿐이고 실질적으로는 개인 영업에 지나지 않는 상태로 될 정도로 형해화되어야 한다. 또한, 위와 같이 법인격이 형해화될 정도에 이르지 않더라도 회사의 배후에 있는 자가 회사의 법인격을 남용한 경우, 회사는 물론 그 배후자에 대하여도 회사의 행위에 관한 책임을 물을 수 있으나, 이 경우 채무면탈 등의 남용행위를 한 시점을 기준으로 하여, 회사의 배후에 있는 사람이 회사를 자기 마음대로 이용할 수 있는 지배적 지위에 있고, 그와 같은 지위를 이용하여 법인 제도를 남용하는 행위를 할 것이 요구되며, 위와 같이 배후자가 법인 제도를 남용하였는지 여부는 앞서 본 법인

---

20) 이 판결은 "갑 주식회사"의 지배주주인 "을(피고)"이 "갑 주식회사"가 부도위기에 처하자 "병 주식회사를 설립"하고 또 "병 주식회사"를 폐업하고 "정 주식회사"를 설립 운영하는 등 사업이 부진으로 인하여 종전의 회사를 폐업하면서 채무를 일부 탕감 받고 다시 새로운 자금을 투입하여 새로운 회사를 설립하는 형식으로 사업을 하여 왔는데 "병 주식회사"에 대하여 원단대금채권을 가지고 있던 "무(원고)"가 병 주식회사의 법인격을 부인하고 지배주주였던 "을(피고)"에게 원단대금의 지급을 구한 사건에서 이를 인용한 원심판결을 파기하면서 대법원은 법인격 부인의 법리를 적용하기 위한 객관적 요건으로서 재산과 업무가 혼용되어 법인격이 형해화 되었는지 여부 또는 배후에 있는 자가 지배적 지위에서 법인 제도를 남용하는 등 법인격이 남용되었는지 여부라는 두 가지 요건이 필요하다고 판시하였다(대법원 2008.9.11. 선고 2007다90982 판결, 대법원 2010.1.28. 선고 2009다73400 판결, 대법원 2013.2.15. 선고 2011다103984 판결).

격 형해화의 정도 및 거래상대방의 인식이나 신뢰 등 제반 사정을 종합적으로 고려하여 개별적으로 판단하여야 한다.

#### (라) 법인격 부인론의 적용 범위

##### 1) 계약에 있어서의 적용

법인격 부인론은 이사나 영업양도인 등이 경업피지의무를 회피할 목적에서 회사를 설립하거나, 채무자가 강제집행의 면탈을 위하여 별도의 회사를 설립하여 동일한 사업을 영위하는 경우, 모회사가 자회사에게 설비 등을 임대하면서 높은 임대료를 받는 경우, 또는 1인회사의 경우에 있어서 회사의 운영으로 인한 채권은 1인 주주에게 귀속시키고 채무는 회사에 귀속시키는 경우 등과 같이 회사의 구성원이 계약관계에서, ① 계약상의 의무를 회피할 목적에 이용되거나, ② 채무면탈의 목적에 이용되거나, ③ 회사의 이익을 횡탈하는 등 정의의 관념에 반하는 목적에 이용되거나, ④ 법률의 제한을 회피할 탈법행위의 목적에 회사의 법인격을 이용하는 경우에 주로 적용된다.

##### 2) 불법행위에 있어서의 적용

법인격 부인론의 법리가 불법행위에도 적용될 것인지 여부에 관하여 법인격 부인론의 근거가 신의칙위반이라면 불법행위 당사자 사이에는 보호하여야 할 상대방의 신뢰가 존재하지 아니하므로 이 경우에는 법인격 부인론의 법리가 적용될 수 없다는 견해도 있지만, 법인격 부인론이 단순히 거래행위에서의 상대방의 신뢰보호뿐만 아니라 정의의 관점에서 법인격이 남용된 경우에 이를 바로 잡아 구체적 타당성을 확보할 목적에서 인정되는 법리라는 점에서 이를 인정하는 것이 타당하다고 생각된다.

채무자가 자신의 채무를 면탈할 목적으로 회사를 설립하는 경우에 그 신설 회사가 채무자와 별개의 법인격을 가지고 있음에도 불구하고 그 채무를 신설법인으로 하여금 이행하도록 할 수 있는지 여부 이른바 법인격 부인론의 역적용에 관하여 견해의 대립이 있다. 채무자가 개인인 경우에 관한 대법원 판결은 없으나 법인이 그 채무를 면탈하기 위하여 다른 회사를 신설하거나 기존의 회사를 이용하는 경우에 앞서 본바와 같이 그 다른 회사로 하여금 채무를 이행하도록 하고 있음에 비추어 볼 때 이경우에도 그 신설회사로 하여금 채무을 이행토록 할 수 있다고 하겠다.

##### 3) 법인격 부인론의 적용에 있어서 보충성

법인격 부인의 법리는 실정법에 의하여 인정되는 것은 아니므로, 그 인정근거를 구체적 타당성을 확보하기 위한 신의성실의 요청과 권리남용의 금지라든가 정의와 형평 등에서 찾는다면 법인격 부인의 법리는 법률의 규정에 의하여 해결될 수 없는 경

우에 한하여 보충적으로 적용되어야 할 것이다.[21)]

### (마) 법인격 부인론의 적용 효과

#### 1) 일반적 효과

법인격 부인의 법리는 회사의 법인격을 전반적이고 종국적으로 부인하는 것이 아니라 문제된 특별한 법률관계에 있어서 관련된 당사자에 대한 관계에서만 회사의 법인격을 일시적, 잠정적으로 정지시켜 회사와 그 배후에 있는 회사의 구성원을 동일한 실체로 취급하게 되는 것으로서 회사와 거래한 상대방은 그 배후의 구성원에게 그 법률효과를 주장하고 그에 따른 책임을 추궁하는 것이 가능하게 되는데, 그렇다고 하더라도 회사의 책임이 면제되는 것은 아니라고 할 것이다.

#### 2) 소송법상의 효과

회사채권자가 회사를 상대로 승소한 경우 회사의 배후에 있는 자라고 할 수 있는 지배주주에 대하여 기판력과 집행력을 미치게 하여 승계집행문을 받을 수 있는지 여부가 문제되는데, 절차의 명확성과 안정을 중시하는 소송절차와 강제집행절차의 성격상 판결의 기판력과 집행력을 확장하는 것을 허용하여서는 아니 된다고 할 것이다.[22)]

## 라. 사회성

이 밖에도 상법에는 나타나 있지 않지만 회사의 본질로서 사회성을 드는 경우도 있다.[23)] 회사는 단순히 영리적 기업 활동만을 하는 단체가 아니라 사회적 의미 있는 단체로서 사회의 전반에 걸쳐 중요한 영향을 미치게 되므로 사회적 책임을 부담하는

---

21) 권기범 49면, 정동윤 28면, 최기원 58면.
이에 대하여 정찬형 38면은 법인격 부인의 근거를 법인격 개념에 내재하는 한계에서 구하면서, 다른 법이론에 명백히 상충되지 않는다면 법인격 부인의 법리는 병존적으로 적용할 수도 있다고 주장하고 있다.

22) 대법원 1995.5.12. 선고 93다44531 판결은, 갑 주식회사가 채무면탈의 목적으로 병 주식회사(피고)를 설립하였는데 갑 주식회사에 대하여 집행권원(판결)을 가진 채권자 을(원고)이 갑 주식회사에 대한 집행권원으로 병 주식회사에 대하여 승계집행문을 구하는 소송을 제기하였음에 대하여 이를 기각하면서, "갑 회사가 을 회사의 채권자에 대하여 을 회사와는 별개의 법인격을 가지는 회사라는 주장을 하는 것이 신의성실의 원칙에 반하거나 법인격을 남용하는 것으로 인정되는 경우에도, 권리관계의 공권적인 확정 및 그 신속·확실한 실현을 도모하기 위하여 절차의 명확·안정을 중시하는 소송절차 및 강제집행절차에 있어서는 그 절차의 성격상 을 회사에 대한 판결의 기판력 및 집행력의 범위를 갑 회사에까지 확장하는 것은 허용되지 아니한다"고 판시하고 있다.

23) 회사의 사회성에 관한 규정을 두고 있는 입법례는 많지 않으나, 미국의 모범사업회사법(Model Business Corporation Act: MBCA)에서는 회사가 공공복지, 자선 및 과학과 교육을 위한 기부를 할 수 있다는 규정(§3.02(13))이 있는가 하면 정부정책을 지원하기 위한 사업을 수행할 수도 있다는 규정(§3.02(14))을 두고 있다.

지에 관하여 견해의 대립이 있다.[24]

회사의 사회성과 관련하여 회사가 그 영업이익을 공익활동을 위하여 사용할 수 있는지, 정치적 헌금을 할 수 있는지 등이 문제되는데 이러한 문제는 회사의 영리성과도 밀접히 관련되어 논의되고 있다.

회사가 적절한 공익적 활동을 통하여 회사의 발전과 이익창출에 도움이 되는 경우도 적지 않으므로, 영리성과 공익성은 전혀 양립이 불가능한 것은 아니라 할 것이다. 그러나 회사의 이익을 공익목적을 위하여 사용하는 것은 회사 구성원의 이익을 해칠 우려가 있으므로 구성원들 간의 합의를 통한 일정한 제한이 필요하다는 데에는 이론이 없고, 법인세법 제24조 1항에서도 회사가 일정 한도 내에서 하는 기부는 손금산입(비용처리)을 허용하고 있다. 그러나 회사가 그 이익을 구성원에게 분배함이 없이 공익활동에 사용하는 것은 당연상인으로서 회사의 본질에 반한다고 할 것이고[25] 그러한 내용의 정관을 작성하였다고 하더라도 그것은 무효라고 할 것이다.

한편 회사가 정치적 헌금을 하는 것은 회사의 목적에 반하는 행위로서 무효가 아닌가 하는 문제, 나아가 그런 정치적 헌금을 한 이사는 충실의무에 위반하여 회사에 대하여 손해배상책임을 부담하는가의 문제가 회사의 사회성과 관련하여 논의되고 있으나[26] 우리나라의 정치자금법 제3조는 정치헌금을 금지하고 있다.

---

24) 이 부분에 관하여는 김성태 "기업윤리에 관한 고찰" 상사법연구 12집(상사법학회 1993년) 15면 이하 참조.
회사의 사회성을 인정하는 논거는 1. 회사가 사용하는 인적·물적 자원은 유한하므로 이것을 보호하고 현명하게 사용하기 위하여 책임있게 행동해야 하고, 2. 회사는 사회에 막대한 영향력을 행사하므로 그것에 대응하여 사회적 책임을 부담하여야 하며, 3. 회사가 그 운영과정에서 사회에 대하여 많은 문제(환경/노사)를 제공하므로 이를 예방하고 해결할 사회적 책임을 부담하여야 하며, 4. 회사가 스스로 사회적으로 책임있게 행동함으로써 정부의 규제와 간섭을 피할 수 있다고 주장한다. 한편 이를 부정하는 논거는 1. 회사는 이윤을 극대화함으로써 결국 사회의 이익에 도움이 되므로 별도의 사회성을 인정할 필요가 없고, 2. 회사의 사회에 대한 영향력이 지나치게 증대시키게 된다거나, 3. 사회적 책임을 전제로 한 과대한 비용의 요구는 회사를 위축시킨다고 주장한다.

25) 구성원 전체의 합의가 있으면 이익의 분배 없이 공익활동을 하는 회사도 가능하다는 견해도 있으나, 그것은 공익법인일지언정 영리성을 본질로 하는 상법상의 회사는 아니라고 할 것이다.

26) 회사의 정치헌금에 관하여 일본에서는 야하다제철소(신일본 제철소의 전신)가 자민당에 한 정치헌금의 정당성에 관한 최고재판소의 판결(1970.6.24. 민집 24권 6호 625면)을 통하여 논의가 되었고, 우리나라에서도 학자들 사이에서 논의되고 있으나 이에 관한 대법원의 판결은 아직 없는 실정이다. 위 일본의 판결에서 최고재판소는 "회사가 정관의 목적 범위 내에서만 권리능력을 가지지만, 목적의 범위 내의 행위라 함은 정관에 명시된 목적 자체에 한정되는 것이 아니라 그 목적을 수행하는 데 직접 또는 간접으로 필요한 행위도 포함되고 정당의 건전한 발전에 협력하는 것은 회사의 사회적 역할을 수행하기 위한 행위로서 정관 소정의 목적 범위 내에 속한다고 하면서 다만 회사의 정치헌금은 무제한으로 허용되는 것이 아니고 그 회사의 규모, 영업실적 기타 사회경제적 지위, 기부의 상대방 등 제반사정을 고려하여 합리적인 범위 내에서 금액을 결정하여야 하고 이러한 범위를 초과한 기부는 이사의 충실의무에 위반한다고 판시하고 있다.

## 2. 회사의 종류

회사의 종류는 여러 가지 기준에 의하여 다양하게 분류된다.

### 가. 상법상의 분류

상법은 합명회사, 합자회사, 유한책임회사, 주식회사와 유한회사의 다섯 가지 종류의 회사를 규정(상 170조)하고 있다. 특히 주식회사에 있어서는 모회사와 자회사, 소규모주식회사, 상장회사에 관한 규정을 두고 있으나 이들은 일정한 모습을 가진 주식회사에 관하여 특별한 취급을 하기 위한 규정에 불과한 것으로서 상법상 회사의 분류로 볼 수는 없다고 할 것이다.

어떤 종류의 기업형태를 인정할 것인가의 문제는 각국의 입법정책에 달린 문제인데 미국의 경우에는 다양한 기업의 형태가 있다 특히 회사나 조합의 형태 이외에도 대외적으로는 회사구성원의 유한책임이 인정되면서도 대내적으로는 조합적 특성을 가지는 회사형태인 LLC(limited liability company),[27] 유한책임조합원들로만 구성된 조합형태로서 LLP(limited liability partnership) 그리고 유한책임조합원과 무한책임조합원으로 구성된 조합형태로서 LP(limited partnership) 등이 인정되고 있고, 2005년 새로 제정된 일본의 회사법도 회사를 크게 주식회사와 지분회사로 분류하고 지분회사로서 미국의 LLC와 유사한 合同會社를 새로이 규정하고 있고, 별도의 법률을 제정하여 LLP와 유사한 有限責任事業組合이라는 기업형태도 허용하고 있다. 우리나라도 2011년 4월 14일 개정되기 전의 상법은 회사의 종류로서 합명회사, 합자회사, 주식회사 및 유한회사의 네 가지 종류의 회사를 인정하고 있었으나(개정전 상법 170조), 상법 개정으로 유한책임회사와 합자조합이라는 새로운 기업형태를 가지게 되었다. 2011.4.14.개정되어 2012.4.15부터 시행된 개정 상법은 (1) 미국의 LP와 유사한 형태로서, 내부적으로는 조합의 실질을 가지면서도, 외부적으로는 무한책임을 부담하는 업무집행조합원뿐만 아니라 유한책임이 인정되는 유한책임조합원으로 이루어지는 합자조합(상 86조의2 내지 86조의9)과 (2) 미국의 LLC와 유사한 형태로서, 대내적으로는 합명회사와 유사하게 조합의 실질을 가지면서 대외적으로는 모든 사원의 유한책임이 인정되는 유한책임회사(상 287조의2 내지 287조의45)를 신설하여 전자는 법인격이 인정되지 않는 조합이므로 상행위편에 규

---

27) 미국 산업계의 요구에 따라 미국의 와이오밍주는 유한책임회사법을 제정하여 회사의 구성원들이 회사의 채무에 대하여 유한책임을 부담하면서도 세제상으로는 파트너쉽과 동일하게 취급되어 기업 자체에 법인세가 부과되지 않고 기업의 구성원에게만 과세하는 이른바 구성원과세를 하는 회사의 형태를 허용하게 되었고 이러한 회사에 대하여 1988년에 미국의 국세당국(Internal Revenue Service: I.R.S. 미국 재무성 국세국)이 파트너쉽으로서 과세를 하겠다는 결정을 하게 되자, 각 주에서 유사한 회사의 형태를 인정하는 입법을 함으로써 미국 전역으로 LLC의 설립이 확산되었다. 이에 따라 각 주의 법률상의 통일을 위한 기준을 제시하기 위한 National Conference of Commissioner on Uniform State Laws (NCCUSL)에서도 Uniform Limited Liability Act(ULLCA)을 제안하고 이어서 2006년에 이를 개정한 RULLCA(Revised Uniform Limited Liability Act)를 정하게 됨으로써 미국의 적지 않은 주에서 이에 의거한 유한책임회사법(Limited Liability Act)을 제정하여 시행하고 있는 실정이다.

정하고, 후자는 법인격이 인정되는 회사이므로 회사편에서 각 규정하고 있다.

### (1) 합명회사, 합자회사, 유한책임회사, 주식회사, 유한회사

상법은 합명회사, 합자회사, 유한책임회사,[28] 주식회사 및 유한회사의 다섯 가지 형태의 회사를 규정하고 있다.

이러한 다섯 가지 형태의 회사는 기본적으로 회사의 실질적인 모습과 구성원이 부담하는 책임의 형태에 따라 회사의 설립, 구성원 상호간의 내부적 법률관계 및 제 3 자에 대한 외부적 법률관계에 차이가 있게 되고 이에 따라 상법도 이들 회사에 대하여 각기 달리 규정하고 있다. 회사의 구성원이 부담하는 책임은 회사에 대하여 부담하는 출자의무를 의미하는 경우가 있는데 이를 강학상 간접책임이라고 하고, 이와는 달리 회사가 채권자에게 부담하는 채무에 대하여 회사의 구성원이 직접적으로 변제할 책임을 의미하는 경우가 있는데 이를 강학상 직접책임이라고 한다.

또한 회사의 구성원이 자신의 출자액을 한도로 하여 부담하는 책임을 유한책임이라고 하고 출자액을 넘어서 모든 책임을 부담하게 되는 경우를 무한책임이라고 한다. 합명회사는 직접 무한책임을 부담하는 무한책임사원(상 212조)이 상호간의 인적신뢰를 바탕으로 설립운영하는 회사이고, 합자회사는 회사의 채무에 대하여 직접 무한책임을 부담하는 무한책임사원(상 269조, 212조)과 자신의 출자액을 한도로 하는 직접 유한책임을 부담하는 유한책임사원(상 279조)으로 구성되는데 반하여, 유한책임회사와 주식회사 그리고 유한회사의 구성원은 간접 유한책임(상 287조의7, 331조, 553조)을 부담하고 있다.

한편 회사는 구성원의 인적 결합이 강조됨으로써 단체로서의 단일성보다는 구성원의 개성이 강하게 나타나는 조합으로서의 실질을 가지는 경우가 있는가 하면, 자본의 물적 결합이 강조됨으로써 구성원의 개성보다는 단체로서의 단일성이 강하게 나타나는 경우가 있다.

조합은 구성원의 내부적 신뢰에 기초하여 결합하게 되므로 구성원의 가입과 탈퇴에 일정한 제한이 있게 되고, 조합의 의사는 구성원이 출자한 지분의 크기와 상관없이 모든 구성원의 균등한 참여로 결정되므로 지분주의(持分主義)가 아니라 두수주의(頭數主義)에 의하게 되고, 조합의 업무

28) 유한책임회사는 새로운 기술과 아이디어를 전문적이고 모험적인 소규모업종의 기업형태에 적합하도록 한 기업형태로서 유한책임사원으로 이루어진 합명회사로서 보아도 무방할 것이고, 이른바 강학상의 인적회사와 물적회사의 절충형회사(hybrid company)의 형태라고 할 것이다. 그러나 기대와는 달리 실무상 유한책임회사는 ① 우리나라는 유난히 주식회사에 대한 선호도가 매우 높다는 점, ② 조세제한특례법상 동일기업과세특례대상에 포함되어 있지 않은 점(조세특례제한법 제100조의15 제1항, 같은법 시행령 제100조의15) 등의 이유로 그 이용이 저조하다.

도 구성원이 직접 집행하게 된다. 또한 조합의 재산은 합유적으로 구성원에게 귀속되고 조합의 재산으로 변제할 수 없는 채무에 대하여는 구성원이 직접적으로 책임을 부담하게 되는 특성이 있다.

합명회사와 합자회사는 조합적 실질을 갖는 회사로서 합명회사와 합자회사의 무한책임사원은 회사의 대내외 업무를 담당하고(상 200조, 269조), 합자회사의 유한책임사원은 출자자로서 회사의 업무집행과 재산상태를 감시하게 된다(상 277조). 한편 유한책임회사, 주식회사 그리고 유한회사는 모든 사원이 간접 유한책임을 부담하는 회사라는 점에서는 동일하지만, 유한책임회사의 내부적 조직이나 운영은 합명회사와 유사하게 조합적 실질을 갖는데 반하여, 주식회사와 유한회사는 사단적 실질을 갖고 있다는 차이점이 있다. 다만 주식회사는 대규모적이고 공개적인 조직과 운영을 전제로 하고 있으나 유한회사[29]는 소규모적이고 폐쇄적이라는 차이가 있다고 할 것이다.[30]

### (2) 소규모 주식회사

상법은 자본금 총액이 10억 미만의 주식회사에 관하여는 설립의 간소화(상 292조 단서, 318조 3항)와 운영의 편의(상 363조, 383조, 409조 4항)를 위한 특별한 규정을 두고 있는데 이들 회사를 편의상 소규모 주식회사라고 한다.

### (3) 상장 주식회사

상법은 증권시장에 상장된 주식을 발행한 주식회사를 상장회사라고 하면서 상법이 정한 주식회사의 규정에 관한 특례규정(상 542조의2 내지 542조의12)을 두고 있는데 이런 회사를 다른 주식회사와 구별하여 상장회사라고 한다.

### (4) 모회사와 자회사 그리고 완전 모회사와 완전 자회사

상법은 두 회사 사이에 지배 종속적인 관계가 있는 경우에 다른 회사의 주식 50%를 초과하는 주식을 소유하는 지배적 회사를 모회사(상 342조의2)라고 하고, 다른 회사의 주식 100%를 소유하는 지배적 회사를 완전모회사라고 하며 이에 대칭되는 종속

---

29) 또한 2011.4.14.개정된 상법은 유한회사에 대한 제한을 폐지하여 유한회사의 형태를 활성화시키려는 의도에서, 유한회사의 사원총수에 대한 제한규정(개정전 상법 545조), 최저자본금에 관한 규정(개정전 상법 546조 1항)을 삭제하였고, 지분양도를 보다 자유롭게 하는 규정(상 556조)을 두고 있다.

30) 최근에는 비교적 규모가 큰 회사의 경우에도 상법상 주식회사에 대한 엄격한 규율 특히 회계상의 엄격성을 회피하기 위하여 특히 외국계 회사 등에서는 수입원가, 판매가격책정 등 영업상의 비밀 등의 외부노출을 피하기 위하여 유한회사의 형태를 취하거나 기존의 주식회사의 형태로부터 유한회사의 형태로 변경하는 경우가 적지 않다.

적 회사를 자회사 또는 완전자회사라고 규정하고 있다(상 360조의2, 360조의15).

### 나. 강학상의 분류

강학상으로는 회사를 인적회사와 물적회사로 구별하기도 하는데, 이는 구성원과 회사와의 관계 또는 구성원 사이의 관계의 밀접도에 따른 분류이다.

인적회사는 단체로서의 실체가 조합에 가깝고 구성원 사이의 친밀도가 깊으므로 구성원이 회사의 채무에 대하여 직접 무한책임을 부담하게 되고 회사의 운영에 직접적으로 관여하게 되며, 회사 신용의 기초는 구성원의 자력에 의존하게 되고, 구성원지위의 양도성에 제한이 있게 되는 등 대내관계에서는 비교적 넓은 범위에서 사적자치가 인정되게 된다. 이에 반하여, 물적회사는 단체로서의 실체가 법인이고 구성원 사이의 친밀도가 얕으므로 구성원은 출자의무만을 부담할 뿐 회사의 채무에 대하여 직접적으로 책임을 부담하지 아니하고, 회사의 운영은 별도로 구성된 기관에 의하여 행하여지고, 회사신용의 기초는 회사 그 자체의 재산에 의존하게 되며, 구성원지위의 양도는 원칙적으로 자유롭게 이루어지는 특색이 있다.

상법상 합명회사와 주식회사는 각기 인적회사와 물적회사의 전형적인 모습을 가지고 있고, 합자회사는 인적회사를 바탕으로 물적회사적인 요소가 첨가된 반면 유한회사는 물적회사를 바탕으로 인적회사적인 요소가 첨가된 모습을 가지고 있다. 또한 유한책임회사는 대내적 법률관계에서는 넓은 사적자치가 인정되는 조합적 실체를 가진 인적회사로서의 특징이 있으나, 대외적 법률관계에서는 회사의 책임에 대하여 유한책임을 부담하는 물적회사로서의 특징을 가지고 있다고 할 것이다.

### 다. 회사 설립의 근거법률에 의한 분류

#### (1) 내국회사와 외국회사

국내법의 적용 여부를 가리기 위하여 설립준거법을 기준으로 대한민국 법률에 근거하여 설립된 회사는 내국회사, 외국 법률에 근거하여 설립된 회사는 외국회사라고 분류하는 것이 일반적이다.

다만 상법은 "외국에서 설립된 회사라고 하더라도 대한민국에 그 본점을 설치하거나 대한민국에서 영업할 것을 주된 목적으로 하는 때에는 대한민국에서 설립된 회사와 동일한 규정에 의하여야 한다"라고 규정(상 617조)하여 국내법의 적용범위를 넓히고 있고 특히 상법은 외국회사에 대하여는 특별규정(상 614조 내지 621조)을 두어 이를 규율하고 있다.

### (2) 일반법상의 회사와 특별법상의 회사

국내법에 의하여 설립된 내국회사의 경우에도 그 근거법률에 따라 상법이 적용되는 상법상의 회사와 특정종류의 영업(은행업 / 보험업 / 신탁업)을 위한 특별법 또는 특정회사의 영업(한국도로공사 / 한국토지주택공사 / 한국방송공사)을 위한 특별법의 적용을 받는 특별법상의 회사로 분류하기도 하는데, 이러한 분류는 법률의 적용에 있어서 우선순위를 정하기 위함이다.

## 라. 기타 경제법상의 분류

### (1) 기업집단과 계열회사 그리고 지주회사

이러한 분류는 대규모회사에 대한 독점규제 및 공정거래에 관한 법률에 따른 회사의 분류이고 상법상의 회사라도 이런 대규모회사일 경우에는 독점규제 및 공정거래에 관한 법률에 정한 일정한 규제에 따라야 한다(독점규제법 2조 2호, 2조 3호, 2조의1 2호, 8조).

### (2) 상장법인과 비상장법인 그리고 주권상장법인과 주권비상장법인

자본시장과 금융투자업에 관한 법률 제9조 15항에 따르면 증권시장에 상장된 증권(상장증권: 주권, 사채권 등)을 발행한 법인은 상장법인이고, 상장법인을 제외한 법인은 비상장법인이며, 주권이나 주권과 관련된 예탁증권이 증권시장에 상장된 법인은 주권상장법인이고 주권상장법인을 제외한 법인은 주권비상장법인이라고 한다. 주권상장법인은 자본시장과 금융투자업에 관한 법률에 따른 여러 가지 특례의 적용대상이 된다.

상장(上場)이란 한국거래소(KRX: KoRea eXchange)가 일정한 증권(자본시장법 4조에 규정된 채무증권, 지분증권, 수익증권, 투자계약증권, 파생결합증권 그리고 증권예탁증권)을 자신이 개설하는 금융투자상품 거래시장(유가증권시장, 코스닥시장, 파생상품시장: 자본시장법 386조)에서 매매하도록 하는 것을 의미한다.

주식을 상장한 법인에 대하여 상법은 "상장회사"라는 용어를 사용하나(상 542조의2 이하), 자본시장과 금융투자업에 관한 법률에서는 "주권상장법인"이라는 용어를 사용(자본시장법 9조 15항)하고 있다.

## 3. 회사의 능력

회사는 상법에 의하여 인정되는 법인으로서(상 169조), 법인격이 있으므로 법률상 당연히 권리의무능력이 인정된다. 다만, 회사는 자연인과 달리 권리능력의 범위에 대한 제한이 문제될 뿐 행위능력 등에는 아무런 제한이 없다.

### 가. 권리능력

#### (1) 법률에 의한 제한

회사는 상법에 의하여 법인격을 부여(상 169조)받았으므로 법률에 의하여 권리능력이 제한될 수 있다.

##### (가) 상법상의 제한

상법은 청산 중에 있는 회사의 권리능력을 청산의 목적범위 내로 제한하고 있다(합명회사: 상 245조 / 합자회사: 269조 / 유한책임회사: 상 287조의45, 245조 / 주식회사: 542조 / 유한회사: 613조). 또한 상법은 회사가 다른 회사의 무한책임사원이 되는 것을 금지하고 있다(상 173조).

##### (나) 특별법상의 제한

은행이나 보험회사와 같은 특정회사는 특별법으로 특정업무 혹은 일정한 내용의 겸업행위가 금지(은행법 38조, 보험업법 11조)되고 있는데 이러한 규정이 효력규정인지 혹은 단속규정인지 여부에 관하여 견해의 대립이 있으나, 대법원은 그러한 제한규정을 두고 있는 법률의 입법취지와 그 규정의 내용과 성질 그리고 공공의 이익을 종합적으로 고려하여 개별적으로 판단하고 있다.[31]

31) 대법원 1985.11.26. 선고 85다카122 전원합의체 판결은 상호신용금고가 상호신용금고법 제17조에 위반하여 자기자본을 초과하여 차입한 경우에, "서민의 금융 및 저축업무를 담당하는 상호신용금고가 경영자의 무분별하고 방만한 채무부담행위로 인한 자본구조의 악화로 불실화됨으로써 그 업무수행에 차질을 초래하고 신용질서를 어지럽게 하여 서민거래자의 이익을 침해하는 사태가 발생함을 미리 방지하려는데 그 입법취지가 있다"고 판시하면서 이 규정을 효력규정으로 보고 있다. 이에 반하여 대법원 1997.8.26. 선고 96다36753 판결은 동일인에 대한 일정액을 넘는 대출 등을 원칙적으로 금하고 있는 구 상호신용금고법(1995.1.5. 법률 제4867호로 개정되기 전의 것) 제12조에 위반한 경우에, "제12조의 규정 취지는 원래 영리법인인 상호신용금고의 대출업무 등은 그 회사의 자율에 맡기는 것이 원칙이겠지만 그가 갖는 자금중개기능에 따른 공공성 때문에 특정인에 대한 과대한 편중여신을 규제함으로써 보다 많은 사람에게 여신의 기회를 주고자 함에 있으므로"라고 판시하면서 이 규정을 단속규정으로 보고 있다. 이 밖에도 대법원 2004.10.28. 선고 2004다5563 판결은 보조금의 교부 목적에 위배되는 용도에 사용하거나, 양도 · 교환 또는 대여하거나 담보에 제공하는 것을 금지하는 보조금의 예산 및 관리에 관한 법률 제35조의 경우에, "규정은 국가예산으로 교부된 보조금으로 취득한 재산이 그 교부 목적과 다른 용

이러한 제한규정을 효력규정으로 해석한다면 그것은 법률의 규정에 의한 법인의 권리능력의 제한이라고 할 것이므로 이러한 규정에 어긋나는 법인의 행위는 강행법규 위반으로서 당연 무효이지만 단순히 단속규정으로 해석한다면 그 규정에 어긋나는 법인의 행위는 임의규정 위반으로서 규정위반에 따르는 제재의 대상이 될 뿐이고 그 행위의 효력 자체가 무효로 되는 것은 아니라고 해석된다.

### (2) 성질에 의한 제한

회사는 인간들의 단체인 사단으로서, 자연인과 같은 육체가 없으므로 성질상 자연인에게만 인정되는 권리라고 할 수 있는 생명, 신체, 친족법상의 권리는 인정되지 않는다.

또한 실제적으로 육체적인 노동을 제공하여야 하는 지배인이 될 수는 없겠으나 다른 회사의 유한책임사원 사원 혹은 발기인이 되는 것은 가능하다 할 것인데 다른 회사의 이사나 감사 등이 될 수 있는가에 관하여 학설만이 대립하고 있을 뿐,[32] 대법원 판결은 없다.

### (3) 목적에 의한 제한

민법 제34조의 규정은 "정관에 정한 목적의 범위"로 법인의 권리능력을 제한하고 있으나 상법에는 그러한 규정이 없기에, 과연 회사에도 비영리법인에 적용되는 민법의 규정이 유추 적용되어 이러한 제한을 긍정할 것인가에 관하여, ① 목적에 따른 제한을 인정하는 견해 ② 목적에 따른 제한을 인정할 수 없다는 견해가 대립하고 있으나 일반적인 견해는 목적에 의한 제한을 부정하고 있다.[33]

---

도로 사용되거나 처분되는 것을 막음으로써 보조 사업에 대한 국가의 적정한 관리와 보조금의 실효성을 지속적으로 확보하기 위한 데에 그 입법 취지가 있다"고 판시하면서 효력규정으로 보고 있다.

**단속규정**이라는 판결: 대법원 2002.10.11. 선고 2001다62374 판결, 대법원 2003.11.27. 선고 2003다5337 판결, 대법원 2007.10.26. 선고 2005다33121 판결, 대법원 2009.3.26. 선고 2006다47677 판결.

**효력규정**이라는 판결: 대법원 2002.4.9. 선고 2000다42625 판결, 대법원 2004.10.28. 선고 2004다5556 판결.

32) 회사로서는 직접적으로 다른 회사의 이사나 감사가 되기보다는 자신이 의도하는 특정인으로 하여금 다른 회사의 이사나 감사가 되도록 함으로써 그 목적을 달성할 수 있으므로 실제적으로 그 필요성이 거의 없다고 할 것이고 따라서 실익 없는 논쟁이 아닌가 생각된다.

33) 권기범 69면, 이철송 74면, 임홍근 32면, 정동윤 51면, 정찬형 73면, 최기원 85면.
제한긍정설의 논거는 (1) 민법 제34조는 법인에 대한 일반원칙에 관한 규정이므로 상법상 영리법인으로서 회사에도 적용되어야 하고, (2) 회사는 일정한 목적을 위하여 설립되었으므로 그 목적의 범위 내에서만 활동할 수 있는 것은 법인의 본질상 당연하고, (3) 회사의 구성원은 회사가 그 목적의 범위 내에서 활동할 것을 기대하고 있으므로 이에 부응하여야 하고, (4) 회사의 목적은 정관에 의하여 공시되므로 목적에 의한 제한을 인정하여도 거래의 안전에 해를 끼칠 염려가 없다고 주장되고 있고, 제한부정설의 논거는 (1) 민법 제34조는 비영리법인에 관하여 규정이므로 영리법인인 상법상의 회사에는 적

대법원은 목적에 의한 권리능력의 제한을 긍정하는 입장에 서 있으나 목적의 범위를 단순히 "정관상의 목적이 아니라 그 목적을 수행하는 데 있어서 직접 또는 간접으로 필요한 행위를 포함"하고 있을 뿐만 아니라 그 판단의 기준도 "행위의 객관적 성질에 따라 추상적으로 판단"하고 있으므로 결국 큰 차이는 없다고 할 것이다.

정관의 목적에 따른 권리능력의 제한에 관한 대법원의 판결을 보면, 대법원 1987.9.8. 선고 86다카1349 판결에서, 원고가 건설회사에 대하여 자금을 대여함에 있어서 단기 금융업을 하는 금융회사인 피고가 보증을 하기 위하여 건설회사가 발행한 약속어음에 배서하였는데, 건설회사가 대여금을 변제하지 못하자 원고는 피고에게 보증책임을 추궁한 사건으로서 피고는 책임을 면하기 위하여 회사의 정관상 어음의 발행, 매매, 인수 및 어음매매의 중개업무만을 하도록 제한되어 있음을 근거로 약속어음의 배서행위는 자신의 목적외 행위로서 무효라고 주장하였고 원심판결은 이러한 피고의 주장을 받아 들였으나 대법원은 피고의 주장을 배척하면서, "회사의 권리능력은 회사의 설립근거가 된 법률과 회사의 정관상의 목적에 의하여 제한되나 그 목적범위 내의 행위라 함은 정관에 명시된 목적 자체에 국한되는 것이 아니고 그 목적을 수행하는 데 있어 직접 또는 간접으로 필요한 행위는 모두 포함되며 목적 수행에 필요한지 여부도 행위의 객관적 성질에 따라 추상적으로 판단할 것이지 행위자의 주관적, 구체적 의사에 따라 판단할 것은 아니고, 또한 단기 금융업을 영위하는 회사로서 회사의 목적인 어음의 발행, 할인, 매매, 인수, 보증, 어음매매의 중개를 함에 있어서 어음의 배서는 행위의 객관적 성질상 위 목적수행에 직접, 간접으로 필요한 행위라고 하여야 할 것"이라고 판시하였다. 최근에도 대법원 2009.12.10. 선고 2009다63236 판결에서, 시장의 영세상인으로 구성된 합자회사인 원고의 정관상 목적은 시장의 점포관리 및 부대사업임에도 불구하고 원고의 대표사원이 원고의 재산인 시장 부지를 피고에게 매도하였고 이에 대하여 사원들이 반발하게 되자 원고는 피고와 체결한 부동산매매계약은 원고의 정관상의 목적 범위 외의 행위로서 무효라고 주장하였으나 대법원은 이러한 주장을 배척하면서 종전과 동일하게 판시하였다.

(같은 취지: 대법원 1999.10.8. 선고 98다2488 판결, 대법원 2005.5.13. 선고 2003다57659 판결)

회사가 정관에 정한 목적범위를 벗어난 행위를 한 경우에 있어서 제한긍정설에 따르면 상대방의 선의·악의를 불문하고 무효라고 할 것이나 그 목적의 범위를 넓게 본다면 많은 경우가 목적의 범위 내로 해석되어 유효한 것으로 인정될 것이고, 제한부정설에 따르면 법인의 행위를 정관에 정한 목적에 반한다는 이유로 무효로 할 수 없지만 회사의 목적에 대하여 상대방이 악의인 경우에는 회사로서는 신의칙 혹은 권리남용법리를 적용하여 상대방에게 대항이 가능할 수도 있을 것이다.

회사의 이사 등 업무집행 기관이 회사의 정관상의 목적을 벗어난 행위를 한 경우

---

용될 수 없고, (2) 회사와 거래하는 상대방은 회사의 목적을 쉽사리 알 수가 없으므로 거래의 안정을 위하여 목적에 의한 제한을 인정하여서는 아니 된다는 주장이다.

거래행위의 유효성 여부와 관계없이 합명회사, 합자회사 및 유한책임회사의 경우에는 업무집행사원의 권한상실선고의 사유(합명회사의 업무집행사원: 상 205조 1항, 합명회사의 대표사원: 상 216조, 합자회사: 합명회사의 업무집행사원: 상 269조, 유한책임회사의 업무집행자: 상 287조의 17)가 되고 주식회사 또는 유한회사의 경우에는 위법행위유지청구의 사유(주식회사의 이사: 상 402조, 주식회사의 집행임원: 상 408조의9, 유한회사의 이사: 상 564조의2)가 되거나 해임청구의 사유(주식회사의 이사: 상 385조, 유한회사의 이사: 567조)가 되고 그 밖에도 회사에 대하여 손해배상책임을 부담(주식회사의 이사: 상 399조, 주식회사의 집행임원: 상 408조의9, 유한회사의 이사: 상 567조)할 수도 있다.

회사와 거래한 제3자는, 회사가 그 거래행위가 회사의 목적에 벗어난 행위로서 무효라고 주장할 때, 그 거래행위를 한 회사의 이사 등 기관에 대하여 민법상의 불법행위로 인한 손해배상책임(민 750조)을 추궁하거나 상법상의 손해배상책임(상 401조)을 추궁할 수 있고 회사에 대하여 사용자책임(민 756조)을 추궁할 수도 있을 것이다.

회사의 권리능력의 목적상의 제한과 관련하여 최근에는 회사의 기부행위와 정치헌금행위의 효력이 문제되기도 한다.

### 나. 행위능력

회사는 기관을 통하여 의사를 결정하고 법률행위를 하게 되는데 이러한 기관의 법률행위를 회사의 법률행위로 보는 관계를 대리관계와 구별하여 대표관계라고 한다. 대표관계를 규율하는 특별한 규정은 없으나 민법상 법인의 대표에 관하여는 대리에 관한 규정을 준용하게 되고(민 59조 2항), 회사에 관하여도 민법과 상법상의 대리에 관한 규정(민 114조 내지 136조, 상 48조)이 적용될 것이다.

이처럼 회사는 기관이 존재하므로 의사능력흠결의 문제는 존재하지 않고, 또한 자연인과 달리 행위무능력자를 인정하지도 아니하므로 회사는 권리능력의 범위 내에서 당연히 행위능력이 인정된다.

### 다. 불법행위능력

행위능력이 인정되는 이상 불법행위능력도 인정되므로 회사가 불법행위능력을 가지게 됨은 당연하다.

그러므로 회사의 대표기관이 업무상 타인에게 손해를 가한 때에는 회사가 손해배상책임을 부담하게 되는데 상법은 그 대표기관 개인도 회사와 연대하여 손해배상 책임을 부담하도록 하고 있다(상 210조, 269조, 287조의20, 389조 3항, 567조).

회사가 대표기관의 불법행위에 관하여 타인에게 책임을 부담하게 된다고 하더라도 그 대표기관이 면책되는 것은 아니고 회사와 대표기관은 공동으로 책임을 부담한다고 할 것인데 이들 사이의 관계는 부진정연대책임이라고 할 것이고, 회사가 책임을 부담한 경우에는 대표기관 개인에 대하여 구상도 가능하다.

한편 회사의 대표기관이 아닌 피용자가 회사의 업무집행에 관하여 제3자에게 손해를 가한 때에는 직접적으로 회사가 손해배상책임을 부담하지는 않으나 사용자로서 손해배상 책임을 부담하게 된다(민 756조). 이때 피용자도 개인적으로 책임을 부담하게 되고 회사의 사용자책임과 피용자의 개인적 책임의 관계는 부진정연대책임관계라 할 것이지만, 이 경우 회사는 피용자의 행위가 사무집행과 관련이 없다거나 혹은 피용자의 선임 및 감독에 잘못이 없음을 주장 입증하여 면책될 수 있다(민 756조 1항 단서).

◈ 대법원 2007.5.31. 선고 2005다55473 판결

주식회사의 대표이사가 업무집행을 하면서 고의 또는 과실에 의한 위법행위로 타인에게 손해를 가한 경우 주식회사는 상법 제389조 제3항, 제210조에 의하여 제3자에게 손해배상책임을 부담하게 되고, 그 대표이사도 민법 제750조 또는 상법 제389조 제3항, 제210조에 의하여 주식회사와 공동불법행위책임을 부담하게 된다. 그리고 주식회사 및 대표이사 이외의 다른 공동불법행위자 중 한 사람이 자신의 부담부분 이상을 변제하여 공동의 면책을 얻게 한 후 구상권을 행사하는 경우에 그 주식회사 및 대표이사는 구상권자에 대한 관계에서는 하나의 책임주체로 평가되어 각자 구상금액의 전부에 대하여 책임을 부담하여야 하고, 이는 위 대표이사가 공동대표이사인 경우에도 마찬가지이다. 따라서 공동면책을 얻은 다른 공동불법행위자가 공동대표이사 중 한 사람을 상대로 구상권을 행사하는 경우 그 공동대표이사는 주식회사가 원래 부담하는 책임부분 전체에 관하여 구상에 응하여야 하고, 주식회사와 공동대표이사들 사이 또는 각 공동대표이사 사이의 내부적인 부담비율을 내세워 구상권자에게 대항할 수는 없다.

### 라. 회사의 기타 법률상 능력

이 밖에도 회사는 법률이 정하는 바에 따라 공법상의 능력을 가질 수 있으므로 행정소송을 제기할 수 있고 납세의무 등의 주체가 된다.

그러나 회사는 일반적으로 범죄능력이 인정되지 아니하므로 범죄행위의 주체가 되는 일은 없다는 것이 일반적 견해이고 대법원도 같은 견해라고 할 것이나,[34] 특별

34) 대법원 1984.10.10. 선고 82도2595 전원합의체 판결은, "형법 제355조 제2항의 배임죄에 있어서 타인의 사무를 처리할 의무의 주체가 법인이 되는 경우라도 법인은 다만 사법상의 의무주체가 될 뿐 범죄능력이 없는 것이며 그 타인의 사무는 법인을 대표하는 자연인인 대표기관의 의사결정에 따른 대표행

법으로 회사의 범죄능력을 인정하고 있는 경우도 있다.[35)]

## 4. 회사와 관련된 분쟁의 해결

### 가. 총 설

회사가 활동을 하면서 발생하게 되는 다양한 민사상의 법률적 분쟁은 때로는 화해, 조정 혹은 중재와 같은 임의적이고 자율적인 대체적 분쟁해결방법(Alternative Dispute Resolution: ADR)에 의하여 해결되기도 하지만 대부분 법원에 의하여 강제적인 재판절차에 따라 해결하게 된다. 법원에 의한 해결도 법률이 정하는 바에 따라 법원이 소송절차를 통하여 처리되기도 하고 혹은 법원의 합목적적 재량에 의하여 소송절차에 의하지 않고 처리되는 비송사건절차에 의하기도 한다.

또한 회사와 관련된 분쟁을 소송절차에 의하는 경우라도 그 결과가 있기까지는 많은 시일이 경과되는데 반하여 회사는 소송절차가 진행 중이더라도 끊임없이 법률관계를 맺게 되므로 자칫하면 소송의 결과에 반하는 법률관계가 이미 형성되어 있게 되어 이를 소송의 결과에 맞추어 회복시키는 데 어려움이 많게 되므로 소송에 앞서 잠정적이거나 임시적 처분을 법원에 신청하는 경우가 많다.

### 나. 회사소송

#### (1) 회사소송의 의의

회사와 관련된 법률적 분쟁은 법원의 소송절차에 의할 경우 민사 소송절차에 의하여 해결하게 된다. 이러한 분쟁은 회사의 거래활동과 관련한 대외적 법률관계에 기한 분쟁과 회사의 조직과 운영에 관한 내부적 법률관계에 기한 분쟁으로 나누어 볼 수 있다. 전자의 경우는 통상의 거래상의 분쟁과 마찬가지로 민법 등에 정한 거래법적인 원리에 따라 일반 민사소송으로 해결하면 되지만, 후자의 경우는 회사라는 단체적 특성을 고려하여야 하고 다수의 이해관계인들의 법률관계를 획일적으로 확정하여야 할

---

위에 의하여 실현될 수밖에 없어 그 대표기관은 마땅히 법인이 타인에 대하여 부담하고 있는 의무내용대로 사무를 처리할 임무가 있다 할 것이므로 법인이 처리할 의무를 지는 타인의 사무에 관하여는 법인이 배임죄의 주체가 될 수 없고 그 법인을 대표하여 사무를 처리하는 자연인인 대표기관이 바로 타인의 사무를 처리하는 자 즉 배임죄의 주체가 된다"고 판시하여 법인은 범죄행위의 주체가 되지 않음을 밝히고 있다.

35) 보험업법 제200조의 경우는 보험회사에게 범죄능력이 있음을 전제로 한 규정이라고 해석되는바, 이는 상법 제637조 규정과 비교해 보더라도 명백하다 할 것이다.

필요성이 대두된다. 이에 상법은 회사의 이러한 내부적 법률관계에 관한 분쟁을 해결하기 위한 특별한 규정을 마련하고 있다. 이처럼 회사의 조직과 운영에 관한 내부적 법률관계에 기한 분쟁을 해결하기 위한 민사소송을, 비록 법률상의 용어는 아니지만, 강학상 회사소송이나 회사관련소송 또는 회사법상의 소송이라고 칭한다.

상법은 회사관련 소송에 관하여 회사해산명령에 관한 규정(상법 176조)과 같이 회사편의 통칙에 규정함으로서 상법상의 모든 회사에 적용되도록 하거나, 어느 특정한 형태의 회사에 비교적 상세한 규정을 두고 이를 다른 모든 형태의 회사에서는 이러한 규정 중에서 필요한 부분을 준용하도록 하고 있거나[36) ] 혹은 어느 형태의 회사에 규정을 두고 이를 유사한 형태의 회사에만 준용하는 방식을 취하거나[37) ] 회사에 따라 별도의 규정을 두기도 한다.[38) ]

### (2) 회사소송의 특징

상법은 회사와 관련한 이러한 분쟁에 대하여 ① 소송만으로 이를 해결하도록 하고, ② 회사와 이해관계가 없는 자들의 소제기로 인하여 회사의 법률관계가 교란되는 것을 방지할 목적에서 대부분의 경우에 제소권자를 제한하고, ③ 분쟁을 신속히 종결함으로써 이해관계의 복잡화를 방지하고자 제소기간의 제한을 두는 등 대부분의 경우를 형성소송으로 해결하도록 규정하고 있다.[39) ]

또한 소송절차에 있어서도 ① 소송의 결과가 합일적으로 내려지도록 하기 위하여 소송은 회사소재지를 관할 지방법원의 전속 관할로 하는(상 186조) 한편 동일한 사건에 대하여 법원은 병합하여 처리하도록 하고(상 188조), ② 이해관계인들에게 소송을 고지함으로써 불측의 피해를 방지하고자 소송이 제기된 경우 회사가 이를 공고하도록

36) 상법은 합명회사의 설립무효와 취소에 관하여 비교적 상세한 규정(상 184조 내지 194조)을 두고 이를 합자회사(상 269조), 유한책임회사(상 287조의6), 주식회사(상 328조 2항), 유한회사(상 552조 2항)에서 필요한 규정을 준용하도록 하고 있고, 회사해산판결에 관한 소송(상 241조, 269조, 287조의41, 529조, 603조)과 합병무효의 소(상 236조, 269조, 287조의41, 529조, 603조)에서도 이런 방식을 따르고 있다.

37) 업무집행사원의 권한상실선고에 관한 소(상 205조)도 합명회사에 규정하고 이를 합자회사(상 269조)와 유한책임회사(상 287조의17)에서 각기 준용하거나 사원의 제명의 소에 관한 규정을 합명회사(상 220조)에 두고 이를 합자회사(상 269조)와 유한책임회사(상 287조의27)에 준용하고 있다. 또한 주식회사의 주주총회결의 하자에 관한 소(상 376조 내지 381조), 이사해임의 소(상 385조 2항), 감자무효의 소(상 445조), 신주발행무효의 소(상 429) 등도 유한회사에 각기 준용되고 있다(상 558조, 567조, 597조, 595조).

38) 유한책임회사의 위법잉여분배금반환청구의 소(상 287의37 2항), 주식회사의 주주대표소송(상 403조)과 주식교환무효의 소(상 360조의14), 주식이전무효의 소(상 360의23).

39) 물론 회사법상의 소송 중에는 주주의 대표소송(상 403조)이나 위법한 이익배당에 관한 청구의 소(상 462조 3항)와 같은 이행소송도 있고, 주주총회결의무효의 소와 결의부존재확인의 소(상 380조)와 같이 확인소송이냐 혹은 형성소송이냐에 관한 견해의 다툼이 있는 소송도 있다.

하도록 정하고 있을 뿐만 아니라(상 187조), ③ 원고가 주장하는 위법한 사실이 인정된다고 하더라도 그것이 경미하거나 치유된 경우에는 이미 형성된 법률관계를 존중하여 기업을 유지, 발전시키고자 하는 취지에서 법원으로 하여금 재량적으로 원고의 청구를 기각할 수 있도록 정하고 있다(상 189조).

나아가 재판결과에 대하여도 ① 원고의 승소가 확정된 경우에 그 결과가 회사 및 그와 관련된 모든 이해관계인들에게 미치도록 하기 위하여 일반 민사소송과는 달리 제3자에게도 그 효력이 미치도록 하여 이른바 소송결과에 대한 대세적 효력을 인정하고(상 190조 본문), ② 회사와 관련된 법률관계의 안정을 도모하고자 일반 소송과 달리 판결의 소급효를 제한하는 경우가 많고(상 190조 단서), ③ 소송을 남용함으로써 회사를 혼돈상태로 이끄는 것을 방지하기 위하여 소송에서 패소한 원고가 악의 또는 중대한 과실로 인하여 그 소송을 제기한 것으로 인정될 때에는 소송비용을 부담시키는 것 이외에도 별도로 회사에 대하여 손해배상을 하도록 정하고 있다(상 191조).

### 다. 회사비송

비송사건이란 법원이 통상의 소송절차에 의하여 처리하지 않고 간이한 절차로 처리하는 사건을 의미하는데 성질상 법원이 처리하는 행정작용으로서 그 절차에 있어서도 소송사건에 비하여 직권주의적 색채가 농후하여 ① 신청으로 개시되고(비송법 9조) ② 직권탐지주의가 적용되며(비송법 11조) ③ 심문이 비공개적이라는(비송법 13조) 특징이 있다. 또한 재판의 방식은 결정으로 하게 되고(비송법 17조), 그 효력은 재판을 받은 자에게 고지함으로써 발생하게 되며(비송법 18조) 판단된 권리나 법률관계에 대하여는 기판력이 발생하지 않는다(비송법 19조). 무엇이 비송사건인가의 문제는 곧 소송사건과 비송사건의 구별의 기준이 무엇인가의 문제인데 이에 관한 여러 가지 견해가 대립하고 있지만, 대법원은 비송사건으로 하도록 법률에 규정된 경우에는 비송사건으로 처리하고 그러한 규정이 없는 경우에는 법원의 합목적적 재량적 판단에 의하여 비송사건인지 소송사건인지를 판별하도록 하고 있다.[40)]

비송사건을 통상의 소송사건으로 소를 제기한 경우에는 부적법 각하하여야 한다는 오래된 대법원 판결도 있으나 비송사건이든 소송사건이든 모두 통상의 민사법원의 재판권에 속하므로 민사소송법 제34조를 유추하여 이를 관할 법원에 이송하는 것이 타당할 것이다.[41)] 한편 상사비송사건의 관할은 거의 대부분 본점소재지의 지방법원 합의부가 관할하게 된다(비송법 72조).

---

40) 대법원 1984.10.5. 자 84마카42 결정
41) 정동윤 · 유병현 민사소송법 제4판 법문사(2014년).

비송사건에 관한 절차를 규정하고 있는 비송사건절차법은 제3편에서 상사비송사건에 관하여 회사와 경매에 관한 사건(비송법 제72조 내지 108조), 사채에 관한 사건(비송법 109조 내지 116조) 그리고 회사의 청산에 관한 사건(비송법 117조 내지 128조)에 관한 규정을 두고 있다.

### 라. 회사분쟁과 임시적 처분

법률적 분쟁과 관련한 임시적 처분은 소송의 결과에 따른 집행을 용이하게 하거나 소송절차의 종료시까지 손해가 발생하는 것을 방지하기 위하여 미리 채무자의 일반재산이나 다툼의 대상을 현상으로 동결시켜 두거나 임시로 잠정적인 조치를 명하는 재판을 의미하므로 이를 보전처분이라고 하고 이를 얻기 위한 절차를 보전절차라고 한다.

이러한 보전처분에는 가압류(민집 276조)[42)]와 다툼의 대상에 대한 가처분(민집 300조 1항)[43)] 그리고 임시의 지위를 정하기 위한 가처분(민집 300조 2항)[44)]이 있는데 회사소송에서 이용되는 보전처분은 성질상 임시의 지위를 정하기 위한 가처분이 대부분이다. 그런데 상법은 주식회사 이사의 직무집행정지 가처분과 직무대행자선임 가처분에 관한 규정(상 407조)을 두고 있을 뿐 임시적 절차에 관한 절차와 요건에 관한 일반적 규정을 두고 있지 않으므로 그 성질에 따라 민사집행법상의 임시의 지위를 정하기 위한 가처분에 관한 규정(민집 301조, 303조 내지 310조)을 적용하여야 할 것이다.

> 이들 임시적 처분은 추후 강제집행의 보전을 목적으로 하거나 혹은 강제집행의 보전보다는 다툼있는 권리관계의 방치로 인한 추후의 손해를 방지하기 위하여 임시로 권리관계를 설정해 주는 것을 목적으로 하는 등 그 목적과 역할이 다르므로 당사자와 피보전 권리 그리고 보전의 필요성의 내용에 대한 내용이 각기 다르다.

지위를 정하기 위한 가처분은 다툼있는 권리관계에 관한 확정이 있기 전에 임시로 권리관계를 정하는 것이므로, 장래의 강제집행의 보전을 목적으로 하는 가압류와 다툼의 대상에 관한 가처분에 있어서 당사자가 본안소송의 당사자와 동일한 것과 달리, 당사자는 본안소송의 당사자와 반드시 일치하지 않고 오히려 권리보호의 실효를 위하

---

42) 가압류는 강제집행을 보전하기 위하여 미리 채무자의 재산을 동결시켜 채무자로부터 그 재산에 대한 처분권을 잠정적으로 빼앗는 집행보전제도이다.

43) 다툼의 대상에 대한 가처분은 강제집행시까지 다툼의 대상이 처분·멸실되는 등 법률적·사실적 변경이 생기는 것을 방지하기 위해서 다툼의 대상의 현상을 동결시키는 집행보전제도이다.

44) 임시의 지위를 정하기 위한 가처분은 당사자간에 다툼이 있는 권리 또는 법률관계에 대하여 확정판결이 있기까지 현상을 방치한다면 권리자가 손해를 입는 등 소송의 목적을 달성하기 어려운 경우에 그러한 위험을 제거하기 위하여 잠정적으로 권리 또는 법률관계에 임시의 지위를 정하는 보전처분이다.

여 제3자를 당사자로 하는 경우도 많다. 또한 장래의 강제집행보전을 목적으로 하는 가처분이나 다툼의 대상에 대한 가처분과 달리 현재의 권리관계의 불안정의 제거를 목적으로 하는 임시의 지위를 정하는 가처분에 있어서는 피보전권리가 현재의 다툼이 있는 권리관계이고, 계속되는 권리관계에 끼칠 현저한 손해를 피하거나 급박한 위험을 막기 위한 필요성이 요구된다.

특정인을 이사로 선임한 주주총회 결의의 하자를 다투는 소에서는 회사가 피고가 되고 이사로 선임된 자가 피고로 되지는 않지만 이를 이유로 그 선임된 이사의 직무집행정지가처분을 신청하는 경우에는 그 선임된 이사가 당사자이다. 또한 이러한 가처분의 피보전권리는 "현재의 법률관계의 다툼"이어야 하므로 직무집행정지 가처분의 대상인 이사가 가처분이 있기 전에 사임 등의 이유로 그 지위를 상실한 경우에 그 가처분은 피보전 권리가 없게 된다.

회사관련 분쟁의 경우에는 가처분이 매우 유용하게 사용되는데 회사의 분쟁과 관련한 가처분은 크게 ① 주식의 귀속에 관한 가처분, ② 주주권의 행사에 관한 가처분, ③ 신주발행에 관한 가처분, ④ 주주총회에 관한 가처분, ⑤ 이사의 위법행위금지에 관한 가처분, ⑥ 회사의 회계장부 열람 등에 관한 가처분으로 나누어 볼 수 있다.[45)]

45) 회사의 분쟁과 관련한 가처분에 관한 실무적 쟁점에 관하여는 김오수 "주주권에 기한 가처분" 재판자료 37집(법원도서관 1987년) 261면 내지 316면 참조.

# 제 3 장
# 회사의 일생(설립, 변경 그리고 소멸)

회사도 마치 인간의 일생처럼, 태어나서(회사의 설립), 활동을 하면서 여러 모습으로 변신(회사의 변경)하거나 사망(회사의 해산)하는 과정을 겪게 된다.

## 1. 회사의 설립

### 가. 회사설립의 의의

회사의 설립이란 회사의 실체를 형성하고 법인격을 취득하여 법인으로 성립되도록 하는 것을 의미한다. 회사설립행위는 회사 구성원들이 의사표시의 합치에 의하여 회사의 실체를 갖춘 법인을 성립시키는 일련의 법률행위이고 이로써 권리의무 주체인 법인이 생겨나고 이렇게 생겨난 법인이 각종 법률관계를 맺고 활동을 함으로써 권리의무의 변동을 가져오게 된다. 그러므로 회사설립행위는 정관작성으로부터 시작하여 설립등기를 함으로써 종료하는(상 172조) 법률요건이라 할 것이다.[1)]

회사는 국가경제와 사회생활에서 중요한 기능과 역할을 하게 되므로 그 설립에 국가가 관여하는 것이 세계의 공통적 현상이라고 할 것인데, 국가가 어느 정도까지 관여할 것인가는 결국 각국의 사회적 배경과 입법정책의 문제로 귀결된다.

이러한 회사설립의 입법주의는 역사적으로 자유설립주의, 특허주의, 허가주의 그리고 준칙주의 등 여러 가지의 입법주의가 있어왔으나, 우리나라는 민법상의 비영리법인의 설립에는 주무관청의 허가를 요하는 이른바 허가주의(민 32조)를, 상법상의 회사의 설립에는 회사의 설립에 필요한 사항을 법률로서 정하고 이러한 사항을 충족시켜 등기하면 법인격이 부여되는 이른바 준칙주의(상 172조)를 취하고 있다. 다만, 한국도로공사(한국도로공사법)나 한국방송공사(방송법) 혹은 한국전력공사(한국전력공사법) 등과 같은 특수회사의 경우에는 그 설립에 국가의 특별한 허가를 요하는 이른바

---

1) 회사 설립행위의 법적 성질에 관하여 인적회사와 유한회사는 정관의 작성으로 사원이 확정되고 회사의 실체가 완성되므로 합동행위이지만 주식회사는 사원확정을 위하여 별도의 주식인수절차를 거쳐야 하고 주식인수는 계약이므로 계약과 합동행위가 병존한다는 견해(정찬형 83면)도 있으나 일반적 견해는 합동행위(손주찬 453면, 이철송 94면, 채이식 453면, 최기원 98면)로 보고 있다.

특허주의에 따르고 있다.

### 나. 회사의 설립절차

상법상 회사의 설립은 회사의 종류에 따라 다소의 차이는 있지만, 정관을 작성하고 회사의 구성원을 확정하며 출자를 이행하고 회사의 기관을 구성하는 등 회사의 실체를 형성하는 절차를 밟고, 이러한 실체가 형성된 후에 본점 소재지에 설립등기 절차를 이행함으로써 완성되고 이로써 회사는 법인으로서 성립하게 된다.

회사의 실체형성은 규범적 실체로서 내부규칙의 완성, 인적 실체로서 구성원의 확정, 물적 실체로서 재산의 확보 그리고 조직적 실체로서 기관의 구성을 통하여 이루어지는 점은 여타 다른 단체와 동일하다고 할 것이고, 회사의 설립등기는 회사성립의 효력요건이 된다고 할 것이다. 그러므로 회사의 설립절차는 실체형성절차와 설립등기절차로 나누어지게 된다.

자연인의 경우는 모체내에서 10개월의 포태기간 동안에 실체형성과정을 거쳐 출생당시 이미 완전한 인간으로서의 실체가 형성되어 있으므로 출생함으로써 법인격이 주어지게 되지만, 회사의 경우는 일정한 실체형성절차를 통하여 비로소 법인으로서의 실체를 갖게 되고 등기함으로써 비로소 법인격이 주어지게 된다고 생각해 볼 수도 있다.

그런데 상법은 회사의 실체형성절차에 관하여 회사의 종류에 따라 각기 다르게 규정하고 있다.

합명회사와 합자회사는 ① 사원과 출자금이 정관에 의하여 확정되고(합명회사: 상 179조/합자회사: 상 269조: 주식회사에 관한 상 289조와 비교해 볼 것), ② 무한책임 사원이 직접 업무를 집행하여 사원자격과 기관자격이 일치하게 되므로 설립 전에 별도의 업무집행기관을 구성할 필요가 없고(합명회사: 상 200조/합자회사: 상 273조: 주식회사에 관한 상 312조와 비교해 볼 것), ③ 회사 구성원 개인의 주관적 하자가 설립무효 취소의 원인이 되고(합명회사: 상 184조/합자회사: 상 269조: 주식회사에 관한 상 328조와 비교해 볼 것), ④ 회사설립 전에 반드시 출자금을 납입할 것을 요구하지 않는다(주식회사에 관한 상 305조와 비교해 볼 것).

이에 반하여 주식회사는 ① 회사의 구성원인 주주는 주식의 인수와 납입이라는 별도의 절차에 의하여 확정되고(상 293조, 302조 내지 307조), ② 별도의 업무집행기관의 선임이 요구되고(상 312조), ③ 회사설립의 하자에 있어서 주주의 주관적 하자가 아닌 객관적 하자만이 설립상의 하자로서 설립무효의 소만이 인정되고(상 328조), ④

회사설립 전에 반드시 자본금을 납입하여 회사재산을 확보하도록 하고 있고(상 305조), 유한회사도 회사설립 전에 업무집행기관의 선임이 요구되고(상 547조 1항), 자본금을 납입하여 회사재산을 확보하도록 하고 있다(상 548조). 또한 유한책임회사의 경우에도 회사설립 전에 반드시 자본금을 납입하여 회사의 재산을 확보하도록 규정하고 있다(상 287조의4 2항).

합명회사나 합자회사는 회사의 채무에 대하여 직접적으로 연대하여 무한책임을 부담하는 구성원(무한책임사원)이 있으므로 이들이 당연히 회사의 업무에 관여하게 되고 또한 회사재산의 충실도가 떨어지더라도 회사채권자를 보호하는데 큰 어려움이 없다. 이에 반하여 유한책임회사, 주식회사 및 유한회사의 경우에는 회사의 구성원이 일정한 범위 내에서 회사에 대하여 출자의무만을 가질 뿐 회사의 채무에 대하여 직접적인 책임을 부담하지 않게 되므로 회사의 재산이 회사채권에 대한 유일한 담보가 될 수 밖에 없어 자칫 회사의 재산적 실체가 충실하지 못할 경우 회사의 채권자에 대하여 피해를 입힐 우려가 농후하게 된다. 이러한 연유 등으로 상법은 회사의 설립에 대한 규율을 함에 있어서 유한책임회사, 주식회사 및 유한회사에 대하여 엄격하게 규율하고 있다. 다만 유한책임회사는 조합으로서의 실질을 가지고 있고 유한회사는 소규모 사원에 의한 폐쇄적 회사를 지향하므로 유한책임회사와 유한회사의 경우에는 회사의 사원을 정관의 절대적 기재사항으로 정하여 사원이 정관에 의하여 정하여 지도록 규정하고 있고(상 287조의4 1호, 179조 3호, 543조 2항 1호, 179조 3호), 사원의 주관적 하자가 회사의 영향을 미치게 되어 상법은 사원의 주관적 하자를 회사 설립의 무효 또는 취소의 사유로 하고 있다(상 287조의6, 552조).

### (1) 실체 형성절차

#### (가) 정관 작성절차

상법은 모든 회사로 하여금 정관을 작성하도록 정하고 있는데(합명회사: 상 178조 / 합자회사: 상 269조, 178조 / 유한책임회사: 상 287조의2 / 주식회사: 상 288조 / 유한회사: 상 543조 1항), 정관은 실질적으로는 회사의 운영 조직 및 활동에 관한 기본규칙을 의미하고 형식적으로는 이러한 회사의 기본규칙을 정한 문서 그 자체를 의미한다.

정관은 자치법규의 성질[2)]을 가지므로 회사는 강행법규나 회사의 본질에 어긋나지 않는 범위 내에서 그 내용을 자유로이 작성할 수 있고 회사와 회사의 구성원을 구속하지만 제3자에게는 그 구속력이 미치지 않는다고 할 것이다.

**◈ 대법원 2000.11.24. 선고 99다12437 판결[3)]**

사단법인의 정관은 이를 작성한 사원뿐만 아니라 그 후에 가입한 사원이나 사단법인

---

2) 정관의 법적 성질에 관하여 일반적 견해와 대법원은 자치법규로 이해하고 있다.

3) 이 판결은 민법상의 비영리법인에 관한 판결이지만 정관의 법적 성질은 상법상의 회사에도 동일하게

의 기관 등도 구속하는 점에 비추어 보면 그 법적 성질은 계약이 아니라 자치법규로 보는 것이 타당하므로, 이는 어디까지나 객관적인 기준에 따라 그 규범적인 의미 내용을 확정하는 법규해석의 방법으로 해석되어야 하는 것이지, 작성자의 주관이나 해석 당시의 사원의 다수결에 의한 방법으로 자의적으로 해석될 수는 없다 할 것이어서, 어느 시점의 사단법인의 사원들이 정관의 규범적인 의미 내용과 다른 해석을 사원총회의 결의라는 방법으로 표명하였다 하더라도 그 결의에 의한 해석은 그 사단법인의 구성원인 사원들이나 법원을 구속하는 효력이 없다.

합명회사, 합자회사 및 유한책임회사의 정관은 그 내용을 기재하고 사원이나 발기인이 기명날인 혹은 서명함으로써 효력이 생기지만, 주식회사와 유한회사의 경우에는 공증인의 인증을 받아야만 효력이 생긴다(주식회사: 상 292조 / 유한회사: 상 543조 3항, 292조).[4)]

정관의 기재사항은 ① 절대적 기재사항 [정관에 반드시 기재되어야 하므로 정관에 기재하지 아니하면 정관이 무효가 되는 사항(상 179조, 270조, 289조, 543조에 규정된 사항)], ② 상대적 기재사항 [그 사항이 반드시 있어야만 정관의 효력이 발생하는 것은 아니지만 정관에 기재된 경우에 한하여 그 효력이 인정되는 사항: 주식회사에 있어서 변태설립사항(상 290조)], ③ 임의적 기재사항 [강행법규에 위반하지 아니하는 한 자유로이 정관에 기재할 수 있는 사항]으로 나누어진다.

### (나) 구성원 확정절차

합명회사, 합자회사, 유한책임회사 및 유한회사는 회사를 구성하는 사원의 인적사항이 정관의 절대적 기재사항(합명회사: 상 179조 3호 / 합자회사: 상 270조, 179조 3호 / 유한책임회사: 상 287조의3 1호, 179조 3호 / 유한회사: 상 543조 2항 1호, 179조 3호)이기 때문에 정관작성으로 인하여 사원이 확정되므로 별도의 사원확정절차가 없으나 주식회사의 경우에 주주는 정관의 기재 사항이 아니고 주식을 인수함으로써 주주가 되므로 별도의 주식인수절차를 통하여 주주가 확정되게 된다(상 293조, 301조 내지 304조).

합명회사, 합자회사 그리고 유한책임회사는 조합의 실질을 가진 회사이고, 유한회사는 소규모이고 폐쇄적인 형태의 회사이므로 회사 설립시 정관에 구성원을 확정하게 되고 이렇게 확정된 사원은 그 지위의 변동이 있는 경우가 많지 않다고 할 것이지만, 대규모의 조직을 가지고 수시적인 구성원의 변동이 예정되어 있는 주식회사에서는 회사 설립시 정관에 주주를 확정한다면 주주의 변

해석될 것이다.

4) 상법은 자본금 10억 미만의 소규모주식회사를 발기설립하는 경우에 정관은 발기인의 기명날인이나 서명으로 효력을 발생한다고 함으로써 공증인의 인증이 필요 없음을 규정하고 있고(상 292조 단서), 대법원은 주식회사에 있어서 공증인의 인증이 필요한 것은 원시정관에 한하고 그후의 변경정관의 효력발생에는 공증인의 인증이 필요하지 않다고 판시하고 있다(대법원 2007.6.28. 선고 2006다62362 판결).

동이 있을 때마다 정관을 변경하여야 하는 문제점이 있게 된다.

#### (다) 출자 이행절차

합명회사, 합자회사 그리고 유한책임회사의 경우에는 출자목적물에 관한 사항이 정관의 절대적 기재사항(합명회사: 상 179조/합자회사: 상 270조/유한책임회사: 상 287조의3)이지만, 합명회사와 합자회사는 주식회사와 달리 출자의 이행에 관한 규정이 없다. 그러므로 출자의 이행이 법인격취득의 선행절차라고 할 수 없고 출자의 이행여부 및 시기는 업무집행과정에서 자유롭게 결정할 수 있으므로 이들 회사에 있어서는 출자이행이 실체형성절차에서 반드시 이루어져야 하는 것은 아니다.

한편 유한책임회사, 주식회사 그리고 유한회사에는 설립등기 전에 출자이행절차를 반드시 거치도록 되어 있다(유한책임회사: 상 287조의4/주식회사: 상 303 내지 307조/유한회사: 상 548조).

상법은 유한책임회사가 조합적 실질을 가지고 있음에도 불구하고 설립 전에 출자이행의 절차를 반드시 거치도록 규정하고 있는데(상 287조의4 2항), 이것은 유한책임회사의 사원이 유한책임을 부담(상 287조의7)하기 때문으로 해석된다.

#### (라) 기관 구성절차

합명회사와 합자회사의 경우, 무한책임사원에게 회사의 업무를 집행할 권리와 의무가 있으므로 원칙적으로 무한책임사원이 회사의 기관이 되고(합명회사: 상 200조 1항, 207조/합자회사: 상 273조), 무한책임사원은 정관의 절대적 기재사항이므로 정관작성으로 이미 회사의 기관이 구성되기 때문에 별도의 기관구성절차가 없다.

이에 반하여 유한책임회사, 주식회사 및 유한회사의 경우는 회사의 구성원이 곧 회사의 기관이 되는 것이 아니므로, 별도의 기관구성절차가 필요하다(유한책임회사: 상 287조의12 1항/주식회사: 상 296조, 312조/유한회사: 상 547조).

합명회사와 합자회사의 무한책임사원은 회사의 채무에 대하여 직접 무한책임을 부담하므로 당연히 회사의 업무를 집행할 권리가 인정되어 기관이 될 자격과 사원이 될 자격이 일치하는 이른바 자기기관성이 원칙이지만, 유한책임회사, 주식회사 및 유한회사의 구성원은 그러한 무한책임을 부담하지 아니하므로 당연히 회사의 업무를 집행할 권리가 있다고 할 수는 없어 회사의 구성원이 아닌 자도 회사의 업무를 담당하는 기관이 될 수 있는 이른바 타인기관성이 인정된다.

### (2) 설립 등기절차

회사는 본점 소재지에서 상업등기부[5]에 설립등기를 함으로써 법인으로서 성립(상

172조)하게 되고 설립중의 회사에 총유적으로 귀속하고 있던 권리의무가 별도의 이전 행위 없이 당연히 설립 후의 회사로 이전되는데 이를 설립등기의 창설적 효력이라고 한다.

회사가 설립절차를 종료한 후, 주식회사와 유한회사의 경우에는 2주간의 기간 내에 설립등기를 하여야 하는 기간의 제한이 있으나(주식회사: 상 317조 1항 / 유한회사: 상 549조 1항) 합명회사, 합자회사 및 유한책임회사의 경우는 이러한 시간적 제한이 없다.

정관은 회사의 조직과 운영에 관한 내부규범을 명확히 하기 위한 목적이 있는 데 반하여 설립 등기의 경우는 회사의 중요한 사항을 공시하는 것이 목적이므로 상법상 정관의 절대적 기재사항과 설립등기사항은 반드시 일치하지 않는다.

특히 주식회사의 경우에는 설립등기의 부수적 효력으로서 ① 주식인수의 무효·취소의 주장이 제한되고(상 320조 1항), ② 권리주의 양도제한에 관한 규정의 적용이 배제 되고(상 319조), ③ 주권의 발행이 가능해지며(상 355조 1항), ④ 회사의 상호가 등기되는 효과가 발생하고(상 317조 2항, 22조, 23조), ⑤ 발기인의 자본충실의 책임이 발생한다(상 321조).

## 다. 회사설립의 하자

### (1) 회사설립 하자의 의의

회사설립의 하자는 회사가 설립등기를 하여 외관상 유효하게 설립하였지만 그 설립절차상 중대한 하자가 있어 회사설립에 무효 내지는 취소의 원인이 있는 것을 말한다. 회사 설립행위의 법률적 성질을 어떻게 해석하더라도 그것이 의사표시에 근간을 둔 법률행위임에는 틀림이 없으므로 민법상 법률행위의 무효와 취소에 관한 규정이 적용되어야 할 것이나, 상법은 대내적으로는 회사의 법률관계를 획일적으로 확정하고, 대외적으로는 거래의 안전을 보호하기 위하여 몇 가지 특별한 규정을 두고 있다.

회사설립의 하자는 회사가 설립등기를 마친 후에 설립과정의 하자를 문제 삼는 것이므로 회사의 설립등기조차 마치지 않은 회사의 불성립이나 설립등기는 마쳤지만 회사의 실체가 전혀 없는 회사의 부존재와는 구별을 요하고, 이러한 회사의 불성립이나

---

5) 상업등기부는 상호 등기부, 무능력자 등기부, 법정대리인 등기부, 지배인 등기부, 합자조합등기부, 합명회사 등기부, 합자회사 등기부, 유한책임회사 등기부, 주식회사 등기부, 유한회사 등기부, 외국회사 등기부 등 11종의 등기부로 이루어져 있다(상업등기법 11조 1항).

부존재는 누구나 언제라도 어떤 방법으로도 이를 주장할 수 있다는 점에서 회사설립의 하자의 주장과 구별된다고 할 것이다.

상법은 회사의 설립에 있어서 사소한 하자는 치유된 것으로 보고, "중대한 하자가 있는 경우"에 한하여, "일정한 기간 내"에, "반드시 소송의 방법으로만", 주장할 수 있고(상 184조 1항), 또한 그 소송이 인용된 경우에 그 판결의 효력은 "소송당사자는 물론이고 제3자에 대하여도" 그러나 "장래에 대하여만 미치도록" 하고 있다(상 190조).

회사 설립의 하자에 관하여, 상법은 상법 제184조 내지 194조에서 합명회사의 설립무효와 설립취소의 소의 절차와 효과 등을 규정하고 이 규정 중 필요한 부분을 합자회사(상 269조), 주식회사(상 328조), 유한책임회사(상 287조의6) 그리고 유한회사(상 552조)에 준용하는 형식을 취하고 있다.

주식회사는 자본단체로서의 특성이 한층 강하므로 구성원의 주관적 하자에 따른 설립취소는 인정치 않겠다는 취지에서 주식회사의 경우에는 합명회사, 합자회사 및 유한책임회사 심지어 유한회사와 달리 설립무효의 소만을 인정하고 있다(상 328조).

### (2) 회사설립 하자의 분류

회사설립의 하자는 그 하자의 원인이 회사 구성원의 주관적인 사정에 기초하는지 여부에 따라 주관적 하자와 객관적 하자로 나누어 볼 수 있고, 또한 그 하자가 회사설립을 무효로 만드는 원인이 되는지, 회사 설립을 취소시키는 원인이 되는지에 따라 설립무효의 하자와 설립취소의 하자로 나누어 볼 수 있다.

#### (가) 주관적 하자와 객관적 하자

주관적 하자는 회사 구성원의 주관적인 의사표시상의 하자를 의미하는데 의사무능력자가 출자의 의사표시를 하였다거나, 제한능력자의 행위로서 취소의 대상이 되는 경우(민 5조, 10조, 13조, 14조의2), 채무자가 사해행위의 목적을 달성하기 위하여 출자의 의사표시를 한 경우(민 406조), 또는 상대방이 알고 있는 비진의 표시(민 107조 1항 단서), 통정허위표시(민 108조), 착오 · 사기 · 강박에 의하여 출자의 의사표시를 한 경우(민 109조, 110조) 등이 이에 해당된다. 다만 주식회사의 경우에는 주식청약에 있어서 상대방이 알고 있는 비진의 의사표시에 관한 민법 제 107조 1항 단서의 규정은 적용되지 않는다(상 302조 3항).

한편 회사설립의 객관적 하자는 설립행위 자체가 법령을 위반한 것을 의미하는데 ① 회사의 설립목적이 법률이나 기타 사회질서에 위반하는 경우, ② 회사가 정관을 작성하지 아니하였거나, ③ 정관의 기재에 흠결이 있거나(합명회사: 상 179조 / 합자회사: 상 270조 / 유한책임회사: 상 287조의3 / 주식회사: 상 289조 / 유한회사: 상 543조), ④ 설립등기가 무효인 경우(합명회사: 상 180조 / 합자회사: 상 271조 / 유한책임회사: 상 287조의5 / 주식회사: 상 317조 / 유한회사: 상 549조), 특히 주식회사의 경우에 있어서는 ① 정관의 인증을 결여한 경우(상 292조), ② 변태설립사항에 대하여 검사인의 조사, 보고가 없는 경우(상 299조, 299조의2), ③ 창립총회의 개최가 없는 경우(상 308조) 등이 이에 해당한다고 할 것이다.

합명회사, 합자회사, 유한책임회사 그리고 유한회사는 상대적으로 사원의 주관적 요소가 중요시되어 이러한 종류의 회사에 있어서 사원의 주관적 사정에 따른 하자는 곧 회사설립에 있어서 하자의 원인이 되지만, 주식회사의 경우에는 주주의 주관적 요소는 중요시되지 아니하므로 주주의 주관적 사정에 따른 하자는 회사의 설립에 영향을 미치지 못한다.

### (나) 설립무효의 하자와 설립취소의 하자

회사설립행위에 있어서의 하자는 회사가 설립된 후에 그러한 하자를 이유로 회사의 설립을 취소시키는 효과를 가져 오는 회사설립 취소의 하자와 회사설립 무효의 효과를 가져 오는 회사설립 무효의 하자로 나누어 볼 수도 있다.

주식회사의 경우 회사가 성립되었거나 회사가 성립되기 전이라도 창립총회에 출석하여 그 권리를 행사하거나 된 자는 주식인수행위에 있어서 주식청약서의 요건흠결을 이유로 한 주식인수행위의 무효를 주장하지 못하고 또한 주식인수행위에 있어서 사기 강박이나 착오를 이유로 한 취소의 주장이 제한된다(상 320조). 이처럼 주식인수행위에 무효나 취소의 사유가 있을시에 회사성립 전에는 이를 이유로 주식인수행위를 무효로 하거나 취소할 수 있으나 회사가 성립된 후에는 이를 주장하는 것이 제한되므로 설령 주식인수행위에 있어서 주식인수자의 의사표시에 그러한 주관적 하자가 있었다고 하더라도 회사설립행위 자체에 영향을 미치지 않게 되고 결국 회사성립 후에는 회사 설립행위에 관한 객관적 하자만이 설립 무효의 원인이 되는데 반하여 합명회사, 합자회사, 유한책임회사 그리고 유한회사의 경우에는 사원의 설립행위에 있어서 주관적 하자는 그 원인에 따라 회사가 성립된 후에도 회사설립의 무효 혹은 취소의 원인이 되고 한편 객관적 하자는 회사가 성립된 후에도 회사설립의 무효원인이 된다.

회사설립에 있어서 구성원이 되려는 자의 의사표시상의 하자 예컨대 통정행위로 인한 경우에 그 의사표시는 무효라 할 것이고, 제한능력자이거나 사기강박에 의한 경우이거나 착오로 인한 경우에 그 의사표시를 취소할 수 있다 할 것이다.

합명회사, 합자회사, 유한책임회사 및 유한회사에 있어서는 회사의 사원이 되려는 자의 의사표시의 하자를 이유로 회사가 성립된 후에도 회사설립의 무효 혹은 취소를 구할 수 있으나, 주식회사에 있어서는 주식인수인의 의사표시의 하자는 회사 성립 전에는 주식인수행위의 무효와 취소의 사유가 될 수 있으나 그로 인하여 주식인수의 결손이 발생하면 발기인에게 담보책임을 부담시킴으로써 해결하게 되고(상 321조), 회사 성립후에는 이러한 의사표시의 하자를 이유로 주식인수행위의 취소를 주장할 수 없으므로(상 320조) 주식인수인이 주식인수행위를 함에 있어서 의사표시의 하자가 있었다고 하더라도 그것이 곧 회사설립의 하자로 연결되지는 않는다 할 것이다. 다만 주식회사의 경우에도 그러한 주식인수행위의 무효, 취소가 발기인의 담보책임으로 해결하기에 너무나 크다면 차라리 회사의 설립을 무효로 할 수밖에 없을 것이다.

### (3) 회사설립 하자의 소

#### (가) 소의 당사자

상법상 회사설립의 하자는 반드시 소송의 방법으로만 주장하여야 하는데 이때 회사 설립무효의 소에 있어서 제소권자(원고)는 사원(합명회사: 상 184조 / 합자회사: 상 269조, 184조 / 유한회사: 상 552조, 184조), 사원 및 업무집행자(유한책임회사: 상 287조의6)이거나 주주와 이사 또는 감사(주식회사: 상 328조)가 되고, 설립취소의 소에 있어서 제소권자(원고)는 취소의 원인이 있는 사원(합명회사: 상 184조 / 합자회사: 상 269조, 184조 / 유한책임회사: 상 287조의6, 184조 / 유한회사: 상 552조, 184조) 및 그 대리인이나 승계인(민 140조)이고, 사해설립(詐害設立)으로 인한 설립취소의 경우에는 그 사원(사해행위를 한 채무자)의 채권자(합명회사: 상 185조 / 합자회사: 상 269조, 185조 / 유한책임회사: 상 287조의6, 185조 / 유한회사: 상 552조 2항, 185조)가 된다.

한편 회사설립 무효의 소 혹은 회사설립취소의 소에 있어서 피고는 회사가 되지만, 사해설립으로 인한 설립취소의 소인 경우에는 사원(사해행위를 한 채무자)과 회사가 공동피고가 된다(합명회사: 상 185조 / 합자회사: 상 269조, 185조 / 유한책임회사: 상 287조의6, 185조 / 유한회사: 상 552조 2항, 185조).

채무자가 채권자를 해할 목적으로 회사를 설립하는 이른바 회사의 사해설립의 경우에 있어서 합명회사와 합자회사 및 유한책임회사 그리고 유한회사의 경우에는 채권자가 직접 회사 설립취소의 소를 제기할 수 있으나(상 185조, 269조, 287조의6, 552조 2항) 주식회사의 경우에는 설립취소의 소가 없고, 또 상법 제185조가 준용되지도 않으므로 채권자로서는 법인격 부인의 법리에 따라 구제받을 수밖에 없을 것이다.

#### (나) 제소기간

무효 확인의 소는 무효인 법률행위를 추후에 확인하는 것에 불과하므로 제소기간의 제한이 없는 것이 이론상 당연하다 할 것이나, 상법은 회사설립의 하자(설립무효를 포함)에 관한 소송은 회사 설립시부터 2년 내에 제기하도록 정하고 있다(합명회사: 상 184조 / 합자회사: 상 269조, 184조 / 유한책임회사: 상 287조의6, 184조 / 주식회사: 상 328조 1항 / 유한회사: 상 552조 1항, 184조).

#### (다) 소송절차

회사의 설립하자에 관한 소송절차는, 회사의 본점소재지를 관할하는 법원의 전속관할에 속하고(상 186조), 수개의 설립무효의 소 혹은 설립취소의 소가 제기된 경우에 법원은 이를 반드시 병합 심리하여야 한다(상 188조). 소송의 원인이 된 하자가 심리 중에 보완되고 회사의 현황과 제반사정을 참작하여 설립을 무효 또는 취소하는 것이 부적당하다고 판단될 경우에는 법원의 재량으로 그 청구를 기각하는 것이 가능하다는 등의 특색이 인정된다(합명회사: 상 189조 / 합자회사: 상 269조, 189조 / 유한책임회사: 상 287조의6, 189조 / 주식회사: 상 328조 2항, 189조 / 유한회사: 상 552조 2항, 189조).

#### (라) 판결의 효력

##### 1) 일반적 효력

회사 설립하자의 소송에서 원고 패소판결이 확정된 경우 그 효력은 패소한 원고에게만 효력이 있게 되므로 소를 제기하지 아니하였던 다른 사원이나 주주 등은 별도의 설립하자의 소를 제기할 수 있다.

한편 회사 설립하자의 소송에서 원고 승소판결이 확정된 경우 그 효력은 그 소송의 당사자뿐만 아니라 제3자에게도 미치게 되지만(판결의 대세적 효력), 그 효력은 소급하지 아니하므로 그 판결 확정 전에 생긴 법률관계에는 아무런 영향을 미치지 않게(판결의 불소급효)(합명회사: 상 190조 / 합자회사: 상 269조, 190조 / 유한책임회사: 상 287조의6, 190조 / 주식회사: 상 328조 2항, 190조 / 유한회사: 상 552조 2항, 190조) 된다.

민사소송법에 의하면 판결의 효력은 소송을 한 당사자에게만 미치게 되지만(민소 204조), 상법은 다수의 이해관계인 사이의 법률관계를 획일적으로 확정하기 위하여 회사 설립하자의 소에 관하여 이러한 민사소송법상의 기판력에 대한 예외를 인정하고 있다. 또한 민법에 의하면 법률행위의 무효 혹은 취소의 판결이 확정되면 그 법률행위의 효력은 그 법률행위가 행하여졌던 때로 소급하여 무효가 될 것이지만, 상법은 거래의 안전을 보호하기 위하여 회사설립하자의 소에 관하여 이러한 원칙에 대한 예외를 인정한 것이다.

또한 상법은 설립무효의 판결이나 설립취소의 판결이 확정된 경우에는 본점이나 지점의 소재지에서 등기하여 이를 공시하도록 정하고 있다(상 192조).

따라서 회사는 판결이 확정된 때에 해산된 것으로 보고 해산의 경우에 준하여 청산을 하여야 한다(합명회사: 상 193조 / 합자회사: 상 269조, 193조 / 유한책임회사: 상 287조의6, 193조 / 주식회사: 상 328조 2항, 193조 / 유한회사: 상 552조 2항, 193조).

합명회사와 합자회사 그리고 유한책임회사의 경우에는 무효나 취소의 원인이 특정한 사원에 한정될 경우에 나머지 사원 전원의 동의로써 회사의 계속도 가능하고, 이때 무효·취소의 원인이 있는 사원은 퇴사한 것으로 간주되는데 이 경우에도 새로이 사원을 가입시켜서 회사를 계속 할 수도 있다(합명회사: 상 194조., 229조 2항, 229조 3항 / 합자회사: 상 269조, 194조 / 유한책임회사: 상 287조의6, 194조). 다만 주식회사(상 328조 2항)와 유한회사(상 552조 2항)에서는 상법 194조가 준용되지 않으므로 이러한 경우에는 회사의 계속이 불가능하다고 할 것이다.

이처럼 회사 설립의 하자에 관한 소송의 결과 회사설립이 무효가 되거나 취소가 되더라도 그 효과는 소급하지 않으므로 회사설립 후 그 설립이 무효 혹은 취소되기까지 회사가 그동안 거래행위를 통하여 맺게 된 법률관계를 어떻게 처리하여야 할 것인지가 문제되는데 이를 사실상의 회사(De Facto Corporation)라는 개념을 통하여 해결하고 있다.

2) 사실상의 회사

사실상의 회사는 회사 설립의 무효 혹은 취소의 판결이 확정된 경우, 회사설립이후 판결이 확정되었을 때까지 마치 법률적으로 유효하게 성립된 회사처럼 취급되는 실체를 의미하는데, 회사 설립의 무효 혹은 취소의 판결은 소급효가 없으므로 회사설립 후 설립 무효나 취소의 판결이 확정된 때까지 이루어진 거래관계의 안전을 보호하기 위하여 사실상의 회사를 강학상 인정하고 있다.

회사 설립 등기 후 회사 설립의 무효·취소의 판결이 확정되면, 그때부터 회사는 해산된 것으로 보게 되지만, 회사 설립시부터 그때까지 회사가 대내적으로 하였던 행위, 예컨대 신주발행, 회사합병, 정관변경 등과 같은 행위는 말할 것도 없고 대외적으로 하였던 제3자와의 거래관계, 예컨대 매매 등은 모두 유효하고, 발기인, 이사 또는 감사 등이 회사 또는 제3자에 대하여 부담하는 책임도 그대로 아무런 영향이 없다.

다만, 주식회사에 있어서 발기인이 부담하는 회사설립에 관한 책임은 회사 성립시의 책임(상 322조, 323조)과 회사불성립시의 책임(상 326조)이 다른데 이 경우 발기인은 회사성립시의 책임을 부담하게 된다.

회사 설립의 무효, 취소의 판결이 확정된 때에는 그 회사는 해산된 것으로 보고 해산의 경우에 준하여 청산을 하여야 하므로(상 193조 2항, 269조, 287조의6, 328조 2항,

552조 2항) 회사는 청산의 목적범위 내에서만 권리능력이 인정되게 되고 만약 회사가 이를 무시한 채로 대내외적으로 법률행위를 하였을 때에는 그 법률행위는 권리능력이 없는 자의 행위라고 할 것이므로 그 효력을 인정받지 못 할 것이다.

## 2. 회사의 변경

### 가. 회사변경의 의의

회사는 경쟁력을 강화하고, 변화된 사업 환경과 변모하는 경제여건에 적응하기 위하여 설립당시의 모습을 변경할 필요가 있게 된다. 이러한 회사의 변경은 회사의 일부를 분할하거나, 회사의 조직이나 사업형태를 바꾸거나 혹은 다른 회사와 합병하거나 다른 회사를 인수하는 등의 이른바 회사의 구조조정[6]의 모습으로 나타나게 된다. 상법은 이를 뒷받침하기 위하여 모든 회사에 공통적으로 영업양도(상 41조, 374조), 조직변경(합명회사를 합자회사로 변경: 상 242조 / 합자회사를 합명회사로 변경: 상 286조 / 주식회사를 유한책임회사로 변경: 상 287조의43 1항 / 유한책임회사를 주식회사로 변경: 상 287조의43 2항 / 주식회사를 유한회사로 변경: 상 604조 / 유한회사를 주식회사로 변경: 상 607조), 그리고 합병(상 174조 / 합명회사: 상 230조 / 합자회사: 상 269조, 230조 / 유한책임회사: 상 287조의41, 230조 / 주식회사: 상 522조 / 유한회사: 상 598조) 등에 관하여 규정하는 한편 주식회사에서는 다른 종류의 회사에서는 인정되지 않는 주식의 포괄적 교환(상 360조의2 내지 360조의14), 주식의 포괄적 이전(상 360조의15 내지 360조의23) 그리고 회사의 분할(상 530조의2 내지 530조의12) 등에 관하여 규정하고 있다.

이 밖에도 회사는 다양한 방법을 통하여 다른 회사의 경영권을 획득하여 회사의 구조를 변경하기도 한다.

### 나. 영업양도

#### (1) 영업양도의 의의

영업양도란 일정한 영업목적에 의하여 조직화된 유기적 일체로서의 기능적 재산인 영업을 그 동일성을 유지하면서 일체로서 이전하는 것[7]으로서 양도인과 양수인 사

---

6) 회사의 구조조정에 관하여는 상법의 규정뿐만 아니라, 금융산업의 구조개선에 관한 법률, 금융지주회사법, 벤처기업 육성에 관한 특별조치법, 자본시장과 금융투자업에 관한 법률, 채무자회생 및 파산에 관한 법률 등 많은 특별법이 우선적으로 적용되는 경우가 적지 않다.

7) 영업양도의 법적 성질에 관하여 학설이 대립하고 있으나 다수설은 영업용재산과 재산적 가치가 있는 사실관계가 합하여 이루어진 조직적·기능적 재산으로서의 영업재산의 일체를 양도하는 것이라는 영

이에서 인적·물적 조직체로서의 영업재산 전체가 동일성을 유지하면서 이전된다는 점에서 합병과 유사하다고 할 수 있다. 그러나 영업양도는 양도인과 양수인 사이의 채권적 계약인데 반하여 합병은 상법의 규정에 의하여 회사의 경우에만 인정되는 특별한 법률요건이라는 점에서 본질적으로 다르기 때문에 영업양도와 회사의 합병은 많은 차이점을 가지고 있다.[8)]

### (2) 영업양도의 절차

영업양도는 당사자 사이의 채권계약이므로 계약체결의 일반적 절차에 따라 당사자사이의 의사표시의 합치로써 성립되게 된다. 상법은 총칙 편에서 영업양도와 관련하여 거래의 안전을 보호하기 위하여, 영업양도인에게 자신이 양도한 영업과 동일한 영업을 하는 것을 제한하는 규정(상 41조), 영업양수인이 영업양도인의 상표를 속용의 경우에 있어서 양도인이 제3자에 대하여 가지고 있던 채권 및 채무에 대한 양수인과 제3자의 관계에 관한 규정(상 42조 내지 45조) 등에 관한 일반적인 규정을 두는 한편, 회사 편에서는 주식회사나 유한회사가 영업양도의 당사자로서 영업의 전부 혹은 중요한 일부를 양도하거나 회사의 영업에 중대한 영향을 미치는 다른 회사 영업의 전부 또는 일부를 양수하는 등을 하는 경우에 회사를 지배하는 다수파에 의한 일방적인 영업양도양수행위로부터 소수파의 이익을 보장하기 위하여 주주총회나 사원총회의 특별결의를 얻도록 하는 등 내부적 의사결정에 관한 규정(상 374조 1항, 576조 1항)을 두고 있고(상 374조 1항), 특히 주식회사에 있어서 영업양도에 반대하는 주주를 위하여 주식매수청구권(상 374조의2)을 인정하는 별도의 규정을 두고 있다.

### (3) 영업양도의 효과

영업양도의 당사자는 영업양도 계약의 내용에 따라 양도인은 영업재산을 이전하게 되고 양수인은 그에 대한 대가를 지불하게 되는데, 이때 영업재산의 이전은 그 영업재산을 구성하는 각 재산의 종류에 따라 개별적인 이전절차를 이행하여야 하고, 회

---

업재산양도설이 다수설의 지위에 있고 대법원도 같은 취지로 판결하고 있다(대법원 2009.1.15. 선고 2007다17123, 17130 판결).

8) 영업양도와 합병의 차이점은 크게 (1) 영업양도는 회사뿐만 아니라 개인 상인에게서도 인정되는 데 반하여 합병은 회사의 경우에만 인정되고, (2) 영업양도의 경우에는 영업양도계약의 효과로서 영업재산을 구성하는 개별적 권리의무가 특정 승계되는 데 반하여 합병은 상법의 규정에 의하여 권리의무에 대한 포괄적 승계가 이루어지고(상 235조, 269조, 530조 2항, 603조), (3) 영업양도의 절차는 당사자의 계약에 따르게 되는 데 반하여 합병은 엄격한 상법의 규정에 따르게 된다는 점 등을 들 수가 있는데, 그 밖의 차이점에 관하여는 주석상법 I 385면 내지 386면을 참조할 것.

사가 자신의 영업을 양도하였다고 하여 회사자체가 소멸하는 효과가 발생하는 것은 아니다. 또한 상법은 영업양수인의 지위를 보호하기 위하여 영업양도인에 대하여 경업피지의무를 부과하고 있다(상 41조).

상법은 상업사용인(상 17조), 대리상(상 89조), 합명회사의 사원(상 198조), 주식회사의 이사(상 397조), 유한회사의 이사(상 567조)에게 경업금지의무를 부과하고 있는데 이는 일정한 계약관계에 기한 지위에서 계약기간 존속 중에 인정되는데 반하여 영업양도인(상 41조)에게 요구되는 경업금지의무는 계약이 이행되어 종료된 후에 인정된다는 차이점이 있다.

이 밖에도 당사자간에 체결되는 경업금지약정(non competetion covenant)과 관련하여 실무상으로는 근로자의 경업금지의무와 가맹점주의 경업금지의무가 문제되기도 한다.

**대법원 2005.7.22. 선고 2005다602 판결**[9]

[1] 상법 제42조 제1항의 영업이란 일정한 영업목적에 의하여 조직화된 유기적 일체로서의 기능적 재산을 말하고, 여기서 말하는 유기적 일체로서의 기능적 재산이란 영업을 구성하는 유형·무형의 재산과 경제적 가치를 갖는 사실관계가 서로 유기적으로 결합하여 수익의 원천으로 기능한다는 것과 이와 같이 유기적으로 결합한 수익의 원천으로서의 기능적 재산이 마치 하나의 재화와 같이 거래의 객체가 된다는 것을 뜻하는 것이므로, 영업양도가 있다고 볼 수 있는지의 여부는 양수인이 유기적으로 조직화된 수익의 원천으로서의 기능적 재산을 이전받아 양도인이 하던 것과 같은 영업적 활동을 계속하고 있다고 볼 수 있는지의 여부에 따라 판단되어야 한다.

[2] 상법상의 영업양도는 일정한 영업목적에 의하여 조직화된 유기적 일체로서의 기능적 재산인 영업재산을 그 동일성을 유지시키면서 일체로서 이전하는 채권계약이므로 영업양도가 인정되기 위해서는 영업양도계약이 있었음이 전제가 되어야 하는데, 영업재산의 이전 경위에 있어서 사실상, 경제적으로 볼 때 결과적으로 영업양도가 있는 것과 같은 상태가 된 것으로 볼 수는 있다고 하더라도 묵시적 영업양도계약이 있고 그 계약에 따라 유기적으로 조직화된 수익의 원천으로서의 기능적 재산을 그 동일성을 유지시키면서 일체로서 양도받았다고 볼 수 없어 상법상 영업양도를 인정할 수 없다.

---

9) 이 판결은 영업양도의 본질에 관하여 판시하고 있는데, 대법원은 영업 자체를 양도·양수하는 것이 아니라 영업의 주체인 회사의 주식이나 지분권을 양도·양수하는 주식과 지분양도를 통한 회사의 양도와 영업양도를 구별하고 있고(대법원 2004.7.8. 선고 2004다13717 판결, 대법원 1999.4.23. 선고 98다45546 판결), 또한 주식회사의 영업 그 자체의 양도가 아니더라도 중요한 영업재산의 양도가 영업양도와 같은 효과를 가져 올 경우에는 영업양도에서와 같이 주주총회의 특별결의가 필요하고 하고 있고(대법원 1998.3.24. 선고 95다6885 판결), 설령 중요한 영업용재산의 처분이라도 이미 주식회사의 영업이 중단된 상태인 경우라면 주주총회의 특별결의가 불필요하다고 판시하고 있다(대법원 1992.8.18. 선고 91다14369 판결).

## 다. 조직변경

### (1) 조직변경의 의의

회사의 조직변경이란 회사가 법인격의 동일성을 유지하면서 다른 종류의 회사로 그 법률상 조직을 바꾸는 회사법상의 제도 또는 법률요건을 말한다.

◆ 대법원 1985.11.12. 선고 85누69 판결
회사의 조직변경은 회사가 그의 인격의 동일성을 보유하면서 법률상의 조직을 변경하여 다른 종류의 회사로 되는 것을 일컫는다 할 것이고 상법상 합명, 합자회사 상호간 또는 주식, 유한회사 상호간에만 회사의 조직변경이 인정되고 있을 뿐이므로 소외 계룡건설합자회사가 그 목적, 주소, 대표자등이 동일한 주식회사인 원고 회사를 설립한 다음 동 소외 회사를 흡수 합병하는 형식을 밟아 사실상 합자회사를 주식회사로 변경하는 효과를 꾀하였다 하더라도 이를 법률상의 회사조직변경으로 볼 수는 없다.

회사의 조직변경은 유사한 형태의 회사들 상호간에서만, 예를 들어 물적회사인 주식회사와 유한회사 상호간에 그리고 인적회사인 합명회사와 합자회사 상호간에 있어서만 인정된다(상 242조, 286조, 604조, 607조).

다만 유한책임회사는 조합의 실질을 갖는 등 인적회사로서의 특징도 적지 않지만, 사원이 간접유한책임을 부담한다는 점에서 물적회사와 유사한 점도 있으므로 상법은 주식회사로 혹은 주식회사로부터의 조직변경만을 인정하고 있다(상 287조의43).

### (2) 조직변경의 절차

회사의 조직변경이 있게 되면, 회사는 설립 당시 구성원들이 예상하였던 회사와 다른 종류의 회사로 변모하게 됨으로써 대내적으로 회사의 구성원과 대외적으로 회사의 거래상대방의 권리와 의무에 큰 영향을 미치게 되므로 특히 회사의 소수파 구성원과 회사의 채권자에 대한 보호가 요구된다.

상법은 대내적으로는 구성원을 보호하기 위하여 회사 구성원 전원의 동의를 얻도록 하고 있고(합명회사: 상 242조 1항 / 합자회사: 상 286조 1항 / 유한책임회사: 상 287조의43 / 주식회사: 상 604조 1항 / 유한회사: 상 607조 1항), 대외적으로는 회사에 대한 채권자를 보호하기 위하여 구성원의 책임을 엄격히 하거나(합명회사: 상 244조), 회사채권자에 대하여 이의를 신청할 기회를 부여하고 있다(합명회사: 상 232조 / 유한책임회사: 상 287조의44, 232조 / 주식회사: 상 608조, 232조 / 유한회사: 상 608조, 232조).

다만 합자회사에서 합명회사로 조직변경을 할 때에는 회사채권자에게 불리할 것이 없으므로 상법상 회사채권자를 보호하는 절차를 별도로 두고 있지 않다.

이러한 조직변경으로 회사의 영속성이나 동일성이 상실되지는 않지만 상법은 해산과 설립의 등기를 하도록 요구하고 있다(합명회사: 상 243조 / 합자회사: 상 286조 3항 / 유한책임회사: 287조의44, 606조/ 주식회사: 상 606조 / 유한회사: 상 607조 5항, 606조).

또한 유한회사에는 회사채의 발행이 인정되지 아니하므로 주식회사에서 유한회사로 조직변경을 하기 위해서는 회사채를 상환할 것을 조건으로 하고 있으며(상 604조 1항 단서), 특히 상법은 유한회사에서 주식회사로 조직변경을 하기 위해서는 법원의 인가를 얻도록 정하고 있는데(상 607조 3항), 이것은 설립절차의 까다로움을 피해서 유한회사를 설립한 후 주식회사로 조직을 변경하는 편법을 방지하기 위한 목적이라고 할 것이다.

### (3) 조직변경의 효력

회사의 조직변경이 있더라도 동일성은 유지되지만, 회사의 형태가 달라짐에 따라 회사의 기관구성이나 회사의 구성원의 책임이 달라지게 된다.

그런데 회사의 조직변경의 효력발생시기는 구성원의 책임의 변경시기와 회사의 기관구성의 효력발생시기 등과 맞물려 중요한 의미를 갖게 된다.

상법은 구체적인 규정을 마련하고 있지 않아서 견해의 대립이 없지 않지만 일반적으로 회사의 본점소재지에서 조직변경에 따른 등기를 하였을 때라고 해석하고 있다.

### (4) 조직변경의 하자

조직변경에 관하여 하자, 예컨대 조직변경에 있어서 필요한 구성원의 동의가 없는 경우, 채권자보호절차를 이행하지 아니한 경우, 법원의 인가를 받지 아니한 경우 등의 사유가 있을 때 이를 처리하는 구체적인 방법과 절차에 대하여 상법은 아무런 규정이 없는데 회사의 법률관계는 단체법적인 성질상 획일적으로 처리되어야 하므로 변경된 후의 회사의 종류에 따라 회사 설립의 무효 · 취소 등에 준하여 처리하여야 할 것이다.[10)]

만약 회사의 조직변경이 무효임이 확정되면 조직변경 전의 회사로 복귀될 것이다.

---

10) 이 부분에 관한 대법원의 판결은 아직 없으나 하급심에서는 이러한 경우에는 설립무효 등에 준하여 등기일로부터 2년 내에 조직변경무효확인의 소를 통하여 하자가 구제될 것이라고 한 하급심 판결도 있다(서울민사지방법원 1990.2.13. 선고 88가합60411 판결).

## 라. 회사의 합병

### (1) 합병의 의의

경제규모가 커지고 고도화되면 경제의 주체라고 할 수 있는 회사는 집중과 결합을 통하여 경영을 합리화하고, 상호간의 경쟁을 회피하여 이윤을 극대화하려는 움직임이 나타나게 되는데, 이는 다른 회사가 시장에 신규로 진입하는 것을 막기 위한 장벽을 쌓게 되거나, 대자본에 의하여 회사 간의 종속화가 심화되는 등 불공정거래의 우려가 있게 된다.

합병은 회사의 집중과 결합의 한 형태로서 2개 이상의 회사가 상법의 규정에 따라 청산절차를 거치지 않고서 1개의 회사가 다른 회사를 흡수하거나(흡수합병), 2개 이상의 회사가 새로운 회사를 설립하여 기존의 회사를 흡수함으로써(신설합병) 흡수된 회사의 소멸을 가져오고 그 권리의무를 흡수하거나 신설된 회사에 포괄적으로 이전토록 하는 회사법상의 절차로서 회사의 법률관계의 변동을 가져온다는 의미에서 회사법상의 법률요건이라 할 것이다.

그러므로 회사가 청산을 하고 그 재산을 분배받은 사원이 별도의 회사를 설립하거나, 회사가 영업 전부를 현물로 출자하여 회사를 설립하고 종전의 회사는 해산하는 등의 이른바 사실상 합병은 비록 회사의 소멸과 권리의무의 이전이라는 합병과 유사한 결과를 가져온다고 하더라도 그것은 청산절차 없이 회사가 소멸되고 소멸회사의 권리의무가 존속하거나 신설되는 회사에게 포괄적으로 이전되는 효과가 인정되는 상법상 합병과 구별된다.

또한 회사의 합병은 회사들이 화학적으로 합체가 되어 회사의 본래의 형태가 유지되지 않는 상태라는 점에서 회사의 본래의 형태가 유지된 채로 물리적으로 연결되는 기업의 결합과 구별된다.

회사의 합병은, 일정한 영업목적을 위하여 조직된 유기적 일체로서 기능적 재산의 양도를 의미하는, 영업양도와는 영업조직의 일체가 이전되는 외형을 보인다는 점에서 유사하다고 할 것이나, ① 합병은 회사의 경우에만 인정되지만, 영업양도는 회사를 포함한 모든 상인에게 인정되는 점, ② 합병은 상법에 정한 절차에 따라서 진행되고 그에 따라 회사재산은 포괄적으로 승계되지만, 영업양도는 상법에 특별한 절차가 규정되어 있지 않고 재산의 이전은 특정승계방식에 의하게 되는 점, ③ 합병의 경우 청산절차 없이 회사의 소멸이 일어나지만, 영업양도의 경우에는 비록 영업을 양도한 회사라고 하더라도 소멸하지 않는 점, ④ 합병회사는 채무도 당연히 승계하고, 채권자보호절차에 관한 규정은 상법의 회사편에 있으나, 영업양도의 경우에 채무의 승계는 채무인수절차에 의하게 되고 채권자보호를 위한 규정은 상법의 총칙편에 있는 점, ⑤ 합병의 무효는 반드시 상법의 규정에 따라 소송으로만 주장할 수 있으나, 영업양도의 경우는 민법의 규정에 따라 무효를 주장할 수 있는 점 등에서 다르다고 하겠다.

합병에는 합병하는 회사들이 모두 해산함과 동시에 신회사를 설립하여 그 신설회사로 하여금 합병하는 회사의 재산관계를 포괄적으로 승계토록 하는 신설합병과 합병하는 회사들 중 어느 한 회사가 다른 회사를 흡수하여 존속하면서 흡수된 회사의 재산관계를 포괄적으로 승계하고 흡수된 회사는 소멸하도록 하는 흡수합병의 두 가지가 있는데 신설합병의 경우 새로운 회사를 설립하는 비용이 적지 않고, 조세부담에 있어서 불리한 점이 있어서 실무상 신설합병은 거의 없고 대부분이 흡수합병의 방식에 의하여 합병이 이루어진다.[11]

### (2) 합병의 법적 성질

합병의 본질과 관련하여 ① 두 개 이상의 회사가 1개의 회사로 합일되는 법인격적 합체라는 견해(인격합일설),[12] ② 합병의 종류에 따라 흡수합병은 현물출자에 의한 자본증가이고, 신설합병은 소멸회사의 영업을 전부 현물출자 하여 새로운 회사를 설립하는 것이라는 견해(현물출자설),[13] ③ 소멸회사의 전 사원이 그 지분을 존속회사 또는 신설회사에 현물출자하는 것이라는 견해(사원현물출자설), ④ 소멸회사의 재산이 존속회사 또는 신설회사에 포괄적으로 합일되는 것이라는 견해(재산합일설)[14]의 대립이 있으나, 어느 견해에 의하더라도 상법상의 합병의 절차와 효과에 차이를 가져오지 않는다는 점에서 논의의 실익이 있다고 할 수는 없다.[15] 회사 합병의 핵심은 해산하는 회사는 청산절차를 거치지 않고 소멸하고, 존속하거나 신설된 회사는 해산한 회사의 재산관계를 포괄적으로 승계한다는 점에서 볼 때 회사의 합병은 회사라는 법인격체가 서로 합일되어 하나의 회사로 되거나 새로운 회사로 이전되는 현상이라고 보는 인격합일설이 이론적으로는 타당하다고 할 것이고 이것이 일반적인 견해이기도 하다.[16]

---

11) 실무상 합병은 주식회사에 있어서 흔히 발생하게 되고 또한 주식회사의 합병도 주식회사의 분할과 동시에 일어나기도 하는 등 다양한 경로에 따라 이루어지며 그러한 합병의 방식도 여러 형태가 있다. 2015년 12월 1일에는 주식회사의 합병 등 이른바 회사의 구조조정을 촉진하기 위한 부분적인 상법개정도 있었는데 이런 점 등은 주식회사편에서 상세히 다루기로 한다.
12) 강위두/임재호 418면, 최기원 1077면, 정찬형 99면, 최준선 674면.
13) 서정갑 402면.
14) 정희철 304면.
15) 권기범 84면, 임홍근 784면, 정동윤 811면, 최준선 673면.
16) 법인세법 제44조 1항은 "피합병법인이 합병으로 해산하는 경우에는 그 법인의 자산을 합병법인에 양도한 것으로 본다"고 규정함으로써 세법은 현물출자설에 입각하고 있다는 것이 일반적 견해이다.

◆ 대법원 2003.2.11. 선고 2001다14351 판결

회사의 합병이라 함은 두 개 이상의 회사가 계약에 의하여 신회사를 설립하거나 또는 그 중의 한 회사가 다른 회사를 흡수하고, 소멸회사의 재산과 사원(주주)이 신설회사 또는 존속회사에 법정 절차에 따라 이전·수용되는 효과를 가져오는 것으로서, 소멸회사의 사원(주주)은 합병에 의하여 1주 미만의 단주만을 취득하게 되는 경우나 혹은 합병에 반대한 주주로서의 주식매수청구권을 행사하는 경우 등과 같은 특별한 경우를 제외하고는 원칙적으로 합병계약상의 합병비율과 배정방식에 따라 존속회사 또는 신설회사의 사원권(주주권)을 취득하여, 존속회사 또는 신설회사의 사원(주주)이 된다.

### (3) 합병의 자유와 제한

상법은 원칙적으로 회사의 합병을 자유로이 인정(상 174조 1항)하여 회사의 조직변경과는 달리 인적회사 상호간이나, 물적회사 상호간의 합병은 물론이고 인적회사와 물적회사 상호간의 합병도 허용하지만 몇 가지 제한을 두고 있다.

상법은 ① 인적회사는 사원의 책임이 과중하다는 점을 감안하여 합병회사의 일방 또는 쌍방이 물적회사인 경우에는 존속회사나 신설회사는 반드시 물적회사일 것을 규정하고 있고(상 174조 2항), ② 주식회사와 유한회사가 합병하는 경우에는 주식회사의 엄격한 설립절차를 회피할 목적에서 유한회사를 설립한 후 주식회사와 합병을 하려는 의도를 방지할 목적에서 존속회사 또는 신설회사가 주식회사의 경우에는 법원의 인가를 받아야 하고(상 600조 1항), ③ 유한회사는 사채발행이 인정되지 않으므로 존속회사 또는 신설회사가 유한회사의 경우에는 주식회사의 사채상환을 완료할 것을 규정하고 있으며(상 600조 2항), ④ 해산 후의 회사가 존립중인 회사와 합병하는 경우에는 존립중인 회사를 존속회사로 하여야 한다고 규정하고 있다(상 174조 3항).

이 밖에도 특별법에서도 회사의 합병에 대하여 제한을 하는 경우가 있다.

독점규제 및 공정거래에 관한 법률은 회사 간의 경쟁제한을 가져올 우려가 있거나 경제력의 집중을 억제할 목적에서 합병을 제한하는 경우가 있고(독점규제법 7조 1항), 자본시장과 금융투자업에 관한 법률은 주권상장법인이 다른 회사와 합병하는 경우에는 대통령령에 정한 기준에 따라야 한다고 규정하고 있으며(자본시장법 165조의4), 은행 혹은 보험회사가 합병을 할 경우 또는 금융산업의 구조개선에 관한 법률에 따라 금융기관이 합병을 할 경우에는 각기 금융위원회의 인가를 받도록 규정하고 있다(은행법 55조, 보험법 139조).

합병에 관하여 상법은 통칙에서 합병의 자유와 제한에 관하여 개괄적으로 규정(상 174조 내지 175조)한 뒤 개별적으로 합명회사(상 230조, 232조 내지 240조), 합자회사(상 269조, 230조,

232조 내지 240조), 유한책임회사(상 287조의41, 230조, 232조 내지 240조), 주식회사(상 522조 내지 530조) 및 유한회사(상 598조 내지 603조)의 합병에 관한 별도의 규정을 두고 있다.

### (4) 합병의 절차

합병은 합병계약을 체결한 후 대내적으로 구성원의 동의절차와 대외적으로 채권자의 보호절차 그리고 공시절차를 거쳐 합병등기를 함으로써 완성된다.

#### (가) 합병계약

합병계약은 합병을 하는 회사의 법률행위라고 할 것이므로 회사의 대표기관이 그 내용을 결정하고 체결할 권한을 가지게 된다. 상법은 존속회사 또는 신설회사가 합명회사, 합자회사 혹은 유한책임회사일 경우에는 계약의 내용에 대하여 아무런 제한을 두고 있지 않으나 주식회사나 유한회사인 경우에는 합병계약의 내용에 관하여 일정한 사항을 정하고 있다(주식회사: 상 523조, 524조, 525조 / 유한회사: 상 603조, 523조, 524조).

이러한 합병계약은 합병과는 구별하여야 할 것인데 그 법적 성질에 관하여, ① 합병계약은 단체법상의 특수한 계약으로서 총사원의 동의 또는 주주총회 혹은 사원총회의 결의를 정지조건으로 하는 계약으로서 합병계약은 사원의 동의 또는 결의가 있은 때에 효력이 발생한다는 견해(정지조건설),[17] ② 합병계약은 독립된 계약으로서 사원의 동의 또는 주주총회 결의와 관계없이 독자적으로 효력이 발생한다는 견해(독립계약설)[18]가 대립하고 있다. 생각건대 회사가 합병계약을 체결하면서 구성원의 동의를 정지조건으로 할 수도 있겠고, 합병을 위한 가계약을 체결하고 구성원의 동의 후 합병을 위한 본 계약을 체결하는 경우도 있겠으나 그 계약의 성질이 정지조건부 계약이라고 해석할 어떤 법적 근거가 없으므로 합병계약을 단체법상의 특수계약으로서 정지조건부 계약이라는 견해에는 찬동할 수 없다고 생각한다.

#### (나) 대내적 절차로서의 합병결의

회사의 대표기관이 체결한 합병계약은 합명회사, 합자회사 혹은 유한책임회사에서는 총사원의 동의(합명회사: 상 230조 / 합자회사: 상 269조, 230조 / 유한책임회사: 상 287조의41, 230조), 주식회사나 유한회사에서는 주주나 사원의 특별결의(주식회사: 상 522조 3항, 434조 / 유한회사: 상 598조, 585조)에 의한 승인이 있어야 하고, 만약 승인이 없으면 합병절차는 더 이상 진행할 수 없게 된다. 그러나 구성원의 승인이 없는 경우라고 하더라도 이미 체결된 합병계약이 무효라고 할 수 없고 그에 따라 계약불이행의

17) 강위두/임재호 420면, 정동윤 814면, 정찬형 101면, 정희철 307면, 최기원 1084면.
18) 이철송 119면.

문제가 생기게 되지만, 합병계약이 정지조건부계약의 형식이거나 예약 또는 가계약의 형식이었다면 그에 따라 처리하게 될 것이다. 또한 구성원이 합병계약에 관하여 변경을 결정하였다면 그에 따라 재계약을 체결할 수밖에 없다고 할 것이다.

상법은 주식회사의 합병결의와 관련하여 몇 가지 특별한 규정을 두고 있다.

첫째로, 회사가 종류주식을 발행한 경우에는 주주총회의 결의와는 별도로 그 종류의 주식을 가진 주주들만으로 구성되는 종류주주총회의 결의가 필요하고(상 436조, 435조), 종류주주총회의 결의가 없으면 합병결의의 효력이 발생하지 않게 되도록 규정하고 있으며, 둘째로, 합병에 반대하는 주주에게는 회사에 대하여 자신이 소유하는 그 회사의 주식을 매수할 것을 구하는 권리로서 주식매수청구권이 인정되지만(상 522조의3), 회사가 주식매수청구권에 따른 절차를 이행하지 않는다고 하더라도 그것이 곧 합병을 무효로 만들지는 않는다 할 것이다.

또한 상법은 주식회사에 있어서 흡수합병의 경우에는 대내적 절차로서 주주총회의 결의가 필요하지 않는 경우를 규정하고 있다. 이에는 ① 소멸회사의 주주총회가 생략되는 경우로서, 흡수합병을 하면서 소멸회사의 총주주의 동의가 있거나 존속회사가 소멸회사의 발행주식총수의 100분의 90 이상을 소유하고 있는 경우에 인정되는 간이합병(상 527조의2)이 있고, ② 존속회사의 주주총회가 생략되는 경우로서, 흡수합병을 하면서 존속회사가 합병으로 인하여 발행하는 신주가 그 발행주식총수의 100분의 10를 초과하지 않고, 소멸회사에 지급하는 합병교부금이 존속회사의 최종 대차대조표상 순자산액의 100분의 5를 초과하지 아니하는 경우에 인정되는 소규모 합병(상 527조의3)이 있는데 이러한 경우 이사회의 승인결의가 있으면 된다.

상법은 주식회사의 합병에 있어서 합병결의에 반대하는 주주에게는 주식매수청구권이 인정되고는 있지만, 주식회사의 소규모합병의 경우에는 이를 인정하지 않고 있다(상 527조의3 5항).

### (다) 대외적 절차로서의 회사채권자 보호

상법은 회사채권자를 보호하기 위하여 일정한 절차를 거칠 것을 규정하고 있는데, 합병결의 후 회사채권자에게 합병에 관한 이의신청권을 인정하고 있다. 회사채권자가 일정한 기간 내에 이의를 제출하지 않은 경우에는 합병을 승인한 것으로 의제하게 되고, 이의를 제출한 경우에 회사는 채권자를 위하여 변제 또는 상당한 담보를 제공하거나 이를 목적으로 상당한 재산을 신탁회사에 신탁하도록 하고 있다(합명회사: 상 232조 / 합자회사: 상 269조, 232조 / 유한책임회사: 상 287조의41, 232조 / 주식회사: 상 527조의5, 232조 / 유한회사: 상 603조, 232조).

(라) 기타의 절차

1) 설립위원에 의한 신설회사의 설립

상법은 회사의 신설합병으로 인하여 회사를 설립하는 경우에는 정관의 작성 기타 설립에 관한 행위는 합병회사들로부터 선임된 설립위원이 공동으로 하여야 할 것(상 175조 1항)과 설립위원은 합명회사와 합자회사의 경우에는 총사원의 동의(상 175조 2항, 230조, 269조, 287조의41)로, 주식회사의 경우에는 주주총회의 특별결의(상 175조 2항, 상 434조), 유한회사의 경우에는 사원총회의 특별결의(상 175조 2항, 585조)로 선임할 것을 규정하고 있으나 구체적으로 그 설립위원의 자격이나 수에 관하여는 아무런 규정이 없으므로 합병회사들이 정하여야 할 것이다.

2) 합병공시

상법은 거래의 안전을 보호하기 위한 방책으로 주식회사나 유한회사에 있어서는 합병계약서 등을 사전에 공시하도록 하고 있고(주식회사: 상522조의2 / 유한회사: 상 603조, 522조의2), 특히 주식회사의 경우에는 채권자보호절차의 경과 등 합병절차가 적법하게 이루어졌는지 여부를 판단하기에 필요한 서류 등을 합병을 한 날로부터 6월간 본점에 비치하여 이를 공시하도록 하는 한편 열람청구 등에 응하도록 하고 있다(상 527조의6).

3) 주식회사 합병에 있어서 주식의 병합과 분할

주식회사 합병으로 인하여 소멸회사의 주주에게 존속회사 또는 신설회사의 주식을 교부하는 경우에 합병비율에 따라 주식의 병합이나 분할이 필요한 경우가 있을 수 있는데 이때는 상법이 정한 주식의 합병절차에 따라 소멸하는 회사의 주권을 제출할 것을 공고하고 주주들에게 통지하여 구 주권을 제출받은 뒤 신 주권을 교부하게 되며, 필요한 경우에는 상법의 규정에 따라 단주처리절차도 마쳐야 한다(상 530조, 440조 내지 444조).

4) 보고총회 또는 창립총회의 개최

존속 또는 신설회사가 주식회사이거나 유한회사일 경우에, 흡수합병에 있어서 존속회사의 이사는 합병절차가 완료된 후 지체 없이 주주(사원)총회를 소집하여 합병에 관한 사항을 보고하는 이른바 합병보고총회를 가져야 하고(상 526조 1항, 603조), 한편 신설합병에 있어서 신설회사의 설립위원은 합병에 관한 모든 절차가 완료된 후 지체 없이 창립총회를 소집하여(상 527조 1항, 603조) 설립위원이 회사의 창립에 관한 사항을 서면으로 보고하고(상 527조 3항, 311조, 603조) 이사와 감사를 선임하여야 한다(상 527조 3항, 312조, 603조).

또한, 상법은 존속회사 또는 신설회사가 주식회사인 경우에 이사회는 공고로써 합병보고총회 또는 창립총회의 보고에 갈음할 수 있도록 규정하고 있다(상 526조 3항, 527조 4항).

#### (마) 합병의 효력요건으로서의 합병등기

상법은 합병으로 소멸하는 회사는 해산등기를, 합병 후 존속하는 회사는 변경등기를, 신설된 회사는 설립등기를 함으로서 합병의 효력이 생기도록 규정하여(합명회사: 상 233조, 234조 / 합자회사: 상 269조, 234조 / 유한책임회사: 상 287조의41, 233조, 234조 / 주식회사: 상 528조 1항, 530조 2항, 234조 / 유한회사: 상 602조, 603조, 234조) 합병으로 인한 등기는 단순한 대항요건이 아니라 효력발생요건으로 하고 있다.

특히 주식회사합병에 있어서 존속회사 또는 신설회사가 합병으로 인하여 전환사채 또는 신주인수권부사채를 승계한 경우에, 상법은 회사가 위의 합병등기와 동시에 사채의 등기를 하여야 하도록 규정하고 있다(상 528조 2항).

### (5) 합병의 효과

#### (가) 회사의 소멸과 변경 그리고 설립

합병으로서 소멸하는 회사는 별도의 청산 절차 없이 곧바로 소멸(합명회사: 상 227조 4호 / 합자회사: 상 269조, 227조 4호 / 유한책임회사: 상 287조의38, 227조 4호 / 주식회사: 상 517조, 227조 4호 / 유한회사: 상609조 1항 1호, 227조 4호)하게 되고 흡수합병의 경우에는 존속하는 회사의 내용이 변경되게 되며, 신설합병의 경우에는 신설되는 회사의 설립이 있게 된다.

#### (나) 권리 의무관계의 포괄적 이전

합병으로 소멸하는 회사의 사법상 혹은 공법상의 권리와 의무 그리고 회사와 직원 사이의 근로계약관계는 존속하거나 신설되는 회사에 포괄적으로 승계되고(합명회사: 상 235조 / 합자회사: 상 269조, 235조 / 유한책임회사: 상 287조의41, 235조 / 주식회사: 상 530조 2항, 235조 / 유한회사: 상 603조, 235조), 권리의무에 대한 개별적인 이전행위, 예컨대 동산의 인도(민 188조), 부동산의 이전등기(민 186조), 지명채권의 의사표시(민 449조), 지시채권의 배서교부(민 508조) 등은 필요 없다고 할 것이나 재산권의 이전을 제3자에게 대항하기 위하여 일정한 대항요건을 갖출 것이 요구되는 경우에는 그러한 대항요건을 갖추어야 비로소 제3자에게 대항할 수 있다고 할 것이다.

선박의 경우(상 743조), 주식의 경우(상 337조 1항), 기명사채의 경우(상 479조 1항) 등과 같이 상법에 정한 별도의 절차를 밟아야만 제3자에게 대항이 가능한 경우에는 그에 따른 대항요건을 갖추어야 하고, 부동산의 경우에는 처분을 위하여 등기를 경료하여야 할 것이다(민 187조).

다만 성질상 이전을 허용하지 않는 것은 승계의 대상에서 제외되어야 할 것이지만[19] 합병하는 회사들의 특약에 의하여 일부의 채권이나 채무를 승계하지 않기로 하는 특약을 하더라도 그러한 특약은 무효라고 할 것이다.

**대법원 2004.7.8. 선고 2002두1946 판결**

회사합병이 있는 경우에는 피합병회사의 권리·의무는 사법상의 관계나 공법상의 관계를 불문하고 그의 성질상 이전을 허용하지 않는 것을 제외하고는 모두 합병으로 인하여 존속한 회사에게 승계되는 것으로 보아야 할 것이고, 공인회계사법에 의하여 설립된 회계법인 간의 흡수 합병이라고 하여 이와 달리 볼 것은 아니다.

**대법원 1994.3.8. 선고 93다1589 판결**

회사의 합병에 의하여 근로관계가 승계되는 경우에는 종전의 근로계약상의 지위가 그대로 포괄적으로 승계되는 것이므로 합병 당시 취업규칙의 개정이나 단체협약의 체결 등을 통하여 합병 후 근로자들의 근로관계의 내용을 단일화하기로 변경 조정하는 새로운 합의가 없는 한 합병 후 존속회사나 신설회사는 소멸회사에 근무하던 근로자에 대한 퇴직금 관계에 관하여 종전과 같은 내용으로 승계하는 것이라고 보아야 한다.

### (다) 소송의 중단과 승계

합병이 발생하면 소송절차의 중단의 원인이 되고 그에 따른 소송승계의 사유가 있게 되는데(민소 234조), 대법원은 법원이 이를 간과한 채로 변론을 종결하고 판결을 선고하더라도 그 판결이 당연무효는 아니라고 판시하고 있다.[20]

---

19) 대법원 2007.8.23. 선고 2005도4471 판결은 "합병으로 인하여 소멸한 법인이 종업원의 위법행위로 부담하던 형사책임은 그 성질상 이전을 허용하지 않는 것으로서 존속법인에 승계되지 않는다고 볼 것이다"라고 판시하여 위법행위로 인한 형사책임의 승계는 인정하지 않고 있다.

20) 대법원 2002.9.24. 선고 2000다49374 판결은 "소송계속 중 회사인 일방 당사자의 합병에 의한 소멸로 인하여 소송절차 중단 사유가 발생하였음에도 이를 간과하고 변론이 종결되어 판결이 선고된 경우에는 그 판결은 소송에 관여할 수 있는 적법한 수계인의 권한을 배제한 결과가 되는 절차상 위법은 있지만 그 판결이 당연무효라 할 수는 없고, 다만 그 판결은 대리인에 의하여 적법하게 대리되지 않았던 경우와 마찬가지로 보아 대리권 흠결을 이유로 상소 또는 재심에 의하여 그 취소를 구할 수 있을 뿐이나, 소송대리인이 선임되어 있는 경우에는 민사소송법 제95조에 의하여 그 소송대리권은 당사자인 법인의 합병에 의한 소멸로 인하여 소멸되지 않고 그 대리인은 새로운 소송수행권자로부터 종전과 같은 내용의 위임을 받은 것과 같은 대리권을 가지는 것으로 볼 수 있으므로, 법원으로서는 당사자의 변경을 간

(라) 주식회사 합병의 특별한 효력

상법은 흡수합병의 경우에 존속회사의 이사 및 감사로서 합병 전에 취임한 자는 합병계약서에 다른 정함이 없는 경우에는 합병 후 최초로 도래하는 결산기의 정기총회가 종료하는 때 퇴임한다고 규정하고 있는데(상 527조의4) 이것은 합병으로 인하여 소멸회사의 주주가 존속회사의 주주로 되었으므로 이들의 의사를 반영한 기관구성을 위한 목적이라고 생각된다.

또한 상법은 소멸되는 회사의 이익준비금이나 그 밖의 법정준비금은 합병 후 존속하거나 새로 설립되는 회사가 승계할 수 있도록 하고 있다(상 459조 2항).

### (6) 합병의 무효

(가) 합병 무효의 주장 방법

합병으로 인하여 다수의 이해관계인이 법률관계를 맺게 되는데, 만약 합병에 무효의 원인이 있을 경우에는 거래의 안전을 보호하기 위하여 이들 이해관계인의 법률관계를 단체법적으로 획일적으로 확정할 필요가 있게 되므로 상법은 합병의 무효는 합병등기 후 6개월 내에 일정한 자에 의하여 반드시 訴만으로 주장하도록(합명회사: 상 236조/합자회사: 상 269조, 236조/유한책임회사: 상 287조의41, 236조/주식회사 상 529조/유한회사: 상 603조, 529조)하고 있고, 제소권자와 제소기간을 제한하고 있으며, 합병무효소송의 절차 및 판결의 효력에 대하여도 특별한 규정을 두고 있다.

(나) 합병 무효의 원인

합병무효의 원인에 대하여 상법상의 규정은 없으나 예상할 수 있는 합병무효의 원인으로는, 합병에 관한 법규위반(상174조 2항, 600조), 합병계약서의 부존재 혹은 합병계약서의 절대적 기재사항 누락(주식회사: 상 523조, 524조/유한회사: 603조, 상 523조, 524조), 주주보호절차의 미이행(합병결의 하자, 종류주주총회결의의 하자), 채권자보호절차 불이행(합명회사: 상 232조/합자회사: 상 269조, 232조/유한책임회사: 상 287조의41, 232조/주식회사: 상 527조의5, 232조/유한회사: 상 603조, 232조), 합병 비율의 현저한 불공정 등을 생각해 볼 수 있다.

특히 합병의 조건이 합병당사자의 일방에게 불리하여 그 회사 구성원의 이익을 침해하는 결과를 가져오는 경우, 특히 물적회사의 경우에는 합병결의에 다수결의 원칙

---

과하여 판결에 구 당사자를 표시하여 선고한 때에는 소송수계인을 당사자로 경정하면 될 뿐, 구 당사자 명의로 선고된 판결을 대리권 흠결을 이유로 상소 또는 재심에 의하여 취소할 수는 없다" 판시하고 있다(같은 취지: 대법원 1995.5.23. 선고 94다28444 전원합의체 판결).

이 적용되므로 소수파 주주나 소수파 사원의 이익이 침해될 가능성이 많으므로 견해의 대립은 있으나 합병비율의 불공정도 합병무효의 소의 원인이 된다고 할 것이고 대법원도 신의칙과 공평의 원칙에 기초하여 이를 긍정하고 있다.

◆ 대법원 2009.4.23. 선고 2005다22701, 22718 판결

현저하게 불공정한 합병비율을 정한 합병계약은 사법관계를 지배하는 신의성실의 원칙이나 공평의 원칙 등에 비추어 무효이고, 따라서 합병비율이 현저하게 불공정한 경우 합병할 각 회사의 주주 등은 상법 제529조에 의하여 소로써 합병의 무효를 구할 수 있다. 다만, 합병비율은 자산가치 이외에 시장가치, 수익가치, 상대가치 등의 다양한 요소를 고려하여 결정되어야 할 것인 만큼 엄밀한 객관적 정확성에 기하여 유일한 수치로 확정할 수 없고, 그 제반요소의 고려가 합리적인 범위 내에서 이루어진 것이라면 결정된 합병비율이 현저하게 부당하다고 할 수 없다. 따라서 합병당사회사의 전부 또는 일부가 주권상장법인인 경우 증권거래법과 그 시행령 등 관련 법령이 정한 요건과 방법 및 절차 등에 기하여 합병가액을 산정하고 그에 따라 합병비율을 정하였다면 그 합병가액 산정이 허위자료에 의한 것이라거나 터무니없는 예상 수치에 근거한 것이라는 등의 특별한 사정이 없는 한, 그 합병비율이 현저하게 불공정하여 합병계약이 무효로 된다고 볼 수 없다.

(같은 취지: 대법원 2008.1.10. 선고 2007다64136 판결)

합병결의에 하자가 있을 경우 그에 따른 회사의 합병에 무효의 원인이 있게 되는데 합병등기 전에는 아직 합병의 효력이 발생하지 아니하였으므로 합병결의 하자의 소만이 가능하다 할 것이고, 합병등기 후에는 이론상 합병결의 하자의 소와 합병무효의 소 모두를 제기하는 것이 가능하지만, 합병등기 후에는 합병결의 하자의 소를 별개의 소송으로서 다툴 실익이 없으므로 합병무효의 소만으로서 합병무효를 다투어야 한다(이른바 흡수설)는 것이 대법원의 입장이다.

◆ 대법원 1993.5.27. 선고 92누14908 판결

회사의 합병에 있어서 합병등기에 의하여 합병의 효력이 발생한 후에는 합병무효의 소를 제기하는 외에 합병결의 무효확인청구만을 독립된 소로서 구할 수는 없고, 또 청구의 인낙은 당사자의 자유로운 처분이 허용되는 권리에 관하여만 허용되는 것으로서 회사법상의 주주총회결의의 하자를 다투는 소나 회사합병무효의 소 등에 있어서는 인정되지 아니하므로, 이와 같이 법률상 인정되지 아니하는 권리관계를 대상으로 하는 청구인낙은 그 효력이 없다고 할 것이다.

### (다) 합병 무효의 소

주식회사 혹은 유한회사의 경우에는 각 회사의 주주 혹은 사원, 이사, 감사, 청산

인, 파산관재인, 합병에 반대하는 채권자(주식회사: 상 529조/유한회사: 상 603조, 529조), 합명회사, 합자회사 혹은 유한책임회사의 경우에는 각 회사의 사원, 청산인, 파산관재인, 합병에 반대하는 채권자(합명회사: 상 236조/합자회사: 상 269조, 236조/유한책임회사: 상 287조의41, 236조)가 합병등기가 있은 날로부터 6월 내에 합병무효의 소를 제기할 수 있다.

여기서 각 회사의 범위와 관련하여 ① 존속회사나 신설회사를 의미한다는 견해,[21] ② 소멸회사를 포함한 합병의 당사자 회사 모두를 의미한다는 견해[22]가 대립하고 있다. 생각건대 소멸회사의 주주 등 이해관계인이 합병무효의 소를 제기할 수 없다면 이들의 이해를 구제할 수 없는 불합리가 생기므로 각 회사의 범위에는 소멸회사도 포함시켜야 할 것이다.

이러한 합병무효의 소는 상법상 제소권자와 제소기간의 제한이 있고, 무효의 주장도 소송만으로 할 수 있도록 규정하고 있는 점 등에 비추어 그 성질은 형성의 소라고 할 것이다.

독점규제 및 공정거래에 관한 법률에 따라 공정거래위원회가 합병무효의 소를 제기하는 경우도 있는데 이 경우에는 제소기간의 제한도 없다(독점규제법 16조 2항).

상법은 회사설립 무효의 소에 있어서 소의 전속관할(상 186조), 소제기의 공고(상 187조), 소의 병합심리(상 188조), 하자의 보완과 청구의 기각(상 189조) 등에 관한 규정을 합병무효의 소에 준용하고 있다(합명회사: 상 240조/합자회사: 상 269조, 240조/유한책임회사: 상 287조의41, 240조/주식회사: 상 530조 2항, 240조/유한회사: 상 603조, 240조).

합병무효의 소는 비재산권을 목적으로 하는 소송으로 소가는 5,000만 100원(민사소송등인지법 2조 4항, 민사소송 등 인지규칙 18조의2, 15조 2항)이므로 사물관할은 합의부에 속한다.

### (라) 합병무효 판결의 효력

합병무효의 판결의 효력에 관하여 상법은 설립무효판결의 효력(상 190조)을 준용하고 있으므로(합명회사: 상 240조/합자회사: 상 269조, 240조/유한책임회사: 상 287조의41, 240조/주식회사: 상 530조 2항, 240조/유한회사: 상 603조, 240조), 합병무효의 판결이 확정되면 소송의 당사자뿐만 아니라 제3자에게도 효력이 미치게 되지만(대세적 효

---

21) 손주찬 464면.
22) 권기범 110면, 이기수 156면, 정동윤 835면, 정찬형 111면, 최기원 1107면.

력: 상 190조 본문), 판결확정 전에 생긴 회사와 사원 및 제3자 간의 권리 의무관계에는 영향을 미치지 않게 된다(불소급적 효력: 상 190조 단서).

그러므로 상법은 합병 등기 후 합병무효의 판결이 확정될 때까지 존속한 회사 혹은 신설된 회사에게 귀속되는 권리에 대하여는 합병에 관여한 회사들의 공유관계(합명회사: 상 239조 2항 / 합자회사: 상 269조, 239조 2항 / 유한책임회사: 상 287조의41, 239조 2항 / 주식회사: 상 530조 2항, 239조 2항 / 유한회사: 상 603조, 239조 2항)라고 하고 있고, 이들이 부담하는 의무에 관하여는 연대채무관계로 규정하고 있다(합명회사: 상 239조 1항 / 합자회사: 상 269조, 239조 1항 / 유한책임회사: 상 287조의41, 239조 1항 / 주식회사: 상 530조 2항, 239조 1항 / 유한회사: 상 603조, 239조 1항).

## 마. 회사의 분할[23)]

### (1) 회사 분할의 의의

회사의 분할이란 넓은 의미로는 회사의 영업을 분리하는 것을 의미하는데 상법상 회사의 분할이란 주식회사에서만 인정되는 것으로서 1개의 회사가 분할되어 1개 또는 수개의 회사를 설립하거나(단순분할), 1개 또는 수개의 존립중의 회사와 합병함으로써(분할합병), 분할 전 회사의 권리의무가 분할 후 회사에 포괄적으로 승계되고, 분할 전 회사의 사원이 분할 후 회사의 사원이 되는 법률요건이다.

회사의 분할은 회사영업의 분할, 회사재산의 포괄적 승계 그리고 사원지위의 승계를 본질적 요소로 하므로 회사 영업의 양도, 회사재산의 단순한 이전이나 혹은 인사부분 혹은 노무부분의 이전만을 하는 경우와는 구별된다.

회사의 분할은 회사가 다양한 사업 포트폴리오를 가지고 있을 때 이를 재편하여 전문화하거나 부진한 사업부문을 분리하여 경영을 합리화하는 등 회사의 구조조정의 일환으로 이루어지며 회사의 합병과 함께 이루어지는 경우가 많다. 종래에는 회사의 일부를 분할하거나 회사의 조직을 변경하려할 때 현물출자(상 290조 2호)에 의한 회사의 설립 혹은 영업양도(상 290조 3호, 374조) 등을 생각할 수 있었으나 어느 경우나 적지 않은 비용과 복잡한 절차 그리고 세제상의 부담이 있었기에 주식회사의 분할은 실무상 많이 이용되고 있는 실정이다.

### (2) 회사의 분할과 합병의 공통점

회사의 분할은 회사의 합병과 반대현상이라고 할 수 있어 이들 사이에는, ① 분할

23) 회사의 분할은 1998년 12월 28일의 상법개정(상 530조의2)에 의하여 주식회사의 경우에만 인정되는 것으로서 이에 관하여는 본서"제2편 8장의 4"에서 상세히 기술하기로 한다.

회사의 권리의무가 승계회사 혹은 신설회사에 포괄적으로 승계된다는 점, ② 회사의 분할과정에서 소멸하는 회사는 청산절차 없이 소멸한다는 점, ③ 회사분할의 경우에도 주주총회의 결의(분할승인결의)가 절차상 필수적인 점, ④ 분할된 회사의 주주들에게 신설된 회사 혹은 승계된 회사의 주식이나 그 밖의 대가가 부여된다는 점 등의 공통점이 있다.

### 바. 기업의 인수

#### (1) 기업인수의 의의

기업인수는 널리 회사의 지배권획득을 목적으로 행하여지는 모든 형태의 거래를 말하는데 이러한 기업의 인수는 비단 회사뿐만 아니라 다양한 기업에서 나타나고 있으나 대부분은 회사 특히 주식회사의 경우에 많이 일어나고 있다. 이러한 기업의 인수[24]는 법학적 용어라기보다는 경영학적 용어로서, 어떠한 특정한 행위를 지칭하는 것이 아니라 직접적이든 간접적이든 회사의 경영지배권을 획득하기 위한 목적을 위하여 사용되는 많은 행위와 절차를 포괄하는 매우 넓은 개념으로서 일반적으로 기업매수, 기업취득 또는 기업매수와 합병 등으로 일컬어지는데, 미국에서 일어나는 M&A (Merge & Acquisition)거래에서 연원한다고 할 수 있다.

기업의 인수는 다양한 동기에서 이루어지는데, ① 경쟁관계에 있는 회사들 사이에서 설비의 중복을 피하고 생산성을 높이며 과당경쟁을 완화시켜 시장 지배를 꾀하거나 혹은 상호보완관계에 있는 회사들 사이에서 생산자재의 안정적 확보와 생산비용의 절감이라는 생산과 경영적 동기, ② 기업인수 대상회사의 실제가치보다 그 시장가격이나 주가가 현저히 저평가되어 있는 경우에 대상회사에 대한 지배력을 획득하여 그 차익을 얻으려는 기업의 가치적 동기, ③ 다른 업종의 회사에 대한 지배권을 확보하여 사업의 다각화를 꾀하고 미래의 수익창출의 다변화를 꾀하려는 기업의 전략적 동기 등이 일반적으로 주장되지만 그 밖에도 조세상의 이익을 얻을 목적이거나 심지어는 기업인수를 시도하는 자의 개인적 동기에서도 기업인수는 일어날 수 있다고 할 것이다.

---

24) 기업매수 등 여러 가지 용어로 사용되는데 자본시장과 금융투자업에 관한 법률의 제3편 2장은 기업인수라는 용어를 사용하고 있다.

### (2) 기업인수의 분류[25)]

#### (가) 경제적 기능에 따른 분류

기업인수를 통하여 얻을 수 있는 경제적 기능에 따라서, ① 경쟁관계에 있는 동종영업의 회사 사이에 이루어지는 기업인수로서 시장지배력을 강화하거나 경쟁을 회피할 목적에서 행하여지는 수평적 기업인수(horizontal M&A), ② 동종영업은 아니지만, 생산이나 판매에 있어서 전후방관계에 있는 회사 사이에서 이루어지는 기업인수로서 일관적 생산이나 유통을 도모하여 비용을 절감시켜 회사경영의 효율화를 위한 목적에서 행하여지는 수직적 기업인수(vertical M&A), ③ 회사의 분할 매각 등을 통한 회사사업구조의 축소 또는 단순화 등의 조정을 목적으로 하는 구조개편적 기업인수(restructuring M&A) 등으로 구별된다.

#### (나) 회사의 대응방법에 따른 분류

기업인수의 대상이 된 회사가 기업인수에 우호적인지 적대적인지에 따른 분류로서, ① 기업인수 대상회사의 경영진이나 구성원(주주 혹은 사원)들이 반대하는 상황에서 주식의 매집, 공개매수 또는 의결권대리행사를 위한 위임장쟁탈의 방법 등에 의하여 진행되는 적대적 기업인수(hostile M&A), ② 기업인수 대상회사의 경영진이나 구성원(주주 혹은 사원)들과의 합의에 따라 영업양도, 합병, 지배주주로부터의 지배지분매수를 통한 경영권획득 또는 제3자 배정방식의 신주 혹은 전환사채인수 등의 방법으로 진행되는 우호적 기업인수(friendly M&A), ③ 대상회사의 경영진이나 구성원(주주 혹은 사원)들이 우호적이지도 않고 적대적이지도 않은 상황에서 진행되는 중립적 기업인수(unopposed M&A)가 있는데, 이러한 분류는 이들 기업인수 대상기업의 대응방법에 따라 기업인수의 방식과 내용이 달라진다는 차이가 있다.

#### (다) 법적 형식에 따른 분류

기업인수를 위하여 사용하는 법률적 형식에 따라, ① 기업인수 대상회사의 자산을 취득하는 방식의 기업인수가 있는데 이런 방식의 경우에는 기업인수 대상회사로부터 그 영업을 양도 받거나 중요한 재산을 매수하는 형태를 취하게 되고, ② 기업인수 대상회사의 지분이나 주식의 전부 또는 지배력행사에 필요한 만큼의 지분이나 주식을 매수하는 방식의 기업인수가 있는데, 특히 주식취득방식의 기업인수는 주식취득의 방법에 따라 지배주주로부터 일정한 경영프리미엄을 주고 취득하는 방법(sale of control), 시장에서 유통하는 주식을 매집하는 방법(open market purchase), 주권상장법인의 경

---

25) 이 부분에 관하여는 주석상법 342면 내지 349면 참조.

우에 일정한 기간 동안에 일정한 가격으로 대상회사의 주식을 매수할 것을 공표한 뒤 대량으로 매수하는 공개매수의 방법(tender offer), 대상회사로부터 제3자 배정방식으로 신주를 인수하는 방법, 대상회사로부터 제3자 배정방식으로 전환사채 혹은 신주인수권부사채를 인수하여 전환권이나 신주인수권을 행사하여 신주를 취득하는 방법이 있으며, ③ 기업인수 대상회사를 합병(merge)하는 방식의 기업인수가 있는데 합병의 형태에 따라 흡수합병이나 신설합병이 있을 수 있고, 합병의 절차에 따라 정식합병과 간이합병 및 소규모합병이 있을 수 있고, ④ 기업인수 대상회사의 지배권을 내부적으로 획득하는 방식의 기업인수가 있는데 이는 구성원 특히 주주들로부터 의결권의 대리행사를 위한 위임장을 획득하기 위한 경쟁(proxy contest)을 하여 획득한 위임장으로 의결권을 행사하여 회사의 지배권을 획득하게 된다.

#### (라) 지급대가의 종류에 따른 분류

기업인수 대상회사의 구성원(주주 혹은 사원)에게 지급되는 인수대가의 종류에 따라서, ① 현금으로 지급되는 현금지급에 의한 인수방식(M&A for cash), ② 인수하는 자가 보유하거나 새로 발행한 주식이나 전환사채 등 유가증권을 인수대가로 지급하는 유가증권의 교환에 의한 인수방식(share for share M&A), ③ 인수의 대가로서 대상회사의 구성원(주주 혹은 사원)에게 현금이나 유가증권을 선택할 수 있도록 하는 선택권을 주는 현금 교환선택에 의한 인수방식(cash option M&A)으로 나누어진다.

### (3) 적대적 기업인수

#### (가) 적대적 기업인수에 대한 규율의 필요성

기업인수는 대상회사는 물론이고 주주와 채권자 등 많은 이해관계인들에게 중요한 영향을 미치게 되므로 그 기업인수과정이 투명하고 공정하게 이루어지도록 하여 이해관계인과 거래의 안전을 보호할 필요가 있게 된다.

그런데 기업인수의 내용과 절차가 합의에 의하여 이루어지게 되는 우호적인 기업인수의 경우와 달리 적대적 기업인수의 경우에는 필연적으로 이해의 충돌이 쉽게 예상되고 실무적으로도 소송 등의 많은 법적 다툼이 벌어지게 되므로 이를 규율할 필요성이 있게 되어 상법 이외에도 특별법, 특히 자본시장과 금융투자업에 관한 법률에서 주로 주권상장법인의 주식의 취득을 통한 기업인수에 관하여 규정하고 있다.

#### (나) 적대적 기업인수의 기능

적대적 기업인수는 대상기업의 반대를 무릅쓰고 경영지배권을 쟁탈하는 것으로서 좋은 면이 있는가 하면 나쁜 면이 있기도 하다.

적대적 기업인수는 무능하거나 비효율적인 경영자를 유능하고 효율적인 경영자로 교체함으로써 경영상의 효율을 기할 수 있고, 경영에서 소외되어 있던 구성원에게도 그들이 가진 지분이나 주식을 시장가격을 상회하는 가격으로 매각할 수 있도록 하거나 회사의 경영에 대하여 간접적으로 참여할 수 있는 기회를 제공하고, 회사의 구조재편을 통하여 기업건전성을 높이고 회사의 경쟁력을 제고한다는 점에서 순기능도 가지고 있지만, 반면에 회사경영자로 하여금 장기적 안목에서 회사의 발전을 도모하기보다는 단기적 성과에 집착하도록 하여 회사의 발전을 저해하는 요인이 되고, 적대적 인수에 대항하기 위하여 과도한 비용을 지출하게 됨으로써 회사의 재무건전성을 해치게 된다는 점 등의 역기능도 예상할 수 있게 된다.

### (다) 적대적 기업인수에 대한 경영자의 방어행위의 정당성

적대적 기업인수의 대상이 되는 회사의 경영자는 기업인수에 대항하여 회사의 비용을 지출하면서 여러 가지 방어행위를 하게 되는데 과연 대상회사 이사의 그러한 행위가 정당한 업무수행의 범위 내로서 용인되는지가 문제되고 이는 곧 이사의 의무와 책임의 한계에 관한 문제이기도 하다.

이에 관하여 우리나라에서는 주로 외국의 견해를 토대로 주장되고 있다.[26] 적대적 기업인수는 기업의 자산을 좀 더 나은 경영자에게 옮김으로써 사회적 부를 증진시키는 효과가 있으므로 이를 억제하는 방어행위는 인정할 수 없다는 견해, 방어행위로 인하여 회사의 지분이나 주가가 높아져서 구성원(주주 혹은 사원)에게 이익이 되고 기업인수 대상회사의 이사는 회사의 구성원(주주 혹은 사원)뿐만 아니라 회사종업원이나 거래상대방 등의 이해관계인의 이익을 보호할 의무를 부담하므로 이사는 자신의 경영판단으로 적극적으로 방어하여야 한다는 견해,[27] 그리고 이사는 기본적으로 적대적 기업인수에 소극적으로 임하여야 하지만 주주결정의 기회를 배제하지 않는 한 주주들을 설득할 수는 있다는 견해, 혹은 이사는 주주의 이익을 옹호할 수 있는 지위에 있으므로 이사에게 방어행위를 허용하여야 하지만 이사가 지위 유지 등과 같은 자신의 이익을 위하여 방어행위를 하는 것은 충실의무를 위반하는 행위로서 허용되지 않는다는 견해[28]와 같은 절충적 견해까지 다양하게 주장된다.

생각건대 이사의 방어행위의 정당성은 획일적으로 판단할 문제가 아니라 적대적

26) 송종준 "회사지배권의 쟁탈과 자본구조변경에 의한 방어책의 효력" 법조 제487호(법조협회 1997), 유영일 "주식 공개매수에 관한 연구" 서울대 박사학위 논문(1994) 참조.
27) 송종준 "M&A에 대한 주요 방어대책" 상사법연구 제14집(대한상사법학회 1995) 203면.
28) 홍복기 515면.

기업인수행위와 방어행위의 전 과정에 걸쳐 그 동기와 수단의 합리성과 합목적성을 구체적인 상황에 비추어 종합적으로 판단하여 결정하여야 할 문제라고 생각된다.[29)]

(라) 적대적 기업인수의 실행수단과 규제

적대적 기업인수를 실행하기 위하여 어떠한 법적인 절차를 이용하는지에 따라 상법 기타 특별법은 일정한 규제를 하고 있으나 특히 주식회사의 경우에는 자본시장과 금융투자업에 관한 법률에서 비교적 자세하게 규율하고 있다.

1) 주식 등의 공개매수

주식의 공개매수(tender offer, takeover bid)는 기업인수 대상회사의 인수희망자가 대상회사의 의결권 있는 주식을 가진 불특정다수인에 대하여 매수의 청약을 하거나 매도의 청약을 권유하여 증권시장 외에서 그 주식 등을 매수하는 것을 말한다(자본시장법 133조 1항).

이러한 공개매수는 대상회사의 주주를 상대로 매수기간, 매수가격, 매수수량 등을 미리 공시하여 증권시장 외에서 주식을 매수하는 절차를 밟기 때문에 원하는 주식의 양을 신속히 취득할 수 있고, 매수대금을 예측할 수 있게 되고, 또한 매수가격이 시가보다 높게 책정되므로 소액 주주의 이익의 보호에도 소홀하지 않다는 장점이 있으나, 대상회사가 강력히 저항하거나 경쟁회사가 나타날 경우에는 고가로 주식을 매수하여야 하므로 인수비용의 부담이 크게 되어 실패할 확률이 높고, 자칫하면 기업의 탈취로 보여 이미지의 손상을 입게 될 우려가 있는 등의 단점이 있다.

자본시장과 금융투자업에 관한 법률은 이러한 공개매수가 공정한 절차에 의하여 이루어지도록 일정한 규제를 하고 있다. 우선 어떤 자 본인 및 특별이해관계인이 대통령령이 정하는 일정기간 동안 일정한 수 이상의 자로부터 어떤 특정한 대상회사의 발행주식총수의 100분의 5 이상을 보유하게 되거나 대상회사의 발행주식총수의 100분의 5 이상을 보유한 자가 대상회사의 주식 등을 매수할 때에는 대통령령으로 정하는 예외적인 경우를 제외하고는 반드시 공개매수의 방식에 의하도록 하고 있다(자본시장법 133조 3항, 4항, 시행령 140조 내지 144조).

또한 공개매수를 하고자 하는 자(공개매수자)는 일정한 법정사항을 일정한 방법에 따라 공고토록 하고(자본시장법 134조 1항, 시행령 145조 1항), 공개매수공고를 한 자는 일정한 법정사항을 기재한 공개매수신고서를 금융위원회와 거래소에 제출하여야 하고(자본시장법 134조 2항) 지체 없이 그 사본을 주식 등의 발행인에게 송부하도록 하며

29) 이홍철 "상장법인의 적대적 M&A에 대한 방어행위" 재판자료 제91집(법원도서관) 453면.

(자본시장법 135조), 이와 함께 공개매수자는 공개매수설명서를 작성하여 공개매수 공고일에 금융위원회와 거래소에 제출하는 한편 일정한 장소에 비치하여 일반인으로 하여금 열람할 수 있도록 함으로써(자본시장법 137조 1항) 공개매수에 관한 공정한 절차를 마련하고 있다.

한편 이러한 절차를 위반하여 주식 등을 매수한 경우에는 그 매수행위는 유효하다고 하더라도 공개매수를 통해 취득한 주식에 대하여는 그 매수일로부터 매수주식에 관한 의결권의 행사가 제한될 수 있고, 금융위원회가 6월 이내의 기간을 정하여 그 주식 등에 대하여 처분을 명령할 수 있도록 하고(자본시장법 145조), 공개매수자에게 손해배상책임을 부담하도록 하고 있다(자본시장법 142조).

#### 2) 시장매집

시장매집(market sweep)은 장내 주식시장을 통하여 대상회사의 주식을 비공개적으로 장기간에 걸쳐 원하는 지분에 이르도록 지속적으로 매수하는 방법인데, 대상회사의 주식을 비교적 저가에 확보할 수 있다는 장점은 있으나 장기간이 소요되어 대상회사가 인수의도를 간파하여 대응전략을 행사하게 되면 기업인수가 어려움에 봉착할 가능성이 높다는 단점도 있다.

자본시장과 금융투자업에 관한 법률은 일정한 자 본인 및 특별이해관계인이 대상회사인 주권상장법인의 발행주식총수의 100분의 5 이상을 보유하게 되는 것을 주식 등의 대량보유라고 하고 이러한 대량보유의 경우에는 그 보유상황과 보유목적 및 그 변동내용 등을 100분의 5 이상을 보유하게 된 날 또는 변동된 날로부터 5일 이내에 금융위원회와 거래소에 보고하도록 하고(자본시장법 147조), 지체 없이 그 사본을 주식 등의 발행인에게 송부하도록 하며(자본시장법 148조), 금융위원회 및 거래소는 제출받은 보고서를 3년간 비치하고 공시하도록 하고 있다(자본시장법 149조).

한편 주식 등의 대량보유자가 이러한 보고를 하지 않거나 허위보고를 한 경우에는 일정한 경우에 의결권제한과 금융위원회의 처분명령이 가해질 수 있다(자본시장법 150조).

#### 3) 위임장쟁탈

위임장쟁탈(proxy contest, proxy fight)은 대상회사의 의결권을 획득하여 지배권을 행사하기 위하여 의결권대리행사를 위한 위임장을 확보하는 방법을 말하는데 대상회사의 주식을 직접 보유하지 않고 다수의 주주로부터 의결권행사의 위임을 받아 추진하는 기업인수의 방식으로서 대주주의 보유지분율이 낮거나 지분분쟁이 진행 중인 회사, 경영자의 무능으로 인하여 실적이 저조하여 주가가 낮은 회사 또는 경영자에 대한 주주의 불만이 많은 회사의 경우에 가능성이 많은 방법이라고 할 것이다.

이러한 의결권의 대리행사가 상법상으로 불가능한 것은 아니므로 의결권의 대리행사의 권유가 위법한 것은 아니지만, 자본시장과 금융투자업에 관한 법률은 일정한 절차 등의 제한을 하고 있다. 우선 일정한 법인, 이른바 공공적 법인의 경우에는 공공적 법인만이 의결권의 대리행사권유를 할 수 있도록 하고(자본시장법 152조 3항), 그 밖의 회사의 경우에는 대통령령이 정하는 방법에 따라 위임장용지 및 참고서류를 교부하도록 하며(자본시장법 152조 1항) 의결권 대리행사 권유자는 이러한 위임장용지 및 참고서류를 피권유자에게 제공하는 날 5일 전까지 금융위원회와 거래소에 제출하여야 하며 이를 일정한 장소에 비치하여 일반인이 열람할 수 있도록 하고(자본시장법 153조), 이러한 위임장용지와 참고서류에 허위나 누락이 있을 경우 금융위원회는 이를 정정하도록 요구하거나(자본시장법 156조) 조사를 거쳐 필요한 경우에는 의결권의 대리행사의 권유를 정지하거나 금지할 수도 있도록 하고 있다(자본시장법 158조).

#### (마) 적대적 기업인수에 대한 방어대책[30)]

적대적 기업인수에 대한 방어대책은 기업인수의 실행방법에 따라 달라지게 될 것이지만 이하에서는 주식회사의 경우에 있어서 기업인수의 대상기업이 기업인수를 시도하는 자에 대한 방어대책을 중심으로 설명하기로 한다.

##### 1) 이사의 확보를 방해하는 방법

적대적 기업인수에 있어서 대상회사의 경영권을 장악하기 위해서는 회사의 경영권을 행사하는 이사회를 장악하여야 하고 이사회를 장악하려면 이사회를 구성하는 이사를 확보하여야 하며 이사의 확보는 이사의 선임에 필요한 의결권을 가진 주식의 보유에 의하여 가능해진다.

주식회사에 있어서 이사는 이사회를 통하여 업무집행에 관한 중요한 결정에 참여할 뿐만 아니라 회사업무를 파악하는 데 있어서 핵심적인 역할을 수행하게 되므로 기업인수를 시도하는 자로 하여금 대상회사의 이사를 확보하는 것을 지연시키거나 방해하기 위해 정관 변경을 하여 적대적 기업인수비용을 증가시켜 어려움을 겪게 한다.

미국에서 "shark repellent amendments"라고 불리기도 하는 이런 부류의 여러 방법은 ① 이사를 시차적 임기제(staggered board)로 하거나, 이사의 해임에 필요한 결의요건을 가중하는 초다수결의제(super majority voting)를 채택하거나 이사의 해임사유

---

30) 이 부분에 관하여는 주석상법 409면 내지 453면 및 이홍철 전게논문 참조.

를 제한하여 기업인수를 시도하는 자가 종전의 이사를 일시에 손쉽게 해임하지 못하도록 하여 이사회의 구성원을 일시에 교체하여 이사회를 쉽게 지배하는 것을 방해하고, ② 이사의 선임에 필요한 결의요건을 가중하거나 이사의 자격을 제한하거나, 이사의 수를 제한하는 등으로 기업인수를 시도하는 자가 임의로 새로운 이사를 선임하는 것을 방해하거나, ③ 이사해임에 따른 다액의 퇴직위로금을 정하는 방법(golden parachute)으로 이사를 쉽사리 개임하지 못하도록 하는 전술이 사용되기도 한다.

한국상장사협의회가 2010년 4월 1일 현재 유가증권시장 상장사 713개사(외국사 3개사 제외)를 대상으로 조사한 결과, 전체 기업의 7.2%인 51개사가 적대적 M&A 방어수단으로 초다수결의제를 도입했는데, 특히 초다수결의제를 택한 51개사 가운데 이사 해임시 의결정족수를 가중한 경우가 29개사(56.8%)로 가장 많았다.

또한 경영진에게 거액의 퇴직금을 지급토록 한 '황금낙하산제도'를 도입한 회사는 23개사(3.2%)였고, 이들 기업은 적대적 M&A로 경영진이 임기 전에 사임할 때 퇴직금으로 평균 36억원을 제시했다. 대표이사의 평균 퇴직금은 45억원(20개사), 이사는 28억2,000만원(22개사)으로 나타났고, 감사 퇴직시 30억원의 퇴직금을 명시한 경우도 있었다.

한편 이사 임기 만료 시점을 교차해 경영권 안정을 꾀한 '시차임기제'를 택한 기업은 19개사(2.7%), 이사 자격을 일정기간 이상 근무한 자로 제한한 '이사자격제한'은 15개사(2.1%)로서 비교적 많지 않았다.

### 2) 의결권 있는 주식의 확보를 방해하는 방법

적대적 기업인수는 대상회사의 의사결정권을 가질 의결권 있는 주식의 확보로부터 시작하게 되는데 이를 방해하는 방법으로써, ① 정관에 주식의 양도에 이사회의 승인을 얻도록 규정하여 기업인수를 시도하는 자가 대상회사의 주식을 확보하는 데 어려움을 겪도록 하거나,[31] ② 대상회사가 자기주식을 취득하거나[32] 우리사주조합원이 인수하는 주식의 수를 확대하거나,[33] 다른 회사와 주식의 상호보유를 통하거나, 의

31) 정관으로 주식양도의 경우에 이사회의 승인을 얻도록 하고 이를 위반한 경우의 주식양도는 회사에 대하여 효력이 없게 되므로(상 335조 2항) 강력한 대항방법이지만, 회사가 주주의 주식양도에 대하여 승인을 거부하는 경우 주주가 회사에 대하여 주식매수청구권을 행사하게 되면 이에 응하여야 하는 회사로서는 자금 부담이 적지 않을 것이다.

32) 주권상장법인의 경우에는 자본시장과 금융투자업에 관한 법률에 의하여 배당가능이익의 한도 내에서 증권시장이나 공개매수방법을 통하여 자기주식취득을 허용하고 있었으나(자본시장법 165조의2), 주권상장법인 이외의 경우 상법은 일정한 예외적인 경우에 한하여 그 취득을 인정하였을뿐 자기주식의 취득을 원칙적으로 인정하지 않고 있었다(개정전의 상법 341조, 341조의2). 그러나 2011년 4월 14일 개정된 상법은 주권상장법인이 아닌 경우에도 일정한 조건하에서 비교적 손쉽게 자기주식의 취득을 허용함으로써(상 341조, 341조의2) 향후 이러한 방법도 자주 사용될 것으로 예상된다.

33) 자본시장과 금융투자업에 관한 법률에 의하면 주권상장법인이나 주권을 유가증권시장에 상장하려는 법인이 주식을 모집하거나 매출하는 경우에 우리사주조합원은 모집하거나 매출하는 주식총수의 100분의 20의 범위 내에서 우선적으로 주식을 배정받을 수 있도록 규정하고 있는데(자본시장법 165조의7), 이

결권구속계약을 체결하여 현 경영진의 우호지분을 확대하는 방법을 취하거나,[34] ③ 현 경영진에 우호적인 제3자(white knight)로 하여금 기업인수를 시도하는 자에 맞서서 대상회사 주식을 취득하도록 함으로써 주식매입가격의 상승을 통하여 대상회사의 주식취득에 막대한 비용이 소요되도록 하여 주식취득을 방해하는 방법을 취하거나, ④ 대상회사가 인수를 시도하는 회사의 발행주식총수의 10% 이상을 역으로 매입함으로써 상법 369조 3항에 의하여 인수를 시도하는 회사가 가진 대상회사의 주식의 의결권을 행사하는 것을 방해하는 방법을 취하기도 하며,[35] ⑤ 복수의결권을 가진 주식을 인정한다거나 거부권을 행사할 수 있는 주식을 발행하기도 한다.[36]

#### 3) 기업인수자의 인수의지를 약화시키는 방법

적대적 기업인수는 그 동기여하를 불문하고 본질적으로는 경제적 이득을 추구하기 위한 목적에서 이루어지므로 기업인수자로 하여금 적대적 기업인수를 위하여 부담해야 할 비용을 증가시키거나, 적대적 기업인수를 통하여 얻을 이득을 감소시킨다면 기업인수를 시도하는 자로서는 적대적 기업인수를 하려는 의지를 포기할 수밖에 없을 것이란 점에 착안한 방법이다.

이러한 방법에는 ① 기업인수를 시도하는 자가 노리는 대상회사의 핵심적 재산을 제3자에게 처분(sale of crown jewel asset)하여 그 취득대가를 주주에게 배당함으로써 기업인수를 무의미하게 만들거나, ② 대상회사의 주주들에게 기업인수를 시도하는 자가 대상회사의 지배권을 획득한 경우에 보통주식으로 전환이 가능한 주식 또는 시장가격보다 고액의 상환권이 붙은 주식을 배당하거나, 기업인수자 이외의 주주들에게만 시가보다 낮은 가격으로 신주를 발행하는 차별적신주인수예약권을 부여함으로써 기업인수자가 경영권 획득에 필요한 지분확보를 어렵게 하거나, 지분확보를 위하여 막대한 자금 부담을 갖도록 하여 기업인수를 포기하게 만드는 이른바 포이즌 필(poison pill)[37] 등의 방법, ③ 대상회사가 제3의 회사를 인수하거나 제3의 회사와의 합병 등을 통하여 회사의 규모를 크게 함으로써 기업인수를 시도하는 자로 하여금 인수비용의

---

경우 우리사주조합원은 현 경영진에게 우호적인 경우가 많다.

34) 당사자 사이에서 채권적 효력이 있을 뿐이지만 그 불이행에 대한 손해배상청구권과 결합될 때 나름대로 효과는 있다고 할 것이다.

35) 상법 제369조 제3항에 규정된 상호주의 의결권제한을 이용한 것이다.

36) 상법상 이런 주식은 인정되지 않는다 할 것이다.

37) 이 방법은 대상회사 적대적 기업인수에 대항하기 위하여 자기주식을 취득하거나 우호지분확보에 소요되는 비용을 절감해 주는 효과도 있지만, 그것이 1주 1의결권의 원칙과 주주평등의 원칙에 어긋난다는 문제점이 있다. 따라서 이러한 포이즌 필을 인정하는 내용의 정관변경에 대하여는 입법을 통하여 이를 인정하려는 논의가 활발하다.
이에 관한 참고 자료로서는 안수현, “포이즌 필 도입에 관한 고찰”(한국외국어 대학교 출판국 2010년).

증가를 초래하는 방법이 있다.

이른바 포이즌 필 조항을 담은 정관 변경 안건 상정을 금지시켜달라는 주주의 가처분 신청(수원지방법원 2010카합50)에 대하여 법원은 "채무자들은 2010.3.26.에 개최되는 채무자 ○○○의 주주총회의 의안으로, 회사는 회사의 이사회의 의사에 반하여 적대적 M&A 등 경영권 침해가 우려되는 경우 이사회의 결의만으로 회사의 주주들에게 회사가 발행하는 신주를 액면가 이하의 50%의 범위 내의 가격으로 인수할 수 있는 권리("신주인수선택권")를 부여할 수 있다. 회사의 이사회는 일부 주주의 신주인수선택권 행사를 제한하거나 상환조건 등을 차별적으로 정할 수 있다라는 내용으로 정관 제9조 제5항을 신설하기로 하는 정관변경의 건을 상정하여서는 아니된다"라고 하면서 이를 받아들이고 있는데 이는 포이즌 필이 현행 상법에서 정한 주주의 신주인수권을 침해하고, 도입될 경우 지배구조를 왜곡시켜 회사에 회복할 수 없는 손해를 안겨줄 우려가 있다고 판단하는 듯하다.

4) 기타의 방법

대상회사의 재산을 담보로 외부로부터 차입한 자금으로 특수목적회사(SPC: special purpose company)를 설립하여 이 특수목적회사가 대상회사의 주식을 취득한 뒤 이 특수목적회사와 대상회사가 합병을 함으로써 적대적 기업인수의 시도로부터 벗어나는 방법(leveraged buy-outs),[38] 또는 제3자에게 신주인수권을 부여하거나 전환사채를 부여함으로써 우호세력을 늘리는 방법 등이 사용되기도 한다.

## 3. 회사의 소멸

### 가. 회사소멸의 의의

회사의 소멸이란 회사가 가지는 법인격의 소멸을 의미한다. 자연인은 사망함으로써 법인격을 상실하여 권리의무주체로서의 지위를 상실하게 되고 사망한 자연인이 가지고 있던 권리와 의무는 상속인에게 포괄적으로 승계(상속)되지만, 회사의 경우 자연인과 달라서 생물학적 신체도 없고 상속인도 없으므로 법률이 정한 일정한 절차에 의하여 법인격을 상실하여 소멸함으로써 권리와 의무를 정리하게 된다.

---

38) 우리나라에서는 이러한 차입매수방법(leveraged buyout: LBO)은 우호적 기업인수의 경우에 사용되기도 한다. 그런데 이에 대하여 대법원은 "이른바 LBO(Leveraged Buyout) 방식의 기업인수의 여러 형태 중에서 합병을 활용하는 방식(대법원 2010.4.15. 선고 2009도6634 판결) 또는 이익배당이나 유상감자를 활용하는 방식(대법원 2013.6.13. 선고 2011도524 판결) 등을 허용하고 있지만 피인수회사의 재산을 담보로 제공하는 방식(대법원 2008.2.28. 선고 2007도5987 판결)에 대해서는 이를 형사상 배임죄의 죄책을 물어 허용하지 않고 있다. 이 부분에 관하여는 "M&A 법과 실무" 이재순(유로 2009년) 545면 이하 참조.

상법이 정한 해산사유가 발생하거나 법원에 의한 해산명령 또는 해산판결에 의하여 해산을 하게 된 회사는 적극적인 영업을 중단하고 청산절차를 통하여 대내외적인 법률관계를 정리하게 되고 청산절차가 종료되면 권리능력이 상실되고 회사는 비로소 소멸하게 된다.

## 나. 회사의 해산

### (1) 해산의 의의

회사의 해산이란 회사의 법인격을 소멸시키는 원인이 되는 법률요건이라 할 것인데, 회사는 해산으로 인하여 목적사업인 영업을 수행할 수는 없으나 청산의 목적범위 내에서 회사는 존속하여 활동하고 권리능력이 존재하므로(합명회사: 상 245조 / 합자회사: 상 269조, 245조 / 유한책임회사: 상 287조의45, 245조 / 주식회사: 상 542조 1항, 245조 / 유한회사: 상 613조 1항, 245조) 해산으로 인하여 법인격자체가 소멸하는 것은 아니다.

회사가 해산되면 권리능력이 청산의 범위 내로 축소되어 청산중의 회사(청산회사)로 존속하게 되는데, 이는 해산전의 회사와 동일한 실체이고, 다만 그 목적이 청산의 범위 내로 축소된 회사라고 할 것이다.

### (2) 공통적인 해산 사유

상법은 존립기간의 만료 기타 정관에 정한 사유(합명: 상 227조 1호 / 합자: 상 269조 / 유한책임: 상 287조의38 1호 / 주식: 상 517조 1호 / 유한: 상 609조 1항 1호), 구성원의 해산결정(합명: 상 227조 2호 / 합자: 상 269조 / 유한책임: 상 287조의38 1호 / 주식: 상 517조 2호 / 유한: 상 609조 1항 2호), 회사의 합병(합명: 상 227조 4호 / 합자: 상 269조 / 유한책임: 상 287조의38 1호 / 주식: 상 517조 1호 / 유한: 상 609조 1항 1호), 회사의 파산(합명: 상 227조 5호 / 합자: 상 269조 / 유한책임: 상 287조의38 1호 / 주식: 상 517조 1호 / 유한: 상 609조 1항 1호), 법원의 해산명령(상 176조 1항) 또는 법원의 해산판결(합명: 상 241조 1항 / 합자: 269조 / 유한책임: 287조의42, 241조 / 주식: 520조 1항 / 유한: 613조 1항, 520조)이 있는 경우(상 227조 6호, 269조, 287조의38 1호, 517조 1호, 609조 1항 1호)를 모든 종류의 회사에 공통적인 해산사유로 규정하고 있다.

#### (가) 존립기간의 만료 기타 정관에 정한 사유에 의한 해산

회사를 설립할 때 회사의 자치법규인 정관에서 회사의 존립기간을 정할 수 있고, 그 밖에 회사의 해산사유를 임의로 정할 수 있고, 또 그러한 정관의 규정은 정관변경을 통하여 추후 변경할 수 있음은 당연하다고 할 것이나 그러한 내용이 강행법규 또는 회사의 본질에 반하는 경우에는 무효라고 할 것이다.

또한 상법은 정관에 정한 해산사유를 등기하여 공시하도록 규정하고 있다(상 180조 3호, 269조, 317조 2항 4호, 549조 2항 6호).

### (나) 구성원의 의사에 의한 해산

회사의 정관에 회사의 구성원의 의사에 의하여 해산을 결정할 수 있는 규정이 없다고 하더라도 회사의 구성원의 결정에 의하여 회사를 해산할 수 있음은 당연하다고 할 것인데, 상법은 회사의 규모, 회사구성원의 수 그리고 회사구성원과 회사의 관계 등을 고려하여 합명회사, 합자회사 및 유한책임회사의 경우에는 총사원의 동의를 요구하고 있으나(합명회사: 상 227조 2호 / 합자회사: 상 269조 227조 2호 / 유한책임회사: 상 287조의38 1호, 227조 2호), 주식회사 또는 유한회사의 경우에는 주주총회 또는 사원총회의 특별결의에 의하도록 하고 있다(주식회사: 상 517조 2호, 518조, 434조 / 유한회사: 상 609조 1항 2호, 609조 2항, 585조).

해산결의는 즉시 해산함을 원칙으로 한다고 할 것이지만, 합리적 사유가 있다면 일정한 기한을 정하여 해산하는 기한부해산결의를 할 수도 있다고 할 것이다. 또한 정관으로 상법이 정한 해산결의의 요건을 가중하는 것은 가능하다고 할 것이지만, 감경하는 것은 허용되지 않는다고 해석하여야 할 것이고, 해산결의를 제한하는 정관의 규정 또는 주주(사원)총회의 결의는 무효라고 할 것이다.

### (다) 합병에 의한 해산

회사가 흡수합병절차를 진행하게 되면 흡수되는 회사는 해산하게 되지만, 청산절차를 거치지 않는다는 점에서 다른 해산사유와 구별된다.

### (라) 파산에 의한 해산

회사는 파산으로 인하여 해산하게 된다. 채무자 회생 및 파산에 관한 법률에 따르면 회사가 지급불능의 경우이거나(채무자회생법 305조 1항), 채무초과의 경우(채무자회생법 306조 1항)에는 법원의 결정에 의하여 파산하게 되는데, 다만 합명회사 및 합자회사는 존립중일 때에는 채무초과로 인하여 파산시킬 수 없도록 하고 있다(채무자회생법 306조 2항).

회사가 파산하면 파산의 목적 범위 내에서 법인격을 가지고 활동하게 되며, 이 경우 채무자 회생 및 파산에 관한 법률의 파산절차를 따르고 상법상의 청산절차를 거치지 않는다는 특색이 있다.

### (마) 법원의 해산명령에 의한 해산

법원의 회사에 대한 해산명령은 주로 공익적 사유에서 회사의 존속을 허용할 수 없을 때 법원이 이해관계인이나 검사의 청구에 의하여 또는 직권으로 회사의 해산을 명하게 되는데(상 176조) 민법상 인정되는 법원의 설립허가취소와 유사하다(민 38조).

법원의 해산명령은 회사의 법인격을 전면적으로 박탈한다는 점에서 법인격 부인론과 다르고, 법원의 재판에 의한다는 점에서 해산의제(상 520조의2)와 다르다.

해산명령은 ① 설립목적이 불법하거나, ② 정당한 사유 없이 설립 후 1년 이내에 영업을 개시하지 않거나 1년 이상 영업을 휴지하는 경우,[39] ③ 이사 혹은 업무집행사원의 법령 또는 정관 위반행위가 있을 경우에 하게 된다(상 176조 1항).

해산명령사건은 비송사건으로서 비송사건절차법에 의하여 진행(비송법 90조)하게 되는데 이해관계인, 검사의 신청이 있거나 또는 법원의 직권으로 회사의 본점을 관할하는 법원의 합의부가 이유를 붙인 결정으로 하게 되고 만약 결정에 불복한다면 즉시항고가 가능하도록 하고 있다(비송법 91조).

해산명령에 있어서 이해관계인은 회사의 존립에 직접 법률상 이해관계가 있는 자에 한정된다.[40]

### (바) 법원의 해산판결에 의한 해산

법원의 회사에 대한 해산판결은 회사의 이사들 사이의 대립이나 구성원 상호간의 대립에 의하여 회사운영의 난관을 타개할 수 없는 경우에 주주 또는 사원의 청구에 의하여 주주나 사원의 이익을 보호하기 위해 법원이 회사를 해산시키는 제도(합명회사: 상 241조 1항 / 합자회사: 상 269조, 241조 1항 / 유한책임회사: 상 287의42, 241조 / 주식회사: 상 520조 / 유한회사: 상 613조 1항, 520조)로서 법원의 판결에 의해 회사의 해산이라는 법률효과를 가져오므로 형성판결이라고 할 것이다.

---

39) 대법원은 "회사가 정당한 사유없이 1년 이상 영업을 휴지하는 때"라는 요건을 비교적 까다롭게 해석하여 ① 시장경영 목적의 회사가 시장건물 신축 중 그 소유권을 둘러싼 분쟁으로 수년간 그 기능을 사실상 상실하고 정상적인 업무수행을 하지 못하다가 그 후 확정 판결에 기하여 정상적인 업무수행을 할 수 있게 된 경우라거나(대법원 1978.7.26. 자 78마106 결정), ② 회사의 기본재산인 동시에 영업의 근간이 되는 부동산의 소유권귀속과 등기절차 등에 관련하여 소유권의 귀속과 등기의 효력을 다투는 부당한 소송을 제기된 소송으로 인하여 부득이 영업을 계속하지 못한 경우(대법원 1979.1.31. 자 78마56 결정)는 "회사가 정당한 사유없이 1년 이상 영업을 휴지하는 때"에 해당한다고 볼 수 없다고 판시하고 있다.

40) 대법원 1995.9.12. 자 95마686 결정은 "법원에 회사의 해산명령을 청구할 수 있는 이해관계인이란 회사 존립에 직접 법률상 이해관계가 있는 자"라고 판시하면서, "전자랜드"라는 명칭의 빌딩을 소유하고 같은 명칭의 서비스표 및 상표 등록을 한 자가 그 상호를 "전자랜드주식회사"로 변경하려고 하는데, 휴면회사인 "전자랜드판매주식회사"로 인하여 상호변경 등기를 할 수 없다는 사실만으로는 회사의 해산명령을 청구할 수 있는 이해관계인"이라 보기 어렵다고 하였다.

법원의 해산판결의 사유로 합명회사, 합자회사 및 유한책임회사의 경우에는 부득이한 사유를 규정하고 있는데(합명회사: 상 241조 1항 / 합자회사: 상 269조, 241조 1항 / 유한책임회사: 상 287조의42, 241조 1항) 반하여, 주식회사 또는 유한회사의 경우에는 회사의 내부적 분쟁으로 인하여 업무가 정돈된 상태이거나 회사의 존립이 위태한 상태로서 부득이한 사유가 있는 때로 제한하고 있다(주식회사: 상 520조 1항 / 유한회사 상 613조 1항, 520조 1항).

해산판결의 효과에 비추어 볼 때 "부득이한 사유"란 회사의 해산이외에 주주나 사원의 이익을 보호할 방법이 없는 예외적인 경우를 의미한다고 할 것이다.[41)]

상법은 회사설립 무효의 소에 있어서 전속관할에 관한 규정(상 186조) 및 원고의 패소가 확정되면 악의 또는 중과실 있는 원고로 하여금 회사에 대하여 손해배상책임을 부담시키는 규정(상 191조)만을 해산판결의 소에 준용하고 있으므로(합명회사: 상 241조 2항, 191조 / 합자회사: 상 269조, 241조 2항 / 유한책임회사: 상 287조의42, 241조 2항 / 주식회사: 상 520조 2항, 186조, 186조, 191조 / 유한회사: 상 613조 1항, 520조 2항, 186조, 191조) 그밖의 해산판결의 심리절차와 판결의 효력에 관하여는 민사소송법에 의하게 될 것이다.[42)]

### (3) 특유한 해산사유

한편 상법은 모든 회사에 공통적인 해산사유 이외에 회사의 종류에 따라 각기 특유한 해산사유를 개별적으로 정하고 있다.

합명회사에는 특유한 해산사유로서 사원이 1인으로 된 때를 정하고 있다(상 227조 3호).

합자회사의 경우에는 합명회사의 규정이 준용되므로(상 269조) 합명회사의 해산사유와 대체로 유사하여 사원이 1인으로 된 때에도 해산하게 되는데 이 경우에 사원이 1인으로 되었다 함은 무한책임사원이든 유한책임사원이든 어느 일방의 사원이 모두 퇴사하고 다른 일방의 사원이 1인으로 된 때를 의미한다고 해석하여야 할 것이고, 이밖에도 합자회사의 특성상 별도로 유한책임사원과 무한책임사원 전원의 퇴사를 해산

---

41) 대법원 2015.10.29. 선고 2013다53175 판결은, "상법 제520조 1항의 '회사의 업무가 현저한 정돈상태를 계속하여 회복할 수 없는 손해가 생긴 때 또는 생길 염려가 있는 때'란 이사 간, 주주 간의 대립으로 회사의 목적 사업이 교착상태에 빠지는 등 회사의 업무가 정체되어 회사를 정상적으로 운영하는 것이 현저히 곤란한 상태가 계속됨으로 말미암아 회사에 회복할 수 없는 손해가 생기거나 생길 염려가 있는 경우를 말하고, '부득이한 사유가 있는 때'란 회사를 해산하는 것 외에는 달리 주주의 이익을 보호할 방법이 없는 경우를 말한다"고 판시하고 있다.

42) 해산판결의 소는 비재산권을 목적으로 하는 소송으로 소가는 5,000만 100원(민사소송등인지법 2조 4항, 민사소송 등 인지규칙 18조의2, 15조 2항)이므로 사물관할은 합의부에 속한다.

사유로 규정하고 있다(상 285조 1항).

또한 새로이 신설된 유한책임회사는 합명회사와 해산사유가 거의 동일하지만(상 287조의38, 227조 1호, 2호, 4호 내지 6호), 다만 1인 사원에 의한 설립이 가능하므로(상 287조의2) 1인회사의 존립이 가능하게 되고, 따라서 합명회사와 달리 사원이 1인이 되었다고 하여 해산사유는 아니지만, "사원이 없게 된 경우"는 해산사유로 하고 있다(상 287조의38 2호).

주식회사의 경우에는 합명회사 또는 합자회사와 달리 주주가 1인이 되었다고 하더라도 해산사유는 아니지만, 회사가 분할 또는 분할 합병하는 경우에는 해산하게 되고(상 517조 1호의2), 또한 회사가 영업을 폐지하여 실제로는 존재하지 않지만 5년여 동안 해산등기 또는 청산등기를 하지 않은 채 방치하여 등기부상으로만 존재하는 휴면회사의 경우에 해산을 의제하고 있는데(상 520조의2), 일정한 기간 내에 영업을 폐지하지 아니하였다는 신고가 없으면 그 신고기간의 만료로 해산한 것으로 의제하고(상 520조의2 1항), 다만 해산의제일로부터 3년 내에 주주총회의 특별결의로 회사를 계속할 수 있도록 하고 있다(상 520조의2 3항). 또한 위 해산의제일로부터 3년 내에 회사계속의 결의가 없으면 청산이 종결된 것으로 보고 있다(상 520조의2 4항).

유한회사의 해산사유(상 609조)는 합명회사와 대체로 유사하지만 ① 1인사원이 되어도 해산사유가 아니고, ② 총사원의 동의가 아니라 사원총회의 특별결의가 필요하다(상 609조 1항 2호, 609조 2항, 585조)는 점 등의 특색이 있다.

### (4) 해산의 효과

회사가 해산하면 원칙적으로 청산절차로 넘어가게 되어 그에 따라 권리의무관계를 정리하게 되지만, 합병을 이유로 해산하게 되었을 때는 권리의무관계가 존속회사에게 포괄적으로 승계되고, 파산을 이유로 해산하게 되었을 때는 회사의 권리의무관계는 상법상의 청산절차가 아닌 채무자 회생 및 파산에 관한 법률에 따른 파산절차로 넘어가게 된다.

회사가 해산하게 된 경우에는 해산등기(합명회사: 상 228조 / 합자회사: 상 269조/ 유한책임회사: 상 287조의39 / 주식회사 상 521조의2, 228조 / 유한회사: 상 613조 1항, 228조)를 하여야 한다.[43] 특히 주식회사의 경우에는 파산 이외의 해산의 경우에는 주주에게 통지를 하여야 한다(상 521조).

43) 대법원 1964.5.5. 자 63마29 결정은 해산등기는 설립등기와 같은 특별한 규정이 없는 한 상법 37조에 정한 대항요건에 불과하다고 판시하고 있다.

## 다. 회사의 청산

### (1) 청산의 의의

청산이란 회사가 합병 또는 파산 이외의 사유로 해산한 경우에 회사의 대내외적 법률관계를 종국적으로 정리하고 잔존재산을 분배하여 회사의 법인격을 소멸시키는 상법상의 절차이다.

청산은 상법에 규정한 청산인이 임의청산이나 법정청산의 두 가지 청산방법에 따라 ① 현존사무의 종결, ② 채권의 추심과 채무의 변제, ③ 재산의 환가처분, ④ 잔여재산의 분배 등의 과정으로 이행된다.

해산사유가 발생하면 회사는 청산의 목적 범위 내에서 존속하는(합명회사: 상 245조/합자회사: 상 269조, 245조/유한책임회사: 상 287조의45, 245조/주식회사: 상 542조 1항, 245조/유한회사: 상 613조 1항, 245조) 청산중의 회사 혹은 청산회사가 된다.[44] 이러한 청산중의 회사는 해산전의 회사와 동일성이 있는 회사라고 할 것이지만, 해산전의 회사와 동일한 내용의 영업을 할 수는 없으므로 영업을 전제로 하는 지배인과 상업사용인을 둘 수가 없고 무한책임사원이나 이사라고 하더라도 경업피지의무가 없음은 해석상 명백하다.

그러나 청산중의 회사라도 현존사무의 종결을 위한 범위 내에서 영리행위도 가능하고, 이러한 행위를 위하여 필요한 경우에는 소송상의 당사자능력도 인정된다고 할 것이다.

합병에 의하여 회사가 해산하는 경우에는 대내적인 법률관계는 존속회사 혹은 신설회사에 포괄적으로 승계되므로 별도의 청산절차를 거치지 않고 회사가 소멸하게 되며, 파산에 의하여 회사가 해산하는 경우에도 채무자 회생 및 파산에 관한 법률에 따른 파산절차에 의하여 처리되어 별도의 청산절차를 거치지 않고 회사가 소멸하게 된다.

### (2) 청산인

청산인은 청산중의 회사의 업무집행기관이라 할 것인데 상법은 원칙적으로 자율적으로 청산인을 선임하도록 하고 있고 이렇게 선임된 청산인이 없을 경우에는 해산전의 회사의 업무집행사원 혹은 이사로 하여금 청산인이 되도록 정하고 있다(합명회사: 상 251조/합자회사: 상 287조/유한책임회사: 상 287조의45, 251조/주식회사: 상 531

44) 대법원 1964.5.5. 자 63마29 결정에서 해산등기는 대항요건으로 판시하고 있으므로 회사는 해산등기가 아니라 해산사유가 발생한 때 청산회사로 된다고 보는 것이 타당할 것이다.

조 1항 / 유한회사: 상 613조 1항, 531조).

다만 합명회사, 합자회사 및 유한책임회사의 경우에 사원이 1인이 되어 해산하거나(상 252조, 227조 3호) 그 밖에 회사가 법원의 해산명령이나 해산판결에 의하여 해산하는 경우에는 법원이 직권으로 선임(합명회사: 상 252조 / 합자회사: 상 269조, 252조 / 유한책임회사: 상 287조의45, 252조 / 주식회사: 상 542조 1항, 252조 / 유한회사: 상 613조 1항, 252조)하도록 상법은 규정하고 있다.

상법은 합명회사, 합자회사 및 유한책임회사에 있어서 업무집행사원에 관한 규정, 주식회사 및 유한회사에 있어서 이사와 대표 이사에 관한 규정을 청산인에 대하여 준용하는 한편 청산인과 청산중의 회사의 관계에 관하여도 주식회사 이사와 회사의 민법상 위임의 관계에 관한 규정(상 382조 2항)을 준용하면서 이사의 회사에 대한 책임에 관한 규정(상 399조), 제3자에 대한 책임에 관한 규정(상 401조) 등을 준용하고 있다(합명회사: 상 265조 / 합자회사: 상 269조, 265조 / 유한책임회사: 상 287조의45, 265조 / 주식회사: 상 542조 2항, 398조 내지 408조 / 유한회사: 상 613조 2항, 399조 내지 401조, 407조, 408조).

### (3) 청산방법

청산방법에는 정관 또는 총사원의 동의에 의하여 정하여진 방법으로 행하여지는 임의청산(합명회사: 상 247조 1항 / 합자회사: 상 269조, 247조 1항)과 상법이 엄격히 규정한 절차에 따라 행하여지는 법정청산(합명회사: 상 254조 이하 / 합자회사: 상 269조 / 유한책임회사: 상 287조의45, 251조 내지 257조 / 주식회사: 상 531조 이하 / 유한회사: 상 613조 1항, 531조 내지 537조)의 두 가지 방법이 상법에 규정되어 있다.

합명회사 혹은 합자회사의 경우에는 임의청산이 원칙이지만 ① 사원이 1인으로 되었거나, ② 회사가 해산판결이나 해산명령으로 해산됨으로써 임의청산이 불가능한 경우(상 247조 2항), ③ 사원들이 임의청산의 합의를 하지 아니한 경우(상 250조)에는 법정청산의 방법에 의하여 청산절차를 이행하여야 하는데 반하여 유한책임회사(상 287조의45), 주식회사(상 531조 내지 542조) 그리고 유한회사(상 613조 1항)는 항상 법정청산의 방법에 의하여 청산절차를 진행하여야 한다.

상법에 새로이 신설된 유한책임회사의 경우에는 비록 조합적 실체를 가지고 있으나 구성원이 모두 유한책임사원이므로 회사의 이해관계인을 보호하기 위하여 상법은 유한책임회사에 대하여 합명회사 또는 합자회사에서 인정되는 임의청산에 관한 규정(상 247조 1항)을 준용하지 않고 있다(상 287조의45).

### (4) 청산종결

청산을 종결한 경우에는 청산종결등기를 하여야 한다(합명회사: 상 247조 5항, 264조 / 합자회사: 상 269조, 247조 5항, 264조 / 유한책임회사: 상 287조의45, 264조 / 주식회사: 상 542조 1항, 264조 / 유한회사: 상 613조 1항, 264조). 그러나 회사의 법인격이 소멸하는 시기는 청산절차가 종결되는 시점이라고 할 것이므로 회사가 부채과다로 사실상 파산지경에 있어 업무도 수행하지 아니하고 대표이사나 그 외의 이사도 없는 상태에 있다고 하여도 적법한 해산절차를 거쳐 청산을 종결하기까지는 법인의 권리능력이 소멸한 것으로 볼 수 없고,[45] 또한 주식회사가 해산이 의제되어 청산이 종결된 것으로 보게 되는 경우라도(상 520조의2) 어떤 권리관계가 남아 있어 현실적으로 정리할 필요가 있으면 그 범위 내에서는 아직 완전히 소멸하지 아니한다.[46] 나아가 법인격이 소멸하는 시기는 청산종결등기의 시점도 아니므로 청산종결등기를 하지 않았다고 하더라도 청산절차가 종결되면 법인격은 소멸하여 회사의 권리능력이 상실되지만 반대로, 청산이 사실상 종결되지 아니한 경우에는 비록 청산종결등기가 되었다고 하더라도 회사의 권리능력이 상실되는 것은 아니다.[47]

## 라. 회사의 계속

### (1) 회사계속의 의의

회사가 해산명령이나 해산판결 이외의 사유로 인하여 해산되어 청산중인 회사가 그 청산절차가 종료되기 전에 상법의 규정 혹은 사원의 의사에 의하여 다시 해산전의 회사로 복귀하여 존속하게 되는 것을 회사의 계속이라고 한다. 청산중의 회사가 회사의 계속으로 해산전의 회사로 복귀할 수 있는 시간적 한계에 관하여는 상법이 아무런 규정을 하지 아니한 탓에 잔여재산을 분배하기 전까지 가능하다는 견해[48]가 있는가 하면 법인격이 소멸하기 전까지 가능하다는 견해[49]가 있다. 그러나 회사의 계속이 기업유지의 취지에서 인정된 제도라는 점에 비추어 볼 때 청산이 종료되어 회사의 법인

---

45) 대법원 1985.6.25. 선고 84다카1954 판결.

46) 대법원 1994.5.27. 선고 94다7607 판결은 해산이 의제되어 3년이 경과하여 청산종결된 것으로 보는 주식회사의 경우라도 현실적으로 그 권리관계를 정리할 필요가 있으면 그 회사의 정관에 다른 규정이 있거나 주주총회에서 따로 청산인을 선임하지 아니한 경우에 해산 당시의 이사가 당연히 청산인이 되고, 그러한 청산인이 없는 때에는 이해관계인의 청구에 의하여 법원이 선임한 자가 청산인이 되어 회사의 청산사무를 집행하고 대표하는 기관이 된다고 판시하고 있다.

47) 대법원 2003.2.11. 선고 99다66427, 73371 판결.

48) 서헌제 66면, 이철송 118면.

49) 강위두/임재호 470면, 권기범 194면, 정동윤 678면, 최기원 108면.

격이 소멸하지 않았다면 회사의 계속은 가능하다고 할 것이다.

### (2) 회사계속의 사유

회사계속의 사유는 회사의 형태에 따라 다르고 또 같은 회사의 형태라고 하더라도 그 해산사유에 따라서 회사계속의 사유가 각기 다르다고 할 것이다.

합명회사에 있어서 회사계속은 존립기간의 만료 기타 정관으로 정한 사유로 해산되었거나 총사원의 동의로 해산한 경우에는 사원의 전부 또는 일부의 동의로 회사를 계속할 수 있고 이때 동의를 하지 아니한 사원은 퇴사한 것으로 보게 된다(상 229조 1항). 물론 사원이 1인이 되어 해산한 경우에는 사원을 새로 가입시켜 회사를 계속할 수도 있다(상 229조 3항).

합자회사는 합명회사와 동일한 방법으로 회사의 계속을 할 수 있을 뿐만 아니라 합자회사는 무한책임사원과 유한책임사원으로 이루어진 회사이므로 무한책임사원이나 유한책임사원의 전원이 퇴사하여 회사가 해산한 경우에는 새로 무한책임사원이나 유한책임사원을 가입시켜 회사를 계속하거나(상 285조 2항), 잔존 사원 중 일부를 무한책임사원이나 유한책임사원으로 변경하여 회사를 계속할 수도 있으며, 유한책임사원 전원이 퇴사한 경우에는 조직을 변경하여 합명회사로 계속할 수도 있다(상 286조 2항).

유한책임회사의 경우에도 존립기간의 만료 기타 정관으로 정한 사유로 해산되었거나 총사원의 동의로 해산한 경우에는 합명회사와 같은 방법으로 회사를 계속할 수가 있다(상 287조의40, 229조 1항, 229조 3항).

주식회사가 존립기간의 만료 기타 정관에 정한 사유의 발생 또는 주주총회의 결의에 의하여 해산한 경우에는 주주총회의 특별결의(상 434조)에 의하여 회사를 계속할 수 있고(상 519조), 해산의제된 휴면회사(상520의2 1항)의 경우에도 해산의제일로부터 3년 내에 주주총회의 특별결의에 의하여 회사를 계속할 수가 있다(상 520조의2 3항).

유한회사의 경우에도 사원총회의 특별결의(상 585조)로 회사를 계속할 수 있음은 주식회사와 유사하다(상 610조 1항).

### (3) 회사의 계속과 조직변경

합명회사는 사원이 1인이 되어 해산한 후 유한책임사원을 새로 가입시켜 합자회사로 조직 변경하여 계속할 수 있고(상 242조 2항, 229조 2항), 합자회사는 유한책임사원의 전원퇴사로써 해산한 후에는 무한책임사원을 새로 가입시켜 합명회사로 조직 변경하여 회사를 계속할 수 있다(상 286조 2항).

### (4) 회사계속의 등기

회사가 이미 해산등기를 한 후에 회사를 계속하게 되는 경우에는 회사계속등기를 하여야 한다(합명회사: 상 229조 3항 / 합자회사: 상 269조 / 주식회사: 상 521조의2, 229조 3항 / 유한회사: 상 611조, 229조 3항).

### (5) 회사계속의 효과

해산한 회사가 회사의 계속을 하게 되면 해산전의 회사로 복귀하여 청산의 목적범위 내로 제한되었던 회사의 권리능력이 완전히 회복되어 다시 영업능력을 갖게 되고(권리능력의 회복), 청산인의 활동은 종료하고 청산인은 업무집행사원이나 이사로 바뀌게 되지만(업무집행기관의 교체), 청산인이 한 행위의 효과는 계속되는 회사에 귀속된다(효력의 불소급).

그러나 회사의 계속이 있으면 청산인의 권한이 당연히 종료되고 해산 당시의 업무집행기관의 권한이 회복된다는 견해도 있으나 청산인의 권한은 당연히 종료되는 것이 아니라 적법한 절차에 의하여 그 효력을 종료시키고 새로운 업무집행기관을 선임하여야 비로소 종료된다고 할 것이다.[50)]

---

50) 대법원 1997.9.9. 선고 97다12167 판결은, "청산중인 주식회사의 청산인을 피신청인으로 하여 그 직무집행을 정지하고 직무대행자를 선임하는 가처분결정이 있은 후, 그 선임된 청산인 직무대행자가 주주들의 요구에 따라 소집한 주주총회에서 회사를 계속하기로 하는 결의와 아울러 새로운 이사들과 감사를 선임하는 결의가 있었다고 하더라도 그 주주총회의 결의에 의하여 청산인 직무대행자의 권한이 당연히 소멸하는 것은 아니고, 그것은 단지 주주총회의 결의에 의하여 위 직무집행정지 및 직무대행자선임의 가처분결정은 더 이상 유지할 필요가 없는 사정변경이 생겼을 뿐이므로 그 사정변경을 이유로 가처분이의의 소를 제기하여 위 가처분의 취소를 구하고 그에 따라 청산인 직무대행자의 권한이 소멸하게 된다"는 취지로 판시하고 있다.

# 제 2 편

# 합명회사

# 제 1 장
# 총 설

합명회사는 회사의 채무에 대하여 직접 · 연대 · 무한책임을 부담하는 2인 이상의 무한책임사원으로만 구성되는 회사이다.

합명회사의 사원이 회사의 채무에 대하여 직접 · 연대 · 무한책임을 부담하게 되므로 회사의 채권자는 설령 회사의 재산이 충실하지 않더라도 사원의 재력에 의하여 보호될 수 있기에 상법은 회사설립에 있어서 엄격한 재산적 실체를 갖출 것을 요구하지 않는다.

합명회사의 경우, 사원이 부담하는 이러한 엄중한 책임은 다른 사원에 중대한 영향을 미치게 되어 사원 상호간에 고도의 신뢰와 밀접한 관계를 가지게 되므로 사원의 변동이 용이하지 않다.

또한 합명회사의 사원은 각자가 무한책임을 부담하게 되므로 사원은 원칙적으로 각자가 회사의 업무를 담당하게 되는(상 200조) 이른바 자기기관의 원리에 따르고, 회사의 기본적 사항을 결정함에 있어서도 사원이 가지는 지분의 크기가 아니라 사원의 총의가 요구되는(상 204조, 230조) 등 이른바 두수주의에 의하게 된다.

이처럼 합명회사는 재산적 실체가 중요시되는 물적 결합이라고 하기보다는 사원의 개성이 중요시되는 인적결합의 형태를 가진 회사로서 그 실질은 조합이라고 할 수 있는 회사의 형태이므로 강학상 합명회사를 인적회사의 전형이라고 한다.

상법은 합명회사에 관하여 회사의 설립에 관한 규정(제1절)을 두고, 회사의 법률관계에 관하여는 회사의 내부관계(제2절)와 회사의 외부관계(제3절)로 나누어 규정하고 있으며 나아가 사원의 지위와 관련하여 사원의 퇴사에 관한 규정(제4절) 그리고 회사의 해산에 관한 규정(제5절)과 청산에 관한 규정(제6절)을 두고 있다.

# 제 2 장
# 회사의 설립

합명회사도 실체형성과 설립등기를 거쳐 설립하게 된다. 합명회사의 설립에는 사원의 출자의무의 이행과 기관형성을 위한 절차가 필요 없으므로 정관의 작성으로 실체가 형성되고 설립등기를 함으로써 설립된다.

합명회사는 사원의 개성이 중요시되는 전형적인 인적회사이므로 ① 사원이 정관에 의하여 특정되고(상 179조 3호), ② 사원이 업무를 집행하게 되므로 별도의 업무집행기관을 구성하기 위한 절차가 불필요하고(상 200조), ③ 사원 개인의 주관적인 하자가 회사의 설립절차에 영향을 미치게 되어 이로 인한 회사설립의 무효와 취소의 소가 인정된다(상 184조).

또한 합명회사는 사원이 회사의 채무에 대하여 직접·연대·무한책임을 부담하여 회사의 재산보다는 사원의 자력이 회사 채무에 대한 담보가 되므로 ① 회사의 설립에 따른 사원 출자의 이행을 엄격히 요구하지 않고, ② 신용이나 노무에 의한 출자가 허용되는 등 사원의 출자목적에 제한이 없고, ③ 출자이행절차에 대한 엄격한 법원의 감시도 없다.

## 1. 정관의 작성

합명회사의 정관은 2인 이상이 공동으로 작성하여야 하는데(상 178조), 그 정관에는 상법이 정한 절대적 기재사항을 기재하고 총 사원이 기명날인 또는 서명하여야 한다(상 179조).

합명회사의 정관은 주식회사와 달리 공증인의 인증을 요하지 않으므로(상 292조 참조), 정관의 작성으로 정관의 효력이 발생하고 그에 따라 사원이 확정되고 기관이 구성된다.

다만 회사는 다른 회사의 무한책임사원이 되지 못하므로(상 173조) 자연인에 한하여 합명회사의 사원이 될 수 있다.

합명회사의 상대적 기재사항은 ① 사원의 업무집행권의 제한(상 200조 1항), ② 업무집행사원의 결정(상 201조 1항), ③ 대표사원의 결정(상 207조), ④ 공동대표(상 208조 1항), ⑤ 사원의 퇴사사유(상 218조 1호), ⑥ 퇴사원에 대한 지분환급의 제한(상 222조 단서), ⑦ 회사의 해산사유(상 227조 1호), ⑧ 임의청산(상 247조) 등이다. 다만, ②, ③ 및 ⑧의 경우는 반드시 정관에 기재되지 않더라도 총사원의 동의로 정할 수 있다.

## 2. 설립등기

합명회사는 본점소재지에서 설립등기를 함으로써 성립한다(상 172조). 설립등기는 본점 소재지에서 상법이 정한 사항을 등기하여야 한다(상 180조). 만약 회사의 설립과 동시에 지점을 설치하는 경우에는 설립등기를 한 후 2주 내에 지점 소재지에서 설립등기 사항 중에서 일정 사항을 등기하여야 하고(상 181조 1항), 회사의 설립 후에 지점을 설치하는 경우에는 본점소재지에서는 2주간 내에, 지점소재지에서는 3주간 내에 일정한 사항을 등기하여야 한다(상 181조 2항). 회사가 본점이나 지점을 이전한 경우에도 2주간 내에 등기하도록 하고 있다(상 182조).

또한 설립 시에 등기한 사항이 변경된 경우에는 본점 소재지에서는 2주간 내, 지점소재지에서는 3주간 내에 변경등기를 하여야 한다(상 183조).

상법은 합명회사 설립등기의 기간에 제한을 두고 있지 않지만 주식회사나 유한회사에 대해서는 구성원이 유한책임을 부담하고 설립에 관한 이해관계인이 많으므로 법률관계의 신속한 확정을 위하여 주식회사의 경우에는 출자에 관한 검사가 종료하거나 창립총회가 종결한 날로부터 2주간(상 317조 1항), 유한회사의 경우에는 출자이행이 있은 날로부터 2주간(상 549조 1항)내에 등기하도록 하고 있다. 또한 합자회사와 유한책임회사의 경우에도 설립등기 기간을 법정하고 있지는 않다.

## 3. 설립의 하자

합명회사는 사원의 개성이 중요시되는 인적결합의 실질을 가지고 있으므로 회사의 설립에 있어서 정관기재사항의 흠결이나 회사설립등기의 무효 등 객관적 요인으로 인한 하자는 물론 설립행위와 관련한 사원의 의사표시가 법정대리인의 동의 없는 미성년자에 의한 것이라든가(민 5조), 취소할 수 있는 피성년후견인에 의한 것이거나(민 10조), 한정후견인의 동의 없이 행하여진 피한정후견인의 의사표시이거나(민 13조 4항), 착오에 의한 것이라든가(민 109조), 사기 또는 강박으로 인한 것(민 110조) 혹은 채권자를 사해하기 위한 행위에 의한 경우(상 185조)와 같이 사원의 주관적 요인으로 인한 하자도 회사설립의 하자를 구성하게 된다.

상법은 합명회사에 관하여 설립무효의 소와 설립취소의 소를 모두 인정하고 있다(상 184조 내지 193조).

앞서 본 바와 같이 상법은 회사라는 단체의 특수성을 고려하여 회사 설립의 하자의 주장은 회사성립 후 2년 내에 소송만으로써 이를 주장할 수 있도록 하면서, 설립의 무효는 사원에 한정하고 설립취소는 취소권이 있는 자에 한정하는 등 제소권자에 제한을 하고 있으며(상 184조), 소송절차에 있어서도 그 관할을 본점 소재지의 지방법원의 전속관할로 하는(상 186조) 한편 수개의 소송이 제기된 때에는 이를 병합하도록 정하고 있다(상 188조).

다만 설립하자의 소가 심리 중에 원인된 하자가 보완되고 회사의 현황과 제반사정을 참작하여 설립을 무효 또는 취소하는 것이 부적당하다고 인정할 때는 법원은 그 청구를 재량적으로 기각할 수 있는데(상 189조), 설립하자의 원인이 상당히 넓은 범위에서 인정되므로 남소의 폐단을 방지하기 위하여 법원으로 하여금 재량권을 행사하도록 하는 규정이므로 법원은 그 재량권을 합리적 범위 내에서 행사하여야 할 것이다.

또한 설립의 무효 또는 취소 판결(원고승소)이 확정된 경우 판결의 효력은 소송당사자는 물론이고 제3자 모두에게 미치도록 그 범위를 확장하고 있고(판결의 대세적 효력, 상 190조 본문), 판결의 소급적 효력을 제한하고 있으므로(판결의 불소급효, 상 190조 단서), 회사설립 후 설립하자의 판결이 확정되기까지 회사는 법률상 유효하게 존재하는 것으로 취급되는 이른바 사실상의 회사로서 존재하게 된다.

또한 설립의 무효 또는 취소청구에 대한 기각판결(원고패소)이 확정된 경우에는 그 판결의 효력은 민사소송법의 일반원칙(민소법 218조 1항)에 따라 당사자 사이에만 미치게 되므로 다른 사원은 제소기간 내에 다시 소를 제기할 수도 있다.

설립무효 또는 설립취소의 판결이 확정된 경우에 회사는 해산의 경우에 준하여 청산하여야 하는데(상 193조 1항), 만약 무효나 취소의 원인이 특정한 사원에 한한 것일 때에는 다른 사원 전원의 동의로써 회사를 계속 할 수 있고(상 194조 1항), 이때 무효 혹은 취소의 원인 있는 사원은 퇴사한 것으로 본다(상 194조 2항).

# 제 3 장 회사의 내부관계

합명회사의 내부관계는 회사와 사원 그리고 사원간의 관계를 의미하는데 이는 주로 사원의 출자에 관한 사항과 지분에 관한 사항 및 손익의 분배에 관한 사항 그리고 회사의 업무집행에 관한 사항과 사원의 회사에 대한 의무 및 정관변경에 관한 사항을 다루게 된다.

상법은 이러한 내부관계에 관하여는 합명회사가 조합적 실체를 가진 회사임을 중시하여 필요한 최소한을 규정함으로써 사원들이 자율적으로 정관을 통하여 정할 수 있도록 하고 나머지는 민법의 조합에 관한 규정을 준용하도록 하고 있다(상 195조). 대법원은 상법 제195조에 비추어 볼 때, 합명회사의 내부관계에 관한 상법 규정은 원칙적으로 임의규정이고, 정관에서 상법 규정과 달리 정하는 것이 허용된다고 판시한다.[1]

## 1. 사원의 출자

출자란 사원이 회사재산을 구성하기 위하여 금전 기타 재산적 가치 있는 것을 회사에 제공하는 것을 의미한다. 합명회사에 있어서 출자의무는 사원으로서의 의무이므로 회사가 설립되거나 회사에 입사하는 등 사원의 지위를 취득함으로써 발생하고 사원의 지위를 상실함으로써 소멸하게 된다.

사원의 출자의무는 정관의 기재에 의하여 확정되게 되므로(상 179조 4호) 사원의 출자의무의 변경을 가져오는 어떠한 사항도 정관변경을 통하여 이루어지게 된다.

합명회사는 사원이 회사 채무에 대하여 직접·연대·무한책임을 부담하는 관계로 회사의 재산이 대외적 신용의 기초가 되지 않으므로 상법은 출자의 목적이나 이행을 엄격히 규율하지는 않고 있다. 정관으로 정하였다면, 사원은 금전출자나 현물출자와 같은 재산출자로 하거나 노무출자 나아가 신용출자도 가능하다(상 195조, 222조, 민 703조 2항).

출자의 이행시기와 방법 등 이행에 관한 구체적 사항에 관하여는 정관에 의하여

1) 대법원 2015.5.29. 선고 2014다51541 판결.

정하여지고 만약 정관에 그러한 내용이 없다면 업무집행의 방법으로서 정하여 지게 된다(민 195조, 민 706조). 채권을 출자하기로 한 사원은 그 채권이 변제기에 변제되지 아니한 때에는 그 채권액을 변제할 책임을 부담하고 이자 이외에도 이로 인한 손해까지도 배상하여야 한다(상 196조). 또한 현물출자를 하는 경우에는 재산권의 종류에 따라 권리이전절차와 대항절차를 모두 마치는 등 현실적으로 이를 회사에 이전하여야 하고 그 이전에 따른 하자담보책임도 부담하게 될 것이다.

사원이 출자의무를 불이행하는 경우에는 민법상 채무불이행의 효과가 발생하는 것은 당연하다고 할 것이나(민 389조, 390조) 이 밖에도 상법은 이를 업무집행권한의 상실선고사유(상 205조 1항), 대표권한의 상실선고사유(상 216조) 또는 제명선고사유로 정하고 있다(상 220조 1항 1호).

## 2. 사원의 지분

지분이란 법률상 여러 가지 의미를 가지고 있지만, 합명회사에 있어서 사원의 지분은, 사원이 회사에 대하여 가지는 권리와 의무의 발생의 기초가 되는, 사원으로서의 지위 내지는 사원권을 의미한다.[2] 합명회사의 경우 이러한 사원의 지분은 그 출자의 크기에 상관없이 지분단일주의를 취하여 각 사원이 1개의 지분을 가지게 된다.

주식회사와 유한회사의 경우에는 사원의 지위가 균등한 비례적 단위로 세분되는 이른바 지분복수주의를 취하여 사원은 출자의 크기에 따라 지분의 크기가 다르고, 그에 따라 회사의 의사결정이나 배당참여 등 회사에 대한 사원권의 지위에 있어서도 차등적 대우를 받게 된다.

### 가. 지분의 양도

지분의 양도는 사원과 사원 또는 사원과 비사원 사이의 임의로운 계약에 따른 지분의 이전을 의미한다. 합명회사는 조합적 실체를 가지고 있고 또한 사원은 회사의 채무에 대하여 직접・연대・무한책임을 부담하고 있으므로 지분의 양도에 따른 사원의 변동은 다른 사원에 대하여 중대한 영향을 미치게 되어 상법은 다른 사원의 동의가 없으면 지분의 전부 또는 일부라도 양도할 수 없도록 규정하고 있다(상 197조). 다만 다른 사원의 동의를 구하지 않더라도 지분양도를 가능하도록 한 정관의 효력에 관하여 견해의 대립이 있으나 아직 대법원의 판결은 없는 상태이다.

---

2) 상법 제197조는 지분을 이러한 의미로 사용하고 있으나, 상법 제222조는 지분의 의미를 사원이 퇴사하는 경우에 회사로부터 환급받게 되는 재산액수로 사용하기도 한다.

사원의 비사원에 대한 지분의 양도는 제3자가 회사에 입사하여 새로운 사원으로의 지위를 취득하게 되고 사원의 변동을 의미하게 되므로 정관변경이 필요하게 되는데 이러한 지분의 양도에 관하여 총사원의 동의가 있다면 곧 정관변경에 관한 동의도 있는 것으로 해석하여야 할 것이다. 또한 사원의 변동은 등기사항이므로 변경등기를 하여야 하고 이렇게 새로이 회사에 가입한 사원은 가입 전에 생긴 회사의 채무에 대하여 다른 사원과 동일한 책임을 부담하게 될 것이다(상 213조).

합명회사의 경우에는 회사가 사원으로부터 그 지분을 취득하는 이른바 자기지분 취득에 관하여 유한책임회사의 경우처럼 이를 무효로 하는 규정이 없으나 인적 결합체로서의 실체를 가진 합명회사에서는 이론상 이를 인정할 수는 없다고 할 것이고 또한 사원들에게 퇴사가 허용되고 회사로서도 새로운 사원을 가입시키는 것이 허용되는 만큼 이를 허용할 실익도 없다고 할 것이다.

### 나. 지분의 상속

합명회사가 사원의 개성이 중시되는 인적 결합체라는 성질에 따라 상법은 원칙적으로 사원의 사망을 퇴사사유로 정함으로써(상 218조 3호) 지분의 상속을 허용하지 않고 있으므로 사망한 사원의 상속인은 사망한 사원이 가지는 지분환급청구권(상 222조)을 상속하게 될 뿐이다.

다만 상법은 예외적으로 정관에 지분을 상속할 수 있음을 정한 경우에는 지분의 상속을 허용하여, 상속인이 상속의 개시(피상속인의 사망)를 안 날로부터 3월내에 회사에 대하여 지분을 승계할 것인지 포기할 것인지의 통지를 발송하도록 하고(상 219조 1항), 이를 게을리 한 경우에는 사원이 될 권리를 포기한 것으로 간주하고 있다(상 219조 2항).

### 다. 지분의 압류, 입질

합명회사 사원의 지분은 양도 혹은 환가에 제한이 있으므로 상법은 사원의 지분을 압류한 채권자를 보호하기 위하여 특별규정을 두고 있다.

상법은 지분의 압류는 사원이 그 지분에 의하여 장래 갖게 되는 이익배당청구권이나 지분환급청구권에 효력이 미치도록 정하고(상 233조), 임의청산 시에는 압류채권자의 동의를 얻도록 하며(상 247조 4항), 지분을 압류한 채권자는 회사 또는 피압류사원에게 6월전에 예고하고 영업연도 말에 그 사원을 퇴사시킬 수 있도록 정하고 있다(상 224조 1항). 물론 이러한 경우 압류채권자는 이러한 이익배당청구권이나 지분환급청구권 등에 전부명령이나 추심명령을 얻어 만족에 이르게 될 것이다.

합명회사 사원의 지분에 대한 입질이 가능할 것인지에 관하여 상법은 아무런 규정을 두고 있지 않기에 다른 사원의 동의가 필요한지 여부에 관하여 견해의 대립이 있으나 질권이 실행되면 사원의 교체가 불가피하므로 이 경우에도 지분양도의 경우에 준하여 다른 사원의 동의가 필요하다고 해석해야 할 것이다.

## 3. 손익분배

회사가 사원들의 출자액(자본금)을 기반으로 한 영업의 결과에 따라 회사의 자본금과 순재산액이 일치하지 않게 되는데, 회사의 대차대조표상 순재산액이 출자액을 초과하는 경우를 이익이 발생하였다고 하고 부족하게 되는 경우를 손실이 발생하였다고 한다. 이처럼 회사가 영업결과에 따라 발생한 이익과 손실을 사원들 사이에서 어떻게 분배하는가의 문제가 손익분배라고 할 것이다.

손익분배의 시기는 정관 또는 총사원의 동의에 따라 자유롭게 정할 수 있고, 만약 이를 정하지 아니한 때에는 회사가 대차대조표를 작성하여야 하는 매 결산기, 즉 영업연도 말에 손익분배를 하여야 할 것이다(상 30조 2항).

손익분배의 기준도 정관이나 총사원의 동의에 따라 자유롭게 정할 수 있고, 달리 정함이 없으면 민법의 조합에 관한 규정을 준용하여(상 195조) 각 사원의 출자의 비율에 따르게 된다(민 711조 1항). 만약 이익 또는 손실에 대하여만 분배의 비율을 정한 때에는 그 비율은 이익과 손실에 공통된 것으로 추정하게 된다(민 711조 2항).

합명회사의 사원은 회사의 채무에 대하여 직접 · 연대 · 무한책임을 부담하게 되고 회사의 재산이 대외적 신용의 기초가 되는 것이 아니므로, 상법은 주식회사와 달리 합명회사에 대하여 일정한 재산을 꼭 유지할 것을 요구하지 않고 회사의 배당에 어떤 제한도 가하지 않는다. 그러므로 합명회사의 경우에는 이익 없는 배당이나 손실의 전보 없는 배당도 가능하고 손익의 분배비율도 회사가 임의로 정할 수 있다.

이익의 배당은 현실적으로 사원에게 금전으로 하게 된다. 이와 달리 손실의 분담은 계산상의 관념으로서 사원들이 현실적으로 추가출자를 할 필요는 없고 단지 사원들의 지분평가액이 감소하는데 그치게 되지만 퇴사하는 때에 청구할 수 있는 지분환급금이 감소하게 된다.

## 4. 업무집행

### 가. 업무집행권

업무집행이란 회사가 그 목적을 달성하기 위하여 행하는 법률적이거나 사실적 또는 대내적이거나 대외적인 모든 활동을 의미한다.[3)]

합명회사는 조합적 실체를 가진 소규모의 인적회사이고 또 사원이 회사의 채무에 대하여 직접·연대·무한책임을 부담하는 사원으로만 구성되어 있으므로, 원칙적으로 각 사원은 회사의 업무를 집행할 권리와 의무가 있다(상 200조). 그러나 다른 사원의 이의가 있을 때에는 총사원 과반수의 결의에 의하여야 한다(상 200조 2항).

한편 정관에 별도의 업무집행사원을 정한 경우에는 그 사원만이 업무를 집행할 권리와 의무가 있게 되므로(상 201조 1항) 다른 사원의 업무집행권은 상실되게 된다. 정관으로 수인의 업무집행사원을 정한 경우에 각 업무집행사원은 각자 업무를 집행할 수 있으나 다른 업무집행사원이 이의를 제기한 때에는 그 행위를 중지하고 업무집행사원의 과반수의 결의에 따라야 한다(상 201조 2항). 그러나 이를 무시하고 이루어진 업무집행행위라도 유효하고 다만 내부적으로 손해배상책임의 문제가 될 뿐이다. 물론 이때에도 정관으로 수인의 업무집행사원이 공동으로 업무집행을 하도록 정한 경우에는 업무집행사원 전원의 동의로 업무집행을 하여야 한다(상 202조).

한편 사원이나 업무집행사원 등 업무집행권자가 업무를 집행함에 있어서 현저하게 부적임하거나 중대한 의무에 위반한 행위가 있는 때에는 법원은 사원의 청구에 의하여 업무집행권의 상실을 선고할 수 있고(상 205조 1항), 이러한 업무집행권 상실의 판결이 확정된 경우에는 본점과 지점의 소재지에서 등기하여야 한다(상 205조 2항).

상법상 합명회사의 사원 또는 업무집행사원의 업무집행권한을 상실시키는 방법으로는 ① 상법 제205조 제1항에 따라 다른 사원의 청구에 의하여 법원의 선고로써 권한을 상실시키는 방법, ② 상법 제195조에 의하여 준용되는 민법 제708조에 따라 법원의 선고절차를 거치지 않고 총사원이 일치하여 업무집행사원을 해임함으로써 권한을 상실시키는 방법이 있는데 위 두 가지 방법은 요건과 절차가 서로 다르므로, 상법 제205조 제1항이 민법 제708조의 준용을 배제하고 있다고 보기 어렵고, 따라서 정관에서 달리 정하고 있지 않는 이상, 합명회사의 사원은 두 가지 방법 중 어느 하나의 방법으로 다른 사원 또는 업무집행사원의 업무집행권한을 상실시킬 수 있다.[4)]

---

3) 상법은 회사의 정상적인 영업활동을 전제로 하는 통상적인 업무행위에 관하여는 상법 제200조 내지 제203조에서 규정하는 한편 회사의 정관변경, 영업양도, 영업폐지, 조직변경, 사원의 제명, 합병 및 해산 등과 같이 회사의 존립이나 회사의 영업의 기초를 변경하는 업무행위에 관하여는 각기 별도의 규정(상 204조, 220조 등)을 두고 있으므로 이 부분에서는 통상적인 업무행위에 관하여만 설명하기로 한다.

4) 대법원 2015.5.29. 선고 2014다51541 판결.

합명회사의 사원은 회사채권자에 대하여 직접·연대·무한책임을 지므로, 만약 다른 사원 또는 업무집행사원이 업무집행에 현저히 부적합하거나 중대하게 의무를 위반하는 경우에는 그로 인하여 자신의 책임이 발생·증대될 우려가 있고, 다른 사원 또는 업무집행사원을 업무집행에서 배제할 수 있는지는 각 사원의 이해관계에 큰 영향을 미친다. 합명회사의 사원은 업무집행권한 상실제도를 통하여 업무집행에 현저히 부적합하거나 중대하게 의무를 위반한 사원이나 업무집행사원을 업무집행에서 배제함으로써 자신의 책임이 부당하게 발생·증대되는 것으로부터 자신을 보호할 수 있다.[5)]

또한 사원의 업무 집행을 정지하거나 직무대행자를 선임하는 가처분 또는 그 가처분의 변경·취소의 경우에도 본점과 지점의 소재지에서 등기해야 하고(상 183조의2), 이러한 직무대행자는 법원의 허가를 얻은 경우 외에는 법인의 통상업무에 속하지 아니한 행위를 하지 못한다(상 200조의2 1항). 물론 직무대행자가 이에 위반하여 행위 한 경우라도 회사는 선의의 제3자에 대하여 책임을 면하지 못한다(상 200조의2 2항).

### 나. 업무집행의 의사결정

합명회사의 사원은 회사의 채무에 대하여 직접·연대·무한책임을 부담하므로 정관에 다른 규정이 없는 한 이른바 지분단일주의(頭數主義)에 따라 모든 사원이 1의결권을 갖게 되고, 조합적 실체를 가지므로 사원의 결의는 전원의 과반수에 의함을 원칙으로 하지만(상 195조, 민 706조 2항) 상법은 사원 전체의 이해관계가 걸린 사항에 대하여는 별도로 전원일치의 결의에 의할 것을 정하고 있다(상 197조, 204조, 227조 2호 등).

상법은 사원총회를 필요적 기관으로 정하고 있지 않으므로 사원의 의결권 행사는 정관에 정한 방법 또는 그 밖의 자유로운 방법으로 행하게 된다. 다만 합명회사의 경우에는 사원의 개성이 중시되므로 의결권의 대리행사는 허용되지 않고 의결권만의 양도도 당연히 허용되지 않는다고 할 것이다. 업무집행의 의사결정과 관련한 하자에 관

---

5) 대법원 2015.5.29. 선고 2014다51541 판결은 "업무집행권한 상실에 관한 정관이나 관련 법률 규정을 해석할 때에는 사원의 권리가 합리적 근거 없이 제한되지 않도록 신중하게 해석하여야 한다"고 하면서, 합명회사의 정관에서 "업무집행사원이 업무를 집행함에 현저하게 부적임하거나 중대한 업무에 위반한 행위가 있는 때에는 총사원의 결의로써 업무집행권한을 상실하게 할 수 있다."라고 규정한 사안에서 "정관에서 명시적으로 상법 제205조 제1항의 적용을 배제하고 있지 않는 한 업무집행권한 상실과 관련하여 상법이 부여한 사원의 권리를 제한할 합리적 근거를 찾을 수 없고, 법원의 선고절차 없는 업무집행권한 상실방법과 유사한 정관 규정이 신설되었다고 하여 법원의 선고에 의한 업무집행권한 상실방법을 배제한 것이라고 해석하기는 어려우므로, 상법 제205조 제1항은 위 정관 규정의 신설에도 불구하고 여전히 적용된다고 보아야 하므로" 위 정관 규정이 상법 제205조 제1항의 적용을 배제하는 규정이라고 볼 수 없다는 취지로 판시하고 있다.

해서는 상법상 아무런 규정이 없으므로 회사를 상대로 민사소송법에 따라 효력의 유무에 관한 확인의 소에 의하면 될 것이다.[6)]

### 다. 업무집행의 감시

합명회사의 사원은 회사의 채무에 대하여 직접 · 연대 · 무한책임을 부담하기 때문에 업무집행결과에 따라 중대한 이해관계를 갖게 되므로 업무집행권이 없는 사원이라도 회사의 업무와 재산 상태를 검사할 권한이 인정된다(상 195조, 민 710조). 이러한 사원의 업무검사권한은 업무집행권이 없는 사원을 보호하기 위하여 인정되는 것이므로 정관으로도 제한 할 수 없다고 해석된다.

업무집행에 대한 검사권은 업무집행권이 없는 사원이 행사할 수 있는 권한이라는 점에서 업무집행권한이 있는 사원이 다른 업무집행권한이 있는 자의 업무집행에 대하여 이의를 제기할 수 있는 업무집행의 이의권(상 201조 2항)과 구별된다.

## 5. 사원의 의무

합명회사의 모든 사원은 회사의 구성원으로서 앞서 본바와 같이 출자의무를 부담하고, 특히 회사의 업무를 집행하는 사원은 회사의 업무를 위임받아 처리하는 자이므로 회사에 대하여 선량한 관리자의 주의의무를 부담하게 된다(상 195조, 민 707조, 민 681조). 이 밖에도 합명회사는 비교적 소규모이고 사원이 업무집행권과 업무검사권이 있어 회사의 내부 사정에 정통하므로 자칫 사원이 자신의 개인적 이익을 위하여 회사에 손해를 입힐 우려가 있게 되어 회사와 사원간의 이익충돌을 방지할 목적에서 상법은 사원에게 경업피지의무와 자기거래 금지의무를 정하고 있다.[7)]

### 가. 경업피지의무

합명회사의 사원은 다른 사원의 동의가 없으면 자기 또는 제3자의 계산으로 회사의 영업부류에 속하는 거래를 하지 못하며(경업금지의무) 동종영업을 목적으로 하는 다른 회사의 무한책임사원 또는 이사가 되지 못한다(겸직금지의무)(상 198조 1항). 이를 위반한 사원에 대하여 회사는 손해배상청구권(상 198조 3항)을 행사할 수 있고 다른

---

6) 대법원 1991.6.25. 선고 90다14058 판결.

7) 합명회사 사원의 경업피지의무와 자기거래금지의무의 내용은 주식회사에 있어서 이사의 그것과 매우 유사하므로 자세한 것은 주식회사의 이사의 의무에 관한 설명으로 넘긴다.

모든 사원의 과반수의 결의에 의하여 제명할 수도 있다(상 220조 1항 2호). 만약 업무집행사원 또는 대표사원이 경업피지의무를 위반한 경우에는 별도로 업무집행권한의 상실선고를 법원에 청구할 수 있다(상 205조, 216조).

특히 경업금지의무를 위반한 경우라도 그 거래행위는 유효하다고 할 것이고, 다만 회사는 다른 모든 사원의 과반수의 결의에 의하여 다른 사원이 그 거래를 안 날로부터 2주간 내에 혹은 거래가 있은 날로부터 1년 내에 개입권을 행사하여 거래행위로 인한 이익을 취할 수 있다(상 198조 2항, 4항). 개입권은 형성권이라 할 것이지만 그 효력은 회사와 그 사원사이에서만 미치고 제3자에 대하여는 미치지 않으며, 이러한 개입권의 효력은 채권적 효력이 있을 뿐 물권적 효력이 있는 것은 아니라고 할 것이다.

한편 겸직금지의무는 이익충돌을 방지하려는 목적이므로 동종영업을 목적으로 하는 다른 회사의 무한책임사원이나 이사가 되지 못할 뿐이고, 동종영업이 아니라면 아무런 제한이 없고 또한 동종영업이라고 하더라도 다른 회사의 유한책임사원이나 주주가 되는 것이 제한받지는 않는다. 이러한 겸직금지의무를 위반한 경우에도 그 겸직행위자체는 유효하다고 할 것이다.

이 같은 경업피지의무는 업무집행권의 유무를 불문하고 모든 사원이 부담하고, 사원의 경업피지 행위를 승인하는 사원은 경업행위를 하거나 겸직행위를 하려는 사원을 제외한 모든 사원이라 할 것이다.

### 나. 자기거래금지 의무

합명회사의 사원은 다른 모든 사원의 과반수의 결의가 있는 때에 한하여 자기 또는 제3자의 계산으로 회사와 거래를 할 수 있고(상 199조), 이를 위반한 경우 회사에 대하여 손해배상책임을 부담함은 물론이고 그밖에 다른 사원의 청구에 의하여 법원으로부터 업무집행권 또는 대표권의 상실을 선고받을 수 있다(상 205조, 216조). 특히 자기거래 금지의무를 위반한 경우 경업피지의무위반의 경우와 달리 명확한 규정은 없으나 상법 제220조 1항 4호에 정한 “기타 중요한 사유가 있는 때”에 해당하는 것으로 보아 제명도 가능하다고 할 것이다.

이 같은 자기거래금지의무도 업무집행권의 유무를 불문하고 모든 사원 및 업무집행사원 그리고 직무대행자가 부담하고, 또한 제한되는 자기거래는 회사와 사원 사이에 직접이든 간접이든 이익이 충돌우려가 있는 재산적 거래라고 할 것이다.

한편 사원은 다른 사원 과반수의 결의가 있으면 자기거래도 할 수 있는데 다른 사원의 동의는 그 거래의 내용에 관한 공개를 전제로, 원칙적으로 사전에 그리고 개별적으로 이루어져야 하지만, 예외적으로 거래의 방법과 금액 그리고 기간을 정하여 포괄적인 동의도 가능하다고 할 것이다. 다만 사후추인은 허용되지 않는다는 것이 일반적 견해이지만 대법원은 주식회사의 경우에 이를 인정한 경우도 있다.8)

자기거래금지의무를 위반한 거래행위는 당해 사원과 회사사이에서는 무효이지만, 거래의 안전을 보호하기 위하여 그 거래의 상대방에게 악의 또는 중대한 과실이 없는 제3자에 대하여는 그 무효를 주장할 수 없다고 해석하여야 할 것이고 대법원도 주식회사의 이사의 자기거래행위의 효력에 관하여 이와 동일하게 판시하고 있다.9)

## 6. 정관변경

상법은 합명회사가 정관을 변경함에 있어서 총사원의 동의를 필요로 한다고 규정하고 있으나(상 204조), 정관은 내부규범이므로 정관에 의하여 그 요건을 완화하는 것은 가능하다고 해석된다. 다만 합명회사는 사원의 개성이 중시되는 조합적 실체를 가진 인적회사이므로 사원의 변동을 위한 정관의 변경은 총사원의 동의를 필요로 한다고 할 것이지만 사원의 사망이나 제명 또는 임의퇴사의 경우와 같이 일정한 사실의 변경에 따르는 정관의 변경에는 총사원의 동의를 필요로 하지 않는다고 할 것이다.

또한 정관변경에 필요한 사원의 동의를 얻는 방법에는 특별한 제한이 없으므로 개별적 동의를 얻어도 좋고 결의의 형식을 취하여도 좋다고 생각된다.

한편 회사는 정관의 내용을 자율적으로 변경할 수 있으나 적어도 강행규정이나 선량한 풍속이나 기타 사회질서 또는 회사의 본질에 어긋나도록 변경할 수는 없다고 할 것이다.

정관의 변경은 총사원의 동의와 같은 일정한 절차를 마친 경우에 즉시 효력을 발생하게 되고 정관의 변경에 따라 변경등기를 하여야 하는 경우라고 하더라도 변경등기는 단순한 대항요건에 불과하다고 할 것이다.

---

8) 대법원 2007.5.10. 선고 2005다4284 판결.
9) 대법원 2004.3.25. 선고 2003다64688 판결.

# 제 4 장
# 회사의 외부관계

합명회사의 외부관계는 회사와 제3자의 관계 및 사원과 제3자의 관계를 의미하는데 이는 주로 회사의 대표에 관한 사항과 회사의 채무 및 회사채권자에 대한 사원의 책임에 관한 사항을 다루게 되고 이에 관한 상법의 규정은 제3자의 이해에 중대한 영향을 미치게 되므로 강행규정으로 해석된다.

## 1. 회사의 대표

합명회사는 법인이므로 제3자에게 의사표시를 하고 제3자로부터 의사표시를 수령하는 기관으로서 회사의 대표가 필요하고, 이러한 대표의 행위는 곧 회사의 행위가 되고 그 법률효과는 회사에 귀속하게 된다.

합명회사의 대표에 관하여 상법에 다른 규정이 없는 경우에는 민법상 대리에 관한 규정이 준용된다(민 59조 2항). 합명회사의 기관구성은 자기기관의 원칙에 따르므로 회사의 사원만이 대표가 될 수 있고 사원이 아닌 자는 대표권이 없다고 할 것이다.

정관으로 업무집행사원을 정하지 아니한 경우에는 각 사원이 회사를 대표한다. 정관으로 1인의 업무집행사원을 정한 경우에는 그 업무집행사원이 회사를 대표하게 되지만, 수인의 업무집행사원을 정하였다면 각 업무집행사원은 회사를 대표하게 된다(상 207조 본문). 다만 정관 또는 총사원의 동의로 수인의 업무집행사원 중 회사를 대표할 자를 정할 수도 있는데(상 207조 단서), 그 대표사원의 인적사항은 등기하여야 한다(상 180조 4호). 또한 대표사원이 현저하게 부적임하거나 중대한 의무를 위반한 경우에는 사원의 청구에 의하여 법원이 권한상실선고를 할 수 있는데, 권한상실선고가 있은 때에도 등기하여야 한다(상 216조, 205조).

회사를 대표하는 사원은 회사의 영업에 관하여 재판상 또는 재판외의 모든 행위를 할 권한이 있고(상 209조 1항), 정관이나 총사원의 동의로써 대표권에 제한을 가할 수는 있다고 할 것이지만 상법은 대표권에 대한 제한은 선의의 제3자에 대항하지 못하도록 정하고 있다(상 209조 2항).

또한 회사와 사원 간에 소송이 제기된 때에 그 사원은 회사의 대표권이 없다고 할 것이고 이러한 경우에는 다른 사원의 과반수의 결의로 회사를 대표할 자를 선정하도록 하고 있는데(상 211조), 이것은 특정한 사안에 관하여 임시적으로 회사를 대표할 자를 선임하는 경우이므로 임시로 선임되는 대표자는 반드시 사원일 필요는 없다고 해석된다.

대표사원은 단독대표를 원칙으로 하지만 정관 또는 총사원의 동의로 수인의 사원이 공동으로 회사를 대표할 것을 정할 수 있고(상 208조 1항) 이 경우에도 등기하여야 한다(상 180조 5호). 이러한 공동대표가 단독으로 대표행위를 한 경우에는 권한 없는 대표행위가 될 것이지만 공동대표행위는 반드시 동시에 행하여 질 필요는 없고 또한 제3자의 회사에 대한 의사표시의 수령은 공동대표라고 하더라도 단독으로 가능하다(상 208조 2항). 또한 공동대표들이 1인의 공동대표에게 대표권을 포괄적으로 위임하는 것은 허용되지 않지만 특정행위에 관하여 개별적인 위임이 가능하다고 할 것이다.

또한 상법은 대표사원이 그 업무집행으로 인하여 타인에게 손해를 입힌 경우에는 회사는 그 사원과 연대하여 배상할 책임을 부담시키고 있는데(상 210조), 이는 제3자를 보호하기 위한 정책적 배려라고 할 것이다.

대표사원의 행위가 형식적으로는 대표권의 범위 내에서 이루어지지만 실질적으로는 대표사원 본인 또는 제3자의 이익에 부합하여 회사에게 손해를 가하는 이른바 대표권 남용행위의 경우라고 하더라도 거래의 안전을 위하여 그 행위는 유효라고 할 것이지만, 만약 거래상대방이 이를 알거나 알 수 있었을 경우에 회사는 거래 상대방에 대하여 그 거래행위의 무효를 주장할 수 있다는 점은 주식회사의 경우와 동일하다고 할 것이다.

## 2. 사원의 책임

합명회사의 사원은 회사의 채무에 대하여 직접적으로(직접책임), 모든 사원이 채무 전액에 대하여 연대하여(연대책임), 자신의 모든 재산의 범위 내에서(무한책임) 변제하여야 할 책임을 부담한다. 이러한 사원의 책임은 합명회사에 있어서 법률적 구조의 근간을 구성할 뿐만 아니라 회사채권자를 보호하기 위한 것이므로 정관이나 총사원의 동의로도 변경할 수 없다고 할 것이다.

사원이 부담하는 이 같은 책임은 합명회사의 재산으로 회사의 채무를 완제할 수 없거나(상 212조 1항) 회사재산에 대한 강제집행이 주효하지 못한 때 인정되는(상 212조 2항) 보충적 책임이라고 할 것이므로 회사에 변제 자력이 있으며 집행이 용이한 것을 증명한 때에는 사원은 책임을 부담하지 않는다(상 212조 3항).

이러한 사원의 책임은 회사의 채무의 존재를 전제로 하여 인정되므로 회사채무가 소멸하면 사원의 책임도 소멸하는 부종적 책임이라고 할 것이어서 사원은 회사가 주장할 수 있는 항변으로서 회사채권자에게 대항할 수 있고(상 214조 1항), 회사가 채권자에 대하여 상계, 취소 또는 해제할 권리가 있는 경우에는 사원도 그 채권자에게 이를 이유로 변제를 거부할 수 있다고 할 것이다(상 214조 2항).

이러한 합명회사 사원의 책임은 회사가 채무를 부담하면 법률상 당연히 발생하게 되고 다만 그 책임의 이행시기가 회사재산으로 채무를 완제하지 못한 때 또는 회사재산에 대한 집행이 주효하지 못한 때가 되는 것이라고 할 것이다.

### ◆ 대법원 2012.4.12. 선고 2010다27847 판결

[1] 상법 제269조에 의하여 합자회사에 준용되는 상법 제212조 제1항은 "회사의 재산으로 회사의 채무를 완제할 수 없는 때에는 합명회사의 각 사원은 연대하여 변제할 책임이 있다."고 규정하고, 제2항은 "회사재산에 대한 강제집행이 주효하지 못한 때에도 전항과 같다."고 규정하고 있는데, 합자회사의 무한책임사원 책임은 회사가 채무를 부담하면 법률의 규정에 기해 당연히 발생하는 것이고, "회사의 재산으로 회사의 채무를 완제할 수 없는 때" 또는 "회사재산에 대한 강제집행이 주효하지 못한 때"에 비로소 발생하는 것은 아니며, 이는 회사채권자가 그와 같은 경우에 해당함을 증명하여 합자회사의 무한책임사원에게 보충적으로 책임의 이행을 청구할 수 있다는 책임이행 요건을 정한 것으로 봄이 타당하다.

[2] 상법 제212조 제1항에서 정한 "회사의 재산으로 회사의 채무를 완제할 수 없는 때"란 회사의 부채 총액이 회사의 자산 총액을 초과하는 상태, 즉 채무초과 상태를 의미하는데, 이는 회사가 실제 부담하는 채무 총액과 실제 가치로 평가한 자산 총액을 기준으로 판단하여야 하고, 대차대조표 등 재무제표에 기재된 명목상 부채 및 자산 총액을 기준으로 판단할 것은 아니며, 나아가 회사의 신용·노력·기능(기술)·장래 수입 등은 원칙적으로 회사의 자산 총액을 산정하면서 고려할 대상이 아니다.

이러한 책임은 업무집행사원인지여부 혹은 대표사원인지여부를 불문하고 모든 사원이 부담한다. 회사 성립 후에 가입한 사원도 그 가입 전에 발생한 회사 채무에 대하여 다른 사원과 동일한 책임을 부담하고(상 213조) 퇴사하거나 지분 전부를 양도한 사원이라도 그에 따른 변경등기를 한 후 2년 내에는 다른 사원과 동일한 책임을 부담한다(상 225조).

또한 사원이 아닌 자가 타인에게 자기를 사원이라고 오인시키는 행위를 한 이른바 자칭사원도 그 오인으로 인하여 회사와 거래한 자에 대하여 사원과 동일한 책임을 부담한다(상 215조). 다만 이러한 자칭사원에 대한 책임추궁이 가능하다고 하더라도 그것은 제3자를 보호하기 위한 것일 뿐이고 이들이 사원은 아니므로 다른 사원과 연대관계가 아니라 부진정연대책임관계에 있다고 할 것이다.

한편 사원이 부담하는 회사의 채무는 공법상 채무는 물론이고 사법상의 채무 예컨대 거래행위상의 채무뿐 만 아니라 불법행위 혹은 부당이득으로 인한 채무도 모두 포함한다고 할 것이다. 그런데 사원의 보수청구권이나 비용상환청구권 등과 같이 회사가 사원의 지위를 가지는 자에게 부담하는 채무에 관하여 견해의 대립은 있지만, 이러한 채무에 대해서는 회사만이 책임을 부담하고 만약 회사가 부담할 수 없는 경우에는 각 사원의 손실분담비율에 따른 책임을 부담하도록 하는 것이 타당할 것이다.

회사의 채무를 변제함으로써 회사의 채무를 소멸시킨 사원은 다른 사원에 대하여는 민법상 출재채무자의 구상권(민 425조), 회사에 대하여는 민법상 수탁보증인의 구상권(민 441조)을 갖게 되거나 또는 민법상 변제자의 법정대위(민 481조)에 의하여 회사채권자의 권리를 대위할 수 있다. 이때 다른 사원과 회사는 회사의 채무를 변제한 사원에 대하여 부진정 연대채무를 부담하게 되고, 변제한 사원과 다른 사원의 부담비율은 손실분담비율에 따라 정하여 질 것이다.

사원의 이러한 책임은 회사의 책임과 독립하여 소멸시효에 걸리지 않는다 할 것이지만, 회사가 해산한 경우에는 본점소재지에서 해산 등기를 한 후 5년이 경과하면 그 책임이 소멸하게 된다(상 267조 1항). 다만 5년이 경과한 후에도 분배하지 아니한 잔여재산이 있는 때에는 회사채권자는 이에 대하여 변제를 청구할 수 있다(상 267조 2항).

# 제 5 장
# 입사와 퇴사

사원의 지위는 회사설립과 회사 성립 후의 입사로 인하여 원시적으로 취득하게 되고, 회사의 해산이나 회사로부터 퇴사에 의하여 절대적으로 상실하게 된다. 이밖에도 지분의 양도, 상속 또는 회사의 합병 등으로 인하여 지분의 승계적 취득 혹은 상대적 상실이 발생하는 등 변동하게 된다. 합명회사의 사원은 정관의 절대적 기재사항일 뿐만 아니라(상 179조 3호) 등기사항이기도 하므로(상 180조 1호) 사원의 변동을 가져오는 경우 정관변경절차와 변경등기를 하여야 한다.

## 1. 입　　사

회사의 입사는 회사성립 후 새로이 사원이 되는 것으로서 사원의 지위를 원시적으로 취득하는 것을 의미하므로 지분의 양수 등을 통하여 다른 사원의 지위를 승계하여 회사의 사원이 되는 것과는 구별을 요한다.

입사는 회사와 새로이 사원이 되려는 자 사이의 입사계약에 의하여 이루어지고, 입사는 정관의 변경과 등기사항의 변경의 가져오게 된다(상 180조 1호, 183조). 상법은 회사채권자를 보다 충실히 보호하고자 하는 취지에서 새로이 회사에 입사한 자로 하여금 입사 전에 생긴 회사 채무에 대하여 다른 사원과 동일한 책임을 부담하도록 정하고 있다(상 213조).

## 2. 퇴　　사

### 가. 퇴사의 의의

퇴사는 존속 중에 특정한 사원이 그 사원자격을 절대적으로 상실하는 것으로서 회사의 해산이나 지분의 양도로 사원의 지위를 상실하는 것과 구별된다. 이러한 사원의 퇴사는 인적 결합체로서 조합적 실체를 가진 합명회사, 합자회사 그리고 유한책임회사와 같은 이른바 인적회사에서만 인정된다.

사원의 퇴사는 ① 사원의 임의적인 의사에 따른 임의 퇴사, ② 사원의 채권자에 의하여 사원의 의사에 반하여 이루어지는 강제 퇴사, ③ 일정한 사유가 발생한 경우 이루어지는 당연 퇴사 그리고 ④ 사원이 다른 사원의 지위를 박탈하는 제명에 의하여 이루어진다.

## 나. 퇴사의 유형

임의 퇴사는 정관으로 회사의 존립기간을 정하지 않은 경우이거나 어느 사원의 종신까지 존속할 것을 정한 경우에 퇴사를 원하는 사원의 일방적 의사표시로서 하게 되는데, 원칙적으로 퇴사를 원하는 사원은 6월 전의 예고로서 영업연도 말에 퇴사할 수 있으나(상 217조 1항) 예외적으로 부득이한 사유가 있으면 언제라도 퇴사할 수 있다(상 217조 2항).

강제 퇴사는 사원의 지분을 압류한 채권자가 사원을 퇴사시켜 그 지분환급금으로 채권에 충당하고자 하는 때에 발생하게 되는데 이 경우도 원칙적으로 채권자는 6월 전에 회사와 사원에 대하여 예고를 하여야 하고(상 224조 1항) 이때 사원이 채무를 변제하거나 상당한 담보를 제공한 때에는 그 예고는 효력을 상실하게 된다(상 224조 2항).

당연 퇴사의 경우는 상법에 정한 일정한 사유가 발생하는 경우(상 218조 1호 내지 5호)에는 사원의 의사와 상관없이 퇴사가 인정된다.

제명은 다른 사원들의 의사결정에 따라 어느 특정한 사원의 지위를 박탈하게 되는데 이러한 제명은 사원사이의 상호 신뢰가 깨어진 경우 일부 사원을 축출함으로써 나머지 사원의 단합과 신뢰를 회복하고자 하는 극단적 방법으로서 자칫 다수의 사원에 의한 특정 사원의 희생을 강요하는 방편으로 사용될 우려가 적지 않아 상법은 이에 관하여 적지 않은 규제를 하고 있다. 제명은 상법에 정한 일정한 사유가 있는 경우에 다른 사원의 과반수의 결의에 의하여 특정한 사원의 제명을 법원에 청구하게 되고 법원의 선고에 따라 제명된다(상 220조).

임의 퇴사는 지분의 양도가 자유롭지 못한 합명회사에 있어서 사원으로 하여금 출자금의 회수를 용이하게 하도록 하기 위함이고, 강제 퇴사는 특정한 사원의 채권자를 보호하기 위한 것이라고 볼 수 있다. 특히 제명의 경우는 사원간의 충돌이 발생한 경우에 일부 사원의 배제를 통하여 회사를 유지하려고 하는 제도이므로 다수의 사원에 의한 소수의 사원에 대한 일괄적 제명이나(대법원 1976.6.22. 선고 75다1503 판결) 2인으로 구성된 회사에 있어서 1인의 사원이 다른 1인의 사원을 제명하는 것은 허용되지 않는다고 할 것이다(대법원 1991.7.26. 선고 90다19206 판결).

사원의 제명을 위한 소송은 회사 본점 소재지의 지방법원의 전속관할에 속하고(상 206조, 206조, 186조), 원고는 회사이고 피고는 제명결의를 받은 사원이며, 소의 성질은 특정한 사원의 지위를 박탈하는 형성의 소라고 할 것이다. 상법은 사원을 제명하는 판결이 확정된 때에는 본점 및 지점의 소재지에서 등기하도록 하고 있다(상 220조 2항, 205조 2항).

## 다. 퇴사의 효과

퇴사한 사원과 회사의 계산은 정관에 다른 내용이 없다면 민법상의 조합에 관한 규정에 따라 퇴사당시의 회사의 재산 상태에 의하게 된다(상 195조, 민 719조 1항). 다만 제명의 경우에는 제명의 소를 제기한 때의 회사재산의 상태에 따라서 하게 되며 그때부터 법정이자를 붙여야 한다(상 221조). 또한 퇴사한 사원은, 정관에 달리 정하지 않는 한, 노무 또는 신용을 출자의 목적으로 한 경우에도 회사에 대하여 지분환급청구권을 가지게 되는데(상 222조), 이러한 청구권에 대하여 회사의 다른 사원은 직접·연대·무한책임을 부담하게 된다.

만약 퇴사한 사원의 성명이 회사의 상호 중에 사용된 경우에는 자칫 퇴사 후에도 자칭사원으로서의 책임을 부담할 우려가 있으므로(상 215조) 퇴사한 후에는 회사에 대하여 그 사용의 폐지를 구할 있다(상 226조).

한편 합명회사의 사원이 회사의 채무에 대하여 부담하는 무한책임을 회피하기 위하여 퇴사하는 것을 방지하려는 목적에서 상법은 퇴사한 사원이라도 본점소재지에서 퇴사등기를 하기 전에 생긴 회사의 채무에 대하여는 등기 후 2년 내에는 다른 사원과 동일한 책임을 부담하도록 하고 있다(상 225조).

# 제 6 장
# 해산과 청산[1)]

## 1. 해　　산

합명회사는 ① 존립기간의 만료 가타 정관으로 정한 사유, ② 총사원의 동의, ③ 사원이 1인으로 된 때, ④ 합병, ⑤ 파산, ⑥ 법원의 해산 명령 또는 판결을 이유로 해산하게 된다(상 227조).

회사가 해산하게 된 때에는 합병과 파산으로 인한 경우를 제외하고는 청산절차에 들어가게 되고 청산의 종결 시까지 청산의 목적범위 내에서만 회사가 존속하게 된다(상 245조).

그러나 회사가 해산하게 되더라도 해산 전의 회사와 동일성을 유지하므로 영업을 전제로 한 법률규정이외에 청산의 목적에 반하지 않는 법률규정은 그대로 적용되고 또한 해산 전의 법률관계는 그대로 효력을 유지하게 된다.

회사가 해산한 경우, 합병과 파산의 경우이외에는 그 해산사유가 있은 날로부터 본점소재지에서 2주간 내에, 지점소재지에서는 3주간 내에 해산등기를 하여야 한다(상 228조).

> 합병의 경우에는 합병절차가 끝난 후 본점소재지에서 2주간 내에, 지점소재지에서 3주간 내에 합병으로 소멸하는 회사의 해산등기를 하여야 하고(상 233조), 파산의 경우에는 파산선고를 한 법원이 즉시 일정한 사항을 공고하고(채무자회생법 313조) 주무관청인 행정기관에 통지하도록 하고 있다(채무자회생법 314조).

회사가 해산하더라도 회사의 채무에 대한 사원은 책임은 본점소재지에서 해산등기를 한 후 5년이 경과하여야 소멸하게 된다(상 267조 1항). 다만 해산등기를 한 후 5년이 경과하여 사원의 책임이 소멸하더라도 만약 회사에 분배하지 아니한 잔여재산이 있는 경우에는 회사채권자는 이에 대하여 변제를 청구할 수 있다.

또한 합명회사가 해산하더라도 해산 전의 상태로 회복할 수 있게 되면 회사의 계

1) 합명회사의 해산과 청산 그리고 회사의 계속에 관해서는 이미 제1편 제3장 회사의 일생 부분에서 상세히 기술하였으므로 그 부분을 참조하기 바란다.

속이 인정된다(상 229조).

## 2. 청 산

회사가 해산하는 경우 그 존속 중에 발생한 일체의 법률관계를 종국적으로 처리하여야 하는데 이를 위한 절차가 청산절차이다. 합병을 원인으로 해산하는 경우에는 그 법률관계가 신설회사(신설합병) 또는 존속회사(흡수합병)로 포괄적으로 승계되고, 파산의 경우에는 채무자회생 및 파산에 관한 법률에 따른 파산절차에 의하여 처리되므로 상법상의 청산절차는 적용되지 않는다.

청산의 절차는 크게 ① 현존사무의 종결, ② 채권의 추심과 채무의 변제, ③ 재산의 환가처분, ④ 잔여재산의 분배로 나누어 볼 수 있고, 그 방법으로는 상법이 정한 절차에 따르는 법정청산과 정관 또는 총사원의 동의에 의한 절차에 따르는 임의청산의 두 가지가 있다.

합명회사는 사원이 회사의 채무에 대하여 직접·연대·무한책임을 부담하고, 소규모로서 조합적 실체를 가진 회사이므로 임의청산을 원칙으로 하지만(상 247조 1항), 사원이 1인이 된 경우, 해산명령·해산판결에 의한 경우(상 247조 2항) 또는 정관이나 총사원의 동의로 해산하면서 재산의 처분방법을 정하지 아니한 경우(상 250조)처럼 임의청산을 할 수 없는 경우에 법정청산을 하도록 정하고 있다.

임의청산을 원칙으로 한다고는 하지만 결국 회사가 정관에 정한 사유가 발생하거나(상 227조 1호) 총사원의 동의로 해산 하는 경우(상 227조 2호)에 국한한다고 할 것이다.

상법이 정한 엄격한 절차에 의하는 법정청산과 달리 임의청산의 경우에는 재산의 환가 및 처분에 있어서 회사 채권자의 이익을 해할 우려가 있으므로 상법은 임의청산의 경우라고 하더라도 엄격한 채권자보호절차(상 247조 3항, 4항, 232조)를 밟도록 요구하고 있다.

# 제 3 편

# 합자회사

# 제 1 장
# 총 설

합자회사는 무한책임사원과 유한책임사원으로 조직된 회사이다(상 268조).

합자회사의 무한책임사원은 합명회사의 사원과 동일하게 회사의 채무에 대하여 직접・연대・무한책임을 부담하지만(상 269조, 212조 1항), 유한책임사원은 회사의 채무에 대하여 직접・연대책임을 부담하는 점에서는 무한책임사원과 같으나 그 책임의 범위가 그 출자가액에서 이미 출자를 이행한 부분을 공제한 가액을 한도로 하여 변제할 책임(유한책임)이 있을 뿐이다(상 279조 1항). 그러므로 유한책임사원의 경우 회사에 대하여 자신의 출자를 모두 이행하였다면 회사의 채무에 대하여 아무런 책임을 직접적으로 부담하지 않게 된다.

합자회사에 있어서 무한책임사원은 회사의 채무에 대하여 무한책임을 지게 되므로 회사의 업무집행을 담당할 권리가 당연히 인정되고(상 269조, 200조) 유한책임사원은 회사의 채무에 일정한 한도에서만 책임을 부담하는 대신에 회사의 업무집행에 대하여 감시권을 가질 뿐이고(상 277조) 직접 참여할 권리가 없는(상 278조) 등 이원적 구조를 가지게 된다.

이처럼 합자회사는 합명회사에 유한책임을 부담하는 사원을 참가시킴으로써 그 조직구성이 이원적이라는 특색을 가지고, 회사의 운영은 합명회사의 같이 무한책임사원에 의하여 주도되도록 설계됨으로써 그 실질은 사원의 개성이 중요시 되는 인적결합의 형태를 가진 조합적 성질이 농후한 회사로서 합명회사와 유사한 법률관계를 가지는 회사라고 할 것이다.

이런 이유로 상법은 합자회사의 법률관계에 관하여 유한책임사원에 관한 몇 가지 규정을 두고 있을 뿐 나머지는 합명회사에 관한 규정을 준용하도록 정하고 있다(상 269조).

합자회사는 경영을 담당하는 자와 자본만을 출자하는 자의 공동기업이라는 점에서 익명조합(상 79조)과 유사한 점이 있고, 또한 기업의 채무에 대하여 무한책임을 지는 자와 유한책임을 지는 자가 함께 있다는 점에서는 합자조합과 유사한 점이 있지만, 합자회사는 법인의 형태이고 익명조합이나 합자조합은 계약상의 관계에 지나지 않는다는 점에서 본질적으로 다르다고 할 것이다.

# 제 2 장
# 회사의 설립

합자회사도 무한책임사원이 있으므로 합명회사의 경우와 같이 사원의 출자의무의 이행과 기관형성을 위한 절차가 필요 없고 단지 정관의 작성으로 실체가 형성되고 설립등기를 함으로써 설립되는 등 많은 경우에 합명회사의 설립에 관한 규정이 준용된다(상 269조).

합자회사의 정관작성은 합명회사와 거의 같으나, 무한책임사원과 유한책임사원이 공동으로 정관을 작성하여야 하고(상 268조), 각 사원의 무한책임 또는 유한책임을 기재하여야 하며(상 270조), 또한 상호에도 합자회사임을 명시하여야 한다(상 19조).

설립등기에 있어서도 합자회사의 경우는 각 사원의 무한책임 또는 유한책임이 등기되어야 하는 점을 제외하고는 합명회사의 등기사항과 동일하다(상 271조).

또한 합자회사설립의 하자에 관하여는 상법상 특별한 규정이 없으므로 당연히 합명회사의 설립의 하자에 관한 규정(상 184조 내지 194조)이 준용된다(상 269조).

# 제 3 장
# 회사의 법률관계

앞서 본바와 같이 합자회사도 그 실질은 사원의 개성이 중요시되는 인적결합의 형태를 가진 회사로서 합명회사와 유사하다고 할 것이므로 그 법률관계도 합명회사의 그것과 매우 유사하다.

상법은 합자회사의 내부관계에 관하여 필요한 최소한을 규정함으로써 합명회사에 관한 규정이 대부분 준용되므로(상 269조) 합자회사도 사원들이 자율적으로 정관을 통하여 정할 수 있도록 하고 나머지는 민법의 조합에 관한 규정을 준용하도록 하고 있다(상 269조, 195조).

합자회사도 회사의 대표기관이 필요하고, 기관구성도 자기기관의 원칙에 따르게 되고, 대표에 관해서는 상법에 다른 규정이 없으면 민법상 대리에 관한 규정이 준용된다(민 59조 2항). 다만 합자회사는 회사의 채무에 대하여 직접 · 연대 · 무한책임을 부담하는 사원과 직접 · 연대 · 유한책임을 부담하는 서로 다른 두 종류의 사원으로 구성되어 있고, 유한책임사원의 경우에는 대표권이 인정되지 않는다고 할 것이다.

## 1. 내부적 법률관계

### 가. 사원의 자격

합자회사의 무한책임사원의 자격은 합명회사의 무한책임사원과 동일하므로 회사 기타 법인이 합자회사의 무한책임사원은 될 수 없으나, 유한책임사원은 될 수가 있다.

무한책임사원이 유한책임사원이 될 수 없는 것은 사원 구성에 있어서 이원성을 본질로 하는 합자회사에서는 당연하다고 할 것이다.

합자회사에 있어서 무한책임사원 혹은 유한책임사원의 퇴사는 해산사유가 되므로 적어도 1인 이상의 무한책임사원과 1인 이상의 유한책임사원이 존재하여만 한다.

### 나. 사원의 출자

합자회사은 무한책임사원 및 유한책임사원의 구별 없이 모든 사원이 출자의무를 부담하게 된다. 합자회사에서도 사원의 출자 의무는 정관의 기재에 의하여 확정되게 되므로(상 270조, 179조 4호) 사원의 출자의무의 변경을 가져오는 어떠한 사항도 정관 변경을 통하여 이루어지게 된다는 점, 출자의 이행시기와 방법 등 이행에 관한 구체적 사항에 관하여는 정관에 의하여 정하여지고 만약 정관에 그러한 내용이 없다면 업무집행의 방법으로서 정하여지게 된다는 점 등은 합명회사의 경우와 같다.

다만 유한책임사원의 경우에는 무한책임사원과는 달리 신용 또는 노무를 출자의 목적으로 하지 못한다(상 272조).

### 다. 사원의 지분

상법은 유한책임사원의 지분의 양도에는 무한책임사원 전원의 동의만으로 가능하도록 정하고 있고(상 276조 전단), 설령 그로 인하여 정관의 변경을 가져오더라도 무한책임사원 전원의 동의만 있으면 가능하다고 정하고 있으므로(상 276조 후단), 무한책임사원 전원의 동의로써 정관변경의 효과가 생겨 별도로 유한책임사원의 동의는 필요하지 않다고 할 것이다.

무한책임사원의 지분양도에 관하여 상법은 아무런 규정을 두고 있지 않으므로 합명회사의 무한책임사원의 지분양도에 관한 규정(상 179조)이 준용되게 되어(상 269조), 결국 합자회사의 무한책임 사원의 지분양도는 모든 사원의 동의가 필요하다고 할 것이고 이때 모든 사원은 무한책임사원뿐만 아니라 유한책임사원도 포함한다고 해석하여야 할 것인데 무한책임사원의 변동은 회사의 채무에 대한 책임의 변동과 업무집행의 변동을 가져오므로 유한책임사원에 대하여도 중요한 이해관계가 있기 때문이다.

무한책임사원이든 유한책임사원이든 이들의 지분양도로 인하여 등기사항의 변동을 초래하는 경우에는(상 269조, 180조) 변경등기를 하여야 한다(상 269조, 183조).

무한책임사원의 사망은 퇴사사유가 되므로(상 269조, 218조 3호) 지분의 상속을 허용되지 않는다고 할 것이다. 이와 달리 유한책임사원은 사망하더라도 퇴사사유가 아니므로 그 상속인이 그 지분을 승계하여 사원이 되는데(상 283조 1항), 상속인이 여러 명이 있을 경우에는 사원의 권리를 행사할 자 1인을 정하여야 하고 만약 이를 정하지 않은 경우 회사는 그중 1인에게 통지를 함으로써 전원에 대하여 효력이 발생하게 된다(상 283조 2항).

상법은 지분이 질권의 목적이 될 수 있는지에 관하여 아무런 규정을 두고 있지 않으나, 무한책임사원은 물론이고 유한책임사원의 지분도 입질의 대상이 될 수 있다고 할 것이고 다만 무한책임사원 전원의 동의가 필요하다고 해석하는 것이 타당할 것이다.

## 라. 손익분배

상법은 합자회사의 사원들 사이의 손익분배에 관한 규정을 따로 두고 있지 아니하므로 합명회사 사원의 손익분배의 경우와 같다고 할 것이다(상 269조).

손익분배의 시기는 정관 또는 총사원의 동의에 따라 자유롭게 정할 수 있고, 만약 이를 정하지 아니한 때에는 회사가 대차대조표를 작성하여야 하는 매 결산기 즉 영업연도 말에 손익분배를 하여야 할 것이다(상 30조 2항).

손익분배의 기준도 정관이나 총사원의 동의에 따라 자유롭게 정할 수 있고, 달리 정함이 없으면 민법의 조합에 관한 규정을 준용하여(상 195조) 각 사원의 출자의 비율에 따르고(민 711조 1항), 만약 이익 또는 손실에 대하여 분배의 비율을 정한 때에는 그 비율은 이익과 손실에 공통된 것으로 추정하게 된다(민 711조 2항). 특히 이러한 손익분배의 비율은 무한책임사원이냐 혹은 유한책임사원이냐에 따라 달라지지는 않는다고 할 것이다. 다만 유한책임사원은 그 출자가액을 한도로 손실을 분담하게 될 것이다.

## 마. 업무집행

### (1) 무한책임사원의 업무집행권

합자회사의 무한책임사원은 정관에 다른 규정이 없는 때에는 각자가 회사의 업무를 집행할 권리와 의무가 있다(상 273조). 정관으로 특정한 무한책임사원을 업무집행사원으로 정할 수 있다고 할 것이지만(상 269조, 201조) 지배인의 선임과 해임은 업무집행사원이 있는 경우라도 무한책임사원 과반수의 결의에 의하여야 한다(상 274조).

상법은 유한책임사원이 회사의 업무집행을 하지 못하도록 정하고 있다(상 278조).

그런데 회사의 업무집행은 내부관계에 불과하므로 이 규정은 임의규정이라고 해석하여 정관 또는 총사원의 동의가 있으면 유한책임사원도 업무집행권을 가질 수 있다는 견해(강위두/임재호 1097면, 최기원 1055면, 정찬형 203면)가 있는가하면 이 규정을 강행규정으로 해석하여 정관이나 총사원의 동의가 있더라도 유한책임사원은 업무집행권이 없다는 견해(이철송 179면)가 있으나 상법이 유한책임사원에게 업무집행권을 인정하지 않은 것은 유한책임사원과 무한책임사원은 출자의 형태와 책임의 내용 등 법률관계의 차이에 연유하는 것이고, 또한 합명회사에 있어서 무한책임사원에게만 업무집행권을 허용하는 규정을 강행규정으로 새긴다면 합자회사의 경우에도 유한책임회사에 대하여 업무집행권을 허용하지 않음으로써 무한책임사원에 대하여만 업무집행권을 인정하려는 규정 또한 강행규정으로 보아야 할 것이므로 합자회사의 유한책임사원은 총사원의 동의 또는 정관의 규정이 있더라도 업무집행권이 인정되지 않는다고 해석하여야 할 것이다.

한편 업무집행권자가 업무를 집행함에 있어서 현저하게 부적임하거나 중대한 의무에 위반한 행위가 있는 때에는 법원은 사원의 청구에 의하여 업무집행권의 상실을 선고할 수 있고(상 269조, 205조 1항), 이러한 업무집행권상실의 판결이 확정된 경우에는 본점과 지점의 소재지에서 등기하여야 한다(상 269조, 205조 2항). 물론 유한책임사원도 업무집행사원의 권한상실선고를 법원에 청구할 있다. 다만, 대법원은 무한책임사원이 1인 뿐인 경우에는 그에 대한 권한상실선고는 회사의 업무집행사원이 없는 상태로 되므로 불가능하다고 판시하고 있다.[1)]

### (2) 유한책임사원의 감시권

합자회사의 유한책임사원은 업무집행권이 인정되지는 않지만 회사의 구성원으로서 회사의 경영과 업무집행에 관하여 중대한 이해관계를 갖고 있으므로 상법은 업무집행사원의 전횡을 막기 위하여 유한책임사원에게 업무감시권을 인정하고 있다(상 277조).

이러한 유한책임사원의 감시권은 정관으로 그 행사방법과 내용 등에 관하여 구체적으로 정하는 등 이를 제한하거나 확장하는 것은 가능하더라도 상법이 이를 인정한 취지에 비추어 볼때 정관이나 총사원의 동의로도 이를 박탈할 수는 없다고 할 것이다.

유한책임사원은 일반적으로 영업연도 말에 영업시간 내에 한하여 회사의 회계장부・대차대조표 기타의 서류를 열람하거나 회사의 업무와 재산 상태를 검사할 수 있고(상 277조 1항), 중요한 사유가 있는 때에는 언제든지 법원의 허가를 얻어 서류열람과 업무검사를 할 수 있다(상 277조 2항).

## 바. 사원의 의무

합자회사의 무한책임사원 중 회사의 업무를 집행하는 사원은 회사에 대하여 선량한 관리자의 주의의무를 부담하게 되고(상 269조, 195조, 민 707조, 민 681조), 특히 모든 무한책임사원은 원칙적으로 업무를 집행하고 설령 업무집행권이 없더라도 회사의 중요한 결정에 관여하는 (상 274조) 등 회사의 내부 사정에 정통하여 자칫 사원이 자신의 개인적 이익을 위하여 회사에 손해를 입힐 우려가 있으므로 합명회사의 사원과 동일하게 회사에 대하여 경업피지의무와 자기거래금지의무를 부담한다고 할 것이다(상 269조, 198조, 199조).

유한책임사원은 회사의 채무에 대하여 일정한 범위 내에서만 책임을 부담할 뿐이

---

1) 대법원 1977.4.26. 선고 75다1341 판결.

고, 회사의 업무에 관한 집행행위를 하거나 대표행위를 하는 것이 제한되어 있으므로, 상법은 경업행위와 겸직행위를 명시적으로 허용하고 있다(상 275조). 다만 유한책임사원에 대하여 경업이나 겸직을 허용하는 상법의 규정은 임의규정이라고 할 것이므로 정관 등에 의하여 이를 제한할 수는 있다고 할 것이다.

특히 유한책임사원의 자기거래금지의무에 관해서는 아무런 규정이 없으므로 이를 허용할 것인지에 관하여 견해의 대립이 있다. 생각건대 유한책임사원도 업무집행권은 없더라도 감시권 등을 가지고 있는 관계로 회사와 이익충돌의 우려가 있음에도 불구하고 상법이 자기거래보다도 더 엄격히 통제되어야 할 경업금지를 허용하고 있음에 비추어 볼 때 유한책임사원의 자기거래는 허용된다고 해석하는 것이 타당할 것이다. 물론 이 경우에도 정관 등으로 이를 제한하는 것은 무방하다고 할 것이다.

## 2. 외부적 법률관계

### 가. 회사의 대표

합자회사는 각각의 무한책임사원이 대표권을 행사한다(상 269조, 207조). 다만 정관이나 총사원의 동의에 의하여 무한책임사원 중 회사를 대표할 자를 정할 수 있다고 할 것이다.

상법은 합자회사의 유한책임사원에게 회사의 대표권을 허용하지 않고 있는데(상 278조), 이는 강행규정으로 해석되므로 설령 정관 또는 총사원의 동의에 의하여도 대표권을 인정할 수 없다고 할 것이다.[2)]

회사를 대표하는 사원은 회사의 영업에 관하여 재판상 또는 재판외의 모든 행위를 할 권한이 있고(상 269조, 209조 1항), 대표권의 권한상실에 관한 사항(상 269조, 216조), 대표권의 제한에 관한 사항(상 269조, 209조 2항), 회사와 사원 간에 소송이 제기된 때의 대표자를 선정에 관한 사항(상 269조, 211조), 공동대표에 관한 사항(상 269조, 208조) 및 대표사원의 그 업무집행으로 인한 불법행위책임에 있어서 회사와 연대책임에 관한 사항(상 269조, 210조) 등은 합명회사의 경우와 동일하다.

### 나. 사원의 책임

합자회사의 무한책임사원은 회사의 채무에 대하여 합명회사의 사원과 동일하게 직접・연대・무한 책임을 부담하고(상 269조, 212조 1항), 유한책임사원은 회사의 채무

2) 대법원 1966.1.25. 선고 62다2128 판결 참조.

에 대하여 직접·연대책임을 부담하지만 그 책임은 출자의 가액에서 이미 이행한 부분을 공제한 가액을 한도로 하는 유한책임을 부담하게 된다(상 279조 1항).

이러한 합자회사 사원의 책임은 무한책임사원이든 유한책임사원이든 구별 없이 모두 보충적이고 부종적인 성질의 책임으로서(상 269조, 212조, 214조), 회사가 채무를 부담하면 법률상 당연히 발생하게 되고 다만 그 책임의 이행시기가 회사재산으로 채무를 완제하지 못한 때 또는 회사재산에 대한 집행이 주효하지 못한 때가 되는 것이라고 할 것이다.

특히 유한책임사원의 경우에는, 회사에 이익이 없음에도 불구하고 배당을 받은 경우에는 이를 변제책임을 정함에 있어서 가산하게 될 것이고(상 279조 2항), 정관변경에 의하여 출자액이 감소하더라도 그 변경등기 이전에 생긴 회사의 채무에 대해서는 등기 후 2년간 책임을 면하지 못한다(상 280조).

또한 외관주의에 따라 유한책임사원이 타인에게 자신을 무한책임사원으로 오인시키거나 그 책임의 한도를 오인시키는 행위를 한 때에는 오인으로 인하여 회사와 거래한 자에 대하여는 무한책임을 부담하게 된다(상 281조).

한편 총사원의 동의로 정관을 변경하여 무한책임사원이 유한책임사원으로 된 경우에는 합명회사의 퇴사원의 책임에 관한 규정(상 225조)이, 유한책임사원이 무한책임사원으로 된 경우에는 합명회사의 신입사원에 관한 규정(상 213조)이 각 준용되게 된다(상 282조).

# 제 4 장
# 회사의 변동

## 1. 사원의 변동

사원의 입사는 사원 지위의 원시적 취득이고 퇴사는 사원 지위의 절대적 상실이라고 할 것인데 합자회사의 사원의 경우는 거의 합명회사의 경우와 같다고 할 것이므로 합명회사의 규정이 준용된다(상 269조).

유한책임사원을 포함한 새로운 사원의 입사로 인한 사원의 변동은 정관변경사유이므로(상 270조, 179조) 총사원의 동의가 필요하다(상 204조). 다만 무한책임사원의 경우와 달리 유한책임사원의 경우에는 사망하더라도 당연퇴사사유가 아니고 그 지분이 상속됨은(상 283조) 이미 설명한 바와 같다.

◈ 대법원 2002.4.9. 선고 2001다77567 판결

합자회사 설립 후 제3자가 합자회사의 사원으로 되는 방법으로는 입사에 의하여 원시적으로 사원 자격을 취득하는 방법과 기존의 사원으로부터 지분을 양수하는 방법이 있는데, 전자의 입사 방법은 입사하려는 자와 회사 사이의 입사계약으로 이루어지고 후자의 입사 방법은 입사하려는 자와 기존 사원 개인 사이의 지분매매계약으로 이루어진다.

## 2. 해산과 청산

합자회사도 합명회사와 거의 유사한 사유로 해산하게 된다.

그런데 합자회사는 무한책임사원과 유한책임사원으로 이루어진 조직이므로 어느 한 종류의 사원이 모두 퇴사하는 경우에는 해산하게 된다(상 285조 1항). 다만 이런 경우에 잔존하게 된 무한책임사원이나 유한책임사원 전원의 동의로써 유한책임사원 혹은 무한책임사원을 새로 가입시킴으로써 회사를 계속할 수 있고(상 285조 2항), 또한 유한책임사원이 모두 퇴사한 경우라면 무한책임사원 전원의 동의로써 회사를 합명회사로 조직을 변경하여 계속할 수도 있다(상 286조 2항).

한편 해산한 합자회사의 청산의 절차와 방법도 합명회사와 동일하다. 다만 청산인을 선임하지 아니할 경우에는 업무집행사원이 청산인이 되지만, 청산인을 별도로 선

임할 경우에는 유한책임사원을 제외한 무한책임사원 과반수의 결의로 선임하여야 한다(상 287조).

# 제 4 편

# 유한책임회사

# 제 1 장
# 총 설

유한책임회사는 내부적으로는 합명회사와 유사하게 조합적 실체를 가진 인적회사의 속성을 가지고 외부적으로는 모든 사원이 유한책임을 부담하는 물적회사의 요소가 가미된 회사로서,[1] 유한책임회사의 사원은 광범위하게 자율성이 보장되는 조합적 방법으로 회사를 조직과 운영하면서도 회사의 채무에 대해서는 사원 전원이 유한책임만을 부담할 수 있는 새로운 기업 형태라고 할 것이다.

유한책임회사는 신기술이나 창의적이 아이디어를 가진 소규모 집단에게 내부적으로는 조합적 방법으로 회사를 운영하면서도 회사의 채무에 대해서는 유한책임을 부담하는 기업형태를 제공하고자 하였으나 우리나라에서는 주식회사의 선호도가 워낙 큰 탓인지 몰라도 소규모 주식회사의 형태는 많이 이용되고 있으나 유한책임회사는 기대와는 달리 널리 이용되지 않고 있는 실정이다.

이러한 형태적 특성에 따라 유한책임회사에는 인적회사의 요소와 물적회사의 요소가 혼재하고 있다. 유한책임회사는 인적회사와 같이 사원이 정관에 의하여 특정되고 사원의 주관적 하자도 설립무효나 취소의 원인이 될 뿐만 아니라 기관구성을 자유로이 할 수 있고 의결권 행사 또는 배당 등에 있어서 자율적으로 결정할 수 있게 되지만, 물적회사와 같이 1인의 사원으로만 설립되고 존속할 수가 있으며 채권자보호를 위해서 출자액의 전액납입이 요구되고 노무나 신용출자가 제한된다.

상법은 유한책임회사에 관하여 회사의 설립에 관한 규정(제1절)을 두고, 회사의 법률관계에 관하여는 회사의 내부관계(제2절)와 회사의 외부관계(제3절)로 나누어 규정하고 있는데, 내부관계는 정관자치가 폭넓게 허용되는 합명회사에 관한 규정이 준용되지만(상 287조의18), 외부 관계는 상법의 규정에 따라 비교적 엄격히 규율되고 있다. 이 밖에도 상법은 사원지위의 취득 또는 상실과 관련하여 사원의 가입과 탈퇴에 관한 규정(제4절), 회사의 회계에 관한 규정(제5절) 그리고 해산에 관한 규정(제6절) 및 조직변경에 관한 규정(제7절)과 청산에 관한 규정(제8절)을 두고 있다.

---

1) 유한책임회사는 2011년 4월 14일 개정된 상법에 도입되어 2012년 4월 15일부터 시행되었는데, 비교법적으로 볼 때, 미국의 Limited Liability Company(L.L.C.) 또는 일본의 합동회사와 유사한 형태라고 하지만 그 구체적인 모습은 다르다고 할 것이다.

# 제 2 장
# 회사의 설립

유한책임회사의 설립도 실체형성절차와 등기절차로 이루어지게 됨은 다른 형태의 회사와 같다. 다만 유한책임회사는 조합적 실체를 가지므로 기관형성을 위한 절차가 없으나 사원 전원이 회사의 채무에 대하여 유한책임을 부담하므로 상법은 회사의 채권자를 보호하기 위하여 전액출자주의를 취하고 노무나 신용출자를 제한하는 등 출자의무의 이행에 관한 규정(상 287조의4)을 두고 있다.

## 1. 정관 작성

유한책임회사를 설립하려면 사원이 정관을 작성하여야 하고(상 287조의2) 1인의 사원으로도 설립이 가능하다.

유한책임회사의 정관에는 상법에 정한 절대적 기재사항(상 287조의3)을 기재하여 각 사원이 기명날인 혹은 서명하여야 한다(상 287조의3). 유한책임회사의 정관에 기재하여야 할 절대적 기재사항은 합명회사의 경우와 유사하지만, ① 무한책임사원이 있는 합명회사 혹은 합자회사와 달리 회사채권자의 보호를 위하여 자본금의 액을 기재하도록 하고 있고, ② 무한책임사원이 업무집행을 하는 합명회사 혹은 합자회사와 달리 유한책임회사는 사원뿐만 아니라 사원 아닌 자도 업무집행자가 될 수 있으므로(상 287조의12 1항) 별도로 업무집행자를 정하도록 하고 있다.

또한 주식회사의 경우와 달리 유한책임회사의 원시정관은 공증인의 인증을 요하지 않으므로 정관에 대한 공증인의 인증은 효력발생요건이 아니다.

## 2. 출자의 이행

유한책임회사는 사원 전원이 회사의 채무에 대하여 유한책임을 부담하므로 회사채권자를 보호하기 위하여 설립 시부터 회사의 재산적 실체를 튼튼히 하여 책임재산을 확보할 필요가 있고, 이에 상법은 유한책임회사의 출자의 목적에 제한을 하고, 출자를 전액 이행하도록 정하고 있다.

상법은 출자의 목적을 신용이나 노무를 출자의 목적으로 하지 못하도록 하고(상 287조의4 1항),[1] 출자는 정관의 작성 후 설립등기 전에 전부 이행하도록 정하고 있다(상 287조의4 2항). 또한 현물출자의 경우라도 권리의 설정 및 이전에 필요한 행위를 마칠 것을 요구하고 있다(상 287조의4 3항).

유한책임회사의 사원은 주식회사의 주주와 같이 회사의 채무에 관하여 유한책임을 부담하지만, 주식회사의 설립절차와 달리 사원이 출자를 이행하지 아니한 경우의 실권절차와 같은 규정이 없으므로 민법의 규정(민 389조, 390조)에 의하여 이행을 강제하거나 사원을 변경하여 출자가 이행되도록 하여야 한다. 또한 유한책임회사는 현물출자에 대한 조사 또는 검사절차가 없다는 점에서도 주식회사의 설립절차와 다르다고 할 것이다.

## 3. 설립등기

유한책임회사는 설립등기를 함으로써 성립한다(상 172조). 설립등기는 본점 소재지에서 상법에 정하여진 사항을 등기하여야 한다(상 287조의5).

유한책임회사의 경우 사원은 회사의 채무에 대하여 유한책임을 부담하므로 주식회사의 주주와 같이 등기사항이 아니지만, 업무집행자의 인적사항과 대표자를 정한 경우에 대표자의 인적사항을 등기하여야 한다(상 287조의5 1항 4호, 5호). 또한 합명회사와 달리 자본금의 액을 등기하여야 한다(상 287조의5 1항 3호).

본점에서 등기한 사항은 지점에서도 등기하여야 하고(상 287조의5 2항), 등기사항에 변동이 생긴 경우에는 변경등기를 하여야 함(상 287조의5 4항)은 다른 형태의 회사와 동일하다.

## 4. 설립의 하자

상법은 유한책임회사의 설립의 하자도 획일적으로 확정하여 관련당사자들을 보호하기 위하여 일정한 자에 의하여 일정한 기간 내에 일정한 방법으로 소만으로써 이를

---

1) 미국의 National Conference of Commissioner on Uniform State Laws(NCCUSL)에서 제안된 2006년 개정 RULLCA(Revised Uniform Limited Liability Company Act) sec. 402는 "A contribution may consist of tangible or intangible property or other benefit to a limited liability company, including money, services performed, promissory notes, other agreements to contribute money or property, and contracts for services to be performed"라고 규정하여 다양한 모습의 출자를 허용하고 있다. 한편 일본 회사법의 합동회사는 사원의 출자의 목적을 현금이나 현물로 한정하여(일본 회사법 제576조 제1항 제6호) 신용이나 노무출자를 허용하지 않고 있다.

다툴 수 있도록 하고 있다.

유한책임회사도 사원의 개성이 중요시되는 인적결합의 실질을 가지고 있으므로 설립행위 또는 설립절차에 하자가 있는 경우에 합명회사와 동일하게 설립무효의 소와 설립취소의 소가 모두 인정된다(상 287조의6).

설립무효의 소는 사원 및 업무집행자만이 제기할 수 있고, 설립취소의 소는 취소권가에 한하여 제기할 수 있다(상 287조의6, 184조). 유한책임회사 설립하자의 소송절차 및 판결의 효력에 관하여는 합명회사의 규정(상 184조 내지 194조)이 준용된다(상 287조의6).

# 제 3 장
# 회사의 내부관계

유한책임회사는 조합적 실체를 가지므로 그 내부관계는 합명회사의 경우와 같이 자율성이 폭넓게 인정된다. 다만 유한책임회사의 사원은 주식회사의 주주와 같이 회사의 채무에 대하여 유한책임을 부담할 뿐이므로 채권자의 보호와 관계되는 부분에서는 그 자율성이 제한받게 될 뿐이다. 이 같은 특성에 따라 상법은 유한책임회사의 내부관계에 관하여는 정관이나 상법에 다른 규정이 없으면 합명회사에 관한 규정을 준용하고 있다(상 287조의18).

## 1. 업무의 집행

### 가. 업무집행자

유한책임회사는 정관으로 사원 또는 사원이 아닌 자를 업무집행자로 정하도록 하면서(상 287조의12 1항), 정관으로 1명 또는 2명 이상의 업무집행자를 정할 수도 있도록 하고 있다(상 287조의12 2항).

또한 상법은 법인도 업무집행자가 될 수 있도록 허용하는 한편 법인이 유한책임회사의 업무집행자인 경우에 그 법인은 해당 업무집행자의 업무를 수행할 자를 선임하고 그 자의 성명과 주소를 다른 사원에게 통지하도록 정하고 있다(상 287조의15 1항).

회사는 다른 회사의 무한책임사원이 될 수 없으므로(상 173조) 합명회사나 합자회사의 무한책임사원은 모두 자연인이어야 하고, 주식회사 또는 유한회사의 경우에 법인이 이사 또는 감사가 될 수 있는지에 관하여는 견해의 대립이 있으나 유한책임회사에 관해서는 상법이 명문으로 법인도 업무집행자가 될 수 있음을 규정하고 있다(상 287조의15).

한편 정관으로 업무집행자의 해임에 관한 사항을 정할 수도 있으나, 업무집행자는 정관의 절대적 기재사항이므로(상 287조의3 4호) 총사원의 동의로 정관을 변경함으로써 가능할 것이다(상 287조의16).

유한책임회사의 업무집행자가 업무를 집행함에 현저하게 부적임하거나 중대한 의무에 위반한 행위가 있는 때에는 합명회사의 업무집행사원의 경우와 같이 사원의 청구에 의하여 법원이 권한상실선고를 할 수 있고(상 287조의17 1항, 205조 1항), 이러한 판결이 확정된 때에는 본점과 지점의 소재지에서 등기하여야 한다(상 287조의17 1항, 205조 2항).

한편 업무집행자의 업무집행을 정지하거나 직무대행자를 선임하는 가처분을 하거나 변경하는 경우에는 합명회사에 있어서 업무집행사원에 대한 업무집행정지 및 직무대행자의 권한 등에 관한 규정이 준용되므로 가처분명령에 다른 정함이 있는 경우를 제외하고는 통상의 업무에 속하는 업무만을 할 수가 있다(상 287조의13, 200조의2 1항). 만약 직무대행자가 이 규정을 위반한 경에도 회사는 선의의 제3자에게 대하여 책임을 진다(상 287조의13, 200조의2 2항).

## 나. 업무집행의 방식

유한책임회사의 업무집행자가 여러 명인 때에는 각자가 회사의 업무를 집행할 권리와 의무가 있으나(상 287조의12 2항 본문), 만약 이때 각 업무집행자의 업무집행에 관한 행위에 대하여 다른 업무집행자가 이의를 제기하면 곧 그 행위를 중지하고 업무집행자의 과반수의 결의에 의하여야 한다(상 287조의12 2항 단서, 201조 2항). 물론 정관으로 수명의 업무집행자로 하여금 공동으로 업무집행을 하도록 정한 경우에는 그 전원의 동의가 없으면 업무집행에 관한 행위를 하지 못한다(상 287조의12 3항).

유한책임회사는 법인도 업무집행자가 될 수 있으므로 그 법인에 의하여 업무를 수행할 자로 선임된 자의 업무집행방법에 관하여는 업무집행자에 관한 규정이 준용된다(상 287조의15 2항, 287조의12).

## 다. 업무집행자의 의무

업무집행자는, 상법에 규정하고 있지는 않지만, 회사와 위임관계에 있는 것으로 보아야 할 것이므로 선량한 관리자의 주의를 가지고 회사업무를 집행하여야 할 것이다(상 287조의18, 195조, 민 707조, 681조).

반면에 상법은 업무집행자와 회사의 이익충돌을 방지하려는 목적에서 업무집행자에게 일정한 의무를 규정하고 있다. 업무집행자는 사원 전원의 동의를 받지 않은 경우에는 자기 또는 제3자의 계산으로 회사의 영업부류에 속하는 거래를 하지 못하고 같은 종류의 영업을 목적으로 하는 다른 회사의 업무집행자·이사 또는 집행임원이 되지 못하도록 하는 이른바 경업피지의무(상 287조의10 1항)를 정하는, 한편 이를 위반한 경우에 유한책임회사는 합명회사의 경우와 같이 개입권과 손해배상청구권을 행사할 수 있도록 정하고 있다(상 287조의10 2항, 198조 2항 내지 4항). 또한 업무집행자는 다른 사원 과반수의 결의가 있는 경우에만 자기 또는 제3자의 계산으로 회사와 거래할 수 있도록 정하고 있다(상 287조의11).

상법은 법인이 업무수행자인 경우에 그 법인은 업무수행자를 선임하도록 하고 있는데 이 경우 업무수행자의 자기거래의 금지의무에 관한 규정(상 287조의11)은 준용하고 있으나 경업금지의무에 관한 규정(상 287조의10)은 준용하고 있지 않다.

### 라. 업무집행자의 책임

유한책임회사의 업무집행자가 선량한 관리자의 주의의무에 위반하여 회사에 손해를 입힌 경우에는 그로 인한 계약상의 손해배상책임을 부담하게 될 것이고 이러한 책임은 10년의 소멸시효에 걸린다고 할 것이다.

특히 상법은 회사가 업무집행자에 대한 책임추궁을 게을리 할 경우에 대비하여, 주식회사에서 주주가 회사를 위하여 이사 또는 감사 등에게 책임을 추궁하기 위한 대표소송을 제기하는 것을 인정하듯이, 사원에게 업무집행자의 책임에 관하여 대표소송을 허용하고 있다(상 287조의22 1항). 상법은 유한책임회사에 있어서 대표소송의 절차 등에 관하여 주식회사의 대표소송에 관한 규정(상 403조 2항 내지 4항, 6항, 7항, 및 상 404조 내지 406조)을 거의 그대로 준용하고 있으나, 대표소송을 소수주주권으로서 인정하고 있는 주식회사와 달리 유한책임회사에서는 각 사원에게 대표소송을 제기할 수 있도록 하고 있다.

### 마. 업무집행의 감시

업무집행자 이외의 사원은 회사의 업무집행에 참여하지 못하지만 합자회사의 유한책임사원의 경우와 같이 영업연도 말에 회계장부·대차대조표 기타 서류를 열람할 수 있고 회사의 업무와 재산 상태를 검사할 수 있으며(상 287조의14, 277조 1항), 중요한 사유가 있는 때에는 언제든지 법원의 허가를 얻어 이러한 감시권을 행사할 수도 있다(상 287조의14, 277조 2항).

## 2. 회사의 의사결정

유한책임회사의 통상의 업무집행은 정관의 규정에 따라 각 업무집행자가 하거나 수인의 업무집행자가 공동으로 하게 되고 때로는 업무집행자 과반수의 결의에 의하게 됨은 이미 본바와 같다.

그런데 유한책임회사는 회사의 업무와 관련하여 사원의 의사를 결정하여야 할 필요가 있고 이런 경우에 정관으로 사원의 총의를 묻기 위한 회의체로서 사원총회를 둘 수는 있으나 이러한 사원총회는 상법상 필요기관은 아니라고 할 것이다.

따라서 사원의 의사 결정을 필요로 하는 경우에는 정관에 정한 방법 또는 그 밖의 자유로운 방법에 의할 수 있다고 할 것이다.

상법은 유한책임회사의 의사결정방법에 관하여 때로는 사원 과반수의 동의를 얻도록 규정하고(상 287조의11: 업무집행자의 자기거래승인 / 287조의21: 회사와 사원 간 소송에서 회사대표자 선정), 때로는 총사원의 동의를 요구하기도 한다(상법 제287조의10 1항: 업무집행자의 경업승인 / 287조의16: 정관변경 / 287조의19: 대표자선정 / 287조의36 1항: 자본금감소). 그러나 상법에 특별한 정함이 없거나 정관에 다른 정함이 없는 경우에는 총사원의 과반수로써 결정하게 될 것이다(상 287조의18, 195조, 민 706조 2항).

유한책임회사도 각 사원이 갖는 의결권의 크기는 정관에 다른 정함이 없는 한 1사원 1의결권의 원칙에 따라 균등한 것으로 보아야 할 것이고(상 287조의18, 195조, 민 706조 2항), 의결권의 대리행사는 허용되지 않는다고 할 것이다. 또한 의결권만의 양도도 당연히 허용되지 않는다고 할 것이다.

무한책임사원으로만 구성된 합명회사에 있어서 회사의 의사결정으로 인하여 사원들이 받는 위험부담은 균등하므로 모든 사원이 균등하게 의결권을 갖는 것이 합당하지만, 유한책임사원으로만 구성된 유한책임회사에 있어서 회사의 의사결정으로 인하여 사원들이 가지는 위험부담은 각 출자액에 비례하게 되므로 논리상 의결권은 출자액에 비례하는 것이 합당할 것이다. 그러나 상법은 이른바 두수주의에 따라 사원마다 동일하게 의결권을 배분함으로써 유한책임회사의 인적회사로서의 성격을 중시하여 하고 있다고 할 것이다.

업무집행의 의사결정과 관련한 하자에 관해서는 상법상 아무런 규정이 없으므로 회사를 상대로 민사소송법에 따라 효력의 유무에 관한 확인의 소에 의하게 됨은 합명회사와 같을 것이다.

## 3. 회사의 지분

유한책임회사도 그 조직구조는 합명회사와 같이 사원의 개성이 중시되는 조합적 실체를 가진 인적회사라고 할 것이므로 비록 사원은 회사 채무에 대하여 유한책임을 부담하더라도 각 사원은 그 출자액에 상관없이 1개의 지분을 갖게 되고 그 지분의 변동은 제한을 받게 된다.

### 가. 지분의 양도

유한책임회사의 사원이 그 지분의 전부 또는 일부라도 타인에게 양도하기 위해서는 원칙적으로 다른 사원의 동의를 받아야 하는 것(상 287조의8 1항)은 합명회사의 경우와 같다(상 197조). 다만 예외적으로 ① 업무를 집행하지 아니하는 사원은 업무를 집행하는 사원 전원의 동의가 있으면 양도할 수 있고(상 287조의8 2항 본문) ② 만약 업무를 집행하는 사원이 없으면 사원 전원의 동의를 받도록 하고 있다(상 287조의8 2항 본문).

업무를 집행하는 사원이 없는 경우는 업무를 사원이 아닌 자가 집행하는 경우라든가 혹은 실제로 업무를 집행하는 자에 결원이 생겨 직무대행자가 업무를 집행하는 경우를 의미할 것이다.

다만 유한책임회사의 경우에는 정관으로 지분양도에 관한 사항을 이와 달리 정할 수 있도록 함으로써(상 287조의8 3항) 합명회사와 달리 사원이 지분양도를 통하여 출자금을 회수할 수 있는 길을 다소 넓히고 있다.

또한 상법은 회사가 사원으로부터 그 지분의 전부 또는 일부라도 양수하지 못하도록 하고 있고 그럼에도 불구하고 지분을 취득한 경우에 그 지분은 취득한 때 소멸하도록 정하고 있다(상 287조의9).

### 나. 지분의 상속, 압류

유한책임회사의 경우에도 합명회사의 경우와 같이 사원이 사망한 경우 퇴사의 원인이 되고 그 지분이 상속되지 않는 것이 원칙이다(상 287조의25, 218조 3호). 다만 정관으로 상속할 수 있도록 정할 수 있고, 이 경우 상속인이 피상속인의 지위를 승계하거나 포기하는 절차는 합명회사의 경우를 준용하고 있다(상 287조의26, 219조). 그러나 청산중의 회사의 사원이 사망한 경우에는 정관의 규정이 없더라도 피상속인의 지분은 상속되고 이에 따라 그 권리를 행사할 자를 정하게 된다(상 287조의45, 246조).

유한책임회사도 합명회사의 경우와 같이 지분의 압류가 가능하고(상 287조의29, 224조) 이 경우의 법률관계에 관해서는 이미 합명회사에서 설명한 바와 같다고 할 것이다.

# 제 4 장 회사의 외부관계

## 1. 회사의 대표

업무집행자는 유한책임회사를 대표하게 되는데(상 287조의19 1항) 정관으로 사원이 아닌 자도 업무집행자로 정할 수 있으므로(상 287조의12 1항), 사원 아닌 자가 유한책임회사를 대표하는 경우도 있을 수 있다고 할 것이다. 회사를 대표하는 업무집행사원은 회사의 영업에 관하여 재판상 또는 재판외의 모든 행위를 할 권한이 있고 그 권한에 대한 제한은 선의의 제3자에게 대항하지 못한다(상 287조의19 5항, 209조). 또한 회사를 대표하는 업무집행자가 그 업무집행으로 타인에게 손해를 가한 경우에 회사와 그 대표하는 업무집행자가 연대하여 손해를 배상하여야 한다(상 287조의20).

유한책임회사를 대표하는 업무집행자는 주식회사의 이사와 달리 고의 또는 중대한 과실로 업무를 게을리 하더라도 제3자에 대하여 직접 손해배상책임을 부담하지는 않는다.

업무집행자가 둘 이상일 경우라도 원칙적으로 각자가 회사를 대표하게 되지만, 정관이나 총사원의 동의로 회사를 대표할 업무집행자를 정하거나(상 287조의19 2항) 공동으로 회사를 대표할 것을 정할 수 있다(상 287조의19 3항). 공동대표자를 정한 경우에 회사의 제3자에 대한 의사표시는 공동으로 하여야 하지만 제3자의 회사에 대한 의사표시는 각 대표자에 대하여 함으로써 효력이 생긴다(상 287조의19 4항).

회사의 업무집행자의 성명, 주소 및 주민등록번호를 등기하여야 하지만 회사를 대표하는 업무집행자를 정한 경우에는 그 자의 성명 또는 명칭과 주소를 등기하여야 하고, 그 외의 업무집행자의 주소의 등기는 생략하여도 된다(상 287조의5 1항 4호, 5호). 또한 공동대표자는 등기를 하여야만 선의의 제3자에게 대항할 수 있고(상 287조의5 1항 7호, 37조 1항) 업무집행자의 업무 집행을 정지하거나 직무대행자를 선임하는 가처분이나 그 가처분의 변경, 취소도 등기하여야 한다(상 287조의5 5항).

이 밖에도 회사와 사원 또는 사원 아닌 업무집행자 사이의 소송에서 회사를 대표할 사원이 없을 경우에는 다른 사원 과반수의 결의로 회사를 대표할 사원을 정하게 된다(상 287조의21).

## 2. 사원의 책임

유한책임회사 사원의 책임은 상법에 다른 규정이 있는 경우 외에는 그 출자금액을 한도로 한다(상 287조의7). 유한책임회사는 주식회사 또는 유한회사의 경우와 같이 이른바 전액 납입주의(주식회사: 상 295조 / 유한회사: 상 548조 / 유한책임회사: 상287조의4)를 취하고 있어서 유한책임회사의 사원은 설립 시에 출자책임을 모두 이행하여야 하고, 설립 후에 새로이 입사하는 사원도 납입을 완료한 때에 사원이 되어 출자를 이행하지 아니한 사원은 있을 수가 없게 되므로 출자금액을 한도로 한다는 것은 이미 출자한 금액이외에 더 이상의 책임이 없다는 의미로 해석하여야 한다. 따라서 유한책임회사의 사원은 회사의 채무에 대하여 직접적으로 아무런 책임을 부담하지 않게 된다. 그러므로 유한책임회사 사원의 책임은 주식회사에 있어서 주식인수인의 책임과 같이 회사에 대한 책임만을 의미하고 이런 점에서 회사의 채무에 대하여 출자를 미이행 한 범위 내에서 직접적인 책임을 부담하는 합자회사의 유한책임사원과 다르다고 할 것이다.

상법의 유한회사 사원의 책임에 관한 규정(상 553조)을 보면 "상법에 다른 규정이 있는 경우 외에는"이라는 조건을 붙이고 있는데 유한회사의 경우에는 사원의 출자책임이외에도 출자미필액에 대한 책임(상 551조, 594조), 현물출자 부족액에 대한 책임(상 550조, 593조) 등에 관한 특별한 규정이 있기 때문이라고 생각된다. 그런데 상법은 유한책임회사 사원의 책임을 규정하면서도 이와 동일하게 "이 법에 다른 규정이 있는 경우 외에는"이라는 조건을 붙이고 있으나 유한책임회사에 대하여는 유한회사 사원의 경우와 같은 그러한 규정이 준용되지도 않고 그 밖의 특별한 규정도 없으므로 유한책임회사 사원의 책임은 온전히 회사에 출자금액을 이행할 책임에 한정된다고 할 것이다.

# 제 5 장
# 사원의 가입과 탈퇴

## 1. 사원의 가입

사원의 가입이란 회사성립 후 새로운 출자를 통하여 원시적으로 사원의 지위를 취득하는 것을 의미한다.

사원의 가입은 지분의 양수 등을 통하여 종전 사원의 지위를 승계하는 경우까지도 포함하는 넓은 의미로 사용할 수도 있으나 사원의 가입이란 새로운 출자가 이루어지고 사원의 지위를 원시적으로 취득하게 된다는 점에서 이러한 사원지위의 승계취득과 구별을 요한다.

사원의 가입 즉 입사는 회사와 새로이 사원이 되려는 자 사이의 입사계약에 의하여 이루어지고 새로운 사원의 입사는 정관의 변경을 필요로 하므로(상 287조의23 1항) 정관의 변경이 있어야 효력이 발생한다(상 287조의23 2항 본문). 그러나 유한책임회사의 사원은 유한책임을 부담하므로 주식회사와 마찬가지로 책임재산을 확보할 목적에서 상법은 정관을 변경할 때까지 출자를 이행하지 아니한 경우에는 그 이행을 마친 때에 사원이 된다고 정하고 있다(상 287조의23 2항 단서). 이 때 입사하는 사원이 현물출자를 할 경우에는 회사설립시의 절차에 따르게 된다(상 287조의23 3항, 287조의4 3항).

정관을 변경하기 위해서는 원칙적으로 총사원의 동의가 필요하므로 결국 새로운 사원의 가입에는 총사원의 동의가 필요하다고 할 것이다.

사원의 인적사항을 등기사항으로 정하고 있는 합명회사와 달리(상 180조 1호, 179조 3호) 유한책임회사의 사원은 정관의 기재사항이지만 등기사항이 아니므로(상 287조의5) 새로운 사원의 입사가 있다고 해도 변경등기를 할 필요는 없다.

## 2. 사원의 탈퇴

사원의 탈퇴는 넓게는 지분의 양도 등으로 사원의 지위를 상대적으로 상실하는 경우까지도 포함할 수도 있지만, 일반적으로 회사의 존속 중에 사원의 지위를 절대적으로 상실하는 경우를 의미하고 이는 곧 회사로부터 퇴사를 의미한다.

> 유한책임회사는 구조적으로 조합적 실체를 가지고 사원의 개성이 중시되는 인적회사의 실질을 가지고 있어서 주식회사와 달리 지분양도가 제한되므로 사원에게 출자한 자금을 회수할 수 있는 길을 열어줄 필요가 있고 또한 사원간의 신뢰가 깨진 경우에 사원의 퇴사를 허용하는 것이 오히려 회사의 해산을 방지하게 되므로 기업유지라는 측면에서도 사원의 퇴사는 필요하다고 할 것이다.

상법은 합명회사의 사원과 동일하게 유한책임사원으로 하여금 정관에 달리 정하지 않는 한 임의로 회사를 퇴사할 수 있도록 정하여, 정관으로 회사의 존립기간을 정하지 않았거나 종신으로 정한 경우에 사원은 영업연도 말에 6개월 전의 예고를 하고 퇴사할 수 있다(상 287조의24, 217조 1항). 또한 사원은 합명회사의 사원의 경우와 같이 일정한 사유가 있는 경우에는 당연히 회사를 퇴사하게 된다(상 287조의25, 218조).

뿐만 아니라 사원의 제명에 관하여도 합명회사의 사원의 제명에 관한 규정(상 220조)을 준용하고 있고 다만 사원의 제명에 필요한 결의는 정관으로 달리 정할 수 있도록 하고 있다(상 287조의27).

사원의 퇴사는 정관의 절대적 기재사항의 변경이지만, 회사의 가입(상 287조의23 1항)과 달리 퇴사의 사유가 있으면 당연히 퇴사의 효과가 발생하게 되므로 이때에는 별도의 정관변경절차 없이도 정관이 변경되게 된다고 할 것이다. 또한 유한책임회사에 있어서 사원의 인적사항은 등기사항이 아니므로 사원의 퇴사가 등기변경사유도 아니라고 할 것이다.

퇴사한 사원은 그 지분의 환급을 금전으로 받을 수 있고(상 287조의28 1항) 그 환급금액은 퇴사시의 회사의 재산상황에 따라 정하게 되지만(상 287조의28 2항) 그 구체적인 절차와 방법은 정관으로 정할 수 있도록 하고 있다(상 287조의28 3항).

유한책임회사의 사원은 회사의 채무에 대하여 유한책임을 부담할 뿐이므로 채권자보호절차가 있어야 하는 것은 아니지만, 상법은 퇴사사원에 대한 환급금이 잉여금(상 287조의37)을 초과하는 경우에는 회사채권자는 그 환급에 관하여 회사에 이의를 제기할 수 있도록 하고 있다(상 287조의30 1항). 이의제기 절차에 관해서는 합명회사에 있어서 합병결의에 대한 채권자 이의에 관한 규정(상 232조)이 준용되므로(상 287조의30 2항) 채권자의 이의가 있는 경우 회사는 이를 변제하거나 상당한 담보를 제공하거나 상당한 재산을 신탁회사에 신탁해야 하고, 다만 지분을 환급하더라도 회사가 여전히 충분한 유동자산을 확보하는 등으로 채권자에게 손해를 입힐 우려가 없는 경우에는 이러한 일련의 조치가 불필요하다(상 287조의30 2항 단서).

또한 퇴사한 사원의 성명이 회사의 상호 중에 사용된 경우에 그 사원은 회사에 대하여 그 사용의 폐지를 청구할 수 있다(상 287조의31).

# 제 6 장
# 회사의 회계

유한책임회사는 조합적 실체를 가진 인적회사로서의 실질을 가지고 있지만 사원은 회사의 채무에 대하여 간접·유한책임만을 부담하므로 종국에는 주식회사와 같이 회사의 재산만이 회사채무에 대한 담보가 될 수 밖에 없고 또한 사원 이외의 자가 업무집행자가 되는 경우도 있으므로, 상법은 회사의 사원과 회사채권자를 보호하기 위하여 "일반적으로 공정하고 타당한 회계관행에 따르도록 하는" 회계의 일반원칙을 정하고(상 287조의32) 나아가 회계에 관하여 별도의 규정을 두고 있다(상 287조의33 내지 287조의37).

## 1. 자 본 금

유한책임회사의 자본금은 사원이 출자한 금전이나 그 밖의 재산의 가액을 의미하고(상 287조의35), 자본금의 액은 정관의 절대적 기재사항이고(상 287조의3 3호) 등기사항이므로(상 287조의5 1항 3호) 자본금의 변동은 정관변경사항임과 동시에 등기변경사항이기도 하다.

자본금의 증가는 사원들이 추가로 출자하는 경우와 회사와 입사계약을 체결한 새로운 사원이 출자하는 경우에 발생하는데 정관의 변경을 수반하므로 원칙적으로 총사원의 동의가 필요하게 된다(상 287조의16).

자본금의 감소는 사원의 퇴사로 환급이 이루어 진 경우와 회사 재산의 실질적 감소가 발생한 경우가 있는데, 회사는 정관변경을 통하여 자본금을 감소할 수 있다(상 287조의36 1항).

회사의 자본이 감소하는 것은 회사채권자에 대한 회사의 책임재산이 감소하는 것을 의미하므로 상법은 이 경우에 채권자보호절차를 밟도록 정하고 있다(상 287조의36 2항 본문, 232조).

상법 제287조의36 제2항 단서는 "감소 후의 자본금의 액이 순자산액 이상인 경우에는 그러하지 아니하다"라고 규정하고 있으나 자본금의 액이 순자산액 이상이란 결손을 의미하는 것이므로 이를 규정의 취지에 맞게 하려면 "자본금의 액이 순자산액 이상"이 아니라 "순자산액이 자본금의 액 이상"이라고 하여야 할 것이다.

## 2. 재무제표의 작성 등

유한책임회사의 업무집행자는 매 결산기에 대차대조표, 손익계산서 그밖에 유한책임회사의 재무상태와 경영성과를 표시하는 것으로서 대통령령에 정하는 서류를[1] 작성하여(상 287조의33) 이를 본점에 5년간, 지점에 3년간 비치하도록 정하고(상 287조의34 1항), 사원과 회사채권자는 회사의 영업시간 내에 언제든지 이를 열람하고 등사를 청구 할 수 있도록 하고 있다(상 287조의34 2항).

## 3. 잉여금의 분배

잉여금이란 대차대조표상의 순자산액으로부터 자본금의 액을 뺀 액을 말하는데, 유한책임회사는 이 잉여금의 한도 내에서 이를 사원에게 분배할 수 있다(상 287조의37 1항).

상법은 잉여금은 정관에 다른 정함이 없으면 각 사원이 출자한 가액에 비례하여 분배하도록 하고(상 287조의37 4항), 분배를 청구하는 방법이나 그 밖의 분배에 관한 사항은 정관으로 정할 수 있도록 정하고 있다(상 287조의37 5항).

또한 상법은 회사채권자를 보호하기 위하여 회사가 잉여금분배기준에 위반하여 잉여금을 분배한 경우에 채권자가 그 잉여금을 분배받은 자에 대하여 회사에 반환할 것을 청구할 수 있도록 정하고 있다(상 287조의37 2항). 이에 관한 청구의 소는 회사 본점소재지의 지방법원의 관할에 전속하게 된다(상 287조의37 3항).

유한책임회사는 주식회사와 달리 법정준비금의 적립을 요구하지 않고 있으므로 준비금은 잉여금을 계산함에 있어서 공제항목도 아니다.

또한 사원의 지분의 압류는 잉여금의 배당을 청구하는 권리에 대하여도 그 효력이 미친다고 할 것이므로 압류채권자는 잉여금배당청구권이 현실화 된 경우에 이에 대하여 전부명령이나 추심명령을 통하여 채권의 만족을 얻을 수 있을 것이다.

---

1) 대통령령으로 정하는 서류로서 자본변동표, 이익잉여금 처분계산서 또는 결손금 처리계산서가 있다(상법시행령 5조).

# 제 7 장
# 회사의 조직 변동

유한책임회사도 설립 후 존속하다가 해산을 통하여 소멸하거나 혹은 필요에 따라 다른 회사와 합병을 하거나 회사 조직을 변경하여 새로운 형태의 회사로 거듭나게 된다.

## 1. 해산과 청산

유한책임회사의 해산사유는 합명회사의 경우와 거의 대동소이하다(상 287조의38 1호). 다만 유한책임회사는 합명회사와 달리 1인의 사원으로도 설립이 가능하므로 사원이 1인이 된 경우는 해산사유가 되지 않고 사원이 없게 된 경우가 해산사유가 된다(상 287조의38 2호). 한편 회사가 해산한 때에는 총사원의 과반수로 청산인을 선임하여야 하고 만약 청산인을 선임하지 아니한 때에는 업무집행자가 청산인이 된다(상 287조의45, 251조). 또한 유한책임사원은 유한책임을 부담할 뿐이므로 회사채권자를 보호하기 위하여 임의청산은 허용되지 않는 점을 제외한 그 밖의 청산 절차에 관해서는 합명회사에 관한 규정이 준용된다(상 287조의45, 251조 내지 257조, 259조 내지 267조).

이 밖에도 상법은 합명회사의 해산청구에 관한 규정을 유한책임회사의 해산청구의 경우에도 준용하고 있으므로(상 287조의42 241조 1항), 유한책임회사의 사원은 부득이한 사유가 있을 때에는 본점 소재지를 관할하는 지방법원에 회사의 해산을 청구할 수 있고 이때의 절차는 합명회사의 설립하자에 관한 규정이 준용된다(상 287조의42, 241조 2항, 186조 내지 191조).

## 2. 합　　병

회사는 합병을 할 수 있다(상 174조). 상법은 원칙적으로 회사가 자유롭게 합병할 수 있도록 하면서도 합병에 따른 이해관계를 조정하기 위하여 일정한 제한을 두고 있음은 이미 설명한 바와 같다.

유한책임회사도 다른 형태의 회사와 자유롭게 합병이 가능하지만 합병당사회사 중 일방이나 쌍방이 주식회사 유한회사 혹은 유한책임회사일 경우에 합병 후 존속하거나 신설되는 회사는 주식회사 유한회사 또는 유한책임회사이어야 하므로(상 174조 2항), 유한책임회사가 주식회사, 유한회사, 또는 유한책임회사와 합병할 때에는 존속회사나 신설회사는 이들 회사 중의 하나를 택하여야 한다. 또한 유한책임회사가 합명회사 또는 합자회사와 합병할 때에는 존속회사는 반드시 유한책임회사이어야 하지만 신설회사는 주식회사, 유한회사 또는 유한책임회사 중 하나이어야 한다.

상법의 규정은 없지만, 상법 제600조 제2항에 비추어 유한책임회사가 주식회사와 합병하는 경우 주식회사가 사채의 상환을 완료하지 못한 때에는 유한책임회사를 존속회사나 신설회사로 하지 못한다고 할 것이다.

상법은 유한책임회사가 합병하기 위한 합병계약에 특별한 형식이나 내용을 정하고 있지 않으나 주식회사 혹은 유한회사와 합병하는 경우에는 상법이 정한 내용을 기재한 합병계약서를 작성하여야 할 것이다(상 523조, 524조, 603조).

유한책임회사가 합병하는 경우에는 ① 총사원의 동의가 필요하고(상 287조의41, 230조), ② 합명회사에서 정한 바와 같이 채권자보호절차를 밟아야 하고(상 287조의41, 232조), ③ 본점 소재지에서 2주간 내, 지점 소재지에서 3주간 내에 일정한 등기를 하여야 한다(상 287조의41, 233조). 합병의 효력은 이러한 등기를 마쳤을 때 발생하게 된다(상 287조의41, 234조).

합병은 회사의 해산사유가 되므로(상 287조의38, 227조 4호) 유한책임회사가 다른 회사에 흡수 합병되거나 새로운 회사가 신설되는 경우에는 당연히 소멸하게 된다.

또한 상법은 합명회사의 합병의 효력에 관한 규정(상 235조)과 합병무효의 소에 관한 규정(상 236조 내지 240조)을 유한책임회사에 준용하고 있으므로(상 287조의41) 유한책임회사가 다른 회사와 합병되면 권리의무의 포괄적 승계가 발생하고 합병에 하자가 있는 경우에 합병무효의 소로써 다투어야 한다.

## 3. 조직변경

조직변경이란 회사가 그 동일성을 유지하면서 다른 형태의 회사로 변경하는 것을 말하는데, 상법은 인적회사는 인적회사끼리, 물적회사는 물적회사끼리의 조직변경을 허용하고 있다.

유한책임회사는 인적회사와 물적회사의 두가지 형태를 겸비하고 있지만, 사원이 유한책임을 부담한다는 측면에서 상법은 유한책임회사와 주식회사 상호간에만 조직변경을 허용하고 있다(상 287조의43).

유한책임회사가 주식회사로 조직을 변경하기 위해서는 총사원의 동의가 필요하고(상 287조의43 2항), 이때 조직변경으로 발행하는 주식의 발행가액총액이 회사에 현존하는 순재산액을 초과하지 못하도록 규정하는(상 287조의44, 607조 3항) 한편 이에 위반한 경우 조직변경결정 당시의 업무집행자, 사원은 연대하여 그 부족액을 지급할 책임을 부담시키고 있다(상 287조의44, 607조 4항). 이러한 주식회사로의 조직변경이 주식회사의 엄격한 설립절차를 회피하는 수단으로 되는 것을 방지하고자 법원의 인가가 필요하고(상 287조의44, 607조 3항), 채권자보호절차를 밟아야 하고(상 287조의44, 608조, 232조) 유한책임회사에 대한 해산등기와 주식회사에 대한 설립등기를 해야 한다(607조 5항, 606조).

한편 주식회사가 유한책임회사로 조직을 변경하기 위해서는 주주총회에서 총주주의 동의로 결의하여야 하고(상 287조의43 1항), 유한책임회사는 사채를 발행할 수 없으므로 주식회사가 발행한 사채의 상환을 완료하여야 한다(상 287조의44, 604조 1항 단서). 또한 주식회사에 현존하는 순재산액보다 많은 금액을 유한책임회사의 자본금으로 할 수 없는 점(상 287조의44, 604조 2항), 이에 위반한 경우 결의 당시의 이사와 주주는 연대하여 회사에 대하여 그 부족액에 대한 책임을 부담하는 점(상 287조의44, 605조 1항), 채권자 보호절차를 밟아야 하는 점(상 287조의44, 608조, 232조) 그리고 조직변경에 따른 등기를 하여야 하는 점(상 287조의44, 606조)은 동일하다.

# 제 5 편

# 주식회사

# 제 1 장
# 주식회사 총설

## 1. 주식회사의 의의[1)]

주식회사는 주주들이 출자한 자금으로 회사의 자본금이 형성되고, 그 자본금은 균일한 단위인 주식으로 분할되며, 주주는 그가 인수한 주식의 가액을 회사에 대하여 출자할 의무를 부담할 뿐 회사 채권자에 대하여는 아무런 직접적인 책임을 부담하지 아니하는 회사의 형태로서, 일반적으로 자본금[2)]과 주식 그리고 주주의 유한책임을 그 개념요소로 하는 회사를 일컫는다.[3)]

주식회사는 자본금이 주식을 단위로 하는 독특한 자본구성방식으로 인하여 영세한 자금을 가진 자들이 쉽사리 투자할 수 있고, 투자자금은 주식의 양도로 비교적 쉽게 회수가 가능하며, 회사의 채권자에 대하여는 아무런 직접적인 책임도 부담하지 아니하므로 회사의 사업 손실에 대한 직접적인 책임을 회피할 수 있어 투자 위험이 자신의 출자금에 한정되게 된다. 따라서 대규모 자본금의 집중과 사업규모의 확대에 따른 계속적인 자금조달이 용이할 뿐만 아니라 소유와 경영의 분리를 통한 대규모 회사형태로 적합하지만, 다수의 소액주주들의 회사경영에 대한 무관심과 이를 이용한 회사경영진의 전횡, 또한 주주들의 회사에 대한 지나친 이익배당의 요구 및 주식가격을 둘러싼 투기 조장 등의 폐해도 있다.

---

1) 종래에는 상법의 회사편에 있는 규정과는 별도로 증권거래법에서는 주권이 유가증권시장에 상장되어 공개적으로 매매되는 주식회사(이른바 상장법인)에 관한 특례규정(구 증권거래법 제9장 3절 상장법인 등에 관한 특례)을 두고 있었기에 이 같은 상장법인에 관하여는 증권거래법의 특례규정이 우선적으로 적용되었으나 2009년 2월 9일부터 자본시장과 금융투자업에 관한 법률이 새로이 시행되면서 종전의 증권거래법이 폐지되고, 구 증권거래법에 있던 상장법인에 관한 특례규정 중에서 회사의 지배구조에 관한 특례부분은 상법을 개정하여 상법의 회사편 제4장 13절에 상장회사에 대한 특례규정(상 제542의 2 내지 제542의12)을 신설하는 한편, 재무구조에 관한 특례부분은 자본시장과 금융투자업에 관한 법률 제3편 제3장의2로서 주권상장법인에 대한 특례규정(자본시장법 제165조의2 내지 제165조의18)을 마련함으로써 상법의 주식회사에 관한 규정의 많은 부분은 주권 상장회사에 대하여는 적용되지 않는 경우가 많게 되었다.

2) 2011년 4월 14일 개정 전 상법은 "자본"이라는 용어를 사용하였으나(개정 전 상법 451조, 458조, 460조, 462조 등), 개정 이후의 상법에서는 "자본금"이라는 용어를 사용하고 있다(상 451조, 458조, 460조, 462조 등).

3) 상법은 주식회사의 정의에 관한 규정을 두고 있지 않으나 주식회사의 개념요소로서 거의 모든 학자들은 자본금, 주식 그리고 주주의 유한책임을 들고 있다.

## 2. 주식회사의 본질적 요소

### 가. 자본금

#### (1) 자본금의 의의

자본금이란 원래 회사가 보유하고 있는 순재산액을 말하는데, 상법은 자본금을 회사가 보유하여야 할 순재산액의 기준으로서, 추상적이고 불변적인 개념으로 정하여, 회사가 액면주식을 발행한 경우에는 원칙적으로 발행한 주식의 액면총액(상 451조 1항)을, 무액면주식을 발행한 경우에는 주식의 발행가액 중 이사회(상법 제 416조 단서의 경우에는 주주총회)에서 자본금으로 계상하기로 한 금액을 말한다(상 451조 2항 1문).

액면주식을 발행한 경우에, 자본금이 발행한 주식의 액면총액과 일치하지 않는 경우로서 상법이 정하는 예로는 이사회 결의에 의한 이익소각(상 343조 1항 단서), 주식의 상환에 관한 종류주식의 상환(상환주식: 상 345조)의 경우 등이 있다. 또한 무액면주식을 발행한 경우에, 주식의 발행가액 중 자본금으로 계상하지 않는 금액은 자본준비금으로 계상하게 된다(상 451조 2항 2문).

그런데 상법은 정관에 의하여 액면주식과 무액면주식의 상호 전환을 허용하면서(상 329조 3항), 회사가 전환과정에서 임의로 자본금을 변경하는 것을 방지할 목적에서 자본금을 변경할 수 없도록 규정하고 있다(상 451조 3항).

5,000원의 액면주식 10,000주를 발행하고 있는 회사가 정관에 의하여 무액면주식으로 전환하려고 할 때 자본금을 5,000만원으로 유지하기만 한다면 발행하는 무액면주식수는 종전의 10,000주보다 많은 15,000주의 무액면주식을 발행하거나 혹은 종전보다 적은 5,000주의 무액면 주식을 발행하는 것도 무방하다. 한편 무액면주식 10,000주를 발행하고 자본금으로 5,000만원을 계상하고 있는 회사가 액면주식으로 전환하려는 경우에도 자본금 5,000만원을 변경할 수 없으므로 발행할 주식의 액면을 얼마로 하느냐에 따라 발행하여야 할 주식수가 달라지는데, 예컨대 액면을 5,000원으로 한다면 10,000주(5,000원×10,000주=5,000만원)를, 액면을 1,000원으로 한다면 50,000주(50,000원×1,000주=5,000만원)를 발행하여야 할 것이다.

상법은 주식회사의 정관에 발행할 주식의 총수, 액면주식을 발행할 경우에는 1주의 금액, 설립시 발행하는 주식의 총수만을 기재하도록 하고 있을 뿐 자본금의 총액을 확정하여 기재하도록 하고 있지 않으나(상 289조), 자본금은 발행한 주식의 액면총액이라고 규정(액면주식의 경우: 상 451조 1항)하거나, 주식의 발행가액 중 이사회에서 자본금으로 정한 금액으로 규정(무액면주식의 경우: 상 451조 2항 1문)함으로써 자본금의 확정에 관한 기준을 제시하고 있다. 또한 자본금은 등기하여야 하고(상 317조 2항 2호), 대차대조표에도 기재하도록 함으로써 공시되도록 하고 있다.

> 합명회사와 합자회사는 무한책임사원이 있어 회사가 보유하여야 할 책임재산을 엄격하게 요구할 필요성이 적어 자본금에 관한 규정이 없지만, 무한책임사원이 존재하지 아니하는 유한책임회사와 주식회사 그리고 유한회사에 있어서는 자본금이 회사채권자에 대한 물적인 담보가 된다는 점에서 중요한 의미를 갖는다고 할 것이다. 또한 유한책임회사와 유한회사는 자본금의 총액을 정관에 특정하도록 하고 있으나(유한책임회사: 상 287조의3 3호 / 유한회사: 상 543조 2항 2호), 주식회사에서는 정관에서도 자본금을 확정하고 있지 않다.
>
> 특히 그동안 주식회사의 설립에 있어서 최저자본금을 요구함으로써 가장납입에 의한 설립의 폐해가 적지 않았고, 주식회사의 설립을 어렵게 한다는 지적에 따라 주식회사 설립시 금 5,000만원의 최저자본금을 요구한 상법의 규정은 2009년 5월 28일 개정된 상법에 의하여 폐지되었으나, 현행 상법의 경우에도 액면주식의 경우 1주의 금액은 100원 이상이어야 하므로(상 329조 3항), 적어도 자본금은 100원 이상이어야 한다, 다만 무액면주식을 발행하는 경우, 자본금은 주식발행가액 중 이사회에서 정하게 되므로 이러한 제한이 없다.

자본금은 추상적이고 불변적인 계산상의 금액이므로 회사가 현재 보유하고 있는 "회사의 재산"과 구별된다. 또한 자본금은 회사가 발행한 주식의 액면총액이거나(액면주식을 발행한 경우) 발행한 주식가액의 일정액이므로(무액면주식을 발행한 경우), 향후 회사가 발행할 주식의 액면총액이거나 향후 회사가 발행할 주식의 가액 중 자본금으로 계상될 총액인 "수권자본금"과 비교된다.

회사의 재산은 회사의 영업의 성과에 따라 증감이 되기도 하지만, 자본금의 경우에는 회사의 영업성과 혹은 회사재산의 증감에 관계없이 불변하며 그 증감은 신주발행(상 416조 이하), 준비금의 자본금전입(상 461조), 전환사채의 전환(상 513조 이하), 흡수합병(상 523조), 자본감소 절차(상 438조 이하) 등 상법에 정한 사유 이외에는 변동이 발생하지 아니하는데 이러한 엄격성은 회사 채권자나 주주를 보호하기 위한 필요성에 근거한다고 할 것이다.

### (2) 자본금의 기능

주식회사는 이른바 물적회사로서 인적결합보다는 자본적 결합이 중요시되는 회사이므로 자본금은 회사성립의 기초가 되고, 주주에 대하여는 출자액 및 책임의 한도가 되며 또한 회사로 하여금 일정한 재산을 확보하도록 함으로써 회사채권자들에게 회사에 대한 신용의 기초가 되고 회사 채무에 대한 담보가 된다.

### (3) 자본금에 관한 규정방식

회사의 자본금을 어떤 법률적 방식으로 구성할 것인가는 각국의 입법례에 따라, 자본금을 정관의 기재사항으로 하여 회사 설립시에 자본금 총액에 해당하는 주식 전부를 인수하도록 하는 이른바 총액인수방식을 택하는 경우가 있고, 이에 반하여 자본금을 정관의 기재사항으로 정하지 않은 채 회사 설립시에는 자본금 총액에 해당하는 이른바 수권 주식총수 중 일부만 인수하고 나머지는 필요에 따라 수시로 이사회의 결의로 신주를 발행하여 자본금을 조달하도록 하는 수권자본주의의 방식을 취하는 경우로 나누어 볼 수가 있다.

상법은 ① 정관에는 수권주식총수만 기재(상 289조 1항 3호)하고 미발행주식은 이사회결의로 수시로 발행가능(상 416조)하도록 함으로써 수권자본주의의 측면과 ② 회사 설립시 발행하는 주식의 총수를 정관에 기재하도록 하며(상 289조 1항 5호),[4] 설립시 발행된 주식의 전부 납입을 요구(상 295조, 303조)하여 총액인수주의의 측면을 혼합하는 태도를 취하고 있다.

### (4) 자본금의 3원칙

상법은 자본금의 기능과 중요성에 입각하여 자본금에 관하여 자본금확정의 원칙, 자본금유지의 원칙 그리고 자본금불변의 원칙이라는 세 가지 원칙에 입각하여 규율하고 있다.[5]

자본금확정의 원칙은 회사설립시에 자본금총액이 정관에 의하여 확정되고 자본금 전부에 대한 주식인수가 확정되어야 한다는 원칙을 말한다. 상법은 회사설립시에 발행하는 주식의 총수를 정관에 기재하여야 하며(상 289조 1항 5호), 액면주식을 발행하는 경우에는 1주의 금액을 정관에 기재하도록 하고(상 289조 1항 5호) 자본금을 발행주식의 액면총액이라고 규정하고(상 451조 1항), 무액면주식을 발행하는 경우에는 이사회가 주식발행금액과 그에 따른 자본금계상액을 정하도록 규정(상 451조 2항)함으로써 회사설립시에 자본금의 규모를 명확히 하는 한편, 설립시 발행된 주식은 전부 납

4) 2011년 4월 14일 개정된 상법은 종전 상법에 규정하였던 "회사설립시에 발행하는 주식의 총수는 회사가 발행할 주식의 총수의 4분의 1 이상이어야 한다"는 규정(개정전 상법 289조 2항)을 삭제함으로써 회사 설립시에 발행하는 주식수에 대한 제한은 없어졌다.

5) 상법에는 자본금을 충실히 하고자 하는 여러 규정이 산재되어 있을 뿐 자본금에 관한 원칙을 직접적으로 천명하고 있지는 않은 관계로 자본금의 3원칙의 유지 여부에 관하여 학설이 대립하는바, 다수설의 입장은 자본금 3원칙의 유지를 주장하지만, 소수설은 종래의 자본금의 3원칙을 형식적 원칙이라 하고, 이와는 달리 회사가 그 규모와 사업의 성질에 적합한 충분한 자본을 유지하여야 한다는 자본금충분의 원칙을 의미하는 실질적 원칙으로 구분하여 전자는 의미가 없고 후자만을 인정하여야 한다는 소수설도 있다.

입을 요구하고(상 295조, 303조) 나아가 회사의 설립등기에는 자본금의 액을 등기하도록 규정하고(상 317조 2항) 있음에 비추어 볼 때, 우리 상법도 엄밀한 총액인수주의에 입각하고 있지는 않지만 일정부분은 자본금확정의 원칙에 입각하고 있다고 볼 수 있다. 그러나 상법은 기본적으로 수권자본주의를 취하고 있고, 더구나 회사를 설립할 때와 달리 신주발행시에는 위와 같은 상법의 규정이 적용되지 않으므로 신주발행의 경우에는 자본금확정의 원칙이 적용된다고 할 수는 없다고 할 것이다.

자본금유지의 원칙은 회사의 존속 중에는 그 자본금에 해당하는 순자산을 현실적으로 보유하여야 한다는 원칙으로서, 상법은 회사설립시에 주식발행액이 전액 납입되도록 하고 있고, 현물출자도 이행하여야 하며(상 295조, 303조, 305조), 변태설립사항(상 290조)은 엄격한 절차를 거치도록 하고 있는(상 299조, 310조, 313조, 314조) 한편 발기인과 이사는 주식의 인수 및 납입담보책임을 부담하여야 하고(상 321조, 428조), 회사설립 시에는 주식의 액면미달발행이 금지(상 330조)되는가 하면, 자본금감소는 엄격한 제한(상 438조, 439조)을 받고, 불공정가액으로 주식을 인수한 자에게 책임(상 424조의2)을 지우며, 이익에 대한 배당을 제한하고(상 458조, 459조, 462조), 위법배당금의 반환청구(상 462조 3항)를 인정하며, 그에 따른 이사의 책임에 대한 추궁을 확실히 하기 위하여 대표소송제도(상 403조)를 인정하여 이를 상법상 구현하고 있다.

상법은, 회사설립 후 신주발행의 경우에 일정한 요건 하에서 액면 미달발행을 허용(상 417조) 하고 있으나 이는 주식의 시가가 액면가보다 낮을 경우에는 신주를 발행하기가 어렵고 따라서 회사가 필요한 자본을 확보하기가 어려운 상황을 고려하여 상법상 허용은 하되 엄격한 규제를 한 것이다.

한편 자본금불변의 원칙은 확정된 자본금은 엄격한 법적 절차에 의하지 않고는 회사가 이를 임의로 변경시킬 수 없다는 원칙으로서 상법은 자본금감소의 경우에 원칙적으로 주주총회의 특별결의(상 438조 1항)와 채권자보호절차를 밟도록 하고 있지만 (상 439조 1항)[6] 자본금이 증가하는 결과를 가져오는 신주의 발행은 이사회결의만으로 언제나 가능하도록 함으로써(상 416조) 결국 이 원칙은 "자본금감소제한의 원칙"이라고 할 수 있다.

---

6) 상법은 결손보전을 위한 자본금 감소의 경우에는 보통결의에 의하도록 하고(상 438 조 2항) 또한 채권자이의절차를 거칠 필요가 없도록 하여(상 439조 2항), 명목상의 자본금 감소절차의 엄격성을 다소 완화하고 있다.

## 나. 주 식

주식회사의 자본금은 주식으로 나누어지게 되는데, 상법은 정관으로 정한 바에 따라 주식의 전부를 액면주식으로 발행하거나 혹은 무액면주식으로 발행할 수 있도록 하고 있다.[7)]

액면주식을 발행하는 경우에 각 주식의 금액은 100원 이상으로서 균일(상 329조 2항, 329조 3항)하여야 하고 자본금은 상법에 다른 규정이 없는 한 발행한 주식의 액면총액(1주의 금액×발행주식총수: 상 451조 1항)이므로 주식은 곧 자본금을 구성하는 단위라고 할 것이다. 그러나 무액면주식을 발행한 경우에 각 주식은 액면가를 갖지 않고 회사가 발행시에 정하는 발행가만이 있을 뿐, 자본금은 주식의 수에 따라 정하여지지 않고 이사회에서 자본금으로 계상하기로 정하는 금액이 되므로 주식과 자본금은 직접적인 관계가 없게 되었다.

다만 액면주식이거나 무액면주식을 막론하고 주식이 주주에게는 출자의 단위가 되고 회사에 대한 지위나 자격을 의미하여 마치 인적회사에 있어서 사원의 지위를 나타내는 지분과 같은 의미도 갖게 된다. 주식평등의 원칙상 주주의 회사에 대한 비례적 지위로서의 지분은 주식의 보유수에 따라 결정됨으로써 지분복수주의가 적용되어 자본다수결의 기초가 된다.

아무튼 주식회사는 자본금이 소규모 단위의 주식으로 분할됨으로써 소액으로도 투자가 가능하고, 또한 주식이 유가증권화되어 유통시장에서 손쉽게 양도함으로써 투자금회수가 가능하여 결국 자본조달을 용이하게 한다.

주식을 손쉽게 양도할 수 있다는 것은 주식이 공개시장에서 매매되는 상장회사에 한하는 이야기이고 폐쇄적이거나 규모가 적은 비상장회사의 경우 현실적으로 주식의 양도성에 제한이 있으므로 반드시 투자금의 회수가 용이하지 아니한 것이 또한 현실이다.

## 다. 주주의 유한책임

주주는 인수한 주식의 인수가액을 한도로 회사에 대하여 출자할 의무(상 331조)를 부담할 뿐이므로 회사 채무에 대하여 직접적으로는 아무런 책임도 부담하지 않는다. 이러한 주주의 책임은 회사의 채무에 관하여 직접적으로 무한책임을 부담하는 합명회

7) 2011년 4월 14일 개정된 상법에서 주식발행의 효율성을 높이고 소규모 기업의 원활한 창업을 확대시키고자 하는 취지에서 액면주식과 무액면주식을 선택하여 발행하도록 인정하고(상 329조 1항), 정관으로 정한 경우에는 액면주식과 무액면주식의 상호간의 전환을 허용하고 있으나(상 329조 4항)주식을 액면주식과 무액면주식으로 혼합하여 발행하는 것이 허용되지는 않는다.

사나 합자회사의 무한책임사원 나아가 일정한 범위 내에서 회사의 채무에 대하여 직접적인 책임을 부담하는 합자회사의 유한책임사원과 확연히 구별된다. 다만, 이러한 주주유한책임원칙은 주주의 의사에 반하여 주주에게 주식의 인수가액을 초과하는 새로운 부담을 시킬 수 없다는 취지에 불과하고 회사와 주주가 약정하거나 주주가 스스로 회사의 채무에 대하여 직접적으로 책임을 부담할 수는 있다고 할 것이다.[8)]

엄밀히 말하면 주주는 회사의 채무에 관하여는 무책임이라고 하여야 할 것이나 일반적으로 주주는 인수하기로 한 주식의 인수가액을 회사에 출자할 책임이 있다는 의미에서 유한적이고, 또 이러한 책임은 회사채권자가 아니라 회사에 대한 책임이라는 의미에서 간접적이라고 하여, 결국 주주의 책임을 간접유한책임이라고 한다.

이러한 주주의 유한책임에 대한 예외는 상법과 특별법의 두 측면에서 볼 수가 있다. 우선 상법상으로 보면, 법인격 부인론에 의하여 회사의 채무에 대하여 채권자에 대하여 직접 책임을 부담하는 경우가 있을 수 있으며, 특별법상으로는 상호저축은행법에서 상호저축은행의 경영에 영향력을 행사한 과점주주에게 상호저축은행의 예금반환채무에 대한 연대책임을 부담시키고 있는 경우에서 볼 수가 있다(상호저축은행법 37조의3 2항).

한편 상법은 회사의 지배주주를 일정한 요건 하에서 이사로 간주하여 이들로 하여금 이사의 회사 또는 제3자에 대한 책임과 동일한 책임을 부담토록 하고 있고(상 401조의2), 또한 비상장 법인에 있어서 일정한 과점주주[9)]에게 제2차 납세의무자로서의 책임을 부담시키고 있으나(국세기본법 39조, 지방세법 22조), 전자의 경우는 단순히 주주로서의 지위에서 회사채권자에 대한 직접적인 채무를 부담하는 것이 아니고, 후자의 경우에도 사법상의 채무가 아니라 공법상의 조세채무를 부담하는 경우라는 점에서 이 같은 경우를 주주의 유한책임의 예외적인 현상으로 볼 것은 아니라 할 것이다.

---

8) 대법원 1989.9.12. 선고 89다카890 판결.
9) 과점주주는 주주와 대통령령에 정한 친족 기타 특수관계인(국세기본법 시행령 20조)으로서 이들의 소유주식의 합계가 당해 회사의 발행주식총수의 50%를 초과하는 자들을 의미한다(국세기본법 39조 2항). 이에 관련하여 헌법재판소 한정 위헌결정(헌법재판소 1997.6.26. 선고 93헌바49 결정)을 참고하여 볼 것.

# 제 2 장 주식회사의 설립

## 1. 주식회사 설립 절차의 특색

주식회사의 설립은 상법상의 다른 회사와 비교하여 볼 때 몇 가지 특색이 인정된다.

(1) 주식회사는 구성원인 주주가 아니라 주주와는 다른 법률상의 지위를 가진 발기인이 정관을 작성하여(상 288조, 289조), 주식발행사항을 결정하고(상 291조), 주식의 인수와 주식대금의 납입을 관리하는(발기설립: 상 293조, 295조 / 모집설립: 상 301조, 305조), 한편 이에 대한 담보책임을 부담하고(상 321조), 나아가 회사불성립의 경우에는 이들 발기인이 연대하여 책임을 부담하는 등(상 326조) 주식회사의 설립을 주도하게 된다.

합명회사, 합자회사, 유한책임회사 및 유한회사의 경우에는 회사의 구성원인 사원이 될 자가 정관작성 등 회사설립절차를 주도하게 된다(합명회사: 상 178조 / 합자회사: 상 269조 / 유한책임회사: 상 287조의2 / 유한회사: 상 543조 1항).

(2) 주식회사의 구성원인 주주는 정관에 의하여 확정되는 것이 아니라 회사의 설립준비단계로부터 설립등기에 이르기까지 다수의 법률행위와 사실관계로 이루어지는 주식인수라는 일련의 절차에 의하여 확정된다(발기설립: 상 293조 / 모집설립: 상 302조).

합명회사, 합자회사, 유한책임회사 및 유한회사의 구성원인 사원은 정관의 기재사항이므로 정관의 작성과 동시에 확정된다(합명회사: 상 179조 3호 / 합자회사: 상 270조, 179조 3호 / 유한책임회사: 상 287조의3 1호, 179조 3호 / 유한회사: 상 543조 2항 1호, 179조 3호).

(3) 주식회사는 회사 설립 전에 회사재산형성을 위하여 주식인수인에 대한 엄격한 출자이행절차가 요구된다(발기설립: 상 295조 / 모집설립: 상 303조, 304조, 305조).

유한책임사원으로만 구성된 유한책임회사 또는 유한회사의 경우에도 출자의 이행에 관한 절차를 규정하고 있으나(유한책임회사: 상 287조의4 / 유한회사: 상 544조, 548조) 주식회사만큼 엄격하지는 않고, 무한책임사원이 있는 합명회사 또는 합자회사의 경우에는 이러한 회사설립 전의 출자이행절차도 없다는 점에서 구별된다.

(4) 주식회사의 주주는 업무를 담당하지 아니하므로 업무집행을 위한 별도의 기관구성이 필요하다(발기설립: 상 296조 / 모집설립: 상 312조).

합명회사 또는 합자회사에 있어서는 정관에 다른 규정이 없는 한 무한책임사원이 업무집행의 권한과 의무가 있으므로 회사의 업무집행기관은 정관에 의하여 확정되어 무한책임사원이 담당하게 되고, 별도의 기관구성절차에 관한 규정이 없다(합명회사: 상 200조 / 합자회사: 상 273조).

(5) 상법은 주식회사의 설립경과에 대한 엄격한 조사절차(발기설립: 상 298조, 299조, 300조 / 모집설립: 상 313조, 314조)와 회사설립관여자에 대한 엄격한 책임을 정하고 있다(상 321조 내지 327조).

합명회사 또는 합자회사는 무한책임사원이 있으므로 회사의 설립경과 조사에 관한 별도의 규정을 가지고 있지 않다.

## 2. 주식회사 설립 방법

주식회사 설립시에 발행되는 주식을 누가 어떤 방식으로 인수하는지에 따라 상법은 발기설립과 모집설립의 두 가지 설립방법으로 나누어 규정하고 있다.

발기설립은 설립시에 발행하는 주식의 전부를 발기인이 인수하는 방법에 의한 설립절차이고(상 295조 내지 300조), 모집설립은 설립시에 발행하는 주식의 일부를 발기인이 인수하고 나머지는 주주를 모집하여 인수시키는 방법에 의한 설립절차이다(상 301조 내지 316조).

한편 상법 제290조 소정의 변태설립사항이 있는 회사설립의 경우를 변태설립이라고 하고, 이러한 변태설립사항이 없는 회사설립의 경우를 단순설립이라고 하기도 하는데 이러한 구분은 회사설립의 방법이나 형태에 의한 구분이라기보다 회사 설립과정에서 자본충실을 해칠 우려가 있는 경우를 변태설립사항이라고 정하여 상법이 그 설립과정에 관한 엄격한 조사 등의 절차를 규정하기 위함이다.

주식회사의 설립절차는 발기인에 의하여 주도되는데, 발기인 이외의 제3자인 주식인수인이 주주로 참여하게 되는 모집설립에서는 주식인수인이 설립과정에 소외되기 쉽다. 상법은 모집설립에 있어서 이들 주식인수인을 보호하기 위하여 창립총회와 같은 의사결정기관을 두고 설립과정에 이들이 참여하도록 하고 있는데(상 308조), ① 발기인으로 하여금 회사성립에 관한 사항을 서면으로 창립총회에 보고하도록 하고(상 311조 1항), ② 이사 등 임원을 창립총회에서 선임하도록 하고(상 312조, 309조), ③ 이사, 감사로 하여금 설립경과에 대한 모든 사항을 조사하여 창립총회에 보고하도록 하며(상 313조 1항), ④ 부당한 변태설립사항에 대한 변경권을 창립총회가 갖도록 정하고 있고(상 314조), ⑤ 창립총회에서 정관의 변경 또는 설립의 폐지를 결의할 수도 있도록 정하고 있다(상 316조 1항).

## 3. 주식회사 설립의 단계적 절차

주식회사의 설립절차는 회사 설립을 목적으로 회사의 실체를 형성하고 설립등기를 하기까지 상법이 정한 일련의 과정을 의미하는데, 주식회사에 있어서는 발기인이 설립을 기획하고 정관을 작성하여 규범적 실체를 만들고, 주식의 인수를 통하여 주주를 확정함으로써 인적실체를 만들고, 주식을 인수한 자(주식인수인)들로부터 주식대금을 납입 받음으로써 물적 실체를 만들고, 이어서 이사와 감사를 선임함으로써 조직적 실체를 만드는 등 회사의 실체를 완성한 후 설립등기를 함으로써 회사설립과정을 마치게 된다.

또한 설립절차는 회사의 실체 형성과정에서의 법률관계와 권리의무의 귀속이라는 측면에서 볼 때 단순히 발기인들의 계약관계로부터 한층 더 단체적 특성이 나타나는 단계로 진행하게 되는데, 강학상 이를 발기인조합관계로부터 시작하여 설립중의 회사를 거쳐 설립등기를 함으로써 설립된 회사라는 법인격체로 완성된다고 설명한다.

회사의 설립과정에서는 정관작성, 재산의 형성, 주주의 확정 그리고 이사나 감사의 선임 등과 같은 실체형성과 관련한 법률관계, 영업용 부동산이나 설비 등의 마련 및 인력의 확보와 같은 회사의 영업의 준비와 관련한 법률관계 등이 발생하게 되고 이와 관련한 권리와 의무관계의 귀속 등 그 처리가 문제된다.

### 가. 발기인과 발기인조합

상법은 발기인의 성명, 주민등록번호 및 주소를 정관의 절대적 기재사항으로 규정하고 있는데(상 289조 8호), 이러한 발기인은 실질적 의미로는 주식회사의 설립을 기획하고 절차를 실제로 주관하는 자이고, 형식적 의미로서는 정관에 발기인으로 기명·날인한 자를 말한다. 상법상 발기인의 자격에는 아무런 제한이 없으므로 자연인은 행위능력의 유무, 국적의 여하를 불문하고 발기인이 될 수 있다. 법인이 발기인이 될 수 있는지에 관하여 견해의 대립이 있으나,[1] 법인도 공법인이든 사법인이든 혹은

1) 권기범 294면, 손주찬 548면, 최준선 113면은 이를 긍정하지만, 정찬형 230면은 발기인은 회사설립사

영리법인이든 비영리법인이든 가리지 않고 발기인이 될 수 있다고 할 것이다. 발기인의 수도 제한이 없으므로 1인의 발기인도 가능하다(상 288조).

실질적 의미에서의 발기인과 형식적 의미에서의 발기인이 반드시 일치하지 않는 경우도 있고 이를 전제로 상법은 유사발기인의 책임(상 327조)을 인정하고 있다.

상법은 "주식회사를 설립함에는 발기인이 정관을 작성하여야 한다"고 규정(상 288조)하고 있을 뿐이므로 1인의 발기인도 회사를 설립할 수 있다고 할 것이다. 유한책임회사(상 287조의2)와 유한회사(상 543조 1항)의 경우에도 1인의 사원이 정관을 작성하고 회사를 설립할 수 있도록 규정하고 있고, 또한 주식회사, 유한책임회사 그리고 유한회사의 경우에는 주주 혹은 사원이 1인으로 된 때를 해산사유로 정하고 있지도 않고 있으나 합명회사와 합자회사는 2인 이상의 사원이 공동으로 정관을 작성하도로 규정하고 있고(상 178조, 269조), 사원이 1인으로 된 때를 회사의 해산사유로 하고 있다(상 227조 3호, 269조).

또한 발기인은 강학상 인정되는 설립중의 회사의 구성원이고 업무집행기관인데 이러한 발기인의 회사설립과정에서의 행위는 그것이 권한의 범위 내에 있는지 여부에 따라 그 효력이 설립중의 회사 나아가 설립 후의 회사에 미치게 되므로 발기인의 권한이 어떤 범위에서 인정되는지 문제가 된다.

발기인의 권한에 관하여는 ① 회사설립을 위한 절차적 행위만 할 수 있다는 견해,[2] ② 설립을 위한 절차적 행위 이외에도 회사설립을 위한 거래행위는 가능하지만, 원칙적으로 개업을 위한 준비행위는 할 수 없으므로 재산인수행위는 권한을 벗어난다고 할 것이나 예외적으로 상법 제290조에 의하여 가능하다는 견해,[3] ③ 회사설립을 위한 행위뿐만 아니라 향후 설립될 회사를 위한 개업준비행위도 가능하므로 재산인수행위도 당연히 발기인의 권한에 속하지만 예외적으로 남용을 방지하기 위하여 상법 제290조에서 제한하고 있다는 견해[4]의 대립이 있고, 대법원은 비록 직접적으로 이를 밝히지는 않았으나 개업준비행위까지도 가능하다는 입장에 서 있는 것으로 보인다.[5]

---

무에 종사하여야 하므로 법인이나 행위무능력자는 발기인이 될 수 없다고 주장한다.

2) 이철송 224면.
이러한 최협의설에 따르면 정관의 작성, 주식의 인수와 납입 등과 같은 절차적인 행위만이 발기인의 권한에 속하게 된다.

3) 강위두/임재호 544면, 정희철 365면, 임홍근 144면.
이러한 협의설에 따르면 설립사무소를 임차하고 설립사무소의 직원을 고용하며 주식청약서의 인쇄 등과 같은 제3자와의 거래행위와 상법 제290조 3호에 정한 재산인수행위도 발기인의 권한 내에 속한다고 한다.

4) 서헌제 112면, 정동윤 145면, 정찬형 232면, 최준선 116면.
이러한 광의설에 따르면 향후 설립될 회사를 위한 원재료 구매계약체결, 직원의 고용계약체결, 사무실의 임대차계약, 제품의 공급계약체결등 설립후의 회사의 영업을 위한 행위까지도 가능하게 된다.

5) 대법원 1970.8.31. 선고 70다1357 판결은 회사설립사무를 추진하던 자가 발기인대표로서 제3자와 향후

발기인의 경우 회사설립을 주도하고 향후 설립될 회사의 경영에 깊이 관여하게 되므로 그 권한을 넓게 인정하여 활동의 폭을 넓혀 주는 것이 좋고, 어차피 발기인은 엄격한 책임을 부담하게 되므로 발기인으로 하여금 개업준비행위를 하도록 하더라도 회사 혹은 제3자에게 손해를 입힐 염려가 많지 않다고 생각되므로 발기인의 권한을 넓게 인정하는 제3설의 견해가 타당하다고 생각된다.

결국 제1설은 발기인의 권한을 매우 좁게 해석하여 회사설립절차와 직접적으로 관련된 행위 이외의 일체의 거래행위에 대하여는 권한을 인정하지 않으려는 견해이고, 제2설과 제3설은 회사설립절차와 관련된 거래행위는 인정하나 향후 설립될 회사를 위한 개업준비행위를 발기인의 권한으로 인정할 것인지 여부에 관하여 차이가 나는데 개업준비행위의 경우에도 재산인수에 관하여는 상법 제290조 3호에 의하여 인정되므로 실제적으로는 차이가 없다고 할 것이다.

이 밖에도 발기인은 회사설립과정에서 주식인수의무(발기설립: 상 293조 / 모집설립: 상 301조), 의사록작성의무(상 297조), 창립총회 소집의무(상 308조), 창립총회에서의 보고의무(상 311조)를 지고, 회사설립시에 발행한 주식에 대한 인수 및 담보책임(상 321조)을 부담하는 한편 설립과정에서의 임무해태에 대하여 회사 및 제3자에 대한 손해배상책임을 부담(상 322조)하게 된다.

또한 회사의 설립이 여러 명의 발기인에 의하여 진행될 때, 발기인들 사이에는 회사설립을 위한 합의가 있게 되고 이들은 그러한 합의를 바탕으로 하여 정관의 작성 등 회사설립절차를 진행하게 되는데 이들 발기인 사이의 법률관계는 민법상의 조합계약으로 해석되므로 발기인들 사이에는 발기인조합이 형성된다고 볼 것이다. 이러한 발기인조합의 업무집행과 조합원의 권리의무관계는 민법상 조합계약의 규정(민 703조 이하)에 의하여 규율되고 특히 업무집행에 관한 의사는 조합원의 과반수로 결정하게 되지만(민 706조2항), 예외적으로 상법은 정관의 작성이나(상 289조 1항), 일정한 주식발행사항에 관한 결정은 발기인 전원의 동의에 의하도록 하고 있다(상 291조). 이러한 발기인조합은 회사의 설립을 목적으로 하므로 회사가 성립하면 그 목적의 달성으로 소멸하게 되고, 회사의 설립이 불가능하게 되면 마찬가지로 목적 달성의 불능을 이유로 소멸하게 된다고 할 것이다.

발기인이 발기인조합의 명의로 발기인의 권한 내의 거래행위를 한 경우에만 원칙적으로 발기인조합에 효력이 미치고, 발기인 개인의 명의로 혹은 발기인 권한 외의 행위를 한 경우에는 다른 발기인이 동의를 하여야만 그 효력이 발기인조합에 귀속된다.

---

설립될 회사의 개업을 위한 계약을 체결하고, 그 후 설립된 회사가 그 계약의 이행을 받았다면 그러한 발기인 대표의 계약에 위법이 없다는 취지로서 제3설의 입장에 서 있는 것으로 해석된다.

## 나. 설립중의 회사

### (1) 설립중의 회사의 의의

설립중의 회사란 발기인이나 발기인조합이 회사의 설립절차를 진행하여 어느 정도 회사로서의 실체를 형성시켰으나 아직 설립등기를 마치지 못한 상태에 있는 실체로서 이러한 과정에서 발생한 권리의무가 설립된 회사에 이전되는 관계를 설명하기 위하여 설정한 강학상의 개념이라 할 것이다.[6)]

발기인 또는 민법상 조합관계인 발기인조합이 회사의 설립을 위하여 한 행위의 효과를 독자적인 권리능력의 주체로서 법인인 회사에 곧바로 귀속시키는 것은 법이론상 어렵다고 할 것이다. 이러한 난점을 타개하기 위하여, 발기인이나 발기인조합의 설립행위를 통하여 설립하려는 회사가 회사로서의 일정한 실체를 갖추게 되는 일정시점에서 발기인이나 발기인조합과는 구별되고 향후 설립될 회사와 동일한 실체를 가지고 있는 설립중의 회사를 가상으로 상정(등기를 하지 않았으므로 법인격은 없다)하고, 이러한 시점이후에 발기인을 설립 중의 회사의 업무집행기관으로 보고 발기인(발기인조합)이 하는 설립행위를 설립중의 회사의 업무집행기관의 행위로서 파악하여 그 효과를 향후 설립될 회사와 동일한 실체를 갖춘 설립중의 회사에 일단 귀속하도록 한 뒤, 설립중의 회사가 설립등기를 함으로써 회사가 설립되면 비로소 별도의 승계절차 없이 설립된 회사로 귀속시키는 관계로 설정하게 되는 것이다.

### (2) 설립중의 회사의 법적 성질

설립중의 회사의 법적 성질에 관하여, 설립 후의 회사와 실질적으로 동일한 실체로서 법인격이 없는 사단으로 이해하는 것이 일반적 견해이다.

그러므로 설립중의 회사는 비록 권리능력은 없으나 사단으로서의 실체는 존재하고, 업무집행기관(발기인)을 통하여 법률행위를 할 수 있으므로 회사설립이라는 목적의 범위 내에서는 사실상 권리의무능력이 있다고 할 수 있으므로, 매매 혹은 예금거

6) 대법원 1970.8.31. 선고 70다1357 판결은, "주식회사의 설립과정에 있어서의 소위 설립중의 회사라 함은 상법규정에 명시된 개념이 아니고 발기인이 회사의 설립을 위하여 필요한 행위로 인하여 취득 또는 부담하였던 권리의무가 회사의 설립과 동시에 그 설립된 회사에 귀속되는 관계를 설명하기 위한 강학상의 개념이다. 실질적으로는 회사불성립의 확정을 정지조건으로 하여 발기인에게 귀속됨과 동시에 같은 사실을 해제조건으로 하여 설립될 회사에 귀속되는 것이고 형식적으로 회사성립을 해제조건으로 하여 발기인에게 귀속됨과 동시에 같은 사실을 정지조건으로 하여 설립된 회사에 귀속되는 것이다"라고 발기인의 권한과 관련하여 설립중의 회사의 개념을 원론적으로 판시하였고 대법원 2000.1.28. 선고 99다35737 판결, 대법원 2000.1.28. 선고 99다35737 판결에서도 같은 판시를 하였다.

래 등 계약상의 능력은 인정된다고 할 것이다. 설립중의 회사가 한 행위의 효과는 설립중회사의 구성원인 발기인과 주식인수인들에게 총유적으로 귀속하게 되고 종국에는 주식인수인과 발기인이 채무를 부담할 수밖에 없게 된다. 그런데 주식인수인은 주식의 인수가액을 한도로 유한책임을 부담하게 되므로 설립중회사의 채무에 대하여 직접적인 책임을 부담하지 않게 되므로 결국 발기인이 직접적으로 연대하여 설립중의 회사에 대하여 책임을 부담하게 될 것이다.

또한 민사소송법상 당사자능력과 소송능력이 인정되고(민사소송법 52조), 부동산등기법상의 등기능력도 인정되지만(부동산등기법 26조), 설립중의 회사에 불법행위능력을 인정할 것인가에 관하여는 견해의 다툼이 있다.[7)]

### (3) 설립중의 회사의 성립시기

설립중의 회사의 성립시기에 관하여는 ① 정관이 작성된 때라고 보는 견해,[8)] ② 발행주식 총수가 인수되었을 때라고 보는 견해,[9)] ③ 정관이 작성되고 발기인이 1주 이상의 주식을 인수한 때라는 견해[10)]가 대립하고 있으나 대법원은 발기인이 1주 이상 주식을 인수한 때 설립중의 회사가 설립된다고 판시하고 있고[11)] 일반적 견해도 이에 따르고 있다.

### (4) 설립중의 회사의 법률관계

#### (가) 대내적 관계

설립중의 회사는 회사설립절차의 이행이라는 한시적이고 제한적인 목적의 범위 내에서만 인정된다. 설립중의 회사의 업무집행기관은 발기인이 되고 의결기관으로는 발기설립의 경우는 특별한 의결기관이 없으나 모집설립의 경우에는 창립총회가 최고의 의결기관이 된다(상 308조). 한편 감사기관은 발기설립의 경우에는 발기인이고, 모

7) 설립중의 회사의 불법행위능력과 관련되어 언급되는 대법원 2000.1.28. 선고 99다35737 판결은 설립중인 회사의 발기인이 임차한 부동산 위에 타인의 기계를 보관하던 중 회사가 설립되고 대표이사가 된 후 이를 처분한 경우에 그 대표이사의 불법행위가 회사의 업무와 직무관련성이 있음을 전제로 회사에 대하여 불법행위책임을 인정한 판결로서 설립중의 회사의 불법행위능력을 인정할 것인지 여부를 판시한 것은 아니라 할 것이다. 참고로 설립중의 회사의 불법행위능력에 관하여는 박상근 “설립중 회사 이론의 재구성” 법학 46권 2호 (2005. 6) 316면 내지 343면 참조.
8) 이철송 222면, 이기수 260면, 최준선 123면.
9) 정동윤 140면.
10) 강위두/임재호 538면, 권기범 314면, 이병태 435면, 임홍근 141면, 채이식 398면, 정찬형 236면, 정희철 364면, 최기원 147면.
11) 대법원 2000.1.28. 선고 99다35737 판결은, “설립중의 회사가 성립하기 위해서는 정관이 작성되고 발기인이 적어도 1주 이상의 주식을 인수하였을 것을 요건으로 한다”고 판시하고 있다.

집설립의 경우에는 창립총회에서 선임한 감사나 이사가 된다(상 312조, 313조). 그러나 발기인조합은 단순한 발기인들의 모임이고 설립중의 회사의 기관이 아니라고 할 것이다.

설립중 회사에 있어서 발기인(상 296조)은 업무집행기관이면서 감사기관이기도 하지만, 창립총회(상 312조)에 의하여 선임된 이사는 감사기관에 불과하고 업무집행기관은 아니다.

발기인은 회사설립에 필요한 행위를 할 권한이 있고 그 업무는 원칙적으로 발기인의 과반수로써 결정하게 되지만(민 706조 2항), 주식발행사항의 결정(상 291조), 기타 중요한 사항(정관변경, 발기인 변경 등) 등은 발기인의 전원일치를 필요로 한다고 할 것이다.

(나) 대외적 관계

대외적으로는 발기인이 설립중의 회사를 대표하게 되고 발기인들 사이의 합의에 의하여 특정한 발기인을 발기인대표로서 선임할 수도 있는데 이들이 대외적으로 대표할 수 있는 업무범위에 관하여 견해의 다툼이 있음은 이미 설명하였다.

## 다. 발기인조합과 설립중의 회사 그리고 설립 후 회사의 상호관계

발기인들이 회사설립에 관한 합의를 하여 발기인조합계약관계에서 회사설립절차를 진행하다가 회사 주식을 1주 이상 인수하여 인적인 실체를 어느 정도 갖추게 되면 발기인조합과는 별개의 법인격 없는 사단으로서의 실체를 가진 설립중의 회사가 되고,[12] 이어서 회사의 실체형성절차를 마치고 설립등기를 하게 되면 비로소 독자적인 법인격체로서 회사가 성립되게 되므로 발기인조합은 설립된 회사는 물론이고 설립중의 회사와도 별개의 실체로서 병존하게 된다고 할 것이다.

그러므로 설립중의 회사로서의 실체가 있기 전에, 발기인이 개인이나 발기인조합의 명의로 그 권한 내의 거래행위를 한 경우에 그 거래행위로서 취득한 권리의무는 개인에게 단독으로 귀속하거나 발기인조합에 합유적으로 귀속하게 될 뿐이고,[13] 설립

12) 설립중의 회사를 권리능력없는 사단으로 파악한다면 민사소송법상 당사자능력이 인정되고(민소법 52조), 부동산등기법상 등기능력도 인정된다(부동산등기법 26조).

13) 대법원 2007.9.7. 선고 2005다18740 판결은, "설립중의 회사로서의 실체가 갖추어지기 이전에 발기인이 취득한 권리·의무는 구체적 사정에 따라 발기인 개인 또는 발기인조합에 귀속되는 것인바, 발기인이 개인 명의로 금원을 차용한 경우 이는 그 발기인 개인에게 귀속됨이 원칙이고, 위 채무가 발기인조합에게 귀속되려면 위 금원의 차용행위가 조합원들의 의사에 기해 발기인조합을 대리하여 이루어져야 한다"고 판시하고 있다.

중의 회사와 무관하므로 이를 설립된 회사에 귀속시키려면 거래 상대방과 합의에 의하여 개별적인 이전행위(계약인수, 채무인수, 채권양도)를 하여야 할 것이다. 또한 발기인이 개인의 명의로 혹은 발기인조합의 명의이더라도 그 권한 외의 행위를 한 경우에 그 거래행위의 효과는 발기인조합에 미치지 아니하므로 결국 이 경우에는 다른 발기인이 동의를 하여야만 발기인조합에 효력이 귀속된다고 할 것이다.

### 대법원 1994.1.28. 선고 93다50215 판결

설립중의 회사라 함은 주식회사의 설립과정에서 발기인이 회사의 설립을 위하여 필요한 행위로 인하여 취득하게 된 권리의무가 회사의 설립과 동시에 그 설립된 회사에 귀속되는 관계를 설명하기 위한 강학상의 개념으로서 정관이 작성되고 발기인이 적어도 1주 이상의 주식을 인수하였을 때 비로소 성립하는 것이고, 이러한 설립중의 회사로서의 실체가 갖추어지기 이전에 발기인이 취득한 권리, 의무는 구체적 사정에 따라 발기인 개인 또는 발기인조합에 귀속되는 것으로서 이들에게 귀속된 권리의무를 설립 후의 회사에 귀속시키기 위하여는 양수나 채무인수 등의 특별한 이전행위가 있어야 한다.

(같은 취지: 대법원 1998.5.12. 선고 97다56020 판결, 대법원 2007.9.7. 선고 2005다18740 판결)

한편 설립중의 회사에 있어서 업무집행을 하는 발기인이 권한범위 외의 행위를 한 탓에 설립중인 회사의 행위로 인정받지 못하는 경우에 이러한 행위를 이른바 무권대표행위에 해당하는 것으로 보아 민법에 정한 무권대리의 규정(민 130조, 133조)을 유추 적용하여 추인함으로써 소급적으로 설립중인 회사의 행위로서 인정할 수 있는지 여부에 관하여 견해의 대립이 있다.[14] 만약 발기인의 행위가 법률에 정한 조건에 위반하는 경우 예컨대 정관에 규정하지 아니한 재산인수를 하는 경우에는 무효이지만 그것이 사후설립(상 375조)에 해당할 때에는 주주총회의 특별결의(상 374조)가 있을 때 유효한 사후설립으로서의 효력은 인정될 수 있을 것이다.[15]

---

14) 정희철 371면, 정찬형 256면, 채이식 376면.
이에 대하여 이러한 추인은 실정법적 근거가 없고, 상법 290조의 취지를 몰각시킨다고 주장하면서 추인을 부정하는 견해로는 최기원 148면, 최준선 138면.

15) 대법원 1992.9.14. 선고 91다33087 판결은, 갑과 을이 공동으로 축산업 등을 목적으로 하는 회사를 설립하기로 합의하고 갑은 부동산을 현물로 출자하고 을은 현금을 출자하되, 현물출자에 따른 번잡함을 피하기 위하여 회사의 성립 후 회사와 갑 간의 매매계약에 의한 소유권이전등기의 방법에 의하여 위 현물출자를 완성하기로 약정하였던 사안에서 "회사의 성립 후에 양수할 것을 약정한다 함은 이른바 재산인수로서 발기인이 회사의 성립을 조건으로 다른 발기인이나 주식인수인 또는 제3자로부터 일정한 재산을 매매의 형식으로 양수할 것을 약정하는 계약을 의미한다고 할 것이고, 아직 원시정관의 작성 전이어서 발기인의 자격이 없는 자가 장래 성립할 회사를 위하여 위와 같은 계약을 체결하고 그 후 그 회사의 설립을 위한 발기인이 되었다면 그 계약은 상법 제290조 제3호가 규정하는 재산인수에 해당한다고 할 것이어서 정관에 기재되지 아니하는 한 무효라고 할 것이나, 위와 같은 방법에 의한 현물출자

이처럼 설립중의 회사는 원래 회사설립 중의 법률관계를 설립된 회사에 특별한 절차 없이 승계토록 하기 위하여 만들어 낸 강학상의 개념이므로 설립중의 회사의 명의로 취득한 권리의무는 설립중의 회사에 총유적으로 귀속하였다가 회사가 설립되면 별도의 이전절차 없이 성립된 회사에 귀속하게 된다.

그러므로 발기인의 행위의 효과는 ① 그 행위당시 설립중의 회사가 성립하고 있어야 하고, ② 당해 행위를 한 발기인에게 업무대표권이 있고 또한 권한 범위 내에서 이루어져야 하고, ③ 발기인이 대표행위로서 그러한 행위를 한 것이어야 하고, ④ 설립중의 회사가 설립등기를 마친 경우에 한하여 별도의 이전에 관한 행위 없이 당연히 설립된 회사에 포괄적으로 승계된다(동일성이론).

## 4. 주식회사의 실체 형성

주식회사의 실체형성절차는 정관을 작성하고 주식발행사항을 결정한 뒤에, 설립시에 발행하는 주식의 인수방법에 따라 발기설립과 모집설립의 이원적 절차에 따라 진행된다.

### 가. 정관의 작성

#### (1) 정관의 의의

정관은 실질적 의미에서는 회사의 운영, 조직 및 활동에 관한 기본규칙이라 할 수 있고, 형식적 의미에서는 이러한 기본규칙을 정한 문서라고 할 것이다.

이러한 정관은 발기인이 회사의 근본규칙을 정하여 서면에 적은 뒤 각자 기명날인 또는 서명해야 하는데(상 289조 1항), 주식회사 설립시에 작성하는 원시정관은 공증인의 인증이 있어야 효력이 발생하지만(상 292조) 회사 성립 후 변경되는 이른바 변경정관은 주주총회의 특별결의가 있으면 곧바로 효력이 발생한다.[16)]

상법은, 본점에는 정관의 원본을, 지점에는 사본을 비치하도록 하여(상 396조 1항) 공시의 목적에 충실하도록 하고 있다.

---

가 동시에 상법 제375조가 규정하는 사후설립에 해당하고 이에 대하여 주주총회의 특별결의에 의한 추인이 있었다면 회사는 유효하게 위 현물출자로 인한 부동산의 소유권을 취득한다"고 판시하고 있다.

16) 대법원 2007.6.28. 선고 2006다62362 판결은 "주식회사의 원시정관은 공증인의 인증을 받음으로써 효력이 생기는 것이지만 일단 유효하게 작성된 정관을 변경할 경우에는 주주총회의 특별결의가 있으면 그때 유효하게 정관변경이 이루어지는 것이고, 서면인 정관이 고쳐지거나 변경 내용이 등기사항인 때의 등기 여부 내지는 공증인의 인증 여부는 정관변경의 효력발생에는 아무 영향이 없다"고 판시하고 있다.

주식회사 정관의 기재사항[17]에는 절대적 기재사항, 상대적 기재사항, 임의적 기재사항의 세 가지가 있다.

절대적 기재사항은 상법 제289조에서 명시적으로 적을(기재할) 것을 요구하는 사항으로서 그것의 흠결이 있으면 정관은 무효가 되고 회사설립의 무효의 원인이 될 수도 있다.

상법상의 절대적 기재사항은 목적, 상호, 회사가 발행할 주식의 총수, 액면주식을 발행하는 경우 1주의 금액, 회사 설립시에 발행하는 주식의 총수, 본점의 소재지, 회사가 공고하는 방법,[18] 발기인의 성명, 주민번호, 주소를 말한다(상 289조 1항).

상대적 기재사항은 정관에 적지(기재하지) 않더라도 정관 자체의 효력에는 영향이 없으나 만약 적지 않은 경우에는 그 효력을 인정받지 못하지만, 그러한 기재사항을 정관에 적으면 절대적 기재사항과 같은 효력이 인정되는 사항을 말한다.

상법에 규정된 상대적 기재사항으로는 상법 제290조의 변태설립사항을 들 수가 있으나 이 밖에도 주식의 양도제한(상 335조 1항 단서), 명의개서대리인의 허용(상 337조 2항), 주식매수선택권의 부여(상 340조의2), 종류주식의 발행사항(상 344조), 상환주식(상 345조), 주주총회의 권한(상 361조), 주주총회의 결의방법(상 368조 1항), 서면에 의한 의결권행사(상 368조의3), 집중투표의 배제(상 382조의2 1항), 이사 임기의 연장(상 383조 3항), 자격주의 공탁(상 387조), 신주발행에 관한 사항(상 416조), 제3자에 대한 신주인수권의 인정(상 418조), 해산사유(상 517조) 등을 들 수가 있다.

임의적 기재사항은 정관에 적지(기재하지) 않더라도 정관 자체의 효력에 영향이 없고 또 그 내용의 효력이 부인되는 것도 아니지만, 정관에 기재함으로써 정관의 내용으로 하고 그에 따른 구속력을 발생시키려고 하는 사항을 말한다.

임의적 기재사항으로는 주권의 종류, 명의개서절차, 영업연도, 정기주주총회의 소집시기, 주주총회의 장소, 지점의 소재지, 이사와 감사의 수 등을 생각해 볼 수가 있다.

17) 2011년 4월 14일 개정된 상법은 액면주식 이외에 무액면주식의 발행도 허용하고 있고(상 329조 1항), 이 경우에 주권에는 액면이 없고 주식의 수만이 기재되므로 정관에 1주의 금액을 적을 필요가 없다. 또한 상법은 "회사설립시 발행하는 주식의 총수는 회사가 발행할 주식의 4분의 1 이상이어야 한다"는 규정(2011년 4월 14일 개정전의 상법 289조 2항)을 삭제함으로써, 현재는 회사설립시에는 발행예정주식의 총수 범위 내에서 자유롭게 주식을 발행할 수가 있게 되었다.

18) 회사의 공고는 ① 서면적 방법으로 하는 것이 원칙적인 방법이고, 관보 또는 시사에 관한 사항을 게재하는 일간신문에 하게 되고(상 289조 3항 본문), ② 전자적 방법으로 하는 것이 예외적으로 방법인데 회사의 인터넷 홈페이지에 게재하는 방법으로 하게 된다(상 289조 3항 단서, 상법시행령 6조).

### (2) 변태설립사항

#### (가) 변태설립사항의 의의

상법 제290조에 규정된 변태설립사항은 회사성립 후 회사의 재산적 기초를 위태롭게 할 가능성이 있어 주주와 회사 채권자의 이익을 보호하기 위하여 상법이 특별히 규정하고 있는 사항으로서 강학상 "위험한 약속"이라고도 한다.

상법은 변태설립사항을 정관의 상대적 기재사항으로 하여(상 290조) 공시하도록 하는 한편, 엄격한 조사과정을 거치도록 하고 있다.[19)]

발기설립의 경우에는 설립등기 전에 법원이 선임한 검사인 (상 298조 4항 본문) 또는 발기인이 선임한 공증인이나 감정인(상 298조 4항 단서, 299조의2)에 의하여 조사하여 법원에 보고를 하도록 하여(상 299조 1항, 299조의2), 법원이 이를 승인하거나 필요한 경우에는 적절한 변경이 이루어지도록 하고 있다(상 300조).

또한 모집설립의 경우에도 설립등기 전에 법원이 선임한 검사인(상 310조 1항) 또는 발기인이 선임한 공증인이나 감정인(상 310조 3항, 298조 4항 단서, 299조의2)에 의하여 조사하여 창립총회에 보고하여 창립총회에서 이를 승인하거나 필요한 경우에는 적절한 변경이 이루어지도록 하고 있다(상 314조).

이 밖에도 상법은 이러한 변태설립사항을 주식청약서에 기재하도록 하여 주식인수인들이 이런 사항을 미리 알도록 하고 있다(상 302조 2항 2호).

만약 변태설립사항을 정관에 기재하였지만 상법에 정한 조사절차를 밟지 않은 경우에 이를 무효로 볼 것인가에 관하여 견해의 대립이 있으나 변태설립사항의 조사절차에 관한 상법의 규정은 강행규정이므로 당연 무효라고 하여야 할 것이다.[20)] 그리고 당연 무효라고 하더라도 그로 인한 손해에 대하여 발기인이 임무해태로 인한 책임(상 322조)을 부담하여야 하는 것은 당연하다 할 것이다.

---

19) 2011년 4월 14일 개정되기 전부터 상법은 변태설립사항에 관하여 회사로 하여금 법원이 선임한 검사인에 의한 조사와 법원에 대한 보고(상 298조 4항 본문)를 하거나 혹은 공증인 등에 의한 조사와 보고(상 299조의2) 또는 공인된 감정인의 감정을 통한 방법을 선택할 수 있도록 정함으로써(상 298조 4항 단서), 실무상 공증인이나 감정인에 의한 조사를 선택하는 경우가 대부분이었는데, 2011년 4월 14일 개정된 상법은, 종전의 상법이 제290조에 열거된 변태설립사항에 관한 일괄적인 조사가 회사설립에 부담이 되므로 이를 경감시켜 주려는 의도에서 발기설립의 경우에는 회사 설립시 자본충실을 해칠 우려가 많지 않은 경우를 검사인의 조사 및 보고 대상에서 제외하고 있다(상 299조 2항). 다만 이런 경우에도 모집설립에 있어서는 이러한 예외적인 경우를 허용하지 않고 있다.

20) 대법원 1980.2.12. 선고 79다509 판결은 회사 설립 후에 신주를 발행함에 있어서 검사인의 조사절차를 받지 아니한 현물출자에 의한 신주발행이 무효라고 할 수 없다고 판시하고 있으나, 이것은 회사 설립시의 현물출자의 경우가 아니라 현물출자에 대한 규제가 덜 까다로운 신주발행시의 현물출자에 관한 판결로서 과연 회사 설립시에 검사인의 조사절차를 거치지 않은 현물출자를 유효하다고 할 것인지는 의문이다.

(나) 상법의 변태설립사항

1) 발기인이 받을 특별이익(상 290조 1호)

발기인이 받을 특별이익이란 발기인이 회사를 설립한 공로에 대한 보상으로 부여하는 이익, 예컨대 회사 설비이용에 있어서 우선권, 회사와의 계속적 거래의 약속, 총판권의 부여 등을 생각해 볼 수가 있으나 의결권 행사에 있어서의 특권, 배당에 있어서의 특권, 기관 구성에 있어서의 특권 등과 같이 회사의 본질이나 주주평등의 원칙에 반하는 것은 허용되지 않는다 할 것이다. 이러한 특별이익은 일종의 채권적 권리로 파악되므로 성질에 반하지 않는 한 양도나 상속도 가능하다 할 것이다.

이러한 특별이익은 회사가 설립중일 때에는 법원의 변경처분(상 300조)이나 창립총회의 변경결의(상 314조)로 변경이 가능하지만 회사가 성립한 후에는 정관의 변경으로 이를 함부로 변경하거나 박탈할 수는 없다 할 것이고 만약 회사가 이를 변경하거나 박탈한 경우에는 그러한 특별이익을 받을 자에게 손해배상책임을 부담하여야 할 것이다.

2) 현물출자(상 290조 2호)

가) 현물출자의 의미

현물출자는 금전 이외의 재산, 예컨대 부동산이나 기계설비 등을 목적으로 하는 출자로 대차대조표상에 자산으로 기재할 수 있는 재산적 가치가 있으면 가능하다 할 것이다. 현물출자는 회사에 필요한 재산을 미리 확보하고 출자자가 출자를 위하여 현물을 금전으로 환가하는 비용과 불편함을 제거할 수 있다는 장점이 있는 반면에 과대평가의 경우에는 자본충실을 해할 우려가 있다는 단점이 있다.

나) 현물출자자

상법은 출자자를 발기인에 한정하는 등의 제한을 두고 있지 않으므로, 발기인뿐만 아니라 어느 누구라도 주식을 인수함에 있어서 현물출자를 할 수 있다.

다) 현물출자의 이행

현물출자의 경우에도 현금출자와 동일하게 납입기일에 현물출자의 목적인 재산을 인도하고 필요한 권리 이전절차 및 법률상 요구되는 대항요건 등을 모두 마쳐야 할 것이다(상 295조 2항, 305조 3항).

라) 현물출자를 불이행한 경우의 처리

회사가 성립하기 전에 현물출자의 이행과 관련하여 이행을 지체하거나 이행이 불가능하게 되는 등, 현물출자가 이행되지 아니하면 그에 대체하여 다른 현물로서 출자를 받을 수 없게 되어 그 부분은 신주모집이 불가능하게 되므로 정관을 변경하여 설립절차를 속행하거나, 정관변경이 불가능한 경우에는 설립절차를 중지하게 될 것이다.

회사가 성립된 후에 현물출자의 불이행이 밝혀진 경우 회사는 비록 설립등기를 함으로써 성립하였다고는 하더라도 그 불이행부분이 많은 경우는 재산적 실체가 무너질 우려가 있으므로 결국 설립무효의 원인이 될 수 있다.

현물출자가 불이행된 경우에도 발기인이 납입담보책임을 부담하는지에 관하여, ① 납입담보책임은 금전출자에 한정하므로 납입담보 책임의 문제가 아니라 설립무효의 문제로 볼 것(부정설)이라는 견해, ② 현물출자라고 하여 항상 대체불능이라고 단정할 수 없으므로 주주와 회사채권자를 보호하기 위한 납입담보책임은 인정될 것(긍정설)이라는 견해, 그리고 ③ 현물출자의 내용상 대체가 불능하고 사업의 목적상 필요 불가결하다면 설립무효로 가야 하고, 대체가 가능하고 금전으로 대체할 수 있다면 납입담보책임으로 가야 할 것(절충설)이라는 견해의 대립이 있는데, 기업의 유지발전이라는 상법의 이념에 비추어 보거나 설립하자의 소에서 법원에 대하여 재량기각을 인정하고 있는 취지에 비추어 볼 때 절충설의 입장이 보다 타당하다고 보인다.

마) 현물출자목적에 대한 부적절한 평가

회사가 성립되기 전에 현물출자목적물에 대한 과대한 가치의 평가가 있었음이 밝혀진 경우에는 설립경과조사에 의하여 처리하여야 할 것이다(발기설립: 상 299조, 299조의2, 300조 / 모집설립: 상 310조, 311조, 314조).

그러나 현물출자목적물에 대한 과대한 가치의 평가가 있었더라도 회사의 설립등기를 마쳤다면 설립경과조사절차에 따라 처리할 수는 없고 또한 납입이 있었으므로 발기인에게 납입담보책임(상 322조 2항)을 부담시킬 수도 없게 된다. 결국 부적절한 평가의 정도에 따라서 그 정도가 경미한 경우에는 현물출자 그 자체가 무효라고 할 수 없으므로 발기인과 임원에 대한 손해배상책임을 추궁하거나(상 322조, 323조), 차액을 현금으로 납부할 것을 청구할 수 있고, 만약 그 부적절한 평가의 정도가 중대한 경우에는 현물출자 자체가 무효가 되어 회사설립무효의 원인이 된다고 해석하여야 할 것이다.

#### 3) 재산인수(상 290조 3호)

가) 재산인수의 의의

상법상 회사의 설립과 관련하여 논의되는 재산인수는 발기인이 회사의 성립을 조건으로 하여 특정인으로부터 일정한 재산을 양수하기로 하는 약정, 예컨대 회사 성립 전에 미리 회사성립 후 소요되는 부동산 설비 등을 매수하기로 하는 약정 등을 의미한다. 원래 이것은 회사에 대한 출자의 문제가 아니지만 이 경우에도 목적물의 과대평가로 인하여 회사의 재산적 기초가 약해지고 만약 양도인이 발기인이라면 현물출자의 제한을 우회하는 방법으로 악용될 소지가 있으므로 상법은 이를 변태설립사항으로 정하고 있다.

나) 위법한 재산인수계약의 효과

재산인수가 정관에 기재되는 등 상법의 규정에 따라 적법하게 이루어진 경우에는 설립중의 회사의 적법한 행위로서 설립 후의 회사가 유효하게 그 계약을 승계하게 되지만, 만약에 발기인 등이 정관에 정하지 아니한 재산인수를 하거나 그 범위를 초과한 재산인수를 하는 등 상법의 규정에 따르지 않고 재산인수계약을 하였다면 원칙적으로 그러한 계약은 설립된 회사에 대하여는 효력이 없다고 할 것이다.[21] 그런데 이런 경우에 단순히 추인의 방법으로 이를 설립 된 회사에게 효력이 미치도록 할 수 있는지 여부에 관하여 ① 민법에 정한 무권대리의 규정(민 130조)을 유추 적용하여 추인할 수 있을 것이라는 견해(긍정설),[22] ② 상법상 변태설립에 관한 규정은 자본충실을 위한 강행규정으로 이를 허용할 수 없을 것이라는 견해(부정설[23])가 대립하고 있는데 추인을 긍정하면 재산인수의 탈법행위를 허용하는 결과를 초래하여 결국 상법상 자본충실의 원칙을 해하고 강행규정에도 어긋나므로 추인을 허용하여서는 아니 될 것이다.

대법원은 발기인이 정관에 기재되지 아니한 재산인수를 한 경우 원칙적으로 무효이지만 그것이 상법상 사후설립(상 375조)에 해당한다고 볼 수 있고 또한 주주총회의 특별결의(상 374조)가 있을 경우에는 유효한 사후설립으로서의 효력은 인정한다고 판시하고 있다.[24]

사후설립도 현물출자나 재산인수 등과 같이 회사의 재산적 기초를 위태롭게 할 우려가 있으므로 상법은 "회사가 성립 후 2년 내에 그 성립 전부터 존재하는, 자본금의 일정액 이상의 가치를

21) 대법원 1994.5.13. 선고 94다323 판결은, "현물출자에 따른 번잡함을 피하기 위하여 회사의 성립 후 회사와 현물출자자 사이의 매매계약에 의한 방법에 의하여 현물출자가 이루어진 경우를 재산인수로 보고 만약 이런 내용이 정관에 기재되지 아니하는 한 무효"라고 판시하고 있다.

22) 강위두/임재호 508면, 정희철 371면, 정찬형 256면, 채이식 376면.

23) 권기범 307면, 이병태 453면, 이철송 236면, 최기원 163면, 최준선 138면.

24) 대법원 1992.9.14. 선고 91다33087 판결은 "갑과 을이 공동으로 축산업 등을 목적으로 하는 회사를 설립하기로 합의하고 갑은 부동산을 현물로 출자하고 을은 현금을 출자하되, 현물출자에 따른 번잡을 피하기 위하여 회사의 성립 후 회사와 갑 간의 매매계약에 의한 소유권이전등기의 방법에 의하여 위 현물출자를 완성하기로 약정하고 그 후 회사설립을 위한 소정의 절차를 거쳐 위 약정에 따른 현물출자가 이루어진 것이라면, 위 현물출자를 위한 약정은 그대로 상법 제290조 제3호가 규정하는 재산인수에 해당한다고 할 것이어서 정관에 기재되지 아니하는 한 무효라고 할 것이나, 위와 같은 방법에 의한 현물출자가 동시에 상법 제375조가 규정하는 사후설립에 해당하고 이에 대하여 주주총회의 특별결의에 의한 추인이 있었다면 회사는 유효하게 위 현물출자로 인한 부동산의 소유권을 취득한다"고 판시하고 있다. 이 판결은 재산인수의 추인을 긍정한 것이 아니고, 재산인수가 동시에 사후설립에 해당할 경우에는 주주총회의 특별결의로 사후설립으로 추인될 수 있다는 취지로 해석하여야 할 것이다.

가지는 재산을 취득하는 것을 주주총회의 특별결의를 통하여 이를 승인 받도록 하고 있는 것으로서 현물출자나 재산인수는 회사의 설립과 관련한 출자와 거래행위인데 반하여 사후설립은 설립된 회사의 거래행위에 관련된 것이라는 차이가 있다.

#### 4) 설립비용 등(상 290조 4호)

회사의 설립비용, 예컨대 사무실 임차료, 주주모집 비용, 발기인의 보수 등은 회사설립을 위하여 지출한 비용이므로 당연히 회사가 부담하여야 하지만 이 경우도 과다한 계상에 의한 폐해를 막을 목적으로 상법은 변태설립사항으로 규정하고 있다.

따라서 정관에 기재된 범위 내에서 성립된 회사에 대하여 효력이 있고, 발기인이 이를 이미 지급하였다면 발기인은 회사가 성립된 후 회사에 대하여 구상을 청구할 수 있겠지만, 만약 그 비용이 정관에 정한 바를 초과하거나 정관에 없는 비용을 지출하면 성립된 회사에 대하여 효력이 없으므로 발기인이 이를 이미 지급하였더라도 성립된 회사에 구상을 청구하는 것이 허용되지 않는다고 할 것이다.

그런데 회사가 성립된 후에도 발기인이 설립비용을 지불하지 않은 경우에 그 채권자는 누구를 상대로 이를 청구할 수 있는지에 관하여, ① 회사설립에 필요한 행위는 모두 발기인의 권한에 속하므로 실질적으로 설립중의 회사에 귀속하고 회사의 성립과 동시에 제3자에 대한 권리의무는 당연히 성립된 회사가 이를 이행하여야 하고, 만약 그 비용이 정관에 기재되어 있지 않다면 회사는 발기인에 대하여 구상할 수 있다는 견해,[25] ② 회사설립의 전후를 구별함이 없이 제3자에 대하여는 일단 발기인이 행위자로서 채무자가 되고 정관에 기재된 범위 내에서만 회사에 대하여 구상할 수 있다는 견해,[26] ③ 설립중의 회사의 채무는 회사에 이전되지만 그렇다고 발기인의 책임이 면책되는 것은 아니므로 발기인과 회사가 중첩적으로 책임을 부담한다는 견해,[27] ④ 설립비용 중에서 정관에 기재된 적법한 비용에 대하여는 회사가 제3자에 대하여 책임을 부담하지만 이러한 요건을 충족하지 아니한 경우에는 발기인이 책임을 부담한다는 견해가 대립하고 있다.

그런데 이러한 문제는 회사의 자본충실이라는 측면도 있지만 거래의 안전과 관련하여 제3자의 보호와 관련해서 생각해 보아야 할 것이다. 발기인이 회사설립을 위하여 지출하여야 할 비용이란 설립중의 회사의 기관으로서 회사의 설립을 위하여 지출하여야 할 비용이므로 회사가 설립되면 이러한 비용은 회사로 이전되게 되어 회사가 채무자가 된다고 하는 것이 거래의 안전에 합당하다고 할 것이므로 일단 회사가 대외

25) 강위두/임재호 512면, 이기수 252면, 정찬형 257면, 최준선 142면.
26) 최기원 168면.
27) 손주찬 560면.

적으로 그 책임을 부담하고 그것이 정관에 기재되었는지, 또 정관의 범위 내인지 여부에 따라 발기인에게 구상하도록 하는 것이 타당할 것이다.

### 나. 주식 발행 사항의 결정

회사설립을 하면서 발행하게 되는 주식에 관하여 어떤 종류를, 얼마만큼 그리고 얼마에, 누구에게, 어떻게 발행할 것인가 등과 같은 많은 사항을 결정하여야 하는데 이러한 사항은 매우 중요한 사항이므로 상법은 회사 설립시 발행하는 주식의 총수 및 액면주식을 발행하는 경우 1주의 금액은 정관에 반드시 기재하도록 정하고 있다(상 289조 1항). 그 밖의 사항에 관하여도 정관으로 정할 수 있으나 만약 정관에 이런 내용이 기재되어 있지 아니할 경우에는 ① 설립시 발행할 주식의 종류와 수, ② 액면주식의 경우에 액면 이상의 주식을 발행할 때는 그 수와 금액 그리고, ③ 무액면주식을 발행하는 경우에 자본금으로 계상하는 금액에 관하여는 발기인 전원의 동의로써 결정하도록 하고 있다(상 291조).

이 밖에도 모집설립절차를 취할 것인지 발기설립절차를 취할 것인지도 발기인 전원의 합의에 의하여 결정되어야 할 사항이라 할 것이다.

주식발행사항에 관한 발기인의 동의는 원칙적으로 정관작성 후 발기인에 의한 주식인수 전이어야 할 것이나, 주식인수 후에도 동의를 얻지 못한 경우라고 하더라도 늦어도 회사의 설립등기에 의하여 회사가 설립되므로 등기 전까지는 동의를 얻어 그 하자를 치유할 수 있다고 할 것이다.

한편 주식발행에 관하여 위에 정한 사항 이외의 사항, 예컨대 청약기간, 납입기일 등은 발기인의 과반수 동의에 의하여 결정하면 될 것이다.

### 다. 발기설립에 의한 절차

#### (1) 발기인의 주식인수

발기설립의 경우에는 발기인이 회사를 설립할 때 발행하는 주식을 모두 인수하여야 하는데(상 293조, 295조 1항), 이때 발기인은 서면으로 인수하여야 하고(상 293조) 이러한 서면은 설립 등기할 때 첨부하여야 하며(상업등기법 80조 2호) 만약 서면으로 인수하지 않으면 무효라고 할 것이다. 주식의 인수시기에 관하여는 정관작성 후라는 견해[28)]와 정관작성 전후를 불문한다는 견해[29)]가 대립하고 있으나 아직 이에 관한 대

28) 이철송 241면, 정찬형 260면.
29) 서헌제 123면, 손주찬 565면, 이병태 460면, 채이식 412면, 최기원 172면.

법원 판결은 없다.

생각건대 정관에 의하여 설립될 회사의 모습과 형태를 결정되고, 발행될 주식에 관한 사항이 정하여지므로 주식의 인수는 정관작성 후에 이루어져야 할 것이다.

### (2) 출자의 이행

금전출자의 경우에, 발기인은 인수 후에 지체 없이 인수가액 전액을 납입하여야 하는데(상 295조 1항 전단), 납입은 현실적이어야 하므로 경개 혹은 대물변제 등은 허용되지 않고 만약 수표나 약속어음을 교부하였다면 그 수표나 어음이 실제로 지급된 때 납입한 것으로 인정된다. 다만 자기앞수표의 경우에는 현금과 동일시될 것이다.

현물출자의 경우에, 발기인은 납입기일에 지체 없이 목적재산을 인도하고 등기 등 권리이전에 필요한 서류를 교부하여야 한다(상 295조 2항). 현물출자의 경우에는 권리이전에 필요한 효력발생요건뿐만 아니라 대항요건도 충족하여야 하지만, 권리이전에 등기나 등록 등을 요하는 경우에는 설립중의 회사 명의로 이전하였다가 다시 설립 후의 회사로 이전하는 데 따른 절차의 번잡을 피하고 비용의 절감을 위하여 권리이전에 필요한 서류를 교부함으로써 이를 이행한 것으로 본다. 다만 이 경우 현물출자자의 출자목적물에 대한 이중양도로 인한 위험은 회사가 부담하게 된다고 할 것이다.

발기설립의 경우에 출자가 이행되지 않은 경우에는 모집설립과 달리 실권절차(상 307조)가 규정되어 있지 않으므로 민법상 채무불이행의 절차에 따라야 할 것이다.

### (3) 이사 · 감사의 선임

발기설립의 경우에는 발기인의 출자 이행완료 후 지체 없이 의결권의 과반수로 이사와 감사를 선임하여야 하는데(상 296조 1항), 이 경우 인수한 주식 1주당 1개의 의결권이 인정되지만(상 296조 2항), 주주총회와 달리 의결권 없는 주식을 인수한 발기인도 의결권행사가 가능하고, 발기인이 아니더라도 이사나 감사로 선임될 수 있다.

이렇게 선임된 이사와 감사는 설립중의 회사의 기관(감사)이고, 설립이 되면 별도의 절차 없이 설립된 회사의 기관이 된다.

### (4) 설립경과의 조사

발기인에 의하여 선임된 이사와 감사, 감사위원회는 취임 후 지체 없이 설립경과의 적법성을 조사하여 발기인에게 보고하여야 하는데(상 298조 1항), 이때 공정성을 담보하기 위하여 이사와 감사 중에서 발기인이었던 자, 현물출자자 및 회사성립 후

양수할 재산의 계약당사자는 이에 참가하지 못하도록 하고 있고(상 298조 2항), 이사와 감사 전원에게 이러한 제척사유가 있을 때에는 공증인으로 하여금 이를 조사하여 보고하도록 하고 있다(상 298조 3항).

한편 변태설립사항이 있는 경우에 상법은 위와 같은 임원에 의한 내부적인 조사 이외에 이사의 청구에 의하여 법원이 선임한 검사인 등에 의한 외부적인 조사를 거치도록 하여 자본충실을 도모하고 있다(상 298조 4항). 법원에 의하여 선임된 검사인은 변태설립사항(상 290조)과 현물출자의 이행에 관한 사항을 조사하여 법원에 보고하도록 하고(상 299조 1항), 필요한 경우 법원은 변경처분을 할 수 있도록 하고 있다(상 300조).

다만, 이러한 검사인의 일괄적인 조사와 보고의 부담을 경감시켜 주려는 의도에서 자본충실을 해칠 우려가 많지 않은 일정한 경우, ① 현물출자 또는 재산인수의 대상이 되는 재산의 총액이 자본금의 5분의 1을 초과하지 아니하고 대통령령으로 정한 금액을 초과하지 않는 경우(상 299조 2항 1호), ② 현물출자 또는 재산인수의 대상이 되는 재산이 거래소에서 시세가 있는 유가증권의 경우로서 정관에 적힌 가격이 대통령령으로 정한 방법으로 산정된 시세를 초과하지 아니하는 경우(상 299조 2항 2호), ③ 그 밖에 대통령령으로 정하는 경우(상 299조 2항 3호) 등에는 검사인의 조사 및 보고 대상에서 제외하고 있다(상 299조 2항).[30)]

그러나 변태설립사항이 발기인에게 특별한 이익을 부여하는 것이거나(상 290조 1호), 설립비용과 발기인의 보수에 관한 것(상 290조 4호)일 경우에는 법원이 선임하는 검사인의 조사와 보고를 발기인이 선임하는 공증인의 조사와 보고로 대체할 수 있고, 또 변태설립사항이 현물출자에 관한 것이거나(상 290조 3호), 재산인수에 관한 것(상 290조 3호)일 경우에는 발기인이 선임하는 감정인의 조사와 보고로 대체할 수 있으나 이 경우에도 그 결과를 법원에 보고하여야 하고(상 299조의2 본문), 이때에도 필요하다면 법원은 변경처분을 할 수 있다(상 300조).

---

30) 상법은 그 구체적인 범위를 대통령령(상법시행령)에 위임하고 있는데, 상법시행령 제7조는,

① 법 제299조 제2항 제1호에서 "대통령령으로 정한 금액"이란 5천만원을 말한다.

② 법 제299조 제2항 제2호에서 "대통령령으로 정한 방법으로 산정된 시세"란 다음 각 호의 금액 중 낮은 금액을 말한다.

1. 법 제292조에 따른 정관의 효력발생일(이하 이 항에서 "효력발생일"이라 한다)부터 소급하여 1개월간의 거래소에서의 평균 종가(終價), 효력발생일부터 소급하여 1주일간의 거래소에서의 평균 종가 및 효력발생일의 직전 거래일의 거래소에서의 종가를 산술평균하여 산정한 금액
2. 효력발생일 직전 거래일의 거래소에서의 종가

③ 제2항은 법 제290조 제2호 및 제3호의 재산에 그 사용, 수익, 담보제공, 소유권 이전 등에 대한 물권적 또는 채권적 제한이나 부담이 설정된 경우에는 적용하지 아니한다.

라고 규정하고 있다.

법원의 변경처분에 관한 재판은 이유를 붙인 결정의 형식으로 하고, 이에 불복하는 발기인과 이사는 법원의 결정에 대하여 즉시항고를 할 수 있다(비송법 75조).

## 라. 모집설립에 의한 절차

### (1) 모집설립의 특징

모집설립은 발기인 이외에 제3자도 주식인수에 참여하여 회사의 설립 당시부터 주주가 될 수 있는데, 모집된 주주로 하여금 회사의 내용을 알 수 있도록 함으로써 공정성을 담보하기 위하여 상법은 ① 주식청약서의 사용을 강제하고(상 302조), ② 모집된 주주가 설립경과의 조사와 임원선임에 참여할 수 있도록 창립총회를 개최토록 하고 있다(상 308조).

### (2) 주식의 인수

#### (가) 주주의 모집

모집설립의 경우에도 발기인은 주식의 일부를 인수하여야 하므로 발기인이 인수하고 남은 주식에 한하여 주주를 모집하게 되고(상 301조), 모집주주는 1인 이상이면 가능하다고 할 것인데 주주의 모집방법에는 공모방식과 사모방식이 있다.[31]

상법이 주식청약서주의를 채택하고 있는 이상 주식청약서에 의하지 아니한 주식인수는 무효라고 할 것이다.[32]

#### (나) 주식인수의 하자

모집설립에 있어서 주주의 주식청약행위는 주주가 되고자 하는 의사표시를 본질적 내용으로 하는 법률행위로서 설립중인 회사에의 입사계약이라고 할 것이므로 그 법률행위에 하자가 있는 경우 예컨대 주식청약서에 의하지 않은 주식인수의 청약이나 흠결이 있는 주식청약서에 의한 주식인수의 청약은 무효로 된다.

특히 주식을 청약하려는 의사표시에 하자가 있으면 민법에 규정한, 하자가 있는 의사표시의 효력에 따라 무효로 되거나 취소할 수 있다고 하여야 하지만, 상법은 단

31) 자본시장과 금융투자업에 관한 법률에 의하면 회사가 주주를 모집함에 있어서 대통령령에 정한 방법에 따라 산출한 50인 이상의 다수인을 상대로 공모를 할 경우에는 자본시장과 금융투자업에 관한 법률의 적용을 받도록 하고 있다(자본시장법 9조 7항, 9조 9항, 119조 1항).

32) 이를 주식청약서 강제주의라고도 하는데, 자본시장과 금융투자업에 관한 법률에서는 회사가 주주를 모집함에 있어서 대통령령에 정한 방법에 따라 산출한 50인 이상의 다수인을 상대로 공모를 할 경우에는 여기서 한 걸음 더 나아가 회사로 하여금 일정한 내용을 기재한 투자설명서를 작성하게 하는 이른바 사업계획서 강제 주의를 취하고 있다(자본시장법 123조, 124조, 9조 7항).

체법적 특성에 의하여 일정한 경우에는 그러한 주식인수의 무효 혹은 취소의 주장에 일정한 제한을 가하고 있다.

상법은 회사가 성립하거나, 회사가 성립하기 전이라도 주주인수인이 창립총회에 출석하여 그 권리를 행사한 경우에는, ① 주식청약서의 흠결을 이유로 자신의 주식인수청약의 무효를 주장할 수 없고(상 320조 1항), ② 자신의 주식인수청약이 사기, 강박 또는 착오로 행하여졌음을 이유로 취소를 주장할 수 없도록 하고 있다(상 320조 2항).

물론 주식인수가 무효이거나 취소되더라도 발기인이 그로 인한 인수담보책임을 부담하게 되므로(상 321조) 주식인수의 무효나 취소가 곧 회사설립의 무효사유는 아니지만, 무효나 취소된 부분이 매우 커서 발기인이 그 책임을 이행하지 못할 정도라면 설립무효사유가 될 수도 있다고 해석하여야 할 것이다.

주식회사의 주식인수절차는 주식의 청약과 주식의 배정 그리고 주금의 납입으로 이루어지는데, 주식 청약의 법률적 성질은 청약이고, 배정의 법률적 성질은 승낙이며, 납입은 그에 따른 이행절차라고 볼 수 있다. 따라서 상법 제303조에 정한 주식인수인의 의무에 관한 규정은 법리상 당연한 규정이라고 할 것이고, 오히려 상법에서 마련하고 있는 몇 가지 특별규정을 눈여겨 보아야 할 것인바,

(1) 상법 제302조 제3항에서는 주식청약에 있어서 비진의 의사표시의 예외에 관한 민법 제107조 단서가 적용되지 않으므로 주식인수인은 자신의 주식인수가 진의가 아님을 회사가 알거나 알 수 있었다고 하더라도 이를 이유로 회사에 대하여 자신의 주식인수청약의 무효를 주장할 수 없다고 할 것인데 이것은 주식회사의 단체법적 특성 때문이다. 물론 이때에도 행위무능력, 사해행위, 사기·강박·착오 등으로 인한 취소는 가능하다고 할 것이다.

(2) 상법 제307조에 정한 실권절차에 관한 규정은 민법의 경우에 인정하는 채무불이행에 대한 절차(민 544조)와 달리 간략한 처리방식을 인정하는 특칙을 규정하고 있다.

(3) 상법 제319조는 채권양도에 관한 민법의 규정에 대한 특칙이라 할 것인바, 채권의 양도는 양도인이 채무자에게 통지하거나 채무자가 승낙하면 채무자에게 대항할 수 있으나(민 450조 1항) 권리주의 양도는 회사에 대한 통지 혹은 회사의 승낙 여부에 관계없이 무효이기 때문이다.

(4) 상법 제320조에 정한 주식인수의 무효 및 취소의 제한은 민법에 정한 의사표시의 하자로 인한 법률행위의 무효 취소에 대한 특칙을 정하고 있으나 이때에도 행위무능력이나 사해행위로 인한 취소는 가능하고, 협의의 무권대리의 경우에는 본인에게 효력이 미치지 아니 한다.

### (다) 타인명의의 주식인수

#### 1) 타인명의의 주식인수의 의의

타인명의의 주식인수란 실제로는 존재하지 않는 가설인명의로 주식을 인수하거나 혹은 타인의 명의를 차용하여 주식을 인수하는 경우로서 조세부담상의 이익을 취하고 모집설립을 가장하기 위하여 주로 이용되는데 이 경우에 누가 주금을 납입할 책임이

있는지 또한 누가 주주인지 여부가 문제된다.

2) 가설인명의 혹은 타인의 승낙이 없는 명의차용의 경우

가설인 혹은 승낙 없는 명의차용의 경우에는 청약을 하였던 자가 인수인으로서 납입의무를 부담하므로(상 332조 1항), 명의차용자가 주식의 인수가액을 납입할 의무가 있고(상 303조), 그에 따라 명의차용자가 주금을 납입하였다면 회사의 설립등기가 되거나(회사설립의 경우) 납입기일의 다음날(신주발행의 경우)부터 비로소 주주가 된다.

3) 타인의 승낙이 있는 명의차용의 경우

승낙에 의한 명의차용의 경우 상법은 명의대여자와 차용자가 연대하여 납입책임을 부담하도록 규정하고 있으나(상 332조 2항), 누가 주식인수인으로서 주주가 되는가에 대하여는 규정이 없다.

이에 대하여 ① 주주로 표시된 명의대여자가 주주이고 명의차용자는 상법 제332조 2항에 의하여 명의대여자와 연대하여 주금납입의무를 부담할 뿐이라는 견해(형식설),[33] ② 주식인수의 명의자에 관계없이 실제로 행위자가 주주라는 견해(실질설)[34]가 대립하고 있는데, 형식설은 주식인수와 같은 단체법상의 행위는 획일적 객관적으로 처리되어야 하고 외관을 존중하여 거래의 안전과 법적 안정성을 도모하려는 것이고, 실질설은 당사자의 의사표시를 존중하려는 입장이나 대법원은 실질설의 입장에 서 있다.[35]

### (3) 주식의 배정

주식의 배정이란 주식의 청약자가 한 청약에 대하여 구체적으로 몇 주를 인수시킬 것인가를 결정하는 회사의 행위로서 주식청약에 대한 승낙을 의미하는데 이른바 배정자유의 원칙에 의하여 청약된 수량에 관계없이 발기인이 자유롭게 배정하게 된다. 이 같은 주식의 배정이 있으면 주식인수가 성립하고 청약인은 주식인수인으로서 주식을 인수할 권리를 취득하고 주금을 납입할 의무를 부담하게 된다(상 303조).

---

33) 손주찬 574면, 채이식 593면.

34) 권기범 332면, 이기수 291면, 정희철 377면, 최준선 152면.

35) 대법원 2011.5.26. 선고 2010다22552 판결은 "주식을 인수함에 있어 타인의 승낙을 얻어 그 명의로 출자하여 주식대금을 납입한 경우에는 실제로 주식을 인수하여 그 대금을 납입한 명의차용인만이 실질상의 주식인수인으로서 주주가 된다고 할 것이고 단순한 명의대여인은 주주가 될 수 없으며 이는 회사를 설립하면서 타인의 명의를 차용하여 주식을 인수한 경우에도 마찬가지라고 할 것이다"고 판시하고 있고, 대법원 2008.3.27. 선고 2007다70599, 70605 판결도 "대금을 납입한 명의차용인만이 실질상의 주식인수인으로서 명의대여인으로부터 명의개서 등 절차를 밟은 여부와는 관계없이 주주가 된다 할 것이고 단순한 명의대여인은 주주가 될 수 없다"고 판시하고 있다.

다만 상법은 투기를 방지할 목적에서 이러한 주식인수인으로서의 권리(권리주)의 양도는 회사에 대하여 효력이 없다고 규정하고 있다(상 319조).

### (4) 출자의 이행

상법은 이른바 전액납입주의를 채택하여 주식의 인수가 있게 되면 주식인수인에게 인수한 주식대금의 전액을 납입하도록 하고 있고(상 305조 1항), 납입은 현실적으로 이루어져야 하므로 경개 또는 대물변제 등은 허용되지 않는다 할 것이다.[36]

한편 상법은 모집설립에 있어서도 현물출자의 이행 등에 관하여는 발기설립에 관한 규정을 준용하고 있으므로 같은 방식으로 재산을 인도하고 권리이전에 필요한 서류 등을 교부하여야 한다(상 305조 3항, 295조 2항).

만약 주식인수인이 주금을 납입하지 않으면 민법상의 채무불이행에 관한 규정에 의하여 처리하여야 할 것이지만, 상법은 신속한 해결을 위해 보다 간편한 실권절차를 마련하고 있는데(상 307조), 이러한 실권절차에 의하여 회사가 주금납입의 이행을 최고하였음에도 이행하지 아니하면 당연히 주식인수인으로서의 계약상의 지위를 상실하게 되고 회사가 별도의 계약해제 의사표시(예컨대 배정철회)를 할 필요가 없다. 이처럼 상법이 마련한 별도의 실권절차에 따라 회사는 주금을 납입하지 않은 주식인수인의 권리를 박탈하게 되는데, 이 경우 회사는 실권된 주식에 대하여 다시 주식인수인을 모집할 수도 있고 발기인이 인수할 수도 있으나, 이와는 별도로 주식인수인에 대해서는 손해배상을 청구할 수도 있다고 할 것이다(상 307조 3항).

실무상으로 회사는 주식청약자가 주식을 청약할 때 청약준비금으로서 주식대금의 전부를 미리 납부하도록 하고 배정한 주식이외의 주식대금상당액을 반환하는 방식을 취하게 되므로 주금납입의 불이행은 크게 문제되지 않는다.

### (5) 창립총회

모집설립에 있어서 발기인은 주금액의 납입과 현물출자의 이행을 완료한 때에는

36) 2011년 4월 14일 개정된 상법은, 회사설립에 있어서 자본금을 충실히 할 목적에서 주금의 납입을 주주의 반대채권으로 상계하지 못하도록 하였던 개정 전 상법이 규정하였던 "주주는 납입에 관하여 상계로써 회사에 대항하지 못한다"는 규정(개정 전 상법 334조)을 삭제하였으므로 이제는 상계가 가능하게 되었다고 할 것이다. 다만, 회사가 신주를 발행할 때에 신주인수인이 회사의 동의 없이 신주대금의 납입채무와 자신의 회사에 대한 채권을 회사의 동의 없이 상계할 수 없도록 하는 규정(상 421조 2항)을 신설하였으나, 이 경우에도 회사가 재무 구조를 조정할 필요에 의하여 회사가 신주를 발행하고 회사의 채권자가 채권으로서 출자전환을 하는 경우 등에 있어서는 일반적으로 회사의 동의하에 이루어지게 되므로 상계가 가능할 것이다.

지체없이 창립총회를 소집하여야 한다(상 308조 1항). 창립총회는 발기설립에 있어서 주식인수인으로 구성되는 설립중의 회사의 의사 결정기관으로서 회사설립에 관한 모든 사항을 결정할 권한이 있다고 할 것이고, 주주총회에 관한 상법의 규정(소집통지에 관한 규정: 상 363조 1항, 2항/소집지에 관한 규정: 상 364조/결의방법과 의결권행사에 관한 규정: 상 368조 2항, 3항/의결권의 불통일행사에 관한 규정: 상 368조의2/의결권의 수에 관한 규정: 상 369조 1항/의결권수의 계산에 관한 규정: 상 371조 2항/회의의 연기, 속행에 관한 규정: 상 372조/의사록에 관한 규정: 상 373조/결의하자의 소에 관한 규정: 상 376조 내지 381조/종류주주총회에 관한 규정: 상 435조)이 준용된다(상 308조 2항).

다만 상법은 창립총회의 결의를 출석한 주식인수인의 의결권의 3분의 2 이상이며 인수된 주식총수의 과반수에 해당하는 다수로 한다(상 309조)고 규정하여 성립된 회사의 결의요건(보통결의: 상 368조 1항 / 특별결의: 상 434조)보다도 더욱 엄격히 하고 있는데 이는 회사의 설립이 발기인에 의하여 주도되기 때문에 회사설립과정에서 배제된 주식인수인을 보호하기 위한 것으로서 강행규정으로 해석하여야 하므로 이러한 결의요건을 임의로 변경할 수 없다고 할 것이다.

또한 이 경우 의결권 없는 주식의 인수인도 창립총회에서 의결권행사가 가능하다고 할 것인데 창립총회에서의 의결권 행사는 단순히 설립과정의 경과 등에 참여하는 것일 뿐 경영참가와 무관하기 때문이다.

창립총회는 발기인으로부터 회사의 창립에 관한 사항을 서면으로 보고받게 되고(상 311조 1항), 이사와 감사를 선임하여야 하며(상 312조), 이렇게 선임된 이사와 감사는 회사설립에 관한 사항이 법령과 정관의 규정에 위배되었는지 여부를 조사하여 창립총회에 보고하게 된다(상 313조).

또한 변태설립사항이 있을 경우에는 발기인의 청구에 따라 법원에 의하여 선임된 검사인으로부터 조사보고를 받거나(상 310조 1항, 2항), 발기인이 선임한 공증인 혹은 감정인으로부터 조사보고를 받아(상 310조 3항, 299조의2) 부당하다고 인정할 때에는 이를 변경할 수 있다(상 314조 1항). 이 밖에도 창립총회는 정관의 변경이나 설립의 폐지를 결의할 수도 있다(상 316조 1항).

#### (6) 설립경과의 조사

모집설립에 있어서 회사의 설립경과에 관한 조사는 발기설립의 경우와 유사하고 엄격하다. 다만 모집설립의 경우에는 ① 이사와 감사의 설립경과조사보고의 대상이 발기인이 아니라 창립총회인 점(상 313조), ② 변태설립사항을 조사하기 위하여 법원에 대한 검사인선임청구를 이사가 아니라 발기인이 하게 되는 점(상 310조 1항), ③

법원이 선임한 검사인의 변태설립사항에 대한 보고서를 법원이 아니라 창립총회에 제출하는 점(상 310조 2항), ④ 변태설립사항 및 현물출자의 이행에 관한 검사인의 조사에 갈음하여 공증인이 조사하거나 감정인이 감정하는 경우 그 결과보고를 법원이 아니라 창립총회에 대하게 되는 점(상 310조 3항), ⑤ 부당한 변태설립사항에 관한 변경은 법원이 아니라 창립총회에서 하게 되는 점(상 314조 1항)이 발기설립의 경우와 다르다고 할 것이다.

상법은 모집설립의 경우에도 발기설립에 있어서와 같이 변태설립사항에 관하여는 회사로 하여금 법원이 선임한 검사인에 의한 조사(상 310조 1항)와 공증인 또는 공인감정인에 의한 조사(상 299조의2)를 선택할 수 있도록 정하고(상 310조 3항) 있다. 다만 모집설립의 경우에는 발기설립에서 허용되는, 검사인에 의한 조사를 면제하는 규정(상 299조 2항은)을 두고 있지 않다.

### 마. 가장납입

주식회사는 이른바 물적회사로서 자본단체적 성격이 농후하고 회사가 부담하는 채무에 대하여 모든 주주가 유한책임을 질 뿐이므로 그 실체형성과정에서 무엇보다도 재산적 실체의 형성이 중요하다고 할 것인데 이러한 가장납입은 회사의 설립이 발기설립절차에 따르는지 혹은 모집설립절차에 따르는지를 가리지 않고 악용될 수가 있어 회사의 재산적 실체 형성에 적지 않은 장애요인이 된다고 할 것이다.

#### (1) 가장납입의 의의

주금납입에 있어서 형식적으로는 주금을 납입한 것으로 보이지만 실질적으로는 주금의 납입이 없이 외견상으로만 주금을 납입한 것으로 가장하여 회사를 설립하는 이른바 가장납입의 문제가 발생하게 되는데 이러한 가장납입은 회사의 자본충실을 해치게 되어 설립 당시부터 재산적 기초가 부실한 회사를 성립되도록 함으로써 선의의 주주와 회사채권자의 이익을 해할 우려가 있게 된다.

이러한 가장납입의 유형으로는 ① 발기인과 납입금의 보관은행이 통모하여 발기인이 보관은행으로부터 금전을 차입하여 이를 회사명의의 계좌에 입금함으로써 마치 주금이 납입된 것처럼 하여 회사를 설립한 뒤 회사가 차입금을 변제할 때까지 납입금을 인출하지 아니할 것을 약정하는, 공모에 의한 가장납입(預合), ② 발기인이 제3자로부터 금전을 차입하여 이를 회사명의의 계좌에 입금함으로써 마치 주금이 납입된 것처럼 하여 회사를 설립한 뒤 곧바로 이를 인출하여 차입금을 변제하는, 일시차입금에 의한 가장납입(見金) 경우가 있는데, 상법은 공모에 의한 가장납입에 관한 규정(상

318조 2항)만을 두고 있다.

> 회사설립 후, 신주발행의 경우에는 회사가 회사자금으로 제3자에게 주식인수 대금 상당의 대여를 하고 제3자는 그 대여금으로 주식인수대금을 납입하면서 제3자에 대하여 대여금 채권을 행사하지 아니하기로 약정하는 가장납입이 행하여진다.

그러나 실무상 납입을 보관하는 은행이나 금융기관이 발기인과 공모한다는 일은 쉽게 예상할 수 없다 할 것이고 오히려 일시 차입금에 의한 가장납입과 회사자금에 의한 가장납입이 많이 행하여지는데 이에 관하여 아무런 규정이 없기에 이를 어떻게 처리할 것인가의 문제가 발생한다. 다만, 상법의 개정으로 회사의 설립에 최저자본금을 요구하지 않고 있으므로 일시차입금에 의한 가장납입의 필요가 매우 희박해졌다고 할 것이지만, 회사설립의 경우가 아니라 설립 후 신주발행의 경우에 주로 발생하는 회사자금에 의한 가장납입의 우려는 여전하다고 할 것이다.

### (2) 가장납입의 효력

공모에 의한 가장납입의 경우는 통모에 의한 허위표시로서 무효라고 할 것이므로 이 경우 발기인은 상법에 규정된 납입담보책임(상 321조 2항)을 부담하게 되며 발기인의 이러한 행위와 관련하여 회사 혹은 제3자가 손해를 입었을 때는 회사 및 제3자에 대하여 손해배상책임(상 322조)을 부담하게 된다.

일시차입금에 의한 가장납입에 관하여는 일단 주금이 현실적으로 납입되었다는 점에서 이러한 납입행위의 효력에 관하여 견해의 다툼이 있는데 ① 발기인이 주관적으로 목적한 바를 이루기 위한 수단으로써 현실적으로 납입하는 행위를 한 것이지만, 결과적으로 현실적인 납입은 있었으므로 납입행위 자체는 유효하다고 보는 견해(유효설),[37] ② 현실적인 납입행위는 있었더라도 결과적으로 회사에 자금이 납입되지 아니하였고 또한 회사의 자본충실을 위한 강행법규를 탈법한 행위이므로 무효라는 견해(무효설)[38]가 대립하고 있다. 대법원은 이러한 경우에도 주금납입의 효력은 있다고 하는 유효설의 입장에서 가장납입에 의한 주금납입의 효력을 부인할 수 없고, 주주로서 인정하여야 한다는 입장을 취하는 한편 발기인에게 상법상의 납입가장죄(상 628조 1항) 및 형법상 공정증서원본 등의 부실기재죄(형 228조 1항)의 죄책은 인정하지만, 업무상횡령죄는 성립하지 않는다고 판시하고 있다.[39] 이 같은 유효설의 입장에 의하면

37) 정찬형 268면, 채이식 403면.

38) 손주찬 577면, 이병태 468면, 임홍근 132면, 정동윤 129면, 정희철 379면, 최기원 193면.

39) 대법원은 2004.6.17. 선고 2003도7645 전원합의체 판결에서 "상법 제628조 제1항 소정의 납입가장죄는

발기인은 상법상의 납입담보책임(상 321조 2항)을 부담하지 않지만, 그러한 행위로 인하여 회사 혹은 제3자가 손해를 입은 경우에는 그 손해를 배상할 책임이 있다고 할 것이다(상 322조).

그러나 회사자금에 의한 가장납입의 경우에는 외관상으로 납입이 있는 것처럼 보이지만 실질적으로는 신주를 발행하였음에도 불구하고 현실적인 금전의 이동이 없고, 회사의 재산의 증가가 없어 납입이 이루어졌다고 볼 수 없으므로 무효라고 할 것이고 대법원도 이를 무효라고 판시하고 있다. 다만 상법은 신주발행의 경우에는 이사에게 인수담보책임만을 부담시킬 뿐 납입담보책임을 부담시키지 않고 있으므로(상 428조) 결국 이러한 경우 이사는 회사 혹은 제3자에 대하여 손해배상책임을 부담하게 될 것이다(상 399조, 401조).

### 대법원 1997.5.23. 선고 95다5790 판결[40)]

일시적인 차입금으로 단지 주금납입의 외형을 갖추고 회사설립이나 증자 후 곧바로 그 납입금을 인출하여 차입금을 변제하는 주금의 가장납입의 경우에도 금원의 이동에 따른 현실의 불입이 있는 것이고, 설령 그것이 실제로는 주금납입의 가장 수단으로 이용된 것이라고 할지라도 이는 그 납입을 하는 발기인 또는 이사들의 주관적 의도의 문제에 불과하므로, 이러한 내심적 사정에 의하여 회사의 설립이나 증자와 같은 집단적 절차의 일환을 이루는 주금납입의 효력이 좌우될 수 없다.

(같은 취지: 대법원 1998.12.23. 선고 97다20649 판결, 대법원 2004.3.26. 선고 2002다29138 판결, 대법원 2001.3.27. 선고 99두8039 판결)

---

회사의 자본충실을 기하려는 법의 취지를 유린하는 행위를 단속하려는 데 그 목적이 있는 것이므로, 특별한 사정이 없는 한 실질적으로 회사의 자본이 늘어난 것이 아니어서 납입가장죄 및 공정증서원본불실기재죄와 불실기재공정증서원본행사죄가 성립하고, 다만 주식회사의 설립업무 또는 증자업무를 담당한 자와 주식인수인이 사전 공모하여 주금납입취급은행 이외의 제3자로부터 납입금에 해당하는 금액을 차입하여 주금을 납입하고 납입취급은행으로부터 납입금보관증명서를 교부받아 회사의 설립등기절차 또는 증자등기절차를 마친 직후 이를 인출하여 위 차용금채무의 변제에 사용하는 행위는 실질적으로 회사의 자본을 증가시키는 것이 아니고 등기를 위하여 납입을 가장하는 편법에 불과하여 주금의 납입 및 인출의 전과정에서 회사의 자본금에는 실제 아무런 변동이 없다고 보아야 할 것이므로, 그들에게 회사의 돈을 임의로 유용한다는 불법영득의 의사가 있다고 보기 어렵다"는 이유로 업무상횡령죄는 성립되지 않는다고 판시하고 있다.

40) 이와 같은 맥락에서 대법원 2004.3.26. 선고 2002다29138 판결은 "가장납입의 경우에도 주금납입의 효력을 부인할 수는 없다고 할 것이어서 주식인수인이나 주주의 주금납입의무도 종결되었다고 보아야 할 것이고, 또한 명의 대여에 의한 주식인수의 경우에도 명의차용인만이 실질상의 주식인수인으로서 주주가 된다고 하더라도 주식회사의 자본충실의 요청상 주금을 납입하기 전에 명의대여자 및 명의차용자 모두에게 주금납입의 연대책임을 부과하는 규정인 상법 제332조 제2항은 이미 주금납입의 효력이 발생한 주금의 가장납입의 경우에는 적용되지 않는다"고 판시하고 있다.

◆ 대법원 2003.5.16. 선고 2001다44109 판결

주식회사의 자본충실의 원칙상 주식의 인수대금은 그 전액을 현실적으로 납입하여야 하고 그 납입에 관하여 상계로써 회사에 대항하지 못하는 것이므로 회사가 제3자에게 주식인수 대금 상당의 대여를 하고 제3자는 그 대여금으로 주식인수대금을 납입한 경우에, 회사가 처음부터 제3자에 대하여 대여금 채권을 행사하지 아니하기로 약정되어 있는 등으로 대여금을 실질적으로 회수할 의사가 없었고 제3자도 그러한 회사의 의사를 전제로 하여 주식인수청약을 한 때에는, 그 제3자가 인수한 주식의 액면금액에 상당하는 회사의 자본이 증가되었다고 할 수 없으므로 위와 같은 주식인수대금의 납입은 단순히 납입을 가장한 것에 지나지 아니하여 무효이다.

대법원이 회사설립시의 일시 차입금에 의한 가장납입의 경우(대법원 1997.5.23. 선고 95다5790 판결)와 신주를 발행할 때의 회사자금에 의한 가장납입의 경우(대법원 2003.5.16. 선고 2001다44109 판결)를 다르게 보는 이유는 일시적이나마 현실적인 금원이 회사로 이동하였는지, 그에 따라 회사의 재산이 증가하였는지에 관점을 두기 때문인 것으로 보인다.

## 5. 주식회사의 설립등기

설립등기절차는 회사설립의 최종단계로서, 등기함으로써 법인격이 부여되고 비로소 회사의 설립이 완성되어 설립중의 회사가 취득한 권리의무는 그대로 성립 후의 회사로 승계되고 주식인수인은 주주가 된다.

상법은 설립등기사항을 규정하고 있고(상 317조 2항) 설립등기의 시기를 정하고 있지만(상 317조 1항), 그 시기를 도과한다고 하여 설립등기가 무효로 되는 것은 아니고 과태료의 제재가 있을 뿐이다(상 635조 1항 1호).

설립등기로 인하여 회사가 성립되면 상법상 몇 가지 부수적인 효과가 발생하게 되는데, ① 권리주에 대한 양도제한이 해제되고(상 319조), ② 주식인수의 무효 혹은 취소의 주장을 할 수 없게 되고(상 320조 1항), ③ 회사설립관여자들이 자본충실의 책임을 부담하게 되고(상 321조 1항), ④ 회사 설립의 무효를 소송으로만 주장할 수 있게 되고(상 328조 1항), ⑤ 회사는 주권을 발행할 수 있게 된다(상 355조).

## 6. 주식회사 설립관여자의 책임

### 가. 설립관여자 책임의 인정근거

주식회사는 설립과정이 복잡하여 불법과 부정의 가능성이 많아 이른바 거품회사

(Bubble Corporation) 등이 출현하여 주식인수인 혹은 회사채권자 등 이해관계인에게 손해를 줄 우려가 적지 않으므로 상법은 설립관여자에게 엄격한 책임을 부담시키고 (상 321조 내지 327조) 있을 뿐 아니라 일정한 벌칙규정을 두고 있다(상 622조, 624조, 625조, 627조, 628조 1항, 629조, 630조, 635조, 636조).

주식회사의 설립관여자의 책임은 주로 발기인의 책임으로 논하여지지만, 상법은 발기인 이외에도 설립중의 회사의 이사, 감사(상 323조) 혹은 검사인(상 325조)이 일정한 행위를 한 경우에는 회사 또는 제3자에 대하여 손해배상책임을 부담하도록 하고 있고, 또한 유사발기인(상 327조)에게도 발기인과 동일한 책임을 부담하도록 하고 있다.

## 나. 발기인의 책임

### (1) 발기인의 책임 개관

상법은 회사설립을 주도하는 자로서 발기인에게 엄격한 책임을 부담시키고 있는데, 회사가 성립된 경우의 책임과 회사가 불성립된 경우의 책임을 나누어 각기 달리 규정하고 있고, 회사가 성립된 경우에도 다시 ① 회사에 대한 자본충실의 책임, ② 회사와 제3자에 대한 손해배상책임으로 구분하여 규정하고 있다.

### (2) 회사가 성립된 경우의 책임

#### (가) 자본충실의 책임

주식에 대한 인수와 납입이 이루어지지 않았다면 회사는 설립될 수 없다고 하겠으나, 설립등기가 이루어져 회사가 성립된 후에 비로소 인수되지 아니한 주식이 있음이 밝혀지거나, 어떤 이유로든 주식의 인수가 무효로 되거나 취소된 경우 혹은 납입이 제대로 이행되지 아니한 경우에는 회사의 자본구성에 결함이 생기게 된다. 이러한 경우에 대비하여, 상법은 인수가 부실하게 된 때에는 발기인들이 이를 공동으로 인수한 것으로 간주하고(상 321조 1항), 또한 주식의 인수가 되었더라도 납입이 제대로 이행되지 아니한 때에는 발기인들이 연대하여 그 납입을 책임지도록 하고 있는데(상 321조 2항), 전자를 인수담보책임이라고 하고 후자를 납입담보책임이라고 한다.

주식인수인이 주식인수의 무효를 주장할 수 있는 경우로는 주식인수인의 의사무능력, 허위표시(민 108조), 무권대리에 의한 경우(민 130조) 또는 주식인수인의 주식인수의사표시가 진의에 부합하지 않음을 회사가 이를 알았던 경우(민 107조 1항 단서) 그리고 주식 청약서의 요건에 흠결이 있는 경우(상 302조)를 생각해 볼 수 있고, 취소할 수 있는 경우로는 주식인수인의 행위능력에 문제가 있는 경우(민 5조, 10조, 13조)이거나 착오 또는 사기·강박에 의하여 의사표시를 하였거나 (민 109조, 110조) 사해행위를 이유로 채권자가 취소권을 행사하는 경우(민 406조)를 생각해 볼 수 있다. 그러나 상법은 주식인수인의 주식인수의 의사표시가 진의에 부합하지 아니함을 회사가 알았던 경우일지라도 무효를 주장할 수 없도록 규정하고 있고(상 302조 3항), 또한 회사가 성립되었거나 혹은 회사가 성립하기 전이라도 창립총회에서 권리를 행사한 경우에 주식인수인은 주식청약서의 요건에 흠결이 있음을 이유로 그 무효를 주장할 수 없고 또 사기, 강박 또는 착오를 이유로 주식인수를 취소할 수 없도록 규정하고 있다(상 320조).

발기인의 이러한 책임은 회사의 자본충실을 위하여 발기인의 과실유무와 상관없이 상법이 특별히 정한 일정한 사유가 있는 경우에 발기인이 회사에 대하여 부담하는 책임으로서 무과실책임이라 할 것이므로 이 책임은 총주주의 동의로서도 면제할 수 없다고 할 것이지만, 회사가 성립한 때로부터 10년이 경과하면 시효의 완성으로 소멸한다고 할 것이다.

또한 발기인이 인수담보책임에 근거하여 주식을 공동으로 인수한 것으로 간주되면 당연히 발기인이 연대하여 그 대금을 납입할 책임이 있고(상 333조 1항) 그에 따라 주주가 된다고 할 것이나, 납입담보책임에 근거하여 주식인수인이 납입하지 않은 부분을 발기인이 납입하더라도 주주는 미납한 주식인수인이고 발기인이 주주가 되는 것은 아니라고 할 것이다. 다만 발기인은 미납한 주식인수인에 대하여 구상권을 갖는다 할 것이다.

한편 발기인이 이러한 자본충실의 책임을 이행한 뒤에도 남는 기타의 손해가 있으면(상 321조 3항, 315조) 발기인에 대하여 별도로 손해배상책임의 추궁이 가능하다고 할 것(상 322조 1항)이고, 만약 회사가 이러한 발기인의 책임을 추궁하지 않을 때에는 소수주주가 대표소송을 제기할 수도 있다(상 324조, 403조 내지 406조)고 할 것이다.

발기인의 이러한 책임은 회사가 성립한 것을 전제로 하므로, 회사가 성립하지 않은 경우 혹은 회사가 부존재하는 경우에는 이러한 책임이 발생하지 않는다고 할 것이다. 다만, 일단 성립된 회사는 나중에 그 설립이 무효로 확정된 경우라도 사실상의 회사로서 존재하게 되므로, 발기인이 부담하는 이러한 자본충실의 책임은 추후에 회사의 설립이 무효로 확정되더라도 아무런 영향이 없다고 할 것이다.

그러나 주식이 인수되지 않거나 납입되지 아니한 부분이 너무나 현저하고 중대하여 발기인에게 책임을 부담시켜서 해결할 수 없을 정도일 경우의 처리방법과 관련하여, 발기인의 자본충실책임은 설립무효를 방지하기 위한 것이 아니라 주식의 인수와 납입이 충족되었다고 신뢰하는 주주와 회사채권자를 보호하기 위한 일종의 표현책임이므로 흠결이 경미하더라도 발기인이 자본충실책임을 이행하지 않으면 설립은 무효가 되고, 흠결이 중대하더라도 발기인이 자본충실책임을 이행하면 설립무효로 될 이유가 없다는 견해[41]가 있다. 그러나 발기인의 자본충실의 책임은 주식의 인수 혹은 납입의 흠결이 경미한 경우에 발기인에게 보충적 책임을 부담시켜 설립무효를 방지하고자 하는 것이므로 흠결이 중대하다면 발기인에게 자본충실책임을 부담시킬 것이 아니라 차라리 회사의 설립을 무효로 하여야 할 것이다.[42]

나아가 현물출자의 불이행이 있는 경우에, 발기인이 자본충실책임을 지는지 여부에 대하여도 ① 현물출자는 비대체적인 것이므로 발기인의 자본충실책임을 부정하는 견해,[43] ② 현물출자도 대체가능한 것이 있고 설령 비대체적이더라도 자본충실책임을 지워 금전으로 책임지도록 하면 충분하다고 하면서 이 경우에도 자본충실책임을 전면적으로 인정하는 견해,[44] ③ 현물출자가 대체가능한 경우 혹은 대체가능하지 않더라도 사업수행에 필수불가결한 것이 아닌 경우에 한하여 발기인의 자본충실책임을 인정하려는 견해[45]가 대립하고 있으나, 가급적이면 기업을 유지시킨다는 입장에서 볼 때 대체적인 경우와 비대체적일 경우라도 그것이 회사의 목적사업에 필수적이 아니라면 발기인에게 자본충실책임을 지워 금전으로 전보토록 하는 것이 현실적이고 합리적이라고 판단된다.

#### (나) 임무해태로 인한 손해배상책임

상법은 발기인이 회사설립행위와 관련하여 임무를 해태하여 회사 또는 제3자에 대하여 손해를 입힌 경우에 회사 또는 제3자에 대하여도 연대하여 손해를 배상할 책임을 부담시키고 있고(상 322조).

발기인은 설립된 회사와 계약 기타 직접적인 법률관계는 없지만 설립중의 회사의 기관으로서 회사 설립과 관련하여 선량한 관리자의 주의의무를 부담한다고 할 것이므로 이러한 책임은 계약에 기하거나 불법행위에 기한 책임이 아니라 상법이 특별히 인정하는 손해배상책임이라는 것이 일반적 견해이다. 다만 이러한 책임은 임무해태로 인한 것으로서 발기인의 고의 또는 과실 있는 경우에 부담하게 되는 과실책임이므로 총주주의 동의로서 그 책임을 면제할 수 있다(상 324조, 400조). 만약 회사가 이러한 발기인의 책임을 추궁하지 않을 때에는 소수주주가 대표소송을 제기할 수도 있고(상 324조, 403조 내지 406조), 회사가 성립한 때로부터 10년의 시효기간이 도과하면 소멸하게 된다고 할 것이다.[46]

---

41) 정동윤 161면.
42) 권기범 349면, 이철송 259면, 정찬형 280면, 정희철 384면, 최기원 206면, 최준선 169면.
43) 정찬형 281면, 최기원 207면.
44) 권기범 348면, 정동윤 162면.
45) 강위두/임재호 548면, 이철송 260면, 임홍근 154면.

총주주의 동의는 "의결권 있는 모든 주주의 동의"가 아니라 "모든 주주의 동의"를 의미하므로 의결권 없는 주주를 포함한 모든 주주의 동의를 요하고 그 동의방법도 반드시 주주총회에서의 의결권행사가 아니라 개별적 동의 심지어 묵시적 의사표시에 의한 동의도 인정된다(대법원 2002.6. 14. 선고 2002다11441 판결).

한편 상법은 발기인이 회사설립과 관련하여 악의 또는 중대한 과실로 임무를 해태하여 제3자에게 손해를 입힌 경우에도 연대하여 제3자에 대하여 그 손해를 배상할 책임이 있다고 규정하고 있는데(상 322조 2항), 여기에서 발기인의 악의 또는 중과실에 의한 임무해태는 회사에 대하여 있으면 족하고 손해를 입은 제3자에게 직접적으로 행하여질 필요는 없으므로 이 책임도 계약이나 불법행위에 기한 손해배상책임이라기보다는 제3자를 보호하기 위하여 상법이 특별히 인정한 상법상의 특수한 손해배상책임[47]이라 할 것이다. 이때 제3자의 범위에는 손해를 입은 회사의 채권자와 주식인수인 그리고 주주도 포함한다고 할 것인데, 이 경우 직접적으로 손해를 입은 주주는 물론이고 회사가 손해를 입게 되고 그로 인하여 간접적으로 손해를 입은 주주도 포함한다는 견해도 있으나,[48] 대법원은 직접적으로 손해를 입은 주주에 한정하고 있다.[49]

또한 회사설립 후 설립무효가 확정되어도 이러한 발기인의 손해배상책임은 소멸하지 않지만 회사가 부존재하거나 성립하지 않은 경우에는 발기인에게 이러한 책임을 추궁할 수 없다는 점은 발기인의 자본충실의 책임과 동일하다. 다만 회사가 불성립하거나 부존재하더라도 발기인의 회사설립을 위한 행위 등과 관련한 위법행위로 인하여 제3자가 손해를 입은 경우에는 불법행위에 기한 손해배상책임을 추궁할 수 있음은 당

46) 대법원 2006.12.22. 선고 2004다63354 판결은, 이사의 제3자에 대한 손해배상책임은 제3자를 보호하기 위하여 상법이 인정하는 특수한 책임으로서 일반 불법행위책임의 단기소멸시효를 규정한 민법 제766조 제1항은 적용되지 않고, 일반 채권으로서 민법 제162조 제1항에 따라 그 소멸시효기간은 10년이라고 판시하고 있을 뿐이지만(같은 취지: 대법원 2008.2.28. 선고 2005다60369 판결), 발기인의 회사에 대한 책임도 상법이 정한 특수한 책임이라고 이해한다면 그 소멸시효기간은 10년이라고 해석하여야 할 것이다.

47) 이러한 책임의 법적 성질에 관하여는 이사의 제3자에 대한 불법행위의 책임과 같이 법정책임설, 불법행위특칙설 혹은 특수불법행위설 등의 견해의 대립이 있으나, 법정책임이라는 견해가 일반적으로 받아들여지고 있고(권기범 351면, 이철송 263면, 임홍근 157면, 정동윤 164면, 정찬형 284면, 정희철 386면, 최기원 210면), 대법원도 비록 이사의 제3자의 책임에 관한 판결이기는 하나 법정책임이라고 해석하고 있다(대법원 2006.12.22. 선고 2004다63354 판결). 이에 관한 자세한 내용은 이사의 제3자에 대한 손해배상책임을 논할때 설명하기로 한다.

48) 권기범 351면, 정동윤 164면, 채이식 411면, 최기원 211면, 최준선 173면.
이러한 책임에 있어서 제3자의 범위에 주주도 포함되는지, 손해의 범위에 직접적 손해에 한정하는지, 회사가 손해를 입음으로써 주주가 입게 된 간접적 손해까지도 포함하는지 등에 관하여 견해의 대립이 있는바, 이 문제는 오히려 이사의 제3자의 손해를 논할 때 중요한 의미를 갖게 되므로 그 상세한 설명은 이사의 제3자에 대한 손해배상책임을 논하면서 설명하기로 한다.

49) 대법원 2003.10.24. 선고 2003다29661 판결.

연하다 할 것이다.

#### (3) 회사가 불성립한 경우의 책임

회사가 불성립한 경우에 발기인은 그 설립에 관한 행위에 대하여 연대하여 책임을 지고(상 326조 1항), 그 밖에 설립을 위하여 지출한 비용 등을 부담한다(상 326조 2항). 회사의 설립과정은 실체형성으로부터 설립등기에 이르는 일련의 절차를 거치게 되는데 회사가 성립되지 않은 경우에는 그 설립절차상의 행위에 따른 법률효과를 귀속시킬 법률 주체가 존재하지 않게 되고 그로 인하여 불측의 손해를 입을 자를 위하여 상법이 특별히 인정하는 무과실책임이라고 할 것이다.[50)]

설립에 관한 행위에 대한 책임이란 납입금이나 청약금의 반환 및 현물출자의 목적물 반환할 책임 등을 생각해 볼 수 있고, 설립비용이란 변태설립사항에 포함되지 아니한 비용은 물론이고 그 밖에도 회사의 설립과정에서 지출한 비용 예컨대 광고비, 인건비 사무실 임대료 등을 생각해 볼 수 있을 것이다.

특히 상법은 설립에 관한 행위에 대한 책임(상 326조 1항)에 있어서만 발기인들로 하여금 연대책임을 부담하도록 규정하고 있고 설립에 관한 비용의 부담에 관해서는 발기인의 연대를 정하고 있지는 않으나 이 경우에도 발기인들이 연대하여 설립비용을 부담하여야 할 것이다.

### 다. 유사발기인의 책임

상법은 회사설립과 관련한 일반인의 신뢰를 보호하기 위하여 외관주의에 입각하여 마치 발기인처럼 행동하거나 발기인으로서 인식될 행동을 한 일정한 자를 유사발기인으로 정하여 이들에게도 발기인과 동일한 책임을 부담시키고 있다(상 327조).

상법이 규정한 주식 모집에 관한 서면으로는 주식청약서, 주주모집광고, 회사설립안내문, 주식인수 권유서신 등을 들 수가 있고, 설립찬조의 뜻이란 설립지지를 명시적으로 표명하거나 고문, 자문위원 등의 지위를 맡음으로써 간접적으로 지지를 나타내는 경우를 포함한다 할 것이다.

---

50) 이 경우에도 발기인 이외에 책임질 자가 없으므로 발기인이 책임지는 것은 당연하다는 견해(당연책임설: 최기원 213면)와 법이론적으로 볼 때에는 설립중의 회사가 해산되는 것이므로 이 경우 잔여재산을 주식인수인에게 분배하면 될 것이지만, 회사채권자와 주식인수인을 보호하기 위하여 상법이 특별히 발기인에게 책임을 지우고 있다는 견해(법정책임설: 권기범 352면, 이철송 218면, 정동윤 166면, 정찬형 285면)가 대립하고 있으나 설립목적을 달성치 못한 설립과정상의 회사의 법률관계를 간명하게 해결하려는 상법의 특별규정으로 해석하는 것이 타당하다고 할 것이다.

그러나 유사발기인은 회사설립과 관련하여 담당하는 업무가 없기 때문에 결국 발기인이 회사 성립시에 부담하는 자본충실의 책임과 회사 불성립시의 책임을 부담하게 될 것이다.

### 라. 이사·감사의 책임

이사와 감사는 회사설립의 경과를 조사하여 발기인(발기설립: 상 298조 1항) 혹은 창립총회(모집설립: 상 313조 1항)에 이를 보고할 의무가 있는데 이를 게을리 하면 회사 또는 제3자에게 손해배상책임을 부담하여야 할 것이다. 그런데 상법은 이사 혹은 감사가 이러한 의무를 게을리 하여 책임을 부담하는 경우에 만약 발기인에게도 책임이 있으면 이들 모두가 연대책임을 부담하도록 규정하고 있다(상 323조).[51] 이 경우 제3자에 대한 책임은 발기인의 제3자에 대한 책임에 관한 규정을 유추 적용하여 악의 중과실의 경우에만 부담한다고 해석하는 것이 발기인의 책임에 관한 규정과 균형이 맞을 것이다.

이러한 책임의 성질은 자신의 과실행위에 대한 손해배상책임이라고 할 것이므로 회사에 대한 손해배상책임은 회사 총주주의 동의로 면제될 수 있다고 할 것이다(상 324조, 400조).

### 마. 검사인의 책임

정관으로 변태설립사항(상 290조)을 정한 때에는 이에 관한 조사를 위하여 법원에서 선임한 검사인이 이를 조사하여 법원(발기설립: 상 299조 1항) 또는 창립총회(모집설립: 상 310조 2항)에 보고하여야 하는데, 상법은 이들 검사인이 악의 또는 중대한 과실로 그 임무를 해태한 때에는 회사 또는 제3자에게 그 손해를 배상하도록 하고 있다(상 325조).

검사인의 이러한 책임은 계약이나 불법행위에 기한 책임이 아니라 상법이 정한 특별한 책임이라고 할 것이지만, 회사 또는 제3자 모두에 대하여 악의 또는 중대한 과실이 있음을 요한다는 특징이 있다.

이 밖에도 회사의 현물출자 등의 증명을 위하여 회사에 의하여 선임된 공증인이나 공인된 감

---

51) 상법 제323조는 이사 또는 감사가 모집설립과정의 조사와 창립총회에 대한 보고임무(상 313조 1항)를 해태한 경우만을 예정하고 있으나 이 밖에도 발기설립과정에서의 조사와 발기인에 대한 보고의무(상 298조 1항)를 해태한 경우에도 해당하는 것으로 해석하여야 할 것이다.

정인들이 조사 또는 감정을 하게 되는데(상 299조의2, 310조 3항), 이때 공증인이나 공인된 감정인의 책임에 관하여는 상법이 별도의 규정을 두고 있지 않지만, 계약 또는 불법행위상의 책임을 추궁하면 될 것이다.

## 7. 주식회사 설립의 하자[52)]

회사는 설립절차에 하자가 있는 경우에 그 회사의 설립을 무효로 하거나 취소할 수 있는데, 상법은 주식회사의 경우에는 설립무효의 주장만 가능하도록 규정하는(상 328조) 한편 주식회사 설립의 하자에 관하여는 합명회사의 설립하자에 관한 많은 규정(상 186조 내지 193조)을 준용하고 있다(상 328조 2항). 이러한 하자의 주장은 반드시 소송의 방법으로만 주장하도록 하고 있고, 그 주장기간도 설립등기일로부터 2년으로 제한하며, 주장할 수 있는 자도 회사의 주주, 이사 그리고 감사로 제한하고 있다(상 328조).

나아가 소송의 관할도 회사의 본점소재지의 지방법원 전속관할로 하고(상 328조 2항, 186조), 설령 설립의 하자가 있음이 인정되더라도 그것이 보완된 경우에는 법원으로 하여금 설립하자의 소를 기각하도록 재량권을 부여하고 있다(상 328조 2항, 189조).

주식회사 설립무효의 원인에 관하여 상법은 특별한 규정을 두고 있지는 않으나, 주식회사는 물적회사로서 자본단체로서의 특성을 가지고 있으므로 법률행위의 무효사유 중에서도 의사표시의 하자로 인한 무효, 예컨대 의사 무능력이나 통정허위표시 등과 같이 주관적 사유로 인한 경우에는 설립무효를 주장할 수 없고, 회사의 설립이 강행법규에 위반하거나 회사의 본질에 위반하는 경우, 예컨대 정관작성의 무효 등과 같은 객관적 사유로 인한 경우에만 설립무효를 주장할 수 있다는 것이 일반적 견해이다.

주식회사 설립의 무효 사유로는 설립목적이 무효이거나 사회질서에 반하거나, 설립등기가 무효이거나, 정관의 절대적 기재사항이 미비되었거나 정관에 발기인의 기명날인이 없거나 혹은 공증이 무효인 경우, 주식발행사항에 대한 결정이 없거나 그 내용이 위법하거나, 설립시 주식의 인수 혹은 납입부족부분이 매우 커서 설립관여자의 담보책임만으로 해결할 수 없는 경우이거나, 창립총회를 소집하지 않았거나 혹은 검사인 등의 조사보고가 없었던 경우 등을 생각해 볼 수 있다.

상법은 주식회사 설립무효 소송의 효과에 관하여도 회사의 단체법적 특성에 의하여 그 법률관계를 획일적으로 확정하기 위하여 민사소송법과는 다른 취급을 하고 있다(상 328조 2항, 186조 내지 193조).

52) 회사의 설립의 하자에 관하여는 "제1편 제3장의 1. 다"에서 상세히 설명하였다.

우선 원고가 승소하여 설립의 무효가 확정되더라도 그 효과는 소송당사자뿐만 아니라 제3자에게도 효력을 미치도록 하고 있고(대세적 효과), 또한 판결확정 전에 생긴 회사와 사원 및 제3자간의 권리의무에 영향을 미치지 않도록 하고 있으며(소급효의 제한), 회사로 하여금 해산에 준하여 청산절차를 밟도록 하고 있다. 또한 이러한 소송이 남용되는 것을 방지하기 위하여, 회사설립에 하자가 없음이 확정된 경우에는 악의 또는 중대한 과실이 있는 원고로 하여금 회사에 대하여 손해배상을 하도록 규정하고 있다.

# 제 3 장
# 주식과 주주

## 1. 주　　식

### 가. 주식의 의의

주식은 법률상 자본금의 구성단위를 의미하기도 하고, 회사에 대한 주주의 지위를 의미하기도 한다.

#### (1) 자본금의 구성단위

주식회사가 액면주식을 발행하는 경우에 자본금은 균일하게 분할하여(상 329조 2항) 발행된 주식의 액면 총합이고(상 451조 1항), 무액면주식을 발행하는 경우에 정관에 기재된 주식의 액면가가 없으므로 자본금은 주식발행가액의 2분의 1 이상으로서 이사회에서 정한 금액이 되지만(상 451조 2항), 어떠한 경우에도 주주는 발행주식 중에서 자신이 가진 주식의 수에 해당하는 비율에 따라 자본금에 대한 비례적 지위로서의 지분을 가지게 되므로 결국 주식은 자본금의 기본적 구성단위라고 할 것이다. 주식은 기본적 단위이므로 주식을 그 단위미만으로 세분하여 여러 명에게 이를 귀속시킬 수는 없지만(주식의 불가분성) 1개의 주식을 수인이 공유하는 것은 가능하다(주식의 공유성).[1)]

또한 기본적 단위 미만의 주식을 단주(端株)라고 하는데 상법은 단주의 처리방법에 관한 규정을 두고 있고(상 443조), 주식공유의 경우에는 공유자의 연대납입책임, 권리의 행사자 및 주식공유자에 대한 통지 등에 관한 규정을 별도로 두고 있다(상 333조).

#### (2) 회사에 대한 주주의 지위

회사에 대한 주주의 권리의무의 총체는 사원권인데 이러한 사원권이 균등한 단위

---

1) 자본시장 및 금융투자업에 관한 법률에 따라 예탁결제원에 주식을 예탁하는 경우에도 주식의 공유관계가 발생한다(자본시장법 312조 1항).

로 수량적으로 세분화된 것이 주식이라고 할 수 있으므로 결국 주식이란 사원권 즉 회사에 대한 주주의 지위를 의미한다고 할 것이다.

주식회사에 있어서 이러한 사원의 지위는 균등한 단위로 세분화되었으므로 주식은 회사에 대하여 균질하고 동일한 지위를 가지고 있다 할 것이어서, 주식의 소유자로서 주주가 회사에 대하여 가지는 지위는 그가 소유한 주식의 집적된 분량(주식수)에 따라 정하여지게 된다. 또한 주주는 그가 가진 주식의 수에 비례하여 평등하게 대우를 받아야 한다는 것이 회사법의 기본원칙이라고 할 것인데 이를 주주평등의 원칙 혹은 주식평등의 원칙이라고 한다.

## 나. 주식의 종류

### (1) 주식의 분류[2)]

#### (가) 기명주식과 무기명주식

주주의 성명이 주권과 주주명부에 표시되는지 여부에 따라 기명주식과 무기명주식으로 나누어 볼 수 있으나 상법은 무기명주식을 인정하지 않고 있으므로 상법상 주식회사의 주식은 모두 기명주식으로만 발행하여야 한다.[3)]

#### (나) 액면주식과 무액면주식

액면주식은 1주의 금액이 정관에 의하여 정하여지고(상 289조 1항 4호), 주권에 표시되어 있는(상 356조 4호) 주식을 말하고, 무액면주식은 정관이나 주권에 1주의 금액이 기재되어 있지 않고 단지 주식의 수 또는 자본금에 대한 비율만을 기재한 주식을 의미한다.[4)]

액면주식과 무액면주식은 주식이 액면을 가지고 있는지 여부에 따른 차이가 있을 뿐이고 주주권의 내용에 있어서 차이가 있는 것은 아니므로 서로 다른 종류의 주식은 아니라고 할 것이다.

상법은 액면주식을 발행하는 경우에, 액면주식의 금액은 균일하여야 하고(상 329조

---

2) 주식의 형태와 모습에 따른 주식의 구별기준일 뿐이므로 주식이 가지는 주주권의 성질과 내용에 따른 구별기준인 주식의 종류와 다른 개념이라고 할 것이다.

3) 2014. 5. 20. 개정 전 상법 기명주식의 발행을 원칙으로 하고 예외적으로 정관의 규정이 있는 경우에 한하여 무기명주식의 발행을 허용하고 있었으나(2014. 5. 20. 개정 전 상법 357조 1항), 실무상으로 무기명주식의 발행은 없는 실정이었다. 그런데 2014. 5. 20. 개정되어 같은날 시행된 상법은 무기명주식의 발행에 관한 규정(상 357조)과 무기명주식의 권리행사에 관한 규정(상 358조) 및 그밖에 무기명주식에 관련된 규정(상 337조, 338조, 340조, 358조의2, 360조의3 4항 등)들을 삭제함으로써 현행 상법상 무기명주식의 발행은 불가능하게 되었다.

4) 무액면 주식은 2011년 4월 14일 개정된 상법에 새롭게 도입된 주식의 형태이다.

3항) 1주의 금액은 100원 이상으로 정하고 있다(상 329조 4항). 또한 상법은 주식의 액면보다 높은 금액으로 발행하는 할증발행을 하는 경우 그 초과금은 자본준비금으로 적립하여야 하고(상 459조 1항), 액면보다 미달하는 금액으로 발행하는 할인발행은 회사 성립시의 주식발행에서는 금지하고 있으나(상 330조), 회사설립 후 신주발행의 경우에는 엄격한 조건하에서 예외적으로 이를 인정하고 있다(상 417조).[5)]

무액면주식은 미국에서 시작된 것으로 액면을 정관이나 주권에 전혀 표시하지 않는 "true non-par value share", 액면을 정관에만 표시하게 되는 "stated non-par value share"가 있고, 유럽에서는 주권에 일정한 액면을 표시하는 대신에 자본금에 대한 비율을 표시하는 경우도 있다.[6)] 통상적으로 무액면주식이라 함은 "true non-par value share"을 의미하고 미국이나 일본의 경우에도 이러한 무액면주식제도를 도입하고 있다.

상법은 정관으로 정하는 경우에 주식의 전부를 무액면주식으로 발행할 수 있도록 하고 있다. 무액면주식을 발행하는 경우에는 액면주식을 발행할 수 없도록 하면서(상 329조 1항 단서) 다만 정관에 의하여 액면주식을 무액면주식으로 전환하거나 무액면주식을 액면주식으로 전환할 수 있도록 하고 있다(상 329조 4항). 그런데 주식의 액면가는 정관의 절대적 기재사항이므로(상 289조 1항 4호) 무액면주식으로의 전환에는 액면가를 삭제하기 위한 정관변경이, 액면주식으로의 전환에는 액면가를 정하기 위한 정관변경이 필요하게 된다. 또한 상법은 이러한 전환을 함에 있어서 자본금은 변경할 수 없도록 정하고 있고(상 451조 3항) 자본금을 유지하는 한 발행주식수를 증가시키거나 감소시키는 것은 제한이 없다. 상법은 액면주식과 무액면주식의 상호 전환에 관한 결정권을 회사에 부여하고 있고(상 329조 4항) 주주 개인의 선택에 의한 전환을 허용하지는 않고 있다. 이처럼 회사가 전환권을 행사하는 경우라고 하더라도 그 발행주식 전부에 대하여 전환하는 것만이 허용되고 일부에 대한 전환은 허용되지 아니한다(상 329조 1항 단서).

이 밖에도 상법은 액면주식과 무액면주식 상호간의 전환에 따른 절차에 관하여 주식의 병합에 관한 규정을 준용하여(상 329조 5항), 일정한 기간 내에 회사에 주권을 제출할 것을 공고하고 주주명부에 기재된 주주와 질권자에 대하여 통지를 하도록 하고(상 440조), 주주가 구주권을 제출하는 경우에는 새로운 주권을 교부하여야 하며,

---

5) 자본시장과 금융투자업에 관한 법률에서는 상장법인의 경우 주주총회의 특별결의만으로 액면미달발행이 가능하도록 규정하여 그 엄격성을 완화하고 있다(자본시장법 165조의8).

6) 무액면주식에 관하여는, 장지석 "무액면 주식제도 도입론" 상장협 제48호(상장회사협의회 2003년 추계호), 최병규 "무액면 주식제도의 도입가능성 연구" 상사법연구 제20권 1호(상사법학회 2001년)를 참조할 것.

구주권을 제출할 수 없는 경우에도 일정한 기간을 정하여 이해관계인으로 하여금 이 의절차를 거치도록 한 후 새로운 주권을 교부하도록 하고 있다(442조 1항).

액면주식과 무액면주식 상호간의 전환으로 채권자의 이익을 침해할 염려는 없다고 할 것이므로 상법은 주주에 대한 공고기간이 만료한 때 그 효력이 발생하도록 하고 있다(상 329조 5항, 441조 본문).

일본의 경우에는 2001년에 상법을 개정하면서 무액면주식만을 인정하였고, 우리나라도 자본시장과 금융투자업에 관한 법률에서 투자회사는 무액면주식만을 발행하도록 하고 있었으나(자본시장법 196조 1항), 2011년 4월 14일 개정된 상법은 모든 주식회사로 하여금 스스로의 선택에 따라 회사의 주식을 액면주식으로 발행하거나 무액면주식으로 발행할 수 있도록 허용하고 있다(상 329조 1항). 일반적으로 무액면주식은 증권시장의 상황이 좋지 않거나 주식의 시가가 액면가를 하회하는 경우에도 주식의 발행을 가능하게 하여 자본조달에 유리하고, 주식수의 변동과 무관한 자본금의 증감을 가져올 수 있으며 증자시 발행가액 중에서 자본금과 자본준비금에 산입되는 비율을 적절히 조절할 수 있는 등 이점이 있는 반면에 발행가액을 불공정하게 염가로 결정하거나 발행가액 중 일부만을 자본금으로 산입하고 나머지를 준비금으로 산입한 뒤 이를 배당의 재원으로 활용함으로써 회사의 자본충실을 해할 우려가 있는 등 장단점을 공유하고 있다고 할 것이다.

### (다) 구주와 신주

주식이 발행된 시기를 기준으로 하여 회사가 설립되면서 발행한 주식을 구주라고 하고 회사가 설립된 이후에 발행한 주식을 신주라고 하는데 이러한 구별은 상법상 큰 의미는 없으나 실무에서는 간혹 이익배당에서 차이를 두는 경우가 있다.

### (라) 유상주와 무상주

이러한 분류는 상법상의 분류는 아니지만 실무상 신주를 인수하는 자가 그에 따른 대가를 회사에 별도로 지급하여야 하는지 여부에 따른 분류로서, 유상주는 회사가 신주를 발행함에 있어서 그 대가로서 주식인수인에게 주금을 납입토록 하여 발행하는 주식을 말하고 무상주는 회사가 자본적립금이나 배당할 이익 등으로 주금을 납입하고 주식을 발행함으로써 주주에게 신주발행의 대가로 별도의 주금납입을 요구하지 아니하는 주식을 의미한다.

### (마) 단 주

단주는 1주 미만의 주를 의미하는데, 상법은 단주의 발생이 예상되는 자본감소 목적의 주식병합(상 443조 1항), 준비금의 자본전입에 의한 무상주의 배정(상 461조 2항, 443조 1항), 주식배당에 의한 무상주의 배정(상 462조의2 3항, 443조 1항), 회사의 합병(상 530조 3항, 443조 1항), 회사의 분할(상 530조의11 1항, 443조 1항)의 경우에는 개별적으로 단주의 처리방법을 규정하여, 원칙적으로 단주를 경매하여 각 주수에 따라 대금을 주주들에게 지급하여야 하고(상 443조 1항 본문) 예외적으로 거래소의 시세가 있는 주식은 거래소를 통하여 매각하고 거래소의 시세가 없는 주식은 법원의 허가를 받아 경매외의 방법으로 매각할 수 있도록 하고 있다(상 443조 1항 단서).

그러나 주주에 대한 신주배정, 전환사채권자의 전환권행사로 인한 신주배정, 그리고 신주인수권부사채권자의 신주인수권행사로 인한 신주배정의 경우에는 아무런 규정을 두고 있지 않으나 이 경우에도 주식을 매각한 후 그 대금을 지급하는 방식(상 443조 1항)에 따라 처리하여야 할 것이다.

단주가 발생하는 예를 들어보면, 회사가 신주를 발행하여 주주들에게 신주인수권에 따라 신주를 배정하는 경우에 구주 10주당 신주 1주를 배정하기로 하였다면 12주를 가진 주주는 신주 1주를 배정받고 또 0.2주의 1주 미만의 주를 배당 받게 되는데 이러한 1주 미만의 주를 단주라고 한다.

### (2) 종류주식

#### (가) 종류주식의 의의

상법은 주식평등의 원칙에 대한 예외로서 이익배당이나 잔여재산의 분배 및 주주총회에서 의결권의 행사 등과 같은 주주권의 내용이 다른 종류의 주식을 발행하는 것이 가능하도록 규정하고 있는데 이처럼 주주권의 내용이 다른 주식을 종류주식이라고 한다(상 344조 1항).[7)]

보통주식도 종류주식이라고 보아야 할 것인가에 대하여 ① 보통주식은 회사가 여러 가지 종류주식을 발행하는 경우에 그 기준이 되는 주식을 정하기 위한 주식일 뿐이므로 보통주식 자체를 종류주식의 한 종류로 볼 수 없다는 견해가 있는가 하면, ② 보통주도 다른 종류주식과 의결권의 행사 이익의 배당 등에서 그 주주권의 내용이 다르므로 보통주식 자체를 종류주식의 하나로 파악

7) 2011년 4월 14일 개정되기 전의 상법은, 이익이나 이자의 배당과 잔여재산분배에 관한 내용이 다른 수종의 주식(우선주, 보통주 후배주 등)을 두고 있고, 무의결권주식, 상환주식, 전환주식은 그러한 수종의 주식에 상환권, 전환권, 무의결권이라는 특별한 성질이 부가된 것으로 파악하고 있을 뿐 별도의 독자적인 수종의 주식으로 인정하지 않았으므로 이들 주식은 이익배당에 있어서 우선적 지위가 인정되는 등의 수종의 주식에 한하여 발행할 수 있었으나(개정 전 상법 345조 1항, 346조 1항, 370조 1항), 개정된 상법에서는 투자자에게 투자유인책을 줌으로써 주주모집을 쉽게 하고 자금조달의 편의성을 기하고자 이들 주식에 있어서 이익배당의 우선적 지위 등과 상관없이 독자적인 조건에 따른 주주권의 내용을 가진 다양한 종류의 주식을 허용하면서 이익배당, 잔여재산분배에 관한 종류주식(상 344조의2), 의결권의 배제, 제한에 관한 종류주식(상 344조의3), 주식상환에 관한 종류주식(상 345조) 및 주식의 전환에 관한 종류주식(상 346조) 등에 관한 규정을 두고 있다. 이 밖에도 이들 종류주식의 특성을 혼합한 종류주식 예컨대 의결권이 배제되었지만 상환권이 있거나 전환권이 부여되었거나 혹은 고율의 배당을 하면서 전환권이나 상환권이 부여된 된 종류주식 등도 가능하다고 할 것이다.

하여야 한다는 견해가 대립한다. 이러한 견해의 대립은 ① 상환이 가능한 주식은 종류주식에 한하여 발행할 수 있다는 상법 제345조 제5항의 해석방법, ② 전환주식으로 전환할 수 있는 주식(상 346조)에 보통주식이 포함되는지 여부, ③ 보통주식을 보유한 주주들만의 종류주식총회가 가능한지 여부 등에서 차이를 보이고 있다. 생각건대 상법이 종류주식에 관한 일반규정(상 344조)을 두고 뒤이어 개별적인 종류주식을 열거하고 있음에(상 344조의2 내지 351조) 비추어 보더라도 상법은 보통주식을 종류주식에 포함시키지 않고 있다고 보아야 할 것이다.

상법상 이러한 다른 종류의 주식의 내용과 수 등 발행사항과 조건은 정관의 상대적 기재사항이므로 정관에 기재하여야 하고(상 344조 2항) 주식청약서(상 302조 2항 4호), 신주인수권증서(420조의2 2항 3호), 주주명부(352조 1항 2호), 주권(상 356조 6호)에 기재하여야 하고 회사등기부에도 등기(상 317조 2항 3호)하여 공시하도록 하고 있다.

회사 설립시 발행하는 종류주식에 관해서는 발기인 전원의 동의로 결정하게 되고(상 291조 1호), 회사 설립 후 신주로 발행할 때에는 상법에 다른 규정이나 정관으로 주주총회에서 결정하기로 정한 경우 이외에는 이사회가 결정하게 된다(상 416조 1호).

또한 상법은 회사가 종류주식을 발행하는 경우에는 정관에 다른 정함이 없더라도 주식의 종류에 따라 신주의 인수, 주식의 병합·분할·소각 등 그 내용을 달리 정할 수 있도록 하고 있는데(상 344조 3항), 이로 인하여 어느 종류주식 주주에게 손해를 미치게 될 경우에는 그 종류주식의 주주의 결의를 위한 주주총회 즉 종류주주총회를 허용하고 있다(상 344조 4항, 435조, 436조).[8)]

### (나) 이익배당, 잔여재산분배에 관한 종류주식

상법은 회사가 이익배당 또는 잔여재산분배에 관하여 내용이 다른 종류주식을 발행할 수 있도록 하면서 그 재산의 종류, 가액결정방법 및 조건 등에 관하여는 정관으로 정하도록 하고 있다(상 344조의2). 이러한 종류주식은 흔히 그 내용에 따라 기본적 형태의 보통주(Common Share)와 보통주보다 우선적 지위가 인정되는 우선주(Preferred Share) 그리고 보통주보다 열후적 지위가 인정되는 후배주(Deferred Share) 등으로 나누기도 한다. 우선주는 재산적 내용(이익배당/재산분배)에 있어서 보통주보다 우선적 지위가 인정되는 주식이라고 하는 것이 보통이지만, 우선적 지위를 인정하기보다는 고율의 배당이나 고액의 분배를 하는 우선주도 가능하다고 할 것이다. 또한 배당재산의 종류도 정할 수 있도록 하고 있다. 특히 상환주식의 경우에는 상환의 대가로 현금

---

8) 보통주식도 종류주식의 일종이라고 해석하는 입장에서는 회사가 여러 가지의 종류주식을 발행한 경우에 보통주식을 가지는 주주들의 이익을 침해할 우려가 있는 경우에는 보통주식을 가진 주주들만의 종류주주총회를 열어야 하고 이렇게 함으로써 보통주식을 가지는 주주의 역차별을 방지할 수 있다고 할 것이다.

외에 유가증권 기타 자산을 교부할 수 있도록 정하고 있음(상 345조 4항)에 비추어 볼 때 이익 배당이나 재산분배도 현금 이외의 재산으로 하도록 정하는 것도 가능하다고 할 것이다.[9)]

실무상 후배주는 발행되지 않고 있으며, 또한 우선주라고 하더라도 이익배당우선주가 대다수이고 재산분배우선주는 거의 없는 실정이다.

과거에는 의결권없는 우선주에 관하여 "보통주보다 1%를 더 배당한다"(속칭 1% 우선주)라고 정관에 규정하여 고율 배당의 의미로 사용함으로써 문제가 되었고 이를 방지하기 위하여, 우선배당주는 정관으로 최저 배당률을 정하도록 상법이 규정(개정 전 상법 344조 2항)하기도 하였으나, 2011년 4월 14일 개정된 상법에서는 단순히 "이익배당에 관하여 내용이 다른 종류의 주식"을 발행할 수 있도록 하여 다양한 종류의 주식발행이 허용되고 있으므로, 우선주 형태가 아니라 고율배당주 혹은 고액배당주의 형태로서 종류주식의 발행도 가능하게 되었고 심지어 배당시점의 국채금리 등과 같은 객관적 이율자료에 연동되는 배당률에 의한 이익배당을 하는 종류주식도 발행이 가능하다고 할 것이다.

### (다) 의결권의 배제, 제한에 관한 종류주식[10)]

상법은 회사로 하여금 의결권이 없거나, 제한되는 종류주식의 발행을 허용하는 한편 의결권이 제한되는 종류주식에 관하여는 의결권을 행사할 수 없는 사항을, 의결권이 없는 종류주식에 관하여는 의결권의 행사 또는 부활의 조건 등을 정관에 정하도록 하고 있다(상 344조의3 1항).

의결권이 없는 주식이나 의결권이 제한되는 주식은 회사에 대한 경영지배보다는 이익배당 등 부수적 이익에 관심이 있는 투자자들에게 일정한 투자이익을 확보하여 줌으로써 자금조달의 편의를 꾀하는 한편 회사에 대한 경영지배권을 유지할 수 있다는 장점이 있어서 실무상 많이 발행되는 종류의 주식이다.

의결권이 제한되는 주식은 이사의 선임과 해임에 대한 의결권제한 등과 같이 특정 사안에 대

9) 배당의 경우에는 현금배당이외에 현물이나 주식배당을 할 수 있는 근거가 있으나(상 462조의2, 462조의4) 잔여재산 분배에는 이에 관한 규정이 없다. 그러나 잔여재산분배를 주식으로 하는 경우는 생각하기 어려우나 현물의 경우는 정관에 규정이 있으면 가능하다고 하여야 할 것이다.

10) 2011년 4월 14일 개정되기 전의 상법은 무의결권주식을 배당우선주에 부가된 성질로서 파악하였기에 무의결권주식이라도 우선배당을 받지 못하는 경우에는 당연히 의결권이 부활하도록 규정(개정 전 상법 370조 1항 단서)하고 있었으나, 개정된 상법에서는 이익배당에 관한 우선적 지위와 상관없이 무의결권주식도 독자적인 조건을 가진 종류주식으로서 발행할 수 있도록 하고 있으므로(상 344조 1항), 회사는 우선적인 이익배당여부와 관련 없이 별도로 무의결권 주식의 의결권의 부활에 관한 사항을 정할 수 있고, 이를 정한 경우에는 정관에 이를 기재하도록 하고 있다(상 344조의3 1항). 이에 따라 개정 전의 상법에서 정한 무의결권주식의 당연한 의결권부활에 관한 규정(개정 전 상법 370조 1항 단서)은 삭제하였다.

한 의결권이 제한되는 주식이고 의결권이 수량적으로 제한되는 주식은 아니라고 할 것인바, 이처럼 특정한 사안에 대한 의결권이 인정되지 않는 주식을 인정함으로써 회사의 경영과 소유를 분리할 수 있는 방편이 되어 투자는 받되 경영권은 유지하려고 하는 이른바 벤처기업들의 수요에 응할 수도 있을 것이다.

의결권 없는 주식은 원칙적으로 주주총회의 모든 결의에 관하여 의결권을 행사할 수 없고, 의결권이 제한되는 주식은 정관이 정하는 일정한 사항에 대한 결의에 관하여 의결권을 행사할 수 없으므로 의결권의 계산에 있어서 발행주식총수에 산입하지 않고(상 371조 1항), 주주총회의 소집통지를 받을 권리도 인정되지 않으나(상 363조 8항), 의결권과 관계없는 주주의 권리, 예컨대 임시주주총회 소집권(상 366조), 주주총회결의 취소의 소를 제기할 권리(상 376조), 이사 · 감사 · 청산인 해임청구권(상 385조 2항, 415조, 539조), 이사에 대한 위법행위유지청구권(상 402조), 대표소송을 제기할 권리(상 403조), 신주인수권(상 416조) 등은 인정된다고 할 것이다.

또한 의결권 없는 주식도 예외적으로 ① 정관에 정한 조건에 따라 의결권이 부활한 경우(상 344조의3 1항), ② 창립총회(상 308조 2항), ③ 총주주의 동의를 필요로 하는 결의사항의 경우(상 400조, 604조), ④ 종류주주총회에서의 결의가 필요한 경우(상 344조 4항, 435조 1항, 436조, 530조의3 6항), ⑤ 회사분할에 있어서 분할계획서, 분할합병계약서 승인결의의 경우(상 530조의3 3항)[11]에는 의결권을 행사할 수 있다고 할 것이다.

그러나 소수의 지배주주가 회사를 지배할 목적으로 의결권이 없거나 제한되는 주식을 과도하게 발행하는 폐단을 방지하기 위하여 상법은 이러한 종류주식의 발행한도를 발행주식 총수의 4분의 1 이내로 제한하고 만약 이를 초과하여 발행한 경우에는 회사로 하여금 이를 시정하기 위한 조치를 취하도록 하고 있다(상 344조의3 2항).[12] 이처럼 상법은 초과 발행된 무의결권 주식을 무효로 하지 않고 시정조치를 요구할 뿐이므로 회사로서는 초과 발행된 무의결권 주식을 소각하거나 의결권 있는 주식을 추가적으로 발행함으로써 발행된 주식 총수에 대한 무의결권 주식의 비율을 낮추는 등의 시정조치를 취할 수 있을 것이다.

회사가 무의결권 주식을 법정상한선을 초과하여 발행하였음에도 불구하고 아무런 조치를 취

11) 합병계약서의 승인 결의(상 522조 3항)에는 이와 같은 규정이 없으므로 의결권이 배제되는 주식은 합병결의를 위한 주주총회에서 의결권을 행사할 수 없다고 할 것인데 상법이 합병결의와 분할합병결의에 있어서 의결권이 배제되는 주식의 의결권 행사를 이처럼 달리 규정하는 논리적 근거를 찾기 어렵다.

12) 자본시장과 금융투자업에 관한 법률에서는 주권상장법인의 경우에는 무의결권 주식의 발행한도를 발행주식 총수의 2분의 1을 초과하지 못하도록 함으로써 이를 확대하고 있다(자본시장법 165조의15 2항).

하지 않는 경우에는 이사에 대하여 책임을 추궁하여 손해배상하도록 하거나 이사를 해임할 수는 있겠지만 그 초과발행된 무의결권주식의 효력에 대하여는 여전히 문제가 남는다고 할 것이다.

상법의 종류주식에 관한 규정(상 344조 1항)은 주주총회에서의 의결권의 행사에 관하여 내용이 다른 종류의 주식발행을 허용(상 344조)하면서도 그 구체적 내용으로는 의결권이 없는 종류주식과 의결권이 제한되는 종류주식만을 인정하고 있으므로(상 344조의3), 복수의결권이 인정되는 주식이나 거부권이 인정되는 주식(이른바 황금주)과 같은 차등의결권이 부여되는 주식은 허용되지 않는다고 할 것이다.[13)]

(라) 주식의 상환에 관한 종류주식[14)]

주식의 상환에 관한 종류주식 이른바 상환주식이란 주식을 발행하면서 발행일로부터 일정기간이 지나면 회사의 이익으로써, 회사가 임의로 상환하거나(상 345조 1항) 혹은 주주의 상환청구에 의하여(상 345조 3항) 그 주식을 상환하도록 예정된 주식을 말한다. 상법은 회사가 이러한 종류주식을 발행하기 위해서는 정관에 상환가액, 상환기간, 상환의 방법 등 상환의 구체적 조건을 정하도록 하고 있다(상 345조 1항).

이러한 상환주식은 회사가 주식투자자에게 투자한 자금의 간편하고 확실한 회수를 가능하게 하는 등의 유리한 조건을 제시함으로써 신주발행을 용이하게 하여 일시적인 자금압박으로부터 벗어나고 일정 기간 후에는 상환함으로써 이익배당의 압박을 회피하고자 하는 목적에서 발행된다.

상법은 상환주식과 전환주식을 제외한 종류주식에 한하여 상환주식을 발행할 수 있도록 하고 있으므로(상 345조 5항) 보통주식은 상환주식으로 발행할 수는 없다고 할 것인데, 이처럼 보통주식을 상환주식으로 발행하지 못하도록 하는 것은 의결권 있는

13) 최근에는 외국투자자들이 우리나라의 상장법인에 대하여 경영권을 위협하는 사례가 적지 않게 발생하게 됨에 따라 우리나라에서도 이러한 차등의결권제도의 도입이 논의되고 있으나 대법원은 "상법 제369조 제1항에서 주식회사의 주주는 1주마다 1개의 의결권을 가진다고 하는 1주 1의결권의 원칙을 정한 규정은 강행규정이므로 법률에서 위 원칙에 대한 예외를 인정하는 경우를 제외하고, 정관의 규정이나 주주총회의 결의 등으로 위 원칙에 반하여 의결권을 제한하더라도 효력이 없다" 고 판시함으로써(대법원 2009.11.26. 선고 2009다51820 판결) 종류주식으로서 차등의결권을 도입할 수는 없고 결국 입법에 의할 수 밖에 없다고 하겠다. 또한 보유기간에 따라 의결권의 수를 다르게 인정하는 주식을 인정하는 제도(이른바 테뉴어보팅제도)도 논의되고 있다.

14) 2011년 4월 14일 개정된 상법은 이익배당에 관한 우선적 지위와 상관없이 상환주식도 독자적인 조건을 가진 종류주식으로서 발행할 수 있도록 하고 있으므로(상 345조 1항, 3항), 회사는 독자적인 상환조건과 절차 및 방법을 정하여 상환주식을 발행할 수 있게 되었다. 그러나 상환과 전환에 관한 것 이외의 종류주식에 한정하여 상환주식을 발행할 수 있도록 하고 있으므로(상 345조 5항) 결국 상환주식을 보통주식으로 발행할 수 없고 이익배당이나 잔여재산분배에 관한 종류주식과 의결권의 배제, 제한에 관한 종류주식에 한정하여 발행할 수 있다고 할 것인데 이것은 소수의 지배주주가 보통주식을 상환주식으로 과도하게 발행함으로써 회사의 비용과 부담으로 회사의 지배권을 확보하려는 의도를 막기 위함이라고 할 것이다.

보통주식을 상환주식으로 발행한 뒤 필요에 따라 회사가 이를 회사의 자금으로 상환함으로써 경영권방어를 위한 수단으로 사용할 수도 있기 때문이라고 해석된다.[15] 또한 상환주식을 다시 상환주식으로 발행하는 것은 의미가 없고 또 다른 주식으로의 전환이 예정된 전환주식도 상환주식과 구별이 필요하므로 상환주식으로 하는 것도 허용이 되지 않는다.

2011년 4월 14일 개정되기 전 상법에 의하면 상환주식이나 전환주식은 종류주식이 아니라 이익배당에 관한 우선적 내용이 있는 종류주식에 부가된 성질이었으므로 실무상 상환주식의 성질과 전환주식의 성질을 동시에 갖춘 상환전환 우선주가 발행되기도 하였으나 2011년 4월 14일 개정된 상법에 따르면 상환주식이나 전환주식은 종류주식이고(상 344조) 또한 상환주식은 상환과 전환을 제외한 종류주식에 한하여 발행할 수 있으므로(상 345조 5항) 그동안 실무상 적지 않게 발행되어 왔던 상환전환우선주식을 발행할 수는 없다고 해석된다.

상환주식은 일정 기간 후에 상환되는 점에서 회사채와 유사하지만, 회사의 채무가 아니라 자기자본인 점, 그리고 회사의 이익이 있을 때 그 이익으로만 상환해야 한다는 점에서 회사의 이익여부에 불구하고 반드시 변제하여야 하는 회사채와 다르다고 할 것이다. 또한 회사가 상환주식을 상환하게 되면 그 주식은 소각되어 소멸되는 점에서 전환주식과 다르다고 할 것이다.

상법은 회사가 일방적으로 상환할 수 있는 상환주식(상 345조 1항), 이른바 회사상환주식과 주주가 상환을 청구함으로써 상환할 수 있는 상환주식(상 345조 3항), 이른바 주주상환주식의 두 가지 형태를 허용하고 있다.

상환주식의 상환 여부는 전자의 경우 정관에 정한 절차에 따라 이사회의 결정으로 이루어지게 되고, 후자의 경우 주주의 일방적 신청에 따라 이루어지게 된다. 또한 상환방법에 있어서도 정관의 정함에 따르게 되겠지만 전자의 경우에는 ① 회사가 일방적으로 상환을 결정하여 주주의 의사와 상관없이 이루어지는 강제상환 혹은 ② 회사의 상환결정에 따라 주주와 합의에 의하여 주주로부터 주식을 매입하는 임의상환의 두 가지 방식이 가능하지만, 후자의 경우에는 주주의 회사에 대한 주식상환청구권은 형성권으로서의 성질을 가진다고 할 것이므로 주주가 상환을 청구하면 회사는 이에 응하여야 한다는 의미에서 강제상환의 방식만 인정된다.

다만 어느 경우에도 회사에 배당가능이익이 있음을 전제로 하므로[16] 회사가 배당

15) 상법 제 345조 제5항의 규정에 관하여 보통주식을 종류주식에 포함시키지 않는 입장에서는 의미있는 규정이라고 하는데 반하여 보통주식을 종류주식에 포함시키는 입장에서는 입법적 착오라고 보게 된다.

16) 회사상환주식을 정한 상법 제345조 제1항은 "회사의 이익으로써"라는 문구가 있어 상환은 배당가능이익을 전제로 한다고 할 수 있으나 주주상환주식을 정한 상법 제345조 제3항은 이러한 문구가 없으나

가능한 이익이 없다면 상환이 불가능할 것이고 어느 방식을 택하더라도 주주평등의 원칙은 반드시 지켜져야 한다.

상환의 구체적인 방법과 절차는 정관으로 정하게 되지만(상 345조 1항, 3항), 회사가 일방적으로 상환할 수 있는 상환주식(상 345조 1항)에 관하여 상법은 회사가 상환을 결정하는 경우에는 그 주식의 취득일로부터 2주 전에 그 사실을 별도로 통지하도록 정하면서 통지를 공고로 갈음할 수 있도록 하고 있다(상 345조 2항).[17]

이러한 상환주식은 회사의 이익으로 상환할 것을 전제로 발행된 것이기에 비록 정관에 정한 상환기간이 도래하더라도 배당가능이익이 없으면 상환의 지연이 불가피하고 설령 상환이 지연됨으로써 손해가 발생하였다고 하더라도 이를 이유로 회사 또는 이사에 대하여 손해배상을 구할 수는 없다고 할 것이다.

상법은 상환의 대가로서 현금뿐만 아니라 유가증권(회사의 다른 종류주식은 제외) 기타의 재산 등 이른바 현물지급이 가능하도록 규정하고 있으나(상 345조 4항) 상환의 대가를 현물로 지급할 때에는 그 가치평가의 공정성이 항상 문제되고 이를 위하여 상법은 자산의 장부가액이 상법 제462조에 따른 배당가능이익을 초과할 수 없다고 규정하고 있다(상 345조 4항 단서).[18] 또한 상환방법 등 조건을 정관으로 정하도록 하고 있으므로 회사로서는 그 지급내용을 현금상환, 현물상환 혹은 일부현금과 일부현물 등으로 하거나, 그 지급형태를 일시상환 혹은 분할상환 등으로 선택할 수도 있다고 할 것이다. 한편 주금액의 일부에 대한 상환은 주식불가분의 원칙상 인정되지 아니하지만, 지주수에 따른 비율적 상환은 주식 평등의 원칙상 인정된다고 할 것이다.

상환주식의 상환을 현금으로 하는 경우 상환을 위한 재원은 배당가능이익이므로 어떤 기준을 상환가액으로 할 것인지는 상환주식을 가지는 주주뿐만 아니라 다른 주주에게도 중요한 이해관계가 있으므로 상법은 정관 등에 상환가액을 정하도록 하고 있다(상 345조 1항, 3항). 그런데 상환가액을 시장가로 할 경우 사전에 예측이 불가능하고 회사가 상환시점의 시장가를 하락시키는 방법으로 상환주주의 이익을 침해할 우려가 적지 않고 또한 사장가가 급격히 앙등하였다면 배당가능재원의 축소를 초래하여 다른 주주들의 불만을 초래할 우려가 있기 때문에 실무상 발행가로 하는 경우가 적지 않다.

---

상환주식의 상환도 본질상 배당가능이익을 전제로 한다고 할 것이다.

17) 통지와 공고는 그 상대방에 미치는 효과가 전혀 다르다고 할 것인데 회사의 강제적 상환을 개별적 통지가 아니라 일방적 공고로 갈음 할 수 있도록 한 것은 주주의 이해를 침해할 우려가 적지 않다고 할 것이다.

18) 현물자산의 공정한 평가여부는 시가를 얼마나 정확히 그리고 공정하게 반영하는지 여부에 달렸다고 할 것인데 현물자산의 장부가액을 기준으로 정한 상법 제345조 4항 단서의 규정이 타당한지는 매우 의문이 아닐 수 없고 이 점에서 이 단서 규정을 입법의 착오로 보는 견해도 있다(이철송 292면).

상환주식의 상환이 이루어지면 그 주식은 소각되어 소멸하므로 발행주식 총수는 감소되지만, 액면주식인 경우에는 이익으로 상환하여야 한다는 점에서, 무액면주식인 경우에는 자본금이 발행주식수와 상관없이 이사회에 의하여 결정된다는 점에서, 자본금의 감소는 없고, 따라서 자본감소절차를 밟을 필요가 없다.

그런데 상환하여 실효한 주식에 해당하는 부분의 신주발행이 가능한지 여부에 관하여 ① 상환주식의 재발행도 가능하다는 견해,[19] ② 상환주식의 재발행은 인정될 수 없으나 정관의 규정이 있으면 보통주식의 발행은 가능하다는 견해,[20] ③ 상환된 주식에 해당하는 부분에 대하여는 다시 신주를 재발행할 수 없다는 견해[21] 등이 대립하고 있는데 이에 관한 대법원의 판결은 보이지 않고 있다. 상환주식을 상환하여 주식이 소멸하면 미발행주식이 증가한 외형이 있게 되지만 상환주식의 발행으로 이미 그 주식에 관하여는 발행권한이 행사되었으므로 재발행의 허용한다면 이중의 수권이 되고, 이사회에 무한대의 발행권한을 부여하는 결과를 초래하여 주주이익의 해할 수 있으므로 재발행을 허용할 수는 없다고 할 것이다.

### (마) 주식의 전환에 관한 종류주식[22]

주식의 전환에 관한 종류주식이란, 회사가 종류주식을 발행하면서 주주의 전환청구가 있는 경우(상 346조 1항) 또는 회사에 일정한 사유가 발생한 경우(상 346조 2항)에 회사가 발행한 다른 종류주식으로 전환할 권리 즉 전환권이 부여된 주식을 말한다.[23] 회사가 이러한 종류주식을 발행하기 위해서는 정관에 전환사유, 전환의 조건, 전환으로 발행할 주식의 수와 내용 등 전환의 구체적 조건을 정하도록 하고 있다(상 346조 1항, 2항).

주식의 전환에 관한 종류주식 즉 전환주식에 있어서 전환이란 회사가 주주권의 내

---

19) 이병태 507면, 이철송 293면.

20) 권기범 392면, 손주찬 626면, 정찬형 311면.

21) 손주찬 626면, 임홍근 188면, 정동윤 197면.

22) 상법은 회사가 종류주식을 발행하는 경우에 회사의 결정 또는 주주의 청구에 의하여 다른 종류주식으로 전환할 수 있는 주식을 의미하는 것으로 규정(상 346조 1항, 2항)하고 있다. 보통주식을 종류주식에 포함시키는 입장에서는 보통주식도 종류주식의 한 모습이므로 전환주식을 보통주식으로 전환하는 데 아무런 문제가 없으나 보통주식을 종류주식에 포함시키지 않는 입장에서는 전환주식을 보통주식으로 전환하는 것은 이론상 불가능하다고 해석하게 된다. 그러나 보통주식을 종류주식에 포함시키지 않는 입장에서도 전환주식의 연혁과 효용 그리고 전환주식은 배당우선주를 보통주로 전환하는 것이 실무상 일반적이라는 점 등을 근거로 상법의 전환주식을 상법상의 종류주식뿐만 아니라 보통주식으로도 전환이 가능한 것으로 해석하여야 한다고 주장한다(이철송 294면 참조).

23) 대법원 2007.2.22. 선고 2005다73020 판결은, "주식회사가 타인으로부터 돈을 빌리는 소비대차계약을 체결하면서 "채권자는 만기까지 대여금액의 일부 또는 전부를 회사 주식으로 액면가에 따라 언제든지 전환할 수 있는 권한을 갖는다"는 내용의 이른바 전환권 부여조항을 넣었다고 하더라도 그것은 상법이 정한 방법과 절차에 의하지 아니한 신주발행 내지는 주식으로의 전환을 예정하는 것이어서 효력이 없다"고 판시하고 있다.

용이 다른 주식을 발행한 경우에 다른 내용의 주식 예컨대 이익배당우선주식을 보통주식으로, 상환주식을 보통주식으로 혹은 보통주식을 의결권이 없는 주식 등으로 전환하는 것을 의미하는 것을 의미하고 액면주식을 무액면주식으로 전환하는 것처럼 주식의 형태가 다른 주식으로 전환하는 것을 의미하는 것은 아니라고 할 것이다.

회사는 다양한 주주권의 내용을 가진 주식을 발행하고, 주주들로 하여금 시장여건에 고려한 투자판단에 따라 다른 내용의 주식으로 전환할 수 있도록 하면 주식의 발행이 용이할 것이고 또한 회사로서도 재무구조개선의 필요성 등을 위한 경영판단에 따라 다른 내용의 주식으로 전환할 필요성이 있으므로 전환주식은 매우 유용한 주식이라고 할 것이다.

주주의 전환청구에 따라 전환되는 전환주식에 있어서 주주가 가지는 전환권은 형성권이므로 주식의 전환은 전환청구를 한 때에 효력이 생기게 되므로(상 350조 1항) 주주는 전환을 구하는 청구서를 회사에 제출할 때 주권을 첨부하여야 하고(상 349조 1항) 이때부터 신주식의 주주로서 주주권을 행사할 수 있다.

한편 회사의 전환결정에 따라 전환되는 전환주식은 정관에 정한 일정한 사유가 발생한 경우에 한하여 전환할 수 있으므로(상 346조 2항) 반드시 정관에 전환사유를 미리 정해 두어야 하고 이런 전환사유가 발생한 경우에 이사회의 전환결정에 따라 주주 및 주주명부에 기재된 권리자에 대하여 전환의 통지를 하게 되면(상 346조 3항)[24] 주식의 전환은 주권제출기간이 끝난 때에 효력이 발생하게 되므로(상 350조 1항) 이때부터 신주식의 주주로서 주주권을 행사할 수 있게 된다.

다만 상법은 전환에 의하여 발행된 신주식의 이익배당에 관하여는 전환된 영업연도 말에 전환된 것으로 보도록 하고(상 350조 3항), 만약 전환이 있었던 영업연도에 중간배당이 실시된다면 전환청구를 하거나 주권제출기간이 끝난 때가 속하는 중간배당기준일에 전환된 것으로 보게 되며(상 462조의3 5항), 또한 주주명부폐쇄기간 중에 전환된 경우에는 신주식에 의해 의결권을 행사할 수 없도록 하는 제한을 정하고 있으므로(상 350조 2항) 이 경우에는 전환전의 주식의 주주로서 주주권을 행사하게 된다.

한편 전환의 효력이 발생하면 전환 전 주식은 소멸하고 다른 종류의 신주식이 발행되는 효력이 발생하게 되므로 회사는 전환청구 혹은 전환결정에 대비하여 주식의 전환으로 발행하여야 할 주식의 수에 해당하는 주식의 발행을 전환청구기간 내지는 전환의 기간 동안 유보하여야 한다(상 346조 4항).

---

24) 회사는 정관에 임의로 전환사유를 정하게 되지만 적어도 명확성과 객관성 그리고 합리성은 갖추어야 할 것이고 또한 정관에 정한 전환사유가 발생하였다고 하여 반드시 전환권을 행사하여야 하는 것도 아니다. 또한 이러한 회사의 통지도 상환주식의 경우(상 345조 2항)에 있어서 회사의 통지와 같이 공고로 갈음할 수 있도록 정하고 있다(상 346조 3항).

이처럼 전환주식의 경우 주주의 전환권의 행사 또는 회사의 전환결정으로 인하여 전환주식의 소멸과 신주식의 발행이라는 효과가 발생하게 된다. 이러한 전환의 효과는 ① 액면주식에 있어서는 자본금에 영향을 미치게 되고, ② 액면주식이든 무액면주식이든 구별 없이 수권주식총수에 영향을 미치게 된다.

상법은 전환 전 주식 1주에 대하여 발행되는 신주식의 수 또는 발행가격 등에 대한 조건과 비율 등의 전환조건을 정하도록 하면서 그 구체적인 내용에 관하여는 특별한 규정을 두고 있지 않다. 다만 상법은 전환 전의 주식과 전환 후의 신주식의 발행가액이 동일하여야 한다고 규정(상 348조)하고 있는데 전환 전의 주식과 전환 후의 신주식은 그 내용(예컨대 배당우선주와 보통주)과 가치(예컨대 발행시점의 시가)가 다르기 때문에 결국 전환 전의 주식과 전환 후의 신주식의 발행가액은 달라질 수밖에 없게 되므로 상법 제348조에서 규정하고 있는 발행가액이 동일하여야 한다는 의미는 전환 전 주식의 발행가액 총액과 전환 후 신주식의 발행가액 총액이 동일하여야 한다는 의미로 해석하여야 할 것이다.[25)]

그런데 전환 전 주식의 발행가액의 총액과 전환 후 신주식의 발행가액의 총액(주식의 발행가격×발행한 주식수)이 같아야 하고, 전환 전후의 주식 1주의 발행가격이 다르다면 전환 전 주식의 수와 전환 후 발행되는 신주식의 수는 달라질 수밖에 없다.

결국 전환 전후의 주식의 발행가액의 총액이 동액이어야 한다는 규정은 주식의 액면미달발행을 제한하는 규정(상 417조)과 관련하여 일정한 전환비율 이상의 전환은 허용되지 않음으로써 회사가 자금조달에 급급한 나머지 무리한 전환비율을 주는 전환주식발행을 억제하여 자본충실을 해하는 것을 방지하는 역할을 하게 된다.

액면주식의 경우, 액면 5,000원의 고배당 전환주식 100주를 1주당 10,000원에 발행하면서, 전환주식 1주당 액면 5,000원의 보통주로의 전환조건(전환비율)을 1:2로 하였다면, 전환 후 발행되는 신주는 200주가 되어야 하는데 전환전후의 발행가액의 총액이 동액이어야 한다는 상법의 제한을 충족시켜야 하므로 신주의 발행가액은 5,000원으로 하여야 하고(전환주식 100주×발행가액 10,000원=신주 200주×발행가액 5,000원=1,000,000원) 이러한 전환은 특별한 사정이 없는 한 액면미달발행을 허용하지 않는 상법에 부합하게 된다. 만약 전환조건(전환비율)을 1:2.5로 정하였다면 전환 후 발행하는 신주는 250주가 되어야 하고, 이 경우에도 전환전후의 발행가액의 총액이 동액이어야 한다는 상법의 제한에 따르면 그 발행가액은 4,000원으로 발행하여야 하는데(전환주식 100주×발행가액 10,000원=신주 250주×발행가액 4,000원=1,000,000원), 이는 액면미달발행이 되므로 상법이 정한 경우(상 417조)가 아니면 허용될 수 없게 되어 이러한 전환은 상법의 제한을 충족시킬 수 없게 된다.

25) 권기범 395면, 이철송 298면, 정동윤 200면, 정희철 402면, 최준선 194면.

한편 전환 전 주식의 발행가액의 총액과 전환 후 발행한 신주식의 발행가액의 총액이 같아야 하므로, 전환조건에 따라 발행주식수의 변동이 있게 되고, 액면주식에 있어서 자본금은 발행주식의 액면총액이므로 전환전후의 발행주식수의 변동에 따라 자본금의 변동이 발생하게 된다. 예컨대 전환조건이 1:1이라면 발행주식수의 변동은 없게 되어 자본금의 변동도 없게 되지만 만약 전환조건이 1:1을 초과하는 경우에는 전환 후에 발행되는 신주가 전환 전의 주식수을 초과하게 되어 자본금이 증가되는 결과가 발생하게 되고 전환조건이 1:1에 미달하게 되면 이와는 반대로 전환 후의 발행주식수가 감소되어 자본금이 감소하는 결과를 초래하게 된다. 그런데 상법은 자본감소의 경우에는 엄격한 자본감소절차에 의하도록 하고 있으므로 전환조건에 따른 발행주식수의 변동으로 자본금의 감소가 예상된다면 그러한 전환은 인정되지 아니한다고 할 것이다.[26]

한편 무액면주식에 있어서는 자본금은 발행주식수와 관계없이 결정되므로 전환전후의 발행주식수의 변동에 의하여 반드시 자본금의 변동이 발생하지는 않는다.

또한 전환주식의 경우에는 전환권행사로 인하여 구주식이 소멸하게 되는 효과가 발생하는 듯 보이지만, 이것은 상환으로 주식이 소멸되어 주식수가 감소되어 수권주식총수가 감소되는 결과를 가져오는 상환주식과는 달리, 엄밀히 말하면 전환권의 행사에 따라 전환 전 주식을 전환 후에 발행하기 위하여 유보해 놓은 신주식으로 교체하는 것에 불과하다. 이처럼 전환주식이 신주식으로 전환되더라도 수권주식총수가 감소되는 것은 아니므로 재발행을 허용하더라도 이사회에게 이중의 수권을 인정하는 것이 아니어서 재발행을 허용하여도 무방하다고 할 것이다. 다만, 이때 또다시 전환주식의 발행을 인정한다면 결국 전환주식 발행에 대한 무한수권을 허용하는 결과가 되므로 전환권 없는 동일한 종류의 주식(예컨대 우선주)의 발행을 허용하여야 한다는 것이 일반적 견해[27]라고 할 것이나, 이 부분에 관한 대법원의 판결은 없다.

한편 전환주식에 설정된 질권의 효력은 전환으로 인하여 새로이 발행된 주식에 미치고(상 339조), 회사는 전환청구를 하거나 주권제출기간이 끝난 날이 속하는 달의 마지막 날로부터 2주 내에 본점소재지에서 전환에 따른 변경등기를 하여야 한다(상 351조).

---

26) 손주찬 629면, 임홍근 192면, 정찬형 317면, 채이식 608면.
이에 반하여 상법에 규정이 없음을 이유로 채권자보호절차를 밟으면 이러한 전환도 가능하다는 견해(이철송 300면)도 있다.

27) 권기범 397면, 이철송 237면, 정동윤 200면, 정찬형 317면, 최기원 244면.

## 다. 주식수의 변동

주식회사의 발행주식수는 경영상의 여러 가지 요인으로 변동하게 된다.

회사가 액면주식을 발행한 경우에 회사의 자본금은 발행주식의 액면총액(상 451조 1항)으로서, 주식과 자본금은 밀접한 관련성이 있으므로 회사가 발행한 주식수의 증감이나 액면의 변경은 원칙적으로 자본금의 변동을 초래하게 되어 주주와 회사의 채권자에 큰 영향을 미치게 되므로 상법은 회사가 발행주식수를 변동하는 경우에는 일정한 절차에 의하도록 규정하고 있다.

한편 무액면주식을 발행한 경우에 회사의 자본금은 이사회에서 일정한 금액을 계상하도록 정하고 있어서 액면주식의 경우처럼 주식과 자본금의 관련성이 밀접하지 않고 주식수의 변동이 반드시 자본금의 변동을 초래하지는 않으나 주식수의 변동은 주식 가치의 변화를 초래하여 주주와 회사의 채권자에게 적지 않은 영향을 미치게 되는 점은 액면주식의 경우와 같다고 할 것이다.

### (1) 주식수의 감소

#### (가) 주식의 병합

1) 주식 병합의 의의

주식의 병합은 회사가 이미 발행한 수개의 주식을 합하여 주식수를 감소시키는 절차(예컨대 2주를 병합하여 1주로 하는 경우)로서, 주권의 병합(10주권 10장을 100주권 1장으로 하는 경우)과 구별하여야 한다. 주식의 병합은 주주의 의사에 반하여 주주권을 소멸시키는 행위이므로 상법의 규정이 있는 경우에 한하여 인정된다.

액면주식을 발행한 경우에 자본금은 발행주식의 액면총액으로 산정되므로(상 451조 1항), 발행 주식수를 감소시키는 주식 병합은 자본금을 감소시키는 전형적인 방법으로 사용되어 왔다. 그러나 무액면주식을 발행할 경우에 자본금은 이사회에서 정하게 되고 발행주식수와 상관관계가 없으므로(상 451조 2항) 주식의 병합은 자본금의 변동과 무관하게 시행할 수도 있게 되었다. 이 밖에도 주식의 병합은 회사 합병의 경우(상 530조 3항)와 회사의 분할의 경우(상 530조의5 1항 4호, 530조의6 1항 3호)에도 실행하게 된다.

예컨대 액면 5,000원의 10주를 액면 5,000원의 1주로 주식병합의 경우에는 주식의 수가 감소하고 자본금도 감소하게 되지만, 액면 500원의 10주를 액면 5,000원의 1주로 액면병합을 하는 경우도 있을 수 있는데 이러한 액면병합은 주식의 수는 감소하지만 자본금은 감소하지 않게 된다는 점에서 구별을 요한다. 상법은 주식병합의 경우만을 규정하여 이를 자본금감소의 방법으로 정하고 있지만, 액면병합이 허용되지 않는 것은 아니라고 할 것이고 이러한 경우 자본금감소절차를 밟을 필요가 없음은 당연하다 할 것이다.

2) 주식 병합의 절차

주식의 병합은 상법이 정한 공고와 통지 등의 병합절차(상 440조)에 따라 구주권을 제출받고 신주권을 교부하여야 하며(상 442조), 병합에 적당하지 아니한 주식 이른바 단주가 생겼을 때는 상법에 정한 절차에 따라 이를 처분하여 그 대금을 종전의 주주에게 지급하여야 한다(상 443조).

액면주식의 경우 주식의 병합으로 자본금감소를 초래하게 되므로 상법에 규정된 엄격한 자본감소절차를 밟아야 함은 당연하지만(상 438조, 439조 3항), 무액면 주식의 경우에는 회사가 일방적으로 자본감소결정을 하게 되므로 자본감소방법으로서 반드시 주식의 병합이라는 절차가 필요하지 않다.

3) 주식 병합의 효력

구주권의 제출기간이 만료한 때에 주식 병합의 효력이 발생하지만(상 441조 본문), 채권자보호절차가 종료하지 아니한 경우에는 그 절차를 종료한 때에 효력이 발생하게 된다(상 441조 단서).[28)]

주식병합의 효력이 발생하면 구주식은 소멸하고 신주발행의 효력이 생기게 되므로 회사는 지체없이 신주권을 발행하고(상법 제442조 제1항), 주주는 병합된 만큼 감소된 수의 신주권을 교부받게 되는데 이에 따라 교환된 주권은 병합 전의 주식을 여전히 표창하면서 그와 동일성을 유지한다.[29)]

또한 단주처분대금을 지급하여야 하고, 또한 회사의 발행주식총수가 감소하게 되므로 변경등기를 하여야 한다(상 317조 2항 2호, 3호, 317조 4항, 183조).

상법은 주식병합절차에 하자가 있는 경우에 적용할 규정을 별도로 두고 있지 않으나, 일반 민사상의 무효확인의 소 또는 다른 법률관계에 관한 소송에서 선결문제로서 주식 병합의 무효를 주장하는 것은 원칙적으로 허용되지 아니하고 감자무효의 소에 관한 규정(상 445조)을 유추 적용하도록 하여 주식 병합으로 인한 변경등기가 있는 날로부터 6월 내에 형성의 소로서의 성질을 가진 주식 병합 무효의 소로써만 주식 병합

28) 대법원 2005.12.9. 선고 2004다40306 판결은 주식병합에 있어서 일정한 기간을 두어 공고와 통지의 절차를 거치도록 한 취지는 신 주권을 수령할 자를 파악하고 실효되는 구 주권의 유통을 저지하기 위하여 회사가 미리 구 주권을 회수하여 두려는 데 있으므로 1인회사의 경우에는 이러한 공고절차를 거치지 않더라도 주주총회의 결의가 있고 그에 따라 변경등기를 마쳤다면 공고를 거치지 않았더라도 그 주식병합은 유효하다고 판시하고 있다.

29) 대법원 2005.6.23. 선고 2004다51887 판결.

의 무효를 주장하여야 할 것이다. 다만 주식병합의 실체가 없음에도 주식병합의 등기가 되어 있는 외관이 존재하는 경우 등과 같이 주식병합의 절차적 · 실체적 하자가 극히 중대하여 주식병합이 존재하지 아니한다고 볼 수 있는 경우에는, 출소기간의 제한에 구애됨이 없이 그 외관 등을 제거하기 위하여 주식병합 부존재확인의 소를 제기하거나 다른 법률관계에 관한 소송에서 선결문제로서 주식병합의 부존재를 주장할 수 있다.[30)]

대법원은 정관의 절대적 기재사항인 액면주식 1주의 금액을 변경시키기 위한 목적의 액면병합에 하자가 있는 경우에 비록 자본금감소를 수반하지 않더라도 구주식의 실효와 신주식의 발행이 수반되는 점에서는 자본감소를 위한 주식병합의 경우와 차이가 없는데, 이러한 절차에 의하여 실효되는 구주식과 발행되는 신주식의 효력을 어느 누구든지 그 시기나 방법 등에서 아무런 제한을 받지 않고 다툴 수 있게 한다면, 주식회사의 물적 기초와 주주 및 제3자의 이해관계에 중대한 영향을 미치는 주식을 둘러싼 법률관계를 신속하고 획일적으로 확정할 수 없게 되고, 이에 따라 주식회사의 내부적인 안정은 물론 대외적인 거래의 안전도 해할 우려가 있다고 하면서 이러한 경우에도 상법 제445조의 규정을 유추 적용하여, 주식병합으로 인한 변경등기가 있는 날로부터 6월 내에 주식병합 무효의 소로써만 주식병합의 무효를 주장할 수 있게 함이 상당하다고 판시하고 있다(대법원 2005.6.23. 선고 2004다51887 판결). 이러한 대법원의 태도에 비추어 볼 때 주식병합절차에 하자가 있다면, 자본금 감소를 가져오는 액면주식의 경우는 물론이고 자본금 감소의 결과를 초래하지 않는 무액면주식의 주식 병합의 경우라고 하더라도 감자무효의 소에 관한 규정을 유추 적용하여 형성의 소로써 주식 병합 무효의 소를 제기하여야 할 것으로 해석된다.

### (나) 주식의 소각

#### 1) 주식소각의 의의

주식의 소각[31)]이란 회사가 존속 중에 이미 발행된 주식을 절대적으로 종국적으로 소멸시키는 절차로서 자본금을 감소하여 회사의 규모를 축소하거나 해산될 회사의 청산절차를 간소히 하거나 혹은 주식의 시장가격(주가)을 부양하기 위한 목적에서 주로 사용되고 있다.

---

30) 대법원 2009.12.24. 선고 2008다15520 판결.

31) 2011년 4월 14일 개정된 상법은 개정 전의 상법이 인정하던 ① 정관의 규정에 따라 배당가능한 이익으로 하는 소각(개정 전 상법 343조 1항 단서)과 ② 주주총회의 특별결의에 의한 소각(개정 전 상법 343조의2)에 관한 규정을 폐지하면서, 회사가 자기주식을 취득하여 이사회의 결의에 의하여 이를 소각하는 규정(상 343조 1항 단서)을 신설하였다. 이에 따라 상법은 자본금감소규정에 따른 소각을 원칙으로 하고(상 343 1항), 예외적으로 자본금감소절차에 의하지 않은 소각으로서 회사가 자기주식을 이사회결의에 따라 소각하는 절차를 인정하고 있다. 따라서 주식의 소각은 자본금의 변동을 초래하는 소각과 자본금의 변동을 초래하지 않는 소각으로 나누어 볼 수 있는데, 전자에는 상법이 정한 자본금감소규정에 의한 소각(상 343조 1항 본문)이 있고, 후자는 상법이 정한 이사회결의에 따른 자기주식의 소각(상 343조 1항 단서)과 상환주식의 상환에 의한 소각(상 345조), 그리고 자본시장과 금융투자업에 관한 법률이 정한 주권상장법인의 이익소각(자본시장법 165조의3)이 있다.

상법은 자본금감소규정에 의한 소각을 원칙으로 하고 예외적으로 이사회결의에 의한 자기주식의 소각을 인정하고 있다(상 343조 1항).

상환주식의 상환으로도 주식이 소각되지만, 상환주식은 발행할 때부터 소각을 전제로 한 종류주식이고 또한 이 경우에는 회사의 이익을 재원으로 하므로 자본금 감소를 초래하지 않고 따라서 자본금감소절차를 취할 필요가 없는 점에서 상법 제343조 1항 본문에 규정된 주식의 소각과 다르다고 할 것이다.

무액면주식은 액면주식과 달리 자본금이 발행주식수와 관련되어 연동되지 않음에도 불구하고 상법은 주식의 소각에 관하여는 액면주식과 무액면주식을 구분하지 않고 규정하고 있으나, 무액면주식의 경우에 회사는 주주총회의 특별결의(상 438조)와 채권자 이의절차(상 439조)를 거쳐 일방적으로 자본금의 계산상의 금액을 감소하는 결정을 하면 되므로 자본금 감소를 위한 주식의 소각 절차가 반드시 필요한 것이 아니라고 할 것이다.[32)]

2) 주식소각의 방법

주식의 소각방법에는 첫째로 소각에 주주의 동의를 필요로 하는지 여부에 따라, 소각되는 주식을 가지고 있는 주주의 동의를 얻어 이를 소각하는 임의소각과 주주의 동의 여부를 불문하고 회사가 일방적으로 주식을 소멸시키는 강제소각이 있고, 둘째로 주식소각에 대한 대가가 지불되는지 여부에 따라, 회사가 소각되는 주식을 가지는 주주에게 대가를 지불하는 유상소각과 대가없이 소각하는 무상소각으로 나누어지는데 어떤 소각방법을 택하더라도 주주평등의 원칙을 위배할 수는 없다.

자본금감소규정에 의한 소각(상 343조 1항 본문)과 회사의 일방적 결정에 의한 상환주식의 강제상환(상 345조 1항)은 강제소각이라고 할 것이고, 회사가 주주로부터 자기주식을 취득하여 소각하는 경우(상 343조 1항 단서) 또는 회사의 일방적 결정에 의한 상환주식의 임의상환이나 주주의 상환청구에 의한 상환(상 345조 3항)은 임의소각이라고 할 것이다. 한편 상환주식의 상환으로 인한 소각(상 345조 1항)과 자기주식취득에 의한 소각은 항상 유상소각이지만, 자본금감소규정에 의한 소각은 유상소각인 경우와 무상소각인 경우가 있을 수 있다. 유상소각인 경우에도 임의소각의 방식을 취하는 경우(예컨대 상환주식의 임의상환)가 있는가 하면 강제소각을 취하는 경우(예컨대

32) 이 점에 관하여 일부 견해(이철송 430면 내지 431면)는 상법 343조 1항 본문에 규정한 자본감소규정에 의한 무액면주식의 소각에는 채권자보호절차에 관한 규정을 적용할 필요가 없다고 주장하고 또한 상법 343조 1항 단서에 규정된 자기주식의 소각은 무액면주식의 소각에만 적용되어야 한다고 주장하기도 한다.

상환주식의 강제상환)가 있지만 무상소각의 경우에는 대부분이 강제소각이다.[33)]

3) 주식소각의 절차

자본금감소 규정에 의한 소각의 경우(상 343조 1항 본문)에는 자본금의 감소를 초래하게 되어 자본금감소절차에 따라야 하므로 ① 주주총회의 특별결의가 있어야 하고(상 438조), ② 채권자보호절차를 밟아야 하고(상 439조 2항, 232조), 또한 주식병합에 관한 절차(상 440조, 441조)를 준용하여야 하므로(상 343조 2항) 주주에게 주권제출의 공고와 통지를 하여야 한다(상 440조). 이때 주식소각의 효력은 주권제출기간이 만료되고 채권자보호절차가 종료한 때 발생하게 된다(상 441조).

이사회결의에 따른 자기주식의 소각(상343조 1항 단서)의 경우에는 자본금의 감소를 초래하지 아니하므로 자본금감소절차를 밟을 필요가 없게 되고, 정관의 규정과 이사회의 결정에 따르게 될 것이다(상 342조).

4) 주식소각의 효력

주식의 소각에 의하여 그 주식은 소멸하게 되고, 소각된 주식의 수만큼 회사의 발행주식총수는 감소하게 된다.

자본금감소절차에 의한 액면주식의 소각이라면 그에 따라 자본금이 감소되지만, 무액면주식의 경우에는 별도로 이사회에서 감소되는 자본금을 정하여야 한다.

이사회결의에 따라 자기주식을 소각하는 경우라면 자본금은 감소하지 않게 되므로 이때에는 비록 액면주식의 소각일지라도 회사의 발행주식총수의 액면총액이 자본금과 일치하지 않는 예외적 현상이 생기게 된다.

한편 주식의 소각으로 자본금이 감소된 경우는 물론이고 자본금이 감소되지 아니한 경우라도 발행주식수의 감소가 있었으므로 변경등기를 하여야 한다(상 317조 2항 3호, 317조 4항, 183조).

또한 주식소각의 경우에 있어서 소멸된 주식수에 상당하는 신주를 재발행할 수 있는지 여부에 관하여 상환주식의 경우에서와 같은 견해의 대립이 있으나, 일반적 견해는 소각으로 소멸한 주식은 외견상 미발행주식인 것처럼 보여도 그 부분은 이미 발행권한이 행사되었으므로 회사의 발행예정주식총수의 산정에 있어서 미발행주식으로 볼 수 없다고 본다. 그럼에도 불구하고 그 부분에 대하여 재발행을 허용한다면 이사회에 이중의 발행권한을 부여하는 것으로서 수권주식의 제한을 일탈하게 되어 주주의

33) 주식을 임의로 무상소각하는 경우는 증여의 목적으로 이루어지는 경우가 많은데, 상속세 및 증여세법은 이를 증여로 간주하여 과세하고 있다(같은 법 39조의2).

이익을 해하게 되므로 인정될 수 없다고 한다.

5) 하자있는 주식소각

주식의 소각을 위한 절차가 불공정하거나 무효인 경우와 같이 그 절차에 하자가 있는 경우에 그 소각으로 인하여 자본금의 감소가 예상된다면 이러한 하자에 대하여 감자무효의 소로써 다툴 수 있으나 자본금의 감소가 없는 경우라고 하더라도 그 효과는 자본감소를 위한 소각과 크게 다르지 않으므로 일반 민사상의 무효확인의 소 또는 다른 법률관계에 관한 소송에서 선결문제로서 주식 소각의 무효를 주장하도록 하기보다는 회사의 내부적 안정과 대외적인 거래의 안전을 위하여 그 성질에 반하지 않는 한도 내에서 상법 제445조의 규정을 유추 적용하여, 주식소각으로 인한 변경등기가 있는 날로부터 6월 내에 주식소각 무효의 소로써만 주식소각의 무효를 주장할 수 있게 함이 타당할 것이다.[34)]

### (2) 주식수의 증가

(가) 주식의 분할

주식의 분할은 회사가 이미 발행한 주식을 세분하여 발행주식의 수를 증가시키는 절차로서 상법은 주주총회의 특별결의에 따라 주식분할절차를 진행하도록 하고 있다(상 329조의2 1항).

액면주식의 경우에 주식의 분할은 액면의 분할(예컨대 5000원권 1주를 500원권 10주로 하는 경우)로 나타나게 되지만,[35)] 무액면주식의 경우에는 액면이 없으므로 단지 주식의 세분화가 이루어질 뿐이고 단순히 주식 1주가 자본금에서 차지하는 비율이 줄어들 뿐, 큰 의미가 없다고 할 것이다.

액면주식의 경우 1주의 금액은 100원 이상이어야 하므로(상 329조 3항), 액면주식을 분할하더라도 1주의 금액을 100원미만으로 할 수는 없다(상 329조의2 2항). 액면주식의 분할이 있게 되면 발행 주식수는 증가하지만 자본금이나 재산의 변동은 없으므로 자본금 감소절차를 밟을 필요는 없으나 주식의 액면은 정관기재사항(상 289조 4호)이므로 정관 변경절차를 밟아야 할 것이고(상 434조), 또한 주식의 분할로 회사의 발행주식총수가 변경되므로 변경등기를 하여야 할 것이다(상 317조 2항 3호, 317조 4항,

34) 대법원 2009.12.24. 선고 2008다15520 판결.

35) 액면분할이 있게 되면 주식의 액면은 10분의 1이 되지만 주식 수는 10배로 증가하게 된다. 이러한 액면분할은 1주의 액면을 분할 전의 액면보다 작은 단위로 한다는 점에 특징이 있는데, 액면의 단위에는 변화가 없고 단지 100주권 1장을 10주권 10장으로 하는 경우와 같이 주주권을 표창하는 주권의 발행단위를 소규모로 하는 주권분할과 다르다.

183조).

액면주식의 경우에 주식의 분할은 곧 액면의 분할을 의미하므로 정관변경을 위해서라도 주주총회특별결의가 반드시 필요하게 되지만, 무액면주식의 경우 주식의 분할이 발행예정주식총수의 범위 내에 있으면 이론상 주주총회의 특별결의가 필요하지 않으나 이러한 경우에도 상법은 주주총회의 특별결의에 의하도록 하고 있다.

상법은 주식분할의 절차, 효력발생시기 및 단주의 처리 등에 관하여는 주식병합의 규정을 준용하고 있으나(상 329조의2 3항, 440조 내지 444조) 주식의 분할로 인하여 회사의 자본금이나 재산의 변동이 없고 채권자보호절차를 밟을 필요가 없으므로 주식분할의 효과는 주권 제출공고기간이 만료한 때 발생한다고 할 것이다.

주식수의 증가는 주식유통량을 늘리고 소액으로 주주가 될 가능성을 높여 주가상승효과를 가져올 가능성이 크기 때문에 주식의 분할은 실무상 흔히 발생하기도 하지만 주가의 시세조정 등의 문제점을 야기하기도 한다.

상법은 주식분할을 위한 주주총회의 결의 또는 분할절차상의 하자를 이유로 다투는 경우에 대하여 아무런 규정을 두고 있지 않다. 그런데 주식의 분할에 있어서 하자가 인정되는 경우에는 그로 인하여 발행한 주식 전부가 무효가 되어 분할 전의 상태로 되는 관계로 그 하자는 모든 주주에게 획일적으로 확정될 것이 요구되고 또한 분할 후에 형성된 법률관계를 소급적으로 무효화시키는 것도 합당하지 않다고 할 것이므로, 주식분할의 하자는 확인의 소보다는 형성의 소에 의하여야 할 것이다.[36]

### (나) 신주의 발행

수권자본제도하에서 회사는 설립 후 발행예정주식 총수의 범위 내에서 필요한 경우에는 이사회의 결의에 따라 비교적 쉽게 신주를 발행할 수 있다.

그런데 액면주식의 경우에 자본금은 발행주식의 액면총액(상 451조 1항)이므로 신주의 발행으로 발행주식의 수가 증가되면 그에 따라 발행된 신주의 액면의 합계액에 상당하는 자본금의 증가가 있게 된다.

무액면주식의 경우에는 주식의 액면이 존재하지 않고 자본금은 원칙적으로 이사회의 결정에 따라 정하여지므로(상 451조 2항) 자본금과 발행주식의 밀접한 관련성은 존재하지 않게 되어 신주를 발행하여 발행주식수가 증가하였다고 하더라도 그에 따라 당연히 자본금이 증가하는 것은 아니다.

---

36) 이철송 435면은 이러한 주식분할의 하자로 인한 효과에 비추어 주식분할의 하자는 신주발행무효의 소에 관한 상법 제429조이하의 규정을 유추적용 하는 것이 합리적이라고 주장한다.

신주의 발행에 따른 주식의 증가와 자본금의 변동에 관해서는 추후 신주발행과 관련하여 별도로 기술하기로 한다.

## 2. 주　　주

### 가. 주주의 의의

주주는 주식회사의 사원(구성원)이고, 회사에 대한 사원권의 지위를 의미하는 주식의 귀속주체를 의미하는데 이러한 주주의 지위는 회사로부터 주식을 인수함으로써 원시취득하고, 회사의 합병과 분할, 주식의 상속 또는 주식의 양수 등으로 승계취득하게 되며, 반대로 회사의 해산이나 주식의 소각 등으로 절대적으로 소멸하고, 주주의 사망이나 주식의 양도 등으로 상대적으로 소멸하게 된다.

이처럼 주주의 지위는 법률에 정하여진 사유에 의하여서만 취득하거나 상실하게 되고, 단순히 주주 사이의 약정, 주주권포기의 의사표시 또는 제명 혹은 퇴사 등으로 그 지위를 취득하거나 상실하게 되는 것은 아니라 할 것이다.[37)]

◆ 대법원 2007.5.10. 선고 2005다60147 판결[38)]

상법은 제218조 제6호, 제220조, 제269조에서 인적 회사인 합명회사, 합자회사에 대하여 사원의 퇴사사유의 하나로서 '제명'을 규정하면서 제명의 사유가 있는 때에는 다른 사원 과반수의 결의에 의하여 그 사원의 제명의 선고를 법원에 청구할 수 있도록 규정하고 있음에 비하여, 주식회사의 경우에는 주주의 제명에 관한 근거 규정과 절차 규정을 두고 있지 아니한바, 이는 상법이 인적 결합이 아닌 자본의 결합을 본질로 하는 물적 회사로서의 주식회사의 특성을 특별히 고려한 입법이라고 해석되므로, 회사의 주주의 구성이 소수에 의하여 제한적으로 이루어져 있다거나 주주 상호간의 신뢰관계를 기초로 하고 있다는 등의 사정이 있다 하더라도, 그러한 사정만으로 인적 회사인 합명회사, 합자회사의 사원 제명에 관한 규정을 물적 회사인 주식회사에 유추적용하여 주주의 제명을 허용할 수 없다.

주주가 될 수 있는 자격의 제한은 없으므로 국적, 성별, 연령, 자연인, 법인 그리고 행위능력의 유무를 따지지 않고, 주주의 수에 대하여 제한도 없으므로 주주가 1인(1인이 설립하거나 설립

37) 대법원 2002.12.24. 선고 2002다54691 판결은, "주주권은 주식의 양도나 소각 등 법률에 정하여진 사유에 의하여서만 상실되고 단순히 당사자 사이의 특약이나 주주권 포기의 의사표시만으로 상실되지 아니하며 다른 특별한 사정이 없는 한 그 행사가 제한되지도 아니한다"고 판시하고 있다.

38) 이 판결에 대한 평석은 오영준 "주식회사에서 주주의 제명이 허용되는지 여부" 대법원판례해설 67호(2007년 상반기)(법원도서관 2008년) 543면 내지 563면 참조.

후 1인이 된 1인회사)이라도 상관없다.

## 나. 주주평등의 원칙

주식은 균등하게 분할된 자본의 기본적 구성단위이므로 주주의 회사에 대한 권리 의무는 균등하여야 할 것이고 이런 생각은 이른바 주주평등의 원칙으로 나타나게 된다. 그러나 직접적으로 이를 천명하고 있는 상법의 규정은 없으나[39] 주주의 회사에 대한 지위로서 사원권의 보호를 위하여 인정되는 일반원칙으로 인정되어야 할 것이고 이와 같은 맥락에서 이 원칙을 구현하고 있는 상법의 규정은 적지 않다.

### (1) 주주평등의 원칙의 의의

주주는 그가 가진 주식 수에 비례하여 평등하게 대우를 받아야 한다는 원칙으로서 자본의 구성단위인 주식의 균등성을 전제로 한 자본적 평등을 의미한다고 할 것이고, 구체적으로는 회사의 수익(이익배당의 평등: 상 464조 본문), 순재산(잔여재산분배의 평등: 상 538조 본문) 및 회사지배(의결권평등: 상 369조 1항)에 대한 비례적 이익의 구현으로 나타난다.

또한 주주평등의 원칙은 주주가 가진 주식의 종류에 따라 같은 종류의 주식을 가진 자를 동일하게 취급하는 상대적 평등을 의미하기도 한다.

특히 주주평등의 원칙은 의사결정방법으로 다수결원리가 채택되고 있는 주식회사에 있어서 다수파주주의 다수결의 남용으로부터 소수파주주를 보호하는 기능을 하게 되고, 아울러 소유와 경영이 분리되고 있는 주식회사에 있어서 경영과정에 참여할 수 없는 주주를 보호하는 기능을 하게 된다.

예컨대 주주총회에서 다수결에 의하여 결정된 사항이라도 주주평등의 원칙에 반하는 경우에는 그 효력이 인정받지 못할 것이고, 또한 종류주식에 있어서도 구체적인 내용은 정관에 의하여 결정될 것이지만 그 종류주식의 특성과 관계없이 부당한 차별적 내용은 주주평등의 원칙을 침해한다고 할 것이다.

### (2) 상법상의 구현

상법에는 주주평등의 원칙에 관한 명문의 규정은 없으나 이를 구현하고 있는 규정

---

39) 독일의 주식회사법은 "주주는 동일한 전제조건하에서는 평등하게 취급되어야 한다"라는 규정(제53 a)을 두고 있고, 일본의 회사법(2005년 제정)은 "주식회사는 주주를 그가 소유하고 있는 주식의 내용 및 수에 따라서 평등하게 취급하여야 한다"라는 규정(제109조 1항)을 두고 있다.

은 적지 않다고 할 것인데, ① 의결권의 행사(상 369조 1항), ② 신주인수권의 배정(상 418조), ③ 준비금의 자본전입에 의한 무상주의 배정(상 461조 2항), ④ 이익의 배당(상 464조 본문), ⑤ 전환사채 인수권의 배정(상 513조의2 1항 본문), ⑥ 신주인수권부사채의 배정(상 516조의11, 513조의2 1항) 등에서 볼 수 있다.

그러나 상법은 ① 종류주식(상 344조 1항), ② 종류주주총회(상 344조 3항), ③ 소수주주권(상 366조 1항, 385조 2항, 402조, 403조, 466조, 467조, 520조), ④ 발행주식총수의 100분의 3을 초과한 주식을 가진 주주의 감사선임권을 제한하는 경우(상 409조 2항), ⑤ 상장회사에 있어서 감사 또는 사외이사 아닌 감사위원의 선임이나 해임에 대한 최대주주의 의결권 제한(상 542조의12 3항) 등에서는 이 원칙에 대한 예외[40]를 규정하고 있다.

### (3) 적용 여부가 문제되는 경우

주주평등의 원칙은 주주와 회사의 법률관계와 관련하여 인정되는 원칙이므로 회사와 주주 사이에서만 인정되고 주주 상호간 또는 주주와 제3자간에 있어서는 적용되지 아니한다.

그러므로 아직 주주가 아닌 주식청약인에 대한 회사의 주식배정에 있어서는 적용되지 않아 회사는 주식의 청약에 대하여 자유로이 주식의 배정할 수 있고(주식배정의 자유), 또한 발기인이었던 주주에 대하여 인정되는 특별이익은 주주로서의 지위가 아니라 발기인으로서의 지위에 기한 것이므로 이 원칙이 적용되지 않는다고 할 것이다.

### (4) 주주평등의 원칙의 효력

주주평등의 원칙은 회사의 본질적 내용이라고 할 것이므로 강행법적 성질을 가진다고 할 것이고, 따라서 이 원칙에 의한 예외는 원칙적으로 법률에 의하여만 인정되고 정관이나 주주총회 결의 또는 회사와 일부 주주의 약정에 의하여 임의로 만들 수는 없다고 할 것이다.[41]

그러므로 주주평등의 원칙에 위반하는 정관이나 주총결의 또는 이사회결의는 회

40) 상법 이외에도 근로자복지기본법에 의하여 인정되는 종업원지주제도에 의하여 설립된 우리사주조합의 조합원이 된 회사 근로자인 주주에게는 자본시장과 금융투자업에 관한 법률에 따라 주식의 우선배정권이 인정되고 있는바 이것도 주주평등의 원칙에 대한 예외라고 할 수 있을 것이다(근로자복지기본법 27조, 32조 / 자본시장법 165조의7).

41) 대법원 2007.6.28. 선고 2006다38161, 38178 판결은 "회사가 직원들을 유상증자에 참여시키면서 퇴직 시 출자 손실금을 전액 보전해 주기로 약정한 것이 주주평등의 원칙에 위배되어 무효이다"라고 판시하고 있다.

사의 선의, 악의를 불문하고 불평등취급을 당한 주주가 개별적으로 이에 동의하지 않는 한 무효라 할 것이다.[42)]

### 다. 주주의 권리

#### (1) 의 의

주주의 권리는 주주가 회사에 대하여 갖는 추상적이고 포괄적인 권리로서 주주권을 의미하는데 이것은 주주라는 지위에 기초하고 있으므로 주식과 분리되어 양도, 담보 등 처분의 대상이 되거나 압류의 대상이 될 수 없고 시효소멸이나 시효취득의 대상이 될 수도 없으며, 이러한 권리에 의거하여 구체적으로 확정된 채권적 권리와도 구별된다.

또한 이러한 주주의 권리는 법률에 의하여 인정된 권리라고 할 것이므로 상법이 유보하고 있지 않는 한 정관이나 주주총회의 결의에 의하여 임의로 제한할 수 없다고 할 것이다.

주주에게 인정되는 이익배당에 대한 권리는 주주에게 인정되는 추상적인 사원권적 권리로서 주주권이지만, 주주총회의 배당금지급결의에 따라 확정된 특정액의 배당금지급청구권은 주주에게 인정된 구체적인 채권적 권리라고 할 수 있다.

이렇듯 주주가 회사에 대하여 가지는 주주권은 추상적이고 포괄적인 권리로서의 성질을 가지므로 주주는 회사의 재산관계와 법률관계에 대하여 추상적이고 일반적인 이해관계만을 가지는 데 그치게 된다.

**◆ 대법원 2001.2.28. 자 2000마7839 결정[43)]**

주식회사의 주주는 주식의 소유자로서 회사의 경영에 이해관계를 가지고 있다고 할 것이나, 회사의 재산관계에 대하여는 단순히 사실상, 경제상 또는 일반적, 추상적인 이해관계만을 가질 뿐, 구체적 또는 법률상의 이해관계를 가진다고는 할 수 없고, 직접 회

42) 대법원 1980.8.26. 선고 80다1263 판결은, "주주총회에서 대주주에게는 30%, 소주주에게는 33% 이익배당을 하기로 한 것은 대주주가 자기들이 배당받을 몫의 일부를 떼어 내어 소주주에게 고루 나누어 주기로 한 것이니 이는 주주가 스스로 그 배당받을 권리를 포기하거나 양도하는 것과 마찬가지여서 상법 제464조에 위반되지 아니한다"고 판시하고 있다. 실무상으로도 소액주주들에게 대주주보다 더 많은 배당을 하거나 대주주에게는 배당을 하지 않는 차등배당이 일부 회사에서 실시되기도 한다.

43) 이 판결은 회사가 임시주주총회의 결의를 거쳐 신축중인 백화점에 대한 모든 권리를 제3자에게 양도하는 계약을 체결하자, 주주가 위 결의는 절차상 중대한 하자로 인하여 존재하지 아니하므로 위 계약은 무효라고 주장하면서, 위 주주총회결의 부존재확인청구권을 피보전권리로 하여, 제3자에 대하여는 건

사의 경영에 참여하지 못하고 주주총회의 결의를 통해서 또는 주주의 감독권에 의하여 회사의 영업에 영향을 미칠 수 있을 뿐이므로 주주는 일정한 요건에 따라 이사를 상대로 그 이사의 행위에 대하여 유지청구권을 행사하여 그 행위를 유지시키거나, 또는 대표소송에 의하여 그 책임을 추궁하는 소를 제기할 수 있을 뿐 직접 제3자와의 거래관계에 개입하여 회사가 체결한 계약의 무효를 주장할 수는 없다.

◈ 대법원 1998.3.24. 선고 95다6885 판결[44)]

대표이사의 업무집행권 등은 대표이사의 개인적인 재산상의 권리가 아니며, 주주권도 어떤 특정된 구체적인 청구권을 내용으로 하는 것이 아니므로, 특별한 사정이 없는 한 대표이사의 업무집행권 등이나 주주의 주주권에 기하여 회사가 제3자에 대하여 가지는 특정물에 대한 물권적 청구권 등의 재산상의 청구권을 직접 또는 대위 행사할 수 없다.

회사에 대한 주주권의 행시는 단순한 의사표시 혹은 일정한 자료를 첨부한 서면(상 349조 1항)으로 행사하게 되는데 회사가 주주의 인적사항을 기재하여 작성하고 비치하는 주주명부에 등재되면 이른바 자격수여적 효력에 의하여 적법한 주주로 추정되므로 주권의 제시 등 다른 절차 없이 회사에 대하여 주주권을 행사할 수 있다. 다만 주식을 수인이 공유한 경우에는 공유자는 주주권을 행사할 자 1인을 정하여야 한다(상 333조 2항).

### (2) 권리의 분류

#### (가) 공익권과 자익권

자익권은 회사로부터 주주가 경제적 이익을 얻는 것을 목적으로 하는 권리로서 권리행사의 효과는 권리를 행사한 주주에게만 귀속하게 되고 그 행사도 단독으로 하게 되는 데 반하여 공익권은 회사의 운영과 감독에 참가하는 것을 목적으로 하는 권리로서 권리행사의 효과는  모든 주주와 회사에 미치게 되므로 주주가 단독으로 행사하도록 하는 경우가 있는가 하면 발행주식총수에 대한 일정한 비율의 주식으로만 행사할 있는 경우가 있다.

상법에 나타난 공익권으로서 ① 회사운영의 참여를 위한 것은 주주총회 의결권(상 369조), 주주총회 소집청구권(상 366조), 주주제안권(상 363조의2), 회사해산판결청구권(상 520조) 등이 있고, ② 회사운영의 감독을 위한 것은, 설립무효의 소 제기권(상 328조), 주주총회결의 취소청구의 소 제기권(상 376조), 주주총회결의 무효청구의 소 제기권(상 380조), 주주총회의 부당결의 변

---

물에 관한 일반 분양의 금지를, 회사에 대하여는 위 분양과 관련된 모든 변경절차를 취하는 것의 금지를 구하는 가처분 신청을 하였던 사건에 관한 것이다.

44) 이 판결은 회사의 대표이사가 회사소유의 부동산을 처분하자 이에 대하여 주주가 대표이사의 회사 부동산 처분행위는 가장매매로 인한 것이고, 등기이전은 등기서류 위조에 의한 부당한 것임을 이유로 회사의 부동산 소유권 이전등기의 무효를 주장하면서 그 등기의 말소를 구하였던 사건에 관한 것이다.

경취소청구의 소 제기권(상 381조 1항), 이사의 위법행위유지청구권(상 402조), 대표소송의 소 제기권(상 403조, 324조, 415조), 신주발행유지청구권(상 424조), 회계장부열람권(상 466조), 회사업무의 검사청구권(상 467조) 등이 있다.

한편 자익권으로는 이익배당청구권(상 462조), 잔여재산분배청구권(상 538조), 명의개서청구권(상 337조), 주권교부청구권(상 355조), 신주인수권(상 418조), 주식매수청구권(상 360조의2, 374조의2), 전환사채인수권(상 513조의2 1항) 등이 있다.

### (나) 단독주주권과 소수주주권

단독주주권은 1주를 가지고도 행사할 수 있는 주주의 권리인 데 반하여 소수주주권은 발행주식 총수에 대한 일정비율 이상에 해당하는 주식을 보유한 주주만이 행사할 수 있는 권리를 말한다. 주주는 원칙적으로 자익권이나 공익권을 단독주주권으로 행사할 수 있다고 할 것이나 상법은 주주의 공익권 중 일부를 소수주주권으로 규정하고 있다.

주주가 행사하는 공익권 중, ① 경영참여에 관한 권리로서, 주주총회의 의결권(상 368조) 그리고 ② 경영감독에 관한 권리로서, 회사설립하자 제소권(상 328조), 주주총회소집청구권(상 366조), 주주총회의 취소, 무효를 위한 제소권(상 376조, 380조), 이사회 의사록 열람 및 등사청구권(상 391조의3 3항), 회사의 정관, 주주총회의사록, 주주명부, 사채명부의 열람 및 등사청구권(상 396조 2항), 이사 집행임원에 대한 위법행위유지청구권(상 402조, 408조의9), 대표소송제기권(상 403조), 신주발행유지청구권(상 424조), 신주발행무효의 소 제기권(상 429조), 감자무효의 소 제기권(상 445조), 회사합병무효 제소권(상529조), 회사분할무효의 소 제기권(상 530조의11, 529조) 또한 ③ 회계감독을 위한 권리로서 재무제표 등 회계관련서류의 열람 및 등본교부청구권(상 448조 2항), 회계장부 열람 및 등사청구권(상 466조 1항) 등은 단독주주권으로 행사할 수 있다.

#### 1) 소수주주권의 의의

상법은 회사의 의사결정이 다수결의 원리에 따라 이루어지므로 혹여 발생할지 모를 다수파 주주의 전횡을 방지하여 소수파 주주의 이익을 보호하기 위하여 이들에게 경영간섭을 일부 허용하는 한편 이러한 경영간섭을 단독주주권으로 허용한다면 이들의 무분별한 간섭과 남용으로 인하여 경영의 혼란을 가져오고 효율의 저하를 초래할 것을 우려하여 발행주식총수에 대한 일정한 비율의 주식보유자들로 하여금 행사하도록 하는 소수주주권으로 정하고 있다.

#### 2) 상장회사와 비상장회사의 소수주주권

상법은 소수주주권 행사를 위한 주식 보유비율로서 비상장회사의 경우에는 발행주식총수의 100분의 10 이상(해산판결청구권: 상 520조 1항), 100분의 3 이상(주주제안

권: 상 363조의2, 주주총회소집청구권: 상 366조, 집중투표청구권: 382조의2, 이사해임청구권: 385조 2항, 회계장부열람청구권: 466조, 업무, 재산상태검사청구권: 467조 1항), 그리고 100분의 1 이상(검사인선임청구권: 상 367조 2항, 위법행위 유지청구권: 상 402조, 대표소송제기권: 403조)의 세 종류의 소수주주권을 정하고 있다.

한편 상장회사의 경우에는 이에 대한 특례규정을 두어 비상장회사에 비하여 발행주식총수에 대한 지주비율을 완화하는 한편 6월 이상 계속적인 주식보유요건을 부가하면서(상 542조의6), 정관으로 이보다 단기의 주식보유기간을 정하거나 낮은 지주비율을 정할 수 있도록 하고 있다(상 542조의6 7항).

만약 상법 제542조의6에 정한 6개월의 보유요건을 갖추지 못한 상장회사의 주주가 발행주식총수의 100분의 1 이상을 보유한 경우에 상법 제402조에 의거하여 유지청구를 할 수 있는지 여부가 문제된다. 종래(상장회사에 관한 특례규정이 구 유가증권법에 규정되어 있던 시기)에는 유가증권법이 상법에 대한 특별법이므로 상장회사의 주주는 구 유가증권법상의 상장회사에 관한 요건에 따라야 한다는 견해(이른바 배타적 적용설)와 구 유가증권법상의 상장회사에 관한 요건은 상법에 정한 요건을 완화한 것이므로 선택적으로 적용할 수 있다는 견해(이른바 선택적 적용설)가 있었고 대법원은 이른바 선택적 적용설의 입장에 있었다(대법원 2004.12.10. 선고 2003다41715 판결).[45] 그런데 구 유가증권법상의 상장회사에 관한 규정이 상법의 상장회사에 관한 특례규정으로 편입된 이후의 대법원 판결은 아직 없는 상황이나 배타적 적용설을 취한 하급심판례(서울 고등 2015.7.16. 자 2015라20485 결정)가 있다.

상장회사에 있어서 6월 전부터 계속적인 일정주식의 보유요건을 요구하는 것은 소수주주권을 행사하기 위하여 일시적으로 주주가 되는 자의 권리행사를 금지하여 소수주주권의 남용을 방지하기 위한 것으로 생각된다. 그러므로 상법에 정한 "6월 전부터"라는 의미는 소수주주권을 행사한 때로부터 역산하여 6월 전이라는 의미로서 6월 전의 어느 시점에서든 발행주식총수에 대한 일정비율의 주식을 보유하여야 한다는 의미로 해석할 것이다.

#### 3) 소수주주권의 행사

소수주주권을 행사하려면 상법에 정한 일정한 비율의 주식을 보유하여야 하지만 그것이 1인에 의하여 보유될 필요는 없고, 여기서 일정한 비율이란 회사의 발행주식총수에 대한 비율을 의미하고 이때 회사의 보유하는 자기주식은 발행주식 총수에 산입이 되지 않는다.

45) 이 대법원 판결은 주주총회의 소집청구에 관한 사안이기는 하지만 상장회사의 경우에 소수주주권의 행사와 관련된 다른 사안에도 동일하다고 할 것이다.

또한 의결권 없는 주식을 가진 주주도 주식의 의결권만이 제한될 뿐이고 일반적인 주주권은 행사할 수 있으므로 주주총회소집과 같은 의결권을 전제로 한 것이 아닌 한 소수주주권 행사의 기초가 되는 주식수에 포함된다고 할 것이다.

상법에 정한 일정한 비율의 주식을 보유하였는지 여부는 소수주주권을 행사하는 시점을 기준으로 하여 판단하게 된다. 소수주주권의 행사요건을 정하고 있는 상법의 규정은 강행규정이라고 할 것이므로, 원칙적으로는 회사가 정관이나 주주총회의 결의로 상법이 정하고 있는 소수주주권의 행사요건을 임의로 가중이나 감경할 수 없다고 할 것이나, 예외적으로 상장회사의 경우에는 정관으로 이를 경감할 수 있도록 하고 있다(상 542조의6 7항).

소수주주권에 기하여 주주가 재판상 청구(예컨대 위법행위유지청구 등)를 한 경우에 상법에 정하고 있는 소수주주권의 행사요건인 발행주식총수에 대한 일정비율 이상의 주식수를 계속 보유하여야 하는 것은 소송요건이라고 할 것이므로 원고로서 소송을 제기한 주주는 판결확정시까지 상법에 정하여진 일정비율의 주식수를 계속 보유하여야 하고 그렇지 않은 경우에는 소 각하의 대상이 된다고 할 것이다.

다만 소를 제기한 후에 회사가 신주를 발행하여 발행주식총수가 증가하였고 그로 인하여 원고인 주주가 보유하고 있는 주식수가 상법이 정한 소수주주권의 행사요건에 미달하더라도 소가 각하되지는 않을 것이다. 특히 상법은 대표소송의 경우에는 소 계속 중에 보유주식이 감소하더라도 제소의 효력에는 아무런 영향이 없다고 규정하고 있다(상 403조 5항).

#### (다) 고유권과 비고유권

정관의 규정이나 주주총회의 결의, 혹은 이사회 결의로서 주주의 권리를 박탈할 수 있는지 여부에 따라 고유권과 비고유권으로 분류하기도 하는데 주주권에 관한 상법의 규정은 강행규정으로 해석되고 따라서 이를 정관이나 주주총회 등으로 박탈할 수 없음은 당연하므로 이러한 분류의 실익은 없다고 할 것이다.

### 라. 주주의 의무

주주유한책임의 원칙에 의거 주주는 회사의 채권자에 대하여 직접적으로 아무런 책임을 부담하지 아니하고 단지 회사에 대하여 주식의 인수가액을 한도로 하는 출자의무를 부담할 뿐이다(상 331조). 더구나 주주의 출자의무는 회사성립 전이나 신주발행 전에 이행되어야 하므로 엄밀한 의미에서는 주주의 의무가 아니라 주식인수인의 의무라고 할 것이다.

그런데 상법은 일정한 경우에 주주에게 예외적으로 ① 발기인 혹은 이사가 주주인 경우에 자본충실의 책임을 부담시켜서 이들에게 인수담보의무(상 321조 1항, 428조) 및 납입담보의무(상 321조 2항) 등 출자의무를 부담시키거나, ② 불공정한 가액으로 주식을 인수한 주주에게 그 차액에 대한 지급책임을 부담시키고 있고(상 424조의2), ③ 부당하게 이익배당을 받은 주주에 대하여 회사채권자의 청구에 따라 회사에 반환할 책임을 인정하고 있다(상 462조 3항). 그러나 상법에서 규정한 이러한 책임은 발기인 또는 이사라는 지위, 혹은 불공정한 가액으로 주식을 인수하였다거나 부당한 이익배당을 받았다는 특별한 사정에 의하여 인정되는 것이고 모든 주주에 대하여 일반적으로 인정되는 것은 아니므로 엄밀히 말하면 주주는 출자의무 이외에 다른 어떠한 의무를 부담하지 않고, 특히 앞서 본 바와 같이 주주의 출자의무가 엄밀히 말하면 주주가 아닌 주식인수인으로서의 의무라 한다면 결국 주주는 회사 또는 회사채권자에 대하여 아무런 의무도 부담하지 않는다 할 것이다.

상법 제331조의 주주유한책임원칙은 주주의 의사에 반하여 주식의 인수가액을 초과하는 새로운 부담을 시킬 수 없다는 취지라고 할 것이므로 주주들의 동의 아래 회사 채무를 주주들이 분담하는 것까지 금하는 취지는 아니라고 할 것이고(대법원 1989.9.12. 선고 89다카890 판결), 이러한 경우 주주간의 약정에 따른 계약상의 의무로서 주주가 회사채무를 직접 분담하는 것도 가능하다.

최근에는 주주가 자신의 권리를 행사함에 있어서 회사와 다른 주주의 이익도 고려하여야 하는 의무로서 이른바 주주의 충실의무가 논의[46]되고 있는데 특히 회사의 의사결정이 다수결원리에 의하고 이루어지므로, 의사결정과정에서 소외되고 배제되는 소수파주주를 보호하기 위하여 다수파주주에게 이러한 충실의무를 인정하여야 한다는 견해[47]가 있는가 하면, 이러한 주주의 충실의무는 법률상 근거가 없는 것으로서 인정될 수 없다는 견해[48]가 있다.

46) 이 부분에 관하여는 김재범 "주주의 충실의무에 관한 연구"(고려대 박사학위논문 1993년) 또는 정승욱 "주식회사 지배주주의 법적책임에 관한 연구"(서울대 박사학위논문 1998년)를 참조해 볼 것.

47) 권기범 371면, 정동윤 208면, 최기원 291면.

48) 이철송 311면.

## 3. 주권과 주주명부

### 가. 주 권

#### (1) 주권의 의의

주권은 주식 즉 주주의 지위 또는 주주권을 표창하는 유가증권[49]으로서 주식의 양도 등 처분을 위한 수단이라고 할 것인데 그것이 나타내는 권리가 사원권이므로, 금전지급청구권을 나타내는 어음이나 수표와는 다소 다르게 비설권증권, 요인증권, 완화된 요식증권, 비상환증권, 비문언증권으로서의 성질을 갖고 있다.

주권은 주주권을 유가증권화하여 주주권을 간편하게 공시하고 유통하도록 함으로써 주식의 양도를 손쉽게 하기 위한 목적에서 발행하였으나 회사의 입장에서는 발행과 교부에 적지 않은 비용이 들고 주주의 입장에서는 보관에 어려움이 있게 되었다. 한편 주식 유통의 간편화와 활성화라는 본래의 의도는 주식대체결제제도 혹은 전자적 방법이 발전하게 됨에 따라 각국에서는 점차 주권을 발행하지 않는 방향으로 나아가고 있고 우리나라도 주권불소지제도(상 358조의2)라든가 주식의 전자등록제(상 356조의2)를 채택하고 있으나 아직 완전한 주권불발행에 이르지는 못하고 있는 실정이다.

#### (2) 주권의 기재사항

주권은 상법이 정한 일정한 사항을 기재하여 발행하게 되므로(상 356조), 요식증권이라고 할 수 있으나 절대적 요식증권은 아니라고 할 것이다. 그러므로 상법에 정한 사항이라고 하더라도 그 사항이 본질적인 사항이 아닌 경우 예컨대 회사의 성립연월일 등과 같은 경우에는 이를 결하거나 다소 사실과 다르게 기재하여도 주권을 무효로 하지는 아니하고 심지어 정관에 규정된 병합주권의 종류와 다른 주권을 발행하였다고 하더라도 회사가 이미 발행한 주식을 표창하는 주권을 발행한 것이라면, 단순히 정관의 임의적 기재사항에 불과한 병합주권의 종류에 관한 규정에 위배되었다는 사유만으로 이미 발행된 주권이 무효라고 할 수는 없다고 할 것이다.[50]

한편 주권의 발행은 대표이사의 권한으로서 대표이사가 기명날인하거나 서명하면 되고(상 356조), 그 밖에 이사회의 결의를 요하지 아니한다고 할 것이다.

---

49) 상법은 "사원의 지위를 표시하는 유가증권"도 민법 508조부터 525조 및 어음법 12조 1항, 2항이 적용됨을 규정하고 있고(상 65조 1항), 회사가 주권을 실물로 발행하는 대신에 정관의 규정이 있으면, 유가증권 등의 전자등록업무를 취급하는 것으로 지정된 기관의 전자등록부에 등록할 수 있도록 하는 방식의 주식의 전자등록제를 도입하고 있다(상 65조 2항, 356조의2).

50) 대법원 1996.1.26. 선고 94다24039 판결.

### (3) 주권의 종류

#### (가) 기명주권과 무기명주권

주권의 권면에 주주의 인적사항이 표시되는지 여부에 따른 분류인데 상법은 기명주식의 발행만을 허용하고 있으므로 무기명주권의 발행은 불가능하다 할 것이다.[51)]

#### (나) 단일주권과 병합주권

단일주권은 1매의 주권에 1개의 주식을 나타낸 주권이고 병합주권은 1매의 주권에 수개의 주식을 나타낸 주권으로서 예컨대 1주권은 단일주권이고 10주권, 100주권은 병합주권이라고 할 것이다. 회사는 정관에 임의적 기재사항으로 주권의 발행단위를 정하게 되는데 대표이사가 임의로 이것과 다른 주권을 발행하여도 무효는 아니라 할 것이다.

국내에서 발행한 증권을 외국에서 유통시킬 때의 편의를 위하여 발행되는 증권예탁증권(Depository Receipts: DR)이라는 것(자본시장법 4조 8항)이 있다. 회사의 주식과 관련시켜 보면, 이것은 회사가 예탁기관인 은행과 예탁계약을 체결하고 예탁기관은 보관기관인 한국예탁결제원과 보관계약을 체결토록 한 뒤, 주식을 발행하여 보관시키고 이 주식을 원주(原株)로 하여 예탁증서를 발행하고 이를 외국에서 유통시키게 되는데 주주명부에는 예탁기관을 주주로서 기재하지만 주주의 권리는 예탁계약에 따라 예탁증서의 소지자에게 인정되는 형태의 증권이라고 할 것이다. 발행회사로서는 해외에서 자금을 조달하게 되고, 해외의 투자자로서는 손쉽게 외국의 회사에 투자할 수 있는 방법이 되어 실무상 제법 이용되고 있는 실정이고, 자본시장과 금융투자업에 관한 법률과 금융위원회의 금융투자업 규정을 통하여 이를 규율하고 있다.

### (4) 주권의 발행시기와 효력발생시기

상법은 주식인수인의 지위가 부당한 유통으로 인하여 투기적 거래의 대상이 되는 것을 방지하기 위하여 회사로 하여금 회사성립 후(회사설립의 경우) 또는 신주납입기일 후(신주발행의 경우)가 아니면 주권을 발행할 수 없도록 하고(상 355조 2항), 이를 위반한 주권은 무효로 하는 한편 이를 발행한 자는 주권을 취득한 자에 대하여 손해배상책임을 지도록 하고 있는데(상 355조 3항), 이 규정은 강행규정으로 보아야 하므로 이를 위반하여 회사가 회사성립 전 또는 납입기일 전에 주권을 발행한 경우에는 그 후 회사가 성립하거나 납입기일이 경과더라도 이미 무효로 된 주권이 유효로 될

---

51) 2014. 5. 20 개정된 상법은 종전의 무기명주권의 발행에 관한 규정(상 357조)과 권리행사에 관한 규정(상 358조)을 삭제하고 기타 무기명주식에 관련된 규정을 개정함으로써 상법상 무기명주식은 인정되지 않고 따라서 무기명주권의 발행도 허용되지 않게 되었다.

수는 없다고 할 것이다.

또한 상법은 주식의 자유로운 양도를 보장하기 위하여 회사로 하여금 회사성립 후 또는 신주납일기일 후에는 지체 없이 주권을 발행하도록 하고 있는데(상 355조 1항), 여기에서 "지체 없이"란 의미는 상법 제335조 3항 단서의 규정과 균형 있게 해석하기 위하여 "6개월 이내"의 의미로 해석하여야 할 것이다.[52)]

한편 회사의 주권발행의무에 대응하여 주주는 회사에 대하여 주권발행청구권 및 주권교부청구권이 있다고 할 것이므로 주주의 청구가 있었음에도 불구하고 회사가 주권을 발행하지 아니하는 경우 발기인 혹은 이사 등은 손해배상책임을 부담하게 되고(상 322조, 401조), 회사는 과태료의 제재(상 635조 1항 9호)를 받게 된다.

회사가 주권을 발행하지 아니하는 경우, 주주는 주권발행청구권에 기초하여 직접 회사에 대하여 주권의 발행을 구할 수 있다. 그러나 이러한 주주의 권리는 일신전속적이라 할 수 없으므로, 주주의 채권자는 주주를 대위하여 회사에 대하여 자신에게 직접 주권발행을 해 줄 것을 구할 수는 없지만 회사에 대하여 주주에게 주권을 발행해 줄 것을 구할 수는 있다 할 것이다.[53)]

주주가 되는 시기는 주식대금의 납입기일의 다음날이라 할 것이지만(상 423조 1항), 주권의 효력발생 시기는 주권의 발행 여부 혹은 유가증권으로서 주권의 효력이 인정되는 시기를 의미하는 것으로서 주주가 되는 시기와는 다른 의미라고 할 것이다. 특히 회사가 주권을 작성한 뒤 이를 주주에게 교부하기 전에 주권을 상실하여 주주 아닌 제3자가 취득한 경우에 선의취득의 성립 여부, 제권판결의 필요성 여부 및 주권의 압류의 가능성 여부 등과 관련하여 주권의 효력발생시기를 따질 실익이 있다고 할 것이다.

회사가 발행한 주권의 효력이 발생하는 시기에 관하여 ① 회사가 적법하게 주권을 작성한 때에 주권으로서의 효력이 발생한다는 견해(작성시설),[54)] ② 회사가 주권을 작성하여 누구에게라도 교부한 때에 효력이 발생한다는 견해(발행시설),[55)] ③ 회사가 주권을 작성하여 주주에게 교부한 때에 효력이 발생한다는 견해(교부시설)[56)]의 대립이 있는데 일반적 견해와 대법원은 교부시설에 따르고 있다.[57)]

---

52) 이기수 352면, 정동윤 213면, 정찬형 328면, 최준선 214면.

53) 대법원 1982.9.28. 선고 82다카21 판결은, "주권발행 전의 주식을 전전 양수한 자(원고)가 회사에 대하여 원시 주주를 대위하여 직접 자신(원고)에게 주권의 발행교부를 청구할 수는 없다 할지라도 원시 주주들이 회사에 대하여 가지는 주권발행 및 교부 청구권을 대위 행사하여 원시 주주에게 주권을 발행하여 교부할 것을 구할 수 있다"고 판시하고 있다.

54) 임홍근 220면.

55) 정찬형 332면.

56) 권기범 501면, 이기수 321면, 이철송 257면, 손주찬 634면, 정동윤 215면, 최준선 216면.

어음과 수표의 성립시기에 관하여도 주권의 발행시기와 유사하게 창조설, 발행설, 교부계약설 그리고 외관이론설 등의 견해의 대립이 있는데 대법원은 어음수표의 경우에는 주권의 경우와는 달리 다소 모호한 태도를 취하고 있다(대법원 1999.11.26. 선고 99다34307 판결). 이러한 차이점은 어음 수표의 경우에는 고도의 유통성을 생명으로 하고 있어 거래안전의 보호가 우선시되고 있는데 반하여 주권의 경우에는 거래안전의 보호도 중요하지만 주주의 보호라는 측면을 무시할 수 없기 때문이라고 생각된다.

### (5) 주권의 불소지제도

주권의 불소지제도는 상법의 규정에 따라 일정한 경우에 회사가 주권을 발행하지 아니하거나 이미 발행한 주권을 주주로부터 회수하여 무효화시키거나 또는 명의개서대리인에게 임치시키는 제도를 말한다(상 358조의2).

주식은 양도에 있어서만 주권의 교부가 필요할 뿐이고(상 336조), 주주로서 회사에 대한 권리의 행사는 주주명부에 의하게 되고 주권이 반드시 필요한 것은 아니므로 주주의 입장에서는 주권의 도난이나 분실의 위험을 없애고, 회사의 입장에서는 주권발행비용을 절약할 수 있다는 장점이 있어 상법은 주권의 불발행 내지는 불소지제도(상 358조의2)를 도입하게 된 것이다.

정관에 주주의 주권불소지를 금지하는 규정이 없다면, 주주는 주권발행전후를 불문하고 주권불소지의 뜻을 회사에 신고할 수 있다(상 358조의2 1항). 만약 회사가 주권을 발행하기 전이라면 지체 없이 주권을 발행하지 아니한다는 뜻을 주주명부와 복본에 기재하고 그 사실을 주주에게 통보하여야 하며(상 358조의2 2항), 만약 주권을 이미 발행하였다면 주주로부터 주권을 제출받아 무효로 하거나 혹은 무효화 하지 않고 명의개서대리인에게 임치할 수도 있다(상 358조의2 3항).

주권불소지제도는 주식의 거래가 거의 일어나지 않는 비상장회사의 경우에 주권의 보관에 따른 불필요한 도난의 우려와 보관 비용을 절감하는 등의 효용이 있으므로 실무상 많이 이용되고, 한편 주식의 거래가 대량으로 빈번히 일어나는 상장회사의 경우에도 주식양도를 위한 주권의 교부는 분실의 우려가 많고 주식양도의 신속성을 저해하는 문제로 인하여 대체결제제도를 이용하게 되는 현실에 따라 실무상 극히 일부분의 주식에 대해서만 상징적으로 주권을 발행하여 이를 예탁하고(자본시장법 309조 5항) 나머지 부분에 대해서는 주권발행 및 보관비용을 절감할 목적으로 불소지신고를 통하여 주권을 발행하지 않고 있다.

---

57) 대법원 2000.3.23. 선고 99다67529 판결은 "상법 제355조의 주권발행은 같은 법 제356조 소정의 형식을 구비한 문서를 작성하여 이를 주주에게 교부하는 것을 말하고 위 문서가 주주에게 교부된 때에 비로소 주권으로서의 효력을 발생하는 것이므로 회사가 주주권을 표창하는 문서를 작성하여 이를 주주가 아닌 제3자에게 교부하여 주었다 할지라도 위 문서는 아직 회사의 주권으로서의 효력을 가지지 못한다"고 판시하고 있다.

주권불소지제도에 관한 상법의 규정은 강행규정으로 해석하여야 하므로 주주의 주권불소지신고가 있었음에도 회사가 주권을 발행하거나, 주주의 주권불소지신고가 있었음에도 불구하고 주주로부터 제출 받은 주권을 무효화시키지 아니하고 유통시킨 경우에 그 주권은 무효라고 할 것이고, 설령 이를 제3자가 선의로 취득하였다고 하더라도 선의취득은 인정되지 않는다.

그러나 주권을 임치하고 있는 경우에는 주권이 무효가 된 것이 아니므로 이를 임의로 유통하여 제3자가 선의 취득하는 경우가 생길 수 있고 이러한 경우 그로 인하여 주주에게 손해가 발생한 경우에 이사 혹은 회사는 주주에 대하여 손해배상책임을 부담한다고 할 것이다.

만약 주식의 양도나 입질을 위하여 주권이 필요한 경우에는 주주가 회사에 대하여 주권의 발행이나 반환을 청구할 수 있는데(상 358의2 4항), 회사가 주주의 정당한 주권의 교부청구권이나 반환청구권에 응하지 아니한다면 주주는 이사 내지는 회사에 대하여 손해배상을 청구할 수 있다고 할 것이다.

### (6) 주권의 선의취득

주권의 소지인은 적법한 권리자로 추정되므로(상 336조 2항), 이를 신뢰하여 주권의 소지인으로부터 주권을 교부 받아 취득한 자는 악의 또는 중대한 과실이 없는 한 주권을 교부한 자가 이를 양도할 적법한 권한이 없는 자라고 하더라도 유효하게 그 주권을 취득하도록 하는 제도를 주권의 선의취득이라고 한다.

상법은 주권의 선의취득에 관하여 수표의 선의취득에 관한 수표법의 규정을 준용함으로써(상 359조, 수 21조), 민법에 규정된 동산의 선의취득제도와 비교하여 볼 때 ① 주권의 선의취득자의 경과실이 보호되는 점(민 249조), ② 도품이나 유실물에 관한 특례가 없는 점(민 250조, 251조) 등에서 그 요건이 완화되어 있다고 할 것이다.

한편 주권의 선의취득에 있어서 양도인의 지위와 관련하여 ① 양도인이 무권리자인 경우에 한한다는 견해(무권리자한정설),[58] ② 양도인이 무권리자인 경우뿐만 아니라 무권대리, 행위무능력, 나아가 의사표시의 하자로 인한 무효 취소의 경우에도 인정된다고 하는 견해(무효취소포함설),[59] ③ 양도인이 무권리자이거나 무권대리 또는 무권한자일 경우에 한정하여 선의취득을 인정하여야 한다는 견해(절충설)[60]가 대립하고 있으나, 대법원은 양도인이 무권리자인 경우뿐만 아니라 무권대리인의 경우에도 선의

58) 이철송 357면.
59) 최기원 390면, 최준선 221면.
60) 정동윤 282면.

취득이 인정된다고 판시하고 있다.[61)]

이러한 견해의 대립은 주주와 외관을 믿은 제3자 중에서 누구의 이익을 보호할 것인가의 문제라고 할 것인데 주권의 경우는 동산의 경우보다 거래의 안전을 보호할 필요성이 더욱 절실하다고 할 것이고, 하자있는 의사표시를 한 자의 경우에는 선의의 제3자를 보호하는 민법의 규정이 있으므로 주권의 선의취득에 있어서는 양도인이 무권리자 또는 무권대리의 경우에 한정함으로써 서로 대립하는 주주의 이익과 선의의 제3자의 이익을 균형있게 보호할 수 있다고 할 것이다.

### (7) 주권의 상실과 재발행

상법은 주권을 상실(분실, 소실, 도난당한 경우 포함)한 주주의 불이익을 구제하기 위하여 민사소송법에 정한 공시최고절차(민소법 475조 이하)에 따라 상실한 주권을 무효로 하는 제권판결(민소법 487조)을 거쳐 주권을 재발행하도록 하고 있다(상 360조).[62)]

민사소송법의 공시최고절차에 따른 주권에 대한 제권판결이 있게 되면 그 제권판결의 효력으로 유가증권으로서 주권이 무효가 될 뿐이고(민소법 496조), 주권이 표창하고 있는 권리 그 자체를 무효로 하는 것이 아니라고 할 것이다. 제권판결은 공시최고 신청인에게 주권을 소지하는 것과 같은 지위를 회복시키고 회사에 대하여 주권에 따른 권리를 주장할 수 있도록 함으로써(민소법 497조), 신청인이 제권판결을 받은 때에는 회사에 대하여 주권의 재발행을 청구할 수 있다(상 360조 2항).

**◆ 대법원 2013.12.12. 선고 2011다112247, 112254 판결**

상법 제360조 제1항은 "주권은 공시최고의 절차에 의하여 이를 무효로 할 수 있다"라고 정하고, 같은 조 제2항은 "주권을 상실한 자는 제권판결을 얻지 아니하면 회사에 대하여 주권의 재발행을 청구하지 못한다"라고 정하고 있다. 이는 주권은 주식을 표창하는 유가증권이므로 기존의 주권을 무효로 하지 아니하고는 동일한 주식을 표창하는 다른 주권을 발행할 수 없다는 의미로서, 위 규정에 반하여 제권판결 없이 재발행된 주권은 무효라고 할 것이다. 한편 증권이나 증서의 무효를 선고한 제권판결의 효력은 공시최고 신청인에게 그 증권 또는 증서를 소지하고 있는 것과 동일한 지위를 회복시키는 것에 그치고 공시최고 신청인이 실질적인 권리자임을 확정하는 것은 아니다. 따라서 증권이나 증서의 정당한 권리자는 제권판결이 있더라도 실질적 권리를 상실하지 아니하고, 다만 제

61) 대법원 1997.12.12. 선고 95다49646 판결.

62) 대법원 1981.9.8. 선고 81다141 판결은, "주권이 상실된 경우에는 공시최고절차에 의하여 제권판결을 얻지 아니하는 이상 회사에 대하여 주권의 재발행을 청구할 수 없다. 따라서 주권을 분실한 것이 원고가 아니고 주권발행 회사라 하더라도 위 주권에 대한 제권판결이 없는 이상 동 회사에 대하여 주권의 재발행을 청구할 수 없다"고 판시하고 있다.

권판결로 인하여 그 증권 또는 증서가 무효로 되었으므로 그 증권 또는 증서에 따른 권리를 행사할 수 없게 될 뿐이다. 그리고 민사소송법 제490조, 제491조에 따라 제권판결에 대한 불복의 소가 제기되어 제권판결을 취소하는 판결이 확정되면 제권판결은 소급하여 효력을 잃고 정당한 권리자가 소지하고 있던 증권 또는 증서도 소급하여 그 효력을 회복하게 된다. 기존 주권을 무효로 하는 제권판결에 기하여 주권이 재발행되었다고 하더라도 제권판결에 대한 불복의 소가 제기되어 제권판결을 취소하는 판결이 선고·확정되면, 재발행된 주권은 소급하여 무효로 되고, 그 소지인이 그 후 이를 선의취득할 수 없다고 할 것이다.

(같은 취지: 대법원 2007.5.31. 선고 2006도8488 판결.)

그런데 제권판결이 선고된 후에는 주권이 무효가 되므로 주권을 선의취득할 수는 없다고 할 것이나, 제권판결이 선고되기 전에 주권을 선의취득하였으나 공시최고기간 중에 권리의 신고를 하지 아니하여 제권판결이 선고된 경우에 있어서 누구를 권리자로 할 것인가[63]에 관하여 ① 제권판결이 있게 되면 선의취득자의 권리는 상실되므로 제권판결취득자가 우선한다는 견해(제권판결취득자 우선보호설),[64] ② 제권판결의 효력은 신청인에게 형식적 자격을 부여할 뿐이고 실체적 권리를 인정하는 것은 아니므로 선의취득자가 우선한다는 견해(선의취득자 우선보호설),[65] ③ 제권판결이 있으면 주권이 무효가 되고 그 무효가 된 주권으로 권리를 증명하는 것은 허용되지 않으므로 선의취득자가 제권판결의 선고 전에 명의개서를 한 경우에 한하여 선의취득자가 우선한다는 견해(절충설)[66]가 대립하고 있으나, 대법원은 제권판결취득자 우선보호설의 입장에 서 있다.[67]

### (8) 주식의 전자등록[68]

주식의 전자등록이란 회사가 주권을 발행하는 대신에 유가증권 등의 전자등록기관의 전자등록부에 주식을 등록하는 것을 말하는데, 상법은 회사로 하여금 정관에 따라 이를 시행할 수 있도록 하고 있다(상 356조의2 1항).

---

63) 제권판결취득자와 선의취득자의 관계에 관하여는 박주현 "어음에 대한 제권판결취득자와 선의취득자의 관계에 대한 고찰" 법률실무연구 제2호(강원법률실무연구회 2009년) 295면 내지 312면 참조.

64) 이철송 330면, 임홍근 307면, 최기원 316면, 최준선 224면.

65) 권기범 508면, 정동윤 221면, 정희철 421면.

66) 송상현 민사소송법 803면.

67) 대법원 1993.11.9. 선고 93다32934 판결. 이 판결은 수표의 제권판결에 관한 것이지만 주권의 경우에도 동일하게 적용될 것이다.

68) 2011년 4월 14일 개정된 상법에서 새로이 신설된 규정이고, 이 밖에도 상법은 사채의 전자등록(상 478조 3항), 신주인수권증서의 전자등록(상 420조의4), 신주인수권증권의 전자등록(상 516의9 2항 단서)에 관한 규정도 신설하였다.

회사로서는 주권을 실물로 발행함으로써 발생하는 비용의 부담을 줄일 수 있고 주주는 손쉽게 권리행사를 할 수 있다는 이점이 있을 수 있다.

상법은 전자등록부에 주식을 등록하는 것은 주권을 실물로 보유한 것과 동일시하여 전자등록부에 주식을 등록한 자는 그 등록된 주식에 대하여 적법하게 권리를 보유하는 것으로 추정하여 그에 따른 선의취득을 인정하고(상 356조의2 3항), 또한 전자등록부에 등록된 주식의 양도나 입질은 전자등록부에 등록하여야 그 효력이 발생하도록 하고 있다(상 356조의2 2항).

## 나. 주주명부

### (1) 주주명부의 의의

주주명부는 주주에 관한 현황을 나타내기 위하여 상법상 작성하는 장부(상 352조 1항)이다. 주주명부는 회사의 재정 상태나 경영 상태를 명확히 하기 위한 회계에 관한 장부인 상업장부(상 29조)와 구별된다.

상법이 정한 주주명부의 법정 기재사항은 주주와 주주가 가지는 주식과 주권에 관한 사항(상 352조 1항)뿐만 아니라 주식의 등록질에 관한 사항(상 340조), 주권불소지에 관한 사항(상 358조의2 2항) 등이고 그 밖에도 임의적 기재사항으로서 주식공유에 있어서 권리행사자의 성명과 주소(상 333조 2항) 등이 있다.

상법은 공시의 목적을 위하여 회사에 대하여 일정한 사항을 기재토록 하여(상 352조 1항) 이를 비치하여야 하는 의무를 부과하고(상 396조 1항), 주주와 회사채권자에게는 이를 열람하고 등사할 권리를 인정하고 있다(상 396조 2항).

주주명부는 주주명부에 기재된 자를 주주로 확정하는 것이 아니라 단순히 적법한 주주로 추정하는 효력이 있으므로 회사가 주주명부에 기재된 자를 주주로 인정하여 주주권을 행사하도록 한 경우, 후일 주주명부에 주주로 기재된 자가 실질적으로는 주주가 아니라고 밝혀지더라도 회사는 책임을 면하게 되지만 실질적 주주 아닌 명부상 주주의 주주권행사는 소급해서 그 효력을 상실하게 된다.[69]

상법은 정관으로 정한 경우에는 전자문서로 작성된 전자주주명부를 작성할 수 있도록 하고 있는데, 이러한 전자주주명부에는 상법 제352조 제1항에 정한 주주명부에 기재할 사항 및 전자우편

69) 대법원 1989.7.11. 선고 89다카5345 판결은 "주주명부에 기재된 명의상의 주주는 실질적 권리를 증명하지 않아도 주주의 권리를 행사할 수 있게 한 자격수여적 효력만을 인정한 것뿐이지 주주명부의 기재에 창설적 효력을 인정하는 것이 아니므로 반증에 의하여 실질상 주식을 취득하지 못하였다고 인정되는 자가 명의개서를 받았다 하여 주주의 권리를 행사할 수 있는 것은 아니다"라고 판시하고 있다.

주소를 적도록 하고 있고 또 전자주주명부의 비치·공시 및 열람의 방법은 대통령령에서 별도로 규정하고 있다(상 352조의2).[70] 이러한 전자주주명부는 그 명부의 작성을 전자문서 형태로 했을 뿐 종이문서로 작성한 주주명부와 동일한 효력을 갖게 된다. 한편 상장법인의 주식이 한국예탁결제원에 예탁된 경우에는 자본시장과 금융투자에 관한 법률에 따라 실질주주명부를 작성하게 되는데 이 실질주주명부에 기재하면 주주명부에 기재한 것과 동일한 효력을 갖게 된다(자본시장법 316조).

### (2) 주주명부의 효력

#### (가) 대항적 효력

주주는 자신의 성명과 주소가 주주명부에 기재되어야 회사에 대하여 주주권을 주장할 수 있는데 이를 주주명부의 대항적 효력이라고 한다.

주식의 양도는 주권을 교부하면 효력이 발생하지만(상 336조 1항), 주식양도를 회사에 대항하기 위하여 주주명부에 자신의 성명과 주소를 기재(명의개서)하여야 한다(상 337조 1항).

이처럼 주주명부상의 기재는 회사에 대하여 주주권을 행사하기 위한 요건이 되므로 주식 양수인은 주주명부에 명의개서를 하지 않는 한 회사에 대하여 주주권을 주장할 수 없게 된다.

**◆ 대법원 2001.5.15. 선고 2001다12973 판결**

상법 제337조 제1항의 규정은 기명주식의 취득자가 주주명부상의 주주명의를 개서하지 아니하면 스스로 회사에 대하여 주주권을 주장할 수 없다는 의미이고, 명의개서를 하지 아니한 실질상의 주주를 회사측에서 주주로 인정하는 것은 무방하다.

(같은 취지: 대법원 1989.10.24. 선고 89다카14714 판결)

#### (나) 추정적 효력

주주명부에 기재된 자는 실질적인 주주로 추정되어 회사에 대하여 주주로서의 자격을 주장할 수 있는데 이를 주주명부의 추정적 효력 혹은 자격수여적 효력이라고 한다.

상법은 주권의 점유자를 적법한 소지인으로 추정하고 있지만(상 336조 2항), 이것은 주식양도에 관련한 추정적 효력이므로 회사에 대하여 주주로서의 지위와 권리를 주장하기 위해서는 주주명부에 명의개서를 하여 주주명부에 자신의 성명과 주소가 기

---

70) 상법시행령은 회사의 본점 또는 명의개서대리인의 영업소에서 전자주주명부의 내용을 서면으로 인쇄할 수 있으면 주주명부를 갖춘 것으로 보고(상법시행령 11조 1항), 주주와 회사채권자는 영업시간내에 언제든지 서면 또는 파일의 형태로 전자주주명부에 기재된 사항의 여람 또는 복사를 청구할 수 있도록 하고 있다(상법시행령 11조 2항).

재되어야 하고 이렇게 주주명부에 주주로서 기재된 자는 반증이 없는 한 실질적 주주로서 추정된다.

주주명부에 주주로 기재되어 있다고 당연히 실질적 주주가 되는 것은 아니지만, 실질적 주주로 추정되므로 실질적 주주임을 증명할 필요 없이 회사에 대하여 주주의 권리를 행사할 수 있고, 이에 대하여 회사는 주주로 기재된 자가 실질적 주주가 아님을 증명하여 그 권리행사를 거부할 수 있다.

실질적인 주주가 주주명부상 주주명의인과 주주권의 귀속을 다투는 경우에는 주주명부에 등재된 형식상 주주명의인을 상대로 주주권의 확인을 구하는 소를 제기하게 될 것이다.

주주명부의 권리추정적 효력을 인정하는 상법상의 명문의 규정은 없으나, 상법 제337조 1항의 반대해석과 대법원의 판결에 의하여 인정된다.

### ◈ 대법원 2006.9.14. 선고 2005다45537 판결

주주명부에 기재된 명의상의 주주는 회사에 대한 관계에 자신의 실질적 권리를 증명하지 않아도 주주의 권리를 행사할 수 있는 자격수여적 효력을 인정받을 뿐이지 주주명부의 기재에 의하여 창설적 효력을 인정받는 것은 아니므로, 실질상 주식을 취득하지 못한 사람이 명의개서를 받았다고 하여 주주의 권리를 행사할 수 있는 것이 아니다.

(같은 취지: 대법원 1989.7.11. 선고 89다카5345 판결)

### ◈ 대법원 2010.3.11. 선고 2007다51505 판결[71)]

주주명부에 주주로 등재되어 있는 이는 그 회사의 주주로 추정되며 이를 번복하기 위하여는 그 주주권을 부인하는 측에 입증책임이 있다.

주주명부에 주주로 등재되어 있는 이는 주주로서 주주총회에서 의결권을 행사할 자격이 있다고 추정되므로, 특별한 사정이 없는 한 주주명부상의 주주는 회사에 대한 관계에서 그 주식에 관한 의결권을 적법하게 행사할 수 있다. 따라서 한편 주주명부상의 주주임에도 불구하고 회사에 대한 관계에서 그 주식에 관한 의결권을 적법하게 행사할 수 없다고 인정하기 위하여는, 주주명부상의 주주가 아닌 제3자가 주식인수대금을 납입하였다는 사정만으로는 부족하고, 그 제3자와 주주명부상의 주주 사이의 내부관계, 주식 인수와 주주명부 등재에 관한 경위 및 목적, 주주명부 등재 후 주주로서의 권리행사 내용 등에 비추어, 주주명부상의 주주는 순전히 당해 주식의 인수과정에서 명의만을 대여해 준 것일 뿐 회사에 대한 관계에서 주주명부상의 주주로서 의결권 등 주주로서의 권리를

71) 이 판결은, 의결권을 행사한 주주명부상의 주주가 주식의 인수과정에서 명의만을 대여해 준 것일 뿐이므로 의결권 등 주주로서의 권리를 행사할 권한이 주어지지 아니한 형식상의 주주에 지나지 않는다고 주장하면서 그 주주의 의결권 행사의 위법을 다투는 사건에 관한 것이다.

행사할 권한이 주어지지 아니한 형식상의 주주에 지나지 않는다는 점이 증명되어야 한다.

(다) 면책적 효력

회사가 주주명부상에 주주로 기재된 자를 주주로 취급하면 책임을 면하게 되는 효력을 면책적 효력이라고 하는데 이러한 면책적 효력은 주주의 확정이나 주주에 대한 통지에 있어서 회사의 부담을 완화시켜주는 역할을 한다.

상법은 회사가 주주 또는 질권자에 대한 통지를 함에 있어서 주주명부상의 주소 또는 그 자로부터 회사에 통지된 주소로 하면 되고, 그 통지나 최고는 보통 도달할 시기에 도달한 것으로 규정하고 있는데(상 353조), 대법원은 회사에 악의 또는 중대한 과실이 없을 것을 전제로 면책적 효력을 인정하여야 하는 듯이 판시하고 있다.

◈ 대법원 1998.9.8. 선고 96다45818 판결

주식회사가 주주명부상의 주주에게 주주총회의 소집을 통지하고 그 주주로 하여금 의결권을 행사하게 하면, 그 주주가 단순히 명의만을 대여한 이른바 형식주주에 불과하여도 그 의결권 행사는 적법하지만, 주식회사가 주주명부상의 주주가 형식주주에 불과하다는 것을 알았거나 중대한 과실로 알지 못하였고 또한 이를 용이하게 증명하여 의결권 행사를 거절할 수 있었음에도 의결권 행사를 용인하거나 의결권을 행사하게 한 경우에는 그 의결권 행사는 위법하게 된다.

### (3) 주주명부의 폐쇄와 기준일

주식은 양도가 자유롭고 따라서 주주의 변경이 쉽사리 예상되므로 특정시점에 주주 또는 질권자로서 권리를 행사할 자를 확정시킬 필요성이 있게 되는데 이를 위하여 일정한 기간을 정하여 주주명부의 기재의 변경을 정지하거나, 일정한 날에 주주명부에 기재된 자를 주주 또는 질권자로서 권리를 행사하도록 하고 있는데 전자를 주주명부의 폐쇄제도, 후자를 기준일제도라고 한다.

상법은 주주명부의 폐쇄제도와 기준일제도를 모두 인정하고 있으나(상 354조), 이는 회사의 편의를 위하여 인정하는 것이고 반드시 이를 강제하는 것은 아니므로 회사로서는 다른 방법을 강구하여도 좋으나 적어도 이 두 가지 제도를 실시할 경우에는 주주의 이해관계에 중대한 영향을 미치므로 반드시 상법의 규정에 따라, 주주명부폐쇄기간은 3개월을 초과할 수 없고(상 354조 2항), 기준일은 주주가 권리를 행사할 날에 앞선 3개월 내의 날로 정하여야 한다(상 354조 3항). 또한 주주명부폐쇄기간이나 기준일의 2주간 전에 이를 공고하여야 하지만 정관으로 이를 미리 지정한 때에는 공고하지 아니하지 아니하여도 좋다(상354조 4항).

주주명부의 폐쇄제도는 일정기간 동안 명의개서가 정지되어 그 기간 동안 주주가 고정되게 되므로 회사로서는 여러 목적을 위하여 주주를 특정할 수 있게 되지만, 기준일제도의 경우에는 어느 특정목적을 위하여 주주를 특정할 수는 있으나 순차적으로 진행되는 다른 목적을 위한 주주의 특정에는 이용할 수 없어 회사로서는 주주명부의 폐쇄가 업무상 편리할 수가 있다. 다만 회사가 주주명부폐쇄제도만을 이용하는 경우에는 일정기간 동안 명부상의 주주와 실질상의 주주의 불일치가 있을 수 있고, 주주명부폐쇄기간 동안 주식양도에 제한을 가할 우려가 있어서 실무상 두 가지 제도를 병용하는 경우가 많다.

예를 들어 12월말 결산법인이 익년 2월말 경에 정기총회를 개최하고 3월 중순경에 배당을 한다고 할 때, 주주명부는 "매 영업년도말일 익일부터 그 영업년도 결산에 관한 정기주주총회 종료일까지" 폐쇄하고, 배당금 지급의 기준일을 "매년 12월 31일(결산일)" 혹은 "정기총회 종료일"로 정한다면 정기주주총회에서 배당금 지급의 승인결의를 하는 주주와 실제로 배당금을 지급받는 주주를 일치시킬 수 있음을 생각해 볼 것.

주주명부의 폐쇄와 기준일의 설정에 관하여는 임의적 기재사항으로서 정관에 정하는 경우가 많으나 이를 정하지 않은 경우에는 이사회에서 결정할 수 있다고 할 것이다.

주주명부 폐쇄기간 중에는 명의개서가 금지[72]되는데 회사가 임의로 특정주주에 대하여 명의개서를 해 준 경우에 ① 주주평등의 원칙에 반하고 상법이 인정한 주주명부폐쇄제도의 목적에 반하므로 무효라는 견해(무효설),[73] ② 주주명부폐쇄제도가 회사의 편의를 위해 인정되었으므로 회사가 임의로 명의개서를 하여 주더라도 그것을 무효라고 할 수 없으나 원칙적으로 폐쇄기간 중에는 주주권을 행사할 수 없다는 견해(유효설)[74]가 대립되고 있다. 생각건대, 상법상 주주명부폐쇄는 강제되지는 않으나 회사의 업무상 필요에 따라 주주를 확정함에 있어서 편의를 도모할 목적에서 인정되므로 분쟁의 방지를 위하여 획일적인 기준에 따라야 할 것이고 회사로 하여금 이를 임의로 처리하는 것을 허용하여서는 아니 된다 할 것이므로 무효설이 타당하다고 할 것이다.

---

72) 주주명부폐쇄제도는 단순히 회사의 사무처리의 번잡을 피하기 위한 제도에 불과하므로 주주명부폐쇄기간 중이라도 명의개서가 가능하다는 견해도 있으나(강위두/임재호 599면) 일반적 견해는 이를 허용한다면 다른 주주의 권리를 침해할 우려가 있다는 점에서 주주명부폐쇄기간 중에는 명의개서가 가능하지 않다고 한다.

73) 정동윤 226면, 최기원 396면.

74) 강위두/임재호 599면, 이철송 338면, 권기범 519면.

## 4. 주식의 양도

### 가. 주식양도의 의의

양도는 법률행위에 의한 권리와 의무의 이전을 의미하므로, 주식의 양도는 법률행위에 의하여 주주로서 회사에 대하여 갖는 사원권 즉 주주의 지위에서 회사에 대하여 갖는 일체의 추상적인 권리와 의무를 이전하는 것을 의미한다고 할 것이다. 다만 주주의 회사에 대한 이러한 추상적인 권리로부터 발생한 구체적인 채권적 권리는 주식의 양도로서 당연히 이전되지는 않는다.[75]

주식의 양도는 매매, 증여, 교환 등과 같은 원인되는 법률행위의 이행으로서 행하여지고 그로 인하여 주식의 이전이라는 법률효과를 발생시키므로 준물권행위라고 할 것이다.

주식의 양도에는 당사자 사이에 주식양도에 관한 의사의 합치가 있어야 하고 또한 주권의 교부가 있어야 한다(상 336조).

상법은 주식과 관련한 유가증권으로서 주권을 발행하도록 하고 있고(상 355조 1항) 주식의 양도는 원칙적으로 주권의 교부를 통하여 이루어지도록 규정하고 있다(상 336조 1항). 그러나 주권의 발행에 갈음하여 주식을 전자등록부에 등록할 수 있도록 하고 이러한 경우 주식의 양도는 전자등록부에 등록함으로써 효력이 발생하도록 하고 있으며(상 356조의2 2항), 또한 상장회사에 있어서는 주권예탁결제제도(자본시장법 294조 이하)에 의하여 주식의 양도가 이루어지게 됨으로써 주식의 양도에 주권의 교부가 필요하다는 상법이 정한 주식 양도방법의 모습이 변하고 있다.

### 나. 주식양도의 자유

주식회사의 주식을 인수함으로써 자금을 투자한 주주는 회사로부터 퇴사하거나 주식의 상환을 받아 투하자금을 회수하는 방법이 원칙적으로 봉쇄되어 있다. 그러나 주식회사는 주식을 타인에게 자유롭게 양도하여 회사에 투자한 자금을 손쉽게 회수할 수 있도록 함으로써 주주에게 간편하고 확실한 투자금의 회수를 보장하여 회사에 대한 투자를 촉진하고 결국 회사로 하여금 자본의 손쉬운 조달을 가능하도록 하므로 주식의 자유로운 양도는 주식회사의 특징이고 장점이라고 할 것이다.

---

75) 대법원 2007.6.1. 선고 2006다80445 판결은, "회사의 주식이나 지분권을 그 소유자로부터 양수받아 양수인이 회사의 새로운 지배자로서 회사를 경영하는 경우, 양도·양수되는 것은 회사의 주식이나 지분권일 뿐 계약당사자가 아닌 회사의 자산이나 부채 자체가 이전되는 것은 아니므로, 특별한 사정이 없는 한 이러한 계약이 무효로 될 때 양도의 목적물이 아닌 회사의 자산 등이 양수인의 원상회복의무의 대상이 된다고 할 수 없다"고 판시하여 주식양도의 목적물은 회사에 대한 주주의 지위를 나타내는 주식 그 자체임을 명확히 하고 있다.

상법은 "주식은 타인에게 이를 양도할 수 있다"고 규정(상 335조 1항 본문)하여 주식양도의 자유를 원칙적으로 인정하는 한편 이를 제한하는 몇 가지 예외적 규정을 두고 있고, 이 밖에도 주식의 양도는 특별법에 의하거나, 정관의 규정에 따라 혹은 당사자 사이의 계약에 따라 제한되기도 한다.

## 다. 주식양도의 제한

### (1) 상법에 의한 양도제한

#### (가) 권리주 양도의 제한

상법은 주식의 인수로 인한 권리의 양도는 회사에 대하여 효력이 없다(상 319조, 425조 1항)라고 규정하고 있다. 회사성립 전 또는 신주발생의 효력이 발생하기 전의 주식인수인으로서의 지위를 이른바 권리주라고 하는데, 상법이 이렇듯 권리주의 양도를 제한하는 이유는, 상법이 주식의 양도에 관하여 주권을 교부하는 방식을 택하고 있으나(상 336조 1항), 아직 주권이 발행되기 전이므로 현실적으로 양도방법이 없을 뿐만 아니라 만약 이를 허용할 경우에는 자칫하면 회사설립절차 혹은 신주발행절차가 복잡해지고 투기의 우려가 있기 때문이라고 생각된다.

상법은 회사에 대하여 효력이 없음을 규정하고 있을 뿐이므로 회사에 대하여 무효라고 할 것이지만 당사자 사이에서는 채권적으로 효력이 발생한다고 할 것이다.

이러한 권리주의 양도에 대하여 회사가 스스로 그 효력을 인정할 수가 있는가에 대하여, 긍정하는 견해(긍정설)[76]와 부정하는 견해(부정설)[77]가 대립하고 있다. 일반적 견해는 권리주의 양도를 제한하는 규정을 강행규정으로 해석하여 부정설의 입장에 서 있는데 이에 따르면 양수인은 회사에 대하여 양도의 효력을 주장할 수 없을 뿐만 아니라 회사도 양도의 효력을 인정할 수 없게 된다.

권리주의 양도는 납입금영수증이나 청약증거금영수증의 양도행위를 위한 백지위임장과 인감증명을 교부하는 방식으로 이루어지는데, 양도인의 채권자가 권리주를 압류한 경우에 그 법률상 지위와 관련하여 논의되고 있다. 또한 주식인수인이 상법상 주주가 되는 시기는 회사설립의 경우에는 설립등기를 한 때이고(상 172조), 신주발행의 경우에 주식대금의 납입기일 다음날이므로(상 423조 1항), 주식인수인이 그 지위를 취득한 후 회사가 설립되거나 주식대금 납입기일까지의 기간 동안에 인수하기로 한 주식을 제3자에게 양도한 경우에 권리주의 문제가 발생하게 된다. 그러나 신주를 발행하는 경우에 있어서 상장회사가 공모의 방식에 의하거나 주주배정방식에 의하는 경우

76) 권기범 469면, 강위두/임재호 602면, 정희철 424면.
77) 박상조 367면, 이철송 375면, 정동윤 241면, 정찬형 348면, 채이식 650면, 최기원 344면, 최준선 227면.

에는 신주배정방식과 주식대금의 납입방식에 비추어 실무상 권리주의 문제는 발생하지 않지만, 상장회사의 경우라고 하더라도 제3자배정방식에 의할 때, 혹은 비상장회사의 경우에는 권리주의 문제가 발생할 수 있고 회사설립의 경우에도 권리주의 문제가 발생할 수가 있다.

#### (나) 주권발행 전 주식양도의 제한

상법 제335조 3항 본문에서는 "주권발행 전에 한 주식양도는 회사에 대하여 효력이 없다"고 규정하여 주권발행 전의 주식양도를 원칙적으로 제한하는 한편 같은 조문 단서에서는 "회사가 성립된 후 또는 신주의 납입기일 후 6월이 경과한 때에는 그러하지 않다"고 규정하여 주권이 발행되지 않은 경우라도 주식을 양도할 수 있음을 예외적으로 인정하고 있다.

상법이 주권발행 전의 주식의 양도에 관하여 이렇게 이중적으로 규정한 이유는 회사가 주권발행 전에는 주권의 교부를 할 수 없어 주식의 양도방법이 없고 공시방법도 없으므로 거래안전을 위협하게 되고 회사의 업무처리를 복잡하게 할 우려가 있기 때문에 원칙적으로 주식의 양도를 제한하고 있지만, 예외적으로 회사가 장기간 주권을 발행하지 않을 경우에는 주식의 양도가 크게 제한받을 수 있음을 고려한 것으로 판단된다.

주권발행 전의 주식은 회사성립 후 혹은 주금납입일 후부터 주권을 발행할 때까지의 주식을 의미하는 데 반하여 권리주는 주식을 인수한 후 회사성립 전 혹은 주금납입일 전까지의 주식인수인의 지위를 의미한다는 점에서 다르다고 할 것이다.

##### 1) 6월 경과 전의 주식양도

회사가 성립된 후 또는 신주의 납입기일 후 6월이 경과하기 전에 주식을 양도한 경우에 그 양도는 당사자 사이에서는 채권적으로 유효하지만 회사에 대하여 무효임은 명백하다(상 335조 3항 본문)고 할 것이다.[78] 이 경우에 회사가 양도의 효력을 인정할 수 있는지가 문제되지만, 이 규정은 강행규정으로 해석하여야 할 것이므로 결국 양수인은 회사에 대하여 주권의 발행교부를 청구할 수 없고 회사가 양수인에게 주권을 발행하더라도 그 주권은 무효라고 할 것이다.

만약 주권을 발행하기 전에 주식을 양도하였으나 그 후 비로소 회사가 주권을 발행하여 양도인에게 교부하였다면, 양수인으로서는 주식양도의 채권적 효력에 기하여 양도인에게 주식의 인도를 구할 수 있다. 반면에 회사가 주권발행을 신청하는 주주에

---

78) 대법원 1987.5.26. 선고 86다카982, 983 판결은, "주권발행 전에 한 주식의 양도는 회사가 이를 승인하여 주주명부에 그 변경을 기재하거나 후일 회사에 의하여 주권이 발행되었다 할지라도 회사에 대한 관계에 있어서는 그 효력이 없다" 판시하였다.

게만 주권을 발행하여 주기로 하였다면 양수인으로서는 양도인의 채권자로서 양도인을 대위하여 양도인에게 주권의 발행 및 교부를 청구할 수 있을 뿐이라고 해석하여야 할 것이다.[79)]

또한 주권발행 전에 주식을 양도하여 무효라고 하더라도 만약 주권이 발행되지 않은 채 6월이 경과된 경우에는 주권발행 전의 하자가 치유되어 회사에 대하여도 유효하다고 할 것이고,[80)] 대법원도 회사가 주권을 발행하지 않은 채 6월이 경과되면 하자가 치유되어 유효하다는 입장(유효설)을 취하고 있다.

주식병합의 경우에도 주식병합 전 주식을 양수하였다가 주식병합 후 6개월이 경과할 때까지 신주권이 발행되지 않은 경우, 양수인은 구주권 또는 신주권의 제시 없이 자신의 주식 양수 사실을 증명하여 회사에 대하여 명의개서를 청구할 수 있다.[81)]

**◈ 대법원 2012.2.9. 선고 2011다62076 판결**

주권발행 전에 한 주식의 양도는 회사에 대하여 효력이 없으나 회사성립 후 또는 신주의 납입기일 후 6월이 경과한 때에는 회사에 대하여도 효력이 있다. 주권발행 전에 한 주식의 양도가 회사성립 후 또는 신주의 납입기일 후 6월이 경과하기 전에 이루어졌다고 하더라도 그 이후 6월이 경과하고 그때까지 회사가 주권을 발행하지 않았다면, 그 하자는 치유되어 회사에 대하여도 유효한 주식양도가 된다.

(같은 취지: 대법원 2002.3.15. 선고 2000두1850 판결)

#### 2) 6월 경과 후의 주식양도

상법은 회사 성립 후 또는 신주의 납입기일 후 6월이 경과해도 회사가 주권을 발행하지 않았다면 주주는 주권이 발행되기 전이라도 주권의 교부없이 주식을 양도할 수 있고 이러한 주식의 양도는 회사에 대하여 유효하다고 규정하고 있으나(상 335조 3항 단서) 그 양도방법에 관하여는 규정하지 않고 있다. 이에 대하여 일반적 견해와 판례는 이러한 경우의 양도방법은 지명채권의 양도방식에 따라 양도의 의사표시에 의하

---

79) 대법원 1981.9.8. 선고 81다141 판결은, "주권발행 전의 주식의 양도는 회사에 대한 관계에 있어서는 효력이 없고, 주권발행교부청구권은 주식과 일체로 되어 있어 이와 분리하여 양도할 수 없는 성질의 권리이므로 주권발행 전에 한 주식의 양도가 주권발행교부 청구권 이전의 효과를 생기게 하지 않는다. 따라서 주권발행 전의 주식양수인은 직접 회사에 대하여 주권발행교부 청구를 할 수 없고, 양도인을 대위하여 청구하는 경우에도 주식의 귀속주체가 아닌 양수인 자신에게 그 주식을 표창하는 주권을 발행 교부해 달라는 청구를 할 수는 없다"고 판시하고 있다.

80) 이른바 유효설인바, 이를 주장하는 견해는 권기범 471면, 박상조 369면, 이철송 377면, 정동윤 243면, 정찬형 351면이고, 이에 대하여 6월의 경과로서 하자의 치유를 인정한다면 회사가 주권을 발행하는 시기에 따라 주식양도의 효력이 좌우되어 법률관계의 불안정을 가져올 우려가 있으므로 설령 주권을 발행하지 않은 채 6월이 경과하더라도 회사에 대하여 무효라는 이른바 무효설의 견해도 있다(최기원 347면).

81) 대법원 2014.7.24. 선고 2013다55386 판결.

게 되므로 주식을 양수한 자는 단독으로 자신이 주식을 양수한 사실을 증명함으로써 회사에 대하여 직접 명의개서를 청구할 수 있다고 한다.

(다) 자기주식 취득의 제한

1) 의 의

상법은 회사가 자기 명의와 계산으로 자기가 발행한 주식을 취득하는 이른바 자기주식 취득에 있어서 ① 배당 가능한 이익의 범위 내에서만 주주총회의 결의로서 가능하도록 제한적으로 허용하고(상 341조), ② 특정한 목적이 있는 경우에는 이러한 범위와 상관없이 자기주식의 취득을 인정하고 있다(상 341조의2).[82)]

그런데 회사가 성립하면서 또는 신주를 발행하면서 자기주식을 취득하는 것은 회사가 자기의 구성원이 된다는 논리적 모순이 있어 인정할 수 없다. 그러나 주식이 발행되어 유통되는 경우에 그 주식은 일종의 재산권으로 파악되므로 회사가 자기 주식을 취득하는 것이 반드시 논리적으로 모순인 것은 아니지만, 만약 이를 자유롭게 허용한다면, ① 회사가 자기주식을 취득하여 투기행위를 하거나 임의적인 시세조정을 할 우려가 있고, ② 회사재산으로 유통 중인 자기의 주식을 매수하는 것은 실질적으로는 주금의 환급이고, 회사의 재산적 기초를 위태롭게 할 우려가 있어 주주와 회사채권자의 이익에 반하게 되고, ③ 회사가 특정주주로부터 자기주식을 취득하는 것은 자칫 특정주주를 우대하는 것이 되어 주주평등에 반하고, ④ 회사가 자기주식의 취득을 이용하여 지배주주의 회사경영권 장악의 수단으로 악용될 우려가 있다.[83)]

그러나 회사의 입장에서 보면 재무적 관리를 유연하고 수월하게 할 수 있을 뿐만 아니라 주가의 관리에도 이점이 있고 또한 자기주식취득의 재원을 배당가능이익으로 제한한다면 회사의 자본적 기초를 위태롭게 할 염려가 없어 이를 허용하는 것이 세계의 점진적인 추세라고 할 것이고 이에 발맞추어 우리나라도 상장회사에 한하여 허용

---

82) 회사의 자기주식취득에 관하여 2011년 4월 14일 개정되기 전의 상법은 원칙적으로 자기주식의 취득을 금지하고 일정한 경우에 한정하여 예외적으로 자기주식의 취득이 허용되는 경우를 유형적으로 분류하여 이를 인정하였다(개정 전 상법 341조, 341조의2)(대법원 2003.5.16. 선고 2001다44109 판결). 다만 상장법인에 관하여는 구 증권거래법(법 189조의2) 및 이를 이어받은 자본시장과 금융투자업에 관한 법률에서 배당 가능한 이익의 범위 내에서 자기주식을 취득하는 것을 완화하여 허용하였다(자본시장법 165조의2). 그런데 개정된 상법은 상장회사가 아닌 경우에도 일반적으로 상법이 정한 일정한 조건하에서는 자기주식의 취득을 허용하고(상 341조), 특정한 목적을 위한 취득의 경우에는 이러한 제한에 구애받지 않고 자기주식을 취득하도록 하여 이를 완화하고 있다(상 341조의2).

83) 대법원 2003.5.16. 선고 2001다44109 판결은, "주식회사가 자기의 계산으로 자기의 주식을 취득하는 것은 회사의 자본적 기초를 위태롭게 하여 회사와 주주 및 채권자의 이익을 해하고 주주평등의 원칙을 해하며 대표이사 등에 의한 불공정한 회사지배를 초래하는 등의 여러 가지 폐해를 생기게 할 우려가 있으므로 상법은 일반 예방적인 목적에서 이를 일률적으로 금지하는 것"이라고 하면서 상법이 자기주식의 취득을 금지하는 취지를 설명하고 있다.

되던 자기주식의 취득을 비상장회사에도 확대하여 허용하게 된 것이다.

또한 상법은 일정한 범위 내에서 자기주식을 질권의 목적으로 받지 못하도록 하고 있는데(상 341조의3) 이렇게 자기주식의 질취를 금지하는 것은 회사가 질취의 방법으로 자기주식취득에 대한 제한을 회피할 우려가 있기 때문이라고 할 것이다.

상법은 회사가 "자기의 명의와 계산"으로 자기 주식을 취득하는 경우에 관한 규정만을 두고 있으나(상 341조), 회사의 자기주식취득제한에 관한 상법의 규정은 회사가 그 명의 혹은 방식에 관계없이 널리 회사의 계산 예컨대 주식취득을 위한 자금이 회사의 출연에 의한 것이고 그 주식취득에 따른 손익이 회사에 귀속되는 경우로서 회사가 자기 주식을 취득하는 것과 같은 결과를 가져오는 행위에 적용된다고 할 것이다.[84] 그러나 그 주식취득에 따른 손익이 회사에 귀속하지 않는 한 비록 회사의 금융적 지원에 의한 경우라도 자기 주식의 취득에 해당하지 않는다고 할 것이다.[85] 또한 반드시 주식이 아니더라도 신주인수권증서(상 420조의2) 또는 신주인수권증권(상 516조의5)의 취득과 같이 주식취득의 결과를 가져오는 경우에도 적용하여야 할 것이다.

#### 2) 회사의 자기주식 취득

##### 가) 상법 제341조에 의한 자기주식 취득

회사는 상법이 정한 취득방법, 취득재원 및 취득절차에 관한 조건에 따라 자기주식을 취득할 수 있다(상 341조).

자기주식취득의 방법으로는 ① 회사의 주식이 거래소의 시세가 있는 경우에는 거래소에서 취득하는 방법, ② 상환주식 이외에는 각 주주가 가진 주식 수에 따라 균등

---

84) 대법원 2003.5.16. 선고 2001다44109 판결은 금융기관에서 제3자에게 주식인수자금을 대출하여 제3자 명의로 자기주식의 인수를 위한 납입대금으로 납입하도록 하면서 그 대여금 상환의 책임을 지우지 아니하고 그 주식인수에 따른 손익을 금융기관에 귀속시키기로 한 사안에서 "회사 아닌 제3자의 명의로 회사의 주식을 취득하더라도 그 주식취득을 위한 자금이 회사의 출연에 의한 것이고 그 주식취득에 따른 손익이 회사에 귀속되는 경우라면 그러한 주식의 취득은 회사의 계산으로 이루어져 회사의 자본적 기초를 위태롭게 할 우려가 있는 것으로서 상법 제341조가 금지하는 자기주식의 취득에 해당한다"고 판시하고 있다.

85) 대법원 2011.4.28. 선고 2009다23610 판결은, "자기주식의 취득에 해당한다고 보기 위해서는, 주식취득을 위한 자금이 회사의 출연에 의한 것이고 주식취득에 따른 손익이 회사에 귀속되는 경우이어야 함"을 전제로, 갑 주식회사 이사 등이 을 주식회사를 설립한 후 갑 회사 최대 주주에게서 을 회사 명의로 갑 회사 주식을 인수함으로써 을 회사를 통하여 갑 회사를 지배하게 된 사안에서, 갑 회사가 을 회사에 선급금을 지급하고, 을 회사가 주식 인수대금으로 사용할 자금을 대출받을 때 대출원리금 채무를 연대보증하는 방법으로 을 회사로 하여금 주식 인수대금을 마련할 수 있도록 각종 금융지원을 하였다고 하더라도 을 회사가 위 주식 인수대금을 마련한 것이 갑 회사의 출연에 의한 것이라는 점만을 인정할 수 있을 뿐, 갑 회사 이사 등이 설립한 을 회사의 위 주식취득에 따른 손익이 갑 회사에 귀속된다는 점을 인정할 수 없으므로, 을 회사의 위 주식취득이 갑 회사의 계산에 의한 주식취득으로서 갑 회사의 자본적 기초를 위태롭게 할 우려가 있는 경우로서 상법이 금지하는 자기주식의 취득에 해당한다고 볼 수 없다고 판시하고 있다.

하게 취득하는 것으로서 대통령령이 정하는 방법[86]이 상법상 인정된다(상 341조 1항).

자본시장과 금융투자업에 관한 법률은 상장법인이 자기주식을 취득하는 방법으로 ① 상법 제341조 제1항에 따른 방법으로 증권시장에서 자기주식을 취득하거나, ② 금전신탁계약에 따라 신탁업자에게 자기주식을 취득하게 한 후 신탁계약이 해지되거나 종료된 경우에 이들로부터 자기주식을 반환받는 방법의 두 가지를 규정하고 있다(자본시장법 165조의3 1항).

상법은 회사의 자기주식 취득가액의 총액이 직전 결산기의 대차대조표상의 순자산액에서 상법 제462조 1항의 각호의 금액을 뺀 금액을 초과하지 못하도록 규정(상 341조 1항 단서)함으로써, 회사로 하여금 배당가능이익의 범위 내에서 자기주식을 취득할 수 있도록 규정하고 있다.

특히 상법은 회사가 해당연도의 결산기에 대차대조표상의 순자산액이 상법 제462조 1항 각호의 금액의 합계액에 미치지 못할 우려가 있는 경우에는 자기주식취득을 할 수 없도록 규정하고 있는데(상 341조 3항), 이것은 직전 영업연도를 기준으로는 배당가능이익이 있더라도 당해 영업연도에 결손이 예상되는 경우에는 자기주식의 취득을 금지하려는 취지이고, 만약 자기주식을 취득하였으나 당해연도에 결손이 발생하였다면, 그로 인하여 회사가 손해를 입었는지 여부에 관계없이 회사의 이사가 당해연도의 결손가능성에 관한 판단을 함에 있어서 과실이 없었음을 증명하지 못하는 한 그 결손부분 상당액을 회사에 대하여 연대하여 배상할 책임이 있도록 규정하고 있다(상 341조 4항).

다만 상법은 배당 가능한 이익으로 하는 경우라면 그 취득한도에 제한을 두고 있지는 않으므로 이론상 1주를 제외한 모든 주식을 자기주식으로 취득할 수도 있으나 적어도 주주평등의 원칙에 어긋나는 방법에 의하여 이를 취득하여서는 아니 될 것이다.

또한 자기주식을 취득하려는 회사는 ① 매수할 주식의 종류와 수, ② 취득가액의 총액의 한도, ③ 1년을 초과하지 아니하는 범위에서 자기주식을 취득할 수 있는 기간과 같은 자기주식취득의 내용과 조건에 관하여 미리 주주총회의 결의를 하여야 하고, 다만 정관에 이사회의 결의로 이익배당을 할 수 있도록 정한 경우에는 이사회의 결의로 주주총회의 결의에 갈음하도록 하고 있다(상 341조 2항).[87]

---

86) 상법시행령은 ① 회사가 모든 주주에게 자기주식 취득의 통지 또는 공고를 하여 주식을 취득하는 방법, ② 자본시장과 금융투자업에 관한 법률」 제133조부터 제146조까지의 규정에 따른 공개매수의 방법의 두 가지 방법을 제시하고 있다(시행령 9조 1항).

87) 상법시행령은, 이사회의 결의로써 주주총회의 결의에 갈음하기 위해서는 ① 자기주식취득의 목적, ② 취득할 주식의 종류와 수, ③ 주식 1주로 취득하는 대가로 교부할 금전이나 그 밖의 재산의 내용 및 그 산정방법, ④ 주식취득의 대가로 교부할 금전 등의 총액, ⑤ 20일 이상 60일 이내의 범위에서 주식양도를 신청할 수 있는 기간, ⑥ 양도신청기간이 끝나는 날로부터 1개월의 범위에서 양도의 대가

나) 상법 제341조의2에 의한 자기주식 취득

상법은 회사의 자기주식취득으로 인한 폐해의 우려가 없는 경우, ① 회사의 흡수합병이 있는 경우 존속회사는 소멸회사의 재산을 포괄적으로 승계하게 되는데 소멸회사가 존속회사의 주식을 소유하고 있었거나, 영업양도의 경우에 양도회사가 소유하고 있는 양수회사의 주식을 취득하게 되는 경우(상 341조의2 1호), ② 회사의 채무자가 소유하고 있는 유일한 재산이 회사의 주식이고, 회사가 이를 대물변제로서 취득하거나 소송상의 화해로서 취득하게 되는 경우 등과 같이 회사가 채권의 만족을 얻는 과정에서 자기 주식을 취득하는 경우(상 341조의2 2호),[88] ③ 회사가 신주를 발행하거나, 전환주식이나 전환사채의 전환권이 행사되거나, 신주인수권부사채권자의 신주인수권 행사로 인하여 신주를 발행하는 경우에 단주가 발생하게 되어 이를 처리하는 과정에서 회사가 이를 취득하게 되는 경우(상 341조의2 3호),[89] ④ 회사의 합병이나 영업양도 등에 반대하는 주주가 회사에 대하여 주식매수청구권을 행사한 경우(상 341조의2 4호) 등에는 상법 제341조의 규정과 상관없이 예외적으로 자기주식의 취득을 인정하고 있다. 그러나 개정 전의 상법에서 인정하고 있던 소각을 위한 취득(개정 전 상 341조 1호)은 허용하지 않고 있다.

회사의 자기주식취득의 제한에 관한 상법의 규정에도 불구하고 ① 회사가 제3자의 계산으로 자기명의로 자기주식을 취득(고객의 매수위탁에 의하여 증권회사가 자기주식의 매수)하는 경우, ② 회사가 제3자로부터 증여 등으로 자기주식을 무상으로 취득하는 경우,[90] ③ 채권담보의 목적으로 채무자가 가지는 자기주식을 단순히 점유하는 경우 등과 같은 경우는 자기주식취득으로 인한 폐해의 우려가 없으므로 해석상 제한없이 회사의 자기주식취득이 인정된다고 할 것이다. 그러나 이러한 경우 이외에는 정관 등으로 임의로 자기 주식의 취득이 허용되는 경우를 이와 달리 정하는 것은 허용되지 않는다고 할 것이다.[91]

3) 회사가 취득한 자기주식의 법적 지위

회사가 예외적으로 자기주식을 취득할 수 있는 경우에 회사는 그 주식에 대한 주주권을 행사할 수 있는지 여부가 문제된다. 상법은 회사가 취득한 자기주식의 의결권을 부인하는 규정(상 369조 2항)과 이런 주식은 발행주식의 총수에 포함되지 않는다는

---

로 금전등을 교부하는 시기와 그 밖에 주식취득의 조건 등의 사항을 정하도록 하고 있다(상법시행령 10조).

88) 대법원 2006.10.12. 선고 2005다75729 판결.

89) 자본금감소(상 443조), 준비금의 자본전입(상 461조 2항), 주식배당(상 462조의2 3항)과정에서 발생하는 단주에 관하여는 상법이 처리방법을 정하고 있으므로 이러한 경우에는 회사가 별도로 자기주식을 취득할 이유가 없을 것이다.

90) 대법원 1996.6.25. 선고 96다12726 판결.

91) 대법원 2007.5.10. 선고 2005다60147 판결, 대법원 2003.5.16. 선고 2001다44109 판결.

규정(상 371조 1항)을 두고 있고, 자본시장과 금융투자업에 관한 법률은 신탁재산에 속하는 주식을 발행한 법인이 자기주식을 확보하기 위하여 신탁계약에 따라 신탁업자에게 주식을 취득하게 한 그 법인의 주식처럼 상장회사가 신탁업자를 통하여 간접적으로 취득한 주식에 대한 의결권을 제한하는 규정(자본시장법 제112조 제3항 제2호)이 있을 뿐 그 밖의 주주권에 관하여는 침묵을 지키고 있다.

우선 회사가 취득한 자기주식에 대하여 상법이 규정하고 있는 의결권을 포함한 공익권 예컨대 소수주주권, 각종의 소송청구권 등은 그 성질상 인정되지 않는다는 점에 대하여는 견해의 다툼이 없다.

다음으로, 자익권 예컨대 이익배당을 받을 권리, 잔여재산을 분배 받을 권리, 무상주를 받을 권리 등에 관하여는 ① 인정하여도 무방하다는 견해(부분적 휴지설),[92] ② 인정할 수 없다는 견해(전면적 휴지설)[93]의 대립이 있으나 일반적 견해는 전면적 휴지설의 입장에 서 있다.

유상증자의 경우에도 자기주식에 대하여는 유상신주를 배정할 수 없다고 할 것이나, 주식의 액면분할의 경우에는 회사의 재산이나 자본금에 변동이 없으므로 자기주식에 대하여도 신주를 교부할 수 있다고 할 것이다. 또한 존속회사가 보유하던 소멸회사의 주식에 대하여는 상법 제341조의2 제1호에 해당하는 것으로 보아 합병신주를 배정하여도 무방할 것이다.

#### 4) 회사가 취득한 자기주식의 처분[94]

회사는 취득한 자기주식을 보유하거나 담보로 제공할 수도 있고, 소각하거나 매도하는 등 처분할 수도 있으나, 이를 처분하는 경우에는 그 처분의 내용과 방법 등 구체적인 사항에 관하여 정관에 정함에 따라야 하고 정관에 규정이 없는 것은 이사회가 결정하게 된다(상 342조).[95]

상법은 상환주식의 상환(상 345조 4항)이나 이익배당(상 462조의4 1항), 교환사채

---

92) 서정갑 224면.

93) 이기수 356면, 이철송 401면, 손주찬 663면, 정동윤 249면, 정찬형 363면.

94) 2011년 4월 14일 개정 전의 상법은 회사가 보유하는 자기주식에 대하여 지체 없이 실효절차를 밟거나(개정 전 상법 341조 1호의 경우), 상당한 시기에 처분하여야 하도록 강제하고 있었으나(개정 전 상법 341조 2호 내지 5호, 341조의2 및 341조의3의 경우), 개정된 상법은 회사가 자기주식을 처분하는 경우에 관하여만 규정함으로써(상 342조), 회사로서는 자기주식을 처분하지 않고 보유하는 방법을 선택할 수도 있게 되었다.

95) 이사회로 하여금 이를 결정하도록 하는 것은 일응 신속한 경영상의 결정을 할 수 있도록 한다는 점에서 바람직하지만, 만약 이사회가 회사의 자기주식의 처분에 관하여 정관의 정함이 없음을 기화로 이를 특정한 주주에게 매도하여 주주들의 지분율의 변동을 초래하게 될 우려가 있고, 특정인에게 매도하여 주주의 신주인수권을 무력화시키고 경영권승계의 방편으로 이용할 수도 있어 주주들 사이의 다툼과 이사에 대한 책임추궁 등 적지 않은 문제가 발생할 우려가 예상된다.

및 상환사채(상 469조)의 상환을 현금 외에 유가증권이나 그 밖의 자산으로 교부할 수 있도록 정하고 있으므로 회사는 보유하고 있는 자기주식을 사용할 수도 있을 것이다.

또한 상법은 흡수합병의 대가로 소멸하는 회사의 주주에게 존속회사가 신주를 발행하여 교부하는 것에 갈음하여 존속하는 회사의 자기주식을 교부할 수 있고(상 523조 3호), 분할합병의 경우에도 분할승계회사가 신주를 발행하는 데 갈음하여 자기주식을 이전할 수 있고(상 530조의6 1항 2호) 나아가 주식의 포괄적 교환의 경우에도 완전모회사가 되는 회사는 주식교환의 대가로서 신주발행에 갈음하여 회사가 보유하는 자기주식을 주식교환의 대가로 교부할 수 있도록 정하고 있다(상 360조의3 3항 2호).[96]

한편 주식매수선택권을 부여하는 경우 주식매수선택권을 행사하는 자로 하여금 회사가 보유하는 자기주식을 매수할 수 있도록 정하고(상 340조의2 1항) 있으므로 회사가 보유하는 자기주식을 이러한 용도로 사용할 수도 있을 것이다. 이 밖에도 회사가 보유하는 자기주식을 회사채무의 담보로서 질권을 설정해 줄 수도 있다고 할 것이다.

한편 상법은 회사가 보유하는 자기주식을 이사회의 결의에 따라 자본금감소절차를 거치지 않고도 소각할 수 있도록 하고 있으나(상 343조 1항 단서), 이는 배당가능한 이익으로 취득한 상법 제341조에 정한 자기 주식에 한정되고 특정한 목적으로 취득한 상법 제341조의2에 정한 자기주식에는 적용되지 않는다고 제한적으로 해석하여야 할 것이다.[97]

주식의 가치는 취득할 때와 처분할 때가 다르고 또한 주식의 보유의 비율은 회사의 지배와 밀접한 관련이 있으므로 자기주식의 처분은 그 처분가격과 처분의 상대방과 관련하여 적지 않은 공정성의 문제가 야기된다. 최근에는 회사가 보유하는 자기주식을 특정인에게 양도하는 것은 매각으로 인하여 초래되는 기존주주의 지분비율의 감소로 인하여 신주발행의 경우와 동일한 결과를 가져옴으로써 신주발행에서와 마찬가지로 통제를 가할 필요가 있다는 전제에서 이렇게 양도된 자기주식에 대한 의결권의 행사금지가처분을 허용한 하급심(서울서부지방법원 2006.3.24. 자 2006카합393 결정)이 있는가 하면 이를 허용하지 않는 결정을 한 하급심(서울북부지방법원 2007.10.25. 자 2007카합1083 결정)도 있고 학자들의 견해도 나누어지고 있다.

---

96) 2011년 4월 14일 개정된 상법에서는 흡수합병의 경우에만 합병의 대가로 금전 이외의 재산으로 지급할 수 있도록 하였으나(상 523조 4호), 2015년 12월 1일 개정된 상법에서는 포괄적주식교환의 경우와 분할합병의 경우에도 합병의 경우와 같이 주식교환과 분할합병의 대가를 금전이외의 재산으로 교부할 수 있도록 정하고(상 360조의3 3항 4호, 530조의6 1항 4호), 그에 더하여 신주발행에 갈음하여 자기주식을 이전할 수 있도록 명문으로 규정하였다.

97) 회사가 배당가능이익과 관계없이 특정한 목적으로 취득한 주식을 임의로 소각하는 것은 회사의 자본적 기초를 해칠 우려가 있으므로 이를 소각하기 위해서는 자본금 감소규정(상 343조 1항 본문)에 따라야 할 것이다.

5) 위법하게 취득한 자기주식의 지위

회사가 상법에 위반하여 자기주식을 취득한 경우 그 효력에 관하여, ① 회사가 자기주식을 취득한 경우에는 강행법규에 어긋나고 자본충실의 원칙에 반하므로 양도인의 선의·악의를 불문하고 무효라는 견해(절대적 무효설),[98] ② 회사의 자기주식 취득은 원칙적으로 무효이지만, 예외적으로 양도인이 선의일 경우에는 유효라거나,[99] 양도인은 선의·악의를 불문하고 무효를 주장하지 못하지만 회사채권자 또는 주주는 양도인이 선의라면 유효를 주장할 수 있다거나[100] 혹은 양도인은 선의·악의를 불문하고 무효를 주장하지 못하지만 선의의 압류채권자 또는 전득자는 유효를 주장할 수 있다[101]는 등의 절충적 견해(상대적 무효설), ③ 상법의 자기주식취득금지규정을 단속법규로 이해하면서 주식거래의 안전을 보호하기 위하여 회사의 자기주식취득은 유효하고 다만 이사에게 위법행위로 인한 손해배상책임을 인정하여야 한다는 견해(유효설)[102]의 대립이 있다. 생각건대 위법하게 취득한 자기주식의 효력은 자기주식거래의 폐단을 방지한다는 측면과 거래의 안전을 보호하려는 측면을 고려하여야 결정하여야 할 것으로서 절대적 무효설은 거래의 안전을 다소 희생하더라도 자기주식거래의 폐단을 방지하려는 견해이고 유효설이나 상대적 무효설은 거래의 안전을 우선하려는 입장이다. 자기주식취득의 제한에 관한 상법규정은 강행규정이라고 할 것이고, 또한 위법한 자기주식취득을 유효로 하는 것으로 인한 폐해는 이를 무효로 하는 것으로 인한 거래안전의 위협보다는 상대적으로 크다고 할 것이고, 또한 이를 무효로 함으로써 발생한 손해는 이사의 책임 등으로 구제할 수 있다는 점에 비추어 볼 때 대법원의 입장과 같이 절대적 무효라고 보아야 할 것이다.

**◈ 대법원 2006.10.12. 선고 2005다75729 판결[103]**

상법은 주식회사가 자기의 계산으로 자기주식을 취득하는 것을 원칙적으로 금지하면서, 예외적으로 일정한 경우에만 그 취득이 허용되는 것으로 명시하고 있다. 따라서 상법 제341조, 제341조의2, 제342조의2 또는 증권거래법 등이 명시적으로 이를 허용하고 있는 경우 외에는, 회사의 자본적 기초를 위태롭게 하거나 주주 등의 이익을 해한다고

98) 정동윤 249면, 정찬형 358면, 최기원 355면, 박상조 379면.
99) 임홍근 259면.
100) 정희철 426면.
101) 이철송 396면.
102) 채이식 648면
103) 이 판결은 2011. 4. 14.개정된 상법이 회사의 자기주식취득을 완화하기 전에 있었던 판결이라고는 하지만 개정상법이 자기주식취득의 전면적 허용이 아니라 그 취득의 요건을 완화하였을 뿐이고, 또한 자기주식취득의 폐해가 전혀 없어졌다고 볼 수도 없는 만큼 회사가 위법하게 취득한 자기 주식의 효력에 관해서는 그 결론을 달리 할 바가 아니라고 생각된다.

할 수 없는 것이 유형적으로 명백한 경우가 아닌 한 자기주식의 취득은 허용되지 아니하고, 위와 같은 금지규정에 위반하여 회사가 자기주식을 취득하거나 취득하기로 하는 약정은 무효이다.

(같은 취지: 대법원 2003.5.16. 선고 2001다44109 판결)

한편 회사가 상법에 위반하여 자기주식을 취득한 경우에 그 주식취득의 효력과는 별개로 그러한 자기주식취득행위로 인하여 회사가 손해를 입은 경우에 이사는 회사에 대하여 손해배상책임을 부담하게 되고(상 399조), 이사에게 악의 또는 중대한 과실이 있는 경우에는 주주나 회사채권자 등의 제3자에게도 손해배상책임을 부담하게 되고(상 401조) 상법상 형벌의 제재도 가하여진다(상 625조 2호).

회사가 자기주식을 취득하는 행위는 이사의 행위를 통하여 진행되므로 감사 또는 소수주주권자는 그러한 이사의 행위에 대하여 위법행위유지청구를 하거나(상 402조), 이로 인한 손해[104]를 이사에게 부담시켜야 하는 경우에는 대표소송도 제기할 수 있음(상 403조)도 당연하다 할 것이다.

### (라) 상호주 취득의 제한

#### 1) 상호주 취득 제한의 의의

수개의 회사가 상호간에 상대방 회사의 주식을 보유하게 되는 경우를 상호주라고 하는데 이러한 주식의 상호 보유는 회사결합의 한 형태로서 회사 간의 제휴를 통한 경영의 안정화, 효율화를 도모하는 장점도 있을 수 있으나, 회사재산의 불필요한 유출로 인하여 회사 재무구조의 부실을 초래하고, 지배주주들 사이의 야합적 의결권 행사로 인하여 소수파주주의 이익을 해칠 우려가 크고, 주가조작을 통한 투기의 우려가 있을 뿐만 아니라 모회사가 자신의 영향력하에 있는 자회사로 하여금 모회사의 주식을 취득하도록 함으로써 간접적으로 자기주식을 취득하는 것과 같은 결과를 초래하는 등의 많은 폐단이 예상되어 상법은 일정한 경우에 다른 회사의 주식 취득을 금지하거나(상 342조의2) 혹은 다른 회사의 주식에 기한 의결권 행사를 제한(상 369조 3항)하고 있다.

---

104) 예를 들어, 대법원 2007.7.26. 선고 2006다33609 판결은 금융기관에서 제3자에게 주식인수자금을 대출하여 제3자 명의로 자신의 주식을 인수하도록 한 경우에는 비록 제3자 명의의 주식인수라고 하더라도 상법상의 자기주식취득에 해당하여 무효이고 이에 관여한 이사에게는 법령·정관 위반행위 혹은 임무위반행위로 인한 상법 제399조 소정의 손해배상책임을, 감사에게는 임무위반행위로 인한 상법 제414조 소정의 손해배상책임을 인정하면서 그 손해배상의 범위에 관하여 금융기관에 주금으로 납입된 금액에 대하여는 손해가 발생하였다고 할 수 없지만 그에 관련하여 지출한 비용은 손해로서 배상하여야 한다고 판시하고 있다.

상호주는 주식의 종류가 아니고 주식의 소유형태에 착안하여 지칭하고 있는데 이러한 주식의 상호소유의 유형에는 이른바 A회사가 B회사 주식을 보유하고 B회사가 A회사 주식을 보유하는 형태의 단순형 상호주(Cross－Ownership), A회사가 B회사 주식을 보유하고 B회사가 C회사 주식을 보유하고 C회사는 A회사 주식을 보유하는 형태의 고리형 상호주(Circular－Ownership), 그리고 A회사는 B와 C회사의 주식을 보유하고 B회사는 A와 C회사의 주식을 보유하고 C회사는 A와 B회사 주식을 보유하는 형태의 행렬형 상호주(Matrix－Ownership)가 있다. 상법은 단순형 상호주에 관한 규정을 두고 있고, 고리형 상호주와 행렬형 상호주는 독점규제 및 공정거래에 관한 법률에서 규율하고 있다.

### 2) 상호주 취득에 관한 상법의 태도

#### 가) 모자관계가 있는 회사의 주식취득

상법은 甲회사(母회사)가 乙회사(子회사)의 발행주식 총수의 100분의 50을 초과하는 주식을 보유하는 경우 이들 회사의 관계를 모자회사의 관계라고 하여 乙회사(子회사)에 의한 甲회사(母회사) 주식의 취득을 금지하고 있다(상 342조의2 1항).

또한 상법은 乙회사(子회사)가 단독으로 丙회사(孫회사)의 발행주식 총수의 100분의 50을 초과하는 주식을 보유하거나 혹은 甲회사(母회사)와 乙회사(子회사)가 공동으로 丙회사(孫회사)의 발행주식 총수의 100분의 50을 초과하는 주식을 보유하는 경우에도 甲회사(母회사)와 丙회사(孫회사) 사이를 母子회사관계로 간주하고 있으므로(상 342조의2 3항) 丙 회사(孫회사)는 乙회사(子회사)뿐만 아니라 甲회사(母회사)의 주식도 취득할 수가 없게 된다(상 342조의2 1항).

그런데 모회사가 보유하는 자회사의 의결권 없는 주식도 모회사를 정하는 기준이 되는 자회사의 발행주식 중에 포함시켜야 하는지에 관하여 견해의 대립이 있으나 상법 제342조의2는 이를 제외하고 있지 않으므로 포함시켜야 할 것이다.

甲회사(母회사)가 乙회사(子회사)의 발행주식 총수의 100분의 50을 초과하는 주식을 보유하고 있고, 乙회사(子회사)는 丙회사(孫회사)의 발행주식 총수의 100분의 50을 초과하는 주식을 보유하고 있는 경우에 만약 丙회사(孫회사)가 丁(曾孫회사)의 발행주식 총수의 100분의 50을 초과하는 주식을 보유하고 있다면 丁(曾孫회사)는 甲, 乙, 丙회사와 모두 모자관계회사로 간주되어 이들 회사의 주식취득이 제한되는지에 관하여 견해의 대립이 있으나 이들 회사 사이에도 상호주취득으로 인한 폐해의 우려가 없다고는 할 수 없으므로 이들 회사 사이에도 상법의 상호주취득의 제한에 관한 규정을 적용하는 것이 타당하리라 생각된다.

또한 甲회사(母회사)와 乙회사(子회사) 그리고 丁(曾孫회사)가 공동으로 戊회사(高孫회사)의 발행주식 총수의 100분의 50을 초과하는 주식을 보유하는 경우에도 戊회사(高孫회사)는 甲회사와 母子회사관계로 간주되므로(상 342조의2 3항) 戊회사(高孫회사)는 甲회사의 주식을 취득할 수 없다고 해야 할 것이다(상 342조의2 1항). 또한 乙회사(子회사)와 丙회사(孫회사)가 공동으로 丁

(曾孫회사)의 발행주식 총수의 100분의 50을 초과하는 주식을 보유하고 있다면 丁(曾孫회사)는 甲회사와 모자관계회사로 간주되어 주식취득이 금지될 것이다. 이 밖에도 상법은 戊회사와 乙·丙·丁 회사와의 관계에 관하여는 규정하고 있지 않으나 이들 회사 사이의 관계도 모자관계에 있는 것으로 보아서 이들 회사의 주식을 취득하는 것도 제한하는 것이 상법의 규정을 충실히 따르는 것이 될 것으로 생각된다.

이 같은 상호주취득을 제한하는 이유는 자기주식의 취득을 제한하는 이유와 유사하므로 자회사는 그 명의에 상관없이 자기의 계산으로 모회사의 주식을 취득하거나 질취하는 것이 제한받는다고 할 것이고, 또한 주식의 취득뿐만 아니라 전환사채를 전환청구하거나 신주인수권부사채로 신주인수권을 행사하는 것 나아가 신주인수권증권이나 신주인수권증서를 취득하는 것도 제한받는다고 해석하여야 할 것이다.

만약 이러한 상법상의 제한에 위반하여 자회사가 모회사의 주식을 취득한 경우에 그 효력에 관하여는 자기주식취득의 제한규정을 위반한 경우의 효력에 관한 것과 같이 유효설,[105] 절대적 무효설[106] 그리고 상대적 무효설[107]의 다툼이 있고, 이에 관한 대법원의 판결은 아직 없는 실정이지만, 이 경우도 자기주식취득의 경우와 달리 해석할 이유가 없으므로 절대적으로 무효라고 해석하여야 할 것이다. 물론 이러한 모회사 주식의 취득행위로 인하여 자회사 혹은 제3자가 손해를 입은 경우에 자회사의 이사는 상법상의 손해배상책임(상 399조, 401조)을 부담하게 되고 아울러 상법상의 제재를 받게 된다(상 625조의2).

한편, 상법은 예외적인 경우에는 자회사가 모회사의 주식을 취득할 수 있도록 허용하고 있다(상 342조의2 1항 1호 내지 2호, 360조의3 6항, 523조의2 1항, 530조의6 4항).

① 상법 제342조의2에 의한 예외적 취득

상법은 회사가 특정목적이 있는 경우에 자기주식을 제한 없이 취득할 수 있는 사유(상 341조의2)와 유사한 사유가 있을 때에는 자회사로 하여금 모회사의 주식을 예외적으로 취득하도록 하고 있다. 주식의 포괄적 교환, 주식의 포괄적 이전, 회사의 합병 또는 다른 회사의 영업 전부의 양수로 인하여 자회사가 모회사의 주식을 취득할 수밖에 없는 경우(상 342조의2 1항 1호) 또는 자회사가 회사의 권리를 실행함에 있어서 그 목적을 달성하기 위하여 필요한 경우(상 342조의2 1항 2호)에 다른 회사로부터 모회사의 주식을 취득하게 되는 경우에는 허용된다.

105) 정희철 433면.
106) 정동윤 255면, 정찬형 366면, 최준선 242면.
107) 권기범 489면, 손주찬 667면, 이철송 408면.

② 상법 제360조의3에 의한 예외적 취득

상법은 회사의 구조개편을 활성화시키기 위하여 주식의 포괄적 교환에 있어서 완전자회사가 되는 회사의 주주에게 완전모회사가 되는 회사의 모회사의 주식을 교부할 수 있도록 하였고[108] 그러한 경우에 완전모회사가 되는 회사는 그 지급을 위하여 자신의 모회사의 주식을 취득할 수 있도록 하였다(상 360조의3 6항).

③ 상법 제523조의2에 의한 예외적 취득

상법은 흡수합병의 경우 존속회사가 소멸하는 회사의 주주들에게 합병의 대가로 신주를 발행하거나 보유하고 있는 자기주식을 주기도 하지만(상 523조 4호) 그 대가의 전부 또는 일부로서 금전이나 그 밖의 재산을 제공할 수도 있도록 함으로써(상 523조 4호), 존속회사로서는 자신의 모회사의 주식을 지급할 수도 있게 되었다.[109] 이러한 경우 존속하는 회사는 자신의 모회사의 주식을 취득할 수 있도록 정하고 있다(상 523조의2 1항).

④ 상법 제530조의6에 의한 예외적 취득

상법은 회사의 분할합병에 있어서 분할회사의 일부가 다른 회사와 합병하여 그 다른 회사가 존속하는 경우에는 그 존속하는 회사(분할승계회사)가 합병의 대가로서 신주를 발행하거나 보유하는 자기주식을 줄 수도 있지만(상 530조의6 1항 3호) 대가의 전부 또는 일부로서 금전이나 그 밖의 재산을 제공할 수도 있도록 함으로써(상 530조의6 1항 4호) 그 존속하는 회사가 자신의 모회사의 주식을 지급할 수도 있게 되었다.[110] 이러한 경우 분할승계회사는 자신의 모회사의 주식을 취득할 수 있도록 정하고 있다(상 530조의6 4항).

다만 상법은 이러한 자회사의 모회사 주식에 대한 취득이 예외적으로 허용되어 자회사가 이를 취득한 경우라고 하더라도 자회사는 그 주식을 취득한 날로부터(상 342조의2 2항: 특정목적으로 인한 경우), 주식교환의 효력이 발생하는 날로부터(상 360조의3 7항: 삼각주식교환의 경우), 합병의 효력이 발생하는 날로부터(상 523조의2 2항: 삼각합병

108) A회사와 B회사가 모자회사관계에 있는 경우에 B회사와 C회사가 주식교환을 통하여 B회사가 C회사의 완전 모회사가 되고 C회사가 B회사의 완전자회사가 되려고 할 때, C회사의 주주들에게 주식교환의 대가로 B회사의 주식을 교부하는 것이 아니라 B회사의 모회사인 A회사의 주식을 교부하는 이른바 삼각주식교환을 의미하는데 2015년 11월 12일 개정되어 2016년 3월 2일부터 시행되게 되었다. 이로써 A회사와 B회사 그리고 C회사는 순차적으로 모자관계회사가 되고 그 후 B회사와 C회사가 합병하면서 C회사를 존속회사로 하는 합병 이른바 역삼각합병을 하게 되면 A회사로서는 C회사를 인수하는 효과를 거두게 된다.

109) A회사와 B회사가 모자회사관계에 있는 경우에 B회사가 C회사를 흡수합병하면서 B회사가 가진 C회사의 주식을 지급하는 이른바 삼각합병의 형태로서 2011년 4월 14일 상법 개정에 따라 신설되었다.

110) A회사와 B회사는 모자관계에 있는 회사인데 자회사 B가 다른 C회사의 일부 사업부분만 분할하여 흡수합병하면서 합병의 대가로 자신의 모회사인 A회사의 주식을 교부하는 이른바 삼각분할합병형태로서 이 규정도 2015년 11월 12일의 상법개정으로 신설되었다.

의 경우), 분할합병의 효력이 발생하는 날로부터(상 530조의6 4항: 삼각분할합병의 경우) 각기 6개월 이내에 보유하고 있는 모회사의 주식을 처분하도록 하고 있다. 만약 자회사가 이러한 처분의무를 이행하지 아니한 경우 자회사의 이사는 회사 또는 제3자에 대하여 손해배상책임을 부담(상 399조, 401조)할 뿐만 아니라 상법상의 제재를 받게 될 것이다(상 625조의2).

상법은 회사가 적법하게 취득한 자기주식에 대하여는 회사가 보유할 수도 있지만(상 342조, 343조 1항 단서), 상호주에 대하여는 회사가 무제한적으로 보유할 수 없고 ① 상법 제342조의2 1항에 따라 예외적으로 취득한 경우에는 취득한 날로부터 6월 이내(상 342조의2 2항), ② 주식의 포괄적 교환과정에서 취득한 경우에는 주식교환의 효력이 발생한 날로부터 6개월 이내(상 360조의3 7항), ③ 합병과정에서 취득한 경우에는 합병의 효력이 발생하는 날로부터 6개월 이내(상 523조의2 2항), ④ 분할합병과정에서 취득한 경우에는 분할합병의 효력이 발생하는 날로부터 6개월 이내(상 530조의6 5항)에 이를 처분하도록 함으로써 이를 달리 취급하고 있다.

또한 자회사가 예외적으로 적법하게 모회사의 주식을 취득한 경우라도 그 주식에 대한 의결권의 행사에 관하여 상법의 규정은 없으나 적어도 자회사가 보유하는 모회사의 주식은 모회사의 자기주식과 유사한 성질을 가지고 있다고 할 것이므로 공익권은 행사할 수가 없다고 할 것이지만 모회사와 자회사는 전혀 다른 법적 실체를 가지고 있는 점에 비추어 자익권은 행사가 가능하다고 해석하여도 무방할 것이다.

자회사가 보유한 모회사의 주식에 대하여 그 의결권의 행사가 제한된다는 점에 대하여는 이론이 없으나 그 근거에 관하여 모회사의 자기주식에 대한 의결권제한에 관한 규정(상 369조 2항)을 근거로 하여야 한다는 견해와 모자관계 없는 회사의 상호보유주식에 대한 의결권제한에 관한 규정(상 369조 3항)을 근거로 하는 견해의 대립이 있으나 이에 관한 대법원의 판결은 없다. 아무튼 자회사가 보유한 모회사 주식의 의결권행사가 제한된다면 그 주식에 대한 모회사의 발행주식 총수를 산정함에 있어서 자회사가 보유한 주식은 포함되지 않는다고 해석하여야 할 것이다.

나) 모자관계가 없는 회사의 주식취득

어느 회사와 다른 회사 사이의 관계가 앞서 본 모자관계에 있지 아니한 경우에는 상호간에 상대방 회사의 주식을 취득하였다 하더라도 자기주식을 취득한 것과 같은 폐해가 있지는 않으므로 상법은 회사들이 다른 회사의 주식을 취득하는 것에 어떤 제한을 두고 있지는 않다.

다만, 상법은 회사가 다른 회사의 발행주식 총수의 10분의 1을 초과하여 취득한 때에는 그 다른 회사에 대하여 지체 없이 주식취득 사실을 통지하도록 하고 있고(상

342조의3), 그 초과하는 부분의 주식은 의결권이 없도록 하고 있다(상 369조 3항). 이것은 주식을 취득당한 회사로 하여금 대응조치를 취할 기회를 주어 다른 회사로부터의 지배가능성을 배제하고 경영권의 안정을 도모하도록 하기 위한 것이다.[111)]

그러나 상법은 "지체 없이"라는 구체적 시기 혹은 통지하지 아니하였을 때의 법적 효과 등에 관해서는 아무런 규정이 없고 이에 관한 대법원 판결도 없으나 상법 규정의 취지를 생각할 때 여기서 "지체 없이"라는 의미는 "주식을 취득당한 회사가 적절한 대응조치를 취할 시간적 여유를 가질 수 있기에 적당한 시간 내에"라는 의미로 해석하여야 할 것이고 또한 주식의 취득사실을 뒤늦게 통지하여 주식을 취득당한 회사가 대응조치를 취할 여유가 없을 정도이거나 혹은 주식취득의 통지를 하지 아니한 경우에는 의결권의 10%를 초과하는 부분에 관해서는 의결권행사가 제한된다고 해석하는 것이 입법의 목적에 부합할 것이다.

그러나 주주들로부터 의결권의 행사에 관한 대리권을 수임하여 10%를 초과하는 부분에 관하여 의결권을 행사할 권한을 가지게 된 경우에도 이 규정을 유추 적용하여야 한다는 견해도 있으나 그러한 경우까지 이를 상대방회사에 통지할 의무는 없다고 할 것이다.

여기서 다른 회사 발행주식 총수의 10분의 1을 초과하는 주식을 가지고 있는지 여부는 의결권이 행사되는 주주총회일을 기준으로 하여야 하고 또한 주주명부상의 명의개서를 하였는지 여부와는 관계가 없이 실제로 소유하고 있는 주식수를 기준으로 판단하여야 할 것이다.[112)]

### ◆ 대법원 2001.5.15. 선고 2001다12973 판결

상법 제342조의3에는 "회사가 다른 회사의 발행주식 총수의 10분의 1을 초과하여 취득한 때에는 그 다른 회사에 대하여 지체 없이 이를 통지하여야 한다."라고 규정되어 있는바, 이는 회사가 다른 회사의 발행주식 총수의 10분의 1 이상을 취득하여 의결권을 행사하는 경우 경영권의 안정을 위협받게 된 그 다른 회사는 역으로 상대방 회사의 발행주식의 10분의 1 이상을 취득함으로써 이른바 상호보유주식의 의결권 제한 규정(상법 제369조 제3항)에 따라 서로 상대 회사에 대하여 의결권을 행사할 수 없도록 방어조치를 취하여 다른 회사의 지배가능성을 배제하고 경영권의 안정을 도모하도록 하기 위한 것으로서, 특정 주주총회에 한정하여 각 주주들로부터 개별안건에 대한 의견을 표시하게 하

---

111) 대법원 2001.5.15. 선고 2001다12973 판결.

112) 대법원 2009.1.30. 선고 2006다31269 판결은, "모자회사 관계가 없는 회사 사이의 주식의 상호소유를 규제하는 주된 목적이 상호주를 통해 출자 없는 자가 의결권 행사를 함으로써 주주총회결의와 회사의 지배구조가 왜곡되는 것을 방지하기 위한 것"이라고 하면서, "다른 회사 발행주식 총수의 10분의 1을 초과하는 주식을 가지고 있는지 여부는 실제로 의결권이 행사되는 주주총회일에 실제로 소유하고 있는 주식수를 기준으로 판단하여야 한다"고 판시하고 있다.

여 의결권을 위임받아 의결권을 대리 행사하는 경우에는 회사가 다른 회사의 발행주식 총수의 10분의 1을 초과하여 의결권을 대리 행사할 권한을 취득하였다고 하여도 위 규정이 유추 적용되지 않는다.

### (2) 특별법에 의한 주식양도제한

주식의 취득은 상법 이외에도 특별법에 의하여 제한되는 경우도 있다.

#### (가) 「자본시장과 금융투자업에 관한 법률」에 의한 제한

자본시장과 금융투자업에 관한 법률에 의하여 의율되는 주권 상장법인의 경우에 있어서, ① 발행주식총수의 100분의 5 이상에 해당하는 의결권을 가진 주식을 공개매수의 방법에 의하여 취득하고자 하는 경우에는 일정한 제한이 가해지고(자본시장법 133조, 134조), ② 회사의 자기주식의 취득과 처분에 관한 제한이 있으며(자본시장법 165조의3), ③ 공공적 법인이 발행한 주식에 대한 소유의 제한이 가해지고(자본시장법 167조), ④ 외국인의 주식취득에 대한 제한이 있으며(자본시장법 168조), ⑤ 나아가 회사내부자의 미공개 중요 정보를 이용한 주식 취득이 제한된다(자본시장법 174조).

#### (나) 은행법에 의한 제한

은행법은 ① 금융기관의 산업자본지배와 독점의 폐해를 방지하기 위하여 금융기관은 다른 회사의 의결권 있는 지분증권(발행주식)의 100분의 15를 초과한 지분증권(주식)을 소유할 수 없도록 규정하여 다른 회사에 대한 출자를 제한하고 있고(은행법 37조), ② 금융기관이 특정인 등에게 종속되는 것을 방지하기 위하여 동일인은 금융기관의 의결권 있는 발행주식총수의 100분의 10을 초과하여 금융기관의 주식을 보유할 수 없는 동일인의 주식보유한도의 제한이 있다(은행법 15조).

#### (다) 「독점규제 및 공정거래에 관한 법률」에 의한 제한

독점규제 및 공정거래에 관한 법률은 우선 공정거래위원회로 하여금 대통령령이 정하는 기준에 해당하는 회사들을 상호출자제한기업집단으로 지정하도록 한 후 이들 기업집단에 속하는 회사는 자기의 주식을 취득하거나 소유하고 있는 계열회사의 주식을 취득하는 것을 제한하고 있고(독점규제법 9조, 14조), 나아가 순환출자를 형성하는 계열출자를 금지하고 있다(독점규제법 9조의2). 또한 주식의 소유를 통하여 국내회사의 사업내용을 지배하는 것을 주된 사업으로 하는 회사로서 자산총액이 대통령령이 정하는 금액 이상의 회사를 지주회사로 규정하면서(독점규제법 2조 1호의2), 이들 회사의 다른 회사의 주식취득을 금지하거나(독점규제법 7조 1항, 9조 1항), 다른 회사의 주식의 일정비율 이상을 소유하는 경우에는 공정거래위원회에 신고하도록 하는 등 제한을 하고 있다(독점규제법 12조 1항).

(라) 금융지주회사법에 의한 제한

금융지주회사법에 의하여 설립된 은행지주회사는 은행법 제15조 제1항의 제한에도 불구하고 의결권 있는 발행주식총수의 100분의 10을 초과하여 은행의 주식을 보유할 수 있으나(금융지주회사법 13조), 동일인은 은행지주회사의 의결권 있는 발행주식총수의 100분의 10을 초과하여 은행지주회사의 주식을 보유할 수 없고(금융지주회사법 8조 1항), 금융지주회사의 자회사는 다른 자회사의 주식을 소유할 수 없도록 주식취득을 제한함으로써(금융지주회사법 48조 1항) 주식의 양도를 제한하고 있다.

### (3) 정관에 의한 양도제한

(가) 정관에 의한 양도제한의 의의

상법은 주식의 양도에 관하여 이사회의 승인을 받도록 정관으로 정할 수 있게 하고 있다(상 335조 1항 단서).

우리나라의 경우에는 비상장 소규모 주식회사가 대다수를 차지하고 있는데 이들 회사는 소유과 경영이 분리되어 있지 않고 마치 인적회사와 유사하게 주주 사이의 인적 유대가 강한 측면이 있다. 이런 회사에 있어서 일부 주주가 주식을 양도하여 신뢰관계가 없는 제3자가 주주로 참여하게 된다면 주주들 사이의 신뢰를 해하는 경우가 있을 수 있으므로 주식양도에 일정한 제한을 가함으로써 회사의 안정을 도모할 필요가 있다. 그러나 이러한 주식양도의 제한을 무제한으로 허용하게 되면 주식회사의 본질인 주식양도의 자유를 해하고 주주는 투하자본을 회수할 수 있는 길이 막히는 폐단이 있을 수도 있다. 상법은 회사로 하여금 정관으로 주식의 양도를 제한할 수는 있도록 하되 주주를 보호하기 위하여 주식에 투하한 자본을 회수할 수 있는 방법을 마련하고 있다(상 335조 1항 단서, 335조의2 내지 335조의7).

그러나 이렇게 정관에 의하여 주식의 양도를 제한하는 경우라고 하더라도 그러한 제한이 합리성이 있어야 함은 물론이고, 또한 주식의 양도에 일정한 절차상의 제한이 가능할 뿐이지 양도 자체를 금지할 수는 없다고 할 것이다.

◆ 대법원 2000.9.26. 선고 99다48429 판결

상법 제335조 제1항 단서는 주식의 양도를 전제로 하고, 다만 이를 제한하는 방법으로서 이사회의 승인을 요하도록 정관에 정할 수 있다는 취지이지 주식의 양도 그 자체를

금지할 수 있음을 정할 수 있다는 뜻은 아니기 때문에, 정관의 규정으로 주식의 양도를 제한하는 경우에도 주식양도를 전면적으로 금지하는 규정을 둘 수는 없다.

### (나) 정관에 의한 양도제한의 공시

정관에 의한 주식의 양도제한은 회사설립시의 원시정관에 의하거나 회사 설립 후의 정관변경을 통하여 이루어질 수도 있다. 그러나 이 같은 주식의 양도제한은 주주뿐만 아니라, 주식을 양수하려는 제3자에게도 중요한 이해관계가 있으므로 이를 제3자가 쉽게 알 수 있도록 공시될 필요가 있다. 이에 따라 상법은 정관에 의한 주식의 양도제한에 관하여 등기하도록 하고 있다(상 317조 2항 3호의2). 만약 회사가 등기를 하지 아니하였다면 회사는 이러한 정관에 의한 주식양도의 제한을 이유로 선의의 제3자에게 대항하지 못한다고 해야 할 것이다(상 37조 1항).

또한 상법은 주식의 양도제한에 관하여는 회사설립시의 주식청약서(상 302조 2항 5호의6)와 주권(상 356조 6호의2)에 기재하도록 하고 있으며, 나아가 전환사채와 신주인수권부사채의 사채청약서, 채권, 사채원부(상 514조 1항 5호, 516조의4 4호) 및 신주인수권증권(상 516조의5 2항 5호)에도 기재하도록 하고 있다. 그러나 신주발행시의 주식청약서와 신주인수권증서에는 이러한 규정이 없다. 만약 회사가 주식청약서에 이를 기재하지 않았다면 주식인수인은 주식청약서의 요건의 흠결을 이유로 주식인수의 무효를 주장할 수 있다 할 것이나 일정한 경우에는 그러한 주장이 제한되는 것은 이미 설명한 바와 같다(상 320조, 427조).

### (다) 정관에 의한 양도제한의 내용

회사가 주식의 양도를 제한하기 위해서는 정관에 양도제한에 관한 정함이 있어야 하고, 그 제한의 내용에 있어서도 양수인의 자격을 제한하거나, 일정한 주식 수 이상에 대하여만 제한하거나, 또는 종류주식을 발행한 경우 일정한 종류의 주식에 대하여만 제한하는 것도 가능하다고 할 것이다. 다만 어느 경우에도 주주평등의 원칙에 반하거나 합리성과 보편성이 인정되지 않은 제한은 용인될 수 없다 할 것이다.

또한 제한의 방법으로 상법은 이사회의 승인을 얻도록 규정하고 있으므로 이와 달리 대표이사, 주주총회의 결의, 혹은 특정한 주주의 동의를 요하도록 하는 경우와 같이 회사가 임의로 제한방법을 설정하는 것은 이 규정의 강행법적 성질에 비추어 볼 때 인정되지 아니한다 할 것이다.

상장회사의 경우에는 회사의 정관에 주식양도제한이 없을 것을 상장심사요건으로 하고(한국거래소의 유가증권시장 상장규정 32조 1항 14호/코스닥시장 상장규정 6조 1항 14호), 상장된 후에도 주식양도를 제한하면 상장폐지사유(한국거래소의 유가증권시장 상장규정 80조 1항 13호/코스닥시장 상장규정 38조 1항 15호)가 되므로 실무상 상장회사의 경우에는 정관에 의한 주식의 양도제한이 없고, 비상장회사에서 주로 이용되고 있는 실정이다.

그런데 이러한 제한이 있음에도 불구하고 주식의 양도가 이사회의 승인이 없이 이루어졌다면, 그러한 주식의 양도는 회사에 대하여 효력이 없을 뿐이고(상 335조 2항) 그 양도 자체가 무효인 것은 아니라고 할 것이므로 이사회의 승인이 없는 양도라고 하더라도 양도당사자 사이에서는 채권적으로 유효하다고 할 것이다.[113)]

### (라) 정관에 의한 양도제한주식의 양도절차

상법은 양도제한주식의 양도절차에 관하여 양도인에 의한 사전승인절차(상 335조의2)와 양수인에 의한 사후승인절차(상 335조의7)로 나누어 정하고 있다.

상법은 ① 주식을 양도하려는 주주가 주식의 양도 전에 회사에 대하여 주식의 양도에 관한 승인을 구하는 방법(상 335조의2 1항)과 회사의 승인거부에 대한 구제절차를 규정(상 335조의2 2항 내지 4항, 335조의3 내지 335조의6)하고, ② 회사의 승인을 받지 않은 상태에서 이미 주식의 양도가 있었던 경우에 주식을 양수받은 자가 주주가 되기 위하여 회사에 대하여 주식양도의 승인을 구하는 방법(상 335조의7 1항)과 회사의 승인거부에 대한 구제절차를 규정(상 335조의2 2항 내지 4항, 335조의3 내지 335조의6, 335조의7 2항)하고 있다.[114)]

정관에 의한 주식양도의 제한이 있는 주식을 양도하려는 경우, 주식을 양도하려는 주주는 상법의 규정에 따라 양도 전에 이사회에 승인을 요청하여 그에 따른 절차를 밟거나 혹은 임의로 이사회의 승인 없이 주식을 양도하고 주식을 양수받은 자로 하여금 상법의 규정에 따라 주식의 양도에 관한 이사회의 승인을 요청하도록 하여 그에 따른 절차를 밟게 된다. 이사회의 승인이 없는 주식의 양도는 회사에 대하여 효력이 없으므로(상 335조 2항), 이사회의 승인없이 임의로 주식을 양수받은 자는 엄밀히 말하면 주주가 아니라고 할 수 있지만 상법은 이러한 양수인에게도 주식을 양도하려는 주주와 동일하게 회사에 대하여 주식매수청구권과 양도상대방 지정청구권을 인정하고 있다. 물론 이사회의 승인 없이 임의로 이루어진 주식의 양도가 당사자 사이에서는 효력이 인정된다고 하지만 양수인으로서는 상법이 정한 이사회의 승인요청과 그에 따른 절차를 밟는 대신에 양도

113) 대법원 2008.7.10. 선고 2007다14193 판결은, "주식의 양도는 이사회의 승인을 얻도록 규정되어 있는 회사의 정관에도 불구하고 이사회의 승인을 얻지 아니하고 주식을 양도한 경우에 그 주식의 양도는 회사에 대하여 효력이 없을 뿐, 주주 사이의 주식양도계약 자체가 무효라고 할 수는 없다"고 판시하고 있다.

114) 대법원 2014.12.24. 선고 2014다221258, 221265 판결은, 양수인의 범위를 이사회승인신청과 승인거부에 따른 상법상의 구제절차를 구하는 시점에 당사자 사이에서 적법하게 주식취득요건을 갖춘 자에 한정하고 설령 주식을 취득하지 못한 자는 사후적으로 주식취득요건을 갖추더라도 그 하자는 치유되지 않는다고 판시하고 있다.

인을 상대로 착오 등을 주장하면서 주식양도의 효력을 다툴 수 있음은 별개의 문제이다.

상법이 정한 절차를 보면, 주식을 양도하려는 자 또는 주식을 양수한 자가 상법이 규정한 일정한 내용을 기재한 서면으로 회사에 대하여 승인청구를 하면(상 335조의2 1항, 335조의7 1항), 회사는 이사회결의를 통하여 1월 이내에 승인 여부를 서면으로 통지하여야 하고(상 335조의2 2항, 335조의7 2항), 회사가 1월 이내에 승인 여부를 통지하지 않는다면 이사회의 승인이 있는 것으로 보게 된다(상 335조의2 3항, 335조의7 2항).

만약 이사회가 승인을 거부한다면 주식을 양도하려는 자 또는 주식을 양수한 자는 회사에 대하여 양도상대방을 지정해 줄 것을 청구(양도상대방지정청구)하거나 혹은 회사로 하여금 주식을 매수할 것(주식매수청구)(상 335조의2 4항, 335조의7 2항)을 택일적으로 청구할 수 있다.

① 이사회의 승인거부에 대하여 양도승인청구자가 양도상대방의 지정청구를 선택하여 회사에 대하여 양도상대방 지정청구를 하면, 회사는 양도상대방을 지정하여야 한다(상 335조의3 1항, 335조의7 2항). 만약 회사가 2주간 내에 이를 지정하지 아니하는 경우에는 양도의 승인이 있는 것으로 의제되나(상 335조의3 2항, 335조의7 2항), 회사가 양도상대방을 지정한 경우에는 양도상대방으로 지정받은 자는 양도승인청구자에 대하여 주식을 자신에게 매도할 것을 청구할 수 있다(상 335조의4 1항, 335조의7 2항). 이때 양도상대방으로 지정받은 자가 가지는 매도청구권은 형성권이므로 양도승인청구자의 의사를 불문하고 주식의 매매계약은 성립되게 된다. 그러나 양도상대방으로 지정받은 자가 매도청구를 하지 않은 때에는 회사의 주식양도승인이 있은 것으로 의제된다(상 335조의4 2항, 335조의7 2항).

② 이사회의 승인거부에 대하여 양도승인청구자가 회사에 대하여 주식매수청구를 하기로 선택한 경우, 이러한 주식매수청구권의 성질도 형성권으로 해석되므로 이로써 회사와 주식양도청구자 사이에는 주식의 매매계약이 성립된다(상 335조의6, 374조의2 2항, 335조의7 2항).

주식양도청구자가 이사회의 승인 거부에 대하여 위 두 가지 방식 중 어느 방식을 선택하여 주식의 매매계약이 성립되면 그 매매가격은 당사자 사이의 협의로 결정하게 되나 협의가 이루어지지 않는 경우에는 결국 법원에서 결정하게 될 것인데(양도상대방의 지정청구: 상 335조의5 2항, 374조의2 2항 내지 4항 / 주식매수청구: 상 335조의6, 374조의2 2항 내지 4항), 대법원은 시장가격이 없는 비상장주식의 매수가액결정은 다양한 방법에 의하여 합리적 기준으로 공정한 가치를 산정하여야 한다고 판시하고 있다.[115]

115) 대법원 2006.11.24. 자 2004마1022 결정은, 회사의 합병 또는 영업양도 등에 반대하는 주주가 회사에

### (4) 계약에 의한 양도 제한

주주들 사이에서 주식의 양도를 제한하는 약정을 체결한 경우에 그러한 약정은 계약체결자유의 원칙에 기하여 생각해 볼 때 인정될 것도 같으나, 회사법은 단체법의 원리가 적용되고, 또한 주식의 양도성은 주주의 유한책임성과 더불어 회사의 본질적 요소라고 할 수 있으므로 주주 사이의 계약에 의한 주식양도제한은 회사법상 허용될 수가 없다고 할 것이다.

다만 주주 사이의 계약에 의한 주식의 양도 제한은 그 계약의 내용이 강행법규 혹은 선량한 풍속 기타 사회질서에 어긋나지 않는다면 비록 회사에 대해서는 효력이 인정되지 않는다고 하더라도 주주들 사이에서 또는 주주와 제3자 사이에서 채권적으로는 효력이 인정된다 할 것이다.

◈ 대법원 2000.9.26. 선고 99다48429 판결

[1] 상법 제335조 제1항 단서는 주식의 양도를 전제로 하고, 다만 이를 제한하는 방법으로서 이사회의 승인을 요하도록 정관에 정할 수 있다는 취지이지 주식의 양도 그 자체를 금지할 수 있음을 정할 수 있다는 뜻은 아니기 때문에, 정관의 규정으로 주식의 양도를 제한하는 경우에도 주식양도를 전면적으로 금지하는 규정을 둘 수는 없다.

[2] 회사와 주주들 사이에서, 혹은 주주들 사이에서 회사의 설립일로부터 5년 동안 주식의 전부 또는 일부를 다른 당사자 또는 제3자에게 매각·양도할 수 없다는 내용의 약정을 한 경우, 그 약정은 주식양도에 이사회의 승인을 얻도록 하는 등 그 양도를 제한하는 것이 아니라 설립 후 5년간 일체 주식의 양도를 금지하는 내용으로 이를 정관으로 규정하였다고 하더라도 주주의 투하자본회수의 가능성을 전면적으로 부정하는 것으로서 무효라는 이유로 정관으로 규정하여도 무효가 되는 내용을 나아가 회사와 주주들 사이에서, 혹은 주주들 사이에서 약정하였다고 하더라도 이 또한 무효이다.

## 라. 주식양도의 방법

주식의 양도는 의사표시에 의하여 주식을 이전하는 이른바 특정승계행위를 의미한다.

---

대하여 비상장 주식의 매수를 청구하는 경우, 그 주식에 관하여 객관적 교환가치가 적정하게 반영된 정상적인 거래의 실례가 있으면 그 거래가격을 시가로 보아 주식의 매수가액을 정하여야 하나, 그러한 거래사례가 없으면 비상장주식의 평가에 관하여 보편적으로 인정되는 시장가치방식, 순자산가치방식, 수익가치방식 등 여러 가지 평가방법을 활용하되, 비상장주식의 평가방법을 규정한 관련 법규들은 그 제정 목적에 따라 서로 상이한 기준을 적용하고 있으므로, 어느 한 가지 평가방법(예컨대, 증권거래법 시행령 제84조의7 제1항 제2호의 평가방법이나 상속세 및 증여세법 시행령 제54조의 평가방법)이 항상 적용되어야 한다고 단정할 수 없고, 당해 회사의 상황이나 업종의 특성 등을 종합적으로 고려하여 공정한 가액을 산정하여야 한다, 라고 밝히고 있다.

상법은 주식의 양도에는 주권을 교부하여야 한다고 규정(상 336조 1항)하면서도 주권이 발행되지 아니한 때에도 주식의 양도가 가능한 경우(상 335조 3항 단서)를 인정하고 있으므로, 주식의 양도방법은 주권이 발행된 경우와 그렇지 않은 경우를 나누어 보아야 할 것이고, 특히 주권을 발행하는 대신에 전자등록부에 주식을 등록하는 방식의 전자등록제도를 취하는 경우의 전자등록부 등록방식이 있다(상 356조의2 2항). 또한 자본시장과 금융투자업에 관한 법률은 주권이 발행되었더라도 주권의 교부 없이 주식을 양도하는 주권예탁결제 방법을 규정하고 있다.

한편 상법은 주식의 이전을 회사에 대항하기 위하여 주주명부에 명의개서를 요구하고 있고(상 337조 1항),[116] 이에 더하여 명의개서의 대리에 관하여 규정하고 있다(상 337조 2항).

### (1) 주권발행 전의 양도방법

회사가 주권을 발행하지 아니한 경우에는 회사의 성립 후 또는 신주의 납입 기일 후 6개월경과 전에는 주식을 양도하더라도 회사에 대하여는 효력이 없지만(상 335조 3항 본문), 당사자 사이에서는 채권적으로 유효하므로 이때에도 주권의 교부 없는 주식의 양도가 당사자 사이에서 불가능한 것은 아니다.

또한 회사가 주권을 발행하지 아니하였다 하더라도 회사성립 후 또는 신주의 납입 기일 후 6개월경과 후에는 주권의 교부 없는 주식양도의 효력을 당사자는 물론이고 회사에 대하여도 주장이 가능하다(상 355조 3항 단서)고 할 것이므로 주식의 양수인은 회사에 대하여 주식양수를 주장 입증하여 단독으로 명의개서를 요구할 수 있다.

그런데 상법은 주권발행 전의 주식의 양도를 인정하면서도 그 방법에 대하여는 아무런 규정을 두고 있지 않으나 일반적 견해와 대법원은 지명채권양도의 일반원칙에 따라 당사자 사이의 양도의 의사표시로써 주식의 양도가 가능하다고 한다.

**◆ 대법원 2008.10.23. 선고 2007다72274, 72281 판결**

주권발행 전 주식의 양도는 당사자의 의사표시만으로 효력이 발생하고, 주권발행 전 주식을 양수한 사람은 특별한 사정이 없는 한 양도인의 협력을 받을 필요 없이 단독으로 자신이 주식을 양수한 사실을 증명함으로써 회사에 대하여 그 명의개서를 청구할 수 있다. 다만, 회사 이외의 제3자에 대하여 양도사실을 대항하기 위하여는 지명채권의 양도

116) 상속이나 합병과 같은 포괄승계행위에 의한 주식의 이전에는 상법에 정한 주식양도와 같은 특정승계행위에 의한 주식이전의 방법이 적용되지 않음은 당연하지만 상법은 모든 주식의 이전을 회사에 대한 대항하기 위해서는 명의개서를 요구하고 있으므로(상 337조 1항) 이러한 주식의 상속이나 회사합병의 경우에도 명의개서는 필요하다고 할 것이다.

에 준하여 확정일자 있는 증서에 의한 양도통지 또는 승낙을 갖추어야 한다는 점을 고려할 때, 양도인은 회사에 그와 같은 양도통지를 함으로써 양수인으로 하여금 제3자에 대한 대항요건을 갖출 수 있도록 해 줄 의무를 부담하는바, 주권발행 전 주식의 매매에 있어서 매수인은 스스로 이행에 착수하거나 매도인이 회사에 대하여 주식의 양도사실을 통지하거나 통지하기 위하여 필요한 전제행위를 하기 전까지는 계약금을 포기하고 매매계약을 해제할 수 있다고 보아야 한다.

(같은 취지: 대법원 2006.9.14. 선고 2005다45537 판결)

### (2) 주권발행 후의 양도방법

주권이 발행된 후의 주식양도는 당사자 사이의 주식양도의 의사표시와 주권의 교부로써 하게 된다(상 336조 1항).

그러므로 주식의 양도 당사자의 의사표시의 하자, 무권대리, 행위무능력 등으로 주식양도의 의사표시가 무효이거나 취소된 경우에는 주식양도의 효력은 발생하지 아니하고, 또한 주권의 교부가 없는 경우에는 당사자 사이에서 채권적 효력이 있을 뿐 주식양도의 법률효과는 발생하지 아니한다고 할 것이므로 주권의 교부는 단순히 대항요건이 아니라 효력발생요건이라고 할 것이다. 다만 주권의 교부는 현실의 인도뿐만 아니라 간이인도, 점유개정, 목적물반환청구권의 양도 등의 방법으로도 가능할 것이다.

**◈ 대법원 2014.12.24. 선고 2014다221258,221265 판결**

주권발행 후의 주식의 양도에 있어서는 주권을 교부하여야 효력이 발생하고(상법 제336조 제1항), 주권의 교부는 현실의 인도 이외에 간이인도, 점유개정, 반환청구권의 양도에 의하여도 할 수 있다.

### (3) 주식의 전자등록제

상법은 회사가 주권을 발행하는 대신에 전자등록기관의 전자등록부에 주식을 등록하는 주식의 전자등록제도(상 356조의2)를 도입하고 있다. 이러한 전자등록제는 회사가 정관에 이에 관한 규정을 둠으로써 임의로 채택하게 되고 이로써 회사는 주권발행이 금지된다고 할 것이다.

전자등록부에 주식을 등록한 자는 그 등록된 주식에 대한 권리를 적법하게 보유한 것으로 추정되고 이를 중대한 과실없이 선의로 믿고 거래한 자는 전자등록부에 등록된 권리를 선의취득하게 된다(상 356조의2 3항).

전자등록부에 등록된 주식의 양도나 입질은 전자등록부에 등록하여야 효력이 발생하므로(상 356조의2 2항), 이 경우 주식의 양도는 당사자의 의사표시와 전자등록부에 등록하는 방법에 의하게 된다.

### (4) 주권 예탁결제

#### (가) 주권 예탁결제의 의의

자본시장과 금융투자업에 관한 법률 제308조 이하에서 규정하고 있는 주권의 예탁결제제도는 당사자의 의사표시가 있으면 주권의 직접적인 교부 없이 주식의 양도가 이루어지고 결제가 이행되는 제도로서 주권을 한국예탁결제원이라는 기관에 예탁(보관)시켜 놓고 주권 실물의 이동 없이 계좌 간의 장부상의 대체만으로 결제된 것으로 처리하는 제도를 말한다.

주식회사가 거대해지고 주식의 거래가 집단적·대량적으로 이루어짐에 따라 주식거래에 따른 주권의 교부는 매우 번잡스럽고 도난이나 분실 등의 위험에 노출되게 되었다. 따라서 한편으로는 이러한 위험을 피하고 주식거래의 비용을 절감하여 신속한 거래를 확보하기 위한 방법이 필요하게 되었고, 다른 한편으로는 일반투자자들이 증권회사에 대한 위탁매매를 통하여 거래를 하고 명의개서를 생략하는 현실을 인정하여 주권의 예탁결제제도가 생겨나게 되었다.

> 예탁결제업무는 증권회사와 거래소가 출자하여 설립한 한국예탁결제원(KSD: Korea Securities Depository)만 할 수 있는데(자본시장법 298조) 증권회사는 고객의 주식뿐만 아니라 자기의 주식도 예탁해 놓고 있으며 이러한 예탁결제는 주식의 거래뿐만 아니라 국공채와 회사채 같은 채권의 거래에도 이용되고 있다. 최초에 설립된 한국증권대체결제주식회사가 증권예탁원으로, 다시 한국예탁결제원으로 명칭이 바뀌어 오늘에 이르고 있다.

#### (나) 주권의 예탁결제의 방법

주주는 증권회사 등의 예탁자에게 계좌를 개설하여 주권을 1차로 예탁하고, 예탁자는 투자자계좌부를 작성한 후 이를 다시 한국예탁결제원에 2차로 예탁하게 된다. 주권을 예탁받은 한국예탁결제원은 예탁자계좌부를 작성하여 관리하고, 주권을 발행한 회사의 주주명부에 명의개서하여 형식상의 주주로 등재되게 된다(자본시장법 314조 2항).

그러나 이러한 주권의 예탁방법은 혼장임치라고 할 것이므로 예탁된 주식의 소유권은, 예탁자에게 1차로 예탁한 고객들에게 공유적으로 귀속되는 것으로 추정되고(자본시장법 312조 1항), 예탁된 주식에 대한 권리를 행사함에 있어서는 주권을 공유하는 주주가 실질주주로서 각기 그 공유지분에 해당하는 주식을 가지는 것으로 본다(자본시장법 315조 1항).

또한 투자자계좌부 혹은 예탁자계좌부에 기재된 자가 그 주식을 점유하는 것으로 간주되므로(자본시장법 311조 1항), 투자자계좌부와 예탁계좌부로 계좌 이체된 주식은 주권의 교부가 있었던 것으로 간주된다(자본시장법 311조 2항). 그러므로 주식의 매매 혹은 주식에 질권을 설정하는 등의 거래가 있게 되면 주권의 교부 없이 양도인의 계좌에서 양수인의 계좌로 이체하는 방법, 즉 계산상 양도인의 계좌에서 양도한 수량을 빼내어 이를 양수인의 계좌에 넣는 방식에 의하여 장부상의 기재로 주권을 교부하게 되는 것이고 이를 주권대체결제제도라고도 한다. 이처럼 오늘날의 주권상장회사의 거래는 예탁결제와 주권대체결제제도를 통하여 이루어진다.[117]

### (다) 실질주주

주권예탁결제제도에 있어서 주권 발행회사의 주주명부에 주주로 기재되는 것은 한국예탁결제원이지만 그 예탁된 주식의 실제적 소유자는 예탁자(증권회사 등)에게 주권을 예탁한 주주라고 할 것이고 이들을 실질주주라고 하는데, 주권 발행회사는 한국예탁결제원을 통하여 받은 실질주주명세를 기준으로 하여 실질주주명부를 작성하고 비치하여야 하고(자본시장법 316조 1항) 이 실질주주명부에 기재되면 주주명부와 기재된 것과 동일한 효력이 인정되므로(자본시장법 316조 2항), 이러한 실질주주명부에도 대항력, 추정력(자격수여적 효력) 그리고 면책적 효력이 인정된다.

주주가 회사에 대하여 주주권을 행사함에 있어서 실질주주명부에 기재되어 있지 않으면, 한국예탁결제원으로부터 예탁주권을 반환받거나 실질주주증명서를 발급받을 수 있고(자본시장법 318조 1항), 고객이 실질주주증명서를 발행회사에 제출한 때에는 주주명부에 명의개서를 하지 않았더라도 발행회사에 대하여 대항할 수 있으므로(자본시장법 318조 3항), 주주권의 행사가 가능하다.

또한 실질주주는 예탁된 주식에 대하여 예탁자의 신청에 의하여(투자자가 신청하는 경우에는 예탁자를 거쳐) 주주권을 행사할 수 있도록 하고 있다(자본시장법 314조 1항).[118]

---

117) 이밖에도 발행자가 증권을 발행하는 경우에 처음부터 투자자에 갈음하여 한국 예탁결제원에 대하여 증권을 발행하고 이에 한국예탁결제원은 주권불소지신고(상 368조의2)를 함으로서 증권의 발행단계에서부터 예탁하여 증권의 발행자체를 생략하는 일괄예탁(자본시장법 309조 5항)도 적지 않게 이용된다.

118) 자본시장과 금융투자업에 관한 법률은 실질주주가 의결권행사에 관한 의사를 표시하지 않았더라도 예탁결제원이 의결권을 행사할 수 있는 이른바 이른바 중립적의결권의 행사(shadow voting)에 관한 규정을 두고 있었으나(자본시장법 제314조, 같은법 시행령 317조) 이 규정은 2013. 8. 27. 개정으로 삭제되어 2015. 1. 1.부터 중립적의결권의 행사(shadow voting)를 할 수 없도록 되었다. 그러나 2014. 12. 30.의 자본시장과 금융투자업에 관한 법률 부칙 개정시에 이러한 중립적의결권의 행사(shadow voting)를 2017. 12. 31.까지 가능하도록 하는 규정을 신설(부칙 18조 2항)하여 적어도 2017. 12. 31. 까지는 여전히 중립적의결권의 행사(shadow voting)가 가능하게 되었다.

(라) 예탁된 주권의 양도 및 강제집행

주권을 예탁한 주주는 각기 투자자계좌부와 예탁자계좌부에 기재된 예탁 주권에 대하여 공유지분을 가지는 것으로 추정되므로(자본시장법 312조 1항), 예탁된 주권의 양도는 각 주권에 대한 권리 그 자체가 아니라 그 권리에 대한 공유지분을 양도하는 것이고, 예탁된 주권에 대한 보전처분이나 강제집행은 예탁된 주권에 관한 공유지분에 대한 가압류 혹은 압류에 의하여 진행된다.

또한 주권을 예탁한 주주는 예탁자에게, 예탁자는 한국예탁결제원에 대하여 언제든지 공유지분에 해당하는 예탁주권의 반환을 청구할 수 있으나(자본시장법 312조 2항 전문), 그 예탁주권이 질권의 목적으로 되어 있는 경우에는 질권자의 동의가 있어야 한다(자본시장법 312조 2항 후문).

## 마. 주식양도의 대항요건

### (1) 제3자에 대한 대항요건

주식양도를 제3자에게 대항한다는 의미는 동일한 주식이 이중으로 양도되거나 압류된 경우에 누가 우선권을 가지는가의 문제이고 이것은 회사가 주권을 발행했는지 여부에 따라 다르게 보아야 할 것이다.

주권을 발행하기 전의 주식양도방법에 관하여 일반적 견해와 대법원은 민법상의 지명채권 양도방법에 따라야 할 것이라고 하고 있으므로 회사가 주권을 발행하기 전에 이루어진 주식양도의 제3자에 대한 대항요건은 민법의 지명채권의 양도의 경우에서와 같이 확정일자 있는 증서에 의한 양도인의 회사에 대한 통지 또는 확정일자 있는 증서에 의한 회사의 승낙이 필요하다(민 450조 2항)고 할 것이다.

주식의 이중 양수인들 사이 혹은 주식양도인의 채권자와 같은 제3자들 사이의 우선권은 확정일자 있는 증서에 의한 양도인의 회사에 대한 통지 또는 확정일자 있는 증서에 의한 회사의 승낙과 같은 대항요건을 시간적으로 먼저 갖춘 자에게 있다고 할 것이다(민 450조 2항).

주권발행 전의 주식양도에 있어서 제3자의 대항요건과 관련하여 ① 제1 양수인이 확정일자 있는 증서에 의한 대항요건을 취하지 않은 상태에서 제2 양수인이 확정일자 있는 증서에 의한 대항요건을 갖추고 명의개서를 청구하였다면 회사는 당연히 제2 양수인에게 명의개서를 해 주어야 할 것이고, ② 회사가 확정일자 있는 증서에 의한 대항요건을 갖추지 아니한 제1 양수인에게 명의개서를 해 주었는데, 제2 양수인도 확정일자 있는 증서에 의한 대항요건을 갖추지 아니하였다면 제2양수인은 제1양수인에 대한 관계에서 우선적 지위에 있음을 주장할 수 없으므로, 회사에 대하여 제1 양수인 명의로 이미 적법하게 마쳐진 명의개서를 말소하고, 제2 양수인 명의로 명의개서를 하여 줄 것을 청구할 권리가 없다고 할 것이다. 설령 이러한 경우 회사가 제2 양수인의 청구를 받아들여 그 명의로 명의개서를 마쳐 주었다 하더라도 이러한 명의개서는 위법하므로 회사에 대한 관계에서 주주의 권리를 행사할 수 있는 자는 여전히 제1 양수인이라고 보아야 할 것이고, 또한 이 같은 경우에 제2 양수인이 후일 확정일자 있는 증서에 의한 대항요건을 갖추게 되었다면 그 일자 이후에는 제1 양수인에 대하여 대항력을 취득하는 것이나(대법원 2006.9.14. 선고 2005다45537 판결), 그 대항력 취득의 효력이 당초 주식 양도통지일로 소급하여 발생하는 것은 아니라 할 것이고(대법원 2010.4.29. 선고 2009다88631 판결), ③ 주식의 제1 양수인이나 제2 양수인이 모두 확정일자 있는 증서에 의한 대항요건을 갖추지 아니한 상태에서 회사가 제2 양수인에게 명의개서를 하여 준 사안에서 제1 양수인이나 제2 양수인 모두 상대방에 대하여 우선적 지위를 주장할 수 없으므로 제1 양수인은 회사에 대하여 자신의 명의로 명의개서를 요구할 수 없다. 설령 회사가 명의개서를 하지 아니한 제1 양수인에게 주주총회소집통지를 하지 않은 채 소집된 주주총회결의에 절차상의 하자가 있다고 할 수 없다(대법원 2014.4.30. 선고 2013다99942 판결).

### 대법원 2006.9.14. 선고 2005다45537 판결

[1] 주권발행 전 주식의 양도는 당사자의 의사표시만으로 효력이 발생하고, 주권발행 전 주식을 양수한 사람은 특별한 사정이 없는 한 양도인의 협력을 받을 필요 없이 단독으로 자신이 주식을 양수한 사실을 증명함으로써 회사에 대하여 그 명의개서를 청구할 수 있지만, 회사 이외의 제3자에 대하여 양도 사실을 대항하기 위해서는 지명채권의 양도에 준하여 확정일자 있는 증서에 의한 양도통지 또는 승낙을 갖추어야 한다는 점을 고려할 때, 양도인은 회사에 그 와 같은 양도통지를 함으로써 양수인으로 하여금 제3자에 대한 대항요건을 갖출 수 있도록 해줄 의무를 부담한다. 따라서 양도인이 그러한 채권양도의 통지를 하기 전에 제3자에게 이 중으로 양도하고 회사에게 확정일자 있는 양도통지를 하는 등 대항요건을 갖추어 줌으로써 양수인이 그 제3자에게 대항할 수 없게 되었고, 이러한 양도인의 배임행위에 제3자가 적극 가담한 경우라면, 제3자에 대한 양도행위는 사회질서에 반하는 법률행위로서 무효이다.

[2] 주주명부에 기재된 명의상의 주주는 회사에 대한 관계에 자신의 실질적 권리를 증명하지 않아도 주주의 권리를 행사할 수 있는 자격수여적 효력을 인정받을 뿐이지 주주명부의 기재에 의하여 창설적 효력을 인정받는 것은 아니므로, 실질상 주식을 취득하지 못한 사람이 명의개서를 받았다고 하여 주주의 권리를 행사할 수 있는 것이 아니다. 따라서 주권발행 전 주식의 이중양도가 문제되는 경우, 그 이중양수인 중 일부에 대하여 이미 명의개서가 경료되었는지 여부를 불문하고 누가 우선순위자로서 권리취득자인지를 가려야 하고, 이 때 이중양수인 상호간의 우열은 지명채권 이중양도의 경우에 준하여 확정일자 있는 양도통지가 회사에 도달한 일시 또는 확정일자 있는 승낙의 일시의 선후에 의하여 결정하는 것이 원칙이다.

[3] 양도통지가 확정일자 없는 증서에 의하여 이루어짐으로써 제3자에 대한 대항력을 갖추지 못하였더라도 확정일자 없는 증서에 의한 양도통지나 승낙 후에 그 증서에 확정

일자를 얻은 경우 그 일자 이후에는 제3자에 대한 대항력을 취득하는 것인바, 확정일자 제도의 취지에 비추어 볼 때 원본이 아닌 사본에 확정일자를 갖추었다 하더라도 대항력의 판단에 있어서는 아무런 차이가 없다.

(같은 취지: 대법원 2008.10.23. 선고 2007다72274, 72284 판결, 대법원 2010.4.29. 선고 2009다88631 판결)

만약 주식의 이중양도로 인하여 양수인이 적법하게 주식을 취득할 수 없었던 경우에 주식 양도인은 그 양수인에 대하여 불법행위로 인한 책임을 부담한다고 할 것이다.[119]

그러나 회사가 주권을 발행하였다면 상법은 주권의 점유자를 적법한 소지인으로 추정하므로(상 336조 2항), 주식양도를 제3자에 대항하기 위한 요건은 주권의 소지라고 할 것이다.

### (2) 회사에 대한 대항요건

상법은 주식의 이전은 명의개서를 하지 아니하면 회사에 대항하지 못하도록 규정하고 있으므로(상 337조 1항) 어떠한 방법으로 주식이 이전하였던 간에 주식의 양수인은 명의개서를 하여야만 회사에 대하여 주주권을 행사할 수 있다고 할 것이다.

주권이 발행된 경우에는 주권을 점유하면 적법한 권리자로 추정되지만(상 336조 2항), 이로써 회사에 대하여 대항할 수 있다거나 주주권을 행사할 수 있는 것은 아니므로, 주식의 양수인이 주식의 양수를 회사에 대항하기 위하여 명의개서를 하여야 한다(상 337조 1항).

또한 주권발행 전의 주식양도가 가능한 경우에 그 양도는 지명채권양도방법에 의하더라도  양수인은 명의개서를 하여야만 회사에 대하여 주주권을 행사할 수 있다고 할 것이다.[120] 물론 주식이 이중으로 양도된 경우 또는 양도인의 채권자와 같은 제3자

119) 대법원 2012.11.29. 선고 2012다38780 판결은, 주식 양도의 원인이 된 매매·증여 기타의 채권계약에서 다른 약정이 없는 한 양도인은 그 채권계약에 기하여 양수인이 목적물인 주식에 관하여 완전한 권리 내지 이익을 누릴 수 있도록 할 의무를 진다고 할 것이므로 양도인은 이미 양도한 주식을 제3자에게 다시 양도 기타 처분함으로써 양수인의 주주로서의 권리가 침해되도록 하여서는 아니되고, 만약 양도인이 제1양수인에 대하여 원인계약상의 의무를 위반하여 이미 자신에 속하지 아니하게 된 주식을 다시 제3자에게 양도하고 제2양수인이 주주명부상 명의개서를 받는 등으로 제1양수인이 회사에 대한 관계에서 주주로서의 권리를 제대로 행사할 수 없게 되었다면, 이는 그 한도에서 이미 제1양수인이 적법하게 취득한 주식에 관한 권리를 위법하게 침해하는 행위로서 양도인은 제1양수인에 대하여 그로 인한 불법행위책임을 진다고 판시하고 있다.

120) 대법원 2003.10.24. 선고 2003다29661 판결은 "상법 제335조 제3항 소정의 주권발행 전에 한 주식의 양도는 회사성립 후 6월이 경과한 때에는 회사에 대하여 효력이 있는 것으로서, 이 경우 주식의 양도는 지명채권의 양도에 관한 일반원칙에 따라 당사자의 의사표시만으로 효력이 발생하는 것이고, 상법

사이에서 우선권은 지명채권양도에서와 같이 확정일자 있는 증서에 의하여 정하여지게 되겠지만 그렇지 아니한 경우에 양수인은 자신이 주식을 양수한 사실을 주장 입증하여 회사에 대하여 명의개서를 청구하게 된다.

#### 1) 명의개서의 의의

명의개서란 기명주식이 매매 혹은 상속 등의 원인으로 이전되어, 주주(권리자)가 바뀌게 되었을 때 주주명부에 새로운 주주의 성명과 주소를 고쳐서 기재하는 것을 말하는데 이는 주주가 권리를 행사함에 있어서 편의를 도모하고, 회사는 주주관리의 간편성과 업무의 신속성을 꾀하기 위한 제도라 할 것이다.

따라서 주주의 지위의 승계를 전제로 하지 않은 주주의 성명과 주소의 오기 혹은 변경으로 인한 개서는 명의개서가 아니다.

#### 2) 명의개서의 절차

명의개서는 부동산등기의 이전과 달리 양수인, 상속인 등 주식을 새로이 취득한 자가 단독으로 회사에 대하여 청구하게 된다.[121]

◈ 대법원 2010.10.14. 선고 2009다89665 판결

명의개서청구권은 기명주식을 취득한 자가 회사에 대하여 주주권에 기하여 그 기명주식에 관한 자신의 성명, 주소 등을 주주명부에 기재하여 줄 것을 청구하는 권리로서 기명주식을 취득한 자만이 그 기명주식에 관한 명의개서청구권을 행사할 수 있다. 또한 기명주식의 취득자는 원칙적으로 취득한 기명주식에 관하여 명의개서를 할 것인지 아니면 명의개서 없이 이를 타인에게 처분할 것인지 등에 관하여 자유로이 결정할 권리가 있으므로, 주식 양도인은 다른 특별한 사정이 없는 한 회사에 대하여 주식 양수인 명의로 명의개서를 하여 달라고 청구할 권리가 없다. 이러한 법리는 주권이 발행되어 주권의 인도에 의하여 기명주식이 양도되는 경우뿐만 아니라, 회사 성립 후 6월이 경과하도록 주권이 발행되지 아니하여 양도인과 양수인 사이의 의사표시에 의하여 기명주식이 양도되는 경우에도 동일하게 적용된다.

주권을 점유하는 자는 적법한 소지인으로 추정되므로(상 336조 2항), 주권을 회사에 제시하면 충분하지만,[122] 주권을 점유하지 아니한 경우에는, 자신이 실질적 권리자

---

제337조 제1항에 규정된 주주명부상의 명의개서는 주식의 양수인이 회사에 대한 관계에서 주주의 권리를 행사하기 위한 대항요건에 지나지 아니한다"고 판시한다.

121) 대법원 2008.10.23. 선고 2007다72274, 72281 판결.

122) 대법원 1995.7.28. 선고 94다25735 판결은, "기명주식을 취득한 자가 회사에 대하여 주주로서의 자격을 인정받기 위하여는 주주명부에 그 취득자의 성명과 주소를 기재하여야 하고, 취득자가 그 명의개서를

라는 점을 증명하여야 할 것이다.[123] 그러므로 상속이나 합병과 같은 포괄승계의 경우에는 그 사실을 증명하여야 하고, 주권상실로 인한 제권판결의 경우는 그 판결서를 제시할 필요가 있다.

한편 회사가 주권소지자로부터 명의개서의 청구를 받은 경우에는 실질적 권리관계를 심사할 의무가 없으므로, 회사가 제시된 주권의 진정성을 확인하고 명의개서를 하여 주었다면, 회사가 악의 또는 중대한 과실이 없는 한 주권소지자에게 명의개서를 하여 준 회사는 면책된다 할 것이다.

다만, 명의개서청구자의 실질적 권리에 관하여 의심할 만한 상당한 사유가 있을 때에는 일정기간 동안 명의개서를 거절할 수 있다는 견해[124]도 있으나, 이러한 해석은 회사로 하여금 의도적으로 명의개서를 거부할 빌미를 줄 우려가 있어서 타당하지 않다고 할 것이다.

### 3) 명의개서의 효력

주주명부는 명의개서를 한 자를 주식소유자로 확정하는 효력은 없으나 일응 적법한 주주로 추정하는 효력이 있다고 할 것이므로, 회사는 실질주주가 아닌 명부상 주주를 주주로서 인정하거나, 실질주주라고 할지라도 명부상 주주가 아니라는 이유로 주주로 인정하지 아니하여도 면책이 된다.[125]

그런데 회사가 명의개서를 이행하지 아니한 실질주주를 주주로서 인정하여 주주권을 행사할 수 있도록 할 수 있는지에 관하여, ① 상법 제337조 제1항의 규정은 명의개서를 하지 않는 경우에는 회사에 대하여 주주임을 주장할 수 없도록 규정되어 있을 뿐이므로 회사가 명의개서미필주주를 주주로 인정하는 것은 무방하다거나, 명의개서제도는 회사의 편의를 위한 제도이므로 회사가 스스로 주주명부의 면책적 효력을

---

청구할 때에는 특별한 사정이 없는 한 회사에게 그 취득한 주권을 제시하여야 하므로, 주식을 증여받은 자가 회사에 그 양수한 내용만 통지하였다면 그 통지 사실만 가지고는 회사에 명의개서를 요구한 것으로 보기 어렵다"고 판시하고 있다.

123) 대법원 1995.3.24. 선고 94다47728 판결은 "회사성립 후 또는 신주의 납입기일 후 6월이 경과하도록 회사가 주권을 발행하지 아니한 경우 그 주식을 취득한 자는 특별한 사정이 없는 한 상대방의 협력을 받을 필요 없이 단독으로 자신이 주식을 취득한 사실을 증명함으로써 회사에 대하여 그 명의개서를 청구할 수 있다"고 하면서 "명의개서의 청구에 소정 서류의 제출을 요한다고 하는 정관의 규정이 있다 하더라도, 이는 주식의 취득이 적법하게 이루어진 것임을 회사로 하여금 간이 명료하게 알 수 있게 하는 방법을 정한 것에 불과하여 주식을 취득한 자가 그 취득사실을 증명한 이상 회사는 위와 같은 서류가 갖추어지지 아니하였다는 이유로 명의개서를 거부할 수는 없다"고 판시하고 있다.

124) 강위두/임재호 627면.

125) 대법원 2014.4.30. 선고 2013다99942 판결은, "주식을 취득한 자가 회사에 대하여 의결권을 주장할 수 있기 위하여는 주주명부에 주주로서 명의개서를 하여야 하므로, 명의개서를 하지 아니한 주식양수인에 대하여 주주총회소집통지를 하지 않았다고 하여 주주총회결의에 절차상의 하자가 있다고 할 수 없다"고 판시한다.

포기하는 것까지 금지할 이유가 없으므로 회사가 명의개서를 미필한 실질주주를 주주로서 인정하는 것은 무방하다는 견해,[126] ② 명의개서제도는 주주와 회사의 관계를 획일적 기준에 의하여 처리하기 위한 목적인데 회사로 하여금 주주권을 행사할 주주를 임의적으로 선택하도록 하는 것은 타당치 않다는 견해[127]의 대립이 있으나, 대법원은 회사가 명의개서를 미필한 실질주주를 주주로서 인정하는 것은 무방하다는 입장에서 있다고 할 것이다.

**◈ 대법원 2001.5.15. 선고 2001다12973 판결**

상법 제337조 제1항의 규정은 기명주식의 취득자가 주주명부상의 주주명의를 개서하지 아니하면 스스로 회사에 대하여 주주권을 주장할 수 없다는 의미이고, 명의개서를 하지 아니한 실질상의 주주를 회사측에서 주주로 인정하는 것은 무방하다.

(같은 취지: 대법원 1989.10.24. 선고 89다카14714 판결)

회사가 명의개서를 하지 않은 실질주주를 주주로 인정하는 것이 무방하다(대법원 2001.5.15. 선고 2001다12973 판결)고 하여 회사가 명의개서를 하지 않는 실질주주를 반드시 주주로 인정하여야 할 의무는 부담한다고 할 수 없다. 회사로서는 주주명부의 면책적 효력에 따라 주주명부에 등재된 자를 주주로 인정하면 되고 이로써 면책이 된다고 할 것이다. 다만 회사가 실질적 주주와 명부상주주가 다르다는 것을 알고 있음에도 불구하고 명의개서를 하지 않았음을 이유로 실질주주의 요청에 반하여 명부상주주를 주주로 취급하는 것은 허용되지 않지만(대법원 1998.9.8. 선고 96다45818 판결), 회사가 실질주주를 알고 있다고 하여 실질주주의 요청이 없었음에도 불구하고 당연히 실질주주를 주주로 취급할 의무는 없다고 할 것이다.

한편 실질주주가 명의개서를 하지 않았다고 하더라도 상법 제337조 1항의 반대해석상 실질주주는 회사에 대하여 대항하지 못할 뿐이고 회사 이외의 제3자에 대한 관계에서는 주주로서 주주권을 주장할 수 있음은 당연하다고 할 것이다. 다만 명의개서를 하지 아니한 경우 회사와의 관계에서는 여전히 양도인이 주주가 되므로 회사는 명의주주에게 배당하거나 신주인수권을 부여하게 된다.[128] 그러나 그것은 실질주주에게 귀속되어야 할 것이므로 주식을 양도한 명의주주는 회사로부터 받은 이익배당이나 신

126) 권기범 450면, 임홍근 300면, 정찬형 386면, 정희철 411면, 채이식 659면, 최준선 272면.

127) 강위두/임재호 631면, 김정호 489면, 이철송 352면, 서헌제 212면, 최기원 400면.

128) 대법원 2010.2.25. 선고 2008다96963 판결은 "구체적 신주인수권은 주주의 고유권에 속하는 것이 아니고 위 상법의 규정에 의하여 주주총회나 이사회의 결의에 의하여 발생하는 구체적 권리에 불과하므로 그 신주인수권은 주주권의 이전에 수반되어 이전되지 아니한다. 따라서 회사가 신주를 발행하면서 그 권리의 귀속자를 주주총회나 이사회의 결의에 의한 일정시점에 있어서의 주주명부에 기재된 주주로 한정할 경우 그 신주인수권은 위 일정시점에 있어서의 실질상의 주주인가의 여부와 관계없이 회사에 대하여 법적으로 대항할 수 있는 주주, 즉 주주명부에 기재된 주주에게 귀속된다"고 판시한다.

주인수권 등을 실질주주에게 반환하여야 할 의무가 있다고 할 것이다.[129)]

이 밖에도 회사는 주주명부폐쇄기간 중에는 명의개서에 응할 수가 없고, 설령 회사가 명의개서를 하여 주었다고 하더라도 그러한 명의개서는 효력이 인정되지 않는다고 할 것이다.[130)]

#### 4) 회사의 부당한 명의개서 거부

주식을 취득한 자가 적법하게 회사에 대하여 명의개서를 청구하였으나 회사가 정당한 사유 없이 이를 거부하거나 지체하는 경우에는 회사를 상대로 명의개서청구의 소를 제기할 수 있고, 필요하다면, 임시주주의 지위를 정하는 가처분(민집법 300조 2항)을 구할 수도 있을 것이다. 또한 회사 및 이사에 대하여 손해배상청구가 가능하고, 이 밖에도 이사 등은 상법상 일정한 제재를 받게 된다(상 635조 1항 7호).

한편 또한 회사의 부당한 명의개서 거절로 인한 불이익을 실질주주에게 부담시키는 것은 신의칙에 반하므로 부당하게 명의개서를 거부당한 실질적 주주는 직접 회사에 대하여 주주임을 주장하여 주주권을 행사할 수 있다는 것이 일반적 견해이고 대법원도 이를 인정하고 있다.

**대법원 1993.7.13. 선고 92다40952 판결**[131)]

주식을 양도받은 주식양수인들이 명의개서를 청구하였는데도 위 주식양도에 입회하여 그 양도를 승낙하였고 더구나 그 후 주식양수인들의 주주로서의 지위를 인정한 바 있는 회사의 대표이사가 정당한 사유 없이 그 명의개서를 거절한 것이라면 회사는 그 명의개서가 없음을 이유로 그 양도의 효력과 주식양수인의 주주로서의 지위를 부인할 수 없다.

#### 5) 명의개서의 대리

명의개서의 대리는 회사를 위하여 명의개서사무를 대행하는 것을 말하는데, 명의개서는 주주명부가 비치된 회사의 본점에서 하여야 하나 주식거래가 대량으로 집단적으로 전국적으로 이루어지고 있는 현실에서 회사의 본점에서만 명의개서를 하도록 하

---

129) 반환의무의 법적 근거에 관해서는 부당이득설 사무관리설 준사무관리설 등의 견해의 대립이 있고 대법원은 반환의무가 인정되지 않는 듯 판시하고 있다(대법원 2010.2.25. 선고 2008다96963 판결).

130) 이 문제에 대한 견해의 대립에 관하여는 주주명부의 폐쇄와 관련하여 이미 설명하였다.

131) 대법원은, 회사의 대주주로부터 주식을 양도받았던 원고(주식양수인)들이 회사에 대하여 명의개서를 신청하였으나 주식양도시에 입회하여 주식양도사실을 잘 알고 있는 회사의 대표이사가 명의개서를 거부한 뒤 이들 양수인 등을 포함한 총발행주식의 68%에 해당하는 주식을 보유하는 자들에게 소집통지를 하지 아니하고 나머지 주주들에게만 소집통지를 한 채로 개최된 주주총회의 결의는 하자가 너무나 중대하므로 부존재하다는 확인을 구한 사안에서, 명의개서를 하지 않은 주식양수인들도 주주로서의 지위가 있음을 전제로 원고들의 청구를 인용하였다.

는 것은 주주에게는 많은 비용과 불편함을 수반하게 되고, 회사에게는 업무처리에 번잡함이 있게 되므로 상법은 명의개서절차의 편의성과 신속성 그리고 효율성을 기하기 위하여 정관에서 정하는 바에 따라 명의개서를 대리하는 자를 둘 수 있도록 하고 있고(상 337조 2항 전단), 명의개서대리인이 주식취득자의 성명과 주소를 주주명부의 복본에 기재한 때에는 명의개서가 있은 것으로 보게 된다(상 337조 2항 후단).

또한 회사는 명의개서대리인과의 계약에 따라 주주총회의 소집통지, 배당금지급 및 유가증권발행행위 등을 대행하도록 할 수 있는데(자본시장법 366조), 명의개서대리인은 회사를 위하여 사실상의 행위를 하는 것일 뿐 법률상의 의사표시를 하는 것이 아니므로 민법상의 대리인이라고 볼 수는 없다 할 것이다.

명의개서대리는 엄밀한 의미에서 민법상의 대리가 아니라 대행이라고 할 것인데, 상법시행령은 "법 제337조제2항에 따른 명의개서대리인의 자격은 「자본시장과 금융투자업에 관한 법률」 제294조제1항에 따라 설립된 한국예탁결제원(이하 "한국예탁결제원"이라 한다) 및 같은 법 제365조제1항에 따라 금융위원회에 등록한 주식회사로 한다"(시행령 8조)고 규정하고 있다. 현재 금융위원회에 등록한 명의개서대행회사(자본시장법 365조)로서 국민은행과 하나은행이 이 업무를 하고 있는데, 유가증권시장 상장규정 제58조에 의하여 상장법인은 명의개서대리제도가 강제되고 있다.

회사와 명의개서대리인이 체결한 명의개서대리계약은 일종의 위임계약이므로 명의개서대리인은 회사에 대하여 위임사무를 처리하는 자로서 선량한 관리자의 주의의무를 부담하게 되는 것은 당연하고, 나아가 상법은 이를 위반한 명의개서대리인에 대한 제재(상 635조 1항 7호)까지도 규정하고 있다.

## 바. 주식매수선택권

### (1) 주식매수선택권의 의의

주식매수선택권(stock option)[132]은 주주총회의 특별결의로 회사의 설립, 경영 및 기술혁신 등에 기여하거나 기여할 수 있는 회사의 이사, 집행임원, 감사 또는 피용자[133]가 미리 정한 가격으로, 일정한 기간 내에 일정한 수의 신주를 회사로부터 인수하

132) 상법은 상장회사의 경우에 관하여는 주식매수선택권의 부여요건, 행사요건 등에 관하여 적지 않은 특별규정을 두고 있고(상 542조의3), 자본시장과 금융투자업에 관한 법률도 주식매수선택권을 부여한 경우에 일정한 신고와 공시 등을 강화하고 있다(자본시장법 165조의17).

133) 상법의 규정과는 별개로 근로복지기본법은 우리사주조합원에게도 발행주식총수의 100분의 20의 범위에서 정관으로 정하는 바에 따라 주주총회의 결의(다만, 발행주식총수의 100분의 10의 범위에서 우리사주매수선택권을 부여하는 경우에는 정관으로 정하는 바에 따라 이사회 결의)로 주식매수선택권을 부여하고 있다(근로복지기본법 39조).

거나 회사의 자기주식을 매수할 수 있는 권리를 의미한다(상 340조의2 1항, 542조의3).

상법은 회사가 임직원에게 인센티브를 제공하여 충성심을 유발하고, 근로의욕을 고취시키며, 회사발전을 위한 성취동기를 부여함으로써 회사의 발전에 이바지하도록 하기 위하여 미국의 제도를 수용한 것이다.[134)][135)]

A회사의 주식 1주는 10,000원에 거래되고 있는데, 대표이사에게 2년 후 4년 이내의 기간 동안에 회사가 보유하고 있는 자기 주식 100,000주를 주당 10,000원에 매수하거나 또는 회사가 발행하는 신주 100,000주를 주당 10,000원에 인수할 수 있는 주식매수선택권을 부여한 경우, 대표이사는 위 주식매수선택권의 행사기간 내에 회사의 주가가 1주당 20,000원이 되었다면 대표이사는 이러한 매수선택권을 행사하여 1주당 20,000원의 A회사 주식을 10,000원에 취득할 수 있게 되므로 큰 이익을 보게 된다. 이처럼 주식매수선택권을 부여받은 대표이사의 입장에서는 주식매수선택권의 행사기간 동안 주가가 상승하여야만 이를 행사하여 이익을 볼 수 있으므로 이러한 인센티브를 통하여 대표이사로 하여금 회사의 경영에 매진하도록 유도하고 그로 인하여 회사의 가치를 높이도록 하는 제도이다.

회사의 임직원이 이 권리를 행사하면 회사의 승낙을 요하지 않고 그대로 효력이 발생하므로 주식매수선택권은 일종의 형성권이라 할 것이고, 매수선택권은 성질상 타인에게 양도가 금지되나 상속은 가능하다고 할 것이다(상 340조의4 2항). 물론 이러한 주식매수선택권은 권리일 뿐이고 의무는 아니므로 이 권리를 부여받은 자는 자신의 선택에 따라 이를 행사하지 아니할 수도 있다.

### (2) 주식매수선택권의 부여요건

주식매수선택권을 부여하는 자는 회사의 주주가 아니라 회사이고, 부여받는 대상자는 이사, 집행임원, 감사 및 피용자이므로, 회사와 무관한 제3자에게는 부여될 수 없다. 다만 상장회사의 경우에는 일정한 관계회사의 이사, 집행임원, 감사 또는 피용자에게도 주식매수선택권을 부여할 수 있도록 정하고 있다(상 542조의3 1항, 상법시행령 30조 1항). 그러나 이를 악용하는 것을 방지하기 위하여, 상법은 회사의 경영에 영

134) 주식매수선택권에 관한 다양한 유형과 비교법적 고찰 그리고 실무적 문제점에 관하여는 이태종 "주식매수선택권에 관한 고찰" 재판자료 제91집(법원도서관 2001년) 7면 내지 120면 참조.

135) 자본시장과 금융투자업에 관한 법률에서 인정하고 있는 우리사주제도(같은 법 165조의7)의 경우도 근로자들에게 주인의식과 근로의식을 고취시키기 위한 목적이 있다는 점에서 주식매수선택권과 유사한 점이 있다. 그러나 우리사주제도는 자본시장과 금융투장에 관한 법률에 의하여 법인이 주식을 모집하거나 매출하는 경우 20%의 범위 내에서 법인의 종업원에게 우선적으로 신주를 배정할 수 있도록 하는 제도이므로 비록 그 부여요건과 절차를 상법에서 정하고 있다고는 하지만 구체적인 경우에 회사와 주식매수선택권을 부여받는 자 사이의 계약에 따라 발생하게 되는 주식매수선택권은 다르다고 할 것이다.

향력을 행사할 수 있는 ① 의결권없는 주식을 제외한 발행주식총수의 100분의 10이상을 가진 주주, ② 이사 집행임원 감사의 선임과 해임 등 회사의 주요 경영사항에 대하여 사실상 영향력을 행사하는 자, ③ 위 ①과 ②에 규정된 자의 배우자와 직계존비속에게는 매수선택권을 부여하는 것을 제한하고(상 340조의2 2항), 상장회사의 경우에는 상장회사의 주주로서 의결권 없는 주식을 제외한 발행주식총수를 기준으로 본인 및 그와 특수 관계에 있는 자(상 542조의8 2항 5호)에게도 매수선택권을 부여할 수 없도록 정하고 있다(상 542조의3 1항 단서).

주식매수선택권을 부여하기 위해서는 그 구체적 내용, 즉 ① 일정한 경우 주식매수선택권을 부여할 수 있다는 뜻, ② 주식매수선택권의 행사로 발행하거나 양도할 주식의 수, ③ 주식매수선택권을 부여받을 자의 자격요건, ④ 주식매수선택권의 행사기간, ⑤ 일정한 경우 이사회 결의로 주식매수선택권의 부여를 취소할 수 있다는 뜻과 같은 상법이 정하는 내용이 정관에 미리 규정되어 있어야 한다(상 340조의3 1항).

상법은 기존의 회사 주주를 보호하기 위해서 주식매수선택권에 의하여 발행할 신주 혹은 양도할 자기주식은, 상장회사 이외의 회사의 경우에는 발행주식총수의 100분의 10을, 상장회사의 경우에는 발행주식총수의 100분의 20을 각기 초과할 수 없도록 규정하여(상 340조의2 3항, 542조의3 2항), 회사가 부여하는 주식매수선택권의 총수에 대하여 일정한 한도를 정하고 있으나 주식매수선택권을 부여받는 자에 대한 개인별 한도를 정하고 있지는 않다.

### (3) 주식매수선택권의 부여절차

주식매수선택권에 관한 내용이 정관에 규정되어 있다고 하더라도 실제적으로 특정한 자에게 주식매수선택권을 부여하기 위해서는 ① 주식매수선택권을 부여받을 자의 성명, ② 주식매수선택권의 부여방법, ③ 주식매수선택권의 행사가격과 그 조정에 관한 사항, ④ 주식매수선택권의 행사기간, ⑤ 주식매수선택권을 부여받을 자 각각에 대하여 주식매수선택권의 행사로 발행하거나 양도할 주식의 종류와 수 등에 관하여 주주총회의 특별결의가 있어야 한다(상 340조의3 2항). 다만 상장회사의 경우에는 정관으로 정하는 바에 따라 발행주식총수의 100분의 10의 범위에서 대통령령으로 정하는 한도까지 이사회가 주식매수선택권을 부여할 수 있지만 이 경우에는 주식매수선택권을 부여한 후 처음으로 소집되는 주주총회의 승인을 받아야 한다(상 542조의3 3항).

상법은 주식매수선택권에 있어서 매수가격의 조정을 허용하고 있는데(상법 340조의3 2항 3호) 이것은 주식매수선택권을 부여한 후의 주식배당, 자본금의 감소, 주식의 병합이나 분할 등과 같은 자본적 거래로 인한 주식의 가격변동을 염두에 둔 것이라 할 것이다. 그러나 상법은 매수수량의 조정은 허용하지 않고 있다.

주주총회에서 특정인에게 주식매수선택권을 부여하는 결의가 있게 되면 회사와 부여대상자가 서면으로 계약을 체결함으로써 부여되고(상 340조의3 3항), 이 계약서는 본점에 비치하여 주주가 열람할 수 있도록 하여야 한다(상 340조의3 4항).

### (4) 주식매수선택권의 부여방법

상법은 주식매수선택권을 부여하는 방식으로서, ① 주식매수선택권자에게 회사가 보유하고 있는 자기주식을 미리 정하여진 행사가격에 양도하는 자기주식교부방식(상 340조의2 1항 본문),[136] ② 미리 정하여진 행사가격에 주식매수선택권을 행사한 자에게만 회사가 특별히 신주를 발행하여 교부하는 신주발행교부방식(상 340조의2 1항 본문)1,[137] ③ 주식매수선택권의 행사가격이 주식매수선택권을 행사하는 때의 주식의 실질가격보다 낮은 경우에 회사가 그 차액을 금전으로 지급하거나 그 차액에 상당하는 자기주식을 양도하는 주가차액교부방법(상 340조의2 1항 단서)[138]의 세 가지를 규정하고 있다.

신주발행교부방식에 의할 때 회사의 주식발행총수는 증가되나 기존 주주의 신주인수권은 배제되므로 기존주주의 지분이 희석되는 결과를 초래하여 기존 주주의 반발이 예상되기도 하는데 반하여 자기주식교부방식이나 주가차액교부방식에 의할 때에는 그런 염려가 없고, 오히려 회사가 자기주식을 취득하는 경우에는 주가상승의 요인이 되기도 하고, 회사가 교부한 주가차액 상당액은 회사의 비용으로 처리할 수도 있어 실무상으로는 자기주식교부방식이나 주가차액교부방식이 선호된다.

### (5) 주식매수선택권의 행사

상법은 주식매수선택권의 구체적인 행사가격을 주주총회에서 정하도록 하면서(상 340조의3 2항 3호) 그 기준에 관하여 ① 신주발행교부방식에 있어서 액면주식일 경우

---

136) 예컨대 주식매수선택권자에게 주가의 변동에 관계없이 주당 2,000원의 행사가격으로 행사기간 내에 5,000주를 매수할 수 있도록 하는 경우.

137) 예컨대 주식매수선택권자에게 주가의 변동에 관계없이 주당 2,000원의 행사가격으로 행사기간 내에 5,000주의 신주에 대한 신주인수권을 부여하는 경우.

138) 예컨대 주식매수선택권의 행사가격이 주당 2,000원인데 행사당시의 주당가격이 10,000이고 5,000주를 행사하였다면 행사수량에 1주당 차액 8,000원으로 계산한 금액(8,000원×5,000주=40,000,000원) 혹은 그 행사로 인한 금액에 상당하는 자기주식(40,000,000원÷10,000원=4,000주)을 양도하는 경우.

는 주식매수선택권의 부여일을 기준으로 한 주식의 실질가액과 주식의 액면액 중 높은 금액 이상으로 정하여야 하고 무액면주식의 경우는 자본으로 계상되는 금액 중 1주에 해당하는 금액을 권면액으로 보도록 하고 있으며(상 340조의2 4항 1호), ② 자기주식교부방식의 경우에는 주식매수선택권의 부여일을 기준으로 한 주식의 실질가액보다 높은 금액으로 정하도록 하고 있으나(상 340조의2 4항 2호), ③ 주가차액교부방식의 경우에는 아무런 규정을 두고 있지 않으므로 행사가격을 회사가 결정할 수 있다고 할 것이다.

주식매수선택권은 형성권이므로 회사에 대한 일방적 의사표시로써 행사할 수 있고, 다만 필요에 따라 청구서를 작성하거나 행사가격 상당액을 납입하여야 할 것이다(상 340조의5).

주식매수선택권자가 주식매수선택권을 행사하게 되면 회사는 그에 따라 신주를 발행교부하거나 자기주식을 양도하거나 주식차액을 교부하여 줄 의무를 부담하게 되는데, ① 신주발행교부방식의 경우에는 행사가액을 회사에 납입한 때 주주가 되고(상 340조의5, 516조의10 전단), ② 자기주식교부방식의 경우에는 행사가액을 회사에 지급하고 주권을 교부받았을 때에 주주가 되며 명의개서를 함으로써 회사에 대항할 수 있다고 할 것이고, ③ 주가차액교부방식의 경우에 있어서 회사가 차액에 상당하는 자기주식을 양도하여 주어야 할 경우에는 주식매수선택권을 행사한 때에 주주가 된다고 할 것이다.

특히 신주발행교부방식의 경우에 있어서 주식매수선택권을 주주명부폐쇄기간중에 행사한 때에는 그 기간 중의 총회의 결의에 관하여는 의결권을 행사할 수 없고(상 340조의5, 350조 2항), 영업연도 중에 행사한 때에는 이익배당에 관해서는 전년도 말에 이를 행사한 것으로 보게 되며(상 340조의5, 350조 3항), 신주발행으로 인하여 발행주식총수와 자본금이 변동되므로 당연히 변경등기를 하여야 한다.

### (6) 주식매수선택권의 상실

상법은 주식매수선택권을 부여하는 주주총회의 결의일로부터 최소한 2년 이상을 재임하거나 재직하여야만 주식매수선택권을 행사할 수 있도록 규정하고 있으므로(상 340조의4 1항) 주식매수선택권자가 2년 내에 회사를 퇴직하거나 퇴임한 경우에는 당연히 주식매수선택권을 상실한다고 할 것이다. 다만 상장회사의 경우에는 상법의 특례조항(상 542조의3 4항)과 상법시행령(령 30조 5항)에 의하여 주식매수선택권을 부여받은 자가 사망하거나 그 밖에 본인의 책임이 아닌 사유로 퇴임하거나 퇴직한 경우에는 주식매수선택권을 상실하지 않지만 정년에 따른 퇴임이나 퇴직은 본인의 책임이 아닌 사유에 포함되지 않도록 정하고 있다. 또한 상법은 회사가 부여한 주식매수선택권을 취소할 수도 있도록 하고 있으므로 주식매수선택권 부여계약에서 정한 사유가 발생하거나 혹은 정관에 정한 사유가 있으면 이사회에서 취소할 수도 있다고 할 것이다(상 340조의3 1항 5호).

**◈ 대법원 2011.3.24. 선고 2010다85027 판결**

상법 제340조의4 제1항과 구 증권거래법(2007. 8. 3. 법률 제8635호 자본시장과 금융투자업에 관한 법률 부칙 제2조로 폐지, 이하 '구 증권거래법'이라 한다) 및 그 내용을 이어받은 상법 제542조의3 제4항이 주식매수선택권 행사요건에서 차별성을 유지하고 있는 점, 위 각 법령에서 '2년 이상 재임 또는 재직' 요건의 문언적인 차이가 뚜렷한 점, 비상장법인, 상장법인, 벤처기업은 주식매수선택권 부여 법인과 부여 대상, 부여 한도 등에서 차이가 있는 점, 주식매수선택권 제도는 임직원의 직무 충실로 야기된 기업가치 상승을 유인동기로 하여 직무에 충실하게 하고자 하는 제도인 점, 상법의 규정은 주주, 회사의 채권자 등 다수의 이해관계인에게 영향을 미치는 단체법적 특성을 가지는 점 등을 고려하면, 상법 제340조의4 제1항에서 정하는 주식매수선택권 행사요건을 판단할 때에는 구 증권거래법 및 그 내용을 이어받은 상법 제542조의3 제4항을 적용할 수 없고, 정관이나 주주총회의 특별결의를 통해서도 상법 제340조의4 제1항의 요건을 완화하는 것은 허용되지 않는다고 해석하여야 한다. 따라서 본인의 귀책사유가 아닌 사유로 퇴임 또는 퇴직하게 되더라도 퇴임 또는 퇴직일까지 상법 제340조의4 제1항의 '2년 이상 재임 또는 재직' 요건을 충족하지 못한다면 위 조항에 따른 주식매수선택권을 행사할 수 없다.

실무상으로는 회사가 주식매수선택권을 부여하는 계약을 체결하면서 회사가 파산한 경우, 주식매수선택권을 부여받은 자가 회사에 손해를 입힌 경우, 임의로 회사를 퇴사한 경우 등을 주식매수선택권 취소사유로 정하는 경우가 많은데 그 내용의 모호성으로 인한 다툼이 적지 않다. 특히 최근에는 주식매수선택권을 경영진에 대한 일종의 보너스로서 생각하는 경향도 나타나고 있으며, 또한 외국의 경우 주식매수선택권을 부여받은 경영진이 주식매수선택권을 통한 부당한 이익을 취하기 위하여 부도덕한 회계부정행위를 하는 등의 부작용도 적지 않다.

## 사. 주식매수청구권

### (1) 주식매수청구권의 의의

상법이 정한 일정한 사항에 대하여 주주가 주주총회의 결의에 반대하거나, 주식의 양도를 제한받은 경우에 회사로 하여금 자신의 주식을 매수할 것을 구하는 권리로서 형성권으로 이해하는 것에는 이론이 없으나 주주가 이 권리를 행사할 경우의 효과에 대하여는 ① 주주와 회사 사이에서 주식에 대한 매매계약이 성립하게 된다는 견해,[139]

② 주주와 회사는 매수가격을 산정하고 협의하는 절차가 수반되므로 회사에게 매수가격협의의무가 발생할 뿐이라는 견해[140]가 대립하고 있으나 대법원은 매매계약이 성립한다고 판시하고 있다. 생각건대 매수청구권의 법적 성질을 형성권이라고 해석하고 주식의 매수청구권이 회사의 집단적 의사결정과정에서 반대하는 주주의 보호를 위하여 인정되고 있다는 점을 고려한다면 매수청구권행사로 인하여 매매계약이 성립되고 회사는 이를 이행할 의무가 발생한다고 하는 것이 반대주주를 보호하고자 하는 주식매수청구권의 취지에 부합하는 해석이라고 할 것이다.

### 대법원 2011.4.28. 선고 2010다94953 판결

영업양도에 반대하는 주주의 주식매수청구권에 관하여 규율하고 있는 상법 제374조의2 제1항 내지 제4항의 규정 취지에 비추어 보면, 영업양도에 반대하는 주주의 주식매수청구권은 이른바 형성권으로서 그 행사로 회사의 승낙 여부와 관계없이 주식에 관한 매매계약이 성립하고, 상법 제374조의2 제2항의 '회사가 주식매수청구를 받은 날로부터 2월'은 주식매매대금 지급의무의 이행기를 정한 것이라고 해석된다. 그리고 이러한 법리는 위 2월 이내에 주식의 매수가액이 확정되지 아니하였다고 하더라도 다르지 아니하다.

이처럼 일정한 경우에 회사가 주주로부터 주식을 매수하도록 강제하는 것은 그 실질에 있어서는 주금의 반환이라고 할 것이고, 주식회사에 있어서 주금의 반환은 상환주식과 같은 특별한 종류의 주식에 한하여만 인정된다고 할 것이나, 회사의 중요한 의사결정과정에서 다수결원리에 의하여 소외당할 우려가 있는 소수파주주로 하여금 투하자금을 회수할 수 있는 길을 열어 줌으로써 보호하기 위하여 상법은 특정한 경우에 한정하여 이를 인정하고 있다.[141]

주식매수청구권 행사의 효과 및 주식 가격 결정절차에 관하여 상법은 영업양도의 경우에 관하여 규정하고, 이 규정을 주식의 포괄적 교환, 주식의 포괄적 이전, 회사의 합병 및 회사의 분할합병결의에 반대하여 주식매수청구권을 행사하는 경우와 주식양도에 관하여 이사회로부터 승인거부통지에 따라 주식매수청구권을 행사하는 경우에 그대로 준용하고 있다(영업양도의 경우: 상 374조의2 2항 내지 5항/주식의 포괄적 교환의 경우: 상 360조의5 3항/주식의 포괄적 이전의 경우: 상 360조의22, 360조의5 3항/합병의 경우: 상 530조 2항/회사의 분할합병의 경우: 상 530조의11 2항/주식양도승인거부의 경우: 상 335조의6/주식양수승인거부의 경우: 상 335조의7 2항).

139) 권기범 642면, 손주찬 731면, 이철송 578면, 최기원 425면, 최준선 357면.
140) 이기수 457면, 정찬형 497면.
141) 주권상장법인의 주주가 가지는 주식매수청구권에 대하여는 자본시장과 금융투자업에 관한 법률에서 상법에 대한 특례를 규정하고 있다(자본시장법 165조의5).

### (2) 주주총회결의에 반대하는 주주의 주식매수청구권

#### (가) 주식매수청구권자

상법은 회사가 그 모습을 변경하는 일정한 경우, 예컨대 회사가 영업양도를 하거나(상 374조의2), 주식의 포괄적 이전을 하거나(상 360조의5), 주식의 포괄적 교환을 하거나(상 360조의22) 또는 합병을 하거나(상 522조의3), 분할합병을 하는 경우(상 530조의11 2항)에는 주주총회의 특별결의를 필요로 하는데, 이러한 주주총회의 결의에 반대하였음에도 불구하고 그 결의가 가결된 경우에 그 결의에 반대한 주주에게 주식매수청구권을 인정하고 있다. 주주총회의 결의에 반대하는 주주는 의결권이 있는 주주뿐만 아니라 의결권이 없거나 제한되는 주주도 포함된다.[142)]

다만, 소규모 주식교환(상 360조의10 7항)이나 소규모 합병(상 527조의3 5항)의 경우에는 주주총회가 아니라 이사회의 승인으로 갈음할 수 있도록 되어 있으므로 이 경우에는 설령 그러한 포괄적 교환이나 합병에 반대하는 주주라고 하더라도 주식매수청구권이 인정되지 아니한다. 또한 상법은 주주총회의 특별결의를 요하는 정관변경(상 434조), 자본금의 감소(상 438조), 회사의 단순분할(상 530조의11 1항), 회사의 해산(상 517조 2호)의 경우에는 그 결의에 반대하는 주주들에게 주식매수청구권을 인정하고 있지 않다.

상장회사의 경우에는 이사회의 주요 결정사항에 대하여는 공시하게 되는데 이러한 공시가 있은 후에 주식을 취득한 주주들에게는 주식매수청구권을 인정하는 것은 합당치 못하다고 할 것이고 이에 따라 자본시장과 금융투자업에 관한 법률은 주권상장법인에 대하여는 이사회의 결의가 공시되기 이전에 주식을 취득한 주주에 한정하여 이를 인정하는 특례규정을 두고 있으나(자본시장법 165조의5 1항), 상법에는 그러한 규정이 없고 또 상장회사의 경우와 같은 공시제도를 갖지 못한 그 밖의 주식회사의 경우에는 주식매수청구권을 행사하려는 주주에게 이러한 제한을 두는 것은 타당하지 않다고 생각된다.

#### (나) 주식매수청구권 행사의 절차

주주가 주식매수청구권을 행사할 수 있는 의안에 대한 결의를 하게 될 경우 회사

---

142) 자본시장과 금융투자업에 관한 법률에서는 주권상장법인의 의결권이 배제되는 주주에게도 주식매수청구권을 인정하고 있었으나(자본시장법 165의5 1항), 2015. 12. 1. 개정되기 전의 상법은 분할합병계약서의 승인결의에 한하여 의결권이 배제되는 주주에게도 의결권을 인정함으로써(상 530조의3 3항) 해석상 이들 주주들에게도 주식매수청구권을 인정되는 결과를 가져오고 있었을 뿐이고 그 이외의 경우에는 의결권이 배제되거나 제한되는 주주들에 대하여 주식매수청구권을 인정하는 규정이 없었기에 견해의 대립이 있었다. 그런데 2015. 12. 1. 개정된 상법은 의결권이 없거나 제한되는 주주도 주식매수청구권이 있음을 명확히 규정함으로써(상 360조의5 1항, 374조의2 1항, 522조의3 1항), 이 부분에 관한 견해의 다툼을 입법적으로 해결하였다.

가 주식매수청구권의 내용과 행사방법을 명시하여 주주총회의 소집을 통지하여야 하는데(상 374조 2항, 530조 2항), 이 경우에 ① 이사회의 결의가 있는 때(영업양도의 경우, 주식의 포괄적 교환의 경우, 주식의 포괄적 이전의 경우, 합병의 경우, 회사의 분할합병의 경우) 혹은 ② 공고 또는 주주에 대한 통지가 있은 때(간이주식교환의 경우: 상 360조의5 2항/간이합병의 경우: 상 527조의2 2항)에 주주는 우선 주주총회결의 전에 서면으로 반대의사를 통지하고, 그런 다음에 주주총회결의일로부터 20일 이내에 서면으로[143] 매수청구를 하여야 한다(영업양도의 경우: 상 374조의2 1항/주식의 포괄적 교환의 경우: 상 360조의5 1항/주식의 포괄적 이전의 경우: 상 360조의22, 상 360조의5 1항/합병의 경우: 상 522조의3 1항/회사의 분할합병의 경우: 상 530조11 2항, 374조의2 2항, 522조의3 1항).

이처럼 반대주주의 주식매수청구는 2단계에 걸쳐서 이루어지는데 이는 회사로 하여금 결의 의안에 대한 주주들의 의사를 미리 알도록 함으로써 의안에 대하여 재검토할 기회를 주도록 하기 위한 것으로 이해된다.

사전에 반대의사를 통지한 주주가 주주총회에 출석하여 의안에 대하여 찬성한 경우에는 반대의사를 철회하였다고 보아야 할 것이므로 후일 매수청구를 할 수 없다고 할 것이고, 또한 사전에 반대의사를 통지한 주주라고 하더라도 주식매수청구를 할 수 있는 기한은 20일이므로 주식매수청구와 함께 주주총회결의하자를 주장할 수도 있는데 이 경우 주식대금을 회사로부터 받게 되면 주주의 지위를 상실하게 되므로 주주총회 결의의 하자를 주장하는 소에 있어서 당사자적격을 상실하게 된다.

한편 이 경우에 회사로부터 주식대금을 지급받기 전에 주주총회의 하자를 주장하는 소에서 원고의 승소가 확정되면 당연히 주식매수청구는 그 원인을 상실하게 되어 회사는 주식대금을 지급할 이유가 없게 된다.

#### (다) 주식매수청구권 행사의 효과

상법은 주식매수청구를 받은 회사는 매수청구기간이 종료한 날로부터 2월 내에[144] 그 주식을 매수하여야 한다(상 374조의2 2항, 360조의5, 3항, 360조의22, 530조 2항, 530조11 2항)고  규정하고 있다.[145] 주주의 주식매수청구권은 이른바 형성권으로서 그 행사로 회사의 승낙 여부와 관계없이 주식에 관한 매매계약이 성립하고, 상법 제374조

143) 자본시장과 금융투자업에 관한 법률은 주권상장법인에 관하여도 비상장법인과 동일하게 20일 이내에 서면으로 청구하도록 정하고 있다(자본시장법 165조의5 1항).

144) 종전의 상법은 "매수를 청구를 받은 날로부터 2월 이내"라고 규정하였으나 이것은 매수청구권을 행사한 주주에 따라 그 기산일이 달라짐으로써 회사에 절차상의 비효율이 발생한다는 비판이 있었기에, 2015. 12. 1. 개정된 상법에서는 "주식매수청구기간이 종료하는 날로부터 2개월 이내"로 규정하였다.

145) 자본시장과 금융투자업에 관한 법률에서는 주권상장법인에 대하여는 매수청구기간이 종료하는 날부터 1개월 이내에 해당 주식을 매수하도록 규정하고 있다(자본시장법 165조의5 2항).

의2 제2항에서 정한 "2개월 이내"는 주식매매대금 지급의무의 이행기를 정한 것으로서 설령 "2월 이내"에 주식의 매수가액이 확정되지 아니하였다고 하더라도 다르지 않다고 해석하여야 할 것이다.[146)]

매수가격은 주주와 회사가 협의하여 결정하게 되지만(상 374조의 2 3항), 매수청구를 받은 날로부터 30일이내에 협의가 성립하지 아니하면 매수를 청구한 주주는 법원에 매수가액 결정을 청구할 수 있고(상 374의 2 4항), 법원은 회사의 재산상태 그 밖의 사정을 참작하여 공정한 가액으로 이를 결정하게 된다(상 374조의 2 5항).[147)]

자본시장과 금융투자업에 관한 법률은 주권상장법인의 경우 원칙적으로 회사와 주주 간의 협의로 결정하기로 하되, 협의가 이루어지지 않은 경우에는 증권시장에서 거래된 회사의 주식에 관해 이사회 결의일 이전의 2월간, 1월간 그리고 7일간의 각 평균가격을 산출하고 이 평균 가격들을 다시 평균한 가격을 매수청구가격으로 결정하도록 하면서, 만약 회사 또는 매수를 청구한 주주가 그 매수가격에 대하여도 반대하면 법원에 매수가격의 결정을 청구할 수 있도록 규정(자본시장법 165조의5 3항, 대통령령 176조의7 2항)하고 있어 결국 마지막에는 법원의 판단에 따르게 된다. 특히 대법원은 매수 가격의 판단기준에 관하여 "주권상장법인의 시장주가는 그 해당 회사의 객관적 가치가 반영되어 형성된 것으로 볼 수 있고, 주권상장법인의 주주는 통상 시장주가를 전제로 투자행동을 취한다는 점에 비추어 원칙적으로 시장주가를 참조하여 매수가격을 산정하여야 하지만 시장주가에 기초하여 매수가격을 산정하는 경우라고 하여 법원이 반드시 법률에 정한 산정방법에 따를 필요는 없고 해당 회사의 상황이나 업종의 특성 등을 종합적으로 고려한 공정한 가액을 산정할 수도 있다"는 취지로 판시하고 있다(대법원 2011.10.13. 자 2008마264 결정).

---

146) 대법원 2011.4.28. 선고 2010다94953 판결은 이런 전제하에서 2개월의 매수기간 내에 주식대금을 지급하지 아니한 회사에 대하여 이행지체책임을 인정하여 지연손해금을 지급하도록 하고 있다.

147) A 케이블티이비 방송회사가 비상장회사인 B 케이블티이비 방송회사의 주식 70%를 유선방송사업영업권과 함께 인수하였던 사안에 있어서, 대법원은 비상장 회사의 주식의 매매가격 산정기준에 관하여, "시장가치방식, 순자산가치방식, 수익가치방식 등 여러 가지 평가방법을 활용하되, 당해 회사의 상황이나 업종의 특성 등을 종합적으로 고려하여 공정한 가액을 산정하여야 한다는 원칙을 제시하면서 ① 회사의 발행주식을 회사의 경영권과 함께 양도하는 경우 그 거래가격은 주식만을 양도하는 경우의 객관적 교환가치를 반영하는 일반적인 시가로 볼 수는 없고, ② 비상장회사의 순자산가액에는 당해 법인이 가지는 영업권도 당연히 포함되며, ③ 회사가 영위하는 사업의 특색에 기초하여 사업의 현황 및 전망, 거시경제전망, 회사의 내부 경영상황, 사업계획 또는 경영계획 등을 종합적으로 고려하여 주식의 수익가치를 산정하는 것이 주식의 객관적인 가치를 반영할 수 있는 보다 적절한 방법이고 경영상태가 좋지 않았던 과거 영업실적이나 현재 상태에 비추어 특별히 미래의 수익가치를 도외시하고 현재의 수익가치를 기초로 하여 수익가치를 산정한 미래의 추정이익에 의한 수익가치 산정을 잘못한 것이고, ④ 시장가치, 순자산가치, 수익가치 등 여러 가지 평가요소를 종합적으로 고려하여 비상장주식의 매수가액을 산정하고자 할 경우, 당해 회사의 상황이나 업종의 특성, 위와 같은 평가요소가 주식의 객관적인 가치를 적절하게 반영할 수 있는 것인지, 그 방법에 의한 가치산정에 다른 잘못은 없는지 여부에 따라 평가요소를 반영하는 비율을 각각 다르게 하여야 한다"고 판시하고 있다(대법원 2006.11.24. 자 2004마1022 결정).

### (3) 정관에 의하여 주식양도가 제한되는 주주의 주식매수청구권

상법은 회사의 정관으로 주주가 이사회의 승인을 얻어야 주식을 양도하는 것이 가능하도록 제한할 수 있게 하면서(상 335조 1항 단서), 이 경우 주식을 양도하려는 주주 또는 주식을 양수한 자가 회사의 이사회에 대하여 주식의 양도승인을 청구하였으나 이사회가 주식의 양도 승인을 거부한 경우에 주주나 주식양도인은 회사에 대하여 주식매수청구를 할 수 있도록 하고 있다(상 335조의2 4항, 상 335조의7 2항). 다만 이러한 경우에 인정되는 주식매수청구권은 주주총회의 특별결의에 반대하는 주주에게 인정되는 주식매수청구권과는 그 인정근거가 서로 다르다고 할 것이다.

그러나 상법은 이러한 경우의 주식매수청구에 있어서도 주주총회결의에 반대하는 주주의 주식매수청구의 절차 또는 그 효과에 관한 규정(상 374조의2 2항 내지 4항)을 준용하고 있다(상 335조의6, 상 335조의7 2항).

## 아. 주식의 강제적인 매도·매수청구권

### (1) 주식의 강제적인 매도·매수청구권의 의의

상법은 일정한 경우에 회사의 대주주가 영세주주에 대하여 자신에게 영세주주가 보유하는 주식의 매도를 청구하거나 또는 영세주주가 대주주에게 자신이 가지는 주식의 매수를 청구할 권리를 인정하고 있다(상 360조의24, 360조의25).

회사의 주식 대부분을 대주주가 보유하고 있는 반면에 영세주주는 극히 소수의 주식만을 보유하고 있는 경우에 회사의 경영은 실질적으로 대주주의 뜻에 따라 경영되지만 형식적으로 상법에 따른 주주총회의 운영, 주주관리로 인한 적지 않은 비용과 시간을 소모하게 된다. 이런 경우 대주주의 입장에서는 불필요한 비용을 절감하여 경영의 효율성을 제고하고, 영세주주의 입장에서는 경영참여의 가능성 없는 주식의 현금화를 통한 자금회수의 편의를 도모하기 위하여 인정되는 제도라고 할 것이다.

상법은 회사의 발행주식총수의 100분의 95 이상을 자기의 계산으로 보유하고 있는 대주주를 지배주주라고 하고 나머지 주식을 보유하고 있는 영세주주를 소수주주라고 칭하고 있는데(상 360조의24), 지배주주에게는 소수주주에 대한 강제적인 주식매도청구권(상 360조의24 1항)을 인정하고, 소주주주에게는 지배주주에 대한 강제적인 주식매수청구권(상 360조의 25 1항)을 인정하고 있다.

이러한 주식매도청구권이나 주식매수청구권으로 인하여 상대방은 주식을 매도하거나 매수할 의무가 발생하게 되므로(상 360조의24 6항, 360조의25 2항) 그 법적 성질은 형성권이라고 할 것이다.

주식매도·매수청구권이 행사되면 주식의 강제적인 매매가 성립되고 상대방에게 재산권의 변동을 강제하는 것이라 할 것인데, 이러한 주식의 강제매매가 나름대로 순기능이 있다고는 하나, 대주주에게는 불필요한 자금의 지출을 강요하고 영세주주에게는 투자기회로부터 원하지 않는 퇴출을 강요당하는 역기능이 있음도 간과하여서는 아니 될 것이다. 특히 지배주주의 주식매도청구권은 인적회사의 제명과 같은 사원의 축출제도가 허용되지 않는 주식회사에 있어서 제명과 같은 법률적 효과를 발생시킬 수도 있을 것이다.

### (2) 지배주주의 주식매도청구권

주식매도청구권을 가지는 지배주주는 명의여부에 관계없이 자기의 계산으로 회사의 발행주식총수의 100분의 95 이상을 보유하고 있는 자이다. 지배주주의 주식보유를 계산함에 있어서 지배주주가 회사인 경우에는 그 모회사 및 자회사가 보유한 주식을 합산하여 계산하고, 지배주주가 회사가 아닌 경우에는 그가 발행주식총수의 100분의 50 이상을 보유하는 회사가 가진 주식도 합산하여 계산하게 된다(상 360조의24 2항).

지배주주가 주식매도청구권을 행사하기 위한 실질적 요건으로서 회사의 경영상 목적을 달성하기 위하여 필요한 경우이어야 하는데(상 360조의24 1항) 그 구체적인 내용은 회사의 사정에 따라 달라질 것이므로 다툼의 여지가 없지 않을 것이라 예상된다. 또한 형식적 요건으로서 지배주주는 미리 주주총회의 승인을 받아야 하는데(상 360조의24 3항), 주주총회 소집통지를 할 때 지배주주의 회사주식보유현황 등 상법이 정한 사항을 적어야 하고 또한 같은 사항을 주주총회에서 설명을 하여야 한다(상 360조의24 4항).

지배주주의 매도청구의 상대방은 지배주주를 제외한 모든 소수주주이고, 일부의 소수주주에 대하여만 매도청구를 한다거나 매도조건 등에서 특정한 소수주주를 불평등하게 대하여서는 아니 된다고 할 것이다.

매도청구를 받은 소수주주는 그 청구를 받은 날로부터 2개월 내에 지배주주에게 주식을 매도하여야 하고(상 360조의24 6항), 매매가액은 지배주주와 소수주주 사이의 협의로 결정하게 되지만(상 360조의24 7항), 만약 매도청구를 받은 날로부터 30일 이내에 당사자 사이에서 매매가액에 대한 협의가 이루어지지 않을 경우 지배주주 또는 소수주주는 법원에 매매가액 결정을 청구할 수 있고(상 360조의24 8항), 법원이 공정한 가액으로 산정하게 된다(상 360조의24 9항).

상법은 지배주주가 소수주주에게 매매가액을 지급한 때에는 주식의 이전이 이루어진 것으로 본다(상 360조의26 1항). 그러나 지배주주가 소수주주를 알 수 없거나 소수주주가 매매가액의 수령을 거절한 때에는 지배주주는 이를 공탁하게 되는데 그 공탁한 날에 주식이 이전한 것으로 본다(상 360조의26 2항).

### (3) 소수주주의 주식매수청구권

앞서본 바와 같은 지배주주가 있는 회사의 소수주주는 언제든지 지배주주에게 자신이 보유하는 주식의 매수를 청구할 수 있다(상 360조의25 1항). 소수주주의 주식매수청구권은 주주 개인의 권리이므로 모든 소수주주가 반드시 집단으로 동시에 동일한 조건으로 지배주주에게 주식매수를 청구할 필요까지는 없다고 할 것이다.

소수주주가 지배주주에게 주식매수청구권을 행사하게 되면 지배주주는 주식을 매수할 의무가 발생하게 되고(상 360조의25 2항), 그에 따라 매매가액의 협의(상 360조의25 3항) 혹은 법원의 결정(상 360조의25 4항, 5항)을 거쳐 매매가액이 소수주주에게 지급된 때(상 360조의26 1항) 혹은 공탁을 하게 되면 공탁한 때(상 360조의26 1항) 주식이 이전하게 되고 별도의 주식이전절차가 불필요함은 지배주주의 주식매도청구권의 경우와 같다.

## 5. 주식의 담보

### 가. 주식담보의 의의

주식은 양도가 가능하며 재산적 가치를 가지고 있으므로 채무를 위한 담보의 목적으로 할 수 있다.

주식에 담보가 설정되면 담보의 대상이 되는 것은 주식이 가지는 주주권 중에서 자익권에 한정되고 공익권은 그 성질상 주주가 여전히 갖게 된다고 보아야 할 것이다.

주식의 양도가 원칙적으로 자유이지만 일정한 제한이 있는 것처럼, 주식의 담보도 원칙적으로 자유롭지만 일정한 제한이 있을 수 있다. 상법은 회사가 자기주식을 담보로서 질취하는 경우에는 발행주식 총수의 20분의 1을 초과하지 못하도록 규정하고 있는데(상 341조의3) 이것은 회사가 자기주식의 취득에 대한 제한을 우회하는 수단으로 자기주식을 질취하는 것을 방지하기 위함이라고 생각된다.

한편 권리주에 대한 담보 설정의 경우에는 권리주에 대한 주식의 양도제한과 같이 회사에 대하여 효력이 없다고 할 것이므로, 회사에 대하여 질권의 등록을 구할 수는 없다고 할 것이다. 주권발행 전 주식을 담보로 하는 경우에도 주권발행 전 주식의 양도제한과 같은 제한이 있다고 할 것이지만, 회사성립 후 또는 신주의 납일기일 후 6개월이 경과한 때에는 주식에 대한 질권 설정의 효과를 회사에 대하여 주장할 수 있다. 이 경우에 주주는 주권을 교부하는 대신에 권리의 양도방법에 의하여 질권을 설정하고 이를 회사에 증명함으로써 회사에 대하여 대항할 수 있다고 할 것이다.

◈ 대법원 2000.8.16. 자 99그1 결정

주권발행 전의 주식에 대한 양도도 인정되고, 주권발행 전 주식의 담보제공을 금하는 법률규정도 없으므로 주권발행 전 주식에 대한 질권설정도 가능하다고 할 것이지만, 상법 제338조 제1항은 기명주식을 질권의 목적으로 하는 때에는 주권을 교부하여야 한다고 규정하고 있으나, 이는 주권이 발행된 기명주식의 경우에 해당하는 규정이라고 해석함이 상당하므로, 주권발행 전의 주식 입질에 관하여는 상법 제338조 제1항의 규정이 아니라 권리질권설정의 일반원칙인 민법 제346조로 돌아가 그 권리의 양도방법에 의하여 질권을 설정할 수 있다고 보아야 한다.

## 나. 주식담보의 방법

주식의 담보방법으로는 상법상 인정되는 질권의 방법과 관습법상 인정되는 양도담보의 방법 있는데 이들의 담보형태로는 ① 회사가 담보 설정자의 청구에 의하여 담보권자의 성명과 주소를 주주명부에 부기하는 등록담보(登錄擔保)의 형태, ② 담보권의 설정자가 담보권자에게 담보의 목적으로 주권을 교부하는 약식담보(略式擔保)의 형태가 있다.

상법은 주식의 질권설정에 있어서 질권설정자와 질권자가 질권설정의 합의를 하고 주권을 교부함으로써 성립하는 약식질(상 338조 1항)과 이러한 질권설정의 합의와 주권의 교부 그리고 주주명부의 기재 및 주권에 질권자의 성명을 기재하도록 하는 등록질(상 340조)의 두 가지 방법을 규정하고 있다. 약식질의 경우에 질권자가 질권으로서 회사를 포함한 제3자에게 대항하기 위해서는 주권의 계속적 점유가 필요하지만(상 338조 2항), 등록질의 경우에는 주권의 점유와는 상관없이 주주명부의 기재로서 회사에 대하여 대항할 수 있으므로 주권의 계속적 점유는 회사 이외의 제3자에 대해서만 대항요건이 된다고 할 것이다.

주권의 질권설정을 위한 주권의 점유를 이전하는 방식도 현실인도(교부) 이외에 간이인도 혹은 반환청구권의 양도도 허용되는데 특히 반환청구권의 양도에 의한 방식의 경우에는 대항요건으로서 제3자의 승낙이나 질권설정자의 제3자에 대한 통지를 갖추어야 한다.[148]

---

148) 대법원 2012.8.23. 선고 2012다34764 판결은, 주권을 간접 점유하는 자가 주권반환청구권의 양도방식에 의하여 주권에 대한 질권을 설정하는 경우에 그 주권의 직접 점유자인 제3자의 승낙이나 그 제3자에 대한 통지가 대항요건으로서 필요하다고 하면서 설령 그 제3자가 다시 다른 사람으로 하여금 그 주

이 밖에도 상법의 규정은 없지만, 이른바 비전형담보의 형태로서 주식을 양도담보의 목적으로 할 수 있는데, 이러한 경우에도 단순히 당사자 사이의 양도담보의 합의와 주권의 교부로써 이루어지는 약식양도담보의 형태와 이것에 더하여 주주명부의 개서를 요하는 등록양도담보의 형태가 가능하다고 하겠다.

그런데 등록질과 등록양도담보는 주주명부와 주권의 기재내용에 따라 비교적 쉽게 구별되나, 약식질과 약식양도담보는 외견상 모두 단순히 주권을 교부하는 형식을 취하게 되어 구별이 쉽지 않다. 당사자의 의사표시가 명확하지 않은 경우에는, ① 실정법인 상법의 근거를 갖는 약식질로 해석하여야 한다는 견해[149)]와 ② 담보권자의 이익을 위하여 약식양도담보로 해석하여야 한다는 견해[150)]의 대립이 있으나 결국 당사자의 의사표시의 해석에 따라야 할 것이고, 그렇다면 채무자가 채무를 변제하지 않은 경우에는 즉시 담보권을 행사할 수 있어서 담보권자에게 유리한 약식양도담보로 해석하는 것이 합리적이라 할 것이다.

다만, 양도담보에 있어서 양도담보권자가 대외적으로 주주이므로 담보된 주식을 제3자에게 처분한 경우에 양도담보설정자는 제3자에게 주식에 대한 권리를 주장할 수 없다.

◈ 대법원 1995.7.28. 선고 93다61338 판결

채권담보의 목적으로 이루어진 주식양도 약정 당시에 회사의 성립 후 이미 6개월이 경과하였음에도 불구하고 주권이 발행되지 않은 상태에 있었다면, 그 약정은 바로 주식의 양도담보로서의 효력을 갖는다.

주식 양도담보의 경우 양도담보권자가 대외적으로 주식의 소유권자라 할 것이므로, 양도담보 설정자로서는 그 후 양도담보권자로부터 담보 주식을 매수한 자에 대하여는 특별한 사정이 없는 한 그 소유권을 주장할 수 없는 법리라 할 것이고, 설사 그 양도담보가 정산형으로서 정산 문제가 남아 있다 하더라도 이는 담보 주식을 매수한 자에게 대항할 수 있는 성질의 것이 아니다.

### 다. 주식담보의 효력

주식의 질권자는 민법상의 권리질권자와 같이 유치권(민 355조, 335조), 우선변제권(민 355조, 329조), 전질권(민 355조, 336조) 및 물상대위권(민 355조, 342조)을 갖는다

---

권을 직접 점유하게 하였더라도 그 대항요건으로는 "제3자의 승낙이나 제3자에 대한 통지를 갖추면 충분하고 별도로 그 직접 점유자의 승낙이나 그에 대한 질권설정자 또는 제3자의 통지까지 갖출 필요는 없다"고 판시하고 있다.

149) 이철송 424면.

150) 권기범 435면, 정동윤 288면, 최기원 412면.

고 할 것이다. 상법은 질권자는 "주식의 소각, 병합, 분할 또는 전환이 있는 때에는 이로 인하여 종전의 주주가 받을 금전이나 주식에 대하여도 종전의 주식을 목적으로 한 질권을 행사할 수 있다"고 규정(상 339조)하여 질권자의 물상대위에 관하여 특별규정을 두고 있고, 같은 맥락에서 ① 주주의 회사에 대한 주식매수청구권의 행사에 따른 주식의 대금(상 335조의2 4항, 335조의6, 374조의2, 522조의3), ② 주식의 포괄적 교환과 이전의 무효로 인하여 모회사로부터 자회사로 반환되는 주식(상 360의14 3항, 4항, 360조의23 3항, 4항), ③ 신주발행무효로 인하여 환급되는 납입금(상 432조 3항), ④ 자본금의 자본전입에 따른 무상주(상 461조 7항), ⑤ 회사의 합병이나 조직변경에 따라 받게 될 금전이나 주식(상 530조 4항, 601조 1항, 604조 4항), ⑥ 회생절차에 따라 권리변경으로 받게 될 금전, 주식 또는 채권(채무자회생법 252조)에도 질권자는 물상대위권을 주장할 수 있다고 해석된다.

이렇게 회사가 지급할 금전이나 주식 등에 대하여 물상대위가 인정되더라도 이를 행사하기 위하여 질권자는 회사로부터 질권설정자에게 그 금전이나 주식이 지급 혹은 교부되기 전에 이를 압류하여야 되지만(민 342조) 상법은 이에 대한 특별규정을 두고 있다.

상법은 등록질의 경우 질권자는 ① 회사로부터 금전이 지급되거나 주권이 교부되기 전에 이를 압류할 필요가 없이 그 권리를 행사할 수 있고(상 340조 1항, 3항), ② 회사로부터 지급될 금전의 지급시기가 질권의 피담보채권의 변제기보다 앞서 도달할 때에는 회사에 대하여 그 금액을 공탁할 것을 청구할 수 있도록 규정하고 있다(상 340조 2항, 민 353조 3항).

그러나 약식질의 경우에는 아무런 규정이 없어서 ① 약식질의 경우에는 질권자가 회사로부터 금전이나 주식이 질권설정자에게 지급되거나 교부되기 전에 압류하여야 한다는 견해,[151] ② 회사로부터 지급되거나 교부될 금전이나 주식이 주권과 교환될 성질의 경우(예컨대 주식의 소각, 병합 분할 또는 전환의 경우)에는 사전 압류가 필요하지 않으나 주주명부를 기초로 하여 지급되거나 교부되는 경우에는 그 금전이나 주식이 지급되거나 교부되기 전에 압류하여야 한다는 견해[152]의 대립이 있다. 생각건대 약식질의 경우에는 회사가 질권의 설정 여부나 질권자를 알 수 없고, 또한 상법의 규정은 등록질에 관하여만 명시적으로 질권자가 회사에 대하여 직접 청구를 할 수 있도록 한 점 등에 비추어 볼 때 약식질의 경우에는 질권의 일반원칙으로 돌아가 사전 압류가 필요하다고 할 것이다.

---

151) 정찬형 408면, 정희철 444면, 최기원 413면.
152) 강위두/임재호 655면, 권기범 440면, 이철송 423면, 정동윤 289면.

또한 상법은 주식의 등록질의 경우 질권자는 회사로부터 이익이나 이자의 배당, 잔여재산의 분배에 대하여도 물상대위의 효력이 미친다고 규정하고(상 340조 1항 후단) 있다.

그러나 약식질의 경우에는 아무런 규정이 없어 약식질의 경우에도 이를 인정할 것인가에 관하여 견해[153]의 대립이 있는데, 잔여재산분배청구권은 회사가 해산하는 때에 인정되므로 주주명부에 나타나지 않은 약식질권자에게 이를 인정한다 하더라도 회사에 대하여 주주확정의 어려움이 크지 않다 할 것이므로 약식질에도 이를 인정하여도 무방하다 할 것이다. 다만, 약식질은 등록질과 달리 주주명부에 기재되지 않으므로 회사에 대하여 질권자 확정 등에 있어서의 부담을 지우면서까지 약식질에 대하여 회사로부터 부여될 이자나 이익 또는 주식배당에 대한 물상대위를 인정하는 것은 회사에게 질권자를 확정하여야 할 부담을 지우는 것이므로 온당치 못하다 할 것이다.

주주가 담보의 목적으로 주식에 질권을 설정하든 양도담보로 제공하든 그 효력은 거의 같다고 할 것이므로 양도담보의 방법에 의한 주식담보에도 질권의 방법에 의한 주식담보의 효력이 그대로 인정된다고 할 것이다.

### 라. 예탁된 주식의 담보

상장법인의 경우에 인정되는 주권예탁결제제도에 의하여 한국예탁결제원에 예탁된 주식도 담보의 목적으로 할 수 있는데, 주식의 교부 없이 예탁자계좌부 또는 투자자계좌부에 있는 담보권설정자의 계좌로부터 담보권자의 계좌로 양도의 목적으로 계좌 간 대체의 기재를 하거나(양도담보), 질권설정의 목적으로 질권의 대상이라는 뜻과 질권자를 기재함으로써 하게 되고 이러한 기재가 있은 때에는 주식의 교부가 있었던 것으로 보게 되므로(자본시장법 311조 2항 전단), 이 경우도 양도담보에 의한 방법과 질권의 방법이 인정되고 있다.

---

153) 인정하는 견해: 정동윤 290면, 정희철 440면, 최기원 414면, 최준선 281면.
부인하는 견해: 권기범 438면, 손주찬 686면, 이철송 421면, 정찬형 408면.

# 제 4 장
# 주식회사의 기관

## 1. 주식회사 기관의 의의

회사는 사단법인으로서 법률에 의하여 권리의무의 주체로서 인정되기는 하지만, 자연인과 달리 관념상의 존재이므로 법인 스스로 활동할 수는 없고, 일정한 조직을 통하여 내부적 의사를 결정하고, 그에 따라 내내적 또는 대외적으로 활동하게 되는데 이러한 회사의 조직을 회사의 기관이라고 한다.

합명회사와 합자회사와 같은 이른바 인적회사의 경우에는 사원의 수가 많지 않고, 무한책임사원이 회사의 채무에 대하여 직접적으로 무한책임을 부담하게 되어 원칙적으로 무한책임사원이 회사의 의사를 결정함은 물론이고 그 결정된 의사에 따라 대내적으로 업무를 집행하고 대외적으로 회사를 대표함으로써 무한책임사원이 곧 기관이 된다.

그러나 주식회사는 다수의 주주로서 구성되며, 주주는 회사에 대하여 출자책임만을 부담하는 데 그치고 회사의 채무에 대하여 어떠한 직접적인 책임도 부담하지 않는다. 또한 주주는 단지 회사의 구성원이라는 지위에서 회사의 의사를 결정하거나 회사의 대내외적 활동을 담당할 특정인을 선임하는 과정에 참여할 뿐이고, 이렇게 선임된 자들이 대내적으로 회사의 업무를 집행하고 대외적으로 회사를 대표하는 기관이 되는 것이므로 주주가 곧 회사의 기관이 되는 것은 아니다.

주식회사의 기관구성을 어떻게 하느냐의 문제는 온전히 각국의 사정에 따라 다르게 결정되어 왔다. 우리나라의 상법은 의사결정기관으로서 주주들로 구성된 주주총회가 회사의 중요한 의사결정을 하도록 하고, 업무집행기관으로서 주주총회에서 선임된 이사들의 구성체인 이사회로 하여금 회사의 업무집행에 관한 결정을 하도록 하는 한편 이사회에서 결정된 업무집행에 관한 의사결정에 따라 대내외적으로 업무를 집행하는 대표이사를 두고 있다. 또한 업무에 대한 감시기관으로서 주주총회에서 선임되는 독립적인 기관인 감사와 이사들로 구성되는 이사회의 내부기관인 감사위원회를 선택적으로 두고 있다.

그런데 자본주의와 경제의 발전에 따라 회사가 국민경제와 사회질서에 크나큰 영향을 미치게 되는 사회적 존재로서 부각되기에 이르렀고 또한 주식회사의 비대화로 인한 폭발적인 주주의 증가와 광범위한 주식의 분산은 주주총회에 의한 의사결정이 현실적으로 점점 어렵게 되었을 뿐만 아니라 극도의 소유와 경영의 분화현상과 소수의 지배주주에 의한 독단적인 회사 경영으로 인한 폐해 등을 겪게 됨으로써 결국 회사의 지배구조를 다시금 생각하게 되었다.

그동안 상법은 사회 경제의 변화에 따라 수차례 개정이 되어, 주식회사의 기관구성에 있어서 의사결정기관으로는 주주총회, 업무집행기관으로는 이사회와 대표이사 그리고 업무감시기관으로는 감사라고 하는 기본골격은 그대로 유지하고 있으나 각 기관들의 구체적인 기능과 역할에는 많은 변화가 있었다.

주주총회는 주주로 구성된 회사의 최고 의사결정기관으로서의 기능과 권한을 가지고 있었다. 그런데 상법이 이사회 내 위원회의 설치를 인정하고 특히 감시기관으로서 주주총회에서 선임하는 감사와 이사들로 구성되는 이사회 내의 감사위원회를 선택적으로 두도록 함으로써, 업무집행기관인 이사회는 대표이사 및 이사에 대한 견제와 감독을 강화하는 등 그 권한과 역할이 강화되는 것과 반비례하여 주주총회는 그 권한이 대폭 약화되었다. 또한 감시기관으로서 감사에게는 원칙적으로 회계감사권과 업무감사권이 인정되지만 회계감사의 전문성에 비추어 일정한 회사에 대하여는 회계전문가에 의한 외부감사를 받도록 강제하고 있고 이사회 내의 감사위원회의 설치를 선택적이나마 허용함으로써 감사의 독립한 감사기관으로서 기능과 역할이 축소되게 되었다.

## 2. 주주총회

### 가. 주주총회의 지위

주주총회는 주주로 구성되는 회사의 필요적 상설기관[1]으로서 법률과 정관이 정하는 바에 따라 회사의 구성과 운영에 관한 기본적 중요사항에 관하여 다수결원리에 따라 회사의 의사를 결정하는 대내적 의사결정기관이라 할 것이다.

주주는 주주총회의 당연한 구성원이 되고 주주 이외의 자는 구성원이 될 수 없다고 할 것인데, 무의결권주주는 총회소집통지의 대상이 아니고 의사결정과정에서 배제되므로 구성원이 아니라는 견해도 있으나, 무의결권주주는 의결권이 배제되거나 제한되는 종류주식을 보유하고 있는 자로서 그 주주권의 내용에 따라 의결권이 배제되거나 제한되는 것일 뿐이고 주주임에는 변함이 없으므로 당연히 주주총회의 구성원이라고 할 것이다.

1) 총회가 상설기관이 아니라는 견해(최기원 423면)도 있고, 법률상 관념상의 주주총회와 현실로 개최되는 주주총회를 구별하여 후자는 필요에 따라 소집되는 회의체라고 할 수도 있지만 전자는 상설기관이라고 보아야 할 것이다라는 견해(권기범 536면, 정동윤 308면, 정찬형 454면, 이철송 480면)도 있다.

주주총회는 주식회사 내부의 의사결정기관이고 그 의사결정에 따른 외부적 업무는 대표이사가 집행하므로 주주총회가 회사 외부에 직접적으로 법률행위를 하는 것은 아니고 따라서 대외적으로 아무런 법률효과를 발생시키지는 않는다.

주주총회가 회사의 필요적 기관으로서 최고 의사결정기관이라고 하더라도 그 결의의 내용이 법률에 어긋나거나 회사의 본질에 반할 수 없다 할 것이므로 예컨대 주주총회라고 하더라도 상법 제462조 및 제462조의2의 규정에 어긋나거나 주주평등의 원칙에 어긋나는 배당결의를 할 수는 없다.

주주가 의결권을 행사하여 주주총회에서 결의가 되더라도 그것은 회사의 의사표시를 위한 내부적 결정과정에 지나지 않고 그 결의가 집행기관을 통하여 대외적으로 표출되었을 때 비로소 회사의 의사표시로서 나타나는 것이므로 주주총회의 잘못된 의사결정에 따른 집행행위로써 제3자가 손해를 입게 되면 그것은 곧 집행기관과 회사의 책임이 될 뿐이고 직접적으로 주주의 책임은 아니라고 할 것이다. 따라서 주주가 주주총회에서 부당한 의결권을 행사함으로써 제3자에게 손해가 발생하였다고 하더라도 주주가 직접적으로 책임질 것은 아니지만, 만약 일부 주주가 이사와 부당하게 결탁하여 회사에 손해를 입게 하였다면 그로 인한 민법상의 불법행위책임을 부담하는 것은 별개의 문제라 할 것이다.

## 나. 주주총회의 권한

주주총회는 회사의 구성원인 주주들의 구성체이므로 성질상 회사의 모든 사항에 관한 결정권한이 있다고 하겠으나 상법은 입법 정책적으로 일정한 사항에 관하여만 결의할 수 있도록 그 권한을 축소하고 있다.

상법은 주주총회의 권한을 이사회에 이양하는 세계 각국의 입법적 추세에 발맞추어 주주총회의 권한을 원칙적으로 상법과 정관에 정한 사항에 한정하고 있다(상 361조).

또한 상법 또는 정관에서 주주총회의 권한으로 정한 사항은 주주총회의 전권사항이므로 주주총회의 결의로써 이를 이사회 등 다른 기관에 위임할 수 없는 것이 원칙이지만, 주주총회가 기본적 사항을 결정하고 세부적인 사항을 이사회 혹은 대표이사 등 다른 기관에 위임할 수는 있다고 할 것이다.

### (1) 상법상의 권한

상법이 정하고 있는 주주총회의 권한을 크게 나누어 보면, ① 회사의 조직과 영업의 근본적 변경에 관한 의사를 결정하는 권한으로서, 주식의 포괄적 교환(상 360조의3 1항), 주식의 포괄적 이전(상 360조의16 1항), 영업의 양도 및 양수(상 374조 1항), 정관의 변경(상433조 1항), 자본금의 감소(상 438조), 회사의 합병(상 522조), 회사의 분할과 분할합병(상 530조의3 2항), 회사의 해산(상 518조), 회사의 계속(상 604조 1항) 등이 있고, ② 회계에 관한 의사결정을 하는 권한으로서, 재무제표의 승인(상 449조 1항), 이익배당(상 462조 2항), 주주 이외의 자에 대한 전환사채의 발행(상 513조 3항), 주주 이외의 자에 대한 신주인수권부사채의 발행(상 516조의2 4항) 등이 있으며, ③ 기관의 임면에 관한 사항으로서 이사의 선임과 해임(상 382조 1항, 385조 1항), 감사의 선임과 해임(상 409조 1항, 415조), 청산인의 선임과 해임(상 531조 1항, 539조 1항), 검사인의 선임(상 366조 3항, 367조 1항) 등이 있고, ④ 업무감독에 관한 권한으로는 사후설립(상 375조), 발기인, 이사, 감사 또는 청산인에 대한 책임면제(상 324조, 400조, 415조, 542조 2항) 등이 있다.

이 밖에도 상법은 자본금 총액 10억원 미만인 소규모회사는 이사를 3인 미만으로 선임할 수 있도록 규정하고 있는데(상 383조 1항 단서), 이러한 경우에는 이사회의 구성이 불가능하므로 주주총회가 이사회의 역할을 수행하도록 하고 있고(상 383조 4항), 또한 이사회결의로 주주총회의 결의를 대신할 수 있는 경우(상 341조 2항 단서, 390조 1항 단서, 391조의2, 408조의2 2항, 449조의2,462조 2항 등)에도 소규모회사는 반드시 주주총회의 결의에 따라야 한다(상 383조 5항).

### (2) 정관상의 권한

주주총회는 상법에 규정된 권한 이외에도, ① 강행규정이나 회사의 본질에 반하지 않는 사항 예컨대 이사의 수(상 383조 1항)와 같은 경우, ② 상법상 이사회의 권한으로 하면서도 총회의 권한으로 정관에 정할 수 있도록 유보하는 규정이 있는 경우, 예컨대 대표이사의 선임(상 389조 1항 단서), 신주의 발행사항(상 416조 단서), 준비금의 자본전입(상 461조 1항 단서) 등의 경우에는 정관으로 주주총회의 권한을 확대할 수 있다.

다만 상법에 유보조항이 없는 예컨대 회사채 발행의 결정(상 469조 1항)과 같은 경우에도 이사회의 권한사항을 총회의 권한으로 정관에서 정할 수 있는지에 관하여 ① 강행법규나 회사의 본질에 반하지 않는 한 이를 긍정하는 견해(긍정설),[2] ② 주식회사 기관의 권한배분에 관한 규정은 강행법규라고 할 것인데 상법에 유보조항이 없으므로 이를 부정하는 견해(부정설)[3]가 대립하고 있으나, 생각건대 주주총회가 회사의 구성원 전원으로 이루어진 최고의 의사결정기관이라고 하더라도 법률의 근거 없이 주주총회

2) 권기범 541면, 김정호 503면, 이기수 444면, 채이식 498면, 최기원 437면, 최준선 312면.
3) 서헌제 282면, 이철송 482면, 정찬형 457면.

가 이사회로 상법에 규정된 권한을 임의로 자신의 권한으로 한다면 상법이 이사회의 권한으로 정한 취지가 자칫 무의미해질 우려가 있고 이는 법적 안정성과 거래의 안전을 해칠 우려가 있으므로 이를 긍정하여서는 아니 될 것이다.

## 다. 주주총회의 소집

### (1) 소집권자

주주총회는 원칙적으로 이사회(청산인회)가 소집하게 되지만, 예외적으로 소수주주가 소집하거나, 감사 혹은 감사위원회가 소집하거나 나아가 법원도 필요한 경우에 소집을 명령할 수 있다.

#### (가) 이사회에 의한 소집

주주총회의 소집은 이사회(청산인회)가 소집 여부 및 의안 등을 결정하고(이사회: 상 362조 / 청산인회: 상 542조 2항), 그에 따라 대표이사(대표청산인)가 소집통지 등 소집에 필요한 업무를 집행하게 되므로 소집결정에 관한 권한은 이사회가 가지고, 소집통지의 권한은 대표이사가 가지게 된다. 다만 이사회를 구성할 수 없는 소규모회사의 경우에는 각 이사(정관에 따라 대표이사를 정한 경우에는 그 대표이사)가 주주총회의 소집을 결정하게 된다(상 383조 6항).

그러므로 이사회 결의 없이 대표이사가 임의로 주주총회를 소집하거나, 이사회의 소집결의는 있었으나 소집권한이 없는 이사가 주주총회를 소집한 주주총회에서 이루어진 결의는 결의취소의 소의 원인이 되고, 이사회의 소집결의도 없고 소집권한도 없는 자가 임의로 주주총회를 소집하였다면 그것은 주주총회의 결의부존재의 사유가 된다.

**◆ 대법원 1980.10.27. 선고 79다1264 판결**

주주총회의 소집은 소집결정권이 있는 이사회의 결정에 따라 그 결정을 집행하는 권한을 가진 대표이사가 하는 것이고, 이사회의 결정이 없이는 이를 소집할 수 없는 것이지만, 이사회의 결정이 없다고 하더라도 외관상 이사회의 결정에 의한 소집형식을 갖추어 소집권한 있는 자가 적법하게 소집절차를 밟은 이상, 이렇게 소집된 총회에서 한 결의는 부존재한다고 볼 수는 없고, 이사회의 결정이 없었다는 사정은 취소사유가 됨에 불과하다.

**◆ 대법원 2010.6.24. 선고 2010다13541 판결**

주주총회를 소집할 권한이 없는 자가 이사회의 주주총회 소집결정도 없이 소집한 주주총회에서 이루어진 결의는, 1인 회사의 1인 주주에 의한 총회 또는 주주 전원이 참석하여 총회를 개최하는 데 동의하고 아무런 이의 없이 결의가 이루어졌다는 등의 특별한 사정이 없는 이상, 총회 및 결의라고 볼 만한 것이 사실상 존재한다고 하더라도 그 성립 과정에 중대한 하자가 있어 법률상 존재하지 않는다고 보아야 한다.

### (나) 소수주주권에 의한 소집

상법은 회사의 발행주식 총수의 100분의 3 이상에 해당하는 주식을 가진 주주는 이사회에 주주총회의 소집을 청구할 수 있고(상 366조 1항), 이에 대하여 회사가 지체 없이 주주총회 소집의 절차(이사회개최, 소집통지 공고 등)를 밟지 아니한 때에는 이를 청구한 주주는 법원의 허가를 얻어 주주총회를 소집할 수 있도록(상 366조 2항) 규정하고 있다. 다만 상장회사의 경우에는 특례를 인정하여 6개월 전부터 계속하여 발행주식 총수의 1,000분의 15 이상에 해당하는 주식을 가진 주주가 총회소집을 청구할 수 있도록 완화하고 있다(이사회: 상 542조의6 1항 / 청산인회: 상 542조).

소수주주의 법원에 대한 주주총회소집 허가신청절차는 비송사건절차법에 의하여 규율되는데 회사의 본점소재지의 지방법원 합의부가 관할하게 되고(비송법 72조 1항), 법원은 이유를 붙인 결정으로 재판을 하여야 하며(비송법 81조 1항), 신청을 인용한 재판에 대하여는 불복할 수 없지만(비송법 81조 2항), 민사소송법 449조에 의한 특별항고는 허용되는 등의 특징이 있다.[4)]

여기서 발행주식의 총수의 100분의 3 이상 혹은 1,000분의 15 이상에 해당하는 주식을 가진 주주는 1인이어야 할 필요는 없고, 또한 주주총회의 소집을 청구할 수 있는 주주는 비상장회사의 경우 소집을 청구하는 때에 발행주식의 총수의 100분의 3 이상을 가지고 있으면 되지만, 상장회사의 경우에 주주총회의 소집을 청구할 수 있는 주주는 소집을 청구하는 때로부터 역산하여 6개월 동안 발행주식의 총수의 1,000분의 15 이상에 해당하는 주식을 가지고 있어야 한다(상 542조의6 1항).[5)]

이러한 소수주주가 가지는 주식비율을 산정함에 있어서 의결권이 없는 주식, 예컨대 의결권이 배제되거나 제한되는 종류주식, 자기주식이나 자회사가 가지는 모회사의 주식, 상호주식 등과 같이 의결권이 없는 주식도 발행주식 총수에 포함되는지에 관하

---

4) 대법원 1991.4.30. 자 90마672 결정.

5) 대법원 2004.12.10. 선고 2003다41715 판결은 "증권거래법 제191조의13 제5항(개정된 상법 제542조의6 제1항과 동일하다)은 상법 제366조의 적용을 배제하는 특별법에 해당한다고 볼 수 없고, 주권상장법인 내지 협회등록법인의 주주는 증권거래법 제191조의13 제5항이 정하는 6월의 보유기간요건을 갖추지 못한 경우라 할지라도 상법 제366조의 요건을 갖추고 있으면 그에 기하여 주주총회소집청구권을 행사할 수 있다"고 판시하여 상장회사의 주주가 임시주주총회 소집에 필요한 소수주주권 행사의 요건을 갖추지 못하였더라도 상법 제366조의 소수주주권 행사의 요건을 갖추었다면 이에 기하여 주주총회소집 청구권을 행사할 수 있음을 밝히고 있다.

여 ① 무의결권 주식이나 자기주식 등과 같은 의결권이 제한된 주식은 주주총회를 소집할 실익이 없으므로 발행주식의 총수에 포함되지 않는다는 견해,[6] ② 총회소집청구권은 자익권이 아니라 회사의 병리현상의 시정을 위한 공익권이므로 의결권 없는 주식이라고 하더라도 발행주식의 총수에 포함된다고 하는 견해[7]가 대립하고 있는데, 생각건대 의결권 없는 주주가 가진 주식의 수는 발행주식의 총수에 산입하지 아니한다는 상법 제371조 1항의 규정은 주주가 의결권을 행사하여 주주총회에서 결의를 함에 있어서 적용될 뿐이고 의결권 없는 주주도 주주로서 주주총회의 소집을 요구할 공익권을 박탈당하는 것은 아니라고 할 것이므로 의결권 없는 주식이라도 발행주식총수에 포함시켜야 할 것이다.

상법은 소수주주권에 의하여 주주총회를 소집하는 경우에 법원이 이해관계인의 청구나 직권으로 의장을 선임할 수 있도록 하고 있다(상 366조 2항).

#### (다) 감사 또는 감사위원회에 의한 소집

감사 또는 감사위원회는 소수주주권자에 의한 소집의 경우와 마찬가지로 서면으로 이사회에 임시주주총회의 소집을 청구하고(상 412조의3 1항, 415조의2 7항), 회사가 이에 따라 지체 없이 주주총회를 소집하지 아니할 때에는 법원의 허가를 얻어 직접 주주총회 소집 절차를 밟을 수 있는데(상 412조의3 2항, 366조 2항, 415조의2 7항), 이것은 감사 또는 감사위원회의 이사회에 대한 견제 및 업무집행에 대한 감사의 실효성을 확보하기 위한 규정이다.

#### (라) 법원의 명령에 의한 소집

회사의 발행주식 총수의 100분의 3 이상에 해당하는 주식을 가진 주주는 회사의 업무집행에 관한 부정행위 또는 법령이나 정관에 위반하는 중대한 사실이 있음을 의심할 사유가 있는 때에는 법원에 검사인의 선임을 청구할 수 있고(상 467조 1항), 이에 따라 법원에 의하여 선임된 검사인의 회사 업무 및 재산 상태에 대한 조사결과 보고를 받은 법원이 주주총회의 소집이 필요하다고 판단한 경우 대표이사에게 소집을 명령하게 된다(상 467조 3항).

이 경우 법원이 직권으로 대표이사에 대하여 소집을 명령하는 것이므로 별도의 이사회의 결정이나 주주 기타의 신청도 불필요하다 할 것이고, 만약 대표이사가 법원의 소집명령에 불응하게 되면 상법상 과태료의 제재가 있게 된다(상 635조 1항 20호).

---

6) 강위두/임재호 692면, 손주찬 702면, 이철송 487면: 최준선 314면.
7) 권기범 545면, 정동윤 316면, 최기원 447면.

### (2) 소집시기

주주총회는 정기주주총회와 임시주주총회로 구분되는데 이것은 소집시기의 차이가 있을 뿐, 소집절차나 결의내용과 효력에 어떤 제한이나 차이가 있는 것은 아니다.

정기주주총회는 매년 1회 일정한 시기에 소집하여야 하지만(상 365조 1항), 연 2회의 결산기를 정하였을 때에는 매 결산기에 정기주주총회를 소집하여야 하고(상 365조 2항), 주로 재무제표의 승인이나 이사, 감사의 선임 등을 결의하게 되는데 이 밖에도 정관변경이나 이사 감사의 해임, 회사의 합병 등 어떠한 내용의 결의도 가능하다고 할 것이다.

임시주주총회는 필요에 따라 수시로 소집되지만(상 365조 3항), ① 법원의 소집명령이 있는 경우(상 467조 3항), ② 회사를 흡수합병한 경우(상 526조 1항), ③ 청산인 취임에 따른 회사재산조사보고를 위한 경우(상 533조 1항), ④ 청산종결에 따른 결산보고서 승인의 경우(상 540조 1항)에는 그 소집이 강제된다.

### (3) 소집장소

상법은 주주총회는 정관에 다른 정함이 없으면 본점소재지 또는 이에 인접한 곳(地)에서 소집하여야 한다고 규정하여(상 364조), 최소독립행정구역(시, 군)을 의미하는 소집지에 관하여 규정하고 있을 뿐, 구체적인 소집장소에 관하여는 아무런 규정이 없으나, 주주들에게 공정한 의결권행사의 기회를 부여하여야 하므로 소집장소 혹은 소집일시를 정함에 있어서 사회 통념상 일부 주주에게 불공정하거나 출석을 어렵게 하였다면 소집절차가 현저하게 불공정한 때에 해당하여 주주총회결의취소의 대상이 된다(상 376조 1항).

### (4) 소집절차

상법은 주주들로 하여금 주주총회에서 출석하여 의결권을 행사할 기회를 보장하기 위하여 소집절차에 관하여 엄격히 다루고 있다. 상법은 원칙적으로 소집절차를 밟도록 하고 있으나 일정한 경우에는 소집절차 없이 주주총회를 개최할 수 있는 길을 열어 주고 있다.

원칙적으로 소집절차에 하자가 있는 주주총회에서 이루어진 결의는 결의취소의 소 혹은 결의부존재의 소의 대상이 되지만, 예외적으로 대법원은 소집절차에 하자가 있더라도 주주 전원이 출석한 주주총회 또는 1인회사의 1인주주가 출석한 주주총회에서 이루어진 결의에 대하여 그 유효성을 인정하고 있다.

주주총회의 소집은 원칙적으로 회의의 목적사항을 기재하여 회일 2주간 전에 서면이나 전자문서에 의하여 통지를 하여야 한다(상 363조 1항, 2항).

소집통지의 대상이 되는 주주는 주주명부상의 주주에 한하게 되고 명의개서를 하지 아니한 실질적 주주라고 하더라도 소집의 대상이 되는 것은 아니다.

또한 의결권이 없는 주주는 소집절차의 대상이 아니므로(상363조 8항), 상법상 의결권이 배제 또는 제한되는 종류주식(상 344조의3), 상호주(상 369조 3항) 나아가 회사가 보유하는 자기주식에 대하여는 소집통지를 할 필요가 없다.

회사가 자본금 10억 미만의 이른바 소규모회사인 경우에, 이러한 통지는 회일 10일 전에 하도록 하고 있다(상 363조 3항). 특히 상장회사라면 상법시행령이 정하는 수 이하의 주식(의결권 있는 발행주식 총수의 100분의 1 이하의 주식)을 보유하는 주주에게는 정관이 정하는 바에 따라 개별적 통지에 갈음하여 일간신문에 2회 이상 공고하거나 전자적 방법으로 공고(한국거래소의 전자공시 시스템)할 수 있도록 하여 소집절차의 간소화를 꾀하고 있다(상 542조의4 1항, 상법시행령 31조 2항).

#### ◈ 대법원 2002.12.24. 선고 2000다69927 판결

주식회사의 임시주주총회가 법령 및 정관상 요구되는 이사회의 결의 및 소집절차 없이 이루어졌다 하더라도, 주주명부상의 주주 전원이 참석하여 총회를 개최하는 데 동의하고 아무런 이의 없이 만장일치로 결의가 이루어졌다면 그 결의는 특별한 사정이 없는 한 유효하다.

(같은 취지: 대법원 2002.7.23. 선고 2002다15733 판결)

#### ◈ 대법원 2004.12.10. 선고 2004다25123 판결[8)9)]

주식회사에 있어서 회사가 설립된 이후 총 주식을 한 사람이 소유하게 된 이른바 1인 회사의 경우에는 그 주주가 유일한 주주로서 주주총회에 출석하면 전원 총회로서 성립하고 그 주주의 의사대로 결의가 될 것임이 명백하므로 따로 총회소집절차가 필요 없고, 실제로 총회를 개최한 사실이 없었다 하더라도 그 1인 주주에 의하여 의결이 있었던 것으로 주주총회의사록이 작성되었다면 특별한 사정이 없는 한 그 내용의 결의가 있었던 것으로 볼 수 있고, 이는 실질적으로 1인회사인 주식회사의 주주총회의 경우도 마찬가지이며, 그 주주총회의사록이 작성되지 아니한 경우라도 증거에 의하여 주주총회 결의가

8) 대법원 2007.2.22. 선고 2005다73020 판결은 "1인이 총 주식의 대다수를 가지고 있고 그 지배주주에 의하여 의결이 있었던 것으로 주주총회 의사록이 작성되어 있다 하더라도 도저히 그 결의가 존재한다고 볼 수 없을 정도로 중대한 하자가 있는 때에 해당하여 그 주주총회의 결의는 부존재하다고 보아야 한다"고 판시하여 1인 주주와 지배주주를 달리 취급하고 있다.

9) 이 판결은 "이른바 1인 주주"에 관한 판결이고, "실질적 1인 주주"에 관한 판결로는 대법원 1992.6.23. 선고 91다19500 판결이 있다.

있었던 것으로 볼 수 있다.

소집절차를 위반한 총회의 결의는 후일 취소대상이나 부존재 대상이 되지만, 하자있는 소집절차에 의한 주주총회개최를 금지하는 가처분 신청도 가능하다고 할 것이고 만약 주주총회의 개최를 금지하는 가처분 결정에도 불구하고 주주총회를 개최하여 결의하였다면 당연히 결의부존재사유가 된다고 할 것이다.

상법은 전자문서에 의한 주주총회 소집통지를 허용하면서 이 경우에는 주주의 동의를 받도록 하고 있으므로(상 363조 1항, 3항), 회사가 전자문서로 주주에게 소집통지를 하기 위해서 사전에 주주로부터 수신처를 지정 받아야 할 것이고, 이러한 사전 과정이 없다면 설령 회사가 임의로 알게 된 주주의 수신처로 전자문서에 의한 일방적 통지를 하였다고 하더라도 적법한 통지라고 할 수 없을 것이다.

### (가) 소집통지가 불필요한 경우

상법은 일정한 경우에는 회사가 주주에 대하여 주주총회의 소집통지를 생략할 수 있도록 규정하고 있는데, ① 회사가 주주명부상의 주소로 보냈던 주주총회의 소집통지가 3년간 계속하여 주주에게 도달하지 아니한 경우(상 363조 1항 단서), ② 무의결권 주식이나 의결권이 제한된 주식(자기주식 혹은 상호보유주식 등)을 보유하고 있는 의결권이 없는 주주의 경우(상 363조 7항), ③ 주주총회의 회의가 계속된 때의 속행회의 또는 연기된 때의 연기회의 경우(상 372조), ④ 자본금이 10억원 미만의 소규모주식회사에 있어서 주주 전원의 동의가 있는 경우(상 363조 4항 1문 전단) 등에는 회사가 주주총회의 소집을 통지할 필요가 없다.

이 밖에도 주주총회의 계속회가 동일한 안건토의를 위하여 당초의 회의일로부터 상당한 기간 내에 적법하게 거듭 속행되어 개최되었다면 당초의 주주총회와 동일성을 유지하고 있다고 할 것이므로 별도의 소집절차를 밟을 필요가 없다고 할 것이다.[10)]

### (나) 소집절차의 변경과 철회

소집통지를 통하여 소집절차가 진행된 후라고 할지라도 회사의 사정상 주주총회의 소집을 변경하거나 철회할 수도 있다고 할 것인데, 이에 관하여 상법은 아무런 규정이 없으나 대법원은 주주총회 소집의 통지가 행하여진 후 소집을 철회하거나 연기하기 위해서는 소집의 경우에 준하여 이사회의 결의를 거쳐 대표이사가 그 뜻을 그 소집에서와 같은 방법으로 통지하는 등, 총회 구성원들에게 소집의 철회나 취소결정

10) 대법원 1989.2.14. 선고 87다카3200 판결은, "주주총회의 계속회가 동일한 안건토의를 위하여 당초의 회의일로부터 상당한 기간내에 적법하게 거듭 속행되어 개최되었다면 당초의 주주총회와 동일성을 유지하고 있다고 할 것이므로 별도의 소집절차를 밟을 필요가 없다"고 판시하고 있다.

이 있었음이 알려질 수 있는 적절한 조치를 취하여 개최를 연기하거나 소집을 철회할 수도 있다고 판시하고 있다.

주주총회 소집의 철회와 변경은 주주총회가 개최조차 되지 않은 상태를 의미하므로 주주총회가 개최되어 의사를 진행을 하였으나 의사일정을 완료하지 못하여 차회기일을 정하는 속행 혹은 개회는 하였으나 의사를 진행하지 않은 채 의사일정을 차회기일로 미루는 연기와 구별된다.

◈ 대법원 2011.6.24. 선고 2009다35033 판결

주식회사 대표이사가 이사회결의를 거쳐 주주들에게 임시주주총회 소집통지서를 발송하였다가 다시 이를 철회하기로 하는 이사회결의를 거친 후 총회 개최장소 출입문에 총회 소집이 철회되었다는 취지의 공고문을 부착하고, 이사회에 참석하지 않은 주주들에게는 퀵서비스를 이용하여 총회 소집이 철회되었다는 내용의 소집철회통지서를 보내는 한편, 전보와 휴대전화(직접 통화 또는 메시지 녹음)로도 같은 취지의 통지를 한 사안에서, 임시주주총회 소집을 철회하기로 하는 이사회결의를 거친 후 주주들에게 소집통지와 같은 방법인 서면에 의한 소집철회통지를 한 이상 임시주주총회 소집이 적법하게 철회되었다.

◈ 대법원 2009.3.26. 선고 2007도8195 판결[11)]

서면에 의한 우편통지의 방법으로 소집통지가 행하여진 주주총회에 대하여 주주총회 소집일로부터 불과 3일 전에 이사회가 주주총회 연기를 결정한 후 소집 통지와 같은 서면에 의한 우편통지 방법이 아니라 휴대폰 문자메시지를 발송하는 방법으로 각 주주들에게 통지하고 일간신문 및 주주총회 장소에 그 연기를 공고하였을 뿐이므로, 이러한 주주총회의 연기는 적법한 절차에 의한 것으로 볼 수 없어 위 주주총회가 적법하게 연기되었다고 할 수 없다.

### 라. 주주총회의 목적사항

#### (1) 주주총회의 목적사항

상법은 소집통지서에 주주총회의 목적을 반드시 기재하도록 하고 있다(상 363조 2항). 주주총회의 목적사항은 보고할 사항(보고안건)과 결의할 사항(부의안건)으로 나누어 볼 수 있고 이들 사항은 제목(안건제목, 의제)과 구체적 내용(안건내용, 의안, 의안의 요령)으로 구분된다. 소집통지서에는 통상적으로 "영업보고 및 감사보고의 건", "제○

11) 대법원은 "주주총회 소집의 통지·공고가 행하여진 후 소집을 철회하거나 연기하기 위해서는 소집의 경우에 준하여 이사회의 결의를 거쳐 대표이사가 그 뜻을 그 소집에서와 같은 방법으로 통지·공고하여야 한다고 봄이 상당하다"고 판시하고 있다.

기 대차대조표, 손익계산서, 이익잉여금처분계산서(안) 승인에 관한 건"이나 "이사 선임의 건" 혹은 "정관일부변경의 건" 등과 같이 이들 안건의 제목(의제)을 목적사항으로서 기재하게 되고 또 이로써 충분하다고 할 것인데 이것은 주주들에게 사전에 주주총회의 목적사항을 알려 주어 주주들로 하여금 주주총회의 참석여부 및 찬부에 대한 의사결정을 하는 데 도움을 주고, 아울러 주주총회 의결의 범위를 한정함으로써 주주총회 당일에 기습적으로 예상치 못한 안건을 의결 처리하는 것을 방지하려는 데 목적이 있다고 할 것이다. 따라서 주주총회는 미리 정하여 주주들에게 통지된 안건에 한하여 심의하고 의결하여야 하고, 안건의 추가 혹은 배제는 원칙적으로 허용되어서는 아니 된다고 할 것이다. 다만 의결권 있는 주식을 가진 주주의 전원이 출석한 총회에서는 사전에 통지되지 아니한 안건일지라도 추가할 수 있고 또 이미 통지된 안건을 수정하여 의결에 부칠 수 있다고 할 것이다.

상법은 정관변경(상 433조 2항), 자본금감소(상 438조), 회사의 합병(상 522조 2항) 및 회사의 분할계획 또는 분할합병계약의 승인(상 530조의3 4항)을 위한 주주총회를 소집하는 경우에는 의제뿐만 아니라 의안의 요령을 기재하도록 하고 있고, 상장회사가 이사·감사의 선임에 관한 사항을 목적사항으로 하는 경우에는 그 후보자의 성명, 약력, 추천인 등 후보자에 관한 사항을 포함시키도록 정하고 있다(상 542조의4 2항).

### (2) 주주제안권

주주제안권이란 주주가 일정한 사항을 주주총회의 목적사항(의제)으로 하거나 정하여진 목적사항에 의안의 요령을 추가하여 제안할 수 있는 권리로서 주주의 의결권과 함께 주주의 공익권으로서 인정된다. 상법은 이를 단독주주에게는 인정하지 않고 이른바 소수주주권의 하나로서 인정하고 있다. 비상장회사의 경우에는 의결권 없는 주식을 제외한 발행주식 총수의 100분의 3 이상에 해당하는 주식을 가진 주주(상 363조의2)에게 허용하고, 상장회사의 경우에는 6개월 전부터 계속하여 상장회사의 의결권 없는 주식을 제외한 발행주식 총수의 1천분의 10 이상(대통령이 정하는 상장회사 즉 사업년도 말 현재의 자본금이 1,000억원 이상의 상장회사의 경우에는 1천분의 5 이상)에 해당하는 주식을 보유한 자에게 허용하고 있다(상 542조의6 2항).

회사가 주주총회를 소집함에 있어서 이사회가 주주총회의 의제와 구체적인 의안을 정하여 이를 주주총회의 소집통지서에 밝히고, 주주는 주주총회에서 부의된 의제의 구체적인 의안에 대하여 찬성과 반대의 표결을 통하여 의결이 이루어지는데, 이사회에 참석하지 못하는 주주에게 주주총회의 목적사항(의제 혹은 의안)에 대하여 제안을 할 수 있도록 함으로써 주주로 하여금 회사의 의사결정과정에 참여하도록 할 목적에서 인정되고 있다.

주주총회의 목적사항에 관하여 제안을 할 주주(소수주주)는 이사에게 주주총회일의 6주 전에 서면 또는 전자문서로 목적사항(예컨대 의제로서, 이사선임의 건, 정관일부 개정의 건 등)이나 의안의 요령(예컨대 의안으로서, A를 이사로 선임결의 할 것을 제안, 정관 몇 조를 어떻게 변경할 것을 제안 등)을 주주총회 소집통지서에 기재할 것을 요청하여야 한다(상 363조의2 2항).

주주의 제안이 있으면 이사는 이사회에 보고하고 이사회는 이를 검토하여 주주제안이 법령 또는 정관에 위반하는 경우이거나 대통령령에서 규정하는 사항[12]이 아니라면 이를 총회의 목적사항 및 의안요령으로 하여야 하고 제안한 주주에게 주주총회에서 의안을 설명할 기회를 부여하여야 한다(상 363조의2 3항).

주주의 의제제안이 부당히 거절되어 주주총회의 목적사항으로 포함되지 아니한 경우에 그 제안된 의제는 결의의 대상자체가 되지 아니하므로 제안된 의제를 무시하고 이루어진 주주총회의 결의 자체에 하자가 있다고 할 수 없고, 이사 등에 대하여 과태료의 제재(상 635조 1항 19호의3) 혹은 손해배상책임을 부담시킬 수밖에 없다고 할 것이다.

그러나 주주의 의안제안이 부당히 거절되어 소집통지서에 기재하지 아니한 채로, 주주의 의안제안과 상충되는 의안이 의결된 경우에는 제안된 의안에 대하여 결의를 하지 못하도록 하였으므로 소집절차상의 하자로 인한 주주총회결의 취소의 대상이 된다고 할 것이다.

주주가 제안한 의안을 회사에서 부당히 거절하여 주주총회의 안건으로 하지 않는 경우에 ① 주주총회의 개최를 금지하거나 연기하도록 하는 가처분, ② 주주가 제안한 의안을 주주총회의 안건으로 상정하도록 하는 가처분 등의 가능 여부에 관하여 견해의 대립이 있으나 결국 구체적 사안에 따라 개별적으로 법원이 판단하게 될 것이다.

---

12) 상법시행령 제12조는 ① 의결권의 100분의 10 미만을 득하여 이미 부결된 사항을 3년 내에 다시 제안하거나, ② 주주의 개인고충에 관한 사항, ③ 소수주주권에 관한 사항, ④ 상법 제542조의2 1항에 의한 상장회사에 있어서 임기중에 있는 임원의 해임에 관한 사항, ⑤ 회사가 실현할 수 없는 사항, 제안이유가 거짓이거나 타인의 명예를 훼손하는 사항 등에 관하여는 회사가 주주제안을 거부할 수 있도록 하고 있다.

## 마. 주주의 의결권

### (1) 의결권의 의의

의결권은 주주가 주주총회에 출석하여 표결(결의)에 참가할 수 있는 권리로서, 주주는 회사의 의사결정과정에서 의결권을 행사하여 회사의 경영에 참여하고, 회사의 경영을 감시하거나 감독할 수 있게 되므로 주주의 대표적인 공익권이라 할 것이다.

이러한 의결권은 주식에 있어서 주주에게 본질적으로 인정된 권리이므로 법률의 규정에 의하지 않고는 정관 또는 주주총회의 결의로 박탈하거나 제한하지 못하고 주주도 미리 포기할 수 없을 뿐만 아니라 주식과 분리하여 양도할 수도 없다.[13] 또한 합명회사와 같은 인적회사와 달리 주식회사는 이른바 물적회사이고 자본단체의 특성이 강하므로 주주의 의결권은 일신전속적 성질을 갖는다고 할 수도 없다.

### (2) 의결권의 수

상법은 주주의 인원수(人員數)에 의하지 않고 지주수(持株數)에 의하여 의결권을 부여하여 주식 1주마다 의결권을 1개로 하고 있는데(상 369조 1항), 이를 1주 1의결권의 원칙이라 한다. 이것은 주주평등의 원칙에 터 잡은 것으로서 강행법규라고 할 것이므로 상법 또는 다른 법률에서 이 원칙에 대한 예외를 인정하는 경우 이외에 이에 반하는 정관의 규정이나 이사회 혹은 주주총회의 결의는 무효라고 할 것이다.

따라서 1주에 수개의 의결권을 인정하는 복수 의결권주식이나, 의결에 대한 거부권을 인정하는 거부권부주식(拒否權附株式)과 같은 이른바 황금주(黃金株)는 인정되지 아니하며 주주총회결의 결과 찬성과 반대가 동수일 경우 당해 의안은 부결된 것으로 보며 의장에게 결정권(Casting Vote)이 주어지지도 않는다.

1주 1의결권의 원칙은 소유와 지배 사이의 비례의 원칙 및 주주평등의 원칙과 함께 우리나라 주식회사의 지배구조에 관한 규율의 근간을 이루고 있다고 할 것인데 최근에는 이른바 주주행동주의를 내세워 다른 주주의 이익과 회사의 장기적 이익을 희생시키면서 기회주의적인 단기이익을 추구하는 일부 외국계 헤지펀드의 경영권간섭과 위협에 대처하기 위한 방안으로서 이러한 차등의결권주식이나 황금주를 도입하여야 한다는 논의가 점차 활발해지고 있다.

---

13) 대법원 2002.12.24. 선고 2002다54691 판결은, "주주권은 주식의 양도나 소각 등 법률에 정하여진 사유에 의하여서만 상실되고 단순히 당사자 사이의 특약이나 주주권 포기의 의사표시만으로 상실되지 아니하며 다른 특별한 사정이 없는 한 그 행사가 제한되지도 아니한다"고 하면서 주주가 일정기간 주주권을 포기하고 타인에게 주주로서의 의결권 행사권한을 위임하기로 약정한 사정만으로는 그 주주가 주주로서의 의결권을 직접 행사할 수 없게 되었다고 볼 수 없다고 판시하고 있다.

◆ 대법원 2009.11.26. 선고 2009다51820 판결

[1] 상법 제369조 제1항에서 주식회사의 주주는 1주마다 1개의 의결권을 가진다고 하는 1주 1의결권의 원칙을 규정하고 있는바, 위 규정은 강행규정이므로 법률에서 위 원칙에 대한 예외를 인정하는 경우를 제외하고, 정관의 규정이나 주주총회의 결의 등으로 위 원칙에 반하여 의결권을 제한하더라도 효력이 없다.

[2] 상법 제409조 제2항 · 제3항은 '주주'가 일정 비율을 초과하여 소유하는 주식에 관하여 감사의 선임에 있어서 그 의결권을 제한하고 있고, 구 증권거래법(2007. 8. 3. 법률 제8635호 자본시장과 금융투자업에 관한 법률 부칙 제2조로 폐지) 제191조의11은 '최대주주와 그 특수관계인 등'이 일정 비율을 초과하여 소유하는 주권상장법인의 주식에 관하여 감사의 선임 및 해임에 있어서 의결권을 제한하고 있을 뿐이므로, '최대주주가 아닌 주주와 그 특수관계인 등'에 대하여도 일정 비율을 초과하여 소유하는 주식에 관하여 감사의 선임 및 해임에 있어서 의결권을 제한하는 내용의 정관 규정이나 주주총회결의 등은 무효이다.

### (3) 의결권 없는 주식

상법은 의결권이 없는 종류주식이나 의결권이 배제되는 종류주식의 발행을 허용하므로(상 344조의3) 이들 주식은 모든 의결에 관하여 혹은 일정한 사항에 관하여 의결권이 인정되지 않는다. 이러한 종류주식의 경우는 의결권을 전제로 한 소집통지를 받을 권리도 없고(상 363조 8항) 주주총회결의에 있어서 발행주식의 총수에도 산입되지 않지만(상 371조 1항), 총회에 출석하여 의견을 진술하는 것은 가능하고 소수주주권행사도 가능하다고 할 것이다. 다만 의결권이 없거나 제한되는 종류주식의 종류주주총회에서는 당연히 의결권을 행사할 수 있다(상 435조, 436조).

2011년 4월 14일 개정되기 전의 상법은 무의결권주식을 배당우선주에 부가된 성질로서 파악하였기에 무의결권주식이라도 우선배당을 받지 못하는 경우에는 당연히 의결권이 부활하도록 규정(개정 전 상법 370조 1항 단서)하고 있었으나, 개정된 상법에서는 무의결권주식의 당연한 의결권 부활에 관한 규정(개정 전 상법 370조 1항 단서)을 삭제하고 정관으로 이를 정할 수 있도록 규정하고 있다(상 344조의3 1항). 다만 2011년 4월 14일 개정상법의 경과규정(부칙 3조 단서)에 의하여 개정 전의 상법의 규정에 따라 생긴 효력에는 영향을 미치지 않으므로 개정 전에 발행된 무의결권주식은 그대로 유효하고 이러한 무의결권주식이 우선적 배당을 받지 못하는 동안에는 당연히 의결권이 부활하게 된다(개정 전 상법 제370조 1항 단서).

### (4) 의결권이 제한되는 주식

#### (가) 상법상 의결권이 일시적으로 제한된 주식

상법상 일정한 경우에 의결권이 제한되기도 하는데, ① 회사가 가진 자기주식은 주주총회결의의 공정성을 확보하기 위하여 의결권이 제한되고(상 369조 2항), ② 회사 간에 상법 제342조 1항에서 규정한 모자관계가 없는 경우에는 주식의 상호보유가 가능하지만 주주총회의 결의가 왜곡되는 것을 막기 위하여 발행주식총수의 10분의 1을 초과하는 주식을 가진 경우에는 의결권이 제한된다(상 369조 3항). 이러한 경우에 그 의결권을 행사할 수 없는 주식의 수는 발행주식 총수에 산입하지 않게 된다(상 371조 1항).

**◆ 대법원 2009.1.30. 선고 2006다31269 판결**

상법 제369조 제3항은 "회사, 모회사 및 자회사 또는 자회사가 다른 회사의 발행주식의 총수의 10분의 1을 초과하는 주식을 가지고 있는 경우 그 다른 회사가 가지고 있는 회사 또는 모회사의 주식은 의결권이 없다"고 규정하고 있다. 이와 같이 모자회사 관계가 없는 회사 사이의 주식의 상호소유를 규제하는 주된 목적은 상호주를 통해 출자 없는 자가 의결권 행사를 함으로써 주주총회결의와 회사의 지배구조가 왜곡되는 것을 방지하기 위한 것이다. 한편, 상법 제354조가 규정하는 기준일 제도는 일정한 날을 정하여 그 날에 주주명부에 기재되어 있는 주주를 계쟁 회사의 주주로서의 권리를 행사할 자로 확정하기 위한 것일 뿐, 다른 회사의 주주를 확정하는 기준으로 삼을 수는 없으므로, 기준일에는 상법 제369조 제3항이 정한 요건에 해당하지 않더라도, 실제로 의결권이 행사되는 주주총회일에 위 요건을 충족하는 경우에는 상법 제369조 제3항이 정하는 상호소유 주식에 해당하여 의결권이 없다. 이때 회사, 모회사 및 자회사 또는 자회사가 다른 회사 발행주식 총수의 10분의 1을 초과하는 주식을 가지고 있는지 여부는 앞서 본 '주식 상호소유 제한의 목적'을 고려할 때, 실제로 소유하고 있는 주식수를 기준으로 판단하여야 하며 그에 관하여 주주명부상의 명의개서를 하였는지 여부와는 관계가 없다.

**◆ 대법원 2001.5.15. 선고 2001다12973 판결**

상법 제342조의3에는 "회사가 다른 회사의 발행주식 총수의 10분의 1을 초과하여 취득한 때에는 그 다른 회사에 대하여 지체 없이 이를 통지하여야 한다"라고 규정되어 있는바, 이는 회사가 다른 회사의 발행주식 총수의 10분의 1 이상을 취득하여 의결권을 행사하는 경우 경영권의 안정을 위협받게 된 그 다른 회사는 역으로 상대방 회사의 발행주식의 10분의 1 이상을 취득함으로써 이른바 상호보유주식의 의결권 제한 규정(상법 제369조 제3항)에 따라 서로 상대 회사에 대하여 의결권을 행사할 수 없도록 방어조치를 취하여 다른 회사의 지배가능성을 배제하고 경영권의 안정을 도모하도록 하기 위한 것으로서, 특정 주주총회에 한정하여 각 주주들로부터 개별안건에 대한 의견을 표시하게 하여 의결권을 위임받아 의결권을 대리로 행사하는 경우에는 회사가 다른 회사의 발행주식 총수의 10분의 1을 초과하여 의결권을 대리로 행사할 권한을 취득하였다고 하여도 위 규정이 유추적용되지 않는다.

상법은 자기주식(상 369조 2항)과 상호보유주식(상 369조 3항) 그리고 의결권이 배제되거나 제한되는 종류주식(상 344조의3 1항)에 대하여 의결권이 없는 주식으로서 발행주식총수에 산입하지 않도록 하고 있으나(상 371조 1항), 자기주식이나 상호보유주식의 경우는 의결권이 배제·제한되는 종류주식과 달리 그 주식 자체에 의결권이 없는 주식이 아니라 그 주식을 가지는 자의 특별한 지위에 의하여 일시적으로 의결권이 제한되는 경우라고 할 것이다.

또한 ① 감사의 선임에 있어서 의결권 없는 주식을 제외한 발행주식 총수의 100분의 3을 초과하는 주식을 가진 주주의 경우에는 대주주의 영향력을 약화시켜 감사의 중립성을 확보하기 위하여 그 초과하는 주식에 관하여 의결권의 행사가 제한되며(상 409조 2항), ② 같은 취지에서 일정한 상장회사의 경우(상 542조의11)에는 감사 또는 사외이사가 아닌 감사위원회 위원의 선임과 해임에 있어서 최대주주뿐만 아니라 최대주주의 특수관계인의 의결권도 제한된다(상 542조의12 3항).[14)]

특히 주주총회의 결의에 대하여 특별한 이해관계를 가진 주주의 주식에 대하여도 의결권행사가 제한되는데(상 368조 3항) 여기에서 특별한 이해관계의 구체적 의미에 대하여, 주주총회의 결의에 의하여 권리나 의무의 변동이 생기는 등의 법률상의 이해관계가 생기는 경우를 의미한다는 견해(법률상 이해관계설),[15)] 특정한 주주의 이해관계에 영향을 미치는 경우로 이해하는 견해(특별이해관계설),[16)] 주주로서의 이해관계가 아니라 개인으로서의 이해관계를 가지는 경우로 이해하는 견해(개인법상의 이해관계설)[17)]가 대립하고 있다. 일반적 견해와 대법원의 입장은 이해관계의 의미를 가장 좁게 해석하는 개인법상의 이해관계설에 입장에 서 있는데 이런 입장에 설 때, 이사선임결의 혹은 해임결의의 대상이 되는 주주의 경우, 재무제표승인결의에 있어서 감사나 이사인 주주인 경우, 합병결의에 있어서 합병대상인 회사가 주주인 경우는 특별한 이해관계가 있는 주주라고 할 수 없으나, 영업양도결의에 있어서 주주가 영업양수인이 되는

14) 상법 제542조의12 제3항은 "감사 또는 사외이사 아닌 감사위원회 위원"의 선임이나 해임에만 적용되므로 "사외이사인 감사위원회 위원"의 선임이나 해임에 있어서는, 최대주주와 특수관계에 있는 자의 의결권은 제한되지 아니한다. 최근에는 이러한 사외이사를 겸하는 감사위원회 위원의 선임과 해임에 있어서도 최대주주와 특수관계에 있는 자의 의결권을 제한하고자 하는 개정 논의가 있다.

15) 이병태 603면.

16) 박원선·이정한 243면.

17) 권기범 570면, 손주찬 713면, 이철송 516면, 정동윤 329면, 정찬형 474면, 최준선 338면.

경우라든가 이사의 보수, 공로금 지급결의에 있어서 대상이 되는 이사인 주주 나아가 이사, 감사의 책임을 면제하는 결의의 대상인 이사 또는 감사인 주주는 특별한 이해관계를 갖는다고 할 것이다. 이 밖에도 대리인은 본인의 의사에 반하여 의결권을 행사할 수도 있으므로 설령 주주에게 특별한 이해관계가 없더라도 대리인이 특별한 이해관계가 있을 때에는 의결권을 행사할 수 없다고 할 것이다.

상법은 의결권이 배제되거나 제한되는 종류주식이나 자기주식 또는 상호주식의 경우와 달리 이러한 경우에 의결권을 행사할 수 없는 주식의 의결권 수는 출석한 주주의 의결권의 수에 산입하지 않도록 규정하고 있는데(상 371조 2항) 이는 상법 제371조 제1항과 관련하여 볼 때 발행주식 총수에는 산입되지만 출석한 의결권의 수를 계산할 때 산입되지 않는다는 의미로 해석하여야 할 것이다.

**대법원 2007.9.6. 선고 2007다40000 판결**

주주총회가 재무제표를 승인한 후 2년 내에 이사와 감사의 책임을 추궁하는 결의를 하는 경우 당해 이사와 감사인 주주는 회사로부터 책임을 추궁당하는 위치에 서게 되어 주주의 입장을 떠나 개인적으로 이해관계를 가지는 경우로서 그 결의에 관한 특별이해관계인에 해당한다.

이 밖에도 주주명부폐쇄기간 중에 전환된 주식에 대하여는 주주의 확정을 위한 회사의 편의를 위하여 그 기간 중의 주주총회에서의 의결권이 제한되는데(상 350조 2항), 상법의 규정은 없지만 이 경우에는 발행주식 총수에 산입되지 않는다고 해석하여야 할 것이다.

대법원은 법원의 의결권행사금지 가처분결정에 의하여 의결권을 행사할 수 없는 경우라고 하더라도 발행주식의 총수에는 산입되는 것으로 해석하여야 한다고 판시하고 있다.[18]

### (나) 특별법상 의결권이 일시적으로 제한된 주식

상법 이외의 법률에서도 주주의 의결권이 제한되는 경우가 있는데, ① 「자본시장과 금융투자업에 관한 법률」에 정한 공개매수규정을 위반하여 매수한 주식(자본시장법 145조)과 주식의 대량보유상황(이른바 5%룰)에 관한 보고의무를 위반한 주식(자본시장법 150조 2항) 등에 대하여는 의결권행사를 제한하고 있으며,[19] ② 「독점규제 및 공

18) 대법원 1998.4.10. 선고 97다50619 판결.

19) 이 밖에도 자본시장과 금융투자업에 관한 법률은 ① 집합투자업자가 일정한 투자한도를 초과하여 취득한 주식에 대하여 의결권의 행사를 제한하고(87조 4항), ② 신탁업자는 신탁재산에 속하는 일정한 주식에 대하여 의결권을 행사할 수 없도록 하고(112조 3항), ③ 상호출자제한 기업집단에 속하는 종합금융회사가 자금지원관련 금지행위를 위반하여 취득한 주식에 대한 의결권도 제한하고 있다(345조 2항).

정거래에 관한 법률」에서는 상호출자가 제한되는 기업집단에 속하는 회사로서 금융업 또는 보험업을 영위하는 회사는 국내의 계열회사 의결권의 행사를 제한하고(독점규제법 11조), ③ 은행법에 의하면 동일인이 발행주식 총수의 100분의 10을 초과하여 주식을 보유한 경우에 그 초과보유 주식에 관한 의결권이 제한되고(은행법 16조), ④ 「채무자회생 및 파산에 관한 법률」에 따르면 회생채무자의 주주는 회생절차 개시당시 채무자의 부채총액이 자산총액을 초과하는 경우 주주의 의결권을 제한하고 있다(채무자회생법 146조).

### (5) 의결권의 행사

정기주주총회에서 의결권을 행사하는 주주는 주주명부폐쇄절차 또는 기준일에 의하여 확정되고(상 354조 1항) 임시주주총회에서 의결권을 행사하는 주주는 주주총회의 당일에 주주명부에 주주로 기재된 자로 확정된다.

의결권의 행사는 주주총회의 의안에 대한 주주의 의사표시라고 할 것이고, 주주의 의결권의 행사 여부 및 방법은 주주의 자유로운 의사에 맡겨져 있으므로, 주주는 ① 대리인을 통하여 대리로 행사할 수도 있고(상 368조 2항), ② 2개 이상의 의결권을 가진 때에는 통일되지 않게 행사할 수도 있고(상 368조의2), 경우에 따라서는 ③ 서면에 의하여 행사할 수도 있으며(상 368조의3), ④ 전자적 방법에 의하여 행사할 수도 있다(상 368조의4).

그러나 상법은 의결권신탁계약, 의결권행사자격의 양도계약 또는 의결권 구속계약과 같이 주주의 자유로운 의결권의 행사를 속박하는 계약은 인정하고 있지 않다.

명의개서를 마치지 아니한 실질적 주주의 의결권행사를 회사가 용인한 경우에 상법 제337조 제1항의 규정과 관련하여 그 결의가 적법한지 여부에 대하여, 적법하다는 견해(편면적 구속설)와 부적법하다는 견해(쌍방적 구속설)가 대립하고 있으나, 대법원은 "상법 제337조 규정은 주주권 이전의 효력요건을 정한 것이 아니고 회사에 대한 관계에서 누가 주주로 인정되느냐 하는 주주의 자격을 정한 것으로서 기명주식의 취득자가 주주명부상의 주주명의를 개서하지 아니하면 스스로 회사에 대하여 주주권을 주장할 수 없다는 의미이고 명의개서를 하지 아니한 실질적 주주를 회사 측에서 주주로 인정하는 것은 무방하다"고 판시하고 있음[20]은 이미 설명한 바 있다.

또한 주주명부에 기재된 주주가 실질적 주주가 아니라 형식적 주주임을 알고 있었음에도 불구하고 회사가 이러한 형식적 주주로 하여금 의결권을 행사하도록 한 주주총회 결의의 적법성이 상법 제353조에 정한 주주명부의 면책적 효력과 관련하여 문

---

20) 대법원 2001.5.15. 선고 2001다12973 판결.

제가 되는데 대법원은 "회사가 실질주주의 존재에 관하여 악의이고 이를 입증할 용이한 방법이 있음에도 불구하고 주주명부에 따른 행위를 한 경우는 면책력이 적용될 수 없다"고 판시하고 있음[21]도 이미 설명하였다.

의결권 행사금지 가처분은 임시의 지위를 정하는 가처분으로서 일반적으로 허용되고 있는데 그 본안의 소는 주주권부존재 확인의 소 혹은 주주권행사금지의 소의 형태를 갖는다. 만약 이러한 가처분이 인용될 경우에는 그 부분의 주식은 발행주식총수에서 공제하여야 할 것인바, 만약 이러한 가처분에 따라 의결권을 행사하지 못하였는데 후일 본안사건에서 의결권행사가 가능한 것으로 판결되면, 주주총회결의취소의 소의 대상이 될 것이나 이 경우에는 2월의 제소기간 도과로 결의의 취소를 다투는 소를 제기할 수 없게 될 것이므로 결국 이러한 다툼에서는 가처분이 결정적 역할을 한다 할 것이다.

의결권 행사허용 가처분은 이른바 만족적 가처분으로서 자칫하면 가처분의 본안화를 가져올 우려가 있어서 실무상 쉽게 인정되지 않고 있다.

#### (가) 의결권의 대리행사

상법은 의결권의 대리행사를 인정하고 있는데(상 368조 2항), 이러한 의결권의 대리행사는 의결권이 일신전속적인 성질을 갖지 않고 또한 주주로 하여금 의결권행사에 있어서의 편의를 도모할 필요가 있고 나아가 회사로 하여금 용이하게 주주총회의 의결정족수를 확보하도록 할 필요성에서 인정되므로 이 규정은 강행법규로서의 성질을 갖는다 할 것이다.

따라서 의결권의 대리행사는 원칙적으로 정관으로 제한할 수 없다고 할 것인데, 대법원은 합리적인 이유가 있다면 정관의 규정에 의하여 주주의 대리인의 자격에 관하여 상당하다고 인정되는 정도의 제한을 가할 수 있고, 또한 그러한 정관의 규정이 없다고 하더라도 의결권의 대리행사로 말미암아 주주총회의 개최가 부당하게 저해되거나 혹은 회사의 이익이 부당하게 침해될 염려가 있는 등의 특별한 사정이 있는 경우에 회사는 이를 거절할 수 있다고 판시하고 있다.

그런데 의결권을 행사할 대리인의 자격을 주주로 한정하는 정관의 효력을 인정할 것인지에 관하여, ① 의결권의 대리행사에 관한 상법의 규정은 강행규정이고, 대리인 자격을 제한하면 대리인으로서 주주를 구하기 힘든 경우에는 의결권행사기회를 박탈할 염려가 있으므로 대리인자격을 주주에 한정하는 것은 무효라고 하는 견해(무효설),[22] ② 대리인자격을 주주에 한정하는 것은 주주 이외의 제3자에 의한 주주총회의 교란을 피하기 위한 최소한의 제한으로서 합리적이므로 유효라고 하는 견해(유효설),[23] ③

21) 대법원 1998.9.8. 선고 96다45818 판결.
22) 강위두/임재호 683면, 김정호 517면, 채이식 473면.

대리인자격을 주주에 한정하는 것은 원칙적으로 유효이지만, 법인주주의 경우에 주주가 아닌 직원을 대리인으로 선임하거나, 개인주주의 경우에 주주가 아닌 가족을 대리인으로 선임하는 것은 인정하여야 한다는 견해(제한적 유효설)[24]가 대립하고 있는데, 대법원은 이른바 제한적 유효설의 입장을 취하고 있다.

주주는 2인 이상에게 대리권을 공동으로 수여하는 것도 가능하고, 만약 이 경우 의결권을 불통일하게 행사하도록 한다면 상법에 정한 불통일행사의 요건을 갖추어야 할 것이나(상 368조의2), 동일한 주주가 의결권의 불통일행사요건을 갖추지 않은 채 단순히 수인의 대리인을 선임하여 그들로 하여금 각기 다른 내용으로 의결권을 행사하도록 하여 결과적으로 의결권을 불통일적으로 행사하는 것은 인정되지 않는다 할 것이다. 반면에 대리인이 2인 이상의 주주로부터 각기 의결권을 위임받은 경우에는 당연히 그 위임의 뜻에 따라 불통일적으로 행사할 수도 있다.

만약 대리인이 주주의 의사와 다르게 의결권을 행사하더라도 의결권의 행사에는 아무런 하자 없고 다만, 대리인은 주주에게 대리권수여계약의 위반에 따른 손해배상책임을 부담한다고 할 것이다.

또한 회사의 자기주식 등과 같이 의결권이 제한되는 경우에 이를 대리인으로 하여금 의결권을 행사하도록 할 수도 없다 할 것이다.

주주가 의결권을 대리 행사하도록 하는 경우에 대리인은 대리권을 증명하는 서면을 총회에 제출하여야 한다(상 368조 2항 후문). 대리권을 증명하는 서면 즉 위임장은 원본에 한정하여야 하지만,[25] 그러한 대리권을 증명하는 서면의 진위를 확인하기 위한 방법으로서는 인감증명서뿐만 아니라 기타 방법으로 그 진정성을 확인하면 충부하다고 할 것이다.

#### ◆ 대법원 2009.4.23. 선고 2005다22701, 22718 판결[26][27]

주주의 자유로운 의결권 행사를 보장하기 위하여 주주가 의결권의 행사를 대리인에게 위임하는 것이 보장되어야 한다고 하더라도 주주의 의결권 행사를 위한 대리인 선임이

---

23) 서헌제 322면, 손주찬 721면, 이기수 458면, 정찬형 478면.

24) 권기범 580면, 정동윤 334면, 최기원 475면.

25) 대법원 2004.4.27. 선고 2003다29616 판결은, "상법 제368조 제3항의 규정은 대리권의 존부에 관한 법률관계를 명확히 하여 주주총회 결의의 성립을 원활하게 하기 위한 데 그 목적이 있다고 할 것이므로 대리권을 증명하는 서면은 위조나 변조 여부를 쉽게 식별할 수 있는 원본이어야 하고, 특별한 사정이 없는 한 사본은 그 서면에 해당하지 아니하고, 팩스를 통하여 출력된 팩스본 위임장 역시 성질상 원본으로 볼 수 없다"고 판시하고 있다.

26) 대법원 2001.9.7. 선고 2001도2917 판결도 "특별한 사정이 있는 경우에는 회사가 의결권의 대리행사를 거절할 수 있다"는 전제에서 주주가 의결권 불통일행사를 위한 요건을 갖추지 못한 채 의결권 불통일행사를 위하여 수인의 대리인을 선임하고자 하는 것에 대하여 회사는 거절할 수 있다고 판시하고 있다.

27) 대법원은 이 판결에서 "주주 본인의 경우에는 굳이 참석장을 소지하고 있지 않더라도 신분증 및 회사

무제한적으로 허용되는 것은 아니고, 그 의결권의 대리행사로 말미암아 주주총회의 개최가 부당하게 저해되거나 혹은 회사의 이익이 부당하게 침해될 염려가 있는 등의 특별한 사정이 있는 경우에는 회사가 이를 거절할 수 있다.

상법 제368조 제3항이 규정하는 '대리권을 증명하는 서면'이라 함은 위임장을 일컫는 것으로서 회사가 위임장과 함께 인감증명서, 참석장 등을 제출하도록 요구하는 것은 대리인의 자격을 보다 확실하게 확인하기 위하여 요구하는 것일 뿐, 이러한 서류 등을 지참하지 아니하였다 하더라도 주주 또는 대리인이 다른 방법으로 위임장의 진정성 내지 위임의 사실을 증명할 수 있다면 회사는 그 대리권을 부정할 수 없다. 한편, 회사가 주주 본인에 대하여 주주총회 참석장을 지참할 것을 요구하는 것 역시 주주 본인임을 보다 확실하게 확인하기 위한 방편에 불과하므로, 다른 방법으로 주주 본인임을 확인할 수 있는 경우에는 회사는 주주 본인의 의결권 행사를 거부할 수 없다.

상법 제368조 제3항의 규정은 주주의 대리인의 자격을 제한할 만한 합리적인 이유가 있는 경우 정관의 규정에 의하여 상당하다고 인정되는 정도의 제한을 가하는 것까지 금지하는 취지는 아니라고 해석되는바, 대리인의 자격을 주주로 한정하는 취지의 주식회사의 정관규정은 주주총회가 주주 이외의 제3자에 의하여 교란되는 것을 방지하여 회사 이익을 보호하는 취지에서 마련된 것으로서 합리적인 이유에 의한 상당한 정도의 제한이라고 볼 수 있으므로 이를 무효라고 볼 수는 없다. 그런데 위와 같은 정관규정이 있다 하더라도 주주인 국가, 지방공공단체 또는 주식회사 등이 그 소속의 공무원, 직원 또는 피용자 등에게 의결권을 대리 행사하도록 하는 때에는 특별한 사정이 없는 한 그들의 의결권 행사에는 주주 내부의 의사결정에 따른 대표자의 의사가 그대로 반영된다고 할 수 있고 이에 따라 주주총회가 교란되어 회사 이익이 침해되는 위험은 없는 반면에, 이들의 대리권 행사를 거부하게 되면 사실상 국가, 지방공공단체 또는 주식회사 등의 의결권 행사의 기회를 박탈하는 것과 같은 부당한 결과를 초래할 수 있으므로, 주주인 국가, 지방공공단체 또는 주식회사 소속의 공무원, 직원 또는 피용자 등이 그 주주를 위한 대리인으로서 의결권을 대리행사하는 것은 허용되어야 하고 이를 가리켜 정관규정에 위반한 무효의 의결권 대리행사라고 할 수는 없다.

우리사주조합의 경우는 우리사주조합의 명의로 일정기간 수탁기관에 예탁하여야 하고 이때 의결권은 조합의 대표자가 행사하게 되지만 조합원이 의결권을 행사하고자 하면 대표자로부터 의결권의 위임을 받아 행사하는 형식을 취한다(근로복지기본법 43조, 46조).

---

에 제출된 것과 동일한 인감의 소지 여부 등을 통하여 주주 본인임을 확인하는 절차를 거치면 충분하고, 주주의 대리인의 경우에는 위임장을 제출받아 그 위임장에 기재된 주주 본인의 인적 사항이 맞는지, 위임장에 날인된 주주 본인의 인감이 회사에 제출된 것과 동일한지 여부와 위임장을 가지고 온 자의 신분증과 위임장에 기재된 대리인의 인적 사항의 대조하는 등의 방법으로 그 사람의 동일성을 확인하는 절차를 거치면 되므로 일부 주주 본인들이 참석장을 소지하고 있지 않거나 일부 주주의 대리인들이 위임장 이외에 주주 본인의 신분증 사본, 인감증명서 등을 제출하지 아니하였다는 사정만으로는 이들의 의결권 행사가 무효라고 볼 수 없다"는 취지로 판단한 원심을 지지하였다.

또한 주주는 동일한 주주총회에서의 각기 다른 내용의 수개의 의안에 관하여 의결권을 포괄적으로 위임하는 것도 가능하다고 할 것이고, 의결권 행사를 위임받은 대리인은 특별한 사정이 없는 한 그 의결권 행사의 취지에 따라 제3자에게 그 의결권의 대리행사를 재위임할 수도 있다고 할 것이다.[28)]

실무상 부동산 PF금융거래 또는 경영권양도를 위한 계약 등에서 의결권의 포괄위임계약을 체결하는 경우도 적지 않다. 의결권의 포괄적 위임계약이란 주주가 타인에게 자신의 의결권의 행사를 위임하면서 의결권 행사의 범위를 제한하지 아니할 뿐만 아니라 그 행사의 내용까지도 포괄하여 위임하도록 하는데, 대법원은 상법 제368조 제2항에 따라 주주는 타인에게 의결권 행사를 위임하거나 대리 행사하도록 함에 있어서 그 의결권의 행사를 구체적이고 개별적인 사항에 국한하여 위임해야 한다고 해석하여야 할 근거는 없고 포괄적으로 위임할 수도 있다고 판시하면서 이를 허용하고 있다.[29)]

### (나) 의결권 대리행사의 권유

의결권 대리행사의 권유란 주주에게 대리권을 특정인에게 위임하여 줄 것을 권유하는 행위를 말한다.[30)] 대규모의 상장회사의 경우에 있어서 회사의 경영권을 갖고자 하는 자들이 군소주주들로부터 백지위임의 방식으로 의결권에 관한 대리권을 위임받아 이를 이용하여 회사의 경영권을 획득하려는 목적에서 사용되고 있다. 이러한 의결권 대리행사의 권유는 의결정족수 확보를 위한 수단이라는 장점이 있기도 하지만, 기존의 경영자들은 실적에 관계없이 쉽사리 경영권을 유지하는 수단이 될 수 있고, 또한 경영권을 갖고자 하는 자들 사이에 이른바 백지위임장쟁탈전(Proxy Contest)이 벌어져 회사를 혼란한 상태로 몰고 갈 우려가 있기도 하다.

실무상 상장회사의 경영진들이 주주총회의 소집통지를 보낼 때 백지위임장을 동봉하여 대리권의 백지위임을 권유하고, 이에 따라 주주들로부터 기명날인된 백지위임장을 반송 받아 사용하는 방식을 취하게 된다.

회사의 대리권행사의 권유행위는 그 법적 성질이 대리권 행사를 위한 위임계약에 관한 청약이고, 주주가 이에 응하는 행위의 법적 성질은 대리권 행사를 위한 위임계약에 관한 승낙이라고 할 것이므로 주주가 회사로부터 송부된 백지위임장에 기명날인하여 회사에 반송하게 되면 주주와 회사 사이에는 대리권 행사를 위한 위임계약이 성

28) 대법원 2014.1.23. 선고 2013다56839 판결.
29) 대법원 2014.1.23. 선고 2013다56839 판결.
30) 상법에는 이에 관한 규정이 없으나 자본시장과 금융투자업에 관한 법률에는 상장법인의 대리권행사의 권유와 관련하여 주주를 보호하기 위한 규정을 두고 있다(자본시장법 152조).

립된다고 할 것이다. 이때 회사는 주주의 수임자의 지위에 서게 되므로 주주의 대리인으로 직접 의결권을 행사할 수는 없으나, 수임자로서 선량한 관리자의 주의의무에 의하여 의결권을 행사할 자를 지정하게 되는데 그 법적 성질은 복임행위로 보아야 할 것이다.

### (다) 의결권의 불통일행사

의결권의 불통일행사란 주주가 2개 이상의 의결권을 가지고 있을 때 그 일부는 찬성에, 다른 일부는 반대에 투표하여 의결권을 통일적이지 않게 행사하는 것을 말한다(상 368조의2).

주주는 보유하는 주식 1주당 1개의 의결권을 가지고 있으므로 다수의 주식을 보유하는 경우에는 수개의 의결권을 가지게 되고, 이러한 수개의 의결권을 항상 통일적으로 행사하여야 할 논리적 근거는 없다 할 것이고 한편으로는 수개의 의결권을 불통일적으로 행사하여야 할 현실적 필요성도 있어 상법에서는 이를 인정하고 있다(상 368조의2 1항). 다만 이를 남용하는 것을 방지하기 위하여 일정한 경우에는 회사가 이를 거부할 수 있도록 하면서도 주식을 신탁 받은 경우 혹은 주식을 예탁 받거나 주식의 공유 등과 같은 일정한 경우에 한하여 이를 거부할 수 없도록 하고 있다(상 368조의2 2항).[31)]

주식의 불통일행사는 주주총회 회일 3일 전에 서면과 전자문서로 회사에 대하여 통지하여야 하는데(상 368조의2 1항) 이러한 불통일행사 통지는 총회 때마다 하는 것이 원칙이나 일괄통지도 가능하다고 할 것이다.

의결권의 불통일행사가 적법하면 그대로 의결권행사로 간주하게 되지만, 만약 주주가 회사에 대하여 불통일행사를 통지하지 않았음에도 의결권을 불통일적으로 행사를 하였고 회사가 이를 승인하여 결의가 이루어진 경우 이를 유효하다고 한다면 회사에 재량권을 주는 결과를 가져오기 때문에 그런 의결권의 행사는 적법하다고 할 수 없다.

주주가 회사에 대하여 불통일행사를 통지하였음에도 불구하고 의결권을 실제로는 통일적으로 행사하여 결의가 이루어졌다고 하더라도 주주는 의결권행사 전까지는 불통일행사의 의사표시를 철회할 수 있다고 볼 수 있으므로 그런 의결권의 행사는 적법하다고 할 것이다.

나아가 주주가 회사에 대하여 불통일행사의 의사표시를 주주총회일 3일 전보다

31) 앞서 본 대법원 2001.9.7. 선고 2001도2917 판결에서는 "주주가 상법에 정한 불통일 행사 요건을 갖추지 못한 채 의결권을 불통일적으로 행사하기 위하여 수인의 대리인을 선임하고자 하는 경우에 회사는 이를 거절할 수 있다"고 판시하고 있다.

촉박한 시일에 통지하였으나 회사가 이를 인정하여 결의가 이루어진 경우에는, 상법이 정한 3일이란 기한은 회사의 이익을 위한 것이므로 회사가 스스로 기한의 이익을 포기할 수 있으므로 그런 의결권의 행사는 적법하다고 해석하여야 할 것이다.

**◆ 대법원 2009.4.23. 선고 2005다22701, 22718 판결**

상법 제368조의2 제1항은 "주주가 2 이상의 의결권을 가지고 있는 때에는 이를 통일하지 아니하고 행사할 수 있다. 이 경우 회일의 3일 전에 회사에 대하여 서면으로 그 뜻과 이유를 통지하여야 한다고 규정하고 있는바, 여기서 3일의 기간이라 함은 의결권의 불통일행사가 행하여지는 경우에 회사 측에 그 불통일행사를 거부할 것인가를 판단할 수 있는 시간적 여유를 주고, 회사의 총회 사무운영에 지장을 주지 아니하도록 하기 위하여 부여된 기간으로서, 그 불통일행사의 통지는 주주총회 회일의 3일 전에 회사에 도달할 것을 요한다. 다만, 위와 같은 3일의 기간이 부여된 취지에 비추어 보면, 비록 불통일행사의 통지가 주주총회 회일의 3일 전이라는 시한보다 늦게 도착하였다고 하더라도 회사가 스스로 총회운영에 지장이 없다고 판단하여 이를 받아들이기로 하고 이에 따라 의결권의 불통일행사가 이루어진 것이라면, 그것이 주주평등의 원칙을 위반하거나 의결권 행사의 결과를 조작하기 위하여 자의적으로 이루어진 것이라는 등의 특별한 사정이 없는 한, 그와 같은 의결권의 불통일행사를 위법하다고 볼 수는 없다.

(라) 서면에 의한 의결권행사

상법은 일정한 요건 하에서 주주로 하여금 주주총회에 출석하지 않고도 서면에 의하여 의결권을 행사할 수 있는 이른바 서면투표를 인정하고 있는데(상 368조의3), 이것은 주주가 주주총회에 참석하지 않고도 직접 의결권을 행사할 수 있는 편의를 도모할 수 있고 사표(死票)를 방지하여 의결정족수를 충족시킬 수 있다는 이점이 있다.

회사가 주주로 하여금 서면에 의한 의결권행사를 인정하기 위해서는, ① 서면에 의한 의결권 행사를 인정하는 정관의 규정이 있어야 하고, ② 주주가 서면으로 의결권을 행사할 수 있도록 주주에게 필요한 서면(예컨대 투표용지)과 참고서류(예컨대 의제 혹은 의안설명서 등)를 송부하여야 하고, ③ 주주가 의결권을 행사한 서면이 주주총회 전일까지 회사에 도달하여야 한다.

설령 회사가 주주에게 서면에 의한 의결권의 행사를 인정하더라도 주주는 주주총회에 참석하여 직접 의결권을 행사하거나 대리인을 통하여 의결권을 행사하는 것도 가능하고 또한 이미 서면에 의하여 의결권을 행사하였더라도 주주총회에 출석하여 서면을 통하여 표시한 내용과 반대로 의결권을 행사하는 것도 가능하다고 할 것이다.

또한 주주가 의결권을 행사할 서면에 찬성이나 반대와 같은 의사표시를 하지 않은 채 백지로 회사에 송부한 경우에 대하여 견해의 다툼이 있으나, 주주가 백지상태로

의결권을 행사할 서면을 회사에 송부한 것은 기권의 의사표시로 해석하여야 할 것이다.[32)]

서면에 의한 의결권의 행사, 이른바 서면투표는 소규모 주식회사(상 363조 4항) 혹은 유한회사(상 577조)에서 인정되는 서면결의와 구별을 요하는데, 서면투표는 주주총회에서의 의결권행사 방법이 주주가 총회에 직접 참석하지 아니하고 서면에 의하여 의결권을 행사하는 경우(예컨대 선거에 있어서 부재자투표)이므로 서면투표를 하는 주주 이외의 다른 주주는 주주총회에 참석하게 되고 따라서 소집통지를 하여야 하는데 반하여, 서면결의는 주주총회가 개최되지 아니하고 서면에 의하여 결의가 이루어지게 되므로 주주들에 대한 소집통지조차 필요하지 않다는 차이점이 있다(예컨대 문서 회람에 의한 결의).

### (마) 전자적 방법에 의한 의결권의 행사

상법은 주주가 직접 주주총회에 출석하여 의결권을 행사하지 않고 전자적 방법으로 의결권을 행사하는 이른바 전자투표의 방법도 인정하고 있다(상 368조의4 1항).

이러한 전자적 방법에 의하여 의결권을 행사하도록 할 경우에는 주주총회의 소집통지나 공고를 할 때에 이를 통지하여야 하고(상 368조의4 2항) 만약 동일한 주식에 관하여 서면투표 또는 전자투표에 의하여 의결권을 행사하는 경우에는 어느 한 가지 방법을 선택하여야 한다(상 368조의4 4항). 이 경우도 서면투표의 경우처럼 주주총회는 실제로 개최되어야 한다.

또한 회사는 의결권행사에 관한 전자적 기록을 총회가 끝난 후 3개월간 본점에 비치하여 열람하도록 총회가 끝난 후 5년간하고 보존하여야 한다(상 368조의4 5항).

한편 전자적 방법에 의하여 의결권을 행사하도록 하는 경우에 주주확인절차와 그 행사 절차에 관해서는 대통령령으로 정하도록 하고 있다(상 368조의4 6항).[33)]

상법은 정관의 규정이 있어야만 서면에 의한 의결권의 행사를 할 수 있도록 하고(상 386조의3 1항) 있으나, 전자적 방법에 의한 의결권의 행사는 정관의 규정이 없어도 이사회의 결의만으로 가능하도록 하고 있는데(상 386조의4 1항), 최근에는 지배주주의 영향력을 감소시키기 위하여 소수주주들의 주주총회 참석을 독려할 목적으로 전자투표제의 실시를 의무화하자는 논의도 있다.

### (바) 의결권의 행사와 관련된 약정

이 밖에도 비록 상법의 규정은 없지만 주주의 의결권행사와 관련하여 의결권구속계약, 의결권신탁 그리고 자격양도 등이 논의되고 있다.

---

32) 이에 대하여 의결권행사를 무효로 하여야 한다는 견해(최기원 487면), 결의에 찬성하지 아니한 것으로 보아야 한다는 견해도 있다(이철송 551면).

33) 상법시행령은 전자적방법에 의하여 의결권을 행사는 경우(전자투표)에 주주는 전자서명법 제2조 제3호에 따른 공인전자서명을 통하여 주주확인 및 전자투표를 하도록 하고 있다(상법시행령 13조 1항).

#### 1) 의결권 구속계약

의결권 구속계약은 주주가 의결권을 행사함에 있어서 일정한 방향으로 의결권을 행사할 것을 약정하는 계약을 말하는데 이러한 개인법적인 계약은 단체법적인 의사표시라고 할 수 있는 의결권의 행사와 관련하여 회사에 대하여 효력이 없다고 할 것이나, 그것이 강행법규, 사회질서 또는 회사의 본질에 반하지 않는 한, 당사자 사이에서는 채권적으로 유효하다고 할 것이다.

따라서 주주가 이러한 계약에 위반하여 의결권을 행사하였더라도 그것은 회사에 대하여는 유효한 의결권 행사라고 할 것이고, 다만 계약의 당사자 사이에서 계약불이행에 따른 책임의 문제가 될 뿐이다.[34)]

#### 2) 의결권 신탁

의결권 신탁이란 주주가 자신이 보유한 주식을 일정한 기간 동안 또는 의결권의 통일적 행사 등의 일정한 목적 달성 때까지 다른 자에게 신탁적으로 양도하면서, 회사에 대하여는 수탁자가 주주로서 의결권을 행사하고, 신탁자는 의결권이외의 권리를 계속적으로 보유하기로 하는 계약이다. 이러한 계약은 단순히 의결권의 양도가 아니라 의결권의 행사를 위한 주식의 신탁이라고 할 수 있으므로 이러한 계약이 강행법규, 사회질서 또는 회사의 본질에 반하지 않는 한 현행법상 이를 무효라고 할 수 없다고 할 것이다.

#### 3) 의결권의 유상거래

주주총회의 의안에 대하여 충분한 의결권을 확보하지 못한 자가 다른 주주로 하여금 자신의 의사에 따라 의결권을 행사하도록 하기 위하여, 앞서 본 의결권구속계약을 유상으로 체결하거나, 의결권의 대리권을 유상으로 취득하는 등 대가를 지불하는 경우가 있다. 그런데 타인의 의결권 행사를 위하여 대가를 지불하는 행위는 다른 주주의 이익을 해하므로 본질적으로 위법하다거나,[35)] 의결권의 유상거래는 의결권을 주주

---

34) 대법원 2002.12.24. 선고 2002다54691 판결은 1인회사의 1인주주가 경영권 이전의 방법으로 제3자에게 일정기간 동안 의결권을 위임하기로 하는 약정을 한 후 이를 번복한 사안에서, 주주가 일정기간 주주권을 포기하고 타인에게 의결권 행사권한을 위임하기로 약정하였다고 하여 주주로서의 의결권을 직접 행사 할 수 없다고 볼 수 없다는 취지로 판시하면서 1인 주주의 의결권 행사를 인정하고 있다.
특히 외국기업과의 합작투자계약(joint venture contract)에 있어서의 의결권행사에 관한 주주간 계약의 형식으로 의결권을 구속하는 약정을 하는 경우가 적지 않은데 이에 관하여는 이재홍 "합작투자계약에 있어서 주주간 약정의 효력" 재판자료 38집(법원도서관 1987년) 462면 내지 478면 참조.

35) 이철송 533면. 대법원 2004.10.28. 선고 2004도1256 판결은 "주주로서 주주총회에서 의결권 등을 행사하는 것은 주식의 보유자로서 그 자격에서 권리를 행사하는 것에 불과할 뿐 그것이 '직업 기타 사회생활상의 지위에 기하여 계속적으로 종사하는 사무 또는 사업'에 해당한다고 할 수 없다"고 하면서, 주주의 의결권 행사를 방해하는 행위에 대하여 형법상 업무방해죄에 해당하지 않는다고 판시하고 있다.

권으로부터 사실상 분리하므로 허용될 수 없다는 견해도 있으나, 영리법인인 회사의 주주가 행사하는 의결권은 국가기관의 선임과정에서 국민이 행사하게 되는 선거권과는 본질적으로 다르다고 할 것이므로 설령 이로 인한 폐해가 예상된다고 하더라도 그것이 주주 간에 이루어진 것이라면 이러한 의결권의 유상거래를 반드시 반사회질서적인 것이라고 단정할 수는 없다고 할 것이다.

### 바. 주주총회의 의사진행

주주총회의 의사진행에 관하여 상법은 상세한 규정을 마련하고 있지 않으므로 많은 부분은 정관으로 정하거나 회의의 일반원칙과 관행의 범위 내에서 주주총회 스스로 필요한 사항을 정하게 될 것이다.

다만, 주주총회가 질서 있고 공정하게 진행되도록 하기 위하여 상법은 의장의 선임과 권한에 관한 사항을 정하고(상 366조의2), 주주의 주주총회 목적사항 제안권(상 363조의2)을 인정하고 있으며 또한 주주총회의 소집통지서에는 반드시 회의의 목적사항을 적도록 하고 있다(상 363조 2항).

주주총회는 의장이 의사를 진행하게 된다. 상법은 정관에서 정함이 없을 때에는 주주총회에서 의장을 선임하도록 하고 있고(상 366조의2 1항) 소수주주권 또는 감사에 의하여 주주총회를 소집하는 경우에는 법원이 이해관계인의 청구나 직권으로 의장을 선임할 수 있도록 하고 있다(상 366조 2항 2문, 412조의3 2항). 그러나 법원의 명령에 의하여 소집된 총회의 의장선임에 관하여 아무런 규정이 없으나 그 상황의 특수성에 비추어 볼 때, 별도로 주주총회에서 의장을 선임하도록 하는 것이 타당할 것이다.

상법은 주주총회 의장의 자격에 관하여 아무런 제한을 두고 있지 아니하므로, 주주가 아닌 자라도 의장이 될 수 있다고 할 것이고, 의장이 주주라고 한다면 의결권이 제한되지 않은 한 당연히 주주로서 의결권을 행사할 수 있다고 할 것이다. 다만, 의안에 대하여 가부가 동수일 경우에 의장에게 결정권을 주는 것은 의장이 주주인 경우에는 1주 1의결권의 원칙에 반하고, 의장이 주주가 아닌 경우에는 주주 아닌 자에게 의결권을 인정하는 결과를 초래하므로 인정될 수가 없고 설령 정관으로 의장에게 결정권을 주도록 규정되었다고 하더라도 그러한 정관은 무효라고 할 것이다.

상법은 의장에게 질서유지권과 의사정리권을 부여하고 있는데(상 366조의2 2항), 의장은 주주총회가 원활하고 공정하게 진행되도록 공정한 관리자의 입장에서 이러한 권한을 행사하여야 할 것이고, 이에 위반하여 진행된 주주총회의 결의는 그 결의방법이 현저하게 불공정하다는 이유로 취소의 대상이 될 수도 있다고 할 것이다.

주주총회의 의장과 회사의 법률적 관계는 위임으로 보아야 할 것이므로 의장은 선량한 관리자의 주의의무로서 의사를 공정히 진행하여야 한다. 그런데 우리나라의 경우 거의 대부분이 정관에서 집행기관인 대표이사를 의결기관인 주주총회의 의장으로 규정하고 있어 의사진행의 공정성을 담보하기가 쉽지 않은 경우가 많고 실제로도 주주가 의결권을 합리적이고 적절히 행사하기 위하여 목적사항이나 의안과 관련된 합리적인 범위 내에서 요청하는 질문이나 설명요청까지도 회사의 이익을 침해한다는 논리를 앞세워 일방적으로 묵살하거나 주주의 발언권을 부당하게 침해하는 등 불공정한 의사진행의 사례가 적지 않은데 이러한 경우 의장에 대하여는 손해배상책임을 추궁할 수 있을 것이다.

의장의 의사정리권은 개회선언부터 폐회선언에 이르기까지의 의사일정과 진행에 관한 일체의 절차를 관리할 권한을 의미하지만 주주의 의결권행사의 적합성 등과 같이 다툼이 있는 사안에 대하여는 주주총회의 의결을 얻어서 진행하여야 할 것이다. 만약 이에 위반하여 이루어진 일부 주주에 의한 별도의 회의진행은 무효라 할 것이다.

또한 주주총회의 표결방법은 정관에 정함이 없다면 의장이 의사정리권에 기하여 거수, 기립, 기명 등 주주들의 찬반 의사표시를 확인할 수 있는 방법으로 이를 정하였다고 하더라도 공정성이 확보되는 한 허용된다고 할 것이다. 앞서 본바와 같이 상법은 정관에 정한 경우에는 주주가 주주총회장에 직접 출석하지 않고 서면으로 의결권을 행사할 수 있거나(상 368조의3 1항), 전자적 방법에 의하여 의결권을 행사할 수 있도록(상 368조의4) 정하고 있다. 또한 소규모 주식회사의 경우에만 서면에 의한 결의의 방식으로 주주총회의 결의를 갈음할 수도 있도록 정하고 있는데(상 363조 4항) 이러한 소규모 주식회사가 아닌 경우라고 하더라도, 주주총회의 소집절차가 없었더라도 전원출석총회가 허용되듯이, 만약 주주 전원이 동의한다면 주주총회의 개최없이도 서면결의에 의하여 의결할 수도 있다고 할 것이다.

한편 의장은 질서유지권이 인정되므로 고의로 의사진행을 방해하기 위한 언행을 하는 등 현저히 질서를 문란하게 한 자에 대하여 발언의 정지 심지어 퇴장까지도 명할 수 있다(상 366조의2 2항).

이른바 총회꾼의 준동이나 다수파주주에 반대하는 소수파주주의 격렬한 반대행위로 인하여 주주총회의 진행이 방해되는 경우, 의장이 이 같은 질서유지권에 의하여 퇴장을 명할 수 있다고 하더라도 이에 불응하는 자에 대하여 강제력이나 물리력을 행사하는 것은 허용되지 않는다고 할 것이므로 결국 이들에 대하여 업무방해[36]로 형사고소를 하거나 불법행위로 인한 손해배상을 청구

36) 대법원 2001.9.7. 선고 2001도2917 판결은, 결산 및 감사보고와 배당금에 관한 의결을 목적으로 하는 정기주주총회에 참석한 주주의 대리인이 의결권 대리행사를 위한 권한 범위에 속하지도 않는 회사의 감사보고에 관한 근거서류를 일일이 요구하면서 의장의 퇴장 요구를 거절하고 고성과 욕설 등을 사용하여 의장의 주주총회의 개최, 진행을 포기하게 만드는 것은 정상적인 주주총회의 진행을 저해할 의도

하게 될 것이다.

◈ 대법원 2001.5.15. 선고 2001다12973 판결

주주총회에서 의안에 대한 심사를 마치지 아니한 채 법률상으로나 사실상으로 의사를 진행할 수 있는 상태에서 주주들의 의사에 반하여 의장이 자진하여 퇴장한 경우 주주총회가 폐회되었다거나 종결되었다고 할 수는 없으며, 이 경우 의장은 적절한 의사운영을 하여 의사일정의 전부를 종료케 하는 등의 직책을 포기하고 그의 권한 및 권리행사를 하지 아니하였다고 볼 것이므로, 퇴장 당시 회의장에 남아 있던 주주들이 임시의장을 선출하여 진행한 주주총회의 결의도 적법하다고 할 것이다.

## 사. 주주총회의 결의

### (1) 결의의 의의

주식회사의 의사는 주주총회에서의 결의에 의하여 결정되고, 이러한 결의는 그 결의에 참여한 주주의 의사표시가 다수결원리에 의하여 집단적으로 형성되므로 어느 특정의 주주가 그 결의에 참여하였는지 여부 혹은 그 결의에 찬성하였는지 여부를 불문하고 회사의 집단적 의사로서 대내적, 대외적으로 효력을 미치게 된다.

주주총회결의의 법률적 성질에 관하여 이를 전통적인 법률행위에 속하는 합동행위로 파악하려는 견해와 전통적인 법률행위가 아닌 회사법상의 독자적인 법률행위로 파악하는 견해가 대립되고 있다. 이러한 견해의 대립은 주주의 의결권행사에 관한 의사표시에 하자가 있는 경우에 민법의 의사표시의 하자에 관한 규정이 적용되는지 여부에 관한 견해의 다툼에서 비롯된다고 할 것인데, 어떤 견해에 따르더라도 주주총회의 결의는 주주의 의사표시를 본질로 하기 때문에 민법의 법률행위에 관한 일반원칙이 적용되어야 할 것이고, 주주가 의결권을 행사함에 있어서 의사표시의 하자가 있는 경우 원칙적으로 민법의 규정을 적용하여도 무방할 것이나, 회사법의 단체법적 성질에 기하여 주주의 의사표시의 하자에 기한 주주총회의 하자에 관한 주장은 상법의 규정에 따르게 될 것이다.

주식회사의 본질상 다수결에 의한 의사결정은 불가피한 것으로 인정되지만, 이것이 곧 다수파주주에 의한 소수파주주의 이익에 대한 침해를 정당화하는 것은 아니므로 다수결에 의한 결정이라고 하더라도 일정한 한계가 있다고 할 것인데, ① 강행법규에 위반하거나, ② 선량한 풍속 기타 사회 질서를 침해하거나, ③ 주식회사의 본질인 주주평등의 원칙이나 주주유한책임의 원칙을 침해

---

에 의한 행위로서 업무방해죄가 성립한다고 판시하고 있다.

하거나, ④ 주주의 고유권을 침해하는 것은 인정되지 않는다고 할 것이다.

또한 상법은 이러한 다수결에 의한 전횡을 방지하기 위하여 ① 반대주주의 주식매수청구권(상 374조의2 2항), ② 이사선임에 따른 집중투표제(상 382조의2 1항), ③ 감사선임에 있어서 대주주의 의결권제한(상 409조 2항), ④ 소수주주권에 의한 이사, 감사의 해임청구권(상 385조 2항, 415조), ⑤ 소수주주권에 의한 임시총회소집요구(상 366조), ⑥ 소수주주권에 의한 검사인선임청구(상 467조) 등의 규정을 두고 있다.

### (2) 결의의 요건

주주총회의 결의는 주주의 의사표시가 다수결원리에 의하여 집단적으로 형성되는데 그 의안의 중요도에 따라 상법은 보통결의, 특별결의 그리고 특수결의의 세 가지로 나누어 규정하고 있다.

그런데 상법은 최초에는 주주총회의 결의요건으로서, 발행주식총수의 일정수의 참석(출석정족수 또는 의사정족수)과 참석한 의결권의 일정수의 찬성(의결정족수 또는 결의정족수)을 요하도록 규정하고 있었으나, 주주가 분산되고, 소액주주의 주주총회 참석률 저조 등의 이유로 출석정족수를 충족시키기에 어려운 점이 적지 않아서 1995년의 개정으로 참석한 의결권의 일정수의 찬성(의결정족수)을 요구함과 동시에 그 찬성한 의결권이 발행주식 총수의 일정수를 충족시킬 것을 요구하고 있다.

회사는 정관으로 주주총회의 결의요건을 별도로 정할 수 있다 할 것이나, 상법이 주주총회의 결의요건을 구분하여 정한 것은 회사업무의 중요도에 따라 경중을 둘 필요가 있고, 또한 다수결의 남용으로부터 소수파주주를 보호하기 위한 목적도 있으므로, 일정한 한계가 있다고 할 것이다.

#### (가) 보통결의

상법이 정한 보통결의는 출석한 주주의 의결권의 과반수와 발행주식총수의 4분의 1 이상의 의결권의 찬성으로써 하는 결의인데, 상법이나 정관에 다른 결의요건을 정한 경우 이외에는 원칙적으로 이러한 보통결의요건에 의하도록 상법이 규정하고 있다(상 368조 1항).

정관으로 보통결의요건을 상법의 규정보다 가중할 수는 있으나, 적어도 보통결의요건을 상법이 정한 특별결의요건 이상으로 가중하는 것은 상법이 구분하여 놓은 보통결의사안과 특별결의사안을 모호하게 할 우려가 있어서 인정되지 않는다고 하여야 할 것이다. 한편 보통결의요건을 경감하는 것도 가능하겠지만 경감하더라도 발행주식총수의 의결권에 관한 요건을 상법의 규정보다 감경하는 것은 상법이 정한 소수파주주의 보호막을 거두어 버리는 효과가 있으므로 인정되지 아니한다고 할 것이다.

### (나) 특별결의

상법이 정한 특별결의는 출석한 주주의 의결권의 3분의 2 이상의 수와 발행주식 총수의 3분의 1 이상의 수의 찬성으로써 하는 결의이다. 상법은 주식의 분할(상 329조의2 1항), 주식매수선택권(상 340조의2 1항), 주식교환계약서의 승인(상 360조의3 2항), 주식이전계약서의 승인(상 360조의16 2항), 영업양도 등(상 374조 1항), 사후설립(상 375조, 374조), 신주의 할인발행(상 417조 1항), 이사·감사의 해임(상 385조 1항, 415조), 정관의 변경(상 434조), 자본금의 감소(상 438조 1항), 제3자에 대한 전환사채의 발행, 신주인수권부사채의 발행(상 513조 3항, 516조의2 4항), 회사의 해산(상 517조 2호, 518조), 회사의 계속(상 519조), 합병계약서의 승인(상 522조 3항) 등의 경우에 이러한 특별결의를 요구하고 있다. 이러한 특별결의는 그 사안의 중요성도 있지만, 소수파 주주를 보호하기 위한 목적도 있으므로 정관으로 그 결의요건을 경감할 수는 없다고 할 것이다.

다만, 정관으로 그 결의요건을 가중할 수 있는지에 관하여 일반적인 견해는 이를 허용하여도 무방하다고 하고 있고, 심지어 주주전원의 동의를 요한다는 내용으로까지 결의요건을 가중하는 것도 가능하다는 견해[37]가 있으나, 특수결의요건과 관련하여 볼 때 이른바 초다수결요건을 정하는 것은 자칫 소수의 주주에게 거부권을 허용하는 결과를 가져 올 수도 있다는 점에서 특별결의요건을 가중하더라도 일정한 한계를 두어야 할 것이다.

특히 상법 374조 1항 1호에서는 영업의 전부 또는 중요한 일부를 양도하는 경우[38]에 주주총회의 특별결의에 의하도록 하고 있는데, 회사가 영업을 양도하지는 않았지만, 영업상 중요한 재산을 처분하거나 담보로 함으로써 결국 영업양도와 동일한 결과를 초래하는 경우가 있게 된다. 이러한 경우에도 주주총회의 특별결의가 필요한지 여부에 관하여, ① 상법상의 문자에 충실하게 해석하여 영업양도에는 영업재산의 양도가 포함되지 않으므로 주주총회의 특별결의가 필요하지 않다는 견해(불필요설),[39] ② 상법의 회사편에 규정된 영업양도의 의미를 상행위편에 규정된 영업양도의 의미와 다르게 해석하여 회사편에서 영업양도에 특별결의를 요하도록 규정한 목적은 소수

---

37) 최기원 436면, 최준선 348면.

38) 영업양도는 영업주체와 영업활동의 급격한 변경을 초래하여 많은 이해관계자의 이익에 반하고 거래의 안전을 해할 우려가 적지 않아, 상법은 이에 관한 규정을 두고 있다. 상법은 영업양도에 관하여 총칙편에서는 영업양수인을 보호하는 규정(상 41조)과 영업양도인의 채권자와 채무자를 보호하기 위한 규정(상 42조 내지 45조)을 두고 있고, 이와는 별도로 회사 편에서는 영업양도를 위한 내부적 의사결정 과정에서 소외되기 쉬운 회사구성원 특히 소수자의 권익을 보호하기 위한 규정(합명회사: 상 257조 / 합자회사: 상 269조 / 주식회사: 374조, 374조의2 / 유한회사: 576조)을 두고 있다.

39) 임홍근 336면, 최기원 432면.

파주주를 보호하기 위한 것이므로 중요한 영업재산의 양도에도 특별결의가 필요하다는 견해(필요설),[40] ③ 회사편에서 영업양도에 주주총회의 특별결의를 요하는 입법목적에 비추어 볼 때 영업재산의 양도라고 하더라도 그것이 영업의 양도와 유사한 결과를 초래할 때에는 특별결의를 요한다는 견해(절충설)[41]의 대립이 있는데, 대법원은 절충설의 입장에서 회사 존속의 기초가 되는 중요한 영업재산의 양도일 경우에는 영업의 폐지와 중단을 가져오게 되므로 특별결의가 필요하다고 판시하고 있다.[42]

2011년 4월 14일 개정전의 상법이 다른 회사의 영업의 일부를 양수하는 경우에는 영업의 전부를 양수하는 경우와 달리 그것이 회사의 영업에 영향을 미칠 경우에만 주주총회의 특별결의를 얻도록 규정하였던 것(개정전의 상법 374조 1항 3호, 4호)과 달리, 개정된 상법은 다른 회사의 영업 전부를 양수하는지 혹은 일부를 양수하는지를 구별하지 않고 항상 그것이 회사의 영업에 영향을 미칠 경우에는 주주총회의 특별결의를 얻도록 규정하고 있다(상 374조 1항 3호). 다만 상법의 규정은 "다른 회사의 영업"을 양수할 경우에 해당되므로 "개인의 영업"을 양수하는 경우에는 아무런 제한이 없다고 할 것이다.

만약 양도대상이 되는 사업을 자회사의 형태로 운영하는 경우에 그 자회사의 지배권을 넘기는 결과를 가져오는 자회사주식의 양도를 영업양도로 볼 것인지에 관하여 논의가 있을 수 있다. 일본 회사법은 2014년 개정을 통하여 이러한 경우에도 일정한 요건 하에서 주주총회의 특별결의를 요구하고 있다(일본 회사법 467조 1항 2호의2, 309조 1항 11호).

### 대법원 2004.7.8. 선고 2004다13717 판결[43]

주주총회의 특별결의가 있어야 하는 상법 제374조 제1항 제1호 소정의 '영업의 전부 또는 중요한 일부의 양도'라 함은 일정한 영업목적을 위하여 조직되고 유기적 일체로 기능하는 재산의 전부 또는 중요한 일부를 총체적으로 양도하는 것을 의미하는 것으로서, 이에는 양수 회사에 의한 양도 회사의 영업적 활동의 전부 또는 중요한 일부분의 승계가

40) 권기범 154면, 정동윤 313면, 정찬형 491면, 채이식 491면.

41) 최준선 351면.

42) 대법원은 ① 흄관의 제작판매를 업으로 하고 있는 회사소유의 흄관몰드(형틀)가 흄관제작에 없어서는 아니될 영업용재산 거의 전부에 해당하는 것인 경우에 흄관몰드 전부를 매도담보로 제공하는 행위(대법원 1987.4.28. 선고 86다카553 판결), ② 구조물해체 및 발파공사업 등을 목적사업으로 하는 회사가 '사전 암반 절단공법'이라는 특허권을 이용한 공사의 수주를 주된 사업으로 추진해 왔으며, 대차대조표상 자산 중 특허권이 대부분의 비중을 차지함으로써 특허권이 회사의 가장 중요한 재산인 경우에 특허권을 양도하는 행위(대법원 2004.7.8. 선고 2004다13717 판결), ③ 일반택시운송사업을 하는 회사가 운수사업면허를 양도하는 경우(대법원 2006.6.2. 선고 2004도7112 판결)등의 사안에서 중요한 영업재산의 처분은 영업의 양도와 동일한 효과를 발생하므로 특별결의가 필요하다고 판시하고 있다.

43) 대법원 1992.8.18. 선고 91다14369 판결은 "영업재산의 양도로 초래할 영업중단"의 의미에 관하여, "회사가 회사존속의 기초가 되는 영업재산을 처분할 당시에 이미 영업을 폐지하거나 중단하고 있었던 경우에는 그 처분으로 인하여 비로소 영업의 전부 또는 일부가 폐지되거나 중단되기에 이른 것이라고 할 수 없고, '영업의 중단'이라고 함은 영업의 계속을 포기하고 일체의 영업활동을 중단한 것으로서 영업의 폐지에 준하는 상태를 말하고 단순히 회사의 자금사정 등 경영상태의 악화로 일시 영업활동을 중지한 경우는 이에 해당하지 않는다"고 판시하고 있다.

수반되어야 하는 것이므로 단순한 영업용 재산의 양도는 이에 해당하지 않으나, 다만 영업용 재산의 처분으로 말미암아 회사 영업의 전부 또는 일부를 양도하거나 폐지하는 것과 같은 결과를 가져오는 경우에는 주주총회의 특별결의가 필요하다.

(같은 취지: 대법원 1998.3.24. 선고 95다6885 판결, 대법원 1987.4.28. 선고 86다카553 판결)

(다) 특수결의

상법은 일정한 사안에 대하여 앞서 본 특별결의보다도 더 엄격한 요건을 요구하고 있는데 강학상 이를 특수결의라고 한다.

상법이 규정한 특수결의에는 ① 회사기관의 책임을 면제하는 경우로서 이사의 회사에 대한 손해배상 책임의 면제(상 400조) 및 발기인(상 324조), 집행임원(상 408조의9), 감사(상 415조) 또는 청산인의 회사에 대한 손해배상책임의 면제(상 542조 2항)가 있고, ② 회사의 조직변경의 경우로서 주식회사의 유한책임회사로의 조직변경(상 287조의43 1항), 주식회사의 유한회사로의 조직변경(상 604조 1항)에 총주주의 동의를 요하는 경우가 있다.

총주주의 동의를 요하는 경우라고 하더라도 반드시 주주총회의 소집을 필요로 하거나 모든 주주의 찬성에 의한 결의를 요구하는 것이 아니라 어떤 형식이든 간에 모든 주주의 동의가 있으면 충분하다고 할 것이다.

상법은 제434조에 정한 특별결의와 달리, 모집설립에 있어서 개최되는 창립총회에서는 출석한 주식인수인의 의결권의 3분의 2 이상이며 인수된 주식 총수의 과반수에 해당하는 다수의 결의에 의하도록 규정하고(상 309조), 이를 신설합병의 창립총회에 준용하고 있다(상 527조 3항).

### (3) 결의의 효과

주주총회에서 주주가 의결권을 행사함에 따라 주주총회의 결의가 성립되고 이러한 주주총회의 결의가 곧 회사의 의사가 되는데, 자연인의 경우 내심의 의사가 대외적으로 표시됨으로써 법률상 의사표시로서의 효력이 인정되므로, 법인인 주식회사의 경우에도 주주총회의 결의가 있고, 의장의 결의성립 선언이 있게 되면 그에 따라 회사의 내부적 의사가 성립되었다고 볼 것이다.

설령 결의의 내용에 따라 등기의 변경이 필요한 경우도 있으나, 이러한 등기의 변경은 주주총회의 결의절차를 통하여 발생한 회사의 내부적 의사를 대외적으로 공시하는 역할을 하는 데 불과하다고 할 것이다.

◆ 대법원 2007.6.28. 선고 2006다62362 판결

주식회사의 원시정관은 공증인의 인증을 받음으로써 효력이 생기는 것이지만 일단 유효하게 작성된 정관을 변경할 경우에는 주주총회의 특별결의가 있으면 그때 유효하게 정관변경이 이루어지는 것이고, 서면인 정관이 고쳐지거나 변경 내용이 등기사항인 때의 등기 여부 내지는 공증인의 인증 여부는 정관변경의 효력발생에는 아무 영향이 없다.

## 아. 종류주주총회

### (1) 의 의

상법은 회사가 종류주식을 발행하고 특수한 정함을 하였으나 후일 정관변경 등 회사의 행위로 인하여 그 특정종류의 주식을 보유한 주주들이 손해를 입게 되는 경우에 주주총회의 결의 이외에 손해를 입게 된 종류주식의 주주들만으로 구성된 주주총회의 특별결의가 있어야 한다고 규정하고 있는데(상 435조 1항, 436조), 이러한 특정한 종류주식의 주주들로만 구성된 주주총회를 종류주주총회라고 한다.

상법은 ① 정관의 변경의 경우(예컨대 누적적 우선주를 비누적적 우선주로 변경하는 경우)(상 435조 1항), ② 회사가 발행한 주식의 종류에 따라 신주의 인수, 주식의 병합·분할·소각 또는 회사의 합병·분할로 인하여 주식을 배정하는 경우에 특수한 정함을 하는 경우(예컨대 우선주에 대한 신주배정비율을 보통주의 신주배정비율보다 낮게 책정하는 경우 등)(상 436조 전단), ③ 주식의 포괄적 교환, 주식의 포괄적 이전 및 회사의 합병의 경우(예컨대 흡수합병을 하면서 해산회사의 우선주에 대하여 보통주보다 불리하게 존속회사의 주식배정을 하는 것과 같이 합병비율이 불리한 경우 등)(상 436조 후단) 등으로 인하여 어느 종류주식의 주주가 손해를 입게 되는 경우 주주총회의 결의 이외에 종류주식의 주주의 결의를 얻도록 하고 있다.

어느 종류주식의 주주에게 손해를 미치게 될 때는 어느 종류의 주주에게 직접적으로 불이익을 가져오는 경우는 물론이고, 외견상 형식적으로는 평등한 것이라고 하더라도 실질적으로는 불이익한 결과를 가져오는 경우도 포함되며, 나아가 어느 종류의 주주의 지위가 정관의 변경에 따라 유리한 면이 있으면서 불이익한 면을 수반하는 경우도 이에 해당한다고 해석하여야 할 것이다.[44]

---

44) 대법원 2006.1.27. 선고 2004다44575 판결은, 정관변경으로 인하여 기존의 우선주주들이 무상증자 등에 의하여 향후 새로 배정받게 될 우선주의 내용은 구 우선주와 달리 10년 후에도 보통주로 전환할 수 없는 것이므로, 보통주로의 전환에 의한 의결권의 취득을 바라고 있던 우선주주의 지위에서는 정관변경이 불리한 반면, 의결권의 취득에는 관심이 적고 그보다는 이익배당에 더 관심이 있던 우선주주의 지위에서는 특정 비율 이상의 우선배당권이 10년의 제한을 받지 아니하고 언제까지나 보장되는 것이어서 유리하다고 볼 수 있는 경우 정관을 변경함으로써 우선주주 각자의 입장에 따라 유리한 점과 불리한

상법은 종류주주총회의 소집과 의사진행 그리고 결의절차와 방법 등에 관하여, 의결권 없는 종류주식에 관한 것을 제외하고는, 주주총회에 관한 규정을 준용하고 있다(상 435조 3항).

또한 이러한 종류주주총회는 ① 결의요건으로서 항상 종류주주의 특별결의가 필요하다는 점, ② 의결권 없는 주식일지라도 종류주주총회에서는 의결권을 행사할 수 있다는 점이 특징이다.

### (2) 결의의 요건

종류주주총회는 의결권이 수적으로 열세인 일정한 종류의 주식을 가진 주주의 이익을 보호하기 위하여 인정되는 제도이므로 일정한 종류의 출석한 주주의 의결권의 3분의 2 이상의 수와 그 종류의 발행주식총수의 3분의 1 이상의 수로써 의결하는 특별결의요건에 따라야 하고(상 435조 2항), 일반적 견해는 이 제도의 취지에 비추어 볼 때 정관으로 그 결의요건을 가중하거나 경감할 수 없다고 해석하고 있다.

### (3) 결의의 효과

상법은 일정한 사안에 관하여는 주주총회의 결의 이외에 종류주주총회의 결의가 있어야 한다고 규정하고 있는데(상 435조 1항), 그 의미에 관하여는, ① 종류주주총회의 결의는 주주총회의 결의가 유효하기 위한 절차적 요건이므로 종류주주총회의 결의가 없는 주주총회의 결의는 무효라는 견해(무효설),[45] ② 종류주주총회의 결의가 없는 주주총회의 결의는 결의 취소의 원인이 된다는 견해(결의 취소사유설),[46] ③ 종류주주총회의 결의가 없으면 주주총회의 결의는 완전한 효력이 발생하지 못하고 부동적 상태에 있게 되지만, 종류주주총회의 결의를 얻으면 확정적으로 유효가 되고, 종류주주총회의 결의를 얻지 못하면 확정적으로 무효가 된다는 견해(결의 불발효설)[47]가 대립하고 있다. 대법원은 종류주주총회의 결의가 이루어지지 않은 경우에는 주주총회결의의 효력이 발생하지 않고 있을 뿐이고, 주주총회결의 자체의 효력에 어떤 하자가 있는 것은 아니라고 판시하면서 이러한 경우라고 하더라도 종류주주총회의 결의를 필요로 하는 주주총회결의가 무효라는 확인을 구하면 족하고, 굳이 주주총회결의의 효력이 발생하지 아니하였다는 확인을 별도의 소로서 구할 필요는 없다고 판시하고 있다.

---

점이 공존하고 있을 경우에는 우선주주들로 구성된 종류주주총회의 결의가 필요하다고 판단하고 있다.

45) 손주찬 739면.

46) 이철송 623면, 523면, 서헌제 286면.

47) 권기범 629면, 정찬형 307면, 정동윤 363면, 최기원 521면.

한편 종류주주총회의 결의 자체에 하자가 있다면 이 경우에도 상법에 규정된 주주총회결의의 하자에 관한 규정을 준용할 수 있는가에 관하여, ① 주주총회의 결의 하자에 관한 규정을 준용하여 별개 독립의 소로서 주장할 수 있다는 견해,[48] ② 주주총회의 결의하자에 관한 규정을 준용할 수 없고, 별개 독립의 소로서 주장할 수 없다는 견해[49]의 대립이 있다. 생각건대 종류주주총회는 주주총회의 결의가 효력을 갖기 위하여 추가로 요구되는 요건이므로 종류주주총회 결의의 하자는 주주총회의 결의의 유효성 판단의 일부 내지는 선결조건으로서 판단하면 될 것이고 따라서 별개 독립의 소로서 주장할 실익이 없다 할 것이므로 종류주주총회 결의의 하자를 별도로 독립하여 다투는 소는 소의 이익이 없다고 할 것이다.

◆ **대법원 2006.1.27. 선고 2004다44575, 44582 판결**

어느 종류 주주에게 손해를 미치는 내용으로 정관을 변경함에 있어서 그 정관변경에 관한 주주총회의 결의 외에 추가로 요구되는 종류주주총회의 결의는 정관변경이라는 법률효과가 발생하기 위한 하나의 특별요건이라고 할 것이므로, 그와 같은 내용의 정관변경에 관하여 종류 주주총회의 결의가 아직 이루어지지 않았다면 그러한 정관변경의 효력이 아직 발생하지 않는 데에 그칠 뿐이고, 그러한 정관변경을 결의한 주주총회결의 자체의 효력에는 아무런 하자가 없다.

정관의 변경결의의 내용이 어느 종류의 주주에게 손해를 미치게 될 때에 해당하는지 여부에 관하여 다툼이 있는 관계로 회사가 종류주주총회의 개최를 명시적으로 거부하고 있는 경우, 그 종류의 주주가 회사를 상대로 일반 민사소송상의 확인의 소를 제기함에 있어서는, 정관변경에 필요한 특별요건이 구비되지 않았음을 이유로 하여 정면으로 그 정관변경이 무효라는 확인을 구하면 족한 것이지, 그 정관변경을 내용으로 하는 주주총회결의 자체가 아직 효력을 발생하지 않고 있는 상태(이른바 불발효 상태)라는 관념을 애써 만들어서 그 주주총회결의가 그러한 '불발효 상태'에 있다는 것의 확인을 구할 필요는 없다.

## 자. 주주총회결의의 하자

### (1) 총 설

회사는 주주총회의 결의에 의하여 일정한 안건에 관한 의사표시를 하게 되므로 주주총회의 결의는 법률행위라고 할 것이고 그에 따라 일정한 법률효과가 발생하여 모든 주주와 회사의 임직원을 구속하게 되고, 일단 주주총회의 결의가 있게 되면, 회사

48) 강위두/임재호 717면, 박상조 516면, 정동윤 363면, 최기원 522면.
49) 이철송 622면, 서헌제 286면.

는 그 결의에 터 잡아 후속적으로 제3자와 거래행위를 하는 등, 다수의 자들과 밀접한 이해관계를 갖게 된다.

주주총회의 결의가 유효하게 성립하려면, 주주총회의 결의가 상법과 정관이 정한 바에 따라 ① 적법한 소집절차와 소집방법에 의하여 소집된 총회에서, ② 적법한 결의방법에 따라 이루어진, ③ 적법한 결의내용을 가지고 있어야 한다. 그런데 회사의 내부적 법률행위는 단체적 특수성과 다수의 이해관계를 고려하여 처리하여야 할 필요성이 있으므로 주주총회의 결의에 무효, 취소 등의 하자가 있는 경우에는 이를 단순히 법률행위의 하자에 관한 일반원칙에 따라 처리할 수 없다고 할 것이다. 이에 상법은 집단적인 회사관계를 획일적으로 확정하고 다수 이해관계인의 이익을 합리적으로 조정하기 위하여 주주총회의 하자에 관하여는 소송 즉 결의취소의 소(상 376조), 결의무효확인의 소(상 380조), 결의부존재확인의 소(상 380조), 부당결의 취소・변경의 소(상 381조)만으로서 이를 주장하도록 하는 한편 그 소송의 절차나 효력에 관하여도 특별한 규정을 두고 있다.[50)]

동일한 주주총회에서 여러 건의 결의가 있었다면 개개의 결의마다 별도로 하자에 관한 소송물을 구성한다고 할 것이지만, 동일한 건의 주주총회결의의 하자에 대하여 상법이 정하는 결의취소청구, 결의무효청구, 그리고 결의부존재청구 등의 세 가지 청구는 동일한 소송물로 보아야 할 것이다.[51)]

### ◈ 대법원 2003.7.11. 선고 2001다45584 판결

주주총회결의 취소의 소는 상법 제376조에 따라 결의의 날로부터 2월 내에 제기하여야 할 것이나, 동일한 결의에 관하여 부존재확인의 소가 상법 제376조 소정의 제소기간 내에 제기되어 있다면, 동일한 하자를 원인으로 하여 결의의 날로부터 2월이 경과한 후 취소소송으로 소를 변경하거나 추가한 경우에도 부존재확인의 소 제기시에 제기된 것과 동일하게 취급하여 제소기간을 준수한 것으로 보아야 한다.

(같은 취지: 대법원 2007.9.6. 선고 2007다40000 판결)

---

50) 주주총회결의 하자의 소에 관하여는 김상근 "주주총회결의 하자소송에 관한 실무적 고찰" 민사재판의 제문제(2003년 12월) 260면 내지 300면(한국사법행정학회 2003년) 참조.

51) 대법원 1983.3.22. 선고 82다카1810 전원합의체 판결은 유한회사의 사원총회에 있어서, "회사의 총회결의에 대한 부존재확인청구나 무효확인청구는 모두 법률상 유효한 결의의 효과가 현재 존재하지 아니함을 확인받고자 하는 점에서 동일한 것이므로 사원총회가 적법한 소집권자에 의하여 소집되지 않았을 뿐 아니라 정당한 사원 아닌 자들이 모여서 개최한 집회에 불과하여 법률상 부존재로 볼 수 밖에 없는 총회결의에 대하여는 결의무효 확인을 청구하고 있다고 하여도 이는 부존재확인의 의미로 무효확인을 청구하는 취지라고 풀이함이 타당하므로 적법하다"고 판시하고 있는바 같은 논리는 주식회사의 주주총회에도 적용될 것이다.

◆ 대법원 2010.3.11. 선고 2007다51505 판결

[1] 주주총회결의 취소의 소는 상법 제376조 제1항에 따라 그 결의의 날로부터 2개월 내에 제기하여야 하고, 이 기간이 지난 후에 제기된 소는 부적법하다. 그리고 주주총회에서 여러 개의 안건이 상정되어 각기 결의가 행하여진 경우 위 제소기간의 준수 여부는 각 안건에 대한 결의마다 별도로 판단되어야 한다.

[2] 임시주주총회에서 이루어진 여러 안건에 대한 결의 중 이사선임결의에 대하여 그 결의의 날로부터 2개월 내에 주주총회결의 무효확인의 소를 제기한 뒤, 위 임시주주총회에서 이루어진 정관변경결의 및 감사선임결의에 대하여 그 결의의 날로부터 2개월이 지난 후 주주총회결의 무효확인의 소를 각각 추가적으로 병합한 후, 위 각 결의에 대한 주주총회결의 무효확인의 소를 주주총회결의 취소의 소로 변경한 경우, 위 정관변경결의 및 감사선임결의 취소에 관한 부분은 위 각 주주총회결의 무효확인의 소가 추가적으로 병합될 때에 주주총회결의 취소의 소가 제기된 것으로 볼 수 있으나, 위 추가적 병합 당시 이미 2개월의 제소기간이 도과되었으므로 부적법하다.

회사에 있어서 중요한 의사결정은 주주총회의 결의를 기초로 하는데, 상법은 주주총회결의의 하자에 관한 일반적인 소송절차를 규정하는(상 376조 내지 381조) 한편 주식의 포괄적 교환(상360조의14), 주식의 포괄적 이전(상 360조의23), 신주발행(상 429조), 자본금감소(상 445조), 합병(상 529조), 회사의 분할(상 530조의11 1항, 529조) 등과 관련한 의사결정을 위한 주주총회의 결의에 대해서는 개별적으로 무효의 소를 마련하고 있다. 이러한 절차에 있어서 주주총회결의에 하자가 있다고 하더라도 주주 등 제소권자는 주주총회결의의 하자를 구하는 소송을 제기하는 것보다는 이들 개별절차상의 무효의 소, 예컨대 자본금감소에 관한 주주총회결의에 하자가 있다고 할 때에는 감자무효의 소 등을 제기하는 것이 소송경제에 부합하고, 이들 개별적인 소송절차를 마련하여 놓은 상법의 취지에도 맞는다고 할 것이다.

### (2) 결의취소의 소

#### (가) 의 의

주주총회 결의취소의 소는 주주총회의 결의에 형식적 하자가 있거나 결의의 내용에 경미한 내용적 하자가 있음을 이유로 결의한 날로부터 2월 내에 주주, 이사 또는 감사가 그 결의의 취소를 구하는 소(상 376조)를 말하는데 이렇게 하자가 있는 결의라고 하더라도 상법에 정하여진 제소기간 내에 일정한 제소권자가 그 취소를 구하여야 하고 또한 취소를 명하는 법원의 판결이 확정되면 그 결의는 취소되어 효력을 상실하게 되므로 결의취소의 소는 형성의 소라고 할 것이다.

(나) 소의 원인

상법은 주주총회 결의에 주주총회의 소집절차 혹은 결의방법이 법령 또는 정관에 위반하거나 현저하게 불공정한 경우와 같은 형식적 하자가 있거나, 결의의 내용이 정관에 위반한 때와 같은 경미한 내용적 하자가 있는 경우를 들고 있다(상 376조 1항).

첫째로, 소집절차가 법령 또는 정관에 위반하거나 현저하게 불공정한 경우로는 ① 이사회의 소집결정이 없거나 하자가 있음에도 소집된 경우, ② 소집권한이 없는 자에 의하여 소집된 경우, ③ 소집통지상의 하자가 있는 경우 등을 들 수가 있다.

◈ 대법원 1980.10.27. 선고 79다1264 판결[52]

이사회의 결정없이 주주총회가 소집되었다고 하더라도 외관상 이사회의 결정이 있었던 것과 같은 소집형식을 갖추어 소집권한 있는 자가 적법한 소집절차를 밟은 이상 이사회의 결정이 없었다는 사정은 주주총회결의부존재의 사유는 되지 않고 주주총회결의 취소의 사유가 됨에 불과하다.

◈ 대법원 1993.9.10. 선고 93도698 판결[53]

대표이사 아닌 이사가 이사회의 소집 결의에 따라서 주주총회를 소집한 것이라면 위 주주총회에 있어서 소집절차상 하자는 주주총회결의의 취소사유에 불과하고 그것만으로 바로 주주총회결의가 무효이거나 부존재가 된다고 볼 수 없다.

◈ 대법원 2007.6.28. 선고 2006다62362 판결

직무대행자가 정기주주총회를 소집함에 있어서도 그 안건에 이사회의 구성 자체를 변경하는 행위나 상법 제374조의 특별결의사항에 해당하는 행위 등 회사의 경영 및 지배에 영향을 미칠 수 있는 것이 포함되어 있다면 그 안건의 범위에서 정기총회의 소집이 상무에 속하지 않는다고 할 것이고, 직무대행자가 정기주주총회를 소집하는 행위가 상무에 속하지 아니함에도 법원의 허가 없이 이를 소집하여 결의한 때에는 소집절차상의 하자로 결의취소사유에 해당한다.

◈ 대법원 1987.4.28. 선고 86다카553 판결

정당한 소집권자에 의하여 소집된 주주총회가 아니라면 그 결의는 당연무효라 할 것이나 그렇지 아니하고 정당한 소집권자에 의하여 소집된 주주총회의 결의라면 설사 주주총회의 소집에 이사회의 결의가 없었고 그 소집통지가 서면에 의하지 아니한 구두소집통지로서 법정소집기간을 준수하지 아니하였으며 또한 극히 일부의 주주에 대하여는 소집

---

52) 이 판결은 이사회에 의한 주주총회의 소집결의 없이 대표이사가 주주총회를 소집한 경우이다.

53) 이 판결은 이사회에 의한 주주총회의 소집결의는 있었으나 대표이사가 아니라 소집권한이 없는 이사에 의하여 주주총회가 소집된 경우이다.

통지를 빠뜨렸다 하더라도 그와 같은 주주총회소집절차상의 하자는 주주총회결의의 단순한 취소사유에 불과하다 할 것이고, 취소할 수 있는 결의는 법정기간내에 제기된 소에 의하여 취소되지 않는 한 유효하다.

(같은 취지: 대법원 1993.10.12. 선고 92다21692 판결, 대법원 1993.12.28. 선고 93다8719 판결)

◆ 대법원 2003.7.11. 선고 2001다45584 판결

주주총회의 개회시각이 부득이한 사정으로 당초 소집통지된 시각보다 지연되는 경우에도 사회통념에 비추어 볼 때 정각에 출석한 주주들의 입장에서 변경된 개회시각까지 기다려 참석하는 것이 곤란하지 않을 정도라면 절차상의 하자가 되지 아니할 것이나, 그 정도를 넘어 개회시각을 사실상 부정확하게 만들고 소집통지된 시각에 출석한 주주들의 참석을 기대하기 어려워 그들의 참석권을 침해하기에 이르렀다면 주주총회의 소집절차가 현저히 불공정하다고 하지 않을 수 없고, 또한 소집통지 및 공고가 적법하게 이루어진 이후에 당초의 소집장소에서 개회를 하여 소집장소를 변경하기로 하는 결의조차 할 수 없는 부득이한 사정이 발생한 경우, 소집권자가 대체 장소를 정한 다음 당초의 소집장소에 출석한 주주들로 하여금 변경된 장소에 모일 수 있도록 상당한 방법으로 알리고 이동에 필요한 조치를 다한 때에 한하여 적법하게 소집장소가 변경되었다고 볼 수 있다.

◆ 대법원 1998.9.8. 선고 96다45818 판결

주주명부상의 주주가 실질주주가 아님을 회사가 알고 있었고 이를 용이하게 증명할 수 있었는데도 위 형식주주에게 소집통지를 하고 의결권을 행사하게 한 잘못이 인정된다는 이유로 그 주주총회결의를 취소할 수 있다.

둘째로 결의방법이 법령 또는 정관에 위반하거나 현저하게 불공정한 경우로는, ① 의결권을 행사할 수 없는 자의 의결권 행사, ② 의장 자격에 하자가 있는 경우, ③ 주주의 발언기회를 부당히 무시하거나 주주의 이사에 대한 설명 요구를 부당히 거부한 채로 진행하는 등의 현저히 불공정한 의사진행, ④ 소집통지서에 기재된 목적사항 이외의 의안에 대한 결의, ⑤ 결의요건의 위반, ⑥ 절차를 밟지 아니한 의결권의 불통일 행사 ⑦ 의결권행사와 관련한 부당한 이익공여행위 등을 들 수 있다.

◆ 대법원 1983.8.23. 선고 83도748 판결

주주총회가 적법하게 소집되어 개회된 이상 의결권없는 자가 의결권을 행사하였으며 동인이 의결권을 행사한 주식수를 제외하면 의결정족수에 미달하여 총회결의에 하자가 있다는 주장은 주주총회 결의방법이 법령 또는 정관에 위반하는 경우에 해당하여 결의취소의 사유에 해당한다.

◆ 대법원 1996.12.23. 선고 96다32768, 32775, 32782 판결

주식을 취득한 자가 회사에 대하여 의결권을 주장할 수 있기 위해서는 주주명부에 주주로서 명의개서를 하여야 하므로, 명의개서를 하지 아니한 주식양수인에 대하여 주주총회소집통지를 하지 않았다고 하여 주주총회결의에 절차상의 하자가 있다고 할 수 없다. 주주총회가 소집권자에 의하여 소집되어 개최된 이상 정족수에 미달한 결의가 이루어졌다고 하더라도 그와 같은 하자는 결의취소의 사유에 불과하고, 무효 또는 부존재한 결의라고 할 수 없다.

◆ 대법원 1977.9.28. 선고 76다2386 판결

정관상 의장이 될 사람이 아닌 자가 정당한 사유 없이 주주총회의 의장이 되어 의사에 관여한 사유만으로는 주주총회결의가 부존재한 것으로 볼 수 없고 주주총회결의취소 사유에 해당한다 할 것이다.

◆ 대법원 2001.5.15. 선고 2001다12973 판결

주주총회에서 의안에 대한 심사를 마치지 아니한 채 법률상으로나 사실상으로 의사를 진행할 수 있는 상태에서 주주들의 의사에 반하여 의장이 자진하여 퇴장한 경우 주주총회가 폐회되었다거나 종결되었다고 할 수는 없으며, 이 경우 의장은 적절한 의사운영을 하여 의사일정의 전부를 종료케 하는 등의 직책을 포기하고 그의 권한 및 권리행사를 하지 아니하였다고 볼 것이므로, 퇴장 당시 회의장에 남아 있던 주주들이 임시의장을 선출하여 진행한 주주총회의 결의도 적법하다고 할 것이다.

◆ 대법원 1996.12.20. 선고 96다39998 판결

사실상 주주 2인으로 구성된 주식회사의 일방 주주측이 다른 주주의 회의장 입장을 부당하게 방해하였고, 그 의사진행방식 및 결의방식이 개최시각보다 지연 입장하게 된 다른 주주의 의결권 행사를 최대한 보장하는 방법으로 이루어지지 아니하여 신의칙에 반한다는 이유로, 주주총회 결의방법이 현저하게 불공정한 때에 해당한다고 본 사례.

◆ 대법원 1979.3.27. 선고 79다19 판결

상법 제363조 제1항, 제2항의 규정에 의하면 주주종회를 소집함에 있어서는 회의의 목적사항을 기재하여 서면으로 그 통지를 발송하게 되어 있으므로 주주총회에 있어서는 원칙적으로 주주총회 소집을 함에 있어서 회의의 목적 사항으로 한 것 이외에는 결의할 수 없으며, 이에 위배된 결의는, 특별한 사정이 없는 한, 상법 제376조 소정의 총회의 소집절차 또는 결의방법이 법령에 위반하는 것으로 보아야 하고, 다만 회사 정관에 주주 전원의 동의가 있으면 미리 주주에게 통지하지 아니한 목적 사항에 관하여도 결의할 수 있다고 되어 있는 때는 예외이나, 그 경우의 주주 전원이란 재적주주 전원을 의미한다.

◆ 대법원 2014.7.11. 자 2013마2397 결정

정관을 위반하여 사전투표기간을 연장하고 사전투표기간에 전체 투표수의 약 67%에 해당하는 주주들의 의결권행사와 관련하여 사회통념상 허용되는 범위를 넘어서는 위법한 이익이 제공된 주주총회결의는 취소사유에 해당하는 하자가 있다.

셋째로 결의내용이 정관에 위반하는 경우로는, ① 정관에 정한 이사나 감사의 정원을 초과하는 숫자의 이사나 감사를 선임하는 결의, ② 정관에 정한 이사나 감사의 자격에 미달하는 이사나 감사를 선임하는 결의, ③ 대표이사를 이사회에서 선임하도록 된 정관을 무시하고 대표이사를 선임하는 결의, ④ 정관에 정한 회사가 발행할 주식의 총수를 초과한 신주발행결의 등을 생각해 볼 수가 있는데, 만약 이러한 결의 후에 정관이 변경되면 하자가 치유될 수 있다고 할 것이다.

#### (다) 소의 절차

##### 1) 소의 당사자

주주총회결의취소의 소의 원고는 주주, 이사 또는 감사(상 376조 1항) 및 청산인(상 542조 2항)에 한정된다.

결의취소의 소는 주주총회의 의사결정과정의 공정성과 적법성을 확립하여 회사 전체의 이익을 위한 공익권으로서 인정되므로 주주는 단독주주로도 충분하다 할 것이다. 또한 주주는 주주총회 당시의 주주일 필요가 없지만 제소를 할 시점에서는 주주이어야 하며, 판결이 있을 때까지 주주(주주명부상주주)의 지위를 유지할 것이 요구되고, 소의 대상이 된 결의로 손해를 입었는지 여부는 따지지 않고,[54] 심지어 결의취소의 소의 대상이 된 결의에 찬성을 하였던 주주도 결의취소의 소를 제기할 수 있다고 할 것이다.[55] 뿐만 아니라, 의결권 없는 주주도 주주총회결의취소의 소를 제기할 수 있다고 할 것이다.[56][57]

다만 주주의 이러한 소 제기권은 공익권으로서 일신전속적 성질을 가진다고 할 것이므로 소를 제기한 주주가 소송계속 중 주식을 양도한 경우에는 주식양도인은 주주의 자격을 상실하게 되어 소의 당사자적격을 잃게 되고 소는 부적법 각하될 것이다.

이때 주식양수인이 주식양도인의 소송목적을 승계한다고도 할 수 없으므로 주식

54) 대법원 1998.5.12. 선고 98다4569 판결.

55) 대법원 1979.3.27. 선고 79다19 판결.

56) 긍정하는 견해로는 권기범 615면, 박상조 521면, 정동윤 367면, 최기원 537면, 최준선 370면. 부정하는 견해로는 손주찬 742면, 임홍근 416면.

57) 대법원 2003.7.11. 선고 2001다45584 판결은, "주주는 다른 주주에 대한 소집절차의 하자를 이유로 주주총회결의 취소의 소를 제기할 수도 있다"고 판시하고 있다.

양수인에 의한 소송참가(민소 81조) 또는 소송인수(민소 82조)가 허용되지 않는다고 할 것이고, 또한 주주총회결의취소의 소를 제기한 주주가 사망한 경우에는 상속으로 주식을 취득한 상속인에게 소송절차의 승계를 하도록 할 수는 없을 것이다.

제소당시의 이사 혹은 감사인 경우에 제소권이 인정되고, 퇴임한 이사나 감사에게는 제소권이 없다고 할 것이다. 다만 이사나 감사가 퇴임한 경우라도 후임 이사나 감사가 취임할 때까지 이사나 감사의 권리의무가 있으므로(상 386조 1항, 415조, 542조 2항) 이런 경우에는 퇴임하였더라도 제소할 수 있다고 할 것이다.[58] 또한 하자있는 결의에 의하여 해임된 이사, 감사는 그가 주주인지 여부를 막론하고 그 결의에 대하여 제소를 할 수 있다고 할 것이다.[59]

결의취소의 소에 있어서 원고 승소 판결에는 대세적 효력이 있으므로 피고는 성질상 회사에 한정된다고 할 것이고,[60]이 경우 대표이사가 회사를 대표하여 소송을 수행하게 되지만 이사가 원고일 경우에는 감사가 소송을 수행하여야 한다(상 394조 1항).

결의취소의 소의 피고는 회사에 한정되므로 예컨대 취소의 대상인 주주총회에서 선임된 이사와 같은 경우에는 비록 이해관계 있는 제3자라고 하더라도 결의취소의 소의 피고에 공동소송참가를 할 수는 없고 보조참가는 가능하다고 할 것이다.

**◆ 대법원 1983.3.22. 선고 82다카1810 전원합의체 판결**

회사의 이사선임 결의가 무효 또는 부존재임을 주장하여 그 결의의 무효 또는 부존재 확인을 구하는 소송에서 회사를 대표할 자는 현재 대표이사로 등기되어 그 직무를 행하는 자라고 할 것이고 그 대표이사가 무효 또는 부존재확인청구의 대상이 된 결의에 의하여 선임된 이사라고 할지라도 그 소송에서 회사를 대표할 수 있는 자임에는 변함이 없다.

#### 2) 심리절차

상법은 주주총회결의 취소의 소의 심리절차에 관하여 회사설립무효의 소의 절차를 준용하고 있으므로(상 376조 2항), 회사의 본점소재지를 관할하는 지방법원의 전속관할에 속하고(상 376조 2항, 186조), 소가 제기된 경우에 회사는 공고하여야 한다(상 376조 2항, 187조). 수개의 소가 제소된 때 법원은 병합 심리[61]를 하여야 한다(상 376조

58) 대법원 1992.8.14. 선고 91다45141 판결.

59) 대법원 1982.4.27. 선고 81다358 판결.

60) 대법원 1982.9.14. 선고 80다2425 전원합의체 판결.

61) 수개의 결의취소의 소가 제기된 경우에는 모든 소송의 당사자 사이에서 합일 확정되어야 하므로 병합심리하여야 하고 그 소송의 형태는 유사필수적 공동소송의 형태가 될 것이나, 만약 결의취소의 소와 결의무효의 소가 각각 제소된 경우에는 그 소송의 결과가 당사자 사이에서 반드시 합일 확정될 필요가 없고, 또한 상법에 병합심리에 관한 규정이 없으므로 이 경우까지 병합 심리할 이유는 없다고 생각된다.

2항, 188조). 회사는 주주가 제소할 경우에는, 이사 또는 감사가 제기하는 경우와 달리, 주주가 악의임을 소명하여 법원에 담보제공을 청구하면 법원은 주주에게 상당한 담보의 제공을 명령할 수도 있다(상 377조 2항, 176조 4항).

한편 상법은 사소한 결의의 하자를 이유로 한 남소를 방지하여 회사를 보호하고 경미한 절차위배를 이유로 결의를 취소하는 것이 오히려 회사에 손해를 초래하고 거래의 안전을 해할 우려가 있는 등 부적당하다고 판단되면 법원이 재량으로 결의취소의 소를 기각[62]할 수 있도록 하고 있다. 다만 결의의 내용이 적법한 정관에 위반하였음을 이유로 하는 경우에는 회사의 정관이 회사의 자치법규이고 회사의 자율성을 존중하여야 하므로 법원은 재량기각을 함에 있어서 신중하여야 할 것이다.

상법상 주주총회 결의의 하자를 다투는 소송 중에서 결의취소의 소에만 법원의 재량기각(상 379조)을 허용하고 결의무효확인이나 결의부존재확인의 소에서는 이를 허용하고 있지 않다. 또한 주주총회결의 취소의 소에서 허용되는 법원의 재량기각(상 379조)은 하자의 보완을 전제로 하지 않는다는 점에서, 하자의 보완이 있을 것을 요구하는 합명회사 설립하자의 소(상 189조)와 이를 준용하는 각 회사설립의 취소나 무효확인의 소(상 269조, 287조의6, 328조 2항), 그리고 각종 회사법상의 무효확인의 소(합병무효확인의 소: 상 269조, 287조의41, 240조, 530조 2항, 240조, 603조, 240조 / 주식교환무효의 소: 상 360조의14 4항 / 주식이전무효의 소: 상 360조의23 3항 / 신주발행무효의 소: 상 430조 / 감자무효의 소: 상 446조 / 분할무효의 소: 상 530조의11 1항, 240조)와 다르다고 할 것이다.

또한 원고의 승소판결에는 대세적 효과가 인정되므로(상 376조 2항, 190조 본문) 소송당사자의 처분권주의가 제한되어 심리 중에 화해 또는 인낙이 불가능하다고 할 것이지만, 소의 취하는 가능하다고 할 것이다. 또한 주주총회결의 취소의 소가 제기된 후에 적법하게 개최된 총회에서 취소원인이 있는 결의를 추인하는 결의를 하였다면 그 결의는 소급하여 유효하다고 할 것이다.

상법은 결의취소의 소의 제소기간을 결의가 있은 날로부터 2월 이내로 정하고 있는데(상 376조 1항), 이 기간은 제척기간으로 보아야 하므로 이 기간을 도과한 후에 제기된 결의취소의 소는 각하[63]를 면하지 못할 것이다.

---

62) 주주총회 결의취소의 소와 관련한 재량기각의 실무적 쟁점과 처리에 관하여는 오동섭 "주주총회결의취소의 소와 재량기각" 재판자료 37집(법원도서관 1987년) 539면 내지 568면 참조.

63) 원고적격을 가진 자는 다른 자가 제기한 소송에 참가(공동소송참가)할 수 있으나 만약 그가 제소기간을 도과 하였다면, 공동소송참가를 할 수는 없으므로 이 경우에는 공동소송적 보조참가를 할 수밖에 없을 것이다.

### ◆ 대법원 2003.7.11. 선고 2001다45584 판결

주주총회결의 취소의 소에 있어 법원의 재량에 의하여 청구를 기각할 수 있음을 밝힌 상법 제379조는, 결의의 절차에 하자가 있는 경우에 결의를 취소하여도 회사 또는 주주에게 이익이 되지 않든가 이미 결의가 집행되었기 때문에 이를 취소하여도 아무런 효과가 없든가 하는 때에 결의를 취소함으로써, 회사에 손해를 끼치거나 일반거래의 안전을 해치는 것을 막고 결의취소의 소의 남용을 방지하려는 취지이며, 또한 위와 같은 사정이 인정되는 경우에는 당사자의 주장이 없더라도 법원이 직권으로 재량에 의하여 취소청구를 기각할 수도 있다.

(같은 취지: 대법원 2004.4.27. 선고 2003다29616 판결)

### ◆ 대법원 2004.9.24. 선고 2004다28047 판결

주주총회결의의 부존재·무효를 확인하거나 결의를 취소하는 판결이 확정되면 당사자 이외의 제3자에게도 그 효력이 미쳐 제3자도 이를 다툴 수 없게 되므로, 주주총회결의의 하자를 다투는 소에 있어서 청구의 인낙이나 그 결의의 부존재·무효를 확인하는 내용의 화해·조정은 할 수 없고, 가사 이러한 내용의 청구인낙 또는 화해·조정이 이루어졌다 하여도 그 인낙조서나 화해·조정조서는 효력이 없다.

#### (라) 판결의 효력

상법은 주주총회 결의취소의 소에서 원고의 승소판결이 확정된 경우, 회사의 법률관계를 획일적으로 확정하려는 목적에서, 판결의 효력이 제3자에 대하여도 미치도록 하는 이른바 판결의 대세적 효력을 인정하여(상 376조 2항, 190조 본문), 판결의 효력은 소송당사자에게만 미친다고 하는 민사소송법에 정한 기판력의 주관적 범위(민소법 218조)에 대한 예외를 규정하고 있다.

그러나 결의취소의 소에는 회사 설립취소의 소에서 인정되는 판결의 소급적 효력에 관한 제한규정(상 190조 단서)이 준용되지 아니하므로(상 376조 2항) 원고 승소판결이 확정된 경우에 주주총회의 결의는 소급적으로 효력을 상실하게 된다.

그렇다면, 취소된 결의에 터잡아 이루어진 법률행위 예컨대 취소된 결의에 의하여 선임된 대표이사에 의한 법률행위, 특히 대외적인 법률행위의 효력도 소급적으로 인정되지 않는다 할 것이나, 이 경우에는 거래의 안전을 위하여, 부실등기에 대한 제3자 보호(상 39조), 표현대표이사(상 395조) 등 상법상의 외관보호이론에 근거한 법률규정이나 민법상의 표현대리에 관한 법률규정(민 125조) 등을 적용하여 선의의 제3자를 보호하여야 할 것이다.

취소의 대상이 된 주주총회의 결의에 의하여 선임된 대표이사의 행위에 대하여 거래의 안전을 위하여 상법상의 외관이론에 근거한 부실등기 혹은 표현대표이사의 주장은 거래행위에 관해서만 인정되고 소송행위에 대해서는 인정되지 않으므로 만약 취소된 주주총회에 의하여 선임된 대표이사의 소송행위는 당연히 소급하여 무효가 될 것이다(대법원 2013.2.28. 선고 2012다74298 판결).

만약 취소의 소의 대상이 된 결의사항이 등기되었다면, 결의취소의 소에 관한 원고승소 판결이 확정된 경우에는 본점과 지점의 소재지에서 변경등기를 하여야 할 것이다(상 378조).

### ◈ 대법원 2009.3.12. 선고 2007다60455 판결

주주총회를 소집, 개최함이 없이 의사록만을 작성한 주주총회결의로 대표자로 선임된 자의 행위에 대하여 의사록 작성으로 대표자격의 외관이 현출된 데에 대하여 회사에 귀책사유가 있음이 인정될 경우 상법 제395조에 따라 회사에게 그 책임을 물을 수 있고 이 경우 의사록을 작성하는 등 주주총회결의의 외관을 현출시킨 자가 사실상 회사의 운영을 지배하는 자인 경우와 같이 주주총회결의 외관 현출에 회사가 관련된 것으로 보아야 할 경우에는 회사에 귀책사유가 있다고 인정할 수 있을 것이다.

(같은 취지: 대법원 1994.12.27. 선고 94다7621, 7638 판결, 대법원 1992.8.18. 선고 91다14369 판결)

### ◈ 대법원 2004.2.27. 선고 2002다19797 판결

[1] 이사 선임의 주주총회결의에 대한 취소판결이 확정된 경우 그 결의에 의하여 이사로 선임된 이사들에 의하여 구성된 이사회에서 선정된 대표이사는 소급하여 그 자격을 상실하고, 그 대표이사가 이사 선임의 주주총회결의에 대한 취소판결이 확정되기 전에 한 행위는 대표권이 없는 자가 한 행위로서 무효가 된다.

[2] 이사 선임의 주주총회결의에 대한 취소판결이 확정되어 그 결의가 소급하여 무효가 된다고 하더라도 그 선임 결의가 취소되는 대표이사와 거래한 상대방은 상법 제39조의 적용 내지 유추적용에 의하여 보호될 수 있으며, 주식회사의 법인등기의 경우 회사는 대표자를 통하여 등기를 신청하지만 등기신청권자는 회사 자체이므로 취소되는 주주총회결의에 의하여 이사로 선임된 대표이사가 마친 이사 선임 등기는 상법 제39조의 부실등기에 해당된다.

(같은 취지: 대법원 2013.2.28. 선고 2012다74298 판결)

한편 원고패소의 판결이 확정된 경우, 패소한 원고가 소를 제기하면서 자신에게 승소할 이유가 없다는 것을 알았거나(악의) 현저한 부주의로 알지 못하였다면(중대한 과실) 회사에 대하여 연대하여 손해배상책임을 부담하여야 한다(상 376조 2항, 191조).

이러한 원고의 패소판결에는 이른바 대세적 효력이 인정되지 아니하므로, 그 판결의 효력은 소송 당사자에게만 미치게 되어(민소법 218조) 다른 제소권자는 다시 소를 제기하는 것도 가능하다고 할 것이나, 제소기간의 제한으로 인하여 그 가능성은 현저히 낮다고 할 것이다.

### (3) 결의무효확인의 소

#### (가) 의 의

주주총회 결의무효확인의 소는 주주총회의 결의의 내용에 하자가 있음을 이유로 법원에 그 결의의 무효 확인을 구하는 소(상 380조)를 말한다.

상법은 결의취소의 소와는 달리 결의무효확인의 소의 경우에는 제소권자와 제소기간에 대하여 아무런 규정을 두고 있지 않는데, 결의무효확인의 소의 성질을 어떻게 파악할 것인가에 따라 이러한 무효의 주장을 소송을 통하여만 할 수 있는지, 제소기간과 제소권자에 제한을 두어야 하는지 또한 무효의 원인이 있는 주주총회의 결의에 따른 후속적 법률행위의 효력을 따질 경우에 주주총회 결의의 무효를 별개의 소로서 확정하여야 하는지 아니면 단순히 선결문제로서 동일한 소송에서 다룰 수 있는지에 관하여 다르게 되므로 소의 성질에 관하여 견해의 대립이 있다. 주주총회 결의무효확인의 소의 성질에 관하여, ① 결의무효의 소의 원인은 결의내용이 법령에 위반한 경우로서 언제나 당연히 무효이므로 누구라도 언제라도 어떤 방법으로도 그 무효를 주장할 수 있게 되므로 소송으로 이를 주장할 때는 확인의 소로 보아야 하고 그런 이유로 상법이 결의무효확인의 소에는 제소기간과 제소권자를 규정하지 않고 있다는 견해(확인소송설),[64] ② 결의내용이 법령에 위반한다고 하여 당연히 무효를 주장할 수 있다는 견해는 회사법의 단체법적 성질을 무시하는 것이고 또한 거래의 안전을 위협하게 되므로 상법은 주주총회결의 무효의 경우에도 반드시 소송을 통하여만 주장할 수 있도록 하기 위하여 무효확인의 소의 절차에 관한 규정을 두었고 또한 판결의 효력에 대세적 효력을 부여하였다고 주장하면서 형성의 소라고 보는 견해(형성소송설)[65]가 대립하고 있다. 생각건대 결의무효확인의 소의 원인으로서 결의내용이 법령에 위반한 경우는 중대한 결함이 있는 경우로서 언제나 당연히 무효이고 누구라도 언제라도 어떤 방법으로도 그 무효를 주장할 수 있다고 할 것이므로 이를 소송으로 주장할 때는 확인의 소가 된다고 하는 것이 타당할 것이다. 다만 상법이 주주총회무효확인의 소에 의한 판결에 대세적 효력을 인정하고 있어 이를 확인의 소라고 보기에 이론상 난점이

64) 강위두/임재호 731면, 권기범 620면, 손주찬 749면, 정찬형 518면, 최기원 550면, 최준선 376면.
65) 정동윤 374면, 이철송 598면, 이시윤 171면, 송상현 187면.

있으나 이러한 상법의 규정은 형식상 회사 내부의 의사결정을 거친 회사의 외부적 행위를 유효한 것으로 믿고 거래한 제3자를 보호함으로써 거래안전을 도모하고 회사에 관한 법률관계에 법적 안정성을 보장하기 위한 취지에서 인정된 것이라고 이해할 수 밖에 없을 것이다.[66] 한편 대법원은 주주총회결의무효확인의 소에 있어서 확인의 이익이 있을 것을 요구하는 등 그 소송의 법적 성질을 확인의 소로 보고 있는 듯하다.[67]

또한, 1995년의 상법개정 전에는 결의무효확인의 소에도 상법 190조를 준용함으로써 소급효를 배제하였기 때문에 결의무효확인의 판결의 효력에 의하여 장래에 향하여 그 결의를 무효화하는 것으로 법률관계를 형성한다고 볼 여지가 있었기에 이를 형성의 소라는 주장이 가능하였고 이에 따라 결의무효확인의 소의 성질을 따지는 것은 실익이 적지 않았다. 그러나 상법개정으로 결의무효확인의 소에 상법 제190조 본문만 준용됨으로써 판결의 소급효를 배제하는 상법 제190조 단서는 준용되지 않게 되었기에 결의가 무효임을 확인하는 판결은 당연히 소급적 효력을 갖게 되었고 이는 애시당초 무효임을 확인하는 의미로서 보게 되었으므로 결의무효확인의 소의 성질을 따지는 것이 개정 전처럼 실익이 크다고 할 수 없게 되었다. 또한 상법은 결의무효확인의 소에 제소기간이나 제소권자의 제한을 두고 있지 않으므로 실무상 결의무효확인의 소를 제기함에 있어서 어느 견해를 취하더라도 큰 차이가 없고 나아가 주주총회결의의 무효여부가 회사를 상대로 한 결의의 후속행위의 효력을 결정하는 데 있어서 선결문제가 될 경우에라도 무효를 주장하기 위하여 회사를 상대로 별소를 제기하여야 하는 것은 아니므로(대법원 2011.6.24. 선고 2009다35033 판결) 결의무효확인의 소의 성질을 굳이 따질 이유는 별로 많지 않다고 할 것이다.

#### (나) 소의 원인

상법은 주주총회 결의무효의 소의 원인으로서 결의의 내용이 법령에 위반한 경우를 들고 있는데(상 380조), 이 밖에도 ① 결의의 내용이 선량한 풍속 기타 사회질서에 반하거나, ② 주주평등의 원칙이나 주주의 유한책임의 원칙에 반하는 경우와 같이 주식회사의 본질을 훼손하는 내용의 결의를 하거나 ③ 주주총회의 권한 사항이 아닌 것을 결의한 경우 등을 들 수가 있다.

#### (다) 소의 절차

##### 1) 소의 당사자

상법은 제소권자를 규정하고 있지 않으므로 누구라도 소의 이익이 있으면 원고로서 소를 제기할 수 있고, 피고는 회사가 된다.

결의에 찬성한 주주, 의결권 없는 주주라도 제소할 당시에 주주라면 소의 이익이 있으나 결의 당시의 주주라고 하더라도 제소 당시 주주의 지위를 상실하였으면 확인

66) 대법원 1992.8.18. 선고 91다39924 판결, 대법원 1995.9.15. 선고 95다13302 판결.

67) 대법원 1982.9.14. 선고 80다2425 판결.

의 이익은 없다고 할 것이고, 제소 당시의 이사, 감사, 청산인 등은 소의 이익이 있다고 할 것이나 사임한 경우에는 소의 이익이 인정되지 않지만 의사에 반하여 해임된 경우에는 소의 이익이 있다고 할 것이다.[68] 이 밖에도 주주총회의 결의에 이해관계 있는 채권자도 소의 이익이 있는 자라고 할 것이다.

### ◈ 대법원 1982.9.14. 선고 80다2425 전원합의체 판결

가. 임원선임의 임시주주총회결의와 이사회결의의 무효확인이나 부존재확인의 소에 있어서 동 주주총회나 이사회결의에 의하여 임원으로 선임되었다는 피고나 소외인들이 모두 그 직을 사임하여 그 사임등기까지 경료되고 그 후 새로운 임원이 선임되었다면 특별한 사정이 없는 한 동 임시주주총회 결의와 이사회 결의의 부존재확인이나 무효확인을 구할 법률상 이익이 없다.

나. 주주총회결의 취소와 결의무효확인판결은 대세적 효력이 있으므로 그와 같은 소송의 피고가 될 수 있는 자는 그 성질상 회사로 한정된다.

다. 주식회사의 이사회결의는 회사의 의사결정이고 회사는 그 결의의 효력에 관한 분쟁의 실질적인 주체라 할 것이므로 그 효력을 다투는 사람이 회사를 상대로 하여 그 결의의 무효 확인을 소구할 이익이 있다 할 것이나 그 이사회결의에 참여한 이사들은 그 이사회의 구성원에 불과하므로 특별한 사정이 없는 한 이사 개인을 상대로 하여 그 결의의 무효확인을 소구할 이익은 없다.

(같은 취지: 대법원 1991.12.13. 선고 90다카1158 판결, 대법원 2008.8.11. 선고 2008다33221 판결)

### ◈ 대법원 1991.5.28. 선고 90다6774 판결

주주로부터 기명주식을 양도받은 자라 하더라도 주주명부에 명의개서를 하지 아니하여 그 양도를 회사에 대항할 수 없는 이상 그 주주에 대한 채권자에 불과하고, 또 제권판결 이전에 주식을 선의취득한 자는 위 제권판결에 하자가 있다 하더라도 제권판결에 대한 불복의 소에 의하여 그 제권판결이 취소되지 않는 한 회사에 대하여 적법한 주주로서의 권한을 행사할 수 없으므로 회사의 주주로서 주주총회 및 이사회결의무효확인을 소구할 이익이 없다.

### ◈ 대법원 1991.11.22. 선고 91다22131 판결

주식회사에 대하여 법원의 해산판결이 선고, 확정되어 해산등기가 마쳐졌고 아울러 법원이 적법하게 그 청산인을 선임하여 그 취임등기까지 경료 된 경우, 해산 당시 이사

---

68) 대법원 1982.4.27. 선고 81다358 판결은, "무효이거나 존재하지 않는 주주총회결의에 의하여 이사직을 해임당한 자는 그가 주주인 여부를 막론하고 주주총회결의의 무효 또는 부존재확인의 청구를 할 수 있다"고 판시하고 있다.

가 설사 해산판결 선고 이전에 부적법하게 해임된 바 있어 주주총회의 이사해임 결의가 무효라 하더라도 그 이사로서는 청산인의 지위에 이를 방도가 없게 되었고, 한편 그 이사가 주식회사의 주주라 하여도 위와 같이 회사가 적법하게 해산된 데다가 적법한 청산인이 선임된 이상 주주의 지위에는 아무 영향이 없다 할 것이므로, 결국 위 이사로서는 해산판결 전에 이루어진 회사의 주주총회 결의나 이사회 결의의 무효확인을 구할 법률상 이익이 없다.

2) 심리절차

결의취소의 소의 절차에 관한 상법상의 규정은 대부분이 결의무효확인의 소의 절차에 준용되는데(상 380조, 186조 내지 188조, 377조), 법원의 재량기각에 관한 규정(상 379조)은 준용되지 않고 있다.

또한 주주총회무효확인의 소의 제소기간에는 제한이 없으나, 확인의 소이므로 확인의 이익이 없는 경우에는 각하판결을 면하지 못할 것이다.

(라) 판결의 효력

결의무효확인의 소의 판결의 효력은 결의취소의 소의 판결의 효력과 같이 대세적 효력이 인정되고(상 380조, 190조 본문) 판결의 소급효를 차단하는 규정(상 190조 단서)이 준용되지 않으므로 주주총회 결의는 당연히 소급적으로 무효가 된다.[69)]

### (4) 결의부존재확인의 소

(가) 의 의

결의부존재확인의 소는 주주총회의 소집절차 혹은 결의방법과 같은 절차상 또는 형식상의 중대한 하자가 있어 그 결의 자체가 존재하지 않는다는 것을 확인해 줄 것을 법원에 구하는 소라고 할 것이다(상 380조).

결의부존재확인의 소는 결의취소의 소와 같이 절차적 하자를 원인으로 하지만 결의취소의 소보다는 그 하자의 정도가 심대한 경우에 제기하는 소라고 할 것이다.

그러나 상법은 결의부존재확인의 소를 결의무효확인의 소와 같은 조문에 배치하여 제소기간과 제소권자의 제한을 두고 있지 않는 등 결의취소의 소와 다르게 취급하고 있다.

결의부존재확인의 소의 성질에 관하여 형성의 소라고 보는 견해[70)]도 있지만 확인

---

69) 대법원 2011.6.24. 선고 2009다35033 판결은, "무효행위를 추인한 때에는 달리 소급효를 인정하는 법률규정이 없는 한 새로운 법률행위를 한 것으로 보아야 하고, 이는 무효인 결의를 사후에 적법하게 추인하는 경우에도 마찬가지이다"라고 판시하고 있으므로, 만약 무효가 된 주주총회를 추인하는 결의를 하였다면 새로운 결의를 한 것으로 보아야 할 것이다.

의 소로 보는 것이 일반적 견해이고 대법원도 이를 확인의 소로 보고 있음이 명백하다.[71)]

### (나) 소의 원인

부존재확인의 소의 원인은 주주총회의 소집절차와 결의방법에 도저히 결의가 있다고 할 수 없을 정도의 중대한 하자가 있는 경우라고 할 것이다.

또한 실제로 소집절차와 결의절차를 거치지 아니한 채 주주총회의 결의가 있었던 것처럼 주주총회 의사록을 허위로 작성한 경우도 이에 해당한다고 할 것이다. 다만 대법원은 주주 1인이 유일한 주주이거나 다른 사람의 명의를 빌려 주주로 등재하였으나 총 주식을 실질적으로 1인이 모두 소유한 1인회사의 경우에는 실제로 총회를 개최한 사실이 없었다 하더라도 그 1인 주주에 의하여 의결이 있었던 것으로 주주총회 의사록이 작성되었다면 특별한 사정이 없는 한 그 내용의 결의가 있었던 것으로 볼 수 있다고 판시하고 있다.[72)]

부존재확인의 소의 원인에 관하여 대법원은 주주총회의 결의는 있었지만 소집절차와 결의 방법의 하자가 중대하여 결의 자체가 없다고 보아야 하는 이른바 비결의(非決議)의 경우와 외견상으로는 결의가 있었던 것처럼 의사록 등을 작성하였지만 실제적으로는 결의 자체가 없는 이른바 표현결의(表見決議)의 경우로 나누어, 전자의 경우에만 상법 제380조를 적용하고 후자의 경우에는 상법 제380조를 적용하지 아니하였는데[73)] 이것은 1995년의 상법개정 전의 상법 제380조에는 상

70) 형성의 소로 보는 견해는 이철송 599면.

71) 대법원 1992.8.18. 선고 91다39924 판결.

72) 대법원 2007.2.22. 선고 2005다73020 판결은 1인 회사의 경우에는 실제로 총회를 개최한 사실이 없었다 하더라도 1인 주주에 의하여 의결이 있었던 것으로 주주총회 의사록이 작성되었다면 결의부존재가 아니지만 주식의 대다수를 가진 대주주에 의한 주주총회 의사록 작성은 결의부존재라고 판시하고 있다.

73) 대법원 1993.3.26. 선고 92다32876 판결은, "주주총회 자체가 소집된 바 없을 뿐만 아니라 결의서 등 그 결의의 존재를 인정할 아무런 외관적인 징표도 찾아볼 수 없으므로 이 사건 주주총회결의부존재확인의 소는 확인의 이익이 없어 부적법하다"고 판시하고 있고, 대법원 1992.9.22. 선고 91다5365 판결도 "상법 제380조가 규정하는 주주총회결의부존재확인판결은 '주주총회결의'라는 주식회사 내부의 의사결정이 일단 존재하기는 하지만 그와 같은 주주총회의 소집절차 또는 결의방법에 중대한 하자가 있기 때문에 그 결의를 법률상 유효한 주주총회의 결의라고 볼 수 없음을 확인하는 판결을 의미하는 것으로 해석함이 상당하고, 실제의 소집절차와 실제의 회의절차를 거치지 아니한 채 주주총회의사록을 허위로 작성하여 도저히 그 결의가 존재한다고 볼 수 없을 정도로 중대한 하자가 있는 경우에는 상법 제380조 소정의 주주총회결의부존재확인판결에 해당한다고 볼 수 없어 상법 제190조를 준용할 것도 아니다"라고 판시하고 있다.
또한 대법원 1996.9.11. 선고 95다13982 판결에서도 상법 제190조 규정이 준용되는 상법 제380조 소정의 결의부존재확인 청구의 소에 있어서의 결의부존재라 함은 외형상 당해 회사의 주주총회로서 소집, 개최되어 결의가 성립하였으나 그 소집절차나 결의방법에 중대한 하자가 있어 법률상 결의의 부존재로 볼 수밖에 없는 경우만을 가리키고, 전혀 주주총회를 소집, 개최함이 없이 주주총회의사록만 작성하였거나 또는 외형상 당해 회사의 주주총회로 볼 수 없는 회의를 개최하여 의사록을 작성한 경우와 같이 외형상 당해 회사의 주주총회의 결의의 존재를 인정하기 어려운 경우는 여기에 해당하지 않는다"라고

법 제190조가 적용됨으로써 결의부존재확인의 소에 있어서 판결의 소급적 효력이 제한받았기 때문에 표현결의의 경우에 원고가 승소한 경우 소급효가 제한받지 않고 따라서 후속행위의 효력도 부인할 수 있도록 하기 위한 것이라고 설명되고 있다. 그런데 1995년 상법 개정으로 상법 제380조에 상법 제190조 본문만 적용되면서 판결의 소급효가 제한받지 않게 된 후에는 대법원도 위의 두 가지 경우를 구별 없이 모두 상법 제380조에 따라 결의부존재확인의 소로서 다루고 있다[74)]

이에 대하여 상법이 개정되어 결의부존재확인의 소에 있어서 판결의 소급적 효력에 대한 제한이 없어졌으므로 이를 나누어 볼 필요가 없다는 견해[75)]가 있는가 하면, 여전히 판결의 대세적 효력을 규정한 상법 제380조의 규정을 피해서 민사소송법상의 확인의 소를 청구할 실익(소의 절차, 판결의 대세적 효력 등)이 있으므로 부존재의 원인을 두 가지로 나누어 볼 필요가 있다는 견해[76)]가 대립하고 있다.

### ◆ 대법원 1996.12.23. 선고 96다32768 판결

주주총회가 소집권자에 의하여 소집되어 개최된 이상 정족수에 미달한 결의가 이루어졌다고 하더라도 그와 같은 하자는 결의취소의 사유에 불과하고 무효 또는 부존재한 결의라고 할 수 없다.

### ◆ 대법원 2014.11.27. 선고 2011다41420 판결[77)]

정당한 소집권자에 의하여 소집된 주주총회의 결의라면 설령 주주총회의 소집에 이사회의 결의가 없었고 그 소집통지가 서면에 의하지 아니한 구두소집통지로서 법정소집기간을 준수하지 아니하였으며 극히 일부의 주주에 대하여는 소집통지를 빠뜨렸다 하더라도 그와 같은 주주총회 소집절차상의 하자는 주주총회결의의 단순한 취소사유에 불과하다 할 것이다.

### ◆ 대법원 1978.11.14. 선고 78다1269 판결

주주의 전부 또는 대부분의 주주에게 소집통지를 발송하지 아니하고 개최된 주주총회는 특별한 사정이 없는 한 그와 같은 총회는 그 성립과정에 있어 하자가 너무나도 심한 것이어서 사회통념상 총회 자체의 성립이 인정되기 어렵다고 봄이 상당하다.

---

판시하였다.

74) 대법원 2004.8.16. 선고 2003다9636 판결은, "실제의 소집절차와 회의절차를 거치지 아니한 채 주주총회의사록을 허위로 작성하는 등 도저히 그 결의가 존재한다고 볼 수 없을 정도로 중대한 하자가 있는 경우에는 그 주주총회의 결의는 부존재하다고 보아야 한다"고 판시하고 있다(같은 취지: 대법원 2004.8.20. 선고 2003다20060 판결).

75) 강위두/임재호 733면 내지 735면.

76) 최준선 385면.

77) 대법원 2010.7.22. 선고 2008다37193 판결은, "주주총회를 개최함에 있어 발행주식의 9.22%를 보유한 소수주주들에게 소집통지를 하지 아니한 하자만으로 위 주주총회결의가 부존재한다고 할 수 없고 이는 결의 취소사유에 해당한다"고 판시하고 있다.

◆ 대법원 2004.8.20. 선고 2003다20060 판결

실제의 소집절차와 회의절차를 거치지 아니한 채 주주총회의사록을 허위로 작성하여 도저히 그 결의가 존재한다고 볼 수 없을 정도로 중대한 하자가 있는 경우에는 그 주주총회의 결의는 부존재한다고 보아야 할 것이다.

◆ 대법원 2010.6.24. 선고 2010다13541 판결

주주총회를 소집할 권한이 없는 자가 이사회의 주주총회 소집결정도 없이 소집한 주주총회에서 이루어진 결의는, 1인 회사의 1인 주주에 의한 총회 또는 주주 전원이 참석하여 총회를 개최하는 데 동의하고 아무런 이의 없이 결의가 이루어졌다는 등의 특별한 사정이 없는 이상, 총회 및 결의라고 볼 만한 것이 사실상 존재한다고 하더라도 그 성립과정에 중대한 하자가 있어 법률상 존재하지 않는다고 보아야 한다.

◆ 대법원 1993.10.12. 선고 92다28235, 28242 판결

가. 대표이사가 1987. 2. 26. 10:00 회사 사무실에서 임시주주총회를 개최한다는 통지를 하였으나 주주총회 당일 16:00경 소란으로 인하여 사회자가 주주총회의 산회 선언을 하였는데 그 후 주주 3인이 별도의 장소에 모여 결의를 한 것이라면, 위 주주 3인이 과반수를 훨씬 넘는 주식을 가진 주주라고 하더라도 나머지 일부 소수주주들에게는 그 회의의 참석과 토의, 의결권행사의 기회를 전혀 배제하고 나아가 법률상 규정된 주주총회소집절차를 무시한 채 의견을 같이 하는 일부주주들만 모여서 한 결의를 법률상 유효한 주주총회의 결의라고 볼 수는 없다.

나. 제1 주주총회결의가 부존재로 된 이상 이에 기하여 대표이사로 선임된 자들은 적법한 주주총회의 소집권자가 될 수 없어 그들에 의하여 소집된 주주총회에서 이루어진 제2 주주총회결의 역시 법률상 결의부존재라고 볼 것이다.

◆ 대법원 2007.2.22. 선고 2005다73020 판결

주식회사에 있어서 총 주식을 한 사람이 소유한 이른바 1인 회사의 경우 그 주주가 유일한 주주로서 주주총회에 출석하면 전원 총회로서 성립하고 그 주주의 의사대로 결의가 될 것임이 명백하므로 따로 총회소집절차가 필요 없으며, 실제로 총회를 개최한 사실이 없었다 하더라도 그 1인 주주에 의하여 의결이 있었던 것으로 주주총회 의사록이 작성되었다면 특별한 사정이 없는 한 그 내용의 결의가 있었던 것으로 볼 수 있고, 이 점은 한 사람이 다른 사람의 명의를 빌려 주주로 등재하였으나 총 주식을 실질적으로 그 한 사람이 모두 소유한 경우에도 마찬가지라고 할 수 있으나, 이와 달리 주식의 소유가 실질적으로 분산되어 있는 경우에는 상법상의 원칙으로 돌아가 실제의 소집절차와 결의절차를 거치지 아니한 채 주주총회의 결의가 있었던 것처럼 주주총회 의사록을 허위로 작성한 것이라면 설사 1인이 총 주식의 대다수를 가지고 있고 그 지배주주에 의하여 의결이 있었던 것으로 주주총회 의사록이 작성되어 있다 하더라도 도저히 그 결의가 존재한다고

볼 수 없을 정도로 중대한 하자가 있는 때에 해당하여 그 주주총회의 결의는 부존재하다고 보아야 한다.

#### (다) 당사자, 심리의 절차와 판결의 효력

소의 당사자와 심리절차 등, 소의 절차와 판결의 효력은 결의무효확인의 소와 동일하다(상 380조).

**◈ 대법원 1992.9.14. 선고 80다2425 전원합의체 판결**

주주총회결의부존재확인의 소송은 일응 외형적으로는 존재하는 것 같이 보이는 주주총회결의가 그 성립과정에 있어서의 흠결이 중대하고도 명백하기 때문에 그 결의자체가 존재하는 것으로 볼 수 없을 때에 법률상 유효한 결의로서 존재하지 아니한다는 것의 확인을 소구하는 것으로서 주주총회결의 무효확인의 소송과는 주주총회결의가 법률상 유효한 결의로서는 존재하지 않는다는 것의 확정을 구하는 것을 목적으로 한다는 점에서 공통의 성질의 가진다 할 것이므로 주주총회결의부존재확인의 소송에는 그 결의무효확인의 소송에 관한 상법 380조의 규정이 준용된다 할 것이므로 그 결의부존재확인판결의 효력은 제3자에게 미치고 그 부존재확인소송에 있어서 피고가 될 수 있는 자도 회사로 한정된다.

**◈ 대법원 1982.4.27. 선고 81다358 판결**

무효이거나 존재하지 않는 주주총회결의에 의하여 이사직을 해임당한 자는 그가 주주인 여부를 막론하고 주주총회결의의 무효 또는 부존재확인의 청구를 할 수 있다.

**◈ 대법원 1980.1.29. 선고 79다1322 판결**

회사의 채권자는 주주총회로 인하여 채권자로서의 권리 또는 지위에 현실적으로 직접 어떤 구체적인 영향을 받고 있다는 것에 관한 주장과 입증이 없으면, 그 주주총회 결의 부존재확인을 구할 소의 이익이 없다.

**◈ 대법원 1996.10.11. 선고 96다24309 판결**

이사가 임원 개임의 주주총회 결의에 의하여 임기 만료 전에 이사직에서 해임당하고 후임 이사의 선임이 있었다 하더라도 그 후에 새로 개최된 유효한 주주총회 결의에 의하여 후임 이사가 선임되어 선임등기까지 마쳐진 경우라면, 그 새로운 주주총회의 결의가 무권리자에 의하여 소집된 총회라는 하자 이외의 다른 절차상, 내용상의 하자로 인하여 부존재 또는 무효임이 인정되거나 그 결의가 취소되는 등의 특별한 사정이 없는 한, 당초의 이사개임 결의가 무효라 할지라도 이에 대한 부존재나 무효확인을 구하는 것은 과거의 법률관계 내지 권리관계의 확인을 구하는 것에 귀착되어 확인의 소로서의 권리보호요건을 결여한 것으로 보아야 한다.

◆ 대법원 2010.7.22. 선고 2008다37193 판결

주주가 회사를 상대로 제기한 분할합병무효의 소에서 당사자 사이에 분할합병계약을 승인한 주주총회결의 자체가 있었는지 및 그 결의에 이를 부존재로 볼 만한 중대한 하자가 있는지 등 주주총회결의의 존부에 관하여 다툼이 있는 경우 주주총회결의 자체가 있었다는 점에 관해서는 회사가 증명책임을 부담하고 그 결의에 이를 부존재로 볼 만한 중대한 하자가 있다는 점에 관해서는 주주가 증명책임을 부담하는 것이 타당하다.

### (5) 부당결의 취소 및 변경의 소

#### (가) 의 의

주주총회 부당결의 취소·변경의 소는 특정한 주주가 주주총회의 결의사항에 특별한 이해관계가 있었기 때문에 상법의 규정(상 368조 3항)에 의하여 의결권을 행사할 수 없었으나, 그 결의가 현저하게 부당하고 또 그 주주가 의결권을 행사할 수 있었더라면 그러한 결의를 부결시킬 수 있었던 경우에 그 주주가 그러한 결의의 취소 또는 변경을 법원에 구하는 소를 말한다(상 381조).

상법은 주주총회에서의 의사결정의 공정성을 위하여 일정한 경우에 특별한 이해를 가진 주주의 의결권을 제한하고 있으나 다른 주주들이 이를 이용하여 의결권을 제한당한 주주의 이익을 부당히 침해하는 결의를 한 경우에 특별이해관계를 가진 주주의 이익을 보호하기 위하여 인정하고 있다.

이러한 소송의 제소권자에 제한이 있고 소송에 대한 판결의 효과로서 주주총회결의가 취소되거나 변경되는 결과를 가져오므로 형성의 소라고 할 것이다.

#### (나) 소의 절차와 판결의 효력

주주총회 부당결의 취소·변경의 소에 있어서 원고는 상법의 규정에 의하여 주주총회의 의결사항과 특별한 이해관계로 인하여 의결권을 행사하지 못한 주주이고, 피고는 회사가 될 것이다.

형성의 소로서 소의 대상이 되는 주주총회의 결의가 있었던 날로부터 2개월 이내에 소를 제기하여야 한다.

그 밖의 심리절차 및 효력에 관하여는 주주총회 결의취소의 소에 관한 상법의 규정이 준용되고(상 381조 2항, 186조 내지 188조, 190조 본문, 191조, 377조, 378조), 다만 결의취소의 소에서 인정되는 법원의 재량기각에 관한 규정(상 379조)은 준용되지 아니한다.

## 3. 이사 · 이사회 · 대표이사 그리고 집행임원

### 가. 주식회사의 업무집행기관

상법은 1962년 제정될 때부터 이사회제도 및 수권자본제도를 도입하여 주주총회 중심주의에서 벗어나 이사회의 권한이 강화된 형태를 채택하였고 그 이후 여러 차례의 개정을 통하여 이사회가 회사의 업무집행의 핵심적 역할을 하는 이른바 이사회 중심주의를 채택하게 되었다.

주식회사의 업무집행을 큰 틀에서 보면, 주주총회에서 선임된 이사들로 구성된 이사회에서 회사의 업무집행에 관한 사항을 결정하는 한편 대표이사를 선임하여 대표이사로 하여금 회사의 대내적인 업무를 수행하거나 대외적으로 회사를 대표하도록 하고, 이사회는 대표이사 업무집행의 적법성과 타당성에 관하여 감시하고 감독하고 있다.

그런데 회사의 규모가 점점 확대되고 업무의 내용이 점차로 복잡해짐에 따라 회사 업무에 대한 의사결정의 전문성과 신속성이 요구되게 됨에 따라 특정한 업무에 관하여 전문성을 가진 이사들로 하여금 이사회 내부에서 별도의 위원회를 구성하도록 하고 이들 위원회에서 이사회의 위임에 따라 신속히 그리고 전문적인 의사결정을 하도록 함으로써 회사경영에 있어서 효율성을 모색하게 되었다. 또한 이사 특히 대표이사의 업무집행에 대한 이사회의 감독기능을 강화하기 위하여 회사의 특정 업무를 담당하지 않고, 이사회에서 회사의 업무에 관한 결정에 참여하고 담당이사들의 업무를 감시하도록 하기 위하여 비상근의 사외이사를 두게 되었다. 나아가 이사회의 업무에 관한 의사결정기능을 강화하고 회사업무집행에 관한 감시기능을 분리하여 이들 기능을 강화하기 위한 목적에서 이사회의 구성원이 아닌 자로서 회사의 업무 집행을 담당할 집행임원[78]을 두고 이사회는 이런 집행임원을 선임하고 이들의 업무를 감시하고 감독만 하도록 할 수도 있도록 정하고 있다.

이 밖에도 상법은 수차례의 개정을 통하여 이사 특히 대표이사의 독단적이고 전횡

---

78) 상법이 사외이사 제도를 도입하고 특히 상장회사의 경우에는 이사의 수에 비례한 일정수를 반드시 사외이사로서 충당하도록 강제하게 되자 실무에서는 이사의 수를 줄여 사외이사의 수를 줄이려는 의도에서 이사의 수를 줄이는 한편 정관으로 집행임원이라는 직제를 만들어 이들로 하여금 종래의 이사가 담당하던 업무를 수행하도록 하고 있는데, 이들 집행임원은 실질적으로는 이사의 업무를 행하고 회사로부터 이사로서의 대우를 받지만, 상법상의 이사가 아니므로 주주총회에서 선임할 필요도 없고 이사로서 등기할 수도 없는 자(비등기 이사)로서 이들의 법률적 지위는 회사와 고용관계로서 파악하여 왔다. 그런데 2011년 4월 14일 개정된 상법은 집행임원에 관한 규정을 신설하여 이들의 지위, 권한과 책임에 관하여는 이사의 그것과 유사한 법적 근거를 마련하는 규정을 신설하고 있다(상 408조의2 내지 408조의9). 따라서 이들 집행임원과 상법상의 집행임원은 그 법률상의 지위가 다르다고 할 것이다.

적인 업무집행을 방지하고, 이사회를 활성화시켜 회사경영의 투명성을 확보하고 공정성을 도모하여 회사와 주주의 이익을 보호하기 위한 적지 않은 규정을 두게 되었다.

### 나. 이 사

#### (1) 이사의 의의

이사는 주주총회에서 선임되고, 이사회의 구성원으로서 이사회에서 회사의 업무집행에 관한 의사 결정에 참여하는 자를 의미한다.

이사가 회사의 기관이라는 견해도 있기는 하지만, 대표이사가 아닌 이사는 독자적으로 대내적으로 업무를 집행하거나 대외적으로 회사를 대표할 권한이 없고, 단지 이사회의 구성원으로서의 지위를 가질 뿐이므로 회사의 기관은 아니라고 할 것이다.

이사는 이사회의 구성원으로서 회사의 업무에 깊이 관여하는 자이므로 상법은 이사로 하여금 회사에 대하여 일정한 권리(상 385조 1항 단서, 388조 등)와 의무(상 382조의3, 382조의4, 397조, 398조 등) 그리고 권한(상 328조, 373조 2항, 376조, 429조, 445조, 529조 등)과 책임(상 399조 등)을 부담하도록 하고 있다.

이사와 회사의 관계는 위임관계이므로(상 382조 2항), 상법에 특별한 규정이 없으면 민법의 위임계약에 관한 규정(민 680조 이하)이 적용되고 회사와 고용계약관계에 있는 것은 아니므로 근로기준법 등 근로관계법률의 적용대상이 되는 것이 아니다.[79)]

상법상 이사는 주주총회에서 이사로 선임된 자를 의미하는데(상 382조 1항), 상법은 이사를 사내이사, 사외이사, 그 밖에 상무(常務)에 종사하지 않는 이사로 구분하고, 이런 구분에 따라 등기하도록 하고 있다(상 317조 2항 8호).[80)]

---

79) 대법원 2003.9.26. 선고 2002다64681 판결은 "근로기준법의 적용을 받는 근로자에 해당하는지 여부는 계약의 형식에 관계없이 그 실질에 있어서 근로자가 임금을 목적으로 종속적인 관계에서 사용자에게 근로를 제공하였는지 여부에 따라 판단하여야 하고, 여기서 종속적인 관계가 있는지 여부를 판단함에 있어서는 업무의 내용이 사용자에 의하여 정하여지고 취업규칙·복무규정·인사규정 등의 적용을 받는지 여부, 업무 수행 과정에서 사용자로부터 구체적이고 직접적인 지휘·감독을 받는지 여부, 보수가 근로 자체의 대상적(대상적) 성격을 갖고 있는지 여부와 근로소득세의 원천징수 여부 등 보수에 관한 사항, 근로제공관계의 계속성과 사용자에의 전속성의 유무와 정도 등을 종합적으로 고려하여 판단하므로(대법원 2007.5.31. 선고 2006다78466 판결), 회사의 이사 또는 감사 등 임원이라고 하더라도 그 지위 또는 명칭이 형식적·명목적인 것이고 실제로는 매일 출근하여 업무집행권을 갖는 대표이사나 사용자의 지휘·감독 아래 일정한 근로를 제공하면서 그 대가로 보수를 받는 관계에 있다거나 또는 회사로부터 위임받은 사무를 처리하는 외에 대표이사 등의 지휘·감독 아래 일정한 노무를 담당하고 그 대가로 일정한 보수를 지급받아 왔다면 그러한 임원은 근로기준법상의 근로자에 해당한다"고 판시한다.

80) 대법원 1991.12.27. 선고 91다4409, 91다4416 판결은 "법인등기부에 이사 또는 감사로 등재되어 있는 경우에는 특단의 사정이 없는 한 정당한 절차에 의하여 선임된 적법한 이사 또는 감사로 추정된다"고

"사내이사"는 실무상 회장, 사장, 전무, 상무이사 등의 직함을 가지고 회사에 상근하면서 회사의 일상적인 업무를 담당하는 이사를 의미한다.

"사외이사"는 이사회의 구성원으로서 회사의 업무집행에 관한 의사 결정에는 참여하되, 회사의 일상적인 업무에 종사하지 않지만, 사외이사도 상법상 이사로서 주주총회에서 선임되고, 이사로서의 의무와 책임 그리고 권리와 권한을 갖는다.[81] 이사는 반드시 구체적인 회사 업무를 집행할 의무가 없으므로 사외이사를 둘 것인지 여부, 몇 명의 사외이사를 둘 것인지 여부는 각 회사의 자유로운 결정에 맡겨져 있으나, 상법은 상장회사의 경우에 있어서는 일정수의 사외이사를 두도록 강제하고 있고(상 542조의8 1항), 비상장회사의 경우에도 감사에 갈음하여 감사위원회를 설치하는 경우에는 감사위원의 일부는 사외이사로 충원하도록 강제하고 있다(상 415조의2 2항). 또한 상법은 사외이사의 선임에 있어서 이사와 지배주주의 영향력을 배제하기 위하여 사외이사의 자격에 관한 제한규정을 두고 있다(상 382조 3항, 542조의8 2항).

"그 밖에 상무에 종사하지 아니하는 이사"는 사외이사도 아니면서 회사의 상무에 종사하지도 않는 이사로서 실무상 비상임 이사로 지칭되는 이사를 의미하는데 이들도 상법상의 이사이므로 이사에 관한 상법의 규정이 적용된다.

이사를 선임하거나 이사가 퇴임한 때에는 본점에서 2주간 내에 지점에서 3주간 내에 등기하여야 하는데(상 317조 4항, 183조) 이사의 선임이나 퇴임의 효력은 그러한 선임행위와 퇴임행위로 발생하게 되고 등기의 유무와는 상관없다고 할 것이다.

◈ 대법원 2003.9.26. 선고 2002다64681 판결

상법상 이사와 감사는 주주총회의 선임 결의를 거쳐 임명하고 그 등기를 하여야 하며, 이사와 감사의 법정 권한은 위와 같이 적법하게 선임된 이사와 감사만이 행사할 수 있을 뿐이고 그러한 선임절차를 거치지 아니한 채 다만 회사로부터 이사라는 직함을 형식적·명목적으로 부여받은 것에 불과한 자는 상법상 이사로서의 직무권한을 행사할 수 없다.

### (2) 이사의 수와 임기

상법에 따르면 이사는 3명 이상이어야 하는데(상 383조 1항 본문), 이사는 회의체인 이사회의 구성원이고 가부동수를 피하기 위하여 실무상 정관으로 3명 이상의 홀수로 정하고 있다. 다만 상법은 자본금 총액이 10억 미만의 소규모회사는 1명 또는 2명을

---

판시하고 있다.

81) 사외이사에 관하여는 설민수 "주식회사 지배구조와 사외이사" 사법논집 제47집(법원도서관 2008년) 165면 내지 292면 참조.

두어도 무방하다고 규정하고 있다(상 383조 1항 단서).

상법은 이사 중에서 사외이사를 몇 명으로 할 것인지에 관하여 정하고 있지는 않으나, 상장회사의 경우에는 이사총수의 4분의 1 이상에 해당하는 사외이사를 두도록 하고 있고, 나아가 상법시행령 제34조 2항에서 정하는 최근 사업연도 말 현재의 자산총액이 2조원 이상인 상장회사의 경우는 3인 이상의 사외이사 혹은 이사 총수의 2분의 1 이상에 해당하는 사외이사를 두도록 규정하고 있으며(상 542조의8 1항), 사외이사의 사임이나 사망 등의 사유로 결원이 생긴 경우 그 사유가 발생한 후 처음으로 소집되는 주주총회에서 결원에 해당하는 사외이사를 선임하여야 한다(상 542조의8 2항). 비상장회사라 할지라도 감사위원회를 두기로 선택한 경우에는 그 감사위원은 3명 이상의 이사로 구성하되 위원의 3분의 2는 반드시 사외이사로 할 것을 강제하고 있다(상 415조의2 2항).

이사가 사임이나 임기만료로 인하여 퇴임하게 됨으로써 법률이나 정관에 정한 이사의 수에 결원이 있게 된 경우에는 퇴임하게 되는 이사는 새로 선임된 이사가 취임할 때까지 이사의 권리의무를 행사할 수 있고(상 386조 1항), 필요하다면 법원에 임시이사의 선임을 신청할 수도 있다(상 386조 2항).

상법은 이사의 임기에 관하여 원칙적으로 3년을 초과하지 못하도록 규정하고 있으므로(상 383조 2항), 이사의 임기는 3년을 기준으로 정관으로 이보다 단축하는 것은 가능하나 연장하는 것은 인정되지 않는다 할 것이다.

이사의 임기 개시일을 언제로 할 것인지에 관하여 견해의 대립이 있으나 실무상 이사의 임기의 개시일은, 그것이 정식선임이거나 보궐선임이거나를 불문하고, 정관에 규정되거나, 계약으로 정하여지거나, 취임행위에 의하든 명백하게 나타날 것이므로 큰 실익 없는 논쟁이라 할 것이다. 만약 그것이 모호하다면 이사의 선임은 회사와 이사가 되는 자 사이의 위임계약에 의하게 되므로 그 선임 계약의 효력이 발생하는 때라고 해석하여야 할 것이다.

### (3) 이사의 선임

상법상 이사의 피선임 자격에 대한 일반적인 제한은 없으나, 사외이사의 경우에는 피선임 결격사유를 정하여 일정한 제한을 하고 있으며(상 382조 3항), 특히 상장회사의 사외이사에 대하여는 별도로 피선임 결격사유를 정하고 있다(상 542조의8 2항).

물론 정관으로 이사의 피선임 자격에 일정한 자격, 예컨대 주주이어야 한다든가, 일정한 경력자라든가, 국내거주자라든가 등의 제한을 정하더라도 그러한 자격제한이 합리적이고, 사회상규에 어긋나지 않으며, 회사의 본질을 침해하지 않거나, 주주총회의 이사선임권을 침해하지 아니하는 한 허용된다고 할 것이므로, 정관에서 자격주를 정한 경우에는 그 정관은 유효하고 이때 이사는 자신이 보유하는 주식을 감사에게 맡겨야 한다(상 387조).

법인은 이사가 될 수 있는가 혹은 행위무능력자는 이사가 될 수 있는가 등에 관하여 견해의 대립이 있으나 실무적 관점에서 볼 때 무익한 논의가 아닐까 한다.

또한 이사는 같은 회사의 감사가 될 수 없고(상 411조), 이사회의 승인 없이 동종영업을 목적으로 하는 다른 회사의 무한책임사원이나 이사가 되지 못 하므로(상 397조 1조), 회사는 이러한 자들을 이사로 선임할 수 없다 할 것이다.

이사의 겸직에 대한 제한은 이사회의 승인이 있으면 적용되지 않고(상 397조 1항), 이 밖에도 이사는 다른 영업주의 대리상(상 89조 1항)이나 상업사용인(상 17조 1항)이 되지 못하는데 특히 상업사용인의 경우에는 동종영업 여부를 불문하고 이사와 겸직이 제한된다.

최근에는 이사가 형사사건으로 실형을 받거나 집행유예를 받은 경우 등에는 이사의 직을 면직시키는 등 자격을 제한하자는 논의가 있는가 하면, 근로자를 대표하는 사외이사를 의무적으로 선임하도록 하자는 논의까지도 있다.

이사는 발기설립의 형태로 설립중인 회사에서는 발기인의 의결권의 과반수에 의하여 발기인들에 의하여 선임되고(상 296조 1항), 모집설립의 형태로 설립중인 회사에서는 창립총회에서 출석한 주식인수인의 의결권의 3분의 2 이상이며 인수된 주식총수의 과반수에 해당하는 다수로 선임된다(상 312조, 309조). 설립된 회사에서는 주주총회에서 선임된다(상 382조 1항).

사내이사와 사외이사는 상법상 피선임 자격이 다르지만 그 선임절차상의 차이는 없고 어느 경우라도 주주총회의 보통결의(상 368조 1항)로 선임된다. 다만, 상법은 상장회사의 이사선임에 있어서 몇 가지 특례를 정하고 있는데 ① 상장회사가 주주총회에서 이사를 선임하려는 경우에는 주주총회의 소집통지에 이사 후보자의 성명, 약력, 추천인 등을 기재하여야 하고(상 542조의5, 상 542조의4 2항), ② 상장회사의 경우에는 동일한 주주총회에서 감사와 이사를 선임하는 경우에는 이를 별도의 의안으로 상정하여 처리하여야 하고(상 542조의12 5항), ③ 상장회사 중에서도 상법시행령 제34조 2항에서 정하는 최근 사업연도 말 현재의 자산총액이 2조원 이상인 상장회사의 경우는 사외이사의 선임절차에는 후보추천위원회를 설치하여(상 542조의8 4항), 사외이사의 추천위원회의 추천을 받은 자 중에서 선임하도록 하는 (상 542조의8 5항) 등 사내이사와 다른 특례를 규정하고 있다.

상법은 소수파주주에게도 이사를 선임할 수 있는 기회를 열어주어 소수파주주를 보호하기 위한 목적에서 이사 선임에 있어서 집중투표제(상 382조의2)라는 특별한 방식을 인정하고 있다.

회사가 3인의 이사를 선임하는 경우 500주를 가진 주주는 ① 단순투표제의 경우 A, B, C 각 이사후보에 대하여 각 500개의 의결권을 가지고 순차로 찬반을 투표하게 되고, ② 집중투표제의 경우 의결권을 가진 주주는 자신이 가진 1주마다 선임할 이사의 수를 곱한 의결권을 갖게 되어 1,500개의 의결권(3×500)을 이사 후보자 A, B, C 중 1명 혹은 수명에게 집중적으로 투표(예를 들어 위와 같이 1,500개의 의결권을 A이사후보에게 모두 투표하거나 혹은 500개는 A이사후보에게 1,000개는 B이사후보에게 투표하는 방식)할 수 있게 된다.

집중투표제로 이사를 선임하기 위해서는 ① 정관에 집중투표제를 배제하는 규정이 없어야 하고, ② 2명 이상의 이사를 선임하는 경우이어야 하고, ③ 의결권 없는 주식을 제외한 발행주식총수의 100분의 3 이상에 해당하는 주식을 가진 주주(상 382조의2 1항)가, ④ 주주총회 회일의 7일 전까지 서면이나 전자문서로 회사에 대하여 집중투표제를 청구하여야 하며(상 382조의2 2항), 이때 투표의 최다수를 얻은 자부터 순차적으로 이사로 선임된다(상 382조의2 4항).

상법은 집중투표제를 도입하면서 회사가 정관으로 이를 배제할 수 있도록 하여 그 실효성이 약화되었다. 또한 상장회사의 경우에는 집중투표를 청구하는 데 필요한 소수주주의 요건을 의결권 없는 주식을 제외한 발행주식총수의 100분의 1에 해당하는 주식을 가진 자로 낮추고, 집중투표제를 배제하기 위한 정관변경의 의결에 있어서도 위 의결요건의 100분의 3을 초과하는 주식을 가진 자는 그 초과하는 주식에 관한 의결권의 행사를 제한하고 있으나 이러한 규정은 상법시행령이 정하는 대규모의 상장회사에 한하여 적용되도록 하여(상 542조의7 2항) 집중투표제의 활용도를 낮추고 있고 실무상으로도 상장회사의 거의 대부분은 정관으로 집중투표제를 배제하고 있는 실정으로서 이를 의무적으로 실시하자는 논의도 있다.

### (4) 이사의 종임

#### (가) 종임사유

회사와 이사의 관계는 민법의 위임에 관한 규정이 적용되므로(상 382조 2 항), 이사의 임기는 민법상 위임의 종료사유(민 689조, 690조)가 적용되어 일반적으로 이사의 사망, 파산, 금치산선고, 회사의 해산 그리고 이사의 사임이나 회사의 해임으로 종료되고, 또한 성질상 정관에 정한 자격의 상실 및 임기만료 등으로 종료하게 된다.

이 밖에도 상법은 이사의 임기가 주주총회의 해임결의(상 385조 1항), 주주의 소수주주권 행사에 의한 법원의 해임판결(상 385조 2항)에 의하거나 회사의 합병(상 527조4 1항)과 주식의 포괄적 교환(상 360조의13) 등에 의하여도 종료되는 것으로 규정하고 있다.

#### (나) 이사의 사임

사임의 의사표시는 이사의 단독행위로서 회사의 승낙이 필요 없고, 또한 이에 관한 변경등기를 하지 아니하여도 이사가 회사에 대하여 사임의 의사표시를 하면 즉시 그 효과가 발생하게 된다.[82] 이사가 사임하는 사유는 묻지 아니하나 민법상 위임의 규정(민 689조 2항)에 따라 부득이한 사유 없이 상대방에 불리한 시기에 사임한 경우에는 손해배상의 책임을 부담하게 된다.

특히 이사의 임기가 만료되거나 사임한 경우라도 법률이나 정관에 정한 이사의 수가 부족한 경우에는 새로 선임된 이사가 취임할 때까지 이사의 권리의무가 유지되고(상 386조 1항), 필요한 경우에는 이사, 감사 기타 이해관계인의 청구에 의하여 법원이 일시적으로 이사의 직무를 행할 자(임시이사)를 선임할 수도 있다(상 386조 2항).

퇴임한 이사의 권리의무의 계속적 행사는 퇴임한 이사가 아니고서는 법인이 정상적인 활동을 중단할 수밖에 없는 급박한 사정이 있는 경우에 한정되는 것이고, 아직 임기가 만료되지 않거나 사임하지 아니한 다른 이사들로써 정상적인 법인의 활동을 할 수 있는 경우에는 퇴임한 이사에게 직무를 계속 행사하게 할 필요는 없다.[83] 또한 수인의 이사가 동시에 퇴임하여 법률 또는 정관에 정한 최저인원수를 채우지 못하게 되는 경우에는 퇴임한 이사 전원이 이사로서의 권리의무를 가지게 되고,[84] 후임 이사의 선임이 장기간 지연되는 경우라고 하더라도 후임 이사가 선임될 때까지 종전의 직무를 수행할 수 있다고 할 것이다.[85]

그러나 퇴임한 이사로 하여금 법인의 업무를 수행케 함이 부적당하다고 인정할 만한 특별한 사정이 있는 때에는 법원에 임시이사의 선임을 청구하여야 하고,[86] 이와는

82) 대표이사 사임의 의사표시의 효력발생시기 및 그 의사표시의 철회 등과 관련하여 실제로 적지 않은 다툼이 있어 왔는바, ① 대법원 2007.5.10. 선고 2007다7256 판결은 "대표이사가 사임하는 경우에 그 사임의 의사표시가 대표이사의 사임으로 그 권한을 대행하게 될 자에게 도달한 때에 사임의 효력이 발생하고 그 의사표시가 효력을 발생한 후에는 마음대로 이를 철회할 수 없으나, 사임서 제출 당시 그 권한 대행자에게 사표의 처리를 일임한 경우에는 권한 대행자의 수리행위가 있어야 사임의 효력이 발생하고, 그 이전에 사임의사를 철회할 수 있다"고 판시하고 있고, ② 대법원 2011.9.8. 선고 2009다31260 판결도, "법인의 이사를 사임하는 행위는 상대방 있는 단독행위라 할 것이어서 그 의사표시가 상대방에게 도달함과 동시에 그 효력을 발생하고 그 의사표시가 효력을 발생한 후에는 마음대로 이를 철회할 수 없음이 원칙이나, 사임서 제시 당시 즉각적인 철회권유로 사임서 제출을 미루거나, 대표자에게 사표의 처리를 일임하거나, 사임서의 작성일자를 제출일 이후로 기재한 경우 등 사임의사가 즉각적이라고 볼 수 없는 특별한 사정이 있을 경우에는 별도의 사임서 제출이나 대표자의 수리행위 등이 있어야 사임의 효력이 발생하고, 그 이전에 사임의사를 철회할 수 있다"고 판시하고 있다.

83) 대법원 2003.1.10. 선고 2001다1171 판결은 학교법인에 있어서 이사의 결원으로 인하여 법인이 정상적인 활동을 중단할 수밖에 없는 급박한 사정이 있는 경우에 한정되는 것이라고 판시하고 있는데, 비록 학교법인에 관한 판결이기는 하지만 주식회사의 경우에도 같은 법리가 적용될 것이다.

84) 대법원 2007.3.29. 선고 2006다83697 판결.

85) 대법원 2007.7.19. 선고 2006두19297 판결은 학교법인에 관한 판결이기는 하지만 상법 제386조 제1항의 규정에 비추어 동일하게 해석하여야 할 것이다.

별도로 퇴임이사를 상대로 해임사유의 존재나 임기만료·사임 등을 이유로 그 직무 집행의 정지를 구하는 가처분신청은 허용되지 않는다.[87] 이렇게 법원에 의하여 선임된 임시이사는 이사직무집행정지 가처분 결정과 동시에 선임된 이사 직무 대행자와는 달라 그 권한은 회사의 상무에 속한 것에 한한다는 제한을 받지 않는다.[88]

(다) 주주총회의 해임결의

이사는 업무수행상의 과실유무 또는 해임에 정당한 사유의 존부에 상관없이 언제라도 주주총회의 특별결의(상 434조)로 해임이 될 수도 있는데(상 385조 1항), 만약 이사의 임기가 정하여져 있음에도 불구하고 주주총회에 의하여 정당한 사유 없이 임기만료 전에 해임된 경우에는 회사가 해임된 이사에 대하여 손해를 배상하도록 상법은 규정하고 있다(상 385조 1항 단서).[89]

임기 중의 이사를 해임하는 주주총회의 결의는 주주들의 이사에 대한 감시기능을 살리는 한편 해임을 신중히 결정하도록 주주총회의 특별결의에 의하도록 하고 있는데, 그 법적 성질은 회사와 이사 사이의 위임계약의 해지라고 할 것이다.

◆ 대법원 2004.12.10. 선고 2004다25123 판결

상법 제385조 제1항은 주주총회의 특별결의에 의하여 언제든지 이사를 해임할 수 있게 하는 한편, 임기가 정하여진 이사가 그 임기 전에 정당한 이유 없이 해임당한 경우에는 회사에 대하여 손해배상을 청구할 수 있게 함으로써 주주의 회사에 대한 지배권 확보와 경영자 지위의 안정이라는 주주와 이사의 이익을 조화시키려는 규정이고, 이사의 보수청구권을 보장하는 것을 주된 목적으로 하는 규정이라 할 수 없으므로, 이를 이사회가 대표이사를 해임한 경우에도 유추 적용할 것은 아니고, 대표이사가 그 지위의 해임으로 무보수, 비상근의 이사로 되었다고 하여 달리 볼 것도 아니다.

이러한 해지권은 상법에 의하여 인정되므로 이러한 해임결의가 위법하다고 할 수

---

86) 대법원 2001.12.6. 자 2001그113 결정은 "상법 제386조가 규정한 '임시이사선임이 필요하다고 인정되는 때'라 함은 이사가 사임하거나 장기간 부재중인 경우와 같이 퇴임이사로 하여금 이사로서의 권리의무를 가지게 하는 것이 불가능하거나 부적당한 경우를 의미하는 것으로서 그의 필요성은 임시이사 제도의 취지와 관련하여 사안에 따라 개별적으로 판단되어야 한다"고 판시하고 있다.

87) 대법원 2009.10.29. 자 2009마1311 결정.

88) 대법원 1981.9.8. 선고 80다2511 판결은 "본래의 이사나 대표이사와 꼭 같은 권한을 가지며 회사의 상무에 속하지 아니하는 행위도 할 수 있다"고 판시하고 있다.

89) 회사의 이익에 반하는 대주주의 요구에 불응하였음을 이유로 이사를 해임 결의한 것은 주주의 충실의무에 위반한 해임결의권 남용으로 무효라는 견해(최기원 581면)도 있지만 회사의 구성원으로서 주주에게 이사의 임면권이 있음에 기초하여 주주의 이사에 대한 감시와 통제수단으로서 주주에게 해임결의권을 인정하는 한편 주주들의 부당한 해임결의로 인한 이사의 손실은 배상하도록 한 상법 제385조의 취지에 비추어 볼 때 그러한 견해는 받아들이기 어렵다고 할 것이다.

없으며, 또 이때 해임당한 이사에게 상법상 인정되는 손해배상청구권은 주주총회결의의 고의 또는 과실을 전제로 하는 것이 아니므로 엄밀히 말하면 손해배상책임이라고 할 수 없고, 상법이 특별히 정하고 있는 일종의 법정책임의 성질을 가진다고 할 것이다. 배상의 범위에 관한 규정은 없으나 통상적으로 이사가 해임되지 아니하였더라면 임기 중에 받을 수 있는 보수 상당액이 타당하다고 할 것이다.

### ◈ 대법원 1993.8.24. 선고 92다3298 판결

상법 제385조 제1항 단서의 규정은 주식회사의 이사가 주주총회의 특별결의에 의하여 그 임기 전에 해임된 경우에 한하여 적용되고 의원면직의 형식으로 해임된 경우에는 적용되지 않는다.

### ◈ 대법원 2001.6.15. 선고 2001다23928 판결

상법 제385조 제1항에 의하면 "이사는 언제든지 주주총회의 특별결의로 해임할 수 있으나, 이사의 임기를 정한 경우에 정당한 이유 없이 그 임기만료 전에 이를 해임한 때에는 그 이사는 회사에 대하여 해임으로 인한 손해의 배상을 청구할 수 있다"고 규정하고 있는바, 이 때 이사의 임기를 정한 경우라 함은 정관 또는 주주총회의 결의로 임기를 정하고 있는 경우를 말하고, 이사의 임기를 정하지 않은 때에는 이사의 임기의 최장기인 3년을 경과하지 않는 동안에 해임되더라도 그로 인한 손해의 배상을 청구할 수 없다고 할 것이고, 회사의 정관에서 상법 제383조 제2항과 동일하게 "이사의 임기는 3년을 초과하지 못한다"고 규정한 것이 이사의 임기를 3년으로 정하는 취지라고 해석할 수는 없다.

### ◈ 대법원 2004.10.15. 선고 2004다25611 판결

[1] 상법 제385조 제1항에 규정된 '정당한 이유'란 주주와 이사 사이에 불화 등 단순히 주관적인 신뢰관계가 상실된 것만으로는 부족하고, 이사가 법령이나 정관에 위배된 행위를 하였거나 정신적·육체적으로 경영자로서의 직무를 감당하기 현저하게 곤란한 경우, 회사의 중요한 사업계획 수립이나 그 추진에 실패함으로써 경영능력에 대한 근본적인 신뢰관계가 상실된 경우 등과 같이 당해 이사가 경영자로서 업무를 집행하는 데 장해가 될 객관적 상황이 발생한 경우에 비로소 임기 전에 해임할 수 있는 정당한 이유가 있다고 할 것이다.

(같은 취지: 대법원 2014.5.29. 선고 2012다98720 판결)

### ◈ 대법원 2006.11.23. 선고 2004다49570 판결

주식회사 이사의 임기를 정한 경우에 주식회사가 정당한 이유 없이 임기만료 전에 이사를 해임한 때에는 그 이사는 회사에 대하여 해임으로 인한 손해의 배상을 청구할 수 있는데(상법 제385조 제1항 후문), 이러한 경우'정당한 이유'의 존부에 관한 입증책임은 손해배상을 청구하는 이사가 부담한다.

### (라) 주주의 소수주주권에 의한 이사해임청구의 소

이사는 법원의 판결에 의하여도 해임될 수 있는데, 이사가 직무에 관하여 부정행위 또는 법령이나 정관에 위반된 중대한 사실이 있음에도 불구하고 이사의 해임이 부결된 경우에 주주는 소수주주권의 행사로서 법원에 이사의 해임을 청구할 수가 있다(상 385조 2항).

이사해임청구의 소의 성질은 형성의 소라고 할 것이므로, 주주총회에서의 이사 해임결의가 부결된 날로부터 1개월 내에 제기하여야 하며(상 385조 2항), 회사의 본점 소재지 지방법원을 전속관할로 한다(상 385조 3항, 186조).

상법은 발행주식 총수의 100분의 3 이상에 해당하는 주식을 가진 주주를 원고로 규정하고 있으나 이사해임청구의 소 제기권은 주주의 공익권이라 할 것이고 의결권 행사를 전제로 하는 것이 아니므로 의결권 없는 주식을 가진 주주도 소 제기가 가능하다고 할 것이다. 피고를 누구로 할 것인지에 관하여는 상법은 규정하지 않고 있으나, 이에 관하여 ① 이사를 피고로 하여야 한다는 견해,[90] ② 회사를 피고로 하여야 한다는 견해,[91] ③ 이사와 회사를 공동피고로 하여야 한다는 견해[92]가 대립되고 있으나 이러한 청구는 회사와 이사 사이에 체결된 위임계약의 해지를 구하는 형성판결의 성질을 가진 것이므로 비록 상법에서 명시하고 있지는 않으나 회사와 이사를 공동피고로 하여야 할 것이다. 이에 관한 대법원의 판결은 없으나 실무상으로는 이사와 회사를 공동피고로 하여 소를 제기하고 있는 실정이다.

상법은 주주의 이사해임청구의 요건으로서 ① 이사가 직무에 관하여 부정행위 또는 법령이나 정관에 위배한 중대한 사실이 있을 것과 ② 주주총회에서 이사해임결의가 부결될 것을 규정하고 있다. 직무에 관한 부정행위란 이사가 충실의무를 위반하여 회사에 손해를 가하는 고의적 행위를 의미하므로 과실에 의한 임무해태의 경우는 해당하지 않지만, 법령에 위반된 행위는 과실에 기한 경우에도 포함된다고 볼 것이다. 또한 주주총회에서의 이사해임결의가 부결된 경우에만 인정되므로 주주총회가 개최되지 아니하였거나, 이사해임의 의안이 주주총회의 목적사항으로 되지도 아니한 경우에는 이에 해당하지 않는다고 할 것이다.

#### ◆ 대법원 1993.4.9. 선고 92다53583 판결

회사의 이사가 회사와 동종영업을 목적으로 하는 다른 회사를 설립하고 다른 회사의 이사 겸 대표이사가 되어 영업준비작업을 하여 오다가 영업활동을 개시하기 전에 다른

90) 강위두/임재호 752면, 손주찬 768면.
91) 이병태 630면.
92) 권기범 668면, 박상조 552면, 정동윤 390면, 정찬형 540면, 최준선 397면.

회사의 이사 및 대표이사직을 사임하였다고 하더라도 이는 상법 제397조 제1항 소정의 경업금지의무를 위반한 행위로서 특별한 다른 사정이 없는 한 이사의 해임에 관한 상법 제385조 제2항 소정의 "법령에 위반한 중대한 사실"이 있는 경우에 해당한다.

◆ 대법원 2010.9.30. 선고 2010다35985 판결

직무에 관한 부정행위 또는 법령이나 정관에 위반한 중대한 사실이 있어 해임되어야 할 이사가 대주주의 옹호로 그 지위에 그대로 머물게 되는 불합리를 시정함으로써 소수주주 등을 보호하기 위한 상법 제385조 제2항의 입법 취지 및 회사 자본의 충실을 기하려는 상법의 취지를 해치는 행위를 단속하기 위한 상법 제628조 제1항의 납입가장죄 등의 입법 취지를 비롯한 위 각 규정의 내용 및 형식 등을 종합하면, 상법 제628조 제1항에 의하여 처벌 대상이 되는 납입 또는 현물출자의 이행을 가장하는 행위는 특별한 다른 사정이 없는 한, 상법 제385조 제2항에 규정된 '그 직무에 관하여 부정행위 또는 법령에 위반한 중대한 사실'이 있는 경우에 해당한다고 보아야 한다.

이사해임청구의 소는 현재 이사를 대상으로 그 지위를 박탈할 것을 소송목적으로 하므로 현재 재임 중인 이사를 상대로 한 소송만이 권리보호요건을 가지고 있다고 할 것이어서 소송 계속 중 이사가 사임하거나 임기만료로 퇴임한 경우에는 소의 이익이 없다고 할 것이다.

실무상으로는 이사해임청구의 소를 본안으로 제기하기에 앞서서 이사를 상대로 직무집행정지를 구하거나 직무대행자의 선임을 구하는 가처분을 신청하고 있다.[93]

상법은 이사해임청구의 소뿐만 아니라 이사선임결의의 취소나 무효의 소를 제기하여 이사의 지위에 대하여 다툼이 있을 때 임시의 처분으로서 그 대상이 되는 이사의 직무집행을 정지하고 직무대행자를 선임하는 절차에 관한 규정을 두고 있다(상 407조). 이사의 직무집행정지 가처분은 성질상 임시의 지위를 정하는 가처분으로서[94] 그 절차와 효과는 민사집행법에 따르게 되는데(민집법 300조 이하), 이러한 가처분 신청권자는 그 본안이 되는 소송의 제기권자가 되고 피신청권자는 직무정지 대상이 된 이사가 된다. 이때 직무대행자는 법원의 재량적 판단에 의하여 선임되고, 이들은 본안판결이 확정되거나 가처분이 취소되거나 취하된 경우에 그 임무가 종료된다.

직무대행자는 법원의 허가를 얻은 경우를 제외하고는 "상무에 속하는 행위"만을 할 수가 있고(상 408조 1항), 만약 직무대행자가 이러한 권한을 초과하여 직무행위를

93) 이사에 대한 직무집행정지, 직무대행자 선임의 가처분에 관한 실무적 문제점에 관하여는 강봉수 "이사 등의 직무집행정지, 직무대항자 선임의 가처분" 재판자료 38집(법원도서관 1987년) 205면 내지 268면 참조.

94) 대법원 1989.5.23. 선고 88다카9883 판결.

하더라도 회사는 선의의 제3자에 대하여 책임을 부담하게 되므로 그 직무대행행위의 효력을 다투지 못한다(상 408조 2항). 직무대행자는 회사와 직접적인 위임계약 등이 있다고 할 수는 없으나 그 행위로 인하여 회사 혹은 제3자에게 손해를 입힌 경우에는 그에 따른 책임(상 399조, 401조)을 부담해야 할 것이다.

이사의 지위에 대한 다툼은 이사선임결의 취소의 소, 이사선임결의 무효확인의 소, 이사선임결의 부존재확인의 소, 이사해임결의의 소의 형태로 나타나게 된다. 상법은 이사해임결의의 소에 있어서 제소권자를 발행주식총수의 100분의 3 이상에 해당하는 주식을 가진 주주(상 385조 2항)로 정하고 있고, 이사선임결의 취소의 소에 있어서 제소권자를 주주, 이사 또는 감사에 한정(상 376조 1항)하고 있지만, 이사선임결의 무효, 이사선임결의 부존재확인의 소에 있어서는 제소권자를 정하고 있지는 않다.

그러나 이사선임결의 무효, 부존재확인의 소의 성질을 확인의 소라고 한다면 원고는 이사 선임결의의 무효, 부존재를 주장할 수 있는 소의 이익이 있는 자가 될 것이므로 이들이 가처분사건의 신청인이 된다고 하여야 할 것이다.

한편 이러한 가처분의 본안사건이 이사선임결의를 한 주주총회의 하자를 원인으로 하는 경우에는 회사가 피고가 되고, 이사의 해임을 구하는 경우에는 회사와 이사가 공동피고로 되지만, 이러한 가처분은 이사의 직무집행정지를 그 내용으로 하므로 피신청인은 언제나 그 대상이 된 이사가 된다(대법원 1982.2.9. 선고 80다2424 판결)고 할 것이다.

### ◈ 대법원 2007.6.28. 선고 2006다62362 판결[95)]

상법 제408조 제1항이 규정하는 회사의 '상무'라 함은 일반적으로 회사에서 일상 행해져야 하는 사무, 회사가 영업을 계속함에 있어서 통상 행하는 영업범위 내의 사무 또는 회사경영에 중요한 영향을 주지 않는 통상의 업무 등을 의미하고, 어느 행위가 구체적으로 이 상무에 속하는가 하는 것은 당해 회사의 기구, 업무의 종류·성질, 기타 제반 사정을 고려하여 객관적으로 판단되어야 할 것인바, 직무대행자가 정기주주총회를 소집함에 있어서도 그 안건에 이사회의 구성 자체를 변경하는 행위나 상법 제374조의 특별결의 사항에 해당하는 행위 등 회사의 경영 및 지배에 영향을 미칠 수 있는 것이 포함되어 있다면 그 안건의 범위에서 정기총회의 소집이 상무에 속하지 않는다고 할 것이고, 직무대행자가 정기주주총회를 소집하는 행위가 상무에 속하지 아니함에도 법원의 허가 없이 이를 소집하여 결의한 때에는 소집절차상의 하자로 결의취소사유에 해당한다.

---

95) 대법원 1991.12.24. 선고 91다4355 판결도 "회사의 "상무"는 일반적으로 회사의 영업을 계속함에 있어 통상업무범위 내의 사무, 즉 회사의 경영에 중요한 영향을 미치지 않는 보통의 업무를 뜻하는 것이고 직무대행자의 지위가 본안소송의 판결시까지 잠정적인 점 등에 비추어 보면 회사의 사업 또는 영업의 목적을 근본적으로 변경하거나 중요한 영업재산을 처분하는 것과 같이 당해 분쟁에 관하여 종국적인 판단이 내려진 후에 정규 이사로 확인되거나 새로 취임하는 자에게 맡기는 것이 바람직하다고 판단되는 행위가 아닌 한 직무대행자의 상무에 속한다"고 판시하고 있다. 이러한 맥락에서 비록 민법상 법인에 관한 것이기는 하지만 대법원 2006.1.26. 선고 2003다36225 판결은 "이사직무대행자가 그 가처분

◆ 대법원 2010.2.11. 선고 2009다70395 판결[96]

가처분재판에 의하여 법인 등 대표자의 직무대행자가 선임된 상태에서 피대행자의 후임자가 적법하게 소집된 총회의 결의에 따라 새로 선출되었다 해도 그 직무대행자의 권한은 위 총회의 결의에 의하여 당연히 소멸하는 것은 아니므로 사정변경 등을 이유로 가처분결정이 취소되지 않는 한 직무대행자만이 적법하게 위 법인 등을 대표할 수 있고, 총회에서 선임된 후임자는 그 선임결의의 적법 여부에 관계없이 대표권을 가지지 못한다.

(마) 기타 상법상의 종임사유

상법은 회사합병의 경우에, 존속회사의 이사로서 합병 전에 취임한 자는, 합병계약서에 다른 정함이 있는 경우를 제외하고는 합병 후 최초로 도래하는 결산기의 정기총회가 종료하는 때에 당연히 퇴임하도록 규정하고 있고(상 527조의4 1항), 주식의 포괄적 교환에 의하여 완전모회사가 되는 회사의 이사로서 주식교환 전에 취임한 자는 주식교환계약에 다른 정함이 있는 경우를 제외하고는 주식교환 후 최초로 도래하는 결산기에 관한 정기 주주총회가 종료하는 때에 퇴임하도록 규정(상 360조의13)하고 있으므로 이에 해당하는 이사의 임기는 법률상 당연히 종료한다.

### (5) 이사의 보수

이사의 보수는 정관에 그 액을 정하지 않은 경우에는 주주총회에서 결정하여야 하는데(상 388조) 그 명칭에 관계없이 이사에게 지급되는 이익을 지칭한다 할 것이다.

명목상 이사·감사도 상법이 정한 권한과 의무를 갖고 의무 위반에 따른 책임을 부담하는 것은 일반적인 이사·감사와 다를 바 없으므로 특별한 사정이 없는 한, 회사에 대하여 상법 제388조, 제415조에 따라 정관의 규정 또는 주주총회의 결의에 의하여 결정된 보수의 청구권을 갖는다.[97]

---

의 본안소송인 이사회결의무효확인의 제1심판결에 대하여 항소권을 포기하는 행위는 상무가 아니다"라고 판시하고 있다.

96) 대법원 2014.3.27. 선고 2013다39551 판결은 이사직무집행정지와 직무대행자선임가처분의 효력에 관하여, "주식회사 이사의 직무집행을 정지하고 직무대행자를 선임하는 가처분은 성질상 당사자 사이뿐만 아니라 제3자에 대한 관계에서도 효력이 미치므로 가처분에 반하여 이루어진 행위는 제3자에 대한 관계에서도 무효이므로 가처분에 의하여 선임된 이사직무대행자의 권한은 법원의 취소결정이 있기까지 유효하게 존속한다. 또한 등기할 사항인 직무집행정지 및 직무대행자선임 가처분은 상법 제37조 제1항에 의하여 이를 등기하지 아니하면 위 가처분으로 선의의 제3자에게 대항하지 못하지만 악의의 제3자에게는 대항할 수 있고, 주식회사의 대표이사 및 이사에 대한 직무집행을 정지하고 직무대행자를 선임하는 법원의 가처분결정은 그 결정 이전에 직무집행이 정지된 주식회사 대표이사의 퇴임등기와 직무집행이 정지된 이사가 대표이사로 취임하는 등기가 경료되었다고 할지라도 직무집행이 정지된 이사에 대하여는 여전히 효력이 있으므로 가처분결정에 의하여 선임된 대표이사 및 이사 직무대행자의 권한은 유효하게 존속하고, 반면에 가처분결정 이전에 직무집행이 정지된 이사가 대표이사로 선임되었다고 할지라도 그 선임결의의 적법 여부에 관계없이 대표이사로서의 권한을 가지지 못한다"고 판시하고 있다.

상법이 정관 또는 주주총회의 결의로 이사의 보수를 정하도록 한 것은 이사들의 고용계약과 관련하여 사익 도모의 폐해를 방지함으로써 회사와 주주 및 회사채권자의 이익을 보호하기 위한 것이므로, 비록 보수와 직무의 상관관계가 상법에 명시되어 있지 않더라도 이사가 회사에 대하여 제공하는 직무와 지급받는 보수 사이에는 합리적 비례관계가 유지되어야 하며, 회사의 채무 상황이나 영업실적에 비추어 합리적인 수준을 벗어나서 현저히 균형성을 잃을 정도로 과다하여서는 아니 된다고 할 것이다.[98)]

이사 등 임원은 회사로부터 일정한 사무처리의 위임을 받고 있는 것이고, 사용자의 지휘감독 아래 일정한 근로를 제공하고 소정의 임금을 지급받는 고용관계에 있는 것이 아니므로 퇴직금이 인정되지 않지만, 이들에게 퇴직위로금 혹은 해직보상금 등의 형식으로 일정금액이 지급되는 경우가 적지 않다.[99)] 그런데 이사들이 고용계약을 체결하는 과정에서 개인적인 이득을 취할 목적으로 과다한 해직보상금을 약정하는 것을 막을 수 없게 되어, 이사들의 고용계약과 관련하여 그 사익 도모의 폐해를 방지하여 회사와 주주의 이익을 보호하고자 하는 상법 제388조의 입법 취지가 잠탈되고, 나아가 해직보상금액이 특히 거액일 경우 회사의 자유로운 이사해임권 행사를 저해하는 기능을 하게 되어 이사선임기관인 주주총회의 권한을 사실상 제한함으로써 회사법이 규정하는 주주총회의 기능이 심히 왜곡되는 부당한 결과가 초래되므로 이런 경우에도 보수에 관한 상법 제388조의 규정을 적용하여 정관이나 주주총회의 결의가 있어야 할 것이다.[100)][101)]

---

97) 대법원 2015.7.23. 선고 2014다236311 판결은, 법적으로는 주식회사 이사·감사의 지위를 갖지만 회사와의 명시적 또는 묵시적 약정에 따라 이사·감사로서의 실질적인 직무를 수행하지 않는 이른바 명목상 이사·감사도 법인인 회사의 기관으로서 회사가 사회적 실체로서 성립하고 활동하는 데 필요한 기초를 제공함과 아울러 상법이 정한 권한과 의무를 갖고 의무 위반에 따른 책임을 부담하는 것은 일반적인 이사·감사와 다를 바 없으므로, 과다한 보수에 대한 사법적 통제의 문제는 별론으로 하더라도, 오로지 보수의 지급이라는 형식으로 회사의 자금을 개인에게 지급하기 위한 방편으로 이사·감사로 선임한 것이라는 등의 특별한 사정이 없는 한, 회사에 대하여 상법 제388조, 제415조에 따라 정관의 규정 또는 주주총회의 결의에 의하여 결정된 보수의 청구권을 갖는다"고 판시하여 이러한 명목상의 이사에게도 보수청구권을 인정하고 있다.

98) 대법원 2016.1.28. 선고 2014다11888 판결은, "회사에 대한 경영권 상실 등으로 퇴직을 앞둔 이사가 회사에서 최대한 많은 보수를 받기 위하여 그에 동조하는 다른 이사와 함께 이사의 직무내용, 회사의 재무상황이나 영업실적 등에 비추어 지나치게 과다하여 합리적 수준을 현저히 벗어나는 보수 지급 기준을 마련하고 지위를 이용하여 주주총회에 영향력을 행사함으로써 소수주주의 반대에 불구하고 이에 관한 주주총회결의가 성립되도록 하였다면, 이는 회사를 위하여 직무를 충실하게 수행하여야 하는 상법 제382조의3에서 정한 의무를 위반하여 회사재산의 부당한 유출을 야기함으로써 회사와 주주의 이익을 침해하는 것으로서 회사에 대한 배임행위에 해당하므로, 주주총회결의를 거쳤다 하더라도 그러한 위법행위가 유효하다 할 수는 없다"고 판시하고 있다.

99) 대법원 1988.6.14. 선고 87다카2268 판결은 이러한 퇴직위로금은 근로기준법 소정의 퇴직금이 아니므로 이사 등 임원의 퇴직금위로금 등 청구권에는 근로기준법 제41조 소정의 임금채권의 시효에 관한 규정이 적용되지 아니하고 일반채권의 시효규정이 적용되어야 한다고 판시하고 있다.

한편 이사가 사용인이나 업무담당임원의 지위를 겸하고 있는 경우에 업무담당임원으로서의 급여도 이사의 보수에 포함시켜 정관이나 주주총회의 결의가 있어야 하는지에 관하여 견해의 대립[102)]이 있으나 상법 제388조의 입법취지에 비추어 볼 때 포함시켜야 할 것이다.

정관이나 주주총회에서 이사의 보수를 결정하도록 하면 보수의 변경 등이 필요한 경우 정관변경절차를 밟거나 주주총회 결의를 얻어야 하는 등의 번잡함이 있으므로 정관이나 주주총회의 결의로 이사 보수의 전체 총액의 한도와 지급기준을 정하고 각 이사들에 대한 지급액은 그 범위 내에서 이사회에서 결정하도록 위임하는 것은 무방하지만, 이를 대표이사에게 위임하는 것은 대표이사의 업무집행에 대한 감시역할을 수행하는 이사의 지위를 약화시킬 우려가 있으므로 인정되어서는 아니 될 것이다.

상법 제388조의 규정은 회사와 주주의 이익을 보호하기 위한 강행규정이라 할 것이므로 이에 위반한 행위는 무효라고 할 것이고 만약 이에 위반하여 이사에게 보수를 지급하였다면 법률상 원인이 없는 것으로서 부당이득반환의 대상이 될 것이다. 다만 이 경우에 실제로는 민법 제742조 소정의 비채변제가 되어 반환이 제한되게 되고 결국 회사가 손해를 입는 결과가 될 것이므로, 이를 집행한 이사는 회사에 대하여 손해배상책임을 부담(상 399조)하게 될 것이다. 대법원은 회사의 정관에 이사의 보수는 주주총회의 결의에 의하도록 정한 경우에는 주주총회의 결의가 있어야 이사의 보수나 퇴직금청구권을 행사할 수 있다고 판시하면서(대법원 2004.12.10. 선고 2004다25123 판결), 대주주인 대표이사일지라도 주주총회의 결의 없이 이사의 보수를 지급하는 것은 회사에 대하여 효력이 없다고 판시하고 있다(대법원 1979.11.27. 선고 79다1599 판결). 다만, 1인 회사에 있어서 1인주주의 승인과 결재를 받아 이사의 보수를 지급하였더라도 1인회사의 법리상 주주총회의 결의가 있었던 것으로 보아 허용된다는 취지로 판시하고 있다(대법원 2004.12.10. 선고 2004다25123 판결).

### ◈ 대법원 2004.12.10. 선고 2004다25123 판결

상법 제388조에 의하면, 주식회사 이사의 보수는 정관에 그 액을 정하지 아니한 때에는 주주 총회의 결의로 이를 정한다고 규정되어 있는바, 이사에 대한 퇴직위로금은 그 직에서 퇴임한 자에 대하여 그 재직 중 직무집행의 대가로 지급되는 보수의 일종으로서 상법 제388조에 규정된 보수에 포함되고, 정관 등에서 이사의 보수 또는 퇴직금에 관하

100) 대법원 2006.11.23. 선고 2004다49570 판결.

101) 대법원 2006.5.25. 선고 2003다16092, 16108 판결은 "이사의 퇴직금 청구권은 이사가 퇴직할 때 유효하게 적용되는 정관의 퇴직금 규정에 의하거나 주주총회의 퇴직금 지급결의가 있을 때 비로소 발생한다"고 하면서, 만약 회사가 정관으로 퇴직하는 이사의 보수에 대하여 일정한 지급률을 적용하여 퇴직금을 정하기로 하였다가 그 정관을 변경하여 이를 감축한 경우라도, 퇴직하는 이사에 대한 퇴직금을 산출할 때에는 전체 근속 기간에 대하여 퇴직 당시 적법하게 변경된 정관의 지급률을 적용하여야 한다고 판시하고 있다.

102) 포함설은 이철송 646면. 불포함설은 이기수 398면, 정찬형 544면, 박상조 560면, 최준선 404면.

여 주주총회의 결의로 정한다고 규정되어 있는 경우 그 금액·지급방법·지급시기 등에 관한 주주총회의 결의가 있었음을 인정할 증거가 없는 한 이사의 보수나 퇴직금청구권을 행사할 수 없다.

임원퇴직금지급규정에 관하여 주주총회 결의가 있거나 주주총회의사록이 작성된 적은 없으나 위 규정에 따른 퇴직금이 사실상 1인회사의 실질적 1인 주주의 결재·승인을 거쳐 관행적으로 지급되었다면 위 규정에 대하여 주주총회의 결의가 있었던 것으로 볼 수 있다.

◈ 대법원 2006.11.23. 선고 2004다49570 판결

주식회사와 이사 사이에 체결된 고용계약에서 이사가 그 의사에 반하여 이사직에서 해임될 경우 퇴직위로금과는 별도로 일정한 금액의 해직보상금을 지급받기로 약정한 경우, 그 해직보상금은 형식상으로는 보수에 해당하지 않는다 하여도 보수와 함께 같은 고용계약의 내용에 포함되어 그 고용계약과 관련하여 지급되는 것일 뿐 아니라, 의사에 반하여 해임된 이사에 대하여 정당한 이유의 유무와 관계없이 지급하도록 되어 있어 이사에게 유리하도록 회사에 추가적인 의무를 부과하는 것인바, 보수에 해당하지 않는다는 이유로 주주총회 결의를 요하지 않는다고 한다면, 이사들이 고용계약을 체결하는 과정에서 개인적인 이득을 취할 목적으로 과다한 해직보상금을 약정하는 것을 막을 수 없게 되어, 이사들의 고용계약과 관련하여 그 사익 도모의 폐해를 방지하여 회사와 주주의 이익을 보호하고자 하는 상법 제388조의 입법 취지가 잠탈되고, 나아가 해직보상금액이 특히 거액일 경우 회사의 자유로운 이사해임권 행사를 저해하는 기능을 하게 되어 이사선임기관인 주주총회의 권한을 사실상 제한함으로써 회사법이 규정하는 주주총회의 기능이 심히 왜곡되는 부당한 결과가 초래되므로, 이사의 보수에 관한 상법 제388조를 준용 내지 유추적용하여 이사는 해직보상금에 관하여도 정관에서 그 액을 정하지 않는 한 주주총회 결의가 있어야만 회사에 대하여 이를 청구할 수 있다.

### (6) 이사의 의무

#### (가) 이사의 기본적 의무

이사와 회사의 관계는 위임관계(상 382조 2항)이므로 이사는 회사에 대하여 위임의 본지에 따라 선량한 관리자로서 주의의무를 부담하게 된다(민 681조). 이사는 사회의 일반적인 거래통념상 이사에게 요구되는 정도의 주의의무로서 그 직무를 행하여야 하므로 이사회의 구성원으로서 이사회에 성실히 출석하여 이사회에 부의된 안건에 대하여 토의하거나 표결에 참여하고 회사의 업무에 대하여 감시할 일반적인 의무가 있다고 할 것이다.

이러한 이사의 기본적 의무는 업무를 담당하는 이사인지 혹은 업무를 담당하지 않는 이사인지를 가리지 않고 모든 이사에게 부여된 의무로서 이를 게을리 하면 손해배

상책임을 면하지 못한다고 할 것이다.

> 이사는 법률상 회사와 위임계약관계에 있으나 주주 또는 제3자와는 직접적으로 아무런 법률관계가 없으므로 이사의 계약상의 의무는 회사에 대하여 부담하는 것이고 그 밖에 주주 혹은 제3자에 대하여 부담하는 것은 아니다. 그럼에도 불구하고 상법은 주주와 제3자가 직접적으로 이사에 대한 책임추궁을 가능하게 하도록 하기 위하여 ① 이사가 회사에 대하여 의무를 이행하지 아니하는 경우에 주주로 하여금 회사에 대하여 이사에 대한 책임을 추궁할 것을 청구할 수 있도록 하고 회사가 이에 응하지 않을 때 회사를 위하여 주주가 대표소송을 제기하는 규정(상 403조)을 두고 있고, ② 이사로 하여금 제3자에 대하여 직접적으로 책임을 부담시키는 규정(상 401조)을 별도로 두고 있는 것이다.

상법은 이 밖에도 이사에게 법령과 정관의 규정에 따라 회사를 위하여 그 직무를 충실하게 수행할 충실의무를 별도로 규정하고 있다(상 382조의3).[103]

상법이 규정하는 이사의 충실의무와 이사의 선량한 관리자의 주의의무의 관계에 관하여, ① 이사의 충실의무는 이사가 선량한 관리자로서 부담하게 되는 주의의무와 동일한 것이므로 상법의 충실의무에 관한 규정은 선량한 관리자의 주의의무를 주의적으로 규정한 것에 불과하다는 견해(同質說),[104] ② 이사의 충실의무는 상법이 이사의 권한을 강화하는 것에 발맞추어 이사의 책임을 무겁게 하려는 목적에서 영미법상의 신인의무(信認義務: Fiduciary Duty)를 도입한 것으로서 선량한 관리자의 주의의무는 이사가 회사의 직무를 수행하는 측면에서 요구되는 의무이고, 충실의무는 이사가 그 지위와 관련하여 자기 또는 제3자의 이익을 위하여 행동하는 측면에서 요구되는 의무라고 보아야 하므로 충실의무는 선량한 관리자의 주의의무를 넘어서는 별개의 의무로서 상법상의 경업피지의무, 자기거래금지의무 및 회사기회의 유용 금지의무 등은 충실의무가 구현된 것이라고 하는 견해(異質說)[105]의 대립이 있다. 대법원은 명확한 입장을 표명하고 있지는 않으나, 적어도 선량한 관리자의 주의의무와 충실의무를 구별하지 않고 사용하고 있는 점에서 동질설의 입장에 있는 듯하다. 생각건대 상법은 선언적 의미에서 충실의무를 규정하고 있을 뿐이고 그 구체적인 의무를 규정한 바 없으므로, 상법상의 충실의무는 회사와 이사의 위임관계에 기초한 선량한 관리자의 주의

103) 대법원 2016.1.28. 선고 2014다11888 판결은, 회사에 대한 경영권 상실 등으로 퇴직을 앞둔 이사가 회사에서 최대한 많은 보수를 받기 위하여 그에 동조하는 다른 이사와 함께 이사의 직무내용, 회사의 재무상황이나 영업실적 등에 비추어 지나치게 과다하여 합리적 수준을 현저히 벗어나는 보수 지급 기준을 마련하고 지위를 이용하여 주주총회에 영향력을 행사함으로써 소수주주의 반대에 불구하고 이에 관한 주주총회결의가 성립되도록 하였다면, 회사를 위하여 직무를 충실하게 수행하여야 하는 상법 제382조의3에서 정한 의무를 위반한 것이라고 판시하고 있다.

104) 이철송 609면, 정찬형 611면, 최기원 653면, 최준선 455면.

105) 권기범 681면, 박상조 625면, 임홍근 501면, 정동윤 432면, 정희철 486면.

의무를 상법적으로 표현한 것이라고 생각된다.

### ◆ 대법원 1985.11.12. 선고 84다카2490 판결[106)]

이사가 제3자에 대하여 연대하여 손해배상 책임을 지는 고의 또는 중대한 과실로 인한 임무해태 행위라 함은 이사의 직무상 충실 및 선관의무 위반의 행위로서 위법한 사정이 있어야 하고 통상의 거래행위로 인하여 부담하는 회사의 채무를 이행할 능력이 있었음에도 단순히 그 이행을 지체하고 있는 사실로 인하여 상대방에게 손해를 끼치는 사실만으로는 이를 임무를 해태한 위법한 경우라고 할 수는 없다.

그러나 선량한 관리자의 주의의무와 충실의무의 관계를 어떻게 파악하든 간에 이러한 기본의무로부터 상법상 규정된 비밀유지의무(상 382조의4), 보고의무(상 393조 4항, 412조의2), 경업피지의무(상 397조), 회사의 기회 및 자산 유용 금지의무(상 397조의2), 회사와 거래금지의무(상 398조) 및 감시의무 등의 구체적인 의무가 나온다 할 것이고 이사가 이러한 구체적인 의무를 이행하지 아니한 경우에는 임무해태 및 법령위반을 이유로 한 해임사유가 된다고 할 것이고 이 밖에 회사(상 399조) 및 제3자(상 401조)에 대하여 손해배상책임을 부담한다 할 것이다.

이 밖에도 이사는 이사회의 구성원으로서 선량한 관리자의 주의의무에 따라 이사회에 성실히 출석하여 이사회에 부의된 안건에 대하여 토의하고 표결에 참여하여야 할 의무도 있다고 판단되는데 이사가 이러한 의무를 위반하여 정당한 이유 없이 이사회에 출석하지 않는다거나 또는 출석하였음에도 불구하고 위법 부당한 결의에 찬성하였다거나, 혹은 찬성을 하지는 않았지만, 적극적으로 반대를 표명하여 이를 막을 수 있었음에도 불구하고 이를 막지 아니하여 회사에 손해가 발생하도록 한 경우에는 임무해태로 인한 손해배상책임을 부담하게 될 것이다.

#### (나) 이사의 감시의무

이사는 이사회의 구성원으로서 대표이사 및 다른 이사의 전반적인 업무 집행을 감시할 권한과 의무가 있는바 이는 상법에 규정된 의무는 아니지만, 이사의 선량한 관리자의 주의의무에 기한 지위와 역할에서 당연히 요구되는 의무라 할 것이다.

이러한 이사의 감시의무는 이사회에 부의된 안건이나 사항에 관한 것뿐만 아니라 회사의 업무 전반에 걸친 일반적인 사항에까지 미친다고 할 것이다.

이사의 감시의무의 범위는 회사에서의 지위와 역할에 따라 다소 다르게 나타날 수가 있는데 대표이사는 대내적으로 업무집행권과 대외적으로 회사대표권이 있으므로 모든 업무담당이사는 말할 것도 없고 공동대표이사일 경우에는 다른 대표이사의 업무

106) 이 판결은 상법에 충실의무에 관한 규정이 신설되기 전의 것이지만, 그 규정이 신설된 이후부터 최근까지의 대법원 판결(대법원 2010.7.29. 선고 2008다7895 판결, 대법원 2006.7.6. 선고 2004다8272 판결, 대법원 2006.6.16. 선고 2005다31194 판결, 대법원 2002.6.14. 선고 2001다52407 판결)은 충실의무와 선량한 관리자의 주의의무를 구별하지 않고 사용하고 있다.

집행까지도 감시할 의무가 있다고 할 것이다. 업무담당이사도 다른 업무담당이사를 포함한 대표이사의 업무집행까지 감시할 의무를 부담한다고 할 것이다. 다만, 업무를 담당하지 않는 이사 예컨대 비상근이사, 평이사 또는 사외이사의 경우에는 업무접근성에서 업무담당이사에 현저하게 떨어지므로 이들에게도 업무담당이사와 같은 정도의 다른 이사에 대한 감시의무를 부여하여야 하는지에 관하여 의문이 없지 아니하나 대법원은 업무를 담당하지 않는 비상근이사에게도 감시의무를 부과하고 있다.

#### ◈ 대법원 2007.9.20. 선고 2007다25865 판결

주식회사의 이사는 이사회의 일원으로서 이사회에 상정된 의안에 대하여 찬부의 의사표시를 하는 데 그치지 않고, 담당업무는 물론 다른 업무담당이사의 업무집행을 전반적으로 감시할 의무가 있으므로, 주식회사의 이사가 다른 업무담당이사의 업무집행이 위법하다고 의심할 만한 사유가 있음에도 불구하고 이를 방치한 때에는 이사에게 요구되는 선관주의의무 내지 감시 의무를 해태한 것이므로 이로 말미암아 회사가 입은 손해에 대하여 배상책임을 면할 수 없다.

(같은 취지: 대법원 2007.12.13. 선고 2007다60080 판결)

#### ◈ 대법원 2008.9.11. 선고 2006다68636 판결

대표이사는 이사회의 구성원으로서 다른 대표이사를 비롯한 업무담당이사의 전반적인 업무집행을 감시할 권한과 책임이 있으므로, 다른 대표이사나 업무담당이사의 업무집행이 위법하다고 의심할 만한 사유가 있음에도 악의 또는 중대한 과실로 인하여 감시의무를 위반하여 이를 방치한 때에는 그로 말미암아 제3자가 입은 손해에 대하여 배상책임을 면할 수 없다. 이러한 감시의무의 구체적인 내용은 회사의 규모나 조직, 업종, 법령의 규제, 영업상황 및 재무상태에 따라 크게 다를 수 있는바, 고도로 분업화되고 전문화된 대규모의 회사에서 공동대표이사와 업무담당이사들이 내부적인 사무분장에 따라 각자의 전문 분야를 전담하여 처리하는 것이 불가피한 경우라 할지라도 그러한 사정만으로 다른 이사들의 업무집행에 관한 감시의무를 면할 수는 없다.

#### ◈ 대법원 2008.12.11. 선고 2005다51471 판결

주식회사의 이사는 이사회의 일원으로서 이사회에 상정된 의안에 대하여 찬부의 의사표시를 하는 데 그치지 않고, 담당업무는 물론 다른 업무담당 이사의 업무집행을 전반적으로 감시할 의무가 있고 이러한 의무는 비상근 이사라고 하여 면할 수 있는 것은 아니므로 주식회사의 이사가 이사회에 참석하지도 않고 사후적으로 이사회의 결의를 추인하는 등으로 실질적으로 이사의 임무를 전혀 수행하지 않은 이상 그 자체로서 임무해태가 된다고 할 것이다.

(같은 취지: 대법원 1985.6.25. 선고 84다카1954 판결)

### (다) 이사의 비밀유지의무

상법은 이사에게 회사 재임 중뿐만 아니라 퇴임 후에도 직무상 알게 된 회사의 영업상 비밀을 누설하지 아니할 의무를 부과하고 있다(상 382의4).[107]

이사가 재임 중에 비밀을 누설하면 이사로서의 선량한 관리자의 주의의무에 위반한 것이 되므로 이 규정은 오히려 퇴임 후에도 재임 중에 알게 된 비밀을 유지할 의무를 부과하고 있는 것에 의미가 있다고 할 것이다.

대법원은 영업비밀이란 공연히 알려져 있지 아니하고 독립된 경제적 가치를 가지는 것으로서 상당한 노력에 의하여 비밀로 유지된 생산방법, 판매방법 그 밖에 영업활동에 유용한 기술상 또는 경영상의 정보를 말하는 것이라고 판시하고 있으나 퇴임 후 언제까지 그러한 비밀을 지켜야 하는지 등에 관하여는 침묵을 지키고 있다. 생각건대 그 영업상 비밀이 비밀성을 유지하고 경제적 가치를 지니고 있을 때까지라고 해석하여야 할 것이다.

#### ◆ 대법원 2009.10.29. 선고 2007도6772 판결

구 부정경쟁방지 및 영업비밀보호에 관한 법률(2007. 12. 21. 법률 제8767호로 개정되기 전의 것) 제2조 제2호의 '영업비밀'이란 공연히 알려져 있지 아니하고 독립된 경제적 가치를 가지는 것으로서 상당한 노력에 의하여 비밀로 유지된 생산방법, 판매방법 그 밖에 영업활동에 유용한 기술상 또는 경영상의 정보를 말하는 것인바, 여기서 '공연히 알려져 있지 아니하다'는 것은 그 정보가 간행물 등의 매체에 실리는 등 불특정 다수인에게 알려져 있지 않기 때문에 보유자를 통하지 아니하고는 그 정보를 통상 입수할 수 없는 것을 말하고, '독립된 경제적 가치를 가진다'는 것은 그 정보의 보유자가 그 정보의 사용을 통해 경쟁자에 대하여 경쟁상의 이익을 얻을 수 있거나 또는 그 정보의 취득이나 개발을 위해 상당한 비용이나 노력이 필요하다는 것을 말하며, '상당한 노력에 의하여 비밀로 유지된다'는 것은 그 정보가 비밀이라고 인식될 수 있는 표시를 하거나 고지를 하고, 그 정보에 접근할 수 있는 대상자나 접근 방법을 제한하거나 그 정보에 접근한 자에게 비밀준수의무를 부과하는 등 객관적으로 그 정보가 비밀로 유지 · 관리되고 있다는 사실이 인식 가능한 상태인 것을 말한다.

(같은 취지: 대법원 2008.7.10. 선고 2008도3435 판결, 대법원 2009.7.9. 선고 2006도7916 판결)

---

107) 이사의 비밀유지의무를 확대하여 비밀이용금지의무까지를 포함하는 것으로 이해하는 견해도 있으나 상법 제 382조의4는 명백히 "영업상 비밀을 누설할 수 없다"고 규정하고 있고, 또한 이사의 영업상 비밀이용행위는 별도로 이사의 경업금지(상 397조), 회사기회의 유용금지(상 397조의2), 이사와 회사의 거래제한(상 398조) 및 상장회사에 있어서 내부자거래제한(자본시장법 9조 2항, 172조 7항) 등에서 규정하고 있으므로 비밀유지의무는 비밀의 유출금지의무로 보아야 할 것이다.

### (라) 이사의 보고의무

이사는 3월에 1회 이상 업무의 집행상황을 이사회에 보고하여야 하고(상 393조 4항), 또 감사나 감사위원회가 영업에 관한 보고를 요구한 때는 이에 응하여 보고하여야 할 의무를 부담하며(상 412조 2항, 415조의2 7항), 이와는 별도로 회사에 현저한 손해를 미칠 염려가 있는 사실을 발견한 때에는 즉시 감사 또는 감사위원회에 스스로 이것을 보고하여야 한다(상 412조의2, 415조의2 7항).

이사의 보고의무 중 이사회에 하는 보고와 감사 또는 감사위원회의 요구에 응한 보고는 그 성질상 업무담당이사에 한하여 인정된다고 할 것이지만, 이사가 발견한 사항에 관한 보고는 모든 이사에 대하여 요구되는 의무라고 할 것이다.

이사로부터 회사에 현저한 손해를 미칠 염려가 있는 사실을 보고받은 감사나 감사위원회는 즉시 그 사실여부를 조사하여야 하고 필요한 경우에는 이사에 대한 위법행위 유지청구권을 행사하거나, 주주총회소집요구 등의 조치를 취하여야 할 것이고 이를 게을리 하면 감사 또는 감사위원회에게도 책임이 돌아갈 것이다.

### (마) 이사의 경업피지의무

#### 1) 경업피지의무의 의의

이사는 이사회의 승인 없이 자기 또는 제3자의 계산으로 회사의 영업부류에 속하는 거래를 하지 아니할 의무(경업금지의무)와 동종영업을 목적으로 하는 다른 회사의 무한책임사원이나 이사를 겸직하지 아니할 의무(겸직금지의무)가 있다(상 397조). 이러한 경업피지의무는 상업사용인(상 17조)이나 대리상(상 89조) 또는 합명회사와 합자회사의 무한책임사원(상 198조, 269조)과 같이 타인의 업무를 담당하는 이사에게 회사의 업무에 대한 선량한 관리자로서 전심전력을 다하여 종사할 것을 요구하고 그 지위를 이용하여 자신의 이익을 추구하는 등 회사와 이익의 충돌을 방지하기 위하여 규정한 부작위의무라고 할 것이다.[108)]

경업피지의무를 부담하는 이사에는 업무의 담당 여부를 불문하고 거래당시의 모든 이사가 해당되고, 일정한 경우에는 퇴임이사(상 386조 1항) 및 상법상의 임시이사(상 386조 2항)를 비롯한

108) 대법원 2013.9.12. 선고 2011다57869 판결은 경업금지를 규정한 상법의 취지에 관하여, "이사가 그 지위를 이용하여 자신의 개인적 이익을 추구함으로써 회사의 이익을 침해할 우려가 큰 경업을 금지하여 이사로 하여금 선량한 관리자의 주의로써 회사를 유효적절하게 운영하여 그 직무를 충실하게 수행하여야 할 의무를 다하도록 하려는 데 있다"고 하면서 이익충돌의 가능성에 관하여 "어떤 회사가 이사가 속한 회사의 영업부류에 속한 거래를 하고 있다면 그 당시 서로 영업지역을 달리하고 있다고 하여 그것만으로 두 회사가 경업관계에 있지 아니하다고 볼 것은 아니지만, 두 회사의 지분소유 상황과 지배구조, 영업형태, 동일하거나 유사한 상호나 상표의 사용 여부, 시장에서 두 회사가 경쟁자로 인식되는지 여부 등 거래 전반의 사정에 비추어" 판단할 것을 요구하고 있다.

직무대행자(상 407조)도 포함된다고 해석하여야 할 것이다.

또한 이사의 경업피지의무는 회사의 영업활동을 전제로 한 것이므로 2011년 4월 14일 개정된 상법에 따라 새로이 규정된 집행임원에도 경업피지의무에 관한 규정이 준용되지만(상 408조의2), 상법은 청산인에 대하여는 이사의 의무에 관한 규정을 대부분 준용(상 542조 2항)하면서도 이를 준용하지 않고 있다.

### 2) 경업피지의무의 범위

경업금지의 경우에는 회사와 이해의 충돌을 방지하기 위한 목적이므로 이사가 영리목적을 가지고 회사의 영업부류에 속한 거래를 하는 경우에 한하여 인정된다 할 것이다.

회사의 영업부류에 속한 거래는 회사의 정관에 정한 영업목적에 한정되지는 않지만, 그 영업목적의 실현과 관련된 거래로서 회사와 이사 사이의 이익충돌의 가능성이 있는 모든 거래를 의미하므로, 보통거래약관에 의하여 체결되는 정형적인 거래행위, 혹은 영리성이 없는 거래행위는 설령 회사의 영업부류에 속하더라도 이에 해당하지 않는다고 할 것이다. 또한 이러한 거래는 1회적인지 계속적인지를 불문한다고 보아야 할 것이다.

한편 겸직금지의 경우에는 이사의 노력과 능력의 분산을 막을 목적이므로, 이사가 겸직행위를 통하여 별도의 보수를 취하는지 여부에 관계없이 금지된다고 할 것이다. 이사의 경우(상 397조)는 "동종영업"의 다른 회사의 무한책임사원과 이사에 한정하여 겸직을 금지하고 있지만, 상업사용인의 경우(상 17조)에는 동종영업의 다른 회사에 한정하지 않고 모든 회사의 이사와 겸직이 금지되는 데 반하여, 대리상의 경우(상 89조)에는 동종영업의 다른 회사의 이사와 겸직이 금지되므로 결국 이사는 어떠한 경우에도 다른 회사의 상업사용인을 겸직할 수 없으나, 만약 동종영업이 아니라면 다른 회사의 무한책임사원이나 이사 혹은 대리상이 되는 데 어려움은 없다고 할 것이다. 대법원은 경업 대상 회사의 이사, 대표이사가 되는 경우뿐만 아니라 그 회사의 지배주주가 되어 그 회사의 의사결정과 업무집행에 관여할 수 있게 되는 경우에도 자신이 속한 회사 이사회의 승인을 얻어야 하고,[109] 또한 경업대상이 되는 다른 회사의 의미에는 현재 영업 중인 회사뿐만 아니라 개업 준비 단계의 회사도 포함된다고 판시하여 그 범위를 넓히고 있다.[110]

109) 대법원 2013.9.12. 선고 2011다57869 판결.

110) 대법원 1993.4.9. 선고 92다53583 판결은, "이사의 경업금지의무를 규정한 상법 제397조 제1항의 규정 취지는 이사가 그 지위를 이용하여 자신의 개인적 이익을 추구함으로써 회사의 이익을 침해할 우려가 큰 경업을 금지하여 이사로 하여금 선량한 관리자의 주의로써 회사를 유효적절하게 운영하여 그 직무를 충실하게 수행하여야 할 의무를 다하도록 하려는 데 있으므로, 경업의 대상이 되는 회사가 영업을 개시하지 못한 채 공장의 부지를 매수하는 등 영업의 준비작업을 추진하고 있는 단계에 있다 하여 위

또한 이사는 동일한 회사 혹은 자회사의 감사를 겸직하는 것도 허용되지 않는다(상 411조).

#### 3) 이사회의 승인

이사의 경업피지의무는 사전에 이사회의 승인을 얻으면 해제되는데 이사는 이사회의 승인을 구하기에 앞서서 승인 여부를 결정하는 데 필요한 정보를 모두 공개하여야 하고 이런 정보의 공개 없이 이루어진 백지식 승인은 허용되지 않는다 할 것이다.

이사회가 승인을 함에 있어서 사후승인도 허용될 것인가에 관하여, ① 사후승인을 허용하면 이사의 책임을 면제하는 효과를 가져 오는데 이사의 책임면제에 총주주의 동의를 요하는 규정(상 400조)과 형평이 맞지 않으므로 이사회의 승인은 사전승인이어야 한다는 견해(사후승인 불용설),[111] ② 이사의 경업과 겸직에 관하여 사후에 승인하였다고 하여 이사의 손해배상책임이 면제되는 것은 아니고, 또 회사의 개입권도 인정되므로 사후승인이 책임면제라는 이유로 사후승인을 인정하지 않는 것은 타당하지 않다고 주장하면서 사후승인도 가능하다는 견해(사후승인 허용설)[112]가 대립하고 있으나, 이사회의 승인이란 이사의 경업행위와 겸직행위를 승인한다는 의미이지 그로 인한 책임을 면제한다는 의미는 아니고 또한 이사회의 승인이 있다고 하여 반드시 책임면제와 동일하다고 할 수 없으므로 이사회의 사후승인도 무방하다고 생각된다.[113]

또한 소규모회사(상 383조 1항 단서)에 있어서는 이사회의 승인에 갈음하여 주주총회의 승인을 얻어야 할 것이지만(상 383조 4항), 만약 소규모회사가 1인회사이고 1인주주가 이사인 경우에는 이러한 승인조차도 불필요하다고 할 것이다.

#### 4) 경업피지의무위반의 효과

이사회 승인 없이 이루어진 것이라 하더라도, 이사의 경업적 거래행위 또는 겸직행위에 대한 상대방의 선의·악의를 불문하고 법률상 유효함은 당연하다 할 것이다. 다만 이사가 이사회의 승인 없이 경업행위하거나 겸직행위를 한 경우에 회사는 법령위반을 이유로 주주총회에서 이사에 대하여 해임결의를 할 수도 있고(상 385조 1항), 그러한 경업금지행위로 인하여 회사가 손해를 입은 경우에는 손해배상책임을 부담시킬 수도 있다(상 399조).

그러나 상법은 이사의 경업금지행위에 대하여 특별한 효과를 주고 있는데, 회사는

---

규정에서 말하는 "동종영업을 목적으로 하는 다른 회사"가 아니라고 볼 수는 없다"고 판시하고 있다.

111) 이철송 723면, 정동윤 435면, 채이식 556면, 최준선 460면.

112) 권기범 685면, 최기원 662면.

113) 대법원 2007.5.10. 선고 2005다4284 판결은 이사의 자기거래와 관련한 이사회의 승인은 사후승인도 가능하다고 판시하고 있다.

이사회의 결의로 그 거래가 있은 날로부터 1년의 제척기간 내에, 이사의 거래가 자기의 계산으로 한 것인 때에는 이를 회사의 계산으로 한 것으로 볼 수 있고, 제3자의 계산으로 한 것인 때에는 그 이사에 대하여 이로 인한 이득의 양도를 청구할 수 있는 특별한 효과 이른바 개입권을 인정하고 있다(상 397조 2항, 3항).

회사는 개입권을 행사하더라도 회사가 그 거래행위의 직접적인 당사자로 되는 것은 아니고 단지 그 경제적 효과만을 회사에 귀속시키기 위하여 회사와 이사 사이에 일종의 채권적 효과가 발생하도록 한 것이다. 만약 이사의 경업적 거래가 이사의 계산으로 된 것일 경우에는 거래에 필요한 비용을 회사가 부담하되 이득을 회사에 귀속시키고, 반면에 제3자의 계산으로 된 것일 경우에는 그 거래로 인하여 이사가 얻은(얻을) 이득을 회사에 양도하도록 하는 것인데 회사가 개입권을 행사하면 이사는 그 이득을 회사에 양도할 채권적 의무가 있다는 취지이지 거래행위에 따른 법률효과가 회사에 대하여 곧바로 발생한다는 의미는 아니라 할 것이다. 비록 상법은 "회사는 이사에 대하여 청구를 할 수 있다"라고 규정되어 있으나 그 법적인 성질은 형성권으로 이해되고 있다.

한편 이사의 경업적 거래행위 혹은 겸직행위가 이사회의 승인을 받고 이루어졌다고 하더라도 그로 인하여 회사에 손해가 발생하였다면 당연히 이사는 회사에 대하여 손해배상책임을 부담하게 되고(상 399조 1항), 또한 이를 승인한 이사회의 결의에 찬성한 이사들도 손해배상책임을 부담하게 된다(상 399조 2항).

상법상 개입권은, 상업사용인(상 17조), 대리상(상 89조), 합명회사(상 198조), 합자회사(상 269조, 198조), 주식회사(상 397조), 유한회사(상 567조, 397조)의 경우와, 위탁매매인(상 107조), 운송주선인(상 116조)에게 인정되는 경우가 있는데, 위탁매매인과 운송주선인의 경우는 개입권을 행사하여 직접 거래의 당사자가 될 수 있다는 점에서 그 밖의 경우와 다르다.

### (바) 이사 등과 회사 간의 거래 제한

#### 1) 의 의

상법은 이사와 주요주주 및 이들과 일정한 관계에 있는 자가 자기 또는 제3자의 계산으로 회사와 하는 거래행위를 제한하여, 미리 해당거래의 중요한 사항을 밝히고 이사회의 승인을 받도록 하고 있다(상 398조 1항).[114)]

이러한 이사 등과 회사 간의 거래제한은 회사의 내부적 사항과 영업비밀 등을 잘

---

114) 2011년 4월 14일 개정 전의 상법은 이사와 회사 간의 거래 이른바 이사의 자기거래에 대한 제한을 하였으나(개정 전 상법 398조), 개정된 상법은 자기거래의 승인대상을 이사뿐만 아니라 주요주주 및 특수 관계인까지 확대하고 새로이 규정된 집행임원의 경우에도 이를 준용하고 있으며(상 408조의9) 또한 이사회에서의 승인도 이사 3분의 2이상의 수로써 하도록 그 요건을 강화하고 있다(상 398조).

알고 있고 회사의 업무에 관한 의사결정과 집행과정에서 중요한 역할을 하는 회사의 이사나 주요주주가 그 지위를 이용하여 회사와 거래를 함으로써 자기 또는 제3자의 이익을 도모하고 회사 및 주주에게 손해를 입히는 것을 방지하기 위하여 부과되는 이른바 부작위의무라 할 것이다.[115)]

상법은 이사등과 회사 간의 거래제한에 관한 규정(상 398조)과는 별개로 상장회사에 대한 특례규정(상 542조의9)을 두어 상장회사는 주요주주 및 그의 특수 관계인, 상법 제 401조의1에 정한 업무집행지시자 등을 포함한 이사 그리고 감사를 상대방으로 하거나 상법시행령이 정하는 일정한 신용공여행위를 할 수 없도록 하는 한편 이를 위반한 경우에는 상법상 형벌의 제재를 가하고(상 624조의2), 상법시행령에 정하는 상장회사의 경우에는 최대주주 등 일정한 자와의 거래행위를 하려는 경우에는 이사회의 승인을 받아야 하고 정기주주총회에도 이를 보고하도록 하고 있다.

상법은 회사와 거래가 제한되는 자로서 이사, 상법 제542조의8 제2항 6호에 정한 주요주주 그리고 이들과 특수한 관계에 있는 자를 규정하고 있다.[116)]

이사(상 398조 1호)는 거래 당시의 모든 이사는 물론이고 퇴임이사(상 386조 1항) 및 상법상의 임시이사(상 386조 2항)를 비롯한 직무대행자(상 407조)도 포함되고 이 밖에도 상법은 청산인(상 542조 2항, 398조)과 집행임원(상 408조의9)에도 이를 준용하고 있다. 상법 제401조의2에 정한 업무지시자 등 이른바 사실상의 이사는 그 규정의 취지에 비추어 보거나 또는 상법 제398조에 정한 대상자의 범위에 비추어 볼 때 포함되지 않는다고 해석하여야 할 것이다.

상법 제542조의8 제2항 6호에 따른 주요주주(상 398조 1호)는 자기의 계산으로 의결권 없는 주식을 제외한 발행주식총수의 100분의 10 이상의 주식을 소유하거나 이사·집행임원·감사의 선임과 해임 등 회사의 주요 경영사항에 대하여 사실상의 영향력을 행사하는 주주를 의미한다. 그런데 상법 제398조 제1호에서 정하고 있는 "제542조의8 제2항 제6호"의 주요주주는 상장회사에서의 주요주주를 의미하므로 비상장회사의 주요주주는 포함되지 않는다고 해석될 여지도 없지 않다. 그러나 상법 제398조 1호는 "상법 제542조의8 제2항 제6호에 정한 주요주주"가 아니라 "상법 제542조의8 제2항 제6호에 따른 주요주주"로 규정되어 있고 또한 상법이 이를 상장회사의 주요주주에만 적용할 의도였다면 상장회사의 특례규정으로 규정하였을 것이고 나아가 회사와 이익충돌을 방지하기 위한 이 같은 자기거래의 금지의무를 부과할 필요성은

115) 대법원 2012.12.27. 선고 2011다67651 판결, 대법원 2010.3.11. 선고 2007다71271 판결.

116) 상법 제398조는 이사 및 주요주주와 특수한 관계에 있는 자를 이들 이사 또는 주요주주와 일정한 인척관계에 있는 자(상 398조 2호 내지 3호)이거나 또는 이들이 일정한 주식을 보유하고 있는 회사(상 398조 4호 내지 5호)로 정하고 있다(상 398조 2호 내지 5호).

상장회사는 물론이고 비상장회사에도 있다는 점 등에 비추어 볼 때 상장회사의 주주뿐만 아니라 비상장회사에서도 그런 비율의 주식을 가지고 있고 영향력을 행사하는 주요주주도 포함된다고 해석하여야 할 것이다.

또한 이사 및 상법 제542조의8 제2항 6호에 따른 주요주주의 배우자와 직계존속·비속(상 398조 2호) 그리고 상법 제542조의8 제2항 6호에 따른 주요주주의 배우자의 직계존비속(상 398조 3호)과 같이 이사나 상법 제542조의8 제2항 6호에 따른 주요주주 등과 특수 관계에 있는 자들도 포함된다. 이 밖에도 이사 및 상법 제542조의8 제2항 6호에 따른 주요주주 그리고 이들과 특수 관계에 있는 자가 단독으로 또는 공동으로 의결권 있는 발행주식 총수의 100분의 50 이상을 가진 회사 및 그 자회사 이른바 특수 관계회사(상 398조 4호) 그리고 이사 및 상법 제542조의8 제2항 6호에 따른 주요주주 그리고 이들과 특수 관계에 있는 자가 위 특수 관계회사와 의결권 있는 발행주식총수의 100분의 50 이상을 가진 회사(상 398조 5호)도 포함한다.

#### 2) 제한되는 거래

상법이 정하는 이사 등의 자와 회사와 거래가 제한되는 경우는 이들 사이의 모든 거래를 의미하는 것이 아니라 회사와 이해의 충돌염려가 있는 재산적 법률행위를 자기 또는 제3자의 계산으로 거래하는 것을 의미하므로[117] 그 거래행위의 경제적 효과의 귀속주체가 상법이 정하는 이사 등의 자라면 그 거래의 명의를 불문하고 회사와 거래가 제한되는 거래에 해당한다고 할 것이다.

이처럼 상법이 정하는 이사 등의 자와 회사의 거래행위가 이사회의 승인을 얻어야 하는지는 결국 이들 이사 등의 자와 회사의 이해 충돌의 염려가 있는지 여부에 따라 결정된다고 할 것인데 이해충돌의 염려가 있는지는 거래행위의 구체적인 내용과 거래행위가 회사에 미치는 영향 등을 개별적, 종합적으로 고려하여 판단하여야 할 것이다.[118] 예컨대 이사 등의 자가 행하는 회사에 대한 부담 없는 증여, 회사에 대한 무이자 혹은 무담보의 금전대여,[119] 회사 채무에 대한 부담 없는 담보제공, 회사에 대한

117) 대법원 2010.3.11. 선고 2007다71271 판결은, "상법 제398조 전문이 이사와 회사 사이의 거래에 관하여 이사회의 승인을 얻도록 규정하고 있는 취지는, 이사가 그 지위를 이용하여 회사와 직접 거래를 하거나 이사 자신의 이익을 위하여 회사와 제3자 간에 거래를 함으로써 이사 자신의 이익을 도모하고 회사 및 주주에게 손해를 입히는 것을 방지하고자 하는 것이므로, 이사와 회사 사이의 거래라고 하더라도 양자 사이의 이해가 상반되지 않고 회사에 불이익을 초래할 우려가 없는 때에는 이사회의 승인을 얻을 필요가 없는 것이다"라고 판시하고 있다.

118) 이해가 상충하는지 여부를 판단하는 기준에 관하여 추상적 또는 형식적으로 판단하여야 한다는 견해도 있으나 대법원은 이에 관하여 명확한 태도를 보이고 있지는 않다 다만 대법원의 판결은 거래행위를 유형화시켜서 판단하지 않고 거래행위에 따라 개별적으로 이해상충여부를 판단하고 있다.

119) 대법원 2010.1.14. 선고 2009다55808 판결.

채무이행행위, 보통거래약관에 기한 정형적인 거래행위 등은 내용상 이해 충돌의 염려가 없거나 허용하더라도 회사에 불이익이 없는 거래라고 할 것이므로 이사회의 승인 없이도 허용된다고 할 것이다.

또한 이해 충돌의 염려가 있는 거래는 상법이 정하는 이사 등의 자와 회사가 거래의 직접적인 당사자가 되는 경우, 예컨대 상법이 정하는 이사 등의 자가 직접적으로 회사와 매매행위를 한다든가, 이사 등의 자가 겸직하고 있는 두 회사들이 거래를 하는 경우와 같은 이른바 직접적인 거래는 물론이고, 이사 등의 자가 회사와 거래의 직접적인 당사자가 되는 것은 아니지만, 실질적으로는 이사 등의 자와 회사 사이의 거래로서 인정해야 하는 경우, 예컨대 이사 등의 자가 금융기관으로부터 대출을 받는 경우에 회사가 그 이사 등의 자를 위하여 그 금융기관과 보증계약을 체결한다든가, 이사 등의 자가 겸직하고 있는 두 회사 사이에서 한 회사의 대출금 채무를 담보하기 위하여 다른 회사가 채권자와 보증계약을 체결하는 경우와 같은 이른바 간접적인 거래도 포함하여야 할 것이다. 다만 대법원은 모회사의 이사와 자회사의 거래와 관해서는 설령 모회사가 자회사의 주식 전부를 소유하고 있더라도 모회사와 자회사는 상법상 별개의 법인격을 가진 회사이고, 그 거래로 인한 불이익이 있더라도 그것은 자회사에게 돌아갈 뿐 모회사는 간접적인 영향을 받는 데 지나지 아니하므로, 자회사의 거래를 곧바로 모회사의 거래와 동일하게 볼 수는 없고, 따라서 모회사의 이사와 자회사의 거래는 모회사와의 관계에서 구상법 제398조가 규율하는 거래에 해당하지 아니하므로 모회사 이사회의 승인을 받아야 하는 것은 아니라고 판시하고 있다.[120)]

#### ◈ 대법원 2010.3.11. 선고 2007다71271 판결[121)]

상법 제398조 전문이 이사와 회사 사이의 거래에 관하여 이사회의 승인을 얻도록 규정하고 있는 취지는, 이사가 그 지위를 이용하여 회사와 직접 거래를 하거나 이사 자신의 이익을 위하여 회사와 제 3자간에 거래를 함으로써 이사 자신의 이익을 도모하고 회사 및 주주에게 손해를 입히는 것을 방지하고자 하는 것이므로, 이사와 회사 사이의 거래라고 하더라도 양자 사이의 이해가 상반되지 않고 회사에 불이익을 초래할 우려가 없는 때에는 이사회의 승인을 얻을 필요가 없는 것이다(대법원 2000. 9. 26. 선고 99다54905 판결 참조).

---

120) 대법원 2013.9.12. 선고 2011다57869 판결.

121) 대법원은 이 판결에서, 회사의 이사가 자신을 피보험자 및 수익자로 하여 회사의 명의로 퇴직보험에 가입하였고 그로 인하여 회사가 보험료 상당을 출연하였다고 하더라도 그 보험료의 지급은 장래에 지급할 퇴직금을 적립하여 그 퇴직금 지급시에 발생되는 커다란 규모의 자금 수요에 대비하기 위한 것이므로 이로 인하여 회사에게 퇴직금을 조성하기 위한 일반적인 자금 운영의 범위를 넘는 실질적인 불이익을 초래할 우려가 없다고 하면서 이사회의 승인을 얻을 필요가 없다고 판시하고 있다.

◆ 대법원 1984.12.11. 선고 84다카1591 판결

상법 제398조에서 말하는 거래에는 이사와 회사사이에 직접 성립하는 이해 상반하는 행위뿐만 아니라 이사가 회사를 대표하여 자기를 위하여 자기 개인 채무의 채권자인 제3자와의 사이에 자기개인채무의 연대보증을 하는 것과 같은 이사개인에게 이익이 되고 회사에 불이익을 주는 행위도 포함하는 것이라 할 것이므로 별개 두 회사의 대표이사를 겸하고 있는 자가 어느 일방 회사의 채무에 관하여 나머지 회사를 대표하여 연대보증을 한 경우에도 역시 상법 제398조의 규정이 적용되는 것으로 보아야 한다.

◆ 대법원 1996.5.28. 선고 95다12101, 12118 판결

갑, 을 두 회사의 대표이사를 겸하고 있던 자에 의하여 갑 회사와 을 회사 사이에 토지 및 건물에 대한 매매계약이 체결되고 을 회사 명의로 소유권이전등기가 경료된 경우, 그 매매계약은 이른바 '이사의 자기거래'에 해당하고, 달리 특별한 사정이 없는 한 이는 갑 회사와 그 이사와의 사이에 이해충돌의 염려 내지 갑 회사에 불이익을 생기게 할 염려가 있는 거래에 해당하는데, 그 거래에 대하여 갑 회사 이사회의 승인이 없었으므로 그 매매계약의 효력은 을 회사에 대한 관계에 있어서 무효이다.

◆ 대법원 2006.3.9. 선고 2005다65180 판결

주식회사의 대표이사가 회사를 대표하여 회사의 제3자에 대한 채권을 대표이사 자신에게 양도하는 행위는 상법 제398조 소정의 이사의 자기거래행위에 해당하여 이사회의 결의를 거쳐야 할 것인바, 위 채권양도행위에 대하여 이사회의 결의가 있었다거나 그것이 회사의 기존채무 이행을 위하여 행해진 것으로 이사회의 승인을 요하지 않는다는 점에 대하여는 당해 이사가 스스로 주장·입증하여야 할 것이다.

이사와 회사 사이의 어음행위도 제한되는 거래에 포함되는지 여부에 관하여, 이사 등의 자가 소지하고 있는 약속어음을 회사가 할인하는 등의 어음행위는 원인행위와 단절된 지급수단에 지나지 않기 때문에 회사와 이해의 충돌이 발생할 염려가 없다는 취지에서 어음행위는 이사회의 승인을 요하지 않는다고 주장하는 견해도 없지 않으나, 어음행위는 원인관계와는 분리된 별도의 어음상채무를 발생시키는 등 어음행위도 이해 충돌의 가능성이 적지 않으므로 이사 등의 자와 회사의 거래에 제한을 하는 취지에 비추어볼 때 이러한 경우에도 이사회 승인이 필요하다고 할 것이고, 대법원도 어음거래의 경우에도 이사회의 승인을 요하는 자기거래에 포함한다는 전제에서 판결하고 있다.[122)]

122) 대법원 2004.3.25. 선고 2003다64688 판결은, "어음 할인 등 여신을 전문적으로 취급하는 은행이 대표이사의 개인적인 연대보증채무를 담보하기 위하여 대표이사 본인 앞으로 발행된 회사 명의의 약속어음을 취득함에 있어서 당시 위 어음의 발행에 관하여 이사회의 승인이 없음을 알았거나 이를 알지 못한

3) 이사회의 승인

이사 등의 자와 회사의 거래에 대한 승인은 이사회에서 하여야 하고 주주총회의 의결로서 이사회의 승인을 대체할 수 없다고 할 것이다.[123] 다만 회사의 자본금이 10억원 미만인 소규모회사의 경우로서 이사회를 구성할 수 없는 경우(상 383조 1항 단서)에는 주주총회가 이사회를 대신하여 이사의 자기거래를 승인할 권한이 있다고 할 것이다(상 383조 4항).

이러한 승인은 개개의 거래에 대한 개별적 승인이 원칙이지만 반복적으로 이루어지는 거래는 종류와 기간 또는 금액한도를 정하여 합리적 범위 내에서 포괄적으로 승인하여도 무방하다고 할 것이다.

상법은 이러한 거래를 하기 위해서는 미리 이사회에서 해당거래에 관한 중요사실을 밝히고 승인을 받아야 한다고 규정하고 있으므로 이사회의 승인은 거래에 관한 중요한 사실이 개시된 상태에서 사전적이고[124] 명시적으로 이루어져야 할 것이다.

1인 회사에 있어서 1인 주주 겸 이사가 자기거래를 하는 경우에도 이사회의 승인이 필요한지에 관하여, 회사재산은 회사채권자를 위한 담보도 되므로 1인 주주라고 하더라도 반드시 회사와 이해관계가 일치하지 않으므로 승인이 필요하다는 견해[125]가 있으나 1인 주주와 회사는 이해가 일치하고 실제적으로 이익충돌의 가능성이 없으므로 승인이 필요하지 않다고 해석하는 것이 보다 현실적이라 볼 것이다.[126] 대법원은 주주전원의 찬성이 있을 경우에는 이사회의 승인이 없었더라도 회사는 그 거래행위의 책임을 면할 수 없다고 판시하여 승인이 필요하지 않다는 입장에 서 있다.

---

데 대하여 중대한 과실이 있다"고 판시하고 있는바 이는 어음거래도 이사회의 승인을 요한다는 전제에서 판단한 것이라 할 것이다.

또한 대법원 1989.1.31. 선고 87누760 판결도, "주식회사의 대표이사가 그의 개인적인 용도에 사용할 목적으로 회사명의의 수표를 발행하거나 타인이 발행한 약속어음에 회사명의의 배서를 해주어 회사가 그 지급책임을 부담 이행하여 손해를 입은 경우에는 당해 주식회사는 대표이사의 위와 같은 행위가 상법 제398조 소정의 이사와 회사간의 이해상반하는 거래행위에 해당한다"고 판시하고 있다.

123) 대법원 2007.5.10. 선고 2005다4284 판결은, "이사와 회사 사이의 이익상반거래에 대한 승인은 주주 전원의 동의가 있다거나 그 승인이 정관에 주주총회의 권한사항으로 정해져 있다는 등의 특별한 사정이 없는 한 이사회의 전결사항이라 할 것이므로, 이사회의 승인을 받지 못한 이익상반거래에 대하여 아무런 승인 권한이 없는 주주총회에서 사후적으로 추인 결의를 하였다 하여 그 거래가 유효하게 될 수는 없다"고 판시한다.

124) 2011년 4월 14일 개정 전의 상법에는 이사회의 승인시기에 관하여 규정하지 않았기에 견해의 다툼이 있었고 사후승인도 허용된다는 대법원판결(대법원 2007.5.10. 선고 2005다4284 판결)도 있었으나 개정된 상법은 이사회의 승인은 사전에 이루어져야 함을 명시하고 있다.

125) 권기범 661면, 이철송 740면.

126) 정동윤 442면, 최기원 668면, 최준선 465면.

◈ 대법원 2002.7.12. 선고 2002다20544 판결

회사의 채무부담행위가 상법 제398조 소정의 이사의 자기거래에 해당하여 이사회의 승인을 요한다고 할지라도, 위 규정의 취지가 회사 및 주주에게 예기치 못한 손해를 끼치는 것을 방지함에 있다고 할 것이므로, 그 채무부담행위에 대하여 사전에 주주 전원의 동의가 있었다면 회사는 이사회의 승인이 없었음을 이유로 그 책임을 회피할 수 없다.

(같은 취지: 대법원 1992.3.31. 선고 91다16310 판결)

◈ 대법원 2007.5.10. 선고 2005다4284 판결

이사와 회사 사이의 이익상반거래가 비밀리에 행해지는 것을 방지하고 그 거래의 공정성을 확보함과 아울러 이사회에 의한 적정한 직무감독권의 행사를 보장하기 위해서는 그 거래와 관련된 이사는 이사회의 승인을 받기에 앞서 이사회에 그 거래에 관한 자기의 이해관계 및 그 거래에 관한 중요한 사실들을 개시하여야 할 의무가 있고, 만일 이러한 사항들이 이사회에 개시되지 아니한 채 그 거래가 이익상반거래로서 공정한 것인지 여부가 심의된 것이 아니라 단순히 통상의 거래로서 이를 허용하는 이사회의 결의가 이루어진 것에 불과한 경우 등에는 이를 가리켜 상법 제398조 전문이 규정하는 이사회의 승인이 있다고 할 수는 없다.

이사와 회사 사이의 이익상반거래에 대한 승인은 주주 전원의 동의가 있다거나 그 승인이 정관에 주주총회의 권한사항으로 정해져 있다는 등의 특별한 사정이 없는 한 이사회의 전결사항이라 할 것이므로, 이사회의 승인을 받지 못한 이익상반거래에 대하여 아무런 승인 권한이 없는 주주총회에서 사후적으로 추인 결의를 하였다 하여 그 거래가 유효하게 될 수는 없다.

이사회에서 거래당사자인 이사는 특별한 이해관계가 있는 자이므로 거래의 승인에 관한 안건에 있어서는 의결권을 행사하지 못하고(상 391조 3항, 368조 3항),[127] 또한 이사회의 승인결의는 이사 3분의 2 이상의 수로써 하여야 한다.

소규모회사의 경우에는 주주총회에서 승인결의를 하도록 하고 있다(상 383조 4항). 그런데 이사 등의 자와 회사의 거래에 승인을 받도록 하는 규정의 취지에 비추어 보면 특별결의로 승인하여야 할 것이지만 상법에 그 결의 방법에 관하여 달리 규정하고 있지 않으므로 보통결의에 의하면 될 것이다. 다만 이 경우에도 이사 등의 자가 주주인 경우에는 특별이해관계인으로서 그 의결권이 제한된다고 할 것이다(상 368조 3항).

127) 이사 전원이 이해관계인으로 의결권이 없는 경우에는 어떻게 처리할 것인가의 문제가 있고 이런 경우에는 주주총회의 결의에 의하여야 할 것이라는 견해(제2판 주식회사법 대계 II (법문사 2016)741면)도 있으나 이에 관한 대법원의 판결은 아직 없는 상태이다.

4) 승인 없는 거래행위의 효력

한편 상법에 정한 이사 등의 자가 이사회의 승인이 없이 회사와 한 거래행위의 효력, 특히 그 거래행위와 관련하여 제3자가 있게 되는 경우에 있어서 그 거래행위의 효력을 회사가 제3자에 대하여 부인할 수 있는지 여부에 관하여, ① 상법 제398조는 효력규정이므로 이 규정에 위반하여 이사회의 승인을 얻지 아니한 그 거래행위는 무효라는 견해(무효설),[128] ② 상법 제398조는 효력규정이 아니라 단속규정에 불과하므로 설령 이사회 승인 없이 거래행위를 하였더라도 그 거래행위에 따른 이사의 손해배상책임은 별론으로 하고 거래행위 그 자체는 유효라는 견해(유효설),[129] ③ 이사회의 승인을 회사내부의 절차적 문제로 파악하여 이사회의 승인 없이 거래행위를 한 경우에 대내적으로는 무효이지만, 대외적으로는 회사가 상대방인 제3자의 악의 또는 중대한 과실을 입증하지 못하면 회사는 그 거래행위의 무효를 주장할 수 없다는 견해(상대적 무효설)[130]가 대립하고 있고 대법원도 상대적 무효라는 견해에 따르고 있다. 생각건대 상법의 개정으로 그 승인대상이 이사와 주요주주 그리고 그 특수관계인으로 광범위하게 확대되었고 이들이 회사에 대하여 가지는 지위는 모두 같다고 할 수는 없겠지만, 이들과 회사의 거래에 이사회의 승인을 요하도록 한 상법의 취지에서는 모두 동일하다는 점 등을 고려하여 볼 때, 이른바 상대적 무효설이 회사의 이해와 거래의 안전을 적절히 조화시킬 수 있다는 점에서 타당하다고 생각된다.

이렇게 볼 때 이사 등의 자가 이사회의 승인결의를 받지 않은 채 거래하였다는 점에 대한 증명책임은 회사가 부담한다고 할 것이다.[131]

상법이 정한 이사 등의 자와 회사 간의 거래행위의 효력을 따지는 문제는 회사가 상법이 정한 이사 등의 자 또는 제3자를 상대로 그 거래행위의 무효를 주장할 수 있는가의 문제이고 이와 달리 스스로 회사와 거래행위를 한 상법이 정한 이사 등의 자 혹은 그 거래상대방이 회사를 상대로 그 거래행위의 무효를 주장할 수는 없다고 할 것이다.[132]

128) 최기원 673면 내지 674면.
129) 서정갑 286면.
130) 손주찬 800면, 이병태 800면, 정동윤 441면, 정찬형 625면, 정희철 489면, 최준선 468면.
131) 대법원 2006.3.9. 선고 2005다65180 판결.
132) 대법원 2012.12.27. 선고 2011다67651 판결은 상법 제398조 규정 취지에 비추어 이사와 회사 사이의 거래가 상법 제398조를 위반하였음을 이유로 무효임을 주장할 수 있는 자는 회사에 한정되고 특별한 사정이 없는 한 거래의 상대방이나 제3자는 그 무효를 주장할 이익이 없다고 보아야 하므로 위 규정 위반을 내세워 그 거래의 무효를 주장하는 것은 허용되지 않는다고 판시한다.

◈ 대법원 2014.6.26. 선고 2012다73530 판결[133)]

회사의 대표이사가 이사회의 승인 없이 한 이른바 자기거래행위는 회사와 이사 간에서는 무효이지만, 회사가 위 거래가 이사회의 승인을 얻지 못하여 무효라는 것을 제3자에 대하여 주장하기 위해서는 거래의 안전과 선의의 제3자를 보호할 필요상 이사회의 승인을 얻지 못하였다는 것 외에 제3자가 이사회의 승인 없음을 알았다는 사실을 증명하여야 할 것이고(대법원 1984. 12. 11. 선고 84다카1591 판결, 1994. 10. 11. 선고 94다24626 판결 등 참조), 비록 제3자가 선의였다 하더라도 이를 알지 못한 데 중대한 과실이 있음을 증명한 경우에는 악의인 경우와 마찬가지라고 할 것이며, 이 경우 중대한 과실이라 함은 제3자가 조금만 주의를 기울였더라면 그 거래가 이사와 회사 간의 거래로서 이사회의 승인이 필요하다는 점과 이사회의 승인을 얻지 못하였다는 사정을 알 수 있었음에도 만연히 이사회의 승인을 얻은 것으로 믿는 등 거래통념상 요구되는 주의의무에 현저히 위반하는 것으로서 공평의 관점에서 제3자를 구태여 보호할 필요가 없다고 봄이 상당하다고 인정되는 상태를 말한다(대법원 2004. 3. 25. 선고 2003다64688 판결).

(같은 취지: 대법원 2013.7.11. 선고 2013다16473 판결)

5) 상법에 정한 이사 등의 책임

상법이 정한 이사 등의 자가 회사와 하는 거래에 대하여 이사회 승인이 있는 경우에 그 거래행위는 유효하지만, 그로 인해 회사에 입힌 손해까지 면책되는 것은 아니므로 설령 이사회의 승인이 있었다고 하더라도 그 거래관계로 인하여 회사가 손해를 입게 되었다면, 회사와 위임관계에 있는 이사는 회사에 대하여 선량한 관리자의 주의의무를 부담하는 자이므로 회사에 대하여 손해배상책임을 부담하게 될 것이다.[134)]

또한 이사회에서 그 거래행위의 승인결의에 찬성한 이사에 대하여도 손해배상책임을 추궁할 수 있다고 할 것이다. 다만 이사에 대한 이러한 손해배상책임이 총주주의 동의에 의하여 면책되는 것은 별개의 문제라고 할 것이다(상 400조).

그러나 이사 이외의 자, 예컨대 주요주주이거나 이사 등과 특수 관계자는 회사와 위임관계 기타 아무런 법률관계에 있지 않으므로 설령 그 거래행위로 인하여 회사가 손해를 입었다 하더라도 회사에 대하여 손해배상을 부담할 이유가 없다고 할 것이다.

133) 이 판결은 A회가 투자한 B회사가 A회사의 채무를 담보하기 위하여 연대보증을 한 경우는 자기거래행위이므로 B회사의 이사회의 승인결의를 얻어야 함에도 불구하고 이를 얻지 않았더라도 채권자의 악의에 대한 증명이 없었음을 이유로 무효주장을 배척한 사안이다.

134) 대법원 1989.1.31. 선고 87누760 판결은, “주식회사의 대표이사가 그의 개인적인 용도에 사용할 목적으로 회사명의의 수표를 발행하거나 타인이 발행한 약속어음에 회사명의의 배서를 해주어 회사가 그 지급책임을 부담 이행하여 손해를 입은 경우에는 당해 주식회사는 대표이사의 위와 같은 행위가 상법 제398조 소정의 이사와 회사간의 이해상반하는 거래행위에 해당한다 하여 이사회의 승인여부에 불구하고 같은 법 제399조 소정의 손해배상청구권을 행사할 수 있음은 물론이고 대표권의 남용에 따른 불법행위를 이유로 한 손해배상청구권도 행사할 수 있다”고 판시하고 있다.

한편 이사회의 승인 없이 회사와 거래행위를 한 이사는 그 거래행위의 효력유무를 불문하고 스스로 이사회의 승인 없이 회사와 거래를 함으로써 상법 제398조를 위반하게 되었고 따라서 법령위반 행위를 이유로 하여 회사에 대하여 손해배상책임을 부담하게 되는데(상 399조 1항), 이때에도 총주주의 동의로 면책될 수 있음은 상법의 규정상 당연하다(상 400조).

### (사) 회사의 기회 및 자산의 유용 금지의무

#### 1) 의 의

상법은 이사가 이사회의 승인 없이 현재 또는 장래에 회사의 이익이 될 수 있는 일정한 사업기회를 자기 또는 제3자의 이익을 위하여 이용할 수 없도록 규정하고 있다(상 397조의2 1항).[135]

이사는 회사의 영업과 재산을 관리하는 등 경영을 담당하는 자이므로 회사가 갖게 되는 많은 사업기회를 자신 또는 제3자의 이익을 위하여 이용함으로써 회사의 이익을 탈취하거나 저해하는 것을 방지하는 등 회사와 이사의 이해의 충돌을 방지하기 위한 취지에서 상법은 이사가 이러한 행위를 함에 있어서 원칙적으로 이사회의 승인을 얻도록 하고 이에 위반한 경우에 있어서 그 책임의 근거 및 범위를 정하고 있다.[136]

#### 2) 금지되는 행위

상법은 금지되는 사업기회의 유형으로서 ① 직무수행과정에서 알게 되거나 회사의 정보를 이용한 사업기회(상 397조의2 1항 1호), ② 회사가 수행하고 있거나 수행할 사업과 밀접한 관계가 있는 사업기회(상 397조의2 1항 2호) 등을 열거하고 있다.

상법에 규정된 이러한 사업기회의 개념은 그 내용이 매우 모호하여 실제 적용상의 다툼이 적지 않을 것이 쉽사리 예견되고, 특히 이 법리가 미국의 판결례를 중심으로 발전해 왔기 때문에 미국에서는 몇가지 기준이 제시되고는 있지만 그것을 우리나라에 그대로 적용하는 것이 반드시 옳다고 할 수 없는 것은 그동안 적지않게 도입한 외국 특히 미국의 회사법의 법리가 우리나라에는 기대만큼 좋은 결과를 얻지 않았음을 보더라도 쉽게 알 수가 있다고 할 것이다. 결국 이사의 회사사

---

135) 상법 제397조의2의 표제는 "회사의 기회 및 자산의 유용금지"로 되어 있으나 그 내용은 회사의 사업기회의 유용에 관한 것에만 국한되어 있으므로 이사가 회사의 자산을 유용한 경우에는 본 규정이 아니라 이사의 수임자로서의 선량한 관리자의 의무 내지는 충실의무(상 382조의3)에 의율하여야 할 것이다.

136) 2011년 4월14일 개정된 상법에서 신설된 제397조의2는 미국에서 발전되어 온 "usurption of corporate opportunity doctrine"에서 연원되었다고 볼 수 있고, 그동안 상법 제382조의3과 관련하여 이사에게는 위임 계약상의 선량한 관리자의 주의의무 이외에 별도의 충실의무가 상법상 인정된다는 견해(이른바 이질설)의 입장에서 충실의무의 한 유형으로서 주장되어 온 의무이기도 하다. 아무튼 우리나라에서 대규모기업집단 등에서 횡행하여 온, 회사의 지배주주 혹은 이해관계인 회사와 이루어지는 불공정한 거래 이른바 일감 몰아 주기 등이 많은 영향을 받을 것이라 생각된다.

업기회 유용 여부는 이사가 회사의 업무를 위임받은 자임에도 불구하고 회사의 이익을 침해하거나 방기하고 자신의 이익을 추구하였는지가 판단의 기준이 될 것이고, 이는 ① 이사의 부당하고 불공정한 개인적인 이익추구행위가 있었는지, ② 회사가 불공정하고 부당하게 손해를 입었는지, ③ 이사의 개인적 이익과 회사의 손해 사이에 상당한 인과관계가 있었는지 여부 등 구체적인 사실관계에 기초하여 법원에 의하여 판단될 것이다.

이사는 거래 당시의 모든 이사는 물론이고 퇴임이사(상 386조 1항) 및 상법상의 임시이사(상 386조 2항)를 비롯한 직무대행자(상 407조)도 포함된다고 할 것이고 이 밖에도 상법은 집행임원에도 이 규정을 준용하고 있다(상 408조의9).

상법은 청산인에는 회사의 기회 및 자산의 유용금지의무를 준용하고 있지 않은데 이것은 청산인의 업무내용이 회사의 적극적인 영업을 전제로 하지 않기 때문이고, 이 점에서 상법이 청산인에게 이사의 경업피지의무를 준용하지 않고 있는 것과 같은 맥락이라고 생각된다.

이사에게 금지되는 행위는 이사가 회사에게 현재 또는 장래에 이익이 될 수 있는 이러한 회사의 사업기회를 자기 또는 제3자의 이익을 위하여 이용하는 것을 의미하므로, 만약 이사가 회사의 경영과정에서 알게 된 회사의 사업기회라고 하더라도 회사가 그러한 사업을 현재는 물론 장래에도 포기하는 등 그것이 회사의 이익과 전혀 관계가 없는 경우에는 해당되지 않는다고 할 것이다. 또한 이사의 행위는 자신 또는 제3자의 이익을 위한 행위이어야 하므로 그러한 행위의 거래 명의가 누구인지에 상관없이 그 행위의 실질적 이익이 누구에게 귀속되는지에 따라 결정되어야 할 것이다.

### 3) 이사회의 승인

상법은 이사회의 승인이 있는 경우에는 이사가 회사의 사업기회를 이용하는 행위를 할 수 있도록 정하고 있다(상 397조의2 1항 1문). 이사회의 승인은 이사 3분의 2 이상의 수로써 하여야 하는데(상 397조의2 1항 2문), 그러한 거래행위를 하려는 자는 특별한 이해관계가 있는 자로서 이사회에서 의결권을 행사할 수 없다고 할 것이다(상 391조 3항, 368조 4항). 이러한 이사회의 승인은 이사와 회사와의 이익충돌을 방지하고자 하는 점에서 이사 등과 회사 간의 거래에 대한 이사회의 승인(상 398조)과 같다고 할 것이므로 이러한 승인은 개개의 거래에 대한 개별적 승인이 원칙이지만 반복적으로 이루어지는 거래는 종류와 기간 또는 금액한도를 정하여 합리적 범위 내에서 포괄적으로 승인하여도 무방하다고 할 것이다. 또한 상법은 이사회의 사전승인을 명시적으로 요구하고 있지는 않으나 규정의 취지상 이사회의 승인은 거래에 관한 중요한 사실이 개시된 상태에서 사전적이고 명시적으로 이루어져야 할 것이다.

회사의 자본금이 10억 원 미만인 소규모회사의 경우로서 이사회를 구성할 수 없는 경우(상 383조 1항 단서)에는 주주총회가 이사회를 대신하여 이사의 자기거래를 승인할 권한이 있음은 당연하다고 할 것이다(상 383조 4항).

그러나 상법상 이사의 사업기회의 유용행위에 대한 승인이 이사회의 권한으로 규정되었다고 하더라도 그것이 회사의 본질적 사항이라고 할 수 없으므로 그러한 승인을 회사의 최고 의사결정기관으로서 주주총회의 권한으로서 할 수도 있다고 생각된다. 그러므로 소규모회사가 아닌 경우에도 정관으로 주주총회의 승인사항으로 규정하거나 주주전원의 승인이 있었다면 유효한 승인이라고 할 수 있을 것이다.

1인 회사에 있어서 1인 주주 겸 이사가 자기거래를 하는 경우에도 1인 주주와 회사는 이해가 일치하고 실제적으로 이익충돌의 가능성이 없으므로 이 경우에도 이사회의 승인이 필요하지 않다고 해석하는 것이 보다 현실적이라 볼 것이다.

4) 승인 없는 행위의 효력

이사가 회사의 사업기회를 유용하여 이루어진 거래행위가 비록 이사회 승인 없이 이루어진 것이라 하더라도, 그 상대방의 선의 또는 악의를 불문하고 법률상 유효함은 당연하다 할 것이다.

다만, 상법은 이사가 회사의 사업기회를 유용한 행위에 대하여 이사의 경업금지의무위반의 경우와 같은 특별한 효과 이른바 개입권(상 397조 2항, 3항)을 인정하고 있지는 않고 손해배상책임에 관하여만 규정하고 있다(상 397조의2 2항).

상법 제397조의2 2항 전단은 "제1항을 위반하여 회사에 손해를 발생시킨 이사 및 승인한 이사는 연대하여 손해를 배상할 책임이 있으며"라고 규정하고 있는데, 이는 이사회의 승인이 없이 그러한 거래행위를 하여 회사에 손해를 발생시킨 경우에는 그 이사가 손해배상책임을 부담하고, 이사회의 승인이 있는 행위라도 그로 인하여 회사에 손해가 발생한 경우에는 그러한 유용행위를 한 이사와 이사회에서 그러한 유용행위를 승인한 이사가 연대하여 책임을 부담하여야 하는 것으로 해석하여야 할 것이다.

또한 이사가 이사회의 승인 없이 그러한 거래행위를 하였으나 회사에 손해가 없는 경우라도 회사는 법령위반 등을 이유로 주주총회에서 그 이사에 대한 해임결의를 할 수도 있다고 할 것이다(상 385조 1항).

한편 상법 제397조의2 2항 후단은 "이사 또는 제3자가 얻은 이익은 손해로 추정한다"고 규정하여 손해에 대한 증명책임을 회사의 사업기회를 유용한 이사로 하여금 부담하도록 하고 있다.

상법상 회사와 이사의 이익 충돌을 방지하기 위한 규정은 경업행위금지의무(상 397조), 회사의 기회 및 자산의 유용행위금지의무(상 397조의2) 그리고 이사 등과 회사 간의 거래행위금지의무(상 398조)가 있는데 ① 이사가 그러한 행위를 하기 위해서는 모두 이사회의 승인을 얻도록 하고 있으나, 경업행위의 경우에는 이사회의 과반수 결의로써 충분한 데 반하여 회사의 기회 및 자산의 유용행위의 경우 또는 이사 등과 회사 간의 거래행위의 경우에는 이사 3분의 2 이상의 수에 의한 의결이 필요하고, ② 경업금지의무를 위반한 행위 또는 회사의 기회 및 자산의 유용금지의무를 위반한 거래행위의 효력은 유효하다고 할 것이나 이사 등과 회사 간의 거래금지의무를 위반한 거래행위는 상대적 무효라고 보아야 하고, ③ 경업금지의무를 위반한 행위의 경우에는 상법이 개입권이라는 특별한 효과를 부여하고 있고, 회사의 기회 및 자산의 유용금지의무를 위반한 경우에는 개입권과 같은 특별한 효과는 인정하지 않지만 손해배상액의 추정에 관한 규정을 두고 있으나 이사 등과 회사 간의 거래금지의무를 위반한 경우에는 그 위반에 따른 효과로서 손해배상 등에 관한 아무런 특별규정도 두고 있지 않다.

### (7) 이사의 책임

#### (가) 이사 책임의 의의

회사와 이사는 위임관계에 있고, 이사는 수임인으로서 회사에 대하여 선량한 관리자의 주의의무를 부담하므로(상 382조 2항, 민 681조), 이사가 이러한 의무를 위반하는 행위를 하였다면 당연히 회사에 대하여 민법에 따른 위임계약상의 채무불이행으로 인한 책임을 부담하게 되고, 또한 이사가 회사에 대하여 불법행위를 구성하는 행위를 하였다면 회사에 대하여 민법에 따른 불법행위로 인한 책임을 부담하게 된다.

한편 이사는 제3자와 계약 기타 아무런 법률관계를 맺고 있지 아니하므로, 이사가 제3자에 대하여 계약상의 채무불이행책임을 부담하게 되는 경우는 원칙적으로 없다고 할 것이나, 이사가 제3자에게 불법행위를 구성하는 행위를 한 경우에는 이사가 제3자에게 민법상의 불법행위책임을 부담하게 되거나 때로는 회사가 사용자책임[137)]을 부담하게 되고, 이러한 경우에 있어서 이사의 책임은 민법에 의하여 규율될 것이다.

그런데 상법은 이사가 회사의 업무집행에 중심적 역할을 하고 있음에 착안하여 이사가 부담하는 이러한 민법상의 책임과는 별도로 이사가 법령이나 정관에 위반하거나 업무를 게을리 한 경우에 회사 및 제3자에 대하여 손해배상책임(상 399조 1항, 상 401조 1항)을 부담시키는 한편 회사의 신주발행과 관련하여 이른바 자본충실의 책임(상 428조)을 부담시키고 있다.[138)] 이와는 달리 상법상의 이사는 아니지만 회사에 영향력

---

137) 대법원은 민법상 사용자책임에 있어서 사용관계를 실질적인 지휘·감독관계로 파악하여 근로관계 혹은 고용 관계보다 폭넓은 관계로 보고 있으므로 비록 이사와 회사의 관계가 위임관계라고 하더라도 이사의 불법행위에 관하여 회사가 사용자책임을 부담하는 경우가 있을 것이다.

138) 2011년 4월 14일 개정된 상법은 집행임원에 관한 규정을 신설하면서 이사의 회사 및 제3자에 대한 책

을 발휘하여 업무에 관여한 자를 업무집행지시자라고 하여 일정한 책임을 부담시키고 있다(상 401조의2).

### (나) 이사의 손해배상책임

#### 1) 회사에 대한 손해배상책임

가) 손해배상책임의 의의

상법은 이사가 고의 또는 과실로 법령 또는 정관에 위반한 행위를 하거나, 그 임무를 게을리 한 경우에는 회사에 대하여 손해배상책임을 부담하도록 하고 있다(상 399조 1항). 이러한 책임을 부담하는 이사가 여러 명인 경우에는 이사들끼리 연대책임을 부담하고(상 399조 1항), 감사에게도 책임이 있으면 감사도 이사와 연대책임을 부담한다(상 414조 3항). 또한 책임의 원인되는 행위가 이사회의 결의에 의한 것일 때에는 이사회 결의에서 찬성하였던 이사도 연대하여 책임을 부담하여야 하는데(상 399조 2항), 이때 이사회의 결의에 참가한 이사로서 이의를 한 사실이 의사록에 기재되어 있지 않은 이사는 이사회 결의에 찬성하였던 것으로 추정하게 된다(상 399조 3항).

상법은 위법한 중간배당과 관련한 책임으로서 이사가 위법 배당한 금액 상당액을 손해배상으로 부담하도록 정하고 있는데 이 경우에도 이사들의 연대책임에 관한 규정(상 399조 2항), 이의신청의 기재가 없는 이사에 대한 결의찬성추정에 관한 규정(상 399조 3항), 그리고 이사의 회사에 대한 책임감면에 관한 규정(상 400조)을 준용하고 있다.

이렇듯 책임을 부담하는 이사는 상법상의 모든 이사, 예컨대 사내이사, 사외이사, 그 밖에 상무에 종사하지 않는 이사는 물론이고 일시적으로 이사의 업무를 수행하는 퇴임이사(상 386조 1항) 혹은 임시이사(상 386조 2항)도 포함한다고 할 것이다. 또한 이사가 아니더라도 상법이 정한 업무집행지시자 등의 자, 이른바 사실상의 이사도 그 지시하거나 집행한 업무에 있어서 이사로 간주하여 이사와 동일하게 회사에 대하여 손해배상책임을 부담하도록 하고 있다(상 401조의2).

이사는 회사와의 위임계약에 따라 법령과 정관을 잘 지키고 부여된 업무를 수행할 선량한 관리자로서의 주의의무가 있다고 할 것인데 이를 위반하여 회사에게 손해를 입히는 것은 위임계약상의 채무를 불이행한 것이라고 할 것이므로 이사가 회사에 대하여 부담하는 상법상의 손해배상책임은 과실책임의 성질을 가진다고 할 것이다.[139)]

---

임과 동일한 책임을 집행임원에게 부담시키고 있으나(상 408조의8, 408조의9, 400조), 자본충실의 책임은 부담시키고 있지 않고 있다. 그러나 사실상의 이사에 관한 규정(상 401조의2)은 집행임원에 관하여도 준용하고 있다(상 408조의9).

139) 책임의 성질에 관하여 무과실책임설과 과실책임설의 대립이 있었고 이에 대하여 일반적 견해와 대법원

이러한 이사의 책임과 관련하여 이사는 법령이나 정관을 알고 있다고 보아야 하고 설령 몰랐다고 하더라도 과실이 있었다고 추정되므로 이러한 경우에는 당연히 이사의 고의 과실이 추정된다고 할 것이다. 한편 이사의 임무수행상의 의무는 회사에 손해가 발생하지 않도록 하여야 할 결과채무가 아니라 회사의 이익을 위하여 선량한 관리자로서의 주의의무를 가지고 필요하고 적절한 조치를 다해야 할 채무이므로 이사의 행위로 회사에게 손해가 발생하였다는 결과만을 가지고 곧바로 이사의 고의 과실을 추정할 수는 없다고 할 것이고 이 경우에 이사의 임무해태행위로 인한 책임을 주장하는 자는 이사의 고의 또는 과실도 증명하여야 할 책임이 있다고 할 것이다.

### ◈ 대법원 2011.10.13. 선고 2009다80521 판결

대표이사나 이사를 상대로 주식회사에 대한 임무 해태를 내세워 채무불이행으로 인한 손해배상책임을 물을 경우, 대표이사나 이사의 직무수행상 채무는 미회수금 손해 등의 결과가 전혀 발생하지 않도록 하여야 할 결과채무가 아니라, 회사의 이익을 위하여 선량한 관리자로서의 주의의무를 가지고 필요하고 적절한 조치를 다해야 할 채무이므로, 회사에 대출금 중 미회수금 손해가 발생하였다는 결과만을 가지고 곧바로 채무불이행사실을 추정할 수도 없다.

(같은 취지: 대법원 1996.12.23. 선고 96다30465, 30472 판결)

그런데 이사의 이러한 책임은 회사와 위임관계로 인한 채무불이행에 따른 상법상의 손해배상책임이고,[140] 민법상의 불법행위로 인한 손해배상책임과는 별개의 책임이라 할 것이므로 이사의 행위에 대하여 상법 제398조에 의한 손해배상책임을 추궁하지 않고 민법상의 불법행위로 인한 손해배상책임을 추궁할 수도 있다고 할 것이다.[141][142]

---

판결은 과실책임으로 파악하였으나 2011년 4월 14일 개정된 상법은 이사의 회사에 대한 손해배상책임을 규정한 제399조 1항에 "고의 또는 과실"이라는 문구를 새로이 추가함으로써 이러한 이사의 회사에 대한 손해배상책임이 과실책임이라는 점을 명시하고 있어 그 법적 성질에 관한 다툼을 입법적으로 해결하였다.

140) 회사는 이사에 대하여 위임계약 불이행에 기한 민법상의 채무불이행책임을 추궁할 수도 있으나 상법상의 책임이 보다 엄중하므로 실제적으로 이사에 대하여 민법상의 위임계약상의 책임을 추궁하는 것은 실익이 없다고 할 것이다.

141) 대법원 2008.12.11. 선고 2005다51471 판결은 "이사 또는 감사의 회사에 대한 임무해태로 인한 손해배상책임은 위임관계로 인한 채무불이행책임이므로 민법 제766조 제1항의 단기소멸시효가 적용되지 않는다고 할 것"이라고 하고, 대법원 2002.6.14. 선고 2002다11441 판결은 "상법 제399조에 기한 손해배상청구의 소를 제기한 것이 일반 불법행위로 인한 손해배상청구권에 대한 소멸시효 중단의 효력은 없다"고 판시한다.

142) 대법원 1989.1.31. 선고 87누760 판결은, 주식회사의 대표이사가 상법 제398조 소정의 이사와 회사간의 이해 상반하는 거래행위를 한 경우에는 이사회의 승인여부에 불구하고 같은 법 제399조 소정의 손해배상청구권을 행사할 수 있음은 물론이고 대표권의 남용에 따른 불법행위를 이유로 한 손해배상청구권도 행사할 수 있다"고 판시한다.

나) 손해배상책임의 원인

상법이 손해배상책임의 원인으로 들고 있는, 이사의 법령 또는 정관 위반행위에 있어서 법령은 일반적인 의미에서의 법령을 의미하는 것으로서 법률과 대통령령, 총리령, 부령 등을 의미한다고 할 것이다.[143] 이사가 개인적으로 상법에 정한 비밀유지의무(상 382조의4), 경업금지의무(상 397조), 이사와 회사의 거래 제한(상 398조), 보고의무(상 412조 2항, 412조의2) 등을 위반하는 행위를 한 경우뿐만 아니라, 이사가 이사회에서 이루어진 위법한 신주발행 결정(상 416조), 위법한 자기주식취득 결정(상 341조),[144] 주주제안을 의안에 포함시키지 않기로 하는 결정(상 363조의2) 등에 찬성함으로써 법령이나 정관을 위반한 경우, 나아가 주주의 권리행사와 관련하여 부당한 재산상 이익을 공여하는 행위를 하거나(상 467조의2), 인수인과 통모하여 불공정한 가격으로 주식을 인수토록 한 행위(상 424의2) 및 회사자금으로 뇌물을 공여한 행위[145] 등을 생각해 볼 수 있다.

또한 임무를 게을리 한 행위는 널리 이사가 직무수행과 관련하여 요구되는 선량한 관리자로서의 주의의무를 게을리 한 경우를 말하는데 이사회의 승인을 얻었더라도 회사와 불공정한 거래행위를 하거나, 지배인에 대한 감독을 소홀히 하거나, 회사의 채권관리를 소홀하거나, 회사가 소유하던 비상장주식을 적정가액보다 훨씬 낮은 가액에 매도하거나,[146] 다른 업무담당이사의 업무집행이 위법하다고 의심할 만한 사유가 있음에도 불구하고 이를 방치한 경우[147] 이사가 이사회에 참석하지도 않고 사후적으로 이사회의 결의를 추인하는 등으로 실질적으로 이사의 임무를 전혀 수행하지 않은 경우,[148]등을 생각해 볼 수 있다. 또한 이사회의 결의에 따랐다고 하더라도 그 결의내용이 법령이나 정관에 위배하는 경우에는 책임을 면하지 못하고, 대주주의 지시에 따랐다고 하더라도 임무를 게을리 한 책임을 면하지 못한다.[149]

#### ◈ 대법원 2007.9.20. 선고 2007다25865 판결

상법 제399조는 이사가 법령 또는 정관에 위반한 행위를 하거나 그 임무를 해태한 때

143) 대법원 2006.11.9. 선고 2004다41651 판결은, "법령을 위반한 행위라고 할 때 말하는 '법령'은 일반적인 의미에서의 법령, 즉 법률과 그 밖의 법규명령으로서의 대통령령, 총리령, 부령 등을 의미하는 것인바, 종합금융회사 업무운용지침, 외화자금거래취급요령, 외국환업무·외국환은행신설 및 대외환거래계약체결 인가공문, 외국환관리규정, 종합금융회사 내부의 심사관리규정 등은 이에 해당하지 않는다"고 판시하고 있다.
144) 대법원 2007.7.26. 선고 2006다33609 판결.
145) 대법원 2005.10.28. 선고 2003다69638 판결.
146) 대법원 2005.10.28. 선고 2003다69638 판결.
147) 대법원 2007.9.20. 선고 2007다25865 판결.
148) 대법원 2008.12.11. 선고 2005다51471 판결.
149) 대법원 2008.12.11. 선고 2005다51471 판결.

에는 회사에 대하여 손해배상책임을 지도록 규정하고 있는데, 이사가 회사에 대하여 손해배상책임을 지는 사유가 되는 법령에 위반한 행위는 이사로서 임무를 수행함에 있어서 준수하여야 할 의무를 개별적으로 규정하고 있는 상법 등의 제 규정과 회사가 영업활동을 함에 있어서 준수하여야 할 제 규정을 위반한 경우가 이에 해당하고, 이사가 임무를 수행함에 있어서 위와 같은 법령에 위반한 행위를 한 때에는 그 행위 자체가 회사에 대하여 채무불이행에 해당하므로 이로 인하여 회사에 손해가 발생한 이상 손해배상책임을 면할 수 없다.

◆ 대법원 2009.5.14. 선고 2008다94097 판결

상법 제399조는 이사가 법령 또는 정관에 위반한 행위를 하거나 그 임무를 해태한 때에는 회사에 대하여 손해배상책임을 지도록 규정하고 있는데, 대표이사가 대표이사로서의 업무 일체를 다른 이사 등에게 위임하고, 대표이사로서의 직무를 전혀 집행하지 않는 것은 그 자체가 이사의 직무상 충실 및 선관의무를 위반하는 행위에 해당한다.

(같은 취지: 대법원 2003.4.11. 선고 2002다70044 판결, 대법원 2007.12.13. 선고 2007다60080 판결 등 참조).

한편 이사의 회사에 대한 손해배상책임과 관련하여 이사의 방어적 주장인 경영판단의 원칙이 흔히 거론되고 있다.

경영판단의 원칙이란 “business judgment rule”이라는 미국에서 발전해 온 이론에 근거를 두고 있는데, 이사가 업무 집행 과정에서 그 업무의 재량적 범위 내의 합리적이고 독자적인 판단은 존중되어야 하고 설령 이사의 업무집행으로 인하여 손해가 발생하였다고 하더라도 이를 사후적으로 평가하여 이사에게 그 손해에 대한 책임을 부담하도록 하여서는 아니 된다는 것이다.

상법은 이러한 경영판단의 원칙을 명시하고 있는 규정을 두고 있지는 않으나, 대법원은 이사가 경영판단을 함에 있어서 통상의 합리적인 회사의 임원으로서 그 상황에서 합당한 정보를 가지고 적합한 절차에 따라 회사의 최대이익을 위하여 신의성실에 따라 합리적으로 의사를 결정하였고(의사결정절차에 있어서의 합리성) 또한 그 내용이 통상의 이사를 기준으로 할 때 전혀 불합리하지 않는 한(의사결정내용에 있어서의 합리성) 그 임원의 경영판단은 허용되는 재량의 범위 내의 것으로서 회사에 대한 선량한 관리자의 주의의무 내지 충실의무를 다한 것으로 볼 것이라는 점에서 경영판단의 원칙을 인정하고 있다.

◆ 대법원 2007.10.11. 선고 2006다33333 판결

회사의 이사가 법령에 위반됨이 없이 관계회사에게 자금을 대여하거나 관계회사의 유

상증자에 참여하여 그 발행 신주를 인수함에 있어서, 관계회사의 회사 영업에 대한 기여도, 관계회사의 회생에 필요한 적정 지원자금의 액수 및 관계회사의 지원이 회사에 미치는 재정적 부담의 정도, 관계회사를 지원할 경우와 지원하지 아니할 경우 관계회사의 회생가능성 내지 도산가능성과 그로 인하여 회사에 미칠 것으로 예상되는 이익 및 불이익의 정도 등에 관하여 합리적으로 이용가능한 범위 내에서 필요한 정보를 충분히 수집·조사하고 검토하는 절차를 거친 다음, 이를 근거로 회사의 최대 이익에 부합한다고 합리적으로 신뢰하고 신의성실에 따라 경영상의 판단을 내렸고, 그 내용이 현저히 불합리하지 않은 것으로서 통상의 이사를 기준으로 할 때 합리적으로 선택할 수 있는 범위 안에 있는 것이라면, 비록 사후에 회사가 손해를 입게 되는 결과가 발생하였다 하더라도 그 이사의 행위는 허용되는 경영판단의 재량범위 내에 있는 것이어서 회사에 대하여 손해배상책임을 부담한다고 할 수 없다. 그러나 회사의 이사가 이러한 과정을 거쳐 이사회 결의를 통하여 자금지원을 의결한 것이 아니라, 단순히 회사의 경영상의 부담에도 불구하고 관계회사의 부도 등을 방지하는 것이 회사의 신인도를 유지하고 회사의 영업에 이익이 될 것이라는 일반적·추상적인 기대 하에 일방적으로 관계회사에 자금을 지원하게 하여 회사에 손해를 입게 한 경우 등에는, 그와 같은 이사의 행위는 허용되는 경영판단의 재량범위 내에 있는 것이라고 할 수 없다.

(같은 취지: 대법원 2010.1.14. 선고 2007다35787 판결, 대법원 2006.6.16. 선고 2005다31194 판결)

다만 대법원은 이사가 임무를 수행함에 있어서 선량한 관리자의 주의의무를 게을리 함으로 인하여 발생한 손해배상책임이 문제되는 경우에 한하여 경영판단의 원칙이 인정되므로 이사의 행위가 법령에 위반한 경우에는 경영판단의 원칙이 적용될 여지는 없다고 판시하고 있다.

**◆ 대법원 2006.11.9. 선고 2004다41668 판결**

이사가 임무를 수행함에 있어서 법령을 위반한 행위를 한 때에는 그 행위 자체가 회사에 대하여 채무불이행에 해당하므로, 그로 인하여 회사에 손해가 발생한 이상 손해배상책임을 면할 수 없고, 위와 같은 법령을 위반한 행위에 대하여는 이사가 임무를 수행함에 있어서 선량한 관리자의 주의의무를 위반하여 임무해태로 인한 손해배상책임이 문제되는 경우에 고려될 수 있는 경영판단의 원칙은 적용될 여지가 없다. 다만, 여기서 법령을 위반한 행위라고 할 때 말하는 '법령'은 일반적인 의미에서의 법령, 즉 법률과 그 밖의 법규명령으로서의 대통령령, 총리령, 부령 등을 의미하는 것인바, 종합금융회사 업무운용지침, 외화자금거래취급요령, 외국환업무·외국환은행신설 및 대외환거래계약체결인가공문, 외국환관리규정, 종합금융회사 내부의 심사관리규정 등은 이에 해당하지 않는다.

(같은 취지: 대법원 2005.10.28. 선고 2003다69638 판결(뇌물공여), 대법원 2007.7.26. 선고 2006다33609 판결(자기주식취득금지위반), 대법원 2008.4.10. 선고 2004다68519 판결(부당대출로 인한 상호신용금고법위반), 대법원 2011.4.14. 선고 2008다14633 판결(기업회계기준에 위반하여 허위의 재무제표를 작성·공시 등 주식회사의 외부감사에 관한 법률위반))

다) 손해배상책임의 범위

이사는 회사에 대하여 법령 또는 정관에 위반하거나 임무를 게을리 한 행위와 상당인과관계 있는 범위 내에서 회사가 입은 손해를 배상함이 원칙이라고 할 것이다.

또한 이사의 손해배상책임의 범위를 정함에 있어서 과실상계를 하거나 손익상계[150]를 하여야 할 뿐만 아니라 이 밖에도 이사의 손해배상의 범위를 정함에 있어서는, 당해 사업의 내용과 성격, 당해 이사의 임무위반의 경위 및 임무위반행위의 태양, 회사의 손해 발생 및 확대에 관여된 객관적인 사정이나 그 정도, 평소 이사의 회사에 대한 공헌도, 임무위반행위로 인한 당해 이사의 이득 유무, 회사의 조직체계의 흠결 유무나 위험관리체제의 구축 여부 등 제반 사정을 참작하여 손해분담의 공평이라는 손해배상제도의 이념에 비추어 그 손해배상액을 제한할 수도 있을 것이다.

#### 대법원 2007.7.26. 선고 2006다33609 판결

이사의 법령·정관 위반행위 혹은 임무위반행위로 인한 상법 제399조 소정의 손해배상책임과 감사의 임무위반행위로 인한 상법 제414조 소정의 손해배상책임은 그 위반행위와 상당인과관계 있는 손해에 한하여 인정될 뿐이므로, 비록 이사나 감사가 그 직무수행 과정에서 법령·정관 위반행위 혹은 임무위반행위를 하였다고 하더라도, 그 결과로서 발생한 손해와의 사이에 상당인과관계가 인정되지 아니하는 경우에는 이사나 감사의 손해배상책임이 성립하지 아니한다.

이사가 법령 또는 정관에 위반한 행위를 하거나 그 임무를 게을리 함으로써 회사에 대하여 손해를 배상할 책임이 있는 경우에 그 손해배상의 범위를 정함에 있어서는, 당해 사업의 내용과 성격, 당해 이사의 임무위반의 경위 및 임무위반행위의 태양, 회사의 손해 발생 및 확대에 관여된 객관적인 사정이나 그 정도, 평소 이사의 회사에 대한 공헌도, 임무위반행위로 인한 당해 이사의 이득 유무, 회사의 조직체계의 흠결 유무나 위험관리체제의 구축 여부 등 제반 사정을 참작하여 손해분담의 공평이라는 손해배상제도의 이념에 비추어 그 손해배상액을 제한할 수 있다.

---

150) 대법원 2009.12.10. 선고 2009다54706, 54713 판결은 "손익상계는 공평의 관념상 당사자의 주장을 기다리지 않고 손해를 산정함에 있어서 공제되어야 하고, 손익상계를 허용하기 위해서는 손해배상책임의 원인이 되는 행위로 인하여 피해자가 새로운 이득을 얻었고, 그 이득과 손해배상책임의 원인인 행위 사이에 상당인과관계가 있어야 한다"고 판시하고 있다.

◆ 대법원 2007.10.11. 선고 2007다34746 판결

이사가 법령 또는 정관에 위반한 행위를 하거나 그 임무를 해태함으로써 회사에 대하여 손해를 배상할 책임이 있는 경우에 그 손해배상의 범위를 정함에 있어서는, 당해 사업의 내용과 성격, 당해 이사의 임무위반의 경위 및 임무위반행위의 태양, 회사의 손해 발생 및 확대에 관여된 객관적인 사정이나 그 정도, 평소 이사의 회사에 대한 공헌도, 임무위반행위로 인한 당해 이사의 이득 유무, 회사의 조직체계의 흠결 유무나 위험관리 체제의 구축 여부 등 제반 사정을 참작하여 손해분담의 공평이라는 손해배상제도의 이념에 비추어 그 손해배상액을 제한할 수 있는데, 이 때 손해배상액 제한의 참작 사유에 관한 사실인정이나 그 제한의 비율을 정하는 것은 민법상 과실상계의 사유에 관한 사실인정이나 그 비율을 정하는 것과 마찬가지로 그것이 형평의 원칙에 비추어 현저히 불합리한 것이 아닌 한 사실심의 전권사항이다.

라) 손해배상책임의 소멸

이사의 회사에 대한 손해배상책임의 성질을 위임계약에 따른 채무불이행에 기한 과실책임으로 파악한다면, 이러한 손해배상책임은 10년의 시효기간의 경과로 소멸하게 되고,[151] 민법상의 불법행위에 기한 손해배상책임에 관한 단기소멸시효기간이 적용되지 않는 것은 당연하다 할 것인데, 상법은 일정한 경우에는 이사의 손해배상책임을 해제(상 450조)하거나 혹은 책임의 전부 또는 일부를 면제(상 400조)하고 있다.

(a) 책임의 면제

이사의 회사에 대한 손해배상책임은 총주주의 동의로 면제할 수 있는데(상 400조 1항), 이는 주주총회에서의 주주 전원에 의한 결의를 의미하지는 않으므로, 의결권 없는 주주를 포함한 모든 주주에 의한, 일괄적이든 개별적이든, 구두에 의하든 서면에 의하든, 이사의 책임에 대한 면제의 의사표시가 있으면 된다고 할 것이다. 만약 이사의 행위가 동시에 불법행위를 구성한다면 이러한 총주주의 동의가 있었다고 하여 그 불법행위책임까지도 면제되는 것은 아니다.[152] 또한 수인의 이사가 공동으로 책임을 부담하거나 책임의 원인되는 행위가 다수인 경우에 이러한 면제는 행위에 따라 주어질 수 있고 이사에 따라 주어질 수도 있다고 할 것이다.

---

151) 대법원 1985.6.25. 선고 84다카1954 판결은, "이사 또는 감사의 회사에 대한 임무해태로 인한 손해배상책임은 일반불법행위 책임이 아니라 위임관계로 인한 채무불이행 책임이므로 그 소멸시효기간은 일반채무의 경우와 같이 10년이라고 보아야 한다"고 판시하고 있다.

152) 대법원 1996.4.9. 선고 95다56316 판결은, "총주주의 동의를 얻어 대표이사의 행위로 손해를 입게 된 금액을 특별손실로 처리하기로 결의하였다면 그것은 바로 상법 제400조 소정의 이사의 책임소멸의 원인이 되는 면제에 해당되는 것이나 이로써 법적으로 소멸되는 손해배상청구권은 상법 제399조 소정의 권리에 국한되는 것이지 불법행위로 인한 손해배상청구권까지 소멸되는 것으로는 볼 수 없다"고 판시한다.

이사의 회사에 대한 불법행위책임의 면제는 누가 할 수 있는지에 관해서는 상법에 아무런 규정이 없는데 이 경우에도 주주 전원의 동의가 필요하다는 견해도 있으나 상법에 규정이 없는 한 이러한 책임면제행위는 업무집행행위의 일환으로서 이사회에서 결정하여야 할 것이고 만약 그러한 결정이 이사들의 임무해태행위를 구성할 때는 그에 따른 책임을 부담시키면 될 것이라 생각된다.

다만 총주주의 동의로 면제할 수 있는 이사의 책임은 회사에 대한 책임만을 의미할 뿐 이사가 제3자에 대해 부담하는 손해배상책임(상 401조)까지도 면제할 수 있는 것은 아니다.

◈ 대법원 2002.6.14. 선고 2002다11441 판결

상법 제399조 소정의 이사의 책임은 상법 제400조의 규정에 따라 총주주의 동의로 이를 면제할 수 있는데, 이 때 총주주의 동의는 묵시적 의사표시의 방법으로 할 수 있고 반드시 명시적, 적극적으로 이루어질 필요는 없으며, 실질적으로는 1인에게 주식 전부가 귀속되어 있지만 그 주주 명부상으로만 일부 주식이 타인 명의로 신탁되어 있는 경우라도 사실상의 1인 주주가 한 동의도 총주주의 동의로 볼 것이다.

◈ 대법원 2008.12.11. 선고 2005다51471 판결

이사 등의 책임은 상법 제400조, 제415조의 규정에 따라 총주주의 동의로 이를 면제할 수 있는데, 이 때 총주주의 동의는 반드시 명시적, 적극적으로 이루어질 필요는 없고 회사의 주식 전부를 양수도하는 과정에서 묵시적 의사표시의 방법으로 할 수 있으나, 이는 주식 전부의 양수인이 이사 등의 책임으로 발생한 부실채권에 대하여 그 발생과 회수불능에 대한 책임을 이사 등에게 더 이상 묻지 않기로 하는 의사표시를 하였다고 볼만한 사정이 있어야 할 것이다.

○○생명보험 주식회사가 **생명의 주식을 100% 인수하여 **생명을 흡수 합병할 때 부실채권을 할인된 비율로 평가하여 인수금액을 정했다는 사정만으로는 총주주의 묵시적인 의사표시에 의하여 이사 등의 책임이 면제되었다고 볼 수 없다.

한편 회사의 규모가 확대된 관계로 이사가 회사에 대하여 부담하게 되는 손해배상액이 천문학적인 거액에 이르게 됨에 따라 이사는 소극적으로 회사 업무를 수행하고 방어적으로 경영하는 등의 폐단이 발생할 우려가 적지 않게 되었는데 이는 회사 나아가 주주들에게도 크나큰 손실이 아닐 수 없으므로 경우에 따라서는 이사의 책임을 경감하여 줄 필요성이 제기되었다. 이에 상법은 ① 이사가 고의 또는 중대한 과실로 손해를 발생시킨 경우, ② 경업금지의무에 위반한 경우(상 397조), ③ 회사의 기회 및 자산을 유용한 경우(상 397조의2), ④ 이사회의 승인 없이 회사와 거래한 경우(상 398

조) 등의 사유로 회사에 손해를 입힌 경우를 제외하고는 정관의 규정에 따라 이사가 그 행위를 한 날 이전 1년간의 보수액을 기준으로 사외이사는 3배, 그 밖의 이사는 6배를 초과하는 금액에 대하여 면제할 수 있도록 하고 있다(상 400조 2항). 또한 상법은 1년간의 보수액을 정함에 있어서 상여금과 주식매수선택권의 행사로 인한 이익을 포함하고 있다(상 400조 2항).

이러한 책임의 경감을 위해서는 정관에 그 구체적인 사항 예컨대 경감되는 행위 또는 금액의 범위 등 구체적인 조건[153] 등을 정하여야 할 것이다. 그런데 상법은 이사의 책임경감은 정관으로 정하는 바에 따라 이루어질 것을 정할 뿐 누가 어떤 범위 내에서 구체적으로 그 경감 여부를 결정할 것인지는 정하고 있지 않은바 이를 정관에 정하여야 할 것이고 만약 이를 정관에 정하지 아니한 경우에 이를 이사회에서 정하는 것은 타당하지 않으므로 결국 주주총회의 결의에 의하여야 할 것이다.

최근에는 회사의 이사 등 임원이 회사의 업무를 수행하는 과정에서 부담하게 되는, 위법행위로 인한 손해배상책임과 소송비용의 전보를 목적으로 하는 임원배상책임보험(directors and officers liability insurance)이 도입되어 적지 않은 상장회사가 임원을 피보험자로 하여 보험계약을 체결하고 있는 실정이다.

(b) 책임의 해제

상법은 주주총회에서 재무제표를 승인한 후 2년 내에 다른 결의가 없으면 이사의 책임이 해제된 것으로 간주하고 있는데(상 450조 본문), 이 경우에는 이사가 책임을 부담하는 사유가 재무제표에 기재되어 있어야 하고, 만약 이사의 책임사유가 부정행위로 인한 경우에는 이에 해당하지 않는다(상 450조 단서).

**◆ 대법원 2002.2.26. 선고 2001다76854 판결[154]**

상법 제450조에 따른 이사의 책임해제는 재무제표 등에 기재되어 정기총회에서 승인을 얻은 사항에 한정되는데, 상호신용금고의 대표이사가 충분한 담보를 확보하지 아니하고 동일인 대출 한도를 초과하여 대출한 것은 재무제표 등을 통하여 알 수 있는 사항이 아니므로, 상호신용금고의 정기총회에서 재무제표 등을 승인한 후 2년 내에 다른 결의가

153) 상법은 주주전원의 동의가 있으면 이사의 책임을 면제시킬 수도 있으므로 상법 제400조 2항에 정한 경감의 범위에 구애받지 않고 정관으로 경감의 범위를 확대하거나 축소하는 등 구체적 조건을 정할 수 있다고 해석된다.

154) 대법원 2008.12.11. 선고 2005다51471 판결도 "이사가 신용대출을 할 당시 임무를 해태하여 회사에 손해가 발생하였다는 사실은 재무제표에 첨부된 감사보고서에 자기계열집단에 대한 대출한도 초과 등으로 임원이 주의적 경고를 받은 사실이 기재되었다고 하여 알 수 있는 사항이 아니므로 이사의 책임이 해제되었다고 볼 수 없다고 판시하고 있다.

없었다고 하여 대표이사의 손해배상책임이 해제되었다고 볼 수 없다.
(같은 취지: 대법원 2007.12.13. 선고 2007다60080 판결)

◈ 대법원 2005.10.28. 선고 2003다69638 판결

이사가 회사가 보유하고 있는 비상장주식을 매도하면서 그 매도에 따른 회사의 손익을 제대로 따져보지 않은 채 당시 시행되던 상속세법 시행령만에 근거하여 주식의 가치를 평가함으로써 적정가격보다 현저히 낮은 가액으로 거래가액을 결정하기에 이른 것은 회사의 손해를 묵인 내지는 감수하였던 것이라 할 것이므로, 이러한 이사의 행위는 상법 제450조에 의하여 책임이 해제될 수 없는 부정행위에 해당한다.

2) 제3자에 대한 손해배상책임

가) 손해배상책임의 의의

상법은 이사가 고의 또는 중대한 과실로 회사에 대한 임무를 게을리함[155]으로써 제3자에 손해가 발생한 경우 이사가 제3자에 대하여 직접적으로 연대하여 손해배상책임을 부담하도록 규정하고 있다(상 401조).

이사의 행위가 민법상의 불법행위로서 직접적으로 제3자에 대하여 가해질 수가 있고 이 경우 피해를 입은 제3자는 회사에 대하여 민법상의 사용자책임(민 756조)을 구하거나, 이사에 대하여 직접적으로 손해배상책임(민 750조)을 구할 수 있다. 그러나 이사의 임무해태행위가 회사에 대하여 행하여진 것이라면 이사와 제3자는 법률적으로 아무런 관계가 없으므로 제3자는 이사에 대하여 직접적으로 청구할 어떤 권원을 갖지 못한다고 할 것이다.

그럼에도 불구하고 상법은 이사로 하여금 그 업무집행에 있어서 주의를 촉구하고 특별히 제3자를 보호하기 위하여 이사의 회사에 대한 임무해태행위로 인하여 손해를 입은 제3자로 하여금 이사에게 직접적으로 손해배상을 청구할 수 있는 근거 규정을 마련하고 있다.

이사의 제3자에 대한 직접적인 책임의 부담은 주로 대주주가 동시에 이사인 경우가 많은 폐쇄적 소규모 회사가 채무부담능력을 상실한 경우에 있어서 이사의 회사에 대한 임무해태행위로 인하여 손해를 입은 제3자로 하여금 법인격부인론을 주장하기보다는 손쉽게 대주주 겸 이사의 책임을 추궁할 수 있는 방법이라고 할 것이다.

또한 상법 제389조 3항은 합명회사 대표사원의 업무집행으로 인한 제3자의 손해

155) 2011년 4월 14일 개정 전의 상법은 "이사가 악의 또는 중대한 과실로 회사에 대한 임무를 해태한 때"라고 규정하고 있었다.

에 대한 합명회사와 대표이사의 연대책임에 관한 규정인 상법 제210조를 대표이사의 경우에 준용하므로, 회사는 대표이사와 연대하여 제3자에게 책임을 부담하도록 하고 있지만 이사의 경우는 그런 연대책임에 관한 규정이 없음에도 유의하여 볼 필요가 있다고 할 것이다.

나) 손해배상책임의 법적 성질

이사의 제3자에 대한 손해배상책임에 관한 상법의 규정은, 이사의 행위의 대상자를 명확히 규정하고 있지 않으며, 이사의 경과실이 있는 경우에는 책임을 배제하고 있으므로 그 책임의 성질에 관하여, ① 제3자를 보호하기 위해 상법이 특별히 규정한 책임이라는 견해(법정책임설),[156] ② 본질적으로는 불법행위책임이지만, 제3자를 보호하기 위하여 이사에게 보다 엄격한 책임을 부과하는 특수한 불법행위책임이라는 견해(특수불법행위설)[157]가 대립하고 있다. 생각건대 이사의 제3자에 대한 책임은 이사의 제3자에 대한 고의·과실에 의한 직접적인 위법행위가 없음에도 불구하고 제3자를 보호하기 위하여 인정되는 책임으로서 일반 불법행위책임과는 다르다고 할 것이므로 상법이 특별히 인정한 책임으로 보는 것이 타당할 것이다.

그런데 이러한 견해의 대립은 주로 ① 이사의 고의·중과실이 회사에 대한 것인지 제3자에 대한 것인지 여부, ② 제3자의 범위에 주주도 포함되는지 여부, ③ 제3자가 입은 손해의 범위, ④ 민법상의 불법행위 책임과 경합 여부, ⑤ 민법상의 과실상계규정의 적용여부, ⑥ 손해배상청구권의 시효기간 등에 있다고 할 것이지만, 어느 견해에 의하더라도 위와 같은 문제에 관하여 대동소이한 결론에 도달하고 있다.

### ◈ 대법원 2006.12.22. 선고 2004다63354 판결

상법 제401조에 기한 이사의 제3자에 대한 손해배상책임이 제3자를 보호하기 위하여 상법이 인정하는 특수한 책임이라는 점을 감안할 때, 일반 불법행위책임의 단기소멸시효를 규정한 민법 제766조 제1항은 적용될 여지가 없고, 일반 채권으로서 민법 제162조 제1항에 따라 그 소멸시효기간은 10년이다.

(같은 취지: 대법원 2008.2.28. 선고 2005다60369 판결)

다) 손해배상책임의 원인

상법은 이사의 제3자에 대한 손해배상책임의 원인으로서, 이사의 고의 또는 중대한 과실로 인한 임무해태행위를 들고 있으므로 주관적으로 이사에게 고의 또는 중대한 과실이 있어야 하고, 객관적으로 이사의 행위가 임무를 해태한 것으로서 위법성이

156) 권기범 730면, 서헌제 424면, 손주찬 809면, 이철송 770면, 정동윤 452면, 정찬형 645면, 최준선 481면.
157) 이병태 692면.

있어야 한다고 할 것이다.

고의란 이사가 스스로 자신이 선량한 관리자의 주의의무를 게을리 한 것을 알고 있는 경우이고, 중대한 과실이란 사소한 주의만 기울였어도 자신이 선량한 관리자의 주의의무를 게을리 하는 것을 알 수 있었음에도 불구하고 이를 게을리 한 탓에 알 수 없었던 것을 의미한다고 할 것인데, 이에 대한 증명책임은 이사에게 고의 또는 중대한 과실이 있다고 주장하는 제3자가 부담한다.

한편 이사의 임무해태행위는, 주식청약서, 사채청약서 또는 재무제표 등의 허위기재,[158] 허위의 등기, 고의과실에 의한 부실한 공시,[159] 지급 가능성 없는 어음의 발행, 방만한 경영으로 인한 회사채무의 지급불능, 회사업무의 고의적 방치,[160] 이사의 불공정한 신주발행으로 회사에 대한 지배력의 약화로 인한 주주의 손실 등, 회사에 대한 이사의 업무수행과정에 있어서의 요구되는 선량한 관리자의 주의의무를 이행하지 아니하는 행위로서 위법성이 있는 행위[161]라고 할 것인데 이러한 임무해태 행위는 회사에 대하여 행하여지면 되고, 반드시 직접적으로 제3자에 대하여 행하여질 필요는 없다고 할 것이다.

또한 이러한 책임은 상법상 인정되는 책임으로서 민법상의 불법행위책임과 관련지을 필요는 없다고 할 것이므로 이사의 행위가 제3자에 대하여 민법상 불법행위의 요건을 구비한 경우에는 불법행위책임도 부담하게 되고 따라서 이들 책임은 경합관계에 있다고 할 것이다.

◆ 대법원 2003.4.11. 선고 2002다70044 판결

상법 제401조 제1항에 규정된 주식회사의 이사의 제3자에 대한 손해배상책임은 이사가 악의 또는 중대한 과실로 인하여 그 임무를 해태한 것을 요건으로 하는 것이어서 단순히 통상의 거래행위로 인하여 부담하는 회사의 채무를 이행하지 않는 것만으로는 악의 또는 중대한 과실로 그 임무를 해태한 것이라고 할 수 없지만, 이사의 직무상 충실 및 선관의무 위반의 행위로서 위법성이 있는 경우에는 악의 또는 중대한 과실로 그 임무를 해태한 경우에 해당한다 할 것이고(대법원 2002. 3. 29. 선고 2000다47316 판결 참조), 대표이사가 대표이사로서의 업무 일체를 다른 이사 등에게 위임하고, 대표이사로서의 직무를 전혀 집행하지 않는 것은 그 자체가 이사의 직무상 충실 및 선관의무를 위반하는 행위에 해당한다 할 것이다.

(같은 취지: 대법원 2006.9.8. 선고 2006다21880 판결, 대법원 2008.9.11. 선고 2006다68636 판결, 대법원 2010.2.11. 선고 2009다95981 판결)

---

158) 대법원 2006.12.22. 선고 2004다63354 판결.
159) 대법원 1993.1.26. 선고 91다36093 판결, 대법원 2012.12.13. 선고 2010다77743 판결.
160) 대법원 2008.2.28. 선고 2006다82601 판결, 대법원 2006.9.8. 선고 2006다21880 판결.
161) 대법원 1988.10.25. 선고 87다카1370 판결.

◈ 대법원 2002.3.29. 선고 2000다47316 판결

상법 제401조 제1항에 규정된 주식회사의 이사의 제3자에 대한 손해배상책임은 이사가 악의 또는 중대한 과실로 인하여 그 임무를 해태한 것을 요건으로 하는 것이어서 단순히 통상의 거래행위로 인하여 부담하는 회사의 채무를 이행하지 않는 것만으로는 악의 또는 중대한 과실로 그 임무를 해태한 것이라고 할 수 없지만, 이사의 직무상 충실 및 선관의무 위반의 행위로서 위법성이 있는 경우에는 악의 또는 중대한 과실로 그 임무를 해태한 경우에 해당한다.

부동산의 매수인인 주식회사의 대표이사가 매도인과 사이에 매매잔대금의 지급방법으로 매수부동산을 금융기관에 담보로 제공하여 그 대출금으로 잔금을 지급하기로 약정하였으나, 대출이 이루어진 후 해당 대출금 중 일부만을 매매잔대금으로 지급하고 나머지는 다른 용도로 사용한 후, 나머지 잔금이 지급되지 않은 상태에서 피담보채무도 변제하지 아니하여 그 부동산이 경매절차에서 경락되어 결과적으로 매도인이 손해를 입은 경우, 그 주식회사의 대표이사가 악의 또는 중대한 과실로 인하여 그 임무를 해태한 경우에 해당한다고 볼 여지가 있다.

라) 손해배상책임의 당사자

상법상 제3자에게 손해배상책임을 부담하는 이사는 고의 또는 중대한 과실로 임무해태행위를 한 이사이다. 그리고 상법 제399조 2항과 3항이 준용되므로 일정한 경우에는 이사들이 연대하여 책임을 부담하거나, 이사회결의에 찬성한 이사 및 이사회결의에 참여하였으나 의사록에 이의를 제기한 기재가 없는 이사(상 401조 2항), 또한 상법 제401조의2에 정한 업무집행지시자 이른바 사실상의 이사도 책임을 부담하게 된다(상 401조의2 1항).

한편 이사에 대하여 손해배상을 청구할 수 있는 제3자는 회사 및 책임을 지는 이사를 제외한 모든 자라고 할 것인데, 이사의 고의 또는 중대한 과실로 인한 임무해태행위로 인하여 직접적으로 손해를 입은 주주, 예컨대 이사가 허위로 작성한 주식청약서를 믿고 주식을 인수함으로써 손해를 입은 주주가 제3자에 포함되는 것에는 이론이 없다.

그런데 이사의 고의 또는 중대한 과실로 인한 임무해태행위로 인하여 회사가 손해를 입은 결과 간접적으로 손해를 입은 주주, 예컨대 이사가 회사자금을 횡령하여 회사가 막대한 손해를 입게 되었고 그 결과 회사의 주가가 폭락함으로써 손해를 입은 주주가 제3자에 포함되는지 여부에 관하여, ① 주주가 입은 간접적 손해는 회사가 손해배상을 받음으로써 간접적으로 배상되므로 별도로 주주에게 손해배상청구를 허용할 필요가 없다는 견해(제한긍정설), ② 회사가 이사로부터 손해배상을 받는 것이 쉽

지 않고 설령 대표소송을 하더라도 그 절차가 까다로울 뿐만 아니라, 주주의 간접적 손해를 회사가 배상받을 수 없는 경우도 있으므로 주주에게 별도의 손해배상청구를 허용하는 것이 옳다는 견해(제한부정설)가 대립하고 있으나[162] 회사의 손실로 인하여 주주가 입은 손해는 회사에 대한 손해배상으로 만족을 얻을 수 있고, 더구나 이사의 제3자에 대한 책임은 상법이 일반 손해배상원칙과는 달리 예외적으로 인정하고 있는 것이므로 제한적으로만 인정되어야 할 것이다. 대법원은 상법 제401조에서 규정하는 손해에 간접적 손해는 포함되지 않는다고 손해의 범위를 좁게 해석하는 제한긍정설의 입장에 있다.

**◈ 대법원 2003.10.24. 선고 2003다29661 판결**

주식회사의 주주가 이사의 악의 또는 중대한 과실로 인한 임무해태행위로 직접 손해를 입은 경우에는 이사에 대하여 상법 제401조에 의하여 손해배상을 청구할 수 있으나, 이사가 회사재산을 횡령하여 회사재산이 감소함으로써 회사가 손해를 입고 결과적으로 주주의 경제적 이익이 침해되는 손해와 같은 간접적인 손해는 상법 제401조 제1항에서 말하는 손해의 개념에 포함되지 아니하므로 이에 대하여는 위 법조항에 의한 손해배상을 청구할 수 없다.

(같은 취지: 대법원 1993.1.26. 선고 91다36093 판결)

**◈ 대법원 2012.12.13. 선고 2010다77743 판결**

주식회사의 주주가 이사의 악의 또는 중대한 과실로 인한 임무해태행위로 직접 손해를 입은 경우에는 이사에 대하여 구 상법(2011. 4. 14. 법률 제10600호로 개정되기 전의 것, 이하 '상법'이라 한다) 제401조에 의하여 손해배상을 청구할 수 있으나, 이사가 회사의 재산을 횡령하여 회사의 재산이 감소함으로써 회사가 손해를 입고 결과적으로 주주의 경제적 이익이 침해되는 손해와 같은 간접적인 손해는 상법 제401조 제1항에서 말하는 손해의 개념에 포함되지 아니하므로 이에 대하여는 위 법조항에 의한 손해배상을 청구할 수 없다. 그러나 회사의 재산을 횡령한 이사가 악의 또는 중대한 과실로 부실공시를 하여 재무구조의 악화 사실이 증권시장에 알려지지 아니함으로써 회사 발행주식의 주가가 정상주가보다 높게 형성되고, 주식매수인이 그러한 사실을 알지 못한 채 주식을 취득하였다가 그 후 그 사실이 증권시장에 공표되어 주가가 하락한 경우에는, 주주는 이사의 부실공시로 인하여 정상주가보다 높은 가격에 주식을 매수하였다가 주가가 하락함으로써 직접 손해를 입은 것이므로, 이사에 대하여 상법 제401조 제1항에 의하여 손해배상을 청구할 수 있다.

---

162) 이 부분에 관하여는 서태경 "주주의 간접손해에 대한 이사의 손해배상책임" 법학논총 24집 4호(한양대학교 2007년) 649면 내지 668면 참조.

마) 손해배상책임의 소멸

이사의 이러한 제3자에 대한 손해배상책임의 성질을 어떻게 파악하더라도 일반적인 불법행위책임이나 채무불이행책임은 아니므로 10년의 시효기간의 경과로 소멸하게 되고, 민법상의 불법행위로 인한 손해배상책임에 관한 단기소멸시효기간이 적용되지 않는 것은 당연하다 할 것이다.[163] 또한 이러한 이사의 책임은 제3자에 대한 것이기에 회사에 대한 손해배상책임의 소멸에 관한 상법의 규정은 적용되지 아니하므로 회사가 이사의 제3자에 대한 책임을 면제하거나 해제할 수 있는 방법은 없다.[164]

### (다) 이사의 자본충실책임

상법은 회사설립 후에 신주의 발행으로 인한 변경등기를 한 후에도 인수되지 아니한 신주가 있거나 신주의 인수가 취소된 경우에는 이사가 이를 인수한 것으로 간주하여 신주발행에 있어서 이사에게 인수담보책임을 부담시키고 있다(상 428조).

이사는 발기인과 달리 인수담보책임만을 부담할 뿐, 납입담보책임은 부담하지 않는데 이것은 회사설립의 경우에는 재산적 실체를 확보해야 할 필요성에서 자본금의 확정이 엄격히 요구되므로 인수된 주식 대금의 전액을 납입하도록 하여야 하지만, 이른바 수권자본주의를 취하는 상법에 있어서 신주발행의 경우에는 인수된 신주가 납입되지 아니하면 당연히 실권하여(상 423조 2항) 납입된 부분에 대하여만 발행의 효력이 발생하게 되고, 또 일부 주식이 실권되었다고 하더라도 추후 필요에 따라 수시로 다시 발행할 수 있으므로 굳이 이사에게 납입담보책임을 지울 필요성이 없기 때문이다. 다만 신주발행으로 인하여 변경등기가 행하여져 공시가 된 이상 그 부분의 주식에 대하여는 일정한 경우에 이사에게 주식을 인수하여야 할 책임을 부담시켜 결국 이사가 주식인수인으로서 주식대금을 납입할 의무를 부담(상 303조)하도록 함으로써 회사의 자본충실에 기여하는 측면도 무시할 수 없어 흔히 이를 이사의 회사에 대한 자본충실책임이라고 일컫고 있다.

이사의 회사에 대한 인수담보책임은 주식인수가 취소되거나 인수되지 아니한 이유에 대하여 이사의 과실 유무를 불문하고 인정되는 것으로서 상법이 정한 특별한 무과실책임이라고 할 것이므로 주주총회에서 총주주의 동의(상 400조)가 있더라도 면책이 불가능하고, 이사의 책임 해제에 관한 상법 제450조도 적용이 되지 않는다 할 것

---

163) 대법원 2006.12.22. 선고 2004다63354 판결은, "상법 제401조에 기한 이사의 제3자에 대한 손해배상책임이 제3자를 보호하기 위하여 상법이 인정하는 특수한 책임이라는 점을 감안할 때, 일반 불법행위책임의 단기소멸시효를 규정한 민법 제766조 제1항은 적용될 여지가 없고, 일반 채권으로서 민법 제162조 제1항에 따라 그 소멸시효기간은 10년이다"라고 판시하고 있다.

164) 하급심에서는 이사의 제3자에 대한 책임의 제한하는 판결(서울고등법원 2006.10.25. 선고 2005나87403 판결)을 하기도 하였으나 이에 관한 대법원 판결은 아직 없는 실정이다.

이다.

또한 이사의 회사에 대한 무과실의 인수담보책임과 과실책임인 손해배상책임은 전혀 별개의 책임이므로, 주식의 인수가 되지 아니하였거나 취소된 것에 대하여 이사의 잘못이 있고, 이사가 인수담보책임을 이행한 후에도 회사에게 남은 손해가 있다면 이사는 인수담보책임과는 별도로 회사에 대하여 손해배상책임(상 428조 3항, 399조)을 부담한다고 할 것이다.

#### (라) 업무집행지시자 등(사실상의 이사)의 손해배상책임

##### 1) 의 의

상법은 상법상의 이사가 아니면서도 회사에 대한 영향력을 이용하여 이사에게 업무집행을 지시하는 등 업무집행에 직간접으로 관여하여 사실상 경영권을 행사하는 지배주주 등의 독단적인 경영을 규제하기 위하여 이들을 업무집행지시자 등이라고 칭하고 이들에게도 이사와 동일하게 회사 및 제3자에 대한 손해배상책임을 부담시키고 있다(상 401조의2, 399조, 401조). 이렇듯 상법상의 이사가 아니면서도 일정한 자가 이사로 의제되어 상법상의 이사와 동일한 책임을 부담하는 업무집행지시자 등을 강학상 사실상의 이사(이하 사실상의 이사라고 칭한다)[165]라고 한다.

상법이 정하는 이러한 사실상의 이사가 부담하는 책임은 이사에 영향력 등을 행사하여 이사로 하여금 임무해태의 행위 등을 하여 손해를 발생시킨 자에 대하여 책임을 추궁하기 위하여 상법이 특별히 인정한 법률상의 책임이라고 할 것이다.[166]

사실상의 이사는 회사의 업무에 부당히 관여한 자의 책임을 추궁하기 위한 것일 뿐이고 이들이 회사의 이사는 아니므로 회사에 대한 어떠한 의무도 부담하지 않고 따라서 회사와 이익충돌을 피하기 위한 이사의 의무에 관한 규정(상 397조, 397조의2, 398조)은 준용되지 않고 있다. 또한 사실상 이사의 책임에 관해서는 이사의 회사에 대한 책임의 감면에 관한 규정(상 400조)도 준용되지 않고 있음을 유의하여야 할 것이다.

165) 2011년 4월 14일 개정된 상법은 집행임원에 관한 규정을 신설하면서 사실상의 이사에 관한 규정(상 401조의2)을 집행임원에 관하여도 준용(상 408조의9)하고 있으므로 집행임원이 아님에도 불구하고 ① 회사에 대한 영향력을 행사하여 집행임원에게 업무집행을 지시한 자, ② 집행임원의 이름으로 직접 업무를 집행한 자, ③ 집행임원이 아니면서 명예회장 등 회사의 업무를 집행할 권한이 있는 것으로 인정될 만한 명칭을 사용하여 회사의 업무를 집행한 자 등은 사실상의 집행임원으로서 집행임원과 동일한 책임을 부담하게 된다.

166) 상법 제401조의2에 정한 이른바 사실상의 이사는 이사가 아니고 따라서 회사의 업무를 집행할 지위에 있지 않으므로 회사에 대한 임무를 해태한 경우는 있을 수 없다. 그러므로 이들에 대한 책임의 법적 성질이 무엇이냐를 두고 견해가 대립하기도 하지만 상법이 이를 명확히 밝히고 있지 않은 이상, 이들의 지위가 다르고 그 행위양식이 다르더라도 모두 법이 정한 특별한 책임이라고 하는 것이 타당할 것이므로 이를 굳이 구별하여 개별적으로 책임의 성질을 분류할 실익도 없다고 할 것이고 또한 이러한 책임은 10년의 소멸시효에 걸린다고 할 것이다.

2) 유 형

상법은 ① 회사에 대한 자신의 영향력을 이용하여 이사에게 업무집행을 지시한 자(상 401조의2 1항 1호), ② 이사의 이름으로 직접 업무를 집행한 자(상 401조의2 1항 2호), ③ 이사가 아니면서 명예회장 등 회사의 업무를 집행할 권한이 있는 것으로 인정될 만한 명칭을 사용하여 회사의 업무를 집행한 자(상 401조의2 1항 3호) 등 세 가지 유형의 사실상의 이사를 규정하고 있다.

첫 번째 유형의 사실상의 이사 이른바 "업무집행지시자"의 경우에는 대규모회사의 지배주주 등과 같이 회사에 대한 영향력을 이용하여 이사에 대하여 업무집행을 지시한 자를 의미한다고 할 것이다.[167] 그런데 회사에 대한 영향력이라는 의미와 업무집행의 지시라는 의미가 매우 포괄적이고 모호하므로 구체적인 경우 개별적으로 상법의 규정의 취지에 따라 해석하여야 하겠으나 회사에 대한 영향력은 회사의 의사결정과정에서 자신의 의사를 관철시킬 수 있는 수단과 방법을 의미한다고 할 것이고, 영향력을 행사한다 함은 이러한 영향력을 이용하여 자신의 의사에 따라 회사의 의사를 결정하려는 시도를 의미한다고 할 것이다.

또한 업무의 지시는 회사의 목적을 달성하는 데 필요한 사무를 하도록 이사 등에게 사실상의 구속력을 가진 영향력을 행사하는 것을 말한다고 할 것이다.

두 번째 유형의 사실상의 이사 이른바 "무단업무대행자"의 경우에는 중소규모 회사의 지배주주 등과 같이 상법상 이사가 아님에도 불구하고 이사의 명의로 직접 업무를 집행하는 경우를 예상할 수가 있다 할 것이다.

세 번째 유형의 사실상의 이사 이른바 "표현이사"의 경우에는 비록 상법의 규정에 예시된 명예회장, 회장 등의 명칭에 한정되지 않으나, 직접 업무집행을 한 자를 의미하고, 또한 이 경우에는 그 명칭 자체가 업무집행권한이 있음을 믿게 하는 근거가 되므로 별도로 영향력을 행사하여야 할 필요도 없다.

사실상의 의사로서 표현이사는 표현대표이사(상 395조)와 구별을 요하는데 표현이사는 표현이사 개인의 책임을 추궁하기 위한 규정이고, 표현대표이사는 회사의 책임을 추궁하기 위한 규정이라는 점 등에서 차이가 난다고 할 것이다.

### 대법원 2009.11.26. 선고 2009다39240 판결

상법 제399조 · 제401조 · 제403조의 적용에 있어 이사로 의제되는 자에 관하여, 상법 제401조의2 제1항 제1호는 '회사에 대한 자신의 영향력을 이용하여 이사에게 업무집행을

167) 대법원 2006.8.25. 선고 2004다26119 판결은 "상법 제401조의2 제1항 제1호의 '회사에 대한 자신의 영향력을 이용하여 이사에게 업무집행을 지시한 자'에는 자연인뿐만 아니라 법인인 지배회사도 포함된다"고 판시하고 있다.

지시한 자', 제2호는 '이사의 이름으로 직접 업무를 집행한 자', 제3호는 '이사가 아니면서 명예회장·회장·사장·부사장·전무·상무·이사 기타 업무를 집행할 권한이 있는 것으로 인정될 만한 명칭을 사용하여 회사의 업무를 집행한 자'라고 규정하고 있는바, 제1호 및 제2호는 회사에 대해 영향력을 가진 자를 전제로 하고 있으나, 제3호는 직명 자체에 업무집행권이 표상되어 있기 때문에 그에 더하여 회사에 대해 영향력을 가진 자일 것까지 요건으로 하고 있는 것은 아니다.

3) 책임내용

상법은 사실상의 이사가 지시하거나 집행한 업무에 관하여 회사 또는 제3자에 대한 손해배상책임에 있어서 이사로 본다고 규정하고 있으므로, 업무집행지시자의 지시에 따라 이사가 업무집행을 함으로써 회사 또는 제3자에 손해배상책임을 부담하게 되거나, 무단대행자 또는 표현이사가 업무집행을 함으로써 회사 또는 제3자에게 손해배상책임을 부담하여야 할 경우에는 이사로 의제되어 이사와 동일하게 회사 및 제3자에 대한 책임을 부담하도록 하고 있다. 또한 이러한 사실상의 이사가 회사에 대하여 책임을 질 경우에는 대표소송에 관한 규정(상 403조)이 적용되어 이들을 상대로 일정한 주주가 직접 그 책임을 추궁하는 소송을 구할 수 있다(상 401조의2 1항).

이 밖에도 이러한 사실상의 이사의 행위와 관련된 이사도 사실상의 이사와 연대하여 회사 또는 제3자에 대하여 손해배상책임을 부담하게 된다(상 401조의2 2항).

### (8) 이사의 업무 집행에 관한 주주의 직접적 감독

(가) 감독의 필요성

상법은 회사의 업무집행에 있어서 중심적 역할을 하는 이사에 대하여 많은 권리와 권한을 부여하는 한편 적지 않은 의무와 책임을 부담지우고 있는데, 이들의 업무집행에 관한 감시와 감독은 직접적으로 이사회 또는 감사 등의 기관을 통하여 하도록 하고, 주주는 주주총회에서 이사의 선임과 해임 및 재무제표의 승인을 통하여 간접적으로 감시하도록 하고 있다.

그러나 회사의 구성원으로서 주주는 이사의 업무집행행위에 대하여 깊은 이해관계를 가지고 있으므로, 상법은 주주가 주주총회를 통하지 않고 직접적으로 이사를 견제하고 감독하는 방법을 마련하고 있고 있는데, 일부 주주의 무분별한 행사로 인한 회사업무집행의 혼란과 정체를 피하기 위하여 일정한 경우에는 소수주주권으로서 이를 행사하도록 하고 있다.

상법은 주주가 이사의 법령이나 정관에 위반하는 업무집행행위에 대하여, 사전적으로 행위를 중지시키도록 하는 방안으로서 위법행위 유지청구권(상 402조)과 이사의 업무집행행위로 인한 손해에 대하여 사후적으로 책임을 추궁하는 방안으로서 대표소송권(상 403조)을 규정하고 있다.[168]

### (나) 위법행위유지청구권

#### 1) 의 의

위법행위유지청구권은 이사가 법령 또는 정관에 위반한 행위를 하고 이로 인하여 회사에 회복할 수 없는 손해가 생길 염려가 있는 경우에 일정한 자가 회사를 위하여 이사에 대하여 그 행위를 중지할 것을 청구할 수 있는 권리를 말한다(상 402조).[169]

이러한 유지청구권을 행사할 수 있는 청구권자는 감사와 감사위원회 그리고 발행주식총수의 100분의 1에 해당하는 주식을 가진 주주이고, 그 상대방은 법령 혹은 정관에 위반하는 행위를 하려는 이사이다.

주주에게 인정되는 이러한 위법행위 유지청구권은 소수주주권의 하나로서 공익권에 속하므로 의결권이 없는 주식을 가진 주주도 이를 행사할 수 있다. 주주의 경우 이사의 행위가 유지청구의 대상이 되더라도 그 이사에 대하여 유지청구권을 행사할지 여부는 자유로운 의사에 맡겨져 있으나, 감사의 경우에는 그 직무상 이를 게을리 하면 업무해태의 책임을 면할 수 없다고 할 것이다.

> 상법은, 상장회사의 경우에는 6월 전부터 계속하여 상장회사 발행주식총수의 10만분의 50(대통령령이 정하는 상장회사의 경우에는 10만분의 25) 이상에 해당하는 주식을 보유하는 자로 그 조건을 완화하고 있다(상 542조의6 5항). 또한 상법시행령은 대통령령으로 정하는 상장회사는 최근 사업연도 말 자본금이 금 1,000억원 이상인 상장회사로 정하고 있다(시행령 11조).

#### 2) 행사 요건

상법은 이사가 법령 또는 정관에 위반하는 행위를 하여 회사에 회복할 수 없는 손해가 생길 염려가 있는 경우에 유지청구권을 행사할 수 있도록 하고 있다.

법령 또는 정관에 위반하는 행위는 상법 기타 법령이나 정관의 구체적인 규정을 위반하는 경우뿐만 아니라 이사의 선량한 관리자의 주의의무라든가 충실의무를 정한

168) 2011년 4월 14일 개정된 상법은 집행임원에 관한 규정을 신설하면서 이사의 업무집행에 관하여 주주의 직접적 감독으로서 인정되는 위법행위 유지청구권에 관한 규정(상 402조)과 대표소송에 관한 규정(상 403조 내지 406조)을 집행임원에 관하여도 준용하고 있다(상 408조의9).

169) 위법행위유지청구권은 이사의 업무집행행위를 방해한다는 점에서 상법 제407조의 이사에 대한 직무집행정지제도와 유사하기도 하지만, 행위의 정지를 ① 법원에 신청하여야 하는지, ② 이사의 업무 전반에 미치는지, ③ 이사선임이나 이사의 해임에 관한 다툼과 관련하여 신청할 수 있는지 등에서 다르다고 할 것이다.

상법의 일반적 규정을 위반하는 경우도 포함된다고 할 것이고, 또한 이사의 고의인지 과실인지 여부, 그 행위가 유효인지 무효인지 여부, 나아가 그 행위가 불법행위인지 적법행위인지 여부도 묻지 않는다 할 것이다.

회사에 대하여 회복할 수 없는 손해가 발생할 염려는 법률적 측면에서의 손해발생의 가능성 뿐만 아니라 경제적 측면에서 볼 때 일반적인 거래관념에 비추어 볼 때 회복이 불가능한 손해가 발생할 염려가 있으면 충분하다고 할 것이다.

#### 3) 행사 방법

유지청구권은 반드시 소송의 방법을 통하여야 하는 것은 아니고, 그 밖의 어떤 방식으로도 행사할 수 있으므로 단순히 구두 또는 서면에 의한 의사표시로도 가능하지만, 반드시 이사가 법령 또는 정관에 위반한 행위를 하기 전에 하여야 한다.

소송을 통하여 유지청구를 하는 경우의 소의 절차 등에 관하여 상법은 아무런 규정이 없으나, 소송의 성질상 대표소송과 같다고 할 것이므로 상법의 대표소송에 관한 규정을 유추 적용하여야 한다는 것이 일반적 견해라고 할 것이고, 이사에 대한 유지청구의 소를 본안으로 하여 이사의 행위에 대한 유지가처분신청을 할 수도 있는데 이 경우에는 민사집행법상의 임시의 지위를 정하는 가처분으로서 민사집행법에 따라 규율될 것이다(민집법 300조 2항).

#### 4) 행사 효과

주주 등이 의사표시로써 이사에 대하여 어떤 행위의 유지를 청구한 경우에 이사가 이를 무시하고 행위를 하더라도 그 행위의 효력에는 아무런 영향이 없고, 이사에 대한 책임의 문제가 남을 뿐이지만, 이때 이사에 대하여 책임을 추궁하는 사유는 주주 등의 유지청구를 무시하였다는 점이 아니라 이사의 업무집행에 있어서의 잘못에 기인한 것이므로 설령 유지청구를 무시하고 행위를 하였더라도 이사가 업무를 수행함에 있어서 아무런 잘못이 없다면 이사의 책임은 없다고 할 것이다.

결국 주주 등의 유지청구에 응하여 이사가 행위를 유지할 것인지 여부는 이사가 선량한 관리자의 주의의무를 가지고 자신의 책임으로 판단하여 결정하여야 할 것이다.

그러므로 이사가 유지청구에 응하여 행위를 유지하였더라도, 유지청구자체가 부당한 것이어서 유지해서는 아니 되었다거나, 이미 진행된 선행행위가 있었던 경우에 그로 인하여 회사에 손해가 발생한 경우에는 이사가 유지청구에 응하여 자신의 행위를 유지하였는지 여부에 관계없이 회사에 대하여 손해배상책임을 부담하게 되고(상 399조), 반면에 이사가 유지청구를 거부하고 행위를 하는 경우에 그 행위로 인하여 회사에 손해가 발생하였다면 회사에 대하여 손해배상책임(상 399조)을 부담하게 된다.

한편 유지청구의 소에서 이사에게 행위의 유지를 명하는 판결이 있은 경우 그 판결의 효력은 회사에게도 미친다고 할 것이지만(민소법 218조), 이사에 대하여 행위의 유지를 명하는 판결이 있었음에도 이를 무시하고 이사가 행위를 하였다고 하더라도 그 행위가 당연히 무효로 되는 것은 아니다. 다만 회사로서는 이사와 거래한 상대방이 이사에 대한 행위유지판결이 있었음을 알거나 알 수 있었다는 점을 주장하고 증명하여 그 거래의 효력을 부인할 수 있을 것이다.

물론 이 경우에 이사는 회사에 대하여 손해배상 책임을 부담하게 되지만, 그것은 유지청구의 효과로서 당연히 발생하는 것은 아니라 그 행위의 잘못으로 인한 책임이라고 할 것이다.

#### (다) 대표소송

##### 1) 의 의

대표소송은 회사가 이사의 회사에 대한 책임을 추궁하는 소제기를 게을리 하고 있는 경우에 일정한 주주가 회사를 위하여 이사의 책임을 구할 목적으로 제기하는 소송을 말하는데(상 403조 내지 406조), 상법은 이를 발기인(상 324조), 집행임원(상 408조의9), 감사(상 415조), 청산인(상 542조 2항), 불공정가액으로 신주를 인수한 자(상 424조의2), 주주권의 행사와 관련하여 이익을 공여 받은 자(상 467조의2) 등의 책임을 추궁하는 경우에 준용하고 있다.

대표소송은 일정비율의 주식을 보유한 주주가 공익권의 행사로서 회사의 이익을 위하여 소송을 제기하는 것으로서 제3자의 소송담당의 한 형태라고 할 것이므로 회사가 이미 이사를 상대로 소를 제기하였음에도 불구하고 주주가 대표소송을 제기한 경우에는 부적법 각하를 면하지 못할 것이다.

##### 2) 소의 당사자

대표소송을 제기할 수 있는 자는 발행주식총수의 100분의 1 이상에 해당하는 주식을 가진 주주인데(상 403조 3항, 1항),[170] 주주에게 인정되는 이러한 대표소송권은 소수주주권의 하나로서 공익권에 속하므로 의결권 없는 주식을 가진 주주도 이를 행사할 수 있고, 이사의 책임발생 당시의 주주가 아니고 그 이후에 주식을 취득한 경우라도 무방하지만, 제소하였던 주주가 주식을 양도한 경우에는 주주의 자격을 상실하게 되어 당사자적격이 없게 되므로 소송요건의 흠결을 이유로 소가 각하될 것이다.

---

170) 대법원 2011.5.26. 선고 2010다22552 판결은 타인명의로 주식을 인수한 경우에는 명의차용인이 대표소송을 제기할 수 있는 주주에 해당한다고 판시하고 있다.

대표소송을 제기하는 권리는 공익권으로서 주주의 일신전속적 권리로서의 성질을 가진다고 할 것이고, 주식을 양수하였다고 하여 대표소송의 소송목적인 권리를 승계하였다고 할 수 없으므로 주식양수인이라도 소송참가(민소법 81조)하거나 소송인수(민소법 82조)를 하지 못 한다고 할 것이다. 다만 소송계속중 주주가 사망한 경우에는 그 상속인에게 소송절차의 승계를 인정하여야 한다는 견해[171]도 있으나 대표소송제기권의 일신전속적 성질에 비추어 볼 때 인정할 수 없다고 할 것이다.

상법은 상장회사의 경우에 6월 전부터 계속하여 상장회사 발행주식총수의 1만분의 1 이상에 해당하는 주식을 보유하는 자로 그 조건을 완화하고 있다(상 542조의6 6항).

상법은 소를 제기하였던 주주의 보유주식이 소 제기 후 발행주식총수의 100분의 1 미만으로 감소되었더라도 소제기의 효력은 유지되나(상 403조 5항), 주식을 1주도 보유하지 않게 되었거나 혹은 대표소송을 제기한 주주 중 일부가 주식을 전혀 보유하지 아니하게 되어 주주의 지위를 상실하게 된 경우에는 원고의 주주요건을 유지하지 못한 부적법한 소로서 각하판결을 면하지 못할 것이다.[172] 다만 이러한 경우라도 계속 중인 대표소송에 다른 주주 혹은 회사로 하여금 공동소송참가를 하도록 하여 소송을 진행할 수 있다고 할 것이다.[173]

또한 파산한 회사에서는 파산관재인이 당사자적격(채무자회생법 359조)과 파산재산을 관리처분하는 권리(채무자회생법 384조)를 가지게 되므로 주주에게는 대표소송제기권은 인정되지 아니한다고 할 것이다.[174]

---

171) 최기원 538면은 주주총회결의취소의 소와 관련하여 제소주주가 사망한 경우에는 상속에 의하여 주식을 취득한 자에게 소송승계를 허용하여야 한다고 주장한다.

172) 대법원 2013.9.12. 선고 2011다57869 판결은, “대표소송을 제기한 주주 중 일부가 주식을 처분하는 등의 사유로 주식을 전혀 보유하지 아니하게 되어 주주의 지위를 상실하면, 특별한 사정이 없는 한 그 주주는 원고적격을 상실하여 그가 제기한 부분의 소는 부적법하게 되고, 이는 함께 대표소송을 제기한 다른 원고들이 주주의 지위를 유지하고 있다고 하여 달리 볼 것은 아니다”라고 판시하고 있다.

173) 대법원 2002.3.15. 선고 2000다9086 판결은, “원고 주주들이 주주대표소송의 사실심 변론종결시까지 대표소송상의 원고 주주요건을 유지하지 못하여 종국적으로 소가 각하되는 운명에 있다고 할지라도 회사인 원고 공동소송참가인의 참가시점에서는 원고 주주들이 적법한 원고적격을 가지고 있었다고 할 것이어서 회사인 원고 공동소송참가인의 참가는 적법하다고 할 것이고, 뿐만 아니라 원고 주주들의 주주대표소송이 확정적으로 각하되기 전에는 여전히 그 소송계속 상태가 유지되고 있는 것이어서, 그 각하판결 선고 이전에 회사가 원고 공동소송참가를 신청하였다면 그 참가 당시 피참가소송의 계속이 없다거나 그로 인하여 참가가 부적법하게 된다고 볼 수는 없다”고 판시하고 있다.

174) 대법원 2002.7.12. 선고 2001다2617 판결은, “회사에 대한 파산선고가 있으면 파산관재인이 당사자 적격을가지고, 파산절차에 있어서 회사의 재산을 관리·처분하는 권리는 파산관재인에게 속하며, 파산관재인은 법원의 감독하에 선량한 관리자의 주의로써 그 직무를 수행할 책무를 부담하고 그러한 주의를 해태한 경우에는 이해관계인에 대하여 책임을 부담하게 되기 때문에 이사 또는 감사에 대한 책임을 추궁하는 소에 있어서도 이를 제기할 것인지의 여부는 파산관재인의 판단에 위임되어 있다고 해석하여야 할 것이므로 회사가 이사 또는 감사에 대한 책임추궁을 게을리 할 것을 예상하여 마련된 주주의 대표소송의 제도는 파산절차가 진행중인 경우에는 그 적용이 없다”고 판시하고 있다.

대표소송의 상대방이 되는 이사는 회사에 손해배상책임을 부담하고 있는 이사이므로 퇴직한 이사라도 상대방이 될 수 있다고 할 것이고 이때에 회사가 주주대표소송에 참가하는 경우, 상법 제394조 1항의 적용이 배제되어 회사를 대표하는 자는 감사가 아닌 대표이사라고 할 것이다.[175)]

지배회사의 주주가 종속회사의 이사에 대하여 책임을 추궁하기 위한 대표소송, 이른바 이중대표소송(중복대표소송)을 제기할 수 있는지에 관하여 대법원은 이를 부정하고 있다.[176)] 자회사의 지배주주인, 모회사를 경영하는 이사 등으로 하여금 자회사의 이사와의 관계 등을 고려할 때 자회사의 이사 등의 책임을 추궁하도록 기대하는 것이 실질적으로 어렵다고 할 것이므로 모회사 주주의 권한강화라는 측면에서 그 필요성이 인정되어 이러한 대표소송을 인정할 것인지에 관하여 이론적으로 많은 논의가 있으나, 결국 입법적으로 해결할 문제라고 생각된다. 일본의 경우에도 2014년 회사법 개정을 통하여 일정한 조건에서 이른바 다중대표소송을 한정적으로 인정하게 되었다(일본 회사법 847조의3).

3) 소 제기 요건

상법은 이사가 회사에 책임을 부담하고 있다고 하여 주주 등이 곧바로 대표소송을 제기할 수 있도록 하고 있지는 않다. 일단 회사가 이사의 책임을 추궁하지 않고 있는 상황에서 주주들이 회사에 대하여 이사의 책임을 추궁할 소를 제기할 것을 청구하였음에도 불구하고 회사가 이에 응하지 않았을 때 비로소 주주들이 대표소송을 제기할 수 있도록 하고 있다(상 403조 1항, 3항).

그러므로 이사가 부담하는 책임은 회사에 대하여 부담하는 책임에 한정되는데 구체적으로 이사가 부담하는 책임의 범위에 관하여, 주주들에 의한 소송남용을 방지하기 위하여 이사가 회사에 대하여 부담하는 손해배상책임과 자본충실의 책임에 한정하여야 한다는 견해도 있지만, 일반적 견해는 주주에게 인정되는 대표소송권은 직접적으로 이사를 견제하고 감시하기 위한 목적에서 인정되는 공익권이라고는 하지만, 이사의 회사에서의 지위와 역할로 인하여 회사가 이사에 대한 책임추궁을 하지 않아서 회사가 입게 되는 손해를 방지하여 주주의 이익을 도모하고자 하는 목적도 있으므로 이사의 책임 범위를 제한하지 않고 널리 이사가 회사에 대하여 부담하는 일반거래상

175) 대법원 2002.3.15. 선고 2000다9086 판결.

176) 대법원 2004.9.23. 선고 2003다49221 판결은, "어느 한 회사가 다른 회사의 주식의 전부 또는 대부분을 소유하여 양자간에 지배종속관계에 있고, 종속회사가 그 이사 등의 부정행위에 의하여 손해를 입었다고 하더라도, 지배회사와 종속회사는 상법상 별개의 법인격을 가진 회사이고, 대표소송의 제소자격은 책임추궁을 당하여야 하는 이사가 속한 당해 회사의 주주로 한정되어 있으므로, 종속회사의 주주가 아닌 지배회사의 주주는 상법 제403조, 제415조에 의하여 종속회사의 이사 등에 대하여 책임을 추궁하는 이른바 이중대표소송을 제기할 수 없다"고 판시하고 있다.

의 채무를 포함한 모든 책임이라고 보고 있다.

한편 상법은 대표소송의 소 제기 전의 절차로서 주주들로 하여금 우선 회사에 소를 제기할 것을 청구하도록 하면서 회사에 대하여 30일의 고려기간을 주도록 하고 있다(상 403조 1항 내지 3항). 다만 이러한 고려기간의 경과로 인하여 이사에 대한 채권의 시효가 완성되거나, 이사가 도피하거나 재산을 처분하는 경우 등과 같이 법률상 또는 사실상으로 이사에 대한 책임추궁이 불가능하게 되거나 실익이 없게 되어 회사에 대하여 회복할 수 없는 손해가 염려되는 경우에는 즉시 소를 제기할 수 있도록 하고 있다(상 403조 4항).

#### 4) 소송 절차

상법은 대표소송의 관할법원은 회사 본점소재지의 지방법원의 전속관할로 하고 있으며(상 403조 7항, 186조), 피고가 된 이사는 원고인 소수주주의 악의를 소명하여 원고에게 상당한 담보를 제공하게 할 것을 청구할 수 있도록 규정하고 있다(상 403조 7항, 176조 3항, 4항).

또한 대표소송은 일정한 주주가 원고가 되어 자신의 이름으로 제3자인 회사와 주주 전체의 이익을 위하여 소송 제기하는 경우로서 그 판결의 효과는 회사에도 미치게 되므로 상법은 지체 없이 회사에 대하여 소송고지를 하도록 규정하고 있다(상 404조 2항).

또한 회사는 소수주주가 제기한 대표소송에 참가할 수 있도록 규정하고 있는데(상 404조 1항), 회사는 당사자적격을 상실하지 않고 기판력도 미치게 되므로 이러한 소송참가는 공동소송적 참가라고 할 것이다(민소법 83조).[177] 다만 다른 주주는 이미 제기된 대표소송의 반사효로서 중복적으로 동일한 소송제기가 제한받게 되고 그 판결에 반하는 주장이 제한되므로 공동소송적 보조참가를 할 수밖에 없다.

이 밖에도 상법은 대표소송의 성질에 비추어 주주의 소제기청구에 의하여 회사가 소송을 제기하였거나(상 403조 1항의 경우) 혹은 회사가 이에 응하지 아니하여 주주가 소송을 제기한 경우(상 403조 3항, 4항의 경우)에 당사자는 법원의 허가를 얻지 아니하고는 소의 취하, 청구의 포기, 인낙, 화해 등 소 제기 후의 임의적 처분을 금지하고 있다(상 403조 6항).

#### 5) 판결의 효과

대표소송의 결과 원고가 승소한 경우에 그 판결의 효력은 당연히 회사에 미치게

---

177) 대법원 2002.3.15. 선고 2000다9086 판결은, "상법 제404조 제1항에서 규정하고 있는 회사의 참가는 공동소송참가를 의미하는 것으로 해석함이 타당하다"고 판시하고 있다.

되므로(민소법 218조 3항), 상법은 소를 제기한 주주가 지출한 소송비용 등을 회사에 청구할 수 있도록 하고 있고(상 405조 1항 전단),[178] 이를 지급한 회사는 이사에 대하여 그 비용을 구상할 수 있도록 하는(상 405조 1항 후단) 한편, 원고가 패소한 경우에도 악의가 없는 한 과실이 있다고 해도 회사에 대하여 손해배상책임을 부담하지 않도록 하고 있다(상 405조 2항).

또한 대표소송에 대한 판결의 효력은 회사는 물론이고 다른 주주의 이해에 깊이 관련되어 있음에도 불구하고 원고인 주주와 피고인 이사가 공모를 하여 재판을 왜곡시킬 우려가 있는 점을 고려하여 상법은 민사소송법상의 재심의 소에 대한 특별규정을 두어 1주를 가진 단독주주라도 재심의 소를 제기할 수 있도록 하고 있다. 그러나 재심의 소에 관한 관할법원이나 재심제기기간 등 절차에 관하여는 아무런 규정을 두고 있지 않기 때문에 당연히 민사소송법의 규정이 적용될 것이다(민소법 453조, 456조).

## 다. 이사회

### (1) 이사회의 법적 지위

이사회는 이사 전원으로 구성되는 회사의 필요적 상설기관으로서 상법과 정관에 따라 회사의 업무집행에 관한 의사를 결정하고(상 393조 1항), 이사의 직무 집행에 관하여 감시와 감독을 하는 권한을 가지고 있다(상 393조 2항).

이사회는, 주주총회로부터 독립적으로, 이사들의 회의체로서 토론과 표결을 통하여 업무 집행에 관한 의사를 독자적으로 결정하게 되지만 그 결정에 따라 실제로 업무는 대표이사 또는 집행임원이 집행하게 된다. 또한 이사의 직무 집행에 대한 감시는 그 적법성뿐만 아니라 그 타당성까지도 포함한다는 점에서 감사가 담당하는 이사의 직무집행에 대한 감시와 구별된다고 할 것이다.

상법이 정하는 자본금 총액이 10억 미만의 회사로서 이사를 1인 또는 2인을 둔 소규모회사의 경우에는 이사회를 구성할 수가 없으므로 상법이 정하는 이사회의 기능과 역할을 주주총회가 담당하도록 하거나(상 383조 4항 전단) 각 이사로 하여금 이를 담당하도록 하고 있다(상 383조 6항).

---

178) 소송의 결과를 항상 예측할 수 있는 것은 아니므로 승소한 경우에만 회사가 소송비용을 부담토록 한 것은 자칫 대표소송을 제기하는 것을 망설이게 할 우려가 적지 않고 한편 대표소송을 패소한 경우에도 회사가 비용을 부담하도록 하는 것도 남소의 우려가 있고 자칫 일부 주주가 이사를 협박하여 합의금 등을 노리는 남소행위에 대표소송을 악용할 우려도 있다. 아무튼 회사가 관련된 소송에 있어서 소송비용의 부담 특히 변호사 비용의 부담과 관련해서는 대법원 2008.6.26. 선고 2007도9679 판결, 대법원 2009.2.12. 선고 2008다74895 판결, 대법원 2011.9.29. 선고 2011도4677 판결 등을 참조할 것.

### (2) 이사회의 권한

상법 제393조 1항에서 회사의 업무집행에 관한 의사를 결정하는 이사회의 권한으로서 중요한 자산의 처분 및 양도,[179] 대규모 재산의 차입, 지배인의 선임 또는 해임과 지점의 설치 이전 폐지 등을 예시적으로 열거하고 있으나, 그 이외에도 상법 또는 정관에 의하여 주주총회의 권한사항으로 규정되어 있는 것을 제외한, 업무집행에 관한 의사를 결정할 권한은 이사회에 속한다고 할 것이다. 또한 이사회는 대표이사를 선정하거나(상 389조 1항 본문) 집행임원을 선임하는 등(상 408조의2 3항 1호) 자신의 업무집행에 관한 의사결정에 따라 업무를 집행할 업무집행기관을 구성할 권한이 있다.

상법은 영업의 양도나 양수의 경우에는 주주총회의 특별결의 대상으로 규정(상 374조 1항)하는 한편 중요한 자산의 처분 및 양도는 이사회의 권한으로 규정(상 393조 1항)하고 있으나, 대법원은 회사의 영업 자체가 아닌 개별재산이라고 하더라도 그로 인하여 영업을 양도하거나 폐지되는 것과 같은 결과를 가져올 경우에는 주주총회의 특별결의를 요한다고 판시하고 있다.

다만 대표이사의 선임(상 389조 1항), 신주의 발행(상 416조), 준비금의 자본전입(상 461조 1항), 전환사채의 발행(상 513조 2항), 신주인수권부사채의 발행(상 516조의2 2항)에 관한 사항은 이사회의 권한사항이더라도 정관으로 총회의 권한사항으로 전환할 수 있도록 상법은 규정하고 있다.

한편 상법 제393조 2항에서는 이사의 직무집행을 감독할 권한이 이사회에 있음을 명시적으로 규정하고 있는데, 이사회에서 대표이사의 선임권을 가지고 있음(상 389조 1항)에 비추어 보더라도 당연하다고 할 것이다.

이사회가 가지는 이사의 직무집행에 관한 감시 감독권한은 이사회의 의사결정에 따른 업무를 집행뿐만 아니라 이사가 수행하는 모든 일반적인 직무를 포함하므로 실제로 업무를 집행하지 아니하고 단순히 이사회의 일원인 이사의 직무에 대하여도 그 권한이 미치게 된다.

이사회의 업무집행을 원활히 하기 위하여 상법은 이사로 하여금 3월에 1회 이상 업무집행상황을 이사회에 보고하도록 하고 있고(상 393조 4항), 필요한 경우 대표이사로 하여금 다른 이사 또는 피용자의 업무에 관하여 이사회에 보고할 것을 요구할 수

179) 대법원 2011.4.28. 선고 2009다47791 판결은, "중요한 자산의 처분에 해당하는지 아닌지는 당해 재산의 가액, 총자산에서 차지하는 비율, 회사의 규모, 회사의 영업 또는 재산의 상황, 경영상태, 자산의 보유목적, 회사의 일상적 업무와 관련성, 당해 회사의 종래 취급 등에 비추어 대표이사의 결정에 맡기는 것이 타당한지 여부에 따라 판단하여야 하고, 중요한 자산의 처분에 해당하는 경우에는 이사회가 그에 관하여 직접 결의하지 아니한 채 대표이사에게 그 처분에 관한 사항을 일임할 수 없으므로 이사회규정상 이사회 부의사항으로 정해져 있지 않더라도 반드시 이사회의 결의를 거쳐야 한다고 판시하고 있다.

있도록 하고 있다(상 393조 3항).

또한 집행임원을 두기로 한 경우에 회사의 업무집행은 집행임원에 의하여 이루어지는데 이사회는 이러한 집행임원의 선임과 해임 그리고 업무집행의 범위, 감독 등 그 업무의 전반에 관한 권한을 갖고(상 408조의2 3항), 이를 위하여 집행임원에게 이사회에 대한 보고의무를 부과(상 408조의6)하는 한편 집행임원에게 이사회소집청구를 할 수 있도록 하고 있다(상 408조의7 1항).

### (3) 이사회의 소집

이사회는 원칙적으로 각 이사가 소집할 수 있으나 이사회 결의로 이사회를 소집할 이사를 정할 수도 있다(상 390조 1항). 실무상 정관에서 대표이사에게 소집권을 부여하거나 소집권을 행사할 이사의 순위를 정하고 있는 경우가 적지 않다. 소집권자로 지정되지 아니한 이사도 소집권 있는 이사에게 소집을 요구할 수 있는데 이때 소집권 있는 이사가 정당한 이유 없이 이사회소집을 거절하는 경우에는 다른 이사가 이사회를 소집할 수 있다(상 390조 2항).

또한 집행임원(상 408조의7)과 감사(상 412조의4)도 회의의 목적사항과 소집이유를 적은 서면을 이사 혹은 소집권 있는 이사에게 제출하여 이사회소집을 청구할 수 있고, 이사 혹은 소집권이 있는 이사가 지체 없이 이에 응하지 않으면 집행임원이나 감사는 이사회를 소집할 수 있다. 다만 집행임원의 경우에는 이사회를 소집하기에 앞서서 법원의 허가를 받도록 하고 있다(상 408조의7 2항).

한편 이사회는 정하여진 회일 1주일 전에 각 이사 및 감사에게 소집통지를 하여야 하나 정관으로 이 통지기간을 단축할 수 있고(상 390조 3항), 이사 및 감사 전원의 동의가 있는 때에는 소집통지가 없었더라도 언제든지 이사회를 개최할 수 있다(상 390조 4항).

소집통지를 받지 아니하여 이사가 출석하지 못한 채 이루어진 이사회 결의는 무효이고 설령 그 이사가 소집통지를 받았을지라도 출석하지 않았을 것이라든가, 출석하였더라도 이사회 결의의 결과에 아무런 영향을 미치지 못하였을 것이라는 사정이 있더라도 마찬가지로 해석하여야 할 것이다.[180] 다만, 이사가 소집통지를 받지 않았음에

180) 대법원 1992.4.14. 선고 90다카22698 판결은 "이사 3명 중 회사의 경영에 전혀 참여하지 않고 경영에 관한 모든 사항을 다른 이사들에게 위임하여 놓고 그들의 결정에 따르며 필요시 이사회 회의록 등에 날인만 하여 주고 있는 이사에 대한 소집통지 없이 열린 이사회에서 한 결의는 위 이사가 소집통지를 받고 참석하였다 하더라도 그 결과에 영향이 없었다고 보여지므로 유효하다"고 판시하고 있는데 이를 반대로 해석하면 실제로 경영에 참여하는 이사에게 소집통지를 하지 아니한 채로 개최되었다면 설령 적법한 소집통지를 받지 못한 이사가 출석하여 반대의 표결을 하였던들 이사회결의의 성립에 영향이

도 출석하거나 이의를 진술하지 않으면 그 하자는 치유된다고 할 것이다.

이사회의 소집통지에는 회의의 일시와 장소가 기재되어야 함은 당연하다고 할 것이다. 그런데 소집통지에 회의의 목적사항을 포함시키도록 하고 있는 주주총회의 경우(상 363조 2항)와 달리 이사회의 소집통지에 관하여는 아무런 규정이 없는 관계로 견해의 대립이 있다. 이에 관하여 이사회는 상무회와 다르고, 사외이사의 경우에는 회사의 현안사항에 관하여 정통하고 있다고 할 수도 없으므로 회의의 목적사항도 통지하여야 한다는 견해도 있지만, 회의의 목적사항을 미리 통지하지 아니하면 이사회에서의 심의와 의결에 현저한 지장을 초래하지 않는 한 이사회의 소집통지를 함에 있어서 회의 목적사항을 기재하지 아니하여도 무방하다고 할 것이다.[181]

### (4) 이사회의 결의

이사회는 회의체이므로 이사회의 결의는 구체적인 토론과 회의를 통하여 표결로써 도출될 것이 요구된다. 그러므로 이사가 직접 이사회에 출석하여 표결하여야 하고 대리출석이나 대리표결은 허용되지 않고, 그 표결방식도 기명투표 방식에 의하여야 하고 서면을 통한 회람이나 서면결의는 인정되지 않는다.[182] 다만 상법은 통신수단의 발전에 발맞추어, 모든 이사가 음성을 동시에 송수신하는 원격통신수단에 의하여 결의에 참가하는 경우에는 직접 이사회에 출석하지 아니하였더라도 출석한 것으로 인정하고 있다(상 391조 2항).[183]

이사회의 결의는 이사 과반수의 출석과 출석이사의 과반수로 하게 되며,[184] 정관으로 그 비율을 가중하는 것은 가능하지만(상 391조 1항),[185] 경감할 수는 없다고 할

---

없었다고 하더라도 그 이사회결의는 당연 무효라고 해석되는데, 비록 학교법인에 관한 판결이기는 하지만 대법원 2008.5.15. 선고 2008다3534 판결에서 대법원은 이와 동일한 내용의 판결을 하였다.

181) 대법원 2011.6.24. 선고 2009다35033 판결은, "이사회 소집통지를 할 때에는, 회사의 정관에 이사들에게 회의의 목적사항을 함께 통지하도록 정하고 있거나 회의의 목적사항을 함께 통지하지 아니하면 이사회에서의 심의·의결에 현저한 지장을 초래하는 등의 특별한 사정이 없는 한, 주주총회 소집통지의 경우와 달리 회의의 목적사항을 함께 통지할 필요는 없다"고 판시한다.

182) 대법원 1982.7.13. 선고 80다2441 판결은, "이사회는 주주총회의 경우와는 달리 원칙적으로 이사 자신이 직접 출석하여 결의에 참가하여야 하며 대리인에 의한 출석은 인정되지 않고 따라서 이사가 타인에게 출석과 의결권을 위임할 수도 없는 것"이라고 판시한다.

183) 2011년 4월 14일 개정된 상법은 종전의 "동영상 및 음성을 동시에 송수신하는 통신수단"을 "음성을 동시에 송수신하는 원격통신수단"으로 개정함으로써 비록 동영상을 송수신하지 않더라도 이사회결의가 가능하게 되었으나 음성의 송수신 없이 다자간 문자에 의한 채팅방식의 회의는 인정되지 않는다고 할 것이다.

184) 대법원 1995.4.11. 선고 94다33903 판결은, "재적 6명의 이사 중 3인이 참석하여 참석이사의 전원의 찬성으로 연대보증을 의결하였다면 위 이사회의 결의는 과반수에 미달하는 이사가 출석하여 상법 제391조 제1항 본문 소정의 의사정족수가 충족되지 아니한 이사회에서 이루어진 것으로 무효"라고 판시한다.

185) 이사에게 거부권을 부여하기 위한 목적에서 이사회 결의는 전원의 동의가 필요하다는 정함을 할 수 있다는 견해(최기원 605면)도 있지만, 1인의 이사에게 거부권을 인정하는 것은 단순한 결의 비율을 높게

것이다. 이사뿐만 아니라 임시이사(상 386조 2항) 혹은 이사직무대행자(상 407조 1항)와 같이 이사의 권한을 행사하는 자도 의결권이 있으나 이사회의 결의사항과 특별한 이해관계를 가지는 이사는 의결권을 행사할 수 없으므로(상 391조 3항, 368조 3항) 이사회의 의사정족수에는 산입되지만 의결정족수에는 산입되지 아니한다(상 391조 3항, 371조 2항).[186)]

이사회 결의사항에 관한 특별한 이해관계라고 함은 주주총회에서 이미 설명한 바와 같이 이를 개인법상의 이해관계라고 해석하는 일반적 견해와 대법원의 입장에 의할 때 경업의 허가 또는 자기거래의 허가 등을 구하는 이사는 특별한 이해관계인이라고 할 것이지만, 해임결의의 대상인 대표이사는 이해관계인이라고 할 수 없다.

이사회 결의를 위한 정족수는 회의 개최 및 토의 그리고 표결에 이르기까지 유지되어야 하고, 결의요건 충족 여부는 결의시를 기준으로 판단하여야 한다.[187)]

결의사항에 관하여 찬성과 반대가 동수일 경우의 처리방법에 관하여 견해의 대립은 있으나 의결권을 행사할 수 있는 자는 동등하게 1개의 의결권을 가지므로 그런 경우에는 부결된 것으로 처리하여야 하고 설령 정관이 의장이나 특정한 이사에게 결정권을 주는 것으로 정하고 있다고 하더라도 그러한 정관의 규정은 무효라고 할 것이다.

이사회 의장은 정관으로 정할 수 있고 실무상 대표이사가 의장이 되는 경우가 많은데 집행임원을 두는 회사에 있어서는 대표이사를 두지 못하게 되므로 상법은 이 경우에 이사회 의장을 두도록 정하면서, 이사회 의장은 정관으로 정하거나 이사회의 결의로 선임하도록 하고 있다(상 408조의2 4항). 특히 집행임원이 소집한 이사회의 경우에는 이해관계자의 청구나 법원이 직권으로 이사회 의장을 선임하도록 하고 있다(상 408조의7 2항 2문).

상법은 이사회의 의사에 관하여 의사의 안건, 경과요령, 그 결과, 반대하는 자와 그 반대이유를 기재하고 출석한 이사 및 감사가 기명날인 또는 서명한 의사록을 작성하여야 하고, 주주는 영업시간 내에 이를 열람 또는 등사를 청구할 수 있도록 정하고 있는데(상 391조의3),[188)] 이는 이사회 의사의 과정 및 결과의 증거가 되고, 회사 또는

---

정하는 것과는 다른 문제라 할 것이므로 허용되지 않는다고 할 것이다.

186) 대법원 2009.4.9. 선고 2008다1521 판결은 "민법상 법인의 경우에 이사회에서 결의사항에 이해관계를 갖는 이사의 경우 의미는 제371조 제2항의 유추해석상 이해관계 있는 이사는 이사회에서 의결권을 행사할 수는 없으나 의사정족수 산정의 기초가 되는 이사의 수에는 포함되고, 다만 결의 성립에 필요한 출석이사에는 산입되지 아니한다고 풀이함이 상당하다"고 판시하고 있다.

187) 대법원 2003.1.24. 선고 2000다20670 판결.

188) 대법원 2013.11.28. 선고 2013다50367 판결은, "상법 제391조의3 제3항, 제4항에 의하면 주주는 영업시간 내에 이사회 의사록의 열람 또는 등사를 청구할 수 있으나, 회사는 그 청구에 대하여 이유를 붙여

제3자의 이사에 대한 책임을 추궁하기 위한 자료가 되기 때문이라고 생각된다. 그래서 상법은 이사회 결의에 참가한 이사로서 이의를 한 기재가 의사록에 없는 자는 그 결의에 찬성한 것으로 추정하고 있으므로(상 399조 3항, 401조 2항), 의안에 대하여 기권을 한 자도 결의에 찬성한 것으로 추정하게 된다고 할 것이다.

◈ 대법원 2014.7.21. 자 2013마657 결정[189)]

상법 제391조의3 제3항, 제466조 제1항에서 규정하고 있는 주주의 이사회 의사록 또는 회계 장부와 서류 등에 대한 열람·등사청구가 있는 경우, 회사는 청구가 부당함을 증명하여 이를 거부할 수 있는데, 주주의 열람·등사권 행사가 부당한 것인지는 행사에 이르게 된 경위, 행사의 목적, 악의성 유무 등 제반 사정을 종합적으로 고려하여 판단하여야 하고, 특히 주주의 이와 같은 열람·등사권 행사가 회사업무의 운영 또는 주주 공동의 이익을 해치거나 주주가 회사의 경쟁자로서 취득한 정보를 경업에 이용할 우려가 있거나, 또는 회사에 지나치게 불리한 시기를 택하여 행사하는 경우 등에는 정당한 목적을 결하여 부당한 것이라고 보아야 한다.

주주가 회사의 이사에 대하여 대표소송을 통한 책임추궁이나 유지청구, 해임청구를 하는 등 주주로서의 권리를 행사하기 위하여 이사회 의사록의 열람·등사가 필요하다고 인정되는 경우에는 특별한 사정이 없는 한 그 청구는 회사의 경영을 감독하여 회사와 주주의 이익을 보호하기 위한 것이므로, 이를 청구하는 주주가 적대적 인수·합병을 시도하고 있다는 사정만으로 청구가 정당한 목적을 결하여 부당한 것이라고 볼 수 없고, 주주가 회사의 경쟁자로서 취득한 정보를 경업에 이용할 우려가 있거나 회사에 지나치게 불리한 시기를 택하여 행사하는 등의 경우가 아닌 한 허용되어야 한다.

(같은 취지: 대법원 2004.12.24. 자 2003마1575 결정)

### (5) 이사회 결의의 하자

상법은 주주총회의 경우와 달리 이사회의 경우에는 그 소집절차라든가 결의방법이 법령, 정관 등에 위반하거나 현저히 불공정하거나 혹은 결의내용이 법령, 정관, 사

---

거절할 수 있고, 그 경우 주주는 법원의 허가를 얻어 이사회 의사록을 열람 또는 등사할 수 있는바, 상법 제391조의3 제4항의 규정에 의한 이사회 의사록의 열람 등 허가사건은 비송사건절차법 제72조 제1항에 규정된 비송사건이므로 민사소송의 방법으로 이사회 회의록의 열람 또는 등사를 청구하는 것은 허용되지 않는다"고 판시하여 이사록의 열람 또는 등사의 청구는 비송사건임을 판시하고 있다.

189) 이 대법원 판결은, A회사의 주식을 대량으로 매집하여 지분율을 끌어 올려온 B회사가 A회사의 특정한 영업부분을 인수할 의도로 A회사가 체결한 파생상품계약 등의 정당성을 문제 삼으면서 A회사 이사회 의사록의 열람·등사를 청구한 사안인데, 대법원은 B회사가 이사에 대한 대표소송 등 주주로서의 권리를 행사하기 위하여 이사회 의사록의 열람·등사가 필요하고, B회사가 이사회 의사록으로 취득한 정보를 경업에 이용할 우려가 있다거나 A회사에 지나치게 불리한 시기에 열람·등사권을 행사하였다고 볼 수 없으므로 B회사의 열람·등사청구가 A회사에 대한 압박만을 위하여 행하여진 것으로서 정당한 목적을 결한 부당한 청구가 아니라고 판단하였다.

회질서에 위반하는 등의 하자가 있을 경우에 관하여 그 하자의 내용이나 주장방법에 관한 특별한 규정을 두고 있지 않으므로 그 하자의 내용과 주장방법은 민법과 민사소송법에 따르게 될 것이다. 이사회 결의의 하자는 결의 절차와 내용의 하자로 인하여 이사회결의의 효력을 인정할 수 없는 경우를 의미하고 부존재는 그 하자가 너무 심해서 도저히 이사회의 결의가 있다고 볼 수 없는 경우를 의미한다고 할 것이다. 결의의 무효이든 부존재이든 그러한 사유가 있다면 누구든지, 언제라도 그리고 어떠한 방법으로도 회사에 대하여 무효의 주장을 하는 것이 가능하다고 할 것이고,[190] 모두 확인의 소라는 형태로 주장을 하게 되므로 실무상 나누어 볼 실익은 크지 않다고 할 것이다. 이처럼 이사회의 결의에 하자가 있는 경우에 이를 민사소송법상의 확인의 소에 의하여 이사회 결의의 부존재 혹은 무효를 주장하는 경우에는 당연히 원고적격과 확인의 이익을 갖추어야 할 것이다.[191][192] 또한 이사회결의무효확인소송의 경우에는 소송의 목적이 당사자 일방과 제3자에 대하여 합일적으로 확정될 경우가 아니어서 제3자는 공동소송참가를 할 수도 없다고 판시하고 있다.[193]

대법원은 일부이사에 대한 소집통지 없이 이루어진 이사회 결의(대법원 2007.2.22. 선고 2005다77060 판결), 이사가 의결권을 위임하여 이루어진 이사회 결의(대법원 1982.7.13. 선고 80다2441 판결), 주주의 의결권행사를 불가능하게 하거나 현저히 곤란하게 하는 것을 내용으로 하는 이사회결의(대법원 2011.6.24. 선고 2009다35033 판결) 등은 그 이사회 결의가 무효라고 하고 있다.

이사회 결의의 무효가 법원에 의하여 확정되더라도 그 판결의 효력은 소송의 당사자 사이에서만 발생하는 것이지 대세적 효력이 있다고 볼 수는 없고, 판결의 소급효도 제한되지 않는다 할 것이다.

---

190) 대법원 1982.7.13. 선고 80다2441 판결.

191) 대법원 1982.9.14. 선고 80다2425 전원합의체 판결은, "주식회사의 이사회결의는 회사의 의사결정이고 회사는 그 결의의 효력에 관한 분쟁의 실질적인 주체라 할 것이므로 그 효력을 다투는 사람이 회사를 상대로 하여 그 결의의 무효확인을 소구할 수 있다 할 것이나 그 이사회결의에 참여한 이사들은 그 이사회의 구성원에 불과하므로 특별한 사정이 없는 한 이사개인을 상대로 하여 그 결의의 무효확인을 소구할 이익은 없다"고 판시한다.

192) 대법원 2007.4.26. 선고 2005다38348 판결은, "이사회의 결의로써 대표이사직에서 해임된 사람이 그 이사회 결의가 있은 후에 개최된 유효한 주주총회 결의에 의하여 이사직에서 해임된 경우, 그 주주총회가 무권리자에 의하여 소집된 총회라는 하자 이외의 다른 절차상, 내용상의 하자로 인하여 부존재 또는 무효임이 인정되거나 그 결의가 취소되는 등의 특별한 사정이 없는 한 대표이사 해임에 관한 이사회결의에 어떠한 하자가 있다고 할지라도, 그 결의의 부존재나 무효확인 또는 그 결의의 취소를 구하는 것은 과거의 법률관계 내지 권리관계의 확인을 구하는 것에 귀착되어 확인의 소로서 권리보호요건을 결여한 것이다"라고 판시한다.

193) 대법원 2001.7.13. 선고 2001다13013 판결.

◆ 대법원 1988.4.25. 선고 87누399 판결[194)]

이사회의 결의에 하자가 있는 경우에 관하여 상법은 아무런 규정을 두고 있지 아니하나 그 결의에 무효사유가 있는 경우에는 이해관계인은 언제든지 또 어떤 방법에 의하든지 그 무효를 주장할 수 있다고 할 것이지만 이와 같은 무효주장의 방법으로서 이사회결의무효확인소송이 제기되어 승소확정판결을 받은 경우, 그 판결의 효력에 관하여는 주주총회결의무효확인소송 등과는 달리 상법 제190조가 준용될 근거가 없으므로 대세적 효력은 없다.

또한 상법은 이사회가 신주발행에 관한 결의, 사채발행에 관한 결의 또는 이사의 자기거래행위의 승인에 관한 결의, 지배인의 해임 등에 관한 결의를 함에 있어서 하자가 있었음에도 불구하고 이러한 하자있는 이사회의 결의에 기하여 후속적으로 이루어진 행위의 효력에 관하여 아무런 규정을 두고 있지 않지만, 이는 회사의 이익과 거래안전의 보호라는 두 가지 측면을 고려하여 개별적으로 해결하여야 할 것이다.

우선 그러한 후속행위가 회사의 대내적인 사항에 관한 문제일 경우에는 당연히 무효라고 할 것이고, 회사의 대외적인 사항에 관한 문제일 경우에는 거래의 안전을 고려하여 행위의 상대방이 그 거래행위가 이사회의 하자 있는 결의에 터 잡아 이루어진 것이라는 점에 대하여 선의이고 과실이 없는 경우에는 유효라고 하여야 할 것이다.

◆ 대법원 2009.3.26. 선고 2006다47677 판결

주식회사의 대표이사가 이사회의 결의를 거쳐야 할 대외적 거래행위에 관하여 이를 거치지 아니한 경우라도, 이와 같은 이사회결의 사항은 회사의 내부적 의사결정에 불과하므로 그 거래 상대방이 그와 같은 이사회결의가 없었음을 알았거나 알 수 있었을 경우가 아니라면 그 거래행위는 유효하고, 이 때 거래 상대방이 이사회결의가 없음을 알았거나 알 수 있었던 사정은 이를 주장하는 회사가 주장·증명하여야 할 사항에 속하므로, 특별한 사정이 없는 한 거래 상대방으로서는 회사의 대표자가 거래에 필요한 회사의 내부절차는 마쳤을 것으로 신뢰하였다고 보는 것이 일반 경험칙에 부합하는 해석이다.

(같은 취지: 대법원 2005.7.28. 선고 2005다3649 판결, 대법원 2012.4.26. 선고 2010다11415 판결)

### (6) 이사회 내의 위원회

#### (가) 의 의

미국의 경우에는 이사회 내에 많은 소위원회를 구성하여 이들로 하여금 이사회로

194) 재단법인의 경우는 대법원 2000.2.11. 선고 99다30039 판결, 학교법인의 경우는 대법원 2001.7.13. 선고 2001다13013 판결.

부터 권한을 위임받아 업무처리에 관한 결정을 하도록 하고 있는데, 상법도, 회사의 규모가 확대되고 업무처리에 있어서 고도의 복잡성과 전문성이 요구됨에 따라 이사회의 의사결정에 전문성과 신속성 그리고 효율성을 제고하려는 노력의 일환으로 이사회 내에 소위원회를 설치할 수 있도록 하고 있다(상 393조의2).

상법은 회사의 선택에 따라 위원회를 설치하도록 하고 있으나, 상장회사의 경우에는 사외이사후보추천위원회(상 542조의8 4항)와 감사위원회(상 542조의11 1항)를 반드시 설치하도록 하고 있고, 한편 자본금총액이 10억 미만의 회사로서 이사가 3인 미만인 이른바 소규모회사의 경우(상 383조 1항 단서)에는 성질상 위원회를 설치할 수가 없다고 할 것이다.

이러한 위원회는 이사회의 구성원인 이사로서 구성되는 이사회의 하위 조직이므로 이사회로부터 위임받은 특정한 업무에 대하여만 권한을 갖는 것이 원칙이지만, 상법은 이사회의 지위와 역할에 비추어 일정한 업무는 위원회에 위임할 수 없도록 하고 있다(상 393조의2 2항).

#### (나) 구 성

상법은 위원회의 구성에 관하여 일반적인 규정을 두고 있지 않으나, 다만 그 구성은 2인 이상의 이사로 하고(상 393조의2 3항), 감사위원회는 3인 이상의 이사로 구성하도록 규정하고 있을 뿐이다(상 415조의2 2항 본문).

따라서 설치할 위원회의 종류·권한, 위원의 임면과 임기 등에 관하여는 정관에 따라 결정되어야 할 것이고, 정관의 규정이 없다면 이사회에서 결정하여야 할 것이다.

> 미국의 모범사업회사법(model business corporate act) 등에서는 이사회 내의 위원회를 규정하고 있는데 미국의 회사는 이사회의 위원회로서 집행위원회(executive committee), 보수위원회(compensation committee), 이사후보추천위원회(nominating committee), 재무위원회(finance committee), 공공정책위원회(public policy committee), 감사위원회(audit committee), 주주대표위원회(committee of shareholder representative) 등을 두고 있다.

#### (다) 소 집

상법은 위원회의 소집권자와 소집절차 등에 관하여 이사회의 소집절차에 관한 규정을 준용하고 있으므로(상 393조의2 5항, 상 390조), 위원회의 소집에 관하여는 이사회의 소집절차와 방법에 따른다고 할 것이다.

#### (라) 결 의

상법은 위원회의 결의요건, 결의방법에 관하여 이사회에 관한 규정을 준용하고 있으므로(상 393조의2 5항, 상 391조), 위원회의 결의요건과 결의방법에 관하여는 이사회의 그것에 따른다고 할 것이다.

이사회의 위임에 따라 위원회는 특정한 업무사항에 관하여 결의를 하게 되므로 위원회에서 결의한 사항은 이사회의 결의로서 효력을 갖는다 할 것이므로, 위원회의 결의는 각 이사에게 통지되어야 하고, 이 경우에 통지받은 이사는 이사회 소집을 요구할 수 있고, 이때 이사회는 위원회가 결의한 사항에 대하여 달리 결의할 수 있다(상 393조의2 4항).

만약 위원회의 결의에 절차적 또는 내용적인 하자가 있음에도 불구하고 이사회가 달리 결의하지 않은 경우에 그것은 곧 이사회의 결의의 하자로서 처리될 것이다.

## 라. 대표이사

### (1) 대표이사의 의의

대표이사는 회사의 업무집행기관으로서 대내적으로 회사의 업무를 집행하고 대외적으로 회사를 대표하는 권한을 가진 회사의 상설기관이라고 할 것이다.

회사의 업무집행기관으로서 대표이사를 이사회의 파생기관이라거나 독립기관이라는 등의 견해의 대립은 있으나, 어느 견해를 취하더라도 그 기능과 역할이 달라지는 것은 아니라 할 것이므로 이를 따질 큰 실익은 없다. 이사회가 회의체 기관으로서 회사의 업무집행을 직접적으로 담당하기에 적합하지 않기 때문에 이사회는 업무집행에 관한 중요한 결정을 하도록 하고, 이사회의 결정에 따라 대표이사가 회사를 대표하여 직접 업무집행을 담당하도록 역할 분담을 하고 있는 것이다. 대표이사는 이사 중에서 선임되어 회사를 대표하게 되므로 대표이사인지 여부는 그 명칭에 관계없이 회사로부터 회사의 이사로서 대표권이 부여되었는지 여부에 의하여 결정된다고 할 것이고, 따라서 회사를 대표할 권한 없이 내부적 업무집행만을 하는 이른바 업무담당이사와는 구별된다.

대표이사는 대외적으로 그 대표성을 나타내기 위하여 일반적으로 대표이사라는 명칭을 사용하게 되는데 대표권이 부여되었다면 그 명칭에 불구하고 대표이사가 되고 대표권이 부여되지 않았다면 그 명칭 여하에 불구하고 대표이사는 아니지만 예외적으로 회사에 책임을 부담시켜 거래의 안전을 보호할 목적에서 상법은 표현대표이사에 관한 규정(상 395조)을 두고 있다.

또한 상법은 집행임원을 두는 회사에는 대표이사를 둘 수 없도록 정함으로써(상 408조의2 1항) 회사로 하여금 대표이사 혹은 집행임원 중에서 택일하도록 하고 있다.

대표이사의 수와 임기에 관하여 상법은 정하고 있지 않으므로 정관에 의해서 규율될 것이다.

### (2) 대표이사의 선임

대표이사는 이사회에서 선임하는 것이 원칙이지만 정관으로 총회에서 선정하도록 하는 것도 가능하고(상 389조 1항), 이때 대표이사 후보자는 특별이해관계인이라고 볼 수 없으므로, 주주총회 혹은 이사회에서 대표이사 선임 결의에서 의결권을 행사할 수 있다고 할 것이다.

대표이사의 선임은 이사회 내의 위원회에 위임할 수 없고(상 393조의2 2항 2호), 소규모회사에 이사를 3인 미만으로 두는 경우에는 대표이사를 선임하지 않게 된다.

상법은 대표이사의 주소, 성명 등 인적사항을 등기사항으로 정하고 있지만(상 317조 2항 9호), 대표이사의 자격은 등기 또는 권한의 행사로써 발생하는 것이 아니라 적법한 선임절차에 의하여 발생하는 것이므로 이사회 혹은 주주총회의 결의를 통하여 선임되지 않은 자가 대표이사로 등기되었다거나 대표이사의 업무와 권한을 사실상 수행하더라도 대표이사가 되는 것은 아니다.[195]

대표이사는 이사 중에서 선임하게 되는데 이때 1인 또는 수인을 대표이사로서 선임하는 것도 가능하고 수인을 대표이사로 선임한 경우에 원칙적으로 이들 수인의 대표이사는 각각 회사를 대표하는 이른바 각자 대표이사라고 할 것이나, 이들 수인의 대표이사로 하여금 공동으로 회사를 대표하도록 하는 이른바 공동대표로 정할 수도 있다(상 389조 2항).

### (3) 대표이사의 종임

대표이사는 이사의 지위를 가지고 있을 것을 전제로 하므로 이사 지위의 종임사유, 예컨대 임기만료, 사임, 해임, 회사의 해산·파산 또는 사망 등이 있을 때, 그리고 대표이사로서의 임기만료, 사임 그리고 해임된 경우에 종임하게 된다. 다만 대표이사를 주주총회에서 선임한 경우에는 주주총회의 결의에 의해서만 대표이사를 해임할 수 있다고 할 것이다.

대표이사의 지위가 종임되었다고 하더라도 별도의 이사로서의 종임사유가 없는 한 이사로서의 지위는 유지한다고 할 것이나 대표이사는 이사임을 전제로 하므로 이

195) 대법원 1994.12.2. 선고 94다7591 판결은, "회사의 운영권을 인수한 자라 하더라도 그가 이사회에서 대표이사로 선정된 바 없는 이상 회사의 적법한 대표자라고 볼 수 없다"고 판시한다.

사의 지위를 상실하면 대표이사의 지위도 당연히 상실하게 된다.

또한 퇴임한 대표이사는 일정한 경우에는 후임자가 선임될 때까지 대표이사로서의 권리의무가 계속되고 이때 법원은 임시대표이사를 선임할 수 있는 것은 이사의 경우와 같다(상 389조 3항, 386조).

상법은 대표이사와 회사의 관계에 관하여는 아무런 규정이 없으나 민법상의 위임계약관계로 해석되므로, 대표이사는 일방적 의사표시로서 언제든지 사임할 수 있고,[196] 대표이사를 선임한 기관도 특별한 이유 없이 해임할 수 있으나(민 689조 1항), 부득이한 사유 없이 상대방이 불리한 시기에 사임하거나 해임한 경우에는 그로 인하여 입은 손해를 배상하여야 할 것이다(민 689조 2항).

다만, 대표이사의 경우에는 이사의 임기 중 해임에 따른 회사의 손해배상에 관한 특별한 규정(상 385조 1항 단서)과 같은 규정이 없는데, 이에 관하여 대표이사가 해임되었을 때 상법 제385조 1항 단서를 유추 적용하여야 한다고 주장하는 견해도 있으나[197] 대법원은 이사회가 대표이사를 해임한 경우에 위 상법 제385조 1항 단서의 규정의 유추적용을 인정하고 있지는 않다.[198]

또한 대표이사를 선임한 주주총회 또는 이사회의 결의의 하자를 주장하면서 대표이사의 직무집행정지 및 직무대행자선임을 위한 가처분도 가능하다고 할 것이고 이에 따라 권한이 정지된 대표이사가 한 행위는 상대방의 선의·악의를 불문하고 대세적 절대적으로 무효이다.[199]

---

196) 대법원 2007.5.10. 선고 2007다7256 판결은, "법인의 대표이사가 사임하는 경우에는 그 사임의 의사표시가 대표이사의 사임으로 그 권한을 대행하게 될 자에게 도달한 때에 사임의 효력이 발생하고 그 의사표시가 효력을 발생한 후에는 마음대로 이를 철회할 수 없으나, 사임서 제출 당시 그 권한 대행자에게 사표의 처리를 일임한 경우에는 권한 대행자의 수리행위가 있어야 사임의 효력이 발생하고, 그 이전에 사임의사를 철회할 수 있다"라고 판시하여 사임의 의사표시는 반드시 이사회에 대하여 할 필요는 없다고 보고 있는 듯하다.

197) 이철송 680면, 최기원 622면.

198) 대법원 2004.12.10. 선고 2004다25123 판결은, "상법 제385조 제1항은 주주총회의 특별결의에 의하여 언제든지 이사를 해임할 수 있게 하는 한편, 임기가 정하여진 이사가 그 임기 전에 정당한 이유 없이 해임당한 경우에는 회사에 대하여 손해배상을 청구할 수 있게 함으로써 주주의 회사에 대한 지배권 확보와 경영자 지위의 안정이라는 주주와 이사의 이익을 조화시키려는 규정이고, 이사의 보수청구권을 보장하는 것을 주된 목적으로 하는 규정이라 할 수 없으므로, 이를 이사회가 대표이사를 해임한 경우에도 유추 적용할 것은 아니고, 대표이사가 그 지위의 해임으로 무보수, 비상근의 이사로 되었다고 하여 달리 볼 것도 아니다"라고 판시한다.

199) 대법원 2008.5.29. 선고 2008다4537 판결은, "법원의 직무집행정지 가처분결정에 의해 회사를 대표할 권한이 정지된 대표이사가 그 정지 기간 중에 체결한 계약은 절대적으로 무효이고, 그 후 가처분신청의 취하에 의하여 보전집행이 취소되었다 하더라도 집행의 효력은 장래를 향하여 소멸할 뿐 소급적으로 소멸하는 것은 아니라 할 것이므로, 가처분신청이 취하되었다 하여 무효인 계약이 유효하게 되지는 않는다"고 판시하고 있다.

### (4) 대표이사의 권한

대표이사가 수행하는 회사의 업무에 대한 권한으로는 회사의 내부에서만 효과를 발생시키는 대내적인 업무집행권과 회사를 대표하여 외부적으로 법률효과를 발생시키는 대외적인 업무집행권 이른바 대표권이 있다.

그런데 대표이사가 회사의 업무를 집행할 권한이 있다고 하더라도 법령이나 정관의 규정에 따라야 하고 주주총회의 결의 혹은 이사회 결의가 있는 사항에 대하여는 그러한 결의에 따라 업무를 집행하여야 한다.

이 밖에 일상적인 사항에 관하여는 독자적으로 업무를 집행할 권한을 갖는다고 할 것이고, 일상적인 사항에 관한 업무란 회사의 영업목적을 수행하기 위하여 통상적으로 수행하는 관리 혹은 영업 등과 관련된 업무를 의미한다고 할 것이다. 다만 이러한 일상적인 업무라고 하더라도 회사의 이해관계에 영향을 미치게 될 중요한 사항이 있다고 한다면 그것은 더 이상 일상적인 업무라고 할 수 없고, 설령 법률 또는 정관 등의 규정에 의하여 이사회 혹은 주주총회의 결의에 의하도록 되어 있지 않더라도 대표이사가 이를 독자적으로 집행할 권한은 없다고 해석하여야 할 것이다.

◈ 대법원 1997.6.13. 선고 96다48282 판결

법률 또는 정관 등의 규정에 의하여 주주총회 또는 이사회의 결의를 필요로 하는 것으로 되어 있지 아니한 업무 중 이사회가 일반적·구체적으로 대표이사에게 위임하지 않은 업무로서 일상 업무에 속하지 아니한 중요한 업무에 대하여는 이사회에게 그 의사결정권한이 있다.

약정 내용이 정관 등에 의하여 또는 대표이사의 일상 업무에 속하지 아니한 중요한 업무에 해당하여 이사회의 결의를 거쳐야 할 사항인데 대표이사가 이를 거치지 아니하고 그와 같은 약정을 한 경우, 약정 당시 약정의 상대방이 이사회의 결의가 없었음을 알았거나 알 수 있었다면 그 약정은 회사에 대하여 효력이 없다.

#### (가) 업무집행권

상법은 대표이사의 대내적 업무집행권에 관한 일반적이고 명시적인 규정을 가지고 있지 않으나, 대표이사는 회사 내부에서, 이사회의 결정에 따른 구체적인 업무집행과 회사운영에 따른 일상적인 업무집행을 총괄하는 업무집행권이 있다고 해석된다.

상법이 대표이사의 직무권한으로 규정하고 있는 주권과 사채권에 기명날인 또는 서명(상 356조, 478조) 이외에, 이사의 직무권한으로 규정한 정관, 주주총회의사록, 사채원부의 비치(상 396조 1항), 주식청약서의 작성(상 420조), 신주인수권증서의 발행(상 420조의2), 재무제표의 작성(상 447조), 영업보고서의 작성(상 447조의2), 재무제표등의

제출(상 447조의3), 재무제표등의 비치 · 공시(상 448조), 재무제표등의 승인요청과 공고(상 449조), 사채청약서의 작성(상 474조 2항), 신주인수권증권의 발행(상 516조의5), 회사의 합병, 분할계약서의 작성 · 비치(상 522조, 522조의2, 530조의7), 주식의 이전, 교환계약의 작성 · 비치(상 360조의3, 360조의4, 360조의17) 등의 업무는 그 성질상 대표이사의 직무권한으로 해석하여야 할 것이다.

다만, 회사에 따라서는 대표이사 아닌 이사에게도 특정한 업무에 대한 업무집행권을 부여하기도 하는데 이렇게 특정한 업무에 관한 업무집행권이 부여된 이사를 업무담당이사, 예컨대 총무담당이사 혹은 재무담당이사 등과 같이 호칭하거나 회사내부에서의 직급에 따라 상무, 전무 등으로 불리기도 한다.

### (나) 대표권

상법은 대표이사에 관하여 합명회사의 대표사원의 권한에 관한 규정을 준용하므로(상 389조 3항, 209조 1항), 대표이사는 회사의 영업에 관하여 재판상 또는 재판외의 모든 행위를 할 권한이 있다고 할 것이다. 재판상행위는 소송상법정대리인으로서(민소법 64조) 직접 소송을 수행하든지 타인을 소송대리인으로 선임하여 소송을 수행하도록 할 수 있고, 재판외의 행위는 회사의 영업목적인 행위뿐만 아니라 그 영업목적을 달성하는 데 필요한 행위도 할 수 있고 또 그러한 행위가 법률행위인지 사실행위인지를 가리지 않고 또한 수동적 의사표시에 의한 것인지 능동적 의사표시에 의한 행위인지를 가리지 않는다 할 것이다.

대표이사가 가지는 대표권 내의 법률행위는 외부적으로 곧 회사의 행위가 되는 점에서 대리인의 행위가 본인의 행위가 되는 것이 아니라 그 행위의 법률효과만이 본인에게 미치는 대리와 다르다고 할 것이다.

민법상 법인의 대표에 관하여 대리에 관한 규정을 준용한다는 규정(민 59조 2항)이 있는 데 반하여 회사의 경우에는 아무런 규정이 없으나 마찬가지로 해석하여야 할 것이다. 그러므로 회사의 대표이사는 대표행위를 함에 있어서 현명주의에 따라 자신의 대표권을 표시하고 기명날인 혹은 서명을 하여야 할 것이나 회사는 상인이고 대표이사의 업무상 행위는 상행위라고 할 것이므로 대표행위를 할 때 대표권을 현명하지 아니하더라도 회사의 행위가 된다고 할 것이다(상 48조).

결국 대표이사가 가지는 대표권의 범위는 회사의 권리능력의 범위와 같다고 할 것이지만 이러한 대표이사의 대표권은 대표행위의 성질에 의한 제한이 있을 수 있고, 대표이사의 남용의 우려로 인하여 법률로 일정한 제한을 하거나 회사의 정관 기타 회사의 내부의사에 의하여 일정한 제한을 하는 경우가 있다.

1) 법률에 의한 대표권의 제한

상법은 이사와 회사 간의 소송, 소수주주의 청구에 의한 대표소송, 또는 감사위원회의 위원과 회사 간의 소송에 있어서 대표이사는 재판상 회사를 대표할 권한이 없고 회사의 감사 또는 감사위원회가 회사를 대표하게 된다(상 394조 1항, 415조의2 7항).[200] 이 같은 소송에 있어서 회사를 대표할 권한이 있는 감사를 대표자로 표시하지 아니하고 대표이사를 피고 회사의 대표자로 표시한 소장을 법원에 제출하여 회사의 대표이사에게 송달되었고 대표이사로부터 소송대리권을 위임받은 변호사들에 의하여 소송이 수행되었다면 소장이 피고에게 적법유효하게 송달되었다고 볼 수 없음은 물론 대표이사가 한 소송행위나 회사에 대하여 한 소송행위는 모두 무효라고 할 것이다.

자본금 10억원 미만의 소규모회사의 경우에는 감사를 선임하지 않을 수가 있는데(상 409조 4항), 이처럼 감사가 없는 경우에는 법원에서 회사를 대표할 자를 선임하게 된다(상 409조 5항).

또한 상법에서는 대표이사가 대표권을 행사함에 있어서 주식의 교환이나 이전(상 360조의3, 360조의16), 회사의 합병이나 분할(상 522조, 530조의2), 조직변경(상 604조), 영업의 양도와 양수(상 374조), 사후설립(상 375조), 신주의 할인발행(상 417조) 등과 같은 경우에는 주주총회의 결의를 얻거나 또는 중요한 자산의 처분 및 양도, 대규모 재산의 차입, 지배인의 선임과 해임, 지점의 설치, 이전, 폐지 등과 같은 경우에는 이사회의 결의를 얻도록 함(상 393조 1항)으로써 대표이사의 대표권을 제한하고 있다.

◆ 대법원 1990.5.11. 선고 89다카15199 판결

피고 회사의 이사인 원고가 피고 회사에 대하여 소를 제기함에 있어서 상법 제394조에 의하여 그 소에 관하여 회사를 대표할 권한이 있는 감사를 대표자로 표시하지 아니하고 대표이사를 피고 회사의 대표자로 표시한 소장을 법원에 제출하고, 법원도 이 점을 간과하여 피고 회사의 대표이사에게 소장의 부본을 송달한 채, 피고 회사의 대표이사로부터 소송대리권을 위임받은 변호사들에 의하여 소송이 수행되었다면, 이 사건 소에 관하여는 피고 회사를 대표할 권한이 대표이사에게 없기 때문에 소장이 피고에게 적법유효하게 송달되었다고 볼 수 없음은 물론 피고 회사의 대표이사가 피고를 대표하여 한 소송행위나 피고 회사의 대표이사에 대하여 원고가 한 소송행위는 모두 무효이다.

---

200) 대법원 2002.3.15. 선고 2000다9086 판결은, "상법 제394조 제1항에서는 이사와 회사 사이의 소에 있어서 양자 간에 이해의 충돌이 있기 쉬우므로 그 충돌을 방지하고 공정한 소송수행을 확보하기 위하여 비교적 객관적 지위에 있는 감사로 하여금 그 소에 관하여 회사를 대표하도록 규정하고 있는바, 소송의 목적이 되는 권리관계가 이사의 재직 중에 일어난 사유로 인한 것이라 할지라도 회사가 그 사람을 이사의 자격으로 제소하는 것이 아니고 이사가 이미 이사의 자리를 떠난 경우에 회사가 그 사람을 상대로 제소하는 경우에는 특별한 사정이 없는 한 위 상법 제394조 제1항은 적용되지 않는다"라고 판시한다.

### 2) 대표권에 대한 회사의 내부적 제한

회사는 일정한 사항에 관하여 대표이사의 대표권을 제한하는 정관의 규정을 두거나 대표이사의 대표권 행사에 주주총회 또는 이사회 결의를 얻도록 함으로써 대표이사의 대표권을 제한할 수가 있으나, 상법은 이러한 대표이사의 대표권에 대한 내부적 제한은 선의의 제3자에게 대항하지 못하도록 규정하고 있다(상 389조 3항, 209조 2항).

그런데 대법원은 한걸음 더 나아가 제3자의 선의뿐만 아니라 무과실까지 요구하고 있으며, 또한 대표이사의 대표권에 대한 제한을 주장하는 회사가 제3자의 악의 또는 과실에 대한 주장과 증명을 하도록 하고 있다.[201)]

#### ◆ 대법원 2008.11.27. 선고 2006도9194 판결

주식회사 대표이사의 대표권은 정관이나 주주총회 또는 이사회 결의 등에 의하여 적법하게 제한할 수 있지만, 회사의 운영을 실질적으로 장악·통제하고 있는 1인 주주가 적법한 대표이사의 권한 행사를 사실상 제한하고 있다는 것만으로는 대표이사의 대표권을 적법하게 제한하였다고 할 수 없으므로, 대표이사가 권한을 행사하는 과정에서 단순히 그 1인 주주의 위임 또는 승낙을 받지 않았다고 하여 그 대표권 행사가 권한을 넘어서는 행위가 되는 것은 아니다.

또한 회사는 수인의 대표이사를 선임하여 이들로 하여금 공동으로 회사를 대표하도록 정할 수 있는데(상 389조 2항) 이러한 공동대표이사의 경우 각 대표이사는 다른 대표이사와 공동으로만 대표권을 행사할 수 있으므로 이 또한 대표권이 회사에 의하여 내부적으로 제한되는 경우라고 할 것이다.

회사가 공동대표이사를 두고 있는 경우, 1인의 공동대표이사가 다른 공동대표이사에게 대표권을 일반적이거나 포괄적으로 위임하는 것을 허용하는 것은 자칫하면 공동대표를 두는 취지를 몰각시킬 우려가 있으므로 허용하여서는 아니 되고 특정사항에 관하여 개별적으로만 위임이 가능하다고 할 것이다.[202)]

---

201) 대법원 1993.6.25. 선고 93다13391 판결은 “주식회사의 대표이사가 이사회의 결의를 거쳐야 할 대외적 거래행위에 관하여 이를 거치지 아니하고 한 경우라도 이와 같은 이사회결의사항은 회사의 내부적 의사결정에 불과하다 할 것이므로 그 거래 상대방이 그와 같은 이사회결의가 없었음을 알거나 알 수 있었을 경우가 아니라면 그 거래행위는 유효하다고 해석되고 위와 같은 상대방의 악의는 이를 주장하는 회사 측이 주장·입증하여야 할 것이다”라고 판시한다.

202) 대법원 1989.5.23. 선고 89다카3677 판결은, “주식회사에 있어서의 공동대표제도는 대외관계에서 수인의 대표이사가 공동으로만 대표권을 행사할 수 있게 하여 업무집행의 통일성을 확보하고, 대표권 행사의 신중을 기함과 아울러 대표이사 상호간의 견제에 의하여 대표권의 남용 내지는 오용을 방지하여 회사의 이익을 도모하려는 데 그 취지가 있으므로 공동대표이사의 1인이 그 대표권의 행사를 특정사항에 관하여 개별적으로 다른 공동대표이사에게 위임함은 별론으로 하고, 일반적, 포괄적으로 위임함은 허용되지 아니한다”고 판시하고 있다.

공동대표이사들 중 1인이 단독으로 대표행위를 한 경우에는 권한 없는 대표행위로서 무효라고 할 것이지만, 민법에 있어서 무권대리의 추인이 가능하므로 이를 유추적용하여 다른 공동대표이사 전원이 거래의 상대방이나 단독대표행위를 한 공동대표에게 추인의 의사표시를 함으로써 그 효력을 인정할 수 있다고 할 것이고,[203] 일정한 경우에는 묵시적 추인이 있었다고 볼 수도 있을 것이다. 그러나 다른 공동대표이사로부터의 추인이 없을 경우 그 상대방은 그 공동대표이사 개인에 대하여 상법상의 손해배상책임을 추궁하거나(상 401조) 민법상의 계약불이행 또는 불법행위를 원인으로 한 손해배상책임을 추궁할 수 있고, 회사에 대하여도 그 공동대표이사의 행위는 회사의 업무집행에 관련된 행위이므로 공동대표이사 개인에 대한 손해배상책임을 추궁하면서 회사에 대하여도 연대책임을 추궁할 수 있다고 할 것이고(상 389조 3항, 201조), 이와는 별도로 회사에 대하여 그 공동대표이사의 단독적인 대표행위를 표현대표이사의 행위로서 상법 제395조에 따른 거래상의 책임을 추궁할 수도 있다고 할 것이다. 한편 이러한 경우 회사는 공동대표이사에 대하여 상법상의 손해배상책임(상 399조)을 추궁할 수 있다고 할 것이고, 만약 회사가 거래의 상대방에 대하여 책임을 부담하였다면 그 공동대표이사에 대하여 구상할 수도 있다고 할 것이다.

**◈ 대법원 2010.12.23. 선고 2009다37718 판결**

甲 주식회사의 공동대표이사 중 1인이 단독으로 乙과 주차장관리 및 건물경비에 관한 갱신계약을 체결한 사안에서, 甲 주식회사가 종전 계약기간이 만료된 이후 7개월이나 경과된 시점에서 종전 계약의 기간만을 연장한 위 갱신계약의 체결사실을 인식하고 있으면서 乙에게 기간이 만료된 종전 계약의 계속적인 이행을 요구하는 통고서를 발송하여 갱신계약의 효과가 甲 주식회사에게 귀속되는 것을 승인함으로써 위 갱신계약을 묵시적으로 추인하였다고 봄이 상당하다.

### (5) 대표이사의 하자있는 권한 행사

대표이사가 대표권을 행사한 행위가 적법하고 유효한 회사의 행위로서 인정되기 위해서는, 그 대표행위가 ① 회사의 권리능력 범위 내에서, ② 회사의 영업목적을 위하여, ③ 적법한 자격을 가진 대표이사에 의하여, ④ 대표권의 권한 내에서 행하여져야 한다.

203) 대법원 1992.10.27. 선고 92다19033 판결은 회사가 공동대표이사에게 단순한 대표이사라는 명칭을 사용하여 법률행위를 하는 것을 용인 내지 방임한 경우에도 회사는 상법 제395조에 의한 표현책임을 면할 수 없고 다만 공동대표이사가 단독으로 회사를 대표하여 제3자와 한 법률행위를 추인함에 있어 그 의사표시는 단독으로 행위한 공동대표이사나 그 법률행위의 상대방인 제3자 중 어느 사람에게 대하여서도 할 수 있다고 판시하고 있다.

만약 대표이사의 대표행위가 형식적으로는 이 같은 요건과 형태를 갖추었지만, 실질적으로는 이를 갖추지 못하여 회사의 행위로서 효력을 인정하기 어려운 경우를 하자있는 대표행위라고 할 수 있는데, 특히 대표권의 남용과 전횡적인 대표행위가 문제된다.

이것은 주로 회사가 대표이사와 거래한 상대방에 대하여 그 대표이사의 행위가 무효임을 주장할 수 있느냐의 문제로 다루어지지만, 이와 별도로 회사는 대표이사를 상대로 회사가 입은 손해에 대하여 상법상의 손해배상책임(상 399조)을 추궁할 수 있고, 민법상의 계약불이행책임이나 불법행위책임(민 750조)을 추궁할 수도 있다.

특히 회사가 대표이사를 상대로 불법행위로 인한 손해배상을 청구할 때 적용될 단기소멸시효기간(민 766조 1항)의 기산점에 대하여, 대법원은 회사가 '손해 및 가해자를 안 날'은 통상 대표이사가 이를 안 날을 뜻하지만 대표이사가 회사에 대하여 불법행위를 한 경우에는, 회사와 대표이사의 이익은 상반되므로 대표이사가 그로 인한 손해배상청구권을 행사하리라고 기대하기 어려울 뿐만 아니라 일반적으로 대표권도 부인된다고 할 것이어서, 대표이사가 손해 및 가해자를 아는 것만으로는 부족하고 적어도 회사의 이익을 정당하게 보전할 권한을 가진 다른 대표자, 임원 또는 사원이나 직원 등이 손해배상청구권을 행사할 수 있을 정도로 이를 안 때에 비로소 단기소멸시효가 진행하고, 만약 임원 등이 법인 대표자와 공동불법행위를 한 경우에는 그 임원 등을 배제하고 단기소멸시효 기산점을 판단하여야 한다고 판시하고 있다(대법원 2012.7.12. 선고 2012다20475 판결).

### (가) 대표권의 남용

대표권의 남용이란 대표이사의 대표행위가 객관적으로는 회사의 영업목적을 위하여 행하여진 것처럼 보이나 주관적으로는 자신 또는 제3자의 이익을 위한 행위로서 회사에 손해를 입히게 된 행위를 말한다.

대표이사가 대표권을 남용하였더라도 그 대표행위는 대표권의 권한 범위 내에서 이루어졌으므로 회사는 그 거래의 상대방에 대하여 대표권을 남용한 대표이사의 대표행위의 무효를 주장할 수 있는지에 관하여, ① 비진의의사표시와 유사하게 보아서 민법 제107조에 의하여 회사는 그 대표행위의 무효를 주장할 수 없고, 상대방이 그러한 대표권의 남용사실을 알았거나 알 수 있었을 때 회사는 그 대표행위의 무효를 주장할 수 있으나 만약 상대방이 선의일 경우에는 무효를 주장하지 못한다는 견해(비진의의사표시설),[204] ② 대표권남용행위도 대표권의 권한범위 내이므로 일응 유효하지만 대표권남용사실을 알고 있었던 상대방이 이를 주장하여 이익을 취하는 것은 권리남용으로서 허용될 수 없다는 견해(권리남용설),[205] ③ 대표권남용행위는 대표권에 대한 제한

204) 서헌제 549면, 채이식 567면, 최기원 633면.
205) 권기범 782면, 이철송 690면, 정동윤 416면, 정찬형 584면, 정희철 482면, 최준선 435면.

을 위반한 행위로서 상대방이 대표권남용사실을 알았을 때는 회사가 무효를 주장할 수 있지만 선의일 때는 유효하다는 견해(내부적 제한설)[206] 등이 대립하고 있다. 대법원은 대표이사의 대표권 남용사실에 대하여 상대방이 알았을 경우에 때로는 권리남용설의 입장[207]에서 혹은 비진의의사표시설의 입장[208]에서 무효라고 판시하고 있다.

**대법원 2008.5.15. 선고 2007다23807 판결**

대표이사의 대표권한 범위를 벗어난 행위라 하더라도 그것이 회사의 권리능력의 범위 내에 속한 행위이기만 하면 대표권의 제한을 알지 못하는 제3자가 그 행위를 회사의 대표행위라고 믿은 신뢰는 보호되어야 하고, 대표이사가 대표권의 범위 내에서 한 행위는 설사 대표이사가 회사의 영리목적과 관계없이 자기 또는 제3자의 이익을 도모할 목적으로 그 권한을 남용한 것이라 할지라도 일단 회사의 행위로서 유효하고, 다만 그 행위의 상대방이 대표이사의 진의를 알았거나 알 수 있었을 때에는 회사에 대하여 무효가 되는 것이다.

(같은 취지: 대법원 2004.3.26. 선고 2003다34045 판결, 대법원 2005.7.28. 선고 2005다3649 판결, 대법원 2013.7.11. 선고 2013다16473 판결 등 참조)

**대법원 2016.8.24. 선고 2016다222453 판결**

주식회사의 대표이사가 대표권의 범위 내에서 한 행위는 설사 대표이사가 회사의 영리 목적과 관계없이 자기 또는 제3자의 이익을 도모할 목적으로 권한을 남용한 것이라도 일응 회사의 행위로서 유효하다. 그러나 행위의 상대방이 그와 같은 정을 알았던 경우에는 그로 인하여 취득한 권리를 회사에 대하여 주장하는 것이 신의칙에 반하므로 회사는 상대방의 악의를 입증하여 행위의 효과를 부인할 수 있다.

(같은 취지: 1987.10.13. 선고 86다카1522 판결)

### (나) 전횡적(전단적) 업무집행

전횡적 업무집행이란 대표이사의 업무집행행위가 형식적으로는 적법하게 이루어진 것처럼 보이나 실질적으로는 업무집행에 필요한 이사회결의 또는 주주총회 결의를 결여하거나 하자 있는 결의를 통하는 등, 기타 자신의 업무집행권한에 대한 제한을 지키지 아니한 채로 위법하게 이루어진 업무집행행위를 말하는데 이러한 전횡적인 업무집행행위의 효력에 관하여는 그 업무집행행위의 성질에 따라 거래의 안전과 회사의 보호라는 측면을 고려하여 구체적으로 살펴볼 필요가 있다.

206) 정진세 318면.
207) 대법원 1987.10.13. 선고 86다카1522 판결.
208) 대법원 2004.3.26. 선고 2003다34045 판결, 대법원 1993.6.25. 선고 93다13391 판결, 대법원 2008.5.15. 선고 2007다23807 판결, 대법원 2005.7.28. 선고 2005다3649 판결, 대법원 1990.3.13. 선고 89다카24360 판결, 대법원 2013.7.11. 선고 2013다16473 판결.

대표이사의 전횡적 업무행위가 대내적인 업무집행, 예컨대 주주총회결의를 무시한 정관변경, 주주총회결의와 다른 배당비율의 결정, 이사회 승인 없는 재무제표의 제출, 공동대표이사 중 1인의 공동대표이사에 의한 내부적 업무집행 등과 같은 행위일 경우에는 그 행위의 법률적 효과가 회사의 내부에 국한되고 거래의 안전과 무관하므로 당연히 무효라고 할 것이다.

반면에 대표이사의 전횡적 업무행위가 대외적인 효과를 발생시키는 대표행위일 경우에는, ① 상법의 강행규정이거나 주주총회의 결의에 따르도록 한 규정에 의하여 대표이사의 대표행위가 제한되는 경우 예컨대 주주총회의 특별결의가 없는 영업양도·양수(상 374조), 사후설립(상 375조), 이사와 회사 간의 소송에 있어서 대표이사의 회사 대표권의 제한(상 394조 1항) 등과 같은 경우에 이를 무시한 대표이사의 전횡적인 대표행위는 거래의 안전보다는 회사의 보호에 우선하여야 하기 때문에 상대방의 선의·악의를 불문하고 무효라고 할 것이다. ② 상법의 임의규정이나 이사회의 의결에 따르도록 한 규정 또는 정관 등 내부적 규정에 의하여 대표이사의 대표행위가 제한되는 경우 중에서 그 행위의 성질상 집단적이고 획일적으로 그 효력을 확정하여야 필요성이 있는 경우 예컨대 이사회결의와 다른 내용의 사채발행(상 469조), 사채발행 총액의 제한을 초과하는 사채발행(상 470조 1항), 이사회결의와 다른 내용의 신주발행(상 416조) 등은 언제나 유효라고 하여야 할 것인데 반하여, 행위의 성질이 개별적인 경우 예컨대 이사회 결의가 없는 중요재산의 처분, 대규모 재산의 차입(상 393조 1항), 이사회의 승인 없는 이사의 자기거래행위의 허용(상 398조), 공동대표이사 중 1인의 공동대표이사에 의한 행위(상 389조 2항), 회사의 대표이사에 대한 내부적 대표권제한에 위반한 행위(상 398조 3항, 209조 2항) 등과 같은 경우에 이를 무시한 대표이사의 전횡적인 대표행위에 대해서는 거래의 안전을 우선하여야 하기 때문에 그 대표행위의 상대방이 그러한 제한을 알지 못하였거나 알 수 없었던 경우에 회사는 전횡적 대표행위라는 이유로 그 대표행위의 무효를 주장할 수 없다고 해석된다.

#### 대법원 2005.5.27. 선고 2005다480 판결

주식회사의 대표이사가 회사를 대표하여 대표이사 개인을 위하여 그의 개인 채권자인 제3자와 사이에 연대보증계약을 체결하는 것과 같이 상법 제398조 소정의 이사의 자기거래행위에 해당하여 이사회의 결의를 거쳐야 함에도 이를 거치지 아니한 경우라 해도, 그와 같은 이사회 결의사항은 회사의 내부적 의사결정에 불과하므로 그 거래상대방이 위 이사회 결의가 없었음을 알았거나 중대한 과실로 알지 못한 경우가 아니라면 그 거래행위는 유효하다 할 것이고(대법원 1984. 12. 11. 선고 84다카1591 판결, 대법원 1996. 1. 26. 선고 94다42754 판결 등 참조), 이 때 거래상대방이 이사회 결의가 없음을 알았거나 알 수 있었던 사정은 이를 주장하는 회사가 주장·입증하여야 할 사항에 속하므로 특별한 사정이 없는 한 거래상대방으로서는 회사의 대표자가 거래에 필요한 회사의 내부절차는 마쳤을 것으로 신뢰하였다고 보는 것이 일반 경험칙에 부합하는 해석이라 할 것이다.
(같은 취지: 대법원 1990.12.11. 선고 90다카25253 판결 참조)

#### 대법원 2014.6.26. 선고 2012다73530 판결

주식회사의 대표이사가 이사회의 결의를 거쳐야 할 대외적 거래행위에 관하여 이를 거치지 아니한 경우라도, 이와 같은 이사회 결의사항은 회사의 내부적 의사결정에 불과하다 할 것이므로, 그 거래 상대방이 그와 같은 이사회 결의가 없었음을 알았거나 알 수 있었을 경우가 아니라면 그 거래행위는 유효하다 할 것이다(대법원 2005. 7. 28. 선고 2005다3649 판결, 대법원 2012. 8. 17. 선고 2012다45443 판결 등 참조). 이때 거래 상대방이 이사회 승인이 없음을 알았거나 알 수 있었던 사정 또는 이사회 결의가 없음을 알았거나 알 수 있었던 사정은 이를 주장하는 회사가 주장·증명하여야 할 사항에 속하므로 특별한 사정이 없는 한 거래 상대방으로서는 회사의 대표자가 거래에 필요한 회사의 내부절차는 마쳤을 것으로 신뢰하였다고 보는 것이 일반 경험칙에 부합하는 해석이라 할 것이다(대법원 2005. 5. 27. 선고 2005다480 판결, 대법원 2009. 3. 26. 선고 2006다47677 판결 등 참조).

### (6) 대표이사의 불법행위

회사도 불법행위능력이 있으므로, 대표이사가 업무집행을 하면서 고의·과실에 의한 위법행위로 타인에게 손해를 가하였다면 그것은 곧 회사의 불법행위를 구성하게 되어 회사는 그로 인한 손해배상책임을 부담하게 되고, 회사가 대표이사의 불법행위에 대한 사용자책임(민 756조)을 부담하는 것은 아니라 할 것이다. 이때 대표이사도 자신의 불법행위에 대한 개인적 책임을 부담하게 되고 이들의 책임의 부진정연대책임의 관계에 있다고 할 것이다.

특히 상법은 대표이사가 업무집행으로 타인에게 손해를 가한 경우 회사는 대표이사와 연대하여 손해배상책임을 부담한다고 규정하고 있다(상 389조 3항, 210조).

대표이사의 불법행위를 구성하기 위해서는 대표이사의 행위가 업무집행으로 인한 것이어야 하는데 대법원은 "업무집행으로 인하여"라는 의미를 직무집행행위와 사회관념적 또는 추상적으로 관련성을 가지는 행위로서 넓게 해석하여 대표이사의 행위가 실질적으로는 대표이사의 직무집행행위가 아니더라도 대표이사로서의 직무와 밀접한 관련이 있거나 외형상으로 직무범위 내라고 보이는 경우에도 대표이사의 직무집행행위로 보고 있다. 그러나 직무에 관한 행위에 해당하지 아니함을 피해자 자신이 알았거나 또는 중대한 과실로 인하여 알지 못한 경우에는 법인에게 손해배상책임을 물을 수 없다고 판시하고 있다.[209)]

### ◆ 대법원 2013.6.27. 선고 2011다50165 판결[210)]

주식회사의 대표이사가 업무집행을 하면서 고의 또는 과실에 의한 위법행위로 타인에게 손해를 가한 경우 주식회사는 상법 제389조 제3항, 제210조에 의하여 제3자에게 손해배상책임을 부담하게 되고, 대표이사도 민법 제750조 또는 상법 제389조 제3항, 제210조에 의하여 주식회사와 연대하여 불법행위책임을 부담하게 된다. 따라서 주식회사의 대표이사가 업무집행과 관련하여 정당한 권한 없이 직원으로 하여금 타인의 부동산을 지배·관리하게 하는 등으로 소유자의 사용수익권을 침해하고 있는 경우, 부동산의 점유자는 회사일 뿐이고 대표이사 개인은 독자적인 점유자는 아니기 때문에 부동산에 대한 인도청구 등의 상대방은 될 수 없다고 하더라도, 고의 또는 과실로 부동산에 대한 불법적인 점유상태를 형성·유지한 위법행위로 인한 손해배상책임은 회사와 별도로 부담한다고 보아야 한다. 대표이사 개인이 부동산에 대한 점유자가 아니라는 것과 업무집행으로 인하여 회사의 불법점유 상태를 야기하는 등으로 직접 불법행위를 한 행위자로서 손해배상책임을 지는 것은 별개라고 보아야 하기 때문이다.

### ◆ 대법원 1990.3.23. 선고 89다카555 판결

상호신용금고의 대표이사인 갑이 을로부터 일정한 금원을 예탁금으로 입금 처리하여 줄 것을 의뢰받고 당시 공동대표이사인 병의 개인자금을 조달할 목적으로 위 금원을 차용하면서도 외관상으로만 위 금원을 위 금고의 차입금으로 입금처리 하는 양 가장하여 을을 속이고 실제로는 차입금원장 등 장부에도 기장하지 아니한 채 위 금고용차입금증서가 아닌 병 개인명의로 발행된 약속어음을 을에게 교부하여 주었다면 이는 실질적으로는 갑의 개인적인 융통행위로서 위 금고의 차용행위로서는 무효라 하겠으나 그의 행위는 위

---

209) 대법원 2004.3.26. 선고 2003다34045 판결은, "법인의 대표자의 행위가 직무에 관한 행위에 해당하지 아니함을 피해자 자신이 알았거나 또는 중대한 과실로 인하여 알지 못한 경우에는 법인에게 손해배상책임을 물을 수 없다고 할 것이고, 여기서 중대한 과실이라 함은 거래의 상대방이 조금만 주의를 기울였더라면 대표자의 행위가 그 직무권한 내에서 적법하게 행하여진 것이 아니라는 사정을 알 수 있었음에도 만연히 이를 직무권한 내의 행위라고 믿음으로써 일반인에게 요구되는 주의의무에 현저히 위반하는 것으로 거의 고의에 가까운 정도의 주의를 결여하고, 공평의 관점에서 상대방을 구태여 보호할 필요가 없다고 봄이 상당하다고 인정되는 상태를 말한다"고 판시한다.

210) 한편 대법원은 회사와 대표이사의 공동불법행위와 관련하여 대법원 2007.5.31. 선고 2005다55473 판결에서, "주식회사 및 대표이사 이외의 다른 공동불법행위자 중 한 사람이 자신의 부담부분 이상을 변제하여 공동의 면책을 얻게 한 후 구상권을 행사하는 경우에 그 주식회사 및 대표이사는 구상권자에 대한 관계에서는 하나의 책임주체로 평가되어 각자 구상금액의 전부에 대하여 책임을 부담하여야 하고, 이는 위 대표이사가 공동대표이사인 경우에도 마찬가지이다. 따라서 공동면책을 얻은 다른 공동불법행위자가 공동대표이사 중 한 사람을 상대로 구상권을 행사하는 경우 그 공동대표이사는 주식회사가 원래 부담하는 책임부분 전체에 관하여 구상에 응하여야 하고, 주식회사와 공동대표이사들 사이 또는 각 공동대표이사 사이의 내부적인 부담비율을 내세워 구상권자에게 대항할 수는 없다"고 판시하고 있다.

금고 대표이사로서의 직무와 밀접한 관련이 있을 뿐만 아니라 외형상으로는 위 금고 대표이사의 직무범위내의 행위로 보아야 할 것이고 을의 처지에서도 위 금고와의 거래로 알고 있었던 것이므로 위 금고는 그 대표이사 갑의 직무에 관한 불법행위로 인하여 을이 입은 손해를 배상할 책임이 있다.

(같은 취지: 대법원 1990.11.13. 선고 89다카26878 판결)

### (7) 표현대표이사

#### (가) 의 의

표현대표이사는 대표이사가 아님에도 불구하고 회사를 대표할 권한이 있는 것으로 오인될 만한 명칭을 사용한 이사를 말하는데, 상법은 회사를 대표할 권한이 있는 대표이사 이외의 이사가 회사의 명시적 또는 묵시적 승인 하에 사장, 부사장, 전무, 상무 등 마치 회사를 대표할 권한이 있는 것으로 오인할 만한 명칭을 사용하여 대표행위를 한 경우에 이를 믿고 거래한 선의의 제3자를 보호하기 위하여, 독일법상의 외관주의이론 또는 영미법상의 금반언의 법리에 근거하여 회사로 하여금 이러한 이사들의 거래행위에 대하여 회사가 책임지도록 하고 있다(상 395조).[211)]

#### (나) 요 건

1) 외관의 존재

대표권이 없음에도 불구하고 마치 회사를 대표할 권한이 있는 것처럼 보이는 명칭을 사용하여 대표이사의 권한의 범위에 속하는 거래행위를 하였어야 한다.

상법 제395조에 규정된 사장, 부사장 등은 예시에 지나지 않는 것으로서 사회 일반의 거래의 통념에 비추어 회사를 대표할 권한이 있는 것처럼 보이는 명칭인지를 판단하여야 할 것이다.[212)]

또한 상법 제395조는 회사를 대표할 권한이 있는 것으로 오인될 명칭을 사용한 자는 이사임을 요하는 것처럼 규정되어 있으나 거래 상대방의 신뢰를 보호하여 거래의 안전을 도모하려는 규정의 취지에 비추어 볼 때 반드시 이사의 행위임을 요하지는 않는다 할 것이나, 적어도 대외적인 대표행위일 것은 요구된다고 할 것이고 이때 그런 명칭을 사용하여 자신의 이름으로 행위를 한 경우는 물론이고 다른 대표이사의 이름

211) 대법원 1988.10.11. 선고 86다카2936 판결은 표현대표이사에 관한 규정의 취지에 관하여, "회사의 대표이사가 아닌 이사가 외관상 회사의 대표권이 있는 것으로 인정될 만한 명칭을 사용하여 거래행위를 하고 이러한 외관상 회사의 대표행위에 대하여 회사에게 귀책사유가 있는 경우에 그 외관을 믿은 선의의 제3자를 보호함으로써 상거래의 신뢰와 안전을 도모하려는 데에 있다."고 판시하고 있다.

212) 대법원 2003.2.11. 선고 2002다62029 판결은 "'경리담당이사'는 회사를 대표할 권한이 있는 것으로 인정될 만한 명칭에 해당한다고 볼 수 없다고 하여 상법 제395조에 따른 회사의 책임을 부정하고 있다.

으로 한 행위에도 유추적용된다고 할 것이다.

그런데 상법은 주주총회결의의 하자에 관한 판결의 효력에는 그 소급효를 제한하는 상법 제190조 단서를 준용하지 아니하고(상 376조 2항, 380조), 이사회 결의의 하자에 관한 규정을 두고 있지 않기 때문에, 대표이사가 이사회에서 선임되었거나 주주총회에서 선임되었을지라도 그 대표이사의 선임에 관한 하자를 확정하는 판결의 효력은 민사소송법의 일반원칙에 따라 소급하게 되어, 대표이사로 선임된 후 선임결의의 취소나 무효가 확정되기까지 행하여진 대표이사의 행위는 소급적으로 권한 없는 대표이사의 행위가 된다. 따라서 이들과 거래한 제3자는 그 거래행위의 효력을 인정받을 수 없게 되어 거래의 안전이 크게 위협받게 될 우려가 있는데, 이렇게 소급적으로 권한이 없게 된 대표이사와 거래한 제3자를 보호하기 위하여 회사에 대하여 표현대표이사의 책임을 부담시켜 거래의 안전을 도모할 수 있다고 할 것이다.

물론 상법상 대표이사의 주소, 성명 등은 정관의 기재사항이므로(상 317조 2항 9호), 대표이사로 선임되어 등기되었으나 나중에 그 선임이 무효 혹은 취소된 경우에는 부실등기가 있게 되는 결과가 발생하므로 회사에 대하여 상법 제39조에 기한 부실등기의 책임을 지우도록 하여 제3자를 보호할 수도 있다고 할 것이다.

또한 공동대표이사는 대표이사들이 공동으로 대표행위를 하여야 하는데, 공동대표이사 중 1인이 마치 단독대표이사인 것처럼 단독으로 대표행위를 한 경우에 비록 적법한 대표행위는 아니라 할지라도 상법 제395조에 기하여 회사가 책임지는 경우도 있을 수 있다고 함은 이미 공동대표이사와 관련하여 설명하였다.

#### ◆ 대법원 2009.3.12. 선고 2007다60455 판결

상법 제395조의 규정은 회사가 이사의 자격이 없는 자에게 표현대표이사의 명칭을 사용하게 허용한 경우는 물론, 이사의 자격도 없는 사람이 임의로 표현대표이사의 명칭을 사용하고 있는 것을 알면서도 아무런 조치를 취하지 아니한 채 그대로 방치하여 소극적으로 묵인한 경우에도 위 규정이 유추적용되는 것으로 해석함이 상당하다(대법원 1998. 3. 27. 선고 97다34709 판결 등 참조).

(같은 취지: 대법원 2003.7.22. 선고 2002다40432 판결)

#### ◆ 대법원 2011.3.10. 선고 2010다100339 판결

표현대표이사의 행위로 인한 주식회사의 책임에 대하여 정한 상법 제395조는 표현대표이사가 자신의 이름으로 행위한 경우는 물론이고 대표이사의 이름으로 행위한 경우에도 적용된다. 그리고 이 경우에 상대방의 악의 또는 중대한 과실은 표현대표이사의 대표권이 아니라 대표이사를 대리하여 행위를 할 권한이 있는지에 관한 것이다.

(같은 취지: 대법원 2013.7.11. 선고 2013다16473 판결)

2) 외관의 허용(회사의 귀책사유)

표현대표이사의 행위에 대하여 회사에게 책임을 부담시키기 위해서는 회사가 표현대표이사의 그러한 명칭의 사용을 적극적으로 허용하였거나 그러한 명칭을 사용하는 사실을 알면서 소극적으로 묵인하거나 방치하는 등의 귀책사유가 있어야 한다.[213] 다만 표현대표자의 행위에 대하여 회사가 책임을 지는 것은 회사가 표현대표자의 명칭 사용을 명시적으로나 묵시적으로 승인할 경우에 한하는 것일 뿐이고, 회사가 그러한 명칭의 사용을 승인하지도 않았음에도 불구하고 임의로 명칭을 참칭한 자의 행위에 대하여는 비록 그 명칭 사용을 알지 못하고 제지하지 못한 점에 있어 회사에게 과실이 있다고 할지라도 그 회사의 책임으로 돌려 선의의 제3자에 대하여 책임을 지게 할 수 없다고 할 것이다.[214]

대표이사가 허락하지 아니하였더라도 이사회결의에 의하여 허락되거나[215] 대주주 혹은 회사를 사실상 지배하는 자에 의하여 외관부여 행위가 이루어진 경우에도 회사는 표현대표이사의 책임을 부담하게 된다.

**대법원 2009.3.12. 선고 2007다60455 판결**

주주총회를 소집, 개최함이 없이 의사록만을 작성한 주주총회결의로 대표자로 선임된 자의 행위에 대하여 의사록 작성으로 대표자격의 외관이 현출된 데에 대하여 회사에 귀책사유가 있음이 인정될 경우 상법 제395조에 따라 회사에게 그 책임을 물을 수 있고 (대법원 1992. 8. 18. 선고 91다14369 판결 등 참조), 이 경우 의사록을 작성하는 등 주주총회결의의 외관을 현출시킨 자가 사실상 회사의 운영을 지배하는 자인 경우와 같이 주주총회결의 외관 현출에 회사가 관련된 것으로 보아야 할 경우에는 회사에 귀책사유가 있다고 인정할 수 있을 것이다.

3) 외관의 신뢰(제3자의 선의)

회사가 표현대표이사의 책임을 부담하게 되는 상대방은, 회사를 대표하는 것으로

---

213) 대법원 2005.9.9. 선고 2004다17702 판결은 "이사 또는 이사의 자격이 없는 자가 임의로 표현대표자의 명칭을 사용하고 있는 것을 회사가 알면서도 이에 동조하거나 아무런 조치를 취하지 아니한 채 그대로 방치한 경우도 회사가 표현대표자의 명칭사용을 묵시적으로 승인한 경우에 해당한다"고 판시하고 있다.

214) 대법원 1995.11.21. 선고 94다50908 판결은, "표현대표자의 행위에 대하여 회사가 책임을 지는 것은 회사가 표현대표자의 명칭 사용을 명시적으로나 묵시적으로 승인할 경우에 한하는 것이고 회사의 명칭 사용 승인 없이 임의로 명칭을 참칭한 자의 행위에 대하여는 비록 그 명칭 사용을 알지 못하고 제지하지 못한 점에 있어 회사에게 과실이 있다고 할지라도 그 회사의 책임으로 돌려 선의의 제3자에 대하여 책임을 지게 할 수 없다"고 판시하고 있다.

215) 대법원 2011.7.28. 선고 2010다70018 판결은, "회사가 표현대표를 허용하였다고 하기 위하여는 진정한 대표이사가 이를 허용하거나, 이사 전원이 아닐지라도 적어도 이사회결의의 성립을 위하여 회사의 정관에서 정한 이사의 수, 그와 같은 정관의 규정이 없다면 최소한 이사 정원의 과반수 이사가 적극적 또는 묵시적으로 표현대표를 허용한 경우이어야 한다"고 판시한다.

인정될 만한 명칭을 사용하는 자에게 회사를 대표할 권한이 있다는 점을 신뢰한 선의의 제3자이어야 한다.

여기서 선의는 그러한 명칭의 사용자에게 대표권이 없음에 대한 선의를 의미하는 것이지 대표이사가 아니라는 점에 대한 선의를 의미하는 것은 아니라 할 것이고, 또한 제3자는 그러한 명칭을 사용한 자와 거래행위를 한 직접의 제3자에 한정되지도 않는다 할 것이다.[216)]

다만 제3자가 선의라고 하더라도 중대한 과실이 있다면 회사에 대하여 표현대표이사의 책임을 추궁할 수는 없다고 할 것이다.

### ◈ 대법원 2011.7.28. 선고 2010다70018 판결

상법 제395조에 의하여 회사가 표현대표이사의 행위에 대하여 책임을 지기 위하여는 표현대표이사의 행위에 대하여 그를 믿었던 제3자가 선의이어야 하고, 또한 회사가 적극적 또는 묵시적으로 표현대표를 허용한 경우에 한한다.

### ◈ 대법원 2003.9.26. 선고 2002다65073 판결

[1] 회사를 대표할 권한이 없는 표현대표이사가 다른 대표이사의 명칭을 사용하여 어음행위를 한 경우, 회사가 책임을 지는 선의의 제3자의 범위에는 표현대표이사로부터 직접 어음을 취득한 상대방뿐만 아니라, 그로부터 어음을 다시 배서 양도받은 제3취득자도 포함된다.

[2] 상법 제395조가 규정하는 표현대표이사의 행위로 인한 주식회사의 책임이 성립하기 위하여 제3자의 선의 이외에 무과실까지도 필요로 하는 것은 아니지만, 그와 같은 제3자의 신뢰는 보호할 만한 가치가 있는 정당한 것이어야 할 것이므로, 설령 제3자가 회사의 대표이사가 아닌 이사에게 그 거래행위를 함에 있어 회사를 대표할 권한이 있다고 믿었다 할지라도 그와 같이 믿음에 있어서 중대한 과실이 있는 경우에는 회사는 그 제3자에 대하여는 책임을 지지 아니하고, 여기서 제3자의 중대한 과실이라 함은 제3자가 조금만 주의를 기울였더라면 표현대표이사의 행위가 대표권에 기한 것이 아니라는 사정을 알 수 있었음에도 만연히 이를 대표권에 기한 행위라고 믿음으로써 거래통념상 요구되는 주의의무에 현저히 위반하는 것으로서, 공평의 관점에서 제3자를 구태여 보호할 필요가 없다고 봄이 상당하다고 인정되는 상태를 말한다.

(같은 취지: 대법원 1997.8.26. 선고 96다36753 판결, 대법원 1999.11.12. 선고 99다19797 판결, 대법원 2003.7.22. 선고 2002다40432 판결, 대법원 2013.2.14. 선고 2010다91985 판결)

---

216) 대법원 1998.3.27. 선고 97다34709 판결은, "상법 제395조 소정의 '선의'란 표현대표이사가 대표권이 없음을 알지 못한 것을 말하는 것이지 반드시 형식상 대표이사가 아니라는 것을 알지 못한 것에 한정할 필요는 없다"고 판시한다.

#### (다) 적용범위

상법이 회사에 대하여 부담시키는 표현대표이사의 책임은 회사를 대표할 권한이 없는 자의 대표행위에 대하여 선의의 제3자를 보호하여 거래의 안전을 도모하기 위한 것이므로 회사를 대표할 권한이 있는 자의 하자있는 대표행위(예컨대 전횡적 대표행위, 대표권의 남용행위)에는 적용되지 않는다고 할 것이다. 또한 그 행위가 거래에 관한 것일 경우에는 그것이 법률행위이거나 사실행위인지를 가리지 않고 적용되지만, 불법행위에는 적용되지 아니한다고 할 것이다. 또한 소송행위의 경우에도 적용되지 않는다고 할 것이다.

한편 회사가 공동대표이사에게 단순한 대표이사라는 명칭을 사용하여 법률행위를 하는 것을 용인 내지 방임한 경우에도 회사는 상법 제395조에 의한 표현책임을 면할 수 없다고 할 것이다.[217)]

#### (라) 효 과

표현대표이사에 관한 상법의 규정은 대표권 없는 자와 거래한 상대방을 보호하여 종국에는 거래의 안전을 확보하려는 것이므로 회사는 표현대표이사의 행위에 대하여 선의의 제3자에게 책임을 지게 되어, 그 거래의 상대방에 대하여 소극적으로 그 거래행위의 무효를 주장할 수 없다는 것이고 회사가 상대방에 대하여 적극적으로 그 거래행위의 유효를 주장할 수 있다는 것을 의미하는 것은 아니라 할 것이다.

또한 표현대표이사의 행위와 이사회의 결의를 거치지 아니한 대표이사의 행위는 모두 본래는 회사가 책임을 질 수 없는 행위들이지만 거래의 안전과 외관이론의 정신에 입각하여 그 행위를 신뢰한 제3자가 보호된다는 점에서 공통되는 면이 있다. 다만 제3자의 신뢰의 대상이 전자에 있어서는 대표권의 존재인 반면, 후자에 있어서는 대표권의 범위이므로 제3자가 보호받기 위한 구체적인 요건이 반드시 서로 같다고 할 것은 아니고, 따라서 표현대표이사의 행위로 인정이 되는 경우라고 하더라도 만일 그 행위에 이사회의 결의가 필요하고 거래의 상대방인 제3자의 입장에서 이사회의 결의가 없었음을 알았거나 알 수 있었을 경우라면 회사로서는 그 행위에 대한 책임을 면한다.[218)]

한편 회사가 표현대표이사의 행위에 대하여 책임을 부담하게 되므로 입은 손해에 대하여는 상법상 손해배상책임(상 399조)이나 민법상 손해배상책임(민 750조)을 추궁할 수 있고, 이 밖에도 상대방은 상법상의 표현대표이사의 책임을 회사에 추궁하는 것과는 별도로 표현대표행위를 한 자가 회사의 이사라면 상법상의 손해배상책임(상

---

217) 대법원 1992.10.27. 선고 92다19033 판결.
218) 대법원 1998.3.27. 선고 97다34709 판결.

401조) 및 민법상의 손해배상책임(민 750조)을 부담토록 할 수도 있다고 해석된다.

표현대표이사의 대표행위에 대한 회사의 책임을 규정한 상법 제395조는 거래의 안전을 위하여 회사에 대하여 표현책임을 인정한 것으로서, 거래의 안전을 보호하기 위한 상법과 민법상의 여러 규정과의 관계가 문제된다.

(1) 상법의 표현대표이사의 책임이 회사의 외관부여로 근거한 표현책임을 인정한 것이라는 점에서 민법상의 표현대리와 동일한 책임이라고 할 것이지만 민법상의 표현대리는 상대방의 선의 무과실을 요하는 데 반하여 표현대표이사는 상대방의 선의 무중과실을 요하므로 보호받는 제3자의 범위가 넓다고 할 것이고, 표현대표이사의 대표행위가 표현대리에 관한 민법의 적용요건에도 해당한다면, 제3자는 회사에 대하여 상법상의 표현대표이사의 책임(상 395조)뿐만 아니라 민법상의 표현대리의 책임(민법 125조, 126조, 129조)을 주장할 수도 있을 것이다.

(2) 상법 제395조의 문구와는 달리 반드시 이사가 아닌 자의 행위에 대하여도 회사는 표현대표이사의 책임을 부담할 수 있다고 해석되므로 회사의 이사가 아닌 단순한 사용인이라고 할지라도 그 행위의 형태(예컨대 사용한 명칭이 표현대표이사의 명칭인지, 행위의 내용이 대표행위인지)에 따라 상대방은 회사에 대하여 표현대표이사의 책임을 주장하거나 표현지배인의 책임(상 14조)을 주장하게 될 것이다.

(3) 대표이사의 성명을 등기하면 제3자는 정당한 사유가 없는 한 악의로 의제되므로(상 37조 1항의 반대해석) 회사로서는 대표이사를 등기하면 표현대표이사의 책임을 면할 수 있는 듯 해석되지만, 표현대표이사의 책임은 외관책임이론을 바탕으로 거래의 안전을 도모하고자 하는 것으로서 상업등기와는 다른 차원의 책임을 규정한 것이라고 할 것이다.

(4) 대표이사로 선임되어 등기를 마쳤으나 후일 선임결의에 하자가 있어서 대표이사의 선임이 소급적으로 효력을 상실한 경우에 그 대표이사와 거래한 선의의 상대방은 회사에 대하여 상법상의 부실등기의 책임(상 39조)을 추궁하거나 표현대표이사의 책임(상 395조)을 중첩적으로 추궁할 수도 있을 것이다.

## 마. 집행임원

### (1) 의 의

집행임원은 집행임원을 두기로 한 회사의 이사회에서 선임되어, 대내적으로 업무집행이나 정관 또는 이사회의 결의에 의하여 위임받은 업무집행에 관한 의사결정을 하고 대외적으로 회사를 대표하는, 대표이사에 갈음하는 업무집행기관이라고 할 것이다(상 408조의2 1항, 408조의4, 408조의5).

상법상 이사회는 회사의 업무집행에 관한 결정을 하고(상 393조 1항) 이사의 직무집행을 감독(상 393조 2항)하는 역할과 권한을 가지고 있는데 실제로 회사의 업무를 집행하는 대표이사 또는 업무담당이사가 모두 이사회의 구성원이라면 이들에 대한 이사회의 감독기능은 현저히 약화될 수밖에 없으므로 이사회의 구성원이 아닌 집행임원으로 하여금 회사의 업무집행을 담당하도록 하고 이사회는 이를 감독하는 역할만을 충실히 수행하도록 함으로써 회사의 업무집행에 있어서 투명성을 제고하고 회사의 지배구조를 개선하기 위함이다.

한편 그동안 일부 상장 대기업에서 의무적으로 선임하도록 된 사외이사의 수를 최소화하기 위한 방편으로 정관에 의하여 상법상의 이사 아닌 집행임원을 선임하여 이들로 하여금 실질적으로 이사의 업무를 수행하도록 함으로써 적지 않은 법률상의 문제점이 발생함에 따라 이들에 대한 법률상 근거를 마련하고 그 권리와 의무 그리고 권한과 책임을 명확히 하기 위한 목적에서 2011년 4월 14일 개정된 상법에서 새로이 도입하게 된 것이다.[219]

상법은 회사로 하여금 집행임원제도의 채택 여부를 자율적으로 선택할 수 있도록 하는 한편 집행임원을 두는 경우에는 대표이사를 선임할 수 없도록 하고 있으나(상 408조의2 1항), 상법상 집행임원을 선임할 수 있는 회사에 대한 제한은 없다.

집행임원과 회사의 법률관계는 민법상 위임에 관한 규정이 적용되고(상 408조의2 2항), 집행임원의 성명과 주민등록번호는 등기하여야 한다(상 317조 2항 8호).

2011년 4월 14일 상법이 개정되기 전에 실무상 대기업을 중심으로 경영임원 혹은 집행이사, 상무 등의 명칭으로 주주총회에서 선임하지도 않고 등기하지도 않은 자를 선임하여 실질적으로 이사처럼 회사의 업무를 수행하도록 하였으나 이들에 대한 법적 근거는 없는 실정으로서 이들의 법적 지위에 관하여 대법원은 그 실질에 있어 사업 또는 사업장에 임금을 목적으로 종속적인 관계에서 사용자에게 근로를 제공하는 근로기준법상 근로자에 해당한다고 판시하고 있으나(대법원 2005. 5.27. 선고 2005두524 판결), 개정된 상법에서 새로이 도입한 집행임원은 그 선임과 권한 그리고 책임 등의 법적 근거가 있고 회사와의 관계는 위임으로 보게 되는 등 이들과 구별을 요한다고 할 것이다.

### (2) 선임과 종임

집행임원은 이사회에서 선임하게 되며(상 408조의2 3항 1호), 피선임자격에 대한 일반적인 제한은 없으나 정관으로 일정한 자격제한을 할 수는 있다고 할 것이다. 또한 집행임원의 성명과 주민등록번호는 등기하여야 한다(상 317조 2항 8호).

상법상 집행임원에 대하여는 이사의 겸직금지에 관한 규정(상 397조)이 준용되므로(상 408조의9) 다른 회사의 이사를 겸직할 수는 없으나 자기회사의 이사를 겸직할 수 있다고 할 것이다.[220] 또한 집행임원을 주주총회에서 선임할 수 있다거나 다른 집

---

219) 집행임원제도를 상법에 도입한 배경은 국회 법제사법위원회 검토의견 160면 내지 163면 참조.

220) 집행임원이 이사의 지위를 겸직하는 경우에 이사회의 집행임원에 대한 감독이 약화될 수 있다는 우려가

행임원 예컨대 대표집행임원으로 하여금 집행임원을 선임할 수 있다는 견해도 있을 수 있으나, 상법은 집행임원을 이사회에서 선임하도록 정하고 있다(상 408조의2 3항 1호). 다만 이사회의 권한은 일정한 사항 이외에는 이사회 내의 위원회에 위임할 수 있으므로(상 393조 2항) 집행임원의 선임을 위원회에 위임할 수도 있다고 할 것이다.

집행임원은 회사와 위임계약관계에 있으므로(상 408조의2 2항) 일반적으로 집행임원의 사망, 파산, 금치산선고, 회사의 해산, 정관에 정한 자격상실사유의 발생 그리고 집행임원의 사임 혹은 임기만료 등으로 의하여 그 임기가 종료되는데 특히 상법은 이사회가 집행임원을 해임할 수 있도록 하고 있다(상 408조의2 3항 1호). 또한 집행임원의 경우에는 이사의 결원이 생긴 경우에 관한 규정(상 386조)이 준용되지 않으므로 집행임원의 임기가 만료하거나 사임하더라도 새로 집행임원이 선임될 때까지 집행임원으로서 권리의무가 있다고 할 수 없다.

### (3) 집행임원의 수와 임기

회사는 1인 또는 수인의 집행임원을 선임할 수 있는데 수인의 집행임원을 선임한 경우에는 이사회에서 집행임원의 직무분담 및 지휘·명령관계 등 상호관계에 관한 결정을 하게 되고(상 408조의2 3항 5호), 만약 이러한 결정이 없다면 각 집행임원이 업무를 집행하여야 할 것이다.

상법은 정관의 규정이 없으면 집행임원의 임기가 2년을 초과할 수 없도록 규정하고 있으므로(상 408조의3 1항) 정관으로 2년을 초과하거나 단축하도록 정할 수 있다고 할 것이다.

### (4) 집행임원의 권한

집행임원은 회사의 업무를 집행할 권한이 있으므로(상 408조의4 1호) 이 경우 이사는 업무집행을 할 권한이 없게 된다. 다만 집행임원은 이사와 달리 그 업무집행권한이 이사회에 의하여 구체적으로 설정되고 그 범위 내에서만 업무집행을 하게 된다(상 408조의2 3항 5호). 이를 위하여 이사회는 집행임원들을 구성원으로 하는 별도의 회의체를 구성할 수도 있다고 할 것이고(상 408조의2 3항 5호), 설령 그러한 이사회의 결정이 없더라도 임의로 집행임원들이 회의체를 구성하는 것도 무방하다고 할 것이다.

또한 집행임원은 정관이나 이사회의 결의에 의하여 위임받은 업무집행에 관한 의사결정을 할 권한이 있지만(상 408조의4 2호) 상법이 이사회의 권한으로 정한 업무집

있을 수 있으나 상법상 이사와의 겸직을 금지하는 규정이 없으므로 이를 금할 수는 없다고 할 것이다.

행에 관한 의사결정은 위임할 수 없다(상 408조의2 3항 4호).

이 밖에도 집행임원은 필요한 경우 일정한 요건에 따라 이사회 소집을 청구할 권한도 인정되고 있다(상 408조의7).

### (5) 대표집행임원

상법은 이사회에서 2명 이상의 집행임원을 선임한 경우에는 회사를 대표할 대표집행임원을 선임하도록 하여(상 408조의5 1항 본문), 이 대표집행임원으로 하여금 회사를 대표하도록 하는 등 대표이사에 관한 규정을 준용하도록 하고 있다(상 408조의5 2항).

회사는 수인의 대표집행임원을 둘 수도 있고 그 수인의 대표집행임원으로 하여금 공동으로 회사를 대표하도록 할 수도 있을 것이고(상 389조 2항) 이때 제3자의 회사에 대한 의사표시는 공동대표집행임원 1인에 대하여 함으로써 그 효력이 발생한다(상 408조의5 2항, 389조 3항, 208조 2항).

또한 대표집행임원은 회사의 영업에 관하여 재판상 또는 재판 외의 모든 행위를 할 권한이 있고 그 권한에 대한 제한은 선의의 제3자에게 대항하지 못하며(상 408조의5 2항, 389조 3항, 209조) 그 밖에도 대표집행임원의 업무집행상의 행위로 인한 손해에 관하여는 회사가 연대하여 책임을 부담하게 된다(상 408조의5 2항, 389조 3항, 210조).

집행임원을 둔 경우에는 대표이사를 두지 못하므로(상 408조의2 1항 단서) 집행임원이 대표이사에 갈음하여 회사를 대표하게 되고 집행임원이 1명인 경우에는 그 집행임원이 대표집행임원이 된다(상 408조의5 1항 단서).

집행임원을 둔 회사에 대하여는 표현대표이사에 관한 규정(상 395조)이 준용되므로 표현집행임원의 행위에 관하여 회사는 제3자에 대하여 책임을 지게 된다(상 408조의5 3항).

### (6) 집행임원의 의무와 책임

집행임원과 회사의 관계는 위임관계이므로(상 408조의2 2) 집행임원은 회사에 대하여 기본적으로 선량한 관리자의 주의의무를 부담하게 된다(민 681조).

상법은 집행임원으로 하여금 3개월에 1회 이상 업무의 집행상황을 이사회에 보고하도록 하고(상 408조의6 1항), 또한 이사회의 요구가 있으면 언제든지 이사회에 출석하여 요구된 사항을 보고하여야 할 의무를 부담지우고 있다(상 408조의6 2항). 이 밖에도 상법은 이사의 회사에 대한 충실의무(상 382조의3), 비밀유지의무(상 382조의4), 정관 등의 비치 및 공시의무(상 396조), 경업금지의무(상 397조), 회사의 기회 및 자산 유용금지의무(상 397조의2), 회사 간의 거래금지의무(상 398조) 및 감사에 대한 보고의무(상 412조, 412조의2)에 관한 규정을 준용하고 있다(상 408조의9).

한편 상법은 집행임원이 고의 또는 과실로 법령이나 정관을 위반한 행위를 하거나 그 임무를 게을리 한 경우에 회사에 대하여 손해배상책임을 부담하도록 하고(상 408조의8 1항), 또한 집행임원이 고의 또는 중대한 과실로 그 임무를 게을리 한 경우에는 그 집행임원은 제3자에게 손해를 배상할 책임을 지우고 있다(상 408조의8 2항). 나아가 이러한 손해에 관하여 다른 집행임원, 이사 또는 감사도 그 책임이 있는 경우에는 이들이 연대하여 책임을 부담하도록 하는(상 408조의8 3항) 한편 이사의 회사에 대한 책임의 감면에 관한 규정(상 400조), 업무집행지시자(사실상 이사) 등의 책임에 관한 규정(상 401조의2)을 준용하여(상 408조의9) 이사의 책임과 동일한 책임을 지우고 있다.

#### (7) 집행임원에 대한 감독

집행임원의 업무집행에 대한 감독은 이사회에서 하게 되는데(상 408조의2 3항 2호), 이 밖에도 상법은 이사의 위법행위유지청구권과 대표소송에 관한 규정(상 402조 내지 406조) 그리고 이사의 선임결의 무효 혹은 이사해임의 소와 관련한 이사 직무집행정지 및 직무대행자에 관한 규정(상 407조, 408조)을 집행임원에 대하여도 준용하여(상 408조의9) 주주들의 집행임원에 대한 감독을 허용하고 있다.

## 4. 감사 · 감사위원회 · 검사인 · 외부감사인 그리고 준법지원인

### 가. 총 설

주식회사는 주주의 유한책임을 그 본질로 하므로 회사의 재산이 채권자들에 대한 유일한 담보이고, 또한 주주가 회사의 업무에 관한 결정을 내리거나 그 업무를 직접 집행하는 것도 아니므로 주식회사에 있어서는 다른 어떤 종류의 회사보다도 업무집행과 회계처리에 관한 감사의 중요성이 요구되고 있다고 할 것이다.

주식회사의 감사는 그 대상에 따라 회사의 내부적 업무집행과 대외적 대표행위에 대한 업무감사와 회계처리에 대한 회계감사로 구분되고, 그 내용에 따라 업무처리가 법률에 적합한지 여부를 가리는 적법성 감사와 업무처리가 회사의 영업목적에 비추어 합당한지 여부를 가리는 타당성 감사 그리고 감사의 주체에 따라 회사의 내부 기관에 의한 내부감사와 회사의 외부 기관에 의한 외부감사로 나누어 볼 수 있다. 또한 상법은 이사회의 이사에 대한 업무감독기능을 확장하고 활성화시키기 위한 목적에서 이사회 내의 위원회로서 감사위원회를 감사와 선택적으로 설치할 수 있도록 하고 있고 일정한 규모이상의 상장회사에 대하여는 반드시 감사위원회를 설치하도록 하고 있다(상 542조의11 1항).

외부감사는 주식회사의 외부감사에 관한 법률에 따라 일정 규모 이상의 회사에 한하여 외부감사인에 의하여 회계감사에 한하여 이루어지고, 내부감사는 감사, 감사위원회, 검사인에 의하여 행하여지는데 이 경우에는 회계부문의 감사뿐만 아니라 업무부문의 감사에 관하여도 이루어진다. 이 밖에도 회사의 업무 또는 회계감사기관은 아니지만 일정한 회사에 대하여는 회사 임직원의 직무수행상의 준법통제에 관한 기준준수에 관한 업무를 담당하는 준법지원인이 있다(상 542조의13).

## 나. 감 사

### (1) 감사의 지위

감사는 회사의 회계 및 업무 감사를 주된 직무로 하는 상설기관이지만, 상법은 회사로 하여금 정관의 정함에 따라 이사회 내의 위원회로서 감사위원회를 설치한 경우에는 감사를 둘 수 없도록 규정하고 있고(상 415조의2 1항 2문), 자본금 총액이 10억 미만인 소규모 주식회사의 경우에는 감사를 선임하지 않을 수 있도록 하고 있다(상 409조 4항). 특히 소규모회사의 경우에 감사를 두지 않은 경우에 감사의 권한은 주주총회가 행사하게 된다(상 409조 6항).

감사와 회사의 법적 관계는 위임관계(상 415조, 382조 2항)이므로 회사에 대하여 선량한 관리자의 주의의무를 부담하지만, 감사는 직접적으로 업무를 수행하지 않으므로 회사업무를 수행하는 이사 등에 있어서 회사와 이익충돌의 가능성에 터 잡아 상법상 부과되는 경업금지의 제한(상 397조), 회사의 기회 및 자산의 유용금지(상 397조의2) 및 회사와의 거래의 제한(상 398조) 등은 없다. 그러나 감사의 이러한 행위를 하여 회사에 손해가 발생한 경우에는 손해배상책임을 부담하게 됨은 당연하다고 할 것이다. 다만 감사는 감사업무의 성질상 회사 및 자회사의 이사, 지배인 또는 사용인이 될 수는 없다(상 411조).

상법은 감사의 자격에 아무런 제한을 두고 있지 않으나[221] 상장회사의 경우에는 상근감사에 대하여 일정한 자격제한을 두고 있다(상 542조의10).

상법은 감사의 수에 관하여 아무런 규정이 없으므로 정관에서 자유로이 규정할 수

---

221) 법인도 감사가 될 수 있는지에 관하여 견해의 대립이 있으나 실무적 관점에서 볼 때 의미 없는 논쟁이라 할 것이다.

있으나 대통령령이 정하는 상장회사에 있어서 감사위원회를 설치한 경우 이외에는 주주총회 결의에 의하여 회사에 상근하면서 감사업무를 수행하는 상근감사를 1명 이상 두어야 한다(상 542조의10 1항, 상법시행령 15조). 다만, 2인 이상의 감사가 있더라도 각 감사는 단독으로 그 직무를 수행하게 되고 이사회와 달리 회의체를 구성하는 것이 아니다.

상법의 규정에 따른 감사선임과 감사위원회의 구성의 필요성을 보면, 첫째로 자본금 10억 미만의 소규모회사의 경우에는 감사를 두지 않을 수 있고(상 409조 4항), 둘째로 소규모 회사 이외의 회사는 비상장회사이거나 상장회사를 가리지 않고 상근이거나 비상근의 감사를 두거나 감사에 갈음하여 감사위원회를 구성하여야 하고(상 409조, 415조의2 1항), 셋째로 대통령령에서 정하는 자산총액 1,000억원 이상의 상장회사가 감사위원회를 구성하지 않고 감사를 선임하는 경우에는 반드시 상근감사 1인 이상을 두도록 하고 있으며(상 542조의10 1항. 상법시행령 15조), 넷째로 대통령령에서 정하는 자산 총액 2조원 이상의 상장회사는 감사를 선임할 수 없고 반드시 감사위원회를 구성하도록 정하고(상 542조의11 1항, 상법시행령 37조) 있다.

감사의 보수에 관하여 상법은 이사에 관한 규정을 준용하고 있으므로(상 415조, 388조), 정관으로 정하거나 주주총회의 결의로 결정하게 될 것이나, 감사의 역할에 비추어 볼 때 이를 이사회에서 결정토록 하는 것은 부적절하다고 할 것이다. 이런 맥락에서 상법은 상장회사의 주주총회의 목적사항에 있어서 감사의 선임과 보수결정에 관한 의안과 이사의 선임과 보수결정을 위한 의안은 별도로 상정하여 의결하도록 하고 있다(상 542조의12 5항).

상법은 감사의 임기를 취임 후 3년 내의 최종의 결산기에 관한 정기총회종결일까지로 정하고 있는데(상 410조), 이것은 감사의 독립성을 보장하기 위한 규정이므로 정관이나 주주총회의 결의로 이러한 3년의 기한을 단축하는 것은 인정되지 않는다고 할 것이다.

**대법원 2007.12.13. 선고 2007다60080 판결**

감사가 회사 또는 자회사의 이사 또는 지배인 기타의 사용인에 선임되거나 반대로 회사 또는 자회사의 이사 또는 지배인 기타의 사용인이 회사의 감사에 선임된 경우에는 그 선임행위는 각각의 선임 당시에 있어 현직을 사임하는 것을 조건으로 하여 효력을 가지고, 피선임자가 새로이 선임된 지위에 취임할 것을 승낙한 때에는 종전의 직을 사임하는 의사를 표시한 것으로 해석하여야 한다.

### (2) 감사의 선임과 종임

회사의 설립시 감사는 발기설립의 경우에는 발기인 의결권의 과반수로 선임하게 되고(상 296조), 모집설립의 경우에는 창립총회에서 출석한 주식인수인의 3분의 2 이상과 인수된 주식의 총수의 과반수에 해당하는 다수로 선임하게 된다(상 312조, 309조).

회사가 설립된 후에는 주주총회에서 보통결의로 선임하게 되는데(상 409조 1항), 이 경우 의결권 없는 주식을 제외한 발행주식의 총수의 100분의 3을 초과하는 수의 주식을 가진 주주는 그 초과하는 주식에 관하여는 의결권이 제한되는데(상 409조 2항), 이렇게 100분의 3을 초과하는 주식은 발행주식총수에도 산입되지 않는다고 해석하여야 할 것이다.[222)]

특히 상장회사에 있어서는 의결권이 제한되는 발행주식총수의 100분의 3을 초과하는 수의 주식은 1인이 소유한 주식뿐만 아니라 최대주주와 일정한 친족 등 특수관계인 그 밖에 대통령령으로 정하는 자가 가진 주식수를 합산하여 산정하게 되는데(상 542조의12 3항), 이 경우 최대주주가 아닌 2대주주에 대하여도 이런 제한을 가할 수는 없다고 할 것이므로 이러한 제한을 정한 정관은 무효라고 할 것이다.[223)]

#### ◆ 대법원 2016.8.17. 선고 2016다222996 판결

주주총회에서 감사를 선임하려면 우선 '출석한 주주의 의결권의 과반수'라는 의결정족수를 충족하여야 하고, 나아가 의결정족수가 '발행주식총수의 4분의 1 이상의 수'이어야 하는데, 상법 제371조는 제1항에서 '발행주식총수에 산입하지 않는 주식'에 대하여 정하면서 상법 제409조 제2항의 의결권 없는 주식(이하 '3% 초과 주식'이라 한다)은 이에 포함시키지 않고 있고, 제2항에서 '출석한 주주의 의결권 수에 산입하지 않는 주식'에 대하여 정하면서는 3% 초과 주식을 이에 포함시키고 있다.

그런데 만약 3% 초과 주식이 상법 제368조 제1항에서 말하는 '발행주식총수'에 산입된다고 보게 되면, 어느 한 주주가 발행주식총수의 78%를 초과하여 소유하는 경우와 같이 3% 초과 주식의 수가 발행주식총수의 75%를 넘는 경우에는 상법 제368조 제1항에서 말하는 '발행주식총수의 4분의 1 이상의 수'라는 요건을 충족시키는 것이 원천적으로 불가능하게 되는데, 이러한 결과는 감사를 주식회사의 필요적 상설기관으로 규정하고 있는

---

222) 대법원 2016.8.17. 선고 2016다222996 판결.

223) 대법원 2009.11.26. 선고 2009다51820 판결은 "상법 제409조 제2항·제3항은 '주주'가 일정 비율을 초과하여 소유하는 주식에 관하여 감사의 선임에 있어서 그 의결권을 제한하고 있고, 구 증권거래법(2007.8.3. 법률 제8635호 자본시장과 금융투자업에 관한 법률 부칙 제2조로 폐지) 제191조의11은 '최대주주와 그 특수관계인 등'이 일정 비율을 초과하여 소유하는 주권상장법인의 주식에 관하여 감사의 선임 및 해임에 있어서 의결권을 제한하고 있을 뿐이므로, '최대주주가 아닌 주주와 그 특수관계인 등'에 대하여도 일정 비율을 초과하여 소유하는 주식에 관하여 감사의 선임 및 해임에 있어서 의결권을 제한하는 내용의 정관 규정이나 주주총회결의 등은 무효이다"라고 판시하고 있다.

상법의 기본 입장과 모순된다. 따라서 감사의 선임에서 3% 초과 주식은 상법 제371조의 규정에도 불구하고 상법 제368조 제1항에서 말하는 '발행주식총수'에 산입되지 않는다. 그리고 이는 자본금 총액이 10억 원 미만이어서 감사를 반드시 선임하지 않아도 되는 주식회사라고 하여 달리 볼 것도 아니다.

또한 상법은 상장회사의 경우에는 감사의 선임은 이사의 선임과 별도의 안건으로 상정하여 결의할 것을 명문으로 규정하고 있는데(상 542조의12 5항), 상장회사가 아닌 경우에도 이사와 감사의 선임은 별도의 안건으로 처리하는 것이 타당하다고 할 것이다.

한편 감사와 회사의 관계는 위임관계이므로 위임계약의 종료 사유인 감사의 사망, 파산, 금치산선고, 임기 만료 그리고 사임 등으로 감사의 지위가 종료하고, 특히 감사의 경우에도 이사의 해임에 관한 규정이 준용되어 주주총회의 해임결의가 인정되고(상 415조, 385조 1항) 이 경우에 감사는 주주총회에서 이에 관한 의견을 진술할 수 있다(상 409조의2). 특히 상장회사의 경우에는 감사의 해임결의에 있어서도 의결권이 제한되는 발행주식총수의 100분의 3을 초과하는 수의 주식은 의결권이 제한된다(상 542조의12 3항). 이사의 경우처럼 감사도 정당한 사유 없이 임기만료 전에 해임당한 경우에는 회사에 대한 손해배상청구권도 인정된다(상 415조, 385조). 또한 소수주주의 해임청구에 의한 법원의 판결(상 415조, 385조 2항)에 의하여 해임되게 되지만, 이사의 경우와 달리 회사의 해산은 감사의 종임사유가 아니다.

상법이 정하는 의결권 없는 주식을 제외한 발행주식총수의 100분의 3을 초과하는 주식에 대한 의결권제한은 비상장회사의 경우에는 감사의 선임에 한정되는데(상 409조 2항), 상장회사의 경우에는 감사의 선임과 해임의 모든 경우에 해당한다(상 542조의12 3항).

상법은 감사가 임기의 만료 또는 사임으로 인하여 퇴임함으로써 결원이 생긴 경우에 관하여 이사의 결원에 관한 규정을 준용하고 있으므로 퇴임한 감사는 새로 선임된 감사가 취임할 때까지 계속 권리의무를 가지게 되고 필요한 경우에는 법원에서 임시감사를 선임하게 된다(상 415조, 386조).

### 대법원 2013.9.26. 선고 2011다42348 판결

[1] 상법 제415조, 제385조 제1항에 규정된 '정당한 이유'란 주주와 감사 사이에 불화 등 단순히 주관적인 신뢰관계가 상실된 것만으로는 부족하고, 감사가 그 직무와 관련하여 법령이나 정관에 위반된 행위를 하였거나 정신적 · 육체적으로 감사로서 직무를 감당하기 현저하게 곤란한 경우, 감사로서 직무수행능력에 대한 근본적인 신뢰관계가 상실된 경우 등과 같이 당해 감사가 그 직무를 수행하는 데 장해가 될 객관적 상황이 발생한 경

우에 비로소 임기 전에 해임할 수 있는 정당한 이유가 있다고 할 것이다.

[2] 임기가 정하여져 있는 감사가 임기만료 전에 정당한 이유 없이 주주총회의 특별결의로 해임되었음을 이유로 상법 제415조, 제385조 제1항에 의하여 회사를 상대로 남은 임기 동안 또는 임기 만료 시 얻을 수 있었던 보수 상당액을 해임으로 인한 손해배상액으로 청구하는 경우, 당해 감사가 그 해임으로 인하여 남은 임기 동안 회사를 위한 위임사무 처리에 들이지 않게 된 자신의 시간과 노력을 다른 직장에 종사하여 사용함으로써 얻은 이익이 해임과 사이에 상당인과관계가 인정된다면 해임으로 인한 손해배상액을 산정함에 있어서 공제되어야 한다.

### (3) 감사의 권한

상법은 감사의 주된 권한으로서 회사의 회계 및 업무를 감사할 권한을 인정하는 한편 이러한 권한의 행사를 명확히 하고 수월하게 하도록 할 목적에서 자회사에 관한 감사권 등의 여러 가지 부수적 권한을 주고 있다.

또한 자본금 총액이 10억 원 미만으로서 감사를 선임하지 아니한 소규모 주식회사(상 409조 4항)는 이러한 감사의 권한을 총회로 하여금 수행하도록 하고 있다(상 409조 6항).

#### (가) 회계 및 업무 감사권

상법은 감사는 이사 및 집행임원의 직무집행을 감사한다(상 412조 1항, 408조의9, 412조 1항)라고 규정하여 감사로 하여금 이사와 이사회 및 집행임원이 행하는 일체의 업무집행에 관하여 감사할 권한을 주고 있다. 이러한 감사의 권한이 업무의 적법성뿐만 아니라 타당성까지 감사할 수 있는지에 관하여, ① 감사로 하여금 이사의 업무집행의 타당성까지 감사하도록 하면 이사의 자유로운 경영판단을 구속하게 되고, 이사의 업무집행의 타당성 감사는 이사회에 맡겨진 사항이므로 감사는 원칙적으로 적법성만을 감사할 수 있고, 예외적으로 상법에 규정이 있는 경우(상 413조, 447조의4 2항 8호)에 한하여 타당성 감사를 할 수 있다는 견해,[224] ② 원칙적으로 적법성만 감사할 수 있으나 상법에 규정이 있거나 업무집행이 현저하게 부당한 경우에는 예외적으로 타당성 감사도 할 수 있다는 견해,[225] ③ 이사의 업무집행의 적법성과 타당성을 명확히 구별하기가 쉽지 않고 이사의 업무집행의 타당성에 대하여 이사회의 엄밀한 감사가 이루어지기 쉽지 아니하므로 감사로 하여금 이사의 업무집행에 관한 적법성뿐만 아니라 타당성까지도 감사하도록 하여야 한다는 견해[226]가 대립하고 있다. 생각건대

224) 박상조 656면, 손주찬 832면, 이철송 821면, 임홍근 557면, 정찬형 667면.
225) 서헌제 453면, 정희철 506면, 채이식 583면.

회사의 업무를 직접 집행하고 있지 않은 감사로 하여금 이사의 업무집행의 타당성까지 감사하라고 요구하는 것은 무리라고 할 것이고, 또한 감사의 권한이 타당성 감사까지 미친다고 하면 이사의 업무 독자성을 해칠 우려도 있으므로 제1설이 타당하다고 판단된다.[227)]

감사는 이를 위하여 언제든지 이사 및 집행임원에 대하여 영업에 관한 보고를 요구하거나 회사의 업무와 재산상태를 조사할 수 있는데(상 412조 2항, 408조의9, 412조 2항), 상법은 감사가 그 권한을 행사함에 있어서 필요한 경우 회사의 비용으로 전문가의 도움을 구할 수 있도록 하는 규정을 신설하였다(상 412조 3항).

#### (나) 이사 및 집행임원으로부터의 보고수령권

상법은 이사 및 집행임원으로 하여금 회사에 현저한 손해를 미칠 염려가 있는 사항을 알게 된 경우에 이를 감사에게 보고하여야 할 의무를 부과하여(상 412조의2, 408조의9, 412조의2) 감사로 하여금 이에 적절히 대처할 수 있도록 하고 있는데 이러한 이사 및 집행임원의 보고에 대하여 감사는 사실조사를 하거나 이를 이사회에 보고하게 되고, 필요한 경우에는 이사 및 집행임원의 행위에 대하여 유지청구를 하여야 한다. 만약 감사가 이를 태만히 한 경우에는 회사 및 제3자에 대하여 손해배상책임을 부담할 수도 있다고 할 것이다(상 414조).

#### (다) 이사회출석 및 의견진술권

상법은 업무감사의 실효성을 확보하기 위하여 감사로 하여금 이사회에 출석하여 의견을 진술할 수 있도록 규정하고 있는데(상 391조의2 1항), 감사의 이사회 출석을 보장하기 위하여 이사회를 소집할 때 감사에게도 소집통지를 하도록 하고 있고(상 390조 3항), 이사회에 출석한 감사는 의사록에 기명날인 또는 서명하여야 한다.

따라서 감사에게 적법한 소집통지를 하지 아니한 이사회개최는 하자가 있다고 볼 것이지만, 감사는 이사회의 구성원이 아니므로 감사가 이사회의 토의에 참가하거나 표결에 참여할 수는 없다고 할 것이다(상 391조의3 2항).

---

226) 권기범 809면, 이기수 531면, 최기원 728면.

227) 대법원은 이에 관하여 명백히 입장을 밝히고 있지 않지만, 대법원 2003.10.9. 선고 2001다66727 판결에서 "상호신용금고의 출자자 등에 대한 대출 또는 동일인에 대한 여신한도 초과대출이 대표이사 등에 의하여 조직적으로 이루어지고 또한 타인의 명의를 빌림으로써 적어도 서류상으로는 그 대출행위가 위법함을 알아내기 어려운 경우, 사후에 그 대출의 적법 여부를 감사하는 것에 그치는 감사로서는 불법대출의 의심이 든다는 점만으로는 바로 관계 서류의 제출요구, 관계자의 출석 및 답변요구, 회사관계 거래처의 조사자료 징구, 위법부당행위의 시정과 관계 직원의 징계요구 및 감독기관에 보고 등의 조치를 취할 것을 기대하기는 어렵다"는 이유로 임무해태로 인한 손해배상책임을 인정하지 않음으로써 감사의 권한을 적법성 감사에 한하는 것으로 보고 있는 듯하다.

(라) 이사회 소집에 관한 권한

상법은 감사로 하여금 감사의 내용 및 결과에 대한 의견을 이사회에 개진하도록 하기 위한 조치로서 적극적으로 이사회를 소집할 수 있는 방법을 신설하였다. 감사는 회의의 목적사항과 소집이유를 적은 서면을 이사 혹은 소집권이 있는 이사에게 제출하여 이사회 소집을 청구할 수 있고(상 412의4 1항), 이사 혹은 소집권이 있는 이사가 지체 없이 이에 응하지 않으면 집행임원이나 감사는 이사회를 소집할 수 있도록 하고 있다(상 412의4 2항).

(마) 위법행위 유지청구권

상법은 이사가 법령 또는 정관에 위반하는 행위를 하여 회사에 회복할 수 없는 손해가 발생할 위험이 있는 경우에는 회사의 발행주식총수의 100분의 1 이상에 해당하는 주식을 가진 소수주주뿐만 아니라 감사에게도 유지청구권을 인정하여 이사의 업무집행을 견제하는 역할을 하도록 하고 있다(상 402조).

(바) 주주총회소집권

상법은 감사로 하여금 회의의 목적사항과 소집의 이유를 기재한 서면을 이사회에 제출하여 임시주주총회의 소집을 요구할 수 있고, 이사회가 이에 응하지 아니할 때는 법원의 허가를 얻어 직접 임시주주총회를 소집하도록 하고 있는데(상 412조의3, 366조 2항) 이렇게 감사가 소집한 임시주주총회의 의장은 임시주총에서 선임하여야 할 것이다.

(사) 자회사에 대한 감사권

상법은 모자관계에 있는 회사(상 342조의2 1항) 사이에서 모회사의 감사에게 그 직무수행을 위하여 자회사에 대하여 영업의 보고[228]를 요구할 권한(상 412조의5 1항), 자회사가 영업보고를 요구받았음에도 불구하고 지체 없이 보고하지 않거나 보고를 하였더라도 그 보고내용을 확인할 필요가 있는 경우에는 자회사의 업무와 재산상태를 조사할 권한(상 412조의5 2항)을 인정하고 있고, 이런 권한을 실효성 있게 하기 위하여 자회사는 정당한 이유가 없는 한 모회사 감사의 영업보고요구와 재산상태 조사요구를 거부할 수 없도록 규정하고 있다(상 412조의5 3항).

나아가 자회사의 대표이사 등이 모회사 감사의 이런 조사를 거부한 경우에는 과태

228) 모회사 감사의 자회사에 대한 보고요구는 모회사의 감사로서의 직무수행에 필요한 범위의 영업에 관한 사항에 한정된다는 견해(최기원 729면)가 있는가 하면, 모회사와 관련되어 있으면 영업 이외의 사항이라도 보고요구를 할 수 있다는 견해(이철송 687면)도 있으나, 후자의 견해에 의할 때 모회사 감사가 자회사의 영업에 지나친 관여를 초래할 우려가 있으므로 전자의 견해가 합당하다고 생각된다.

료의 제재를 하고 있다(상 635조 1항 21호의2).

모회사 감사는 그 직무수행에 필요한 경우에 이런 권한을 행사할 수 있으므로 반드시 감사업무뿐만 아니라 그 밖에 그 직무수행, 예컨대 이사에 대한 유지청구권의 행사, 임시주주총회 소집, 소송에 있어서 회사의 대표업무수행 등을 위하여 필요한 경우에도 이러한 권한을 행사할 수 있다고 할 것이다.

또한 자본금 총액이 10억원 미만으로서 감사를 선임하지 아니한 소규모 주식회사(상 409조 4항)는 이러한 감사의 권한을 총회로 하여금 수행하도록 하고 있다(상 409조 6항).

#### (아) 회사 대표권

상법은 회사가 관련된 소송의 공정한 관리를 위하여, 회사가 이사에 대하여 또는 이사가 회사에 대하여 소를 제기하는 경우에 감사로 하여금 그 소송에서 회사를 대표하도록 규정하고 있는데(상 394조 1항),[229] 이러한 규정은 강행규정이라고 할 것이므로 이에 위반하여 대표이사 등이 회사를 대표한 경우에 그 소송행위는 무효라고 할 것이다.[230]

감사를 두고 있지 않은 자본금 10억원 미만의 소규모회사의 경우에는 대표이사 등의 이해관계인의 신청에 의하여 법원이 선임한 자가 회사를 대표하게 된다(상 409조 5항).

#### (자) 회사를 위하여 소를 제기할 권한

상법은 회사가 관련되는 회사설립무효의 소(상 328조), 주식의 포괄적 교환·이전무효의 소(상 360조의14, 360조의23), 주주총회결의취소의 소(상 376조), 이사의 위법행위유지청구의 소(상 415조, 403조), 신주발행무효의 소(상 429조), 자본감소무효의 소

229) 대법원 2002.3.15. 선고 2000다9086 판결은, "소송의 목적이 되는 권리관계가 이사의 재직중에 일어난 사유로 인한 것이라 할지라도 회사가 그 사람을 이사의 자격으로 제소하는 것이 아니고 이사가 이미 이사의 자리를 떠난 경우에 회사가 그 사람을 상대로 제소하는 경우에는 특별한 사정이 없는 한 위 상법 제394조 제1항은 적용되지 않는다"고 하면서, "전 이사들을 상대로 하는 주주대표소송에 회사가 참가하는 경우, 상법 제394조 제1항의 적용이 배제되어 회사를 대표하는 자는 감사가 아닌 대표이사이다"라고 판시한다.

230) 대법원 1990.5.11. 선고 89다카15199 판결은, "피고 회사의 이사인 원고가 피고 회사에 대하여 소를 제기함에 있어서 상법 제394조에 의하여 그 소에 관하여 회사를 대표할 권한이 있는 감사를 대표자로 표시하지 아니하고 대표이사를 피고 회사의 대표자로 표시한 소장을 법원에 제출하여 소송행위를 한 경우에 피고 회사의 대표이사가 피고를 대표하여 한 소송행위나 피고 회사의 대표이사에 대하여 원고가 한 소송행위는 모두 무효이지만, 이러한 경우에 피고 회사를 대표할 권한이 있는 감사로 표시하여 소장을 정정함으로써 그 흠결을 보정할 수 있고 이러한 보정을 함으로써 피고 회사의 감사가 종전의 소송행위를 추인하는지의 여부와는 관계없이 법원과 원고·피고의 3자간에 소송법률관계가 유효하게 성립한다"고 판시하고 있다.

(상 445조), 합병무효의 소(상 529조) 등, 각종의 소에 있어서 감사에게도 소를 제기할 권한을 주고 있다.

특히 상법은 감사가 주주총회결의취소의 소, 신주발행무효의 소, 자본감소무효의 소를 제기한 경우에는 담보제공의무를 면제하고 있다(상 377조, 430조, 446조).

(차) 감사해임에 따른 의견진술권

감사의 해임에 관한 안건은 이사회결의를 거치게 되는데 감사는 이사회에서 의결권이 없고, 주주는 주주총회에서 제안된 안건에 대한 찬부만을 결의하게 되어 부당한 이사회의결을 통한 감사해임결의안이 주주총회에서 의결될 가능성이 적지 않으므로 주주총회에서 감사로 하여금 의견을 적극적으로 진술하도록 함으로써 감사의 부당한 해임을 방지하려는 취지에서 상법은 감사에게 주주총회에서의 의견진술권을 부여하고 있다(상 409조의2).

그러므로 감사에게 의견을 진술할 기회가 부여되지 않은 채 이루어진 주주총회에서의 감사 해임결의는 하자가 있는 결의로서 취소의 사유가 된다고 할 것이다.

### (4) 감사의 의무

(가) 위임관계에 따른 의무

감사와 회사의 관계는 민법상의 위임계약관계이므로(상 415조, 382조 2항) 감사는 수임자로서 회사에 대하여 선량한 관리자의 주의의무를 부담한다고 할 것이다(민 681조). 다만, 감사는 이사와 달리 회사의 업무집행을 직접 담당하지 아니하므로 이사의 경우와 같은 회사와 이익충돌의 위험성은 크지 않다고 할 것이다. 따라서 경업제한에 관한 규정(상 397조)이나 회사와의 거래제한에 관한 규정(상 398조)은 적용되지 않는다고 할 것이다.

(나) 이사회에 대한 보고의무

상법은 이사가 정관 또는 법령에 위반하는 행위를 하거나 할 염려가 있을 때에는 이를 이사회에 보고하여야 할 의무를 감사에게 부과하고 있고(상 391조의2 2항), 이를 위하여 이사회에 출석하여 의견을 진술할 권한을 주고(상 391조의2 1항), 감사에게도 이사회의 소집통지를 하도록 하고 있으며(상 390조 3항), 특히 감사에게도 이사회 소집을 청구하거나(상 412조의4 1항) 이사회를 소집할 권한까지도 인정하고 있다(상 412조의4 2항).

2011년 4월 14일 개정된 상법은 회사의 업무집행을 하는 집행임원을 신설하고 있는데, 이러한 집행임원의 선임과 해임 및 감독에 관한 권한을 이사회에 맡기고(상 408조의2 3항) 있기 때문인지는 몰라도 집행임원이 정관이나 법령위반행위를 하거나 할 염려가 있는 때에 감사에게는 이사의 경우(상 391조의2 2항)와 같은 이사회보고의무를 부담시키고 있지 않지만, 집행임원에 대하여도 이를 이사회에 보고하여야 함은 감사의 선량한 관리자의 주의의무에 비추어 볼 때 당연하다고 할 것이다.

#### (다) 감사록 작성의무

상법은 감사를 실시한 감사에게 감사의 실시요령과 결과를 기재한 감사록을 작성할 의무를 부과하고 있다(상 413조의2).

#### (라) 주주총회에서의 의견진술의무

감사는 이사가 주주총회에 제출할 의안 및 서류를 조사하여 주주총회에 그 의견을 진술할 의무가 있는데(상 413조), 이때 감사의 의견은 그 의안 및 서류의 적법성뿐만 아니라 타당성에 관한 의견을 포함한다고 할 것이다.

#### (마) 감사보고서의 작성·제출의무

감사는 이사로부터 제출받은 재무제표, 부속명세서 및 영업보고서를 검토하여 이들 서류에 대하여 상법이 정한 내용의 감사보고서를 일정한 기간 내에 이사에게 제출할 의무가 있다(상 447조의3, 447조의4).

#### (바) 감사의 비밀유지의무

상법은 감사에게도 이사의 비밀유지의무에 관한 규정을 준용하므로 감사도 재임중뿐만 아니라 퇴임 후에도 직무상 알게 된 회사의 영업상의 비밀을 누설하여서는 아니 될 의무가 있다(상 415조, 382조의4).

### (5) 감사의 책임

#### (가) 회사에 대한 책임

회사와 감사의 관계는 위임계약관계이므로(상 415조, 382조 2항), 감사가 선량한 관리자의 주의의무를 게을리 한 경우에는 수임자로서 위임자인 회사에 대하여 계약불이행 책임을 부담하게 되는데, 상법은 감사가 그 임무를 해태한 때에는 회사에 대해 연대하여 손해배상책임을 부담하도록 하고 있다(상 414조 1항).

여기서 임무해태는 선량한 관리자의 주의의무를 게을리 한 경우뿐만 아니라 널리 감사가 그 직무를 게을리 한 경우도 포함한다고 할 것이고, 이러한 감사의 책임은 상근감사이든 비상근감사이든 동일하다고 할 것이다.

상법은 감사의 손해배상책임의 소멸에 관하여는 이사의 회사에 대한 책임의 면제와 그 책임추궁을 위한 대표소송에 관한 규정을 감사의 경우에도 준용하고 있다(상 415조, 400조, 403조 내지 406조). 또한 이사의 경우와 같이, 주주총회에서 재무제표를 승인한 후 2년 내에 다른 결의가 없으면 감사의 책임이 해제된 것으로 간주하게 된다(상 450조).

감사가 회사에 대하여 손해배상책임을 부담할 경우에 이사도 책임이 있다면 감사와 이사는 연대책임을 부담한다(상 414조 3항).

### 대법원 2007.12.13. 선고 2007다60080 판결

상법 제450조에 따른 이사, 감사의 책임 해제는 재무제표 등에 그 책임사유가 기재되어 정기총회에서 승인을 얻은 경우에 한정된다.

상법이 감사를 상임 감사와 비상임 감사로 구별하여 비상임 감사는 상임 감사에 비해 그 직무와 책임이 감경되는 것으로 규정하고 있지도 않을 뿐 아니라, 우리나라의 회사들이 비상임 감사를 두어 비상임 감사는 상임 감사의 유고시에만 감사의 직무를 수행하도록 하고 있다는 상관습의 존재도 인정할 수 없으므로, 비상임 감사는 감사로서의 선관주의의무 위반에 따른 책임을 지지 않는다는 주장은 허용될 수 없다.

### 대법원 2008.7.10. 선고 2006다39935 판결

신용협동조합의 감사가 분식결산 등과 관련하여 그 임무를 해태한 데 중대한 과실이 있는지 여부는 분식회계의 내용, 분식의 정도와 방법, 그 노출의 정도와 발견가능성, 업무수행의 실태 등 여러 가지 사항을 고려하여 종합적으로 판단하여야 하고, 감사가 당해 분식결산 등의 행위를 알았거나 조합의 장부 또는 회계 관련 서류상으로 분식결산임이 명백하여 조금만 주의를 기울였다면 이를 알 수 있었을 것임에도 그러한 주의를 현저히 게을리 한 경우에는 감사로서의 임무를 해태한 데 중대한 과실이 있다고 할 것이며, 감사의 지위가 비상근, 무보수의 명예직으로 전문가가 아니고 형식적이었다 하더라도 그러한 사정만으로 위와 같은 주의의무를 면할 수는 없다.

(같은 취지: 대법원 2004.3.24. 선고 2003다18838 판결, 대법원 2008.9.11. 선고 2006다68636 판결)

### 대법원 2007.11.16. 선고 2005다58830 판결

주식회사의 감사는 이사의 직무집행을 감사하고, 이사가 법령 또는 정관에 위반한 행위를 하거나 그 행위를 할 염려가 있다고 인정한 때에는 이사회에 이를 보고하여야 하며, 이사가 법령 또는 정관에 위반한 행위를 하여 이로 인하여 회사에 회복할 수 없는 손해가 생길 염려가 있는 경우에는 그 행위에 대한 유지청구를 하는 등의 의무가 있으므로

(상법 제412조 제1항, 제391조의2, 제402조), 감사는 상법상의 위와 같은 의무 또는 기타 법령이나 정관에서 정한 의무를 선량한 관리자의 주의의무를 다하여 이행하여야 하고, 고의·과실로 선량한 관리자의 주의의무에 위반하여 그 임무를 해태한 때에는 그로 인하여 회사가 입은 손해를 배상할 책임이 있다(상법 제414조 제1항, 제415조, 제382조 제2항, 대법원 2004. 3. 26. 선고 2002다60177 판결 등 참조). 또한, 이사가 임무를 수행함에 있어서 법령에 위반한 행위를 한 때에는 그 행위 자체가 회사에 대하여 채무불이행에 해당되므로 감사는 경영판단의 재량권을 들어 감사의무를 면할 수 없고, 회사의 감사직무규정에서 최종결재자의 결재에 앞서 내용을 검토하고 의견을 첨부하는 방법에 의하여 사전감사를 할 의무를 정하고 있는 사항에 대하여는 감사에게 그와 같은 사전감사가 충실히 이루어질 수 있도록 할 의무가 있는 것이므로 결재절차가 마련되어 있지 않았다거나 이사의 임의적인 업무처리로 인하여 감사사항을 알지 못하였다는 사정만으로는 그 책임을 면할 수 없다고 할 것이다.

#### (나) 제3자에 대한 책임[231)]

상법은 이사의 경우와 같이, 감사가 악의 또는 중대한 과실로 인하여 임무를 해태하여 제3자에게 손해가 발생한 경우에는 연대하여 제3자에게 그 손해를 배상할 책임을 부담시키고 있다(상 414조 2항).

감사가 제3자에 대하여 손해배상책임을 부담할 경우에 이사도 책임이 있다면 감사와 이사는 연대책임을 부담한다(상 414조 3항).

#### ◈ 대법원 2008.9.11. 선고 2006다68636 판결

감사는 상법 기타 법령이나 정관에서 정한 권한과 의무를 선량한 관리자의 주의의무를 다하여 이행하여야 하고, 악의 또는 중과실로 선량한 관리자의 주의의무에 위반하여 그 임무를 해태한 때에는 그로 인하여 제3자가 입은 손해를 배상할 책임이 있는바, 이러한 감사의 구체적인 주의의무의 내용과 범위는 회사의 종류나 규모, 업종, 지배구조 및 내부통제시스템, 재정상태, 법령상 규제의 정도, 감사 개개인의 능력과 경력, 근무 여건 등에 따라 다를 수 있다 하더라도, 감사가 주식회사의 필요적 상설기관으로서 회계감사를 비롯하여 이사의 업무집행 전반을 감사할 권한을 갖는 등 상법 기타 법령이나 정관에서 정한 권한과 의무를 가지고 있는 점에 비추어 볼 때, 대규모 상장기업에서 일부 임직원의 전횡이 방치되고 있거나 중요한 재무정보에 대한 감사의 접근이 조직적·지속적으로 차단되고 있는 상황이라면, 감사의 주의의무는 경감되는 것이 아니라 오히려 현격히 가중된다.

---

231) 감사는 제3자와 직접적인 법률관계가 없으나 이사의 경우와 동일하게 제3자를 보호하기 위하여 상법이 특별히 인정한 책임이라고 할 것이다. 감사가 책임을 부담하는 "제3자의 범위"와 감사가 책임을 부담하는 "손해의 범위"에 대해서는 이사의 경우와 동일하게 해석될 것이다.

◈ 대법원 2008.2.14. 선고 2006다82601 판결

[1] 주식회사의 감사가 실질적으로 감사로서의 직무를 수행할 의사가 전혀 없으면서도 자신의 도장을 이사에게 맡기는 등의 방식으로 그 명의만을 빌려줌으로써 회사의 이사로 하여금 어떠한 간섭이나 감독도 받지 않고 재무제표 등에 허위의 사실을 기재한 다음 그와 같이 분식된 재무제표 등을 이용하여 거래 상대방인 제3자에게 손해를 입히도록 묵인하거나 방치한 경우, 감사는 악의 또는 중대한 과실로 인하여 임무를 해태한 때에 해당하여 그로 말미암아 제3자가 입은 손해를 배상할 책임이 있다.

[2] 주식회사의 감사가 감사로서 결산과 관련한 업무 자체를 수행하기는 하였으나 재무제표 등이 허위로 기재되었다는 사실을 과실로 알지 못한 경우에는, 문제된 분식결산이 쉽게 발견 가능한 것이어서 조금만 주의를 기울였더라면 허위로 작성된 사실을 알아내 이사가 허위의 재무제표 등을 주주총회에서 승인받는 것을 저지할 수 있었다는 등 중대한 과실을 추단할 만한 사정이 인정되어야 비로소 제3자에 대한 손해배상의 책임을 인정할 수 있고, 분식결산이 회사의 다른 임직원들에 의하여 조직적으로 교묘하게 이루어진 것이어서 감사가 쉽게 발견할 수 없었던 때에는 분식결산을 발견하지 못하였다는 사정만으로 중대한 과실이 있다고 할 수는 없고, 따라서 감사에게 분식결산으로 인하여 제3자가 입은 손해에 대한 배상책임을 인정할 수 없다.

(같은 취지: 대법원 2009.11.12. 선고 2007다53785 판결)

## 다. 감사위원회

### (1) 감사위원회의 의의

감사위원회는 정관의 규정에 따라 이사회 내의 위원회로서 감사에 갈음하여 감사의 권한을 수행하는 기관을 말하는데 이러한 감사위원회를 설치하기 위해서는 정관의 규정이 있어야 하고 또 감사위원회를 두는 경우 감사를 둘 수 없도록 하고 있다(상 415조의2 1항).

감사위원회는 자산규모를 고려하여 대통령령으로 정하는 상장회사의 경우에는 반드시 감사위원회를 설치하도록 하고 있어(상 542조의11 1항) 필요적 기관이라고 할 수 있으나 그 이외의 주식회사에서는 감사를 선임할지 아니면 감사위원회를 설치할지를 선택할 수 있으므로 선택적 기관이라고 할 수 있다.

감사는 이사회와 독립되어 단독으로 그 권한을 행사하게 되는 기관이지만, 감사위원회는 이사회 내에 설치되어 이사회의 감독 하에 그 권한을 행사하게 되는 기관이다.

### (2) 감사위원회의 구성

감사는 주주총회에서 선임하지만(상 409조 1항), 감사위원회의 위원은 이사 중에서 이사회에서 선임하게 된다(상 415조의2 1항, 393조의2 1항).

다만, 자산규모를 고려하여 대통령령으로 정하는 상장회사의 경우에는 감사위원을 주주총회에서 선임하여야 하므로(상 542조의12 1항) 주주총회에서 이사를 선임한 후에 선임된 이사 중에서 감사위원회위원을 선임하여야 하고(상 542조의11 2항), 이때 사외이사가 아닌 이사를 감사위원으로 선임하려고 할 때에는 의결권행사의 제한이 있다(상 542조의11 3항).

최근에는 일정한 상장회사의 경우에 사외이사를 겸임하는 감사위원의 선임과 해임 때에도 최대주주 및 특수관계인이 보유하는 발행주식 총수의 100분의 3을 초과하는 주식에 대하여도 의결권을 제한하려는 상법 개정의 움직임이 있다.

이사회 내의 위원회는 2인의 이사로서 구성되지만(상 393조의2 3항), 감사위원회는 3인의 이사로서 구성되고 사외이사가 위원의 3분의 2 이상을 차지하여야 하고(상 415조의2 2항), 감사위원 중에서 위원회를 대표할 자를 선정하여야 하지만(상 415조의2 4항), 자산규모를 고려하여 대통령령으로 정하는 상장회사의 감사위원은 위 제415조의2 2항에 정한 요건뿐만 아니라 ① 위원 중 1명 이상은 회계전문가이어야 하고, ② 감사위원회의 대표는 사외이사로 하도록 하고 있다(상 542조의11 2항).

상법은 감사위원의 임기에 관하여는 아무런 규정을 두고 있지 않으므로 정관으로 정할 수 있으나 정관에서도 아무런 규정이 없다면 결국 이사의 임기가 종료될 때 감사위원의 임기도 종료된다고 할 것이다.

감사위원은 이사 총수의 3분의 2 이상에 의한 이사회 결의에 의하여 해임되지만(상 415조의2 3항), 대통령령으로 정하는 상장회사의 감사위원은 주주총회의 보통결의에 의하여 해임되고, 이때 대주주의 의결권 행사의 제한이 있다(상 542조의12 1항, 3항).

### (3) 감사위원회의 권한

상법은 감사의 권한에 관한 규정(상 412조, 412조의2, 412조의3, 412조의4, 447조의3, 394조 1항, 402조, 403조 1항)을 감사위원회에 준용하고 있으므로(상 415조의2 7항) 감사위원회는 감사와 같이 회사의 회계 및 업무감사권을 가지고 이에 부수하는 각종 권한을 행사할 수 있고, 이 밖에도 회사의 비용으로 전문가의 조력을 받을 권한도 인정되고 있다(상 415조의2 5항).

### (4) 감사위원회의 의무

감사위원은 이사의 지위도 가지고 있으므로 회사와는 위임관계에 있고, 그로부터 선량한 관리자의 주의의무를 비롯한 각종 의무를 부담함은 물론이고, 이 밖에 감사위원회는 감사의 기능과 역할을 갈음하게 되므로 상법은 감사가 부담하는 각종 직무에 관련된 의무(상 391조의2 2항, 413조, 413조의2, 447조의4)를 감사위원회에 준용하고 있다(상 415조의2 7항).

### (5) 감사위원회의 책임

상법은 감사의 책임에 관한 규정(상 414조), 감사의 책임의 면제와 해제에 관한 규정(상 400조, 450조), 이사의 위법행위유지청구권에 관한 규정(상 402조), 이사의 책임추궁을 위한 대표소송에 관한 규정(상 403조) 등을 감사위원회에 준용하고 있는데(상 415조의2 7항), 이러한 감사위원회의 책임에 관한 규정은 결국 감사위원회를 구성하는 감사위원의 책임으로 해석하여야 할 것이므로 감사위원도 앞서 본 감사의 책임에 관한 규정에 따라 책임을 부담하게 될 것이다.

## 라. 외부감사인

### (1) 외부감사인의 의의

주식회사의 외부감사에 관한 법률에 의하여 대통령령이 정하는 일정규모 이상의 주식회사는 감사 또는 감사위원회에 의한 내부감사 이외에 주식회사로부터 독립한 별개의 회계법인에 의하여 회계감사를 받아야 하는바, 이 같은 경우에 주식회사의 외부에서 회계감사를 하는 자를 외부감사인이라고 한다(외감법 2조).

주식회사의 외부감사에 관한 법률은 일정한 규모 이상의 주식회사는 국민 경제 전반에 미치는 영향이 지대하므로 그 회계처리의 적정성과 공정성을 확보하여 주주는 물론이고 이해관계인을 보호하기 위하여 특별법으로 외부감사를 받도록 하고 있는데 이 법률이 적용되는 일정규모 이상의 주식회사는 직전사업연도말의 자산총액이 100억원 이상인 주식회사, 자본시장과 금융투자업에 관한 법률에 따른 주권상장법인, 혹은 직전사업년도 말의 부채총액이 70억원 이상이고 자산총액이 70억원 이상인 주식회사 및 직전 사업연도말의 종업원 수가 300명 이상이고 자산총액이 70억원 이상인 주식회사를 말한다(외감법 시행령 2조).

외부감사인이 될 수 있는 자는 회계법인 또는 주식회사의 외부감사에 관한 법률

시행규칙(외감법 시행규칙 2조)에 따라 한국공인회계사회에 등록한 감사반(외감법 3조 1항)에 한한다.

### (2) 외부감사인의 권한

외부감사인은 감사대상이 되는 주식회사에 대한 회계감사를 할 권한을 가지고, 이에 부수하여 감사대상 회사는 물론이고 감사대상 회사의 주식을 일정비율 이상 소유하고 있거나 기타 주식회사의 외부감사에 관한 법률 시행령에서 정하는 관계회사(외감법 시행령 5조)의 회계장부를 열람하고 등사하거나 회계자료를 제출할 것을 요구할 수 있는 권한(외감법 6조 1항 전단), 업무와 재산상태를 조사할 수 있는 권한(외감법 6조 1항 후단), 연결재무제표를 감사하는 경우에 있어서 회사 또는 관계회사에 감사자료의 제출협조를 요청할 수 있는 권한(외감법 6조 2항)을 가지게 된다.

### (3) 외부감사인의 의무

주식회사의 외부감사에 관한 법률은 외부감사인에게 감사를 함에 있어서 일반적으로 공정타당하다고 인정되는 회계감사기준에 따른 회계감사를 하도록 할 의무를 부과하고 있고(외감법 5조 1항) 이 밖에도 일정한 기간 내에 감사대상회사(정기주주총회 1주일 전까지 제출), 증권선물위원회 및 한국공인회계사회(정기주주총회 종료 후 2주일 내에 제출) 등에 감사보고서 작성하여 제출할 의무(외감법 7조의2, 8조), 외부감사인 등에게 직무상 알게 된 비밀을 준수할 의무(외감법 9조), 이사의 직무수행에 관한 부정행위 또는 법령위반을 발견한 경우에 감사나 감사위원회 또는 주주총회에 보고할 의무(외감법 10조 1항), 회사의 회계처리에 있어서 회계처리기준위반을 발견한 경우에 감사나 감사위원회에 보고할 의무(외감법 10조 2항), 감사절차의 내용과 그 과정에서 입수한 정보 등을 문서화한 서류 이른바 감사조서를 작성하고 보관할 의무(외감법 14조의2)를 부담시키고 있다.

### (4) 외부감사인의 책임

주식회사의 외부감사에 관한 법률은 외부감사인의 직무의 중요성을 감안하여 특별 규정을 두어 외부감사인이 감사를 수행함에 있어서 그 임무를 게을리 한 경우에는 감사대상회사에 대하여 손해배상책임을 부담하고(외감법 17조 1항) 외부감사인이 중요한 사항에 관하여 감사보고서에 기재하지 아니하거나 허위의 기재를 함으로써 이를 믿고 이용한 제3자에게 손해를 발생하게 한 경우에는 제3자에 대하여 손해를 배상하도록 하고 있으며(외감법 17조 2항), 아울러 외부감사인이 손해배상책임을 부담하는 경우에 회사의 이사 또는 감사도 책임이 있는 경우에는 이들과 연대하여 손해배상책임을 부담하도록 하고 있다(외감법 17조 4항). 또한 외부감사인이 그 책임을 면하기 위해서는 스스로 임무를 게을리 하지 아니하였음을 증명하도록 하고 있다(외감법 17조 7항). 다만, 은행이나 보험사, 상호저축은행 등 일정한 금융회사가 감사인 또는 감사에 참여한 공인회계사에 대하여 손해배상청구의 소를 제기하는 경우에는 금융회사가 이를 증명하도록 하고 있다(외감법 17조 7항 단서).

특히 외부감사인의 제3자에 대한 책임요건으로서 중요한 사항이란 일반적으로 회사의 부채, 자산, 당기순이익 등에 상당한 정도로 영향을 미치는 사항으로서 재무제표가 제대로 작성되었다면 감사보고서 이용자가 달리 의사 결정을 하였을 정도의 사항이라고 해석하여야 할 것이다.

외부감사인의 이러한 손해배상책임은 그 청구권자가 당해 사실을 안 날로부터 1년 이내 또는 감사보고서를 제출한 날로부터 3년 이내에 청구권을 행사하지 아니한 때에는 소멸하되 당사자의 약정으로 그 기간을 연장할 수 있다고 할 것이다(외감법 17조 9항). 위 기간을 단기소멸시효로 해석하는 견해도 있으나 대법원은 제척기간으로 보고 있다.

### ◆ 대법원 2011.1.13. 선고 2008다36930 판결

감사인은 구 주식회사의 외부감사에 관한 법률(2009. 2. 3. 법률 제9408호로 개정되기 전의 것)에 따라 주식회사에 대한 감사업무를 수행함에 있어서 일반적으로 공정·타당하다고 인정되는 회계감사기준에 따라 감사를 실시함으로써 피감사회사의 재무제표에 대한 적정한 의견을 표명하지 못함으로 인한 이해관계인의 손해를 방지하여야 할 주의의무가 있다(같은 법 제1조, 제5조 제1항). 한편 같은 법 제5조 제2항에 의하면 회계감사기준은 한국공인회계사회가 정하며, 그에 따라 마련된 구 회계감사기준(2005. 3. 29. 폐지되기 전의 것, 이하 '회계감사기준'이라고 한다) 제34조 제1항에 의하면 한국공인회계사회가 회계감사기준의 시행에 관하여 필요한 세부사항을 별도로 정할 수 있는바, 위와 같은 회계감사기준 및 한국공인회계사회가 그 시행을 위하여 마련한 회계감사준칙은 특별한 사정이 없는 한 일반적으로 공정·타당하다고 인정되는 것으로서 감사인의 위와 같은 주의의무 위반 여부에 대한 판단의 주요한 기준이 된다.

### ◆ 대법원 2008.7.10. 선고 2006다79674 판결[232)]

[1] 주식회사의 외부감사에 관한 법률 제17조 제2항에 의하면, 감사인이 중요한 사항

232) 이 판결에 대한 평석은, 최동열 "주식회사의 외부감사에 관한 법률 제17조 제2항의 제3자의 범위에 관한 판단사례" 대법원 판례해설 77호(2008년 하반기) (법원도서관 2009년) 473면 내지 494면.

에 관하여 감사보고서에 기재하지 아니하거나 허위의 기재를 함으로써 이를 믿고 이용한 제3자가 손해를 입은 경우 그 감사인은 위 손해를 배상할 책임이 있고, 같은 조 제7항에 의하면 위 손해배상책임은 그 청구권자가 '당해 사실을 안 날'부터 1년 이내 또는 감사보고서를 제출한 날부터 3년 이내에 청구권을 행사하지 아니한 때에는 소멸한다고 규정하고 있는데, 여기서 '당해 사실을 안 날'이란 청구권자가 감사보고서의 기재누락이나 허위기재를 현실적으로 인식한 때를 말한다.

[2] 기업체의 재무제표 및 이에 대한 외부감사인의 회계감사 결과를 기재한 감사보고서는 대상 기업체의 정확한 재무상태를 드러내는 가장 객관적인 자료로서 증권거래소 등을 통하여 일반에 공시되고 기업체의 신용도와 상환능력 등의 기초자료로서 그 기업체가 발행하는 회사채 및 기업어음의 신용등급평가와 금융기관의 여신제공 여부 결정에 가장 중요한 판단 근거가 되는 것이므로, 적어도 금융기관이 기업체에 대하여 대출을 실행하거나 회사채를 인수하거나 보증을 제공하는 데 기초자료로 회사의 재무제표 및 그에 관한 감사인의 감사보고서를 이용할 것임은 충분히 예견 가능하고, 따라서 재무제표와 감사보고서를 이용하여 기업체의 신용위험을 평가하고 그 결과에 따라 신용을 제공하는 금융기관은 특별한 사정이 없는 한 주식회사의 외부감사에 관한 법률 제17조 제2항에서의 '제3자'에 해당한다.

### ◈ 대법원 2008.6.26. 선고 2007다90647 판결

[1] 투자자가 기업체의 대규모 분식회계사실을 제대로 알고 있었다면 그 기업체가 발행한 기업어음을 매입하지 않았을 것이므로, 재무제표의 감사와 관련하여 분식회계사실을 밝히지 못한 외부감사인의 과실과 그 기업체가 발행한 기업어음 매입 사이에 인과관계가 인정된다.

[2] 분식회계 및 부실감사로 인하여 기업어음의 가치 평가를 그르쳐 기업어음을 매입한 사람이 입은 손해액의 산정과 관련하여서는 증권거래법 제197조 제2항 및 제15조를 적용할 수 없으며, 기업어음의 대금에서 기업어음의 실제가치, 즉 분식회계 및 부실감사가 없었더라면 형성되었을 기업어음의 가액을 공제하는 방법으로 산정하여야 한다.

### ◈ 대법원 2007.7.26. 선고 2006다20405 판결

[1] 관련 법령에 의하면, 금융기관은 신용정보주체인 고객이 본인에 대한 신용정보의 조회를 요구하는 경우 해당 내용에 관하여 정확하고도 충분한 신용정보를 제공하여야 할 의무가 있다고 해석되고, 나아가 금융기관이 갖추어야 할 공신력 및 전문성에 비추어 금융기관이 고객의 요구에 의하여 제3자인 회계법인이 조회한 은행조회서에 대하여 회신하는 경우에도 고객에게 직접 정보를 제공하는 경우와 마찬가지로 그 회신을 받은 회계법인이 사실을 오인하지 않도록 정확하고도 충분한 신용정보를 제공하여야 할 주의의무가 있다.

[2] 주식거래에 있어서 대상 기업의 재무상태는 주가를 형성하는 가장 중요한 요인 중

의 하나이고, 대상 기업의 재무제표에 대한 외부감사인의 회계감사를 거쳐 작성된 감사보고서는 대상 기업의 정확한 재무상태를 드러내는 가장 객관적인 자료로서 일반투자자에게 제공·공표되어 그 주가 형성에 결정적인 영향을 미치는 것이므로, 주식투자를 하는 일반투자자로서는 그 대상 기업의 재무상태를 가장 잘 나타내는 감사보고서가 정당하게 작성되어 공표된 것으로 믿고 주가가 당연히 그에 바탕을 두고 형성되었으리라는 생각 아래 대상 기업의 주식을 거래한 것으로 보아야 한다.

실무상 주식회사 외부감사에 관한 법률과 관련하여 ① 외부감사의 실효성을 확보하기 위하여, 일정한 규모 이상의 유한회사도 이 법률의 적용대상으로 하는 문제, ② 해당회사의 내부정보 이용을 방지하기 위하여, 공인회계사가 아닌 일반 직원들에 대하여도 회계감사 해당회사의 주식을 소유하고 있는지 반드시 신고하게 하고, 주식을 보유하고 있는 회사에 대해서는 감사를 할 수 없도록 하는 문제, ③ 부실회계를 방지하기 위하여, 회계법인의 부실회계로 인해 손해배상소송이 발생할 경우 손해배상소송을 제기하는 원고가 금융회사일 경우에도 회계법인이 면책을 위해 그 임무를 게을리하지 않았음을 스스로 증명하도록 하는 문제(외감법 17조 7항 단서의 삭제) 등 몇 가지 논의가 있다.

## 마. 검사인

### (1) 의 의

검사인은 상법이 정하는 일정한 사항에 관하여 조사하기 위하여 선임되는 임시기관이다. 검사인의 지위와 직무의 성질은 감사 또는 감사위원회와 유사하지만 일시적으로 선임되어 특정한 개별적인 사항에 관하여 조사 및 감사를 수행한다는 점에서 상설적이고 회사의 업무 전반에 걸친 감사를 수행하는 감사 또는 감사위원회와 다르다고 할 것이다.

상법상 검사인의 자격에 관하여 아무런 제한이 없으므로 일반적으로 자연인이라고 할 것이지만 업무의 내용상 조사 등을 담당하는 전문법인도 경우에 따라서는 검사인이 될 수 있다고 할 것이다. 또한 직무의 성질상 회사의 이사, 감사 및 사용인이나 조사대상과 이해관계를 가진 자는 검사인이 될 수 없다고 할 것이다. 검사인의 인원수에 관하여도 아무런 제한이 없으므로 필요에 따라 선임하면 될 것이다.

검사인은 그 직무에 따라 법원에서 선임하거나 주주총회 또는 감사위원회에서 선임하게 된다. 주주총회 또는 감사위원회에서 선임하는 검사인은 회사와 위임계약관계에 있게 되고 법원에 의하여 선임하는 검사인에 관하여는 비송사건절차법에 의하여 그 법적인 지위가 정해진다(비송법 73조 내지 77조).

검사인은 그 직무의 임시성으로 인하여 임기가 없다고 할 것이고 통상적으로 그 직무를 종료하면 종임이 되며, 그 밖에 선임기관의 해임이나 검사인의 사임 기타 위임관계의 종료로 종임하게 된다.

### (2) 검사인의 직무

#### (가) 법원이 선임하는 경우

회사의 설립시 변태설립사항이 있는 경우에 이사(발기설립의 경우: 상 298조 4항) 또는 발기인(모집설립의 경우: 상 310조 1항)의 청구에 의하여 법원이 선임한 검사인은 변태설립사항 및 현물출자의 이행에 관하여 조사를 하게 된다(상 299조 1항, 310조 2항).

또한 회사가 설립된 후 ① 액면미달의 신주를 발행하는 경우에 최저발행가액을 변경인가하기 위하여 법원이 검사인을 선임하여 회사의 재산상태 등 필요한 사항을 조사하도록 하거나(상 417조 3항), ② 신주발행에 있어서 현물출자를 하는 자가 있는 경우에 이사는 검사인의 선임을 법원에 청구하여 현물출자의 목적인 재산의 종류, 수량, 가격 등에 관한 사항을 조사하도록 하여야 하고(상 422조 1항, 416조 4호), ③ 회사의 업무집행에 관하여 부정행위 또는 법령, 정관에 위반한 중대한 사실이 있음을 의심할 사유가 있을 경우 발행주식 총수의 100분의 3 이상에 해당하는 주식을 가진 주주의 청구에 의하여 선임된 검사인은 회사의 업무와 재산상태를 조사하게 되며(상 467조 1항), ④ 회사 또는 발행주식 총수의 100분의 1 이상에 해당하는 주식을 가진 주주의 청구에 의하여 선임된 검사인은 주주총회 전에 총회의 소집절차나 결의방법의 적법성을 조사하게 된다(상 367조 2항).

#### (나) 주주총회가 선임하는 경우

주주총회에서는 검사인을 스스로 선임하여 일정한 직무를 수행하도록 하는데 ① 주주에 의하여 소집된 주주총회에서 선임된 검사인은 회사의 업무와 소수재산 상태를 조사하게 되고(상 366조 3항), ② 주주총회에서 선임된 검사인은 이사가 제출한 서류와 감사의 보고서를 조사하고(상 367조 1항), ③ 청산중의 회사의 주주총회에서도 검사인을 선임하여 이사가 제출한 서류와 감사의 보고서를 조사하도록 할 수 있다(상 542조 2항, 367조).

#### (다) 감사위원회가 선임하는 경우

감사위원회도 스스로 검사인을 선임하여 이사가 제출한 서류를 조사하도록 할 수 있다(상 415조의2 7항, 367조).

### (3) 검사인의 의무와 책임

상법은 회사설립시 변태설립사항 등을 조사하기 위하여 선임된 검사인이 악의 또는 중대한 과실로 인하여 그 임무를 해태한 때에는 회사 또는 제3자에 대하여 손해배상책임을 부담하도록 하고 있으나(상 325조) 그 이외의 경우에는 아무런 규정을 두고 있지 않다.

주주총회와 감사위원회에서 선임한 검사인은 회사와 위임관계에 놓이므로 회사에 대하여 선량한 관리자의 주의의무 등 위임계약에 따른 의무를 부담하게 되므로 그 직무를 게을리 한 경우에는 회사에 대하여 채무불이행책임을 부담하게 된다.

그러나 검사인은 제3자에 대하여 아무런 직접적인 법률관계가 없으므로 회사에 대한 임무해태 등을 이유로 제3자에 대하여 채무불이행책임을 부담하지는 않는다고 할 것이지만 검사인의 행위가 불법행위를 구성하는 경우에는 제3자에 대하여 불법행위로 인한 손해배상 책임을 부담하게 될 것이다.

## 바. 준법지원인

### (1) 의 의

일정한 상장회사[233]는 법령을 준수하고 회사경영을 적정하게 하기 위하여 임직원으로 하여금 그 직무를 수행할 때 따라야 할 준법통제에 관한 기준 및 절차를 마련하여야 하는데(상 542조의13 1항), 이에 관한 업무를 담당하는 자를 준법지원인이라고 한다(상 542조의13 2항).[234]

상법은 준법지원인의 자격을 변호사, 법률교수 및 법률적 지식과 경험이 풍부한 자로서 대통령령에서 정하는 자[235]로 제한하고 있고(상 542조의13 5항), 이사회의 결의를 거쳐 적어도 1명 이상(상 542조의13 2항) 회사가 선임하게 되며(상 542조의13 4항), 임기는 3년으로 하고 상근으로서 근무하도록 하고 있다(상 542조의13 6항).

준법지원인의 법률상 지위에 관하여 상법이 정하고 있지 않지만 회사에 의하여 선

233) 상법시행령은 "대통령령으로 정하는 상장회사"란 최근 사업연도 말 현재의 자산총액이 5천억원 이상인 회사를 말한다. 다만, 다른 법률에 따라 내부통제기준 및 준법감시인을 두어야 하는 상장회사는 제외한다"라고 규정하고 있다(시행령 39조).

234) 2011년 4월 14일 개정된 상법에 새로이 신설된 규정으로서 일정한 대기업의 윤리적 경영과 사회적 책임을 고양하기 위하여 준법경영을 강화하기 위한 목적에서 마련된 제도라고 할 것인데, 준법지원인의 자격을 특정 직업에 종사하는 자로 한정하여 강제하고 있는 점 등에서 회사에 지나친 간섭과 적지 않은 재정적 부담을 지운다는 측면도 있다.

235) 상법시행령은 법률적 지식과 경험이 풍부한 자로서 ① 상장회사에서 감사·감사위원·준법감시인 또는 이와 관련된 법무부서에서 근무한 경력이 합산하여 10년 이상인 사람, ② 법률학 석사학위 이상의 학위를 취득한 사람으로서 상장회사에서 감사·감사위원·준법감시인 또는 이와 관련된 법무부서에서 근무한 경력이 합산하여 5년 이상인 사람으로 규정하고 있다(시행령 41조).

임되므로 회사와는 위임관계에 있다고 할 것이고 따라서 준법지원인은 회사에 대하여 선량한 관리자의 주의로 그 직무를 수행하여야 한다(상 542조의13 7항).

이처럼 준법지원인은 회사와 위임관계에 있으므로 임기의 만료 이외에도 위임관계의 일반적인 종료사유로 종임하게 되고 그 밖에도 회사가 이사회의 결의를 거쳐 해임할 수 있고, 준법지원인도 사임할 수 있다고 할 것이다.

### (2) 준법지원인의 직무와 의무

상법은 준법지원인의 직무를 일정한 상장회사가 임직원이 그 직무를 수행할 때 따라야 할 준법통제에 관한 기준과 절차를 준수하는지 여부를 점검하여야 하고(상 542조의13 2항), 그 점검한 결과를 이사회에 보고하여야 한다(상 542조의13 3항).

준법지원인은 선량한 관리자의 주의로써 그 직무를 수행할 기본적 의무가 있다고 할 것인데, 상법은 이 밖에도 준법지원인에게 그 재임중 또는 퇴임 후에도 직무상 알게 된 회사의 영업상의 비밀을 누설하지 아니할 의무를 부담시키고 있다(상 542조의13 8항).

준법지원인이 의무를 위반한 경우의 책임에 관한 상법의 규정은 없으나 회사와 위임관계에 있게 되므로 채무불이행으로 인한 손해배상책임을 부담하게 될 것이고, 제3자에 대하여는 아무런 직접적인 법률관계가 없으므로 채무불이행책임을 부담하지는 않는다고 할 것이나 그 행위가 불법행위를 구성할 때에는 그에 따른 손해배상책임을 부담하게 될 것이다.

### (3) 회사와 회사 임직원의 의무

준법지원인을 둔 회사는 준법지원인이 그 직무를 원활히 수행하도록 하기 위하여 임직원이 그 직무를 수행할 때 따라야 할 준법통제에 관한 기준과 절차를 마련하여야 하고(상 542조의13 1항) 준법지원인이 그 직무를 독립적으로 수행할 수 있도록 하여야 한다(상 542조의13 9항 전단). 또한 준법지원인의 활동이 위축되는 것을 방지하기 위하여 회사는 준법지원인이었던 자에 대하여 그 직무수행과 관련된 사유로 부당한 인사상의 불이익을 주지 못하도록 하고 있다(상 542조의13 10항).

한편 회사의 임직원에게는 준법지원인의 자료나 정보제출 요구에 성실히 응하여야 할 의무를 부담시키고 있다(상 542조의13 9항 후단).

만약 회사나 임직원 특히 이사, 감사 또는 집행임원 등이 준법지원인에 대한 의무를 이행하지 아니한 경우에는 법령위반이거나 임무해태로 인한 손해배상책임을 부담하게 될 것이다.

# 제 5 장 자본금의 변동

## 1. 총　　설

### 가. 자본금변동의 의의

주주의 유한책임을 본질로 하는 주식회사에 있어서 회사의 자본금은 회사의 재산적 기초가 되고 회사의 채권에 대한 담보로서 중요한 의미를 갖고 있다고 할 것인데, 회사는 규모의 변동, 상황의 변화 등 경영상의 필요에 따라 자본금을 증가하거나 감소시키는 등의 변동을 꾀하게 된다. 일반적으로 볼 때, 자본금의 증가는 회사의 규모의 확대와 회사 채무에 대한 담보의 충실을 의미하고 자본금의 감소는 회사규모의 축소와 회사 채무에 대한 담보의 감소를 의미하게 된다. 어떠한 경우라도 자본금의 변동은 주주 및 회사의 채권자 등의 이해관계에 매우 큰 영향을 미치게 되므로, 상법은 회사의 자본금 변동에 관한 규정을 두고, 자본금의 증가는 비교적 손쉽게 할 수 있도록 하는 한편 자본금의 감소는 까다로운 절차를 거치도록 하고 있다.

회사가 액면주식을 발행한 경우에 회사의 자본금은 원칙적으로 발행주식의 액면총액이므로(상 451조 1항), 자본금의 변동은 ① 주식의 액면가를 변경하거나, ② 발행주식의 수를 변경시키는 방법에 의하여 이루어지게 된다.

이 경우 자본금의 증가는 1주의 액면가를 높이거나 발행주식수를 증가시키는 방법에 의할 수 있다. 그런데 1주의 액면가를 높이는 방법은 사후출자의 성질을 갖게 되어 주주의 유한책임의 원칙(상 331조)에 반하게 되고, 또한 주주들의 반발이 예상되어 현실적으로 불가능한 방법이라고 할 것이므로 결국 새로운 주식을 발행하여 발행주식을 증가시키는 신주 발행의 방법에 의하게 된다.

한편 자본금의 감소도 1주의 액면가를 낮추거나 발행주식수를 감소시키는 방법에 의할 수 있다. 이 경우는 어떠한 방법에 의하더라도 주주의 유한책임의 원칙과 배치되는 것은 아니므로 주주의 반발은 논외로 치더라도 법률상으로는 위 두 가지 방법이 모두 가능하다 할 것이다.

회사가 무액면주식을 발행한 경우에 주식의 액면가가 없고 발행가만이 있게 된다. 상법은 무액면주식을 발행한 경우에 회사의 자본금은 주식 발행가액의 2분의 1 이상의 금액으로서 원칙적으로 이사회에서 정하도록 하고 있으므로(상 451조 2항) 자본금과 주식의 액면과의 관계는 단절되어 자본금의 변동은 주식의 액면가 변동에 의하는 것이 아니라 회사의 의사에 따라 결정되게 되지만 그 과정에서 주식의 수를 변동시키는 과정을 거치게 된다. 예컨대 회사가 신주를 발행하여 그 발행가액 중 일부를 자본금으로 계상함으로써 자본금의 증가가 있게 되고, 한편 주식의 병합이나 소각을 통한 주식수의 감소를 거쳐 자본금 계상액을 감소시키거나 그렇지 않으면 단순히 자본금의 계상액을 감소시킴으로써 자본금의 감소가 있게 된다.

### 나. 자본금의 변동의 효과

회사가 액면주식을 발행한 경우에 자본금은 원칙적으로 발행주식의 액면총액이므로 발행주식의 수와 액면가의 변경은 자본금의 변동을 가져오고, 무액면주식을 발행한 경우에도 자본금은 주식의 발행가액 중 일정액으로 정하게 되므로 액면주식을 발행한 경우처럼 발행주식수와 자본금이 밀접하게 연동되지는 않으나 발행주식의 수의 변경은 일정부분 자본금의 변동에 영향을 미치게 된다.

신주의 발행으로 인한 주식의 증가 또는 주식의 병합이나 소각으로 인한 주식의 감소는 원칙적으로 자본금의 변동을 초래하지만 그것이 항상 회사 재산의 변동을 가져오지는 않는다고 할 것이다.

신주의 발행은 회사 자금조달 및 기타 경영상의 다양한 목적에 따라 발행되므로 신주의 발행으로 신주인수대금이 실제로 납입되는 등 회사에 새로운 자산으로 유입되는 경우가 있는가 하면 그렇지 않는 경우가 있게 된다. 액면주식의 경우에는 회사의 자본금을 구성하는 액면가액과 회사의 재산을 구성하는 발행가액이 반드시 동일하지 않고, 무액면주식의 경우라도 발행가액과 자본금으로 계상되는 금액은 일치하지 않게 된다.

나아가 회사 자본금의 감소는 그 목적에 따라 실질적인 감소를 통하여 자본금의 감소와 더불어 재산이 감소되는 경우도 있고, 명목적인 감소를 통하여 재산의 감소 없이 자본금이 감소되는 경우도 있게 된다. 더구나 특정한 종류주식을 배당할 이익으로써 상환하는 경우에는 상환액만큼 회사의 재산은 감소되지만 자본금은 그것이 액면주식이든 무액면주식이든 영향이 없게 된다.

이처럼 회사 자본금의 변동은 재산의 변동과 반드시 일치하지 않는 경우가 적지 않고, 특히 자본금이 발행주식수와 밀접한 관련을 갖는 액면주식의 경우에도 자본금의 변동이 발행주식수의 변경과 일치하지 않는 경우도 발생하게 된다.

## 2. 신주의 발행

### 가. 신주발행의 의의

회사가 성립된 후에 발행되는 주식을 일괄하여 신주라고 하는데 이러한 신주의 발행은, 회사가 필요한 자금을 조달하여 회사재산을 증가시킬 목적에서 신주를 발행하는 보통의 신주발행과 자금조달 이외의 경영상의 특별한 목적을 위하여 발행하는 특수한 신주발행으로 나누어진다.

회사가 신주를 발행하는 것은 한편으로 필요한 자금을 조달하게 되거나 그 밖의 경영상의 특별한 목적을 달성하는 데 유용한 방법이지만 다른 한편으로 회사의 자본금의 변동을 가져오고 발행주식총수가 증가하게 됨에 따라 기존주주의 지주율(持株率)의 변동을 가져오게 되므로, 상법은 회사의 이익추구라는 측면과 기존 주주의 이익보호라는 측면에서 많은 규정을 두고 있다.

신주의 발행은 그 발행되는 모습에 따라 회사가 신주발행의 대가로서 신주인수인으로부터 주식 인수가액을 납입 받게 되는 유상신주(有償新株)의 발행과 신주의 발행가액을 회사의 재산으로 충당하고 신주인수인에게는 신주발행의 대가를 부담시키지 않는 무상신주(無償新株)의 발행으로 나누어진다. 또한 신주를 배정 받는 자에 따라 회사가 발행하는 신주를 주주에게 배정하는 주주배정신주(株主配定新株)의 발행과 주주 이외의 제3자에게 배정하는 제3자배정신주(第3者配定新株)의 발행으로 나누기도 한다.[1)]

### 나. 보통의 신주발행

#### (1) 보통의 신주발행의 의의

회사가 보통의 신주발행을 하여 신주를 인수시키게 되면, 회사는 주식인수인으로부터 신주의 발행가액상당액을 납입 받게 되어 그만큼의 회사재산의 증가가 있게 되고 이로써 회사의 자금조달의 목적이 달성된다.

회사가 보통의 신주발행으로서 액면주식을 발행한 경우에는 신주로서 발행한 주식의 액면총액에 해당하는 금액에 상당하는 자본금의 증가가 있게 되지만, 회사의 재산으로 유입되는 것은 신주인수대금으로 납입된 주식의 발행총가액에 해당하는 금액

---

1) 대법원 2009.5.29. 선고 2007도4949 전원합의체 판결은 제3자배정 신주발행과 주주배정 신주발행을 구분하는 기준에 대해서는"회사가 신주 등을 발행하는 때에 주주들에게 그들의 지분비율에 따라 신주 등을 우선적으로 인수할 기회를 부여하였는지 여부에 따라 객관적으로 결정되어야 할 성질의 것이지, 신주 등의 인수권을 부여받은 주주들이 실제로 인수권을 행사함으로써 신주 등을 배정받았는지 여부에 좌우되는 것은 아니다"고 판시하고 있다.

이 된다. 만약 신주의 발행가격이 액면을 초과하는 금액으로 발행되는 액면초과발행의 경우에는 재산의 증가액이 자본금의 증가액을 초과하게 되고, 반대로 액면에 미달하는 금액으로 발행되는 경우에는 재산의 증가액이 자본금의 증가액에 미달하게 된다.

회사가 무액면주식을 발행한 경우에 보통의 신주를 발행하게 되면 자본금은 신주의 발행가액 중 이사회가 정한 일정액이 증가하게 되지만 재산은 신주의 발행가액만큼의 증가가 있게 되어 신주의 발행가액 전액을 자본금으로 계상하지 않는 이상 자본금과 재산의 증가에는 언제나 차이가 발생하게 된다.

회사가 자금을 조달하는 방법에는 간접시장(은행, 금융권) 등을 통한 조달로서 금전소비대차에 의한 자금차입이나 기업어음발행을 통한 방법과 회사채의 발행을 통한 방법 등이 있는데 이는 타인으로부터 금전을 차용하는 방식으로서 회사가 금전채무를 부담하게 되므로 타인자본에 의한 조달이라고 하고, 한편 직접시장(증권시장)을 통한 조달로서 주식의 발행을 통한 방법이 있는데 이는 주식을 인수하는 자가 주주가 됨으로써 주식발행대금이 자본화되어 회사는 금전채무를 부담하지 아니하므로 자기자본에 의한 조달이라고 한다.

금전소비대차계약에 의한 자금조달은 민법, 기업어음발행에 의한 자금조달은 어음법, 회사채발행과 신주발행에 의한 자금조달은 상법에 의하여 규율된다.

상법은 회사의 자금조달의 편의를 도모한다는 뜻에서 원칙적으로 이사회의 결의만으로 신속하고 수월하게 회사가 신주를 발행할 수 있도록 하고(상 416조 본문), 예외적으로 정관으로 주주총회의 권한으로 정할 수 있도록 하고 있다(상 416조 단서).

또한 주주의 이익을 보호하기 위하여 ① 원칙적으로 주주에게 신주인수권을 인정하고(상 418조), ② 불공정한 신주발행을 막기 위하여 주주의 회사에 대한 신주발행유지청구권을 인정하거나(상 424조), ③ 불공정하게 주식을 인수한 자에 대하여 일정한 책임을 부과하고(상 424조의2), ④ 정관에 기재된 발행예정주식총수의 범위 내에서만 발행이 가능하도록 제한하고 있다.

또한 신주발행은 기존의 주주 등의 이해관계에 중요한 영향을 미치게 되므로 상법은 회사의 신주발행과 관련하여 적지 않은 규정을 두고 있고, 이에 관한 상법의 규정은 강행규정이라고 할 것이므로 회사가 신주를 발행할 때는 상법에 정한 방법과 절차에 따라야 한다.

### 대법원 2007.2.22. 선고 2005다73020 판결

주식회사가 타인으로부터 돈을 빌리는 소비대차계약을 체결하면서 "채권자는 만기까지 대여 금액의 일부 또는 전부를 회사 주식으로 액면가에 따라 언제든지 전환할 수 있는 권한을 갖는다"는 내용의 계약조항을 둔 경우, 달리 특별한 사정이 없는 한 이는 전환의 청구를 한 때에 그 효력이 생기는 형성권으로서의 전환권을 부여하는 조항이라고 보아야 하는바, 신주의 발행과 관련하여 특별법에서 달리 정한 경우를 제외하고 신주의 발행은 상법이 정하는 방법 및 절차에 의하여만 가능하다는 점에 비추어 볼 때, 위와 같은 전환권 부여조항은 상법이 정한 방법과 절차에 의하지 아니한 신주발행 내지는 주식으로의 전환을 예정하는 것이어서 효력이 없다.

### (2) 신주인수권

#### (가) 신주인수권의 의의

신주인수권이란 회사성립 후에 회사가 발행하는 주식(신주)에 대하여 우선적으로 이를 인수할 수 있는 권리를 의미하는데 이는 타인보다 우선적으로 신주를 배정받는 것을 의미하고 그 발행조건에서의 우대를 의미하지는 않는다.

회사가 보통의 신주를 발행하는 경우에는 자금조달을 위하여 신주를 발행하는 목적에 충실하기 위하여, 주식인수를 원하는 자는 누구라도 주식을 인수할 수 있도록 하여야 할 것이지만, 신주의 인수는 주주의 회사에 대한 지주율(持株率)의 변동을 가져오게 하는 등 회사의 지배구조와 주주의 이해관계에 영향을 미치게 되므로, 상법은 원칙적으로 주주에게 신주인수권을 주고(상 418조 1항), 예외적으로 일정한 목적달성을 위하여 특정한 제3에게 신주인수권을 주고 있다(상 418조 2항).[2)]

주주에게 신주인수권을 인정하여 우선적으로 신주를 배정한다고 하더라도 회사의 입장에서는 주주로 하여금 회사에 대한 지주율을 유지시키고 발행주식의 증가로 인한 주가하락을 만회시킬 기회를 주는 것이지만, 주주의 입장에서 보면 배정된 신주를 인수한다는 것은 새로운 출자를 의미하므로 주주로서는 지주율을 유지하거나 주가하락을 만회하기 위하여 원하지 않는 출자를 하여야 할 처지에 놓이고 특히 자력이 없는 주주는 지주율의 축소와 기존 주가의 하락을 감수할 수밖에 없는 처지에 놓이게 되는데 이들의 지위를 어떻게 반영할 것인가도 상법상 고려하여야 할 것이다.

신주인수권은 권리이므로 양도와 포기가 가능하지만, 주식의 과실은 아니므로 주식에 대한 질권의 효력은 이에 미치지 않는다 할 것이고, 또한 신주인수권은 보통의 신주발행에 있어서만 인정되고 회사가 자금조달 이외의 특별한 목적을 위하여 발행하는 특수한 신주발행의 경우에는 주식을 인수할 자가 미리 정하여져 있기 때문에 주주에게 신주인수권은 인정되지 아니한다.

2) 자본시장과 금융투자업에 관한 법률에서는 주권상장법인의 우리사주조합원에게도 신주인수권을 인정하고 있다(자본시장법 165조의7).

### (나) 주주의 신주인수권

#### 1) 주주의 신주인수권의 의의

주주의 신주인수권은 회사가 보통의 신주를 발행할 경우에 이를 주주가 우선적으로 인수할 수 있는 권리를 의미하는데, 회사는 성립 후에 자금조달의 신속성과 편의성을 도모하기 위하여 이사회의 결의로 비교적 자유롭게 신주를 발행하게 되지만 이를 아무런 제한 없이 인정하면 회사에 대한 주주의 지주율의 변동이 생기고 주가의 하락을 초래하는 등 주주의 이익에 반할 우려가 크므로 상법은 원칙적으로 주주에게 그가 가지고 있는 주식 수에 비례하여 우선적으로 신주를 인수할 권리를 주고 있다(상 418조 1항).

이러한 주주의 신주인수권은 주주의 자격에 기하여 법률상 당연히 인정되는 것이므로 주식에 수반하는 고유권(추상적 신주인수권)으로서 상법에 따라 일정한 경우에 제한되거나 배제될 수 있고, 이러한 추상적 신주인수권에 터 잡아 이사회가 신주 발행결의를 할 때 비로소 주주에게 구체적 신주인수권이 인정된다고 할 것이다. 추상적 신주인수권은 일종의 기대권으로서 주식과 분리하여 양도하거나 처분할 수 없으므로 주식이 양도되면 당연히 이전하지만, 구체적 신주인수권은 주식과 별개의 채권적 권리로서 주주권의 이전에 수반되지 아니하므로 주식과 별도로 양도가 가능하고 이를 상법도 인정하고 있다(상 420조의2 1항, 상 416조 5호).

**◈ 대법원 2010.2.25. 선고 2008다96963, 96970 판결**

상법 제461조에 의하여 주식회사가 이사회의 결의로 준비금을 자본에 전입하여 주식을 발행할 경우 또는 상법 제416조에 의하여 주식회사가 주주총회나 이사회의 결의로 신주를 발행할 경우에 발생하는 구체적 신주인수권은 주주의 고유권에 속하는 것이 아니고 위 상법의 규정에 의하여 주주총회나 이사회의 결의에 의하여 발생하는 구체적 권리에 불과하므로 그 신주인수권은 주주권의 이전에 수반되어 이전되지 아니한다. 따라서 회사가 신주를 발행하면서 그 권리의 귀속자를 주주총회나 이사회의 결의에 의한 일정시점에 있어서의 주주명부에 기재된 주주로 한정할 경우 그 신주인수권은 위 일정시점에 있어서의 실질상의 주주인가의 여부와 관계없이 회사에 대하여 법적으로 대항할 수 있는 주주, 즉 주주명부에 기재된 주주에게 귀속된다.

#### 2) 주주의 신주인수권의 한계

상법은 원칙적으로 회사성립 후에 발행되는 보통의 신주에 대하여 주주의 신주인수권을 인정하고 있지만, 정관으로 제3자에게 신주인수권을 주어 제3자로 하여금 우선적으로 신주를 인수하도록 하는 경우(상 418조 2항)에는 주주의 신주인수권은 미치지 않게 된다.

그런데 상법은 신주발행시의 현물출자에 관하여, 회사설립의 경우와 달리, 이를 정관에 기재가 없더라도 이사회에서 결정할 수 있도록 규정하고 있음을(상 416조 4호) 근거로 정관의 특별한 규정 없이도 현물출자를 이유로 하여 특정한 주주 또는 제3자에게 신주를 발행하고 다른 주주들에게는 신주를 발행하지 않는 것도 가능한 듯 보인다. 이에 대하여 ① 현물출자에 의한 신주의 인수에 관하여 정관의 기재가 불필요하다면 신주인수권은 법률이나 정관의 규정에 의해서만 제한할 수 있다는 원칙을 이사회결의로 무력화시킬 수 있어 중대한 주주권의 침해가 되므로 현물 출자한 자에게만 신주를 배정하기 위해서는 정관의 기재가 필요하다는 견해(정관필요설)가 있는가 하면, ② 회사의 원활한 자본조달을 위해서 상법이 인정한 특별한 규정으로 파악하여 정관의 기재가 불필요하다는 견해(정관불요설)가 대립하고 있으나, 대법원은 정관불요설의 입장에 서 있는 듯하다.[3)]

한편 자본시장과 금융투자업에 관한 법률에 의하면 주권상장법인에 있어서 정관에 정하는 바에 따라 이사회 결의로써, 일반공모방식으로 신주를 발행하거나(자본시장법 165조의6), 또는 근로자복지기본법에 의하여 우리사주에게 신주를 배정하는 경우(자본시장법 165조의7 1항)가 있는데 이 경우에도 주주의 신주인수권이 미치지 않게 된다.

#### 3) 주주의 신주인수권과 주주평등의 원칙

상법은 주주평등의 원칙을 주주의 신주인수권에도 구현하여 주주는 원칙적으로 가지고 있는 주식 수에 따라 평등하게 신주를 배정 받을 권리를 인정하고 있다. 다만 ① 회사가 종류주식을 발행한 경우에는 주식의 종류에 따라 주식의 배정에 있어서 다르게 정할 수 있고(상 344조 3항), ② 회사가 보유한 자기주식과 자회사가 보유한 모회사의 주식의 경우에 신주인수권을 인정하게 되면 각기 회사의 자기주식취득금지의 규정(상 341조)이나 자회사의 모회사주식 취득금지의 규정(상 342조의2)에 어긋나므로 이들 주식에는 신주인수권이 인정되지 않는다고 해석되고, ③ 신주인수권자가 주식인수의 청약을 하지 않았거나(상 419조 4항) 주식인수인이 납입을 하지 아니하여 그 권리를 잃은 신주(상 423조 2항), 이른바 실권주의 경우에는 이사회 결의로 이를 자유로이 처리할 수 있다고 할 것이므로 이 경우에는 예외적으로 주주의 신주인수권에 관한

3) 대법원 1989.3.14. 선고 88누889 판결은, 회사가 특정주주로부터 현물출자를 받고 신주를 발행하여 주었는데 과세관청에서는 실권주 인수에 따른 이익에 대하여 실권행위에 의한 증여행위로 보고 증여세를 부과하는 규정(상속증여세법 39조)에 따라 증여세를 부과한 사안에서 증여세부과처분취소를 명하면서 "주주의 신주인수권은 주주가 종래 가지고 있던 주식의 수에 비례하여 우선적으로 인수의 배정을 받을 수 있는 권리로서 주주의 자격에 기하여 법률상 당연히 인정되는 것이지만 현물출자자에 대하여 발행하는 신주에 대하여는 일반주주의 신주인수권이 미치지 않는다"고 판시하고 있다.

주주평등의 원칙이 적용되지 않는다고 할 것이다.

#### 4) 신주인수권을 가지는 주주

신주인수권을 가지는 주주는 이사회가 정한 신주배정기준일 현재의 주주명부상의 주주라고 할 것이다. 그러므로 주식을 양수받았더라도 명의개서를 하지 아니하여 주주 명부상의 주주가 아닌 경우에 회사는 주식을 양도한 명부상의 주주에게 신주를 배정하면 면책되고(상 337조 1항), 이렇게 명부상의 주주에게 배정된 신주를 실기주라고 한다.

이러한 실기주는 양도당사자 사이에 그 귀속에 관한 합의가 있으면 그에 따르게 되지만 그러한 합의가 없을 때에는 양도당사자의 내부적 관계에서는 양수인에게 귀속한다는 것이 일반적 견해이다. 그러나 명의개서를 미필한 주식의 양수인은 회사에 대하여 자신의 신주인수권을 주장할 수는 없으므로 일단 실기주는 주식양도인에게 귀속하게 되고 이때 주식양수인은 주식양도인에 대하여 실기주를 자신에게 반환할 것을 청구할 수 있다고 할 것인데 그 근거와 방법에 관하여, ① 부당이득반환의 법리에 따라 주식양도인은 주식양수인에게 그가 취득한 이득(신주발행가액과 시가의 차액상당액)을 반환하면 족하고 신주 자체를 인도할 의무는 없다는 견해(부당이득반환설),[4] ② 주식양도인은 주식양수인의 사무관리자의 입장에서 신주를 인수한 것으로 보아야 하므로 이들 사이에는 사무관리에 준하는 관계가 성립하게 되고, 주식양도인은 주식양수인에게 회사로부터 인수한 신주 자체를 인도하여야 한다는 견해(준사무관리설[5])가 대립하고 있다. 생각건대 신주인수권은 주식이 양도됨으로써 양도인으로부터 양수인에게로 이전하게 되어 주식양도인은 신주인수권을 행사할 아무런 법률적 원인이 없음에도 불구하고 주식양수인이 명의개서를 미필하였다는 우연적 원인에 의하여 대금을 납입하고 신주에 대한 주주가 되는 이득을 취하게 되었고 그로 인하여 주식양수인은 신주에 대한 주주가 되지 못한 손해를 입었으므로 부당이득관계에 있다고 하여야 할 것이다.

**◆ 대법원 2010.2.25. 선고 2008다96963, 96970 판결**

상법 제461조에 의하여 주식회사가 이사회의 결의로 준비금을 자본에 전입하여 주식을 발행할 경우 또는 상법 제416조에 의하여 주식회사가 주주총회나 이사회의 결의로 신주를 발행할 경우에 발생하는 구체적 신주인수권은 주주의 고유권에 속하는 것이 아니고 위 상법의 규정에 의하여 주주총회나 이사회의 결의에 의하여 발생하는 구체적 권리에

4) 손주찬 867면, 임홍근 301면.
5) 권기범 407면, 김정호 488면, 채이식 696면, 최준선 541면.

불과하므로 그 신주인수권은 주주권의 이전에 수반되어 이전되지 아니한다. 따라서 회사가 신주를 발행하면서 그 권리의 귀속자를 주주총회나 이사회의 결의에 의한 일정시점에 있어서의 주주명부에 기재된 주주로 한정할 경우 그 신주인수권은 위 일정시점에 있어서의 실질상의 주주인가의 여부와 관계없이 회사에 대하여 법적으로 대항할 수 있는 주주, 즉 주주명부에 기재된 주주에게 귀속된다.

(같은 취지: 대법원 1995.7.28. 선고 94다25735 판결)

한편 신주인수권을 갖는 주주가 청약기일까지 청약을 하지 않는 경우에는 신주인수권을 상실하게 되고(상 419조 4항) 청약은 하였으나 납입기일까지 납입 또는 현물출자의 이행을 하지 않는 경우에는 주식인수인의 지위를 상실하게 되어(상 423조 2항) 실권주가 발생하게 된다. 또한 신주를 배정하는 과정에서 1주 미만의 주식 즉 단주가 발생하게 된다.

상법은 이러한 실권주과 단주의 처리방법에 관하여 아무런 규정을 두고 있지 않으므로 회사는 실권주와 단주의 처리방법에 관하여 정관에 정하거나 이사회의 결정으로 이를 처리할 수 있게 되는데 이러한 실권주와 단주에 관하여는 주주의 신주인수권이 미치지 못하게 된다.

특히 신주발행의 경우에는 회사 설립시의 경우와 달리 자본확정의 필요가 없으므로 실권주와 단주를 미발행 상태로 유보하여 다음 기회에 재차 발행하는 경우도 있고, 다시 주주를 모집하거나, 특정인에게 인수시키는 경우도 적지 않다.[6)]

실무상 공모의 경우에는 주식납입대금 상당액을 청약증거금으로 받게 되므로 납입을 하지 아니하여 실권주가 발생하는 경우가 없으나, 주주에게 신주인수권이 부여된 경우에는 회사가 고의로 대량의 실권을 유도하여 이사회의 결의를 통하여 실권된 주식을 대주주 혹은 대주주의 특별이해관계인의 지분확대를 꾀하거나 임원들에 대한 공로주로서 배정하는 경우가 적지 않은데 이러한 경우에는 신주발행의 무효를 다툴 소지가 있고, 또 이사의 배임문제가 발생할 가능성이 적지 않다. 또한 주주인 법인이 신주에 대한 인수를 실권한 경우 신주발행 회사 주가의 희석으로 인한 손실이 예상되어 실권에 대한 정당한 사유가 없었다면 그런 실권결정을 한 이사 등의 손해배상책임도 문제될 수 있다.

---

6) 주주배정방식으로 저렴하게 발행한 전환사채에 대하여 주주가 인수를 포기하여 대량으로 실권이 발생하자 이를 특정인에게 동일한 저렴한 가격으로 발행하여 인수시켰던 이른바 에버랜드 전환사채발행사건에 관하여, 대법원 2009.5.29. 선고 2007도4949 전원합의체 판결은 "상법상 전환사채를 주주 배정방식에 의하여 발행하는 경우에도 주주가 그 인수권을 잃은 때에는 회사는 이사회의 결의에 의하여 그 인수가 없는 부분에 대하여 자유로이 이를 제3자에게 처분할 수 있는 것이고 단일한 기회에 발행되는 전환사채의 발행조건은 동일하여야 하므로, 주주배정의 방법으로 주주에게 전환사채인수권을 부여하였지만 주주들이 인수청약하지 아니하여 실권된 부분을 제3자에게 발행하더라도 주주의 경우와 같은 조건으로 발행할 수밖에 없고, 이러한 법리는 실권의 규모에 따라 달라지는 것은 아니다"라고 판시하고 있다.

### 5) 주주의 신주인수권의 양도

주주가 가지는 추상적 신주인수권은 상법의 규정에 의하여 주주의 자격에서 인정되는 사원권적 권리로서 주주권의 일부라고 할 것이므로 주식이 양도되면 당연히 이전되고, 주식과 분리하여 이를 양도하지 못하지만, 구체적 신주인수권은 추상적 신주인수권을 기반으로 이사회의 결의에 따라 주주에게 인정되는 채권적 권리이므로 양도가 가능하다고 할 것이다.

또한 신주가 발행되면 주식의 유통물량이 늘어나서 가치가 하락(이른바 주식의 물타기가 되어 주가가 하락하게 되는데 이를 권리락(權利落)이라고 한다)되는데 만약 자금이 없어서 배정된 주식에 대하여 청약을 하지 못하면 손해가 발생하게 되므로 그런 경우에는 신주인수권이라도 양도할 필요가 있게 되어 상법은 신주인수권의 양도를 인정하여 이에 관한 사항은 정관에 의하거나 이사회의 결정으로 정하도록 하고 있다(상416조 5호).

그런데 정관규정이나 이사회결의가 없음에도 불구하고 구체적 신주인수권을 양도한 경우에 그 양도의 효과를 회사에 주장할 수 있는지에 관하여, ① 회사가 신주인수권의 양도에 관하여 정하지 않은 경우에도 지명채권양도의 방식으로 양도가 가능하고 그 효과를 회사에 대하여 주장할 수 있다는 견해,[7] ② 회사가 신주인수권의 양도에 관하여 정하지 않은 경우에는 그 양도의 효과를 회사에 주장할 수 없다는 견해,[8] ③ 양도가 불가능하지만 회사가 승인하면 가능하다는 견해[9]가 대립하고 있다. 대법원은 회사가 신주인수권의 양도에 관하여 정하지 않았음에도 불구하고 이를 양도한 경우에는 당사자 사이에서는 효과가 있지만 그 효과를 회사에 대하여 주장할 수 없다는 입장을 취하고 있다. 생각건대 상법은 주식인수로 인한 권리의 양도, 이른바 권리주의 양도는 회사에 효력이 없다고 규정하고 있음에도 불구하고 신주인수권의 양도에 관하여는 회사에서 정할 수 있다고 한 점에 비추어 볼 때 신주인수권의 양도의 유효성을 전제로 그 허용 여부를 회사의 선택에 맡기는 취지로 해석하여야 할 것이므로 회사가 신주인수권의 양도에 관하여 정하지 않았다면, 회사가 그 양도를 허용하지 않겠다는 취지로 해석하여야 한다. 따라서 이 경우에는 그 양도의 효과를 회사에 주장할 수 없다고 하는 것이 타당할 것이다. 다만 이 경우에도 회사가 그와 같은 양도를 승낙한 경우에는 회사에 대하여도 그 효력이 있다고 할 것이다.[10]

---

7) 이철송 867면.
8) 권기범 847면, 손주찬 862면, 이기수 506면, 정동윤 510면, 정찬형 698면, 채이식 647면, 최기원 777면.
9) 최준선 543면.
10) 대법원 1995.5.23. 선고 94다36421 판결은, "상법 제416조 제5호에 의하면, 회사의 정관 또는 이사회의 결의로 주주가 가지는 신주인수권을 양도할 수 있는 것에 관한 사항을 결정하도록 되어있는바, 신주인수권의 양도성을 제한할 필요성은 주로 회사측의 신주발행사무의 편의를 위한 것에서 비롯된 것으로

한편 회사가 정관 또는 이사회의 결정으로 주주의 신주인수권의 양도에 관한 사항을 정한 경우(상 416조 5호), 회사는 주주의 신주인수권을 표창하는 유가증권으로서 일정한 내용을 기재한 신주인수권증서를 ① 원칙적으로는 신주인수 청약기일(상 419조 1항)의 2주일 전에 발행하여야 하고, ② 예외적으로 주주의 청구가 있는 때에만 발행한다고 정한 경우(상 416조 6호)에는 그 정함에 따라 발행하여야 하는데(상 420조의2 1항), 주주는 이 신주인수권증서를 교부함으로써 신주인수권을 양도하게 된다(상 420조의3 1항).

만약 회사가 신주인수권증서를 발행하지 아니하였다면 신주인수권의 양도는 지명채권양도의 일반원칙에 따르게 될 것이다.[11)]

주주가 신주인수권증서를 상실한 경우에는 주식청약서에 의할 수도 있지만, 상법상 신주인수권증서에는 권리추정력이 인정되고 선의취득이 가능하므로(상 420조의3, 336조 2항, 수 21조) 만약 다른 자가 신주인수권증서에 의하여 청약을 하였다면 주식청약서에 의한 인수청약은 그 효력이 상실된다(상 420조의4).

#### 6) 신주인수권의 침해

회사가 주주의 신주인수권을 무시하고 신주를 발행할 경우 신주발행무효의 소(상 429조)의 원인이 되며, 주주는 신주발행유지청구권을 행사할 수도 있고(상 424조), 이사에 대하여 손해배상을 청구하거나(상 401조) 혹은 회사에 대하여 손해배상을 청구할 수도 있다(상 389조 3항, 210조).

회사가 주주의 신주인수권을 무시하고 주식을 발행한 경우에 그 신주의 효력에 관하여 견해가 대립[12)]하고 있는바, 주주의 신주인수권은 주주권의 내용이므로 이를 침해한 신주발행은 원칙적으로 무효라고 할 것이지만, 대법원은 신주발행을 사후적으로

---

볼 수 있고, 또 상법이 주권발행 전 주식의 양도는 회사에 대하여 효력이 없다고 엄격하게 규정한 것과는 달리 신주인수권의 양도에 대하여는 정관이나 이사회의 결의를 통하여 자유롭게 결정하도록 한 점에 비추어 보면, 회사가 정관이나 이사회의 결의로 신주인수권의 양도에 관한 사항을 결정하지 아니하였다 하여 신주인수권의 양도가 전혀 허용되지 아니하는 것은 아니고, 회사가 그와 같은 양도를 승낙한 경우에는 회사에 대하여도 그 효력이 있다"고 판시한다.

11) 대법원 1995.5.23. 선고 94다36421 판결은, "신주인수권증서가 발행되지 아니한 신주인수권의 양도 또한 주권발행 전의 주식양도에 준하여 지명채권양도의 일반원칙에 따른다고 보아야 하므로, 주권발행 전의 주식양도나 신주인수권증서가 발행되지 아니한 신주인수권양도의 제3자에 대한 대항요건으로는 지명채권의 양도와 마찬가지로 확정일자 있는 증서에 의한 양도통지 또는 회사의 승낙이라고 보는 것이 상당하고, 주주명부상의 명의개서는 주식 또는 신주인수권의 양수인들 상호간의 대항요건이 아니라 적법한 양수인이 회사에 대한 관계에서 주주의 권리를 행사하기 위한 대항요건에 지나지 아니한다"고 판시한다.

12) 주주의 신주인수권이 대부분 무시된 경우에 한하여 무효라는 견해(손주찬 865면, 채이식 698면)와 신주인수권이 일부라도 무시되면 무효라는 견해(최기원 761면, 최준선 539면)의 대립이 있으나 현실적으로 그 구분이 모호하다고 할 것이다.

무효로 하는 경우 거래의 안전과 법적 안정성을 해칠 우려를 고려하여 매우 엄격하게 무효 여부를 판단하고 있다.

(다) 제3자의 신주인수권

1) 제3자의 신주인수권의 의의

제3자의 신주인수권이란 특정한 제3자가 주주를 배제하고 우선적으로 신주를 배정받을 수 있는 권리를 의미하고 이러한 제3자의 신주인수권에 의한 주식의 발행을 제3자배정방식에 의한 신주발행이라고 한다. 설령 특정의 주주가 신주를 인수하는 경우라도 보유하는 주식 수에 비례하여 이루어진 것이 아니라면 제3자배정이라고 할 수 있다.

공모에 의한 신주발행의 경우에 불특정한 자가 일반적으로 주식을 청약하게 되고 주주도 공모에 응할 수 있고, 제3자에게만 신주인수권이 주어지는 것이 아니기 때문에 이를 제3자의 신주인수권이라고 할 수는 없다고 할 것이다.

2) 제3자의 신주인수권의 근거

제3자에게 신주인수권을 인정한다는 것은 주주의 신주인수권을 배제하는 것을 의미하므로 법률이나 정관의 근거가 있어야 한다.

보통의 신주발행에 있어서 제3자에게 신주인수권을 부여하는 경우에는 신기술의 도입, 재무구조의 개선 등 회사의 경영상 목적달성을 위한 필요가 있어야 하고, 또한 부여조건 등에 관한 정관의 규정이 있는 경우에 인정된다(상 418조 2항). 이때 정관의 규정의 구체성에 관하여 명확한 기준을 정할 수는 없더라도 적어도 부여대상 부여할 주식의 종류와 수 등에 관하여 공정성과 합리성을 담보할 수 있는 정도의 일정한 제한을 두어야 할 것이다. 다만, 회사와 제3자 사이의 신주인수권에 관한 권리의무는 이러한 정관의 규정만으로 발생하는 것이 아니고 실제로 이러한 정관의 규정에 따라 회사와 제3자가 신주인수권부여에 관한 계약을 체결함으로써 구체적으로 발생한다고 할 것이다.

이러한 정관의 규정이 없는 경우에 주주총회의 특별결의에 의하여 제3자에게 신주인수권을 부여할 수 있는지 여부에 관하여는 견해의 대립이 있고 이에 관한 대법원의 판결은 없는 실정이지만, 주주총회의 특별결의로 정관을 변경할 수도 있으므로 주주총회의 특별결의가 있으면 비록 정관의 규정이 없더라도 상법 제418조 제 2항에 정한 조건에 맞추어 제3자에게 신주인수권을 인정하여도 무방할 것이다.

한편 우리사주조합에 가입한 종업원(근로복지 기본법 제32조 이하)에게는 정관의 규정에 의하지 않고 자본시장과 금융투자업에 관한 법률에 의하여 신주의 100분의 20을 초과하지 아니하는 범위 내에서 신주인수권이 인정되기도 한다(자본시장법 165조의7).

3) 제3자의 신주인수권의 양도

제3자에게 인정된 신주인수권을 타인에게 양도할 수 있는지에 관하여 ① 제3자의 신주인수권을 계약상의 권리로 파악하여 양도가 가능하다는 견해,[13] ② 제3자의 신주인수권은 제3자의 범위가 정관 등에 의하여 제한된다는 점에서 단순한 계약상의 권리가 아니라 회사와의 특수한 관계에서 인정되는 권리라고 파악하여 양도가 불가능하다는 견해,[14] ③ 회사가 허용한 경우에 한하여 양도가 가능하다는 견해[15]의 대립이 있다. 생각건대 제3자의 신주인수권은 주주의 신주인수권에 대한 제한으로서 법률이나 정관의 근거가 있는 경우에 한하여 인정되므로 그 양도도 법률이나 정관의 근거가 없다면 인정될 수 없다고 보아야 할 것이다.

4) 신주인수권의 침해

제3자의 신주인수권에 관한 권리의무는 법률이나 정관의 규정만으로 발생하는 것이 아니고 실제로 이러한 정관의 규정에 따라 회사와 제3자가 신주인수권부여에 관한 계약을 체결함으로써 발생하게 되므로 회사가 이를 무시하고 신주를 발행하더라도 그 신주발행을 무효라고 할 수 없고,[16] 또한 제3자는 주주가 아니므로 회사가 제3자의 신주인수권을 침해하거나 무시하고 신주를 발행하였더라도 상법이 정한 신주발행무효의 소 혹은 신주발행유지청구권을 행사할 수는 없다고 할 것이다. 이러한 경우 제3자는 회사에 대하여 채무불이행에 기한 손해배상책임을 추궁할 수 있을 뿐이다.

### (3) 신주발행의 절차

#### (가) 신주발행사항의 결정

1) 결정기관

신주발행에 관한 사항은 정관으로 주주총회에서 결정하도록 규정된 경우 이외에는 원칙적으로 이사회에서 결정하게 된다(상 416조). 이사회는 신주발행에 관한 사항을 대표이사에 대하여 위임할 수 없다고 해석되고, 이사회를 구성할 수 없는, 자본금

---

13) 정찬형 703면, 정희철 527면, 최준선 546면.
14) 김정호 617면, 이철송 865면, 최기원 763면.
15) 임홍근 591면.
16) 다만 주권상장법인의 우리사주조합원에게는 자본시장과 금융투자업에 관한 법률에 의하여 신주인수권이 부여되므로 이를 침해하여 신주를 발행한 경우에는 법률에 위반한 경우로서 무효라고 할 것이다.

총액이 10억 미만의 이른바 소규모회사의 경우에는 총회에서 이를 결정하게 된다(상 383조 4항).

2) 결정사항

가) 신주의 종류와 수(상 416조 1호)

발행할 신주의 종류와 수는 구체적인 발행 상황에 맞추어 이사회에서 결정하게 된다. 특히 상환주식과 전환주식을 발행하는 경우에는 상환조건과 전환조건도 정하여야 할 것이다.

나) 발행가액과 납입기일(상 416조 2호)

신주의 발행가액과 납입기일은 원칙적으로 이사회에서 결정하게 되지만 발행가액이 액면보다 낮은 액면미달발행의 경우에는 이사회가 결정할 수 없고 주주총회의 특별결의와 법원의 인가를 얻어서 결정하게 된다(상 417조 1항).[17] 다만, 상법은 주식청약서와 신주인수권증서에 할인발행의 조건과 미상각액을 기재하도록 하고(상 420조 4호, 420조의2 2항), 신주발행으로 인한 변경등기에는 미상각액을 등기하도록 하는(상 426조) 등의 채권자 보호를 위한 규정을 두고 있다.

주식인수인이 납입기일에 납입하면 납입기일의 다음날부터 주주가 되지만(상 423조 1항) 납입을 이행하지 않으면 실권하게 되어 결국 실권주가 발생하게 된다.

다) 무액면주식 발행과 자본금으로 계상되는 금액(상 416조 2호의2)

회사가 액면주식을 발행하는 경우에는 그 발행주식의 액면총액이 당연히 자본금으로 계상되지만, 무액면주식을 발행하는 경우에는 이사회에서 발행주식총액 중 자본금으로 계상하는 금액을 결정하여야 한다(상 416조 2호의2).

라) 신주의 인수방법(상 416조 3호)

신주의 인수방법으로 이사회는 주주배정, 제3자 배정 그리고 모집의 방법 중에서 구체적으로 정하여야 하는데 제3자 배정과 모집은 주주의 신주인수권을 제한하게 되어 법률이나 정관의 규정이 있는 경우에 한하여 가능하므로 이에 관한 규정이 없다면 이사회는 반드시 주주배정의 방식만으로 신주를 발행하여야 한다.

마) 현물출자에 관한 사항(상 416조 4호)

현물출자에 관한 사항도 이사회에서 결정하게 되는데 회사설립의 경우와 달리 정관의 상대적 기재사항(상 290조 2호)은 아니지만, 현물출자를 하는 자와 그 현물출자

---

17) 자본시장과 금융투자업에 관한 법률에 의하면 주권상장법인의 경우에는 상법 제417조에서 요구되는 법원의 인가라는 조건도 요구하지 아니하므로(자본시장법 제165조의8), 공개시장에서 형성되어 있는 시가발행을 통한 액면미달발행은 결국 회사신용의 저하를 가져오게 되고 대량의 실권사태를 초래하게 되어 결국 대주주에 의한 비자발적 신주인수를 가져오게 되는 경우도 적지 않다.

의 내용을 조사하기 위하여 법원에서 선임된 검사인의 조사 또는 공인된 감정인의 감정이 필요하다(상 422조 1항, 3항, 4항, 5항). 특히 2011년 4월 14일 개정된 상법은 현물출자가 소규모로 이루어지거나 현물출자에 대한 평가에 있어서 불공정의 염려가 없는 경우 등에는 이러한 현물출자에 대한 검사를 면제하는 규정을 두고 있다(상 422조 2항).[18)]

바) 주주의 신주인수권의 양도에 관한 사항(상 416조 5호)

주주의 신주인수권의 양도에 관한 사항은 이사회가 이를 정한 때에 한하여 신주인수권의 양도를 회사에 대하여 주장할 수 있다고 할 것이다.

사) 신주인수권증서의 발행과 그 청구기간(상 416조 6호)

이사회는 주주의 청구가 있는 때에만 신주인수권증서를 발행한다는 것과 청구기간에 관하여 정할 수 있는데, 이것은 회사가 주주에게 신주인수권의 양도를 허용하는 경우에만 해당한다고 할 것이고, 만약 회사가 주주에게 신주인수권의 양도를 허용하면서도 이러한 사항을 정하지 않은 경우에는 모든 주주에게 청약기일의 2주간 전에 신주인수권증서를 교부하여야 한다(상 420조의2 1항 후단).

다만 신주인수권증서를 발행하는 대신에 정관으로 전자등록기관의 전자등록부에 신주인수권을 등록한 경우에는 주식의 전자등록에 관한 규정(상 356조의2 2항 내지 4항)을 준용하고 있으므로(상 420조의4), 이에 따라 전자등록부에 등록됨으로써 권리추정력과 양도의 효력이 인정된다.

### (나) 신주배정일의 지정과 공고

이사회는 신주의 배정기준일을 결정하여 2주간 전에 공고하여야 하는데(상 418조 3항), 상법은 주주명부폐쇄제도와 기준일제도(상 354조)를 두고 있으나 주주의 신주인수권을 보호하기 위하여 별도로 신주 배정일을 정하고 2주 전에 공고토록 하여 주주들로 하여금 명의개서를 하도록 하기 위함이다.

주식의 양수인이 명의개서를 하지 않으면 회사에 대항할 수 없고(상 337조), 신주인수권의 행사가 불가능하여 실기주가 된다.

### (다) 주주에 대한 통지 및 공고

상법은 회사가 제3자에게 신주인수권을 주는 경우에도 주주에게 그 신주인수권의 발행사항에 관한 중요한 내용(상 416조 1호, 2호, 2호의2, 3호, 4호)을 그 납입기일 2주

18) 2011년 4월 14일 상법개정으로 신설된 규정인데 신주발행의 경우에도 회사설립의 경우처럼 현물출자에 대하여 검사가 면제되는 일정한 범위를 대통령령에 위임하고 있고 이에 따라 상법시행령은 회사설립시의 경우(시행령 제7조)와 동일한 기준을 규정하고 있다(시행령 제14조).

간 전까지 통지하거나 공고하도록 하여 주주의 이익을 보호하기 위한 규정을 두고 있다(상 418조 4항).

이러한 통지 혹은 공고에 따라 주주는 이사를 상대로 위법행위유지청구를 하거나 회사를 상대로 신주발행유지청구를 하는 등 제3자를 위한 신주발행을 저지하게 될 것이다. 한편 회사가 이러한 통지나 공고를 하지 아니한 경우에 그 신주발행은 위법한 것으로서 무효의 원인이 될 수 있다고 할 것이다.

#### (라) 신주인수권자가 있는 경우의 청약 전 절차

회사는 신주인수권자가 있는 경우에 그가 가지는 주식의 종류와 수 그리고 신주인수권을 양도할 수 있음을 정한 때에는 그 뜻(상 416조 5호), 주주의 청구가 있는 경우에만 신주인수권증서를 발행한다는 것과 그 청구기간에 관한 사항(상 416조 6호) 및 일정한 기일까지 주식을 청약하지 아니하면 그 권리를 잃는다는 뜻을 청약기일의 2주간 전에 신주인수권자에게 통지하여야 한다(상 419조 1항 내지 2항).

신주인수권자가 이러한 통지를 받았음에도 불구하고 청약을 하지 아니한 경우에는 당연히 신주인수에 관한 권리를 상실하게 되고(상 419조 3항), 그가 인수할 수 있었던 주식은 실권주가 된다.

#### (마) 신주인수권자가 없는 경우의 모집절차

신주발행에 있어서 모집방식은 신주를 발행함에 있어서 주주 또는 특정의 제3자에게 신주를 인수할 우선적 권리인 신주인수권을 주지 않고 기존 주주를 포함한 제3자로부터 주주를 모집하는 것을 의미하는데 이 경우에도 주주의 신주인수권을 제한하게 되므로 회사의 경영상 목적달성을 위하여 필요한 경우에 정관의 규정에 따라 허용되는 제3자에 대한 신주인수권 부여의 요건을 갖추어야 한다(상 418조 2항).

이러한 모집의 방식에는 모집의 범위를 회사와 관련이 있는 연고자로 제한하는 연고모집과 불특정다수인을 상대로 주주를 모집하는 공개모집의 방법이 있는데 실무상 상장회사의 경우는 대부분 공개모집의 방식을 이용하고 있다. 또한 모집업무를 신주발행회사가 직접 담당하는 직접모집(자기모집)이 있고, 증권회사에 위탁하여 증권회사가 모집업무를 담당하는 간접모집(위탁모집)의 방식이 있으나 회사의 규모가 크거나 상장회사일 경우에는 거의 대부분 간접모집의 방식에 의하고 있다. 물론 이때에도 증권회사가 발행회사의 공모주식의 전부를 인수하고 다시 이를 일반 대중에게 매각하는 총액인수의 방법도 이용되고 있다.

모집의 방법에 의한 신주발행의 경우에도 그 발행사항에 관한 결정은 원칙적으로 이사회가 하게 되는데 특히 발행가액을 정함에 있어서 주주의 이익을 해하지 않도록 회사의 가치와 신주인수가능성 등을 종합적으로 고려하여 시가에 준하는 가격으로 정하는 것이 실무상의 통례라고 할 것이다.[19)]

### (바) 신주인수의 청약과 배정

신주를 인수하고자 하는 자는 신주인수방식에 관계없이 모두 주식청약서에 의하여 신주청약을 하게 된다(상 420조, 425조, 302조 1항). 이때 신주인수권증서가 발행되었다면 신주인수권증서에 의하여 청약하게 되지만(상 420조의5 1항), 만약 발급받은 신주인수권증서를 상실한 경우에는 주식청약서에 의하여 청약할 수도 있다(상 420조5 2항).

주식인수인의 신주인수 청약의 의사표시가 진의가 아니었다고 하더라도 주식인수인은 이를 이유로 신주청약의 의사표시를 취소할 수 없음은 당연하다고 할 것이나(민 107조 1항 본문), 상법은 한걸음 더 나아가 회사가 이를 알고 있었거나 알 수 있었다고 하더라도 주식인수인이 이를 이유로 청약의 의사표시가 무효라고 주장할 수 없다고 하여 민법의 규정(민 107조 1항 단서)에 대한 예외규정을 두고 있다(상 425조, 302조 3항).

주식인수의 청약에 대하여 회사는 배정을 하게 된다. 신주인수권에 의한 청약의 경우에는 신주인수권자의 지위에 따라 신주인수권자가 청약을 하게 되면 신주인수인이 되지만, 모집의 경우에는 회사에게 배정의 자유가 인정되므로 주식의 청약에 대하여 회사가 배정한 때에 비로소 주식인수인이 된다.

### (사) 출자의 이행

주식인수인은 납입기일에 인수한 주식대금의 전액을 납입하여야 하고(상 425조 1항, 421조, 303조), 현물출자를 한 경우에는 출자의 목적물인 재산을 인도하고 권리이전에 필요한 절차를 마쳐야 한다(상 425조 1항, 305조 3항, 295조 2항).

납입에 있어서 대물변제나 경개가 허용되지 않는 것은 설립시의 주금납입과 동일하다고 할 것이다. 다만 상법은 주식의 인수인이 회사의 동의없이 납입채무와 자신의 회사에 대한 채권을 상계할 수 없도록 규정하고 있는데(상 421조 2항), 이것은 회사가 상계하거나 회사의 동의가 있으면 상계가 가능한 것으로 해석된다고 할 것이다.

2011년 4월 14일 개정된 상법은, 회사설립시의 주금납입에 대하여 상계를 허용하지 않았던 규정(개정 전 상법 334조)을 삭제하는 한편 오히려 신주발행의 경우에는 회사의 동의를 전제로 신

---

19) 자본시장과 금융투자업에 관한 법률에 따르면, 주권상장법인의 신주의 모집은 외부감사인의 회계감사를 받아 그 감사증명을 첨부한 증권신고서를 작성하여 금융위원회에 제출하여 수리된 후에 하도록 하여야 하고, 또한 금융위원회는 이를 공시하는 등 투자자를 보호하기 위한 규정을 두고 있다(자본시장법 169조, 119조, 120조, 121조).

주인수인의 상계를 허용하는 규정(상 421조 2항)을 신설하고 있는데 이것은 재정적 파탄상태에 빠진 회사에 대하여 금융기관인 채권자가 자신의 채권으로 출자전환하여야 할 필요성이 적지 않았기 때문이다.

상법은 신주발행에 있어서 현물출자가 있더라도 이를 정관에 상대적 기재사항으로 반드시 기재할 것을 요구하지는 않고 이사회의 결정사항으로서 정하고 있을 뿐이고(상 416조 4호), 다만 그 평가 등의 적정성을 확보하기 위하여 현물출자의 내용에 관하여 법원이 선임한 검사인에 의한 조사 혹은 공인된 감정인에 의한 감정을 거치도록 규정하고 있다(상 422조 1항, 3항, 4항). 또한 현물출자의 규모가 크지 않거나 불공정한 평가를 할 염려가 없는 일정한 경우에는 이러한 검사절차를 면제하고 있다(상 422조 2항).

신주인수인이 납입기일에 납입 또는 현물출자를 이행하지 아니하였다면, 회사설립의 경우에서와 같은 실권절차(상 307조)를 밟을 필요 없이, 당연히 실권하여 주식인수인의 권리를 상실하게 된다(상 423조 2항).

다만 실무에서는 청약시에 납입대금 상당액을 청약증거금의 명목으로 예납 받은 후 이를 납입대금으로 충당하고 있어 납입대금 미납으로 인하여 실권이 되는 경우는 흔하지 않다.

### (4) 신주발행의 효력발생

상법은 주식인수인이 납입 또는 현물출자를 이행한 경우에는 납입기일의 다음날부터 주주의 권리의무가 있게 된다고 규정하여(상 423조 1항) 그때부터 신주발행의 효력이 발생하는 것으로 하고 있다.

신주발행의 효력이 발생하게 되면 회사의 발행주식 총수가 증가하는 한편 향후 회사가 발행할 예정주식은 감소하게 된다. 또한 액면주식의 경우에는 발행한 신주의 액면총액에 해당하는 금액만큼의, 무액면주식의 경우에는 이사회에서 정하는 일정액만큼의 자본금이 증가하게 된다.

신주인수인은 주주가 되고 주식인수인의 지위는 주식이 되어 권리주의 양도제한(상 425조, 319조)이 소멸되고, 회사는 지체 없이 주권을 발행하여야 할 의무를 부담하게 된다(상 355조). 특히 상법은 신주에 대한 이익의 배당에 관하여는 정관이 정하는 바에 따라 그 발행을 한 때가 속하는 영업연도의 직전 영업연도 말에 이전된 것으로 할 수 있게 되므로 회사는 정관의 규정으로 동액배당을 하거나 일할배당을 할 것을 선택할 수 있게 된다(상 423조 1항 후단, 350조 3항 후단).

신주발행의 경우에는 회사설립시의 주식발행과 달리 발행주식의 일부가 미인수되거나 미납입되거나 혹은 일부가 무효 또는 취소가 되더라도 잔여부분에 관하여 신주발행의 효력이 발생하게 된다.

### (5) 등 기

상법은 발행주식총수, 자본금의 액 등을 등기사항으로 하고 있으므로(상 317조 2항), 신주발행의 효력이 발생하여 이들 사항에 변경이 생기게 되면 이에 따라 일정한 기간 내에 변경등기를 하여야 한다(상 317조 4항, 183조).

이러한 변경등기가 되면 그에 따라 공시적 효력이 생기게 되는 것은 당연하지만, 상법은 신주발행에 따른 변경등기에 몇 가지 부수적 효력을 주고 있다.

#### (가) 신주인수 의사표시의 무효 또는 취소의 제한

상법은 회사가 신주발행으로 인한 변경등기를 하면 그 날로부터 1년을 경과한 후에는 신주를 인수한 자는 주식청약서 또는 신주인수권증서의 요건흠결을 이유로 하여 주식인수의 무효를 주장하거나 착오, 사기 또는 강박을 이유로 인수를 취소하지 못하도록 하고 있다(상 427조).

상법은 변경등기 여부와 관계없이 주식에 대하여 권리를 행사한 경우에도 동일한 효력을 인정하고 있다(상 427조).

#### (나) 이사의 자본충실책임

상법은 신주발행으로 인한 변경등기가 있은 후에 아직 인수되지 아니한 주식이 있거나 주식인수의 청약이 취소된 경우에는 이사가 이를 공동으로 인수한 것으로 간주하는데(상 428조) 이는 신주가 발행된 것으로 변경등기가 된 이상 그 공시에 부합하는 자본충실을 기하기 위하여 이사에게 특별한 책임을 부담시키는 것으로서 무과실책임이므로 총주주의 동의로써 면제할 수도 없다.

그러므로 이사는 ① 주식이 처음부터 인수되지 아니하였거나, ② 실제로는 인수되지 아니한 주식이 있음에도 불구하고 이를 간과하고 변경등기가 된 경우, ③ 변경등기 후 1년이 경과하기 전에 주식청약서의 흠결 등으로 인수가 무효화되거나, ④ 사기·강박 등으로 주식인수의 의사표시가 취소된 주식이 있는 경우에, 그 주식을 인수한 것이 되므로 그에 따라 주식대금의 납입의무를 부담하게 된다.

다만 신주발행에 있어서 이사의 자본충실책임은 회사설립에 있어서 발기인의 책임과 달리 납입담보책임은 없는데 신주발행의 경우는 납입을 하지 않으면 당연히 실권하기 때문이다(상 423조 2항).

### (6) 하자 있는 신주발행에 대한 상법의 규제

#### (가) 총 설

상법은 원칙적으로 신주발행에 관한 권한을 이사회에 부여하고 있는데, 이사회가 법률이나 정관에 위반하거나 불공정한 내용과 방법으로 신주를 발행함으로써 주주와 회사 나아가 회사채권자의 이익을 침해할 우려가 있다.

신주발행업무는 이사의 주요한 업무집행행위이므로 이러한 경우 이사의 위법행위를 유지할 것을 청구하거나(상 402조) 또는 이사의 해임을 청구하거나(상 385조 2항) 손해배상을 청구하는(상 399조, 401조) 등 이사에 대하여 책임을 추궁할 수도 있으나, 이 밖에도 상법은 주주와 회사 나아가 회사채권자의 보호를 보다 확실히 하기 위하여 사전 예방책으로 신주발행유지청구권을 인정하거나(상 424조), 사후 구제책으로 불공정한 가격으로 주식을 인수한 자에게 책임을 부담시키고(상 424조의2), 신주발행무효의 소(상 429조)를 인정하고 있다.

#### (나) 신주발행유지청구권

1) 의 의

신주발행유지청구권은 회사가 법령 또는 정관에 위반하거나 현저하게 불공정한 방법으로 신주를 발행하여 주주가 불이익을 받을 염려가 있을 때 주주가 회사에 대하여 신주발행을 하지 말 것을 청구할 수 있는 권리로서(상 424조) 회사의 업무집행을 사전에 막기 위하여 주주에게 인정된 권리라는 점에서 이사의 위법행위에 대한 유지청구권(상 402조)과 유사하다고 할 것이나 그 구체적인 행사요건과 내용에 있어서 차이가 있다고 할 것이다.

상법 제402조의 위법행위유지청구권과 상법 제424조의 신주발행유지청구권을 ① 권리의 성질, ② 행사요건, ③ 행사할 자, ④ 행사의 상대방 등의 관점에서 비교하여 보면 적지 않은 차이가 있다고 할 것이다.

2) 행사요건

가) 신주발행이 법령 또는 정관에 위반하거나 현저하게 불공정한 방법에 의하여 진행되어야 한다

법령에 위반하는 경우로는, ① 이사회의 결의가 없거나 위법한 결의에 의하여 발행하는 경우, ② 법률에 정한 요건에 어긋나는 할인발행을 하는 경우(상 417조), ③

주주의 신주인수권을 무시한 채로 불공정하게 제3자에게 배정하는 경우(상 418조), ④ 신주인수권자에 대한 최고를 게을리 하는 경우(상 419조 4항) 등을 들 수가 있다.

정관에 위반하는 경우로는, ① 정관에 정한 발행예정주식을 초과하여 신주를 발행하거나(상 290조 1항), ② 정관에 정하지 아니한 종류의 주식을 발행하거나, ③ 정관에 주주총회의 결의사항으로 되어 있는 신주발행사항의 결정을 이사회결의로 결정하여 신주를 발행하거나, ④ 정관에 정한 방법과 다르게 실권주 혹은 단주를 처리한 경우 등을 들 수가 있다.

신주의 발행이 현저하게 불공정한 경우로는, ① 특정한 자에게 부당하게 많은 신주를 배정한 경우, ② 주식의 시장가가 액면가를 밑도는 경우에 고가로 발행하여 다량의 실권주를 유도하려는 경우, ③ 현물출자를 과대하게 평가하여 현물출자자에게 부당히 많은 신주를 배정하는 경우 등을 들 수가 있다.

나) 주주가 불이익을 받을 염려가 있어야 한다

특정한 주주가 불이익을 받을 염려가 있어야 하므로 불이익이 발생할 염려가 있는 특정 주주만 신주발행유지청구를 할 수가 있다.

따라서 신주발행이 위법하여 회사 전체에 손해가 발생하고 그 결과로 주주에게 간접적으로 손해가 발생할 뿐이고 특정한 주주가 직접적으로 손해나 불이익을 받을 염려가 없다면 이를 이유로 신주발행유지청구는 불가능하게 되고, 이때는 신주발행유지청구를 할 것이 아니라 이사에 대하여 위법행위유지청구(상 402조)를 하여야 할 것이다.

3) 행사의 절차

신주발행유지청구를 할 수 있는 자는 불이익을 받을 염려가 있는 특정 주주로서 1주 이상을 가졌다면 단독주주로도 족하고 의결권이 없는 주주라도 가능하다. 신주발행유지청구는 회사의 신주발행 그 자체를 유지할 것을 구하는 것이므로 그 상대방은 회사가 된다.

신주발행유지청구는 그 성질상 신주발행의 효력이 발생하기 전까지, 즉 신주에 대한 납입기일까지 행사하여야 할 것이다.

행사방법은 특별한 제한이 없으므로 회사에 대한 의사표시와 같은 재판 외의 방법으로 할 수도 있고, 회사를 상대로 신주발행유지청구의 소를 제기할 수도 있으며, 또한 이를 본안으로 하여 임시의 지위를 정하는 가처분으로서 신주발행유지의 가처분을 신청할 수도 있다.

#### 4) 행사의 효과

주주가 신주발행유지를 소송으로 구한 경우에 법원으로부터 신주발행의 유지를 명하는 판결이나 가처분이 있었음에도 불구하고 회사가 신주발행을 강행한다면 그 신주발행의 효과는 무효라고 할 것이고, 이러한 법원의 판결이나 결정을 무시하고 신주를 발행하는 대표이사의 행위는 불법행위를 구성하게 되므로 주주는 회사에 대하여 손해배상을 구할 수도 있다고 할 것이고(상 380조 3항, 210조), 이로 인하여 회사에 손해가 발생한 경우에 이사는 회사에 대하여 손해배상책임을 부담한다고 할 것이다(상 399조).

주주가 신주발행유지청구를 회사에 대한 의사표시로 한 경우, 회사가 이를 무시하고 신주를 발행하였다고 하여 그 신주의 발행이 당연히 무효가 되는 것은 아니라 할 것이지만 이사의 책임의 문제로 귀착하게 될 것이다(상 399조, 401조).

또한 회사는 주주의 신주발행유지청구에 반드시 응하여야 할 의무가 있는 것은 아니므로 만약 일부 주주의 신주발행유지청구가 부당함에도 불구하고 이사회가 이를 받아들여 신주발행을 중단함으로써 회사에 손해가 발생하였다면, 이사는 주주의 신주발행유지청구가 있었음을 이유로 그 책임을 면할 수는 없다고 할 것이다.

### (다) 불공정한 가액으로 신주를 인수한 자의 책임

#### 1) 의 의

신주인수인이 이사와 통모하여 현저하게 불공정한 발행가액으로 신주를 인수하게 되면, 회사는 재산상의 손해를 입게 되고 기존 주주는 주식가치 감소로 인한 손해를 입게 되므로 이사는 회사 또는 주주에 대하여 손해배상책임을 부담하게 될 것이다(상 399조 1항, 401조). 또한 신주인수인도 이사와 통모하였으므로 회사에 대하여 불법행위로 인한 책임을 부담하게 될 것이다.

그런데 상법은 이사와 통모하여 주식을 불공정한 가액으로 인수한 신주인수인에게 이러한 손해배상책임과는 별도로 그 불공정하게 인수한 차액을 회사에 지급할 책임을 규정하고 있다(상 424조의2 1항).

이러한 신주인수인의 책임에 관하여 주주의 유한책임에 대한 예외로 보는 견해[20]가 있으나, 이 책임은 이사와 통모하여 적정한 주식대금을 출자하지 아니한 신주인수인에 대하여 상법이 특별히 정한 추가출자책임이라고 볼 것이고 또한 이들 신주인수인은 아직 주주가 아니므로 이러한 책임의 성질을 주주 유한책임의 예외로 볼 수는 없다 할 것이다.[21]

---

20) 김정호 624면, 이기수 541면, 이철송 885면, 정찬형 720면.

불공정한 발행가액으로 신주를 인수한 자의 지급책임의 성질을 이렇게 해석한다면 이들이 지급할 차액은 현실로 납입되어야 하므로 상계 등이 허용되지 않고, 회사로서도 이들로부터 지급받은 차액을 이익배당의 재원으로 사용할 수 없고 자본준비금으로 적립해야 할 것이다.

상법은 주식을 인수한 자로만 규정하고 있기에 모든 신주인수인이 적용범위라고 하는 견해도 있으나 상법규정의 취지에 비추어 볼 때, 제3자 배정방식의 신주발행에 적용될 것[22]이고 설령 주주배정방식의 신주발행에 있어서 일부 주주가 이사와 통모하여 불공정한 가액으로 인수한 경우에는 주주평등의 원칙위반의 문제로 다루어야 할 것이다.

#### 2) 책임의 요건

##### 가) 신주의 발행가액이 현저하게 불공정하여야 한다

불공정 여부를 따지는 발행가액이란 발행예정가액보다는 실제 인수가액을 기준으로 하여 회사의 재무구조, 영업전망과 그에 대한 시장의 평가, 주식의 실질가액, 금융시장의 상황, 신주의 인수가능성 등 여러 사정을 종합적으로 비교 검토하여 객관적으로 판단하여야 할 것이다.[23] 신주의 발행가액이 현저하게 불공정하다는 점에 대한 증명책임은 신주인수인의 책임을 주장하는 자가 부담한다고 할 것이다.

##### 나) 주식인수인과 이사의 통모가 있을 것

신주인수인에게 이 책임을 추궁하기 위해서는 주식인수인이 신주를 현저하게 불공정한 가액으로 인수하게 된 점에 관하여 이사와 통모한 사실이 인정되어야 한다.

이러한 통모사실에 대한 증명책임은 신주인수인의 책임을 주장하는 자가 부담한다고 할 것이다.

#### 3) 책임의 내용

불공정한 발행가액으로 신주를 인수한 자는 인수할 당시의 공정한 신주의 발행가액과 실제 인수가액의 차액을 회사에 지급할 책임을 부담하게 되고 회사가 이렇게 지급받은 차액은 자본준비금으로 적립하여야 한다는 것이 일반적인 견해이다.

또한 회사가 신주를 발행하는 행위는 보조적 상행위라고 할 것이고(상 47조), 또한 일방적 상행위로서 상법이 적용되게 되므로(상 3조) 불공정한 발행가액으로 신주를 인수한 자의 차액지급책임에는 납입기일 다음날부터 상법에 따라 연 6%의 지연이자

---

21) 최기원 819면, 최준선 559면.

22) 이철송 885면, 정찬형 719면, 채이식 710면.

23) 강위두/임재호 885면, 손주찬 875면, 이철송 884면, 정희철 531면.

(상 54조), 그리고 5년의 소멸시효가 적용되어야 할 것이다.

불공정한 발행가액으로 신주를 인수한 자의 차액지급책임은 행위자 책임이므로 그가 인수한 주식을 양수한 자에게는 그 책임을 추궁할 수 없다고 할 것이다.

한편 불공정한 발행가액으로 신주를 인수한 자의 차액지급책임과는 별개로 통모한 이사는 자신의 행위로 인한 회사와 제3자의 손해에 대하여 배상책임을 부담하게 되는데 불공정한 발행가액으로 신주를 인수한 자의 차액지급책임과 이사의 손해배상책임은 부진정연대책임의 관계에 있다고 할 것이고 위 두 책임은 그 책임의 성질과 내용이 다른 상호 독립적 책임으로서 어느 일방의 이행이 있었다고 다른 일방의 책임이 소멸하는 것도 아니라 할 것이다. 이런 맥락에서 상법도 불공정한 발행가액으로 신주를 인수한 자의 차액지급책임은 이사의 책임에 영향을 미치지 아니한다고 규정하고 있다(상 424조의2 3항).

특히 시가보다 현저히 낮은 가액으로 신주를 발행한 경우에 이사는 공정한 발행가액과 인수가액과의 차액에 상당하는 손해를 회사에게 입힌 것으로 배임의 형사책임을 부담하는 경우도 생긴다고 할 것이다.[24)]

#### 4) 책임의 추궁

불공정한 발행가액으로 신주를 인수한 자의 차액지급책임은 그 책임의 성질상 원칙적으로 회사가 책임을 추궁하여야 할 것이지만, 현실적인 어려움을 고려하여 상법은 주주의 대표소송을 인정하고 있다(상 424조의2 2항, 403조 내지 406조).

### (라) 신주발행무효의 소

#### 1) 의 의

신주가 발행되면 회사의 자본금과 재산이 증가하거나 주주가 가지는 주식수와 지주율의 변동이 있게 되며 새로운 주주가 생기게 되는 등 회사의 채권자 및 기존 주주의 이해관계에 적지 않은 영향을 미치게 되므로 상법은 신주발행에 대한 무효의 주장을 주주, 이사, 감사에 한하여 신주발행일로부터 6월 내에 소만으로 이를 주장할 수

24) 대법원 2009.5.29. 선고 2007도4949 전원합의체 판결은, "회사가 주주 배정의 방법으로 신주 등을 발행하는 경우에는 발행가액 등을 반드시 시가에 의하여야 하는 것은 아니므로 회사의 이사로서는 주주 배정의 방법으로 신주를 발행하는 경우 원칙적으로 액면가를 하회하여서는 아니 된다는 제약 외에는 주주 전체의 이익, 회사의 자금조달의 필요성, 급박성 등을 감안하여 경영판단에 따라 자유로이 그 발행조건을 정할 수 있다고 보아야 하므로, 시가보다 낮게 발행가액 등을 정함으로써 주주들로부터 가능한 최대한의 자금을 유치하지 못하였다고 하여 배임죄의 구성요건인 임무위배, 즉 회사의 재산보호의무를 위반하였다고 볼 것은 아니지만, 제3자 배정방법의 경우에 제3자와 회사와의 관계를 주주의 경우와 동일하게 볼 수는 없으므로 현저하게 불공정한 가액으로 제3자 배정방식에 의하여 신주 등을 발행하는 행위는 이사의 임무위배행위에 해당하는 것으로서 배임죄의 죄책을 물을 수 있다"고 판시하고 있다.

있도록 하고(상 429조), 그 판결의 효과를 대세적으로 발생하고 소급효도 제한하며(상 430조, 431조), 나아가 그 판결이 확정된 경우에 이미 납입한 주금의 반환 등의 후속 조치에 관하여 규정(상 432조)함으로써 회사의 단체성과 획일성을 유지하고 법적 안정성을 확보하려 하고 있다.

이러한 신주발행무효의 소는 회사설립의 무효, 회사의 합병이나 분할의 무효를 다투거나 주주총회결의 하자를 다투는 소송과 함께 상법이 규정하고 있는 회사소송의 형태로서 그 소송의 성질은 형성의 소라고 할 것이다.

다만 신주발행의 무효는 신주발행 자체에 중대한 하자가 있어서 주주나 회사의 이익을 침해한 때 인정되는 것으로 신주인수의 의사표시의 무효나 취소 혹은 이사와 통모하여 불공정한 가격으로 신주를 인수한 경우와 구별된다고 할 것이다.

아무튼 신주발행의 무효는 신주발행에 있어서 지켜야 할 법령과 정관을 위반하거나 주식회사의 본질에 어긋나거나 현저히 공정성을 상실한 경우라고 할 것이다. 그러나 신주를 발행한 후에 이를 무효로 하는 것은 회사와 주주 그리고 회사채권자들에게 미치는 영향이 매우 크고, 거래의 안전과 법적 안정을 해칠 우려가 크므로 신주발행의 무효를 획일적으로 다루어 이를 둘러싼 법적 불안정을 완화시키고자 그 판결의 효력에 대세적 효력과 비소급적 효력을 주고 있는 상법의 규정취지에 비추어 그 하자의 중대성뿐만 아니라 신주와 관련된 거래의 안전, 주주 기타 이해관계인의 이익 등을 비교, 형량하여 종합적으로 결정하여야 할 것이다.

이런 맥락에서 대법원도 신주발행과 관련된 하자를 종합적으로 평가하고 또한 무효로 하였을 경우에 거래에 미치는 영향까지도 참작하여 구체적인 사안에 따라 엄격히 무효 여부를 판단하고 있다.

#### 2) 무효의 원인

상법은 신주발행의 무효사유에 관하여는 아무런 규정을 두고 있지 않으므로 신주발행에 있어서 절차적 또는 내용적으로 무효원인이 있는 경우라고 할 것이지만, 구체적인 경우에 개별적으로 판단하여야 할 것이다.

① 정관에 정한 발행예정주식을 초과하거나 정관에 정하지 않은 종류의 주식을 발행한 경우에는 무효의 원인이 되지만 신주발행 후에 정관을 변경하여 발행예정주식수를 증가시키거나 이미 발행된 종류의 주식을 허용하면 그 하자는 치유된다고 할 것이다.[25]

② 이사회 결의 없는 신주발행에 대하여, 신주발행은 대표이사의 업무라고 할 수

25) 강위두/임재호 886면, 이철송 888면, 최기원 809면.

있으므로 회사의 내부적 의사결정과정에 지나지 않는 이사회의 결의를 결여하였다고 하더라도 대표이사가 신주를 발행하였다면 일응 유효하다고 하여야 할 것이라는 견해(유효설)[26]와 신주발행은 중요한 조직적 변화를 가져오므로 그것을 대표이사의 통상적인 업무집행으로 볼 수 없으므로 이사회의 결의를 결여하였다면 무효라는 견해(무효설)[27]가 대립하고 있으나 대법원은 유효라고 보고 있다.[28]

③ 상법의 규정에 어긋나는 신주의 액면미달 발행의 경우에는 회사의 자본충실을 해치게 되므로 무효의 원인이 된다고 할 것이지만 미달금액이 크지 아니하여 이사 등에게 손해배상책임을 부담시킴으로써 전보가 가능하여 자본충실에 위해를 가하지 않는 경우라면 굳이 무효로 할 필요는 없다고 할 것이다.[29]

④ 현물출자의 부당평가에 기한 신주발행의 경우에도 자본충실을 해하므로 무효라고 하여야 할 것이지만 그 부족액이 근소하고 이사 등에게 책임을 부담시킴으로써 전보가 가능하다면 이를 무효로 할 필요는 없다고 할 것이다.[30]

⑤ 주주의 신주인수권을 침해한 신주발행에 대하여, 일반적으로 무효라는 견해,[31] 근소한 부분의 침해가 있으면 유효하고 다만 이사의 손해배상책임이 발생한다는 견해[32] 또는 주주의 지배권에 영향을 줄 정도에 이른 경우에만 무효라는 견해[33] 등으로 나누어지는데 주주의 신주인수권에 관한 규정은 강행규정으로 해석하여야 하므로 무효라고 보아야 할 것이다.

⑥ 제3자의 신주인수권은 회사와 제3자 사이의 계약에 의하여 발생한 것이므로 이를 침해하여 신주를 발행하더라도 그것은 계약상의 채무불이행에 따른 손해배상의 문제일 뿐이고 신주의 발행이 무효로 되지는 않는다는 것이 일반적 견해라고 할 것

---

26) 강위두/임재호 886면, 이기수 521면, 정찬형 708면, 정희철 531면.

27) 이철송 888면, 임홍근 611면, 최기원 809면.

28) 대법원 2007.2.22. 선고 2005다77060, 77077 판결은, "주식회사의 신주발행은 주식회사의 업무집행에 준하는 것으로서 대표이사가 그 권한에 기하여 신주를 발행한 이상 신주발행은 유효하고, 설령 신주발행에 관한 이사회의 결의가 없거나 이사회의 결의에 하자가 있더라도 이사회의 결의는 회사의 내부적 의사결정에 불과하므로 신주발행의 효력에는 영향이 없다고 하면서 회사가 감사 및 이사인 원고들에게 이사회 소집통지를 하지 아니하고 이사회를 개최하여 신주발행에 관한 결의를 하였다고 하더라도 회사의 신주발행의 효력을 부인할 수 없다"고 판시하고 있다. 다만 대법원 2010.4.29. 선고 2008다65860 판결은 이와 달리 신주발행이 무효라고 판시하고 있으나 이 경우에는 이사회 결의의 하자이외에 신주발행금지가처분을 위반하였고 지배권의 변동이 관련되어 있었던 점에서 동일한 차원에서 볼 것은 아니라고 할 것이다.

29) 강위두/임재호 887면, 이철송 889면. 이에 대하여 액면미달로 주식이 발행되었다는 사실이 자본충실을 해하고 주가에 민감한 영향을 미치게 되므로 미달액이 근소한 경우라도 무효로 보아야 한다는 견해도 있다(최기원 811면).

30) 이철송 889면.

31) 정희철 531면, 최기원 761면.

32) 강위두/임재호 887면.

33) 이철송 889면.

이다.

⑦ 신주발행유지를 명하는 가처분에 위반한 신주발행의 경우에도 무효라고 하여야 할 것이다.[34)]

⑧ 신주발행의 경우 회사가 신주발행에 관한 통지와 공고를 제대로 하지 아니한 경우 예컨대 주주배정방식의 경우 일부 주주에게 이러한 통지와 공고를 누락하거나 제3자 배정방식의 경우에 기존 주주에게 이러한 통지와 공고를 누락한 경우에는 무효사유가 된다고 할 것이지만, 이러한 경우에도 주주가 신주발행 사실을 사전에 알고 있었고 충분히 이를 다툴 수 있었다면 단순히 통지와 공고가 누락된 사실만으로 신주발행을 무효화할 수는 없을 것이다.

### 대법원 2010.4.29. 선고 2008다65860 판결

[1] 신주발행 무효의 소를 규정하는 상법 제429조에는 그 무효원인이 따로 규정되어 있지 않으므로 신주발행유지청구의 요건으로 상법 제424조에서 규정하는 '법령이나 정관의 위반 또는 현저하게 불공정한 방법에 의한 주식의 발행'을 신주발행의 무효원인으로 일응 고려할 수 있다고 하겠으나 다른 한편, 신주가 일단 발행되면 그 인수인의 이익을 고려할 필요가 있고 또 발행된 주식은 유가증권으로서 유통되는 것이므로 거래의 안전을 보호하여야 할 필요가 크다고 할 것인데, 신주발행유지청구권은 위법한 발행에 대한 사전 구제수단임에 반하여 신주발행 무효의 소는 사후에 이를 무효로 함으로써 거래의 안전과 법적 안정성을 해칠 위험이 큰 점을 고려할 때, 그 무효원인은 가급적 엄격하게 해석하여야 하고, 따라서 법령이나 정관의 중대한 위반 또는 현저한 불공정이 있어 그것이 주식회사의 본질이나 회사법의 기본원칙에 반하거나 기존 주주들의 이익과 회사의 경영권 내지 지배권에 중대한 영향을 미치는 경우로서 신주와 관련된 거래의 안전, 주주 기타 이해관계인의 이익 등을 고려하더라도 도저히 묵과할 수 없는 정도라고 평가되는 경우에 한하여 신주의 발행을 무효로 할 수 있을 것이다.

[2] 신주발행을 결의한 갑 회사의 이사회에 참여한 이사들이 하자 있는 주주총회에서 선임된 이사들이어서, 그 후 이사 선임에 관한 주주총회결의가 확정판결로 취소되었고, 위와 같은 하자를 지적한 신주발행금지가처분이 발령되었음에도 위 이사들을 동원하여 위 이사회를 진행한 측만이 신주를 인수한 사안에서, 위 신주발행이 신주의 발행사항을 이사회결의에 의하도록 한 법령과 정관을 위반하였을 뿐만 아니라 현저하게 불공정하고, 그로 인하여 기존 주주들의 이익과 회사의 경영권 내지 지배권에 중대한 영향을 미쳤다는 등의 이유로 무효이다.

(같은 취지: 대법원 2009.1.30. 선고 2008다50776 판결)

---

34) 강위두/임재호 888면, 정희철 532면, 최기원 811면.

### ◆ 대법원 2007.2.22. 선고 2005다77060, 77077 판결

주식회사의 신주발행은 주식회사의 업무집행에 준하는 것으로서 대표이사가 그 권한에 기하여 신주를 발행한 이상 신주발행은 유효하고, 설령 신주발행에 관한 이사회의 결의가 없거나 이사회의 결의에 하자가 있더라도 이사회의 결의는 회사의 내부적 의사결정에 불과하므로 신주발행의 효력에는 영향이 없다고 할 것인바, 비록 원심의 이유 설시가 적절하다고 할 수는 없지만 원심이 피고(반소원고, 이하 '피고'라고만 한다) 회사가 감사 및 이사인 원고들에게 이사회 소집통지를 하지 아니하고 이사회를 개최하여 신주발행에 관한 결의를 하였다고 하더라도 피고 회사의 2001. 2. 28.자 신주발행의 효력을 부인할 수 없다고 판단한 것은 결론에 있어서 정당하고 거기에 상고이유에서 주장하는 바와 같은 채증법칙 위반, 신주발행의 효력에 관한 법리오해 등의 위법이 없다.

### ◆ 대법원 1995.2.28. 선고 94다34579 판결

회사가 주주에게 상법 제418조 제1항 소정의 주주의 신주인수권을 배제한 바 없고 오히려 그 주주가 회사로부터 신주배정 통지를 받고도 그 주식대금을 납입하지 아니하여 실권된 경우, 가사 발행주식의 총수를 증가시키는 정관변경의 주주총회결의 이전에 그 주주와 회사의 대표이사 사이에 회사의 경영권에 관하여 분쟁이 있었고, 그 주주가 자기 소유 주식을 그 대표이사에게 양도하고 회사 경영에서 탈퇴하려고 하였지만 그 양도대금에 관한 합의가 이루어지지 않은 상태에서 발행주식 총수를 현저하게 증가시키는 신주발행이 이루어짐으로써 회사에 대한 그 주주의 지배력이 현저하게 약화되고, 그로 인하여 그 주주가 대표이사에게 적정한 주식대금을 받고 주식을 양도하는 것이 더욱 어려워지게 되었다고 하더라도, 그러한 사유만으로는 그 신주발행이 현저하게 불공정한 방법에 의한 신주발행으로서 무효라고 볼 수 없다.

요컨대 대법원은 신주 발행을 사후에 무효로 하는 것은 거래의 안전을 해할 우려가 크기 때문에 신주발행무효의 소에서 무효원인을 엄격하게 해석하면서 주로 지배권의 변동과 관련한 신주발행에 관하여 무효로 보고 있다.[35)]

35) 대법원 2015.12.10. 선고 2015다202919 판결은, "회사가 신기술의 도입이나 재무구조의 개선 등 경영상 목적을 달성하기 위하여 필요한 사유가 없음에도 경영권 분쟁이 현실화된 상황에서 경영진의 경영권이나 지배권 방어라는 목적을 달성하기 위하여 제3자에게 신주를 배정하는 것은 상법 제418조 제2항을 위반하여 주주의 신주인수권을 침해하는 것이다". 다만 "신주 발행을 사후에 무효로 하는 것은 거래의 안전을 해할 우려가 크기 때문에 신주발행무효의 소에서 무효원인은 엄격하게 해석하여야 하나, 신주 발행에 법령이나 정관을 위반한 위법이 있고 그것이 주식회사의 본질 또는 회사법의 기본원칙에 반하거나 기존 주주들의 이익과 회사의 경영권 내지 지배권에 중대한 영향을 미치는 경우에는 원칙적으로 신주의 발행은 무효이다"라고 판시하고 있다. 이 밖에 대법원 2009.1.30. 선고 2008다50776 판결도 같은 취지로 판시하고 있고 대법원 2003.2.26. 선고 2000다42786 판결도 지배권변동을 신주발행무효를 판단하는 중요한 전제로 판시하고 있다.

3) 소의 절차

상법은 주주, 이사 또는 감사에 한하여 회사가 신주를 발행한 날로부터 6개월의 제소기간 내에 회사를 상대로 신주발행무효의 소를 제기하도록 하고 있다(상 429조).

대법원은 6개월의 제소기간의 의미를 조금 더 확대하여 6개월 내에 제소하였더라도 6개월이 경과한 후에는 새로운 무효원인을 추가할 수 없다고 판시하고 있으며(대법원 2007.2.22. 선고 2005다77060, 77077 판결) 이러한 입장은 전환사채의 발행무효의 소(대법원 2004.6.25. 선고 2000다37326 판결), 자본감소무효의 소(대법원 2010.4.29. 선고 2007다12012 판결) 등에서도 그대로 유지되고 있다.

또한 상법은 합명회사의 설립무효의 소에 있어서 소의 관할(상 186조), 소제기의 공고(상 187조), 소의 병합심리(상 188조), 하자의 보완과 청구기각(상 189조), 무효판결의 등기(상 192조) 등과 같은 규정과 주주총회결의취소의 소에 있어서 제소주주의 담보제공의무(상 377조) 등과 같은 규정은 신주발행무효의 소에 준용하고 있다(상 430조).

**대법원 2003.2.26. 선고 2000다42786 판결**

[1] 구 민사소송법(2002. 1. 26. 법률 제6626호로 전문 개정되기 전의 것) 제74조에서 규정하고 있는 소송의 목적물인 권리관계의 승계라 함은 소송물인 권리관계의 양도뿐만 아니라 당사자 적격 이전의 원인이 되는 실체법상의 권리 이전을 널리 포함하는 것이므로, 신주발행무효의 소 계속 중 그 원고 적격의 근거가 되는 주식이 양도된 경우에 그 양수인은 제소기간 등의 요건이 충족된다면 새로운 주주의 지위에서 신소를 제기할 수 있을 뿐만 아니라, 양도인이 이미 제기한 기존의 위 소송을 적법하게 승계할 수도 있다.

[2] 승계참가가 인정되는 경우에는 그 참가시기에 불구하고 소가 제기된 당초에 소급하여 법률상의 기간준수의 효력이 발생하는 것이므로, 신주발행무효의 소에 승계참가 하는 경우에 그 제소기간의 준수 여부는 승계참가시가 아닌 원래의 소 제기시를 기준으로 판단하여야 한다.

[3] 주식의 양수인이 이미 제기된 신주발행무효의 소에 승계참가 하는 것을 피고 회사에 대항하기 위해서는 주주명부에 주주로서 명의개서를 하여야 하는바, 주식 양수인이 명의개서절차를 거치지 않은 채 승계참가를 신청하여 피고 회사에 대항할 수 없는 상태로 소송절차가 진행되었다고 할지라도, 승계참가가 허용되는 사실심 변론종결 이전에 주주명부에 명의개서를 마친 후 소송관계를 표명하고 증거조사의 결과에 대하여 변론을 함으로써 그 이전에 행하여진 승계참가상의 소송절차를 그대로 유지하고 있다면 명의개서 이전의 소송행위를 추인한 것으로 봄이 상당하여 그 이전에 행하여진 소송절차상의 하자는 모두 치유되었다고 보아야 한다.

4) 판결의 효력

신주발행을 무효로 하는 판결은 형성판결이므로 그러한 판결이 확정되면 그에 따라 신주발행은 무효가 된다.

상법은 신주발행을 무효로 하는 판결의 효력이 이해관계인 모두에게 획일적으로 미치도록 하기 위하여 신주발행무효판결의 효력이 제3자에게 미치도록 하는 규정을 준용하고 있고(상 430조, 190조 본문), 거래의 안전과 법적 안정성을 위하여 신주발행무효의 판결이 확정된 때에는 신주는 장래를 향하여 무효가 된다고 규정함으로써(상 431조 1항), 신주발행의 효력이 발생한 때로부터 신주발행의 무효가 확정된 때까지 있었던 신주에 기한 의결권이나 신주인수권의 행사, 신주에 대한 이익배당, 신주의 양도, 질권 설정 등은 모두 유효한 것으로 하고 있다.

또한 신주발행을 무효로 하는 판결이 확정되면 그 부분에 해당하는 회사의 주식수는 감소하고 미발행주식수는 증가하며, 액면주식을 발행하였던 경우에는 무효로 된 부분의 주식의 액면에 해당하는 만큼의 자본금이 감소하게 되고, 무액면주식을 발행한 경우에는 신주발행에 따라 자본금으로 계상되었던 만큼의 자본금의 감소가 있게 된다. 또한 무효가 된 주식에 기하여 발행된 주권은 무효가 되고, 회사는 납입금을 반환하여야 하는 것은 당연하다고 할 것인데(상 432조 1항), 이때 반환받을 자는 무효판결이 확정될 당시에 신주를 보유하고 있는 주주가 되고 반환받을 금액은 현금출자의 경우에는 발행당시의 인수가액이고 현물출자의 경우에는 출자당시의 평가액이라고 할 것이다.

상법은 발행된 신주의 무효에 따른 이해관계인의 이익을 보호하기 위하여 신주의 주권 제출의 공고에 관한 규정(상 431조 2항), 납입금의 반환에 관한 규정(상 432조 1항, 2항), 주식의 질권자 보호에 관한 규정(상 432조 3항)을 두고 있다.

한편 신주발행무효의 소에서 신주발행의 무효를 주장하는 원고가 패소한 경우에는 민사소송법의 일반원칙에 따라 그 판결의 효력은 원고에게만 미치게 되므로(민소법 218조 1항) 다른 제소권자는 그 제소기간이 도과되지 않았다면 다시 신주발행무효의 소를 제기할 수 있다고 할 것이다.

상법은 패소한 원고에게 악의 또는 중대한 과실이 있을 때에는 그 원고는 회사에 대하여 연대하여 손해를 배상할 책임을 부담시키고 있다(상 430조, 191조).

(마) 신주발행의 부존재

신주발행의 부존재는 외관상으로 신주가 발행된 것과 같은 모습이 존재하지만 신주 발행의 실체적, 절차적 하자가 극히 중대하여 신주발행의 실체가 없다고 판단되는,

예컨대 자본금증가의 변경등기는 되었으나 실제로 인수나 납입의 절차가 진행되지 않은 경우,[36] 주주가 아닌 자들에 의하여 선임된 이사들에 의하여 신주발행절차가 진행된 경우[37] 등을 말한다.

이러한 신주발행의 부존재는 신주발행의 실체가 있으나 그 내용이나 절차에 하자가 있는 신주발행의 무효와 다르고 따라서 반드시 소로써 주장할 필요조차도 없다고 할 것이다.

신주발행의 부존재는 언제, 누구라도, 어떤 방법으로라도 주장이 가능하고 반드시 소송으로 주장하여야 하는 것은 아니지만, 소송으로 이를 주장하는 경우에 그 소송은 성질상 확인의 소이고 그 효력은 민사소송법상의 확인의 소와 같으므로 제소권자 또는 제소기간의 제한도 없고 그 판결에 대하여 대세적 효력이나 소급효의 제한도 없다.

### 다. 특수한 신주발행

#### (1) 특수한 신주발행의 의의

특수한 신주발행은 회사가 현금의 사외 유출방지 등의 특수한 경영상의 목적을 위하여 신주를 발행하는 경우로서 회사가 직접적으로 자금조달의 목적에서 하는 것이 아니라는 점에서 보통의 신주발행과 다르다.

회사가 특수한 신주를 발행하는 때에는 그 각각의 발행목적에 따라 자본금의 증감 등의 변동이 있거나 변동이 없는 경우가 있게 되지만, 어느 경우라도 신주의 발행가액 상당액이 실제로 회사로 납입되는 것이 아니고 회사의 재산은 주식발행의 목적에 따라 계산상으로 증가하거나 감소하는 경우가 발생하게 된다.

---

36) 대법원 2006.6.2. 선고 2006도48 판결은, "회사가 신주를 발행하여 증자를 함에 있어서 신주 발행의 절차적, 실체적 하자가 극히 중대한 경우 즉, 신주발행의 실체가 존재한다고 할 수 없고 신주발행으로 인한 변경등기만이 있는 경우와 같이 신주발행의 외관만이 존재하는 경우에는 신주발행의 부존재라고 하면서 이러한 경우에는 처음부터 신주발행의 효력이 없고 신주인수인들의 주금납입의무도 발생하지 않으며 증자로 인한 자본 충실의 문제도 생기지 않는 것이어서 그 주금의 납입을 가장하였더라도 상법상의 납입가장죄가 성립하지 아니한다"고 판시하고 있다.

37) 대법원 1989.7.25. 선고 87다카2316 판결은 주주들에게 통지하거나 주주들의 참석없이 주주 아닌 자들이 모여서 개최한 임시주주총회에서 발행예정주식총수에 관한 정관변경결의와 이사선임결의를 하고, 그와 같이 선임된 이사들이 모인 이사회에서 대표이사 선임 및 신주발행결의를 하였다면 그 이사회는 부존재한 주주총회에서 선임된 이사들로 구성된 부존재한 이사회에 지나지 않고 그 이사들에 의하여 선임된 대표이사도 역시 부존재한 이사회에서 선임된 자이어서 그 이사회의 결의에 의한 신주발행은 의결권한이 없는 자들에 의한 부존재한 결의와 회사를 대표할 권한이 없는 자에 의하여 이루어진 것으로서 그 발행에 있어 절차적, 실체적 하자가 극히 중대하여 신주발행이 존재하지 않는다고 볼 수밖에 없으므로 회사의 주주는 위 신주발행에 관한 이사회결의에 대하여 상법 제429조 소정의 신주발행무효의 소의 제기기간에 구애되거나 신주발행무효의 소에 의하지 않고 부존재확인의 소를 제기할 수 있다"고 판시하고 있다.

보통의 신주발행의 경우에는 액면주식이거나 무액면주식이거나를 불문하고 자본금의 증가와 재산이 증가하고 또 그러한 신주발행의 결정은 원칙적으로 이사회의 결의에 의하는 데 반하여, 특수한 신주발행의 경우에는 자본금의 변동을 수반하더라도 회사재산의 변동이 없거나 때로는 재산의 증가, 심지어는 재산의 감소가 있는 경우도 있게 되고, 신주발행에 관한 결정은 이사회결의 혹은 주주총회의 결의에 의하여 이루어지게 된다. 다만 자본금의 변동이 있더라도 신주로서 발행되는 주식이 액면주식인지 혹은 무액면주식인지에 따라 그 변동액은 달라질 수가 있다고 할 것이다.

### (2) 주식의 분할과 병합에 의한 신주발행

주식의 분할은 회사가 액면주식을 발행한 경우에 이미 발행한 주식의 액면을 세분하여 발행주식의 수를 증가시키는 절차(예컨대 5,000원권 1주를 분할하여 500원권 10주로 하는 경우)로서 상법은 주주총회의 특별결의에 따라 주식분할절차를 진행하도록 하고 있는데(상 329조의2 1항, 434조), 이 경우에도 신주가 발행되게 된다.

그러나 주식의 분할로 인하여 발행주식수는 증가하지만 액면액이 감소하므로 자본금이나 재산의 변동은 없다고 할 것이나 주식의 액면은 정관기재사항(상 289조 4호)이므로 정관 변경절차를 밟아야 할 것이다(상 434조).

주식의 병합은 회사가 이미 발행한 수개의 주식을 합하여 주식수를 감소시키는 절차(예컨대 2주를 병합하여 1주로 하는 경우)인데 회사의 합병(상 530조 3항), 회사의 분할이나 분할합병(상 530조의11 1항) 등에도 가능하지만 실무상 자본금감소를 위한 방법(상 440조 내지 444조)으로 주로 사용되고 있고, 어떠한 경우라도 주식의 병합에는 신주의 발행을 동반하게 된다.

주식의 병합으로 자본금감소를 초래하게 되는 경우에는 상법에 규정된 엄격한 자본금감소절차를 밟아야 하며(상 438조, 439조 3항), 이때에는 회사의 자본금은 감소하지만 재산이 감소하지는 않게 된다.

주식병합과 달리 액면병합을 하는 경우에는 자본금의 변경이 없으므로 자본금 감소절차를 밟을 필요는 없으나 액면주식을 발행한 경우에 1주의 금액은 정관의 기재사항이므로(상 289조 1항 4호) 정관변경절차를 밟아야 하고 또한 액면액은 등기사항이므로(상 317조 2항 1호, 317조 4항, 183조) 변경등기를 하여야 한다.

### (3) 주식매수선택권 행사에 따른 신주발행

회사는 정관에서 정하는 바에 따라 주주총회의 특별결의로 회사의 설립, 경영과 기술혁신 등에 기여하거나 기여할 자에게 미리 정한 가격으로 회사의 신주를 인수할 수 있는 매수선택권을 부여할 수 있도록 규정하고 있는데(상 340조의2), 이러한 주식매수선택권을 신주발행교부방식으로 부여 받은 자가 주식매수선택권을 행사하게 되면 회사는 신주를 발행하게 된다.

이러한 경우의 신주발행에는 보통의 신주발행의 절차가 적용되지 않는바, 주식매수선택권을 행사하는 자는 청구서 2통을 회사에 제출하면서 신주인수권을 행사하고, 행사가액의 전액을 납입하여야 하고(상 340조의5, 516조의9 1항), 신주인수의 행사가액의 전액을 납입한 때로부터 신주발행의 효력이 발생하여 주주가 되며(상 340조의5, 516조의10), 회사의 자본금은 증가하고 재산도 증가하게 된다.

주식매수선택권의 행사로 인하여 주주명부폐쇄기간 중에 발행되게 된 신주의 주주는 그 기간 중의 주주총회의 결의에서는 의결권의 행사가 제한되지만(상 340조의5, 350조 2항), 그 신주에 대한 이익이나 이자의 배당에 관하여는 정관이 정하는 바에 따라 행사가액을 납입한 때가 속하는 영업연도의 직전 영업연도 말에 납입한 것으로 할 수가 있으므로(상 340조의5, 350조 3항 후단) 이익배당을 받을 수도 있다.

### (4) 전환주식의 전환에 의한 신주발행

회사가 주주에게 다른 종류의 주식으로 전환할 권리, 즉 전환권을 부여한 종류주식(상 346조 1항)을 발행한 경우에 그 주주가 전환권을 행사하면 회사는 신주를 발행하여 교부하게 되는데(상 350조), 이때 전환 전의 주식의 발행가액을 신주식의 발행가액으로 하여야 하므로(상 348조), 전환되는 주식과 신주식의 전환비율에 따라 신주식이 많으면(전환비율이 1:1을 초과하는 경우) 그에 따라 자본금의 증가가 있게 되지만, 재산의 변동은 없다고 할 것이다.

### (5) 주식의 포괄적 교환에 따른 신주발행

이미 존재하는 두 회사 사이의 주식교환계약에 의하여 어느 회사(자회사가 되는 회사)의 주주는 자신이 가지고 있는 그 회사의 주식을 다른 회사(모회사가 되는 회사)에 이전하고, 다른 회사는 주식을 이전한 주주에게 그 대가로서 신주를 발행하여 주거나 자기주식을 교부하거나 또는 금전이나 그 밖의 재산을 제공함으로써 두 회사는 완전모자회사관계를 맺게 되는데(상 360조의2, 360조의3 2호, 4호) 이러한 주식의 포괄적 교환의 경우에도 신주의 발행이 있을 수 있게 된다.

이 경우 신주를 발행하는 모회사가 되는 회사는 자본금의 증가가 있게 되고, 또한 자회사가 되는 회사의 주식을 취득하게 되었으므로 재산의 증가도 있게 된다.

### (6) 준비금의 자본금전입에 따른 신주발행

회사의 영업연도 말에, 회사가 보유하는 순자산액이 자본금을 초과하는 잉여금이 발생한 경우에 이를 주주에게 배당하지 않고 사내에 적립하였던 준비금을 이사회 결의 또는 주주총회의 결의에 따라 자본금으로 전입하는 것을 준비금의 자본금전입이라고 한다(상 461조).

준비금의 자본금전입은 과대한 준비금으로 인한 배당의 어려움을 해소하고, 과도하게 높아진 주가를 적절하게 조절하며, 주식의 유통물량을 높여 주식의 시장성을 회복하기 위하여 주로 행하여지는데, 자본금으로 전입이 있게 되면 자본금이 증가하게 되고 회사는 증가된 자본금에 해당하는 신주를 발행하여 이를 주주가 가진 주식의 수에 따라 주주에게 무상으로 교부하게 된다(상 461조 2항). 준비금의 자본금전입에 의하여 신주가 발행되면 자본금의 증가가 있게 되나, 회사에 새로운 자금의 유입은 없으므로 재산의 변동은 없다고 할 것이다.

### (7) 주식배당에 의한 신주발행

회사가 이익배당을 함에 있어서 금전이 아니라 신주를 발행하여 그 주식으로 배당하는 것을 말하는데(상 462조의2 1항), 회사로서는 주주에게 주식을 발행하여 배당함으로써 배당재원인 현금을 회사에 유보하여 자금을 확보하는 한편 자본금을 확충함으로써 재무구조를 튼튼히 할 목적에서 주식배당을 하게 된다.

이 같은 주식배당의 경우 회사는 주주가 가진 주식의 수에 따라 무상으로 신주를 교부하게 되는데 상법은 주식배당은 이익배당 총액의 2분의 1을 초과할 수 없도록 규정하고 있다(상 462조의2 1항).

주식배당이 있게 되면 자본금의 증가가 있게 되지만 새로운 자금이 회사로 유입되는 것은 아니므로 재산의 변동이 없는 것은 당연하다.

### (8) 전환사채권자의 전환권 행사에 따른 신주발행

회사가 회사채를 발행하는 경우에 사채권자에게 회사채 발행회사의 주식으로 전환할 권리, 즉 전환권을 부여한 사채(상 513조)를 발행한 경우에 그 사채권자가 전환권을 행사하면 회사는 신주를 발행하여 교부하게 된다(상 515조, 516조 1항).

전환권의 행사에 의하여 신주를 발행하는 경우에는 전환 전의 사채의 발행가액을 신주식의 발행가액으로 하여야 하는 제한이 있다(상 516조 2항, 348조).

회사의 자본금은 발행된 신주의 액면총액 혹은 회사가 정한 일정액만큼 증가하게 되고, 전환권을 행사한 사채의 소멸로 인한 재산의 증가도 있게 된다.

### (9) 신주인수권부사채권자의 신주인수권 행사에 따른 신주발행

회사가 사채발행을 용이하게 하기 위하여 사채권자에게 회사채발행회사에 대한 주식인수권을 부여하여 사채권자가 신주인수권을 행사하면 회사채발행회사는 신주를 발행하여 줄 의무를 부담하기로 하는 조건의 신주인수권부사채를 발행하는 경우가 있다(상 516조의2). 사채권자가 신주인수권을 행사하면 회사는 당연히 신주를 발행하여 교부하여야 하고(상 516조의9), 이로써 발행된 신주의 액면총액 혹은 회사가 정하는 일정액만큼 자본금이 증가하게 되고, 신주의 발행가액만큼 재산의 증가가 있게 된다.

다만 사채상환에 갈음하여 그 발행가액으로 신주의 납입을 의제하는 대용납입의 경우에는 발행가액에 상당하는 사채의 소멸로 인한 재산의 증가이지만, 현실납입의 경우에는 발행가액에 상당한 현금의 납입에 의한 재산의 증가라는 차이점이 있을 뿐이다.

### (10) 회사의 합병 또는 분할합병으로 인한 신주발행

회사가 흡수합병을 하는 경우에 존속하는 회사는 소멸하는 회사의 재산을 포괄적으로 승계하게 되고, 또한 분할합병을 하게 되는 경우에도 분할 후 회사는 분할 전 회사의 재산을 포괄적으로 승계하게 되는데 이때 존속회사(흡수합병의 경우) 또는 분할승계회사(분할 합병후 존속회사)는 신주를 발행하여 소멸회사의 주주에게 교부하는 경우가 있게 된다(상 523조 3호, 530조의6 2항 2호, 3호).

이 경우 존속회사(흡수합병의 경우) 또는 분할승계회사(분할 합병후 존속회사)는 발행한 신주의 액면총액 혹은 회사가 정하는 일정액에 상당하는 자본금의 증가가 있게 되고, 재산의 증가도 있게 되어 보통의 신주발행의 경우와 유사하지만, 회사의 합병으로 인한 신주발행의 경우에는 그 발행절차에 있어서 청약과 배정 그리고 납입이라는 과정이 없고 소멸회사의 주주가 가졌던 주식의 수에 비례하여 신주식이 교부되고 소멸회사의 재산이 존속회사 또는 분할승계회사에게 승계된다는 점에서 다르다(상 530조 2항, 235조, 530조의10).

## 3. 자본금의 감소

### 가. 자본금감소의 의의

자본금은 회사가 보유하여야 할 순재산액의 기준으로서 추상적이고 불변적인 계산상의 금액이라고 할 것이다. 물적회사로서 자본적 결합이 중요시되는 주식회사에 있어서 자본금은 회사성립의 기초로서 주주의 출자액의 총액이고 회사채권자들에 대한 회사의 신용 및 담보가 되므로 회사가 이를 임의로 감소하는 것은 주주와 채권자의 권리와 이해관계에 크나큰 영향을 미치게 된다. 이런 맥락에서 상법은 자본금의 감소와 관련하여 주주와 채권자를 보호하기 위한 엄격한 규정을 두고 있다.

자본금은 회사의 재산과 구별되는데 자본금의 감소가 재산의 감소를 가져오는지 여부에 따라 실질적 자본금감소와 명목적 자본금감소로 구별된다.

실질적인 자본금감소의 경우에는 자본금의 감소가 재산의 감소를 가져오는데 주로 회사의 사업축소로 인하여 발생한 과잉재산을 주주에게 반환하거나 회사합병에 있어서 소멸이 예상되는 회사 주주의 존속회사 혹은 신설회사에서의 지분을 축소시키거나 혹은 주주의 출자금을 회수시키기 위하여 유상으로 자본금을 감소시키게 된다.

명목적 자본금감소의 경우에는 자본금의 감소가 재산의 감소를 가져오지는 않는데 주로 자본금의 결손으로 인하여 이익배당이 불가능하고, 회사의 신용과 주가의 하락으로 인하여 자금조달의 어려움이 있을 때 자본금을 감소하여 자본금과 회사의 순재산을 일치시켜 신주를 발행하여 자금을 조달하고 장기적으로는 이익배당도 가능하도록 하기 위하여 무상으로 자본금을 감소시키게 되고, 특히 실무상 이러한 명목상의 자본금감소의 경우는 기업회생의 방법으로 많이 이용된다(채무자회생법 205조).

### 나. 자본금감소의 방법

상법은 무액면주식을 허용함으로써 자본금을 정하는 기준이 다르게 되었고 따라서 자본금감소의 방법도 액면주식의 경우와 무액면주식의 경우가 다르다고 할 것이다.

#### (1) 액면주식의 경우

회사가 액면주식을 발행한 경우 원칙적으로 자본금은 발행주식의 액면총액이므로 (상 451조 1항), 자본을 감소시키는 방법은 액면가를 낮추거나, 발행주식수를 줄이거나 또는 두 가지를 병용하는 방법에 의할 수밖에 없으나, 어떠한 방법을 취하더라도 주주평등의 원칙은 지켜져야 한다. 다만, 종류주식을 발행한 경우에는 주주평등의 원칙에 대한 예외가 인정되지만(상 344조 3항) 이 경우에도 같은 종류의 주식끼리는 주주평등의 원칙이 지켜져야 하고, 만약 일정한 종류의 주식을 가진 주주에게 손해를 미치게 될 경우에는 그들만의 종류주주총회의 결의가 필요하다(상 436조, 435조).

(가) 액면가의 감소

액면가의 감소는 정관변경을 통하여 1주의 금액을 낮추어 자본을 감소시키는 방법인데, 액면주식 1주의 금액은 100원 이상이어야 하고(상 329조 4항), 균일하여야 하므로(상 329조 3항) 1주의 금액을 낮추더라도 100원 미만으로 할 수 없고 균일하여야 한다.

액면주식 1주의 금액은 정관의 기재사항이므로(상 289조 1항 4호) 액면가의 감소에 의한 자본감소는 자본감소절차 이외에 별도로 정관변경절치를 거쳐야 한다.

액면가의 감소방법으로 자본을 감소하게 되는 경우, 실질적 자본감소에 있어서는 감소된 액면가에 상당하는 금액의 환급이 있게 되고, 명목상의 자본감소에 있어서는 주주로 하여금 감소된 액면가에 상당하는 금액을 포기하도록 하고 있다.

(나) 주식수의 감소

회사가 발행주식수를 줄여서 자본을 감소하는 방법으로는 ① 회사가 이미 발행한 수개의 주식을 합하여 그보다 적은 주식수로 하는 주식의 병합, ② 회사가 존속 중에 이미 발행된 주식을 절대적, 종국적으로 소멸시키는 주식의 소각이 있다.

주식의 병합은 명목상의 자본감소에 있어서 사용되는데 이 경우에도 주주평등의 원칙이 적용되므로 모든 주식에 균일하고 획일적으로 이루어져야 한다.

주식의 소각은 주주의 승낙의 의사표시에 의하여 실시되는 임의소각과 주주의 승낙 여부를 불문하고 회사가 일방적으로 실시하는 강제소각, 그리고 소각되는 주식의 대가를 주주에게 지급하는 유상소각과 대가의 지급 없이 이루어지는 무상소각으로 나누어진다. 명목적 자본감소절차에서는 강제적 무상소각이 실시되고, 실질적 자본감소절차에서는 그것이 임의적이든 강제적이든 유상소각으로 진행되지만 어떤 경우에도 주주평등의 원칙이 지켜져야 한다.

(2) 무액면주식의 경우

회사가 무액면주식을 발행한 경우에는 주식에 액면이란 존재하지 않고, 자본금은 주식발행가액의 2분의 1 이상의 금액으로서 이사회에서 자본금으로 계상하기로 한 금액으로 정하여지므로(상 451조 2항), 자본금의 감소는 회사의 자본금감소결정으로 이루어지게 된다. 물론 회사가 자본금감소결정을 하면서 주식수를 줄이기 위하여 주식의 병합과 소각을 할 수는 있지만 자본금의 감소절차로서 당연히 주식의 병합과 소각이 요구되는 것은 아니라고 할 것이다.

### 다. 자본금감소의 절차

상법은 자본금감소가 회사와 주주 및 회사의 채권자에 미치는 영향을 고려하여 회사가 자본금감소를 실행하는 경우에는 ① 주주를 보호하는 절차(상 438조 1항, 3항), ② 회사채권자를 보호하는 절차(상 439조 2항 본문, 232조), ③ 자본감소의 방법에 따른 구체적인 실행절차를 밟도록 규정하고 있다(상 440조 내지 444조).

#### (1) 주주총회의 결의

상법은 자본감소를 실행함에 있어서 주주를 보호하기 위하여 주주총회의 특별결의가 있어야 하고(상 438조 1항, 434조), 자본감소를 위한 주주총회의 결의에서는 자본을 감소시키는 방법을 정하도록 규정함으로써(상 439조 1항), 자본감소의 결정과 자본감소방법을 주주총회의 권한사항으로 하고 있다. 다만 회사가 결손을 보전하기 위한 자본금감소에는 회사재산이 새로이 사외로 유출될 우려가 없으므로 주주총회의 특별결의가 아니라 보통결의를 통하도록 하고 있다(상 438조 2항).[38]

또한 자본금감소를 위한 주주총회의 소집을 통지함에 있어서 의안의 주요한 내용도 반드시 함께 통지하도록 하고 있다(상 438조 3항).

이처럼 자본금감소를 할 것인지 여부는 반드시 주주총회에서 결정하여야 하지만, 자본금감소의 방법은 주주총회에서 대강을 정하고 그 구체적인 방법은 이사회에 위임하는 것은 가능하다고 할 것이다. 또한 주주총회에서 자본금감소방법을 정하더라도 주주평등의 원칙은 지켜져야 되고, 어떤 종류주식의 주주에게 손해를 미치게 될 경우에는 주주총회의 결의 이외에 그 종류주식 주주들의 총회 결의가 있어야 한다.

#### (2) 채권자 보호절차

또한 자본금감소에 있어서 회사 채권자를 보호하는 절차로서 상법은 원칙적으로 자본금감소에 대한 채권자의 이의제출의 공고와 최고를 하도록 규정하고, 예외적으로 결손보전을 위한 경우와 같은 이른바 명목적 자본금 감소에는 이를 면제하고 있다(상 439조 2항, 232조). 일반 회사채권자의 경우에는 이의제출에 아무런 형식을 요하지 아

38) 이러한 경우에는 자본금을 감소하더라도 회사재산이 유출된 염려가 없으므로 2011년 4월 14일 개정된 상법에서 주주총회의 보통결의로써 가능하도록 신설하였다.

니하므로 자본금감소의 결의 그 자체뿐만 아니라 자본금감소의 방법 등에 관하여 구두 또는 서면으로 이의를 하는 것이 가능하지만(상 439조 2항 232조 1항), 사채권자의 경우에는 사채권자집회의 결의를 통하여 이의를 제출하여야 하고 이때 법원은 이해관계인의 청구에 의하여 이의기간을 연장할 수도 있다(상 439조 3항).

회사채권자가 이의를 제출한 경우, 회사는 그 채권자에게 변제 또는 상당한 담보를 제공하거나 이를 목적으로 상당한 재산을 신탁회사에 신탁하여야 하지만(상 232조 3항), 이의를 제출하지 아니한 경우에는 자본감소를 승인한 것으로 본다(상 232조 2항).

### (3) 자본금감소의 실행절차

상법은 자본금감소의 구체적 실행절차에 관하여 액면주식을 발행한 경우에 있어서 주식병합에 따른 자본금감소절차를 규정하고(상 440조 내지 444조), 이를 주식소각의 경우에 준용하고 있다(상 343조 2항, 440조, 441조). 그러나 무액면 주식을 발행한 경우의 자본금감소절차에 관해서는 별도의 규정을 마련하고 있지 않다.

#### (가) 주식병합의 경우

회사가 주식병합의 방법으로 자본금감소절차를 진행하는 경우, 회사는 1개월 이상의 기간을 정하여 주권제출의 공고를 하고 주주명부상의 주주와 질권자에게 통지를 하여(상 440조) 구 주권을 회수하고 신주권을 교부하여야 한다(상 442조). 이 과정에서 단주가 발생한 경우에는 그 병합에 적당하지 아니한 부분에 대하여 발행한 신주를 매각하여 그 대금을 종전의 주주에게 지급하기로 하되, 거래소 시세가 있을 때에는 거래소를 통하여 매각하고 거래소의 시세가 없는 때에는 법원의 허가를 얻어서 경매 이외의 방법으로 매각할 수 있도록 정하고 있다(상 443조 1항).

이때 주식병합의 효력은 주권제출기간이 만료된 때에 발생하게 되지만, 채권자보호절차가 종료하지 아니한 때에는 그 절차가 종료한 때 효력이 생기게 된다(상 441조).

이러한 주식병합의 효력은 주권의 제출유무와는 관계없이 발생하게 되어 주식은 병합의 비율에 따라 축소되고 주주는 축소된 주식에 관하여 주주로서의 권리를 갖게 되므로 회사는 그에 대하여 새로운 주권을 발행하여 교부하게 될 것이다.

#### (나) 주식소각의 경우

회사가 강제소각의 방법으로 자본금감소절차를 진행하는 경우에 상법은 주식병합의 방법에 의한 자본금감소절차에 있어서의 주권제출의 공고와 통지 및 효력발생시기에 관한 규정(상 440조, 441조)을 준용하고 있다(상 343조 2항).

회사가 임의소각의 방법으로 자본금감소절차를 진행하는 경우에는 회사가 주주로부터 양도받는 방식으로 주식을 취득하여 결국 자기주식의 취득이라는 결과가 발생하지만 그 취득의 목적이 자본금감소에 있고 또한 주주들에게 공정한 매각기회를 주어야 하므로 주주들에게 자본금감소의 뜻을 통지하고 공고하여야 하고 채권자보호절차도 밟아야 할 것이다.

(다) 액면가 감소

회사가 액면가 감소의 방법으로 자본금감소절차를 진행하는 경우에 대하여 상법은 아무런 규정을 두고 있지 않으나, 이 경우에도 자본금감소의 내용과 방법에 관한 공고와 통지를 하고 구 주권을 회수하고 신주권을 발행, 교부하는 등 그 절차와 효력발생에 관하여 주식병합의 경우와 달리 볼 것은 아니라 할 것이다(상 440조, 441조, 442조).

다만 실질적인 자본감소의 경우에는 감소된 액면가에 상당하는 금액을 주주에게 환급하는 절차가 필요할 것이다.

(라) 무액면주식을 발행한 경우

무액면주식을 발행한 경우에 자본금을 감소하는 방법으로서 주식의 병합이나 주식의 소각이 꼭 필요한 것도 아니고 단지 회사에서 자본금을 감소하기로 하는 결정이 있으면 그에 따라 채권자보호절차를 밟음으로써 충분하다고 할 것이다. 다만 자본금감소의 효력이 발생일을 특정하여야 할 것이고 그 기간까지 채권자보호절차가 종료하지 아니한 때에는 그 절차가 종료한 때에 자본금감소의 효력이 발생한다고 할 것이다.

◈ 대법원 2005.12.9. 선고 2004다40306 판결

구 상법(1991. 5. 31. 법률 제4372호로 개정되기 전의 것) 상 주식병합에 있어서 일정한 기간을 두어 공고와 통지의 절차를 거치도록 한 취지는 신 주권을 수령할 자를 파악하고 실효되는 구 주권의 유통을 저지하기 위하여 회사가 미리 구 주권을 회수하여 두려는 데 있다 할 것인바, 사실상 1인 회사에 있어서 주식병합에 관한 주주총회의 결의를 거친 경우에는 회사가 반드시 위와 같은 공고 등의 절차를 통하여 신 주권을 수령할 자를 파악하거나 구 주권을 회수하여야 할 필요성이 있다고 보기는 어려우므로, 주식병합에 관한 주주총회의 결의에 따라 그 변경등기가 경료되었다면 위와 같은 공고 등의 절차를 거치지 않았다고 하더라도 그 변경등기 무렵에 주식병합의 효력이 발생한다고 봄이 상당하다.

## 라. 자본금감소의 효력

자본금감소의 효력이 발생하는 시기에 관하여 상법은 아무런 규정을 두고 있지 않

으나, 자본금감소절차가 모두 완료된 때, 즉 주주총회의 특별결의와 채권자보호절차를 마치고 구체적인 자본금감소의 실행절차를 마쳤을 때 자본금감소의 효력이 발생한다고 할 것이다.

회사의 자본금의 액, 발행주식의 총수, 1주의 금액은 등기사항이므로(상 317조 2항) 자본금감소절차를 실행한 경우에는 어떤 방법으로 자본금감소절차를 진행하였든 간에 등기사항의 변경이 있게 되고 회사는 본점소재지에서 2주간 내에, 지점소재지에서 3주간 내에 변경등기를 하여야 할 것이나(상 317조 4항, 183조) 이러한 변경등기는 자본금감소의 효력발생요건은 아니라고 할 것이다.

회사가 액면주식을 발행하였고 액면가 감소방법으로 자본금을 감소한 경우에는 1주의 금액이 감소될 뿐 발행주식의 총수에는 변화가 없으나, 주식 수 감소방법으로 자본금을 감소한 경우에는 발행주식총수의 감소가 있게 되는데 이렇게 감소된 주식에 해당하는 주식을 새로이 발행할 수 있다고 한다면 이사회에 대하여 무한적인 주식발행권한을 주는 결과를 초래하여 주주의 이익을 해할 우려가 있으므로 이같이 감소되어 소멸한 주식에 상당하는 주식을 재발행할 수 없다고 할 것이다.

또한 자본금감소절차에 따라 신주가 발행되거나 금전이 지급되더라도 구주에 대한 질권의 효력은 신주 혹은 금전에 그대로 미친다고 할 것이다.

한편 자본금감소절차의 실행으로 인하여 감소된 자본이 주금의 반환 또는 주식의 소각에 지출된 비용과 결손의 전보에 충당한 금액을 초과한 경우에는 그 초과금액 상당액은 감자잉여금이므로 자본준비금으로 적립되어야 한다(상 459조 1항).

### 마. 자본금감소의 하자

#### (1) 의 의

회사가 자본금감소를 실행함에 있어서 그 내용과 절차에 하자가 있는 경우에는 자본금감소의 효력이 발생할 수가 없음은 당연하다고 할 것이나, 회사의 자본금감소는 회사와 주주 나아가 회사의 채권자 및 기타 많은 이해관계인에 대하여 크나큰 영향을 미치게 되므로 상법은 회사의 자본금감소에 관련된 법률관계를 획일적으로 처리하여 법적 안정성을 도모하기 위하여 자본금감소의 무효에 관하여 특별규정을 마련하여 자본금감소무효의 주장은 일정한 자가, 일정한 기간 내에, 소송의 방법으로만 주장할 수 있도록 하는 한편, 그 소송의 절차와 판결의 효력에 관하여도 특별한 규정을 두고 있다.

한편 자본금감소의 실체가 없음에도 자본금감소의 변경 등기가 되어 있는 외관이 존재하는 경우 등과 같이 자본금감소의 절차적·실체적 하자가 극히 중대하여 자본금감소가 존재한다고 할 수 없는 경우를 자본금감소의 부존재라고 할 수 있는데 이러한 자본금감소 부존재는 자본금감소무효와는 구별되고 또 이를 주장하는 방법에도 아무런 제한이 없다고 할 것이다.

**◆ 대법원 2009.12.24. 선고 2008다15520 판결**

구 상법(1991. 5. 31. 법률 제4372호로 개정되기 전의 것) 제445조에서 규정하는 '소'라 함은 형성의 소를 의미하는 것으로서, 일반 민사상 무효확인의 소로써 주식병합의 무효확인을 구하거나 다른 법률관계에 관한 소송에서 선결문제로서 주식병합의 무효를 주장하는 것은 원칙적으로 허용되지 아니한다. 그러나 주식병합의 실체가 없음에도 주식병합의 등기가 되어 있는 외관이 존재하는 경우 등과 같이 주식병합의 절차적·실체적 하자가 극히 중대하여 주식병합이 존재하지 아니한다고 볼 수 있는 경우에는, 주식병합 무효의 소와는 달리 출소기간의 제한에 구애됨이 없이 그 외관 등을 제거하기 위하여 주식병합 부존재확인의 소를 제기하거나 다른 법률관계에 관한 소송에서 선결문제로서 주식병합의 부존재를 주장할 수 있다.

### (2) 자본금감소무효의 소

#### (가) 무효의 원인

무효의 원인에 관하여 상법은 아무런 규정이 없으나, 일반적으로 ① 주주총회의 결의에 하자가 있거나 채권자보호절차 또는 자본금감소의 실행절차가 법령 및 정관에 위반하는 경우와 같이 자본금감소의 절차에 하자가 있거나, ② 자본금감소의 방법 및 내용이 주주평등의 원칙에 위배하는 경우와 같이 자본금감소의 내용에 하자가 있거나, ③ 그 밖에 자본금감소의 절차나 내용이 일부주주에게 현저히 불공정한 경우에는 자본금감소가 무효가 된다고 할 것이다.

#### (나) 소의 절차

상법은 주주, 이사, 감사, 청산인, 파산관재인 또는 자본금감소를 승인하지 아니한 채권자에 한하여, 자본금감소로 인한 변경등기가 된 날로부터 6개월의 제소기간 내에 회사를 상대로 감자무효의 소를 제기하도록 하고 있다(상 445조).

상법은 합명회사설립무효의 소에 있어서 소의 관할(상 186조), 소제기의 공고(상 187조), 소의 병합심리(상 188조), 하자의 보완과 청구기각(상 189조), 무효판결의 등기(상 192조) 등에 관한 규정을, 또한 주주총회결의취소의 소에 있어서 제소주주의 담보제공의무(상 377조)에 관한 규정을 감자무효의 소에 관하여 준용하고 있다(상 446조).

감자무효의 소에 있어서 법원에 의한 재량기각은 합명회사설립의 하자에 있어서의 재량기각에 관한 규정(상 189조)을 준용하므로(상 446조), 재량기각의 요건으로서 하자의 보완이 필요함에도 불구하고 대법원(대법원 2004.4.27. 선고 2003다29616 판결)은[39] "하자가 보완되지 아니하였다 하더라도 회사의 현황 등 제반 사정을 참작하여 자본감소를 무효로 하는 것이 부적당하다고 인정한 때"에는 재량 기각을 허용하고 있고, 이러한 입장은 주주가 회사를 상대로 제기한 분할합병무효의 소(대법원 2010.7.22. 선고 2008다37193 판결)에서도 "하자가 추후 보완될 수 없는 성질의 것인 경우에는 그 하자가 보완되지 아니하였다고 하더라도 회사의 현황 등 제반 사정을 참작하여 분할합병무효의 소를 재량 기각할 수 있다"고 판시하여 유지하고 있다.

한편 자본금감소를 결의한 주주총회의 결의의 하자가 자본금감소무효의 원인이라고 할 경우에 자본금감소의 변경등기가 있기까지는 주주총회결의 하자의 소에 의하여 자본금감소의 하자를 다툴 수 있지만, 자본금감소의 변경등기가 있은 후에는 감자 무효의 소만으로 다툴 수 있게 되므로 자본금감소결의의 하자를 다투는 주주총회결의 하자의 소는 감자무효의 소에 흡수되게 된다고 할 것이다.

그런데 대법원은 신주발행무효의 소에서와 같이 감자무효의 소에 관하여도 "출소기간이 경과한 후에 새로운 무효사유를 추가하여 주장하는 것은 허용되지 않는다"고 판시하고 있는바, 특히 자본금감소결의의 하자가 있는 경우에 주주총회결의 취소의 소로써 다투게 되면 그 제소기간은 2월이고, 감자무효의 소로써 다투게 되면 그 제소기간은 6월이므로, 자본금감소결의가 있은 때로부터 2월이 경과한 후에 감자무효의 소를 제기하고 그 소가 계속 중에 자본금감소무효의 원인을 자본금감소 결의의 하자로 변경할 수 없다고 할 것이다.

### 대법원 2010.4.29. 선고 2007다12012 판결

상법 제445조는 "자본감소의 무효는 주주 · 이사 · 감사 · 청산인 · 파산관재인 또는 자본감소를 승인하지 아니한 채권자에 한하여 자본감소로 인한 변경등기가 있는 날로부터 6월 내에 소만으로 주장할 수 있다"고 규정하고 있는바, 이는 자본감소에 수반되는 복잡한 법률관계를 조기에 확정하고자 하는 것이므로 새로운 무효사유를 출소기간의 경과 후에도 주장할 수 있도록 하면 법률관계가 불안정하게 되어 위 규정의 취지가 몰각된다는

---

39) 대법원은 이 사건의 경우 회사가 소액주주들을 위한 원고 등의 대리권 증명에 신분증의 사본 등을 요구하면서 그 접수를 거부하여 원고 등의 의결권의 대리권 행사를 부당하게 제한하여 이루어진 위 주주총회의 감자결의에는 결의방법상의 하자가 있고 이는 감자무효의 소의 원인이 된다고 하면서도 "이러한 하자는 추후 보완될 수 없는 성질의 것이고, 또한 부당하게 접수가 거부된 위임장까지 포함하여 출석주식수를 계산하더라도, 위 안건에 대한 찬성주식수가 의결정족수인 총 출석주식수의 2/3와 총 발행주식수의 1/3을 초과하여 결과적으로 위 안건이 가결되었다"는 이유로 하자가 보완되지 아니하였다고 하더라도 회사의 현황등 제반 사정을 참작하여 자본감소를 무효로 하는 것이 부적당하다고 인정하여 원고들의 감자무효의 청구를 기각하였다.

점에 비추어 위 규정은 무효사유의 주장시기도 제한하고 있는 것이라고 해석함이 상당하고 자본감소로 인한 변경등기가 있는 날로부터 6월의 출소기간이 경과한 후에는 새로운 무효사유를 추가하여 주장할 수 없다.

(필자 주: 신주발행무효의 소는 대법원 2007.2.22. 선고 2005다77060, 77077 판결 참조)

### 대법원 2010.2.11. 선고 2009다83599 판결

상법 제445조는 자본감소의 무효는 주주 등이 자본감소로 인한 변경등기가 있은 날로부터 6월 내에 소만으로 주장할 수 있다고 규정하고 있으므로, 설령 주주총회의 자본감소 결의에 취소 또는 무효의 하자가 있다고 하더라도 그 하자가 극히 중대하여 자본감소가 존재하지 아니하는 정도에 이르는 등의 특별한 사정이 없는 한 자본감소의 효력이 발생한 후에는 자본감소 무효의 소에 의해서만 다툴 수 있다.

### (다) 판결의 효력

자본금감소의 무효는 소로써만 주장할 수 있으므로(상 445조) 자본금감소를 무효로 하는 판결은 형성판결이고, 그 판결이 확정됨에 따라 자본금감소는 무효가 된다.

상법은 자본금감소를 무효로 하는 판결의 효력이 이해관계인 모두에게 획일적으로 미치도록 하기 위하여 감자무효판결의 효력은 제3자에게 미치도록 하는 규정을 두고 있으나(상 445조, 190조 본문), 판결의 소급효를 제한하는 상법 제190조 단서는 준용되지 않으므로, 감자무효의 판결이 확정되면 자본금감소는 소급하여 무효가 된다.

그러므로 무액면주식의 경우는 감소된 자본금이 자본금감소절차를 시행하기 전으로 회복되고, 액면주식의 경우는 자본금감소절차로 인하여 감소된 액면가는 종전의 액면가로 환원이 된다. 또한 병합된 주식은 병합 전의 주식으로 환원이 되며, 소각된 주식은 다시 부활하게 되므로, 회사는 자본금감소절차에서 실행하였던 액면가의 환급, 단주처리, 채권자에 대한 변제 및 담보제공, 신주발행 등에 관한 원상회복조치를 취하여야 하고 또다시 변경등기를 하여야 한다.

한편 감자무효의 소에서 자본금감소의 무효를 주장하는 원고가 패소한 경우에는 민사소송법의 일반원칙에 따라 그 판결의 효력은 원고에게만 미치게 되므로(민소법 218조 1항) 다른 제소권자는 다시 자본금감소무효의 소를 제기할 수 있다고 할 것이다. 상법은 패소한 원고에게 악의 또는 중대한 과실이 있을 때에는 그 원고는 회사에 대하여 연대하여 손해를 배상할 책임을 부담시키고 있다(상 446조, 191조).

# 제 6 장
# 주식회사의 회계

## 1. 총　　설

### 가. 회계에 관하여 법률로 규정해야 할 필요성

회사는 영리성을 본질로 하므로 그 목적하는 사업을 통하여 획득한 이익을 주주에게 분배하는 것을 목적으로 하게 되고, 또한 회사는 주주의 유한책임을 근간으로 하므로 회사의 재산이 회사의 채권에 대한 유일한 담보가 될 수밖에 없으며, 나아가 회사의 재정상태와 손익상태는 장래 주주가 되려는 자에게 투자를 결정하는 데 있어서 중대한 지표가 되므로, 회사의 영업에 관한 회계를 명확히 하는 것은 기존의 주주와 회사채권자를 보호함은 물론이고 회사에 투자하려는 장래의 주주들을 보호하는 데 중요한 의미가 있다고 할 수 있다.

이러한 목적을 위하여 영업기간을 인위적 단위로 분할(영업연도)하여 그 기간 동안의 재무 상태와 영업 상태를 명백히 할 필요성이 요구된다. 상법은 회사가 일정한 영업연도 기간 동안의 회사의 재산 상태와 손익 상태를 명확하게 확정하여 평가하고 그 확정된 손익의 처리에 관한 의사결정을 하기 위한 일련의 절차를 마련하고 있는데 이를 회사의 회계라고 한다.

특히 이처럼 회사의 회계절차의 과정에서 작성되고 제출된 자료는 내부적으로는 경영판단을 위한 자료가 되고, 외부적으로는 투자판단을 위한 자료가 될 뿐만 아니라 국가적으로는 조세부과를 위한 자료가 된다는 점에서 그 자료의 진실성이 크게 요구된다고 할 것이고, 이런 의미에서 상법이 정한 회사의 회계에 관한 규정은 성질상 강행규정이라고 할 것이다.

### 나. 회계에 관한 법률규정의 방식과 체계

상법은 총칙편에서 소상인(상법의 일부규정의 시행에 관한 규정 2조)을 제외한 모든 상인에 대하여 영업상의 재산 및 손익의 상황을 명확히 하기 위하여 회계장부 및 대차대조표 등의 상업장부를 공정하고 타당한 회계 관행에 의하여 작성하여야 할 의무를 부담시키면서(상 29조, 9조), 상업장부의 작성방법(상 30조)과, 자산평가의 원칙(상 31조) 그리고 상업장부의 제출(상 32조) 및 보존의무(상 33조)를 규정하고 있으므로 상법상 당연상인으로서(상 5조 2항) 주식회사도 상업장부에 관한 위 상법상의 규정에 따라야 함은 당연하다고 할 것이다. 이 밖에도 상법은 주식회사의 회계에 관하여 "상법과 대통령령으로 규정한 것을 제외하고는 일반적으로 공정하고 타당한 회계관행에 따른다"라고 규정하여 회계의 원칙을 천명하고(상 446조의2) 이어서 재무제표를 중심으로 하는 별도의 규정을 두고 있으므로(상 447 내지 467조), 주식회사의 회계에 있어서는 이 규정들이 위 상업장부에 관한 규정에 우선하여 적용된다고 할 것이다.[1)]

한편 주식회사의 외부감사에 관한 법률에 의하면 외부감사의 대상이 되는 주식회사의 회계처리에 관하여는 금융위원회에서 증권선물위원회의 심의를 거쳐서 제정한 기업회계기준이 적용되지만(외감법 13조), 비록 주식회사 외부감사에 관한 법률의 적용대상이 되는 회사가 아니더라도, 상법에 규정이 없는 사항에 관하여는 일반적으로 공정하고 타당한 회계 관행으로서 위 기업회계처리기준을 적용하는 것이 타당할 것이다.

상업장부와 재무제표는, ① 상업장부는 소상인을 제외한 모든 상인이 작성해야 하는 서류(상 29조 1항)이고, 재무제표는 유한책임회사, 주식회사와 유한회사가 작성해야 하는 서류인 점(상 287조의33, 447조, 579조), ② 상업장부는 회계장부(전표, 원장)와 대차대조표(상 29조 1항)로 이루어지고, 재무제표는 대차대조표, 손익계산서 및 기타 회사의 재무상태와 경영성과를 표시하는 일정한 서류 그리고 일정한 회사의 경우에는 연결재무제표(상447조)로 이루어지는 점에서 차이가 있다.

## 2. 회사회계의 절차

주식회사는 상인으로서(상 5조 2항), 영업상의 재산 및 손익의 상황을 명백히 하기 위하여 회계장부 및 대차대조표를 작성하여야 하고(상 29조 1항), 이와는 별도로 이사는 매 결산기에 일정한 회계기준에 의하여 재무제표와 부속서류 및 영업보고서를 작

1) 2011년 4월 14일 개정된 상법은 회계의 원칙에 관한 규정을 신설(상 446조의2)하는 한편 상법에 구체적으로 규정하였던 회계처리에 관한 규정을 삭제하고(상 452조 내지 457조의2 삭제), 회계처리기준에 관하여는 대통령령으로 정하도록 하여 비교적 신속히 변화하는 기업회계기준에 맞추려고 시도하고 있다. 상법시행령은 회계의 원칙으로서, ①「주식회사의 외부감사에 관한 법률」 제2조에 따른 외부감사 대상 회사: 같은 법 제13조 제1항에 따른 회계처리기준, ② 공공기관의 운영에 관한 법률」 제2조에 따른 공공기관: 같은 법에 따른 공기업·준정부기관의 회계 원칙, ③ 제1호 및 제2호에 해당하는 회사 외의 회사 등: 회사의 종류 및 규모 등을 고려하여 법무부장관이 금융위원회 및 중소기업청장과 협의하여 고시한 회계기준 등을 규정하고 있다(시행령 15조).

성하여 이사회의 승인과 감사의 감사를 거쳐 주주총회의 승인결의를 통하여 확정하게 되는데 상법은 이에 관한 일련의 절차를 규정하고 있다.

## 가. 재무제표 등의 작성

### (1) 재무제표 등의 의의

재무제표는 회사의 매 결산기에 회사의 재무 상태와 경영성과를 결산하기 위하여 작성되고 주주총회의 승인에 의하여 확정되는 회계서류를 의미하는데 통상 결산보고서 혹은 연차보고서라고 한다.

상인은 회계장부와 대차대조표를 작성(상 29조)하여야 하는데 주식회사도 상인이므로 당연히 대차대조표를 작성하여야 하고(상 447조 1항 1호) 그 밖에도 손익계산서(상 447조 1항 2호), 회사의 재무상태와 경영성과를 표시하는 것으로서 대통령령으로 정하는 서류(상 447조 1항 3호) 그리고 영업보고서를 작성(상 447조의2)하게 된다. 이 중에서 대차대조표, 손익계산서 및 회사의 재무상태와 경영성과를 표시하는 것으로서 대통령령으로 정하는 서류를 재무제표라고 한다. 특히 대통령령으로 정하는 일정한 회사는 지배·종속 관계에 있는 2개 이상의 회사를 단일 기업집단으로 보아 각각의 개별 재무제표를 종합하여 작성하는 연결재무제표를 작성하도록 하고 있다(상 447조 2항).[2)]

① 대차대조표(상 447조 1항 1호)[3)]

대차대조표는 일정한 시점에 있어서 회사의 모든 자산을 차변에 기재하고 모든 부채와 자본을 대변에 기재하여 회사의 재무상태를 일목요연하게 정리한 개괄적인 회계보고서로서 손익계산서와 함께 기본적인 재무제표를 구성하는데 이로써 회사가 보유한 자원을 통한 현금창출능력을 예측하고 지급능력과 재무구조의 안정성 등을 살펴볼 수가 있다.

② 손익계산서(상 447조 1항 2호)

손익계산서는 일정기간의 회사의 영업활동 결과를 수익과 비용으로 정리하여 경

---

2) 2011년 4월 14일 개정된 상법은 주식회사의 외부감사에 관한 법률에서 일정한 회사에게 요구하였던 연결재무제표의 작성(외감법, 삭제된 1조의3)을 수용하여 대통령령이 정하는 일정한 회사로 하여금 연결재무제표를 작성하도록 하는 규정(상 447조 2항)을 신설하였는데, 주식회사의 외부감사에 관한 법률은 주식회사와 다른 회사가 대통령령으로 정하는 지배종속의 관계에 있는 경우 지배하는 회사가 작성하는 연결재무상태표, 연결손익계산서 또는 연결포괄손익계산서 및 그 밖에 대통령령으로 정하는 서류를 연결재무제표로 정의하고 있다(외감법 1조의2 2호).

3) 주식회사의 외부감사에 관한 법률은 회계기준의 용어에 맞추어 대차대조표를 재무상태표로 표기하고 있다(외감법 1조의2 1호).

영성과를 명확히 파악하고자 하는 회계서류로서 기업의 당기순이익 또는 당기순손실을 계산하는 결산표라고 할 수 있다. 수익보다 비용이 많으면 당기순손실이라고 하고, 비용보다 수익이 많으면 당기순이익이라고 한다.

③ 그 밖에 회사의 재무 상태와 경영성과를 표시하는 것으로서 대통령령으로 정하는 서류(상 447조 1항 3호)로는 자본변동표, 이익잉여금처분계산서 또는 결손금처리계산서, 현금흐름표 및 주석(註釋)이 있다(시행령 16조 1항).

현금흐름표(Cash Flow)는 일정 회계기간 동안의 현금성 자산의 유입과 유출을 분류하여 요약함으로써 현금성 자산의 증가와 감소를 보여주는 서류라고 할 것이고, 자본변동표는 자본금의 규모와 변동을 나타내는 재무보고서로서 자본금, 자본잉여금, 자본조정 기타 포괄손익누계액 및 이익잉여금의 변동에 관한 구체적인 사항을 기재하게 된다.

이익잉여금처분계산서 또는 결손금처리계산서는 회사가 영업활동결과로서 획득한 이익잉여금(대차대조표상의 전기이월이익잉여금 및 손익계산서상의 당기순이익)과 결손금(대차대조표상의 전기이월결손금 및 손익계산서상의 당기순손실)을 어떻게 처리하였는지 명확히 하기 위하여 이월이익잉여금 또는 이월결손금의 총 변동을 표시한 회계서류를 말한다. 이익잉여금처분계산서는 이익잉여금을 주주에게 배당할 것인지 회사에 유보할 것인지에 관한 계산서라고 할 것이고, 결손금처리계산서는 이월이익잉여금 또는 이월결손금에 당기순이익이나 당기순손실을 가감한 결과 발생한 결손금을 전보하기 위하여 작성된 계산서이다.

④ 재무제표부속명세서

이사는 재무제표부속명세서를 작성하여야 하는데(상 447조 1항), 이는 재무제표 중 대차대조표와 손익계산서의 중요한 항목에 관하여 세부적 내역을 기재한 서류로서 세부적 사항을 상세히 기재하도록 하기 위함이다.

⑤ 영업보고서

영업보고서는 당해 영업연도의 회사 영업의 경과와 회사의 현황 기타 영업에 관한 중요한 사항을 숫자가 아닌 문장으로써 설명하는 보고서라고 할 것이다.

이사는 매 결산기에 대통령령에서 정하는 바에 따라[4] 영업에 관한 중요한 사항을 기재한 영업보고서를 작성하여 이사회의 승인을 얻어야 하고(상 447조의2 1항, 2항) 정기총회에 제출하여 그 내용을 보고하도록 하고 있다(상 449조 2항).

---

4) 상법시행령은 회사의 목적 및 중요한 사업 내용, 영업소·공장 및 종업원의 상황과 주식·사채의 상황 등 무려 11가지에 이르는 내용을 영업보고서에 적도록 하고 있다(시행령 17조).

### (2) 재무제표 등 서류의 작성원칙

상법은 회사의 회계에 관한 일반원칙으로서 "일반적으로 공정하고 타당한 회계관행"에 따르도록 하고 있다(상 446조의2).[5] 이러한 회계관행으로서 통용되는 일반기업회계기준에 따르면, ① 회계처리 및 보고는 진실하고 신뢰할 수 있는 객관적인 자료와 증거에 의하여 정확한 상태를 공정하게 반영해야 한다는 공정성의 원칙, ② 재무제표의 양식과 항목은 이해하기 쉽도록 간단, 명료하고 그 내용은 재무제표상에 합리적으로 표시하여야 한다는 명료성의 원칙, ③ 회계처리기준 및 표기방식은 매 결산기마다 계속하여 적용하고 정당한 사유 없이 이를 변경하지 않도록 한다는 계속성의 원칙 및 ④ 회계처리는 거래의 실질과 경제적 사실을 반영할 수 있어야 한다는 실질우선의 원칙 등에 따라 작성되어야 할 것이다.

## 나. 재무제표 등의 승인 등

### (1) 재무제표 등의 제출과 감사

상법은 이사(대표이사)로 하여금 재무제표와 그 부속명세서 그리고 영업보고서를 작성하여 이사회의 승인을 얻은 후(상 447조, 447조의2), 이를 정기총회 회일의 6주 전에 감사 또는 감사위원회에 제출하도록 하고 있다(상 447조의3, 415조의2 7항).

이에 대하여 감사 또는 감사위원회는 이사로부터 위 서류를 제출받은 날로부터 4주간 내에 감사를 한 뒤 감사방법의 개요 등 상법이 정한 내용을 기재한 감사보고서를 이사(대표이사)에게 제출하여야 한다(상 447조의4, 415조의2 7항). 다만, 상장회사의 경우는 주주총회일의 1주 전까지 감사보고서를 제출할 수 있으며(상 542조의12 6항) 외부감사인도 정기총회 1주일 전에 감사보고서를 제출하여야 한다(외감법 8조, 같은법 시행령 7조 1항).

### (2) 재무제표 등의 비치와 공시

상법은 이사(대표이사)로 하여금 재무제표와 그 부속명세서 그리고 영업보고서 및 감사보고서를 정기총회 회일의 1주간 전부터 그 등본을 본점에 5년간, 지점에 3년간 비치하도록 하여(상 448조 1항), 회사의 주주와 채권자가 영업시간 내에 언제든지 이를 열람할 수 있고 회사가 정한 비용을 지급하고 그 서류의 등본이나 초본의 교부를

5) 2011년 4월 14일 개정된 상법은, 개정 전의 상법에서 규정하던 자산의 평가방법에 관한 규정(상 452조)과 이연재산에 관한 규정(상 453조 내지 457조의7)을 삭제하고 이에 관한 부분은 기업의 회계관행에 따라 처리하도록 하고 있다(상 446조의2).

청구할 수 있도록 규정하여(상 448조 2항) 이를 공시하도록 하고 있다.

### (3) 재무제표 등의 승인과 공고

이사(대표이사)는 재무제표와 그 부속명세서 및 일정한 회사의 경우에는 연결재무제표를 정기 주주총회에 제출하여 그 승인을 요구하여야 하고(상 449조 1항), 영업보고서를 정기 주주총회에 제출하여 그 내용을 보고하여야 한다(상 449조 2항). 상법은 이사에 대하여 감사 또는 감사위원회로부터 제출받은 감사보고서를 주주총회에 제출하도록 하고 있지는 않지만 재무제표 등과 같이 본점이나 지점에 감사보고서를 비치하여 주주로 하여금 열람하거나 등본이나 초본의 교부를 청구하도록 하고 있다(상 448조).

재무제표 등의 승인은 원칙적으로 정기주주총회의 보통결의에 의하게 되는데(상 449조), 정기주주총회에서는 재무제표 등을 승인하거나 부결할 수 있고 수정하여 결의할 수도 있다고 하는 것이 일반적 견해이다. 한편 재무제표의 승인은 정관의 규정에 따라, 재무제표의 서류가 적정하다는 외부감사인의 의견이 있거나 감사 혹은 감사위원 전원의 동의가 있으면, 주주총회의 결의에 갈음하여 이사회의 결의로 승인할 수도 있는데(상 449조의2 1항) 이처럼 이사회결의에 의하여 승인된 경우라도 재무제표를 주주총회에 보고하여야 한다(상 449조의2 2항).

그런데 재무제표는 각기 독립성이 있으므로 문건별로 승인 여부를 결의하게 되지만 적어도 이익잉여금처분계산서와 결손금처리계산서는 대차대조표와 손익계산서의 확정을 전제로 하므로 이들의 승인 없이 이익잉여금처분계산서와 결손금처리계산서만을 승인할 수는 없다고 할 것이다.

### (4) 재무제표 등의 승인에 의한 책임해제

재무제표가 승인되면 그로써 재무제표는 확정되고, 그에 따라 이익잉여금이나 결손금의 처리안이 확정되게 되는데, 만약 이익배당이 확정되었다면 비로소 주주는 회사에 대하여 구체적 이익배당청구권을 가지게 된다.

상법은 정기주주총회가 재무제표 등의 승인을 한 후 2년 내에 다른 결의가 없으면 회사는 이사나 감사의 부정행위가 있는 경우를 제외하고는 책임을 해제한 것으로 간주하고 있는데(상 450조), 이러한 책임해제가 간주되는 범위는 재무제표에 기재된 사항으로서 그 책임사유를 재무제표를 통하여 알 수 있는 사항에 한정된다고 할 것이고 또한 정기 주주총회에서 재무제표 등의 승인이 있는 경우에 한정된다고 할 것이다.

그러므로 이사회에 의하여 재무제표의 승인이 이루어지는 경우(상 449조의2 1항)에는 적용되지 않는다고 할 것이다.

여기서 2년의 기간은 제척기간으로 보아야 할 것이고, 다른 결의란 승인을 철회하는 결의뿐만 아니라 널리 이사나 감사의 책임이 존재함을 전제로 한 주주들의 결의를 의미한다고 할 것이다.

상법이 주주총회의 승인이 있는 경우에 이사 또는 감사의 책임이 해제된 것으로 간주하는 것은 이사와 감사의 회사에 대한 책임(상 399조, 414조)은 총주주의 동의에 의하여 면제될 수 있음(상 400조, 415조)에도 불구하고 이사와 감사의 회사에 대한 책임을 둘러싼 법률관계를 신속히 확정하여 법률적 안정을 기하려는 의도에서 이사와 감사의 회사에 대한 책임에 대하여 특별히 예외를 인정하였다고 볼 것이다.[6)]

이사 또는 감사의 부정행위가 있을 경우라 함은 이사나 감사가 회사에 대하여 손해배상을 부담하게 될 원인행위가 부정한 경우는 물론이고, 주주총회의 승인과 관련하여 부정행위가 있은 경우도 포함한다고 할 것이다.

#### ◈ 대법원 2006.8.25. 선고 2004다24144 판결

상법 제450조에 따른 이사나 감사의 책임해제는 재무제표 등에 기재되어 정기총회에서 승인을 얻은 사항에 한정되는 것이다(대법원 1969. 1. 28. 선고 68다305 판결, 대법원 2002. 2. 26. 선고 2001다76854 판결 참조). 원심판결 이유를 기록에 비추어 살펴보면, 삼신생명의 임원들이 대출부적격 회사에 대하여 담보취득 등 채권보전대책도 없이 이 사건 각 대출을 하였다는 것은 재무제표를 통하여 알 수 있는 사항이 아니고, 주주총회에서 승인된 서류에 위 피고들의 책임사유가 기재되어 있었다는 점을 인정할 증거도 없다는 이유로 위 피고들의 책임해제 주장을 배척한 원심의 조치는 위와 같은 법리에 따른 것으로 정당하다.

(같은 취지: 대법원 2007.12.13. 선고 2007다60080 판결)

#### ◈ 대법원 2005.10.28. 선고 2003다69638 판결

이사가 회사가 보유하고 있는 비상장주식을 매도하면서 그 매도에 따른 회사의 손익을 제대로 따져보지 않은 채 당시 시행되던 상속세법 시행령만에 근거하여 주식의 가치를 평가함으로써 적정가격보다 현저히 낮은 가액으로 거래가액을 결정하기에 이른 것은 회사의 손해를 묵인 내지는 감수하였던 것이라 할 것이므로, 이러한 이사의 행위는 상법 제450조에 의하여 책임이 해제될 수 없는 부정행위에 해당한다.

---

6) 상법 제450조는 이사 등의 회사에 대한 책임에 관한 규정으로서 이사 등의 제3자에 대한 책임에 대하여는 적용되지 아니한다(대법원 2009.11.12. 선고 2007다53785 판결).

## 3. 준 비 금

### 가. 준비금의 의의

준비금은 영업연도 말에 회사가 순자산액으로부터 자본액을 공제한 금액(잉여금)을 주주에게 배당하지 않고 일정한 목적을 위하여 회사에 적립하여 두는 계산상의 금액을 말하며 적립금이라고도 한다. 이렇게 준비금을 적립하도록 하는 목적은 장래의 경기침체나 영업실적부진에 대비하거나 사업의 장기적인 수행을 위한 재원을 마련하고 회사의 자본충실을 기하여 재산적 기초를 공고히 하려고 하는 데 있다고 할 것이다.

준비금은 계산상의 수액에 불과하고 자본금을 구성하는 것이 아니지만 그 액수만큼 순자산을 보유하여야 할 구속으로서 대차대조표상의 부채 및 자본금 항목에 계상되어 배당가능이익을 계산함에 있어서 공제대상이 되므로(상 462조 1항 2호, 3호) 이익배당을 규제하는 기능을 하게 된다. 또한 준비금을 자본금과 비교할 때 그 구속의 정도는 약하여 그 감소에 자본금감소절차와 같은 상법상의 특별한 절차가 없고 회사가 소멸할 때까지 그 금액을 유지하여야 하는 자본금과 달리 준비금은 필요에 따라 간편한 절차에 의하여 자본적 결손을 전보하거나 자본금으로 전입할 수 있다고 할 것이다.

준비금에는 법률의 규정에 의하여 적립이 강제되는 법정준비금과 주주총회결의 혹은 정관에 의하여 회사가 자율적으로 적립하는 임의준비금이 있고, 법정준비금은 다시 적립되는 자금의 출처에 따라 자본준비금과 이익준비금으로 나누어진다. 실제적으로는 준비금이지만 장부상 준비금으로 계상되지 않는 비밀준비금도 있다.

### 나. 법정준비금

#### (1) 이익준비금과 자본준비금

법정준비금은 그 재원에 따라 회사의 영업이익 중 일정액을 적립하는 이익준비금(상 458조)과 자본거래에서 발생한 잉여금을 적립하는 자본준비금(상 459조)으로 나누어진다.

회사는 자본의 2분의 1에 달할 때까지 매 결산기의 이익배당액의 10분의 1 이상을 이익준비금으로 적립하여야 하지만(상 458조 본문), 그 적립한도는 자본금의 2분의 1이므로 그 이상을 적립하였다면 2분의 1을 초과하는 부분은 임의준비금의 성질을 갖는다고 할 것이다. 회사의 이익배당은 금전배당과 현물배당(상 462조의4) 그리고 주식배당(상 462조의2)으로 구분되는데 주식배당의 경우에는 현금의 회사 밖으로의 유출이 없으므로 이익준비금을 적립하지 않아도 된다(상 458조 단서). 결국 이익배당이 금전배당이나 현물배당의 형태로서 이루어지는 경우에 이익준비금을 적립하게 할 것이다.

상법이 요구하는 이익준비금[7]은 적립하여야 할 최저한도를 의미하므로 현금배당이나 현물배당을 하지 아니할 경우에는 적립할 필요가 없으나 회사가 당해 결산기의 이익이 아니라 전기 이월이익이나 임의준비금으로 배당을 하는 경우라고 하더라도 금전배당이나 현물배당을 할 경우에는 자본금의 2분의 1에 달할 때까지 그 이익배당액의 10분의 1 이상을 적립하여야 한다. 또한 자본금의 2분의 1 이상을 이익준비금으로 이미 적립한 상태라고 하더라도 그후 자본금의 증가가 있었다면 그에 맞추어 이익준비금을 더 적립하여야 함은 물론이다.

한편 회사가 자본거래를 하는 과정에서 발생한 잉여금[8]은 회사의 영업과 관련 없이 발생한 것으로서 주주에게 배당할 성질의 것이 아니므로 상법은 그 전액을 적립한도 없이 자본준비금으로 적립하도록 하고 있다(상 459조 1항).

또한 상법은 합병이나 분할 또는 분할합병의 경우에 소멸이나 분할되는 회사가 적립하였던 법정준비금을 존속회사 또는 신설되는 회사가 승계할 수 있도록 함으로써(상 459조 2항) 이들 회사가 이 적립금을 합병차익이나 분할차익으로서 재차 적립하지 않아도 되도록 하고 있다.

### (2) 법정준비금의 사용

상법은 회사의 자본금의 결손 보전에 충당하는 경우(상 460조) 또는 자본금으로 전입하는 경우(상 461조)에만 법정준비금을 사용할 수 있도록 규정하여 그 사용을 제한하고 있다.

#### (가) 자본금의 결손 보전

자본금의 결손은 회사의 순자산액이 자본금과 법정준비금의 합계액보다 적은 경우를 말하고, 자본금결손의 충당은 대차대조표의 부채항목의 법정준비금을 감소하는

---

7) 상법 이외의 은행법 등 특별법에서는 별도의 이익준비금 적립에 관한 규정을 두고 있다(은행법 40조, 금융지주회사법 53조, 한국산업은행법 43조 1항).

8) 2011년 4월 14일 개정된 상법은, 개정 전의 상법이 자본준비금으로 규정하였던 주식발행초과금(상 459조 1항 1호), 주식의 포괄적 교환에 있어서 주식교환잉여금(상 459조 1항 1호의2), 주식의 포괄적 이전에 있어서 주식이전잉여금(상 459조 1항 1호의3), 자본감소에 있어서 감자차액(상 459조 1항 2호), 회사의 합병에 있어서 합병잉여금(상 459조 1항 3호), 회사분할에 있어서 분할잉여금(상 459조 1항 3호의2), 그리고 기업회계기준에서 정하는 자기주식처분이익(31조 3호)이나 국고보조금, 채무면제이익, 공사부담금, 보험차익 등의 기타 자본거래에서 발생한 잉여금(상 459조 1항 4호)에 관한 규정을 모두 삭제하고 "자본거래에서 발생한 잉여금을 대통령령으로 정하는바"에 따르도록 규정하여 향후 회사의 자본거래에 따른 다양한 잉여금을 모두 자본준비금으로 적립할 수 있도록 하였다(상 459조 1항).

만큼 자산항목의 손실액을 감소시키는 계산상의 행위를 말한다.

이러한 법정준비금에 의한 자본금 결손의 충당 여부는 회사의 경영적 판단에 의하여 결정되고, 회사는 결손을 반드시 당해 연도에 충당하도록 규정되어 있지도 않으므로 회사는 자본금결손이 있다고 하여 반드시 법정준비금으로 충당하여야 하는 것은 아니고 차기로 결손금을 이월하여도 좋다고 할 것이다.[9]

### (나) 자본금전입

#### 1) 자본금전입의 의의

준비금의 자본금전입은 준비금계정에 속하는 금액을 자본금계정으로 대체하는 것으로서 계정과목간의 계수상의 조작에 불과하고 순자산의 증가는 없다 할 것이다. 이러한 준비금의 자본금전입은 자본준비금의 무제한 적립과 이익준비금의 자본금 2분의 1까지 적립으로 인하여 발생하는 자본금과 준비금 사이의 불균형을 시정하고 무상신주발행으로 주식의 유통량을 증가시켜 주가를 조정하여 주식거래를 활성화시키고 그에 따른 신주발행의 원활화를 도모할 목적에서 주로 행하여진다.

이러한 준비금의 자본금전입은 자본금의 증가를 초래하게 되는데, 회사가 무액면주식을 발행한 경우에는 자본금과 주식의 발행이 반드시 연동되지는 않으므로 회사로서는 신주를 발행할 수도 있고 아니면 신주의 발행 없이 할 수도 있다. 액면주식을 발행한 경우에는 자본금의 증가는 발행주식의 증가와 연계되어 있으므로 반드시 신주를 발행하게 된다.

자본금 전입으로 신주가 발행되면 주주는 무상으로 그 신주를 받게 되는 점에서 한편으로는 주식배당의 성질을 가지고 있고, 다른 한편으로는 신주가 발행되더라도 회사의 재산이나 주식가치의 합계에는 아무런 변동이 없는 점에서 볼 때에는 주식 분할의 성질도 가지고 있다고 할 것이다.[10]

#### 2) 자본금전입의 절차

준비금을 자본금으로 전입하려면 이사회의 결의가 있어야 하지만(상 461조 1항 본문), 정관으로 주주총회가 결정하기로 정한 때에는 주주총회의 결의가 있어야 한다(상

9) 2011년 4월 14일 개정된 상법은, 개정 전의 상법이 법정준비금으로 자본결손을 충당하는 경우에 이익준비금을 자본준비금에 앞서 사용하도록 한 규정(개정전 상법 460조 2항)을 삭제함으로써, 회사가 필요에 따라 이익준비금이든 자본준비금이든 사용 순위를 따지지 않고 자본결손에 충당할 수 있도록 하고 있다.

10) 대법원은 법정준비금의 자본금 전입에 따라 발행된 무상 신주의 귀속(대법원 2011.7.28. 선고 2009다90856 판결)이나 조세부과(대법원 2009.3.12. 선고 2007두8652 판결)와 관련하여 이를 주식의 분할로 파악하고 있는 듯하다.

461조 1항 단서). 이사회에서 자본금전입에 관한 결의가 있을 때 회사는 일정한 날(신주배정일)을 정하여 공고를 하여야 한다(상 461조 3항).

### 3) 자본금전입의 효과

자본금전입으로 신주를 발행하기로 한 경우에, 자본금전입이 이사회의 결의에 의한 때에는 이사회에서 정한 신주배정일에 그 효과가 발생하게 되고(상 461조 3항), 자본금전입이 주주총회결의에 의한 때에는 그 결의가 있은 때에 그 효과가 발생하게 되어(상 461조 4항), 각기 그때부터 주주는 무상신주에 대한 주주가 된다. 이렇게 회사가 자본금전입을 하여 신주를 발행하게 되면 회사는 주주에게 그가 가진 주식의 수에 따라 무상으로 신주를 발행하게 되므로 제3자에게 신주인수권이 주어질 수는 없고 또한 보통의 신주발행과 같이 별도의 주식발행절차가 있는 것은 아니다.

이러한 무상신주는 기존의 주식에 대한 과실이 아니지만 실질적으로 기존 주식의 분할에 의한 것이라 할 것이므로 상법은 기존주식에 대한 질권자는 신주 또는 단주의 처분에 의한 매득금 위에 물상대위권을 행사할 수 있도록 규정하고 있다(상 461조 7항, 339조).

이렇게 발행하는 신주는 액면미달가액으로 발행할 수 없고, 만약 액면할증가액으로 발행하면 그 차액을 다시 자본준비금으로 적립하여야 하므로 결국 신주의 발행가액은 액면가액이라고 할 것이다. 한편 자본금전입으로 발행하는 신주는 회사 내부의 유보자금을 액면가로 환산하여 무상으로 발행하는 것이고 자금조달을 위한 목적에서 발행되는 것이 아니므로 우선주를 발행한다는 것은 타당치 않고 따라서 기존의 주식을 가진 주주가 보통주주이거나 우선주주이거나를 불문하고 항상 보통주로 발행되어야 한다는 견해[11]도 있지만 이러한 신주의 발행으로 인하여 주주들의 회사에 대한 지위에 변경이 생겨서는 안 된다 할 것이므로 주주가 가진 주식과 같은 종류의 주식을 발행하여 교부하여야 할 것이다.

또한 자본금전입으로 발행되는 신주의 성질에 관하여 기존 주식의 분할이라는 측면을 강조하는 입장에서는 회사가 가진 자기주식에 대하여도 신주를 발행할 수가 있다는 입장[12]인 데, 반하여 무상신주의 성질에 관하여 무상의 주식배당이라는 측면을 강조하는 입장에서는 이를 부정하는 입장[13]을 취하고 있다.

물론 신주의 발행은 회사의 발행예정주식수의 범위 내에 발행되어야 하고, 신주가 발행되어 발행주식수가 늘어나게 되면 그에 따라 변경등기를 하여야 한다(상 317조 2

11) 이철송 938면.
12) 권기범 962면, 채이식 718면, 최기원 365면, 최준선 640면.
13) 정찬형 731면, 정희철 536면.

항 3호, 4항, 183조).

#### 4) 자본금전입의 하자

하자 있는 이사회결의 또는 주주총회의 결의에 의하여 자본금전입이 이루어진 경우와 같이 자본금전입에 절차상의 하자가 있거나 준비금이 없음에도 불구하고 자본금전입이 이루어진 경우와 같이 자본금전입에 내용상의 하자가 있을 때에 그 자본금전입의 효력 나아가 그로 인한 신주발행의 효력에 관하여 상법은 아무런 규정이 없다.

이에 대하여 ① 신주발행 전에는 신주발행유지청구권을 행사할 수 있고, 당연무효이지만 신주발행 후에는 신주발행무효의 소에 의해서만 신주발행의 무효를 주장할 수 있다는 견해,[14] ② 준비금의 자본금전입에 의한 신주발행의 경우에는 회사의 내부적인 절차에 의할 뿐이고 그로 인하여 제3자의 안전에 영향이 없으므로 소 이외의 방법으로도 그 무효를 주장할 수 있다는 견해[15]가 대립하고 있다. 생각건대 어떤 연유로든 신주가 발행되면 신주는 유통가능성이 있는데 발행된 신주를 무효화시키는 것은 제3자의 이익을 침해하는 등 거래의 안전을 위협하므로 이 경우에도 법률관계의 획일적 확정이 필요하게 된다. 보통의 신주발행과 같이 신주발행무효의 소에 의하여야 할 것이다.

### (3) 법정준비금의 감소

상법은 적립된 자본준비금과 이익준비금의 총액이 자본금의 1.5배를 초과하는 경우에 회사가 주주총회의 결의에 따라 그 초과한 금액의 범위에서 자본준비금과 이익준비금을 감액할 수 있도록 정하여(상 461조의2), 이들 준비금을 처분하지 아니한 잉여금의 상태로 되돌릴 수 있도록 하고 있다.

영업연도 중에는 영업의 결산을 마치지 않은 상태이고 영업의 결과를 알 수 없으므로 감소할 수 있는 준비금은 직전 결산기의 대차대조표에 따른 준비금을 말한다.

주주총회에서는 보통결의를 통하여 감소되는 준비금의 종류와 금액 그리고 용도와 효력발생시기 등에 관하여 자율적으로 정하도록 하고 있다.

감소대상이 되는 준비금은 자본금의 1.5배를 초과하는 부분이므로, 상법은 자본금의 감소와 달리 법정준비금의 감소에는 주주총회의 특별결의를 요구하지도 않고 채권자보호절차를 취하도록 하지도 않고 있으며 법정준비금감소의 무효를 다투는 방법에 관한 규정도 별도로 두고 있지 않다.

---

14) 권기범 964면, 강위두/임재호 927면, 손주찬 932면, 이철송 939면, 최기원 920면.
15) 정동윤 620면.

### 다. 임의준비금

임의준비금은 법률에 의하여 적립이 강제되는 것이 아니라 회사가 정관의 규정 혹은 주주총회의 결의에 의하여 법정준비금을 공제한 잔여이익을 재원으로 하여 자율적으로 적립하는 준비금을 말하는데 그 적립의 목적, 방법, 시기, 금액 및 사용용도 등은 정관이나 주주총회에 의하여 자유롭게 결정된다.

### 라. 비밀준비금

비밀준비금이란 채권 등 적극재산을 실가 이하로 과소평가하거나 채무 등 소극재산을 실가 이상으로 과대평가하는 등의 부적절한 회계처리에 의하여 발생되어 회사에 유보되어 있는 적립금을 말하는데 회사의 경영에 있어서 재무적 융통성을 부여하는 측면이 있으나 회사의 재무적 건실성 평가를 왜곡할 우려가 있고, 이사의 부정행위를 묵인하거나 주주의 이익배당청구권을 해하는 등의 측면도 무시할 수 없어 이러한 비밀준비금은 위법하다고 할 것이다.[16]

## 4. 배 당

### 가. 배당의 의의

배당이란 회사가 영업의 결과로 얻게 된 이익을 주주에게 분배하는 것을 말하는데 이러한 배당은 주주로서는 회사에 투자하는 목적이기도 하고, 회사로서는 주주에 대한 투자유인책이기도 하다.

주주의 배당에 관한 권리는 박탈하거나 제한할 수 없는 본질적 고유권이고 대표적인 자익권이라고 할 것인데, 이는 주식과 분리할 수 없는 내용을 이루는 추상적인 이익배당청구권과 이러한 추상적인 이익배당청구권에 터 잡아 주주총회에서 이익잉여금처분에 관한 결의에 의하여 구체화되는 구체적인 이익배당청구권(배당금지급청구권)으로 나누어 볼 수 있다. 전자는 주식과 일체화되어 있어 독립적인 양도 또는 입질이나 압류가 불가능한 데, 반하여 후자는 주식과 분리된 권리로서 독자적인 양도와 압류가 가능하다고 할 것이다.

이익배당은 주주에게는 포기할 수 없는 욕구이고 주주의 배당압박에 의한 무리한

16) 비밀준비금의 위법성 여부에 관하여는 학설의 대립이 있는데, 위법하다는 견해로는 손주찬 924면, 정찬형 776면이 있고, 비밀준비금은 일종의 회사경영상의 관행이므로 그것이 합리성이나 타당성을 결여하는 정도로 과도하지 않은 경우에는 허용하여도 무방하다는 견해도 있다.

이익배당은 회사의 투자재원을 약화시켜 향후 발전을 저해하는 중요한 원인이 되기도 한다. 또한 이익 없는 배당은 회사의 자본충실을 해할 우려가 있으므로 상법은 회사의 배당에 관하여 일정한 제한을 하고 있다.[17)]

회사의 이익배당은 그 배당의 내용에 따라 금전배당, 현물배당 및 주식배당을 생각해 볼 수 있고, 또한 배당시기에 따라 영업연도를 기준으로 결산을 하여 손익이 확정된 후에 하는 정기배당과 영업연도 중에 하게 되는 중간배당 혹은 특별배당으로 나눌 수 있다.

## 나. 정기배당

### (1) 정기배당의 의의

정기배당이란 회사가 영업연도기간을 종료한 후 영업으로 얻은 이익으로 주주에게 분배하는 것을 말하는데 이러한 정기배당은 금전을 지급하는 형태일 수도 있고 신주를 발행하여 그 주식을 무상으로 교부하거나 회사가 보유하는 재산으로 지급하는 형태인 경우도 있으나 일반적으로 금전배당의 형식으로 이루어지므로 이를 협의의 이익배당이라고도 한다.

회사가 주주에게 배당을 할 것인지 여부 또는 배당을 하더라도 금전이나 재산 또는 주식으로 할 것인지 여부는 온전히 회사의 경영판단에 속하는 것이므로 주주가 회사에 대하여 배당을 요구할 법률상의 권리는 없고, 한편 회사가 배당을 하지 않더라도 주주에 대하여 어떠한 법률상 책임도 부담하지 않는다고 할 것이다.[18)]

### (2) 정기배당의 요건

상법은 무리한 이익배당으로 인한 회사재산의 유출을 방지하고 회사의 자본건전성을 유지하기 위하여 배당에 관하여 일정한 제한을 하고 있다.

상법은 회사가 이익배당을 하기 위한 실질적 요건으로서 배당 가능한 이익이 있을 것(상 462조 1항)과 형식적 요건으로서 정기주주총회의 승인 또는 이사회의 결의가 있

17) 2011년 4월 14일 개정된 상법은 금전 이외에 회사가 가지고 있는 주식과 같은 재산으로 하는 현물배당을 허용하고 있고(상 462조의4), 건설이자의 배당에 관한 규정(상 463조)은 삭제하였다.

18) 회사가 배당가능이익이 있음에도 불구하고 장기간 이익배당을 하지 않고 있는 경우에 주주는 회사에 대하여 이러한 이익배당청구권에 기하여 배당을 구할 수 있는지 논의할 필요가 있기도 하고, 실제로 미국의 경우에는 이에 관한 판결(Dodge v. Ford Motor co. Supreme Court of Michigan, 204 Mich. 459, 170 N.W.668(1918))이 있기도 하지만, 이러한 논의는 회사의 경영방침 그리고 회사의 존재이유에 관하여 많은 논란을 제공하였다.

을 것[19]을 정하고 있다(상 462조 2항).

상법이 정하는 배당가능이익이란 대차대조표상의 순자산액으로부터 ① 자본금, ② 당해결산기까지 적립된 자본준비금과 이익준비금의 합계액, ③ 당해 결산기에 적립하여야 할 이익준비금의 액, ④ 대통령령으로 정하는 미실현이익[20]을 공제한 금액으로 정하여진다.

이미 적립된 임의준비금도 배당가능이익으로 변경하는 것이 가능하고, 설령 그 임의준비금의 사용목적이 정하여졌더라도 정관을 변경하거나 주주총회의 결의로 용도를 변경하여 배당가능이익으로 할 수 있다.

배당은 원칙적으로 정기주주총회에서 혹은 이사회에서 이익잉여금 처분계산서 등 재무제표를 승인하면(상 462조 2항 본문) 당기 영업연도의 이익이 확정되어 이익배당액이 결정되지만 예외적으로 재무제표 등을 이사회에서 승인한 경우(상 449조의2)에는 이사회에서 이익배당을 결정[21]하게 되고(상 462조 2항 단서), 이로써 주주는 회사에 대하여 구체적인 이익배당청구권을 갖게 된다.

주주가 가지게 되는 구체적인 이익배당청구권은 주주의 고유권으로 인정되는 추상적인 이익배당청구권과 달리 이익배당결의로 발생한 채권으로서, 주식과 독립하여 양도, 압류 및 전부명령의 목적이 될 수 있다고 할 것이다. 상법은 회사가 구체적 배당청구권에 기한 배당지급을 지연하는 것을 방지하기 위하여 정기배당은 주주총회나 이사회의 결의에서 별도로 지급시기를 정한 경우이외에는 그러한 결의를 한 날로부터 1개월 이내에 지급하도록 하고 있다(상 464조의1 1항). 이러한 주주의 배당금지급청구권은 5년간 이를 행사하지 아니하면 소멸시효가 완성되는데(상 464조의2 2항) 이러한 시효기간은 배당결의 시에 정한 기한 또는 배당결의를 한 날로부터 1개월이 경과한 때로부터 진행된다고 할 것이다.

### (3) 정기배당의 기준

주주에 대한 이익배당은 주주평등의 원칙에 따라 주주가 가진 주식의 수에 비례하

19) 2011년 4월 14일 개정된 상법은 재무제표 등의 승인을 이사회에서 할 수 있도록 하였으므로(상 449조의2), 이 경우에는 배당결의도 이사회에서 할 수 있도록 하는 규정을 신설하였다(상 462조 2항).

20) 상법시행령은 미실현이익의 범위에 관하여 "상법 제446조의2의 회계 원칙에 따른 자산 및 부채에 대한 평가로 인하여 증가한 대차대조표상의 순자산액으로서, 미실현손실과 상계(相計)하지 아니한 금액을 말한다"고 규정(시행령 19조)하고 있으므로 정관에 규정되거나 주주총회에서 결의한 임의준비금, 당해 영업연도분의 법인세 등이 이에 포함될 것이다.

21) 이사회에서 이익배당을 결정하는 경우라도 주식배당의 경우에는 주주총회의 결의에 의하도록 규정하므로(상 462조의2 1항), 이사회에서 이익배당으로서 주식을 배당하기 위해서는 별도로 주주총회의 결의가 필요하다고 할 것이다.

여 균등하게 지급[22]하여야 하므로(상 464조 본문) 동일한 종류의 주식을 소유한 각 주주에 대하여는 그 발행가격의 차이에도 불구하고 1주당 배당액 및 배당금지급시기가 동일하여야 한다. 다만, 종류 주식을 발행한 경우에는 그 종류에 따라 차등을 둘 수는 있으나(상 464조 단서, 344조 1항), 같은 종류의 주식끼리는 그 배당액 및 배당금지급시기가 동일하여야 함은 당연하다.

영업연도 중간에 신주가 발행된 경우에 그 신주에 대하여는 신주의 효력발생일로부터 결산일까지의 일수를 계산하여 배당할 것인지(일할배당)에 관하여, 상법은 신주를 발행한 때가 속하는 영업연도의 직전 영업연도 말에 발행된 것으로 정관으로 정할 수 있도록 하고 있다(전환주식의 경우: 상 350조 3항, 준비금의 자본전입의 경우: 상 461조 6항, 주식배당의 경우: 상 462조의2 4항, 전환사채의 경우: 상 516조 2항, 신주인수권부사채의 경우: 상 516조의10). 또한 상장회사의 표준정관 제10조의4는 "회사가 유상증자 무상증자 및 주식배당에 의하여 신주를 발행하는 경우 신주에 대한 이익의 배당에 관하여는 신주를 발행한 때가 속하는 영업연도의 직전 영업연도 말에 발행된 것으로 본다"라는 규정을 두고 있어 실무상 거의 대부분의 회사는 정관에 균등배당조항을 두고 있는 실정이다.

### (4) 정기배당의 지급방법과 시기

정기주주총회의 결의 또는 이사회의 결의를 통하여 이익배당액이 결정되면 주주는 회사에 대하여 구체적인 이익배당청구권을 갖게 되므로 정기주주총회 승인결의 또는 이사회결의 당시의 주주가 구체적인 이익배당청구권을 갖게 된다.

주식양도가 있은 후 명의개서를 하지 않은 경우에 회사는 명부상의 주주에게 배당을 하면 면책이 되고, 이때 주식양수인(실질주주)과 주식양도인(명부상주주) 사이에 이익배당의 귀속에 관한 특약이 있으면 그에 따르게 되지만 그러한 특약이 없다면 주식양수인(실질주주)은 주식양도인(명부상주주)에게 이익배당금에 관하여 부당이득반환을 구할 수 있다 할 것이다.

회사는 주주총회 또는 이사회의 결의가 있은 날로부터 1월 이내에 주주에게 이익배당금을 지급하여야 하지만(상 464조의2 1항 본문), 이사회나 주주총회결의로 별도의 지급기일을 정할 수 있다(상 464조의2 1항 단서).

---

22) 대법원 1980.8.26. 선고 80다1263 판결은 대주주가 스스로 소액주주와 차등하게 지급할 것을 결의한 경우에는 적법하다고 판시하고 있기도 하다.

## 다. 중간배당

### (1) 중간배당의 의의

중간배당이라 함은 연 1회의 결산기를 정한 회사가 결산을 하지 않고 영업연도 중에 배당하는 것을 말하는데, 상법은 회사가 정관에 의하여 영업연도 중 1회에 한하여 이사회의 결의로 일정한 날을 정하여 그날의 주주에 대하여 이익을 배당할 수 있도록 함으로써 중간배당을 인정하고 있다(상 462조의3).

자본시장과 금융투자업에 관한 법률은 상장회사로 하여금 정관에 정하는 바에 따라 3월말, 6월말 그리고 9월말에 이른바 매 분기마다 배당하는 분기배당도 허용하고 있으나(자본시장법 165조의12) 이는 그 배당시기를 연 4회에 걸쳐 실시하는 것으로 중간배당과 크게 다를 바 없다.

중간배당을 하게 되면 회사로서는 정기배당으로 인하여 일시적으로 몰리는 자금수요에 따른 자금압박을 분산할 수 있고, 주주로서도 배당투자기간을 단축시킬 수 있는 등의 유리한 점이 있어 상법에서는 일정한 조건하에서 회사로 하여금 선택에 따라 중간배당을 할 수 있는 길을 열어 준 것이다.

이러한 중간배당은 당해 영업연도의 결산을 거치지 않은 상태에서 하게 되어 그 배당자금은 당해 영업연도의 이익이 아니므로 그 법적 성질에 관하여 ① 직전 영업연도에 발생한 이익의 후급이라는 견해,[23] ② 당해 영업연도에 발생한 이익의 선급이라는 견해[24]가 대립하고 있다. 상법은 직전 영업연도의 이익 중 배당하고 남은 자금을 한도로 중간배당을 하도록 규정하고 있으므로(상 462조의3 2항) 중간배당의 성질은 직전 영업연도에 발생한 이익의 후급이라고 보는 것이 타당할 것이다.

### (2) 중간배당의 요건

상법은 회사가 중간배당을 할 수 있는 엄격한 요건을 정하고 있다.[25]

우선 중간배당을 할 수 있는 회사는 영업연도를 1년으로 정한 회사에 한정되므로 중간배당을 하려는 회사는 ① 연 1회의 결산기를 정하고 있어야 하고, ② 이사회의

23) 권기범 977면, 김정호 658면, 이철송 950면, 정동윤 638면, 정찬형 804면, 최기원 931면.

24) 손주찬 941면.

25) 2011년 4월 14일 개정된 상법은, ① 개정 전의 상법에서 중간배당의 경우 "금전으로 이익을 배당"하도록 한 규정(개정 전 상법 462조의3 1항)을 개정하여 "이익을 배당"하도록 함으로써 금전 이외의 현물로도 배당을 할 수 있도록 하고 있고(상 462조의3 1항), ② 정기배당에 있어서 배당가능이익을 산출함에 있어서 "대통령령으로 정하는 미실현이익"(상 462조 1항 4호)을 추가하고 있는데 중간배당에 있어서 배당가능이익을 산출함에는 이를 반영하지 않고 있다(상 462조의3 2항).

결의로 중간배당을 허용하는 정관의 규정이 있어야 하며, ③ 중간배당은 연 1회에 한하여 ④ 이사회의 결의에 따라 일정한 날을 정하여 배당을 실시하여야 한다(상 462조의3 1항).[26)]

또한 중간배당은 직전 결산기의 대차대조표상의 순자산액에서 ① 직전 결산기의 자본금의 액, ② 직전 결산기까지 적립된 자본준비금과 이익준비금의 합계액, ③ 직전 결산기의 정기총회에서 이익으로 배당하거나 또는 지급하기로 정한 금액, ④ 중간배당에 따라 당해 결산기에 적립하여야 할 이익준비금을 공제한 금액을 한도로 하고(상 462조의3 2항), 만약 당해 결산기의 대차대조표상의 순자산액이 상법 제462조 1항 각호의 금액(정기배당에 있어서 배당가능이익산출시 공제될 금액) 즉 ① 자본금의 액, ② 결산기까지 적립된 자본준비금과 이익준비금의 합계액, ③ 결산기에 적립하여야 할 이익준비금 그리고 ④ 대통령령으로 정하는 미실현이익의 합계에 미치지 못할 우려가 있는 때에는 중간배당을 하지 못하도록 규정하고 있다(상 462조의3 3항).

### (3) 중간배당의 절차

회사가 중간배당을 하기 위해서는 이사회에서 중간배당을 결의하여야 하는데, 이때 이사회에서는 중간배당을 실시한다는 점과 중간배당을 받을 주주를 확정할 기준일을 정하게 된다(상 462조의3 1항).

이사회에서 일정한 날을 배당기준일로 정하여 중간배당을 지급하기로 결의를 하면 주주는 그 배당기준일에 회사에 대하여 구체적인 중간배당지급청구권을 가지게 된다.

회사는 이사회에서 중간배당을 지급할 특정한 날을 정할 수도 있으나 만일 그 지급시기를 정하지 아니하였다면 이사회에서 중간배당의 결의가 있은 날로부터 1월 내에 지급하여야 하고(상 464조의2 1항), 중간배당금지급청구권은 5년의 시효로서 소멸하게 된다(상 464조의2 2항)는 점은 정기배당의 경우와 같다.

중간배당도 원칙적으로 주주평등의 원칙에 의해 주주가 가진 주식의 수에 따라 지급하여야 하지만, 종류주식을 발행한 경우에는 정관의 규정에 따라 종류주식에 따라 다르게 지급할 수도 있고(상 463조의3 5항, 464조, 344조 1항) 회사의 선택에 따라 일할배당을 하거나 혹은 동액배당을 할 수도 있다(상 462조의3 5항, 350조 3항).

---

26) 자본시장과 금융투자업에 관한 법률은 주권상장법인의 경우 3월, 6월, 9월 말일 당시의 주주에게 이사회의 결의로써 금전으로 이익배당을 할 수 있도록 하여 이른바 분기배당도 가능하도록 규정하고 있다(자본시장법 165조의12).

### 라. 금전배당

회사가 이익배당을 함에 있어서 금전을 배당하거나 신주를 발행하여 주식으로 배당하거나 혹은 보유하고 있는 주식 등 재산으로 현물배당을 할 수 있으나 금전배당이 일반적이다.

금전배당이 있게 되면 회사가 보유하고 있던 현금이 주주들에게 지급됨으로 회사재산의 사외 유출이 발생하게 되지만, 배당가능이익으로써 지급하게 되므로 자본금에는 변동이 없다고 할 것이다.

### 마. 주식배당

#### (1) 주식배당의 의의

주식배당이란 회사가 이익을 배당함에 있어서 금전을 지급하는 것에 갈음하여 새로이 주식을 발행하여 이로써 하는 배당을 말한다. 그러므로 회사가 보유하고 있는 자기주식을 배당하는 것은 주식배당이 아니다.

주식배당의 경우에도 배당가능이익을 재원으로 하여 신주를 발행하게 되므로 회사로서는 금전배당을 위한 자금압박을 피하거나 배당자금의 사내유보가 가능하고, 회사채권자로서는 회사자본금이 증가하므로 책임재산의 확보가 더욱 더 확실해지고, 주주로서도 향후 주가상승으로 인한 차익을 기대하거나 신주의 액면이 과세표준이 되므로 납세부담을 줄일 수 있다는 장점이 있으나, 회사로서는 향후 주식수의 증가에 따른 배당압박이 있을 수 있고, 주주로서는 이익을 현금으로 배당받을 권리가 침해된다는 단점도 있기에 상법은 이익배당총액의 2분의 1에 상당하는 금액을 초과할 수 없도록 주식배당한도를 제한하여(상 462조의2 1항 단서) 회사가 현금이나 현물배당을 하지 않은 채 주식배당만을 실시하는 것을 허용치 않고 있으나 주권상장법인의 경우에는 이에 대한 특례를 인정하고 있다.[27)]

주주총회에서 주식배당의 결의를 할 때는 주주평등의 원칙에 어긋나지 않아야 함은 당연하다 할 것이고, 또한 회사가 주식배당을 하게 되면 새로이 주식을 발행하여 배당하게 되므로 당연히 신주의 발행이 있게 되고 이때 회사는 정관에 정한 발행예정주식총수의 한도 내에서 이를 발행하여야 하므로 미발행 수권주식이 부족할 경우에는

27) 자본시장과 금융투자업에 관한 법률은 주권상장법인의 경우에 시가가 액면액 이상이라면 이러한 제한 없이 이익배당의 전부를 주식배당으로 할 수 있도록 정하고 있고(자본시장법 165조의13 1항), 이때 주식의 시가를 정하는 방법에 관하여도 정하고 있다(자본시장법 165조의13 2항, 같은법 시행령 176조의14).

주주총회에서 정관 변경절차를 밟아야 할 것이다.

상법은 무액면주식의 발행을 허용하고 있고 무액면주식을 발행하는 경우에는 액면주식을 발행하지 못하도록 규정하고 있다(상 329조 1항, 451조 2항). 그런데 상법은 주식배당을 주식의 권면액(액면가)으로 하도록 정하고(상 462조의2 2항) 있을 뿐, 무액면주식의 주식배당을 하는 때에 관하여 별도의 규정이 없기에 무액면주식을 발행한 회사가 주식배당을 하는 경우에 그 배당기준을 어떻게 할 것인가의 문제가 있다.[28)]

### (2) 주식배당의 법적 성질

주식배당의 법률적 성질에 관하여 ① 주식배당이나 준비금의 자본금전입이나 단순히 대차대조표상의 이익항목에서 자본항목으로의 대체에 불과할 뿐이고 실질적인 회사재산의 변동이 없다는 점에서 동일하므로 주식배당은 준비금의 자본금전입에 의한 신주발행과 같이 주식의 분할이라는 견해(주식분할설),[29)] ② 이에 대하여 주식배당의 경우는 배당가능이익을 전제로 하고 있는 데 반하여 자본금전입은 법정준비금을 전제로 한다는 점에서 다르고, 주식배당을 하는 경우에는 금전배당으로 인하여 회사 밖으로 유출될 자금이 회사에 유보됨으로써 회사재산의 증가가 있으나 주식의 분할로 파악되는 준비금의 자본금전입의 경우에는 회사재산의 변동이 전혀 없는 점에서 다르다고 주장하면서 주식배당은 단순히 이익배당의 한 형태라고 주장하는 견해(이익배당설)[30)]가 대립하고 있다. 생각건대 상법은 주식배당을 이익배당의 한 형태로서 규정하고 있고, 배당으로 주주에게 지급될 자금이 회사에 유보된다는 점에서 소극적이나마 회사재산의 증가가 있고 이는 단순한 대차대조표상의 항목대체와는 다르다는 점에서 이익배당설이 타당하다고 생각된다.

이 같은 주식배당을 법률적으로 어떻게 파악하는지에 대한 견해의 대립은 ① 회사가 가지고 있는 자기주식에 대하여 주식배당을 할 수 있는지, ② 회사가 주식배당을 하면서 일할배당을 할 수 있는지, ③ 회사가 종류주식을 발행한 경우에 모두 동일한 주식으로 배당할 수 있는지, ④ 약식질의 효력이 주식배당에 미치는지 여부에 관하여 차이를 나타내고 있다.

---

28) 무액면주식을 발행한 경우에는 이론상 주식배당이 허용되지 않는다고 주장하는 견해도 있지만(이철송 958면), 상법상 무액면주식을 발행한 회사의 경우에 주식배당을 제한하는 규정이 없으므로 그렇게 해석하기에는 무리가 없지 않다. 무액면주식의 경우에는 발행액을 주식배당의 기준으로 하는 것도 한 방법이 될 수 있고 또한 배당가능이익 내에서는 이러한 배당기준에 의하여 배당하더라도 회사채권자의 보호에 소홀함이 없을 것이다.
29) 임홍근 725면, 정동윤 631면.
30) 권기범 983면, 최기원 938면, 손주찬 944면, 이철송 960면, 정찬형 791면, 정희철 568면, 최준선 650면.

### (3) 주식배당의 요건

주식배당도 이익배당의 한 형태이므로 금전배당과 같이 실질적 요건으로서 배당가능이익이 있을 것이 요구되고, 이 점에서 배당가능이익의 존재와 상관없이 법정준비금으로 하는 자본금전입과 구별된다. 또한 상법은 주식으로 배당하는 경우라도 그 전부를 주식으로 배당할 수 없고 주식배당액은 이익배당총액의 2분의 1에 상당하는 금액을 초과하지 못하도록 규정하고 있다(상 462조의2 1항).[31]

또한 회사가 주식배당을 하기 위하여 형식적 요건으로서 주주총회의 보통결의가 있어야 하는데(상 462조의2 1항), 이익배당액 중에서 얼마를 주식배당으로 할 것인지, 어느 종류의 주식을 얼마만큼 발행할 것인지를 결의하여야 한다. 액면가 이상의 발행은 주주의 이익을 해할 우려가 있고 액면가 이하의 발행은 자본충실을 해할 우려가 있게 되어 상법은 주식배당으로 발행되는 신주의 발행가액은 권면액(액면가액)으로 하도록 규정하고 있으므로(상 462조의2 2항 전단) 이를 정관이나 주주총회에서 달리 정할 수는 없다고 할 것이다.

이사회의 결의에 따라 배당이 결정되는 경우(상 462조 2항 단서)에도 주식배당은 별도로 주주총회의 결의가 있어야 한다.

### (4) 주식배당의 절차

주주총회에서 주식배당 결의가 있게 되면 이사는 지체 없이 배당을 받을 주주와 주주명부에 기재된 질권자에게 그 주주가 받을 주식의 종류와 수를 통지하여야 한다(상 462조의2 5항).

주식배당으로 신주가 발행되면 발행주식이 증가하게 되므로 정관에 정한 발행예정주식총수의 범위 내에서 발행하여야 하고, 자본금도 증가하게 되므로 이에 따라 변경등기를 하여야 한다(상 317조 4항, 183조). 또한 주식배당결의가 있으면 그때부터 신주의 주주가 되므로(상 462조의2 4항) 회사는 지체 없이 주권을 발행하여야 할 것이다.

상법은 회사가 여러 가지의 종류주식을 발행한 때에는 각기 그와 같은 종류의 주

---

31) 자본시장과 금융투자업에 관한 법률은 주권상장법인은 주식의 시가가 액면액 이상이면 상법 462조의2 1항 단서에도 불구하고 이익배당총액에 상당하는 금액까지 주식배당을 할 수 있도록 규정하는(자본시장법 165조의13 1항), 한편 동법 시행령 176조의14에서는 주식배당에 있어서 시가의 산정에 관한 규정을 두고 있다.
이처럼 주식배당을 제한하는 이유는 어떠한 논리적 결과가 아니라 주주를 보호하려는 것이므로 비상장회사의 경우에도 주주 전원의 동의가 있으면 이익배당액의 전부를 주식배당의 형식으로 할 수도 있다고 할 것이다.

식으로 발행할 수 있도록 규정하고(상462조의2 2항 후단) 있으므로, 반대로 모두 동일한 주식으로 발행할 수도 있을 것이다.

배당금액 중 주식의 액면가에 미달하는 경우에 단주가 발생하게 되는데, 이 경우에는 원칙적으로 단주를 경매하여 그 대금을 지급하여야 한다. 만약 거래소의 시세가 있는 경우에는 거래소를 통하여 매각할 수 있고, 거래소 시세가 없는 경우에는 법원의 허가를 얻어 경매외의 방법으로 매각할 수도 있다(상 462조의2 3항, 443조 1항).

### (5) 주식배당의 효과

주식배당을 하게 되면 신주를 발행하게 되므로 회사의 발행주식수가 증가하게 되는 효과가 발생하지만 회사에 새로운 자금의 유입은 없고 각 주주가 가진 주식수에 따라 균등하게 신주를 배당하게 되므로 원칙적으로 회사에 대한 주주의 지분 변동은 없다고 할 것이나, 예외적으로 종류주식을 발행하였음에도 모든 주주에게 동일한 종류의 주식으로 배당한 경우라든가 혹은 단주가 발생한 경우에는 경매하거나 거래소를 통하는 등의 방법으로 매각하게 되므로(상 462조의2 3항, 443조 1항) 그 처리결과에 따라 약간의 지분변동이 있을 수도 있다.

주주총회에서 준비금을 자본금전입하기로 결의함으로써 신주가 발행되는 경우에 신주가 되는 시기는 그러한 주주총회의 결의가 있은 때(상 461조 4항)인 데 반하여 주식배당에 의하여 신주를 배당받은 주주는 주식배당결의를 한 주주총회가 종결한 때로부터 신주의 주주가 되고, 다만 이익의 배당에 관하여는 직전 영업연도 말에 발행된 것으로 볼 수도 있다(상 462조의2 4항, 350조 3항 후단).

또한 주식배당의 경우에 등록질권자의 권리는 주식배당에 의하여 주주가 받을 권리에 미치게 되므로 주식배당으로 발행되는 신주에도 미치게 되고, 따라서 등록질권자는 회사에 대하여 신주의 주권의 교부를 청구할 수도 있다(상 462조의2 6항, 340조 1항, 3항). 다만, 약식질권자의 권리에 관하여는 주식배당의 법적 성질에 대한 견해에 따라 달라진다고 함은 이미 설명한 바 있다.

## 바. 현물배당

현물배당이란 회사가 이익을 배당함에 있어서 금전 이외에 회사가 가지고 있는 재산으로 배당하는 경우를 말한다.[32] 상법상 재산의 종류에 대한 제한은 없으므로 회사

32) 2011년 4월 14일 개정된 상법에서 신설된 조항인데 같은 맥락에서 상환주식을 상환하는 경우(상 345조 3항) 및 합병교부금을 지급하는 경우(상 523조 4호)에도 현물로 할 수 있도록 하는 규정을 신설하였다.

가 보유한 다른 회사의 주식이나 사채는 물론이고 자기주식이나 자기사채 등으로 배당하는 경우도 있을 수 있으나 배당은 주주들에게 동일한 기준으로 이루어져야 하므로 특정물은 제외된다고 할 것이다.

이처럼 현물배당이란 배당결의를 할 때 배당의 목적이 회사가 가지는 재산으로 정하여지는 것을 의미하고 이와는 달리 배당을 금전으로 지급할 것이 확정이 된 후에 그 지급수단을 금전에 갈음하여 현물을 하는 것은 현물배당이 아니고 단지 금전배당에 대한 대물변제일 뿐이다.

회사가 현물배당을 하기 위해서는 정관으로 현물배당을 할 수 있음을 정하여야 한다(상 462조의4 1항). 다만 상법은 누가 현물배당을 할 것인지를 결정하는가에 관한 규정이 없으므로 결국 주주총회(상 462조 2항 본문) 혹은 이사회(462조 2항 단서)에서 이익배당을 결의함에 있어서 그 배당의 내용으로서 현물로 배당할 것을 결정하게 될 것이다.

특히 상법은 회사가 현물배당을 결정할 때 ① 주주가 배당되는 현물배당 대신에 금전배당을 청구하는 것을 허용할 수 있도록 정할 수 있고 그러한 경우에 그 금액과 청구기간을 정하도록 하고(상 462조의4 2항 1호), ② 일정 수 미만의 주식을 보유한 주주에게는 현물배당 대신에 금전배당을 할 수 있고 그러한 경우에 그 기준이 되는 주식 수 및 금액을 정하도록 하고 있다(상 462조의4 2항 2호). 또한 이런 결정과 그 결정에 따른 기준은 배당결의를 할 때 정하여지게 될 것이다.

### 사. 위법한 배당

#### (1) 위법한 배당의 의의

위법한 배당이란 넓은 의미로는 배당결의를 위한 주주총회의 소집절차에 하자가 있거나 주주평등의 원칙에 위배한 경우 또는 배당가능이익이 존재하지 않는 경우 등 배당의 내용과 절차가 법령 혹은 정관에 위반한 이익배당을 의미하지만, 좁은 의미로는 회사가 부채의 과소평가 혹은 재산의 과대평가 등 재산의 부당평가를 통하여 배당가능이익이 없음에도 배당을 하거나 배당가능이익을 초과하여 배당하는 것을 의미한다.

그 위법성이 어디에 있든 간에 위법한 배당은 무효라고 할 것이지만 이러한 위법한 배당에 대해서는 배당의 목적물이 무엇인지 또는 위법의 내용이 무엇인지에 따라 그 처리방법이 다르다고 할 것이다.

한편 위법한 배당안에 대하여 이사회에서 찬성하거나 이를 주주총회에 제출하거나 또는 이사회에서의 배당결의에 찬성한 이사는 회사에 대하여 연대하여 손해배상책임(상 399조)을 부담하고, 이러한 이사에게 고의·중과실이 있는 경우에는 제3자에 대하여도 손해배상책임을 부담하게 된다(상 401조). 또한 감사 혹은 감사위원회도 회사에 대하여 혹은 제3자에 대하여 손해배상책임을 부담하게 될 것이고(상 414조, 415조의2 7항), 외부감사인의 경우에도 회사 또는 제3자에 대하여 손해배상책임을 부담하게 된다(외감법 17조).

### (2) 위법한 금전배당

#### (가) 회사에 대한 효과

금전배당이 위법하게 이루어진 경우 그것이 절차상의 위법이든 배당가능이익이 없거나 배당가능이익을 초과하는 등의 위법인지를 불문하고 무효이므로 회사는 주주에 대하여 위법하게 배당받은 것을 부당이득으로서 반환을 구할 수 있게 된다(민 741조).

그런데 부당이득의 법리에 따를 경우 부당이득한 자의 선의 또는 악의 여부에 따라 그 반환범위가 다르지만(민 748조), 회사법의 조직법적 특성에 비추어 볼 때 위법배당의 경우에는 주주의 선의·악의를 불문하고 배당받은 전액을 반환하여야 할 것이다.

한편 배당 가능한 이익이 없음에도 불구하고 주주총회에서 배당결의를 하여 배당이 이루어졌다면 그러한 배당결의를 한 주주총회의 결의는 상법 제462조 1항에 위반하여 무효라고 할 것이다. 그런데 이러한 현금배당의 위법을 주장하기 위하여 주주총회 결의가 무효임을 선결적으로 확인하여야 하는지에 관하여 ① 주주총회결의 무효확인의 소의 성질이 확인의 소라고 하면 누구나 언제나 어떤 방법으로도 그 무효를 주장할 수 있으므로 구태여 배당의 무효를 주장하기 위하여 배당을 결의한 주주총회의 결의의 무효를 별도로 주장함이 없이 곧바로 배당의 무효를 주장할 수 있으나, 만약 형성의 소라고 한다면 우선 주주총회결의 무효확인의 소를 통하여만 주주총회의 무효가 확정되므로 배당을 결의한 주주총회의 결의가 무효임을 법원을 통하여 먼저 확인한 뒤에야 비로소 배당의 무효를 주장할 수 있다는 견해,[33] ② 배당가능이익 없는 위법한 배당의 문제는 배당결의를 한 주주총회결의의 소의 성질과 결부시킬 것이 아니고 그 자체로서 강행법규에 어긋나는 행위로서 무효이므로 주주총회의 무효 여부와 상관없이 회사는 주주에 대하여 부당이득반환을 구할 수 있다는 견해[34]가 대립하고 있다. 생각건대 배당가능이익이 없는 배당을 하는 것은 배당가능이익이 있을 것을

33) 권기범 975면, 정찬형 799면, 정희철 565면.
34) 이철송 965면, 정동윤 628면.

요하는 상법의 규정에 정면으로 배치하는 것으로서 강행법규에 위반하여 당연히 무효라 할 것이고, 이러한 위법배당의 주장방법에 관하여 상법에 아무런 규정이 없다면 법의 일반원칙에 비추어 볼 때 무효는 누구나 언제라도 어떤 방법에 의하여도 주장할 수 있는 것이라 보아야 하므로 위법배당의 무효의 주장을 위하여 배당을 결의한 주주총회의 결의의 무효 확인이 선결적으로 필요하다는 견해는 타당치 않다고 판단된다. 또한 배당가능이익이 있으나 배당의 기준 또는 방식 등의 절차에 하자가 있는 경우, 예컨대 차등배당을 하는 등 주주평등의 원칙에 어긋나는 경우에는 상법 제464조에 위반하고 회사의 본질에 어긋나는 것이므로 앞서 본바와 같이 곧바로 배당의 무효를 주장하여 부당이득반환을 구할 수 있으나 배당을 결의한 주주총회의 소집절차 또는 결의방법에 하자가 있어 취소사유가 되는 경우에는 주주총회의 취소를 한 연후에 그에 따른 위법배당의 반환을 구하게 될 것이다.

(나) 회사채권자에 대한 효과

위법한 배당이 배당가능이익의 범위 내에서 이루어졌다면 회사채권자로서는 채권자대위권을 행사하기 위하여 필요한 채권보전의 필요성을 충족시킬 수가 없어 결국 이를 다툴 수 있는 방법은 없다고 할 것이지만, 만약 위법한 배당이 배당가능이익이 없거나 배당가능이익을 초과하여 이루어졌다면, 그러한 위법한 배당으로 인하여 회사채권자가 회사에 대하여 가지는 채권의 회사 책임재산에 대한 보존의 필요성이 충족되었다고 할 것이므로 회사채권자는 당사자가 아니더라도 민법상의 채권자대위권(민 404조)을 주장하여 회사가 주주에 대하여 가지는 부당이득반환청구권을 행사하여 주주에게 이를 회사에 반환할 것을 청구할 수 있다고 할 것이다.

그런데 상법은 배당가능이익이 존재하지 않음에도 불구하고 위법하게 금전배당을 받은 경우(협의의 위법배당)에 있어서 주주가 스스로 반환하지 않거나 회사가 회수하지 않을 경우에 회사채권자가 직접 주주에 대하여 위법하게 받은 배당금을 회사에 반환하도록 청구할 수 있도록 하는 특별한 규정을 두고 있고(상 462조 3항) 이 규정을 중간배당의 경우에도 준용하고 있다(상 462조의3 6항).

회사채권자에게 인정되는 이러한 청구권은 민법상의 채권자대위권과는 별개로 회사채권자를 보호하기 위하여 상법에 의하여 특별히 인정되는 것이라 할 것이다. 그러므로 원고는 반드시 위법한 배당 당시의 채권자가 아니라도 상관없고, 또 채권자가 변제기에 이른 채권을 가지고 있을 필요도 없으며, 그 청구액은 채권자가 회사에 대하여 가지는 채권액에 국한되지 않고 위법한 배당액의 전액이 대상이며, 위법한 배당받은 주주의 선의 혹은 악의를 불문한다고 할 것이다. 이같이 회사로부터 위법한 금전배당을 받은 주주에 대한 회사채권자의 반환청구는 의사표시로 할 수도 있고, 필요한 경우에는 소송을 제기할 수도 있는데 소송을 하는 경우에 그 재판관할은 회사의 본점 소재지의 관할법원이라고 할 것이다(상 462조 3항, 186조).

상법은 위법한 현물배당에 관한 규정도 별도로 두고 있지는 않지만 현물배당은 그 배당의 내용이 금전 대신 회사가 가지는 재산인 경우이고 그 밖에 주식배당과 같은 신주발행 등이 없으므로 위법한 현물배당은 위법한 금전배당과 동일하게 취급되어도 될 것이다.

### (3) 위법한 주식배당

상법이 정하는 배당에 관한 규정은 강행규정이라고 할 것이므로 위법한 주식배당의 경우도 당연무효라고 할 것이다. 그러나 회사재산의 외부유출이 있게 되는 현금배당의 경우와 달리 주식배당의 경우에는 회사재산의 외부유출은 없으나, 신주가 발행되어 유통되게 되므로 배당가능이익이 없는 주식배당으로 인하여 신주가 발행된 경우에는 그 신주의 효력도 함께 살펴보아야 할 것이다.

특히 배당가능이익이 없음에도 불구하고 주식배당이 되었다면 그러한 주식배당은 강행법규에 위반한 것으로서 당연히 무효라 할 것이고, 이러한 신주발행은 납입 없는 신주발행과 같아서 무효라고 할 것이다.

이처럼 배당가능이익이 없는 위법한 주식배당으로 인하여 발행된 신주가 무효로 되면 주주는 회사로부터 배당 받은 것이 없게 되므로 주주로서는 회사에 대하여 부당이득으로서 반환할 이득을 얻은 것이 없게 되고, 또한 회사의 재산이 사외로 유출된 것도 아니어서 회사채권자가 손해를 입은 것도 없으므로 회사채권자로서는 주주에게 주식의 반환을 직접 구할 지위에 있지 않다고 할 것이다. 또한 회사채권자도 주주에게 배당받은 주식을 회사에 반환할 것을 직접 청구할 수도 없다고 할 것이다.

다만, 신주발행무효의 소가 확정되더라도 그 판결의 효력은 소급하지 아니하므로(상 431조 1항) 무효로 확정되기까지 이루어진 주식의 양도와 입질은 유효하다고 할 것인데, 회사로부터 위법하게 주식을 배당받은 주주가 신주를 양도하거나 혹은 입질함으로써 어떤 이익을 취하였다면 부당이득으로서 반환을 구할 수는 있다고 할 것이다(민 741조).

한편, 회사가 주식배당을 함에 있어서 배당가능이익은 있었으나, 주주총회결의의 하자가 있거나, 주식배당한도를 초과하였거나, 정관에 정한 발행예정주식수를 초과하였거나, 정관에 정하지 아니한 주식을 발행한 경우와 같은 경우에는 온전히 신주발행무효의 소로서 처리하여야 할 것이다.

### (4) 위법한 중간배당

위법한 중간배당도 당연 무효라고 할 것이므로, 주주는 회사에 대하여 배당받은 금액을 부당이득으로서 반환하여야 할 것인데(상 741조), 상법은 위법한 정기배당의 경우에 있어서 회사채권자에게 인정되는 주주에 대한 직접반환청구권에 관한 규정(상 462조 2항)을 중간배당의 경우에도 준용하고 있다(상 462조의3 6항).

한편 상법은 위법한 중간배당을 한 경우에 이사에 대하여 특별한 반환책임을 부담시키고 있는데, 회사가 당해 결산기에 이익이 예상되지 아니함에도 불구하고 중간배당을 한 경우에는 이사로 하여금 회사에 대하여 연대하여 그 차액(배당액이 그 차액보다 적을 경우에는 배당액)을 배상할 책임을 부담시키고 있다(상 462조의3 4항 본문). 이때 중간배당에 관한 이사회 결의에 찬성한 이사는 모두 연대책임을 부담하고(상 462조의3 6항, 399조 2항), 이사회결의에 참가하였음에도 불구하고 이의를 한 기재가 없는 이사는 그 결의에 찬성한 것으로 추정하고 있다(상 462조의3 6항 399조 3항). 다만, 이러한 이사의 책임은 이사가 당해 결산기에 이익이 발생하지 아니할 우려가 없다고 판단함에 있어서 주의를 게을리 하지 아니하였음을 증명함으로써 책임을 면할 수 있고(상 462조의3 4항 단서) 또한 총주주의 동의로써 면제될 수도 있다(상 462조의3 6항, 400조).

## 5. 주주의 회계감독

### 가. 총 설

상법상 주주는 직접적으로 회사의 업무를 집행할 권한이 없으므로 주주총회에서 이사를 선임하여 이들로 하여금 회사의 업무를 담당하게 하고, 이 밖에 주주는 위법행위유지청구, 대표소송, 이사해임 등을 통하여 이사의 업무집행을 감시·감독함으로써 간접적으로 회사의 업무에 관여할 뿐이다.

이러한 주주의 이사 등에 대한 감시감독권을 효율적으로 행사토록 하기 위하여 주주는 회사의 업무와 재산상황에 대하여 알아야 할 필요가 있는데 이를 위하여 상법은 주주에게 일정한 권한을 부여하는 한편 주주가 이러한 권한을 남용하는 것을 방지하기 위하여, 일정한 권한에 대하여는 소수주주권의 일종으로 행사하도록 하거나, 일정한 경우에는 주주의 이러한 권한 행사를 회사가 거부할 수 있도록 하고 있다.

### 나. 단독주주권의 행사

상법은 정기총회회일의 1주간 전부터 재무제표와 그 부속명세서, 영업보고서 및 감사보고서를 본점에는 5년간 비치하고 지점에는 3년간 비치하도록 규정하고(상 448조 1항), 주주는 영업시간 내에 언제든지 이를 열람하고 그 등본이나 초본의 교부를 청구할 수 있도록 하여(상 448조 2항) 이른바 주주에게 재무제표 등의 열람 및 등사권을 인정하고 있다.

이러한 장부 및 서류는 회사가 주주총회의 승인을 얻기 위한 자료로서 의결권의 유무를 불문하고 모든 주주에게 단독주주권의 일종으로서 인정되는 권리라고 할 것이다.

이사가 이러한 공시를 게을리 함으로써 주주, 채권자 기타 이해관계인이 그로 인하여 손해를 입은 경우에 이사를 상대로 손해배상책임을 부담시킬 수 있고(상 401조), 자금시장과 금융투자업에 관한 법률은 주권상장법인에 관하여는 부실공시로 인한 손해배상책임에 관하여 특별규정을 두고 있다(자본시장법 125조 내지 127조, 162조).

### 다. 소수주주권의 행사

회사의 재무제표 등과 같이 주주총회의 승인을 얻기 위한 자료는 회사의 재무 상태와 영업 상태에 관한 2차적이고 간접적인 자료에 불과하고 정확한 재무 상태를 파악하기 위해서는 이들 자료를 작성하는 기초가 된 각종 회계장부를 살펴볼 필요가 있으므로 상법은 주주들에게 회계장부와 관련된 서류를 열람하고, 등사할 수 있는 권리를 주고(상 466조), 이 밖에도 주주가 회사의 업무 상태와 재산 상태를 조사하기 위하여 법원에 검사인의 선임을 청구할 수 있는 권리를 인정하고 있다(상 467조).

#### (1) 회계장부 열람청구권 등

상법은 주주에게 재무제표 등의 장부를 작성한 기초가 된 각종 회계장부에 대한 열람 및 등사 청구권을 인정하고 있으나 주주가 이를 남용하여 회사 또는 이사에 대한 부당한 압박의 수단으로 사용하는 것을 방지할 목적에서 발행주식의 총수의 100분의 3 이상에 해당하는 주식을 가진 주주에게 이를 인정하고(상 466조 1항), 다만 상장회사의 경우에는 6개월 전부터 계속하여 발행주식총수의 1만분의 10(대통령령이 정하는 상장회사는 1만분의 5 이상)에 해당하는 주식을 보유한 주주에게 인정하고 있다(상 542조의6 4항).

이러한 권리는 주주의 공익권의 하나로서 인정되므로 의결권 없는 주주도 이를 행사할 수 있고, 또한 이러한 소수주주의 요건은 열람청구를 할 때뿐만 아니라 실제로 열람하거나 등사할 때에도 갖추고 있어야 할 것이다.

주주가 이러한 권리를 행사하기 위해서는 이유를 붙인 서면으로 회사에 청구하여야 하고(상 466조 1항) 회사는 주주의 청구가 부당함을 증명하지 아니하면 이를 거부하지 못하도록 함으로써(상 466조 2항) 주주의 청구가 부당함에 대한 증명책임을 회사에게 전환하고 있다.

### 대법원 2010.7.22. 선고 2008다37193 판결

주주 또는 회사채권자가 상법 제396조 제2항에 의하여 주주명부 등의 열람등사청구를 한 경우 회사는 그 청구에 정당한 목적이 없는 등의 특별한 사정이 없는 한 이를 거절할 수 없고, 이 경우 정당한 목적이 없다는 점에 관한 증명책임은 회사가 부담한다.

### 대법원 2014.7.21. 자 2013마657 결정

상법 제391조의3 제3항, 제466조 제1항에서 규정하고 있는 주주의 이사회 의사록 또는 회계 장부와 서류 등에 대한 열람·등사청구가 있는 경우, 회사는 청구가 부당함을 증명하여 이를 거부할 수 있는데, 주주의 열람·등사권 행사가 부당한 것인지는 행사에 이르게 된 경위, 행사의 목적, 악의성 유무 등 제반 사정을 종합적으로 고려하여 판단하여야 하고, 특히 주주의 이와 같은 열람·등사권 행사가 회사업무의 운영 또는 주주 공동의 이익을 해치거나 주주가 회사의 경쟁자로서 취득한 정보를 경업에 이용할 우려가 있거나, 또는 회사에 지나치게 불리한 시기를 택하여 행사하는 경우 등에는 정당한 목적을 결하여 부당한 것이라고 보아야 한다.

(같은 취지: 대법원 2004.12.24. 자 2003마1575 결정)

회사가 주주의 회계장부열람청구의 부당함을 증명하지 못함에도 불구하고 이에 응하지 않을 때, 주주는 회사를 상대로 회계장부 열람 및 등사청구의 소를 제기할 수 있고, 또한 회계장부열람청구권을 피보전권리로 회계장부의 열람이나 등사를 명하는 가처분[35] 혹은 그런 장부에 대한 훼손·변조 등을 막기 위하여 집행관에게 이전·보관시키는 가처분도 가능하다고 할 것이다. 그러나 회사가 운영을 부실하게 하여 소수주주에게 손실을 입혔더라도 주주총회에 참석한 일부주주가 강제로 회사사무실을 뒤져서 회계장부를 찾아 내는 것은 사회통념상 정당행위가 되지 못한다.[36]

---

35) 회계장부 열람을 위한 가처분의 행사에 관하여는, 전휴재 "회계장부 등 서류의 열람등사 가처분에 관한 실무상의 논점" 저스티스 87호(한국 법학원 2005년) 103면 내지 119면 참조.

36) 대법원 2001.9.7. 선고 2001도2917 판결 참조.

◆ 대법원 2001.10.26. 선고 99다58051 판결

상법 제466조 제1항에서 정하고 있는 소수주주의 열람·등사청구의 대상이 되는 '회계의 장부 및 서류'에는 소수주주가 열람·등사를 구하는 이유와 실질적으로 관련이 있는 회계장부와 그 근거자료가 되는 회계서류를 가리키는 것으로서, 그것이 회계서류인 경우에는 그 작성명의인이 반드시 열람·등사제공의무를 부담하는 회사로 국한되어야 하거나, 원본에 국한되는 것은 아니며, 열람·등사제공의무를 부담하는 회사의 출자 또는 투자로 성립한 자회사의 회계장부라 할지라도 그것이 모자관계에 있는 모회사에 보관되어 있고, 또한 모회사의 회계상황을 파악하기 위한 근거자료로서 실질적으로 필요한 경우에는 모회사의 회계서류로서 모회사 소수주주의 열람·등사청구의 대상이 될 수 있다.

◆ 대법원 1999.12.21. 선고 99다137 판결

상법 제466조 제1항 소정의 소수주주의 회계장부열람등사청구권을 피보전권리로 하여 당해 장부 등의 열람·등사를 명하는 가처분이 실질적으로 본안소송의 목적을 달성하여 버리는 면이 있다고 할지라도, 나중에 본안소송에서 패소가 확정되면 손해배상청구권이 인정되는 등으로 법률적으로는 여전히 잠정적인 면을 가지고 있기 때문에 임시적인 조치로서 이러한 회계장부열람등사청구권을 피보전권리로 하는 가처분도 허용된다고 볼 것이고, 이러한 가처분을 허용함에 있어서는 피신청인인 회사에 대하여 직접 열람·등사를 허용하라는 명령을 내리는 방법뿐만 아니라, 열람·등사의 대상 장부 등에 관하여 훼손, 폐기, 은닉, 개찬이 행하여질 위험이 있는 때에는 이를 방지하기 위하여 그 장부 등을 집행관에게 이전 보관시키는 가처분을 허용할 수도 있다.

### (2) 검사인 선임청구권

주주들이 회사의 회계장부를 열람한다고 하더라도 회사의 업무 상태와 재산 상태 등을 정확히 알 수 있는 것은 아니므로, 차라리 전문가로 하여금 이를 검사하도록 하는 것이 필요한 경우를 위하여 상법은 주주에게 검사인의 조력을 받을 방안을 마련하는 한편 주주가 이를 남용하는 것을 경계하여 일정한 요건을 갖춘 경우에 발행주식의 총수의 100분의 3 이상에 해당하는 주식을 가진 주주(상 467조 1항), 다만 상장회사의 경우에는 6개월 전부터 계속하여 발행주식총수의 1천분의 15 이상에 해당하는 주식을 보유한 주주로 하여금 법원에 검사인의 선임을 청구할 수 있도록 규정하고 있다(상 542조의6 1항).

이러한 권리도 주주의 공익권의 하나로서 인정되므로 의결권 없는 주주도 이를 행사할 수 있다고 할 것이다.

주주가 법원에 검사인의 선임을 구하기 위해서는 회사의 업무집행에 관하여 부정행위 또는 법령이나 정관에 위반한 중대한 사실이 있음을 의심할 사유가 있어야 하는

데[37] 이러한 사실에 대한 증명책임은 검사인 선임을 청구하는 주주가 부담한다고 할 것이다.

주주의 검사인 청구가 적법하다고 인정되는 경우에 법원은 검사인을 선임하여야 하며 법원에 의하여 선임된 검사인은 조사결과를 법원에 보고하여야 하고(상 467조 2항) 법원이 검사인의 보고를 받고 필요하다고 인정되는 경우에는 대표이사에게 주주총회의 소집을 명할 수 있다(상 467조 3항).

## 6. 회사의 회계와 관련된 기타 상법규정

상법은 비록 회사의 계산에 관한 직접적인 규정은 아니지만, 정기주주총회에서 재무제표 등의 승인을 위한 의결권의 행사와 관련하여 재산상의 이익공여금지에 관한 규정(상 467조의2), 회사의 계산에 있어서 회사의 사용인을 보호하기 위하여 회사재산에 대한 사용인의 우선변제권을 인정하는 규정(상 468조)을 두고 있다.

### 가. 주주권의 행사와 관련한 재산상의 이익공여 금지

#### (1) 이익공여 금지의 의의

상법은 회사가 누구에게든지 주주의 권리행사와 관련하여 재산상의 이익을 공여할 수 없도록 규정하고(상 467조의2 1항) 무상이든 유상이든 재산상의 이익을 공여한 경우에는 주주권의 행사와 관련한 것으로 추정하는(상 467조의2 2항) 한편, 위와 같이 재산상의 이익을 공여한 경우에 이익을 공여 받은 자는 그 이익을 회사에 반환할 의무를 규정하여(상 467조의2 3항) 주주의 권리행사와 관련한 이익의 공여를 금지하고 있다.

상법은 이른바 총회꾼의 농간을 방지하고, 총회꾼과 결탁하여 부실경영과 부정행위의 은폐를 자행하려는 경영진의 부정행위를 저지함으로써 정당한 주주권 행사를 보장하여 주주총회의 원활하고 정상적인 운영을 목적으로 이런 규정을 두게 된 것이다.

---

37) 대법원 1985.7.31. 자 85마214 결정(대법원 1996.7.3. 95마1335 심결)은 "상법 제467조 제1항이 규정하고 있는 검사인 선임 청구사유인 "업무집행에 관한 부정행위 또는 법령이나 정관에 위반한 중대한 사실"에 대하여는 그 내용을 구체적으로 명확히 적시하여야 하고 단순히 결산보고서의 내용이 실지 재산상태와 일치하는지 여부에 의심이 간다는 정도의 막연한 것으로 그 사유를 삼을 수는 없다"고 판시하고 있다.

### (2) 이익공여 금지 위반의 내용

상법의 규정에 의하여 재산상의 이익 공여가 금지되는 당사자로서 이익의 공여자는 회사이므로, 회사의 대표이사는 물론이고 이사, 감사, 지배인 혹은 사용인이 공여하더라도 그것이 회사의 계산으로 이루어진 경우에는 회사가 공여자가 된다고 해석하여야 할 것이고 이익을 공여 받는 자는 주주뿐만 아니라 주주의 권리행사와 관련성이 있는 한 주주가 아니라도 무방하다고 할 것이므로 상법은 누구라도 이익공여의 상대방이 된다고 규정하고 있다(상 467조의2 1항).

상법의 규정에 의하여 공여가 금지되는 것은 재산상의 이익으로서 금전, 물건 기타 권리 등 넓은 의미에서의 특정인에게 주는 경제적인 이득을 말한다고 할 것이므로 단순한 기념품 등과 같이 사회통념에 비추어 재산상의 이익이라고 볼 수 없는 것은 이에 해당한다고 할 수 없다.

또한 상법은 재산상의 이익공여가 주주의 권리행사와 관련성이 있을 것을 규정하고 있는데 주주권의 권리행사와의 관련성은 널리 주주의 공정한 주주권 행사에 영향을 미치는 것을 의미한다고 할 것이므로, 주주의 의결권 행사, 의사진행요구 등 주주총회에서의 주주권 행사뿐만 아니라 예컨대 주주대표소송이나 위법행위유지청구권 또는 회계장부열람권 등 그 밖의 모든 주주권의 행사와 관련한 주주권의 행사를 의미한다고 할 것이다.

특히 구체적인 경우에 증명의 곤란을 피하기 위하여 상법은 특정 주주에게 무상으로 재산상의 이익을 공여하거나, 유상으로 재산상의 이익을 공여하더라도 회사가 얻은 이익이 공여한 이익에 비하여 현저하게 적은 경우에는 주주의 권리행사와 관련된 것으로 추정하고 있으므로(상 467조의2 2항), 이 경우에는 특정주주가 주주권의 행사와 무관함을 증명하여야 한다. 그 밖의 경우에는 이익공여가 있었다는 것을 주장하는 회사나 주주가 개별적으로 증명하여야 할 것이다.

### (3) 이익공여 금지 위반의 효과

회사가 주주의 권리행사와 관련하여 재산상 이익을 공여하는 행위는 사회질서에 위반하고 상법의 규정에 위반하는 행위로서 당연무효라고 할 것이고, 이러한 재산상 이익을 공여 받은 자는 회사에 그 이익을 부당이득으로 반환하여야 할 것이다(민 741조). 그러나 이러한 경우에  회사가 공여한 재산상의 이익은 불법원인급여(민 746조 본문) 혹은 비채변제(민 742조)가 되어 회사가 반환을 구할 수 없는 경우가 있을 수 있으므로 상법은 재산상의 이익을 공여 받은 자로 하여금 회사에 이를 반환할 의무를 부담시키는 특별규정을 두고 있다.

상법은 재산상의 이익의 공여를 받은 자에 대하여 반환을 구하는 소송에 있어서 대표소송에 관한 규정(상 403조 내지 406조)을 준용하고 있으므로 회사의 발행주식 총수의 100분의 1 이상에 해당하는 주식을 가진 주주는 회사를 위하여 직접 소송을 제기할 수 있다(상 467조의2 4항).

이사가 이익공여의 금지규정에 위반한 경우에는 법령을 위반한 것이므로 회사에 대하여 손해배상책임(상 399조)을 지고, 제3자에 대하여도 임무해태 등으로 인한 손해배상책임을 부담하게 되며(상 401조), 감사 또는 감사위원회도 이사의 이익공여 금지규정의 위반과 관련하여 임무해태 등이 있을 시에는 회사 또는 제3자에게 손해배상책임을 부담하게 된다(상 414조, 415조의2 7항).

다만 이러한 이익공여 금지규정의 취지는 그에 따른 주주권의 행사 또는 불행사가 반드시 불법임을 문제 삼는 것이 아니라 주주권 행사에 있어서 불공정한 요소를 방지할 목적이므로 설령 이익공여의 금지규정에 위반한 주주권의 행사가 있었더라도 그 주주권행사의 효력에 영향을 미치는 것은 아니다.

## 나. 회사재산에 대한 사용인의 우선변제권

### (1) 사용인의 우선변제권의 의의

상법은 회사와 고용관계에 있는 사용인을 보호하기 위하여 사용인이 회사에 대하여 고용관계로 인한 채권을 가지는 경우에 그 채권에 관하여 회사의 총재산으로부터 우선적으로 변제받을 권리를 인정하는 규정을 두고 있다(상 468조).

### (2) 사용인의 우선변제권의 내용

상법이 규정하는 사용인의 우선변제권은 회사와 고용관계에 있는 사용인에 한하여 적용되므로 회사와 위임계약관계에 있는 이사나 감사에게는 적용되지 않고, 또한 상법은 신원보증금반환채권 및 기타 고용관계로 인한 채권에 한하여 우선변제권을 인정하므로 사용인이 회사에 대하여 가지는 급여채권, 상여금채권, 퇴직금채권 등이 적용대상이 될 것이다.

사용인의 우선변제권은 상법이 특별히 정한 우선변제권으로 해석하여야 할 것인데,[38] 이러한 우선변제권은 회사의 일반 재산에 대한 담보적 성질의 권리일 뿐이고

38) 채무자회생 및 파산에 관한 법률에 따르면 회사의 근로자의 임금, 퇴직금 및 재해보상금과 회생절차개시 전의 원인으로 생긴 회사의 근로자의 임치금 및 신원보증금의 반환청구권은 공익채권으로 분류하여

회사소유의 특정한 물건에 대한 담보권이 아니므로 질권, 저당권이나 동산 채권등의 담보에 관한 법률에 따른 담보권에 우선하지는 못하지만(상 468조 단서),[39] 비록 상법의 명시적인 규정은 없더라도 성질상 회사재산에 대한 경매청구권도 포함한다는 것이 일반적인 견해이다.

(채무자회생법 179조 10호, 11호) 회생채권과 회생담보권에 우선하도록 규정하고 있다(채무자회생법 180조 2항).

39) 근로자퇴직급여보장법은 "최종 3년간의 퇴직급여등은 사용자의 총재산에 대하여 질권 또는 저당권에 의하여 담보된 채권, 조세·공과금 및 다른 채권에 우선하여 변제되어야 한다"고 규정하여 근로자퇴직금에 관한여 상법에 대한 특칙을 규정하고 있다(근퇴법 12조 3항).

# 제 7 장 사 채

## 1. 총 설

### 가. 사채의 의의

사채란 회사가 채무총액을 균등하게 분할하여 불특정다수인으로부터 집단적이고 대량적으로 자금을 조달함으로써 부담하게 되는 정형화된 금전채무를 말한다.[1)]

주식회사만 사채를 발행할 수 있다고 할 것인데, 유한회사의 경우는 상법의 규정(상 600조 2항, 604조 1항 단서)에 비추어 볼 때 사채발행이 인정되지 않는다고 해석되고, 합명회사나 합자회사 혹은 유한책임회사의 경우에는 상법에 아무런 규정이 없으나 회사의 성질과 규모 등에 비추어 사채발행에 적합하지 않다고 할 것이다. 물론 실무상으로도 이들 회사는 사채를 발행하지 않고 있다. 이처럼 사채는 주식회사가 발행하는 것으로서 회사채라고 불리기도 하는데 국가가 발행하는 국채, 지방자치단체가 발행하는 지역채 그리고 공공기관에서 발행하는 공채와 구별하여야 할 것이다.

사채는 회사가 부담하는 채무라는 의미가 있는가 하면, 이와는 달리 채권자가 회사에 대하여 가지는 채권(債權)을 유가증권화하여 전전유통되게 함으로써 사채모집을 용이하도록 하기 위하여 발행하는 채권(債券)을 의미하는 사채(권)와 구별된다.

특히 상법은 회사가 특정인이 아닌 불특정다수인을 상대로 대량적으로 발행되고 회사는 총 채무를 일정단위로 세분하여 유통되도록 함으로써 사채의 인수를 쉽도록 하고 결국 사채모집을 용이하도록 하는 한편 회사의 일반채권자 및 주주 그리고 사채권자의 보호를 위하여 적지 않은 규정을 두고 있다.

---

1) 2011년 4월 14일 개정된 상법에서는 사채에 관한 많은 부분을 개정하거나 신설하였는데, ① 사채발행에 관한 제한을 삭제하였고(개정 전 상법 470조 내지 473조), ② 회사가 필요에 따라 다양한 모습의 사채를 발행할 수 있도록 하는 규정을 신설하였으며(상 469조 2항, 3항), ③ 사채권자를 보호할 의도에서 사채관리회사를 신설하여 수탁회사가 가지고 있던 사채의 관리에 관한 업무를 담당하도록 하는 규정을 신설, 개정하였고(상 480조의2 내지 485조) ④ 사채권자집회에 관하여도 적지 않은 변경을 가하여 그 결의에 법원의 허가부분을 삭제하였으며(상법 490조) 의결권 등 권리행사의 기준을 해당종류의 사채금액의 합계액에서 상환받은 금액을 제외한 잔존하는 채권액으로 하고 있으며(상 491조 2항, 492조 1항, 500조 1항) 또 서면에 의한 의결권의 행사를 허용하고 있다(상 495조 3항).

실무상 사채발행회사가 사채발행 후에 중요한 영업재산이나 우량 자회사를 양도하거나, 부실기업과 합병하는 등의 행위로 회사채의 신용등급이 하락하거나 사채상환의 가능성이 불투명하게 되고, 심지어 이를 기화로 회사가 사채를 염가에 매수하여 소각하기도 하는 등 사채권자의 이익이 침해되는 경우도 적지 않지만 이러한 과정에서 사채권자는 소외되고 있는 것이 현실이기도 하다.

## 나. 사채의 법률적 성질

주주는 주식의 인수행위라는 단체법적인 법률행위에 기하여 회사의 구성원이 되지만, 사채권자는 금전대차행위라는 개인법적인 법률행위에 기하여 회사의 채권자가 되고, 회사의 채권자로서 이자지급청구권과 원금반환청구권을 가지게 된다.

이처럼 사채는 본질적으로 회사가 타인으로부터 금전을 빌리는 법률행위라는 점에서 금전소비대차계약의 일종이라고 할 것이지만 불특정다수인으로부터 정형적이고 대량적으로 금전을 차입하는 형식을 취하게 되므로 상법은 사채권자의 보호와 거래의 안전을 도모하기 위하여 발행조건 및 사채의 관리 등에 관하여 별도의 규정을 두고 있으므로 사채에 관한 법률관계에 관하여는 상법의 규정이 민법의 금전소비대차계약에 관한 규정에 우선하여 적용된다.

회사가 사채를 통하여 자금을 조달하게 되면 회사와 사채권자 사이에는 사채계약이 성립되고 그에 따라 일정한 권리의무가 발생하게 되는데 이러한 사채계약의 법률적 성질에 관하여 견해의 대립이 있고 이러한 견해의 대립은 사채계약과 사채권(社債券)의 관계가 유인관계인지 혹은 무인관계인지에 관하여 차이점이 있다. 생각건대 회사가 타인으로부터 자금을 조달하기 위한 계약이라는 점에서는 소비대차계약과 유사하나 회사법관계의 특수성이 가미되어 상법에 의하여 인정되는 계약으로서 소비대차와 유사한 무명계약이라고 함이 타당할 것이다.

## 다. 사채와 주식

사채는 회사의 자금조달의 방법으로서 원칙적으로 이사회의 결의에 의하여 발행이 결정되고 불특정다수인으로부터 일정한 형식에 따른 청약서에 의해 모집되어 유가증권이 발행되고 유통시장에서 유통된다는 점에서는 주식과 일정부분에서는 유사하다고 할 것이다.

한편 사채는 외부자본으로서 회사의 채무이고 사채권자는 회사의 채권자일 뿐이므로 회사의 경영에 참여할 수 없지만 회사의 영업이익 여부에 관계없이 일정한 이자를 받으며 일정한 기간이 도래하면 원금을 상환 받게 된다. 이와 달리 주식은 내부자본을 구성하므로 회사의 재산이고 주주는 회사의 구성원으로서 회사의 경영에 참여하고 회사의 이익여부에 따른 이익배당을 받을 뿐 원칙적으로 주식대금을 상환 받을 수는 없다. 또한 사채는 발행요건에 관한 제한이 있을 뿐이고 발행가액의 제한이 없으며 사채대금의 납입은 분할납입이 가능하나 금전에 의한 납입만 허용하는 데 반하여, 주식은 자본유지의 원칙에 따라 원칙적으로 액면미달발행이 제한되고 주식대금의 납입은 전액납입이어야 하나 현물에 의한 납입도 허용된다는 점에서 다르다고 할 것이다.

그러나 의결권이 배제되거나 제한되는 종류주식의 경우에는 회사의 경영에 참여하는 것이 봉쇄되어 있고, 상환주식의 경우에는 일정한 조건에서 주식대금의 상환이 인정되며, 나아가 이익참가부사채는 사채권자가 사채발행 회사의 이익배당에 참가할 수 있고, 전환사채의 경우에는 주식으로의 전환이 인정되는 등 주식과 사채의 구별을 모호하게 하는 등 주식과 사채가 상호 접근하는 경향을 보이기도 한다고 한다.

### 라. 사채의 분류

#### (1) 기명사채와 무기명사채

채권(債券)의 권면(券面)에 사채권자의 성명을 기재하였는지 여부에 따라 기명사채와 무기명사채로 분류되는데, 기명사채는 사채원부에 사채권자의 성명과 주소를 적어야 하고(상 488조 1호) 사채의 양도와 입질을 회사와 제3자에게 대항하기 위하여 사채양수인의 성명과 주소를 사채권과 회사의 사채원부에 기재하여야 하는데(상 479조) 반하여 무기명사채는 사채원부에 사채권자의 성명과 주소를 적는 대신에 그 종류, 수, 번호와 발행연월일을 기재하여야 하며(상 488조 1호, 7호) 사채의 양도와 입질을 회사와 제3자에게 대항하기 위하여 사채권의 점유가 필요하게 되고 사채권을 공탁하지 아니하면 사채권자집회에서 의결권을 행사하지 못하게 된다(상 491조 4항) 상법은 회사가 기명식이나 무기명식으로 발행할 것을 한정하지 않은 이상 사채권자는 회사에 대하여 기명식을 무기명식으로 혹은 무기명식을 기명식으로 전환해 줄 것을 요청할 수 있도록 정하고 있다(상 480조).

#### (2) 담보부사채와 무담보사채

사채의 변제를 담보하기 위하여 사채에 물상담보가 붙어 있는지에 따라 담보부사채와 무담보사채로 분류되는데 담보부사채에는 담보부사채신탁법이라는 특별법에 의하여 규율된다.

### (3) 현물사채와 등록사채

사채를 표창하는 채권이 현실적으로 발행되는지 여부에 따라 현물사채와 등록사채로 분류되는데, 등록사채는 공사채등록법에 정한 한국예탁결제원 및 금융기관 등의 등록기관에 사채를 등록하여 사채를 발행하게 되어 현물로는 채권을 발행하지 아니하고 사채의 이전과 담보권설정 등을 현물의 교부 대신에 등록기관에 등록하도록 하여 사채를 관리하고 있다(공사채법 5조, 6조).[2] 상법은 사채의 채권(債券)을 실물로 발행하는 대신에 전자등록기관의 전자등록부에 채권을 등록하도록 하고 이로써 권리의 양도, 담보의 설정 등 권리행사를 하도록 하는 사채의 전자등록제도에 관한 규정을 두고 있다(상 478조 3항).[3]

### (4) 일반사채와 특수사채

사채에 특수한 권리와 성질이 부여되었는지에 따른 분류이다.

상법에 정하는 특수사채로는, 사채권자가 이익배당에 참가할 수 있는 이익배당참가부사채(상 469조 2항 1호), 회사나 사채권자가 주식이나 다른 유가증권으로 교환 또는 상환할 수 있는 교환사채와 상환사채(상 469조 2항 2호), 일정한 자산이나 지표 등의 변동과 연계하여 상환금액이나 지급금액이 결정되는 파생결합사채(상 469조 2항 3호),[4] 그리고 사채권자에게 사채발행회사(기채회사)의 주식으로 전환할 수 있는 권리가 부여된 전환사채(상 513조)와 사채권자에게 사채발행회사의 신주인수권이 부여된 신주인수권부사채가 있고(상 516조의2), 특별법에 의하여 인정되는 특수사채로는 담보부사채신탁법에 의한 담보부사채가 있고, 자본시장과 금융투자업에 관한 법률에 의하여도 주권상장법인에 인정되는 이익참가부사채 및 교환사채(자본시장법 165조의11 1항) 등이 있다.

---

2) 실무상 상장회사가 발행하는 회사채는 거의 모두 한국예탁결제원을 등록기관으로 하여 등록발행되고 있는 실정이다.

3) 2011년 4월 14일 개정된 상법에 신설된 조항인데, 상법은 사채의 전자등록에 관하여 주식의 전자등록에 관한 규정(상 356조의2 2항 내지 4항)을 준용하고 있다(상 478조 3항).

4) 2011년 4월 14일 개정된 상법에 따라 그동안 논의되어왔던 주식이나 통화 이자율 및 원자재 등 실물자산과 연계된 다양한 파생결합증권이 특수한 사채의 모습으로 나타나게 되었다.

## 2. 사채의 발행[5)]

### 가. 사채발행의 방법

상법은 사채발행의 방법으로서 공모에 의한 방식(상 474조)과 총액인수에 의한 방식(상 475조)을 규정하고 있으나, 특별법에서는 매출발행의 방식도 인정된다.

#### (1) 공모발행

공모방식은 불특정다수인으로부터 사채권자를 공개적으로 모집하여 발행하는 방법으로서 사채권자의 보호를 위하여 상법이 정한 일정한 내용을 기재한 사채청약서에 의하게 된다(상 474조). 공모발행에는 직접발행, 위탁발행, 위탁인수발행의 세 가지 방식이 있다.

##### (가) 직접발행

이 방법은 사채를 발행하는 회사(기채회사)가 직접 일반인들에게 사채를 발행하는 것으로서 상법은 이런 방식을 중심으로 규정되어 있으나 사채발행의 전문성과 복잡성으로 인하여 실무상 이런 방법을 택하는 경우는 거의 없는 실정이다.

##### (나) 위탁발행

이 방법은 사채를 발행하려는 회사(기채회사=발행위탁회사)가 전문성 있는 다른 회사(발행수탁회사)에게 사채의 발행 업무를 위탁하여 사채를 발행하는 방식으로서 발행수탁회사는 자신의 명의로 사채발행에 필요한 행위를 하게 되므로(상 476조 2항), 사채의 발행에 관한 절차상의 법률관계는 발행수탁회사와 사채권자 간에 생기지만, 사채에 관한 권리의무관계는 발행위탁회사와 사채권자 간에 성립하게 된다.

##### (다) 위탁 인수발행(도급발행)

이는 사채의 발행에 응한 금액이 사채발행총액에 미달하면 발행수탁회사가 그 잔액을 스스로 인수하는 발행방식이다(상 474조 2항 14호). 사채인수는 금융투자업자만이 가능하므로 수탁회사가 금융투자업자가 아닌 은행이나 신탁회사인 경우에는 사채

5) 2011년 4월 14일 개정된 상법은 개정 전의 상법이 사용하던 "사채의 모집"이라는 용어 대신에 "사채의 발행"이라는 용어를 사용하고 있고, 또한 사채의 모집에 관한 제한 규정(상 470조 내지 473조)을 삭제하였다. 다만 자본시장과 금융투자업에 관한 법률에 따르면 사채는 채무증권으로서 자본시장과 금융투자업에 관한 법률이 정한 증권이라고 할 것인데(자본시장법 4조), 이 법에 따르면 모집가액이 일정규모 이상의 증권의 발행은 금융위원회에 증권신고서를 제출하여 수리되어야만 모집할 수 있도록 규정되어 있으므로(자본시장법 119조 1항) 일정한 제한의 여지는 남겨두고 있다.

발행잔액을 스스로 인수하지 못하고 별도의 금융투자업자에게 인수시켜야 하나, 금융투자업자인 증권회사의 경우는 발행수탁 및 인수를 모두 할 수 있으므로 실무상 이러한 발행형태는 증권회사를 통하여 많이 행하여진다. 물론 발행수탁회사가 인수하는 부분에는 사채청약서가 불필요하게 된다(상475조 2문).

#### (2) 총액인수

이는 사채발행회사가 특정인 혹은 특정회사에게 사채총액을 일괄하여 인수시키는 방식으로(상 475조), 증권회사 등과 같은 금융투자업의 인가를 받은 회사는 사채총액을 인수한 후 이를 다시 매출하여 그 차액을 취하게 되는데, 요즈음은 이러한 총액인수의 방식이 오히려 많이 행하여지고 사채의 매출부진으로 인한 위험 부담을 피하기 위하여 수개의 회사가 공동으로 인수하기도 한다. 특히 상법은 이러한 총액인수의 경우에 사채청약서의 작성을 요구하지 않고 있다(상 475조 1문).

#### (3) 매출발행

이 방법은 통상의 사채발행절차에 의하지 않고 일정한 기간 내에 미리 발행하여 놓은 사채권을 불특정 다수인에게 매출하는 방식인데 이 경우에는 복잡한 사채발행절차가 생략되지만 상법상 채권(債券)은 사채금 전액의 납입이 완료한 후가 아니면 발행할 수 없도록 규정되어 있으므로(상 478조 1항), 이런 방식은 은행이 발행하는 은행채(은행법 33조, 은행법시행령 19조 3항) 또는 산업은행이 발행하는 산업금융채권(산은법 23조, 산은법시행령 12조)과 같이 특별히 법률의 규정이 있을 때에만 가능하다고 할 것이다.

### 나. 사채의 발행절차

#### (1) 이사회의 결의

상법은 이사회의 결의에 의하여 사채를 모집할 수가 있으나(상 469조 1항), 정관의 규정이 있다면 이사회는 대표이사에게 사채의 금액 및 종류를 정하여 1년을 초과하지 아니하는 기간 내에 사채를 발행할 것을 위임할 수도 있다(상 469조 4항).[6] 다만, 자본금 총액이 10억 미만의 소규모회사로서 이사가 1명 또는 2명인 경우(상 383조 3항),

6) 2011년 4월 14일 개정된 상법에서 신설된 조항이다. 그런데 사채의 발행은 대규모 재산의 차입이므로 이사회에서 대표이사에게 사채발행을 위임함에 있어서 상법에서 정한 총액과 종류뿐만 아니라 사채의 이율, 발행방법, 사채상환방법 등 사채발행과 관련된 중요한 사항의 대강을 정하여 위임하여야 할 것이다.

사채모집에 관한 결정은 이사회에 갈음하여 주주총회가 행사하게 된다(상 383조 4항).

사채모집에 관한 이사회의 결의가 없거나, 이사회로 부터의 위임의 범위를 초과하여 대표이사가 전횡적으로 사채를 발행하였더라도 거래의 안전을 위하여 그 사채는 유효하다는 것이 일반적인 견해이다.

### (2) 사채계약의 성립

상법은 사채의 집단성과 정형성을 고려하여 원칙적으로 사채의 청약은 일정한 법정사항을 기재한 사채청약서에 의하도록 하고 있으나(상 474조 1항), 총액인수방법에 의할 경우에는 사채청약서에 의한 청약이 요구되지 않고(상 475조). 이 밖에도 매출발행방법에 의할 때에도 사채청약서가 필요하지 않다고 할 것이다.

사채의 청약은 그 의사표시의 하자로 인하여 취소하거나 무효를 주장할 수도 있고, 사채청약서가 법정기재사항 중 본질적 부분을 누락한 경우에는 이를 이유로 사채청약의 무효를 주장할 수도 있다고 해석된다.

이러한 사채의 청약에 대하여 기채회사 혹은 발행수탁회사는 자유로이 사채를 배정할 수 있고 이렇게 회사가 사채를 배정하면 사채권자와 회사 간의 사채계약은 성립한다.

사채청약에 응모한 총액이 사채발행예정총액에 미달할 경우라 하더라도 신주발행의 경우와 마찬가지로 응모한 총액에 대하여만 사채발행의 효력이 발생한다고 해석하여야 할 것이다. 다만 응모액이 현저히 부족하여 사채모집의 본래 목적을 달성할 수 없을 정도라면 그 사채발행은 무효라고 하여야 한다는 견해가 있으나 그런 경우를 일률적으로 무효로 할 수는 없고, 회사와 사채청약자 간에 개별적으로 정하여져야 할 것이다.

### (3) 사채대금의 납입

사채모집이 완료한 때에 기채회사의 이사 또는 수탁회사는 지체 없이 사채인수인에 대하여 대금을 납입시켜야 하는데 전액납입뿐만 아니라 분할납입도 가능하고(상 476조 1항) 주식대금의 납입과 달리 상계, 경개 또는 대물변제에 대한 제한도 없으므로 이러한 납입 방식도 가능하다고 해석된다. 물론 위탁발행의 경우에는 수탁회사가 자신의 명의로 위탁회사를 위하여 이를 하게 된다(상 476조 2항).

또한 사채권자가 사채금의 납입을 해태하더라도 주식의 경우와 달리 실권에 관한 규정(상 307조 2항, 423조 2항)이 없으므로 결국 민법상 계약의 해제(민 544조) 및 그에 따른 손해배상책임(민 390조, 393조)으로 해결하게 될 것이다.

#### (4) 등 기

일반사채는 등기사항이 아니므로 등기가 요구되지 않으나 전환사채 혹은 신주인수권부사채와 같은 특수한 사채는 납입이 완료된 날로부터 2주간 내에 본점소재지에서 각기 상법이 정한 사항을 등기하여야 한다(상 514조의2, 516조의8).

## 3. 사채의 유통

### 가. 사채의 유통성 확보의 필요성

사채는 회사에 대한 채권이므로 당연히 양도성을 가지게 되지만, 특히 사채의 상환기간은 통상적으로 장기간이므로 만기이전이라도 사채권자가 투하자금을 손쉽게 회수할 수 있도록 하여 사채의 유통성을 보장함으로써 일반인으로 하여금 사채에 대한 투자를 촉진할 수 있을 것이다. 이에 상법은 회사에 대한 사채의 권리를 표창하는 유가증권으로서 사채권(社債券)을 발행하도록 하고 사채권자가 이러한 사채권을 양도하거나 입질할 수 있도록 함으로써 유통성을 강화하고 있다.

### 나. 사채권(社債券)

사채권(채권: 債券)은 회사로부터 일정한 금액을 지급받을 채권을 표창하는 유가증권으로서 문언증권으로서의 성질, 상대적 요식증권으로서의 성질 그리고 상환증권으로서의 성질을 갖는다는 점에는 이론이 없다.

또한 사채권은 어음이나 수표만큼 엄격한 요식증권은 아니더라도(어 1조, 2조 1항, 75조, 76조 1항, 수 1조, 2조 1항) 상법이 정한 사항을 기재하여 대표이사가 기명날인하거나 서명하여 발행하게 된다(일반사채: 상 478조 2항 / 전환사채: 상 514조 1항 / 신주인수권부사채: 상 516조의4).

상법은 사채금 전액의 납입이 완료한 후가 아니면 사채권(社債券)을 발행할 수 없도록 규정하여(상 478조 1항), 사채권발행 시기에 관하여 규정하고 있으나, 공사채등록법에 의하여 등록한 사채는, 마치 주식이 주권불소지의 경우에 주권을 발행하지 않는 것처럼, 사채권을 발행하지 않고 있다. 또한 상법은 사채발행에 갈음하여 전자등록기관에 사채를 등록할 수 있도록 규정하고 있고 이 경우에는 주식의 전자등록의 경우

(상 356조의2 2항 내지 4항)를 준용하고 있다(상 478조 3항).

사채권의 효력발생시기에 관하여 이를 작성한 때라고 하는 견해, 발행한 때라고 하는 견해, 교부한 때라는 견해가 대립할 수 있으나 주권의 효력발생시기와 동일하게 해석하여 교부한 때라고 하는 것이 타당하다고 할 것이다.

상법은 사채권의 선의취득에 관하여는 아무런 규정이 없다. 기명사채권은 어음이나(어 11조, 77조 1항) 수표의 경우(수 14조)와 달리 법률상 당연한 지시증권이 아니고, 주권의 경우처럼(상 336조 2항), 점유자를 적법한 권리자로 추정하는 규정도 없으므로 선의취득을 인정할 수 없다고 할 것이다. 이와 달리 무기명사채권은 소지인 출급식으로 발행되고 단순히 교부함으로써 양도되는 등, 수표와 성질상 유사하다고 할 것이므로 수표의 선의취득에 관한 규정(수 21조)을 유추 적용하여 선의취득을 인정하여야 하고 또한 채권을 상실한 경우에는 민사소송법의 공시최고절차에 의한 제권판결을 거쳐 재발행을 청구할 수 있다고 할 것이다.

### 다. 사채원부

사채원부는 회사가 기명사채를 발행한 경우에 사채권자 및 채권에 관한 사항을 기재한 장부로서 상법은 사채원부에는 일정사항을 기재하도록 하고(일반사채: 상 488조 / 전환사채: 상 514조 1항 / 신주인수권부사채: 상 516조의4), 기명사채를 이전함에 있어서 취득자의 성명과 주소를 사채원부에 기재토록 하여 회사와 제3자에 대한 대항요건으로 하고 있으며(상 479조 1항) 회사가 사채권자에게 통지와 최고를 하는 경우에는 사채원부상의 주소로 통지하면 면책되도록 하고 있다(상 489조 1항, 353조 1항).

### 라. 사채등록부

공사채등록법은 사채의 등록제도를 마련하여 등록기관(한국예탁결제원, 금융기관 등)에 사채를 등록하면, 그 사채가 기명사채이든 무기명사채이든 구별 없이, 마치 주식에 있어서 주권불소지제도(상 358조의2)처럼 채권을 발행하지 않을 수 있도록 하고 있는데, 사채등록부는 이러한 등록기관에 사채에 관한 일정한 사항을 기재하여 비치한 장부로서(공사채법 9조) 등록한 무기명사채의 양도 혹은 입질의 경우에는 이 사채등록부에 등재하여야만 효력이 발생하도록 하고 있다(공사채법 6조).

### 마. 사채의 양도와 입질

사채의 양도와 입질은 사채가 등록사채인지 현물사채인지, 또는 기명사채인지 무기명사채인지 여부에 따라 그 방법과 대항요건 등을 달리한다고 할 것이다.

### (1) 등록사채의 경우

등록사채의 경우에는 사채권(社債券)이 발행되지 않고, 이미 발행된 사채권에 대하여도 이를 회수하여야 하므로(공사채법 5조) 등록사채에 대한 처분행위는 현물 없이 이루어지게 되어, 기명식채권이든 무기명식채권이든 간에 당사자의 의사표시로 양도, 입질 등 처분행위의 효력이 발생하게 된다. 이에 더하여 공사채등록법은 무기명사채의 경우에는 공사채등록기관에 등록하여야만 기채회사 및 제3자에 대항할 수 있고(공사채법 6조 1항) 기명사채의 경우에는 등록 및 기채회사의 사채원부에 기재하여만 기채회사 및 제3자에 대항할 수 있도록 하고 있다(공사채법 6조 2항).

이 밖에도 정관에 따라 채권(債券)을 발행하는 대신, 사채를 전자등록기관의 전자등록부에 등록한 경우에 사채의 양도와 입질은 전자등록부의 등록을 통하여 행하여진다(상 478조 3항, 356조의2).

### (2) 현물사채의 경우

#### (가) 무기명사채의 양도와 입질

무기명사채의 양도와 입질에 관하여 상법에는 아무런 규정이 없으므로 민법에 따라 양도의 경우(민 523조)이거나 입질의 경우(민 351조)를 불문하고 모두 당사자의 의사표시와 채권의 교부로써 효력이 발생한다고 할 것이다. 이때 기채회사와 제3자에 대한 대항요건은 채권의 점유라고 할 것이므로 무기명사채권을 점유하면 적법한 권리자로 추정되고 비록 상법의 규정은 없으나 선의취득도 인정하여야 할 것이다.

#### (나) 기명사채의 양도와 입질

상법은 기명사채 양도의 대항요건에 관하여만 규정하고 있을 뿐이고(상 479조) 그 이외의 사항에 관하여는 아무런 규정이 없다.

앞서 본 바와 같이 기명사채는 유가증권이지만, 당연한 지시증권으로서의 성질을 갖는 것은 아니므로 지시식으로 발행되지 아니한 이상 기명사채의 양도는 의사표시와 채권의 교부로써 효력이 발생하게 되고, 기명사채의 양도는 사채원부에 기재하여야만 기채회사 및 제3자에 대항할 수 있다(상 479조 1항). 기명사채의 입질은 지명채권의 경우와 같이 의사표시와 채권의 교부로써 가능하지만(민 346조, 347조), 기채회사 및 제3자에게 대항하기 위하여 통지 및 승낙이 필요하다(민 450조)고 할 것이다.

이처럼 기명사채는 그 채권의 점유에 권리추정적 효력이 인정되지 않으므로 선의취득이 인정되지 않는다 할 것이다.

## 4. 사채의 이자 지급과 상환

사채권자는 회사로부터 이자의 지급과 원금의 상환을 받을 권리가 있는데 이것이 주식과 근본적인 차이라고 할 수 있다.

사채의 이자를 붙이지 않는 대신에 처음부터 액면가에서 일정한 이자 상당액을 할인하여 발행하게 되는 할인채의 방식도 있지만, 이자를 붙이는 이른바 이자부사채의 경우에는 그 지급방식에 따라 ① 액면가에 사채를 발행하여 일정기간마다 선급 또는 후급의 이자를 지급하다가 만기에는 원금을 상환하게 되는 이표채의 방식이 있고 ② 액면가에 사채를 발행한 뒤 약정한 이자를 일정기간마다 지급하는 것이 아니라 만기에 이자를 복리로 계산하여 원금과 함께 지급하는 복리채의 방식이 있다.

### 가. 사채의 이자 지급

#### (1) 이자의 약정

사채의 이자 지급에 관한 이율, 기한, 방법 등의 조건은 이사회 등에서 사채발행결의를 하면서 정하게 되고, 이러한 조건은 사채청약서(상 474조 2항), 사채권(상 478조 2항) 그리고 사채원부(상 488조)에 기재된다.

#### (2) 이자의 지급방법과 이권

기명채권의 경우에는 사채원부에 기재된 사채권자에게 지급하게 되지만, 무기명채권의 경우에는 이권(利券: Interest Coupon)의 소지인에게 이권과 교환하여 지급하게 된다.

이권은 무기명채권에 첨부되어 발행되는 유가증권으로서 이자 지급시기에 있어서 이자지급청구권을 표창한다. 사채권자는 무기명채권에 첨부된 이권을 분리하여 별도로 매각하여 유통시킬 수 있고 이러한 이권의 소지인은 이권과 교환하여 이자를 지급받을 수 있다.

사채발행회사(기채회사)가 무기명채권을 기한 전에 상환하는 경우에 지급기가 도래하지 아니한 이권이 흠결된 경우에는 기채회사는 그 이권에 상당하는 금액을 공제하여 사채권자에게 지급하여야 하고 추후 이권소지인은 이권과 상환하여 그 공제액의 지급을 구할 수 있다(상 486조). 다만 기한 도래 후에 상환하는 경우에 이권의 흠결이 있더라도 이를 공제하여야 할 필요는 없다 할 것이다. 상법은 이러한 이권공제액지급청구권과 사채이자지급청구권은 5년의 시효기간 경과로 소멸하게 된다고 규정하고 있다(상 487조 3항, 486조 2항).

## 나. 사채의 원금 상환

### (1) 원금 상환에 관한 결정

사채의 원금 상환에 관하여 상환금액, 상환기간, 상환방법 등의 조건은 이사회 등에서 사채발행결의를 하면서 정하게 되고, 이러한 조건이 사채청약서(상 474조 2항), 사채권(상 478조 2항) 그리고 사채원부(상 488조)에 기재되는 것은 이자지급조건의 경우와 같다.

### (2) 원금 상환의 방법

사채의 상환금액은 원칙적으로 사채권의 권면액이라고 할 것인데, 예외적으로 권면액초과상환(할증상환으로서 예컨대 권면액은 일만 원이지만 상환은 일만 오천 원을 상환하는 경우)도 있다.

사채는 일반적으로 일정한 거치기간을 가진 뒤 그 후 정기적으로 상환하거나 일시에 상환하는데 이러한 사항은 사채모집조건에서 정해진다. 사채의 상환은 채권(債券)과 교환으로 하게 되지만 현물이 발행되지 아니한 등록사채의 경우에는 등록기관이 사채권자에게 원리금지급통지서를 발송하면 사채권자는 이것과 교환하여 원금을 지급받는다. 특히 사채의 경우에는 자기주식취득과 달리 자기사채취득의 제한이 없으므로 기채회사는 사채의 가격이 낮을 때 유통시장에서 이를 매수하여 소각할 수도 있다.

기한의 이익은 채무자를 위한 것으로 추정되고(민 153조 1항), 채무자는 상대방의 이익을 해함이 없이 이를 포기할 수 있으므로(민 153조 2항), 회사는 이자 있는 사채라고 하더라도 잔존기간에 대한 이자를 지급하고 만기 전이라도 사채를 상환할 수 있으나 실무상 생각하기 어렵다. 다만 만기 전에 잔존기간에 대한 이자를 지급하지 않고 사채를 상환하기 위해서는 발행시에 이를 발행조건으로 하여야 한다.

또한 회사가 이자지급을 게을리 하거나 원금의 분할 상환의 경우에 이를 이행하지 않는 때를 예상하여 미리 기한이익의 상실에 관한 조건도 정할 수 있을 것이다.[7)]

---

7) 2011년 4월 14일 개정 전의 상법에 규정되어 있던 사채권자집회의 결의에 의한 기한이익상실의 예고

상법은 사채권자의 보호를 위하여 사채관리회사가 있는 경우에는 사채관리회사가 사채권자를 위하여 사채상환에 필요한 모든 권한을 행사하도록 규정하고 있다(상 484조, 485조).[8)]

또한 사채원금을 정기상환하기로 하였음에도 불구하고 이를 이행하지 않는 경우에는 기한이익을 상실하게 되는 것은 이자지급을 해태한 경우와 같고(상 505조) 상법은 사채권자의 기채회사에 대한 상환청구권의 경우 원금은 10년간 행사하지 아니하면 소멸시효가 완성된다고 규정하여(상 487조 1항) 상사채권의 시효기간(상 64조)에 대한 특칙을 정하고 있다.

## 5. 사채의 관리

사채권자는 기채회사에 대한 채권자일 뿐이고 별도의 단체를 구성하지는 않지만 상호간에 이해관계가 공통되므로 상법은 사채권자집회라는 사채권자의 의사결정을 위한 기관에 관한 특별규정을 두고 있다. 또한 사채권자를 위하여 사채관리에 관한 일정한 권한과 책임이 부여된 사채관리회사를 두고 그 자격과 권한에 관한 상세한 규정을 둠으로써 사채권자를 보호하고 있다.

### 가. 발행수탁회사

발행수탁회사는 사채발행회사(기채회사)로부터 사채발행의 위탁을 받은 회사로서 은행, 신탁회사, 증권회사에 한정된다(상법 부칙 6조).

발행수탁회사는 기채회사와 위임관계에서 기채회사를 위하여 사채발행절차 등을 수행하게 되고 그에 따른 법률효과는 기채회사와 사채권자에게 발생할 뿐 발행수탁회사와 사채권자 사이에는 아무런 직접적인 법률관계가 없다고 할 것이다.[9)]

---

통지 및 기한이익상실에 관한 규정(상 505조)과 기한이익상실의 공고와 통지에 관한 규정(상 506조)은 삭제되었다.

8) 2011년 4월 14일 개정된 상법은 사채권자를 위하여 사채를 관리하는 사채관리회사제도를 신설하여 이들로 하여금 개정 전의 상법에서 발행수탁회사가 하던 이런 업무를 하도록 하고 있다.

9) 2011년 4월 14일 개정 전의 상법은 발행수탁회사로 하여금 기채회사를 위한 사채발행에 관한 행위 이외에 사채권자를 위하여 사채관리에 필요한 일정한 행위를 할 권한과 책임을 부담시켰으나 상법은 새로이 사채관리회사를 신설하여 이를 담당하도록 하고 있다.

## 나. 사채관리회사

### (1) 사채관리회사의 의의

상법은 사채권자를 위하여 사채를 발행하는 회사가 사채관리회사를 정하여 변제의 수령, 채권의 보존 기타 사채의 관리를 위탁할 수 있도록 하고 있다(상 480조의2). 이처럼 사채발행업무는 사채발행수탁회사가 담당하고 발행된 사채의 관리업무를 별도의 사채관리회사로 하여금 담당하도록 하는 것은 사채관리업무의 독립성을 보장하고 효율성을 제고함으로써 한편으로는 사채권자를 보호하고 다른 한편으로는 사채발행회사의 편의를 위한 것이기도 하다.

상법은 사채발행회사에 대하여 사채관리회사의 지정을 의무화하고 있지는 않지만, 사채관리회사의 자격을 제한하여 ① 은행, 신탁회사 및 대통령령에서 정하는 자[10]로 한정하는(상 480조의3 1항) 한편, ② 사채의 인수인(상 480조의3 2항)이나 사채발행회사와 특수한 이해관계가 있는 자[11]로서 대통령령으로 정하는 자(상 480조의3 3항)는 사채관리회사가 될 수 없도록 하고 있다.

사채관리회사는 사채발행회사의 위탁으로 선임되어(상 480조의2), 사채발행회사와 위임관계에 놓이게 되지만, 사채발행회사의 이익뿐만 아니라 사채권자의 이익을 위하여 상법의 규정에 따른 일정한 사채관리업무를 상법의 규정에 의하여 수행하게 되므로 상법은 사채관리회사의 해임과 사임에 일정한 제한을 두고 있다. 사채관리회사는 원칙적으로 사채발행회사와 사채권자집회의 동의를 얻거나 부득이한 사유로 법원의 허가를 받아야만 사임할 수 있도록 하고 있다(상 481조). 또한 사채관리회사가 그 사무를 처리함에 있어서 부적절하거나 기타 정당한 사유가 있을 때에 사채발행회사 또는 사채권자집회의 청구에 의하여 법원만이 해임할 수 있도록 규정하고 있다(상 482조). 이와 함께 사채관리회사가 해임되거나 사임하였을 때에는 사채발행회사가 사무를 승계할 사채관리회사를 지정하고 이에 대하여 사채권자집회의 동의를 받도록 하고 있고(상 483조 1항), 동의를 받지 못하는 등 부득이한 경우에는 법원에 사무승계자의 선임을 청구하도록 하고 있다(상 483조 2항).

사채관리회사가 둘 이상 있을 때에는 그 권한에 속하는 행위는 공동으로 하여야 하고(상 485조 1항), 사채권자를 위하여 변제를 받은 때에는 연대하여 사채권자에게 변제액을 지급할 의무를 부담한다(상 485조 2항).

---

10) 상법시행령은 사채관리회사로서 “은행법에 따른 은행” 등을 규정하고 있다(시행령 26조).

11) 상법시행령은 사채관리회사가 될 수 없는 사채발행회사와 특수한 이해관계가 있는 자로서 “상법 제542조의8 제2항 제5호에 따른 최대주주 또는 같은 항 제6호에 따른 주요주주” 등을 열거하고 있다(시행령 27조).

사채관리회사의 보수와 사무처리비용은 위임계약에 의하겠지만 그러한 약정이 없는 경우를 대비하여 상법은 특별규정을 두고 있다(상 507조).

### (2) 사채관리회사의 권한

사채관리회사는 기본적으로 사채발행회사와 위임관계에서 있지만, 상법의 규정에 의하여 사채권자를 위하여 사채상환을 받기 위하여 필요한 재판상 또는 재판 외의 모든 행위를 할 권한이 인정되는데(상 484조 1항), 이것은 사채권자를 보호하기 위하여 상법이 수여한 권한이므로 일종의 법정대리권으로 이해하여야 한다.

사채관리회사가 사채를 상환 받았을 때에는 이를 공고하고 사채권자에게 개별적으로 통지하여야 하며(상 484조 2항), 사채권자의 청구에 응하여 이를 사채권자에게 지급할 의무(상 484조 3항)를 부담한다. 이 밖에도 사채권자집회와 관련하여 사채권자집회를 소집하거나(상 491조 1항) 사채권자집회에 대표자를 출석하도록 하거나 의견을 제출할 권한(상 493조 1항), 그리고 경우에 따라서는 사채권자집회의 결의를 집행할 권한도 인정된다(상 501조).

다만 사채관리회사가 ① 사채전부에 대한 지급을 유예하거나 채무불이행으로 인한 책임을 면제 또는 화해하는 경우, ② 사채전부에 대한 소송행위 또는 채무자 회생 및 파산에 관한 절차에 속하는 행위를 할 때에는 사채권자집회의 결의에 의하여야 하고(상 484조 4항), 이때 사채관리회사는 일정한 경우에는 법원의 허가를 받아 사채를 발행한 회사의 업무와 재산상태를 조사할 수 있다(상 484조 7항).[12]

특히 사채발행회사가 특정의 사채권자에게 현저히 불공정한 변제, 화해 등의 행위를 한 경우에는 사채관리회사는 그 취소의 원인이 되는 사실을 안 날로부터 6월, 그러한 행위가 있은 날로부터 1년 내에 그 취소를 구하는 소를 제기할 수 있고(상 511조 1항, 2항), 그 판결의 효력은 모든 사채권자의 이익을 위하여 효력을 발생하게 되나(상 511조 3항, 민 407조), 그러한 사채발행회사의 행위로 이익을 받거나 전득한 자가 사채권자를 해함을 알지 못한 경우에는 그 취소를 구할 수 없다(상 511조 3항, 민 406조 1항 단서).

민법의 사해행위취소의 경우와 달리 이 경우에는 사채발행회사가 사해의 목적을 가지고 있을 것을 요하지 않으므로 사채발행회사에 사해의사가 있을 때에는 상법의 위 규정 이외에도 민법의 사해행위취소에 관한 규정도 적용됨은 당연하다고 할 것이다.

12) 2011년 4월 14일 개정된 상법에서 사채관리회사의 권한으로 신설된 권한인데 종전의 발행수탁회사에는 이러한 권한이 인정되지 않았다.

### (3) 사채관리회사의 의무와 책임

사채관리회사는 사채발행회사와 위임관계에 있고 그에 따라 사채발행회사에 대하여 선량한 관리자의 주의의무 등 일정한 법률관계에 놓이게 되지만 더 나아가 상법은 사채권자의 이익을 보호하기 위하여 사채관리회사에게 사채권자에 대하여도 특별히 일정한 의무를 부과하고 있다.

상법은 사채관리회사에게 사채권자에 대한 선량한 관리자의 주의로써 사채를 관리하도록 하고(상 484조의2 2항), 사채권자를 위하여 공평하고 성실하게 사채를 관리하여야 할 의무를 부담시키고(상 484조의2 1항), 나아가 사채관리회사가 상법이나 사채권자집회의 결의에 위반하는 행위를 한 경우에는 사채권자에게 손해배상책임을 지도록 하고 있다(상 484조의2 3항).

## 다. 사채권자집회

### (1) 사채권자집회의 의의

사채권자집회는 사채권자에게 이해관계가 있는 사항을 결의(상 490조)하기 위하여 사채권자로 구성되는 임시적 의결단체이다. 비록 사채권자집회는 회사의 기관은 아니지만, 같은 종류의 사채권자의 의사를 결정하기 위한 회의체이고, 다수결원칙에 따른 결의는 그 종류의 사채를 가진 모든 사채권자를 구속(상 498조 2항)하므로 주주총회에 관한 규정(상 363조, 368조 2항, 4항, 369조 2항, 371조 내지 373조)이 준용된다(상 510조 1항).

### (2) 사채권자집회의 소집

사채권자집회는 원칙적으로 필요할 때마다 사채발행회사, 사채관리회사가 수시로 소집할 수 있고(상 491조 1항), 또한 사채의 종류별[13]로 해당 종류의 사채 금액의 합계액으로부터 상환받은 금액을 제외한 금액(잔존하는 사채금액)의 10분의 1 이상에 해당하는 이른바 소수사채권자도 사채발행회사나 사채관리회사에 소집을 청구할 수 있고,

13) 2011년 4월 14일 개정된 상법은 사채의 종류별로 사채권자집회를 소집 청구할 수 있도록 하고(상 491조 2항), 사채권자집회의 결의도 사채의 종류별로 효력이 있다고(상 498조 2항) 하면서도 정작 종류사채에 관한 일반적 규정은 두고 있지 않으나, 상법이 사채를 종류별로 구분하려는 이유는 사채의 종류별로 사채권자가 이해관계를 달리한다고 보기 때문이라는 점에서 생각하면 결국 종류사채란 종류주식의 경우처럼 사채권의 내용이 다른 사채를 의미한다고 할 것이므로 예컨대 일반사채와 전환사채 혹은 신주인수권부사채는 다른 종류의 사채라고 할 것이다. 참고로 일반회사법은 사채의 종류를 구분하는 기준을 세밀히 정하고 있다(일본 회사법 제676조).

만약 이들이 이에 응하지 않을 경우에는 법원의 허가[14]를 얻어 직접 사채권자집회를 소집할 수 있다(상 491조 2항, 3항, 366조 2항).

### (3) 사채권자집회의 결의

사채권자집회에서 각 사채권자는 그가 가지는 해당 종류의 사채 금액의 합계액으로부터 상환받은 금액을 제외한 금액(잔존하는 사채금액)에 따라 의결권을 가진다(상 492조 1항).

사채권자집회는 자본금감소에 대한 이의제기(상 439조 3항) 또는 분할과 합병에 대한 이의제기(상 530조의9 4항, 530조의11 2항, 439조 3항), 사채권자집회의 대표자 및 결의 집행자의 선임과 해임(상 500조 1항, 501조, 504조), 발행회사가 한 불공정한 행위를 취소하기 위한 소제기(상 512조), 사채관리회사의 사임동의(상 481조), 사채관리회사의 해임청구(상 482조), 사무승계자결정(상 483조 1항) 등과 같은 상법에 정하여진 사항과 사채권자가 이해관계를 가지는 사항(상 490조)에 관하여 결의를 하게 된다.

사채권자집회의 결의방법은 원칙적으로 주주총회의 특별결의의 경우처럼 출석한 사채권자의 의결권의 3분의 2 이상의 수와 발행사채의결권총수의 3분의 1 이상의 수로써 결의하게 된다(상 495조 1항, 434조). 다만, 예외적으로 ① 사채관리회사의 사임에 관한 동의(상 481조), ② 사채관리회사의 해임청구(상 482조), ③ 사채관리회사의 사무승계자의 선정과 선임청구(상 483조), ④ 사채발행회사 대표자에 대한 출석요구(상 494조)의 경우에는 출석한 사채권자의 의결권의 과반수로 결의하게 된다(상 495조 2항).

또한 상법은 사채권자집회의 결의에 관하여도 주주총회의 경우와 같이 서면에 의한 의결권 행사(상 495조 3항), 또는 전자적 방법에 의한 의결권 행사(상 495조 6항, 368조의4)를 허용하고 있다.

한편 상법은 사채권자집회가 직접 결의하지 않고, 해당 종류의 사채 금액의 합계액으로부터 상환받은 금액을 제외한 금액(잔존하는 사채금액)의 500분의 1 이상을 가진 사채권자 중에서 선임된 대표자가 하여금 결의할 사항의 결정을 위임할 수 있도록 정하고 있는데(상 500조 1항), 만약 수인의 대표자를 선임한 경우에는 그 과반수에 의하여 결정하도록 하고 있다(상 500조 2항). 다만 사채권자집회는 언제든지 대표자를 해임하거나 위임한 사항을 변경할 수 있다(상 504조).

---

14) 비송법 제112조(사채권자집회의 소집허가신청) 참조.

### (4) 사채권자집회의 결의의 효력

사채권자집회의 결의가 있게 되면 소집자는 결의한 날로부터 1주간 내에 결의의 인가를 법원에 청구하여야 하고(상 496조), 상법이 정한 결의 불인가사유(상 497조)가 없는 경우에는, 법원의 인가를 얻음으로써 그 효력이 발생하여(상 498조 1항 본문), 그 종류의 사채를 가진 모든 사채권자에 대하여 그 효력이 미치게 된다(상 498조 2항). 다만 그 종류의 사채권자 전원의 동의가 있는 결의는 법원의 인가 없이도 효력이 발생하게 된다(상 498조 1항 단서). 또한 사채권자집회의 결의에 대하여 법원의 인가 혹은 불인가결정이 있은 때에는 사채발행회사는 지체 없이 이를 공고하여야 한다(상 499조).

이처럼 사채권자집회의 결의는 법원의 인가[15]를 얻어야 하므로 주주총회결의의 하자의 경우와 같은 사후적 불복절차인 사채권자집회결의의 하자에 관한 소는 인정되지 않는다 할 것이다.

### (5) 사채권자집회의 결의의 집행

사채권자집회의 결의가 집행을 필요로 함에도 불구하고 그 결의의 집행자를 미리 정하지 않은 경우에는 사채관리회사가 집행하게 되고, 사채관리회사가 없는 경우에는 해당 종류의 사채 금액의 합계액으로부터 상환받은 금액을 제외한 금액(잔존하는 사채 금액)의 500분의 1 이상을 가진 사채권자 중에서 선임된 대표자가 하게 된다(상 501조). 이 경우 수인의 대표자 혹은 집행자가 선임된 경우에는 그 권한에 속하는 행위를 공동으로 수행하여야 하고(상 502조, 485조 1항), 사채권자집회는 언제든지 대표자 혹은 집행자를 해임하거나 위임한 사항을 변경할 수 있다(상 504조).

## 6. 특수한 사채

앞서 본 바와 같은 일반적인 사채와는 달리 회사는 사채에 특수한 성질과 권리가 붙어 있는 사채를 발행[16]할 수가 있는데, 상법은 이러한 특수한 사채로서 이익참가부사채(상 469조 2항 1호), 교환사채와 상환사채(상 469조 2항 2호), 파생결합사채(상 469

15) 비송법 제113조(사채권자집회의 결의인가신청) 참조.

16) 2011년 4월 14일 개정된 상법은 회사는 사채를 발행할 수 있다고 규정(상 469조 1항)하고 이어서 사채에는 이익참가부사채, 교환사채와 상환사채 및 파생결합사채를 포함한다고 규정(상 469조 2항)하면서 그 구체적 내용은 상법시행령으로 정하도록 하고 있다(이익참가부사채: 시행령 21조 / 교환사채: 시행령 22조 / 상환사채: 시행령 23조 / 파생결합사채: 24조).

조 2항 3호), 전환사채(상 513조) 및 신주인수권부사채(상 516조의2)가 있고 담보부사채신탁법에서 인정되는 담보부사채(사채신탁법 17조)가 있다.

특수한 사채는 아니지만, 사채를 발행할 때 일정한 조건이 성취되거나 일정한 기간이 경과된 후에는 잔존기간에 대한 이자지급 없이 만기 전이라도 발행회사가 사채권자에게 사채를 매도할 것을 요구할 권리(call option)를 갖거나, 사채권자가 발행회사에 대하여 상환을 요구할 수 있는 권리(put option)를 부여하여 발행하는 이른바 옵션부사채가 많이 발행되고 있고, 이러한 옵션부사채는 향후의 금리변동으로 인한 위험을 회피할 수 있는 장점이 있어 실무상으로도 많이 발행되고 있다.

## 가. 이익참가부사채

### (1) 이익참가부사채의 의의

이익참가부사채는 사채권자가 확정이자를 받는 이외에 그 사채발행회사의 이익배당에 참가할 수 있는 사채(상 469조 2항 1호, 시행령 21조 1항)를 말한다.

이익참가부사채는 주주가 아닌 사채권자에게 회사의 이익을 배당하는 것이어서 주주의 이해와 매우 밀접한 관계를 갖게 되므로 상법은 원칙적으로 주주에게 인수권을 주고 예외적으로 제3자에게도 인수권을 허용하고 있다(시행령 21조 4항).[17]

### (2) 사채인수권

주주에게 이익참가부사채를 발행하는 경우에 사채의 총액, 배당 참가의 조건 및 내용 등을 정관에서 정하되, 정관에 규정이 없는 사항은 이사회가 결정하게 된다. 다만 정관에서 주주총회에서 이를 결정하도록 정할 수 있도록 하고 있다(시행령 21조 1항). 이때 주주는 그가 가진 주식의 수에 따라 이익참가부사채의 배정을 받을 권리가 있으나 각 이익참가부사채의 금액 중 최저액에 미달하는 끝수에 대해서는 그러하지 아니하다(시행령 21조 4항).

주주 외의 자에게 이익참가부사채를 발행하는 경우에 그 발행할 수 있는 이익참가부사채의 가액(價額)과 이익배당 참가의 내용에 관하여 정관에 규정이 없으면 법 제434조에 따른 주주총회의 특별결의로 정하여야 하는데(시행령 21조 2항), 이러한 결의를 위한 주주총회의 소집에는 이익참가부사채의 발행에 관한 의안의 요령을 소집통지

17) 상법이 이를 명시하고 있지는 않지만, 주주에게는 이사회에서 의결을 통하여 사채인수권을 주는 반면에 제3자에게 사채인수권을 주는 경우에는 주주총회의 특별결의를 얻도록 하고 이에 비추어 볼 때 이렇게 해석하는 것이 타당할 것이다.

와 공고에 기재하여야 한다(시행령 21조 3항).

### (3) 이익참가부사채의 발행

이익참가부사채를 발행함에 있어 전환사채의 경우와 같이, 회사는 일정한 날을 정하여 배정과 최고 그리고 실권에 관한 공고와 통지 등을 하여야 하고(시행령 21조 4항, 5항, 6항), 그럼에도 불구하고 그 기일까지 이익참가부사채 인수의 청약을 하지 아니한 경우에는 이익참가부사채의 인수권을 가진 자는 그 권리를 잃는다(시행령 21조 7항).

### (4) 등 기

회사가 이익참가부사채를 발행하였을 때에는 법 제476조에 따른 납입이 완료된 날부터 2주일 내에 본점 소재지에서 이익참가부사채의 총액 등 일정한 사항을 등기하여야 하고(시행령 21조 10항). 그 사항이 변경된 때에는 본점 소재지에서는 2주일 내, 지점 소재지에서는 3주일 내에 변경등기를 하여야 한다(시행령 21조 11항).

## 나. 교환사채와 상환사채

교환사채는 사채권자가 회사 소유의 주식이나 그 밖의 다른 유가증권으로 교환할 수 있는 사채를 의미하고(상 469조 2항 2호, 시행령 22조 1항), 상환사채는 회사가 그 소유하는 주식이나 그 밖의 다른 유가증권으로 상환할 수 있는 사채를 의미한다(상 469조 2항 2호, 시행령 23조 1항).[18)]

교환사채나 상환사채는 모두 회사가 가지는 주식이나 유가증권을 대가로 지급하게 되지만, 교환사채는 사채권자가 사채대금의 상환에 갈음하여 회사의 주식이나 유가증권과 교환하여 줄 것을 청구할 수 있는 사채이고, 상환사채는 회사가 사채대금의 상환에 갈음하여 회사의 주식이나 유가증권으로 상환할 수 있는 권리가 부여된 사채라는 점에서 다르다.

회사가 가지는 다른 회사의 주식이나 유가증권으로 교환하거나 상환하는 경우에는 주주와 이해관계가 밀접하지 않으므로 정관의 규정이 없더라도, 이사회에서 교환사채의 경우에는 ① 교환할 주식이나 유가증권의 종류 및 내용, ② 교환의 조건 및

---

18) 상법 제469조 제2항 제2호는 "주식이나 그 밖의 다른 유가증권으로 교환 또는 상환할 수 있는 사채"라고 규정하여 교환사채와 상환사채를 함께 정의하고 있으나 상법시행령에서는 이를 각기 분리하여 교환사채는 사채권자에게 다른 유가증권으로 교환을 요구할 권리가 있는 사채(시행령 제22조 제1항)이고, 상환사채는 회사에게 다른 유가증권으로 상환할 권리가 있는 사채(시행령 제23조 제1항)로 정하고 있다.

③ 교환을 청구할 수 있는 기간 등을 정하여 발행을 결의할 수 있고(시행령 22조 1항), 상환사채의 경우에는 ① 상환할 주식이나 유가증권의 종류 및 내용, ② 상환의 조건 및 ③ 회사의 선택 또는 일정한 조건의 성취나 기한의 도래에 따라 주식이나 그 밖의 다른 유가증권으로 상환한다는 것을 정하여 발행을 결의할 수 있다(시행령 23조 1항).

그러나 회사가 가진 자기주식으로 교환하거나 상환하는 경우에는 주주의 지주율에 변화를 줄 수가 있으므로, 상법은 사채를 발행할 상대방에 관하여 정관에 규정이 없는 경우에 이사회가 이를 결정하도록 하고 있다(시행령 22조 2항, 시행령 23조 2항).

한편 ① 교환사채를 발행하는 경우 회사는 사채권자가 교환청구를 하는 때 또는 그 사채의 교환청구기간이 끝나는 때까지, ② 상환사채를 일정한 조건의 성취 또는 기한의 도래에 따라 상환하는 때에는 그 조건의 성취 또는 기한이 도래하는 때까지, 교환이나 상환에 필요한 주식 또는 유가증권을 한국예탁결제원에 예탁하여야 하고, 이 경우에 한국예탁결제원은 그 주식 또는 유가증권을 신탁재산임을 표시하여 관리하게 된다(시행령 22조 3항, 시행령 23조 3항).

### 다. 파생결합사채

파생결합사채는 유가증권이나 통화 또는 대통령령[19]으로 정하는 자산이나 지표 등의 변동과 연계하여 미리 정하여진 방법에 따라 상환 또는 지급금액이 결정되는 사채를 말한다(상 469조 2항 3호, 시행령 24조).

이러한 파생결합사채를 발행하더라도 주주의 지주율변화 등 그 이해관계에 영향을 미치지 않으므로, 상법은 이사회가 ① 상환 또는 지급 금액을 결정하는 데 연계할 유가증권이나 통화 또는 그 밖의 자산이나 지표, ② 자산이나 지표와 연계하여 상환 또는 지급 금액을 결정하는 방법을 정하여 파생결합사채의 발행을 결의하도록 하고 있다.

### 라. 전환사채

#### (1) 전환사채의 의의

전환사채(Convertible Bond: CB)는 사채발행회사의 주식으로 전환할 수 있는 권리 이른바 전환권이 인정된 사채로서 실무상 많이 발행되고 있다.

---

19) 상법시행령은 "대통령령으로 정하는 자산이나 지표"란 「자본시장과 금융투자업에 관한 법률」 제4조제10항에 따른 기초자산의 가격 · 이자율 · 지표 · 단위 또는 이를 기초로 하는 지수를 말한다"고 규정하고 있다(시행령 20조).

사채를 인수하려는 자의 입장에서는 회사의 영업실적이 저조할 때는 사채로서 확정이자를 취할 수 있고, 실적이 호조일 때는 주식으로 전환하여 이익배당 혹은 주가상승의 이익을 취할 수 있다는 장점이 있으나 반대로 일반사채보다 대체로 표면이율이 낮거나, 발행가액이 높아 투자수익률이 낮고, 사채가 발행된 뒤 주가가 하락하면 전환권이 무의미하게 되는 단점도 있다.

한편 전환권의 행사로 인한 신주의 발행은 주주의 신주인수권을 침해할 우려가 농후하고 또한 과도한 물량의 전환권 행사로 인한 신주발행은 주가하락을 초래하거나 발행주식총수에 대한 지주율의 하락을 초래하여 기존주주의 이익을 해할 우려가 있으나, 회사로서는 자금조달의 비용이 낮고 전환권이 행사되면 사채대금의 상환이 불필요해 진다는 장점도 있다.

전환사채는 전환권의 행사로 주주가 된다는 점에서 실무상 그 본래의 목적보다는 대주주의 경영권방어 혹은 경영권승계의 목적으로 사용되는 경우도 적지 않다.

상법은 전환사채의 특수성에 비추어 사채발행의 용이함을 추구하면서도 주주의 이익을 보호하기 위하여 전환사채의 발행에 관하여는 이사회에서 결정하기로 하되(상 513조 2항) 원칙적으로 그 인수권을 주주에게 주고(상 513조의2 1항) 만약 주주가 아닌 자에게 사채인수권을 줄 경우에는 신기술의 도입, 재무구조의 개선 등 회사의 경영상의 목적을 달성하기 위하여 필요한 경우에 한하여 인정되고(상 513조 3항 후단, 418조 2항 단서) 또한 주주총회의 특별결의를 요하도록 하고 있다(상 513조 3항).

### (2) 전환사채의 발행

#### (가) 발행사항의 결정

회사가 전환사채를 발행하기 위해서는 ① 전환사채의 총액, ② 전환의 조건, ③ 전환으로 인하여 발행할 신주의 내용, ④ 전환을 청구할 수 있는 기간, ⑤ 전환사채의 발행대상 및 그들에게 배정되는 전환사채의 액 등 상법이 정한 사항에 대하여 결정되어야 하는데(상 513조 2항), 이러한 발행사항은 정관에 규정되어 있어야 하고, 정관에 규정이 없는 경우에는 이사회에서 결정하되, 정관에서 이를 주주총회에서 결정하기로 한 경우에는 주주총회의 보통결의에 의하도록 하고 있다(상 513조 2항).

또한 전환사채를 발행하는 경우에는 향후 전환사채의 전환으로 인하여 발행해야 할 주식의 수에 해당하는 주식의 발행을 유보하고 있어야 하므로(상 516조 1항, 346조 4항) 전환청구기간 내에는 정관에 정한 발행예정주식수의 한도를 유지하고 있어야 한다.

### (나) 발행방법

전환사채의 발행방법에는 주주에게 배정하는 방법과 주주 이외의 제3자에게 배정하는 방법이 있는데 후자의 경우에는 주주 이외의 특정한 제3자에게 배정하는 방법과 모집의 방법으로 불특정의 제3자에게 배정하는 방법이 있다.

> 신주발행의 경우와 마찬가지로, 주주에게 그들의 보유하는 주식의 수에 비례하여 전환사채를 발행한 것이 아니라 일부 주주에게만 전환사채를 발행하는 것은 주주에게 전환사채를 발행한 것이라고 할 수는 없고 제3자에게 전환사채를 발행한 것이라 할 것이다.

전환사채는 장래에 전환권의 행사로 인하여 주식으로 전환이 가능하여 사실상 신주발행과 유사하다고 할 것이지만 신주인수권과 달리 주주의 권리로서 당연히 인정되는 것은 아니라고 할 것이므로, 상법은 원칙적으로 주주에게 전환사채인수권을 인정하기로 하되 정관의 규정이나 이사회결의 혹은 주주총회의 결의를 통하여 이를 주주에게 부여하고 있다(상 513조 2항 5호).

한편 주주 이외의 자에게 전환사채인수권을 주는 경우(상 513조 2항 6호)에는 사실상 제3자에게 주식을 우선적으로 인수시키는 효과가 있으므로 ① 전환사채의 액, ② 전환의 조건, ③ 전환으로 발행할 신주의 내용과 전환청구기간 등 전환사채의 발행에 관한 구체적 사항에 관하여 정관에 정함이 있거나 혹은 주주총회의 특별결의(상 434조)가 있어야 하고 이 경우에도 신기술도입 혹은 재무구조 개선 등의 경영상 목적을 달성하기 위하여 필요한 경우에 한정된다(상 513조 3항, 418조 2항 단서). 특히 주주이외의 제3자에게 전환사채인수권을 부여하는 정관의 내용은 구체적이고 확정적이어야 하고 추상적이거나 포괄적인 경우에는 주주의 이익을 침해할 우려가 적지 않다고 할 것이다. 이와 관련하여 정관의 규정은 어느 정도까지 특정되어야 하는지에 관하여 대법원은 제3자에게 전환사채인수권을 인정하는 정관의 규정은 획일적 기준을 확정하여 놓을 것까지 요구되지는 않고 일정한 기준을 정해 놓는 것도 허용된다고 하면서 정관이나 주주총회의 특별결의는 전환조건 등에 관한 일정한 기준을 정하고 구체적인 조건은 발행할 때마다 정관의 범위 내에서 이사회에서 결정하도록 위임할 수도 있다고 판시하여 이를 완화하고 있다.

> 상법은 전환사채의 발행사항을 정관에 정하도록 하되 정관에 발행사항을 정하지 않은 경우에 누가 발행사항에 대한 결정을 하는지에 관하여, ① 주주에게 발행하는 경우에는 이사회가 정하도록 하면서 정관으로 주주총회에서 이를 정하도록 한 경우에는 주주총회의 보통결의로 이를 정하도록 하고(상 513조 2항), ② 제3자에게 발행하는 경우에는 주주총회의 특별결의에 의하도록 하고

이에 더하여 회사의 경영목적달성이라는 목적(상 418조 2항)이 있어야 함을 정하고 있다(상 513조 3항).

◈ 대법원 2004.6.25. 선고 2000다37326 판결[20)]

구 상법(2001. 7. 24. 법률 제6488호로 개정되기 전의 것) 제513조 제3항은 주주 외의 자에 대하여 전환사채를 발행하는 경우에 그 발행할 수 있는 전환사채의 액, 전환의 조건, 전환으로 인하여 발행할 주식의 내용과 전환을 청구할 수 있는 기간에 관하여 정관에 규정이 없으면 상법 제434조의 결의로써 이를 정하여야 한다고 규정하고 있는바, 전환의 조건 등이 정관에 이미 규정되어 있어 주주총회의 특별결의를 다시 거칠 필요가 없다고 하기 위해서는 전환의 조건 등이 정관에 상당한 정도로 특정되어 있을 것이 요구된다고 하겠으나, 주식회사가 필요한 자금수요에 대응한 다양한 자금조달의 방법 중에서 주주 외의 자에게 전환사채를 발행하는 방법을 선택하여 자금을 조달함에 있어서는 전환가액 등 전환의 조건을 그때그때의 필요자금의 규모와 긴급성, 발행회사의 주가, 이자율과 시장상황 등 구체적인 경제사정에 즉응하여 신축적으로 결정할 수 있도록 하는 것이 바람직하다 할 것이고, 따라서 주주총회의 특별결의에 의해서만 변경이 가능한 정관에 전환의 조건 등을 미리 획일적으로 확정하여 규정하도록 요구할 것은 아니며, 정관에 일응의 기준을 정해 놓은 다음 이에 기하여 실제로 발행할 전환사채의 구체적인 전환의 조건 등은 그 발행시마다 정관에 벗어나지 않는 범위에서 이사회에서 결정하도록 위임하는 방법을 취하는 것도 허용된다.

### (다) 발행절차

전환사채인수권이 주주에게 부여된 경우 주주는 각 전환사채의 금액 중 최저액에 미달하는 단수의 경우를 제외하고, 그가 가진 주식의 수에 따라서 전환사채의 배정을 받을 권리가 있고(상 513조의2 1항), 주주 이외의 특정의 제3자에게 전환사채인수권이 주어진 경우에 그 제3자는 주주총회의 특별결의에 의하여 전환사채를 배정받게 되고(상 513조 3항), 주주 이외의 제3자에게 모집의 방법에 의하여 전환사채를 발행할 경우에는 일반사채와 동일한 방법으로 배정하게 된다.

상법은 주주에게 전환사채를 발행하는 경우의 발행절차에 관하여만 규정을 두고 있으므로 주주 이외의 자에 대하여는 일반사채의 방법과 절차에 따라 발행하게 될 것이다.

주주에게 전환사채를 발행하는 경우에 회사는 일정한 날을 정하여 그날에 주주명

20) 대법원은, "정관이 전환사채의 발행에 관하여 "전환가액은 주식의 액면금액 또는 그 이상의 가액으로 사채발행시 이사회가 정한다"라고 규정하고 있는 경우에 전환가액 등 전환의 조건의 결정방법과 관련하여 고려되어야 할 특수성을 감안할 때 이러한 정관의 규정은 그 기준 또는 위임방식이 지나치게 추상적이거나 포괄적이어서 무효라고 볼 수는 없다"고 판시하고 있다.

부에 기재된 주주가 전환사채인수권을 가진다는 뜻을 그날의 2주간 전에 공고(배정일 지정공고)하여야 한다(상 513조의2 2항, 418조 3항).

주주가 전환사채인수권을 가지는 경우에 회사는 일정한 기일까지 전환사채의 청약을 하지 아니하면 그 권리를 잃는다는 뜻을 2주간 전에 주주에게 통지(실권예고부최고의 통지)하여야 하는데(상 513조의3 1항, 상 513조의3 2항, 419조 2항, 3항) 주주가 청약기일까지 청약을 하지 아니하면 전환사채인수권을 잃게 된다(상 513조의3 2항, 419조의 3항). 이렇게 실권이 된 전환사채에 대하여 회사는 이사회 결의에 따라 제3자에게 배정할 수도 있다고 할 것이다.

또한 전환사채청약서, 채권 및 사채원부에는 전환의 조건 등 상법이 정한 사항을 기재하여야 한다(상 514조).

전환사채의 모집이 끝나면 이사는 지체 없이 전환사채의 인수인으로 하여금 사채의 전액 또는 1회의 납입을 하도록 하여야 한다(상 476조).

상법은 일반사채와 달리 전환사채의 경우에는 회사로 하여금 납입이 완료된 날로부터 2주간 내에 본점소재지에서 등기하도록 하고(상 514조의2 1항) 그 등기사항에 변경이 생긴 경우에는 변경등기를 하도록 하고 있다(상 514조의2 3항, 183조).

◆ 대법원 2009.5.29. 선고 2007도4949 전원합의체 판결

상법상 전환사채를 주주 배정방식에 의하여 발행하는 경우에도 주주가 그 인수권을 잃은 때에는 회사는 이사회의 결의에 의하여 그 인수가 없는 부분에 대하여 자유로이 이를 제3자에게 처분할 수 있는 것인데, 단일한 기회에 발행되는 전환사채의 발행조건은 동일하여야 하므로, 주주배정으로 전환사채를 발행하는 경우에 주주가 인수하지 아니하여 실권된 부분에 관하여 이를 주주가 인수한 부분과 별도로 취급하여 전환가액 등 발행조건을 변경하여 발행할 여지가 없다. 주주배정의 방법으로 주주에게 전환사채인수권을 부여하였지만 주주들이 인수청약하지 아니하여 실권된 부분을 제3자에게 발행하더라도 주주의 경우와 같은 조건으로 발행할 수밖에 없고, 이러한 법리는 주주들이 전환사채의 인수청약을 하지 아니함으로써 발생하는 실권의 규모에 따라 달라지는 것은 아니다.

#### (라) 잘못된 전환사채발행에 대한 조치

##### 1) 유지청구권과 차액지급의무

전환사채는 향후 전환권의 행사로 인하여 신주가 발행되고 이로 인하여 주주의 이익을 해할 우려가 적지 않으므로 상법은 신주발행의 규제에 관한 규정을 전환사채에도 준용하고 있다.

회사가 법령 또는 정관에 위반하거나 현저하게 불공정한 방법에 의하여 전환사채를 발행함으로써 주주가 불이익을 받을 염려가 있는 경우에 주주는 전환사채 발행의

효력이 생기기 전, 즉 전환사채의 납입기일 전까지 전환사채의 발행을 유지할 것을 청구할 수 있다(상 516조 1항, 424조).

또한 이사와 통모하여 현저하게 불공정한 가액으로 전환사채를 인수한 자는 회사에 대하여 공정한 발행가액과의 차액에 상당하는 금액을 지급할 의무가 있고(상 516조 1항, 424조의2 1항), 이를 위하여 주주의 대표소송이 허용되며(상 516조 1항, 424조의2 2항) 이사는 회사 또는 주주에 대하여 손해배상책임을 부담하게 된다(상 516조 1항, 424조의2 3항).

**대법원 2004.8.16. 선고 2003다9636 판결**

전환사채발행유지 청구는 회사가 법령 또는 정관에 위반하거나 현저하게 불공정한 방법에 의하여 전환사채를 발행함으로써 주주가 불이익을 받을 염려가 있는 경우에 회사에 대하여 그 발행의 유지를 청구하는 것으로서(상법 제516조 제1항, 제424조), 전환사채 발행의 효력이 생기기 전, 즉 전환사채의 납입기일까지 이를 행사하여야 할 것이고, 한편 전환사채권자가 전환 청구를 하면 회사는 주식을 발행해 주어야 하는데, 전환권은 형성권이므로 전환을 청구한 때에 당연히 전환의 효력이 발생하여 전환사채권자는 그 때부터 주주가 되고 사채권자로서의 지위를 상실하게 되므로(상법 제516조, 제350조) 그 이후에는 주식전환의 금지를 구할 법률상 이익이 없게 될 것이다.

2) 전환사채발행 무효의 주장

전환사채발행에 하자가 있는 경우에 전환사채발행의 무효를 소로써 주장할 수 있는지 여부에 관하여 상법의 규정이 없으나, 대법원은 전환사채의 발행이 주주들에게 미치는 효과는 신주발행의 경우와 유사하므로 신주발행무효의 소에 관한 규정(상 429조)을 유추 적용하는 것이 가능할 것이라고 판시하여 전환사채발행 무효의 소를 인정하고 있다.

그러나 전환사채권자가 전환권의 행사로 인하여 신주가 발행된 경우에는 더 이상 전환사채발행무효를 주장할 수 없고, 신주발행무효의 소로써 다투어야 할 것이다.

이 밖에도 전환사채의 발행절차가 전혀 없었음에도 불구하고 전환사채가 발행된 것과 같은 외관이 존재하는 경우에는 전환사채의 무효가 아니라 부존재로서 다루어야 할 것이다.

전환사채가 이사회 결의 없이 대표이사의 전횡적 행위에 의하여 발행된 경우, 정관의 규정이 없거나 혹은 주주총회의 특별결의가 없음에도 불구하고 제3자에게 발행된 경우 또는 경영권을 방어하기 위한 목적이나 혹은 지배주주로부터 경영권을 승계하기 위한 목적으로 전환사채가 발행된 경우에 그 전환사채의 유효성을 인정할 것인가 나아가 그러한 전환사채에 기한 전환권의 행사에 의하여 발행된 신주의 유효성을 인정할 것인가의 문제 또한 이와 관련하여 거래의 안전을 해칠 우려 등도 생각해 볼 필요가 있겠다.

결국 잘못된 전환사채의 발행에 대한 주장은 ① 전환사채를 발행하기 전의 주장방법, ② 전환사채 발행 후 전환권 행사 전의 주장방법, ③ 전환권 행사 후의 주장방법으로 나누어 검토해야 할 것이다.

### ◈ 대법원 2004.6.25. 선고 2000다37326 판결

상법은 제516조 제1항에서 신주발행의 유지청구권에 관한 제424조 및 불공정한 가액으로 주식을 인수한 자의 책임에 관한 제424조의2 등을 전환사채의 발행의 경우에 준용한다고 규정하면서도 신주발행무효의 소에 관한 제429조의 준용 여부에 대해서는 아무런 규정을 두고 있지 않으나, 전환사채는 전환권의 행사에 의하여 장차 주식으로 전환될 수 있는 권리가 부여된 사채로서, 이러한 전환사채의 발행은 주식회사의 물적 기초와 기존 주주들의 이해관계에 영향을 미친다는 점에서 사실상 신주를 발행하는 것과 유사하므로, 전환사채의 발행의 경우에도 신주 발행무효의 소에 관한 상법 제429조가 유추적용된다고 봄이 상당하고, 이 경우 당사자가 주장하는 개개의 공격방법으로서의 구체적인 무효원인은 각각 어느 정도 개별성을 가지고 판단할 수밖에 없는 것이기는 하지만, 전환사채의 발행에 무효원인이 있다는 것이 전체로서 하나의 청구원인이 된다는 점을 감안할 때 전환사채의 발행을 무효라고 볼 것인지 여부를 판단함에 있어서는 구체적인 무효원인에 개재된 여러 위법 요소가 종합적으로 고려되어야 한다.

상법 제429조는 신주발행의 무효는 주주·이사 또는 감사에 한하여 신주를 발행한 날로부터 6월 내에 소만으로 이를 주장할 수 있다고 규정하고 있는바, 이는 신주발행에 수반되는 복잡한 법률관계를 조기에 확정하고자 하는 것이므로, 새로운 무효사유를 출소시간의 경과 후에도 주장할 수 있도록 하면 법률관계가 불안정하게 되어 위 규정의 취지가 몰각된다는 점에 비추어 위 규정은 무효사유의 주장시기도 제한하고 있는 것이라고 해석함이 상당하고, 한편 상법 제429조의 유추적용에 의한 전환사채발행무효의 소에 있어서도 전환사채를 발행한 날로부터 6월의 출소기간이 경과한 후에는 새로운 무효사유를 추가하여 주장할 수 없다고 보아야 한다.

신주발행무효의 소에 관한 상법 제429조에도 무효원인이 규정되어 있지 않고 다만, 전환사채의 발행의 경우에도 준용되는 상법 제424조에 '법령이나 정관의 위반 또는 현저하게 불공정한 방법에 의한 주식의 발행'이 신주발행유지청구의 요건으로 규정되어 있으므로, 위와 같은 요건을 전환사채 발행의 무효원인으로 일응 고려할 수 있다고 하겠으나 다른 한편, 전환사채가 일단 발행되면 그 인수인의 이익을 고려할 필요가 있고 또 전환사채나 전환권의 행사에 의하여 발행된 주식은 유가증권으로서 유통되는 것이므로 거래의 안전을 보호하여야 할 필요가 크다고 할 것인데, 전환사채발행유지청구권은 위법한 발행에 대한 사전 구제수단임에 반하여, 전환사채발행무효의 소는 사후에 이를 무효로 함으로써 거래의 안전과 법적 안정성을 해칠 위험이 큰 점을 고려할 때, 그 무효원인은 가급적 엄격하게 해석하여야 하고, 따라서 법령이나 정관의 중대한 위반 또는 현저한 불공정이 있어 그것이 주식회사의 본질이나 회사법의 기본원칙에 반하거나 기존 주주들의 이익과 회사의 경영권 내지 지배권에 중대한 영향을 미치는 경우로서 전환사채와 관련된 거래의 안전, 주주 기타 이해관계인의 이익 등을 고려하더라도 도저히 묵과할 수 없는 정도라고 평가되는 경우에 한하여 전환사채의 발행 또는 그 전환권의 행사에 의한 주식의 발행을 무효로 할 수 있을 것이며, 그 무효원인을 회사의 경영권 분쟁이 현재 계속중이거나 임박해 있는 등 오직 지배권의 변경을 초래하거나 이를 저지할 목적으로 전환사채를 발행하였음이 객관적으로 명백한 경우에 한정할 것은 아니다.

(같은 취지: 대법원 2004.8.16. 선고 2003다9636 판결, 대법원 2004.8.20. 선고 2003다20060 판결)

### (3) 전환사채의 전환

#### (가) 전환의 절차

전환사채에 부여된 전환권은 전환사채권자의 일방적 의사표시에 의하여 전환사채권자로서의 지위를 상실하고 주주로서의 지위를 취득할 수 있는 권리이므로 형성권이라고 할 것이다.

그러므로 전환사채권자는 회사가 정한 전환기간 중에는 언제든지 일정한 사항을 기재한 전환청구서를 회사에 제출하거나, 전자등록방식으로 전환사채를 발행한 경우에는 사채권을 증명할 수 있는 자료를 첨부함으로써 전환청구가 가능하다(상 515조). 주주명부폐쇄기간 중에도 전환청구는 가능하지만 이 기간 중에 전환된 전환사채의 주주는 그 기간 중에 개최되는 주주총회에서 의결권을 행사할 수 없다(상 516조 2항, 350조 2항).

#### (나) 발행가액

상법은 전환권의 행사에 의하여 신주식을 발행할 경우에 전환 전의 전환사채의 발행가액을 신주식의 발행가액으로 하도록 규정하고 있는데(상 516조 2항, 348조), 여기서 발행가액의 의미도 발행총가액의 의미로 해석하여야 할 것이다. 이처럼 전환 전의 사채발행총액과 전환 후의 신주발행총액을 일치하도록 하는 이유는 자금조달에 급급하여 불리한 조건으로 전환사채를 발행함으로써 회사의 자본충실을 해치는 것을 막기 위함이라고 해석된다.

전환사채를 주식으로 전환하는 경우의 전환조건은 주식 1주와 교환되는 사채의 액면금액으로 표시되는 전환가격 또는 일정액의 전환사채에 대해 발행되는 주식수로 표시되는 전환비율로 나타나게 되는데 전환조건으로서 전환가격과 전환비율은 표시의 방식이 다를 뿐 실질적으로는 동일하다고 할 것이다. 또한 전환에 있어서 주식의 액면을 기준으로 하는 것을 액면전환(conversion at par value)이라고 하고 주식의 시가를 기준으로 하는 것을 시가전환(conversion at market price)이라고 한다. 우리나라에서 전환사채의 경우 거의 대부분 시가전환방식에 의하고 있는데 시가전환의 경우 전환가격은 일정일 또는 일정기간의 주가를 기준으로 정해지며 그 후의 주가변동에 관계없이 고정되지만 전환권을 행사할 수 있기까지 일정기간이 소요되고 그 사이에 회사의 주식구성에 변동이 있거나 주가가 하락하는 등 주식의 실질적 가치가 감소하는 경우가 있을 수 있다. 이런 경우 이른바 전환권의 희석화로부터 사채권자를 보호하기 위하여 전환권의 조정을 인정할 필요가 있고 우리나라에서의 전환권 조정은 이른바 반희석화 조항이나 행사가 조정조항(refixing clause: 전환가액방식과 시가방식)과 같은 약정이 주로 이용되고 있다.

(다) 전환의 효력

전환권은 형성권이므로 전환의 효력은 전환사채권자가 전환청구를 한 때에 발생하게 되고(상 516조 2항, 350조 1항), 그때 신주발행의 효력이 발생하게 되어 주주가 된다.

다만, 이자지급에 관하여는 전환을 청구한 때가 속하는 영업연도 말에 전환된 것으로 보게 되지만, 정관이 정하는 바에 따라 그 청구를 한 때가 속하는 영업연도의 직전연도 말에 전환된 것으로 할 수도 있다(상 516조 2항, 350조 3항).

전환사채권자의 전환권행사로 신주가 발행되게 되므로 전환권이 행사된 전환사채의 금액만큼 사채가 감소되고 그로 인하여 자본금이 증가하는 효과가 발생하게 되는데, 발행된 신주가 액면주식이라면 발행된 주식의 액면총액만큼의 자본금이 증가되는 효과가 발생하게 되지만, 무액면주식이 발행된다면 이사회에서 자본금으로 계상하기로 결정한 금액만큼 자본금이 증가하게 된다.

한편 전환권이 행사되어 신주가 발행되면 신주가 발행된 만큼 등기사항(상 317조 2항 2호, 3호)인 회사의 발행주식 총수와 자본이 증가하게 되고, 등기사항(상 514조의2 2항 1호)인 전환사채의 총액이 감소하게 되므로 각기 등기사항의 변경이 생기게 되어 그에 따른 변경등기를 하여야 할 것이다.

### 마. 신주인수권부사채

#### (1) 신주인수권부사채의 의의

신주인수권부사채(Bond with stock purchase warrants: BW)는 사채권자에게 신주발

행을 청구할 권리가 부여된 사채로서 발행조건에 따라 사채권자가 기채회사에 대하여 신주발행을 청구하면 회사는 이에 따라 신주를 발행하여 주는 조건의 사채이다. 신주인수권부사채는 전환사채와 그 장점과 단점이 대체로 유사하다고 할 것인데 자금조달의 편의성 등을 이유로 실무상 많이 발행되고 있는 실정이다.

신주인수권부사채와 전환사채는 ① 발행되는 신주에 대하여 별도의 주금납입이 있는지 여부, ② 채권 이외에 별도의 증권이 발행되는지 여부, ③ 채권에 표창된 권리의 양도 범위 및 양도방법, ④ 채권에 표창된 권리의 행사방법 및 그 효력발생시기, ⑤ 채권에 표창된 권리의 행사 후 사채의 소멸여부, ⑥ 새로이 발행된 신주의 발행가액에 대한 제한이 있는지 여부, ⑦ 신주의 주주가 되는 시기, ⑧ 신주 발행 후 사채가 존속하는지 여부 등에서 차이가 있다고 할 것이다.

신주인수권부사채의 사채권자가 신주인수권을 행사하면 회사의 승낙 여부와 관계없이 주금납입을 하여 주주가 되므로 여기서의 신주인수권은 회사에 대하여 신주발행을 청구할 수 있는 구체적인 신주인수권을 의미하고 또한 형성권이라고 할 것이다.

신주인수권부사채는 채권과 별도의 신주인수권증권의 발행 여부에 따라 분리형과 비분리형의 두 종류가 있는데 분리형의 경우는 신주인수권만을 분리하여 별도로 양도하는 것이 가능하다. 상법은 분리형에 관하여 별도로 규정(상 516조의2 2항 4호)하고 있으므로 비분리형이 상법이 예정하는 원칙적인 모습이라고 할 것이다.

회사가 신주인수권부사채를 발행하는 경우에는 향후 신주인수권의 행사에 대비하여 발행할 주식의 수에 해당하는 주식에 관하여 신주인수권의 행사기간 내에는 발행을 유보하여야 하므로(상 516조의11, 516조 1항, 346조 4항), 그에 해당하는 회사의 발행예정주식을 확보하여 놓아야 한다.

### (2) 신주인수권부사채의 발행

상법은 신주인수권부사채의 발행에 관하여 전환사채의 발행의 경우와 거의 동일하게 규정하고 있다.

#### (가) 발행사항의 결정

회사가 신주인수권부사채를 발행하기 위해서는 ① 신주인수권부사채의 총액, ② 각 신주인수권부사채에 부여된 신주인수권의 내용, ③ 신주인수권을 행사할 수 있는 기간, ④ 신주인수권만의 양도에 관한 사항, ⑤ 신주인수권부사채의 상환에 갈음하여 그 발행가액으로 제516조의9 제1항의 납입이 있는 것으로 본다는 뜻, ⑥ 주주에게 신주인수권부사채의 인수권을 준다는 뜻과 신주인수권부사채의 액, ⑦ 주주 이외의 자에게 신주인수권부사채를 발행하는 것과 이에 대하여 발행할 신주인수권부사채의 액 등에 관하여 결정되어야 하는데(상 516조의2 2항), 상법은 이러한 발행에 관한 사항은 정관에 규정되어 있어야 하고, 정관에 규정이 없는 경우에는 이사회에서 결정하되, 정관에서 이를 주주총회에서 결정하기로 한 경우에는 주주총회의 보통결의에 의하도록 하고 있다(상 516조의2 2항).

신주인수권부사채를 발행하는 경우에도 신주인수권의 실질적 가치를 보전하여 줌으로써 사채 투자를 원활히 할 목적에서 반희석화 조항과 행사가격조정 조항(refixing clause)을 두는 경우가 많다. 반희석화 조항은 유무상 증자, 액면분할, 주식병합, 주식배당 등 사채발행 후 회사의 자본적 거래를 통하여 주식의 희석화가 발생했을 경우에도 신주인수권부사채권자가 보유하고 있던 취득가능한 주식의 지분비율을 그대로 유지하도록 하는 조항이고 리픽싱 조항은 신주인수권자가 이를 인수할 당시 투자액의 총액가치를 유지하기 위해 주식의 시가하락에 따라 행사가격을 조정하는 것을 내용으로 한다.

### (나) 발행방법

신주인수권부사채의 발행방법에는 주주에게 배정하는 방법과 주주 이외의 제3자에게 배정하는 방법이 있는데 후자의 경우에는 주주 이외의 특정한 제3자에게 배정하는 방법과 모집의 방법으로 불특정의 제3자에게 배정하는 방법이 있다. 상법은 원칙적으로 주주에게 신주인수권부사채의 인수권을 인정하고, 주주 이외의 자에 대하여는 신주인수권부사채의 액, 신주인수권의 내용과 신주인수권행사기간 등 구체적 사항에 관하여 정관의 규정 또는 주주총회의 특별결의가 있어야 하고(상 516조의2 4항 1문) 또한 신기술도입 혹은 재무구조 개선 등의 경영상 목적을 달성하기 위하여 필요한 경우(상 516조의2 4항 2문, 418조 2항 단서)에만 신주인수권부사채인수권을 주는 것이 허용된다는 점(상 516조의2 2항 8호)은 신주발행이나 전환사채의 경우와 같다.[21)]

### (다) 발행절차

신주인수권부사채의 인수권을 가진 주주는, 각 신주인수권부사채의 금액 중 최저액에 미달하는 단수의 경우를 제외하고 그가 가진 주식의 수에 따라서 신주인수권부

21) 대법원 2015.12.10. 선고 2015다202919 판결은, "회사가 상법 제418조 제2항에서 정한 사유가 없음에도 경영권 분쟁이 현실화된 상황에서 경영진의 경영권이나 지배권 방어라는 목적을 달성하기 위하여 제3자에게 신주를 배정하는 경우, 주주의 신주인수권을 침해하는 것이고, 이처럼 신주 발행에 법령이나 정관을 위반한 위법이 있고 그것이 주식회사의 본질 또는 회사법의 기본원칙에 반하거나 기존 주주들의 이익과 회사의 경영권 내지 지배권에 중대한 영향을 미치는 경우에는 원칙적으로 신주의 발행은 무효이다. 신주인수권부사채 발행의 경우에도 주식회사의 물적 기초와 기존 주주들의 이해관계에 영향을 미친다는 점에서 사실상 신주를 발행하는 것과 유사하므로 신주인수권부사채를 제3자에게 발행하는 경우에도 이러한 신주발행의 무효원인에 관한 법리가 적용되고 또한 신주발행무효의 소에 관한 상법 제429조가 유추 적용된다"는 취지로 판시하고 있다.

사채의 배정을 받을 권리가 있고(상 516조의11, 513조의2 1항), 주주 이외의 특정의 제3자에게 신주인수권부사채인수권이 주어진 경우에 그 제3자는 주주총회의 특별결의에 의하여 신주인수권부사채를 배정받게 되고 불특정의 제3자에게 모집의 방법에 의하여 신주인수권부사채를 발행할 경우에는 일반사채와 동일한 방법으로 배정하게 된다.

상법은, 전환사채의 경우와 같이, 주주에게 신주인수권부사채를 발행하는 경우의 절차에 관하여만 규정을 두고 있으므로 주주 이외의 자에 대하여는 일반사채의 방법과 절차에 따라 발행하게 될 것이다. 또한 회사는 정관이 정하는 바에 따라 전자등록방식으로 발행할 수도 있다(상 516조의7).

이사회가 신주인수권부사채를 발행사항을 결의함에 있어서 신주인수권만을 양도할 수 있다는 것을 정한 경우(상 516조의2 2항 4호)에 회사는 채권과 함께 별도로 신주인수권증권을 발행하여야 한다(상 516조의5 1항).

주주에게 신주인수권부사채를 발행하는 경우에 회사는 배정일을 지정하여 공고하여야 하며(상 516조의11, 513조의2 2항, 418조 3항) 실권예고부 최고의 통지(상 516조의3 1항 전문)를 하여야 한다는 점 등은 전환사채의 경우와 동일하다.

또한 신주인수권부사채의 인수권을 가지는 주주가 청약기일까지 청약을 하지 아니하면 신주인수권부사채인수권을 잃게 되는 것(상 516조의3 2항, 419조의 4항)도 전환사채와 동일하다.

상법은 신주인수권부사채의 경우에도, 전환사채의 경우와 같이, 회사로 하여금 납입이 완료된 날로부터 2주간 내에 본점소재지에서 등기하도록 하고(상 516조의8, 514조의2 1항), 그 등기사항에 변경이 생긴 경우에는 변경등기를 하도록 하고 있다(상 516조의8, 514조의2 3항, 183조).

#### (라) 잘못된 발행에 대한 조치

신주인수권부사채의 경우에도 향후 신주인수권의 행사로 인하여 신주가 발행되고 이로 인하여 주주의 이익을 해할 우려가 적지 않으므로 상법은 신주발행의 규제에 관한 규정(상 424조, 424조의2)을 준용하는 전환사채의 규정(상 516조 1항)을 다시 신주인수권부사채에도 준용하고 있다(상 516조의11).

따라서 신주인수권부사채가 발행되기 전이라면 신주인수권부사채의 발행으로 불이익을 받을 염려 있는 주주는 신주인수권부사채의 발행에 대하여 유지청구권을 행사할 수 있으나 신주인수권부사채가 발행된 후에 신주인수권부사채발행의 무효를 구할 수 있는지가 문제된다.

신주인수권부사채발행의 무효에 관한 대법원의 판결은 아직 없지만, 전환사채의 경우에 신주발행무효의 소를 유추 적용하여 전환사채발행무효의 소를 인정하고 있는 대법원의 입장을 고려해 볼 때 신주인수권부사채 발행의 무효의 경우에도 신주발행무효의 소에 관한 규정(상 429조)의 유추적용을 인정할 수 있다고 볼 것이고, 아울러 이사와 통모하여 현저하게 불공정한 가격으로 인수한 자는 회사에 대하여 공정한 발행가액과의 차액 상당액을 지급할 의무를 부담한다고 하겠다(상 516조의11, 516조 1항, 424조의2).

한편 신주인수권부사채권자가 신주인수권의 행사로 인하여 신주가 발행된 경우에는 신주발행무효의 소로써 다투어야 할 것이고, 신주인수권부사채의 발행절차가 전혀 없었음에도 불구하고 신주인수권부사채가 발행된 것과 같은 외관이 존재하는 경우에는 신주인수권부사채의 무효가 아니라 부존재로서 다투어야 할 것이라는 점도 전환사채의 경우와 같다고 할 것이다.

### (3) 신주인수권부사채의 양도

신주인수권부사채는 채권과 별도로 신주인수권증권이 발행되는지 여부에 따라 그 양도방법이 다르게 된다.

채권(債券)에 사채에 관한 권리와 신주인수에 관한 권리가 함께 표창되어 있는 이른바 비분리형의 신주인수권부사채의 경우에는 신주인수권만을 별도로 양도하는 것이 불가능하고, 채권의 교부로써 사채에 관한 권리와 신주인수에 관한 권리가 모두 이전된다.

사채권을 표창하는 채권 이외에 신주인수권을 표창하는 신주인수권증권(상 516조의5)이 별도로 발행되는 이른바 분리형의 신주인수권부사채의 경우에는 사채에 관한 권리와 신주인수에 관한 권리를 별도로 이전하는 것이 가능하여 신주인수권의 양도는 신주인수권증권의 교부에 의하여만 행하게 된다(상 516조의6 1항).

신주인수권증권은 이처럼 분리형 신주인수권부사채에 있어서 신주인수권을 표창하는 유가증권으로서 상법은 신주인수권의 양도와 행사는 이 신주인수권증권에 의하여만 하도록 규정하고 있으므로(상 516조의6 1항), 마치 주권과 유사하게 취급되어 그 소지자에게 추정적 효력이 인정되어 선의취득이 가능하고(상 516조의6 2항, 336조 2항, 수 21조) 공시최고 절차에 따른 제권판결절차를 통하여 재발행도 인정된다(상 516조의6 2항, 360조).

상법은 신주인수권증권과 신주인수권증서라고 하는 유사한 제도를 가지고 있다.

신주인수권증서(상 420조의2)는 주주의 신주인수권을 표창하는 유가증권이고, 신주인수권증권(상

516조의5)은 신주인수권부사채권자의 신주인수권을 표창하는 유가증권인데, 신주인수권증권이나 신주인수권증서가 표창하는 권리의 양도는 그 증권의 교부(상 420조의3 1항, 516조의6 1항)에 의하여 이루어지므로 모두 무기명 증권적인 성질을 가지고 있고, 또한 증권의 소지인에게 권리 추정력이 인정되어 선의취득이 가능하다(상 420조의3 2항, 516조의6 2항, 336조 2항, 수 21조)는 공통점이 있다.

그러나 신주인수권증서는 주주의 청구가 있을 때 회사가 발행하지만, 신주인수권증권은 분리형 신주인수권부사채를 발행할 때 회사가 의무적으로 사채권자에게 발행하여야 하고(상 416조 6호, 516조의5 1항), 또한 신주인수권증서는 그 이용기간이 고작 2주간으로서 단기이므로 상실한 경우에는 주식청약서로 대체가 가능(상420조의5 2항)하지만, 신주인수권증권은 제권판결을 얻어야 한다는 점(상516조의6 2항)에서 상이하다고 할 것이다.

### (4) 신주인수권의 행사

#### (가) 행사의 절차

신주인수권부사채권자는 회사가 정한 신주인수권행사기간(상 516조의2 2항 3호) 내에 신주인수권부사채에 부여된 신주인수권을 행사하여야 한다.[22]

신주인수권부사채권자는 주주명부폐쇄기간 중에도 신주인수권을 행사할 수 있지만 이 기간 중에 신주인수권을 행사하여 주주로 된 자는 그 기간 중에 개최되는 주주총회에서 의결권을 행사할 수 없다(상 516조의10, 350조 2항).

신주인수권을 행사하려는 자는 일정한 사항을 기재한 청구서를 회사에 제출함(상 516조의9 1항 전단)과 함께 분리형의 신주인수권부사채일 경우에는 신주인수권증권을 첨부하여야 하고, 비분리형 신주인수권부사채일 경우에는 채권을 제시하여야 한다(상 516조의9 2항). 다만 신주인수권부사채가 사채권의 발행 없이 전자등록방식으로 발행된 경우에는 사채권이나 신주인수권을 증명할 수 있는 자료를 첨부하여야 할 것이다(상 516조의9 2항 단서).

#### (나) 신주발행대금의 납입

신주인수권부사채권자가 신주인수권을 행사한 경우에는 신주발행가액의 전액을 금전으로 납입하여야 하지만(상 516조의9 1항 후단) 신주인수권부사채를 발행할 때 신주인수권을 행사하려는 자의 청구가 있는 때에는 신주인수권부사채의 상환에 갈음하여 그 발행가액으로 납입이 있는 것으로 인정하는 이른바 대용납입의 취지(상 516조의

22) 대법원 2014.9.4. 선고 2013다40858 판결은, "신주인수권부사채를 발행한 발행회사가 신주인수권의 발행조건으로 이른바 '리픽싱(refixing) 조항'을 둔 경우, 발행회사가 그 조정을 거절하고 있다면, 신주인수권자는 발행회사를 상대로 조정사유 발생시점을 기준으로 신주인수권 행사가액 조정절차의 이행을 구하는 소를 제기할 수 있고, 이러한 신주인수권 행사가액 조정절차의 이행을 구하는 소는 신주인수권의 행사 여부와 관계없이 허용된다"고 판시하고 있다.

2 2항 5호)를 정한 때에는 사채권자의 신주인수청구가 있을 때 납입된 것으로 보아야 할 것이다.

대용납입을 할 것인지 여부는 사채권자가 선택하게 되는데 이러한 대용납입의 법적 성질에 관하여 대물변제라는 견해도 있지만 상계라고 보아도 무방할 것이다.

한편 상법은 사채액에 비하여 과도한 신주인수권을 허용하는 것을 방지하여 주주의 이익을 보호하기 위하여 각 신주인수권부사채에 부여된 신주인수권의 행사로 인하여 발행할 주식의 발행가액의 합계액은 각 신주인수권부사채의 금액을 초과할 수 없다(상 516조의2 3항)고 규정하고 있다. 이러한 신주발행가액총액의 제한이 해당되는 사채액은 사채를 발행한 때를 기준으로 하여야 할 것이므로 발행된 사채가 일부 소각되거나 상환되더라도 예정된 신주의 발행은 가능하다고 할 것이다.

#### (다) 행사의 효력발행

신주인수권부사채에 부여된 신주인수권을 행사한 자는 그로 인하여 발행되는 신주의 발행대금을 전액납입한 때 주주가 되고(상 516조의10), 이른바 대용납입의 경우에는 청구한 때 납입한 것으로 보게 되어 결국 신주인수를 청구한 때에 주주가 된다고 할 것이므로, 납입기일 다음날부터 주주가 되는 보통의 신주발행의 경우(상 423조 1항)에 있어서 주주가 되는 시기와는 다소 다르다고 할 것이다.

다만, 주식배당에 있어서는, 신주인수권을 행사한 때가 속하는 영업연도 말에 신주발행의 효력이 발생하는 것으로 보지만 정관의 정함에 따라 그 청구를 한 때가 속하는 영업연도의 직전영업연도 말에 신주발행의 효력이 발생하는 것으로 볼 수도 있다(상 516조의10, 350조 3항).

한편 신주인수권이 행사되어 신주가 발행되면 신주가 발행된 만큼 등기사항(상 317조 2항 2호, 3호)인 회사의 발행주식 총수와 자본이 증가하게 되고 각기 등기사항의 변경이 생기게 되면 그에 따른 변경등기를 하여야 할 것이다(상 516조의8 2항, 514조의2 3항, 183조).

### 바. 담보부사채

담보부사채(Morgage Bond)는 변제를 담보하기 위하여 사채에 기채회사의 재산을 물적 담보로 하여 발행한 사채를 말하는데 담보부사채신탁법에 의하여 규율된다.

대량적 집단적으로 발행하는 사채에 있어서 사채발행회사(기채회사)가 사채권자를 위하여 개별적으로 담보를 제공하는 것은 현실적으로 불가능하므로 기채회사와 사채권자 사이에 신탁회사를 개입시켜 기채회사(위탁회사)와 신탁회사(수탁회사)가 체결한 신탁계약에 의해서만 사채를 발행하고(사채신탁법 3조), 신탁회사(수탁회사)는 담보권을 취득하고 이것을 사채권자 모두를 위하여 보존하고 실행하며(사채신탁법 60조 2항), 사채권자들은 수익자로서 각자의 사채액에 따라 담보의 이익을 향수하는 것을 내용으로 한다.

이처럼 담보부사채는 기채회사의 재산으로 구성되는 물적 담보가 붙어 있다는 점에서 수탁회사인 금융기관의 지급보증과 같은 인적 담보가 붙은 보증사채와 구별된다.

# 제 8 장
# 주식회사의 변동

## 1. 주식회사 변동의 의의

주식회사는 활동을 하게 되면서 설립이후에 달라진 영업환경 및 사회, 경제적 변화에 따라 그 모습의 변동 즉 회사의 구조나 형태 또는 규모나 활동에 대한 변동이 필요하게 된다. 회사의 변동에는 회사의 자치법규로서 설립 시에 주주의 합의에 의하여 성립된 정관의 변경을 수반하게 되지만, 정관이 변경되더라도 그 또한 주주들의 합의에 의한 것이므로 회사의 동일성에는 아무런 영향이 없다고 할 것이다.

다만 회사의 변동은 주주가 회사에 출자할 당시에 의도하였고 예상하였던 회사와 다른 모습을 가진 회사의 구성원이 되는 결과를 가져오게 되어 주주는 회사의 변동에 큰 이해관계를 갖게 되므로 회사 변동의 절차와 방식, 형태와 규모 등에 관하여 주주의 합의가 필요하고, 다수결원리가 지배하는 주식회사에 있어서 이것은 주주총회의 결의를 통하게 되는데, 경우에 따라서 보통의 결의요건보다 엄격한 결의요건을 거치도록 하거나(상 434조) 총주주의 동의(상 604조)를 얻도록 하고 있다.

또한 회사의 변동에 있어서 하자있는 방법과 절차 등을 통하여 주주의 승인을 받는 경우는 말할 것도 없고, 설령 절차 등에 하자는 없더라도 일부 주주에게 불공정한 결과를 가져오는 경우에 대비한 구제책이 필요하게 되는데, 상법은 주식회사의 변동에 관한 주주의 의사표시를 확인하는 과정에서 회사의 변동에 반대하는 주주에 대하여는 변동된 회사로부터 탈퇴할 수 있도록 함으로써 이들의 이익을 보호하고 있는데 이를 위하여 상법은 주식매수청구제도(상 374조의2)를 마련하고 있다.

한편 주식회사의 변동이 있게 되면 회사와 거래관계를 맺고 있던 회사의 채권자 등 이해관계인들에게 예측하지 못한 손해를 입힐 우려가 있으므로 이들을 보호할 필요도 있게 되는데, 상법은 이를 위하여 채권자이의절차(상 232조, 439조 2항, 527조의5, 530조의11, 608조)를 인정하고 있다.

상법은 이러한 회사의 변동에 대하여 회사의 합병, 회사의 분할, 주식의 포괄적 교환과 주식의 포괄적 이전 그리고 조직변경에 관한 규정을 두고 있으나 이 밖에도 회사 간의 기업 결합과 인수 등의 방법에 의하여도 회사의 변동은 이루어진다.

## 2. 정관의 변경

### 가. 정관변경의 의의

정관은 실질적 의미에서는 회사의 운영과 조직 및 활동에 관한 기본규칙이라고 할 수 있고, 형식적 의미에서는 이러한 기본규칙을 정한 문서라고 할 것인데, 상법은 회사가 설립할 때 정관을 작성하도록 하고 있다(상 289조).

정관은 회사에 있어서 자치법규로서의 성질을 가지고 있으므로 정관은 이를 작성한 자뿐만 아니라 회사의 모든 구성원 및 기관을 구속하게 된다.

정관의 변경이란 정관의 내용을 변경하는 것을 의미하는데, 회사는 법인으로서 그 내부적 기본규칙이라고 할 수 있는 정관을 자유롭게 변경할 수 있고, 정관이 변경되더라도 회사의 동일성에는 아무런 영향이 없다고 할 것으로서 변경된 정관은 회사의 구성원 및 기관을 구속하게 되지만 강행법규, 선량한 풍속 기타 사회질서 및 회사의 본질에 반하여서는 아니 될 것이다.

또한 정관을 변경함에 있어서는 특별한 제한이 없으므로, 회사는 회사의 목적 등의 변경도 가능하다고 할 것이고, 심지어 원시정관에 특정한 내용에 관하여는 변경을 금지하거나 제한하는 내용의 규정을 가지고 있더라도 법인의 자치성에 비추어, 그러한 규정에도 불구하고 회사는 자유롭게 정관을 변경할 수 있다고 할 것이다.[1]

### 나. 정관변경의 절차

이렇듯 정관은 회사의 내부적 기본규칙이고 모든 구성원과 회사기관을 구속하게 되어 그 변경이 회사와 주주에게 미치는 영향은 적지 않다고 할 것이므로, 정관변경은 주주총회의 결의를 통하여만 할 수 있고(상 433조 1항) 일정한 경우에는 종류주주총회의 결의가 있어야 정관변경의 효력이 발생하도록 하고 있다(상 435조 1항).

상법은 회사가 정관을 변경하기 위해서는 주주총회 소집을 통지할 때 의안의 요령을 기재하여야 하고(상 433조 2항), 출석한 주주의 의결권의 3분의 2 이상의 수와 발행주식총수의 3분의 1 이상의 수로써 결의하도록 규정하고 있다(상 434조).

다만, 정관의 내용 중에서 본점 소재지 등과 같이 사실에 기초를 두고 있는 규정의 경우에는 행정구역의 변경이나 지명의 변경과 같이 그 사실이 회사의 의사와 관계없이 변경되면 당연히 정관의 변경이 있는 것으로 보아야 할 것이므로 이를 위하여

1) 미합중국 델라웨어 주 회사법(General Corporation Law)은 2014년 개정을 통하여 상호, 발기인이나 최초의 주식인수인에 관한 사항등 주주의 이해관계에 큰 영향을 미치지 않을 특정한 사항에 관해서는 비용절감과 경영효율을 제고하기 위하여 주주총회의 승인이 없더라도 변경할 수 있도록 하고 있다(§ 242).

주주총회의 특별결의가 필요하지는 않다고 할 것이다.

한편 회사가 다양한 종류주식을 발행한 경우에 정관을 변경함으로써 어느 종류의 주주에게 손해를 미치게 될 때에는 주주총회의 결의 외에 그 종류의 주주총회에서 출석한 주주의 의결권의 3분의 2 이상의 수와 그 종류의 발행주식총수의 3분의 1 이상의 수에 의한 결의가 있어야 하는데(상 435조 2항), 이러한 종류주주총회에는 의결권 없는 주식을 가진 주주도 의결권을 행사할 수 있다는 점을 제외하고는 주주총회에 관한 규정이 준용된다(상 435조 3항).

◆ 대법원 2006.1.27. 선고 2004다44575, 44582 판결

상법 제435조 제1항은 "회사가 수종의 주식을 발행한 경우에 정관을 변경함으로써 어느 종류의 주주에게 손해를 미치게 될 때에는 주주총회의 결의 외에 그 종류의 주주의 총회의 결의가 있어야 한다"고 규정하고 있는바, 위 규정의 취지는 주식회사가 보통주 이외의 수종의 주식을 발행하고 있는 경우에 보통주를 가진 다수의 주주들이 일방적으로 어느 종류의 주식을 가진 소수주주들에게 손해를 미치는 내용으로 정관을 변경할 수 있게 할 경우에 그 종류의 주식을 가진 소수주주들이 부당한 불이익을 받게 되는 결과를 방지하기 위한 것이므로, 여기서의 '어느 종류의 주주에게 손해를 미치게 될 때'라 함에는, 어느 종류의 주주에게 직접적으로 불이익을 가져오는 경우는 물론이고, 외견상 형식적으로는 평등한 것이라고 하더라도 실질적으로는 불이익한 결과를 가져오는 경우도 포함되며, 나아가 어느 종류의 주주의 지위가 정관의 변경에 따라 유리한 면이 있으면서 불이익한 면을 수반하는 경우도 이에 해당된다.

## 다. 정관변경의 효력

정관변경의 효력은 주주총회의 결의가 있으면 발생하게 되고, 종류주주총회의 결의가 필요한 경우에는 종류주주총회의 결의까지 있어야 발생한다고 할 것이다.

회사의 법률관계는 획일적으로 처리되어야 하므로, 법적 안정성을 위하여 정관변경의 효력을 소급적용하는 것은 인정될 수 없으나, 정관변경의 효력을 기한부로 하더라도 기한은 장래 도래할 것이 확실시되는 만큼, 기한부 정관변경의 효력은 가능하다고 할 것이다. 그러나 조건은 장래 성취 여부가 불명확하므로 조건부로 하는 것은 타당하지 않다고 할 것이다.[2)]

변경된 정관의 내용이 등기사항일 경우에는 변경등기를 요하지만, 그것이 정관변경의 효력발생요건은 아니라고 할 것이고, 원시정관과 달리 정관변경에는 공증인의

2) 이철송 914면. 다만 일반적 견해는 기한부이든 조건부이든 무방하다고 주장한다(손주찬 895면, 이기수 247면, 정동윤 657면, 최기원 822면, 최준선 669면, 채이식 809면).

인증도 필요하지 않다고 하는 것이 대법원의 입장이다.[3]

특히 정관의 변경과 관련하여 1주의 액면금액을 인상함으로써 주주에게 추가납입의 결과를 초래하는 경우에는 주주의 책임에 관한 상법의 규정(상 331조)에 어긋나게 되므로 모든 주주의 동의를 필요로 한다고 할 것이고 1주의 액면금액을 인하함으로써 자본금감소의 결과를 초래할 때에는 정관변경절차 이외에 자본금감소절차를 함께 밟아야 할 것이다.

## 3. 회사의 합병

회사의 합병에 대하여는 이미 제1편 제3장에서 설명하였으므로 이곳에서는 주식회사의 합병이 다른 종류의 회사의 합병과 구별되는 특별한 사항에 관해서만 설명하기로 한다.[4]

### 가. 합병의 의의

합병은 회사의 집중과 결합의 한 형태로서 청산절차를 거치지 않고 회사의 소멸을 가져오거나, 권리의무의 포괄적 승계를 가져오는 등 회사의 구조에 변동을 가져오게 된다.

상법은 원칙적으로 합병을 자유롭게 인정하고 일정한 경우에 한하여 이를 제한하고 있는데[5] 특히 주식회사가 유한회사를 합병하는 경우에는 ① 주식회사의 엄격한 설립절차를 회피할 목적으로 유한회사를 설립한 후 주식회사와 합병을 하는 것을 방지하기 위하여 존속회사 또는 신설회사가 주식회사인 경우에는 법원의 인가를 받도록 하고 있고(상 600조 1항), ② 유한회사는 사채발행이 인정되지 않으므로 존속회사 또는 신설회사가 유한회사인 경우에는 합병대상인 주식회사의 사채상환을 완료할 것을

---

3) 대법원 2007.6.28. 선고 2006다62362 판결.

4) 2011년 4월 14일의 상법 개정에서는 합병의 대가로서 주식이외에 현금(합병교부금)이나 그 밖의 재산을 교부할 수 있도록 하고(상 523조 4호, 523조의2), 합병대가로 지급하기 위하여 모회사주식의 취득을 허용하였으며(상 523조의2) 소규모합병의 요건을 완화하는(상 527조의3 1항) 등 이른바 합병의 유연성을 제고하여고, 2015년 12월 1일의 개정에서는 합병의 대가로 자기주식의 이전을 허용하고(상 523조 3호), 주식교환의 대가로 금전이나 다른 재산으로 제공할 수 있게 하는(상 360조의3 3항 4호) 한편 모회사의 주식취득을 허용함으로써(상 360조의3 6항) 이른바 삼각주식교환 등을 활용하여 회사가 합병절차를 통하여 구조조정과 지배구조 개편을 용이하고 원활히 하도록 하고 있다.

5) 합병은 그 조직형태가 서로 다른 회사끼리도 가능하지만 그 구성원의 회사채무에 대한 책임의 범위가 다르므로 인적회사와 물적회사가 합병할 경우에 신설회사나 존속회사는 반드시 물적회사로 하여야 하고(상 174조 2항), 해산후의 회사는 존립중의 회사를 존속회사로 하는 경우에만 합병이 허용된다(상 174조 3항).

규정하고 있다(상 600조 2항).

합병은 회사는 물론이고 주주, 회사채권자의 이해관계에 중요한 영향을 미치게 되므로 상법은 합병계약을 체결하고 주주총회에서의 합병결의와 회사채권자보호절차를 마친 후, 기타 부수적인 절차를 거쳐 합병등기를 하여 합병의 효과가 발생하기까지 엄격한 절차에 따라 진행되도록 규정하고 있다.

## 나. 합병의 절차

### (1) 합병계약

합병계약은 합병을 하는 회사의 의사표시라고 할 것이므로 회사의 이사회에서 그 내용을 결정하고 대표이사가 이를 체결할 권한을 갖게 된다.

상법은 주식회사가 합병하는 경우에 일정한 사항을 기재한 합병계약서를 반드시 작성하도록 하고 있으므로(상 522조 1항), 합병계약서를 작성하지 아니한 합병은 무효의 원인이 된다고 할 것이다.

이러한 합병계약서의 내용은 합병이 흡수합병의 형식인지 혹은 신설합병의 형식인지에 따라, 상법에서 다르게 정하는 일정한 사항을 기재하여야 하고(상 523조, 524조), 이러한 법정사항을 기재하지 아니한 합병계약서는 그 효력이 없다고 할 것이다. 이러한 법정기재사항 이외에도 합병의 당사자 회사는 그 내용이 강행법규, 사회질서 또는 주식회사의 본질에 반하지 않는 범위 내에서 임의로 합병계약의 내용을 정할 수 있음은 당연하다 할 것이다.

특히 흡수합병에 있어서 존속회사가 소멸하는 회사의 주주들에게 신주를 발행하여주는 경우(상 523조 3호 전단)에 발행주식이 증가하게 되고 발행예정주식은 그만큼 감소하게 되는데 액면주식을 발행한 경우에는 신주로 발행한 주식의 액면총액만큼의 자본금이 증가되지만, 무액면주식을 발행한 경우에는 그 발행가의 2분의 1 이상을 자본금으로 계상하여야 한다. 이때 존속회사는 소멸하는 회사의 주주들에게 자기주식을 이전할 수도 있는데(상 523조 3호 후단) 이 경우에는 신주가 발행되지 아니하므로 자본금의 증가는 발생하지 않게 된다.[6)]

한편 존속회사는 합병대가를 금전 이외의 재산으로도 지급할 수 있고(상 523조 4호), 특히 모회사의 주식을 지급할 수도 있으므로 이때에는 상호주취득제한에 관한 규정(상 342조의2)에도 불구하고 모회사의 주식취득이 허용되지만(상 523조의2 1항) 모회사주식을 주식합병이후에도 계속 보유하고 있는 경우에는 합병의 효력이 발생하는

---

6) 2015년 12월 1일 개정된 상법에서 신설된 규정이다.

날로부터 6개월이내에 그 주식을 처분하여야 한다(상 523조의2 2항).

상법상 합병의 대가로 신주를 발행하는데 갈음하여 보유하고 있는 자기주식을 이전할 수도 있고(상 523조 3호) 또 금전이나 그 밖의 재산을 교부할 수도 있으므로(상 523조 4호) 합병으로 인한 신주발행이 일어나지 않고 따라서 자본금의 증가가 없는 이른바 무증자 합병도 가능하게 되었다.

최근에는 실무상 삼각적 형태로 합병절차가 진행되는 경우가 적지 않은데, 이른바 삼각합병이란 모회사가 직접 합병대상회사와 합병을 하는 대신에 자회사와 합병대상회사를 합병시켜 자회사를 존속회사로 하는 형태이고, 반면에 역삼각합병이란 합병대상회사를 존속회사로 하는 형태의 합병을 말하는데 역삼각합병의 경우 합병대상회사가 가지는 재산 예컨대 특허권이나 독점 영업권 등이 양도불가능한 경우에 적지 않게 이루어진다. 이러한 삼각적 합병의 경우 합병의 대가로 합병되는 것이 자회사의 주식이 아니라 합병하는 자회사가 가지는 모회사의 주식을 교부하거나 모회사가 가지는 현금을 지급할 수 있어 다양한 합병 형태가 가능하여 회사의 구조개편에 효율성을 제고할 수 있게 되고 이러한 삼각적 합병은 상법상의 회사분할절차와 주식의 포괄적 교환절차와 융합하여 이루어지기도 한다. 특히 자회사를 매개로 하여 실질적으로 합병의 주체가 되는 모회사는 주주총회를 진행하지 않아도 되고, 반대하는 주주들에게 주식매수청구권의 기회가 인정되지 않음으로써 자금의 사외유출을 방지 할 수도 있다는 매력이 있고 자회사를 통하기 때문에 모회사로서는 인수하는 기업의 채무에 대한 책임을 부담하지 않아도 된다는 것도 장점이다. 이처럼 삼각합병을 통하여 모회사는 번거로운 합병절차를 피할 수 있지만 실질적으로 인수대금을 대는 모회사의 소액주주에 대한 보호가 미흡할 수 있다는 단점도 있다.

이 밖에도 존속회사는 소멸회사가 보유하고 있던 존속회사의 주식을 승계취득하게 되는데 이런 경우에는 자기주식의 취득이 허용된다(상 341조의2 1호).

### (2) 주주총회의 합병결의

회사의 대표이사가 체결한 합병계약은 주주총회의 특별결의에 의한 승인이 있어야 하고(상 522조 1항, 3항), 승인이 없으면 합병절차는 더 이상 진행할 수 없게 된다.[7] 주주총회의 승인이 없는 경우라고 하더라도 이미 체결된 합병계약이 무효라고 할 수 없고 그에 따라 계약불이행의 문제가 생기게 되지만, 합병계약이 정지조건부 계약의 형식이거나 예약 또는 가계약의 형식이었다면 그에 따라 처리하게 될 것이다. 만약 주주총회에서 변경결의를 한다면 그 내용에 따라 변경계약을 하든지 재계약을 체결할

7) 합병의 상대방회사가 합명회사 혹은 합자회사인 경우에는 총사원의 동의가 필요하고 유한회사인 경우에는 특별결의(상 598조, 585조) 그리고 유한책임회사의 경우에는 총사원의 동의(상 287조의41, 230조)함은 당연하다고 할 것이다(상 230조, 269조).

수밖에 없다고 할 것이다.

이러한 합병결의와 관련하여 상법은 첫째로, 회사가 종류주식을 발행한 경우에는 주주총회의 결의와는 별도로 그 종류의 주식을 가진 주주들만으로 구성되는 종류주주총회의 결의를 하도록 하고(상 436조, 435조) 종류주주총회의 결의가 없으면 합병결의의 효력이 발생하지 않도록 규정하고 있으며, 둘째로, 합병에 반대하는 주주에게는 회사에 대하여 자신이 가지는 그 회사의 주식을 매수할 것을 구하는 권리로서 주식매수청구권을 인정하고 있다(상 522조의3).

특히 상법은 주식회사의 흡수합병의 경우에 합병절차를 간소화하기 위하여 간이합병과 소규모합병이란 절차를 마련하고 있다.

① 간이합병은 소멸회사의 총주주의 동의가 있거나 존속회사가 소멸회사의 발행주식총수의 100분의 90 이상을 소유하고 있는 경우에는 소멸회사 이사회의 승인결의로써 소멸회사의 주주총회의 승인결의를 갈음할 수 있는 합병절차인데(상 527조의2) 이 경우에도 소멸회사에서 합병에 반대하는 주주의 주식매수청구권은 인정된다. 한편 간이합병의 경우에도 존속회사의 주주총회의 특별결의절차는 필요하다고 할 것이므로 존속회사의 입장에서는 합병절차상 간소함이 있다고 할 수는 없다.

② 소규모합병은 존속회사의 주주총회가 생략되는 경우로서, 존속회사가 합병으로 인하여 발행하는 신주가 그 발행주식총수의 100분의 10을 초과하지 않고, 소멸회사에 지급하는 합병교부금이 존속회사의 최종 대차대조표상 순자산액의 100분의 5를 초과하지 아니하는 경우에는 존속회사 이사회의 승인결의로써 존속회사의 주주총회의 승인결의를 갈음할 수 있는 합병절차(상 527조의3)이다.

다만 이 경우에는 합병계약서에 주주총회의 승인을 얻지 아니하고 합병한다는 뜻을 기재하여야 하고(상 527조의3 2항) 이를 합병계약서를 작성한 날로부터 2주간 내에 공고하거나 주주에게 통지하여야 한다(상 527조의3 3항). 이때에도 존속하는 회사의 발행주식총수의 100분의 20 이상에 해당하는 주식을 소유한 주주가 회사가 공고하거나 회사로부터 통지를 받은 날로부터 2주간 내에 회사에 대하여 서면으로 합병에 반대하는 의사를 통지한 때에는 주주총회의 소규모합병을 할 수 없도록 정하고 있다(상 527조의3 4항).

소규모합병에 있어서는 반대주주가 있는 경우라도 주식매수청구권은 인정되지 않고 있다(상 527조의3 5항).

상법이 소규모합병 요건(2011년 4월 14일 개정 전 상법 제527조의3 제1항은 존속회사가 합병으로 인하여 발행하는 신주가 그 발행주식총수의 100분의 5을 초과하지 않고, 소멸회사에 지급하는 합병교부금이 존속회사의 최종 대차대조표상 순자산액의 100분의 2를 초과하지 않는 때에만 허용)을 완화하였고, 또한 합병교부금을 회사가 가지는 금전이나 그외의 재산으로 지급할 수 있도록 함으로써(2011년 4월 14일 신설된 상법 제 523조 제 4호), 근래에 적지 않은 소규모합병이 있었는데 존속회사로서는 자기주식의 이전이나 합병교부금의 지급 등을 통하여 신주발행의 규모를 줄인다면 주주총회의 특별결의 없이 이사회의 결의로써 합병이 가능한 간편성과 반대주주에게 주식매수청구권이 인정되지 않음으로써 합병비용을 절감할 수 있는 이점이 적지 않기에 선호되고 있는데 실제로 합병규모가 큰 경우도 있을 수 있는데 주주총회의 특별결의 없이 합병이 이루어지고 또 반대주주에게 주식매수청구권마저 인정되지 않는 점 등 소수파 주주의 이익을 침해할 우려가 있다.

### (3) 회사채권자 보호

상법은 회사가 주주총회의 합병결의 혹은 이사회의 승인결의(간이합병 또는 소규모합병의 경우)가 있은 후 2주간 내에 회사채권자에 대하여 합병에 관한 이의신청권을 인정하여 회사채권자를 위하여 이의신청에 관한 공고를 하여야 하고 또한 알고 있는 채권자에게는 최고를 하도록 하고 있다(상 527조의5 1항). 여기서 알고 있는 채권자는 채권자가 누구이고 채권이 어떠한 내용의 청구권인지가 대체로 회사에게 알려져 있는 채권자로서 회사의 장부 기타 근거에 의하여 성명과 주소가 회사에 알려져 있는 자는 물론이고 회사 대표이사 개인이 알고 있는 채권자도 이에 포함된다고 볼 것이다.[8)]

회사채권자가 일정한 기간 내에 이의를 제출하지 않은 경우에는 합병을 승인한 것으로 의제하게 되고(상 527조의5 3항, 232조 2항), 이의를 제출한 경우에 회사는 채권자를 위하여 변제 또는 상당한 담보를 제공하거나 이를 목적으로 상당한 재산을 신탁회사에 신탁하도록 하고 있다(상 527조의5 3항, 232조 3항).

### (4) 기타의 절차

#### (가) 설립위원에 의한 신설회사의 설립

상법은 회사의 신설합병으로 인하여 회사를 설립하는 경우에는 정관의 작성 기타 설립에 관한 행위는 합병회사들로부터 선임된 설립위원이 공동으로 하도록 하면서(상 175조 1항) 설립위원은 주주총회의 특별결의(상 175조 2항, 상 434조)로 선임할 것을 규정하고 있다.

#### (나) 합병공시

상법은 주주와 회사채권자의 이익을 보호하기 위한 방책으로 합병을 위한 주주총

8) 대법원 2011.9.29. 선고 2011다38516 판결.

회의 회일 2주 전부터 합병계약서 등을 사전에 공시하고(상 522조의2 1항) 주주 및 회사채권자가 이를 열람하고 등본이나 사본의 교부를 청구할 수 있도록 하는(상 500조의2 2항) 한편, 채권자보호절차의 경과 등 합병절차가 적법하게 이루어졌는지 여부를 판단하기에 필요한 서류 등을 합병을 한 날로부터 6월간 본점에 비치하여 이를 공시하도록 하고 열람청구 등에 응하도록 하고 있다(상 527조의6).

#### (다) 주식의 병합과 분할

합병으로 인하여 소멸회사의 주주에게 존속회사 또는 신설회사의 주식을 교부하는 경우에 합병비율에 따라 주식병합이나 주식분할이 필요한 경우가 있을 수 있는데, 이 경우 상법은 자본감소절차에 있어서 주식병합의 절차에 관한 규정(상 440 내지 444조)을 준용하고 있다(상 530조 3항).

#### (라) 보고총회 또는 창립총회의 개최

흡수합병의 경우에 존속회사의 이사는 합병절차가 완료된 후 지체 없이 주주총회를 소집하여 합병에 관한 사항을 보고하는 이른바 합병보고총회를 가져야 한다(상 526조 1항). 이때 소멸회사의 주주로서 존속회사의 신주의 인수인이 된 자는 이 합병보고총회에서 존속회사의 주주와 동일한 권리를 갖게 된다(상 526조 2항).

또한 신설합병의 경우에 신설회사의 설립위원은 합병에 관한 모든 절차가 완료된 후 지체 없이 창립총회를 소집하여(상 527조 1항), 설립위원이 회사의 창립에 관한 사항을 서면으로 보고하고(상 527조 3항, 311조) 이사와 감사를 선임하여야 한다(상 527조 3항, 312조). 이 경우 이사와 감사를 정하여 놓은 합병계약서에 대하여 주주총회의 승인 결의가 있었다면 별도로 이사와 감사의 선임결의는 불필요하다.

상법은 이사회는 공고로써 흡수합병에 있어서의 보고총회 또는 신설합병에 있어서 창립총회의 보고에 갈음할 수도 있도록 규정하고 있다(상 526조 3항, 527조 4항).

### (5) 합병의 효력요건으로서의 합병등기

상법은 합병으로 소멸하는 회사는 해산등기를, 합병 후 존속하는 회사는 변경등기를, 신설된 회사는 설립등기를 함으로써 합병의 효력이 생기도록 규정하여(상 530조 2항, 234조) 합병으로 인한 등기는 단순한 대항요건이 아니라 효력발생요건으로 하고 있다.

또한 상법은 존속회사 또는 신설회사가 합병으로 인하여 전환사채 또는 신주인수권부사채를 승계한 경우에 위의 합병등기와 동시에 사채의 등기를 하도록 규정하고 있다(상 528조 2항).

## 다. 합병의 효과

### (1) 회사의 소멸과 변경 그리고 설립

합병으로써 소멸하는 회사는 별도의 청산 절차 없이 곧바로 소멸(상 517조 1호, 227조 4호)하게 되고, 흡수합병의 경우에는 존속하는 회사의 내용이 변경되게 되며, 신설합병의 경우에는 신설되는 회사의 설립이 발생하게 된다.

이때 소멸회사의 주주는 특별한 사정이 없는 한 존속회사 또는 신설회사의 주주가 된다.[9)]

### (2) 권리 의무관계의 포괄적 이전

합병으로 소멸하는 회사의 사법상 혹은 공법상의 권리와 의무 그리고 회사와 직원 사이의 근로계약관계는 존속하거나 신설되는 회사에게 포괄적으로 승계된다(상 530조 2항, 235조). 권리의무에 대한 개별적인 이전행위 등은 필요 없다고 할 것이나 재산권의 이전을 제3자에게 대항하기 위하여 일정한 대항요건을 갖출 것이 요구되는 경우에는 그러한 대항요건을 갖추어야 제3자에게 대항할 수 있다고 할 것이다.

승계되는 권리의무에는 조세부담의무와 같은 공법상의 권리의무도 포함된다고 할 것이지만 성질상 이전을 허용하지 않는 것은 승계의 대상에서 제외되어야 할 것이다.[10)] 그러나 합병하는 회사들의 특약에 의하여 일부의 채권이나 채무를 승계하지 않기로 하는 특약을 하더라도 그러한 특약은 무효라고 할 것이다.

### (3) 소송의 중단과 승계

합병이 발생하면 소송절차의 중단의 원인이 되고 그에 따른 소송승계의 사유가 되는데(민소법 234조) 대법원은 법원이 이를 간과하고 변론을 종결하여 판결을 선고하더

9) 대법원 2003.2.11. 선고 2001다14351 판결은, "회사의 합병이라 함은 두 개 이상의 회사가 계약에 의하여 신회사를 설립하거나 또는 그 중의 한 회사가 다른 회사를 흡수하고, 소멸회사의 재산과 사원(주주)이 신설회사 또는 존속회사에 법정 절차에 따라 이전·수용되는 효과를 가져오는 것으로서, 소멸회사의 사원(주주)은 합병에 의하여 1주 미만의 단주만을 취득하게 되는 경우나 혹은 합병에 반대한 주주로서의 주식매수청구권을 행사하는 경우 등과 같은 특별한 경우를 제외하고는 원칙적으로 합병계약상의 합병비율과 배정방식에 따라 존속회사 또는 신설회사의 사원권(주주권)을 취득하여, 존속회사 또는 신설회사의 사원(주주)이 된다"고 판시하였다.

10) 대법원 2015.12.24. 선고 2015도13946 판결은 "합병으로 소멸한 법인이 종업원 등의 위법행위에 대하여 양벌규정에 따라 부담하던 형사책임은 합병으로 존속하는 법인에 승계되지 않는다"고 판시한다.

라도 그 판결이 당연무효는 아니라고 판시하고 있다.

### (4) 기타의 효과

상법은 합병으로 인하여 소멸회사의 주주가 존속회사의 주주로 되었으므로 이들의 의사를 반영한 기관구성을 하도록 하기 위하여 흡수합병의 경우에 존속회사의 이사 및 감사로서 합병 전에 취임한 자는 합병계약서에 다른 정함이 없는 경우에는 합병 후 최초로 도래하는 결산기의 정기총회가 종료하는 때 퇴임한다고 규정하고 있다(상 527조의4).

또한 소멸회사로부터 승계한 재산의 가액이 소멸회사로부터 승계한 채무액과 그 회사의 주주에게 지급한 금액(합병교부금) 그리고 존속회사 혹은 신설회사의 자본금증가액을 초과한 때에는 그 초과금(합병차익금)을 존속회사 혹은 신설회사의 자본준비금으로 적립하여야 한다(상 459조 1항).

## 라. 합병의 무효

### (1) 합병무효의 주장 방법

합병으로 인하여 다수의 이해관계인이 법률관계를 맺게 되는데, 만약 합병에 무효의 원인이 있을 경우에는 거래의 안전을 보호하고, 이해관계인의 법률관계를 단체법적으로 획일적으로 확정하기 위하여 상법은 합병의 무효는 합병등기 후 6개월 내에 일정한 자에 의하여 반드시 소로써만 주장하도록 하고 있고(상 529조), 제소권자와 제소기간을 제한하고 있으며 합병무효판결의 효력에 대하여도 특별한 정함을 하고 있다.

### (2) 합병무효의 원인

상법은 합병무효의 원인을 직접적으로 정하고 있지는 않지만 합병절차가 상법 등 강행규정이나 정관에 위반하는 경우에는 무효가 된다고 할 것이다. 그런데 합병 비율의 현저한 불공정이 있는 경우, 특히 합병의 조건이 합병당사자의 일방 당사자에게 불리하여 그 회사 구성원의 이익을 침해하는 결과를 가져오는 경우 견해의 대립은 있으나 대법원은 합병비율의 불공정도 합병무효의 소의 원인이 된다고 하고 있다.

**◆ 대법원 2009.4.23. 선고 2005다22701, 22718 판결**

현저하게 불공정한 합병비율을 정한 합병계약은 사법관계를 지배하는 신의성실의 원칙이나 공평의 원칙 등에 비추어 무효이고, 따라서 합병비율이 현저하게 불공정한 경우 합병할 각 회사의 주주 등은 상법 제529조에 의하여 소로써 합병의 무효를 구할 수 있다. 다만, 합병비율은 자산가치 이외에 시장가치, 수익가치, 상대가치 등의 다양한 요소를 고려하여 결정되어야 할 것인 만큼 엄밀한 객관적 정확성에 기하여 유일한 수치로 확정할 수 없고, 그 제반요소의 고려가 합리적인 범위 내에서 이루어진 것이라면 결정된 합병비율이 현저하게 부당하다고 할 수 없다. 따라서 합병당사회사의 전부 또는 일부가 주권상장법인인 경우 증권거래법과 그 시행령 등 관련 법령이 정한 요건과 방법 및 절차 등에 기하여 합병가액을 산정하고 그에 따라 합병비율을 정하였다면 그 합병가액 산정이 허위자료에 의한 것이라거나 터무니없는 예상 수치에 근거한 것이라는 등의 특별한 사정이 없는 한, 그 합병비율이 현저하게 불공정하여 합병계약이 무효로 된다고 볼 수 없다.

(같은 취지: 대법원 2008.1.10. 선고 2007다64136 판결)

### (3) 합병무효의 소

상법은 각 회사의 주주, 이사, 감사, 청산인, 파산관재인, 합병에 이의하는 채권자(상 529조)가 소를 제기할 수 있도록 규정하고 있는데 소멸회사의 주주 등 이해관계인이 합병무효의 소를 제기할 수 없다면 이들의 이익을 보호할 수 없는 불합리가 생기므로 각 회사의 범위에는 존속회사와 신설회사는 물론이고 소멸회사도 포함시켜야 할 것이다.

상법은 회사설립 무효의 소에 있어서 소의 전속관할(상 186조), 소제기의 공고(상 187조), 소의 병합심리(상 188조), 하자의 보완과 청구의 기각(상 189조) 등에 관한 규정을 합병무효의 소에 준용하고 있다(상 530조 2항, 240조).

합병결의에 하자가 있을 경우 합병 등기 전에는 아직 합병의 효력이 발생하지 아니하였으므로 합병결의하자의 소만이 가능하다 할 것이고, 합병 등기 후에는 합병결의 하자의 소만을 다툴 실익이 없으므로 합병무효의 소로써만 합병무효를 다투어야 하고 합병무효의 소가 제기된 경우 청구의 인낙은 허용되지 않는다.[11]

### (4) 합병무효 판결의 효력

합병무효의 판결의 효력에 관하여 상법은 설립무효판결의 효력(상 190조)을 준용하고 있으므로(상 530조 2항, 240조), 합병무효의 판결이 확정되면 소송의 당사자뿐만

---

11) 대법원 1993.5.27. 선고 92누14908 판결은, "회사의 합병에 있어서 합병등기에 의하여 합병의 효력이 발생한 후에는 합병무효의 소를 제기하는 외에 합병결의 무효확인청구만을 독립된 소로서 구할 수는 없고, 또 청구의 인낙은 당사자의 자유로운 처분이 허용되는 권리에 관하여만 허용되는 것으로서 회사법상의 주주총회결의의 하자를 다투는 소나 회사합병무효의 소 등에 있어서는 인정되지 아니하므로, 이와 같이 법률상 인정되지 아니하는 권리관계를 대상으로 하는 청구인낙은 그 효력이 없다"고 판시한다.

아니라 제3자에게도 효력이 미치게 되지만(대세적 효력: 상 190조 본문), 판결확정 전에 생긴 회사와 사원 및 제3자간의 권리 의무관계에는 영향을 미치지 않게 된다(불소급적 효력: 상 190조 단서).

그러므로 상법은 합병 등기 후 합병무효의 판결이 확정될 때까지 존속한 회사 혹은 신설된 회사에게 귀속되는 권리에 대하여는 공유관계(상 530조 2항, 239조 2항)라고 하고 있고 이들이 부담하는 의무에 관하여는 연대채무관계로 규정하고 있다(상 530조 2항, 239조 1항).

그러나 합병무효의 판결에서 원고가 패소한 경우판결의 효력은 소송당사자에게만 미치고 패소한 원고에게 악의 또는 중대한 과실이 있다면 회사에 대하여 연대하여 손해를 배상할 책임을 부담한다(상 530조 2항, 240조, 191조).

## 4. 회사의 분할

### 가. 의 의

회사의 분할이란 넓은 의미로는 회사의 조직과 영업을 분리하여 수개의 회사로 만드는 것을 의미하는데, 상법상 회사의 분할이란 1개의 회사가 분할되어 1개 또는 수개의 회사를 설립하거나(단순분할) 1개 또는 수개의 존립중의 회사와 합병함으로써(분할합병), 분할 전 회사의 권리의무가 분할 후 회사에 포괄적으로 승계되고, 분할 전 회사의 주주가 분할 후 회사의 주주가 되는 상법상의 법률요건이다.[12)]

상법은 주식회사에서만 회사의 분할 또는 분할합병을 인정하고 있고(상 530조의2), 합명회사, 합자회사 또는 유한회사에서는 인정하지 않고 있으나 주식회사의 경우에도 해산 후의 회사는 존립 중의 회사를 존속하는 회사로 하거나 새로 회사를 설립하는 경우에 한하여 분할 또는 분할합병이 인정된다(상 530조의2 4항).

회사의 분할은 청산절차 없는 회사의 소멸, 회사의 영업과 재산의 포괄적 승계, 구

12) 회사의 분할은 1998년의 상법개정(상 530조의2)에 의하여신설되었는데 2015년 12월 1일 상법개정을 통하여 ① 용어를 정리하여 분할되는 회사를 "분할회사"(530조의4), 분할에 의하여 설립되는 회사를 "단순분할신설회사"(상 530조의5 1호), 분할회사의 일부가 다른 회사와 합병하는 경우 그 다른 회사를 "분할합병의 상대방회사"(상 530조의6 1항), 분할합병의 상대방회사가 존속하는 경우 그 회사를 "분할승계회사"(상 530조의6 1항 1호). 분할합병에 의하여 설립되는 회사를 "분할합병신설회사"(상 530조의6 2항 2호)라고 하고 있으며[다만 물적분할에 관한 규정(상 530조의12)에서는 이러한 용어를 사용하지 않고 있다], ② 분할회사의 주주에게 단순분할회사의 주식뿐만 아니라 금전 그 밖의 재산으로 제공할 수 있도록 하고(상 530조의5 5호), ③ 분할승계회사는 분할회사의 주주에게 신주를 발행할 뿐만 아니라 보유하고 있는 자기주식을 이전할 수 있도록 명시적으로 인정하고(상 530조의6 2호), ④ 분할승계회사는 분할회사의 주주에게 그 대가로서 금전이나 그 밖의 재산을 제공하는 것을 인정하고 있다(상 530조의6 4호).

성원지위의 승계 그리고 회사구성원의 동의를 본질적 요소로 한다는 점에서 회사의 합병과 공통점이 있으나 회사의 영업과 재산의 전부가 아니라 일부가 승계된다는 점에서 회사의 합병과 다르고, 또한 회사영업과 재산의 포괄적 승계가 일어난다는 점에서 회사 영업의 양도 혹은 회사재산의 양도와 다르다. 특히 회사가 영업의 일부를 떼내어 현물출자형식으로 새로운 회사를 설립하거나, 회사가 새로운 회사를 설립한 후 사후설립의 방식으로 새로 설립된 회사에 종전 회사의 영업을 양도하는 경우와 같은 사실상의 회사분할도 회사영업과 재산의 분할이라는 효과를 가져 온다는 점에서 회사의 분할과 유사한 점이 있으나 재산이 포괄적으로 승계되지 않고, 주주지위의 승계도 없다는 점에서 회사의 분할과 구별된다.

다양한 사업 포트폴리오를 가지고 있는 주식회사가 이를 재편하여 전문화하거나 부진한 사업부문을 분리하여 경영을 합리화하는 등 회사의 사업 구조를 조정하려고 하는 경우에, 회사는 현물출자(상 290조 2호)에 의한 새로운 회사를 설립하거나 영업양도(상 290조 3호, 374조)에 의하여 영업을 분리하는 방법을 사용할 수도 있는데, 어느 경우나 적지 않은 비용과 복잡한 절차 그리고 세제상의 부담이 있으나 주식회사의 분할은 비교적 적은 비용으로 손쉽게 이런 목적을 달성할 수 있어서 실무상 많이 이용되고 있는 실정이고, 특히 회사의 합병과 동시에 진행시키는 경우도 많다.

### 나. 회사분할의 법적 성질

회사분할의 본질과 관련하여, 회사합병의 본질에 관한 견해의 대립과 유사한 견해의 대립이 있는데 생각건대 회사의 분할에는 물적분할과 같이 재산의 현물출자로 파악할 수 있는 경우도 있고, 인적분할과 같이 사원지위의 승계를 수반하는 경우도 있을 수 있으므로, 회사분할의 본질을 단순히 법인격의 분할이라거나 재산의 현물출자로만 일의적으로 파악하는 것은 난점이 있다 할 것이므로 차라리 재산의 포괄적 승계와 사원지위의 승계라는 두 가지 본질적 특성을 가진 상법이 특별히 인정한 제도로 보아도 무방할 것이다.

### 다. 회사분할의 형태

회사분할의 형태는 ① 단순분할과 분할합병 그리고 단순분할과 분할합병의 혼합형, ② 소멸분할과 존속분할, ③ 인적분할과 물적분할의 경우로 크게 나누어 볼 수 있는데, 실제로는 회사의 상황과 필요에 따라 이들 여러 형태가 혼합적으로 이루어지게 된다.

### (1) 단순분할과 분할합병 그리고 혼합분할

이러한 분류는 상법의 규정에 따른 것인데, 상법은, 분할되는 회사(분할회사)가 1개 또는 수개의 회사로 분할하면서, 분할한 부분으로 1개 또는 수개의 별도의 회사를 설립하는 단순분할의 형태(상 530조의2 1항), 분할되는 회사(분할회사)가 1개 또는 수개의 회사로 분할하면서 그 분할한 부분을 기존의 다른 회사와 합병하는 분할합병의 형태(상 530조의2 2항)를 규정하고 있다. 이러한 분할합병의 형태에도 분할한 부분이 기존의 다른 회사와 흡수합병을 하는 흡수분할합병의 형태 혹은 신설합병을 하는 신설분할합병의 형태로 다시 나누어 볼 수 있고, 또한 분할되는 회사(분할회사)가 1개 또는 수개의 회사로 분할하면서 분할한 어느 부분으로 별도의 회사를 설립함과 동시에 분할한 나머지 부분으로는 기존의 다른 회사와 합병하는 혼합분할의 형태(상 530조의2 3항)를 규정하고 있다.

### (2) 소멸분할과 존속분할

이러한 분류는 분할회사가 분할 후에도 존속하는지 여부에 따른 것으로서, 우선 소멸분할은 분할회사가 2개 이상의 회사로 분할하여 각기 별도의 회사를 설립하거나 또는 다른 회사와 합병하고 분할회사는 소멸하게 되는 형태로서 완전분할의 형태라고도 한다. 존속분할은 분할회사가 일부를 분할하여 그것으로써 별도의 회사를 설립하거나 다른 회사와 합병하고 나머지 부분으로 독립된 회사로 존속하는 형태로서 불완전분할의 형태라고도 한다.

### (3) 인적분할과 물적분할

이러한 분류는 분할 또는 분할합병으로 설립되는 회사의 주식 중, 분할회사의 분할된 부분에 해당하는 주식을 누구에게 배정하는지에 따른 것인데, 상법은 분할회사의 주주가 이러한 주식을 배정 받는 인적분할을 원칙으로 규정하고 있으나, 분할회사가 이러한 주식 전부를 배정 받아 자회사로 하는 물적분할도 예외적으로 허용하고 있다(상 530조의12).

### (4) 간이분할합병과 소규모분할합병

상법은 간이합병에 관한 규정(상 527조의2)과 소규모합병에 관한 규정(상 527조의3)을 회사의 분할합병의 경우에도 준용함으로써(상 530조의11 2항) 분할회사의 주주총회의 결의가 요구되지 않는 간이분할합병을 인정하고 있고, 또한 분할합병상대방회사의 주주총회의 결의가 요구되지 않는 소규모분할합병을 인정하고 있다.

### 라. 회사분할의 절차

회사의 분할은 회사의 합병과 반대현상이라고 할 수 있으나, 단체법상의 행위이고, 권리의무의 승계와 주주지위의 승계가 일어난다는 점에서 합병과 유사하므로 그 상법은 회사의 합병의 절차에 관한 많은 규정들을 회사의 분할에 준용하고 있다(상 530조의11).

회사분할의 절차는 단순분할의 경우와 분할합병의 경우가 다르지만 이를 크게 나누면, 상법에 정한 서면상의 요식절차로서 분할계획서 등을 작성하는 절차, 내부적 의사결정절차, 회사 채권자보호절차, 그리고 공시절차로 진행된다.

#### (1) 분할계획서 또는 분할합병계약서의 작성

회사가 분할을 하려고 할 경우에 그에 따른 계획서를 작성하게 됨은 당연하다고 할 것이나, 상법은 회사가 분할을 하는 경우에는 일정한 법정사항을 기재한 분할계획서 또는 분할합병계약서를 작성하도록 하고 있다(상 530조의3 1항, 530조의5, 530조의6).

단순분할의 경우에는 회사를 분할시키고 분할하는 회사가 소멸하든(소멸분할) 존속하든(존속분할) 분할된 회사의 일부로서 새로운 회사를 신설하게 되는 과정을 거치게 되는데 상법은  회사가 단순분할을 함에 있어서 분할계획서 작성과 관련하여 소멸분할의 경우와 존속분할의 경우를 달리 취급하여 존속분할의 경우에는 소멸분할의 경우에 기재할 사항(상 530조의5 1항) 이외에 추가적으로 존속회사에 관한 사항을 기재하도록 하고 있다(상 530조의5 2항).

한편 분할합병의 경우에는 회사가 분할되어 다른 회사와 합병하는 과정을 거치게 되므로 상법은 분할합병의 경우에는 분할계획서 이외에 합병의 상대회사와 분할합병계약서를 작성하도록 하고 있는데, 분할합병계약서에 기재하여야 할 법정사항에 있어서 회사분할의 형태에 따라 흡수분할합병의 경우(상 530조의6 1항)와 신설분할합병의 경우(상 530조의6 2항)를 달리 규정하고 있다. 이러한 분할합병계약의 성질은 회사합병의 경우에 체결되는 합병계약과 마찬가지로 채권적 계약이라고 할 것이다.

상법은 단순분할의 경우 분할회사의 주주들에게, 또한 분할합병의 경우에 분할승계회사가 분할회사의 주주들에게 그 대가로서 금전이나 그 밖의 재산을 제공할 수 있도록 정하여(상 530조의5 1항 5호, 530조의6 1항 4호) 분할대가를 지급하는 수단의 다양성을 허용하고 있다.

특히 상법은 분할합병의 경우에 분할승계회사가 분할회사의 주주들에게 합병의 대가로 자신의 모회사의 주식을 이전하는 경우를 상정하여 분할승계회사가 자신의 모회사의 주식취득을 허용함으로써(상 530조의6 1항 4호)[13) 이른바 삼각적 분할합병도 가능하게 되었다.

### (2) 주주총회의 승인결의

회사가 분할을 하는 때에는 분할계획서 또는 분할합병계약서를 작성하여 주주총회의 승인을 얻어야 하는데(상 530조의3 1항),[14) 이러한 승인결의를 위한 주주총회의 소집의 통지에는 분할계획 또는 분할합병계약의 요령을 기재하여야 한다(상 530의3 4항).

회사분할의 승인을 위한 결의는 특별결의에 의하여야 한다(상 530조의3 2항, 434조). 그런데 상법은 합병의 경우와 달리 회사 분할의 경우에는 의결권이 배제되는 주식을 가진 주주에게도 의결권을 행사할 수 있도록 하고 있다(상 530의3 3항).[15) 또한 회사가 종류주식을 발행한 경우에 분할 또는 분할합병으로 인하여 어느 종류의 주주에게 손해를 미치게 되는 때에는 주주총회의 승인 결의 이외에 그 종류의 주주총회의 결의가 있어야 한다(상 436조).

상법은 합병반대주주의 주식매수청구권에 관한 규정(상 522조의3)을 회사 분할의 절차에서도 준용(상 530조의11 2항)하고 있으므로 회사의 분할이 단순분할의 형태로 진행될 경우에는 주식매수청구권이 인정되지 않으나 분할합병의 형태로 진행될 경우에 주주총회의 승인결의에 반대하는 주주는 주식매수청구권을 행사할 수 있다. 다만 이 경우에도 소규모분할합병의 경우에는 주식매수청구권이 인정되지 않는다(상 530조의11 2항, 527조의3 5항).

또한 회사의 분할 또는 분할합병으로 인하여 분할 또는 분할합병에 관련되는 각 회사의 주주의 부담이 가중되는 경우에는 주주총회 및 종류주주총회와는 별도로 그

---

13) 2011년 4월 14일 개정된 상법에서는 합병대가로 모회사주식을 포함하는 경우 그 지급을 위해 모회사 주식취득을 허용하는 상법 제523조의2를 신설하여 삼각합병을 허용하였으나 회사의 분할의 경우에 허용하지 아니함으로써 이른바 삼각분할합병은 허용되지 않았으나, 2015년 12월 1일 개정된 상법에서 상법 530조의6 제4항을 신설하여 삼각분할합병도 허용하고 있다.

14) 회사의 분할합병에 있어서 간이분할합병의 경우(상 530조의11 2항, 527조의2)에는 분할회사의 주주총회의 승인이 불필요하고 소규모분할합병의 경우(상 530조의11 2항, 527조의3)에는 분할합병상대방회사의 주주총회의 승인이 불필요하다.

15) 2011년 4월 14일 개정된 상법은 의결권이 배제되는 종류주식과 의결권이 제한되는 종류주식을 구별하여 규정하고 있으므로 이와 같은 상법의 규정에도 불구하고 "회사의 분할에 관하여 의결권이 제한되는 종류주식"의 경우에는 회사분할에 관하여 의결권을 행사할 수는 없다고 할 것이다.

주주 전원의 동의가 있어야 하는데(상 530조의3 6항), 여기서 부담이 가중된다고 함은 특정주주의 회사에서의 지위가 불리하게 되어 그 특정주주에게 보상을 하여야 할 필요가 있는 경우라고 넓게 해석하여야 할 것이므로, 예컨대 국세기본법 제39조의 과점주주로 되어 세법상 2차 납세의무를 부담하는 경우 등도 포함한다고 할 것이다.

### (3) 회사채권자 보호절차

회사의 분할과정에 있어서 회사 채권자의 보호에 관하여 상법은 회사의 분할형태에 따라 다소 다르게 규정하고 있다.

상법은 분할회사, 단순분할신설회사, 분할승계회사 또는 분할합병신설회사는 분할 또는 분할합병 전의 회사가 부담하는 채무에 대하여 연대하여 변제할 책임을 부담시키고 있으므로(상 530조의9 1항), 이러한 연대책임을 부담하는 경우에는 굳이 채권자 보호절차가 필요하지 않을 듯이 보이지만 구체적인 경우에는 다르다고 할 것이다.

① 회사가 단순분할을 하는 경우에 분할회사의 채권자를 위한 책임재산이 없어지는 것은 아니므로 분할회사와 신설회사(존속분할) 또는 신설회사와 신설회사(소멸분할)들이 연대책임을 부담한다면 채권자보호를 위한 절차는 필요하지 않다. 그런데 상법은 회사가 단순분할을 하면서 주주총회의 특별결의로써 새로이 설립된 단순분할신설회사가 분할회사의 채무 중 일부만을 승계하도록 분할계획서에 정할 수 있도록 하고 나머지 채무는 분할회사가 분할 후 중 존속하는 경우에 그 존속회사가 이를 부담하도록 규정하고 있는데(상 530조의9 2항), 이러한 경우에는 신설회사의 책임이 제한되고 책임주체의 변동을 수반하므로 채권자의 보호에 미흡할 우려가 있어 상법은 이 경우에는 단순분할이더라도 합병에 있어서 채권자보호절차에 관한 규정(상 527조의5, 439조 3항)을 준용하도록 정하고 있다(상 530조의9 4항).[16] 그러므로 회사는 회사채권자를 위하여 이의신청에 관한 공고와 알고 있는 채권자에게는 따로따로 최고를 하여야 하고(상 527조의5 1항)[17] 회사채권자에게 이의신청권을 인정하여야 한다(상 527조의5 3항,

16) 이 밖에도 단순분할의 경우에도 상법 제440조 내지 443조를 준용하고 있는데(상 530조의11 1항), 이중 상법 제441조에 따르면 주식병합의 경우에는 채권자이의절차(상 232조)가 종료한때 효력이 생기므로 결국 단순분할의 경우에 주식의 병합이 있으면 채권자이의절차를 밟아야 할 것이라고 해석할 수밖에 없는데, 이를 입법의 미비로 보는 견해도 있다(이철송 1085면).

17) 대법원 2011.9.29. 선고 2011다38516 판결은, ① 단순분할신설회사가 분할회사의 채무 중 일부만을 승계하도록 정할 수 있도록 하는 것은 채권자에 대한 관계에서 분할회사와의 채무관계가 연대채무관계가 아니라 분할채무관계로 바뀌는 것을 의미하고 이는 분할회사가 자신이 알고 있는 채권자에게 개별적인 최고절차를 제대로 거쳤을 것을 요건으로 하는 것이고, 만약 그러한 개별적인 최고를 누락한 경우에는 그 채권자에 대하여 분할채무관계의 효력이 발생할 수 없고 연대하여 변제할 책임을 지게 되며. ② 개별 최고가 필요한 '회사가 알고 있는 채권자'는 채권자가 누구이고 채권이 어떠한 내용의 청구권인지가 대체로 회사에게 알려져 있는 채권자를 말하는 것으로서 회사의 장부 기타 근거에 의하여 성명과 주소

232조 2항, 3항).

② 회사가 분할합병하는 경우에는 합병되는 당사자회사들의 재무구조가 상이함에도 불구하고 채권자가 책임재산을 공유하게 되는 결과가 되어 채권자를 보호할 필요성이 상대적으로 크다고 할 것이므로 분할합병의 경우에는 합병되는 당사자회사의 채권자 보호절차가 필요하다고 할 것이다. 상법은 분할합병신설회사가 분할회사의 채무 중 일부만을 승계하도록 정할 수 있고 나머지 채무는 분할회사가 분할 후 중 존속하는 경우에 그 존속회사가 이를 부담하도록 허용하면서도(상 530조의9 3항) 이러한 경우이외에 모두 분할합병의 경우에 채권자에 대한 공고와 통지 그리고 이의신청절차 등의 채권자 보호절차를 밟도록 규정하고 있다(상 530조의11 2항, 527조의5).

### (4) 기타의 절차

회사의 분할 또는 분할합병에 의하여 회사를 신설하는 경우에는 주식회사설립에 관한 상법의 규정이 적용되는데(상 530조의4), 이때 분할되는 회사의 출자만으로 회사를 설립하는 때에는 변태설립사항에 관한 검사인 등의 조사 보고 절차를 거치도록 한 규정(상 299조)은 적용되지 아니하고(상 530조의4 2항),[18] 또한 분할하는 회사와 존속회사의 대표이사가 설립위원(상 530조의11 1항 단서)이 되므로 별도의 발기인이 필요하지도 않다.

한편 회사의 분할로 인하여 존속하게 된 회사에서 개최되는 분할보고총회 또는 합병보고총회에 관하여는 흡수합병에 있어서의 보고총회에 관한 규정(상 526조)이 준용되고(상 530조의11 1항), 신설된 회사에서는 개최되는 창립총회에 관하여는 신설합병에 있어서의 창립총회에 관한 규정(상 527조)이 준용된다(상 530조의11 1항).

회사의 분할 또는 분할합병으로 인하여 주식의 병합이나 분할이 필요하게 되는데 이런 경우를 위하여 상법은 주식의 병합이나 분할에 관한 규정(상 440조 내지 444조)을 준용하고 있다(상 530조의11 1항).

### (5) 회사분할의 등기

회사의 분할 절차가 종료된 때에는 회사분할의 등기를 하여야 하는데, 존속하는

---

가 회사에 알려져 있는 자는 물론이고 회사 대표이사 개인이 알고 있는 채권자도 이에 포함된다는 취지로 판시하고 있다.

18) 2015년 12월 1일 개정되기 전의 상법 제530조의4는 분할되는 회사의 출자만으로 회사를 설립는 경우라도 분할되는 회사의 주주에게 그 주주가 가지는 그 회사의 주식의 비율에 따라 설립되는 회사의 주식이 발행되는 때에 한정하여 상법 제299조의 규정의 적용이 배제하도록 규정하고 있었다.

회사는 변경등기를, 소멸하는 회사는 해산등기를, 신설되는 회사는 설립등기를 본점 소재지에서는 2주간 내에 지점소재지에서는 3주간 내에 하여야 한다(상 530조의11 1항, 528조 1항). 이러한 등기는 회사분할의 효력발생요건이라고 할 것이다(상 530조의11 1항, 234조).

한편 회사분할 이후에 존속하는 회사 또는 설립된 회사가 분할되는 회사의 전환사채 또는 신주인수권부사채를 승계한 경우에는 분할의 등기와 함께 사채의 등기를 하여야 한다(상 530조의11 1항, 528조 2항).

#### (6) 분할과 관련된 서류 등의 공시

회사의 변경의 일환으로서 진행되는 회사의 분할은 주주와 회사의 채권자에게 중대한 이해관계가 있으므로 주주와 회사채권자에게 회사의 분할에 관한 자료를 공시하도록 할 필요가 있게 된다.

상법은 분할회사의 이사는 분할승인을 위한 주주총회 회일의 2주간 전부터 분할등기를 한 날 또는 분할합병을 한 날 이후 6월간에 걸쳐 상법 제530조의7 1항에 기재한 서류를 비치하도록 정한다(상 530조의7 1항). 또한 분할합병을 한 경우에, 분할합병의 상대방회사의 이사는 분할합병승인을 위한 주주총회 회일의 2주간 전부터 분할합병의 등기를 한 후 6월간에 걸쳐 상법 제530조의7 2항에 기재한 서류를 본점에 비치하도록 하여(상 530조의7 2항) 주주와 회사채권자의 열람에 제공하고 등본 또는 초본의 발급요청에 응하도록 하고 있다(상 530조의7 3항, 522조의2 2항).

### 마. 분할 및 분할합병의 효과

#### (1) 회사의 존속, 소멸과 설립 그리고 권리와 의무의 승계

단순분할에 의하여 소멸분할이 이루어지는 경우에는 분할되는 회사가 소멸하게 되고 신설회사가 설립되는데, 이때 분할되는 회사는 청산절차 없이 소멸하여 법인격을 상실하게 되고(상 517조 1호의2) 신설되는 회사는 독립적인 법인격을 취득하게 되지만, 존속분할의 경우에는 분할되는 회사가 소멸하지 않은 채 신설회사가 설립하게 되고, 이때 분할되는 회사는 존속하게 되고 법인격을 유지하게 되므로 법인격의 승계라는 현상은 일어나지 않는다.

분할합병의 경우에는 흡수분할합병의 경우에는 합병되는 회사가 소멸하게 되고, 존속하는 회사는 변경이 있게 되지만 법인격의 동일성은 유지되고, 신설분할합병의 경우에는 신설되는 회사가 설립되어 독립적인 법인격을 취득하게 될 뿐이고, 이 경우에도 법인격의 승계라는 현상은 일어나지 않게 된다.

이처럼 회사분할의 경우는 회사합병과 달리 법인격의 승계라는 현상이 일어나지 않으므로 채권과 채무의 포괄승계는 일어나지 않지만 상법은 단순분할신설회사, 분할승계회사 또는 분할합병신설회사는 분할회사의 권리와 의무를 분할계획서 또는 분할합병계획서에서 정하는 바에 따라 승계하도록 정하고 있다(상 530조의10). 이에 따라 권리는 그 성질상 이전을 허용하지 않는 것을 제외하고는 일괄적으로 이전되게 되어[19][20] 개별적인 이전행위는 불필요하지만 제3자에 대항하기 위하여 대항요건을 갖추어야 한다. 특히 소멸 또는 분할되는 회사의 이익준비금이나 그 밖의 법정준비금은 존속되거나 신설되는 회사가 승계할 수도 있다(상 459조 2항). 한편 상법은 분할회사의 채무도 분할계획서 또는 분할합병계획서에 따라 승계되도록 정하고 있으므로 민법에서와 같은 채무의 승계에 대한 채권자의 승낙은 불필요하다고 할 것이다. 이에 대한 채권자의 보호는 분할에 관련된 회사에 대하여 연대책임을 지우거나(상 530조의9 1항), 설령 일부 채무에 대하여 연대책임을 면하도록 허용하더라도(상 530조의9 2항, 530조의9 3항) 채권자보호절차에 의존하게 된다(상 530조의9 4항, 527조의5, 530조의11 2항).

이 밖에도 분할회사의 근로관계도 승계된다고 할 것이다. 물론 근로관계가 일신전속적이라고 할 수도 있지만 대법원은 근로자의 보호라는 측면에서 승계대상에 포함시키고 있다.[21]

---

19) 대법원 2011.8.25. 선고 2010다44002 판결.

20) 대법원 2011.5.26. 선고 2008두18335 판결은, "회사 분할 시 신설회사 또는 존속회사가 승계하는 것은 분할하는 회사의 권리와 의무이고, 분할하는 회사의 분할 전 법 위반행위를 이유로 과징금이 부과되기 전까지는 단순한 사실행위만 존재할 뿐 과징금과 관련하여 분할하는 회사에 승계 대상이 되는 어떠한 의무가 있다고 할 수 없으므로, 특별한 규정이 없는 한 신설회사에 대하여 분할하는 회사의 분할 전 법 위반행위를 이유로 과징금을 부과하는 것은 허용되지 않는다"고 판시한다.

21) 대법원 2013.12.12. 선고 2012다102124 판결은, "상법 제530조의10은 분할로 인하여 설립되는 회사는 분할하는 회사의 권리와 의무를 분할계획서가 정하는 바에 따라서 승계한다고 규정하고 있으므로, 분할하는 회사의 근로관계도 위 규정에 따른 승계의 대상에 포함될 수 있으나 회사 분할에 따른 근로관계의 승계는 근로자의 이해와 협력을 구하는 절차를 거치는 등 절차적 정당성을 갖춘 경우에 한하여 허용되고, 해고의 제한 등 근로자 보호를 위한 법령 규정을 잠탈하기 위한 방편으로 이용되는 경우라면 그 승계가 거부될 수 있다.

분할하는 회사가 분할계획서에 대한 주주총회의 승인을 얻기 전에 미리 노동조합과 근로자들에게 회사분할의 배경, 목적 및 시기, 승계되는 근로관계의 범위와 내용, 신설회사의 개요 및 업무 내용 등을 설명하고 이해와 협력을 구하는 절차를 거쳤다면 그 승계되는 사업에 관한 근로관계는 해당 근로자의 동의를 받지 못한 경우라도 신설회사에 승계되는 것이 원칙이다. 다만 회사의 분할이 근로자를 해고하기 위한 방편으로 이용되는 등의 특별한 사정이 있는 경우에는, 해당 근로자는 근로관계의 승계를 통지받거나 이를 알게 된 때부터 사회통념상 상당한 기간 내에 반대 의사를 표시함으로써 근로관계의 승계를 거부하고 분할하는 회사에 잔류할 수 있다"고 판시하여 회사분할의 경우에 근로관계도 원칙적으로 승계의 대상이지만 회사분할의 목적이 해고를 위한 방편일 경우에는 근로자가 승계를 거부할 수 있음을 밝히고 있다.

### (2) 분할 후 설립되거나 존속한 회사의 책임

상법은 분할회사, 단순분할신설회사, 분할승계회사 또는 분할합병신설회사로 하여금 분할 또는 분할합병전의 분할회사의 채무에 관하여[22] 연대하여 변제할 책임을 부담시키고 있는데(상 530조의9 1항), 이것은 상법이 채권자를 보호하기 위하여 인정한 것으로서 그 성질은 법정책임이고[23] 부진정연대책임으로 해석된다.[24]

그런데 상법은 분할회사가 단순분할에 의하여 단순분할신설회사를 설립하는 경우 또는 분할합병에 의하여 분할합병신설회사를 설립하는 경우 이들 회사가가 분할하는 회사가 부담하던 채무 중에서 일부의 채무만을 부담할 것으로[25] 정할 수 있도록 규정하고 있고(상 530조의9 2항 전문, 3항 전문), 이러한 경우에는 분할회사가 분할 후에도 존속할 경우에는 그 존속한 분할회사가 나머지 채무를 부담하도록 규정하고 있다(상 530조의9 2항 후문, 3항 후문).

### (3) 주주지위의 이전

회사의 분할은 그 분할의 형태와 내용에 따라 신설회사 또는 합병회사의 주식을 분할 회사의 주주에게 배정하는 경우가 있게 되는데, 이른바 인적분할의 경우에는 이러한 주주지위의 이전이 있게 되지만 물적분할의 경우에는 이러한 주주지위의 이전은

---

22) 대법원 2008.2.14. 선고 2007다73321 판결은, "분할 또는 분할합병 전의 회사 채무에는, 회사 분할 또는 분할합병의 효력발생 전에 발생하였으나 분할 또는 분할합병 당시에는 아직 그 변제기가 도래하지 아니한 채무도 포함된다"고 판시하고 있다. 나아가 "분할합병의 효력발생 전에 아직 발생하지는 아니하였으나 이미 그 성립의 기초가 되는 법률관계가 성립되어 있는 채무도 포함된다"고 판시하면서도(대법원 2010.12.23. 선고 2010다71660 판결), "분할하는 회사의 분할 전 법 위반행위를 이유로 과징금이 부과되기 전까지는 단순한 사실행위만 존재할 뿐 그 과징금과 관련하여 분할하는 회사에게 승계의 대상이 되는 어떠한 의무가 있다고 할 수 없으므로, 특별한 규정이 없는 한 신설회사에 대하여 분할하는 회사의 분할 전 법 위반행위를 이유로 과징금을 부과하는 것은 허용되지 않는다"고 판시하여 분할전의 위반행위를 이유로 한 과징금에 대하여는 이를 부인하고 있다(대법원 2009.6.25. 선고 2008두17035 판결).

23) 대법원 2010.8.26. 선고 2009다95769 판결은 이러한 책임의 성질에 관하여, "회사분할로 인하여 채무자의 책임재산에 변동이 생기게 되어 채권 회수에 불이익한 영향을 받는 채권자를 보호하기 위하여 부과된 법정책임이고" 또한 "채권자에 대하여 개별 최고를 거쳤는지 여부와 관계없이 부담하게 되는 것이므로, 채권자에 대하여 개별 최고를 하였는데 채권자가 이의제출을 하지 아니하였다거나 채권자가 분할 또는 분할합병에 동의하였기 때문에 개별 최고를 생략하였다는 등의 사정은 상법 제530조의9 제1항이 규정하는 분할당사회사의 연대책임의 성부에 영향을 미치지 못한다"고 판시한다.

24) 대법원 2010.8.26. 선고 2009다95769 판결은 이러한 연대책임은 "분할당사회사 사이에 주관적 공동관계가 있다고 보기 어려우므로" 부진정연대책임이라고 밝히고 있다.

25) 2015년 12월 1일 개정 전의 상법 제530조의9 2항은 "분할되는 회사채무중에서 출재한 재산에 관한 채무만을 부담할 것을"이라고 되어 있어 출자한 재산에 관한 채무의 범위에 관한 해석과 관련하여 논의가 있었으나 2015년 개정된 상법에는 이를 "분할회사의 채무 중에서 분할계획서에서 승계하기로 정한 채무에 대한 책임만을 부담할 것을"이라고 함으로써 그 책임의 범위는 분할계획서의 내용에 따라 정해지게 되고 경우에 따라서는 전혀 책임을 부담하지 않도록 될 수도 있게 되었다. 물론 이 경우에 채권자의 보호를 위하여는 채권자보호절차에 의존하게 된다.

발생하지 않는다.

### (4) 이사와 감사의 선임

회사의 분할을 단순분할이나 신설분할합병의 형태로 할 경우에 분할회사는 분할계획서 또는 분할합병계약서에서 단순분할신설회사의 이사, 감사를 정할 수 있고(상 530조의5 1항 9호, 530조의6 2항 1호), 흡수분할합병의 형태로 할 경우에 분할회사는 분할계획서 또는 분할합병계약서에서 분할승계회사의 이사, 감사의 선임에 관한 내용을 정할 수 있다(상 530조의6 1항 10호). 전자의 경우에는 별도의 선임절차 없이 단순분할신설회사의 설립등기를 하면 분할계획서 등에서 정한 대로 이사와 감사로 선임이 되고, 후자의 경우에는 분할승계회사에서 분할합병계약서에 대한 주주총회의 승인결의가 있으면 분할합병계약서에 정한대로 이사와 감사에 대한 선임이 있었다고 볼 것이다.

### (5) 기타의 효과

상법은 회사의 자본거래에서 발생한 잉여금을 자본준비금으로서 전액 적립하도록 규정하고 있으므로(상 459조 1항) 회사의 분할차익금에 대하여도 이를 전액 자본준비금으로 적립하여야 한다.

## 바. 분할 및 분할합병의 무효

상법은 합병무효의 소(상 529조)를 회사분할의 경우에 준용하고 있으므로(상 530조의11 1항) 회사의 분할 및 분할합병에 무효의 원인이 있을 때는 분할 무효의 소를 통하여 이를 처리하게 된다.

회사의 분할의 무효원인으로서는 ① 분할의 내용이 강행법규에 위반하거나 선량한 풍속 기타 사회질서에 어긋나거나 또는 현저히 불공정한 경우 등의 내용적 하자가 있거나 ② 분할계획서 또는 분할합병계약서가 상법이 정한 기재내용을 불비하였거나 주주총회의 승인결의의 하자가 있거나 또는 채권자보호절차를 위반하는 등의 절차적 하자가 있는 경우라고 할 것이다.

회사분할무효의 주장은 분할에 관련된 각 회사의 주주, 이사, 감사, 청산인, 파산관재인, 또는 회사의 채권자 등이 분할의 등기가 있은 날로부터 6월 내에, 분할하는 회사가 존속하는 경우에는 분할하는 회사와 신설회사 또는 존속회사를 상대로, 만약 분할하는 회사가 소멸하는 경우에는 신설회사와 존속회사를 상대로, 소송을 통해서만 주장할 수가 있다고 할 것이다.

이 밖에도 회사분할무효의 소에는 합명회사의 설립무효의 소의 절차와 판결의 효력에 관한 규정(상 186조 내지 190조)들이 준용되는 합명회사의 합병무효의 소의 절차에 관한 규정(상 240조)이 다시 준용(상 530조의11)되어 결국 합명회사 설립무효의 소에 있어서 소의 관할, 소제기의 공고, 소의 병합심리, 법원의 재량기각, 무효판결의 효력으로서 대세적 효력과 소급효의 제한 등에 관한 규정이 그대로 적용된다고 할 것이다. 또한 회사의 해산명령을 청구한 원고에 대한 담보제공명령에 관한 규정(상 176조 3항, 4항)을 준용하는 규정(상 237조)를 다시 준용하여(상 530조의11 1항) 법원은 원고의 악의를 소명한 회사의 청구에 따라 원고에게 담보제공을 명할 수도 있다.

대법원 2010.7.22. 선고 2008다37193 판결은 법원의 분할합병무효의 소에 대한 재량기각과 관련하여 "법원이 분할합병무효의 소하기 위해서는 원칙적으로 그 소 제기 전이나 그 심리 중에 원인이 된 하자가 보완되어야 할 것이나, 그 하자가 추후 보완될 수 없는 성질의 것인 경우에는 그 하자가 보완되지 아니하였다고 하더라도 회사의 현황 등 제반 사정을 참작하여 분할합병무효의 소를 재량 기각할 수 있다"고 판시하여 하자보완이 없는 경우라도 예외적으로 재량기각을 할 수 있음을 밝히고 있다.

특히 회사분할무효의 소는 관련된 회사들 사이에서 획일적이고 합일적으로 법률관계를 확정할 필요가 있으므로 관련된 모든 회사를 피고로 하여야 하는 필수적 공동소송(민소법 67조)이라고 할 것이고, 상법은 소의 관할에 관하여는 회사의 본점소재지를 관할하는 법원의 전속관할로 하고 있으므로(상 530조의11 1항, 240조 186조), 회사분할무효의 소에 있어서는 분할되는 회사, 존속회사 그리고 신설회사의 본점소재지를 관할하는 법원들 모두가 전속관할권을 갖게 된다고 할 것이다.

한편 분할무효의 판결이 확정되면, 회사분할로 인하여 소멸된 회사는 부활하고, 존속회사는 원상으로 회복되며 신설회사는 소멸하게 되어, 신설회사 또는 존속회사에 출자되었던 재산은 모두 원상으로 회복되지만, 회사분할판결의 대세효가 인정되고 소급효는 제한되므로(상 530조의11 1항, 240조, 190조) 회사 분할의 효력발생 때부터 그 무효판결의 확정시까지 신설회사 존속회사가 부담하였던 채권과 채무의 귀속문제가 발생하게 된다.

상법은 채무는 연대책임으로, 채권은 공유로 하는 합명회사 합병무효의 효과에 관한 규정(상 239조)을 준용하여 이를 해결하고 있다(상 530조의11 1항).

## 5. 주식의 포괄적 교환과 포괄적 이전

### 가. 의 의

상법은 주식의 포괄적 교환과 포괄적 이전을 도입하여 지주회사(holding company)[26]의 설립을 허용하고 있는데 지주회사는 다른 회사의 주식을 보유함으로써 그 회사에 대하여 실질적인 지배권을 취득하는 것을 목적으로 하는 회사로서 다른 회사의 지배를 목적으로 하는 순수지주회사(pure holding company)와 다른 회사의 지배와 더불어 자신도 고유의 사업을 영위하는 사업지주회사(operating holding company)의 두 가지 형태가 있다.

회사들이 영업을 양도하거나 합병을 하거나 회사의 분할 또는 주식의 현물출자 등을 통하여 지주회사를 설립할 수도 있지만 이런 방식에 의할 경우에는 절차가 복잡하고 그 비용의 부담이 적지 않기에 상법은 주식회사에 한정하여[27] 주식의 포괄적 교환이나 주식의 포괄적 이전을 통하여 보다 쉽게 지주회사를 설립할 수 있도록 하고 있다.

주식의 포괄적 교환이란, 상법의 규정에 따라 현존하는 회사들끼리 주식교환계약을 통하여 주식을 포괄적으로 교환하여 어느 회사(완전모회사)가 다른 회사(완전자회사)의 발행주식의 총수를 소유함으로써 어느 회사가 다른 회사를 지배하는 관계를 만드는 것이다(상 360조의2 1항). 이러한 주식의 포괄적 교환에 의하여 완전자회사가 되는 회사의 주주는 자신이 가지고 있는 완전자회사의 주식을 주식교환의 날에 완전모회사에 이전하고 완전모회사가 주식교환을 위하여 발행하는 신주의 배정을 받거나 완전자회사가 보유하는 자기주식을 이전 받아 완전모회사의 주주가 되는 것이다(상 360조의2 2항).[28]

한편 주식의 포괄적 이전이란, 상법의 규정에 따라 현존하는 회사의 주주가 주식이전계획에 따라 신설될 회사에 자신이 가진 현존하는 회사의 주식을 포괄적으로 이전하여 그 신설될 회사(완전모회사)로 하여금 현존하는 회사(완전자회사)의 발행주식의

---

26) 독점규제 및 공정거래에 관한 법률이 1999년 개정으로 지주회사를 인정한 것(독점규제법 8조, 8조의2, 8조의3)을 계기로, 상법은 "금융지주회사법"(2000년 제정)에서 인정되는 주식의 포괄적 교환과 포괄적 이전 방식을 통한 지주회사제도를 2001년 개정으로 상법상 완전모회사라는 개념으로 받아들이게 된 것이다(상 360조의2 내지 360조의23).

27) 상법은 주식회사이면 상장회사이건 비상장회사이건 구별을 두고 있지 않지만, 자본시장과 금융투자업에 관한 법률에 의하여 주권상장법인은 별도의 규율을 받고(자본시장법 165조의4 1항 3호), 독점규제 및 공정거래에 관한 법률에 의하여 일정규모 이상의 회사는 지주회사로서 일정한 제한을 받게 된다(독점금지법 1조 1호의2, 8조, 8조의2).

28) 주식의 포괄적 교환은 기존의 회사들을 완전자회사와 완전모회사로 하는 제도이지만, 주식의 포괄적 이전은 기존의 회사를 완전자회사로 하고 그와는 별도의 완전모회사를 설립하기 위한 제도이다(임홍근 826면).

총수를 소유하도록 함으로써 현존하는 회사를 지배하는 관계를 만드는 것으로서(상 360조의15 1항), 이러한 주식의 포괄적 이전에 의하여 완전자회사가 되는 회사의 주주는 소유하고 있던 완전자회사의 주식을 신설되는 완전모회사에 이전하고 완전모회사가 주식이전을 위하여 발행하는 주식을 배정받음으로써 그 완전모회사의 주주가 되는 것이다(상 360조의15 2항).

상법상의 완전모회사(지주회사)의 성립은 주주총회의 특별결의에 의하여 일부 주주의 반대의사에도 불구하고 강제적으로 이루어진다는 점에서 주주들 간의 임의의 주식교환계약이나 현물출자계약 등을 통한 회사의 설립행위 또는 회사 결합의 경우와 구별되고, 또한 주식의 포괄적 교환과 이전이 있더라도 자회사가 되는 회사는 소멸하지 않고, 권리의무가 모회사에 승계되지도 않는다는 점에서 회사의 합병과도 다르다고 할 것이다.

특히 상법은 주식의 포괄적 교환의 경우에 완전모회사가 되는 회사는 완전자회사가 되는 회사의 주주에게 그 대가의 전부 또는 일부로서 금전이나 그 밖의 제공을 제공할 수 있도록 정하고(상 360조의3 3항 4호) 또한 완전모회사는 주식교환의 대가로 제공되는 재산이 완전모회사가 되는 회사의 모회사의 주식을 포함하는 경우 완전모회사가 되는 회사는 그 지급을 위하여 그 모회사의 주식을 취득할 수 있도록 정함으로써(상 360조의3 6항)[29] 이른바 삼각적 주식교환을 합병 등의 절차와 적절히 융합하여 사용하여 급변하는 경제 상황에 맞추어 다양한 기업의 구조변화를 뒷받침하는 도구로 사용할 수 있도록 하였다.[30]

## 나. 주식의 포괄적 교환과 포괄적 이전의 절차

주식의 포괄적 교환이나 포괄적 이전절차는 상법이 정한 일정한 사항을 기재한 주식교환계약서 혹은 주식이전계약서 등의 작성과 이에 대한 주주총회의 승인 그리고 반대주주에 대한 주식매수청구권의 인정 및 이에 대한 공시절차 그리고 등기절차를 거치게 된다는 점에서 회사의 합병이나 분할절차와 유사하지만 채권자 보호절차를 요구하지 않는다는 차이가 있다.

주식의 포괄적 교환이나 주식의 포괄적 이전의 경우에는 회사의 자본이나 재산의 변동을 초래하지 않는다는 점에서 회사채권자에게 큰 해를 끼칠 염려가 없다고 생각되어 회사의 합병이나

29) 2015년 12월 1일 개정된 부분이다.

30) A의 자회사 B회사가 제3의 회사 C회사와 주식의 포괄적 교환을 하면서 그 대가로 모회사 A회사의 주식을 제공하여 C회사를 완전자회사로 만든다면, A회사로서는 자회사로서 B회사를 다시 손자회사로서 C회사를 두게 되면서도 A회사의 주주총회의 의결과 반대주주의 주식매수청구권을 회피할 수 있는 이점이 있다.

회사의 분할의 절차에서 인정되는 채권자보호절차(회사합병: 상 527조의5 / 회사분할: 상 530조의9 4항, 530조의11 2항)를 마련하지 않고 있다. 그런데 상법은 교환대가나 이전대가를 금전이나 그 밖의 재산으로 제공할 수 있도록 정하고 있는데(교환: 상 360조의3 1항 4호 / 이전: 상 360조의16 1항 4호) 그 제공되는 대가가 부당한 평가에 기초하거나 자본구성의 변동으로 인하여 회사 채권자의 이익을 침해할 우려도 있으므로 이 경우에도 채권자보호절차는 필요하다고 할 것이다.

또한 상법은 주식의 포괄적 교환의 경우에는 완전자회사가 되는 회사의 주주총회결의를 이사회결의로 갈음하는 간이주식교환(상 360조의9 1항)이나 완전모회사가 되는 회사의 주주총회결의를 이사회결의로 갈음하는 소규모주식교환(상 360조의10)의 절차를 인정하고 있다.

### (1) 주식의 포괄적 교환계약서의 작성, 주식의 포괄적 이전계획서의 작성

주식교환을 하고자 하는 회사는 상법이 정한 사항(상 360조의3 3항)을 기재한 주식교환계약서를 작성하여 주주총회의 승인을 얻어야 하고(상 360조의3 1항), 주식이전을 하고자 하는 회사는 상법이 정한 사항(상 360조의16 1항)을 기재한 주식이전계획서를 작성하여 주주총회의 승인을 얻어야 한다(상 360조의16 1항).

이것은 회사합병에 있어서 상법이 정한 사항을 기재한 합병계약서(상 523조, 524조)를 작성하여야 하고, 회사분할에 있어서 분할계획서(상 530조의5) 또는 분할합병계약서(상 530조의6)를 작성하여야 하는 것과 같은 취지이다.

특히 상법은 주식의 포괄적 교환을 통하여 완전자회사가 되는 회사의 주주에게 주식교환의 대가로 금전이나 그 밖의 재산을 제공할 수 있도록 하고(상 360조의3 3항 4호) 이를 위하여 모회사의 주식취득을 허용하고(상 360조의3 6항) 이렇게 취득한 모회사의 주식은 주식교환의 효력이 발생한 날로부터 6개월이내에 이를 처분하도록 하는(상 360조의3 7항) 한편 주식의 포괄적 이전에 있어서도 그 이전의 대가로 금전이나 그 밖의 재산을 제공할 수 있도록 허용하고 있다(상 360조의16 1항 4호).[31]

### (2) 주주총회의 승인

주식의 교환계약서와 이전계획서는 주주총회의 승인을 얻어야 하는데(상 360조의3 1항, 360조의16 1항), 이러한 승인결의를 위한 주주총회의 소집 통지에는 주식교환계약서의 주요내용, 반대주주에 주식매수청구권의 내용과 행사방법 그리고 일방회사의 정관에 주식의 양도에 이사회의 승인을 요한다는 뜻이 있으나 다른 회사의 정관에는 그

31) 2015년 12월 1일 상법개정에서 신설된 내용이다.

런 규정이 없는 경우에는 그 뜻을 기재하여야 한다(상 360조의3 4항, 360조의16 3항).

이러한 주주총회의 승인은 특별결의에 의하여야 하고(상 360조의3 2항, 360조의16 2항), 또한 회사가 종류주식을 발행한 경우에 어느 종류의 주주에게 손해를 미치게 되는 때에는 주주총회의 승인 결의 이외에 그 종류의 주주총회의 결의가 있어야 한다(상 436조).

주식의 교환이 간이주식교환(상 360조의9)이나 소규모주식교환절차(상 360조의10)[32]에 의할 경우에는 주주총회의 승인결의 없이 이사회의 결의로 갈음하게 되는데 이 경우에 회사는 이를 공고하거나 주주에게 통지하여야 한다(상 360조의9 2항 본문, 360조의10 4항). 다만 간이주식교환의 경우에는 총주주의 동의가 있으면 이를 생략할 수 있다(상 360조의9 2항 단서).

또한 간이주식교환에 반대하는 주주는 주식매수청구권을 행사할 수 있으나(상 360조의5 2항), 소규모주식교환의 경우에는 반대하는 주주에게 주식매수청구권이 인정되지 않는다(상 360조의10 7항).

다만 완전모회사의 발행주식총수의 100분의 20 이상에 해당하는 주식을 가지는 자가 반대하는 경우에는 이사회의 결의로써 소규모주식교환을 할 수 없도록 정하고 있는 것(상 360조의10 5항)은 소규모합병(상 527조의3 4항)이나 소규모주식분할(상 530조의11 2항)과 같다.

### (3) 주식의 교환과 주식의 이전에 관련된 서류의 공시 등

회사의 변경의 일환으로서 진행되는 주식의 포괄적 교환이나 포괄적 이전은 주주에게 중대한 이해관계가 있으므로 회사는 주주에게 이에 관한 자료를 공시할 필요가 있게 된다.

상법은 주식교환을 하는 회사의 이사는 주주총회 회일의 2주간 전부터 주식교환의 날 이후 6월이 경과하는 날까지 상법 제360조의4 제1항에 기재된 서류를, 주식이전의 경우에는 같은 기간 동안 상법 제360조의17 제1항에 기재된 서류를 본점에 비치하여(상 360조의4 1항, 360조의17 1항) 주주의 열람에 제공하고 등본 또는 초본의 발급요청에 응하도록 하고 있다(상 360조의4 2항, 360조의17 2항).

이때 상법은 주주에게만 열람과 등사를 청구할 수 있도록 하는 규정(상 391조의3 3항)을 준용함으로써(상 360조의4 2항, 360조의17 2항) 회사의 합병의 경우(상 522조의2 2

32) 종전에는 소규모합병의 경우보다 그 기준이 엄격하였는데 2015년 12월 1일 상법의 개정으로 소규모합병의 경우와 같이 그 기준을 "발행주식총수의 100분의 10" 그리고 "순자산액의 100분의 5"로 완화하고 하였다.

항)와 달리 채권자에게는 열람과 등사할 권리를 인정하고 있지 있다.

### (4) 반대주주의 주식매수청구권

상법은 주식의 교환에 반대하는 주주에게 주식매수청구권을 인정하는 규정을 두고(상 360조의5), 이를 주식이전의 경우에도 준용하고 있다(상 360조의22, 360조의5).

또한 간이주식교환에 반대하는 주주에게도 이러한 주식매수청구권을 인정하고 있으나(상 360조의9, 360조의5 2항) 소규모주식교환의 경우에는 반대주주에게 주식매수청구권을 인정하고 있지 않다(상 360조의10 7항).

반대주주가 주식매수청구권을 행사하는 절차, 기간 및 매수가격산정 등에 관하여는 영업양도결의에 반대하는 주주의 주식매수청구권에 관한 규정(상 374조의2)을 준용하고 있다(상 360조의5 3항).[33)]

### (5) 구주권의 실효와 신주권의 교부

주식의 포괄적 교환이나 주식의 포괄적 이전으로 인하여 완전모회사가 된 회사는 완전자회사가 된 회사의 주주에게 완전모회사의 신주권을 발행교부하거나 완전모회사가 보유하던 자기주식을 이전하게 되고, 완전자회사의 구주권은 무효가 되지만, 완전자회사가 된 회사가 소멸하는 것은 아니므로 효력이 없게 된 완전자회사의 구주권이 유통되어 거래의 안전을 해할 우려가 있게 되어 상법은 완전자회사의 구주권의 실효절차에 관하여도 규정하고 있다(상 360조의8, 360조의19).

주식의 포괄적 교환에 있어서 완전자회사로 되는 회사는 주주총회에서 주식교환계약서에 대한 승인결의가 있은 때에는 주식교환의 1월 전에 주식교환계약서의 승인결의가 있었다는 뜻, 주식교환의 날의 전날까지 주권을 회사에 제출하여야 한다는 뜻 그리고 주식교환의 날에 주권이 무효가 된다는 뜻을 공고하고 주주명부에 기재된 주주와 질권자에게 따로 통지하여야 한다(상 360조의8 1항).

주식의 포괄적 이전에 있어서 완전자회사로 되는 회사는 주주총회에서 주식이전계획서에 대한 승인결의가 있은 때에는 주식이전계획서의 승인 결의가 있었다는 뜻, 1월을 초과하여 정한 기간 내에 주권을 회사에 제출하여야 한다는 뜻 그리고 주식이

33) 2015년 12월 1일 개정된 상법은 ① 의결권이 없거나 제한되는 주식을 보유한 주주에게도 주식매수청구권을 인정하고, ② 회사는 매수청구기간이 종료한 날로부터(개정전 상법은 매수청구를 받은 날로부터) 2개월 이내에 그 주식을 매수하여야 하고, ③ 매수청구기간이 종료하는 날로부터(개정전 상법은 매수청구를 받은 날로부터) 30일 이내에 매수가격의 협의가 이루어지지 않는 경우에는 법원에 가격결정을 청구할 수 있도록 개정하였다(상 374조의2).

전의 날에 주권이 무효가 된다는 뜻을 공고하고 주주명부에 기재된 주주와 질권자에게 따로 통지하여야 한다(상 360조의19 1항).

또한 상법은 주식병합절차에 있어서 주권미제출자에 대한 구제절차에 관한 규정(상 442조), 단주처리방법에 관한 규정(상 443조)을 주식의 교환이나 주식의 이전의 경우에 준용함으로써(주식의 포괄적 교환: 상 360조의8 2항, 360조의11 1항 / 주식의 포괄적 이전: 360조의19 2항, 360조의22, 360조의11) 업무처리의 간편성을 기하고 있다.

구주권은 각기 주식교환일과 주식이전일에 획일적으로 무효가 되고, 신주권이 교부되는데, 주식의 포괄적교환의 경우에는 주식교환계약서에 정한 주식교환을 할 날(상 360조의2 2항, 360조의3 3항 6호)이 되지만, 주식의 포괄적 이전의 경우에 주식이전은 완전모회사가 그 본점소재지에서 주식이전에 의한 설립 등기를 함으로써 효력이 발생하게 되므로(상 360조의21) 그 등기를 한 때가 된다고 할 것이다.

이 밖에도 상법은 주식의 포괄적 교환과 주식의 포괄적 이전의 경우에도 완전자회사로 되는 회사의 주주가 가지는 주식의 질권자에 대하여 질권의 물상대위(상 339조) 및 등록질권자의 주권교부청구권(상 340조 3항)을 준용하고 있다(상 360조의11 2항, 360조의22, 360조의11).

### (6) 주식의 교환과 주식의 이전에 따른 사후 공시

회사는 주식의 포괄적 교환이 있은 후에는 주식교환의 날로부터 6월간 본점에 주식교환의 날 등 상법 제360조의12 제1항에 정한 일정한 사항을 기재한 서면을 비치하여 주주의 열람과 등사청구에 응하도록 상법이 규정하고 있고(상 360조의12 1항, 391조의3 3항), 주식의 포괄적 이전의 경우에도 이를 준용하고 있다(상 360조의22, 360조의12).

### (7) 주식의 포괄적 교환과 주식의 포괄적 이전에 따른 등기

상법은 주식의 포괄적 교환과 관련하여 특별한 등기를 요구하지 않고 있으나, 주식의 포괄적 이전에 관하여는 완전모회사의 설립에 따른 등기(상 317조)를 하도록 하고(상 360조의20), 그러한 등기를 함으로써 주식 이전의 효력이 발생하도록 하고 있다(상 360조의21).

그러므로 주식의 포괄적 교환에 있어서 완전자회사로 되는 회사는 등기사항의 변동이 없으므로 등기할 것이 없고 완전모회사로 되는 회사가 완전자회사로 되는 회사의 주주에게 신주를 발행하여 교부한 경우에만 자본금의 증가가 있게 되므로 변경등기를 하게 될 것이다. 물론 이 경우에도 정관변경이 있게 되면 그에 따른 변경등기가 필요할 것이다.

### 다. 주식의 포괄적 교환과 포괄적 이전의 효과

#### (1) 완전모자회사관계의 성립

주식의 포괄적 교환에 의하여 완전자회사로 되는 회사의 주주가 가지는 그 회사의 주식은 주식을 교환하는 날에 완전모회사가 되는 회사에 이전하게 되어(상 360조의2) 완전모회사는 완전자회사의 발행주식의 총수를 취득하게 된다.

주식의 포괄적 이전에 의하여 완전자회사가 되는 회사의 주주가 소유하는 그 회사의 주식은 신설된 완전모회사에 이전하게 되어(상 360조의15) 완전모회사는 완전자회사의 발행주식총수를 취득하게 되므로 두 회사는 완전모자회사의 관계가 성립된다.

#### (2) 완전자회사 주주의 완전모회사 주식 취득

주식의 포괄적 교환에 의하여 완전자회사로 되는 회사의 주주는 완전모회사로 되는 회사가 발행하는 신주를 배정 받거나(상 360조의2 2항 후단), 신주발행에 갈음하여 완전모회사가 되는 회사가 보유하는 자기주식을 이전 받을 수도 있게 된다(상 360조의3 3항 2호). 만약 완전모회사로 되는 회사가 다량의 자기주식을 보유하고 있다면 별도의 신주를 발행할 필요 없이 주식교환을 할 수도 있다 할 것이므로 이러한 경우에는 이른바 무증자 주식교환이 가능하다고 할 것이다.

주식의 포괄적 이전에 의하여 완전자회사로 되는 회사의 주주는 새로 설립된 완전모회사로 되는 회사가 발행하는 신주를 배정 받아(상 360조의15 2항 후단) 완전모회사가 되는 회사의 주주가 된다.

물론 주식교환이나 주식이전의 대가의 전부를 금전이나 그 밖의 재산을 제공하는 경우(상 360조의3 3항 4호, 360조의16 4호)에는 완전자회사 주주의 완전모회사의 주식 취득이 발생하지 않는다.

#### (3) 완전모회사의 자본금

주식의 포괄적 교환에 의하여 완전모회사가 되는 회사가 완전자회사가 되는 회사의 주주에게 신주를 발행하게 되면 완전모회사가 되는 회사는 자본금의 증가가 있게 되는데, 액면주식을 발행한 경우에는 발행한 신주의 액면총액만큼의 자본금 증가가 있게 될 것이고 무액면주식을 발행한 경우에는 이사회에서 정한 금액이 증가된 자본금으로 계상될 것이다.

상법은 완전모회사가 되는 회사의 자본금충실을 도모하기 위하여 완전모회사가 되는 회사의 자본금증가에 일정한 한도를 정하여 완전모회사가 되는 회사의 자본금증가액은 완전자회사가 되는 회사의 순자산액을 초과할 수 없도록 정하고 있다(상 360조의7). 완전모회사의 자본금증가액이 완전자회사의 순자산액에 미달하게 되어 완전모회사에는 자본적 이익이 발생할 수 있는데, 이러한 이익 이른바 주식교환차익금은 완전모회사가 되는 회사의 자본준비금으로 적립하게 된다(상 459조 1항).

한편 주식의 포괄적 이전에 의하여 새로이 설립되는 완전모회사가 되는 회사의 자본금에 관하여도 상법은 일정한 제한을 하여 완전모회사가 되는 회사의 설립시 자본금은 주식이전의 날에 완전자회사가 되는 회사에 현존하는 순자산액에서 그 회사의 주주에게 지급할 금액(주식이전교부금)을 공제한 액을 초과할 수 없도록 하므로(상 360조의18), 이른바 주식이전차익금이 발생하게 되고 이것은 완전모회사가 되는 회사의 자본준비금으로 적립하게 된다(상 459조 1항).

#### (4) 완전모회사의 이사, 감사의 퇴임

상법은 주식의 포괄적 교환에 의하여 완전모회사의 주주가 된 완전자회사의 주주에게 완전모회사의 이사, 감사의 선임권을 보장하기 위하여 주식의 교환에 의하여 완전모회사로 되는 회사의 이사 및 감사로서 주식교환 전에 취임한 자는 주식교환계약서에 다른 정함이 있는 경우를 제외하고는 주식교환 후 최초로 도래하는 결산기에 관한 정기주주총회가 종료하는 때에 퇴임하도록 하고 있다(상 360조의13).

### 라. 주식의 포괄적 교환과 포괄적 이전의 무효

주식의 포괄적 교환 또는 주식의 포괄적 이전으로 인하여 다수의 이해관계인이 법률관계를 맺게 되므로 이러한 주식의 교환이나 주식의 이전에 무효의 원인이 있을 경우에는 거래의 안전을 보호하기 위하여 이들 이해관계인의 법률관계를 단체법적으로 획일적으로 확정할 필요가 있게 된다.

상법은 주식의 포괄적 교환 및 주식의 포괄적 이전의 무효의 주장은 반드시 소송으로만 할 수 있도록 하는 한편, 제소기간과 제소권자에 제한을 두고 있고 그 무효의 판결에 대한 특별한 효력을 인정하고 있다(상 360조의14, 360조의23).

### (1) 소의 절차

주식의 포괄적 교환무효의 소와 주식의 포괄적 이전무효의 소는 완전모회사가 되는 회사 또는 완전자회사가 되는 회사의 주주, 이사, 감사, 감사위원회의 위원 또는 청산인에 한하여 제소할 수 있고, 그 상대방은 완전모회사가 되는 회사 또는 완전자회사가 되는 회사가 되고, 제소기간은 주식교환의 날(상 360조의14 1항) 또는 주식이전의 날(상 360조의23 1항)로부터 6월이고, 소송관할은 완전모회사가 되는 회사의 본점소재지의 지방법원의 전속관할에 속한다(상 360조의14 2항, 360조의23 2항).

이 밖에도 상법은 합명회사설립무효의 소의 절차에 관한 규정 중에서 소제기공고에 관한 규정(상 187조), 법원의 병합심리에 관한 규정(상 188조), 법원의 재량기각에 관한 규정(상 189조), 법원의 담보제공명령에 관한 규정(상 377조) 등을 주식교환무효의 소(상 360조의14 4항)와 주식이전무효의 소(상 360조의23 4항)에서 똑같이 이를 준용하고 있다.

### (2) 판결의 효력

주식의 포괄적 교환무효의 소 또는 주식의 포괄적 이전무효의 소에 의하여 주식의 교환 또는 주식의 이전이 무효로 확정되면 그 판결은 소의 당사자뿐만 아니라 제3자에게도 효력(대세적 효력)이 있으나(상 360조의14 4항, 190조 본문, 360조의23 4항, 190조 본문), 주식의 교환이나 주식의 이전은 장래에 대하여 효력(불소급적 효력)을 잃게 된다(상 360조의14 4항, 431조 1항, 360조의23 4항, 190조 단서).

상법은 판결의 불소급적 효력에 관하여 주식의 포괄적 교환의 경우에는 상법 제190조 단서 대신에 신주발행무효판결의 비소급적 효력을 정한 상법 제431조 1항을 준용하고 있고, 주식의 포괄적 이전의 경우에는 합명회사설립무효판결의 비소급적 효력을 정한 상법 제190조 단서를 준용하고 있지만 두 경우에 모두 불소급적 효력이 인정된다고 할 것이다.

주식의 교환무효로 확정되면 완전모회사로 된 회사는 무효판결이 확정된 뜻과 일정한 기간 내에 신주권을 회사에 제출할 것을 공고하고 주주와 질권자에게 통지하여야 한다(상 360조의14 4항, 431조 2항). 이때 완전모회사로 된 회사는 주식교환을 위하여 발행한 신주를 교부받거나 또는 완전모회사의 자기주식을 이전 받은 주주에 대하여 완전자회사가 된 회사의 주주로부터 이전 받은 주식을 반환하여야 하고(상 360조의14 3항), 완전모회사로 된 회사의 주주가 된 주주는 완전모회사로 된 회사로부터 배정받았던 신주, 이전 받았던 주식 혹은 수령하였던 주식교부금을 완전모회사로 된 회사에 반환하여야 할 것이고 완전모회사가 된 회사가 발행한 신주는 무효가 된다(상 431조 1항,360조의14 4항).

주식의 이전무효가 확정되면 완전모회사가 된 회사는 해산에 준하여 청산하여야 하고(상 360조의23 4항, 193조) 완전모회사로 된 회사는 주식이전을 위하여 발행한 신주의 주주에 대하여 완전자회사가 된 회사의 주주로부터 이전 받은 주식을 반환하여야 한다(상 360조의23 3항). 또한 완전모회사로 된 회사의 주주가 되었던 주주는 완전모회사로 된 회사로부터 배정 받았던 신주, 혹은 수령하였던 주식교부금을 완전모회사로 된 회사에 반환하여야 할 것이다.

상법은 주식교환무효 또는 주식이전무효의 판결에 소급효가 없으므로 완전모회사가 된 회사가 무효판결로 인하여 주식을 반환할 상대방을 주식교환당시 혹은 주식이전당시의 완전자회사가 되는 회사의 주주가 아니라 그러한 완전모회사로부터 배정 받은 신주 혹은 이전 받은 신주를 가지고 있는 자로 규정하고 있다(상 360조의14 3항, 360조의23 3항).

# 제 9 장
# 주식회사의 소멸

회사의 소멸에 대하여는 이미 제1편 제3장에서 설명하였으므로 이곳에서는 주식회사의 소멸에 있어서 다른 종류의 회사의 소멸과 구별되는 특별한 사항에 관해서만 기술하기로 한다.

## 1. 해　　산

### 가. 해산사유

주식회사의 해산이란 회사의 법인격을 소멸시키는 원인이 되는 법률요건이라 할 것인데, 회사는 해산사유의 발생으로 당연히 해산하게 되고, 그로 인하여 목적사업인 영업을 수행할 수는 없으나 청산의 목적범위 내에서 회사는 존속하여 활동하고 권리능력이 존재하게 된다(상 542조 1항, 상 245조).

주식회사는 각종회사의 공통적인 해산사유인 존립기간의 만료 기타 정관에 정한 사유(상 517조 1호, 227조 1호), 주주총회의 해산결의(상 517조 2호, 518조), 회사의 합병(상 517조 1호, 227조 4호), 회사의 파산(상 517조 1호, 227조 5호), 법원의 해산명령 또는 법원의 해산판결(상 517조 1호, 227조 6호, 176조, 520조 1항)이 발생하면 해산하게 된다.

특히 주식회사의 경우에는 인적회사와 달리 주주가 1인이 되었다고 하더라도 해산사유는 아니지만 회사가 분할 또는 분할합병하는 경우에는 해산하게 된다(상 517조 1호의2).

또한 회사가 영업을 폐지하여 실제로는 존재하지 않지만 등기부상으로만 존재하는 휴면회사의 경우에 일정한 기간을 정하여 회사가 영업을 폐지하지 아니하였다는 신고를 하도록 하고 그 기간 내에 신고가 없으면 그 신고기간의 만료로 해산을 의제하고 있다(상 520조의2 1항). 다만, 이렇게 해산이 의제된 회사라고 하더라도 해산의제일로부터 3년 내에 주주총회의 특별결의로 회사를 계속할 수 있도록 하여 이를 구제하고 있다(상 520조의2 3항). 상법은 위 해산의제일로부터 3년 내에 회사계속의 결의가 없으면 청산이 종결된 것으로 보고 있다(상 520조의2 4항).

## 나. 해산의 공시

회사가 파산 이외의 사유로 해산하게 된 경우에는 지체 없이 주주에게 해산통지를 하여야 한다(상 521조).

또한 해산사유가 있은 날로부터 본점에서는 2주간 내에, 지점에서는 3주간 내에 해산등기를 하여야 한다(상 521조의2, 228조).

다만 회사는 해산사유가 발생하면 당연히 해산하게 되고, 이러한 해산등기는 제3자에 대한 대항요건에 불과하므로 해산등기를 하여야 해산의 효력이 발생하는 것은 아니다.[1]

## 다. 해산의 효과

회사가 해산하면 원칙적으로 청산절차로 넘어가게 되어 권리의무관계를 정리하게 된다.

다만, 합병을 이유로 해산하게 되었을 때는 권리의무관계가 존속회사에게 포괄적으로 승계되고, 파산을 이유로 해산하게 되었을 때는 회사의 권리의무관계는 상법상의 청산절차가 아닌 채무자 회생 및 파산에 관한 법률에 따른 파산절차로 넘어간다.

## 라. 회사의 계속

회사가 존립기간의 만료 기타 정관에 정한 사유의 발생 또는 주주총회의 결의에 의하여 해산할 경우에는 주주총회의 특별결의에 의하여 회사를 계속할 수 있다(상 519조).

해산이 의제된 회사라도 그후 3년 이내에는 주주총회의 특별결의에 의하여 회사를 계속할 수 있는데(상 520조의2 3항), 이때 이미 해산등기를 한 때에는 계속등기를 하여야 한다(상 521조의2, 229조 3항).

1) 대법원 1981.9.8. 선고 80다2511 판결.

## 2. 청　　산

### 가. 청산의 의의

청산이란 회사가 합병 또는 파산 이외의 사유로 해산한 경우에 회사의 대내외적 법률관계를 종국적으로 정리하고 잔존재산을 분배하여 회사의 법인격을 소멸시키는 상법상의 절차이다.

해산등기는 대항요건이라고 할 것이므로 회사는 해산등기가 아니라 해산사유가 발생한 때에 청산회사로 되어 ① 현존사무의 종결, ② 채권의 추심과 채무의 변제, ③ 재산의 환가처분, ④ 잔여재산의 분배 등의 과정을 수행하게 된다.

청산회사 또는 청산중의 회사는 해산하여 청산절차를 밟고 있는 회사를 말하는데, 해산 전의 회사와 동일성이 있는 회사라고 할 것이다. 청산회사는 해산 전의 회사와 동일한 내용의 영업을 할 수는 없으나 현존사무의 종결을 위한 범위 내에서 권리능력이 인정되고 영리행위도 가능하며 필요한 경우에 소송상의 당사자능력도 인정된다고 할 것이다.

### 나. 청산회사의 기관

청산회사에서 해산 전 회사의 주주총회 또는 감사는 존속하지만, 업무집행을 담당하는 이사, 이사회, 대표이사는 그 지위를 상실하여 청산인, 청산인회, 대표청산인으로 대체되게 된다.

#### (1) 청산인

청산인은 청산회사의 청산업무를 집행하게 되는데, 상법은 청산인과 청산회사의 관계를 위임관계로 보는(상 542조 2항, 382조 2항) 등 많은 경우에 있어서 이사에 관한 규정을 준용하고 있다(상 542조 2항).

상법은 청산회사로 하여금 자율적으로 청산인을 선임하도록 하여, 회사가 정관으로 정하거나 주주총회에서 선임하여 청산인을 결정하도록 하고 있지만, 이렇게 결정된 청산인이 없을 경우에 합병, 분할, 분할합병 또는 파산의 경우 외에는 해산 전 회사의 이사가 청산인이 되도록 하고 있다(상 531조 1항). 다만 이렇게 하여도 청산인을 정할 수 없을 경우에는 이해관계인의 청구에 의하여 법원이 청산인을 선임하게 된다(상 531조 2항).

또한 법원의 해산명령이나 해산판결로 해산하게 된 경우에 법원이 주주 등 이해관계인이나 검사의 청구 또는 직권으로 청산인을 선임하게 된다(상 542조 1항, 252조).

주주총회에서 청산인을 선임하는 결의에 대하여 그 선임결의의 하자를 주장할 수 있고, 이 경우에 그 직무집행정지 또는 직무대행자선임을 구하는 가처분 신청이 가능하다(상 542조 2항, 407조, 408조).

또한 법원이 선임한 청산인 이외에는 주주총회에서 해임결의를 할 수 있고(상 539조 1항) 회사의 발행주식총수의 100분의 3 이상에 해당하는 주식을 가진 주주는 어떠한 청산인에 대하여도 법원에 그 해임을 청구할 수 있다(상 539조 2항).

청산인의 퇴임으로 결원이 발생한 경우에 퇴임한 청산인의 권리의무에 관하여는 이사의 경우를 준용하고 있다(상 542조 2항, 386조).

#### (2) 청산인회와 대표청산인

청산인회는 청산업무집행에 관한 의사결정을 하고 청산인의 직무집행을 감독하게 되는데(상 542조 2항, 393조), 상법은 청산인회의 업무에 관하여는 이사회에 관한 규정(상 390조 내지 393조)을 준용하고 있다(상 542조 2항).

대표청산인은 해산 전 회사의 이사가 청산인이 된 경우에는 청산인회의 결의에 의하게 되지만(상 542조 2항, 389조 1항) 법원에서 청산인을 선임한 경우에는 법원이 대표청산인을 정하게 된다(상 542조 1항, 255조 2항).

대표청산인은 청산사무에 관한 재판상 또는 재판 외의 모든 업무를 집행할 권한이 있다(상 542조 2항, 389조 3항, 209조).

### 다. 청산방법

주식회사의 청산에 있어서는 임의청산이 인정되지 않고 상법이 엄격히 규정한 절차에 따라 행하여지는 법정청산(상 531조 내지 542조)의 방법에 의하여만 청산절차를 진행하여야 한다.

### 라. 청산종결

청산을 종결한 경우에는 청산종결등기를 하여야 한다(상 542조 1항, 264조). 그러나 회사의 법인격이 소멸하는 시기는 청산절차가 종결되는 시점이고[2] 청산종결등기의

2) 대법원 1985.6.25. 선고 84다카1954 판결은 "회사가 부채과다로 사실상 파산지경에 있어 업무도 수행하지 아니하고 대표이사나 그 외의 이사도 없는 상태에 있다고 하여도 적법한 해산절차를 거쳐 청산을 종결하기까지는 법인의 권리능력이 소멸한 것으로 볼 수 없다"고 판시하고 있다.

시점이 아니므로 청산종결등기를 하지 않았다고 하더라도 청산절차가 종결되면 법인격은 소멸하지만 반대로, 청산이 사실상 종결되지 아니한 경우에는 비록 청산종결등기가 되었다고 하더라도 회사의 권리능력이 상실되는 것은 아니다.[3)]

3) 대법원 2003.2.11. 선고 99다66427, 73371 판결은, "법인에 대한 청산종결등기가 경료되었다고 하더라도 청산사무가 종결되지 않는 한 그 범위 내에서는 청산법인으로서 존속한다고 볼 것"이라고 판시한다.

# 제 6 편

# 유한회사

# 제 1 장
# 총 설

유한회사는 균일한 단위인 출자 1좌로 나누어진 자본금(상 546조)을 가지고 출자좌수에 따른 지분을 가지는 사원(상 554조)으로 구성되며 사원은 원칙적으로 회사에 대하여 출자금액을 한도로 하는 출자의무를 부담할 뿐(상 553조) 회사의 채무에 대하여는 직접적으로 아무런 책임을 부담하지 않는 이른바 물적회사이다. 주식회사, 유한회사 그리고 유한책임회사의 구성원은 회사의 채무에 대하여 (간접)유한책임을 부담한다는 점에서 동일하지만, 유한회사는 자본의 물적 결합이 강조됨으로써 단체로서의 단일성이 강하게 나타나는 사단적 실질을 가지는 점에서 구성원의 개성보다는 단체로서의 단일성이 강하게 나타나는 조합적 실질을 가지는 유한책임회사와 다르고, 또한 그 조직과 운영이 소규모적이고 폐쇄적이라는 점에서 대규모적이고 공개적인 주식회사와 다르다고 할 것이다.

2011년 4월 11일에 개정된 상법은 유한회사의 사원총수를 50인으로 제한하였던 규정(개정 전 상법 제 545조)을 폐지함으로써 소규모성을 개선하고자 하였고, 또한 지분양도에 사원총회의 특별결의를 요하였던 개정 전과는 달리, 원칙적으로 지분양도를 가능하도록 하면서 다만 정관으로 제한할 수 있도록 함으로써(상 556조) 폐쇄성을 개선하고자 하였으나 독일이나 일본과는 다르게 유한회사의 이용은 극히 미미한 상태이다. 다만 자산유동화에 관한 법률은 유동화 전문회사를 유한회사로 한정하고(같은 법 17조 1항), 원칙적으로 상법의 유한회사에 관한 규정(상법 제3편 제5장)을 적용하고 있다. 또 최근에는 주식회사의 외부감사에 관한 법률의 적용을 피하고자 외국계주식회사가 유한회사로 설립하거나 주식회사에서 유한회사로 조직을 변경하는 경우가 제법 있다.

# 제 2 장
# 회사의 설립

유한회사는 1인의 사원에 의해서도 회사설립이 가능하다는 점에서 주식회사와 유사하지만, 모집설립이 인정되지 않고(상 589조 2항) 설립경과에 대한 조사가 없어 설립이 비교적 간편하고 설립행위를 한 사원의 의사표시의 하자는 설립취소의 사유가 된다는 점에서(상 552조) 주식회사와 다르다.

또한 사원과 자본금이 정관으로 확정된다는 점에서(상 543조 2항 1호, 179조 3호, 543조 2항 2호) 인적회사와 유사하지만, 이사의 선임 등 기관구성절차가 필요하고(상 547조) 설립 전에 출자의 이행이 완료되어야 한다는 점에서(상 548조) 다르다.

따라서 유한회사의 설립절차는 정관의 작성, 이사의 선임, 출자의 이행 등의 실체형성절차와 설립등기 절차로 이루어지게 된다.

## 1. 정관의 작성

유한회사를 설립하려면 사원이 정관을 작성하여야 하고(상 543조 1항) 이 정관은 공증인의 인증을 받아야 효력이 발생한다(상 543조 3항, 292조).

상법이 정한 정관의 절대적 기재사항은 목적, 상호, 자본금의 총액, 출자 1좌의 금액, 사원의 성명과 주소, 각 사원의 출자좌수 및 본점의 소재지 등이다(상 543조 2항 1호, 179조 1호 내지 3호, 543조 2항 2호 내지 5호). 자본금의 최저액에 관한 제한은 없고 수권자본제를 택하는 주식회사와 달리 유한회사에서는 정관으로 자본금이 확정되지만(상 543조 2항 2호) 출자 1좌의 금액은 100원 이상으로 균일하여야 한다(상 543조 2항 3호, 546조). 사원 총수에 대한 제한도 없다. 각 사원의 출자좌수가 정관에 기재됨으로써 확정되므로(상 543조 2항 4호) 주식회사와 같은 인수행위가 불필요하다.

상법은 유한회사의 경우에도 주식회사처럼 변태설립사항을 상대적 기재사항으로 정하여 이를 정관에 기재하도록 하고 있는데 이러한 변태설립사항으로는 ① 현물출자에 관한 사항 ② 사후설립에 관한 사항 그리고 ③ 회사가 부담할 설립비용을 정하고 있다(상 544호). 유한회사의 경우에는 발기인이 없이 사원이 회사를 설립하게 되므로 발기인이 받을 특별이익이나 발기인의 보수는 변태설립사항이 아니고 또한 이러한 변태설립사항에 관하여 법원이 관여하지도 않는다.

물론 유한회사도 강행규정이나 사회질서 또는 유한회사의 본질에 반하지 아니하는 범위 내에서 회사의 조직과 운영 등에 관한 사항을 임의적 기재사항으로 정관에 기재할 수 있다.

## 2. 이사와 감사의 선임

유한회사는 합명회사나 합자회사의 경우와 달리 사원이 당연히 업무집행을 담당하는 것이 아니므로 회사의 실체를 갖추려면 업무를 집행할 자로서 이사와 감사의 선임이 필요하다.

유한회사는 정관으로 이사를 정할 수 있고, 정관으로 이사를 정하지 아니한 경우에는 회사 성립 전에 사원총회를 열어 초대이사를 선임하여야 한다(상 547조 1항). 이 때 사원총회는 각 사원이 소집할 수 있다(상 547조 2항).

한편 유한회사는 정관에 의하여 감사를 둘 수 있을 뿐이고 반드시 두어야 하는 필요기관은 아니지만(상 568조 1항), 정관으로 감사를 두기로 한 경우에는 감사도 이사의 경우와 같이 방법으로 정하게 된다(상 568조 2항, 547조).

## 3. 출자의 이행

유한회사도 주식회사의 경우와 같이 회사의 채무에 대하여 직접적으로 책임을 부담하는 사원이 없으므로 회사의 설립시부터 회사의 재산적 실체를 튼튼히 형성할 필요가 있다.

유한회사의 사원은 유한책임을 부담하므로 합명회사의 사원과 달리 신용이나 노무출자가 허용되지 않고 금전이나 현물출자만 허용된다. 이사는 사원으로 하여금 출자금의 전액을 납입하도록 하고 또한 현물출자의 목적인 재산의 전부를 급여시켜야 하며(상 548조 1항), 특히 현물출자의 경우 권리이전에 필요한 절차를 완료하도록 하여야 한다(상 548조 2항, 295조 2항).

유한회사의 경우 주식회사의 경우와 달리 설립경과에 관한 상법의 규정이 없고, 특히 변대설립사항에 관한 조사 등과 관련한 법원의 관여도 없으나 현물출자와 관련한 부당평가로 인하여 정관에 정한 출자가격보다 실제 가격이 현저히 부족한 경우에는 회사성립 당시의 사원이 회사에 대하여 그 부족액을 연대하여 지급할 책임을 부담한다(상 550조 1항). 이러한 사원의 책임은 자본충실에 관한 책임으로서 무과실책임이라고 할 것이므로 어떠한 방법으로도 면제할 수가 없다(상 550조 2항).

또한 사원이 출자를 이행하지 아니하는 경우의 실권절차가 없고, 출자이행이 완료되지 않았더라도 설립의 무효를 가져오지는 않지만 납입되지 아니한 부분의 금액에 대하여 회사 성립 당시의 사원, 이사와 감사가 연대하여 이행할 책임이 있다(상 551조 1항). 다만 이사와 감사의 경우 업무상의 과실에 기한 책임으로서 총사원의 동의로 그 책임을 면제할 수 있으나(상 551조 3항), 사원의 경우에는 자본충실에 관한 책임이므로 무과실책임이고 어떠한 경우에도 그 책임을 면할 수 없다(상 551조 2항). 다만 사원의 책임은 일종의 납입담보책임일 뿐이고 인수담보책임은 없다고 할 것이다.

### 4. 설립 등기

유한회사도 전액납입 또는 현물출자의 전부 이행이 있은 날로부터 2주간 내에 상법이 정한 일정한 사항을(상 549조 2항) 등기하여야 하고(상 549조) 이로써 유한회사는 성립하게 된다(상 172조).

### 5. 설립의 하자

유한회사는 소규모이고 폐쇄적인 특징을 가지므로 사원의 의사표시 등의 하자로 인한 회사설립의 취소를 허용하는 점에서 주식회사와 다르고 합명회사 등과 같다.

유한회사도 설립행위와 관련한 하자가 있는 경우에는 설립의 무효는 사원과 이사, 감사에 한하여, 설립의 취소는 취소권 있는 자에 한하여 회사성립의 날로부터 2년 내에 소만으로 다툴 수 있다(상 552조 1항).

유한회사의 설립의 하자에 따른 설립무효의 소와 설립취소의 소의 절차와 판결의 효력에 관해서는 합명회사의 그것에 관한 규정을 준용하고 있다(상 552조 2항).

# 제 3 장
# 사 원

유한회사 사원의 자격에 특별한 제한은 없으므로 자연인은 물론 법인도 사원이 될 수 있으며 사원의 수에도 아무런 제한이 없다.

## 1. 사원의 권리의무

### 가. 사원의 권리

사원의 권리는 이익배당청구권(상 580조), 증자시의 출자인수권(상 588조), 잔여재산분배청구권(상 612조) 등의 자익권이 있다.

한편 공익권으로는 의결권(상 575조), 사원총회결의 하자를 주장하기 위한 소 제기권(상 578조, 376조 내지 381조), 회사설립의 하자를 주장하기 위한 소 제기권(상 552조), 증자무효(상 595조), 감자무효(상 597조, 445조), 합병무효(상 236조) 등을 주장하기 위한 소 제기권 등은 사원이 단독으로 행사할 수 있으나, 이사의 위법행위 유지청구권(상 564조의2), 대표소송 제기권(상 567조, 570조, 613조), 이사·청산인에 대한 해임청구의 소 제기권(상 567조, 613조 2항), 사원총회 소집청구권(상 572조), 회계장부열람권(상 581조), 업무·재산상태 감독권(상 582조) 해산청구권(상 613조 1항, 520조) 등은 소수사원권으로만 주장할 수 있다.

소수사원권은 자본금 100분의 3 이상에 해당하는 출자좌수를 가진 사원이 행사할 수 있으나 총회소집청구권과 같은 경우는 정관으로 그 요건을 완화할 수 있고(상 572조 2항) 회계장부열람권은 정관으로 단독으로 행사할 수 있는 공익권으로 정할 수 있다(상 581조 2항).

### 나. 사원의 의무

사원은 회사에 대하여 출자의무만을 부담할 뿐이고 회사의 채무에 대하여 직접적으로 책임을 부담하지 않는다. 다만 회사의 성립 당시의 사원이나 자본증가에 동의한 사원은 회사에 대하여 자본금충실의 책임(상 550조, 551조, 593조)을 부담하고 주식회사로 조직변경을 할 경우에 부족한 자본금을 전보할 책임(상 607조 4항)을 부담하기도 하지만 그 밖에는 정관이나 사원총회의 결의로 사원에게 책임을 가중시킬 수는 없다.

## 2. 사원의 지분

### 가. 지분의 의의

지분이란 사원의 회사에 대한 법적 지위를 의미하는데, 지분은 출자좌수로 산정되고 출자 1좌의 금액은 100원 이상으로 균일하여야 한다(상 546조).

유한회사의 사원은 각자의 출자좌수에 따라 지분을 가지게 되므로(상 554조), 유한회사는 주식회사의 경우처럼 이른바 지분복수주의를 취한다고 할 수 있다. 따라서 유한회사의 지분은 지분단일주의를 취하는 합명회사의 지분과 다르고 주식회사의 주식과 유사한 성격을 갖는다.

사원의 지분은 수인이 공유할 수도 있는데 이 경우의 법률관계는 주식의 공유에 관한 규정(상 333조)이 준용된다(상 558조).

### 나. 지분의 양도

유한회사는 사원의 퇴사가 인정되지 아니하므로, 출자금을 회수할 수 있는 방법은 ① 자본금감소절차에 따른 지분의 환급 ② 지분 양도의 두 가지가 있다.

상법은 유한회사의 사원이 원칙적으로 지분의 전부 또는 일부를 양도하거나 상속할 수 있도록 하고 있으나 그 폐쇄성을 반영하여 정관에서 지분의 양도를 제한할 수 있도록 하고(상 556조), 지분에 관하여 지시식이나 무기명식의 증권을 발행하지 못하도록 하고 있다(상 555조).

유한회사의 사원은 정관의 기재사항이지만, 사원의 지분양도가 원칙적으로 허용되는 만큼 지분의 양도나 상속이 있으면 별도의 정관변경절차 없이도 당사자의 의사표시 혹은 사망사실로서 지분의 양도나 상속이 가능하고 이에 따라 정관이 변경된다고 할 것이다. 다만 주식회사의 주식양도의 경우와 같이(상 337조 1항), 유한회사도 회사가 작성한 사원명부에 취득자의 성명, 주소와 출자좌수를 기재하지 아니하면 회사와 제3자에게 대항하지 못하도록 정하고 있다(상 557조).

유한회사는 주식회사의 특정목적에 의하여 자기주식취득에 관한 규정(상 341조의2)만을 준용하고 있을 뿐이므로(상 560조 1항) 그 밖에는 자기지분의 취득이 제한되고 자기지분의 질취도 일정한 한도에서 제한된다(상 560조 1항, 341조의3).

### 다. 지분의 입질

사원의 지분은 질권의 목적으로 할 수 있으나(상 559조 1항), 지분양도의 경우처럼 정관으로 제한할 수 있다(상 559조 2항, 556조).

사원의 입질은 사원명부에 기재하여야 회사와 제3자에게 대항할 수 있으므로(상 559조 2항, 557조), 약식질은 허용되지 않고 등록질만 인정된다.

또한 지분의 질권자는 회사로부터 직접적으로 이익의 배당, 잔여재산의 분배, 지분소각 등에 따른 금전의 환급을 받아서 다른 채권자에 우선하여 자기 채권의 변제에 충당할 권리를 갖게 된다(상 560조 1항, 339조, 340조 1항).

제 4 장

# 회사의 관리

## 1. 회사의 기관

유한회사는 의사결정을 위한 회의체로서 사원총회를 두고. 대내적으로 업무를 집행하고 대외적으로 회사를 대표하는 이사를 두고 있을 뿐, 주식회사의 이사회, 대표이사 혹은 집행임원을 두고 있지 않으며 특히 감사를 임의적으로 둘 수 있도록 하고 있다.

### 가. 이 사

#### (1) 이사의 지위

유한회사에는 1인 또는 수인의 이사를 두어야 한다(상 561조). 이사의 자격에는 상법상 아무런 자격이 없으므로 사원이 아니더라도 이사가 될 수 있으나 정관으로 일정한 자격의 제한을 할 수는 있다. 이사가 감사를 겸할 수 없는 것은 주식회사의 경우와 같다(상 570조, 411조).

회사설립 시에는 정관으로 이사를 정할 수 있으나 정관으로 정하지 않은 경우에는 회사 성립 전에 사원총회에서 이사를 선임하여야 하고(상 547조 1항), 회사성립 후에는 사원총회에서 보통결의로 선임하게 된다(상 567조, 382조 1항, 574조).

회사의 임기에 관한 상법의 규정이 없으므로 정관으로 정할 수 있다고 할 것이다.

이사의 퇴임사유에 관하여도 정관으로 임의로 정할 수 있고, 이와는 별도로 주식회사의 경우와 같이 사원총회의 특별결의로 이사를 해임할 수 있고(상 567조, 385조 1항), 자본금총액의 100분의 3이상에 해당하는 출자좌수를 가진 사원(소수사원)은 법원에 해임청구를 할 수도 있다(상 567조, 385조 2항).

이 밖에도 주식회사의 이사결원에 관한 규정(상 386조), 이사보수에 관한 규정(상 388조), 이사의 직무집행정지와 직무대행자에 관한 규정(상 407조, 408조) 등은 유한회사의 이사에 대해서 준용된다(상 567조).

### (2) 이사의 권한

이사는 유한회사의 업무집행을 담당하는 권한이 있다. 이사가 수인인 경우에 정관으로 다른 정함이 없으면 회사의 업무집행, 지배인의 선임과 해임, 지점의 설치·이전 또는 폐지는 이사 과반수의 결의에 의하여야 하지만(상 564조 1항), 그 밖의 회사업무는 각자가 단독으로 할 수 있다고 할 것이다. 다만 이 경우에도 사원총회는 지배인을 선임 또는 해임할 수 있다(상 564조 2항).

이사는 유한회사를 대표할 권한이 있다(상 562조 1항). 이사가 수인인 경우에 정관으로 다른 정함이 없다면 사원총회에서 회사를 대표할 이사를 선정하여야 하지만(상 562조 2항), 정관 또는 사원총회에서 수인의 이사로 하여금 공동으로 회사를 대표하도록 정할 수 있다(상 562조 3항).

다만 회사와 이사 사이의 소송에 있어서는 사원총회에서 그 소송에 관하여 회사를 대표할 자를 별도로 선정하여야 한다(상 563조).

이 밖에도 합명회사의 대표사원의 권한에 관한 규정(상 209조), 합명회사와 대표사원의 연대책임에 관한 규정(상 210조), 주식회사의 표현대표이사에 관한 규정(상 395조) 등은 유한회사의 이사에 대해서 준용된다(상 567조).

### (3) 이사의 의무와 책임

이사는 유한회사와 위임관계에 있으므로(상 570조, 382조 2항) 회사에 대하여 선량한 관리자의 주의의무를 부담한다.

또한 이사가 업무집행권한을 가지고 있으므로 회사와 이익충돌을 방지하고자, 상법은 주식회사의 이사가 부담하는 경업피지의무를 유한회사의 이사에게도 준용하고(상 567조, 397조), 특히 이사는 감사가 있을 때에는 감사의, 감사가 없는 경우에는 사원총회의 승인이 있는 때에 한하여 자기 또는 제3자의 계산으로 회사와 거래할 수 있도록 하고 있다(상 564조 3항).

이 밖에도 이사는 정관과 사원총회의사록 비치의무(상 566조 1항), 사원총회 소집의무(상 571조), 재무제표의 작성 등 의무(상 579조) 및 영업보고서 작성 등에 관한 의무(상 579조의2) 등의 의무를 부담한다. 그러나 주식회사의 경우와 달리 이사의 충실의무에 관한 규정(상 382조의3), 회사기회유용금지의무에 관한 규정(상 397조의2)은 없다.

한편 상법은 주식회사의 이사의 손해배상책임 등에 관한 규정(상 399조 내지 401조)를 유한회사의 이사에도 준용하고 있다(상 567조). 또한 이사는 회사설립의 경우(상 551조) 및 회사성립 후 자본금증가의 경우 그리고 조직변경의 경우(상 607조)에 자본충실책임을 부담하게 된다.

이사의 책임을 추궁하기 위한 대표소송권도 주식회사의 경우와 크게 다르지 않지만 소수사원권의 비율이 자본금 총액의 100분의 3 이상에 해당하는 출자좌수를 가진 사원에 의하여 행사 할 수 있도록 한 것이 다소 다르다(상 565조).

## 나. 감사와 검사인

### (1) 감 사

유한회사의 감사는 주식회사의 경우와 달리 필요적으로 두어야 하는 것은 아니지만, 정관으로 1인이나 수인의 감사를 둘 수 있고(상 568조 1항), 이 경우에 감사의 선임의 방법은 이사의 경우와 같고 임기에 관한 규정도 없다.

상법은 유한회사의 감사에 관하여 주식회사의 이사와 회사의 법률관계에 관한 규정(상 382조), 이사해임결의에 관한 규정(상 385조 1항), 이사결원에 관한 규정(상 386조), 이사보수에 관한 규정(상 388조), 이사의 직무집행정지와 직무대행자에 관한 규정(상 407조), 겸임금지에 관한 규정(상 411조) 등을 준용하고 있다(상 570조).

감사는 언제든지 회사의 업무와 재산상태를 감사할 수 있고 이사에 대하여 영업에 관한 보고를 요구할 수 있고(상 569조), 설립무효(상 552조 1항)와 증자무효의 소 제기권(상 595조 1항), 이사에 대한 위법행위유지청구권(상 564조의2) 등의 권한을 가지는 한편 감사도 회사와 제3자에 대한 손해배상책임을 부담하는 점(상 570조, 414조)은 주식회사의 경우와 같다.

그러나 유한회사의 감사에게는 임시총회소집권이 인정되고(상 571조 1항 단서), 이사의 자기거래에 대한 승인권(상 564조 3항)이 인정되고 설립 시 또는 성립 후 자본금 증가시의 자본전보책임을 부담하는 점에서(상 551조, 594조) 주식회사와 다른 점이 인정된다.

상법은 유한회사의 이사에 관하여 주식회사 이사의 해임과 관련한 규정(상 385조)을 준용하고(상 567조) 있으나 유한회사의 감사에 관하여는 주주총회의 해임결의에 관한 규정(상 385조 1항)은 준용하면서도 주주의 해임청구의 소에 관한 규정(상 385조 2항)을 준용하지 않으므로(상 570조), 유한회사의 사원은 감사에 대하여는 법원에 해임청구의 소를 제기하지 못한다고 할 것이다.

### (2) 검사인

유한회사의 경우에도 사원총회는 ① 회사의 업무와 재산상태를 검사하기 위하여

(상 572조 3항, 366조 3항), ② 이사가 제출한 서류와 감사의 보고서를 조사하도록 하기 위하여(상 5578조, 367조) 검사인을 선임할 수 있다. 또한 일정한 사유가 있는 경우에 소수사원권의 행사로써 법원은 검사인을 선임할 수도 있다(상 582조).

다만 유한회사의 경우 회사의 설립경과 또는 변태설립사항을 조사하기 위한 검사인의 선임을 인정하지 않고 있는 점이 주식회사와 다르다.

## 다. 사원총회

### (1) 사원총회의 지위

사원총회는 사원 전원으로 구성되는 회사의 최고 필요적 의사결정기관이다.

유한회사의 사원총회는 상법상 필요적으로 설치하여야 하는 점에서 합명회사나 합자회사의 사원총회와 다르고 주식회사의 주주총회와 유사하지만, 주주총회는 상법이나 정관에 정한 사항에 한하여 결의할 수 있는 데(상 361조) 반하여 유한회사의 사원총회는 이러한 제한이 없으므로 법령이나 정관에 반하지 않는 한 모든 사항에 관하여 의사를 결정할 수 있다는 점에서 다르고 그 밖에 소집과 결의방법도 간편하다는 특징이 있다.

### (2) 사원총회의 소집

사원총회는 정기총회와 임시총회가 있는데(상 578조, 365조), 원칙적으로 회사가 존속 중에는 이사가 소집하고(상 571조 1항 본문), 해산한 후에는 청산인이 소집한다(상 613조 2항 571조 1항).

단 임시총회는 감사도 소집할 수 있고(상 571조 1항 단서) 법원도 필요한 경우 감사 또는 이사에게 소집을 명할 수 있다(상 582조 3항). 특히 회사의 자본금 총액의 100분의 3 이상에 해당하는 출자좌수를 가지는 사원도 법원의 허가를 받아 총회를 소집할 수 있는데(상 572조 1항, 3항, 366조 2항), 이때 정관으로 그 요건과 절차를 다르게 정할 수 있다(상 572조 2항).

사원총회를 소집할 때에는 사원총회일의 1주간 전에 각 사원에게 서면으로 통지서를 발송하거나 각 사원의 동의를 받아 전자문서로 통지를 발송하여야 하는데(상 571조 2항), 소집통지서에는 회의의 목적사항을 기재하여야 하고(상 571조 3항, 363조 2항) 또한 소집장소는 본점소재지 또는 이에 인접한 장소로 해야 한다(상 571조 3항, 364조).

다만 상법은 유한회사가 소규모이고 폐쇄적인 점을 고려하여 총사원의 동의가 있는 경우에는 소집절차 없이도 사원총회를 열 수 있도록 하고 있다(상 573조).

### (3) 의결권

각 사원은 출자 1좌마다 1개의 의결권을 가지는 1출자 1의결권이 원칙이지만 정관으로 의결권의 수에 관하여 다른 정함을 할 수 있으므로(상 575조) 복수의결권도 가능하다고 할 것이다. 다만 특정한 사원 또는 모든 사원의 의결권을 박탈하는 것은 허용되지 않는다고 해석된다.

이 밖에도 주식회사의 의결권의 대리행사(상 368조 2항), 특별이해관계인의 의결권 제한(상 368조 3항), 자기 지분의 의결권 정지(상 369조 2항) 등과 같은 규정은 유한회사의 경우에도 준용된다(상 578조).

### (4) 사원 총회의 결의

사원총회의 결의는 사원의 의사표시가 다수결에 의하여 형성되는데, 상법은 세 가지 결의요건을 정하고 있다.

상법 또는 정관에 다른 규정이 없는 경우에는, 총사원의 의결권의 과반수를 가지는 사원이 출석하고 그 의결권의 과반수로 의결하는(상 574조) 이른바 보통결의가 있다.

또한 정관변경(상 585조), 영업양도·경영위임·영업양수(상 576조 1항, 374조 1호 내지 3호), 사후설립(상 576조 2항), 합병(상 598조), 해산(상 609조 2항), 회사의 계속(상 610조 1항) 등의 경우에, 총사원의 반수이상이며 총사원의 의결권의 4분의 3 이상을 가지는 자의 동의로 의결하는(상 585조 1항) 특별결의가 있는데 이때 의결권을 행사할 수 없는 사원은 이를 총사원의 수에, 또 행사할 수 없는 의결권은 의결권의 수에 각각 산입하지 않는다(상 585조 2항).

이 밖에도 유한회사를 주식회사로 조직변경하거나(상 607조 1항) 이사의 책임을 면제하는 경우(상 567조, 400조)에는 총사원의 동의로 하는 결의가 있다.

특히 상법은 유한회사가 소규모인 점을 고려하여 사원총회의 개최 없이 서면에 의한 결의를 인정하고 이러한 서면에 의한 결의도 총회의 결의와 동일한 효력을 인정하고 있다(상 577조 3항). 상법은 총사원의 동의가 있는 경우에 서면에 의한 결의를 허용하고(상 577조 1항) 또한 결의의 목적사항에 대하여 총사원이 서면으로 동의한 경우에는 서면에 의한 결의가 있는 것으로 보고 있다(상 577조 2항).

유한회사(상 577조)와 소규모주식회사(상 363조 4항)에서 인정되는 서면에 의한 결의는 사원총회를 개최하지도 않고 결의자체가 서면으로 이루어지는 데 반하여, 소규모 주식회사를 제외한 주식회사에서 인정되는 서면에 의한 의결권 행사(상 386조의3)는 주주총회의 개최를 전제로 하여 그 의결권의 행사방법이 서면투표라는 점에서 다르다.

## 2. 회사의 계산

사원이 회사의 채무에 대하여 유한책임을 부담하는 유한회사도 주식회사의 경우와 같이 재신상태를 명확히 하는 것은 사원 및 회사채권자뿐만 아니라 장래의 투자자들에게 중요한 의미를 가지므로 그 계산의 중요성은 주식회사와 크게 다를 바 없다. 그러므로 주식회사의 계산에 관한 규정은 유한회사에 많은 부분이 준용되지만(상 583조), 유한회사가 소규모이고 폐쇄적인 특성을 가지고 있으므로 주식회사와 달리 재무제표의 공고가 강제되지 않는 등 다른 점도 있다.

### 가. 재무제표

유한회사의 재무제표는 대차대조표, 손익계산서 및 그 밖에 회사의 재무상태와 경영성과를 표시하는 것으로서 자본 변동표, 이익잉여금처분계산서 또는 결손금처리계산서(상 579조, 447조 1항, 시행령 16조 1항) 등이 있다.

이사는 매 결산기에 재무제표와 그 부속명세서 및 영업보고서를 작성하여 사원총회에 제출하고(상 579조, 579조의2), 사원총회로부터 승인 받은 후(상 583조 1항, 449조 1항, 2항) 이를 회사의 본점에 비치하여(상 579조의3 1항) 사원과 회사채권자로 하여금 열람할 수 있도록 하며 이들이 원하는 경우 그 등본이나 초본을 교부하여야 함(상 579조의3 2항, 448조 2항)은 주식회사의 경우와 같다.

또한 상법은 주식회사의 재무제표의 승인에 의한 이사·감사의 책임해제에 관한 규정(상 450조), 법정준비금에 관한 규정(상 458조 내지 460조) 및 소수주주의 회계장부 열람권에 관한 규정(상 466조)을 유한회사에 준용하고 있다(상 583조 1항).

그러나 유한회사의 특수성을 고려하여 주식회사의 준비금의 자본전입에 관한 규정(상 461조), 대차대조표의 공고에 관한 규정(상 449조 3항)은 준용하지 않고 있다.

### 나. 이익배당

유한회사에도 주식회사의 배당가능이익 및 위법배당의 반환에 관한 규정(상 462조), 중간배당에 관한 규정(상 462조의3)이 준용되므로(상 583조 1항) 이익 없는 배당이 불가능하고, 이익배당을 위해서는 사원총회의 결의가 필요하다고 할 것이다.

또한 이익의 배당은 각 사원의 출자좌수에 따라야 하지만 정관으로 달리 정할 수도 있다(상 580조).

# 제 5 장

# 자본금의 변동과 정관변경

유한회사는 강행법규. 사회질서 또는 유한회사의 본질에 반하지 않는 한 회사의 내부적 의사결정으로서 자유로이 정관을 변경할 수 있으므로, 사원총회의 특별결의로 정관을 변경할 수 있고(상 584조, 585조) 서면결의로도 가능하다(상 577조). 물론 정관변경사항이 등기사항인 경우에는 변경등기를 하여야 한다(상 549조 4항, 183조).

특히 자본금은 정관의 절대적 기재사항이므로 자본금의 변동은 정관변경사유이기도 하다.

## 1. 자본금의 증가

### 가. 의 의

유한회사의 자본금을 증가시켜 그 회사규모를 확대하기 위한 방법으로는 ① 출자 1좌의 금액을 증가시키거나, ② 출자 좌수를 증가시키거나, 혹은 ③ 위 ①과 ②의 방법을 혼용하는 방법을 생각해 볼 수 있다. 그러나 출자 1좌의 금액을 증가시키는 방법은 추가출자를 강요하는 것으로서 사원의 유한책임의 원칙에 비추어 사용되기 어려우므로 결국 출자 좌수의 증가를 통하게 되고 상법은 이에 관해서만 규정하고 있다.

상법은 자본금 증가로 인하여 지분율의 변동을 피하기 위하여 원칙적으로 사원은 증가할 자본금에 대하여 그 지분에 따라 출자를 인수할 권리가 있음을 정하고 있다(상 588조 본문).

다만 예외적으로 자본조달의 편의를 도모할 목적에서 자본금증가를 위한 사원총회에서 제3자에게 출자인수권을 부여하기로 한 경우(상 588조 단서, 586조 3호)이거나 미리 사원총회의 특별결의로 장래의 출자시 특정한 제3자에게 출자인수권을 부여하기로 한 경우(상 587조)에는 사원이 출자인수권을 갖지 못한다(상 588조 단서).

한편 상법은 유한회사가 증자시에 현물출자나 재산인수에 관한 절차를 회피하기 위한 탈법적 행위를 막기 위하여 사후증자의 경우에 사원총회의 특별결의를 받도록 하고 있다(상 596조, 576조 2항).

### 나. 절 차

자본금의 증가를 위한 출자절차는 사원총회의 특별결의, 출자좌수에 대한 인수와 납입 그리고 등기의 절차로 이루어지게 된다.

유한회사의 자본금과 각 사원의 출자좌수의 증가는 사원총회의 특별결의를 요하는데(상 584조, 585조) 정관에 정함이 없더라도 이 결의에서 현물출자·재산인수·출자인수권 등을 정할 수 있다(상 586조).

출자의 인수는 출자인수권을 가진 사원이나 제3자에 의한 출자 인수를 증명하는 서면의 작성을 통해서 이루어지게 되고(상 589조 1항), 만약 이러한 서면을 통하지 아니한 인수는 무효가 된다. 출자인수권을 가진 사원이나 제3자가 출자인수를 이를 인수하지 아니한 경우에 다른 사원이나 제3자에게 인수시키게 되지만 이럴 경우에도 광고 기타의 방법으로 인수인을 공모하는 것이 금지된다(상 589조 2항).

출자인수가 이루어진 경우에 출자의 이행이 있게 된다. 이사는 인수인으로 하여금 출자전액의 납입 또는 현물출자의 목적인 재산 전부의 인도와 권리이전에 필요한 서류 등의 교부를 통하여 급여를 시켜야 한다(상 596조, 548조, 295도 2항). 이때 인수인은 회사의 동의 없이 납입채무와 회사에 대한 채권을 상계할 수 없다(상 596조, 421조 2항).

출자의 이행이 완료되면 본점소재지에서 이행을 완료한 날로부터 2주간 내에 자본금 증가로 인한 변경등기를 하여야 하고(상 591조), 자본금증가의 효력은 본점소재지에서 변경등기를 하여야 발생한다(상 592조). 다만 이익배당에 관해서는 변경등기를 하기 전이라도 출자의 인수를 한 자는 그 납입기일로부터 사원과 동일한 권리를 갖게 된다(상 590조).

### 다. 증자에 관한 전보책임

유한회사의 사원은 유한책임을 부담하여 회사의 재산만이 회사 채무에 대한 담보가 되므로 사원, 이사 또는 감사의 증자에 따른 전보책임도 비교적 엄격하다.

사원은 현물출자나 재산인수의 목적인 재산의 자본금 증가 당시의 실가가 자본금 증가의 결의에 의하여 정한 가격에 현저하게 부족한 때에는 그 결의에 동의한 사원은 회사에 대하여 그 부족액을 연대하여 지급할 책임이 있고(상 593조 1항), 이러한 책임은 면제할 수 없다(상 593조 2항, 550조 2항). 다만 사원의 경우 회사설립 시에 부담하는 출자미필액에 대한 납입책임(상 551조)과 달리 증자시에는 출자미필액에 대한 납입책임을 부담하지는 않는다.

한편 이사·감사는 자본금 증가 후에도 아직 인수되지 아니한 출자가 있는 경우에는 이를 공동으로 인수한 것으로 본다(상 594조 1항). 또한 이사·감사는 자본금 증가 후에도 아직 납입되지 아니한 출자에 대하여는 연대하여 지급할 책임이 있으나(상 594조 2항), 이 책임은 총사원의 동의로 면제할 수 있다(상 594조 3항, 551조 3항).

회사설립시의 전보책임과 증자시의 전보책임을 비교해 보면, 사원의 경우 회사설립시에는 출자미필액에 대한 납입책임을 부담하지만(상 551조) 증자시에는 이를 부담하지 않고, 이사·감사의 경우 설립시에는 인수담보책임이 인정되지 않지만 증자시에는 인수담보책임까지도 인정되고(상 594조 1항) 있다.

## 2. 자본금의 감소

### 가. 의 의

자본금 감소의 방법은 ① 출자 1좌의 금액을 증가시키거나, ② 출자 좌수를 증가시키거나, 혹은 ③위 ①과 ②의 방법을 혼용하는 방법이 있다.

출자 1좌의 금액은 100원 이상으로 균일하여야 하므로(상 546조) 출자 1좌의 금액을 감소하더라도 100원 미만으로는 할 수 없고, 출자좌수의 감소는 지분 소각이나 지분 병합의 방법을 취하게 될 것이다.

### 나. 절 차

자본금 감소의 경우에도 정관의 변경을 하여야 하는데, 이 경우 사원총회의 특별결의에 의하게 되고(상 584조, 585조), 이때 자본금 감소의 방법을 정하여야 한다(상 597조, 439조 1항).

회사의 자본금 감소는 회사채권자를 위한 책임재산의 감소를 의미하므로 자칫 회사채권자를 해할 우려가 있어 상법은 채권자보호절차를 밟도록 정하고 있다(상 597조, 439조 2항).

또한 자본금 감소의 경우에도 등기사항의 변경이 있게 되므로 당연히 변경등기를 하여야 하지만(상 549조 4항, 183조), 자본금 증가의 경우와 다르게 변경등기를 함으로써 자본금감소의 효력이 발생하는 것은 아니다.

## 3. 자본금 변동의 무효

자본금 증가의 무효는 사원, 이사 또는 감사에 한하여 본점소재지에서 자본금증가로 인한 변경등기를 한 날로부터 6월 내에 소송만으로 주장할 수 있도록 하면서(상 595조 1항), 주식회사의 신주발행무효의 소의 심리절차에 관한 규정(상 430조, 186조, 187조, 188조, 189조, 191조, 192조 및 337조)과 판결의 효력에 관한 규정(상 190조 본문, 431조, 432조)을 준용하고 있다(상 595조 2항).

한편 자본금 감소의 무효에 관해서도 주식회사의 감자무효의 소에 관한 규정(상 445조, 446조)을 준용하고 있다(상 597조).

# 제 6 장
# 회사의 조직변동

## 1. 합병과 조직변경

### 가. 합 병

유한회사는 어떤 다른 형태의 회사와 합병이 가능하다. 다만 유한회사가 합명회사나 합자회사와 합병하는 경우에는 존속회사나 신설회사는 반드시 유한회사이어야 하고(상 174조 2항), 유한회사가 유한책임회사나 주식회사와 합병하는 경우에는 존속회사나 신설회사는 유한회사, 유한책임회사 또는 주식회사로 자유롭게 정할 수 있으나, 주식회사와 합병할 때에는 법원의 인가가 필요하고(상 600조 1항) 사채의 상환을 완료하지 못한 주식회사와 합병할 때에는 유한회사로 될 수가 없다(상 600조 2항).

유한회사와 주식회사의 합병으로 인한 존속회사나 신설회사가 주식회사일 경우에 법원의 인가를 필요로 하는 것은 주식회사의 엄격한 설립절차를 회피할 목적으로 유한회사를 통한 우회설립을 방지할 목적이고 사채상환을 완료하지 아니한 주식회사와 합병시 존속회사나 신설회사를 유한회사로 하지 못하는 이유는 유한회사는 사채발행이 인정되지 않기 때문이라 함은 이미 설명한 바와 같다.

유한회사가 다른 회사와 합병할 경우에도 ① 상법에 정한 내용을 기재한 합병계약서의 작성(상 603조, 522조 1항, 2항, 523조), ② 사원총회의 합병결의(상 598조), ③ 합병계약서 등의 공시절차(상 603조, 522조의2), ④ 회사채권자 이의절차(상 603조, 232조), ⑤ 지분병합절차(상 603조, 443조 1항), ⑥ 흡수합병시의 보고총회 또는 신설합병시의 창립총회(상 603조 526조 1항, 2항, 527조 1항 내지3항), ⑦ 합병등기(상 602조) 등 일련의 절차를 거치게 된다.

합병을 위한 사원총회는 특별결의가 필요하고(상 598조, 585조), 신설합병의 경우 정관작성 및 기타 설립에 관한 행위를 하는 설립위원의 선임(상 175조)도 사원총회의 특별결의가 필요하다(상 599조, 585조).

존속회사의 변경등기, 소멸회사의 해산등기 그리고 신설회사의 설립등기를 하면 비로소 합병의 효력이 발생하게 된다(상 603조, 234조). 합병 후 존속회사 또는 신설회사는 합병으로 소멸되는 회사의 권리와 의무를 승계하게 된다(상 603조, 235조).

특히 주식회사와 합병하여 존속회사 또는 신설회사가 유한회사로 된 경우에 종전의 주식을 목적으로 한 질권은 주주가 그 주식에 갈음하여 취득한 지분과 금전에 미치게 된다(상 601조 1항).

## 나. 조직변경

상법은 회사가 다른 형태의 회사로 조직을 변경하는 것을 허용하면서도 회사에 따라 구성원의 책임의 유형과 그 조직이 판이하게 다른 점을 인정하여 유사한 형태의 회사 상호간의 예컨대 인적회사와 인적회사, 물적회사와 물적회사 상호간의 조직변경만을 허용하고 있으므로 유한회사와 주식회사 상호간에만 조직변경이 허용된다.

조직변경의 경우에도 채권자보호절차가 필요하고(상 608조, 232조), 조직변경에 따르는 등기(변경전 회사의 해산등기와 변경된 회사의 설립등기: 상 606조, 607조 5항)를 하여야 하며 이러한 등기를 함으로써 조직변경의 효력이 발생하게 된다.

또한 조직변경에 의하여 종전의 주식이나 지분위에 설정된 질권은 그에 갈음하여 발행되는 지분이나 주식에 미치게 된다(상 604조 4항, 607조 5항, 601조 1항).

### (1) 주식회사의 유한회사로의 조직변경

주식회사가 유한회사로 조직변경을 하기 위해서는 주주총회에서 전원일치의 결의에 의하여야 하고(상 604조 1항 본문), 이 결의에서 필요한 사항을 정하게 되지만(상 604조 3항), 유한회사는 사채를 발행할 수 없으므로 주식회사가 사채 상환을 완료하지 못한 경우에는 조직변경을 할 수 없고(상 604조 1항 단서) 또한 유한회사의 자본충실을 기하기 위하여 회사에 현존하는 순자산액보다 많은 금액을 자본금 총액으로 할 수 없다(상 604조 2항).

또한 회사에 현존하는 순자산액이 자본금의 총액에 부족하는 때에는 조직변경결의 당시의 이사와 주주는 회사에 대하여 연대책임을 부담하게 되는데(상 605조 1항), 이 경우 사원의 책임은 면제하지 못하지만(상 605조 2항, 550조 2항), 이사의 책임은 총사원의 동의로 면제할 수 있다(상 605조 2항, 551조 3항).

### (2) 유한회사의 주식회사로의 조직변경

유한회사는 총사원의 일치에 의한 사원총회의 결의로 주식회사로 조직을 변경할 수 있지만 예외적으로 정관의 정함에 따라 사원총회의 특별결의에 의할 수도 있다(상 607조 1항).

이러한 조직변경의 경우에는 법원의 인가를 요한다(상 607조 3항).

주식회사로 조직을 변경할 때 발행하는 주식의 발행가액총액은 회사에 현존하는 순자산액을 초과할 수 없으나(상 607조 2항), 설령 이를 초과하더라도 무효는 아니고 이사·감사 또는 사원등이 전보책임을 부담하게 될 뿐이다(상 607조 4항). 이 경우 사원의 책임은 면제하지 못하지만(상 607조 4항, 550조 2항), 이사의 책임은 총사원의 동의로 면제할 수 있다(상 607조 4항, 551조 3항).

## 2. 해산과 청산

유한회사의 해산은 다른 형태의 회사들과 유사하게 ① 존속기간의 만료 기타 정관으로 정한 사유의 발생, ② 합병, ③ 파산, ④ 법원의 명령 또는 판결, ⑤ 사원총회의 특별결의이다(상 609조). 존속기간의 만료 기타 정관으로 정한 사유 혹은 사원총회의 결의로 해산한 경우에는 사원총회의 특별결의로 회사를 계속할 수 있고(상 610조 1항), 만약 이미 해산등기를 하였다면 회사계속의 등기를 하여야 한다(상 611조, 229조 3항).

유한회사의 청산절차는 법정청산만이 허용되는 등 주식회사의 청산절차와 거의 유사하므로, 상법은 주식회사의 청산절차에 관한 규정을 유한회사의 청산절차에도 준용하고 있다(상 613조).

다만 유한회사에는 이사회제도가 인정되지 않는 것처럼 청산인제도가 인정되지 않고 또한 잔여재산의 분배는 원칙적으로 각 사원의 출자좌수에 따라 분배하여야 하지만 정관으로 다르게 정할 수 있다는 점(상 612조)이 주식회사의 청산절차와 다르다.

# 판례색인

# 사항색인

## ㅅ

**저자약력**

■ **류시창**
변호사(대한민국 서울 / 미국 뉴욕 주)
경희대학교 법학전문대학원 교수

**회사법**

2017년 2월 20일 초판 인쇄
2017년 2월 28일 초판 1쇄 발행

저 자 류 시 창
발행인 배 효 선
발행처 도서출판 法 文 社

주 소 10881 경기도 파주시 회동길 37-29
등 록 1957년 12월 12일 / 제2-76호 (윤)
전 화 (031)955-6500~6 FAX (031)955-6525
E-mail (영업) bms@bobmunsa.co.kr
(편집) edit66@bobmunsa.co.kr
홈페이지 http://www.bobmunsa.co.kr
조 판 법 문 사 전 산 실

정가 34,000원 ISBN 978-89-18-09085-6